개인정보보호법

최경진 외 12인 공저

PERSONAL INFORMATION PROTECTION ACT

박영사

발간사

제3의 물결(The Third Wave)로 시작된 정보화 사회(Information Society)는 혁신을 거듭하며 4차 산업혁명(Fourth Industrial Revolution), 디지털 대전환(Digital Transformation) 등 다양한 개념으로 불리며 고도화되어왔고 이제는 인공지능(Artificial Intelligence)의 시대로 발전해 가고 있지만, 그 핵심에는 '데이터(data)'가 있다고 해도 과언이 아니다. 아날로그 사회에서 디지털 사회로 전환되는 과정에서 데이터 처리 방식이 획기적으로 변화하게 됨에 따라 정보화 사회가 본격화할 수 있었고, 4차 산업혁명은 데이터 경제로도 대표될 만큼 데이터를 어떻게 모으고 활용하여 부가가치를 창출하는가에 초점이 맞춰졌다. 트랜스포머(Transformer) 모델로 인공지능 패러다임이 변화하면서 일상생활 속에 인공지능이 확산하여 본격적인 인공지능 시대로 발전해 갈 수 있다는 기대가 현실화하고 있는 요즘 인공지능의 발전에 가장 중요한 요소 또한 데이터라는 점을 누구도 부인할 수 없다. 인공지능의 성능은 데이터의 양과 질에 좌우되기 때문이고, 인공지능이 적용되는 과정에서도 얼마나 양질의 데이터를 활용할 수 있는가에 따라 인공지능 생성물의 질이 달라질 수 있기 때문이다.

현재와 미래의 발전을 이끌 혁신의 핵심 원료이자 기반으로서 필수적인 데이터는 다양한 내용·맥락·형태로 창출, 가공, 활용되거나 유통되며, 그 내용이나 가치에 따라 다양한 법적 보호를 받고 있다. 그중에서도 특히 개인정보는 특별한 의미를 가지고 특별한 법적 취급을 받고 있다. 데이터를 통하여 창출된 부가가치나 데이터를 기반으로 한 혁신의 궁극적인 귀결점이 인간인 만큼 인공지능의 발전이나 디지털 혁신의 성공을 위해서는 무엇보다 개인에 관한 데이터가 중요한 의미를 가진다. 개인에 관한 데이터를 처리하여 인공지능을 정교하게 작동하게 만들거나 개인에 관한 데이터를 기반으로 데이터 경제를 가속화할 수 있기 때문이다. 반면, 개인에 관한 정보가 과도하게 집적·결합·유통되면 소설 「1984」가 경고하는 빅브라더(Big Brother)가 현실에 나타날 위험성이 커지게 되며, 개인의 기본적 자유와 권리가 위협받을 수 있다. 데이터 중에서도 특별한 의미와 중요성이 인정되는 개인정보(personal data, personal information)의 양면성과 중요성을 고려하여 개인정보의 안전한 처리와 그로부터 개인의 기본적 자유와 권리를 보장하고자 「개인정보 보호법」이 제정된 것이다.

전 세계적으로 개인정보 보호법제의 역사가 그리 길지 않듯 우리나라도 2011년에서야 개인정보보호에 관한 일반법으로서 「개인정보 보호법」을 제정하였다. 디지털 대전환의 가속화에 따라 데이터, 특히 개인정보의 중요성이 더욱 강조되면서 「개인정보 보호법」을 둘러싼 법적 논의도 계속 확대됐다. 개인정보는 사람이 살아가는 일상의 모든 활동과 관련되지 않을 수 없기 때문에 개인정보처리가 관여되는 다양한 영역을 규율하는 법제와 「개인정보 보호법」 사이의 접점이 증가하는 것은 불가피하다. 이에 따라 「개인정보 보호법」의 역할과 중요성도 커질 수밖에 없고 「개인정보 보호법」의 균형 잡힌 합리적 해석과 적용에 대한 목소리가 높아질 수밖에 없다. 이 책을 기획한 첫 번째 이유이다. 「개인정보 보호법」에 대한 편향된 해석이나 특정 가치에 경도된 해석으로부터 탈피하여 「개인정보 보호법」이 추구하는 본질적 목적에 부합하면서도 실제 현상·실무에 대한 정확한 파악과 함께 개인정보처리로 매개되는 다양한 맥락을 고려한 조화롭고 균형 잡힌 합리적 해석 기준을 제시하여 「개인정보 보호법」의 오남용을 막고 실효성을 높여서 개인정보를 기반으로 한 혁신의 흐름 속에서 우리 사회가 바람직한 방향으로 발전할 수 있도록 이끌고자 하였다.

「개인정보 보호법」은 2011년 제정 이후 여러 차례 개정이 있었지만, 의미 있는 변화는 2020년 소위 "데이터 3법 개정"과 사실상 전면적인 개정이라고 부를 수 있는 2023년 개정이다. 2020년 개정을 통해서 거버넌스 개편, 온오프라인 개인정보 규제의 물리적 통합, 가명정보 처리 규정 등 데이터 경제 활성화를 뒷받침하기 위한 개인정보 규제 개선이 이루어졌지만, 「개인정보 보호법」이 실제 해석·적용되는 과정에서 개정된 조문의 취지가 충분히 반영되지 못하였다. 2020년 개정의 의미 있는 변화 중의 하나가 개인정보를 정의한 제2조와 적용제외되는 정보에 관한 제58조의2인데, 이러한 개정의 취지가 막상 개인정보 개념을 기반으로 한 수많은 다른 규정의 해석에는 별로 영향을 미치지 못했고, 학계나 실무계에서도 개정의 취지가 반영되는 방향으로 눈에 띄게 변화된 해석·적용례를 찾기는 쉽지 않았다. 또한 「개인정보 보호법」을 둘러싼 기존의 법적 논의를 살펴보면 몇몇 제한된 특정 조문이나 쟁점에 집중되어 있어서 해석론이 충분하지 않은 조항의 해석·적용에 있어서 「개인정보 보호법」의 언어와 철학이 반영된 조화롭고 균형 잡힌 해석·적용에 어려움이 있고, 「개인정보 보호법」 조문 상호 간의 관계와 조화를 고려해야 할 때에도 해석 논의가 충분하지 않은 조항과의 관계를 고려한 체계적 해석에 어려움이 있었다. 이러한 해석론의 편중은 「개인정보 보호법」에 관심을 갖고 연구를 하거나 실무를 수행하는 전문가가 제한적인 것도 한몫을 했다. 이러한 문제의식은 사실상 전면개정된 2023년 개정 「개인정보 보호법」의 초안을 마련하는 과정에서 더욱 체감할 수 있었다. 필자는 개인정보 보호위원회가 「개인정보 보호법」 개정안 마련을 위하여 발족한 "개인정보 보호법 개정 연구위원회"의 위원장을 맡아 「개인정보 보호법」 개정안 성안 작업을 총괄하였다. 이 과정에서 「개인정보 보호법」 개정 수요를 파악하기 위하여 다양한 이해관계자와 전문가의 의견을 수렴하고, 다양한 해석론과 입법론이 제시된 선행연구를 종합하였다. 기존의 선행연구의 절대적 숫자도 많지 않았지만, 연구주제가 제한된 특정 이슈에 집중되어 있었다. 또한 구체적인 법 해석이나 집행 사례에서 "데이터 3법 개정"의 취지가 충분히 반영되기까지 상당한 시간이 소요되거나 경우에 따라서는 반영 자체가 쉽지 않은 때도 있다는 것을 확인하였다. 2023년 개정은 사실상 전면개정에 가깝기 때문에 전면개정의 취지가 「개인정보 보호법」의 모든 조문을 해석·적용하는 과정에서 일관성 있고 조화롭게 반영되기까지는 더욱 오랜 시간이 걸리거나 경우에 따라서는 개정의 취지가 몰각될 수 있다는 위기감도 들었다. 여기에 이 책을 기획한 두 번째 이유가 있다. 「개인정보 보호법」 개정 초안을 마련하고 이후 개정 과정에도 지속적으로 참여한 경험을 바탕으로 「개인정보 보호법」에 대한 연구와 실무 경험이 풍부한 전문가들과 함께 「개인정보 보호법」의 전면 개정의 취지가 모든 조문에 반영되어 일관성 있고 체계적이면서도 합리적인 해석론을 제시하고자 하였다. 아울러 세 번째 이유는 이러한 해석론을 제시함으로써 특정 이슈에 편중되지 않고 「개인정보 보호법」 전반에 걸친 다양한 논의가 확대되기를 바라면서, 이 책을 기초로 하여 더 많은 전문가가 「개인정보 보호법」의 해석·적용에 함께 해주기를 바라기 때문이다.

개인정보를 규율하는 법제 체계를 보면, 일반법이자 기본법인 「개인정보 보호법」을 중심으로 하여 특별법으로서 위치정보에 관한 「위치정보의 보호 및 이용 등에 관한 법률」, 신용정보에 관한 「신용정보의 이용 및 보호에 관한 법률」을 비롯하여 다양한 유형의 개인정보에 대한 개별 규정이 여러 법률에 산재되어 있다. 그러나 개인정보에 대한 전체 규율체계에서 특별법이나 개별 개인정보 관련 규정의 합법성의 기초가 되면서 기본적인 해석방향과 원칙을 제시하는 법은 「개인정보 보호법」이다. 따라서 전체 개인정보 법제의 통일적이고 조화로운 해석을 위해서는 기본이 되는 「개인정보 보호법」에 대한 해석론의 단단한 기반을 마련하는 것이 중요하다. 「개인정보 보호법」에 대한 해석론은 다른 개인정보 관련 규정의 해석에도 중요한 기반이 되어 큰 영향을 미치기 때문이다. 비록 하나의 법률이지만, 「개인정보 보호법」이 개인정보처리와 관련되는 수많은 법률의 중심에서 큰 영향을 미치기 때문에 독자적인 법영역으로서 「개인정보 보호법」에 대한 빠짐없는 해석론을 제시하는 것은 중요한 의미를 가진다. 이러한 인식이 이 책을 기획한 네 번째 이유이다.

개인정보는 현재와 미래 사회의 발전의 원동력이다. 즉, 개인정보를 둘러싼 환경은 끊임없이 변화·발전한다는 것이다. 개인정보를 둘러싼 환경이 계속 변화하는 만큼 「개인정보 보호법」도 멈춰있어서는 안 된다. 「개인정보 보호법」의 해석론이 법조문이 의도했던 본래 목적이나 문언의 의미를 과도하게 벗어나서도 안 되지만, 변화하는 환경에 따른 맥락을 고려한 합리적인 해석론으로 계속 발전해가야 한다. 해석론으로도 따라잡지 못하는 변화는 입법적으로 해결해야 한다. 입법적 해결에 의하는 경우에도 단단한 해석론을 바탕으로 「개인정보 보호법」의 전체 체계와 조화롭게 발전해나가야 한다. 「개인정보 보호법」이 변화하는 환경에 맞게 계속 그 의의가 실현될 수 있으려면 해석론도 함께 발전해가야 한다. 이 책이 현재에 머무르는 해석론이 아니라 개인정보를 둘러싼 환경 변화에 따라 「개인정보 보호법」이 변화·발전해 갈 수 있도록 이론적·실무적 논의 기반이 되기를 바라는 것이 이 책을 기획한 다섯 번째 이유이다.

이상에서 밝힌 기획의도가 이 책의 출간으로 실현되기까지 함께 해주신 12분의 공저자가 없었으면 불가능했기 때문에 먼저 이 책의 기획 의도를 충분히 이해하고 수준 높은 집필을 해주신 12분의 공저자께 진심으로 존경과 감사의 마음을 전한다. 필자는 이 책의 기획의도를 실현하기 위해서 편저가 아닌 공저의 형식이지만, 기존에 없던 새로운 공동집필의 길을 택하였다. 필자를 포함한 총 13명의 공저자는 주집필을 담당할 부분을 분담하여 원고 초안을 작성하였고, 수차례에 걸친 개인정보법 연구회와 워크숍에서 이론과 실무의 다양한 사항을 고려한 치열하고 집중적인 논의를 통하여 제시된 문제점이나 의견·이견을 반영하는 고된 과정을 거쳤다. 특히 2023년 개정으로 변화되었거나 신설된 규정에 대한 해석론은 기존에 없던 새로운 것이기 때문에 13명 공저자의 전문적 지식과 경험을 바탕으로 타당한 해석론을 제시하고자 하였다. 논의 과정에서 공저자가 명시적으로 일치된 견해에 다다르거나 별도의 명시적 반대가 없는 경우에는 단일한 해석론을 제시한 반면, 공저자 사이에서 견해가 나뉘는 경우에는 각각의 해석론을 모두 제시하는 방식으로 서술하였다. 이러한 서술 방식을 통해서 이후 학계·실무계의 법해석이나 개인정보보호위원회를 비롯한 감독당국이나 사법부가 법을 해석·적용하는 과정에서 참조할 해석 가이드로서의 역할을 충분히 수행할 것으로 기대한다. 기존의 공저나 편저의 집필방식과는 다르게 일관성 있는 법해석론을 제시하기 위해서 번거롭고 힘든 과정을 거치는데 열과 성을 다해 매 순간 함께 해주신 자랑스런 공저자와 담당하신 주집필 부분은 아래에서 별도로 소개한다. 아울러 이 책은 개인정보전문가협회(KAPP)의 전폭적인 지원으로 기획 의도가 실현되고 세상에 나올 수 있었다. 개인정보전문가협회에도 깊은 감사의 마음을 전한다. 또한 이 책의 기획 취지에 공감하고 책의 출간을 위해서 아낌 없이 지원해 주신 박영사 김한유 과장님, 디자인 및 편집 등 책의 완성도를 높이기 위해 오랜 시간 함께 고민하고 애써주신 장유나 차장님, 그리고 방대한 원고를 꼼꼼히 읽고 교정을 도와준 개인정보전문가협회 서겸손 실장과 개인정보보호위원회 신세연 청년보좌역께도 깊이 감사드린다.

이 책을 토대로 향후 학계와 실무계에서의 논의가 더욱 활성화되길 바라면서, 「개인정보 보호법」을 '살아 있는 법'으로 만들기 위한 해석론을 이 책에 지속적으로 반영함으로써 미래 사회에 더욱 중요한 법으로 자리매김할 「개인정보 보호법」을 해석하고 적용하는데 이 책이 이론적·실무적 파운데이션(foundation)이 되길 기대한다.

2024년 2월
최경진

주집필자

제1장 개인정보보호법 개관	최경진
제2장 개인정보와 개인정보권, 프라이버시	권창환
제3장 개인정보보호법의 적용범위	강태욱, 권창환
제4장 개인정보보호 추진체계	이병남
제5장 개인정보의 합법처리근거	강태욱, 권창환, 박민철, 이병남, 이진규, 장준영, 최경진
제6장 특별한 유형의 개인정보처리 등	강태욱, 김진환, 윤종수, 임용, 최정규
제7장 개인정보의 국외이전	안정민, 최경진
제8장 개인정보의 안전한 관리와 개인정보처리자의 책임성	이진규, 최정규
제9장 개인정보의 유출 및 노출	장준영
제10장 정보주체의 권리	박민철, 윤종수
제11장 손해배상책임	김진환
제12장 개인정보 분쟁 해결	안정민
제13장 실효성 확보수단	임종철, 최정규

(장별 주집필자는 가나다순)

차례

제 3 장 개인정보보호법의 적용범위

제 4 장　개인정보보호 추진체계

제 5 장   개인정보의 합법처리근거

제 7 장 개인정보의 국외이전

제8장   개인정보의 안전한 관리와 개인정보처리자의 책임성

제 9 장   개인정보의 유출 및 노출

제 10 장   정보주체의 권리

제 12 장   개인정보 분쟁 해결

제 13 장 실효성 확보수단

약어표

원 용어	약어
개인정보 보호법	개인정보보호법
개인정보 보호위원회	보호위원회
공공기관의개인정보보호에관한법률	공공기관개인정보법
데이터 산업진흥 및 이용촉진에 관한 기본법	데이터산업법
독점규제 및 공정거래에 관한 법률	공정거래법
민원 처리에 관한 법률	민원처리법
산업 디지털 전환 촉진법	산업디지털전환법
신용정보의 이용 및 보호에 관한 법률	신용정보법
위치정보의 보호 및 이용 등에 관한 법률	위치정보법
일본 개인정보의 보호에 관한 법률(個人情報の保護に関する法律)	일본 개인정보보호법
전자정부법	전자정부법
정보통신망 이용촉진 및 정보보호 등에 관한 법률	정보통신망법
콘텐츠산업 진흥법	콘텐츠산업법
표준 개인정보 보호지침	표준지침
California Consumer Privacy Act	CCPA
California Privacy Rights Act	CPRA
Chief Privacy Officer	CPO
Court of Justice of the European Union	CJEU 혹은 유럽사법재판소
Data Protection Officer	DPO
EU Data Protection Directive	DPD
EU General Data Protection Regulation	GDPR
European Data Protection Board	EDPB
European Union	EU
Organisation for Economic Co-operation and Development	OECD

*기타 법률의 약어는 법제처 국가법령정보센터의 약칭에 따름

제1장

개인정보보호법
개관

제 1 절
개인정보보호법의 발전과정

I. 사생활과 사적 정보

　사람은 오랜 역사 속에서 이미 개인에 관한 다양한 정보를 수집하고 활용하며 살아왔다. 누군가를 식별하거나 기억하기 위해서 사람의 얼굴을 그리기도 하고, 누군가의 이름과 살아온 생애를 문서에 기록하기도 하고, 같은 성과 본을 가진 사람들의 이름과 관계를 족보에 기록하기도 하는 등 다양한 형태로 개인정보를 활용했다. 개인정보를 활용하거나 기록·보존하는 사례는 인류가 살아온 긴 시간 동안 흔하게 찾아볼 수 있지만, 기나긴 인류의 역사 속에서 개인정보를 법적 보호의 대상으로 취급한 사례는 찾아보기 쉽지 않다. 우리나라의 경우에도 상황은 다르지 않다. 오히려 '옆집 숟가락 개수도 안다'고 할 만큼 다른 사람의 사적인 정보를 보호할 필요성보다는 오히려 이웃 간에 속속들이 아는 것이 마치 정이 넘치는 것인 양 살던 때도 있었다. 그러나 근현대로 넘어오면서 개인의 사적 영역과 정보도 보호받아야 할 대상으로 인식되기 시작하였고, 그에 대하여 법적으로 보호하기 위한 권리가 형성되기에 이르렀다.

II. 프라이버시와 개인정보

　사적 영역[1]과 사적 정보에 대한 법적 보호의 본격적인 출발점은 "개인의 홀로 있을 권리(the right of the individual to be let alone)"[2] 혹은 "프라이버시권(the right to privacy)"[3]이라고 할 수 있다. 이러한 권리에 의하여 개인의 사적인 정보도 보호받게 되었지만, 본격적으로 개인정보에 대한 독자적인 권리가 형성된 것은 아니다. 프라이버시권도 개인정보 그 자체를 보호한다기 보다는 '개인의 부끄러운 사적 사실을 공개적으로 공표(public disclosure of embarrassing private facts)'한다거나 '개인의 성명이나 초상의 도용(appropriation of one's name or like−

---

1) 아리스토텔레스는 「정치학」에서 사적 활동의 우수성이 가지는 중심적 위치를 강조하면서 자유주의 사회는 진정한 자유를 장려하는 정치 형태로 변모할 수 있다고 설명하였다. Judith A. Swanson, The Public and the Private in Aristotle's Political Philosophy, Cornell University Press, 1992, p. 8.
2) T. Cooley, A Treatise On The Law Of Torts 29 (2D Ed. 1888).
3) Warren & Brandeis, *The Right to Privacy*, 4 Harv. L. Rev. 193 (1890).

ness)'과 같이 사적인 영역에 대한 침입 혹은 침해행위에 초점이 맞춰졌다. 우리 헌법상 보장되는 사생활의 비밀과 자유(헌법 제17조) 혹은 인격권도 동일한 맥락에서 개인에 관한 정보를 보호하는 기능을 하기도 한다. 형법상 명예훼손도 개인에 관한 사실을 적시하여 명예를 훼손한 경우에 처벌함으로써 개인정보보호와의 관련성을 인정할 수 있다. 이러한 법적 규율을 통해 개인정보가 보호되기도 하지만, 개인정보를 독자적인 법적 보호의 객체로 인정하거나 개인정보에 대한 독자적인 권리를 인정한 것은 아니었다.

III. 개인정보 처리 환경의 변화에 따른 개인정보 보호 법규범의 정립

개인정보를 독자적인 법적 보호의 대상으로 삼은 것은 그리 오래되지 않았다. 아날로그 사회에서는 개인에 관한 정보를 수집하는 것은 단편적이거나 수기로 작성하여 축적하는 방법으로 처리하기 때문에 일시에 대량으로 다수의 개인정보를 수집·처리하는 것은 쉬운 일이 아니다. 이 때문에 개인정보보호는 특정 개인의 사적인 영역에 속하는 정보, 즉 사생활의 비밀을 일반에 공개하는 행위와 같이 개인의 사적인 영역에 대한 침해를 중심으로 논의가 이루어졌다.[4] 아날로그 시대의 개인정보는 개별적·단편적이거나 특정 개인의 개별적 정보 중심이었기 때문에 개인정보 그 자체보다는 그 개인정보가 속하는 개인의 사적인 영역에 대한 보호가 중심이 되었다.

컴퓨터나 네트워크가 일반화·보편화되어 자동화된 방식에 의한 개인정보의 수집·처리가 가능해지고, 손쉽게 대용량의 개인정보가 전달·확산될 수 있게 됨에 따라 개인정보보호는 개별적인 특정 개인의 문제로부터 모든 사회구성원이 직면할 수 있는 사회 전체의 문제로 바뀌었다. 정보화시대가 도래하면서 개인정보를 대량으로 집적하여 처리하고 전달하고 결합할 수 있게 됨에 따라 자동화된 처리를 통하여 빅브라더가 현실화 될 위험성이 높아지게 된 것이다.

국제적으로 합의된 최초의 개인정보 처리원칙[5]을 천명한 1980년 OECD "프라이버시 보호 및 개인정보 국가간 이동을 규율하는 가이드라인 권고"[6]도 증가된 개인정보의 이용으로부터

---

4) William Prosser, *Privacy*, 48 California Law Review 392 (1960)에서는 프라이버시의 4가지 보호 유형 중의 하나로 사적 사실의 공개(public disclosure of private facts)를 제시하고 있다.

5) 국제적인 개인정보 처리원칙의 정립에는 주요 국가의 국내 논의도 큰 역할을 하였다. 특히, 미국은 보건교육복지부(U.S. Department of Health, Education & Welfare)의 자동화된 개인정보 시스템에 대한 자문위원회(Secretary's Advisory Committee on Automated Personal Data Systems)가 1973년 독일 헤센(Hessen) 주 정보보호법이나 1973년 스웨덴 데이터법 등을 검토한 뒤 발표한 "기록, 컴퓨터 및 시민의 권리(Records, Computers, and the Rights of Citizens)" 보고서를 통해 "공정정보실행규정(Code of Fair Information Practices)"을 정립하였다. Department of Health, Education & Welfare (HEW), Records, Computers, and the Rights of Citizens: Report of the Secretary's Advisory Committee on Automated Personal Data Systems, DHEW Publication No. (OS) 73-94, July 1973. CFIP는 이후 공정정보실행원칙(Fair Information Practice Principles, FIPPs)으로 발전하게 되었고, FIPPs의 핵심 내용은 고지/의식(notice/awareness), 선택/동의(choice/consent), 접근/참여(access/participation), 완전/안전(integrity/security), 집행/구제(enforcement/redress)로 대표된다. 국제적으로는 OECD 프라이버시 8원칙이 널리 참조됐지만, OECD 프라이버시 8원칙, CoE 108 협약, EU 정보보호지침은 모두 FIPPs로부터 많은 영향을 받았고 FIPPs가 정립한 원칙을 수정하고 확장하였다.

야기되는 문제를 다루기 위하여 OECD 정보·컴퓨터·통신 정책 위원회(Committee for Information, Computer and Communications Policy)가 제안하여 채택된 것이었다. 이 권고에는 개인정보보호의 필요성에 대한 인식을 바탕으로 전 세계적인 개인정보 규범 정립에 지대한 영향을 미친 개인정보보호 8원칙이 포함되어 있다. 비슷한 시기인 1981년 채택된 CoE 108 협약[7])도 자동화된 개인정보처리에 주안점을 두었다. 이후 개인정보보호에 관한 국제적인 법적 논의가 활발하게 진행되어 1995년 EU 정보보호지침(Data Protection Directive)[8])을 시작으로 EU 회원국은 개인정보 보호규범을 통일시키고자 노력하였고,[9]) 2016년 GDPR[10]) 제정을 기점으로 하여 EU 역내에 직접 적용되는 통일적인 개인정보 보호 법규범이 정립되었다. 개인정보와 관련한 EU의 입법적 진전은 세계 각국에 큰 영향을 주었고, 2018년 미국[11]) CCPA[12]), 2020년 미국 CPRA[13])뿐만 아니라 일본이나 우리나라의 개인정보 보호법에 이르기까지 세계 각국은 독자적인 법규범 정립을 통해 개인정보보호법제를 계속 발전시키고 있다.

IV. 우리나라의 개인정보에 대한 법적 규율의 역사

우리나라의 개인정보에 대한 법적 규율의 역사를 살펴보면, 현재의 개인정보보호체계가 정립되기까지 1994년도에 「공공기관의 개인정보 보호에 관한 법률」의 제정을 시작으로, 「신용정보의 이용 및 보호에 관한 법률」, 「공공기관의 정보공개에 관한 법률」, 「정보통신망 이용촉진 및 정보보호 등에 관한 법률」, 「위치정보의 보호 및 이용 등에 관한 법률」을 거쳐, 2005년 헌법재판소가 헌법상 권리로서 '개인정보자기결정권'[14])을 선언한 후 일반법 제정 논의가 활발

---

6) OECD, Recommendation of the Council concerning Guidelines Governing the Protection of Privacy and Transborder Flows of Personal Data, 1980.
7) Council of Europe, Convention of 28 January 1981 for the Protection of Individuals with regard to Automatic Processing of Personal Data.
8) Directive 95/46/EC of the European Parliament and of the Council of 24 October 1995 on the protection of individuals with regard to the processing of personal data and on the free movement of such data.
9) 독일 헤센 주는 1970년 세계 최초의 정보보호를 위한 국내법인 「헤센 정보보호법(Hessisches Datenschutzgesetz, HDSG)」을 제정하였다. 이후 독일에서는 1971년 연방 차원의 정보보호법안이 제안된 후 입법이 추진되어 1977년 「연방정보보호법(Bundesdatenschutzgesetz, BDSG)」이 제정되고 1978년 1월 1일부터 발효되었다. 헤센 정보보호법은 독일 연방 전체가 아닌 헤센 주에만 적용되는 법으로서 세계 최초의 개인정보보호법인 반면, 스웨덴이 1973년 제정하여 1974년 7월 1일부터 시행한 「데이터법(Datalagen)」은 국가 전체에 적용되는 최초의 개인정보보호법으로서의 의미를 가진다.
10) REGULATION (EU) 2016/679 OF THE EUROPEAN PARLIAMENT AND OF THE COUNCIL of 27 April 2016 on the protection of natural persons with regard to the processing of personal data and on the free movement of such data, and repealing Directive 95/46/EC (General Data Protection Regulation).
11) 미국은 1974년에 연방 차원의 프라이버시 보호법인 「Privacy Act of 1974」를 제정하여 1975년 9월 27일부터 시행하였다.
12) California Consumer Privacy Act of 2018.
13) California Privacy Rights Act of 2020.
14) 헌법재판소 2005.7.21. 선고 2003헌마282 결정은 "인간의 존엄과 가치, 행복추구권을 규정한 헌법 제10조 제1문

하게 진행되어 2011년도에 「개인정보 보호법」이 제정되었고, 2020년에 소위 '데이터 3법'[15]이 개정된 후 2023년에 「개인정보 보호법」이 전면적으로 개정됨으로써 현재의 개인정보보호법에 이르렀다.

개인정보 관련 입법 연혁

1994 공공기관의개인정보보호에관한법률 (제정)

▼

1995 신용정보의이용및보호에관한법률 (제정)

▼

1996 공공기관의정보공개에관한법률 (제정)

▼

1999 정보통신망이용촉진등에관한법률 (전부개정)
2001 정보통신망이용촉진및정보보호등에관한법률 (전부개정)

▼

2005 위치정보의보호및이용등에관한법률 (제정)

▼

2011 개인정보보호법 (제정)

▼

2020 소위 '데이터 3법' 개정

▼

2023 개인정보보호법 (전면적인 개정[16])

시간 순서대로 분석해보면 공공기관 개인정보보호법이 제정된 때부터 일반법으로서 「개인정보 보호법」이 제정된 2011년까지를 1단계로 볼 수 있다. 개인정보에 대한 법적 규율의 출발점에는 「공공기관의 개인정보보호에 관한 법률」(1994년 제정)이 있으며, 2011년 「개인정보 보호법」이 제정되기까지 모든 영역을 규율하는 일반법 없이 「신용정보의 이용 및 보호에 관한 법률」

에서 도출되는 일반적 인격권 및 헌법 제17조의 사생활의 비밀과 자유에 의하여 보장되는 개인정보자기결정권은 자신에 관한 정보가 언제 누구에게 어느 범위까지 알려지고 또 이용되도록 할 것인지를 정보주체가 스스로 결정할 수 있는 권리"라고 판시하여 '개인정보자기결정권'을 헌법적 권리로 인정하였다.

15) 소위 '데이터 3법'이란 「개인정보 보호법」, 「정보통신망 이용촉진 및 정보보호 등에 관한 법률」, 「신용정보의 이용 및 보호에 관한 법률」을 말한다.

16) 공식적으로 2023년 「개인정보 보호법」 개정은 일부개정이지만, 개인정보 보호위원회의 2023년 3월 7일 브리핑에서 "실질적인 전면 개정(정부안 중심으로 20개 의원안 통합)이라는 점에서 매우 의미가 크다"고 밝힌 것처럼 상당 부분이 개정되어 '전면적인 개정'으로 평가할 수 있다.

(1995년 제정), 「정보통신망 이용촉진 및 정보보호 등에 관한 법률」(2001년 전부개정),[17] 「위치정보의 보호 및 이용 등에 관한 법률」(2005년 제정)과 같은 개별 영역의 특별법에 의하여 개인정보에 대한 법적 규율이 이루어졌다. 일반법인 「개인정보 보호법」이 제정될 때까지를 우리나라 개인정보법제 발전의 1단계로 본다면, 개인정보에 대한 독립적 감독 권한을 가진 중앙행정기관으로서 개인정보보호위원회가 출범하도록 하여 실체적으로나 조직적으로 개인정보보호체계가 완비된 2020년을 기점으로 2단계의 발전과정에 있다고 볼 수 있다. 발전과정의 2단계에서 주목할 만한 변화는 개인정보의 국제적 유통에 대한 규율체계로서 APEC CBPR 가입 및 EU 적정성 결정을 취득하였다는 점과 함께 소위 '데이터 3법' 개정을 통하여 개인정보의 안전한 활용을 위한 법적 근거가 도입되었다는 점이다. 그리고 2023년 개인정보보호법 개정은 사실상 전면개정이라고 부를 수 있을 정도로 상당한 변화를 가져왔다.[18]

개인정보에 대한 현행 규율 체계

개인정보에 대한 현행 법제의 규율 체계를 보면, 개인정보 보호법이 일반법이자 기본법으로서 개인정보보호에 관한 기본원칙을 정립하고 있으며, 특별법으로서 신용정보에 대해서는 신용정보법, 위치정보에 대해서는 위치정보법이 적용된다.

2020년 소위 '데이터 3법 개정'으로 개인정보보호에 관한 일원화된 규율체계의 기틀을 마련하였고, 2020년 8월 5일 현재와 같은 독립행정기관으로서 민간과 공공을 아우르는 전 분야의 개인정보보호에 관한 법집행 권한을 가지는 개인정보 보호위원회가 출범하였다. 다만, 신용정보는 금융위원회,[19] 개인위치정보는 방송통신위원회, 정보주체 본인에 관한 행정정보의 제공요구권(소위 '공공마이데이터')은 행정안전부가 각 소관법률에 따라 법집행 권한을 가진다.

---

17) 1999년 기존의 「전산망보급확장과이용촉진에관한법률」이 「정보통신망이용촉진등에관한법률」로 전부개정되면서 제4장(개인정보의 보호)에 개인정보의 수집 및 취급(제16조), 개인정보의 이용 및 제공의 제한(제17조), 이용자의 권리(제18조) 등 3개 조문이 신설되었지만, 개인정보처리에 관한 기본적인 최소한의 조문만 규정된 것뿐이었고, 2001년 「정보통신망이용촉진및정보보호등에관한법률」로 전부개정되면서 개인정보의 합법처리근거를 포함하여 개인정보 안전한 관리, 이용자의 권리, 개인정보분쟁조정위원회 등 4개 절의 19개 조문으로 확충되면서 본격적인 개인정보 규율체계가 갖춰졌다고 할 수 있다.

18) 개인정보보호법의 제정 과정부터 가장 최근의 2023년 개정에 이르기까지 입법 배경이나 논의 경과 등 입법과정에 대한 상세는 최영진, 개인정보 보호 정책네트워크의 동태적 변화와 정책환류가 정책산출에 미친 영향 연구, 박사학위논문, 서울과학기술대학교, 2023 참조.

19) 신용정보법에 따라 금융위원회의 감독을 받지 않는 신용정보제공·이용자("상거래기업 및 법인")에 대하여는 개인정보 보호위원회가 감독 및 규제 권한을 가진다.

제 2 절
개인정보보호법의 목적

　입법취지 및 법의 목적 규정은 해당법의 모든 규정에 대하여 입법자의 의도나 법이 추구하는 목표에 맞게 해석하도록 방향을 제시해 주기 때문에 법의 목적을 정확하게 이해하는 것은 법의 해석·적용에 있어서 매우 중요한 의미를 가진다. 최초 제정 시 개인정보보호법은 "개인정보의 수집·유출·오용·남용으로부터 사생활의 비밀 등을 보호함으로써 국민의 권리와 이익을 증진하고, 나아가 개인의 존엄과 가치를 구현하기 위하여 개인정보 처리에 관한 사항을 규정함"(법 제1조)을 목적으로 하였다. 개인정보 처리에 관한 사항을 규정하는 1차적인 목적이 개인정보의 수집·유출·오용·남용으로부터 '사생활의 비밀 등을 보호'하는 것이고, 이를 통하여 궁극적으로는 국민의 권리와 이익을 증진하고 개인의 존엄과 가치를 구현하는 것이었다. 제정 이유에서 "국민의 사생활의 비밀을 보호하며, 개인정보에 대한 권리와 이익을 보장하려는 것"이라고 밝힌 것과 같은 취지이다. 개인정보보호법을 제정할 당시에 입법자의 의도 및 법의 목적이 '사생활의 비밀 보호'에 중점이 놓여있다는 것을 알 수 있다. 그런데 2014년 개정을 통하여 "개인정보의 처리 및 보호에 관한 사항을 정함으로써 개인의 자유와 권리를 보호하고, 나아가 개인의 존엄과 가치를 구현함"(법 제1조)을 법의 목적으로 재설정하였다. 즉, 개인정보보호법 규정이 개인정보의 처리와 보호를 균형감 있게 다루기 위한 것이란 점과 함께 궁극적으로 달성하고자 하는 개인정보보호의 목적이 사생활의 비밀 보호에만 한정하지 않고 개인정보처리를 수반하는 개인의 모든 자유와 권리의 보장에 있다는 점을 명확히 밝힌 것이다.

　앞서 살펴본 개인정보보호법제의 변화·발전 과정과 입법취지, 법의 목적 규정을 모두 종합적으로 고려할 때 목적 규정의 개정으로 인하여 개인정보보호법의 목적을 개인정보의 수집·유출·오용·남용으로부터 사생활의 비밀을 보호하기 위한 것에 한정하거나 다른 모든 가치보다 우선하여 사생활을 보호하려는 것으로 볼 필요가 없다는 점은 명백하지만, 사생활의 비밀과 자유를 포함한 다양한 개인의 자유와 권리를 보장하기 위하여 개인정보의 보호 혹은 그 처리의 제한에 초점을 맞추어야 하는가에 대해서는 논란의 여지가 있다. 개인정보의 보호에 중점을 둘 경우에는 가능한 한 개인정보처리를 금지하거나 제한하는 것이 법의 목적에 부합하는 것으로 이해될 수 있다. 이러한 입장에 서게 된다면 보호를 위한 금지·제한의 관점에서 개인정보보호법 규정을 엄격하게 해석할 수밖에 없다. 그러나 개인정보보호법의 목적 규정이 다양한 개인의 자유와 권리를 보장하기 위한 개인정보의 '처리'와 '보호' 모두를 규정하기 위한 것이라는 점을 고려할 때 개인정보의 처리를 금지하거나 제한하는 것을 우선시하는 것으로 보아서는 안 된 다.[20] 민간이든 공공이든 개인정보처리자는 끊임없이 개인정보를 처리할 수밖에 없고, 우리 사회·경제는 개인정보의 처리 없이는 원활하게 운영될 수 없다. 즉, 개인정보처리는 일상생활에서 없어서는 안 될 필수요소이기 때문에 그것을 금지하거나 제한하는 것을 원칙으로 삼아서는 사회·경제의 발전을 기대할 수도 없다. 다만, 개인정보의 처리 환경이 변하면서 막대한 개인정보처리가 이루어지고 있고 개인정보의 집적이나 대규모의 신속한 유통·확산으로 인해서 개인정보에 기초한 개인의 자유와 권리가 침해될 가능성이 높아진 만큼 개인정보를 안전하게 처리해야 할 필요성은 계속해서 증대되고 있다. 따라서 개인정보보호법의 목적은 변화하는 개인정보처리 환경에 맞게 개인정보에 기초한 개인의 자유와 권리가 침해되지 않도록 '개인정보의 안전한 처리'를 담보하기 위한 것으로 이해하여야 하며, 개인정보보호법을 해석·적용할 때에도 개인정보의 처리와 보호 사이의 조화와 균형을 꾀할 필요가 있다. 결과적으로 개인정보보호법은 개인정보로부터 자유와 권리가 보호받아야 할 정보주체(국민)에게는 개인정보의 안전과 신뢰를 보장하는 '안전망(safeguard)'이자 개인정보를 활용·처리하는 개인정보처리자에게는 안전한 데이터 처리를 보장하는 '안전항(safe harbor)'이어야 한다. 이러한 관점에서 개인정보보호법은 '개인정보의 안전한 처리'를 담보하기 위한 방법으로 개인정보처리의 합법성을 뒷받침하는 근거(합법처리근거)와 함께 안전조치의무나 개인정보 처리방침의 수립·공개 등 개인정보를 안전하게 처리하기 위하여 실천·준수해야 할 각종 기준을 마련하고 있다. 또한 정보주체의 권리를 보장하기 위한 구제수단과 함께 합법처리근거나 개인정보의 안전한 처리를 위한 각종 기준의 실효성과 집행력을 확보하기 위하여 금지행위나 제재 등을 규정하고 있는 것이다.

---

20) 이러한 관점에서 개인정보의 합법처리근거의 출발점인 법 제15조와 제17조는 금지 형태가 아니라 합법적으로 개인정보를 처리할 수 있는 근거를 열거하는 방식으로 규정한 것이다.

제 3 절
개인정보 보호 원칙

Ⅰ. 개인정보보호법 상의 개인정보 보호 원칙

개인정보보호법은 OECD 프라이버시 8원칙[21] 및 GDPR 7개 원칙(GDPR 제5조)[22]을 모델로 하면서도 우리나라에서의 개인정보보호에 관한 국민의 법감정과 법 집행 경험을 바탕으로 8가지 개인정보 보호 원칙을 규정한다(법 제3조). 즉, ① 개인정보처리자는 개인정보의 처리 목적을 명확하게 하여야 하고 그 목적에 필요한 범위에서 최소한의 개인정보만을 적법하고 정당하게 수집하여야 한다. ② 개인정보처리자는 개인정보의 처리 목적에 필요한 범위에서 적합하게 개인정보를 처리하여야 하며, 그 목적 외의 용도로 활용하여서는 안 된다. ③ 개인정보처리자는 개인정보의 처리 목적에 필요한 범위에서 개인정보의 정확성, 완전성 및 최신성이 보장되도록 하여야 한다. ④ 개인정보처리자는 개인정보의 처리 방법 및 종류 등에 따라 정보주체의 권리가 침해받을 가능성과 그 위험 정도를 고려하여 개인정보를 안전하게 관리하여야 한다. ⑤ 개인정보처리자는 제30조에 따른 개인정보 처리방침 등 개인정보의 처리에 관한 사항을 공개하여야 하며, 열람청구권 등 정보주체의 권리를 보장하여야 한다. ⑥ 개인정보처리자는 정보주체의 사생활 침해를 최소화하는 방법으로 개인정보를 처리하여야 한다. ⑦ 개인정보처리자는 개인정보를 익명 또는 가명으로 처리하여도 개인정보 수집목적을 달성할 수 있는 경우 익명처리가 가능한 경우에는 익명에 의하여, 익명처리로 목적을 달성할 수 없는 경우에는 가명에 의하여 처리될 수 있도록 하여야 한다. ⑧ 개인정보처리자는 개인정보보호법 및 관계 법령에서 규정하고 있는 책임과 의무를 준수하고 실천함으로써 정보주체의 신뢰를 얻기 위하여 노력하여야 한다.

---

21) OECD 프라이버시 8원칙은 ① 수집 제한 원칙(Collection Limitation Principle), ② 데이터 품질 원칙(Data Quality Principle), ③ 목적 특정 원칙(Purpose Specification Principle), ④ 이용 제한 원칙(Use Limitation Principle), ⑤ 보안안전조치 원칙(Security Safeguards Principle), ⑥ 개방성 원칙(Openness Principle), ⑦ 개인 참가 원칙(Individual Participation Principle), ⑧ 책임성 원칙(Accountability Principle)이다.
22) GDPR 7개 원칙은 ① 합법성·공정성·투명성 원칙(Lawfulness, Fairness and Transparency), ② 목적 제한의 원칙(Purpose Limitation), ③ 개인정보 최소처리 원칙(Data Minimisation), ④ 정확성의 원칙(Accuracy), ⑤ 보유기간 제한의 원칙(Storage Limitation), ⑥ 무결성과 기밀성의 원칙(Integrity and Confidentiality), ⑦ 책임성의 원칙(Accountability)을 말한다.

II. 개인정보 보호 원칙의 법적 의의와 기능

개인정보 보호 원칙(법 제3조)은 개인정보보호법의 각 규정의 문언을 해석하는데 해석 지침으로 작용할 뿐만 아니라 개인정보처리자 등 개인정보보호법의 수범주체에게 개인정보처리와 관련한 행동 지침을 제시한다. 나아가 개인정보 보호 원칙은 개별적·구체적 사건에서 개인정보처리자가 행한 행위의 위법성을 판단하는 기준으로 활용되기도 한다. 실제로 대법원은 "개인정보처리자가 정당한 목적으로 개인정보를 수집하는 경우라 하더라도 그 목적에 필요한 최소한의 개인정보 수집에 그쳐야 하고 이에 동의하지 아니한다는 이유로 정보주체에게 재화 또는 서비스의 제공을 거부하여서는 안 된다는 개인정보 보호 원칙(법 제3조 제1항)과 개인정보 보호법 규정에 위반되는 것"이라고 판시하여 개인정보보호법상의 개별적 규정과 함께 개인정보 보호 원칙을 위법성 판단의 기준으로 삼고 있다.[23] 그러나 개인정보보호법 위반에 따른 민사책임을 인정하기 위한 근거로서 법 제3조를 활용하는 것은 가능하지만, 개인정보 보호 원칙에 관한 법 제3조를 형사책임이나 행정 제재의 구체적 근거 규정의 해석원칙으로 활용하는 것을 넘어서 형사책임이나 행정 제재를 위한 실체적 근거로서 활용하는 것은 바람직하지 않다.

또한 개인정보 보호 원칙(법 제3조)은 개인정보와 관련한 다른 법률의 규정을 해석하는 데에도 해석원칙으로 작용한다. 개인정보보호법은 제6조에서 개인정보에 관한 일반법이자 기본법으로서의 성격을 천명한다. 특히, 개인정보의 처리 및 보호에 관한 다른 법률을 제정하거나 개정하는 경우에는 개인정보보호법의 목적과 원칙에 맞도록 하여야 한다(법 제6조 제2항). 이를 실질적으로 뒷받침하기 위하여 법 제8조의2는 중앙행정기관의 장이 소관 법령의 제정 또는 개정을 통하여 개인정보 처리를 수반하는 정책이나 제도를 도입·변경하는 경우에 개인정보 침해요인 평가를 실시하도록 규정한다. 결과적으로 개인정보보호법의 기본법적 성격을 고려할 때 다른 법률 상의 개인정보의 처리 및 보호에 관한 규정을 해석할 때에도 개인정보 보호 원칙은 해석원칙이 된다.

---

23) 대법원 2017.4.7. 선고 2016도13263 판결.

제 4 절
정보주체의 권리

　개인정보보호법은 개인정보처리와 관련하여 정보주체에게 다양한 권리를 인정한다. 즉, ① 개인정보의 처리에 관한 정보를 제공받을 권리, ② 개인정보의 처리에 관한 동의 여부, 동의 범위 등을 선택하고 결정할 권리, ③ 개인정보의 처리 여부를 확인하고 개인정보에 대한 열람(사본의 발급을 포함) 및 전송을 요구할 권리, ④ 개인정보의 처리 정지, 정정·삭제 및 파기를 요구할 권리, ⑤ 개인정보의 처리로 인하여 발생한 피해를 신속하고 공정한 절차에 따라 구제받을 권리, ⑥ 완전히 자동화된 개인정보 처리에 따른 결정을 거부하거나 그에 대한 설명 등을 요구할 권리가 있다(법 제4조). 그러나 제4조에 규정된 정보주체의 권리는 모든 다른 법익에 우선해서 무조건적으로 보호받아야 할 권리는 아니고 정보주체도 그러한 권리를 남용하지 말아야 한다. 이러한 점을 고려하여 법 제35조부터 법 제39조의2까지에서 구체적인 권리행사 요건과 절차를 규정하고 있다. 따라서 정보주체가 실제로 제4조의 권리를 행사할 때에는 각 권리를 구체화한 개별 규정에 따라야 한다.

제2장

개인정보와 개인정보권, 프라이버시

Ⅰ. 개관

개인정보보호법이 2011년 제정되었음에도 소송실무에서는 헌법상 기본권인 '개인정보자기결정권'이라는 용어가 여전히 전면에 등장하고 있고, 한편으로는 '개인정보자기결정권'과의 차별성을 부각시키기 위하여 '개인정보권'이라는 학설상 용어가 종종 사용되고 있다. 또한 개인정보자기결정권이 프라이버시(Privacy)와는 어떠한 차이가 있는지, 그 헌법적 근거는 무엇인지에 대해서도 학설상 다툼이 있고, 개인정보자기결정권에서의 개인정보는 개인정보보호법에서의 개인정보와 미묘한 차이가 있어 보인다.

이러한 점들은 단순히 학설상 개념적 차이에 그치는 것이 아니라 개인정보를 중심으로 한 정보주체와 이용자 사이의 실질적 권리구제 나아가 사회경제적 실익에도 결정적인 영향을 미치고 소송실무에 적용되는 법논리와 적용범위에 있어서도 중대한 차이를 발생시킨다.

이하에서는 개인정보자기결정권과 프라이버시의 구분, 헌법상 기본권인 개인정보자기결정권과 실정법인 개인정보보호법의 관계, 개인정보권 논의를 중심으로 한 개인정보보호법제의 발전방향의 순으로 살펴보기로 한다.

Ⅱ. 개인정보자기결정권과 프라이버시의 구분

1. 프라이버시의 의의와 내용

우리 「헌법」은 인간의 존엄성과 행복추구권에 관한 규정(헌법 제10조[1])을 두면서도 그와 별도로 헌법상 사생활 영역의 보호를 위한 기본권으로 주거의 자유(헌법 제16조[2]), 사생활의 비밀과 자유(헌법 제17조[3]), 통신의 비밀(헌법 제18조[4]) 등을 보장하고 있고, 이와 관련하여 혼인과 가족생활도 제도적으로 보장(헌법 제36조 제1항[5])하고 있는데, 이는 인간의 존엄성이 침해되지 않도록 공간적·내용적으로 최대한 보장하려는 헌법적 결단이라고 할 수 있다.[6][7]

위와 같은 헌법적 보장 중 '사생활의 비밀과 자유'는 인간행복의 최소한의 조건으로서 인간

---

[1] 헌법 제10조 모든 국민은 인간으로서의 존엄과 가치를 가지며, 행복을 추구할 권리를 가진다. 국가는 개인이 가지는 불가침의 기본적 인권을 확인하고 이를 보장할 의무를 진다.
[2] 헌법 제16조 모든 국민은 주거의 자유를 침해받지 아니한다. 주거에 대한 압수나 수색을 할 때에는 검사의 신청에 의하여 법관이 발부한 영장을 제시하여야 한다.
[3] 헌법 제17조 모든 국민은 사생활의 비밀과 자유를 침해받지 아니한다.
[4] 헌법 제18조 모든 국민은 통신의 비밀을 침해받지 아니한다.
[5] 헌법 제36조 제1항 혼인과 가족생활은 개인의 존엄과 양성의 평등을 기초로 성립되고 유지되어야 하며, 국가는 이를 보장한다.
[6] 허영, 한국헌법론(제14판), 박영사, 2018, 418면, 421면.
[7] 국민의 사생활의 영역을 주로 공간적으로 보호하기 위한 것이 주거의 자유인 반면 내용적으로 보호해주기 위한 것이 사생활의 비밀과 자유이다[허영, 한국헌법론(제14판), 박영사, 2018, 422면].

의 존엄성 내지 행복추구권과 불가분의 관계에 있다고 평가되는데, 자신의 사생활이 외부로부터 간섭을 받거나 원치 않게 외부에 알려졌을 때 인격적인 수모를 느끼고 인간으로서의 존엄성에 손상을 받았다는 생각을 가지게 하기 때문이다.[8] '사생활의 비밀과 자유' 중 사생활의 설계 및 그 내용에 대해서 외부로부터 간섭받지 않을 권리를 '사생활의 자유'라고 하고, 사생활과 관련된 내용이 의사에 반하여 외부에 알려지지 않도록 하는 권리를 '사생활의 비밀'이라고 한다.

한편 「헌법」 제17조의 '사생활'이라는 용어는 일반적으로 '프라이버시'로 이해되고 있고, 일상생활뿐만 아니라 법학 문헌에서도 같은 맥락으로 사용하고 있는 듯하다. 그러나 누구나 프라이버시를 말하지만 누구도 프라이버시를 확실하게 정의하지는 못하고,[9] 누군가는 프라이버시의 의미가 히드라(hydra)의 머리만큼이나 많다고 말하기도 한다.[10]

프라이버시는 '사적인, 개인적인, 공식적이지 않은'이라는 의미를 가진 'private'라는 형용사에 'cy'라는 어미가 결합된 명사로서, 15세기 영국에서 처음 사용된 것으로 알려져 있다. 이와 같은 어원과 의미를 고려할 때 프라이버시는 개인의 사적이고도 공식적이지 않은 영역을 보호하는 권리로 이해할 수 있다. 그런데 공동체에 대비되는 의미로서의 개인에 대한 신체, 공간, 비밀을 중시하는 법문화를 가졌던 로마법의 전통은 근대 대륙법으로 계승되었고, 로마법의 인격침해소권(actio iniuriarum)은 개인의 신체, 주거공간뿐만 아니라 존엄, 명예 등 무형성의 정신(animus)도 보호하였다.[11] 즉 프라이버시의 구체적 내용은 인격권과 밀접한 관련이 있다고 할 수 있고,[12] 따라서 프라이버시는 포괄적 권리인 일반적 인격권의 구체적 내용으로 개별적·구체적 인격권의 목적인 명예, 사생활, 성명·초상, 개인정보 등에 대한 권리라고 일응 이해할 수 있다.[13]

---

8) 허영, 한국헌법론(제14판), 박영사, 2018, 422면(독일의 학설과 판례[BVerfGE 6, 32(41); 6, 389(433)]가 인간의 존엄성을 핵으로 하는 인격권 내지 개성신장의 자유의 한 내용으로 사생활의 비밀과 자유를 보호하고 있는 것도 같은 맥락으로 이해할 수 있다고 한다).
9) 권영준, "프라이버시 보호의 정당성, 범위, 방법", 사법, 제1권 제41호, 2017, 278면.
10) Dianne Leenheer Zimmerman, "False Light Invasion of Privacy: The Light That Failed", 64 N.Y.U.L., Rev.(1989), p.364, p.364[권영준, "프라이버시 보호의 정당성, 범위, 방법", 사법, 제1권 제41호, 2017, 279면에서 재인용].
11) 권영준, "프라이버시 보호의 정당성, 범위, 방법", 사법, 제1권 제41호, 2017, 280면.
12) 권영준, "개인정보 자기결정권과 동의 제도에 대한 고찰", 법학논총, 제36권 제1호, 2016, 682면에서는 개인정보 자기결정권은 인격권의 일종이라고 말한다.
13) 김재형, "언론에 의한 명예 등 인격권 침해에 대한 구제수단과 그 절차", 인권과정의, 2010, 92-94면에서는 인격권 침해의 유형으로 ① 명예훼손, ② 사생활 침해, ③ 성명권·초상권 침해, ④ 개인정보 침해를 들면서, '프라이버시 침해'를 사생활 침해로 한정하여 이해하기도 하고, 성명권·초상권까지 포함하여 이해하기도 한다고 설명하며, 한편 개인정보도 프라이버시의 한 유형으로 파악할 수 있다고 한다. 즉 인격권은 사람이 자기 자신에 대하여 갖는 권리인데, 그중 세상으로부터 받는 객관적 평가인 명예훼손과 자기 자신으로부터 직접적으로 발생하는 그 밖의 권리인 프라이버시로 나눈 뒤, 프라이버시를 사생활 침해, 성명권·초상권, 개인정보에 대한 권리로 세분화하는 분류법으로 이해할 수 있다.

2. 개인정보자기결정권의 발전과 프라이버시로부터의 분화

프라이버시를 개인에 대한 명예, 사생활, 성명·초상, 개인정보 등에 대한 권리로 이해할 수 있으나, 그중 개인정보에 대한 관념은 비교적 뒤늦게 발전된 권리라 할 수 있다.[14]

미국에서는 1790년 최초의 인구 센서스를 시행할 때 개인정보 수집에 대한 사회적 반발이 있은 뒤 1840년 인구 센서스를 통해 수집한 개인정보를 비밀로 취급하는 지침이 제정되었고,[15] 그 후 학술적으로 1890년 Warren과 Brandeis의 논문 'Right to Privacy'[16]와 1960년 Prosser의 논문 'Privacy'[17] 및 1967년 Alan Westin의 단행본 'Privacy and Freedom'[18]을 통해 발전되었으며,[19] 1965년에는 미국 연방대법원에서도 Griswold v. Connecticut 판결[20]을 통해 프라이버시권(A right to privacy)을 헌법상 권리로 승인하였다. 다만 미국 연대법원이 개인정보자기결정권 내지 정보 프라이버시권(right to information privacy)을 프라이버시 권리와 구별되는 별개의 독자적 기본권으로 인정하고 있는지에 대해서는 평가가 엇갈리고 있다.[21]

Warren과 Brandeis의 1890년 논문(Right to Privacy)은 변호사인 Warren이 당시 상원의원의 딸로서 언론에도 잘 알려져 있던 배우자에 대하여 언론이 최신 사진기술을 이용하여 근접촬영하던 문제를 훗날 대법관이 된 Brandeis와 상의하다가 프라이버시권을 정립하기 위하여 공동집필한 글로서,[22] 프라이버시권을 독자적인 권리로서 주장한 세계 최초의 법학문헌이다.[23] Warren과 Brandeis는 위 논문에서 프라이버시를 '타인의 방해를 받지 않고 개인의 사적인 영역(personal space)을 유지하고자 하는 이익 또는 권리'라고 설명하였다.[24]

---

14) 김재형, "언론에 의한 명예 등 인격권 침해에 대한 구제수단과 그 절차", 인권과정의, 2010, 94면; 권영준, "프라이버시 보호의 정당성, 범위, 방법", 사법, 제1권 제41호, 2017, 280면.

15) 권영준, "프라이버시 보호의 정당성, 범위, 방법", 사법, 제1권 제41호, 2017, 280-281면.

16) Samuel D. Warren & Louis D. Brandeis, "The Right to Privacy", 4 Harv. L. Rev., 1890, p.193, p.195.

17) William L. Prosser, "Privacy", 48 Cal.L.Rev. 383, 1960.

18) Alan F. Westin, Privacy and Freedom, New York: Athenum., 1967.

19) 박경신, "구글 스페인 유럽사법재판소 판결 평석 -개인정보자기결정권의 유래를 중심으로-", 세계헌법연구, 제20권 3호, 2014, 53면.

20) 381 US 479 (1965): 미국 코네티컷 주가 피임(contraception)에 대한 제약, 의료기기 등의 사용을 금지하는 법률을 제정하자, 예일대 산부인과 교수인 C. Lee Buxton이 Planned Parenthood 재단의 코네티컷 수장인 Estelle Griswold와 함께 출산제어클리닉(birth control clinic)을 개원하였는데, 이에 대한 공소가 제기된 사건이다. 연방대법원은 7-2로 연방헌법이 일반적인 프라이버시권(general right to privacy)을 명시적으로 보호하고 있지는 않지만 프라이버시권(A right to privacy)은 권리장전(the Bill of Rights - 수정헌법 제1~10조를 말한다)의 여러 조항으로부터 유추될 수 있고, 부부 사이의 프라이버시권(the right to privacy in marital relations)은 수정헌법 제1, 3, 4, 9조로부터는 발생한다고 판시하였다.

21) 전상현, "기본권으로서의 개인정보자기결정권: 개인정보자기결정권의 헌법상 근거와 보호영역", 데이터오너십, 박영사, 2019, 82면. 위 논문에서는 미국에서의 논의에 관한 최희경, "미국 헌법상 정보 프라이버시권", 법학논집, 제19권 제2호, 2014, 36-45면; 김선희, 미국의 정보 프라이버시권과 알권리에 관한 연구, 헌법재판소 헌법재판연구원, 2018, 30-42면 등을 소개하고 있다.

22) William L. Prosser, "Privacy", 48 Cal.L.Rev. 383, 1960.

23) 권영준, "프라이버시 보호의 정당성, 범위, 방법", 사법, 제1권 제41호, 2017, 283면.

24) 김민호, "주민등록번호 변경과 개인정보자기결정권", 개인정보 판례백선, 박영사, 2022, 51면에서는 Warren과

그 후 Prosser의 1960년 논문(Privacy)에서는 판례가 Warren과 Brandeis의 위 논문에서 제안된 프라이버시권을 받아들였는지를 조사하여 4가지 유형의 민사불법행위 즉 ① 사적 평온함에 대한 침입(intrusion upon solitude or seclusion), ② 사적 사실의 공중에 대한 공표(public disclosure of private facts), ③ 공중에게 개인에 대한 왜곡된 인식을 심어주는 행위(false light in the public eye), ④ 성명, 초상 등 동일성 표지의 상업적 도용(appropriation of name or likeness)이 인정되었다는 점을 확인하면서 그중 '② 사적 사실의 공중에 대한 공표'만이 Warren과 Brandeis가 염두에 둔 것이었다고 지적하였다.[25] Prosser의 이와 같은 분류방법은 불법행위에 관한 리스테이트먼트(Restatement)에 수용되었고, 이로써 미국에서 프라이버시권이 사적 구제수단으로서 확고한 토대를 이루는 데 기여하였다고 평가된다.[26]

정보주체가 스스로 자신의 정보에 대한 '적극적 통제권'을 가져야 한다는 주장은 Alan Westin의 1967년 단행본을 통해 최초로 주장되었다. 전화 등 통신기기가 발전한 사회에서 발생할 수 있는 프라이버시 침해 사례로 감청, 심문, 정보의 대량수집·처리를 다루면서, 특히 정보의 대량수집·처리에 따른 프라이버시 침해는 '정보감시(data surveillance)', 즉 정보주체가 자발적으로 공개한 정보일지라도 공개목적을 벗어나는 등 정보공개 조건이 지켜지지 않아 결과적으로 정보주체가 원하지 않는 정보공개상황도 포함한다고 보았다.[27][28] 이러한 맥락에서 Alan Westin

---

Brandeis의 논의 이후 프라이버시에 대한 정의가 계속 진화·발전되었다고 하면서, Alan Westin의 견해 외에도 인격권으로서 인격침해로부터 개인의 자주성·존엄성·완전성을 보호할 수 있는 권리라는 견해, 비밀·익명성·고립성 등 세 요소를 가지며 그것이 자신의 의사나 타인의 행위에 의하여 상실될 수 있는 상태라는 견해 등을 소개하고 있다.

25) 박경신, "구글 스페인 유럽사법재판소 판결 평석 -개인정보자기결정권의 유래를 중심으로-", 세계헌법연구, 제20권 3호, 2014, 38-39면.
26) 권영준, "프라이버시 보호의 정당성, 범위, 방법", 사법, 제1권 제41호, 2017, 284면.
27) 박경신, "구글 스페인 유럽사법재판소 판결 평석 -개인정보자기결정권의 유래를 중심으로-", 세계헌법연구, 제20권 3호, 2014, 38-39면. '정보감시(data surveillance)' 개념을 포함한 Alan Westin의 주장에 대한 상세한 내용은 박경신, "구글 스페인 유럽사법재판소 판결 평석 -개인정보자기결정권의 유래를 중심으로-", 세계헌법연구, 제20권 3호, 2014, 44면 이하 참조.
28) 우리 헌법재판소도 사회 일반이 아닌 국가의 의한 정보감시의 위험성을 염두에 두기는 하였으나, Alan Westin이 정보감시(data surveillance)로부터 개인을 보호하기 위하여 개인정보자기결정권(프라이버시)의 필요성을 주장한 것과 같은 취지의 판시를 한 바가 있다(아래 판시 중 "국가의 개인에 대한 감시능력이 현격히 증대되어 국가가 개인의 일상사를 낱낱이 파악할 수 있게 되었다. 이와 같은 사회적 상황 하에서 개인정보자기결정권을 헌법상 기본권으로 승인하는 것은 현대의 정보통신기술의 발달에 내재된 위험성으로부터 개인정보를 보호함으로써 궁극적으로는 개인의 결정의 자유를 보호하고" 부분),
〈헌법재판소 2005.5.26. 선고 99헌마513 결정(지문날인제도 사건)〉 새로운 독자적 기본권으로서의 개인정보자기결정권을 헌법적으로 승인할 필요성이 대두된 것은 다음과 같은 사회적 상황의 변동을 그 배경으로 한다고 할 수 있다. 인류사회는 20세기 후반에 접어들면서 컴퓨터와 통신기술의 비약적인 발전에 힘입어 종전의 산업사회에서 정보사회로 진입하게 되었고, 이에 따른 정보환경의 급격한 변화로 인하여 개인정보의 수집·처리와 관련한 사생활보호라는 새로운 차원의 헌법문제가 초미의 관심사로 제기되었다. 현대에 들어와 사회적 법치국가의 이념 하에 국가기능은 점차 확대되어 왔고, 이에 따라 국가의 급부에 대한 국민의 기대도 급격히 높아지고 있다. 국가가 국민의 기대에 부응하여 복리증진이라는 국가적 과제를 합리적이고 효과적으로 수행하기 위해서는 국가에 의한 개인정보의 수집·처리의 필요성이 증대된다. 오늘날 정보통신기술의 발달은 행정기관의 정보 수집 및 관리 역량을 획기적으로 향상시킴으로써 행정의 효율성과 공정성을 높이는 데 크게 기여하고 있다. 이와 같이 오늘날 국민이은 프라이버시(privacy)를 '언제 · 어떻게 · 어디까지 자신에 대한 정보가 타인에게 전달될 수 있는지를 스스로 결정할 수 있는 개인, 집단, 기관의 청구권'[29]이라고 정의하였다.[30] 이러한 프라이버시권의 개념은 사회적 상호작용의 하위집합으로서 정보 프라이버시에 초점을 맞추고 물리적 · 심리적 수단을 통해 사회 전반으로부터 자신의 정보에 대한 자발적 · 임시적 철회를 포함하며, 개인의 불투명함에 대한 요구, 즉 프라이버시는 그 자체가 목적이 아니라 자아실현을 목적으로 하는 수단으로 이해할 수 있다.[31]

Alan Westin의 위와 같은 적극적인 정보통제권 개념은 미국, 영국 등 영미법 체계의 각국 정부들의 연구를 촉발시켰고 '공정한 정보처리 원칙(fair information practice principles)'으로서 법 내지 정책으로 구체화되었고, 독일의 1983년 연방헌법재판소의 인구조사판결에도 영향을 미쳤다.[32] [33]

대륙법계에서 개인정보자기결정권은 1983년 독일의 인구조사판결(Volkszählungsurteil)[34]에서 최초로 인정되었는데,[35] 독일의 한 문헌에서 '정보 자기결정권(Informationelle Selbstbestimmung)'이

급부행정의 영역에서 보다 안정적이고 공평한 대우를 받기 위해서는 정보기술의 뒷받침이 필연적이라고 할 수 있다. 현대의 정보통신기술의 발달은 그 그림자도 짙게 드리우고 있다. 특히 컴퓨터를 통한 개인정보의 데이터베이스화가 진행되면서 개인정보의 처리와 이용이 시공에 구애됨이 없이 간편하고 신속하게 이루어질 수 있게 되었고, 정보처리의 자동화와 정보파일의 결합을 통하여 여러 기관간의 정보교환이 쉬워짐에 따라 한 기관이 보유하고 있는 개인정보를 모든 기관이 동시에 활용하는 것이 가능하게 되었다. 오늘날 현대사회는 개인의 인적 사항이나 생활상의 각종 정보가 정보주체의 의사와는 전혀 무관하게 타인의 수중에서 무한대로 집적되고 이용 또는 공개될 수 있는 새로운 정보환경에 처하게 되었고, 개인정보의 수집 · 처리에 있어서의 국가적 역량의 강화로 국가의 개인에 대한 감시능력이 현격히 증대되어 국가가 개인의 일상사를 낱낱이 파악할 수 있게 되었다. 이와 같은 사회적 상황 하에서 개인정보자기결정권을 헌법상 기본권으로 승인하는 것은 현대의 정보통신기술의 발달에 내재된 위험성으로부터 개인정보를 보호함으로써 궁극적으로는 개인의 결정의 자유를 보호하고, 나아가 자유민주체제의 근간이 총체적으로 훼손될 가능성을 차단하기 위하여 필요한 최소한의 헌법적 보장장치라고 할 수 있다.

29) Alan F. Westin, Privacy and Freedom, New York: Athenum., 1967, p.5("the claim of individuals, groups, or institutions to determine for themselves when, how, and to what extent information about them is communicated to others").
30) Alan Westin은 프라이버시권을 정의하고 있지만, 그 내용을 살펴보면 사실상 개인정보자기결정권을 정의한 것으로 이해할 수 있다[전상현, "기본권으로서의 개인정보자기결정권: 개인정보자기결정권의 헌법상 근거와 보호영역", 데이터오너십, 박영사, 2019, 80면].
31) Caroline Rizza et al., Welcome to Airstrip One: someone is (surely) taking care of your privacy!, Conference: International Association for Development of the Information Society (IADIS) International ConferenceAt: Lisboa, Portugal, 2012.
32) 박경신, "구글 스페인 유럽사법재판소 판결 평석 -개인정보자기결정권의 유래를 중심으로-", 세계헌법연구, 제20권 3호, 2014, 39면.
33) 권영준, "프라이버시 보호의 정당성, 범위, 방법", 사법, 제1권 제41호, 사법발전재단, 2017, 284면에서는 프랑스, 영국, 일본의 현황에 대해 다음과 같이 설명하고 있다. 즉 프랑스는 19세기 중반부터 판례를 통해 프라이버시의 보호를 인정해 왔고, 1970년 민법 제9조에 프라이버시 보호를 명문으로 규정하는 개정을 하였으며, 영국은 프라이버시권의 독자적 권리성을 부정하였으나 1998년 인권법(human Rights Act) 제8조에서 프라이버시에 대한 법적 보호의 가능성을 열어두었고, 일본도 1964년 동경지방재판소가 '소설 잔치의 흔적 사건'에서 프라이버시권을 명시적으로 인정한 뒤 학설과 판례를 통해 프라이버시권에 대한 법리를 발전시켜오고 있다.
34) BVerfGE 65, 1.
35) 박경신, "구글 스페인 유럽사법재판소 판결 평석 -개인정보자기결정권의 유래를 중심으로-", 세계헌법연구, 제20권 3호, 2014, 47면.

라는 개념으로 처음 소개된 것에 기인한 것으로 보이고, 이는 독일 기본법 제2조 제1항에서 규정한 인격의 일반적 발현권(Recht auf die freie Entfaltung seiner Persönlichkeit)에 근거를 둔 일반적 인격권으로부터 도출된다.[36] 독일 연방헌법재판소는 위 인구조사판결에서 인구조사법에 따라 인구조사국이 개인의 습관, 출근 교통수단, 부업 내역, 학력 등 매우 자세한 정보를 국민들로부터 요청하여 수집한 인구조사결과를 지방행정을 목적으로 지방정부들과 공유할 수 있도록 한 것에 대하여 위헌결정을 내렸는데, 국가가 개인에 대하여 수집한 많은 정보들을 조합하여 개인의 인격 전체를 구성해 낼 수 있게 되면 개인의 행동의 자유에 위축효과를 미칠 위험이 있다고 지적하면서 이러한 위험을 통제할 수 있는 각 개인의 권리를 '정보자기결정권'이라고 명명하였다.[37]

법적 구속력이 있는 유럽기본권헌장(Charter of Fundamental Rights of the European Union)[38]도 제8조에서 개인정보보호에 관한 권리(the right to protection of personal data)를 규정하고 있고,[39] 유럽사법재판소(The Court of Justice of the European Union)는 위 제8조의 개인정보보호에 관한 권리가 제7조의 사생활의 권리(the right to respect for private life)[40]에 근거한 것으로서 두 조항은 서로 밀접하게 연계되어 개인정보의 처리에 있어서의 사생활에 관한 권리를 구성한다고 판시한 바가 있다.[41] 유럽기본권헌장이 개인정보보호를 프라이버시와 분리하여 별도의 기본권으로 명시한 것은 개인정보보호의 규범적 발전에 중요한 전기가 되었다.[42]

이와 같이 영미법계뿐만 아니라 대륙법계에서도 프라이버시 내지 일반적 인격권으로부터 개

---

36) 권영준, "개인정보 자기결정권과 동의 제도에 대한 고찰", 법학논총, 제36권 제1호, 2016, 677면.
37) 박경신, "구글 스페인 유럽사법재판소 판결 평석 -개인정보자기결정권의 유래를 중심으로-", 세계헌법연구, 제20권 3호, 2014, 47-48면(인구조사가 자세한 정보를 취득한 것 자체에 대해서는 위헌판단을 하지 않았고, 그렇게 취득한 정보를 인구조사국이 지방정부와 행정목적으로 공유한 것에 대해서만 위헌판단을 하였다).
38) 유럽기본권헌장은 유럽인권협약에 규정된 기본권과 자유 및 유럽사법재판소가 확인한 기본권 등 EU가 인정한 기본권을 모아서 규정한 법적으로 구속력이 있는 문서이다(박노형, 개인정보보호법(제2판), 박영사, 2023, 31면).
39) Article 8 Protection of personal data
   1. 모든 사람은 그에 관한 개인정보보호의 권리를 가진다(Everyone has the right to the protection of personal data concerning him or her).
   2. 이러한 정보는 명시적인 목적을 위해 공정하게, 그리고 정보주체의 동의 내지 법률에 근거하여 합법적으로 처리되어야 한다. 모든 사람은 자신에 대해 수집된 정보에 접근할 권리가 있고, 이를 바로잡을 권리가 있다(Such data must be processed fairly for specified purposes and on the basis of the consent of the person concerned or some other legitimate basis laid down by law. Everyone has the right of access to data which has been collected concerning him or her, and the right to have it rectified).
   3. 이러한 규칙에 부합되는지 여부는 독립된 기관에 의해 통제되어야 한다(Compliance with these rules shall be subject to control by an independent authority).
40) Article 7 Respect for private and family life
   모든 사람은 그이 사생활 및 가정생활, 주거 및 통신을 존중받을 권리를 가진다(Everyone has the right to respect for his or her private and family life, home and communications).
41) Joined Case C-293/12 Digital Rights Ireland Ltd. and C-594/12 Kärntner Landesregierung(2014.4.8.). 전상현, "기본권으로서의 개인정보자기결정권: 개인정보자기결정권의 헌법상 근거와 보호영역", 데이터오너십, 박영사, 2019, 81면에서 재인용.
42) 박노형, 개인정보보호법(제2판), 박영사, 2023, 31면.

인정보자기결정권이 분화되어 독자적인 의의를 가지고 발전되어 왔는데, 이러한 현상은 국제규범에 있어서도 발견된다.

현재 일반적으로 인정되는 개인정보보호의 기본원칙을 처음으로 제시한 OECD(경제협력개발기구) 프라이버시 가이드라인[43]은 1980.9.23. 채택되어 2013.7.11. 개정되었는데, 자동화된 데이터 처리의 발전으로 방대한 양의 데이터가 순식간에 국경을 넘어 이전될 수 있게 됨에 따라 개인정보에 관한 프라이버시 보호가 필요하다는 요청에 따른 것이었고, 위 가이드라인에서 염두에 둔 것은 일반적인 프라이버시가 아니라 개인정보에 초점을 맞춘 것으로 개인정보의 국경 간 이동 및 활용의 필요성을 전제로 개인정보에 대한 정보주체의 권리를 보호하기 위한 것이었다.

EC의 1995년 개인정보 보호지침[44]도 개인정보보호를 개인정보 처리에 관한 프라이버시에 대한 권리로서 기본권 차원에서 접근하였고 OECD 프라이버시 가이드라인과 마찬가지로 개인정보의 호보와 개인정보의 활용(개인정보의 자유로운 이동)을 같은 지위로 인정하였다. 이후 1995년 개인정보 보호지침과 달리 직접 법규적 효력이 있는 EU의 2016년 일반정보보호규칙(GDPR)[45]이 채택되어 시행되고 있는데, 1995년 개인정보 보호지침의 목적은 '개인정보 처리에 관한 프라이버시에 대한 권리의 보호'라고 규정하였으나,[46] 2016년 일반정보보호규칙(GDPR)에서는 그 목적을 '개인정보 처리에 관한 자연인의 보호 및 개인정보보호에 대한 권리 보호'로 규정하여[47] '프라이버시'에 대한 언급이 없다는 점이 주목할 만하다.[48]

---

43) Recommendation of the Council concerning Guidelines Governing the Protection of Privacy and Transborder Flows of Personal Data.
44) Directive 95/46/EC of the European Parliament and of the Council of 24 October 1995 on the protection of individuals with regard to the processing of personal data and on the free movement of such data.
45) REGULATION (EU) 2016/679 OF THE EUROPEAN PARLIAMENT AND OF THE COUNCIL of 27 April 2016 on the protection of natural persons with regard to the processing of personal data and on the free movement of such data, and repealing Directive 95/46/EC (General Data Protection Regulation).
46) DPD 제1조(지침의 목적)
   1. 이 지침에 따라 회원국들은 자연인의 기본적 권리와 자유 및 특히 개인정보의 처리에 관하여 프라이버시에 대한 권리를 보호하여야 한다.
   2. 회원국들은 제1항에 근거하여 주어지는 보호와 관련된 이유를 들어 회원국들 사이의 개인정보의 자유로운 이동을 제한하거나 금지해서는 아니 된다.
47) GDPR 제1조
   1. 본 규칙은 개인정보의 처리에 관하여 자연인의 보호에 관련된 규정 및 개인정보의 자유로운 이동에 관련된 규정을 정한다.
   2. 본 규칙은 자연인의 기본적인 권리와 자유 및 특히 개인정보의 보호에 대한 그의 권리를 보호한다.
   3. EU 내에서 개인정보의 자유로운 이동은 개인정보의 처리에 관하여 자연인의 보호에 관련된 이유로 제한되거나 금지되어서는 아니 된다.
48) 상세한 내용은 박노형, 개인정보보호법(제2판), 박영사, 2023, 30-34면 참조.

3. 개인정보자기결정권의 독자적인 의의: 중립적 개인정보에 대한 적극적·절차적 통제권

1) 개인정보에 대한 적극적·절차적 통제권

이와 같이 개인정보자기결정권은 프라이버시의 일부로 출발한 개념이기는 하나, 사생활 중 개인정보라는 영역에 대하여 보호되는 권리라는 점에서 독자적인 의의가 있다고 할 것이다.

특히 프라이버시의 범주를 ① 공간적 프라이버시(territorial privacy), ② 사적 프라이버시(personal privacy), ③ 정보 프라이버시(information privacy 내지 privacy of communications)로 구분할 경우,[49] 개인정보자기결정권은 '③ 정보 프라이버시'에 관계된 것이라 할 수 있고, 이와 유사한 용어로는 '데이터 보호(data protection), 데이터 보안(data security), 정보보안(information security)' 등을 생각해볼 수 있다. 물리적 침해로부터의 보호를 의미하는 '공간적 프라이버시'나 정신적 침해로부터 보호를 의미하는 '사적 프라이버시'가 소극적 보호에 중점을 둔 것과 달리 '정보 프라이버시'는 정보주체의 적극적 통제권을 가진다는 점에서 결을 달리한다고 볼 수 있다.[50]

마찬가지로 자유의 2가지 개념을 '간섭의 부재'인 소극적 자유와 '자기지배'를 핵심으로 하는 적극적 자유로 구성하는 사고[51]에 따르면 전통적인 프라이버시가 소극적 자유에 중점을 둔 반면 개인정보자기결정권은 적극적 자유에 방점을 두고 있다고도 볼 수 있다. 이는 '홀로 있을 권리(right to be let alone)'[52]에서 나아가 '정보감시(data surveillance)'로부터 정보주체를 지키기 위하여 자발적·임시적 철회를 포함하는 절차적 권리까지 포함하는 권리라는 의미라고도 이해할 수 있을 것이다.[53][54][55]

---

49) Joseph I. Rosenbaum, "privacy on the internet: whose information is it anyway?", Jurimetrics, Vol.38 No.4, 1998, 566-567; 박노형, 개인정보보호법(제2판), 박영사, 2023, 29-30면.

50) 박노형, 개인정보보호법(제2판), 박영사, 2023, 29-30면.

51) 권영준, "계약법의 사상적 기초와 그 시사점 -자율과 후견의 관점에서-", 저스티스, 제124호, 2011, 193면에서는 이를 이사야 벌린(Isaiah Berlin)의 사고라고 소개한다. 참고로 위 문헌에서는 약관을 통한 계약의 시스템화와 계약법에 있어서의 공동체적 가치의 강화로 인한 현대 계약법의 후견패러다임 강화현상 속에서 자율패러다임이 진정한 계약법의 원칙이 되기 위해서는 정보제공을 통한 자율토대를 강화하는 것이 필요하다고 주장하면서, 계약자 간의 정보제공의무가 다소간의 후견적 요소를 안고 있음에도 불구하고 계약법상 자율 패러다임을 유지하면서 후견을 통해 달성할 수 있는 결과를 가져올 수 있고, 이것이 바로 소극적 자율로부터 적극적 자율로의 이동이라고 설명하고 있다.

52) Thomas Cooley 판사의 1888년 저서인 'Law of Torts(2d ed.)'에서 처음 언급된 용어이다(권영준, "프라이버시 보호의 정당성, 범위, 방법", 사법, 제1권 제41호, 2017, 282면).

53) 변재옥, 정보화사회에 있어서 프라이버시의 권리 -미국의 경우를 중심으로-, 서울대학교 법학박사학위논문, 1979, 29-33면[정보화사회에서 프라이버시권은 전통적·소극적 개념인 '혼자 있을 권리(right to let be alone)'에서 현대적·적극적 개념인 '자기정보에 대한 통제권'을 의미하는 것으로 재구성되고 있다. 전상현, "기본권으로서의 개인정보자기결정권: 개인정보자기결정권의 헌법상 근거와 보호영역", 데이터오너십, 박영사, 2019, 80면에서 재인용. 참고로 변제옥의 위 논문은 우리나라에서 프라이버시에 관한 최초의 본격적인 논의로 평가받고 있다(성낙인, "프라이버시와 개인정보보호를 위한 입법정책적 과제", 영남법학, 제5권 제1·2호, 1999, 25면). 또한 사생활의 비밀과 자유는 소극적·방어적 권리임에 반해, 개인정보자기결정권은 타인에 의한 개인정보의 무분별한 수집이나 이용

이와 같은 개인정보자기결정권의 적극적·절차적 특징은 프라이버시와 달리 개인정보의 이용 내지 활용을 전제로 하고 있다는 점에 기인하는 듯하다. 개인정보에 관한 대부분의 국제규범은 모두 개인정보의 이동과 이용을 불가피한 현상이라는 전제에서 개인정보의 보호와 이용의 조화를 꾀하고 있다는 점은 앞서 본 바와 같다. 우리 「개인정보보호법」도 같은 맥락에서 제3조(개인정보 보호 원칙)에서 최소수집의 원칙, 열람청구권 등 정보주체의 권리보장 원칙 등을 규정한 것이라고 이해할 수 있다.

2) 중립적 정보에 대한 통제권

아래에서 보는 바와 같이 개인정보자기결정권은 헌법에 명시되지는 않았으나 「헌법」 제10조(인간의 존엄성, 행복추구권), 「헌법」 제17조(사생활의 비밀과 자유) 등에 근거하여 인정되는 독자적인 기본권이다. 이와 같이 헌법에 명시되어 있지 않음에도 독자적인 기본권을 인정하는 것은 기본권에 의한 보호영역이 확장되거나 그 보호가 강화된다는 것을 의미하고, 특히 헌법상 명시된 기본권만으로는 보호할 수 없는 영역이 존재하기 때문이다.[56]

「헌법」 제10조로부터 도출되는 일반적 인격권이나 「헌법」 제17조가 보호하는 사생활의 영역을 벗어나는 개인정보도 존재한다. 예를 들어 지문정보나 주민등록번호 등이 노출된다고 하여 그 자체로는 인격이나 사생활을 진지하게 제한 내지 침해한다고 보기는 어렵다. 그러나 이러한 개인에 대한 정보가 현대사회의 발전된 정보처리기술의 환경 하에서 노출될 경우에는 다른 정보와의 결합이나 정보처리의 대량화를 거쳐 인격이나 사생활을 침해하는 사태로 전환될 수 있다는 점에서 예방적인 보호의 필요성이 생기게 된다. 앞서 본 바와 같이 프라이버시권의 발전

등에 대해 정보주체가 적극적인 통제권을 갖는 것을 의미한다는 점에서 적극적·능동적 권리라는 분석(지성우, "빅데이터 환경과 개인정보 보호방안", 헌법재판연구, 제4권, 제2호, 2017, 56면), 개인정보자기결정권의 독자적 기본권으로서의 기능 중 하나는 자신에 대한 정보의 열람과 정정, 이용중지, 삭제 등을 요구할 수 있는 적극적인 청구권이라는 분석(전상현, "기본권으로서의 개인정보자기결정권: 개인정보자기결정권의 헌법상 근거와 보호영역", 데이터오너십, 박영사, 2019, 90면), 프라이버시를 '사생활의 비밀과 자유'로 본다면 개인정보자기결정권은 프라이버시의 하위개념으로 볼 수 있지만 프라이버시를 '사생활의 비밀'이라는 소극적 권리로 볼 경우 개인정보자기결정권은 '사생활의 자유'라는 적극적인 보호형성권으로 볼 수 있다는 분석(김민호, "주민등록번호 변경과 개인정보자기결정권", 개인정보 판례백선, 박영사, 2022, 52면) 등도 있다.

54) 개인정보자기결정권은 사생활의 비밀에 대한 침해를 예방하는 역할을 하는 규범으로 사생활의 비밀(프라이버시)에 대한 침해를 방지하기 위한 절차적 보호수단이라는 주장으로는 박경신, "사생활의 비밀의 절차적 보호규범으로서의 개인정보보호법리 -개인정보보호법 및 위치정보보호법의 해석 및 적용의 헌법적 한계-", 공법연구, 제40집 제1호, 2011, 129면 등이 있다(전상현, "기본권으로서의 개인정보자기결정권: 개인정보자기결정권의 헌법상 근거와 보호영역", 데이터오너십, 박영사, 2019, 89면 재인용).

55) 한편 보호의 대상에 있어서도 약간의 차이가 있다고 설명되기도 한다. 프라이버시의 영역에 속하지 않는 공개된 개인정보나 비식별화된 개인정보는 프라이버시의 보호대상은 아니지만 개인정보자기결정권의 보호대상이 되고, 반면 사적인 주거공간이나 개인 간의 통신, 비밀스러운 가족사 등은 개인정보에 해당하지 않아 개인정보자기결정권의 보호대상이 아니라고 한다(권영준, "프라이버시 보호의 정당성, 범위, 방법", 사법, 제1권 제41호, 2017, 288-289면).

56) 전상현, "기본권으로서의 개인정보자기결정권: 개인정보자기결정권의 헌법상 근거와 보호영역", 데이터오너십, 박영사, 2019, 86-90면.

은 정보처리기술의 비약적인 발전이라는 사회환경적 변화에 따라 도입된 기본권이라 할 것인데, 이러한 과정을 통해 중립적 정보라 하더라도 이러한 정보처리기술의 발전에 따른 인격과 사생활의 침해를 사전에 예방할 필요성에 대하여 사회적·법적 공감대가 형성되었다는 것을 알 수 있다. 이는 Alan Westin이 주장한 '정보감시(data surveillance)로부터 정보주체의 정보통제권 보장의 필요성'과 맥을 같이한다고 할 것이다.

이러한 점에서 개인정보자기결정권은 '중립적인 정보'에 대한 통제권으로서 독자적인 의의를 갖는다고 할 수 있다. 정보의 성질상 그 자체만으로는 개인에 대한 사회적 평가나 인격에 영향을 미치기 어려운 정보인 이른바 중립적 정보(neutral information)의 경우에도 그 정보의 수집과 이용에 따른 잠재적 위험으로부터 개인을 보호하기 위하여 새롭게 인정된 기본권이라 할 것이다.[57] 유럽사법재판소도 유럽기본권헌장 제7조(사생활의 보호)인지 제8조(개인정보의 보호)인지는 문제된 정보의 성질(nature)에 달려있다고 하면서 신분증에 기재된 사항들처럼 개인을 특정하는 중립적 정보(neutral information)는 제8조(개인정보의 보호)가 적용되고, 내밀한 사항(intimacy)을 포함하여 사생활 또는 사생활의 비밀에 관련되는 정보들은 제7조(사생활의 보호)가 적용된다고 판단하였다.[58]

III. 헌법상 기본권인 개인정보자기결정권과 실정법인 개인정보보호법의 관계

1. 개인정보자기결정권의 의의 및 인정근거

1) 헌법재판소와 대법원이 인정한 개인정보자기결정권의 정의

우리 헌법재판소는 2005년 개인정보자기결정권을 명시적으로 인정한 2건의 결정을 내렸는데, 특히 지문날인제도 사건(99헌마513 결정)은 당시 시민단체를 중심으로 사회와 학계에서 논의가 많았던 개인정보권에 대하여 헌법재판소의 의견을 처음 밝힌 결정으로서 의의가 크다.[59]

헌법재판소 2005.5.27. 선고 99헌마513 결정은 "개인정보자기결정권은 자신에 관한 정보가 언제 누구에게 어느 범위까지 알려지고 또 이용되도록 할 것인지를 그 정보주체가 스스로 결정할 수 있는 권리, 즉 정보주체가 개인정보의 공개와 이용에 관하여 스스로 결정할 권리를 말한다."고 하여 개인정보자기결정권을 최초로 인정하였고, 약 2달 뒤 내려진 'NEIS(국가교육정보

---

57) 전상현, "기본권으로서의 개인정보자기결정권: 개인정보자기결정권의 헌법상 근거와 보호영역", 데이터오너십, 박영사, 2019, 86-90면.

58) Joined Case C-293/12 Digital Rights Irelans Ltd. and C-594/12 Kärntner Landesregierung(2013. 12. 12.). 전상현, "기본권으로서의 개인정보자기결정권: 개인정보자기결정권의 헌법상 근거와 보호영역", 데이터오너십, 박영사, 2019, 90면에서 재인용(유럽사법재판소는 위 사건에서 제8조는 주로 정보의 처리에 대한 보호를, 제7조는 정보 그 자체에 대한 보호를 위한 것이라고도 판시하였다).

59) 권헌영, "개인정보권의 헌법적 수용 -헌법재판소 결정 분석을 중심으로-", 토지공법연구, 제35집, 2007, 316면.

시스템) 사건'인 헌법재판소 2005.7.21. 선고 2003헌마282 결정에서도 같은 내용으로 판시하였으며, 이후 개인정보 관련 사건에서 반복적으로 설시하고 있다.

한편 대법원은 '국군보안사령부의 민간사찰 사건'인 대법원 1998.7.24. 선고 96다42789 판결에서 개인정보자기결정권의 개념이 헌법 조항에서 도출된다는 점을 처음 인정하였다. 즉 "「헌법」 제10조(인간의 존엄성, 행복추구권), 「헌법」 제17조(사생활의 비밀과 자유)는 개인의 사생활 활동이 타인으로부터 침해되거나 사생활이 함부로 공개되지 아니할 소극적인 권리는 물론, 오늘날 고도로 정보화된 현대사회에서 자신에 대한 정보를 자율적으로 통제할 수 있는 적극적인 권리까지도 보장하려는 데에 그 취지가 있다."고 판시하였고,[60] 이후 변호사 정보제공에 관한 '로마켓 사건'인 대법원 2011.9.2. 선고 2008다42430 전원합의체 판결에서도 같은 취지로 판시하였다.

우리 대법원이 '개인정보자기결정권'이라는 용어를 명시적으로 사용한 것은 '국회의원의 전교조명단 공개사건'인 대법원 2014.7.24. 선고 2012다49933 판결에서 최초였는데,[61] "인간의 존엄과 가치, 행복추구권을 규정한 「헌법」 제10조 제1문에서 도출되는 일반적 인격권 및 「헌법」 제17조의 사생활의 비밀과 자유에 의하여 보장되는 개인정보자기결정권은 자신에 관한 정보가 언제 누구에게 어느 범위까지 알려지고 또 이용되도록 할 것인지를 그 정보주체가 스스로 결정할 수 있는 권리이다. 개인정보자기결정권의 보호대상이 되는 개인정보는 개인의 신체, 신념, 사회적 지위, 신분 등과 같이 개인의 인격주체성을 특징짓는 사항으로서 그 개인의 동일성을 식별할 수 있게 하는 일체의 정보라고 할 수 있고, 반드시 개인의 내밀한 영역에 속하는 정보에 국한되지 않고 공적 생활에서 형성되었거나 이미 공개된 개인정보까지 포함한다."고 판시하였다. 이후 사실관계가 같은 사안인 대법원 2015.10.15. 선고 2014다77970 판결과 '로앤비 사건'인 대법원 2016.8.17. 선고 2014다235080 판결 등에서도 같은 취지의 판시가 있었다.

헌법재판소와 대법원이 인정한 개인정보자기결정권의 정의는 "자신에 관한 정보가 언제 누구에게 어느 범위까지 알려지고 또 이용되도록 할 것인지를 그 정보주체가 스스로 결정할 수 있는 권리"로서 동일하고, 이는 Alan Westin의 프라이버시(privacy) 정의인 '언제·어떻게·어디

---

60) 대법원 1998.7.24. 선고 96다42789 판결(헌법 제10조는 "모든 국민은 인간으로서의 존엄과 가치를 가지며, 행복을 추구할 권리를 가진다. 국가는 개인이 가지는 불가침의 기본적 인권을 확인하고 이를 보장할 의무를 진다."고 규정하고, 헌법 제17조는 "모든 국민은 사생활의 비밀과 자유를 침해받지 아니한다."라고 규정하고 있는바, 이들 헌법 규정은 개인의 사생활 활동이 타인으로부터 침해되거나 사생활이 함부로 공개되지 아니할 소극적인 권리는 물론, 오늘날 고도로 정보화된 현대사회에서 자신에 대한 정보를 자율적으로 통제할 수 있는 적극적인 권리까지도 보장하려는 데에 그 취지가 있는 것으로 해석되는바, 원심이 적법하게 확정한 바와 같이, 피고 산하 국군보안사령부가 군과 관련된 첩보 수집, 특정한 군사법원 관할 범죄의 수사 등 법령에 규정된 직무범위를 벗어나 민간인인 원고들을 대상으로 평소의 동향을 감시·파악할 목적으로 지속적으로 개인의 집회·결사에 관한 활동이나 사생활에 관한 정보를 미행, 망원 활용, 탐문채집 등의 방법으로 비밀리에 수집·관리하였다면, 이는 헌법에 의하여 보장된 원고들의 기본권을 침해한 것으로서 불법행위를 구성한다고 하지 않을 수 없다).

61) 그 이전에는 2012다49933 판결의 가처분사건인 대법원 2011. 5. 24.자 2011마319 결정에서 원심 판시를 설시하면서, '불기소사건에 대한 정보비공개처분 사건'인 대법원 2012.6.18. 선고 2011두2361 전원합의체 판결의 다수의견에 대한 보충의견에서 각 '개인정보자기결정권'이라는 용어를 사용하였다.

까지 자신에 대한 정보가 타인에게 전달될 수 있는지를 스스로 결정할 수 있는 개인, 집단, 기관의 청구권'과 크게 다르지 않다고 할 것이다.

2) 인정근거

우리 「헌법」 제37조 제1항은 '국민의 자유와 권리는 헌법에 열거되지 아니한 이유로 경시되지 아니한다'고 규정하여 헌법이 규정하고 있지 않은 자유나 권리도 기본권으로 보호될 가능성을 인정하고 있다. 그러나 위 조항은 헌법이 규정하지 않은 기본권을 승인하는 것에 대한 헌법적 정당성을 부여하는 근거가 될 수 있을지언정 헌법에 열거되지 않은 기본권에 대한 헌법적 근거가 될 수는 없다.[62] 헌법상 열거되지 않은 기본권을 인정하는 경우 헌법상 근거가 무엇인지는 실질적인 의미를 가진다고 할 것인데, 어떤 상황에서 인정되는 헌법상 근거는 「헌법」 제37조 제2항[63]에서 정한 '기본권 제한의 법률유보 원칙'에 대한 학계 다수설과 헌법재판소의 입장인 중요사항유보설(본질사항유보설)[64]따라 입법부의 권한을 제약하고,[65] 또한 기본권의 헌법적 근거에 따라 보호의 대상과 목적이 결정되기 때문이다.[66]

개인정보자기결정권의 헌법적 근거에 대해서는, ① 헌법 제10조(인간의 존엄과 가치, 행복추구권)를 근거로 보는 견해,[67] ② 헌법 제17조(사생활의 비밀과 자유)를 근거로 보는 견해,[68] ③ 헌법 제10조와 제17조를 근거로 보는 견해,[69] ④ 국민주권원리와 민주주의원리에서 찾는 견해[70] 등

---

[62] 전상현, "기본권으로서의 개인정보자기결정권: 개인정보자기결정권의 헌법상 근거와 보호영역", 데이터오너십, 박영사, 2019, 73면.

[63] 헌법 제37조 제2항 국민의 모든 자유와 권리는 국가안전보장·질서유지 또는 공공복리를 위하여 필요한 경우에 한하여 법률로써 제한할 수 있으며, 제한하는 경우에도 자유와 권리의 본질적인 내용을 침해할 수 없다.

[64] 기본권 제한에 대해서는 침해유보설, 전부유보설, 급부행정유보설, 권력행위유보설 등이 있으나, 국민의 권리와 의무에 관한 중요한 사항에 대한 행정권의 발동은 반드시 국민의 대표기관인 국회가 정한 법률에 근거하여야 한다는 중요사항유보설(본질사항유보설)이 학계의 다수설이자 헌법재판소의 태도(헌법재판소 1992.11.12. 선고 89헌마88 결정 등)이다.

[65] 전상현, "기본권으로서의 개인정보자기결정권: 개인정보자기결정권의 헌법상 근거와 보호영역", 데이터오너십, 박영사, 2019, 73면; 권헌영, "개인정보권의 헌법적 수용 -헌법재판소 결정 분석을 중심으로-", 토지공법연구, 제35집, 2007, 328면.

[66] 전상현, "기본권으로서의 개인정보자기결정권: 개인정보자기결정권의 헌법상 근거와 보호영역", 데이터오너십, 박영사, 2019, 74면.

[67] 정태호, "개인정보자결권의 헌법적 근거 및 구조에 대한 고찰", 헌법논총, 제14집, 2003, 423-431면; 한수웅, "헌법상 인격권", 헌법논총, 제13집, 2002, 649면; 문재완, "개인정보 보호법제의 헌법적 고찰", 세계헌법연구, 제19권 2호, 2013, 280-281면; 양건, 헌법강의, 법문사, 2018, 551, 554면 등.

[68] 권영성, 헌법학원론, 법문사, 2010, 458면; 김일환, "정보자기결정권의 헌법상 근거와 보호에 관한 연구", 공법연구, 제29집 제3호, 2001, 100-102면; 권건보, 개인정보보호와 자기정보통제권, 경인문화사, 2005, 91-93면; 전상현, "기본권으로서의 개인정보자기결정권: 개인정보자기결정권의 헌법상 근거와 보호영역", 데이터오너십, 박영사, 2019, 85면 등.

[69] 김철수, 헌법학개론, 박영사, 2010, 667면; 김하열, 헌법강의, 박영사, 2018, 529-530면; 정태호, "개인정보자결권의 헌법적 근거 및 구조에 대한 고찰", 헌법논총, 제14집, 2003, 421면 등.

[70] 김종철, "헌법적 기본권으로서의 개인정보통제권의 재구성을 위한 시론", 인터넷법률, 제4호, 2001, 43면은 자유로운 인격의 보장과 관련해서는 헌법 제10조를, 민주적 통제와 감시기능과 관련해서는 국민주권의 원리와 민주주의원칙을 개인정보자기결정권의 근거로 제시하고 있다.

이 있다.[71]

이와 같이 다양한 견해가 주장되는 이유는 개인정보자기결정권의 보호대상과 적극적 통제권이라는 속성을 어떠한 헌법적 근거에서 찾는지, 근거가 되는 헌법 조항이 어떠한 성격을 갖는지 등에 대한 관점에 따라 달라지는 것으로 이해될 수 있다.

헌법 제10조를 근거로 보는 견해 중 개인정보자기결정권의 보호대상에는 공적 영역에 속하거나 이미 공개된 정보도 포함되기 때문에 헌법 제17조로 포섭할 수 없다는 점을 근거로 하는 견해[72]나 개인정보자기결정권은 사적인 생활영역에 속하는 사항이 아니라 사회생활의 영역에서 형성되는 인격상을 보호하기 위한 것이기 때문에 헌법 제17조는 근거가 될 수 없다는 견해[73], 그리고 개인정보자기결정권은 자유로운 인격권 발현의 조건으로서 일반적 인격권의 성격을 갖기 때문에 사생활의 자유에 국한된 헌법 제17조를 근거로 할 수 없다는 견해[74]도 이러한 맥락에서 비롯된 것이라고 볼 수 있다. 또한 헌법 제10조와 제17조를 함께 근거로 보아야 한다는 견해 중 개인정보자기결정권의 보호대상에는 공적·사회적 영역에서 생성된 정보도 포함되기 때문에 양자를 함께 근거로 해야 한다는 견해[75]나 개인정보자기결정권의 소극적인 측면은 헌법 제17조에서, 적극적인 측면은 헌법 제10조에서 찾아야 한다는 견해[76]도 마찬가지로 이해할 수 있고, 헌법 제17조 중 사생활의 자유에는 적극적 통제권까지 포함된다고 해석할 수 있기 때문에 헌법 제17조를 근거로 해야 한다는 견해[77]도 있다.

우리 헌법재판소는 개인정보자기결정권을 최초로 인정한 지문날인제도 사건에서는 '독자적 기본권으로서 헌법에 명시되지 아니한 기본권'이라고 판시하였다가,[78] 약 2달 뒤 선고한 'NEIS(국가교육정보시스템) 사건'에서는 헌법 제10조 제1문 및 제17조에 근거한다고 판시하였으며,[79][80]

---

71) 권헌영, "개인정보권의 헌법적 수용 -헌법재판소 결정 분석을 중심으로-", 토지공법연구, 제35집, 2007, 327면; 전상현, "기본권으로서의 개인정보자기결정권: 개인정보자기결정권의 헌법상 근거와 보호영역", 데이터오너십, 박영사, 2019, 75-85면.

72) 정태호, "개인정보자결의 헌법적 근거 및 구조에 대한 고찰", 헌법논총, 제14집, 2003, 423-431면.

73) 문재완, "개인정보 보호법제의 헌법적 고찰", 세계헌법연구, 제19권 2호, 2013, 280-281면.

74) 한수웅, "헌법상 인격권", 헌법논총, 제13집, 2002, 649면.

75) 김하열, 헌법강의, 박영사, 2018, 529-530면.

76) 김철수, 헌법학개론, 박영사, 2010, 667면.

77) 전상현, "기본권으로서의 개인정보자기결정권: 개인정보자기결정권의 헌법상 근거와 보호영역", 데이터오너십, 박영사, 2019, 81-85면.

78) 헌법재판소 2005.5.26. 선고 99헌마513 결정(개인정보자기결정권의 헌법상 근거로는 헌법 제17조의 사생활의 비밀과 자유, 헌법 제10조 제1문의 인간의 존엄과 가치 및 행복추구권에 근거를 둔 일반적 인격권 또는 위 조문들과 동시에 우리 헌법의 자유민주적 기본질서 규정 또는 국민주권원리와 민주주의원리 등을 고려할 수 있으나, 개인정보자기결정권으로 보호하려는 내용을 위 각 기본권들 및 헌법원리들 중 일부에 완전히 포섭시키는 것은 불가능하다고 할 것이므로, 그 헌법적 근거를 굳이 어느 한두 개에 국한시키는 것은 바람직하지 않은 것으로 보이고, 오히려 개인정보자기결정권은 이들을 이념적 기초로 하는 독자적 기본권으로서 헌법에 명시되지 아니한 기본권이라고 보아야 할 것이다).

79) 헌법재판소 2005.7.21. 선고 2003헌마282 결정(인간의 존엄과 가치, 행복추구권을 규정한 헌법 제10조 제1문에서 도출되는 일반적 인격권 및 헌법 제17조의 사생활의 비밀과 자유에 의하여 보장되는 개인정보자기결정권은 자신에 관한 정보가 언제 누구에게 어느 범위까지 알려지고 또 이용되도록 할 것인지를 그 정보주체가 스스로 결정할

우리 대법원도 'NEIS(국가교육정보시스템) 사건'을 원용하여 헌법 제10조 제1문 및 제17조에 근거한다고 판시하였다.[81]

한편 독일은 독일기본법에 사생활의 비밀과 자유에 관한 명시적인 조항이 없어 독일기본법 제2조에서 도출되는 '일반적인 인격권'에서 찾고 있고, 개인정보자기결정권에 대해서도 이러한 일반적인 인격권에 의해 보장된다고 보고 있다.[82][83]

미국도 사생활의 비밀과 자유(privacy)를 헌법에 명시하고 있지 않으나, 1965년 연방대법원의 Griswold v. Connecticut 판결에서 프라이버시 권리를 명시적으로 인정하였고, 구체적인 영역별로 프라이버시가 문제되는 개별 사안에 따라 그 근거가 되는 헌법 조항을 달리 찾고 있다.[84] 다만 개인정보자기결정권을 독자적인 권리로 인정하고 있는지에 대해서는 평가가 나뉘고 있음은 앞서 본 바와 같다.

3) 개인정보자기결정권의 사법적 성격: 인격권

개인정보자기결정권의 근거를 헌법상 기본권 외에 사법상 인격권에서도 찾는 견해[85]가 있다. 헌법의 기본권 조항은 국가와 사인 간의 관계를 규율하는 것이므로 사인 간의 개인정보 보호문제를 해결하기 위해서는 헌법과 사법관계를 이어주는 가교가 필요하고, 그 가교가 바로 인격권이라는 것이다.

개인정보자기결정권의 사법적 성격이 인격권이라는 점에는 큰 다툼이 없는 듯하고, 위 견해도 이러한 법적 성질을 규명하기 위한 논리전개로 이해할 수 있다. 즉 국가에 대한 기본권이라는 측면에서는 공권의 성격을 가지지만 사인 사이에서도 주장할 수 있다는 측면에서 사권의 성격을 가진다고 볼 것이다.[86]

수 있는 권리이다).

80) 그 이후 선고된 헌법재판소 2009.10.29. 선고 2008헌마257 결정, 헌법재판소 2010.5.27. 선고 2008헌마663 결정 등에서는 다시 '자유민주적 기본질서, 국민주권원리, 민주주의원리' 등을 언급하고 있다.

81) 대법원 2014.7.24. 선고 2012다49933 판결, 대법원 2015.10.15. 선고 2014다77970 판결 등.

82) 독일의 인구조사판결(Volkszählungsurteil)인 BVerfGE 65, 1.

83) 독일기본법 제2조 제1항의 '인격의 자유로운 발현권'의 내용은 크게 두 가지로 구분되는 보호영역을 가지는데, 하나는 '일반적 행동의 자유'이고, 다른 하나는 '일반적 인격권'이다. 독일기본법의 해석상 일반적 인격권은 사적인 사항에 대한 보호, 성명권, 명예권, 초상권, 자신의 인격상에 대한 권리, 자신의 생활영역에 대한 자기결정권 등을 포함한다('Michael Sachs, Verfassungsrecht II, Grundrechte, 2000'을 번역한 방승주 역, 헌법 II - 기본권론, 헌법재판소, 2002, 228-229면 참조. 전상현, "기본권으로서의 개인정보자기결정권: 개인정보자기결정권의 헌법상 근거와 보호영역", 데이터오너십, 박영사, 2019, 81-82면에서 재인용).

84) 전상현, "기본권으로서의 개인정보자기결정권: 개인정보자기결정권의 헌법상 근거와 보호영역", 데이터오너십, 박영사, 2019, 82면.

85) 권영준, "개인정보 자기결정권과 동의 제도에 대한 고찰", 법학논총, 제36권 제1호, 2016, 681-682면.

86) 권영준, "개인정보 자기결정권과 동의 제도에 대한 고찰", 법학논총, 제36권 제1호, 2016, 677-678면. 정상조·권영준, "개인정보의 보호와 민사적 구제수단", 법조, 제58권 제3호, 2009, 19-22면은 재산적 이익도 목적으로 하는 특수한 인격권이라 할 수 있고(초상영리권 등), 인격권의 확장은 타인의 일반적 행동의 자유를 구속하는 결과를 가져오기 때문에 어떻게 이익형량을 할 것인가가 인격권과 관련한 불법행위 소송에서 중요한 문제로 등장한다고 지

우리 민법상 인격권에 관한 명문의 규정이 없으나 헌법재판소도 개인정보자기결정권을 헌법 제10조에서 도출되는 일반적 인격권에 의하여 보장된다고 보고 있고, 관련 법률[87]뿐만 아니라 대법원[88]도 인격권을 명시적으로 승인하고 있다.[89] 우리 대법원은 개인정보보호법이 2011년 제정·시행되기 이전 사안에도 개인정보 침해행위에 대하여 금지청구, 손해배상청구를 받아들이면서 인격권을 그 근거로 판단하였다.[90] 즉 일반적 인격권이나 사생활의 비밀과 자유를 정하고 있는 헌법상 기본권 규정 역시 민법의 일반규정 등을 통하여 사법상 인격적 법익의 보장이라는 형태로 구체화될 수 있고, 나아가 정보주체의 동의 없이 그의 개인정보를 공개하는 것이 그 정보주체의 인격적 법익을 침해하는 것으로 평가할 수 있다면 위법성이 인정된다고 보았다.

2. 헌법재판소와 대법원 입장에 대하여 제기되는 문제점

1) 헌법적 근거에 대한 불명확한 논리와 개별 기본권의 약화

헌법재판소는 개인정보자기결정권의 헌법적 근거로 「헌법」 제10조, 제17조 등을 들고 있음에도 그 이유에 대하여 구체적으로 설명을 하거나 논증을 하고 있지 않고,[91] 정작 그 구체적인 내용이 무엇인지를 제시하고 있지 않아 실제 개인정보자기결정권의 구체적인 내용 특히 제한

적한다.

87) 언론중재 및 피해구제 등에 관한 법률 제5조(언론등에 의한 피해구제의 원칙) ① 언론, 인터넷뉴스서비스 및 인터넷 멀티미디어 방송(이하 "언론등"이라 한다)은 타인의 생명, 자유, 신체, 건강, 명예, 사생활의 비밀과 자유, 초상, 성명, 음성, 대화, 저작물 및 사적 문서, 그 밖의 인격적 가치 등에 관한 권리(이하 "인격권"이라 한다)를 침해하여서는 아니 되며, 언론등이 타인의 인격권을 침해한 경우에는 이 법에서 정한 절차에 따라 그 피해를 신속하게 구제하여야 한다.
그 밖에 저작권법 제3절(저작인격권)에서 공표권, 성명표시권, 동일성 유지권 등을 규정하고 있다.

88) 대법원 1971. 3. 23. 선고 71후1 판결("상표법 제5조 제1항에 의하면 등록할 수 없는 상표로서 그 제10호에 타인의 성명, 명칭 또는 상호, 초상, 서명 또는 인장과 동일한 것이라고 규정하고 다만 그 타인의 승낙을 얻은 것은 예외로 한다고 규정하고 있는바, 이 규정의 취지는 주로 특정인의 인격권을 보호하기 위한 것이라고 할 것이므로"), 대법원 1996.4.12. 선고 93다40614,40621 판결(비방광고에 의한 인격권 침해에 대한 침해금지청구권을 최초로 인정한 사안) 등.

89) 권영준, "개인정보 자기결정권과 동의 제도에 대한 고찰", 법학논총, 제36권 제1호, 2016, 681-682면.

90) 〈대법원 2011.9.2. 선고 2008다42430 전원합의체 판결(로마켓 사건)〉 헌법상의 기본권은 제1차적으로 개인의 자유로운 영역을 공권력의 침해로부터 보호하기 위한 방어적 권리이지만 다른 한편으로 헌법의 기본적인 결단인 객관적인 가치질서를 구체화한 것으로서, 사법을 포함한 모든 법 영역에 그 영향을 미치는 것이므로 사인간의 법률관계도 헌법상의 기본권 규정에 적합하게 규율되어야 한다. 다만 기본권 규정은 그 성질상 사법관계에 직접 적용될 수 있는 예외적인 것을 제외하고는 사법상의 일반원칙을 규정한 민법 제2조, 제103조, 제750조, 제751조 등의 내용을 형성하고 그 해석 기준이 되어 간접적으로 사법관계에 효력을 미치게 된다(대법원 2010.4.22. 선고 2008다38288 전원합의체 판결 참조). 앞서 본 바와 같은 일반적 인격권이나 사생활의 비밀과 자유를 정하고 있는 헌법상 기본권 규정 역시 민법의 일반규정 등을 통하여 사법상 인격적 법익의 보장이라는 형태로 구체화될 것이다. 그러므로 정보주체의 동의 없이 그의 개인정보를 공개하는 것이 그 정보주체의 인격적 법익을 침해하는 것으로 평가할 수 있다면 위법성이 인정된다고 볼 것이다.

91) 전상현, "기본권으로서의 개인정보자기결정권: 개인정보자기결정권의 헌법상 근거와 보호영역", 데이터오너십, 박영사, 2019 77-78면.

내용을 파악하기 위해서는 개인정보 보호원칙이나 개인정보보호법의 개인정보 보호 관련 규정의 해석을 통하여 유추할 수밖에 없다.[92] 개인정보자기결정권을 독자적인 기본권으로 인정하게 됨에 따라 다른 기본권과의 관계가 문제되고, 후술하는 개인정보자기결정권의 보호범위에도 논리적인 영향을 미치게 됨에도 이에 대한 구체적인 설시없이 선언적으로 그 근거를 제시하고 있을 뿐이다.

보호영역이 중첩되는 복수의 기본권에 대한 침해가 동시에 문제되는 경우 기본권 조항이 상호간에 일반법과 특별법의 관계에 있는 경우라면 특별법에 해당하는 기본권만이 적용되겠지만,[93] 하나의 규제로 인해 여러 기본권이 동시에 제약을 받는다고 주장하는 경우에는 기본권침해를 주장하는 청구인의 의도 및 기본권을 제한하는 입법자의 객관적 동기 등을 참작하여 먼저 사안과 가장 밀접한 관계에 있고 또 침해의 정도가 큰 주된 기본권을 중심으로 해서 그 제한의 한계를 따져 보아야 한다.[94]

그럼에도 불구하고 헌법재판소는 여러 개의 기본권이 중첩적으로 적용되는 적지 않은 사안에서 다른 기본권에 대한 판단을 배제하고 개인정보자기결정권에 대한 검토만을 진행하여, 개별 기본권 조항의 기능을 약화하고 개인정보자기결정권을 포괄적 기본권화 한다는 비판을 받고 있다.[95]

예를 들어, '접견녹음파일 제공 사건'[96]에서 제한되는 기본권에 대하여 반대의견은 사생활의 비밀과 자유라고 보았으나, 법정의견은 개인정보자기결정권의 문제로만 판단하였고, 결사의 자유, 단체권 등이 문제될 수 있었던 '교원의 노동조합 가입정보 공개금지 사건'[97]이나 영장주의 등이 문제될 수 있었던 '국민건강보험공단의 서울용산경찰서장에 대한 요양급여내역 제공행위 위헌확인 사건'[98] 그리고 무혐의로 불기소처분된 수사자료 보관의 위헌 여부를 다툰 사건[99] 등에서도 개인정보자기결정권의 문제로만 다루었다.

---

92) 황창근, "성범죄자 신상정보 공개제도의 개인정보자기결정권 침해 여부", 개인정보 판례백선, 박영사, 2022, 39면.
93) 전상현, "기본권으로서의 개인정보자기결정권: 개인정보자기결정권의 헌법상 근거와 보호영역", 데이터오너십, 박영사, 2019, 70면.
94) 헌법재판소 2002.4.25. 선고 2001헌마614 결정.
95) 상세한 내용은 전상현, "기본권으로서의 개인정보자기결정권: 개인정보자기결정권의 헌법상 근거와 보호영역", 데이터오너십, 박영사, 2019, 70-72면 참조.
96) 미결수용자가 배우자와 접견하면서 대화한 내용이 녹음파일 형태로 수사기관에 제공된 사안(헌법재판소 2012.12.27. 선고 2010헌마153 결정)으로, 사생활의 비밀과 자유뿐만 아니라 변호인의 조력을 받을 권리(헌법 제12조 제4항)의 제한에도 관계된다.
97) 학부모들이 자녀가 취학 중인 학교에 근무하고 있는 교원들이 노동조합에 가입하였는지 여부 및 어떤 노동조합에 가입하였는지를 알아보기 위해 부산광역시교육청에 행정정보공개청구를 하였으나, 교육관련기관의정보공개에관한특례법 제3조 제2항 및 동법 시행령 제3조 제1항 등에 위반된다고 하여 정보공개를 거부한 사안(헌법재판소 2011.12.29. 선고 2010헌마293 결정).
98) 청구인들의 검거를 위해 서울용산경찰서장의 요청에 따라 국민건강보험공단이 요양급여내역을 제공한 사안(헌법재판소 2018.8.30. 선고 2014헌마368 결정).
99) 헌법재판소 2009.10.29. 선고 2008헌마257 결정.

헌법재판소는 위 사건들에서 "청구인이 주장하는 인격권 및 행복추구권은 그 보호영역이 개인정보자기결정권의 보호영역과 중첩되는 범위에서만 관련되어 있다고 할 수 있으므로, 특별한 사정이 없는 이상 개인정보자기결정권에 대한 침해 여부를 판단함으로써 위 기본권들의 침해 여부에 대한 판단이 함께 이루어지는 것으로 볼 수 있어 그 침해 여부를 별도로 다룰 필요는 없다고 보인다"고 판시하였는데, 이로써 개별 기본권의 기능을 약화시키고 궁극적으로 개별 사안들에서 타당한 기본권적 보호를 실현하지 못하는 결과를 초래하였고, 나아가 개인정보자기결정권의 보호영역을 지나치게 넓힘으로써 개인정보자기결정권을 행복추구권과 같은 포괄적인 권리로 만들게 됨에 따라 개인정보자기결정권을 또 다시 구체적인 기본권들로 세분화하는 복잡한 상황을 만들게 될 수도 있다.[100] 이러한 문제점은 아래에서 보는 바와 같이 보호대상인 개인정보 적용범위의 무리한 확장의 문제도 발생시킨다.

2) 보호범위(개인정보 적용범위)의 무리한 확장

헌법재판소가 개인정보자기결정권의 헌법적 근거나 보호대상 내지 제한되는 내용이 무엇인지를 구체적으로 논증하고 있지 않기 때문에, 보호대상의 경계가 불분명하다는 문제가 있지만,[101] 그보다 더 큰 문제는 개인정보자기결정권의 보호범위, 즉 보호대상인 개인정보 적용범위가 무리하게 확장되고 있다는 우려이다.

개인정보자기결정권을 인정한 첫 사례인 '지문날인제도 사건'은 개인정보보호법상 민감정보로서 주민등록번호와도 밀접한 관련이 있는 보호의 필요성이 큰 정보에 대한 사안이었다. 그러나 그 이후 헌법재판소가 개인정보자기결정권 외에도 다른 헌법상 기본권이 문제된 사건에서 개인정보자기결정권에 대해서만 판단하는 태도를 견지하고 있다는 점은 개인정보자기결정권의 보호범위를 지나치게 확장하고 있게 되어 다른 기본권의 기능을 약화시키게 된다.

이는 개인정보자기결정권의 보호대상이 되는 개인정보의 개념이 포괄적·개방적이기 때문이기도 하다. 헌법재판소가 정의한 개인정보자기결정권의 보호대상이 되는 개인정보는 "개인의 신체, 신념, 사회적 지위, 신분 등과 같이 개인의 인격주체성을 특징짓는 사항으로서 그 개인의 동일성을 식별할 수 있게 하는 일체의 정보"로서, 반드시 개인의 내밀한 영역이나 사사(私事)의 영역에 속하는 정보에 국한되지 않고 공적 생활에서 형성되었거나 이미 공개된 개인정보까지

---

100) 전상현, "기본권으로서의 개인정보자기결정권: 개인정보자기결정권의 헌법상 근거와 보호영역", 데이터오너십, 박영사, 2019, 71-73면.
101) 헌법재판소의 결정례를 분석하여 '민감하지 않은 개인정보'는 헌법 제10조에서, '민감한 정보'는 헌법 제17조에서 도출된다고 분석하는 견해도 있다. 김일환, "주민등록법 제17조의8 등 위헌확인 등", 개인정보 판례백선, 박영사, 2022, 7면에서는 지문날인제도 사건인 99헌마513 결정에서는 헌법에 명시되지 않은 독자적인 기본이라고 판시하였으나, 공직자등의병역사항신고및공개에관한법률 제3조 등 위헌사건인 2005헌마1139 결정이나 공직선거법 제49조 제10항 등 위헌 사건인 2006헌마402 결정에서 질병이나 전과기록과 같은 내밀한 사적 영역에 근접하는 민감한 개인정보의 공개는 헌법 제17조를 침해하였다고 판시한 점 등을 근거로 이와 같이 분석하고 있다.

포함한다.[102)]

그런데 헌법재판소는 위 정의를 통해 '개인의 인격주체성'의 예시로 개인의 신체, 신념, 사회적 지위, 신분을 예시로 들고 있지만 그것이 무엇을 의미하는지에 대해서는 구체적인 설명을 하고 있지 않아 해석의 여지를 남긴다.

이에 대해서는 '인격권에 의해 보호되는 내용, 즉 개인의 인격적 가치에 대한 사회적 평가에 영향을 미칠만한 수준의 사항'으로 한정해서 해석할 여지도 있지만 헌법재판소가 지문, 주민등록번호 등에 대해서도 개인정보자기결정권의 보호대상으로 보았다는 점에서 '인격주체성을 특정짓는 사항'이라는 문구는 '그 정보의 주체를 특정할 수 있는 정보'로서 '그 개인의 동일성을 식별할 수 있는 정보'와 같은 의미로 이해될 수 있다.[103)] 결국 헌법재판소가 정의한 '개인정보자기결정권의 대상으로서의 개인정보'는 '개인정보보호법상 개인정보'의 핵심 개념 표지인 '식별가능성'과 같은 의미로 이해할 수 있다.[104)105)]

이와 같이 개인정보자기결정권의 보호대상이 되는 개인정보는 인격권 침해가 없는 중립적인 정보도 포함하고 있기 때문에 그 범위가 매우 광범위하다고 할 것이고,[106)] 이러한 개인정보자기결정권의 보호범위를 합리적으로 조절하기 위해 헌법재판소는 다른 기본권 내지 공익과의 비교형량을 통해 개인정보자기결정권을 상대화하는 방식으로 해결하고 있다.[107)] 그러나 어렵사리 인정한 개인정보자기결정권을 다른 권리에 비하여 상대적으로 낮은 수준으로 설정하는 것은 불합리하므로 개인정보자기결정권의 속성상 내재적 한계를 설정하고 그 밖에서는 엄격한 법적 수권 여부를 판단하는 것이 타당하다.[108)109)110)]

---

102) 헌법재판소 2005.5.26. 선고 99헌마513 결정 등.
103) 전상현, "기본권으로서의 개인정보자기결정권: 개인정보자기결정권의 헌법상 근거와 보호영역", 데이터오너십, 박영사, 2019, 66-67면.
104) 강신욱, "개인정보자기결정권의 보호대상이 되는 개인정보의 범위", 개인정보 판례백선, 박영사, 2022, 32면.
105) 이인호, "전국단위의 중앙화된 교육정보시스템의 헌법적 정당성", 개인정보 판례백선, 박영사, 2022, 14-15면은 개인정보보호법상 개인정보에는 개인식별정보뿐만 아니라 개인식별결합정보와 가명정보도 포함한다는 점에서 개인정보자기결정권의 개인정보가 이보다는 좁다고 하나, '인격주체성을 특정짓는 사항'을 '식별가능성'으로 본다는 점을 전제로 하는 듯하다.
106) 전상현, "기본권으로서의 개인정보자기결정권: 개인정보자기결정권의 헌법상 근거와 보호영역", 데이터오너십, 박영사, 2019, 65-66면, 86-90면.
107) 권헌영, "개인정보의 헌법적 수용 -헌법재판소 결정 분석을 중심으로-", 토지공법연구, 제35집, 2007, 329면.
108) 권헌영, "개인정보의 헌법적 수용 -헌법재판소 결정 분석을 중심으로-", 토지공법연구, 제35집, 2007, 330면. 위 논문 326면에서는 프라이버시권을 공적 영역에서 인정하고 그 공적 영역 중에서 다시 사적 영역의 존재를 찾아 그에 한하여 개인정보자기결정권의 대상으로 추출하자는 주장도 하고 있는데, 이는 '사적인 공적 영역'을 의미한다고 이해할 수 있다. '사적인 공적 영역' 내지 독일의 '프라이버시에 대한 영역론'에 대해서는 권영준, "프라이버시 보호의 정당성, 범위, 방법", 사법, 제1권 제41호, 2017, 298-302면 참조.
109) 일반적 개인정보자기결정권을 인정하더라도 개인의 인격보호를 위해서 그 자체로는 무의미한 개인정보 예를 들어 신청서류상의 성명의 기재요구, 전화를 건 사람의 이름을 문서나 메모지에 기재하는 것과 같은 정보의 수기처리, 사실관계를 관계자의 이름을 거명하면서 전달하는 등 인격의 언저리만을 건드리고 그 자율적 결정을 위협하지 않는 사소한 제약들은 개인정보자기결정권에 대한 제한이 아니라고 보는 견해가 있다. 정태호, "개인정보자결권의 헌법적 근거 및 구조에 대한 고찰", 헌법논총, 제14집, 2003, 445-446면; 김연태 "행정상 개인정보", 저스티

다만 개인정보보호법상 개인정보는 법위반 행위에 대한 제재나 법상 특칙(증명책임전환, 법정 손해배상 등)을 적용할 때 주로 논의되는 개념인 반면 개인정보자기결정권의 개인정보는 불법행위책임의 구성요소로서 위법성 판단에 있어서 '침해의 대상'의 관점에서 논의되는 개념이기 때문에, 이와 같은 국면에서는 기본권 중첩이 문제되지 않고, 또 인격적 법익침해를 위법성 요소로 보는[111] 법원 단계에서의 손해배상청구나 금지청구가 문제된 사안에서는 그 식별가능성을 비교적 넓게 해석하여도 무방할 것이다.[112]

3. 개인정보보호법 제정 이후의 개인정보자기결정권의 사법적 지위

1) 개인정보자기결정권의 사법적 지위: 불법행위 등 사법상 일반원칙에 간접적으로 투영되어 손해배상청구 및 금지청구의 권원이 됨

헌법상의 기본권은 제1차적으로 개인의 자유로운 영역을 공권력의 침해로부터 보호하기 위한 방어적 권리이지만 다른 한편으로 헌법의 기본적인 결단인 객관적인 가치질서를 구체화한 것으로서, 사법을 포함한 모든 법 영역에 그 영향을 미치는 것이므로 사인 간의 법률관계도 헌법상의 기본권 규정에 적합하게 규율되어야 한다. 다만 기본권 규정은 그 성질상 사법관계에 직접 적용될 수 있는 예외적인 것을 제외하고는 사법상의 일반원칙을 규정한 민법 제2조, 제103조, 제750조, 제751조 등의 내용을 형성하고 그 해석 기준이 되어 간접적으로 사법관계에 효력을 미치게 된다.[113]

스, 제34권 제5호, 2001, 208면; 이인호, "공공기관의 개인정보보호법제에 대한 분석과 비판 -공공기관의 개인정보 보호에 관한 법률을 중심으로-", 정보법학, 제6권 제1호, 2002, 34면(권헌영, "개인정보권의 헌법적 수용 -헌법재판소 결정 분석을 중심으로-", 토지공법연구, 제35집, 2007, 325면에서 재인용).

110) 권영준, "프라이버시 보호의 정당성, 범위, 방법", 사법, 제1권 제41호, 2017, 291면은 "공(公)과 사(私)를 구별하여 후자를 보호의 대상으로 삼는 프라이버시 보호의 기본체계는 인접 권리들의 과도한 팽창을 적절하게 제어하는 논리를 제공하기도 하는데, 프라이버시권은 개인정보자기결정권에 규범적 토대를 제공하면서도 로앤비 사건(2014다235090 판결)에서와 같이 프라이버시와 무관한 공개된 개인정보의 유통에 대한 지나친 통제를 제어하는 숨은 논리를 제공하기도 한다."는 문제점 기재도 같은 취지로 이해할 수 있다.

111) 〈대법원 2011.9.2. 선고 2008다42430 전원합의체 판결(로마켓 사건)〉 일반적 인격권이나 사생활의 비밀과 자유를 정하고 있는 헌법상 기본권 규정 역시 민법의 일반규정 등을 통하여 사법상 인격적 법익의 보장이라는 형태로 구체화될 것이다. 그러므로 정보주체의 동의 없이 그의 개인정보를 공개하는 것이 그 정보주체의 인격적 법익을 침해하는 것으로 평가할 수 있다면 위법성이 인정된다고 볼 것이다. ...(중략)... 정보주체의 동의 없이 개인정보를 공개함으로써 침해되는 인격적 법익과 정보주체의 동의 없이 자유롭게 개인정보를 공개하는 표현행위로서 보호받을 수 있는 법적 이익이 하나의 법률관계를 둘러싸고 충돌하는 경우에는, 개인이 공적인 존재인지 여부, 개인정보의 공공성 및 공익성, 개인정보 수집의 목적·절차·이용형태의 상당성, 개인정보 이용의 필요성, 개인정보 이용으로 인해 침해되는 이익의 성질 및 내용 등의 여러 사정을 종합적으로 고려하여, 개인정보에 관한 인격권의 보호에 의하여 얻을 수 있는 이익(비공개 이익)과 표현행위에 의하여 얻을 수 있는 이익(공개 이익)을 구체적으로 비교형량 하여, 어느 쪽의 이익이 더욱 우월한 것으로 평가할 수 있는지에 따라 그 행위의 최종적인 위법성 여부를 판단하여야 한다.

112) 김민호, "주민등록번호 변경과 개인정보자기결정권", 개인정보 판례백선, 박영사, 2022, 53-54면.

113) 대법원 2010.4.22. 선고 2008다38288 전원합의체 판결[종립 사립고교 종교교육 사건(종립학교가 특정 종교의 교리를 전파하는 종파적인 종교행사와 종교과목 수업을 실시하면서 참가 거부가 사실상 불가능한 분위기를 조성하

따라서 일반적 인격권이나 사생활의 비밀과 자유를 정하고 있는 헌법상 기본권 규정 역시 민법의 일반규정 등을 통하여 사법상 인격적 법익의 보장이라는 형태로 구체화될 것이다. 그러므로 정보주체의 동의 없이 그의 개인정보를 공개하는 것이 그 정보주체의 인격적 법익을 침해하는 것으로 평가할 수 있다면 위법성이 인정된다고 볼 것이다.[114]

정보주체의 동의 없이 그의 개인정보를 공개하여 개인정보자기결정권을 침해하는 사안은 적지 않은 경우 상대방(침해자)의 알 권리 또는 표현의 자유와 충돌이 문제된다.

개인정보자기결정권과 마찬가지로 알 권리 또는 표현의 자유를 보장하는 헌법상 기본권 규정도 민법상의 일반규정 등의 해석 기준이 되어 사인 간의 법률관계를 규율하게 된다. 이러한 측면에서 보면 개인정보라 하더라도 누군가가 정보주체인 다른 사람의 동의 없이 그 사람의 정보를 자유롭게 공개하는 등 표현행위의 대상으로 삼을 수 있는 법적 이익도 인정될 수 있다.

그러므로 정보주체의 동의 없이 개인정보를 공개함으로써 침해되는 인격적 법익과 정보주체의 동의 없이 자유롭게 개인정보를 공개하는 표현행위로서 보호받을 수 있는 법적 이익이 하나의 법률관계를 둘러싸고 충돌하는 경우에는, 개인이 공적인 존재인지 여부, 개인정보의 공공성 및 공익성, 개인정보 수집의 목적·절차·이용형태의 상당성, 개인정보 이용의 필요성, 개인정보 이용으로 인해 침해되는 이익의 성질 및 내용 등의 여러 사정을 종합적으로 고려하여, 개인정보에 관한 인격권의 보호에 의하여 얻을 수 있는 이익(비공개 이익)과 표현행위에 의하여 얻을 수 있는 이익(공개 이익)을 구체적으로 비교형량 하여, 어느 쪽의 이익이 더욱 우월한 것으로 평가할 수 있는지에 따라 그 행위의 최종적인 위법성 여부를 판단하여야 한다.[115]

개인정보자기결정권을 침해하여 위법성이 인정되는 행위에 대한 민사적 구제방안으로는 금지청구와 손해배상청구가 인정된다. 인격권인 프라이버시에 대해 인정되는 민사법적 보호는 개인정보자기결정권에도 그대로 적용될 수 있다. 우리 민법에는 인격권 침해에 대한 금지청구권을 규율하는 명문 규정은 없지만 판례는 인격권의 절대권적 성격에 착안하여 인격권 침해행위를 금지하거나 예방할 수 있음을 인정하고 있고,[116][117] 불법행위에 기한 손해배상청구는 민

는 등 신앙을 갖지 않거나 학교와 다른 신앙을 가진 학생들의 기본권을 고려하지 않은 것은, 학생의 종교에 관한 인격적 법익을 침해하는 위법한 행위이고, 그로 인하여 인격적 법익을 침해받는 학생이 있을 것임이 충분히 예견가능하고 그 침해가 회피가능하므로 과실 역시 인정된다고 한 사례]. 대법원은 위 사안에서 "종교의 자유라는 기본권의 침해와 관련한 불법행위의 성립 여부도 위와 같은 일반규정을 통하여 사법상으로 보호되는 종교에 관한 인격적 법익침해 등의 형태로 구체화되어 논하여져야 한다."고 판시하였다.

114) 대법원 2011.9.2. 선고 2008다42430 전원합의체 판결(로마켓 사건).
115) 대법원 2011.9.2. 선고 2008다42430 전원합의체 판결(로마켓 사건).
116) 〈대법원 1996.4.12. 선고 93다40614,40621 판결〉 원심이, 인격권은 그 성질상 일단 침해된 후의 구제수단(금전배상이나 명예회복 처분 등)만으로는 그 피해의 완전한 회복이 어렵고 손해전보의 실효성을 기대하기 어려우므로, 인격권 침해에 대하여는 사전(예방적) 구제수단으로 침해행위 정지·방지 등의 금지청구권도 인정된다고 전제한 다음, 우리나라 우유업계 전체가 이른바 '광고전쟁'의 소용돌이에 휘말리게 된 경위와 그동안의 피고의 광고행태에 비추어 보면, 피고가 원고를 비방하는 광고를 재현할 위험은 아직도 존재하므로 원고는 피고가 자행할 위법한 광고로부터 그 명예·신용 등을 보전하기 위하여 피고에게 그러한 광고의 중지를 요구할 권리가 있다고 판

법 제750조, 제751조 등에 기하여 인정된다.[118)119)]

개인정보자기결정권 침해로 인한 손해배상청구와 관련하여 개인정보 유출 그 자체로 손해발생이 인정될 수 있는지에 대하여 논란이 있는데, 이를 긍정하는 견해[120)]에서는 개인정보자기결정권이 인격권이므로 독립적이고 실체적인 권리로서 보호되어야 한다는 점을 근거로 한다. 그러나 손해배상청구에 있어서 손해발생은 구체적인 손해발생이 인정되어야 하고, 우리 판례도 개인정보 침해로 인하여 추가적인 법익침해가 발생하였는지, 그 침해가능성이 얼마나 구체화되었는지 등을 검토하여 위자료 인정 여부를 결정하고 있다.[121)] 개인정보자기결정권이 침해되었지만 정신적 손해가 발생되지 않는 사례가 발생할 수 있으므로 개념적으로나 실제적으로 침해와 손해를 구분할 실익이 있다.[122)]

2) 개인정보 보호법의 제정이 개인정보자기결정권의 사법적 지위에 미치는 영향: 이익 형량 기준의 적용 여부

개인정보보호법이 제정된 이후에도 위와 같은 개인정보자기결정권의 비교형량이론 내지 이익형량이론이 적용될 수 있는지에 대해서는 논란이 있는 듯하다.

개인정보보호법이 제정된 이후에는 실정법의 내용에 따라 판단하여야 하지 이익형량이론을 바로 적용할 수는 없고, 최후의 수단으로서 보충적으로 활용될 수 있을 뿐이라는 견해가 있다. 이익형량이론은 기본권인 개인정보자기결정권과 표현의 자유 등이 충돌하는 상황에서 적법성을 판단하는 최후적 수단이라는 점에서 성문법규가 존재하지 않거나 실질적 형평이나 정의를 구현할 필요가 있을 때 보충적으로 활용될 수 있을 뿐이고, 헌법재판이 아닌 민사적 구제절차에서 이를 바로 적용하는 것에 대해서는 아무런 법적 근거가 없다는 점 등을 근거로 한다.[123)]

단하였음은 옳고, 거기에 소론과 같은 법리오해의 위법이 있다고 할 수 없다.

117) 권영준, "프라이버시 보호의 정당성, 범위, 방법", 사법, 제1권 제41호, 2017, 314-315면 참조.

118) 로마켓 사건(대법원 2011.9.2. 선고 2008다42430 전원합의체 판결)은 변호사 등의 인맥지수서비스를 제공한 행위에 대하여 자기정보통제권과 인격권 침해를 이유로 서비스제공 금지와 정신적 손해배상을 구하였고, 로앤비 사건(대법원 2016.8.17. 선고 2014다235080 판결)에서도 공개된 개인정보를 수집하여 제3자에게 제공한 행위에 대하여 개인정보자기결정권의 침해를 이유로 위자료를 구하였다.

119) 개인정보자기결정권에 기한 민사적 구제수단으로서 금지청구와 손해배상청구에 대한 상세한 내용은 정상조 · 권영준, "개인정보의 보호와 민사적 구제수단", 법조, 제58권 제3호, 2009, 22면 이하 참조.

120) 이재경, "개인정보 유출에 따른 정신적 손해와 위자료의 인정가능성 -대법원 2012. 12. 26. 선고 2011다59834 판결-", 동북아연구, 제8권 제3호, 2015, 533-535면; 권태상, "개인위치정보의 수집으로 인한 손해배상책임", 법학논집, 제24권, 제4호, 2020, 18-19면.

121) 장보은, "주민등록번호를 포함한 고객 신상정보의 유출과 손해배상 책임 -국민은행 개인정보 유출사건-", 개인정보 판례백선, 박영사, 2022, 136면; 권영준, "2018년 민법 판례동향", 법학, 제60권 제1호, 2019, 334면 이하.

122) 정상조 · 권영준, "개인정보의 보호와 민사적 구제수단", 법조, 제58권 제3호, 2009, 33면.

123) 김진환, "공개된 개인정보의 적법처리에 관한 소고", 개인정보 판례백선, 박영사,2022, 23-26면에서는 이러한 전제에서 로마켓 판결(대법원 2011.9.2. 선고 2008다42430 전원합의체 판결)에 대해 우리나라 개인정보보호법이 비정상이고도 불합리한 규정 때문에 불가피하게 비교형량 이론이나 다소 변칙적인 묵시적 동의를 인정하는 해석에 기대게 된 것으로 이해할 수 있기는 하나, 개인정보보호법상 합법적 처리근거를 규정한 제15조, 제17조, 제18

반면 개인정보 보호법이 시행된 이후에도 민사상 관계에서 개인정보보호법상 합법처리근거가 없는 경우에도 해당 행위를 모두 위법하다고 보기는 어렵고, 개인정보보호법 시행 이후의 사안에서 대법원이 여전히 이익형량이론을 적용하고 있다는 점[124] 등을 고려할 때 이익형량 이론은 여전히 중요한 의의를 가진다고 평가하는 견해도 있다.[125]

프라이버시 보호 범위는 최종적으로 프라이버시 침해로 의심되는 행위에 대한 위법성 판단으로 확정되고, 위법성 판단은 1차적으로 위법성 판단의 준거가 되는 실정법(법률)을 따르되 구체적인 관련 규정이 없거나 규정이 있더라도 해석의 여지가 있는 경우에는 궁극적으로 이익형량을 통하여 위법성을 판단하여야 한다.[126] 그러나 입법적으로 선재(先在)하는 이익형량이 있는 경우에는 이를 하여야 하나 통상의 경우에는 입법을 통하여 제시된 법규범조차 해석가능성에서 자유롭지는 않기 때문에 입법자가 법률의 형태로 1차적 이익형량을 한 경우에도 사법부가 해석의 형태로 2차적 이익형량을 해야 하는 경우가 적지 않다.

우리 판례도 같은 입장인 것으로 이해된다. 즉 우리 대법원은 "기본권 충돌이 있으나 양자의 기본권 모두 인격적 가치 및 자유권적 가치를 가지기 때문에 기본권 사이에 위계질서를 논하기는 어려운 경우에는 추상적인 이익형량만으로는 우선하는 기본권을 정할 수 없다. 헌법상 기본권의 행사는 국가공동체 내에서 타인과의 공동생활을 가능하게 하고 다른 헌법적 가치 및 국가의 법질서를 위태롭게 하지 않는 범위 내에서 이루어져야 한다는 점에서 충돌하는 기본권 모두 최대한으로 그 기능과 효력을 유지할 수 있는 조화점이 모색되어야 한다. 이는 헌법과 법률의 규정 및 그로부터 도출되는 기본권 행사의 한계, 그러한 한계 설정으로 인한 기본권 제약의 정도가 필요 최소한에 그치는지 등을 종합적으로 고려함으로써 이루어질 수 있다."고 판시하여,[127] 헌법뿐만 아니라 법률의 규정도 충분히 고려하여 비교형량을 하도록 하고 있다.

이와 같은 개인정보보호법 제정 이후 이익형량론의 사법적 위상에 대해서는 로앤비 사건[128]에서 우리 대법원이 공개된 개인정보에 관하여 정보주체의 묵시적 동의를 인정한 결론과 이에 이른 논리와 관련하여는 적지 않은 논란이 계속되고 있다.

로앤비 사건은 법률정보 제공 사이트를 운영하는 갑 주식회사가 공립대학교인 을 대학교 법

조 등의 취지에 반하는 결론이라고 평가하고 있다. 위 견해에서는 다만 명시적인 법규정이 없는 경우에도 사회상규에 반하지 않는 행위나 정당행위의 요건 등을 갖추게 되면 개인정보 처리가 가능하다고 해석할 여지가 있으나, 그 행위의 동기나 목적의 정당성, 행위의 수단이나 방법의 상당성, 보호법익과 침해법익과의 법익 균형성, 긴급성, 그 행위 외에 다른 수단이나 방법이 없다는 보충성 등의 요건이 갖추어져야 하고(위 견해에서는 대법원 1986.10.28. 선고 86도1764 판결 등의 형사상 정당행위 판결을 인용하고 있다), 로마켓 사건은 적어도 긴급성, 보충성을 충족하기 어렵다고 분석하고 있다.

124) 로앤비 사건(대법원 2016.8.17. 선고 2014다235080 판결)을 들고 있다.
125) 강신욱, "개인정보자기결정권의 보호대상이 되는 개인정보의 범위", 개인정보 판례백선, 박영사, 2022, 32-34면; 최경진, "공개된 개인정보를 동의 없이 처리할 수 있는지의 판단기준", 개인정보 판례백선, 박영사, 2022, 242면.
126) 권영준, "프라이버시 보호의 정당성, 범위, 방법", 사법, 제1권 제41호, 2017, 297면.
127) 대법원 2010.4.22. 선고 2008다38288 전원합의체 판결.
128) 대법원 2016.8.17. 선고 2014다235080 판결.

과대학 법학과 교수로 재직 중인 병의 사진, 성명, 성별, 출생연도, 직업, 직장, 학력, 경력 등의 개인정보를 위 법학과 홈페이지 등을 통해 수집하여 위 사이트 내 '법조인' 항목에서 유료로 제공한 것에 대해, 갑 회사가 영리 목적으로 병의 개인정보를 수집하여 제3자에게 제공하였더라도 그에 의하여 얻을 수 있는 법적 이익이 정보처리를 막음으로써 얻을 수 있는 정보주체의 인격적 법익에 비하여 우월하므로, 갑 회사의 행위를 병의 개인정보자기결정권을 침해하는 위법한 행위로 평가할 수 없고, 갑 회사가 병의 개인정보를 수집하여 제3자에게 제공한 행위는 병의 동의가 있었다고 객관적으로 인정되는 범위 내이고, 갑 회사에 영리 목적이 있었다고 하여 달리 볼 수 없으므로, 갑 회사가 병의 별도의 동의를 받지 아니하였다고 하여 법 제15조나 법 제17조를 위반하였다고 볼 수 없다고 한 사례이다.

위 판례의 결론을 지지하는 견해로는 '엄격하고 경직된 법의 한계를 고려한 불가피한 해석론으로서 공개된 개인정보에 대하여 동의가 있었다고 볼 수 있는 범위 내에서의 처리를 이익형량을 통하여 허용하여야 하고 이를 일반적인 이익형량의 입법으로도 도입하여야 한다'는 주장[129]이 있다.

반면 이익형량은 객관적으로 이루어지고 정보주체의 주관적 의사를 고려하되 반드시 그에 구속되지 아니하는 반면 동의는 궁극적으로 정보주체의 주관적 의사에 맡기는 것이고, 이익형량은 제3자에 의하여 공개된 정보도 그러한 사정을 하나의 형량요소로만 고려하여 이용가능성을 범주적으로 배제하지 아니하는 반면 제3자에 의한 동의는 생각할 수 없다고 하여 비판하는 견해도 있다.[130]

로앤비 사건에서 우리 대법원은 개인정보보호법이 시행된 이후의 행위가 문제된 사건이었음에도 위 법 시행 이전의 행위가 문제된 로마켓 사건[131] 등에서 적용한 이익형량 기준을 제시하였고, 이와 동시에 법 제15조(개인정보의 수집·이용), 제17조(개인정보의 제공)의 합법처리근거로서의 동의규정과 제20조(정보주체 이외로부터 수집한 개인정보의 수집 출처 등 통지), 제37조(개인정보의 처리정지 등)의 사후통제규정 등의 실정법을 고려한 결과, 피고가 원고의 개인정보를 제3자에게 제공한 행위는 원고의 동의가 있었다고 객관적으로 인정되는 범위 내라고 봄이 타당하다고 판단하였다.

판례는 이익형량과 묵시적 동의에 대해 명시적인 논리적 연결고리를 제시하지는 않았지만 개인정보보호법상 동의 규정인 제15조, 제17조까지도 고려한 결과로서 묵시적 동의를 인정하

---

129) 최경진, "개인정보 보호 관련법의 해석에 있어서 이익형량론과 일반적 이익형량론 규정의 필요성에 관한 고찰", 사법, 제40호, 2017, 115-117면.
130) 이동진, "일반적으로 접근 가능한 개인정보의 처리와 이익형량", 정보법학, 제24권 제2호, 2020, 76-77면. 같은 취지에서 권영준, "프라이버시 보호의 정당성, 범위, 방법", 사법, 제1권 제41호, 2017, 308-309면에서도 묵시적 동의는 개인정보보호법이 정하는 동의의 형태가 아니므로 여전히 개인정보보호법 위반의 문제가 남는다고 지적하고 있다.
131) 대법원 2011.9.2. 선고 2008다42430 전원합의체 판결.

였다는 점에서 이익형량 검토의 결론인 위법성 조각을 '묵시적 동의'로 표현한 것으로 선해할 수 있다.

비판론은 이익형량 기준의 적용가능성을 완전히 배제하고 개인정보보호법 등의 실정법에 따라야만 한다고 주장하는 것이 아니라 실질적 형평이나 정의구현 내지 법률해석의 여지가 있는 경우에 보충적으로 적용할 수 있다는 것으로 이해된다.

그리고 헌법상 기본권은 법률로써 제한해야 하지만(헌법 제37조 제2항), 기본권 간의 충돌(상충)[132]이나 기본권의 내재적 한계에 의해서도 제한된다. 기본권의 내재적 한계는 처음부터 그 제한가능성을 전제로 하기 때문에 그 제한의 기준과 방법 및 한계를 따지는 기본권 제한과는 다르다.[133][134]

기본권 규정은 그 성질상 사법관계에 직접 적용될 수 있는 예외적인 것을 제외하고는 사법상의 일반원칙을 규정한 민법 제2조, 제103조, 제750조, 제751조 등의 내용을 형성하고 그 해석기준이 되어 간접적으로 사법관계에 효력을 미치게 되고,[135] 사법적 절차에서의 이익형량 기준 역시 이러한 사법상 일반원칙이라 할 수 있다. 이러한 점에서 개인정보보호법의 제정이 종전에 적용되던 이익형량의 틀을 완전히 축출하였다고 볼 것은 아니다.[136] 따라서 개인정보자기결정권에 기한 손해배상청구는 개인정보보호법상 손해배상책임 규정[137]이 적용되지 않는 경우도

---

132) '기본권의 경쟁(중첩)'은 동일한 기본권의 주체를 전제로 한 개념형식이고, '기본권의 경쟁'은 상이한 기본권의 주체를 전제로 한 개념형식이다[허영, 한국헌법론(제14판), 박영사, 2018, 282면].

133) 허영, 한국헌법론(제14판), 박영사, 2018, 290면. 다만 위 책의 294-295면에서는 "절대적 기본권을 규정하고 있는 헌법질서 내에서 그 기본권의 제한가능성을 둘러싸고 전개되는 기본권의 내재적 한계에 관한 논쟁은 우리나라에서는 현실적으로 제기될 수 있는 이론상의 소지가 희박하다고 보아야 한다. 다만 우리 헌법처럼 원칙적으로 모든 기본권을 법률에 의한 제한 대상으로 삼는 경우에도 신앙과 양심의 자유처럼 법률에 의한 외부적인 제약을 가하는 것이 적당치 못한 기본권이 있다는 점도 부인하기 어렵다. 따라서 우리 헌법상 기본권의 내재적 한계가 문제될 수 있다면 이같은 법률의 규제권 밖에 있는 기본권이 다른 기본권 또는 헌법에 의해서 보호되고 있는 다른 헌법적 가치와 충돌을 일으키는 경우 그 구체적인 문제를 해결하기 위한 수단으로 원용되는 때에 국한된다고 보아야 한다. ...(중략)... 법률에 의한 기본권의 제한은 기본권의 내재적 한계를 그 이념적인 기초로 하고 있는 것은 사실이지만 모든 기본권의 제한이 기본권의 내재적 한계에 의해서 정당화되는 것은 아니라는 점을 명시할 필요가 있다"고 한다. 권헌영, "개인정보권의 헌법적 수용 -헌법재판소 결정 분석을 중심으로-", 토지공법연구, 제35집, 2007, 330면에서는 이와 같은 내재적 한계 이론의 논란에도 불구하고 개인정보자기결정권의 속성상 내재적 한계를 설정하고 이 밖에서는 엄격한 법적 수권 여부를 판단하는 것이 타당하다고 주장한다.

134) 우리 헌법재판소가 내재적 한계를 아직까지 명시적으로 인정하였다고 보기는 어려우나 아래와 같이 법률에 의한 기본권 제한과 관련하여 '내재적 한계'라는 용어를 사용한 바 있다.
〈헌법재판소 1990.9.10. 선고 89헌마82 결정(형법 제241조 간통죄의 위헌여부에 관한 헌법소원)〉 개인의 성적자기결정권도 국가적·사회적·공공복리 등의 존중에 의한 내재적 한계가 있는 것이며, 따라서 절대적으로 보장되는 것은 아닐 뿐만 아니라 헌법 제37조 제2항이 명시하고 있듯이 질서유지(사회적 안녕질서), 공공복리(국민공동의 행복과 이익) 등 공동체 목적을 위하여 그 제한이 불가피한 경우에는 성적자기결정권의 본질적 내용을 침해하지 않는 한도에서 법률로써 제한할 수 있는 것이다.

135) 대법원 2010.4.22. 선고 2008다38288 전원합의체 판결.

136) 권영준, "프라이버시 보호의 정당성, 범위, 방법", 사법, 제1권 제41호, 2017, 309면(개인정보보호법상 동의제도가 종전에 적용되던 이익형량의 틀을 완전히 축출하였다고 볼 것은 아니다).

137) 개인정보보호법 제39조(손해배상책임) 제1항은 이 법을 위반한 행위로 인한 손해배상청구의 근거규정 및 고의·과실 입증책임 전환규정으로, 제3항 및 제4항은 징벌적 손해배상의 근거규정으로, 제39조의2는 법정손해배상의

적용될 수 있기 때문에 이익형량 기준은 여전히 의미가 있을 뿐만 아니라[138] 기본권 이론에 따르더라도 기본권을 제한하는 법률인 개인정보보호법에 기한 손해배상청구에 있어서도 위법성 조각의 판단기준으로 기본권의 내재적 한계(사소한 사용[139] 등) 내지 기본권 충돌을 이익형량으로 고려함이 타당하다.[140] 다만 기본권 이론에서와 같이 법률에 의한 기본권 제한과 내재적 한계에 의해 공허한 것으로 만들어버리지 않도록 유의해야 한다는 점을 고려할 때,[141] 당해 법률의 입법취지와 내용 그리고 이에 따라 형성된 사회적 규범인식이 무시되지 않도록 세심하게 배려가 필요하다고 할 것이다.[142]

근거규정이다.

138) 강신욱, "개인정보자기결정권의 보호대상이 되는 개인정보의 범위", 개인정보 판례백선, 박영사, 2022, 32면.

139) 일반적 개인정보자기결정권을 인정하더라도 개인의 인격보호를 위해서 그 자체로는 무의미한 개인정보 예를 들어 신청서류상의 성명의 기재요구, 전화를 건 사람의 이름을 문서나 메모지에 기재하는 것과 같은 정보의 수기처리, 사실관계를 관계자의 이름을 거명하면서 전달하는 등 인격의 언저리만을 건드리고 그 자율적 결정을 위협하지 않는 사소한 제약들은 개인정보자기결정권에 대한 제한이 아니라고 보는 견해가 있다(권헌영, "개인정보권의 헌법적 수용 -헌법재판소 결정 분석을 중심으로-", 토지공법연구, 제35집, 2007, 325면).

140) 최근 선고된 구글 사건인 대법원 2023.4.13. 선고 2017다219232 판결에서도 기본권의 행사는 헌법 제37조 제2항에 따라 법률로써 제한될 수 있고, 헌법질서에 위반되지 않는 등 그 권리의 행사가 정당한 것이어야 한다는 내재적 한계가 있다고 판시한 바가 있다.
〈대법원 2023.4.13. 선고 2017다219232 판결〉헌법상 기본권의 행사는 국가공동체 내에서 타인과의 공동생활을 가능하게 하고 다른 헌법적 가치나 국가의 법질서를 위태롭게 하지 않는 범위 내에서 이루어져야 하므로, 구 정보통신망법 제30조 제2항에 따라 보장되는 이용자의 열람·제공 요구권도 헌법 제37조 제2항에 따라 국가안전보장·질서유지 또는 공공복리를 위하여 법률로써 제한될 수 있고, 헌법질서에 위반되지 않는 등 그 권리의 행사가 정당한 것이어야 한다는 내재적 한계가 있다. 구 정보통신망법 제30조 제4항도 같은 취지에서 열람·제공을 요구받은 정보통신서비스 제공자 등이 필요한 범위 내에서 조치를 하면 되는 것으로 규정하고 있다. 따라서 정보통신서비스 제공자 등은 이용자가 요구한 정보의 열람·제공이 다른 법률 등에 의해 금지·제한되거나, 이를 허용하면 다른 사람의 생명·신체를 해하거나 재산과 그 밖의 이익을 부당하게 침해할 우려가 있는 경우 등과 같은 정당한 사유가 있을 때는 이용자에게 그 사유를 알리고 열람·제공을 제한하거나 거절할 수 있다.

141) 허영, 한국헌법론(제14판), 박영사, 2018, 294면.

142) 로앤비 사건(대법원 2016.8.17. 선고 2014다235080 판결)에서 대법원은 개인정보보호법 제20조(정보주체 이외로부터 수집한 개인정보의 수집 출처 등 통지)와 제37조(개인정보의 처리정지 등)에 의하여 공개된 개인정보에 대한 정보주체의 개인정보자기결정권은 사후통제에 의해 보호받게 된다는 논리를 제시하였으나, 개인정보 보호법 제20조는 사전적 고지의무를 부과한 제15조, 제17조의 합법처리근거와 중첩적으로 정보주체의 권리를 보호하기 위한 규정으로 해석하는 것이 타당하므로 제20조에도 불구하고 제15조, 제17조 동의 요건 위반은 여전히 문제된다고 보아야 할 것이다. 더욱이 개인정보보호법 제22조에서는 세계적인 흐름을 반영하여 충분한 정보를 제공하고 동의를 받아야 한다는 '알고 하는 동의(informed consent) 원칙'을 준수를 위하여 동의의 방법을 엄격한 방식에 의하도록 구체적으로 규정하고 있는데, 이러한 법률의 취지와 이에 따라 형성된 사회적 규범인식을 고려하지 못한 아쉬움이 남는다(김진환, "공개된 개인정보의 적법처리에 관한 소고", 개인정보 판례백선, 박영사, 2022, 24-26면 등). 참고로 권영준, "프라이버시 보호의 정당성, 범위, 방법", 사법, 제1권 제41호, 사법발전재단, 2017, 308면은 대법원이 위법성을 인정하지 않은 결론은 타당하나 개인정보보호법 제20조를 하나의 요소로 고려하는 것에 그칠 것이 아니라 이를 합법처리근거로 보는 논리가 더 합당하고, 나아가 이와 별도로 이익형량의 틀에 따라 같은 결론에 이를 수 있었을 것이라고 분석하고 있다.

현행 개인정보보호법의 체계만으로는 개인정보처리에 관한 구체적 타당성을 해결하기 어렵다는 문제제기가 적지 않다. 예를 들어 라디오 작가가 항의글을 게시한 청취자를 수사기관에 고소를 하면서 경품배송의 목적으로 수집한 피고소인의 인적사항(주소, 연락처)인 개인정보를 기재한 경우에도 개인정보보호법 위반의 형사처벌 위험성이 있는 사안(대법원 2019.7.25. 선고 2019도3215 판결. 다만 위 사안은 개인정보처리자가 아니라는 이유로 무죄가 확정되었다) 등은 일반인의 법감정에도 반한다는 것이다. 이는 개인정보보호법에서 개인정보 처리를 원칙적으로 금지하면서 그 원칙에 대한 세세한 예외들을 구체적으로 규정하고 있는데, 이를 엄격하게 해석하여 전혀 틈을 주지 않는 비현실적 규범으로 운용하는 것에 대한 위험성을 경고하는 관점이다. 형법 제20조(정당행위)나 민법상 위법성 조각 등의 법리를 적용함으로써 구체적 타당성을 도모해볼 수 있지만 그 요건이 엄격하고, 개인정보자기결정권 침해 사안에서의 이익형량 법리를 세세하게 규정된 개인정보보호법에 그대로 적용할 수 있을지 여부도 여전히 불투명하다. 이러한 이유로 개인정보보호법 제15조 제1항 제6호(개인정보처리자의 정당한 이익 달성을 위한 경우) 또는 제58조(적용의 일부 제외) 등을 참조하여 일반적인 이익형량 규정을 신설하자는 의견이 제시되고 있다. 이러한 문제의식과 주장을 담은 글로는 아래 참조.

최경진, "개인정보 보호 관련법의 해석에 있어서 이익형량론과 일반적 이익형량론 규정의 필요성에 관한 고찰", 사법, 제40호, 2017, 115-117면; 권영준, "프라이버시 보호의 정당성, 범위, 방법", 사법, 제1권 제41호, 2017, 303-311면; 김진환, "공개된 개인정보의 적법처리에 관한 소고", 개인정보 판례백선, 박영사, 2022, 26면; 곽정민, "「개인정보 보호법」상 '개인정보처리자'에 해당하는지 여부 - 라디오 방송국 프로그램 프리랜서 작가 사건-", 개인정보 판례백선, 박영사, 2022, 319면; 이새롬, "개인정보 보호와 동의제도에 관한 연구 - 최근 판결례의 분석을 통하여 -", 사법, 제65호, 2017, 388면; 최경진, "공개된 개인정보를 동의 없이 처리할 수 있는지의 판단기준", 개인정보 판례백선, 박영사, 2022, 242면 등.

IV. 개인정보권 개념을 중심으로 한 개인정보보호법제의 발전방향에 대한 논의

1. 논의의 필요성

개인정보자기결정권은 '정보주체'의 헌법상 기본권이자 법상 인격권으로서 성격을 가진다는 점에 대해서는 더 이상 큰 논란이 없는 것 같다. 그런데 여기에서 더 나아가 개인정보에 대한 권리성에 대해서는 정보주체의 자기결정권으로서 '재산권적 성격'을 인정할 수 있는지, '제3자'가 타인의 개인정보에 대해서 재산권으로서 개인정보권을 주장할 수 있는지 등과 관련하여 논의가 진행되고 있다.

 최근 정보통신, 인공지능(AI), 빅데이터, 클라우딩, 사물인터넷, 자율주행, 드론 등 첨단기술의 급격한 발전으로 개인정보 침해에 대한 우려가 커짐에 따라 개인정보자기결정권의 인정 및 강화에 대한 법적·사회적 공감대가 확립되어 가는 동시에, 개인정보의 이용 내지 활용에 의한 사회·경제적 발전의 새로운 동력이 되고 그 중요도가 갈수록 높아지게 됨에 따라 개인정보에 관한 경제적 이익이 누구에게 귀속되어야 하는지와 관련하여 정보주체의 관점에서의 재산권으로서 개인정보권[143]과 더불어 정보이용자의 관점에서의 개인정보권을 인정할지 여부에 대한 양쪽의 목소리가 높아지고 있다.[144] 이러한 논의는 향후 개인정보보호법제에서 정보주체의 권리 규정과 정보이용자의 합법처리근거 규정 등의 입법개정에도 영향을 미칠 수 있다. 최근 2020년 및 2023년 개인정보보호법의 개정에 따라 가명정보에 대한 합법처리근거를 마련하고, 법 제15조, 제17조, 제18조의 합법처리근거를 합리적으로 개선한 것도 그러한 흐름의 반영이라 할 것이다.

 이하에서는 '정보주체의 개인정보권 논의', '정보이용자의 개인정보권 논의'로 나누어 살펴보되, 위 논의의 전제가 되는 '개인정보의 정보로서의 특성'을 먼저 정리해 본다.

---

143) '개인정보자기결정권'은 단어의 의미 그대로 정보주체가 자신의 정보의 공개·이용에 대하여 스스로 결정하는 권리로서 인격권적인 성질을 가지는 용어로 사용되고 있는 반면, '개인정보권'은 위와 같은 의미를 포함하여 개인정보와 관련된 정보주체와 정보이용자의 권리를 포괄적으로 논하기 위하여 사용하는 용어이다. 예를 들어 최경진, "빅데이터·사물인터넷 시대 개인정보보호법제의 발전적 전환을 위한 연구", 중앙법학, 제17집 제4호, 2015, 40면에서는 "개인정보에 대한 권리를 종래 대법원이 인정하는 개인정보자기결정권의 개념과 동일하게 볼 것인지 아니면 보다 넓게 개인정보보호와 관련된 여러 법률로부터 인정되는 집합적인 권리로 볼 것인지 아니면 프라이버시권에 속하는 구체적인 권리인지 등 다양한 논의가 가능하지만, 아직 깊이 있는 논의가 이루어지지 않았고 향후 깊이 있는 검토가 필요하기 때문에 이 글에서는 '개인정보권'이라는 용어를 사용한다. 개인정보권을 개인정보자기결정권과 동일하게 파악할 것인지에 대하여도 별도의 연구가 필요하다."고 기술하고 있다.

144) 권리개념에 대한 논의와 다소 다른 맥락에서, 고학수, "데이터 이코노미(Data-Driven Economy)의 특징과 법제도적 이슈", 데이터오너십, 박영사, 2019에서는 데이터의 사후적 이용의 맥락에서 이를 어떻게 관리하고 통제할 것인지에 대한 논의가 진행되고 있다고 한다. 여기서 '데이터의 사후적 이용의 맥락'이란 데이터 기반 경제에서 빅데이터에 대한 거래비용(트래킹 용·검색비용·복제비용·검증비용·배송비용)의 저하에 따라 인터넷 트래킹(tracking: 쿠키 등 이용자 정보수집)의 확산, 시장의 변화로서 맞춤형 행태광고와 가격차별, 광범위한 프로파일링(profiling: 개인에 대한 평가)의 현상이 나타났고, 이로써 프라이버시 침해의 가능성에 대한 우려와 불안감이 필연적으로 수반되고 있으며, 이러한 빅데이터에 대한 거래비용 감소와 프라이버시 관련 문제의식으로서 나타난 데이터 거버넌스(data governance)를 의미한다. 이는 의료데이터와 같이 데이터의 소유권이 불분명하다는 특성을 고려할 때, 코즈 정리(Coase Theorem: 재산권이 확립되어 있고 거래비용이 없다면 정부 개입 없이도 이해관계 당사자 간의 협상에 의해 외부효과를 효율적으로 해결할 수 있다는 정리로서 1960년 코즈의 1960년 논문인 Ronald Coase, "The Problem of Social Cost", 3 Journal of Law and Economics에서 주장되었다)에 따른 권리 획정에 의하여 자원의 효율적 배분을 하기에는 부적합하다는 전제에 기초하는 내용이다.

2. 개인정보의 '정보로서의 특성'

우선 개인정보는 정보이기 때문에 비전유성(non-appropriability), 비배제성(non-exclusion), 비경쟁성 내지 비경합성(non-rivalry)을 갖는다. 개인정보는 정보로서 무체물(無體物)이기 때문에 쉽게 복사될 수 있고, 어떤 사람이 자신의 개인정보를 이용할 경우 이를 이용하지 못하게 하기 위해서는 많은 비용이 든다. 이를 비전유성(non-appropriability) 내지 비배제성(non-exclusion)이라 하고, 비배제성은 비전유성의 다른 면일 뿐이다. 또한 개인정보는 한 사람이 사용한다고 해서 다른 사람이 이를 사용하지 못하는 것이 아니다. 동시에 여러 사람이 사용하는 것이 가능하다. 이를 비경쟁성 내지 비경합성(non-rivalry)이라 한다.[145][146]

유형물을 보호하는 법률체계에서 공유지의 비극[147]을 피하고 사회전체적인 자원관리의 효율적 관리를 위하여 독점권을 부여하는 것과 달리 무형의 정보를 보호하는 법률체계에서는 대개는 복수의 사람이 동일한 정보를 공유하도록 하는 태도를 취하고 있다.[148][149] 통상의 정보는 유통될 때에 정보로서의 사회적 효용이 높아지기 때문이다.[150]

---

145) 지식재산의 성질에 대한 문헌인 권창환, "지식재산권법제도에 대한 법경제학적 접근", 사법논집 제54집, 2019, 155면; Robert D. Cooter and Thomas Ulen, 법경제학, 경문사, 2009, 141면; 박세일, 법경제학, 박영사, 2009, 177면 등 참조.

146) 박준석, "지적재산권법에서 바라본 개인정보 보호", 개인정보 보호의 법과 정책, 박영사, 2014, 97면은 비경쟁성(non-rivalry 내지 non-rivalrousness)이라는 용어를 다소 다른 개념으로 사용하고 있다. 즉 독점을 긍정하는 일응의 기준으로서 정보의 유형을 분석하면서 그것이 담고 있는 내용이 계속 전파될 경우 현재 보유자가 누리는 효용을 저해함이 없이 새로 정보를 활용하는 자들에게 경제적 가치 내지 유용성을 추가로 가져다 주는 경우에는 비경쟁성(non-rivalrousness)을 가진다 하고 그렇지 못한 경우를 경쟁성(rivalrousness)을 가진다고 정의하고 있다.

147) 공유지의 비극(The Tragedy of the Commons)이란 지하자원, 초원, 공기, 호수에 있는 고기와 같은 한정된 자원에 대해 개인이 이익에 따라 행동할 경우 경쟁적으로 소비하게 됨에 따라 자원의 고갈을 일으켜 사회 전체적으로는 비효율적인 결과가 초래되는 사회경제적·과학적 상황을 설명하는 개념이다. 이 개념은 1833년 영국의 경제학자 윌리엄 포스터 로이드(William Forster Lloyd)가 쓴 에세이에서 유래되었는데, 그는 영국과 아일랜드에서 규제되지 않은 방목의 영향을 가상의 예로 사용하였고, 이후 1968년 개릿 하딘(Garrett Hardin)에 의해 쓰여진 Garrett Hardin, "The Tragedy of the Commons: The population problem has no technical solution; it requires a fundamental extension in morality.", Science, Vol. 162, No. 3859, 1968, pp.1243-1248을 통해 "공유지의 비극(The Tragedy of the Commons)"이라는 용어로 알려지게 되었다.

148) 박준석, "지적재산권법에서 바라본 개인정보 보호", 개인정보 보호의 법과 정책, 박영사, 2014, 96면. 부정경쟁방지 및 영업비밀보호에 관한 법률 제2조 제1호 (카)목의 성과물 도용 부정경쟁행위의 해당 여부가 쟁점이 된 대법원 2020.3.26. 선고 2016다276467 판결에서도 성과 등의 정보는 공유물임을 전제로 "이러한 성과 등이 '상당한 투자나 노력으로 만들어진' 것인지는 권리자가 투입한 투자나 노력의 내용과 정도를 그 성과 등이 속한 산업분야의 관행이나 실태에 비추어 구체적·개별적으로 판단하되, 성과 등을 무단으로 사용함으로써 침해된 경제적 이익이 누구나 자유롭게 이용할 수 있는 이른바 공공영역(公共領域, public domain)에 속하지 않는다고 평가할 수 있어야 한다."고 판시하고 있다. 中山信弘, 著作權法(Copyright Law), 有斐閣, 2008, 181-182頁도 지적재산권법에서 보호되고 있지 않는 것은 원칙적으로는 자유이용의 영역에 속한다고 설명한다.

149) 中山信弘, 著作權法(Copyright Law), 有斐閣, 18-19頁은 "저작권의 보호대상으로서의 정보는 공공재적 성격(정보의 경제학적 정의에 대해서는 여러 가지 설이 있는데, 여기서는 일단 어떤 자의 이용에 의해 다른 자의 이용을 감소시키지 않는 재(財)라고 생각하면 충분하다. 국방이나 경찰이 전형적인 사례일텐데, 법으로 보호되어 있지 않은 정보도 여기에서 말하는 공공재라고 생각할 수 있다)을 가지고, 소비의 배타성이 없으며, 동일한 정보를 수인이 동시에 사용할 수 있는 중첩적 사용가능성이 있다."고 설명하고 있다.

150) 권영준, "개인정보 자기결정권과 동의 제도에 대한 고찰", 법학논총, 제36권 제1호, 2016, 690면.

그런데 개인정보는 통상의 정보와는 다소 다른 성격을 가진다. 사회적 공유를 원칙적인 모습으로 하는 정보에 대해서도 독점권을 부여하는 경우가 있고, 이러한 경우에는 그 목적과 명분 내지 이유가 있다. 지식재산권이 대표적인 예이다. 지식재산(특허, 저작물 등)은 전파될수록 사회경제적 효용성이 커지므로 공유되어 활용되는 것이 마땅해 보이지만 '창작의 유인'을 위해 독점권을 부여한다.[151] 이러한 이유로 입법자는 헌법 제23조에 따른 재산권의 형성과 같이 지식재산권 제도의 형성에 있어서 보다 넓은 입법재량을 가진다고 볼 수 있다(헌법 제22조 제2항[152]).[153]

반면 개인정보는 누군가가 창조해 낸 객체라기보다는 권리주체인 개인의 인격적 표상의 성격이 강하고,[154] 개인의 사적인 영역에 속하는 정보이다. 따라서 개인정보는 본래적으로 타인과 공유할 것이 아니라 독점적인 성격을 갖는다고 볼 것이다. 이러한 점에서 개인정보는 공개를 원칙으로 하는 지식재산과도 동일선상에 올려놓고 비교할 수는 없다.[155] 무엇보다 창작 유인이라는 명확한 입법목적을 위하여 법률에 따라 형성되는 지식재산권과 달리 개인정보자기결정권은 기본권으로서 대략적인 내용이 결정되고 입법자는 이를 존중하여 입법을 하여야만 한다는 점에서 차이가 있다.

그런데 개인정보는 사적인 영역에 속하기는 하지만 오로지 개인에게 속하는 정보라기보다는 공동체와 개인을 연결시켜 주는 정보라는 점에서 또 다른 특성이 있다. 주민등록번호나 신용정보, 전화번호, 이메일 주소 등은 개인이 홀로 있을 때와 달리 타인과 상호작용을 하거나 사회생활 속에서 의미와 가치를 가지는 정보이다.[156] 개인정보는 개인이 노력하여 얻거나 만든 것도 아니고 돈을 주고 산 것도 아니며, 오히려 상당수의 개인정보는 타인과의 식별을 위한 표지로서 이미 개념 그 자체에 다분히 공유재산적 성격을 가지는 공동체 지향성을 띠고 있는 권리객

---

151) 박준석, "지적재산권법에서 바라본 개인정보 보호", 개인정보 보호의 법과 정책, 박영사, 2014, 97면.
152) 헌법 제22조 ① 모든 국민은 학문과 예술의 자유를 가진다. ② 저작자·발명가·과학기술자와 예술가의 권리는 법률로써 보호한다.
153) 지식재산에 대한 보호방식으로 권리설정형 방식(소유권과 유사하게 권리의 성립요건을 규정하고 권리양도 등의 재산적 가치를 향유할 수 있도록 하며, 침해자에 대해 금지청구권을 행사할 수 있도록 하는 방식)을 취할지, 행위제한형 방식(부정경쟁방지법과 같이 권리의 성립요건은 규정하지 않고, 침해자에 대한 금지청구권, 손해배상청구권만을 부여하는 방식)을 취할지, 나아가 침해자에 대한 제재수단으로 금지청구권을 규정할지, 아니면 금전적 보상청구권만을 규정할지(현재 지식재산권법 체계에서 법정실시권만을 설정하는 것과 유사한 결과가 된다) 등의 자유로운 입법재량을 가진다고 할 수 있다. 참고로 저작권과 관련하여 침해자에 대한 제재수단으로 금전적 보상청구권만을 규정하는 것도 고려해 볼 수 있다는 글로는 中山信弘, 著作權法(Copyright Law), 有斐閣, 205-206頁(기술 등의 발전에 의해 대가의 징수를 정확하고 안정하게 하는 것이 가능한 상황이 되면 물권적 권리구성의 필요성은 감소할지도 모르고, 현실적으로도 저작권신탁제도 등 저작재산권의 집중관리방식에 의해 사실상 대가청구권화 되기도 한다. 중요한 것은 저작물의 이용에 의해 생기는 이익의 일부를 어떻게 하면 권리자에게 환원시키는가 하는 것이고, 물권적 구성을 채용하는가 여부는 본질적인 문제가 아니며, 그 시대에 가장 적합한 시스템을 도입하는 것이다) 참조.
154) 정상조·권영준, "개인정보의 보호와 민사적 구제수단", 법조, 제58권 제3호, 2009, 18면.
155) 권영준, "개인정보 자기결정권과 동의 제도에 대한 고찰", 법학논총, 제36권 제1호, 2016, 690면.
156) 권영준, "개인정보 자기결정권과 동의 제도에 대한 고찰", 법학논총, 제36권 제1호, 2016, 690면.

체이다.[157] 이러한 개개의 정보들은 그 활용을 통해 정보주체, 정보이용자, 사회 전체에 이익을 준다. 개인정보의 축적이 지속적으로 이루어지고 이러한 정보에 기초한 사회기반이 작동할 경우 정보의 사회성적 의미와 가치는 더욱 커지게 된다. 나아가 개인정보는 퍼블리시티권[158]의 경우를 제외하고는 개별 개인정보로서는 재산적 성격을 가진다고 보기는 어렵지만 개인정보의 집합물은 지식재산권 중 편집저작물,[159] 데이터베이스에 관한 권리[160]와 유사한 재산적 가치를 가진다고 볼 수 있다.[161]

요약하자면 모든 정보는 비전유성, 비배제성, 비경쟁성 내지 비경합성(non-rivalry)을 가진다는 전제에서, 통상의 정보는 공유가 원칙적인 모습이며, 지식재산인 정보도 공유가 원칙이나 창작 유인이라는 목적 달성을 위하여 독점권을 부여하는 입법을 하고 있는 반면, 개인정보는 사적 영역에 속한다는 특성상 독점이 원칙적인 모습이나 공동체 지향을 띠는 정보로서 정보의 성질(민감정보인지, 사회생활적 의미가 큰 정보인지 등)이나 활용형태(의료정보의 연구·진료 목적 활용, 가명정보의 통계·연구 목적 활용, 개인정보의 축적 정도 등)에 따라 사회경제적 필요성이 큰 경우에 공유의 필요성을 검토해 볼 여지가 있다는 점에서 차별된 특성이 있다고 할 것이다.

이러한 개인정보 특성에 따라 개인정보의 보호와 이용 사이의 균형점, 즉 보호(독점)의 수준과 공유의 허용은 결국 우리 사회의 문화유전자가 정보의 원활한 공유를 통해 사회적 가치를 증대시키는 면을 중요하게 생각하는 쪽에 가까운지 아니면 개인의 프라이버시권으로서 개인정

---

157) 권영준, "개인정보 자기결정권과 동의 제도에 대한 고찰", 법학논총, 제36권 제1호, 2016, 688면.
158) 퍼블리시티권은 유명인이 자신의 성명, 초상 음성 등 자신을 특징지을 수 있는 동일성을 상업적으로 이용하고 통제할 수 있는 배타적 권리를 말하는데, 1953년 미국 제2연방항소법원의 제롬 프랭크 판사가 Haelan 사건 판결문에서 처음 사용한 용어로서 영미법에서 인정된 권리로서 인격권에 기초한 권리지만 그 권리를 양도하거나 사고 팔 수 있는 상업적 이용의 요소를 핵심으로 하기 때문에 인격권과는 구별된다. 우리 법체계에서 인정 여부에 대한 논란이 있던 중 2021. 12. 7. 법률 제18548호로 개정된 부정경쟁방지 및 영업비밀보호에 관한 법률 제2조 제1호 타.목(국내에 널리 인식되고 경제적 가치를 가지는 타인의 성명, 초상, 음성, 서명 등 그 타인을 식별할 수 있는 표지를 공정한 상거래 관행이나 경쟁질서에 반하는 방법으로 자신의 영업을 위하여 무단으로 사용함으로써 타인의 경제적 이익을 침해하는 행위)로 인정되었고(행위제한형으로 규정되어, 양도·상속 등에 관한 규정이 없다), 2022. 23. 26. 법무부가 '인격표지영리권'이라는 표제로 민법 개정안을 입법예고하였다. 부정경쟁방지법과 달리 법무부의 민법개정안은 유명인에 한정하지 않고 보편적인 권리로서 규정하였고, 양도는 할 수 없으나 영리적 이용허락, 상속(사후 30년간 존속)을 허용하고, 침해에 대한 구제수단으로 침해제거·예방청구권를 규정하는 한편 신념에 반하는 등 중대한 사유가 발생할 경우에는 이용허락을 철회할 수 있도록 하고 있다.
159) 저작권법 제2조(정의) 17. "편집물"은 저작물이나 부호·문자·음·영상 그 밖의 형태의 자료(이하 "소재"라 한다)의 집합물을 말하며, 데이터베이스를 포함한다. 18. "편집저작물"은 편집물로서 그 소재의 선택·배열 또는 구성에 창작성이 있는 것을 말한다.
제6조(편집저작물) ① 편집저작물은 독자적인 저작물로서 보호된다. ② 편집저작물의 보호는 그 편집저작물의 구성부분이 되는 소재의 저작권 그 밖에 이 법에 따라 보호되는 권리에 영향을 미치지 아니한다.
160) 저작권법 제4장(데이터베이스제작자의 보호).
저작권법 제2조(정의) 19. "데이터베이스"는 소재를 체계적으로 배열 또는 구성한 편집물로서 개별적으로 그 소재에 접근하거나 그 소재를 검색할 수 있도록 한 것을 말한다. 20. "데이터베이스제작자"는 데이터베이스의 제작 또는 그 소재의 갱신·검증 또는 보충(이하 "갱신등"이라 한다)에 인적 또는 물적으로 상당한 투자를 한 자를 말한다.
161) 박준석, "지적재산권법에서 바라본 개인정보 보호", 개인정보 보호의 법과 정책, 박영사, 2014, 95면; 권영준, "개인정보 자기결정권과 동의 제도에 대한 고찰", 법학논총, 제36권 제1호, 2016, 691면.

보자기결정권을 더 중요하게 생각하는 쪽에 가까운지 여부에 좌우될 것이다.[162]

3. 정보주체의 개인정보권 논의

1) 정보주체의 재산권 인정 여부에 관한 논의

개인정보자기결정권은 기술발전에 따른 프라이버시의 위협으로부터 정보주체를 보호하기 위하여 태동한 기본권으로서, 간접적으로 사법관계에 효력을 미쳐 사법상의 일반원칙을 규정한 민법 제2조, 제103조, 제750조, 제751조 등의 내용을 형성하고 그 해석 기준이 된다.[163] 이러한 개인정보자기결정권의 사법적 성질은 인격권으로 보는 것에 대해서는 큰 다툼은 없는 듯하다. 이러한 배경에서 2011년 개인정보보호법을 제정하여 개인정보보호원칙을 규정하고, 이용을 위한 합법처리근거를 마련하는 등의 실정법적 보호기반을 마련하였다.

여기에서 더 나아가 정보통신기술 등의 발전에 따라 정보감시 등 개인정보 침해로 인한 프라이버시에 대한 위협과 불안감이 커지고 한편으로는 맞춤형 광고(타깃 마케팅), 빅데이터 분석을 통한 문제해결[164] 등 개인정보의 경제적 가치가 높아지게 됨에 따라 정보주체의 관점에서 개인정보권의 보호를 더욱 강화해야 한다는 주장이 제기되고 있다.

실무적인 논의로는 개인정보 침해로 인한 손해배상청구 소송에서 정신적 손해배상(위자료) 외에도 재산적 손해배상을 허용하여야 한다는 주장이 있다. 이는 개인정보자기결정권의 법적 성격을 인격권을 넘어 재산권으로까지 인정할 수 있는지에 대한 논의와도 연결된다. 물론 권리의 법적 성질에 따라 배상받을 수 있는 손해의 종류가 논리필연적으로 결부되는 것은 아니어서,[165] 인격권을 침해한 경우에도 재산적 손해가 발생할 수는 있지만 우리 판례는 인격권 침해에 대해서는 정신적 손해배상(위자료)만을 인정하고 있기 때문에 이와 같은 주장이 있는 듯하다.[166] 그러나 이론적으로 인격권 침해의 경우에도 정신적 손해와 함께 재산적 손해도 배상청구를 허용하고 있고, 실무적으로도 비방광고로 인격과 명예, 신용 등이 훼손된 경우 위자료 지

---

162) 허성욱, "한국에서 빅데이터를 둘러싼 법적 쟁점과 제도적 과제", 경제규제와 법, 제7권 제2호, 19면.
163) 대법원 2011.9.2. 선고 2008다42430 전원합의체 판결(로마켓 사건).
164) 빅데이터 분석기법을 활용하여 사회경제적 부가가치를 창출한 대표적 사례로는 서울시와 KT가 MOU를 체결하여 서울시 심야버스 노선 최적화 사업을 진행한 사례 등을 들 수 있다. 위 사례는 ① 유동인구밀집도 분석(일단 서울시를 1km 반경의 1,250개 헥사셀 단위로 구분하고, 한달치 KT 휴대전화 이력 데이터로 심야시간(0시~5시) 통화량 분석을 해서 구역별 유동인구 밀집도를 분석하고 이를 헥사셀 단위로 시각화함) → ② 유동인구 기반 노선 최적화(기존 노선의 시간/요일별 패턴을 분석하고, 노선 부근의 유동인구 통계로 가중치를 계산하여, 노선을 최적화함) → ③ 유동인구 기반 배차간격 조정(정류장 단위로 통행량을 추정하고, 통행량을 선의 굵기로 표현하여 헥사셀로 구분된 맵에 시각화함으로써 최종적으로 요일별 배차 간격 조정을 결정함)의 순으로 진행하였다. 그 후 많은 지방자치단체에서 모바일 데이터, 교통카드 이용정보, 버스 운행데이터 등을 이용하여 버스노선 조정사업을 추진하고 있다.
165) 정상조·권영준, "개인정보의 보호와 민사적 구제수단", 법조, 제58권 제3호, 2009, 4면.
166) 박준석, "지적재산권법에서 바라본 개인정보 보호", 개인정보 보호의 법과 정책, 박영사, 2014, 94면.

급을 명하면서 추가로 대응광고의 집행비용을 재산적 손해로 인정한 판결[167]도 있다는 점을 고려할 때, 재산적 손해배상도 허용된다고 볼 것이다. 결국은 재산적 손해 발생에 대한 주장·증명의 문제로 귀결된다고 볼 것이다.

나아가 개인정보권을 정보주체의 재산권으로 인정하여야 한다는 주장도 있다. 정보주체가 자신의 개인정보를 실제로 상품이나 서비스처럼 거래하고 있는 현실[168]에 비추어 보면 개인정보에 대한 처분권이 재산권적 성격을 갖는다고 못 볼 바는 아니다. 그러나 개인정보를 둘러싼 재산적 이익이 있다고 하여 개인정보자기결정권이 곧바로 재산권이라고 얘기하는 것은 논리적 비약이고, 개인정보자기결정권을 인격권으로만 파악한다고 하여 개인정보의 재산적 가치를 부정해야 하는 것도 아니다.[169] 개인정보자기결정권에 의하여 보호되는 개인정보에 대한 권리는 재산적 이익을 그 보호범위에 넣는다고 하더라도 인격권으로서 개인정보자기결정권에 재산적 요소를 인정할지의 문제일 뿐이다.[170]

개인정보권을 정보주체의 재산권으로 인정하여야 한다는 주장은 영미법에서 개인정보에 관하여 실무에서 주된 보호방법이 계약이나 불법행위법의 법리에 의하고 있어 이를 배타적 지배권의 형태로 보호하자는 주장에 기원하는 듯하다.[171] 위 주장은 코즈 정리(Coase Theorem)에 따라 정보주체에게 배타적 지배권을 부여하면 개인정보라고 하는 자원의 최적의 배분에 이를 수 있게 되고 정보주체는 보다 적극적으로 개인정보를 처분하고 정보통신서비스라고 하는 이익을 누를 수 있는 권리를 가지게 된다고 본다.[172]

그런데 법경제학에서 재산에 대한 보호방식(property rule v. liability rule)[173] 중 배타적 지배권(배타권)에 의한 방식을 'property rule'이라고 명명한 것을 우리 법체계에서의 재산권 내지 소유권의 개념과 혼동함에 따라 개인정보의 법적 성격을 재산권으로 보아야 한다는 근거로 삼은 오해에 비롯된 것으로 보인다.[174] 그러나 우리 법체계에서는 개인정보자기결정권을 배타적 지배

---

167) 대법원 1996.4.12. 선고 93다40614, 40621 판결의 원심인 서울고법 1993.7.2. 선고 92나43779, 43786 판결에서 재산적 손해까지 인정하였다(다만 이 부분까지 상고이유로 주장되지는 않은 것으로 보인다).

168) 보이스피싱 범죄에서 주민등록번호, 통장계좌번호를 대가를 받고 알려주는 경우, 가입비와 이용료를 받지 않는 무료 인터넷 서비스를 가입하면서 이메일 주소, 생년월일 등을 제공하는 경우 등. 이러한 현상과 관련하여 '프라이버시 패러독스(privacy paradox)', 즉 개인정보가 유출될까봐 두렵지만 편의를 위해선 스스로 개인정보를 인터넷에 드러내는 모순된 상황이 발생한다는 점이 지적되고 있다.

169) 권영준, "개인정보 자기결정권과 동의 제도에 대한 고찰", 법학논총, 제36권 제1호, 2016, 682면. 정상조·권영준, "개인정보의 보호와 민사적 구제수단", 법조, 제58권 제3호, 2009, 18면(개인정보가 상업적으로 이용된다고 하여 곧 수집되기 전 상태의 개인정보가 그 개인의 재산이라고 하는 것은 논리적 비약이다).

170) 이동진, "데이터 소유권(Data Ownership), 개념과 그 비판", 데이터오너십, 박영사, 2019, 127면.

171) 박준석, "지적재산권법에서 바라본 개인정보 보호", 개인정보 보호의 법과 정책, 박영사, 2014, 94면.

172) Jerry Kang, Cyberspace Privacy: A Primer and Proposal[정상조·권영준, "개인정보의 보호와 민사적 구제수단", 법조, 제58권 제3호, 2009, 17면에서 재인용].

173) Guido Calabresi and A. Douglas Melamed, "Property Rules, Liability Rules, and Inalienability: One View of the Cathedral", Harvard Law Review, Vol. 85, No. 6, 1089-1128은 재산법과 불법행위법에 있어서 통일된 관점을 탐구하는 것을 목적으로 권리(entitlement 내지 right)에 관한 설정 방식으로 Property Rules(배타권 부여방식), Liability Rules(책임규칙), Inalienability(양도불가능성 방식)를 구분하여 분석하고 있다.

권인 인격권으로서 보호하고 있기 때문에 영미의 위 주장을 그대로 받아들일 필요성이 없어 보인다.[175] 또한 미국에서도 생래적 정보보유자의 권리를 배타적 지배권 방식(property right)으로 구성하여 강하게 보호하자는 견해[176]는 소수설로 보이고 미국의 지배적 입장도 반대하고 있는 것으로 보인다.[177]

또한 개인정보에 대한 정보주체의 권리를 재산권으로 인정함으로써 양도나 상속에 의한 재산처분도 가능하게 하는 것은 퍼블리시티권에 대해서도 허용하지 않는 현 상황에서는 시기상조의 논의로 보이고, 더욱이 집합적 개인정보가 아닌 정보주체 개개인의 개인정보에 대하여 양도나 상속에 의한 재산처분을 인정하는 것은 개인정보에 기반한 사회시스템의 정상적 작동을 방해하여 개인정보의 사회성적 의미와 가치를 훼손하는 위험성이 크다는 점에서 더욱 신중한 검토가 필요하다고 보인다.[178]

정보주체의 관점에서 개인정보권이 재산권적 성질을 가져야 한다거나 재산권으로서 보호해야 한다는 주장은 그 실익이 작아 받아들이기 어려워 보이기는 하나, 기술발전에 따른 개인정보침해의 위험성과 우려가 커지는 환경변화에 대응하여 정보주체의 권리를 강화해야 한다는 관점에서는 충분히 고려할만한 관점이라고 보인다.[179] 이러한 사정을 고려하여, 향후 정보주체의 권리보호에 소홀함이 없는지 여부와 기술발전의 정도와 사회적 인식 및 합의 등을 종합적으로 고려하여 입법개선을 검토하여야 할 것이다.

---

174) 박준석, "지적재산권법에서 바라본 개인정보 보호", 개인정보 보호의 법과 정책, 박영사, 2014, 94면.
175) 박준석, "지적재산권법에서 바라본 개인정보 보호", 개인정보 보호의 법과 정책, 박영사, 2014, 94면. 같은 취지에서 이동진, "데이터 소유권(Data Ownership), 개념과 그 비판", 데이터오너십, 박영사, 2019, 127면에서는 이러한 미국의 개인정보 재산론은 이미 동의원칙이 채택되어 있어 인격권에 대비되는 재산권으로서의 성격이 오히려 문제되는 유럽적인 맥락에서는 적합하지 않는다는 취지로 기재하고 있다.
176) Richard S. Murphy, "Property Rights in Personal Information: An Economic Defense of Privacy", 84. Geo. L. J., 1996, p.2381, pp.2383-2384 . 박준석, "지적재산권법에서 바라본 개인정보 보호", 개인정보 보호의 법과 정책, 박영사, 2014, 123면에서 재재인용[위 논문에서도 Robert Kirk Walker, "The Right To Be Forgotten", 64 Hastings Law Journal 257 (December, 2012), p.268에서 재인용하였다].
177) 박준석, "지적재산권법에서 바라본 개인정보 보호", 개인정보 보호의 법과 정책, 박영사, 2014, 94면.
178) 박준석, "지적재산권법에서 바라본 개인정보 보호", 개인정보 보호의 법과 정책, 박영사, 2014, 95면에서는 "집합된 개인정보와 달리 단 1개의 인적 정보가 타인에게 가진 재산적 가치는 거시적 논의에서는 거의 무시하여도 좋을 만큼 미미할 것이다."라고 기술하고 있다.
179) 같은 취지에서 최경진, "개인정보보호 관련법의 해석에 있어서 이익형량론과 일반적 이익형량 규정의 필요성에 관한 고찰", 사법, 제1권 제40호, 2017, 106면에서는 "개인정보의 인격적 속성이 강조될수록 - 일신전속성 및 독점적 배타적 보호의 필요성이 강조될수록 - 개인정보의 이용범위는 제한되어야 하지만 개인정보의 재산적 속성 및 공적 이용의 속성이 강조될수록 개인정보의 배타적 보호에 대한 제한 혹은 공정이용 규정의 필요성이 높아질 것이다. 즉 인격적 권리뿐만 아니라 재산적 권리도 함께 인정된다면 그에 따른 정당한 이용의 범위가 설정되어야 하고 정당한 이용의 범위가 보장받지 못하거나 과도하게 제한된다면 일반적 이익형량을 위한 해석론 또는 규정 신설의 필요성도 높아지게 된다."고 기술하고 있다.

2) 잊힐 권리에 대한 논의[180]

정보주체의 개인정보권 강화 주장에 대한 대표적인 사례로는 잊힐 권리(right to be forgotten)에 대한 논의를 들 수 있다. 2014년 5월 유럽사법재판소(The Court of Justice of the European Union)는 EU의 1995년 개인정보보호지침[181]을 해석하면서 일반적으로 공개된 정보이면서 보통 "데이터"라고 칭해지지는 않는 단편적인 개인사에 대해서도 개인정보보호규제를 적용하여 표현의 자유와의 충돌 문제를 전면으로 부각시켰다.[182] 스페인의 변호사 곤잘레스가 연금부담금 체납으로 자신의 집을 공매 당하게 되었고 관련 법률에 의해서 공매사실이 지방신문에 공시의 형태로 게재되었었는데, 유럽사법재판소는 12년이 지난 후 구글(Google)의 검색서비스가 그 변호사의 개인정보에 해당하는 경매공시를 볼 수 있도록 불특정 이용자들을 안내하는 것은 구글이 1995년 개인정보보호지침상의 개인정보처리자(controller)의 의무를 위반하는 것이라고 결정하였다.[183]

구글 스페인 판결의 결론과 같이 인터넷의 상용과 디지털 환경의 도래, 빅데이터 등 신기술의 발전 등에 따른 개인정보 침해의 위험성과 우려[184]가 점점 커짐에 따라 잊힐 권리에 대한 요구는 세계적 추세로 보인다. 2016년 유럽 일반정보보호규칙(GDPR) 제17조에서도 잊힐 권리를 'Right to erasure(right to be forgotten)'로 규정하고 있고,[185] 우리 「개인정보보호법」도 EU 규정안에 비하여 다소 좁을지 모르지만, 개인정보의 삭제요구권이나 처리제한 요구권에 관한 규정을 보면 이미 상당부분 잊힐 권리에 관한 규정을 두고 있다고 할 수 있으며, 특히 개인정보의 삭제요구권(법 제36조[186])의 경우에는 EU보다 상대적으로 좁은 예외를 설정함으로써 정보주체의 보호가 더욱 강조되는 면도 있다.[187][188]

---

180) '잊힐 권리'에 대한 추가적인 내용은 제10장(정보주체의 권리) 제3절(개인정보의 정정·삭제) 부분 참조.
181) Directive 95/46/EC of the European Parliament and of the Council of 24 October 1995 on the protection of individuals with regard to the processing of personal data and on the free movement of such data.
182) ECJ C-131/12, Google Spain SL and Google Inc. v Agencia Española de Protección de Datos (AEPD) and Mario Costeja González(2014. 12. 4.).
183) 박경신, "구글 스페인 유럽사법재판소 판결 평석 -개인정보자기결정권의 유래를 중심으로-", 세계헌법연구, 제20권 3호, 31-32면.
184) 지금의 인터넷 시대에는 과거의 기사가 보도되거나 SNS에 게시물이 올려진 뒤 상당한 시간이 지나도 언제든지 이를 검색하고 종합적으로 정리해 인터넷을 통해 유포시킬 수 있는 이른바 '신상 털기'가 가능해졌다. 이러한 현상에 대한 반발인지, 잊힐 권리에 대한 요구가 확산하면서 일정 시간이 지나면 메시지나 사진이 사라지는 이른바 휘발성 SNS도 등장하고 있다[스냅챗(Snap Chat), 페이스북의 포크(Poke) 메시징 등].
185) 구글 스페인 판결(ECJ C-131/12) 이후의 논의를 반영하여, GDPR 제17조 제3항에서는 표현의 자유를 박탈하는 경우, 공공기관이 공익을 위하여 적법한 의무에 따라 개인정보를 처리를 한 경우, 공공이익이나 과학적·역사적연구·통계 목적으로 개인정보를 처리한 경우, 합법처리근거인 제9조 제2항 (h), (i)호, 제3항에 부합되도록 처리한 경우, 법적 권리를 행사하거나 방어하기 위한 경우 등에 있어서는 잊힐 권리에 대한 예외를 인정하고 있다.
186) 개인정보보호법 제36조(개인정보의 정정·삭제) ① 제35조에 따라 자신의 개인정보를 열람한 정보주체는 개인정보처리자에게 그 개인정보의 정정 또는 삭제를 요구할 수 있다. 다만, 다른 법령에서 그 개인정보가 수집 대상으로 명시되어 있는 경우에는 그 삭제를 요구할 수 없다
187) 최경진, "잊혀질 권리: 개인정보 관점에서", 정보법학, 제16권, 제2호, 2012. 반면 박준석, "지적재산권법에서 바라

그러나 잊힐 권리를 인정하는 것은 정보주체의 권리를 강화하는 반면 정보이용자인 개인정보처리자의 비용상승을 낳게 하는 상반된 결과를 가져오고, 정보주체의 개인정보자기결정권과 정보이용자의 표현의 자유의 충돌이 정면으로 문제되는 영역이기 때문에 찬반 논란이 적지 않다. 특히 구글, 네이버 등 IT 업계에서는 잊힐 권리에 대해 난색을 표하고 있는데, 자신의 게시물을 완벽하게 삭제하는 것은 기술적으로 불가능하고, 인력·관리비용 등이 증가할 것을 우려하기 때문이다. 예외를 두지 않고 잊힐 권리를 인정하는 것은 과도한 것이라거나, 사실상 개인의 변심에 의한 삭제까지도 가능하게 하는 것은 지나치게 정보게시자의 편익 혹은 인권보호에만 치중한 것이라는 지적도 경청할만하다.[189]

결국 잊힐 권리에 대한 논의는 개인정보주체의 측면에서 개인정보권을 강화하자는 주장으로부터 출발하여 반대편인 개인정보이용자의 지위를 과도하게 제약하는 것은 아닌지에 대한 균형점을 모색하는 논의라고 할 것이고, 이러한 논쟁에 대한 흐름은 향후 개인정보권의 정보주체 측면에서의 강화라는 주장이 제기될 때에 참고해야 할 좋은 사례로 보인다.

본 개인정보 보호", 개인정보 보호의 법과 정책, 박영사, 2014, 116-117면에서는 이와 같이 해석하는 것은 불합리하므로 신축적인 해석론을 전개하여 개인정보보호법 제36조의 삭제요구권은 '잘못된 정보'에 대한 정정 그리고 그런 정정이 곤란한 사정이 있을 때에 대신 이루어지는 '삭제'로 풀이하는 것이 타당하다고 주장한다.

188) 우리 정부는 2022. 7. 11.경 2024년까지 아동·청소년 개인정보 보호법을 제정해 보호 대상을 18세 미만으로 확대하고 지원도 강화하는 내용의 '아동·청소년 개인정보 보호 기본계획'을 발표하였는데, 법률 제19234호로 2023. 3. 14. 개정된 개인정보보호법 제22조의2에서 만 14세 미만 아동의 동의에 대한 특칙을 신설하고 2023년부터 아동·청소년 본인이 온라인 사이트에 올린 사진이나 동영상 등 개인정보를 본인이 직접 삭제 요청할 수 있도록 하는 내용의 시범 사업을 실시하며, 2024년에는 아동·청소년 개인정보 보호법을 제정하여 다른 사람이 올린 개인정보도 삭제 요청할 수 있도록 범위를 확대할 계획이라고 한다. 또한 과학기술정통부는 2023. 9. 25.경 보편적 디지털 질서 규범을 위한 헌장인 '디지털 권리장전'을 발표했는데, '잊힐 권리'도 규정했다(디지털 환경에서 자신에 관한 정보를 열람·정정·삭제·전송하는 등 접근하고 통제할 수 있어야 하고, 근로자들은 디지털 연결에서 벗어나 휴식을 보장하도록 했다).

189) 박경신, "구글 스페인 유럽사법재판소 판결 평석 -개인정보자기결정권의 유래를 중심으로-", 세계헌법연구, 제20권 3호, 2014는 「프라이버시권 내지 개인정보자기결정권의 연혁, 잊힐 권리의 무제한적 허용에 따라 정보의 비대칭성과 평판의 비대칭성이 발생하는 점, 검색서비스업자에게 세계 최초로 유통자책임(intermediary liablity)을 방조책임이 아닌 1차 책임으로 인정함으로써 인터넷의 존재 방식 자체를 위협하게 된 점 등을 지적하면서 개인정보자기결정권의 보호대상은 '일반적으로 공개되지 않은 사실' 또는 '프라이버시권 침해의 가능성이 있는 정보'들로 한정되는 것이 원래 목적에 부합됨에도 구글 스페인 판결(ECJ C-131/12)은 이러한 정보들에 대한 적용제외를 인정하지 않고 있다」고 비판하고 있다. 박준석, "지적재산권법에서 바라본 개인정보 보호", 개인정보 보호의 법과 정책, 박영사, 2014, 114-115면에서도 위 판결에 대해 사실상 개인의 변심에 의한 삭제까지도 가능하게 하는 것은 지나치게 정보게시자의 편익 혹은 인권보호에만 치중한 것이라고 지적하고 있다.

4. 정보이용자의 개인정보권 논의[190]

1) 개관

개인정보는 그 개념이나 관련 제도의 태동 측면에서 정보주체를 중심으로 그리고 정보주체로부터 출발되지만 실제 처리 유통되는 단계에서는 정보주체뿐만 아니라 개인정보를 이용하는 자의 측면도 고려하지 않을 수 없다.[191] 개인정보는 사적인 영역에 속하는 정보이지만 오로지 개인에게 속하는 정보라기보다는 공동체와 개인을 연결시켜 주는 정보로서 공동체 지향성을 지니는 특성을 가진다. 의료정보와 같은 민감정보의 경우에도 지속적인 축적이 이루어져 감염병 예방과 같은 사회적 가치를 증대하는 데에 활용할 필요성이 커진다. 개인정보의 축적이 지속적으로 이루어져 매우 큰 정보의 집합체를 이루게 되면 사회적 경향성과 흐름을 추출하여 사회적 문제를 해결하거나 예상치 못한 사회적 가치를 돌려주기도 한다. 그렇다면 표현의 자유와 마찬가지로 정보주체 이외의 정보이용자로 하여금 정보의 수집과 이용의 자유를 부여하는 것이 원칙적인 모습이고 이를 제한하기 위하여는 법적 예외를 두어야 한다고 주장할 수도 있다.[192]

이와 같이 개인정보권을 정보이용자 측면에서 강화하여야 한다는 주장을 발전시키면 프라이버시권이나 개인정보자기결정권의 발생과 유사하게 개인정보의 이용·보유권을 헌법상 기본권의 수준으로 보호해야 한다는 생각에 이를 수도 있다. 기본권으로서 개인정보이용자의 개인정보권을 인정하게 되면 기본권 충돌의 관점에서 입법자는 입법권한의 제약을 받게 되므로 전혀 다른 국면에서 개인정보보호법제를 구성하여야 할 것이다.

아직까지 이와 같은 헌법상 기본권 수준으로 개인정보이용자의 개인정보권을 강화해야 한다고 주장하는 국내외 학설을 찾기는 어렵지만, 개인정보에 대한 정보이용자의 지위를 사법상 권리의 수준으로 보호하여야 한다는 주장은 발견된다. ① 집합개인정보에 대한 지적재산권적 보호를 검토해야 한다는 주장과 ② 데이터 소유권(data ownership)에 대한 논의 그리고 ③ 개인정보보호법의 목적에 보호와 함께 이용도 명시하여야 한다는 주장이 바로 그것이다.

---

190) '정보이용자'에는 개인정보처리자 외에도 개인정보처리자로부터 개인정보를 제공받은 자도 있고, 또 개인정보처리자가 아닌 일반 개인도 있으며 여기에는 개인정보처리자가 처리한 개인정보를 이용하거나 제공받고자 하는 당해 개인정보주체도 포함될 수 있다. 이와 같이 '정보이용자'에는 다양한 특징과 목적을 가진 집단이 포함될 수 있어 개인정보보호법의 규정만으로는 모든 이해관계를 조정하기 어렵다는 근본적인 문제가 발생한다. 이러한 관점에서도 '일반적인 이익형량론' 도입 필요성이 있다고 보인다. 여기서는 개인정보처리자를 중심으로 한 '정보이용자의 개인정보권 논의'를 살펴본다.

191) 최경진, "개인정보보호 관련법의 해석에 있어서 이익형량론과 일반적 이익형량 규정의 필요성에 관한 고찰", 사법, 제1권 제40호, 2017, 106면.

192) 권영준, "개인정보 자기결정권과 동의 제도에 대한 고찰", 법학논총, 제36권 제1호, 2016, 691면.

2) 집합개인정보에 대한 지적재산권적 보호를 검토해야 한다는 주장

'집합개인정보에 대한 지적재산권적 보호를 검토해야 한다는 주장'은 개인정보 집합물을 작성한 자를 재산권적 측면에서 보호하는 것이 필요하다는 점을 강조한다.[193] 위 주장에서는 재산적 정보를 비경쟁성인 정보와 경쟁성인 정보로 구분한 뒤,[194] 제3자의 이용이 많아질수록 사회적 효용이 커지는 '비경쟁성을 가진 정보'는 공유가 원칙적인 모습이겠지만 정보생산을 독려하기 위한 정책적 고려로서 독점권 보장을 하는 것이 타당하고, '경쟁성을 가진 정보'는 그 속성상 독점권을 부여하는 것이 타당하고 한다.[195] 이러한 전제에서 집합화의 정도에 따라 ① 집합물이 아닌 고전적인 개인정보의 경우 정보주체의 인격권으로 보호하고 있으므로 저작권법의 공정이용 규정[196]을 참조하여 독점을 제한하는 것이 바람직하고, 퍼블리시티권에 해당하는 개인정보의 경우에는 재산적 성격을 띠는 정보로서 경쟁성을 가진 정보이므로 '정보주체'의 독점권을 부여하는 것이 타당하다고 한다. ② 집합개인정보, 즉 각 개인에 의해 주로 활용되면서 여기저기 산재되었던 개별적 정보들이 대량으로 수집되어 체계적으로 관리되면서 집합화된 정보(인터넷 서비스 제공자가 수집한 이용자 정보, 신용정보 등)나 ③ 빅데이터, 즉 수집대상과 집합화의 정도가 이전과는 비교할 수 없을 정도로 심화된 집합개인정보의 경우에는 비경쟁성을 가진 정보로서 공유하는 것이 원칙이지만 사회적으로 집합화 유인의 필요성이 있으므로 '정보이용자'의 법적 지위를 강화할 필요성이 크다고 한다.

나아가 위 주장은 ②의 집합개인정보나 ③의 빅데이터에 대한 정보이용자의 법적 지위를 강화하는 방법으로 지식재산권과 유사한 수준으로 침해에 대항할 권리를 부여하고,[197] 저작권법

---

193) 박준석, "지적재산권법에서 바라본 개인정보 보호", 개인정보 보호의 법과 정책, 박영사, 2014, 95면.

194) 박준석, "지적재산권법에서 바라본 개인정보 보호", 개인정보 보호의 법과 정책, 박영사, 2014, 97면은 독점을 긍정하는 일응의 기준으로서 정보의 유형을 분석하면서 그것이 담고 있는 내용이 계속 전파될 경우 현재 보유자가 누리는 효용을 저해함이 없이 새로 정보를 활용하는 자들에게 경제적 가치 내지 유용성을 추가로 가져다 주는 경우에는 비경쟁성(non-rivalrousness)을 가진다 하고, 그렇지 못한 경우를 경쟁성(rivalrousness)을 가진다고 정의하고 있다.

195) 박준석, "지적재산권법에서 바라본 개인정보 보호", 개인정보 보호의 법과 정책, 박영사, 2014, 98면(다만 특정한 정보가 '비경쟁성' 혹은 '경쟁성'을 가지는지 여부에 따라 곧바로 당해 정보를 보호하는 법률체계에서 독점 내지 배타적 지배권을 긍정할 것이냐, 그렇지 아니할 것이냐가 직관적으로 결정되는 것은 아님을 유의하여야 한다. 실제로는 당해 정보의 보호법리를 설계하는 입법자에게 다음과 같은 심모원려가 필요하다).

196) 저작권법 제35조의5(저작물의 공정한 이용) ① 제23조부터 제35조의4까지, 제101조의3부터 제101조의5까지의 경우 외에 저작물의 통상적인 이용 방법과 충돌하지 아니하고 저작자의 정당한 이익을 부당하게 해치지 아니하는 경우에는 저작물을 이용할 수 있다. ② 저작물 이용 행위가 제1항에 해당하는지를 판단할 때에는 다음 각 호의 사항등을 고려하여야 한다. 1. 이용의 목적 및 성격 2. 저작물의 종류 및 용도 3. 이용된 부분이 저작물 전체에서 차지하는 비중과 그 중요성 4. 저작물의 이용이 그 저작물의 현재 시장 또는 가치나 잠재적인 시장 또는 가치에 미치는 영향

197) 박준석, "지적재산권법에서 바라본 개인정보 보호", 개인정보 보호의 법과 정책, 박영사, 2014, 121-122면은 저작권법상 편집저작물 내지 데이터베이스에 대한 권리가 규정되어 있으나, 그 요건을 충족시키기 어려운 경우가 적지 않기 때문에 새로운 권리 규정이 필요하다고 주장하고 있다. 편집저작물의 경우에는 원저작권의 권리에 따른 제약을 받는다는 점에서 한계가 있고, 또한 야놀자 사건(대법원 2022.5.12. 선고 2021도1533 판결)의 결론을 고려할 때 데이터베이스제작자의 권리는 그 요건을 충족하기 쉽지 않아 보인다는 점에서 위 주장은 타당하다고 생각

상 온라인서비스제공자의 책임제한조항[198]과 같이 정보처리과정에서의 면책요건을 설정하며, 합법처리근거인 엄격한 동의요건(opt-in 방식)을 일부 사후거절방식(opt-out 방식)으로 변경하는 등 정보주체의 인격권으로서의 독점권을 지금보다 제한하는 방안을 제시한다.

3) 데이터 소유권(data ownership) 논의

한편으로는 이른바 데이터 기반 경제(data-driven economy)의 효율성을 높이기 위해서 데이터에 대한 권리인 '데이터 소유권(data ownership)'을 명확히 해야 한다는 국내외 논의가 전개되고 있다.[199][200] 데이터 소유권은 정보에 대한 배타적 권리로서 독립적 재산권을 갖는다고 설명할 수 있을 것인데, 정보주체의 인격권으로서 개인정보자기결정권에 의하여 보호되는 개인정보는 여기에 포함되지 않는다고 설명한다. 오늘날 데이터 소유권 논쟁에서 전형적으로 염두에 두고 있는 상황은 개인정보가 아예 포함되지 아니한 데이터, 현실적으로 유의미한 데이터의 압도적 다수가 누군가와 관련하여 생성되고 있다는 점을 고려한다면, 기계에 의하여 처음부터 익명화되어 생성된 데이터(machine-generated data)나 사후에 비식별화·익명화된 데이터(de-identified or anonymized data)라 할 것이다.[201] 데이터 소유권이 인정되면, 데이터 점유자(기업)의 입장에서는 양도, 포괄승계 등이 가능하고 제3자의 침해에 대해 강제집행까지 가능한 법적 지위를 부여받게 되며, 정보주체의 입장에서는 사후적 이익참여권을 보장받을 수 있게 된다.[202]

그러나 이러한 배타적 재산권으로서 데이터 소유권을 부여하는 경우 당초의 기대와 달리 그 기여가 불확실하다는 지적도 있다. 데이터 점유자(기업)는 사실상의 점유권이나 계약상 지위에 기초하여 권리행사가 가능하다는 점에서 배타적 지배권을 부여하더라도 약간의 효율개선이 있을 뿐이고, 오히려 이미 불공평한 데이터 권력의 배분을 규범적으로 고착화시키는 부정적 결과를 낳을 수 있으며, 반대로 정보주체에게 사후적 이익참여권을 보장하는 것은 아직 성장하지 않은 데이터 산업에 큰 타격을 줄 수 있다는 것이다.[203]

한다.

198) 저작권법 제6장 온라인서비스제공자의 책임제한 제102조 내지 104조.
199) 박상철, "데이터 소유권 개념을 통한 정보보호 법제의 재구성", 데이터오너십, 박영사, 2019; 이동진, "데이터 소유권(Data Ownership), 개념과 그 비판", 데이터오너십, 박영사, 2019 등 참조. 이동진, "데이터 소유권(Data Ownership), 개념과 그 비판", 데이터오너십, 박영사, 2019, 121면에서는 해외 논의로서 Herbert Zech, "A Legal Framework for a Data Economy in the European Digital Single Market: Rights to Use Data", Journal of Intellectual Property Law & Practice, Vol. 11, 2016, 460-470. 등을 소개하고 있다.
200) 최경진, "데이터와 사법상의 권리, 그리고 데이터 소유권(Data Ownership)", 데이터오너십, 박영사, 2019, 110-115면에서는 민법상 물건 규정에 대한 새로운 해석을 통해 소유권의 객체로서의 물건은 배타적 지배가능성, 특정성, 독립성 요건을 요구하는 것으로 보고, 여기에 최신 기술인 블록체인(blockchain) 기술에 의하면 각 데이터의 특정성, 독립성 요건을 충족할 수 있으므로 이를 기초로 데이터 소유권을 인정할 수 있다고 주장한다.
201) 이동진, "데이터 소유권(Data Ownership), 개념과 그 비판", 데이터오너십, 박영사, 2019, 127-128면.
202) 이동진, "데이터 소유권(Data Ownership), 개념과 그 비판", 데이터오너십, 박영사, 2019, 134-138면.
203) 이동진, "데이터 소유권(Data Ownership), 개념과 그 비판", 데이터오너십, 박영사, 2019, 138-139면.

4) 개인정보보호법의 목적에 보호와 함께 이용도 명시하여야 한다는 주장

이러한 데이터 소유권 논의나 집합개인정보를 지식재산권으로서 보호하자는 주장은 개인정보주체의 반대편에 있는 개인정보이용자의 지위를 권리 수준으로 보호하자는 논의로서 아직은 무르익지 않은 논의이나, 현실적으로 개인정보의 보호의 측면만을 강조하기보다는 '보호와 이용의 조화'를 선언하는 것이 필요하다는 점에 대해서는 적지 않은 공감대가 형성되어 있는 것으로 보인다.

개인정보에 관한 대부분의 국제규범은 논의 초기부터 개인정보의 보호와 더불어 개인정보의 이용이 불가피하다는 점을 전제로 하고 있고, 각 규범의 명칭에서부터 이를 명기하고 있다.[204] 일본 개인정보보호법 제1조도 "개인정보의 유용성을 배려하면서 개인의 권리이익을 보호하는 것을 목적으로 한다"라고 규정하고 있다. 그럼에도 우리 개인정보보호법은 정보주체의 개인정보 보호만을 규정하고 있을 뿐 '정보이용자의 이용 촉진'에 대해서는 그 목적으로 규정하고 있지 않다.[205] 현대사회에서 가지는 개인정보자기결정권의 의미에 못지 않게 개인정보의 활용과 그에 따른 사회적 편익의 증대에 대한 요구는 피할 수 없는 현실이므로, 개인정보의 보호 일변도가 아닌 개인정보의 보호와 이용의 균형을 이룰 수 있도록 하는 패러다임의 전환이 필요하고, 이를 위해 법의 목적 규정을 개정하여 선언하는 것이 필요하다.[206]

5) 최근 입법개정 동향

'개인정보이용자의 개인정보권 강화 논의', 즉 개인정보의 이용을 강조하는 흐름은 이미 법의 개정에 있어서도 반영되고 있는 듯하다.

---

204) OECD(경제협력개발기구) 프라이버시 가이드라인: Recommendation of the Council concerning Guidelines Governing the Protection of Privacy and Transborder Flows of Personal Data.
EU의 1995년 개인정보보호지침: Directive 95/46/EC of the European Parliament and of the Council of 24 October 1995 on the protection of individuals with regard to the processing of personal data and on the free movement of such data.
EU의 2016년 일반정보보호규칙(GDPR): REGULATION (EU) 2016/679 OF THE EUROPEAN PARLIAMENT AND OF THE COUNCIL of 27 April 2016 on the protection of natural persons with regard to the processing of personal data and on the free movement of such data, and repealing Directive 95/46/EC (General Data Protection Regulation).

205) 2011년 제정 개인정보 보호법 제1조는 "이 법은 개인정보의 수집·유출·오용·남용으로부터 사생활의 비밀 등을 보호함으로써 국민의 권리와 이익을 증진하고, 나아가 개인의 존엄과 가치를 구현하기 위하여 개인정보 처리에 관한 사항을 규정함을 목적으로 한다."고 규정하였다가, 2014. 3. 24. 법률 제12504호로 "이 법은 개인정보의 처리 및 보호에 관한 사항을 정함으로써 개인의 자유와 권리를 보호하고, 나아가 개인의 존엄과 가치를 구현함을 목적으로 한다."고 개정되었다.

206) 박노형, 개인정보보호법(제2판), 박영사, 2023, 53-54면; 권영준, "개인정보 자기결정권과 동의 제도에 대한 고찰", 법학논총, 제36권 제1호, 2016, 691면; 최경진, "빅데이터·사물인터넷 시대 개인정보보호법제의 발전적 전환을 위한 연구", 중앙법학, 제17집 제4호, 2015, 26-29면; 최경진, "개인정보보호 관련법의 해석에 있어서 이익형량론과 일반적 이익형량 규정의 필요성에 관한 고찰", 사법, 제1권 제40호, 2017, 104면; 이인호, "「개인정보 보호법」상의 '개인정보' 개념에 대한 해석론", 정보법학, 제19권 제1호, 2015, 66면.

2020년 법 개정 및 2023년 법 개정을 통해 ① 정보주체의 동의 없이도 과학적 연구, 통계작성, 공익적 기록보존 등의 목적을 위하여는 가명정보를 이용할 수 있는 근거를 마련하였고(제3절 가명정보의 처리에 관한 특례), ② 개인정보의 합법처리근거로서 법 제15조 제4호(계약이행 등을 위한 경우), 제5호(정보주체 및 제3자의 급박한 이익을 위한 경우), 제7호(공공안전 등을 위한 경우)를 완화 내지 확대하였으며, ③ 당초 수집 목적과 합리적으로 관련된 범위에서 정보주체에게 불이익이 발생하는지 여부, 암호화 등 안전성 확보에 필요한 조치를 하였는지 여부 등을 고려하여 대통령령으로 정하는 바에 따라 정보주체의 동의 없이도 개인정보를 이용할 수 있도록 하였고(법 제15조 제3항, 제17조 제3항), ④ 종전에는 정보주체의 별도 동의가 있는 경우에만 개인정보를 국외로 이전할 수 있도록 하던 것을 앞으로는 개인정보가 이전되는 국가 또는 국제기구가 개인정보보호법에 따른 개인정보 보호 수준과 실질적으로 동등한 수준의 보호 수준을 갖추었다고 개인정보 보호위원회가 인정하는 경우 등에도 개인정보를 국외로 이전할 수 있도록 하여 국외 이전의 요건을 국제기준에 부합하도록 다양화 하는 등의 입법 개선작업을 진행하였다.

제3장

개인정보보호법의
적용범위

개인정보보호법의 대물적·대인적 적용범위

I. 개관

개인정보보호법은 헌법상 기본권인 개인정보자기결정권을 구체화한 실정법으로서 '개인정보의 처리 및 보호에 관한 사항을 정함으로써 개인의 자유와 권리를 보호하고, 나아가 개인의 존엄과 가치를 구현함'을 목적으로 한다(법 제1조). 따라서 개인정보보호법은 개인정보 처리로부터 정보주체의 권리를 보호하는 국면에서 적용된다. 그런데 개인정보보호법이 적용되는 범위는 헌법상 기본권인 개인정보자기결정권의 보호범위와는 다소 차이가 있다.[1]

개인정보보호법의 대물적 적용범위인 개인정보에 대해서는 법 제2조 제1호(개인정보), 법 제2조 제1의2호(가명정보), 법 제59조의2(적용제외)에서 규정하고 있고, 대인적 적용범위는 개인정보처리자의 처리행위를 규율하는 것이 원칙적인 모습이다.

대인적 범위와 관련하여 개인정보의 통상적인 처리 내지 이용국면을 규율한다는 전제에서 개인정보처리자의 처리행위를 규율대상으로 하는 것이 원칙인 모습이고, 개인정보처리자 중 민간영역의 가장 대표적인 자인 '정보통신서비스 제공자'에 대해서는 정보통신망법이 적용되었으나 2020년 법 개정으로 정보통신망법 제4장(개인정보의 보호)이 개인정보보호법 제6장(정보통신서비스 제공자 등의 개인정보 처리 등 특례)으로 이관되었다가 2023년 법 개정으로 위 특례조항이 삭제됨으로써 온라인 사업자와 오프라인 사업자 간 적용되는 규정이 동일하게 되었다. 나아가 해킹 등 비정상적인 개인정보 침해행위에 대해서도 규율할 필요성이 크다는 점에서 법 제59조(금지행위)에서는 '개인정보를 처리하거나 처리하였던 자'의 특정한 행위에 대하여 그 적용범위를 확장하고 있다. 아울러 개인정보처리자의 종업원 등에 대해서도 법 제74조의 양벌규정 등에 형벌규정 등의 적용범위가 확장되고, 개인정보처리자로부터 업무위탁을 받은 수탁자에 대해서도 법 제26조가 적용된다.

대물적 범위인 개인정보에 대해서는 그 요건 중 식별가능성과 관련하여 익명정보와 가명정보와의 구분 내지 경계설정이 중요하다. 2020년 법 개정으로 도입된 가명정보는 개인정보의 한

---

[1] 이에 대해서는 제2장(개인정보와 개인정보권, 프라이버시) 참조.

종류로서 개인정보보호법의 적용을 받으나 익명정보는 법 제58조의2에 따라 개인정보보호법의 적용을 받지 않는다.[2] 이와 같은 개인정보와 익명정보의 구분 나아가 법 제3절(가명정보의 처리에 관한 특례)에 따라 정보주체의 동의 없는 처리가 허용되는 가명정보의 해당성 여부는 '식별가능성 내지 결합가능성'의 의미와 기준에 따라 결정되나, 이는 규범적 개념으로서 정도의 문제이고 아직까지도 논의가 진행되고 있는 단계여서 그 구분이 쉽지 않다. 한편 영상정보에 대해서는 개인정보가 아닌 정보가 포함되는 경우에도 특별한 규율의 필요성이 있어 법 제25조(고정형 영상정보처리기기의 설치·운영 제한), 법 제25조의2(이동형 영상정보처리기기의 운영 제한)의 특칙이 적용되고, 신용정보에 대해서는 신용정보법이, 위치정보에 대해서는 위치정보법이, 의료정보에 대해서는 의료법이, 인간대상연구에 관해서는 생명윤리법[3]이 각 적용된다.

이하에서는 대물적 범위인 '개인정보의 요건'과 대인적 범위의 원칙적 모습인 '개인정보처리자의 요건'에 대하여 살펴본다.

II. 대물적 범위: 개인정보

1. 개관

개인정보보호법은 그 적용의 대물적 범위인 개인정보에 대하여 2011년 제정 당시에는 "살아 있는 개인에 관한 정보로서 성명, 주민등록번호 및 영상 등을 통하여 개인을 알아볼 수 있는 정보(해당 정보만으로는 특정 개인을 알아볼 수 없더라도 다른 정보와 쉽게 결합하여 알아볼 수 있는 것을 포함한다)"로만 정의하였다가, 2020년 법 개정을 통해 다음과 같이 정의하였다.

개인정보 보호법 제2조(정의) 이 법에서 사용하는 용어의 뜻은 다음과 같다.

1. "개인정보"란 살아 있는 개인에 관한 정보로서 다음 각 목의 어느 하나에 해당하는 정보를 말한다.

    가. 성명, 주민등록번호 및 영상 등을 통하여 개인을 알아볼 수 있는 정보 (☞ 개인식별정보 개인식별정보, 개인식별가능정보, 익명정보는 법률상 용어가 아니고 본서의 설명 편의를 위해 가필한 것이다<익명, 익명처리라는 용어는 법률에 있으나 익명정보라는 용어는 사용하고 있지 않다>)

---

2) 개인정보보호법은 '익명', '익명처리'라는 용어를 사용하고 있을 뿐 '익명정보'라는 용어를 사용하고 있지는 않으나, 익명과 가명, 익명처리와 가명처리를 구분하여 사용하고 있는 점(법 제3조 제7항) 등에 비추어 보면 법 제58조의2(적용제외)에 해당하는 정보를 '익명정보'라고 부를 수 있다. 한편 신용정보법은 '익명처리'라는 개념을 명시적으로 정의하고 있다(신용정보법 제2조 제17호 "익명처리"란 더 이상 특정 개인인 신용정보주체를 알아볼 수 없도록 개인신용정보를 처리하는 것을 말한다). 이에 대한 내용은 고학수 외 6인, 인공지능 시대의 개인정보 보호법, 박영사, 2022, 18면 참조. 생명윤리 및 안전에 관한 법률 제2조 제19호에서도 "익명화"란 개인식별정보를 영구적으로 삭제하거나, 개인식별정보의 전부 또는 일부를 해당 기관의 고유식별기호로 대체하는 것을 말한다고 규정하고 있다.
3) 생명윤리 및 안전에 관한 법률.

나. 해당 정보만으로는 특정 개인을 알아볼 수 없더라도 다른 정보와 쉽게 결합하여 알아볼 수 있는 정보. 이 경우 쉽게 결합할 수 있는지 여부는 다른 정보의 입수 가능성 등 개인을 알아보는 데 소요되는 시간, 비용, 기술 등을 합리적으로 고려하여야 한다. (☞ 개인식별가능정보)

다. 가목 또는 나목을 제1호의2에 따라 가명처리함으로써 원래의 상태로 복원하기 위한 추가 정보의 사용·결합 없이는 특정 개인을 알아볼 수 없는 정보(이하 "가명정보"라 한다) (☞ 가명정보)

1의2. "가명처리"란 개인정보의 일부를 삭제하거나 일부 또는 전부를 대체하는 등의 방법으로 추가 정보가 없이는 특정 개인을 알아볼 수 없도록 처리하는 것을 말한다.

제58조의2(적용제외) 이 법은 시간·비용·기술 등을 합리적으로 고려할 때 다른 정보를 사용하여도 더 이상 개인을 알아볼 수 없는 정보에는 적용하지 아니한다. (☞ 익명정보)

2020년 법 개정에서는 위와 같이 개인정보를 ① 개인식별정보, ② 개인식별가능정보, ③ 가명정보로 명확히 구분하여 정의하였고, 이전 법과 비교하여 개인식별가능정보에 대한 결합가능성 요건의 구체적 기준을 추가하면서 동시에 같은 취지로 익명정보의 경계를 명시하였고(법 제2조 제1호 나목 단서 및 법 제58조의2), 또한 가명정보를 개인정보의 한 종류로 새로이 도입하였다는 점에서 뚜렷한 차이가 있다.

그런데 개인정보에 해당하는지 여부는 개인정보보호법의 적용대상을 결정하는 첫 번째 관문으로서 사실상 대부분의 분쟁에서 핵심쟁점이 될 것으로 보이지만,[4] 개인정보에는 개인식별정보 외에도 개인식별가능정보와 가명정보도 포함하고 있고, 개인식별가능정보와 가명정보는 해당 정보 외의 다른 정보와의 결합 관계를 통한 '식별가능성' 내지 '결합가능성'의 개념을 포함하고 있어 그 해당성 여부를 판단하는 것이 쉽지가 않다.[5] '식별가능성' 내지 '결합가능성'의 의미와 판단기준에 대한 논란에 더하여[6] 정보처리 및 정보통신기술의 발전에 따라 결합용이성 요건의 충족 가능성이 높아지고 있다는 우려가 점점 커짐에 따라[7] '이 경우 쉽게 결합할 수 있는

---

4) 김법연, "휴대전화 뒷자리 4자의 개인정보 여부", 개인정보 판례백선, 박영사, 2022, 130면.

5) 개인식별가능정보는 '알아볼 수 있는', '결합할 수 있는', '입수 가능성'이라는 '가능성'의 개념 외에도 '다른 정보', '쉽게', '합리성' 등의 규범적·불확정적 개념을, 가명정보는 '알아볼 수 없는'이라는 '가능성'의 개념 외에도 '추가정보의 사용·결합'이라는 규범적·불확정적 개념을 각 포함하고 있기 때문에 그 판단이 쉽지 않다.

6) 이른바 '증권통 사건(서울중앙지방법원 2011.2.23. 선고 2010고단5343 판결)'에서 단말기 인증번호인 IMEI 일련번호 및 휴대전화 가입자 식별모듈인 USIM 일련번호가 개인정보(구 정보통신망법 제2조 제1항 제6호 후단이 적용되었고, 이는 현행 개인정보보호법 제2조 제1호 나목의 개인식별정보에 해당한다)에 해당한다고 판단한 이후 결합가능성(다른 정보와 쉽게 결합하여 해당 개인을 알아 볼 수 있는 정보인지 여부)에 대한 논의가 본격화 되었고(스마트폰용 증권시세 검색 앱 서비스를 제공하는 피고인이 사용자의 동의 없이 IMEI 및 USIM 일련번호를 수집하여 자신이 보유하고 있던 가입자 정보와 비교하여 사용자를 식별한 뒤 별도의 로그인 없이 곧바로 사용자가 등록해 놓은 관심종목을 보여준 것이 문제되었다. 이에 대한 상세한 분석은 정준현, "IMEI 및 USIM 일련번호가 개인정보에 해당하는지 여부", 개인정보 판례백선, 박영사, 2022, 105-111면 참조), 경찰관이 자신이 근무하던 지구대가 단속한 도박현장에 대한 신고자의 '휴대전화 뒷자리 4자'를 친분이 있던 피단속자에게 제공한 사건(대전지방법원 논산지원 2013.8.9. 선고 2013고단17 판결)에서 피단속자가 자신의 기존 통화내역과 위 휴대전화번호 4자리를 비교하여 신고자를 어렵지 않게 식별할 수 있다는 점을 근거로 개인정보에 해당한다고 판단하였는데, 이에 대해서도 많은 논란이 있었다(김법연, "휴대전화 뒷자리 4자의 개인정보 여부", 개인정보 판례백선, 박영사, 2022, 123-130면 참조).

지 여부는 다른 정보의 입수 가능성 등 개인을 알아보는 데 소요되는 시간, 비용, 기술 등을 합리적으로 고려하여야 한다' 및 '이 법은 시간·비용·기술 등을 합리적으로 고려할 때 다른 정보를 사용하여도 더 이상 개인을 알아볼 수 없는 정보에는 적용하지 아니한다'는 판단기준을 2020년 법 개정으로 도입하기는 하였으나, 구체적으로 그 내용이 무엇인지는 여전히 불분명하다.[8]

이와 같은 판단기준 내지 경계설정의 불분명함은 행정제제 및 형사처벌[9]의 위험성으로 기업의 개인정보 이용 관련 규제비용을 증가시키고, 추진사업의 예측가능성과 법적 안정성을 보장할 수 없어 관련 산업발전의 기반을 훼손할 수 있다. 이와 같은 식별가능성 내지 결합가능성의 불분명한 문제점을 극복하기 위하여 현재와 같은 개인정보 정의 방식보다는 특별히 보호해야 할 개인정보와 단순히 개인의 식별자 역할을 하는 개인정보를 분리하고 개인정보별로 특성과 유형에 따라 분류하여 규율하는 방식으로 전환이 필요하다는 등의 주장도 제기되고 있다.[10]

이하에서는 이와 같은 문제의식을 염두에 두고 개인정보의 공통요건으로서 ① 정보, ② 살아 있는 개인, ③ 개인에 관한 정보를 살펴본 뒤, 개별요건으로서 개인정보의 유형에 따른 ④ 개인식별정보와 개인식별가능정보 및 ⑤ 가명정보를 살펴보고, 마지막으로 ⑥ 다른 법률에서의 개인정보의 정의에 대해서 살펴보기로 한다.

한 가지 첨언하자면, 개인정보의 해당성 여부를 검토하는 관점은 해당 정보가 어떠한 성격을 가지는지 규명하는 것에 중점을 둘 것이 아니라 개인을 알아 볼 수 있는지 여부에 중점을 두어야 하는데, 특히 개별요건인 개인식별가능정보 내지 가명정보에 해당하는지 여부는 '문제되는 정보들의 결합에 의하여 개인을 알아 볼 수 있는지 즉 식별할 수 있는지'의 결과론적인 관점에서 검토하는 것이 논의를 이해하는 데에 도움이 된다. 정보주체의 관점에서 개인정보자기결정

---

7) 2020년 법 개정 이전의 논의에 대해서는 김법연, "휴대전화 뒷자리 4자의 개인정보 여부", 개인정보 판례백선, 박영사, 2022, 127-128면 참조(지능정보사회로의 기술발전에 따라 결합가능성의 인정이 쉬워진다는 점, 이로 인한 개인정보 해당성이 무한이 확장되고, 규제비용을 증가시킨다는 이유로 개인정보의 범위를 제한하는 방향으로 해석 내지 입법을 해야 한다는 견해와, 개인식별가능정보를 개인정보에 포함시키는 방식은 EU나 일본 등의 법제에서 이미 수용하고 있고, 이를 포기하게 되면 예기치 못한 위험에 봉착할 수도 있다는 점 등을 고려하여 현재의 개인정보정의규정을 지지하는 견해 등이 있다).

8) 고학수 외 6인, 인공지능 시대의 개인정보 보호법, 박영사, 2022, 12-13면.

9) 개인정보보호법은 위반에 대한 제재로서 과징금이나 과태료 외에도 형사처벌까지 규정하고 있는데 개인정보 해당성에 대한 고의성까지 요구하는지가 문제되고 있어 더욱 더 이에 대한 명확한 기준의 설정이 필요하다. 이와 관련하여 강태욱, "의료정보의 수탁 처리와 형사책임", 개인정보 판례백선, 박영사, 2022, 153면에서는 개인정보에 해당하기만 하면 형사처벌규정이 적용되고 개인정보 해당성에 대한 고의는 요구하지 않는다는 견해도 상정될 수 있으나, 이른바 약학정보원 사건(서울중앙지방법원 2020.2.14. 선고 2015고합665 판결-대법원 2020도415호로 상고심 계속 중)에서는 이에 대한 고의성까지 요구한다고 소개하고 있다.

10) 김법연, "휴대전화 뒷자리 4자의 개인정보 여부", 개인정보 판례백선, 박영사, 2022, 129면(식별가능성이라는 개념이 갖고 있는 모호성 때문에 개인정보의 보호와 이용이 어려우므로 식별가능정보의 개념을 없애고 새로운 개념인 'PII 2.0'이라는 관점에서 새로 구성해야 하여, 정보가 개인을 식별하거나 식별되는 중대한 위험이 있는 경우에 적용해야 한다는 Paul M. Schwartz and Daniel J. Solove, "The PII Problem: Privacy and a New Concept of Personally Identifiable Information", New York University Law Review, Vol. 86, 2011, pp.1828-1836; Paul M. Schwartz and Daniel J. Solove, "Reconciling Personal Information in the United States and European Union", 102 California Law Review 877, 2014, pp.877-916을 소개하고 있다).

권을 침해받았는지 여부의 관점에서 개인정보 여부를 판단하게 되면 개인정보 해당성이 넓어질 수 있기 때문에 침해된 결과를 객관적으로 분석하는 관점에서 당해 정보가 개인정보에 해당하는지 여부를 검토해야만 개인정보보호법의 적정하고도 합리적인 적용범위를 설정할 수 있고, 또한 법문에도 충실한 해석이기 때문이다.[11]

2. 공통요건

1) 정보

개인정보도 정보이기는 하나 개인정보보호법은 무엇이 정보인지에 대하여 직접적으로 규정하고 있지 않다. 정보(information)는 종종 데이터(data)로 불리기도 한다.[12] 학술적으로는 정보와 데이터를 구분하기도 하지만 개인정보보호법은 양자를 구분하지 않고 모두 '정보'라는 개념에 포섭하여 혼용한다.[13]

'개인정보 보호 법령 및 지침·고시 해설(2020)' 11면에서는 「정보의 내용·형태 등은 특별한 제한이 없어서 개인을 알아볼 수 있는 모든 정보가 개인정보가 될 수 있다. 즉, 디지털 형태나 수기 형태, 자동 처리나 수동 처리 등 그 형태 또는 처리방식과 관계없이 모두 개인정보에 해당할 수 있다. 정보주체와 관련되어 있으면 키, 나이, 몸무게 등 '객관적 사실'에 관한 정보나 그 사람에 대한 제3자의 의견 등 '주관적 평가' 정보 모두 개인정보가 될 수 있다. 또한, 그 정보가 반드시 '사실'이거나 '증명된 것'이 아닌 부정확한 정보 또는 허위의 정보라도 특정한 개인에 관한 정보이면 개인정보가 될 수 있다」고 설명한다.

---

11) 최근 일본 「개인정보의 보호에 관한 법률」(2020. 6. 12. 공포, 2022. 4. 1. 시행)은 '개인관련정보'를 신설하였는데 (법 제2조 제7호), "생존하는 개인에 관한 정보로서, 개인정보, 가명가공정보 및 익명가공정보 모두에 해당하지 않는 것"으로 정의되고, 구체적으로는 개인정보와 결합되지 않은 인터넷 열람 이력 등의 행태정보, 위치정보, 쿠키 등이 이에 해당한다. 일본의 '개인관련정보'는 우리 방송통신위원회가 2017. 2.경 마련했던 '온라인 맞춤형 광고 개인정보 가이드라인'에서의 행태정보, 즉 '웹 사이트 방문 이력, 앱 사용 이력, 구매 및 검색 이력 등 이용자의 관심, 흥미, 기호 및 성향 등을 파악하고 분석할 수 있는 온라인 상의 이용자 활동정보'에 대응되는 것으로 이해할 수 있다. 일본이 개인관련정보의 개념을 새롭게 도입한 것은, 이용자의 관점에서는 본인이 모르는 사이에 자신의 인터넷 열람 이력 등을 기업이 파악하여 개인정보로서 이용하는 사업행위를 규제하기 위함이다. 개인관련정보취급 사업자는 제공받을 제3자가 개인 식별을 위해 다른 정보와 대조할 것으로 '예상'되는 경우에는 제공받는 제3자가 개인정보주체로부터 적정한 동의를 받았는지 여부를 확인 후 제공하여야 하고, 확인에 관한 사항, 개인관련정보를 제공한 시점 등도 기록하여 일정 기간 보존하여야 한다. 위탁, 사업승계, 공동이용에 따른 정보 제공의 경우에도 동의 획득 및 동의 확인의 대상이 된다.
12) 박노형, 개인정보보호법(제2판), 박영사, 2023, 70면[개인정보에 대하여 대체로 유럽은 'personal data'로, 미국·한국·일본에서는 'personal information'으로 불리고, 미국에서는 'PII(personally identifiable information)'라는 용어를 사용하기도 한다].
13) 박노형, 개인정보보호법(제2판), 박영사, 2023, 70면; 고학수 외 6인, 인공지능 시대의 개인정보 보호법, 박영사, 2022, 8면.

2) 살아있는 개인

개인정보보호법령상 개인정보는 '살아 있는' 자연인에 관한 정보이므로(법 제2조 제1호 가목) 사망했거나 실종선고 등 관계 법령에 의해 사망한 것으로 간주되는 자에 관한 정보는 개인정보로 볼 수 없다. 다만, 사망자의 정보라고 하더라도 유전정보(DNA 등)를 통해 알 수 있는 유전병 정보 등 유족과의 관계를 알 수 있는 정보는 유족의 개인정보에 해당한다.[14] 또한 배아, 출생 이전의 태아에 대한 정보도 원칙적으로 개인정보에 해당하지 않는다.[15][16]

그러나 배아, 출생 이전의 태아, 사망자의 정보일지라도 다른 법령에 따라 보호되는 경우도 있다. 예를 들어 의료법상 의료인의 비밀유지의무(의료법 제19조, 형법 제317조 제1항),[17] 변호사의 비밀유지의무(변호사법 제26조, 형법 제317조 제1항)는 생존하는 개인 이외의 사망자 등에 대해서도 적용된다고 할 것이다. 또한 정보통신망에 의하여 처리·보관 또는 전송되는 타인의 정보를 훼손하거나 타인의 비밀을 침해·도용 또는 누설하는 행위를 금지·처벌하는 규정인 정보통신망법 제49조 및 제62조 제6호의 '타인'에는 생존하는 개인뿐만 아니라 이미 사망한 자도 포함된다.[18][19]

3) 개인에 관한 정보[20]

개인정보의 주체는 자연인이어야 하며, 법인 또는 단체에 관한 정보는 개인정보에 해당하지 않는다. 따라서 법인 또는 단체의 이름, 소재지 주소, 대표 연락처(이메일 주소 또는 전화번호), 업무별 연락처, 영업실적 등은 개인정보에 해당하지 않는다. 또한, 개인사업자의 상호명, 사업장

---

14) 개인정보 보호 법령 및 지침·고시 해설(2020), 10면.
15) 고학수 외 6인, 인공지능 시대의 개인정보 보호법, 박영사, 2022, 8-9면.
16) 신용정보법에서도 '개인신용정보'는 법인과 단체를 제외한 살아 있는 개인에 관한 신용정보라고 정의하고 있다. 신용정보의 이용 및 보호에 관한 법률 제2조 제1의2호 나목[제1호 가목의 "특정 신용정보주체를 식별할 수 있는 정보"란 다음 각 목의 정보를 말한다. 기업(사업을 경영하는 개인 및 법인과 이들의 단체를 말한다. 이하 같다) 및 법인의 정보로서 다음 각각의 정보 1) 상호 및 명칭 2) 본점·영업소 및 주된 사무소의 소재지 3) 업종 및 목적 4) 개인사업자(사업을 경영하는 개인을 말한다. 이하 같다)·대표자의 성명 및 개인식별번호 5) 법령에 따라 특정 기업 또는 법인을 고유하게 식별하기 위하여 부여된 번호로서 대통령령으로 정하는 정보 6) 1)부터 5)까지와 유사한 정보로서 대통령령으로 정하는 정보], 2호["개인신용정보"란 기업 및 법인에 관한 정보를 제외한 살아 있는 개인에 관한 신용정보로서 다음 각 목의 어느 하나에 해당하는 정보를 말한다. 가. 해당 정보의 성명, 주민등록번호 및 영상 등을 통하여 특정 개인을 알아볼 수 있는 정보 나. 해당 정보만으로는 특정 개인을 알아볼 수 없더라도 다른 정보와 쉽게 결합하여 특정 개인을 알아볼 수 있는 정보].
17) 〈대법원 2018.5.11. 선고 2018도2844 판결〉 형벌법규 해석에 관한 일반적인 법리, 의료법의 입법취지, 구 의료법 제19조의 문언·내용·체계·목적 등에 비추어 보면, 구 의료법 제19조(정보 누설 금지)에서 정한 '다른 사람'에는 생존하는 개인 이외에 이미 사망한 사람도 포함된다고 보아야 한다.
18) 대법원 2007.6.14. 선고 2007도2162 판결. 이에 대한 상세한 평석은 박도현, "망자 개인정보의 법적 규율 -망자의 주민등록번호 유출 사건-", 개인정보 판례백선, 박영사, 2020, 163면 이하 참조.
19) 최근에는 '10·29 이태원 참사' 당시 희생자 명단을 공개한 인터넷 매체에 대한 개인정보 침해 여부 조사가 문제되기도 하였는데, 개인정보 보호위원회 관계자는 "이번 조사에서 관건은 사망자의 개인정보 보호권 유무인데, 비교적 단순한 사안이나 이에 대한 판례나 선례가 없는 탓에 쉽지 않다"는 입장을 밝히기도 하였다.
20) 개인정보 보호 법령 및 지침·고시 해설(2020), 10-11면.

주소, 전화번호, 사업자등록번호, 매출액, 납세액 등은 사업체의 운영과 관련한 정보로서 원칙적으로 개인정보에 해당하지 않는다.

그러나 법인 또는 단체에 관한 정보이면서 동시에 개인에 관한 정보인 대표자를 포함한 임원진과 업무 담당자의 이름·주민등록번호·자택주소 및 개인 연락처, 사진 등 그 자체로 개인을 식별할 수 있는 정보는 개별 상황에 따라 법인 등의 정보에 그치지 않고 개인정보로 취급될 수 있다.

사람이 아닌 사물에 관한 정보는 원칙적으로 개인정보에 해당하지 않는다. 그러나 해당 사물 등의 제조자 또는 소유자 등을 나타내는 정보는 개인정보에 해당한다. 예를 들어, 특정건물이나 아파트의 소유자가 자연인인 경우, 그 건물이나 아파트의 주소가 특정 소유자를 알아보는데 이용된다면 개인정보에 해당한다.

'개인에 관한 정보'는 반드시 특정 1인만에 관한 정보이어야 한다는 의미가 아니며, 직·간접적으로 2인 이상에 관한 정보는 각자의 정보에 해당한다. SNS에 단체 사진을 올린다면 사진의 영상정보는 사진에 있는 인물 모두의 개인정보에 해당하며, 의사가 특정 아동의 심리치료를 위해 진료 기록을 작성하면서 아동의 부모 행태 등을 포함하였다면 그 진료기록은 아동과 부모 모두의 개인정보에 해당한다. 다만, 특정 개인에 관한 정보임을 알아볼 수 없도록 통계적으로 변환된 '○○기업 평균연봉', '○○대학 졸업생 취업률' 등은 개인정보에 해당하지 않는다.

이처럼 개인정보 해당하는지 여부는 구체적 상황에 따라 다르게 평가될 수 있다. 예를 들어 '휴대전화번호 뒤 4자리'를 개인정보라고 본 판례가 있으나, 이는 다른 정보와의 결합가능성 등을 고려하여 개인 식별가능성이 있으므로 개인정보로 본 것이다. 만약 다른 결합 가능 정보가 일체 없이 오로지 휴대전화번호 뒤 4자리만 있는 경우에는 개인정보에 해당하지 않는다고 보아야 할 것이다.

마찬가지로 개인과 정보 사이의 '관련성'이 명확하지 않을 수 있는데, 유럽연합 제29조 작업반의 WP136 보고서[21]에서는 이러한 경우 내용(content), 목적(purpose) 및 결과(result)의 세 가지 요소에 의하여 판단할 수 있고 이들 중 하나의 요소만 충족하면 관련성이 인정될 수 있다고 설명한다. 문제되는 정보의 내용이나 활용 목적, 활용 결과가 어느 개인과 관련되었다고 인정된다면 개인정보 요건으로서 관련성이 인정된다고 볼 수 있다는 것이다. 예를 들어 택시회사가 콜 배차를 위해 실시간으로 수집하는 택시 운행 위치정보는 택시기사의 평가에 활용될 목적이 아니라고 하더라도 그 활용에 따라 택시기사의 처우에 형향을 미칠 수 있기 때문에 결과요소를

---

21) Article 29 Working Party: Opinion 4/2007 on the concept of personal data (01248/07/EN WP 136). 'Article 29 Working Party'는 1995년 DPD(유럽개인정보보호지침-Directive 95/46/EC) 제29조에 기하여 조직된 실무작업반으로서 GDPR 시행에 따라 EDPB(European Data Protection Board)로 대체되었으나(GDPR 제94조 제1항) 위 작업반이 발표한 보고서(opinion), 가이드라인(guideline) 등의 참조문헌(reference)은 GDPR에 대한 EDPB의 참조문헌으로 해석되므로(GDPR 제94조 제2항), 개인정보 해석에 관하여 여전히 유의미하게 활용된다(고학수 외 6인, 인공지능 시대의 개인정보 보호법, 박영사, 2022, 30면).

충족하여 해당 택시기사의 개인정보로서의 관련성이 인정된다고 볼 수 있다.[22]

3. 개별요건

1) 개관

개인정보에 해당하는지 여부는 법의 적용대상을 결정하는 첫 번째 관문으로서 사실상 대부분의 분쟁에서 핵심쟁점이 될 것으로 보이지만,[23] 개인정보에는 개인식별정보 외에도 개인식별가능정보와 가명정보도 포함하고 있고, 개인식별가능정보와 가명정보는 '식별가능성' 내지 '결합가능성'의 개념을 포함하고 있어 그 해당성 여부를 판단하는 것이 쉽지가 않다.

개인정보에 대해서는 실무적·학술적으로 흔히 식별자(identifier), 준식별자(quasi-identifier), 속성정보(attribute value)로 개념 구분을 하고 있고, '식별자'는 특정 자연인과 특히 특별하고도 밀접한 관계에 있는 정보로서 그에게 고유한 것을 의미하고, '준식별자'는 특정 자연인에게 고유한 정보는 아니지만 합리적인 범위 내에서 다른 정보와 결합하여 그를 식별할 수 있는 것을 의미하며, '속성정보'는 데이터베이스에 담긴 정보 중 식별자 및 준식별자에 해당하지 않는 것을 의미하고, 식별자는 개인식별정보에, 준식별자는 개인식별가능정보에 대응되지만,[24] 어떠한 정보가 위 구분 중 어디에 해당하는지가 항상 명확한 것만은 아니다.[25]

주민등록번호나 여권번호, 외국인등록번호, 운전면허번호 등 고유식별정보[26]는 자연인 1명당 1개의 고유번호가 부여되므로 그 자체로 개인을 식별할 수 있게 하는 정보인 식별자(개인식별정보)임이 명백하지만, 성명의 경우만 하더라도 식별자(개인식별정보)인지 준식별자(개인식별가능정보)인지 여부가 달라질 수 있다. 우리 개인정보보호법 제2조 제1호 가목에서는 성명도 언급하고 있으나, '성명을 통하여 개인을 알아 볼 수 있는 정보'여야만 위 가목의 개인정보라고 정의하고 있기 때문에 같은 집단 내에 동명이인이 여러 명이 있을 경우에는 '다른 정보와 결합해야지만 개인을 알아볼 수 있기 때문'이다.[27] 다만 개인정보보호법은 개인정보의 처리를 규율함

---

22) 박노형, 개인정보보호법(제2판), 박영사, 2023, 74면; 고학수 외 6인, 인공지능 시대의 개인정보 보호법, 박영사, 2022, 39-41면.
23) 김법연, "휴대전화 뒷자리 4자의 개인정보 여부", 개인정보 판례백선, 박영사, 2022, 130면.
24) 개인식별정보, 개인식별가능정보는 법률상 개념인 반면, 식별자, 준식별자, 속성정보는 데이터 실무의 관점에서의 개념으로서, 흔히 식별자는 개인식별정보에, 준식별자는 개인식별가능정보에 대응되지만 반드시 일치하는 개념이라고 보기는 어렵다. GDPR 제4조 제1항에서는 성명(name)을 식별자(identifier)라고 설명하고 있으나, 아래 설명에서와 같이 구체적인 상황에 따라 개인식별정보인지, 개인식별가능정보인지가 달라질 수 있다.
25) 고학수 외 6인, 인공지능 시대의 개인정보 보호법, 박영사, 2022, 10-13면, 159-160면.
26) 개인정보보호법 제24조에서는 '고유식별정보'를 법령에 따라 개인을 고유하게 구별하기 위하여 부여된 식별정보로서 대통령령으로 정하는 정보라고 규정하고 있고, 같은 법 시행령 제19조에서는 "1. 「주민등록법」 제7조의2제1항에 따른 주민등록번호 2. 「여권법」 제7조제1항제1호에 따른 여권번호 3. 「도로교통법」 제80조에 따른 운전면허의 면허번호 4. 「출입국관리법」 제31조제5항에 따른 외국인등록번호"로 규정하고 있다.
27) 고학수 외 6인, 인공지능 시대의 개인정보 보호법, 박영사, 2022, 31면.

에 있어서는 개인식별정보와 개인식별가능정보를 구분하여 취급하고 있지 않으므로 어떤 정보가 개인식별정보에 해당하는지, 아니면 개인식별가능정보에 해당하는지 여부는 실익이 그리 크지 않다고 보인다.

그러나 어떤 정보가 개인식별가능정보(준식별자)에 해당하는지, 속성정보에 해당하는지 여부는 비식별조치 내지 가명처리에 있어서 구체적 내용이 달라질 수 있다는 구별의 실익이 있다.[28] 준식별자와 속성정보의 구별은 데이터와 관련된 맥락(context)이나 상황(circumstance)에 대한 고려와 판단이 매우 중요한데, 준식별자는 ① 시간에 따라 쉽게 변화하지 아니하여야 하고 (재현가능성. 예를 들어 혈당치는 측정시간에 따라 쉽게 변화하므로 속성정보로 보아야 한다), ② 데이터베이스 내에서 모든 레코드가 동일한 값을 가지지 아니하는 것이어야 하며(구별가능성. 예를 들어 유방암 환자 데이터베이스에서 유방암 진단 여부는 구별가능성이 없으므로 속성정보로 보아야 한다), ③ 침해자 내지 공격자가 알 수 있는 것으로 합리적으로 기대되는 것이어야 한다(인지가능성. 예를 들어 환자 데이터베이스에서 상병코드는 비전공자인 공격자 관점에서는 속성정보로 보아야 한다)는 기준이 제시되고 있다.[29]

이하에서는 개인식별정보와 개인식별가능정보의 구체적 내용에 대해서 살펴본 뒤, 개인정보 이용의 활성화를 위해 2020년 법 개정으로 도입된 가명정보에 대해 간략히 살펴본다.

2) 개인식별정보와 개인식별가능정보

(1) 식별가능성(identifiability)

개인식별정보와 개인식별가능정보의 공통된 개념은 '식별가능성', 즉 '개인을 알아 볼 수 있는 정보'이다.

'식별'의 구체적 의미에 대해서는 ① 어떤 정보를 특정한 정보주체와 결부시키는 것, 즉 어떤 정보가 단일한 개인의 것이라는 사실을 넘어 해당 개인이 누구인지 그 신원까지 특정하는 것까지 가능해야 위 정보를 통해 그 개인이 식별되었다는 보는 관점, ② 복수의 정보가 주어졌을 때 그 주체가 동일한지 여부를 판단할 수만 있다면 식별이 이루어졌다고 보는 관점(정보주체를 정확하게 특정하지는 못하더라도 복수의 정보 중에서 특정 정보주체에 귀속되는 정보들을 다른 것들로부터 구별해내거나 같은 정보주체에 관한 정보들을 서로 연계할 수 있다면 식별이 이루어졌다고 보는 관점), ③

---

28) '2016년 비식별조치 가이드' 5-6면에서는 ① 식별자(Identifier)에 대해서는 원칙적으로 삭제하고, 다만 데이터 이용 목적상 반드시 필요한 식별자는 비식별 조치 후 활용하며, ② 속성자(Attribute value)에 대해서는 데이터 이용 목적과 관련이 없는 경우에 원칙적으로 삭제하되, 데이터 이용 목적과 관련이 있는 속성자 중 식별요소가 있는 경우에는 가명처리, 총계처리 등의 기법을 활용하여 비식별 조치를 하고, 희귀병명, 희귀경력 등의 속성자는 구체적인 상황에 따라 개인 식별 가능성이 매우 높으므로 엄격한 비식별 조치가 필요하다고 기술하고 있다. 비식별조치의 구체적인 예시에 대해서는 고학수 외 6인, 인공지능 시대의 개인정보 보호법, 박영사, 2022, 161면 이하 참조.
29) 김병필, "개인정보 위험기반 비식별 조치와 가명처리", 서울대학교 법학석사학위논문, 2021, 22-23면(고학수 외 6인, 인공지능 시대의 개인정보 보호법, 박영사, 2022, 160면에서 재인용).

정보를 토대로 그 주체의 범위를 좁히는 등 확률적인 추론이 가능하기만 하면 식별이 이루어졌다고 보는 관점이 있을 수 있는데, ①은 법 제2조 제1호 가목의 개인식별정보에 해당함이 명백하지만 ②, ③의 관점은 이에 해당한다고 단언하기 어렵다.[30]

우리 개인정보보호법은 '개인을 알아 볼 수 있다'는 문구가 위 ① 내지 ③ 중 어떠한 의미에 해당하는지에 관해서 구체적으로 정의하고 있지는 않지만, 유럽 일반정보보호규칙(GDPR)[31]의 개인정보에 관한 정의와 해석을 참조하는 것은 충분한 도움이 될 것이다.

GDPR 제4조 제1항은 개인정보(personal data)에 대해 '식별되거나(identified) 식별가능한(identifiable) 자연인(정보주체)에 관련된 정보'라고 정의하면서, '식별가능성(identifiable)'의 의미에 대해서는 규정하고 있으나, '식별(identified)'의 의미를 직접 규정하고 있지 않다. 그런데 제29조 작업반의 'WP 136 보고서'에서는 "일반적인 의미에서 특정 그룹 내의 다른 멤버들로부터 구별될(distinguished) 경우에 식별된다(identified)고 생각할 수 있고, 따라서 'able'라는 의미를 고려할 때 그 사람이 아직 식별되지는 않았지만 식별될 가능성(possible)이 있다면 식별가능하다(identifiable)고 할 수 있다."고 설명하면서,[32] 선별(single someone out)한다는 표현을 사용하고 있고,[33][34] GDPR 상설(recital) 제26조에서도 "자연인을 식별할 수 있다(identifiable)고 결정하기 위해서는 선별(singling out)과 같이 합리적으로 사용될 수 있을 것 같은 모든 수단을 고려하여야 한다."고 기술하고 있다. 이러한 관점에서 GDPR의 식별은 위 ①을 포함하는 ②의 관점이라고 볼 수 있다.

또한 GDPR 제4조 제1항은 '식별가능성(identifiable)'의 의미에 대해서 '직접 또는 간접적으로 식별될 수 있는 것으로서, 특히 성명, 식별번호 등의 식별자 내지 그 자연인의 하나 또는 그 이상의 신체적 등의 정체성을 참조하여 식별될 수 있는 것'이라는 취지로 규정하고 있는데,[35] 식별자 등을 통해 '직접 식별'하는 것은 우리 개인정보보호법의 '개인식별정보'에, '간접 식별'하는 것은 '개인식별가능정보'에 대응된다고 볼 수 있다.[36][37]

---

30) 고학수 외 6인, 인공지능 시대의 개인정보 보호법, 박영사, 2022, 11면.
31) REGULATION (EU) 2016/679 OF THE EUROPEAN PARLIAMENT AND OF THE COUNCIL of 27 April 2016 on the protection of natural persons with regard to the processing of personal data and on the free movement of such data, and repealing Directive 95/46/EC (General Data Protection Regulation).
32) WP 136 보고서, 12면.
33) WP 136 보고서, 14면.
34) 박노형, 개인정보보호법(제2판), 박영사, 2023, 75면.
35) GDPR 제4조 제1항에서는 "식별가능한 자연인이라 함은 직접 또는 간접적으로 식별될 수 있는 자로서, 특히 성명, 식별번호 등의 식별자 내지 그 자연인의 하나 또는 그 이상의 신체적 등의 정체성을 참조하여 식별될 수 있는 자이다."라고 정의하고 있다. ['personal data' means any information relating to an identified or identifiable natural person ('data subject'); an identifiable natural person is one who can be identified, directly or indirectly, in particular by reference to an identifier such as a name, an identification number, location data, an online identifier or to one or more factors specific to the physical, physiological, genetic, mental, economic, cultural or social identity of that natural person.]
36) 박노형, 개인정보보호법(제2판), 박영사, 2023, 75-79면.

(2) 결합가능성(linkability)

개인식별가능정보는 '해당 정보만으로는 특정 개인을 알아볼 수 없더라도 다른 정보와 쉽게 결합하여 알아볼 수 있는 정보'를 말하고, 이 경우 쉽게 결합할 수 있는지 여부는 다른 정보의 입수 가능성 등 개인을 알아보는 데 소요되는 시간, 비용, 기술 등을 합리적으로 고려하여야 한다(법 제2조 제1호 나목).

그런데 개인식별정보나 개인식별가능정보 중 일부를 삭제하거나 다른 정보로 대체하는 이른바 비식별조치를 취함으로써 다른 정보를 사용하여도 더 이상 개인을 알아볼 수 없게 된 경우에는 2020년 법 개정 이전에도 '익명정보'로서 더 이상 개인을 식별할 수 있는 개인정보에 해당하지 않게 되어 개인정보보호법이 적용되지 않는다고 보는 것이 학설의 일반적인 견해였다. 2020년 개정 개인정보보호법 제58조의2(적용제외)는 이러한 학설의 입장을 명시한 확인규정이라 할 것인데, 법 제2조 제1호 가목의 개인식별가능정보 조항과 제58조의2의 익명정보 조항은 공통되게 식별가능성 여부를 판단하는 기준으로 "문제되는 해당 정보 외의 다른 정보를 입수·사용·결합하여 개인을 알아볼 수 있는지, 그리고 그러한 검토를 하는 데에 시간·비용·기술 등을 합리적으로 고려하여야 한다."고 규정하고 있다.

이와 같이 개인식별가능정보와 익명정보의 경계를 구분하는 데에 '결합가능성'이 핵심쟁점으로 등장하게 된 것은 1990년대 무렵부터 소개된 몇 가지 상징적인 사례들이 있었기 때문이다.

가장 유명한 사례로는 '메사추세츠 주지사 의료정보 재식별 사건'을 들 수 있다. 미국 메사추세츠(Massachusetts)주의 단체보험위원회(Group Insurance Commission, GIC)는 주 공무원들의 병원 방문기록을 포함한 의료정보를 연구 목적으로 공개하였는데, 이름, 주소, 사회보장번호 등의 식별자 정보를 제거하는 비식별화조치를 취하였다. 그런데 1997년 컴퓨터 전공 대학원생인 Latanya Sweeney는 20달러를 주고 주지사가 거주하는 캠브리지(Cambridge)시의 유권자 명부를 구입한 뒤 GIC의 위 의료정보 데이터와 위 유권자 명부를 대조하여 주지사의 의료정보를 확인하였다. 당시 캠브리지시의 거주자 중 6명만이 주지사와 생일이 같았고, 이 중 3명만 남자였으며 오직 주지사만이 자신의 우편번호를 사용하였기 때문에 생일, 성별, 우편번호를 이용하여 위 2개의 데이터베이스로부터 주지사를 선별할 수 있었다. 위 케이스는 비식별조치된 정보가 다른 정보와의 결합에 의하여 개인정보로 재식별될 수 있으므로 비식별화조치를 취할 때에 다른 정보의 입수가능성과 결합 여부 등을 고려해야 한다는 점을 일깨워주는 중요한 사례로 평가받고 있다.[38]

또한 비식별조치를 함에 있어 식별자뿐만 아니라 준식별자 내지 속성정보도 유의하여 한다

---

37) GDPR상 개인정보에 대한 상세한 설명은 고학수 외 6인, 인공지능 시대의 개인정보 보호법, 박영사, 2022, 28-43면 참조.
38) Latanya Sweeney, "k-anonymity: a model for protecting privacy", International Journal on Uncertainty, Fuzziness and Knowledge-based Systems, 10 (5), 2002, pp.557-570; 고학수 외 6인, 인공지능 시대의 개인정보 보호법, 박영사, 2022, 48-49면; 박노형, 개인정보보호법(제2판), 박영사, 2023, 80면.

는 교훈을 준 사례로는 'AOL 검색어 재식별 사례'가 언급된다. 아메리카 온라인(AOL)은 2006년경 AOL 웹사이트 이용자 약 65만 명의 검색어 및 검색결과에 관한 정보 약 2천만 건을 검색품질과 맞춤형 광고의 정확도 개선 등의 연구목적으로 공개하였고, 개인정보 보호를 위하여 이용자 ID는 고유의 일련번호로 대체하고 IP주소를 범주화(suppression) 등의 비식별조치를 취하였는데, 뉴욕 타임즈의 기자들이 검색어[39]로부터 단서를 얻은 지역을 탐문하여 이용자를 특정한 사례이다.[40]

위와 같은 사례들을 계기로 1990년대 이후 개인정보의 비식별조치와 재식별의 위험성에 대한 연구가 활발히 진행되어 프라이버시 보호모델[k-익명성(k-anonymity), l-다양성(l-diversity), t-근접성(t-closeness) 등][41]이 개발되고, 유럽연합 제29조 작업반의 WP216 익명조치(비실명조치) 보고서[42] 등이 발간되었는데, 우리 정부 역시 2020년 법 개정 이전에도 개인정보를 포함한 빅

---

39) '성이 Arnold인 사람들', '조지아(Georgia)주 릴번(Lilbum) 시의 조경사', 'Georgia Gwinnet county의 그림자 호수 구역에서 팔린 집' 등의 검색어를 이용하여 조지아주 릴번시에 거주하는 62세의 Thelma Arnold라는 여성을 식별하였다.

40) 고학수 외 6인, 인공지능 시대의 개인정보 보호법, 박영사, 2022, 49-51면에서는 그 외에도 중요한 개인정보 재식별 사례로서 '넷플릭스 영화평 정보 재식별 사례'도 함께 소개하고 있다. 위 사례에서 넷플릭스(Netflix)는 2006년경 영화추천 알고리즘의 성능을 10% 개선하면 100만 달러 상금을 지급하기로 한 'Netflix Prize' 경진대회를 개최하면서 약 50만 명의 이용자들의 영화평점기록 약 1억 건을 공개하였는데, 이용자명 등의 식별자를 제거하고 고유일 련번호로 대체하였다. 그런데 다른 인터넷 사이트의 영화 데이터베이스와 위 넷플릭스의 데이터베이스를 비교하면서 비슷한 시기의 영화 평점을 상호 연결함으로써 일부 이용자에 대한 재식별이 가능하고, 이용자의 종교, 정치적 성향, 성적 지향 등이 추론될 수 있다는 사실이 밝혀졌고 한 여성 동성애자로부터 프라이버시 침해의 소송을 제기당하기도 하였다.

41) 프라이버시 보호모델(privacy protection model)에 관한 상세한 내용은 고학수 외 6인, 인공지능 시대의 개인정보 보호법, 박영사, 2022, 155-171면 참조. 프라이버시 보호모델(privacy protection model)은 '데이터 비식별화 기법의 적용에 관한 접근법으로서 재식별 위험을 계산할 수 있도록 하는 것'으로 정의되는데(국제표준인 ISO/IEC 20889), k-익명성(k-anonymity), l-다양성(l-diversity), t-근접성(t-closeness)의 순으로 소개되어 왔다. 우리의 2016년 비식별 조치 가이드라인 9면에서도 적정성 평가 시 이를 활용할 것을 제시하였는데, 실무상 k-익명성을 가장 많이 사용하고 l-다양성은 이를 보완하기 위하여 사용하며, t-근접성은 활용도가 그리 높지 않지만 차분프라이버시(differential privacy)와 개념상 밀접하다.
① k-익명성(k-anonymity): 익명처리된 데이터베이스에서 동일한 준식별자 값에 대응되는 레코드(데이터)가 최소한 k개 이상일 것을 요구하는 것을 말한다. Pierangela Samarati and Latanya Sweeney, "Protecting Privacy When Disclosing Information: k-Anonymity and Its Enforcement through Generalization and Suppression", Technical Report SRI-CSL-98-04, 1998.
② l-다양성(l-diversity): 익명처리된 데이터베이스의 모든 동질 집합이 적어도 1가지의 서로 다른 민감속성값을 가져야 한다는 것을 말한다. k-익명성을 가지는 경우에도 동일 집합의 데이터가 모두 같은 속성값을 가지게 되면 어떤 개인이 위 동일 집합에 속한다는 정보만 알게 되면 그의 민감속성값이 노출되기 때문에 제시된 개념이다[이른바 '동질성 공격(homogeneity attack)']. Ashwin Machanavajjhala et al, "L-diversity: Privacy beyond k-anonymity", ACM Transactions on Knowledge Discovery from Data, Volume 1 Issue 1, 2007, pp. 3-es.
③ t-근접성(t-closeness): 각 동질 집합에서의 민감속성값 분포가 전체 데이터베이스에서의 민감속성값 분포와 크게 달라지지 않도록 하는 것을 말한다. 모든 동질 집합이 l-다양성을 달성하였더라도 특정한 동질 집합 내에서 민감속성값이 한쪽으로 쏠려 있거나 유사한 의미를 지닌다면 공격자는 이를 활용하여 유용한 정보를 얻어낼 수 있기 때문이다[이른바 '쏠림 공격(skewness attack)' 및 '유사성 공격(similarity attack)']. Ninghui Li et al, "t-Closeness: Privacy Beyond k-Anonymity and l-Diversity", 2007 IEEE 23rd International Conference on Data Engineering, 2007.

42) Article 29 Working Party: Opinion 05/2014 on Anonymisation Techniques, Adopted on 10 April 2014 (0829/14/EN

데이터를 안전하게 활용할 수 있도록 하기 위하여 국무조정실 등 관계부처 합동으로 '2016년 개인정보 비식별조치 가이드라인'을 발간하였다.

2016년 비식별조치 가이드라인에서 제시하는 '개인정보 해당 여부를 판단하는 기준'은 아래와 같다.

개인정보 해당 여부 판단 기준

iv) (개인을 알아볼 수 있는 정보)이므로 특정 개인을 알아보기 어려운 정보는 개인정보가 아님. 여기서 '알아볼 수 있는'의 주체는 해당 정보를 처리하는 자(정보의 제공 관계에 있어서는 제공받은 자를 포함)이며, 정보를 처리하는 자의 입장에서 개인을 알아볼 수 없다면 그 정보는 개인정보에 해당하지 않음

v) (다른 정보와 쉽게 결합하여)란 결합 대상이 될 다른 정보의 입수 가능성이 있어야 하고, 또 다른 정보와의 결합 가능성이 높아야 함을 의미함. 즉, 합법적으로 정보를 수집할 수 없거나 결합을 위해 불합리한 정도의 시간, 비용 등이 필요한 경우라면 "쉽게 결합"할 수 있는 상태라고 볼 수 없음

위 비식별조치 가이드라인에서는 '식별 주체'와 '결합을 위한 다른 정보의 범위'에 대하여 기술하고 있는데, 이에 대해서는 실무적으로나 학술적으로 그 의견이 통일되어 있지 않다.

① 개인정보처리자의 개별적·구체적 사정과 무관하게 상정할 수 있는 모든 정보를 고려하여 객관적·절대적으로 식별여부를 평가해야 한다는 '객관설·절대설'[43]과 ② 그 반대로 개인정보처리자가 갖고 있거나 접근할 수 있는 정보를 기준으로 하여야 한다는 '주관설·상대설'[44] 및 ③ 절충설 등이 있고, 절충설에는 '개인정보처리자에 더하여 잠재적 공격자(motivated intruder)를 고려한 관점을 기준으로 하여야 한다는 견해',[45] '개인정보처리자의 관점을 기준으로 삼되, 향후 처리가 예정된 관점도 포함된다는 견해',[46] '개인정보처리자 외에 정보의 제공 관계에 있어서는 제공받은 자를 포함한다는 견해'[47] 등이 있다.[48]

WP216).

43) 박노형, 개인정보보호법(제2판), 박영사, 2023, 78면은 '다른 정보는 개인정보처리자의 보유 여부와 관계가 없다'고 기술하고 있어 객관설·절대설을 취한 것으로 이해된다.

44) 김종윤, "MAC 주소 및 IP 주소의 개인정보성 -저작권 침해 채증을 위해 MAC 주소 및 IP 주소를 수집한 사안-", 개인정보 판례백선, 박영사, 2022, 160면(당해 개인정보를 실질적으로 처리하는 자를 기준으로 판단해야 한다고 하면서, A가 B에게 통상적으로는 어떠한 개인도 식별할 수 없는 난수표만을 제공하였으나 A만이 해당 난수표를 여러 개인과 연계한 매칭테이블을 가치고 있을 경우에는 A에 대해서는 개인정보이지만 B에 대해서는 개인정보로 보지 않는 것이 적절하다고 기술하고 있다).

45) 이동진, "개인정보 보호법 제18조 제2항 제4호, 비식별화, 비재산적 손해 -이른바 약학정보원 사건을 계기로-", 정보법학, 제21권, 제3호, 2017, 266-268면.

46) 개인정보 보호 법령 및 지침·고시 해설(2020), 12면.

47) 2016년 비식별조치 가이드라인 4면. 고학수 외 6인, 인공지능 시대의 개인정보 보호법, 박영사, 2022, 12면에서는 '2016년 비식별조치 가이드라인 4면'의 관점을 '개인정보 보호 법령 및 지침·고시 해설(2020), 12면'의 태도와 동일

아직까지 이에 관한 명시적인 대법원 판시는 없고 하급심 판례는 통일되어 있지 않은 듯하다.[49] 객관설·절대설을 취한 판례로는 '증권통 사건',[50] '휴대전화번호 4자리 사건',[51] 등이 있고,[52] 주관설·상대설을 취한 판례로는 '약학정보원 민사사건'[53] 등이 있으며, 절충설을 취한 판례는 '개인정보처리자 또는 임의의 다른 사람 등을 기준으로' 판단하거나(국가정보원 선거개입 사건'[54]) '단순히 정보제공자를 기준으로 판단하는 것이 아니라 여러 사정을 종합하여' 판단하여

한 것이라고 평가하고 있다.

48) 고학수 외 6인, 인공지능 시대의 개인정보 보호법, 박영사, 2022, 11면, 19-22면; 김종윤, "MAC 주소 및 IP 주소의 개인정보성 -저작권 침해 채증을 위해 MAC 주소 및 IP 주소를 수집한 사안-", 개인정보 판례백선, 박영사, 2022, 159면에서는 '절대설은 다른 정보의 입수가능성을 고려하지 않는 입장이고, 상대설은 다른 정보의 입수가능성을 고려한다는 입장인데, 상대설을 취할 경우 정보처리주체가 누구인지가 문제되나 우리 판례는 통일되지 않은 입장이고, 또 사안 별로 다른 정보의 입수가능성이 달리 판단되어 동일한 정보가 맥락에 따라 개인정보 판단여부가 달라질 수 있다'고 설명하면서 2020년 법 개정에 따라 개인식별가능정보의 판단기준으로서 규정한 '이 경우 쉽게 결합할 수 있는지 여부는 다른 정보의 입수 가능성 등 개인을 알아보는 데 소요되는 시간, 비용, 기술 등을 합리적으로 고려하여야 한다'는 내용은 상대설을 취한 것이라고 평가하고 있다. 용어에 차이가 있기는 하나 본문의 학설대립 설명과 같은 분석이라고 이해된다.

49) 고학수 외 6인, 인공지능 시대의 개인정보 보호법, 박영사, 2022, 19면; 김종윤, "MAC 주소 및 IP 주소의 개인정보성 -저작권 침해 채증을 위해 MAC 주소 및 IP 주소를 수집한 사안-", 개인정보 판례백선, 2022, 160면.

50) 서울중앙지방법원 2011.2.23. 선고 2010고단5343 판결. 이에 대한 상세한 평석은 정준현, "IMEI 및 USIM 일련번호가 개인정보에 해당하는지 여부", 개인정보 판례백선, 박영사, 2022 참조.

51) 대전지방법원 논산지원 2013.8.9. 선고 2013고단17 판결. 이에 대한 상세한 평석은 김법연, "휴대전화 뒷자리 4자의 개인정보 여부", 개인정보 판례백선, 박영사, 2022 참조. 다만 위 판결에 대하여는 '피단속자가 자신의 기존 통화내역과 위 휴대전화번호 4자리를 비교하여 신고자를 어렵지 않게 식별할 수 있다는 점', 즉 정보를 제공받은 피단속자가 가진 정보를 근거로 개인정보로 인정하였다는 점을 지적하면서 상대설 내지 절충설을 취한 것이라고 평가하는 견해도 있다.

52) 그 외에도 대출중개업 사이트 운영자인 피고인들이 업무상 취득한 휴대전화번호를 제3자에게 무단으로 제공한 사안인 서울중앙지방법원 2015.4.9. 선고 2015노387 판결에서는 "① 개인이 휴대전화 통신사와 사이에 가입약정을 하는 경우 가입신청서에 가입자의 이름, 주민등록번호 또는 생년월일, 주소 등을 함께 기재하고, 해당 정보는 통신사 데이터베이스에 기록되고 관리되는 점, ② 휴대전화번호를 아는 경우 통신사의 관리시스템 등을 통하여 가입자가 기재한 개인에 관한 구체적인 정보를 확인할 수 있는 점 등을 종합하면, 개인이 휴대전화 통신사로부터 부여받는 휴대전화번호는 통신사가 관리하는 그 사용자의 가입자정보와 쉽게 결합하여 개인을 알아볼 수 있는 정보에 해당한다고 할 것이다."라고 판시한 바가 있다(위 사안은 대법원 2015.7.23. 선고 2015도5321 상고기각 판결로 확정되었는데, 대법원은 이에 대해 구체적인 판시를 하지는 않았다).

53) 서울고등법원 2019.5.3. 선고 2017나2074963, 2074970 판결(1심인 서울중앙지방법원 2017.9.11. 선고 2014가합 508066, 538302 판결에 대하여 항소기각 판결을 내렸으며, 현재 대법원 2019다242045, 242052호로 상고심 계속 중이다). 대한약사회와 약학정보원이 약국관리 프로그램을 통해 개별 약국이 건강보험심사평가원에 제출한 처방전 목록을 취득하고 제3자에게 판매한 행위에 대해서, 1심 및 항소심은 모두 '개인정보는 해당 정보를 처리하는 자의 입장에서 특정 개인을 식별할 수 있는 정보'라는 전제에서 판단하고 있어 주관설·상대설을 취한 것으로 평가된다(고학수 외 6인, 인공지능 시대의 개인정보 보호법, 박영사, 2022, 21면). 다만 위 사건의 1심은 개인정보에 해당하는지 여부를 판단함에 있어 '제공받은 자의 의도 등'을 고려하여야 한다고 보아 (2, 3단계의 암호화 방식은 SHA-512 방식으로 일방향 암호화된 데이터 결과물에 대해서 매칭 테이블 없이는 복호화가 불가능하다고 본 뒤) 주민등록번호 또는 고유번호의 동일성 파악을 위한 매칭 테이블을 제공받은 피고인에 대해서는 통계분석자료를 생성·판매하는 것이 목적이라는 점을 근거로 개인정보 해당성을 부정하였으나, 항소심은 '제공받은 자의 의도 등'을 고려할 필요는 없다고 보아 개인정보 해당성을 긍정하였다(그러나 항소심도 정신적 손해발생을 부정하여 최종적으로 손해배상청구를 배척하였다). 이에 대한 상세한 평석은 윤주호, "암호화된 개인정보의 개인정보 해당성 판단 -약학정보원 사건 항소심 판결-", 개인정보 판례백선, 박영사, 2022, 139-146면 참조.

54) 서울고등법원 2015. 2. 9. 선고 2014노2820 판결(대법원 2015.7.16. 선고 2015도2625 파기환송판결이 내려졌으나 개인정보와는 무관한 판시였다)은 "이때 '다른 정보와 쉽게 결합하여 알아볼 수 있다'는 것은 개인정보처리자

야 한다('진단키트 사건')[55]고 하는 등의 기준을 제시하였다. 다만 위 판례들은 2020년 법개정으로 개인식별가능정보의 '합리성 요건'을 도입하기 이전의 판례들이므로 동일한 사안에 대하여 현행 법률을 적용하는 때에도 동일한 결론에 이르는지 여부에 대해서는 신중한 접근이 필요하다.

앞서 본 2016년 비식별조치 가이드라인에서는 ① 개인정보처리자의 관점에서 다른 정보의 입수가능성을 고려하되 정보의 제공 관계에 있어서는 제공받은 자도 포함한다고 하여 주관설·상대설 내지 절충설을 원칙적으로 모습으로 제시하고 있으나, 현재의 개인정보보호법은 이를 반영하거나 규정하고 있지 않아 여전히 해석론의 영역으로 남아 있다. 또한 위 가이드라인에서는 ② 합법적으로 수집하지 않은 정보는 다른 정보로서 고려하지 않고, ③ 아울러 시간, 비용 등을 합리적으로 고려하여야 한다는 기준을 제시하였는데, 이는 2020년 법 개정에 반영된 것으로 이해된다.[56]

그리고 결합가능성 요건에 포함되는 '합리성 요건', 즉 '다른 정보의 입수 가능성 등 개인을 알아보는 데 소요되는 시간, 비용, 기술 등을 합리적으로 고려하여야 한다'는 기준도 규범적 개념으로서 여전히 해석론의 영역에 남아 있다고 할 것인데, 일응 기술발전과 사회적 인식, 산업발전의 기여정도 등을 종합적으로 고려하여 사례를 축적해나가야 할 것이다.[57]

3) 가명정보

2020년 법 개정에 따라 도입된 가명정보 및 가명처리에 관한 규정은 획기적인 내용이었다. 개인정보의 활용과 보호라는 두 가지 가치를 조화롭게 달성하기 위한 목적에 따라 도입된 것인

또는 임의의 다른 사람 등이 이미 보유하고 있거나 쉽게 얻을 수 있는 다른 정보를 바탕으로 해당 정보와 다른 정보를 특별한 어려움 없이 결합하여 특정 개인을 알아볼 수 있게 되는 것을 말하는 것"이라는 전제에서 "트위터 사나 빅데이터 업체에서 트위터 사용자의 다른 이메일 가입정보 등을 취득하는 것은 불가능하고 이 사건 수사에서 드러나듯이 트위터 사용자를 특정하기가 어려운 이상, 트위터 정보는 다른 정보와 쉽게 결합하여 특정 개인을 알아볼 수 있는 정보가 아니므로 개인정보에 해당하지 않는다."고 판시하였다.

55) 대학병원 진단검사의학과 팀장이 검사 후 남은 혈액 검체를 자신과 관계가 있는 외부 진단검사 키트제조사로 반출하였는데, 검체 용기의 라벨스티커에 표시된 검체번호나 바코드는 그 자체로는 식별가능성이 없지만 해당 병원의 내부 시스템으로 개인식별정보를 조회할 수 있었으나, 시스템 접속에 대한 권한이 차등 부여·관리되고 있고, 제조사도 환자의 이름 등을 요청하지 않는 점 등을 근거로 개인정보 해당성을 부정한 사안인 수원지방법원 성남지원 2017.9. 5. 선고 2017고단1438 판결(수원지방법원 2018.4.12. 선고 2017노7275 항소기각 판결로 확정되었다). 위 사건 1심은 "어느 정보가 다른 정보와 쉽게 결합하여 개인을 알아볼 수 있는 것인지 여부는 단순히 정보제공자를 기준으로 판단할 것이 아니라 해당 정보가 담고 있는 내용, 정보를 주고받는 사람들의 관계, 정보를 받는 사람의 이용목적 및 방법, 그 정보와 다른 정보를 결합하기 위해 필요한 노력과 비용의 정도, 정보의 결합을 통해 상대방이 얻는 이익의 내용 등을 합리적으로 고려하여 결정하여야 한다."고 판시하였다.

56) '위법하게 수집한 정보'를 고려하지 않는다는 기준은 법령에 반영되지 않았지만 합리성 요건에 포함된다고 볼 수 있다.

57) '추론정보', 즉 개인식별가능성이 없는 정보로부터 추론을 통해 얻어낸 새로운 정보로서 개인식별가능성이 있는 것을 말하는데, 개인식별가능성이 있는 정보로부터 얻어낸 새로운 정보로서 식별가능성이 동등하거나 더 높아진 것을 어떻게 취급할 것인지에 대한 논의는 고학수 외 6인, 인공지능 시대의 개인정보 보호법, 박영사, 2022, 13-15면 참조.

데,[58] 위 법 개정 당시에는 4차 산업혁명 시대를 맞아 핵심 자원인 데이터의 이용 활성화를 통한 신산업 육성이 범국가적 과제로 대두되고 있고, 특히 신산업 육성을 위해서는 인공지능, 클라우드, 사물인터넷 등 신기술을 활용한 데이터 이용이 필요한바, 안전한 데이터 이용을 위한 사회적 규범 정립이 시급한 상황이라는 지적이 끊이지 않았다. 이에 따라 정보주체의 동의 없이 과학적 연구, 통계작성, 공익적 기록보존 등의 목적으로 가명정보를 이용할 수 있는 근거를 마련하되, 개인정보처리자의 책임성 강화 등 개인정보를 안전하게 보호하기 위한 제도적 장치를 마련하는 한편, 개인정보의 오용·남용 및 유출 등을 감독할 감독기구는 개인정보보호위원회로, 관련 법률의 유사·중복 규정은 이 법으로 일원화함으로써 개인정보의 보호와 관련 산업의 발전이 조화될 수 있도록 개인정보 보호 관련 법령을 체계적으로 정비하였다.

가명정보는 개인정보의 3번째 유형으로 신설되었는데, 개인정보처리자는 기존의 2가지 유형의 정보인 개인식별정보와 개인식별가능정보를 가명처리, 즉 개인정보의 일부를 삭제하거나 일부 또는 전부를 대체하는 등의 방법으로 추가 정보가 없이는 특정 개인을 알아볼 수 없도록 처리함으로써(법 제2조 제1호 다목 및 제1의2호), 통계작성, 과학적 연구, 공익적 기록보존 등을 위하여 정보주체의 동의 없이 가명정보를 처리할 수 있게 되었다(법 제28조의2 제1항).

2020년 법 개정 이전에도 통계작성 및 학술연구 등의 목적을 위하여 필요한 경우로서 특정 개인을 알아볼 수 없는 형태로 개인정보를 제공하는 경우 개인정보처리자는 정보주체 또는 제3자의 이익을 부당하게 침해할 우려가 있는 때를 제외하고는 개인정보를 목적 외의 용도로 이용하거나 이를 제3자에게 제공할 수 있었으나,[59] 이는 익명처리에 해당하는 것이어서 2020년 개정 법은 이를 대체하여 보다 용이한 가명처리를 도입한 것이다.[60] 가명처리는 익명처리의 한 방법으로 고려되기도 하였으나, 양자는 재식별 가능성 측면에서 결정적인 차이가 있어 구별되어야 한다. 유럽연합 제29조 작업반의 2014년 WP216 보고서 10면에서는 '가명처리된 데이터가 익명처리된 데이터와 동등하다고 생각하는 것은 오류이고, 가명정보는 재식별이 가능하므로 개인정보 보호의 법적 체계 내에 여전히 남아 있게 된다'고 지적하기도 하였다.[61]

가명정보는 익명정보와 달리 개인정보로서 여전히 개인정보보호법이 적용되나, 다만 활용과 보호의 가치를 조화롭게 달성하기 위해서 '통계작성, 과학적 연구, 공익적 기록보존 등'이라는 목적에 부합할 경우에는 법 제3장 제3절의 특례규정을 규정하여 개인식별정보 내지 개인식별가능정보에 비하여 완화된 방식의 처리를 허용하고 있다.[62]

즉 개인정보처리자는 가명정보를 처리하는 경우에는 원래의 상태로 복원하기 위한 추가 정

---

58) 고학수 외 6인, 인공지능 시대의 개인정보 보호법, 박영사, 2022, 15면.
59) 구 개인정보보호법(2020.2.4. 법률 제16930호로 개정되기 전의 것) 제18조 제2항 제4호.
60) 박노형, 개인정보보호법(제2판), 박영사, 2023, 81면.
61) 고학수 외 6인, 인공지능 시대의 개인정보 보호법, 박영사, 2022, 51면.
62) 고학수 외 6인, 인공지능 시대의 개인정보 보호법, 박영사, 2022, 15-17면.

보를 별도로 분리하여 보관·관리하는 등 해당 정보가 분실·도난·유출·위조·변조 또는 훼손되지 않도록 대통령령으로 정하는 바에 따라 안전성 확보에 필요한 기술적·관리적 및 물리적 조치를 하여야 하고, 가명정보의 처리 목적, 제3자 제공 시 제공받는 자 등 가명정보의 처리 내용을 관리하기 위하여 대통령령으로 정하는 사항에 대한 관련 기록을 작성하여 보관하여야 하며(법 제28조의4), 가명정보를 처리하는 과정에서 특정 개인을 알아볼 수 있는 정보가 생성된 경우에는 즉시 해당 정보의 처리를 중지하고, 지체 없이 회수·파기하여야 하고(법 제28조의5 제2항), 법 제28조의2 제1항에 따라 가명정보를 제3자에게 제공하는 경우에는 특정 개인을 알아보기 위하여 사용될 수 있는 정보를 포함해서는 아니 된다(법 제28조의2 제2항).

또한 누구든지 특정 개인을 알아보기 위한 목적으로 가명정보를 처리해서는 아니 되고(법 제28조의5 제1항), 개인정보처리자가 이를 위반하여 특정 개인을 알아보기 위한 목적으로 정보를 처리한 경우 개인정보 보호위원회는 전체 매출액의 100분의 3을 초과하지 아니하는 범위에서 과징금으로 부과할 수 있다(법 제64조의2 제6호).[63]

그리고 가명정보에 대해서는 법 제20조(정보주체 이외로부터 수집한 개인정보의 수집 출처 등 고지), 법 제20조의2(개인정보 이용·제공 내역의 통지), 법 제27조(영업양도 등에 따른 개인정보의 이전 제한), 법 제34조(개인정보 유출통지 등) 제1항, 법 제35조(개인정보의 열람), 법 제35조의2(개인정보의 전송요구), 법 제36조(개인정보의 정정·삭제), 법 제37조(개인정보의 처리정지 등)는 적용하지 아니한다(법 제28조의7).

가명처리가 허용되기 위하여는 '통계작성, 과학적 연구, 공익적 기록보존 등'을 위한 것이라는 점이 인정되어야 한다.

"통계작성을 위한 가명정보 처리"란 통계를 작성하기 위해 가명정보를 이용, 분석, 제공하는 등 가명정보를 처리하는 것을 말하고, 여기서의 '통계'란 특정 집단이나 대상 등에 관한 수량적인 정보를 의미한다. 가명정보의 처리 목적이 시장조사를 위한 통계 등 상업적 성격을 가진 통계를 작성하기 위한 경우에도 가명정보를 처리하는 것이 가능하다.[64] 지방자치단체가 연령에 따른 편의시설 확대를 위해 편의시설(문화센터, 도서관, 체육시설 등)의 이용 통계(위치, 방문자수, 체류시간, 연령, 성별 등)를 작성하고자 하려는 경우, 인터넷으로 상품을 판매하는 쇼핑몰 등에서 주간, 월간 단위로 판매상품의 재고를 관리하기 위해 판매상품에 대한 지역별 통계(품번, 품명, 재고, 판매수량, 금액)를 작성하고자 하려는 경우, 한국도로공사가 도로구조 개선 및 휴게공간 추가설치 등 고객서비스 개선을 위하여 월별 시간대별 차량 평균속도, 상습 정체구간, 사고구간

---

63) 다만, 매출액이 없거나 매출액의 산정이 곤란한 경우로서 대통령령으로 정하는 경우에는 20억 원을 초과하지 아니하는 범위에서 과징금을 부과할 수 있다(법 제64조의2 제1항 단서).
64) 신용정보법에서 가명정보의 처리를 위한 목적에 '상업적 목적 등의 통계작성'과 '산업적 연구'가 포함된다고 명시적으로 규정하고 있다. 즉 신용정보법 제32조(개인신용정보의 제공·활용에 대한 동의) 제6항 제9의2호에서는 "통계작성, 연구, 공익적 기록보존 등을 위하여 가명정보를 제공하는 경우. 이 경우 통계작성에는 시장조사 등 상업적 목적의 통계작성을 포함하며, 연구에는 산업적 연구를 포함한다."고 규정하고 있다.

및 원인 등에 대한 통계를 작성하고자 하려는 경우 등을 그 예로 들 수 있다.[65]

"과학적 연구를 위한 가명정보의 처리"란 과학적 연구를 위해 가명정보를 이용, 분석, 제공하는 등 가명정보를 처리하는 것을 말하고, 여기서 '과학적 연구'란 과학적 방법을 적용하는 연구로서 자연과학, 사회과학 등 다양한 분야에서 이루어질 수 있고, 기초연구, 응용연구뿐만 아니라 새로운 기술·제품·서비스 개발 및 실증을 위한 산업적 연구도 해당한다고 볼 것이고,[66] '과학적 방법을 적용하는 연구'란 체계적이고 객관적인 방법으로 검증 가능한 질문에 대해 연구하는 것을 말한다. 또한 과학적 연구와 관련하여 공적 자금으로 수행하는 연구뿐만 아니라 민간으로부터 투자를 받아 수행하는 연구에서도 가명정보 처리가 가능하다고 볼 것이다. 코로나19 위험 경고를 위해 생활패턴과 코로나19 감염률의 상관성에 대한 가설을 세우고, 건강관리용 모바일앱을 통해 수집한 생활습관, 위치정보, 감염증상, 성별, 나이, 감염원 등을 가명처리하고 감염자의 데이터와 비교·분석하여 가설을 검증하려는 경우, 지방자치단체에서 특정 관광지의 활성화를 위해 국내의 유사 관광지 주변의 상권과 유동인구 분석을 통한 관광지 주변 상권에 대한 지원 및 전환 대책 수립을 위한 연구를 수행하려는 경우, 공공기관이 보유하고 스팸정보와 민간 통신사에서 자체적으로 보유하고 있는 스팸정보를 가명정보 결합하여 보다 더 많은 스팸정보를 차단할 수 있다는 가설을 세우고, 스팸정보에 해당하는 전화번호, 유형, 날짜, 내용, 신고건수 등의 정보를 가명처리 및 결합을 통해 가설을 검증하고 결합에 참여한 스팸방지 시스템을 고도화하려는 경우 등을 그 예로 들 수 있다.[67]

"공익적 기록보존을 위한 가명정보 처리"란 공익적 기록보존을 위해 가명정보를 이용, 분석, 제공하는 등 가명정보를 처리하는 것을 말하고, '공익적 기록보존'이란 공공의 이익을 위하여 지속적으로 열람할 가치가 있는 정보를 기록하여 보존하는 것을 의미한다. 공익적 기록보존은 공공기관이 처리하는 경우에만 공익적 목적이 인정되는 것은 아니며, 기업, 단체 등이 일반적인 공익을 위하여 기록을 보존하는 경우에도 공익적 기록보존 목적이 인정된다고 볼 것이다. 연구소가 현대사 연구 과정에서 수집한 정보 중 사료가치가 있는 생존 인물에 관한 정보를 가명처리하여 기록·보존하고자 하려는 경우, 연구소가 코로나19 연구 과정에서 수집한 정보 중 공익적 연구가치가 있는 환자에 관한 정보를 가명처리하여 기록보존하고자 하려는 경우 등을 그 예로 들 수 있다.[68]

---

65) 개인정보보호위원회, "가명정보 처리 가이드라인", 2022, 11면; 고학수 외 6인, 인공지능 시대의 개인정보 보호법, 박영사, 2022, 82-85면.
66) 신용정보법에서 가명정보의 처리를 위한 목적에 '상업적 목적 등의 통계작성'과 '산업적 연구'가 포함된다고 명시적으로 규정하고 있다.
67) 개인정보보호위원회, "가명정보 처리 가이드라인", 2022, 12면; 고학수 외 6인, 인공지능 시대의 개인정보 보호법, 박영사, 2022, 74-81면.
68) 개인정보보호위원회, "가명정보 처리 가이드라인", 2022, 13면; 고학수 외 6인, 인공지능 시대의 개인정보 보호법, 박영사, 2022, 85-86면.

이상과 같은 '가명정보의 처리'는 '가명처리'와는 구별되는 개념이다. "가명처리"는 개인정보의 일부를 삭제하거나 일부 또는 전부를 대체하는 과정(법 제2조 제1의2호[69])인 반면, "가명정보 처리"는 가명처리를 통해 생성된 가명정보를 이용·제공 등 활용하는 행위(제3절 가명정보의 처리에 관한 특례: 법 제28조의2 내지 7)를 말한다.[70][71]

개인식별정보나 개인식별가능정보와 달리 민감정보나 고유식별정보에 대한 가명처리를 어떻게 규율할지는 분명하지 않은데, '가명정보 처리 가이드라인(2022)' 14면에서는 「민감정보(법 제23조) 또는 고유식별정보(법 제24조)도 가명정보 처리 특례에 따라 가명처리하여 활용하는 것이 가능하지만, 개인정보 보호 원칙(법 제3조)을 준수하여 처리 목적에 필요하지 않은 민감정보 또는 고유식별정보는 삭제하여야 하되, 다만 주민등록번호는 법령에 주민등록번호를 처리할 수 있는 근거가 없는 경우 가명정보 처리 특례에 따른 가명처리는 허용되지 않고(법 제24조의2), 가명정보 처리의 목적이 적합한지에 대한 입증 책임은 개인정보처리자에게 있으므로 개인정보처리자는 향후 처리 목적에 대한 증빙을 위해 연구계획서 등 목적설명서를 작성할 수 있다」고 설명하고 있다.

그런데 개인식별가능정보와 가명정보는 그 정의규정의 구조가 일견 유사해 보여 양자의 관계가 문제될 수 있다. 개인식별가능정보와 가명정보는 각각 '다른 정보'와 '추가 정보'를 문제된 정보와 결합하여 식별가능성이 있는지를 검토하여야 하기 때문이다.

이에 대하여 '개인정보 보호 법령 및 지침·고시 해설(2020)'에서는 「추가 정보란 가명처리 과정에서 개인정보의 전부 또는 일부를 대체하는데 이용된 수단이나 방식(알고리즘 등), 가명정보와의 비교·대조 등을 통해 삭제 또는 대체된 개인정보 부분을 복원할 수 있는 정보를 말한다. 법 제2조 제1호 나목의 다른 정보와 같은 호 다목의 추가 정보는 해당 정보와 결합하여 특정 개인을 알아볼 수 있도록 하는 정보에 해당한다. 하지만, 다른 정보는 해당 정보와 결합하여 특정 개인을 알아볼 수 있도록 하는 정보라면 처리하는 자가 보유하고 있거나 합법적으로 접근·입수할 수 있는 정보 모두가 다른 정보가 될 수 있지만, 추가 정보는 가명처리 과정에서 생성·사용된 정보로 제한된다. 또한, 추가 정보는 해당 정보를 가명처리 전 정보로 되돌릴 수 있는 정보[복원(復元)할 수 있는 정보]인 점에서 특정 개인을 식별 가능하게 하는 다른 정보와 구분된다」고 설명한다.

또한 '가명정보 처리 가이드라인(2022)' 7면에서는 「'추가정보'는 개인정보의 전부 또는 일부를 대체하는 가명처리 과정에서 생성 또는 사용된 정보로서 특정 개인을 알아보기 위하여 사용·결합될 수 있는 정보(알고리즘, 매핑테이블 정보, 가명처리에 사용된 개인정보 등)로서 가명처리

---

69) 법 제2조 이 법에서 사용하는 용어의 뜻은 다음과 같다. 1의 2. "가명처리"란 개인정보의 일부를 삭제하거나 일부 또는 전부를 대체하는 등의 방법으로 추가 정보가 없이는 특정 개인을 알아볼 수 없도록 처리하는 것을 말한다.
70) 개인정보보호위원회, "가명정보 처리 가이드라인", 2022, 10면.
71) 가명정보의 처리에 대한 상세한 내용은 제6장(특별한 유형의 개인정보초리 등) 제4절(가명정보의 처리) 부분 참조.

과정에서 생성·사용된 정보에 한정된다는 점에서 '다른 정보'와 구분된다」고 설명한다. 즉 가명정보의 추가정보는 가명처리 과정에서 생성 또는 사용된 정보로서 특정 개인을 알아보기 위하여 사용·결합될 수 있는 정보(알고리즘, 매핑테이블 정보, 가명처리에 사용된 개인정보 등)에 한정되고, 이와 같은 추가정보는 개인식별가능정보의 다른 정보에 포함될 수도 있다.

그러나 개인식별가능정보가 다른 정보와 결합하여 식별가능성이 있는지 여부나, 가명정보가 추가 정보 없이도 식별가능성이 인정되는지 여부는 결국 시간·비용·기술 등을 합리적으로 고려하여 판단하는 문제이므로, 개인식별가능정보에서와 같이 여전히 그 경계는 불분명하다고 할 것이다.[72]

4. 다른 법률에서의 개인정보의 정의

개인정보보호법 외의 다른 법률에서도 해당 법률의 특유한 목적 내지 규율체계 형성을 하기 위하여 개인정보를 별도로 정의한 경우가 적지 않은데,[73] 각 법률에서는 개인정보보호법과 마찬가지로 '개인식별정보' 외에도 다른 정보와의 결합에 의해 식별가능성이 인정되는 '개인식별가능정보'도 포함하고 있고, 신용정보법의 경우에는 2020년 법 개정으로 가명정보도 포함하게 되었다.

「신용정보의 이용 및 보호에 관한 법률」 제2조 제1호에서는 "신용정보"란 금융거래 등 상거래에서 거래 상대방의 신용을 판단할 때 필요한 정보로서 '가. 특정 신용정보주체를 식별할 수 있는 정보(나목부터 마목까지의 어느 하나에 해당하는 정보와 결합되는 경우만 신용정보에 해당한다) 나. 신용정보주체의 거래내용을 판단할 수 있는 정보 다. 신용정보주체의 신용도를 판단할 수 있는 정보 라. 신용정보주체의 신용거래능력을 판단할 수 있는 정보 마. 가목부터 라목까지의 정보 외에 신용정보주체의 신용을 판단할 때 필요한 정보'로 정의하고 있다. 그런데 이를 전제로 '특정 신용정보주체를 식별할 수 있는 정보'는 살아 있는 개인뿐만 아니라 법인과 단체도 포함하나(법 제2조 제1의2호), '개인신용정보'는 살아 있는 개인에 관한 정보로 한정된다(법 제2조 제2호).[74]

「위치정보의 보호 및 이용 등에 관한 법률」에서는 "위치정보"라 함은 이동성이 있는 물건 또는 개인이 특정한 시간에 존재하거나 존재하였던 장소에 관한 정보로서 「전기통신사업법」 제2조제2호 및 제3호에 따른 전기통신설비 및 전기통신회선설비를 이용하여 측위된 것이고, "개인위치정보"라 함은 특정 개인의 위치정보(위치정보만으로는 특정 개인의 위치를 알 수 없는 경우에도 다

---

72) 익명정보는 원래부터 식별가능성이 없는 정보와 식별가능성은 없었지만 비식별조치가 충분히 이루어져서 식별가능성 있는 정보로 복원될 가능성이 없어진 정보가 있을 수 있다. 특히 후자의 경우 어느 정도의 비식별조치가 이루어져야 식별가능성이 있는 정보로 복원될 가능성이 없어졌다고 볼 수 있는지에 대해서는 여전히 불분명하다(고학수 외 6인, 인공지능 시대의 개인정보 보호법, 박영사, 2022, 18면).

73) 박노형, 개인정보보호법(제2판), 박영사, 2023, 82-85면.

74) 신용정보의 이용 및 보호에 관한 법률 제2조 제1의2호 나목.

른 정보와 용이하게 결합하여 특정 개인의 위치를 알 수 있는 것을 포함한다)를 말하며, "개인위치정보주체"라 함은 개인위치정보에 의하여 식별되는 자를 말한다고 규정하고 있다.

「생명윤리 및 안전에 관한 법률」에서는 "개인정보"란 개인식별정보, 유전정보 또는 건강에 관한 정보 등 개인에 관한 정보를 말하고, "개인식별정보"란 연구대상자와 배아·난자·정자 또는 인체유래물의 기증자(이하 "연구대상자등"이라 한다)의 성명·주민등록번호 등 개인을 식별할 수 있는 정보를 말한다고 정의하고 있다(생명윤리법 제2조 제17호, 제18호).[75]

III. 대인적 범위: 개인정보처리자

1. 개관

개인정보보호법은 기본적으로 개인정보처리자의 행위를 대상으로 한다. "개인정보처리자"란 업무를 목적으로 개인정보파일을 운용하기 위하여 스스로 또는 다른 사람을 통하여 개인정보를 처리하는 공공기관, 법인, 단체 및 개인 등을 말하고(법 제2조 제5호), "개인정보파일"이란 개인정보를 쉽게 검색할 수 있도록 일정한 규칙에 따라 체계적으로 배열하거나 구성한 개인정보의 집합물을 말한다(법 제2조 제4호). 이와 같이 법의 기본적인 수범자를 '업무를 목적으로 개인정보파일을 처리하는 자'로 한정한 것은 업무가 아닌 사사로운 경우 일회성 또는 단순한 개인적인 일까지 규율할 필요는 없다는 점을 고려하였기 때문이다.[76] 이러한 이유에서 기망적 행위 등 법 감정에 반하는 처리행위에 대해서는 법 제59조의 금지행위로서 별도 규제를 하고 있다.

그런데 개인정보보호법에는 개인정보처리자 외에 개인정보취급자,[77] 수탁자[78] 등의 행위에 대한 규정도 있고, 특히 법 제74조의 양벌규정도 존재한다. 따라서 개인정보이용자의 행위가 문제될 때에는 개인정보처리자 외에 개인정보취급자인지, 개인정보처리자의 종업원인지 등도 함께 검토되어야 한다.

---

75) 개인정보 보호 법령 및 지침·고시 해설(2020), 18면.
76) 박노형, 개인정보보호법(제2판), 박영사, 2023, 94면.
77) 개인정보 보호법 제28조(개인정보취급자에 대한 감독) ① 개인정보처리자는 개인정보를 처리함에 있어서 개인정보가 안전하게 관리될 수 있도록 임직원, 파견근로자, 시간제근로자 등 개인정보처리자의 지휘·감독을 받아 개인정보를 처리하는 자(이하 "개인정보취급자"라 한다)의 범위를 최소한으로 제한하고, 개인정보취급자에 대하여 적절한 관리·감독을 하여야 한다. ② 개인정보처리자는 개인정보의 적정한 취급을 보장하기 위하여 개인정보취급자에게 정기적으로 필요한 교육을 실시하여야 한다.
78) 개인정보보호법 제26조(업무위탁에 따른 개인정보의 처리 제한) ② 제1항에 따라 개인정보의 처리 업무를 위탁하는 개인정보처리자(이하 "위탁자"라 한다)는 위탁하는 업무의 내용과 개인정보 처리 업무를 위탁받아 처리하는 자(개인정보 처리 업무를 위탁받아 처리하는 자로부터 위탁받은 업무를 다시 위탁받은 제3자를 포함하며, 이하 "수탁자"라 한다)를 정보주체가 언제든지 쉽게 확인할 수 있도록 대통령령으로 정하는 방법에 따라 공개하여야 한다.

2. 업무 목적

개인정보처리자가 되기 위해서는 '업무를 목적으로' 개인정보를 처리하여야 한다. 순수한 개인적인 활동이나 가사 활동을 위해서 개인정보를 수집·이용·제공하는 자는 개인정보처리자가 아니다. 예를 들어 사적인 친분관계를 위하여 휴대폰에 연락처 정보, 이메일 주소록 등을 저장하는 경우는 개인정보처리자에 해당하지 않는다.[79]

그런데 개인정보보호법은 '업무'에 대하여 특별히 규정하고 있지 않다. 따라서 법 일반에서 통용되는 업무의 정의 내지 범위와 개인정보 보호법의 입법취지 등을 고려하여 해석하여야 할 것이다. 형법상 업무에 관한 판례[80] 등을 참조할 때, 여기서의 '업무'란 직업상 또는 사회생활상의 지위에 기하여 계속적으로 종사하는 사무나 사업의 일체를 의미하는 것으로 보수 유무나 영리 여부와는 관계가 없으며, 단 1회의 행위라도 계속·반복의 의사가 있다면 업무로 볼 수 있을 것이나, 이와 같은 형법상 업무에 관한 정의는 형법 개별 규정의 특유한 입법취지를 고려할 것이므로 개별 사안에서는 개인정보보호법의 위와 같은 입법취지(업무가 아닌 사사로운 경우 일회성 또는 단순한 개인적인 일까지 규율할 필요는 없다는 점을 고려)를 참작하여 개인정보처리자에 해당하는지 여부를 판단하여야 한다.[81]

한편, 업무란 직업상 또는 사회생활상 지위에 기하여야 하므로 지인들에게 모임을 안내하기 위해 전화번호 및 이메일 주소를 수집하는 행위나 결혼을 알리기 위해 청첩장을 돌리는 행위 또는 개인이 자신의 송사에 관한 증거 수집을 위하여 사진 촬영을 하는 경우 등은 업무를 목적으로 한 것이 아니다.[82]

---

79) 개인정보 보호 법령 및 지침·고시 해설(2020), 19면.
80) 업무방해죄에 있어서의 업무란 직업 또는 사회생활상의 지위에 기하여 계속적으로 종사하는 사무나 사업의 일체를 의미하고, 그 업무가 주된 것이든 부수적인 것이든 가리지 아니하며, 일회적인 사무라 하더라도 그 자체가 어느 정도 계속하여 행해지는 것이거나 혹은 그것이 직업 또는 사회생활상의 지위에서 계속적으로 행하여 온 본래의 업무수행과 밀접불가분의 관계에서 이루어진 경우에도 이에 해당한다(대법원 2005.4.15. 선고 2004도8701 판결 등 참조). 업무상과실치사상죄에 있어서의 업무란 사람의 사회생활면에 있어서의 하나의 지위로서 계속적으로 종사하는 사무를 말하고, 여기에는 수행하는 직무 자체가 위험성을 갖기 때문에 안전배려를 의무의 내용으로 하는 경우는 물론 사람의 생명·신체의 위험을 방지하는 것을 의무내용으로 하는 업무도 포함된다 할 것이다(대법원 1988.10.11. 선고 88도1273 판결, 2002.5.31. 선고 2002도1342 판결 등 참조). 업무상 횡령죄에서 '업무'란 법령, 계약에 의한 것뿐만 아니라 관례를 좇거나 사실상의 것이거나를 묻지 않고 같은 행위를 반복할 지위에 따른 사무를 가리키는 것이다(대법원 2006.4.27. 선고 2003도135).
81) 개인이 출퇴근용 자동차를 운전하면서 차량에 장착된 블랙박스 영상도 개인정보파일로 볼 여지가 있는데, 위와 같은 차량을 운전하여 교통사고가 나는 경우 업무상 과실치상으로 교통사고처리특례법이 적용되고 있어, 위 운전자인 개인도 '업무 목적으로' 개인정보파일을 운용하는 자인지가 문제될 수 있다. 그러나 형법이나 교통사고처리특례법에서 업무상 과실치상을 단순과실치상과 구별하여 처벌하는 입법취지를 개인정보보호법에도 그대로 적용하는 것은 부적합하므로, 이 경우에까지 형법상 업무의 정의를 그대로 차용하는 것은 부적절해 보인다. 따라서 위와 같은 사안에서는 개인정보보호법의 입법취지를 고려하여 개인정보처리자로 인정하지 않는 것이 타당하다고 생각한다.
82) 개인정보 보호 법령 및 지침·고시 해설(2020), 19면.

3. 개인정보파일의 운용

개인정보를 수집·이용·제공하고 있다고 해서 모두가 개인정보처리자가 되는 것은 아니다. 개인정보보호법상 개인정보처리자가 되기 위해서는 '개인정보파일을 운용하기 위하여' 개인정보를 처리하는 자만이 개인정보처리자가 된다. 유럽연합(EU)의 GDPR을 비롯하여 영국, 일본 등의 개인정보 보호 법령도 모든 개인정보가 아니라 특정한 파일체계의 일부를 구성하고 있거나, 구성하도록 예정되어 있거나, 그런 의도로 처리되는 개인정보에 한하여 해당 법령의 적용을 받도록 규정하고 있다.[83]

일회성 메모나 문서작성 행위까지 개인정보 처리로 본다면 법이 개인의 사소한 행위에까지 규제하게 되어 불합리한 결과를 초래하게 된다. 이에 따라 개인정보 수집·이용·제공 등에 대한 동의, 개인정보에 대한 보호조치 등의 의무를 부과하는 대상은 개인정보파일을 운용하는 자로 한정하여 규제의 합목적성과 실효성을 담보하고자 하였다.[84]

"개인정보파일"이란 개인정보를 쉽게 검색할 수 있도록 일정한 규칙에 따라 체계적으로 배열하거나 구성한 개인정보의 집합물을 말한다(법 제2조 제4호). 여기서의 개인정보파일은 전자적으로 처리하는 개인정보의 집합물에 국한되지 않고 수작업으로 처리하는 개인정보집합물도 포함하는 것으로 이해된다. 주민등록파일, 행정종합정보관리(주민, 민원, 지적, 보건복지, 환경, 위생 등), 통합재정관리 및 건축물관리뿐만 아니라 수기로 작성된 병원진료기록카드파일 등도 개인정보보호법상 개인정보파일에 포함된다.[85]

개인정보파일은 쉽게 검색할 수 있어야 하는데, 쉬운 검색인지 여부는 구체적인 사정에 따라 판단될 것이다. 임시로 채용된 직원이 전체 업무나 문서에 관한 특별한 지식이 없어도 특정 개인에 관한 정보를 찾을 수 있다면 쉽게 검색할 수 있다고 볼 것이다.[86] 상담센터에서 상담내용을 녹음한 녹취파일 및 녹취록도 개인정보파일로 인정된 사례[87]도 있다.

또한 개인정보파일은 일정한 규칙에 따라 체계적으로 배열되거나 구성되어 있어야 한다. '일정한 규칙'이 무엇인지는 우리 개인정보보호법에 규정되어 있지는 않지만, GDPR 제4조 제6호에서 '기능적 또는 지리적 기준으로 집중되거나, 분산되거나 또는 분포됨에 관계 없이 특정한 기준(specific criteria)에 따라'라고 규정하고 있는 것을 참조할 수 있다.[88] 따라서 체계적으로 배

---

83) 개인정보 보호 법령 및 지침·고시 해설(2020), 19면.
84) 개인정보 보호 법령 및 지침·고시 해설(2020), 19면.
85) 박노형, 개인정보보호법(제2판), 박영사, 2023, 96면.
86) 박노형, 개인정보보호법(제2판), 박영사, 2023, 97면.
87) 서울중앙지방법원 2020.1.10. 선고 2019나31794 판결.
88) GDPR Art. 4(Definitions) For the purposes of this Regulation: (6) 'filing system' means any structured set of personal data which are accessible according to specific criteria, whether centralised, decentralised or dispersed on a functional or geographical basis.

열되거나 구성될 수 있다면 어떤 기준도 포함된다고 볼 것이다.[89]

라디오 방송국 프로그램 프리랜서 작가가 지속적으로 항의글을 올리는 청취자를 고소하면서 경품행사 진행과정에서 수집한 주소와 연락처를 고소장에 기재한 행동이 문제된 사안에서 위와 같은 청취자의 개인정보를 개인정보파일로 운용하였는지에 대한 증명이 부족하다는 이유로 무죄가 선고된 바가 있고,[90] 집합건물관리단의 대표위원회 위원 및 상가활성화 추진위원장인 피고인이 점포 구분소유자 및 입점 상인들의 입점신고서에 기재되어 있는 피해자의 이름, 주민등록번호, 주소 등 개인정보를 명예훼손죄의 고소장에 기재한 것이 문제된 사안에서도 개인정보처리자에 해당하지 않는다는 이유로 무죄가 선고된 바가 있다.[91]

4. 개인정보 처리

개인정보를 활용하기 위해서는 수집, 생성에서부터 연계, 연동, 기록, 저장, 보유, 가공, 편집, 검색, 출력, 정정, 복구, 이용, 제공, 공개, 파기 등 다양한 처리 과정을 거치게 된다. 개인정보보호법은 이러한 일련의 과정을 포괄하는 개념으로 '처리'라는 용어를 사용하고 있다(법 제2조 제2호). 법상 처리에는 위에서 나열한 행위 외에도 '그 밖에 이와 유사한 모든 행위'가 포함되는데, 여기에는 개인정보의 전송, 전달, 이전, 열람, 조회, 수정, 보완, 삭제, 공유, 보전, 파쇄 등이 포함될 수 있다.

다만, 다른 사람이 처리하고 있는 개인정보를 단순히 전달, 전송 또는 통과만 시켜주는 행위는 처리에 해당하지 않는다. 예컨대 우편배달사업자나 인터넷서비스제공자는 다른 사람의 개인정보를 확인할 수는 없고 단순히 전달 또는 전송하는 업무만 담당하게 되는데 이때 우편배달사업자 등의 전달 또는 전송행위는 개인정보의 처리로 보지 않는다.[92]

5. 스스로 또는 다른 사람을 통하여 처리

개인정보처리자는 스스로 개인정보를 처리할 수도 있지만 다른 사람을 통해서도 개인정보를 처리할 수 있다. 즉 자신이 직접 개인정보를 수집, 가공, 편집, 이용, 제공, 전송하지 아니하고

---

89) 박노형, 개인정보보호법(제2판), 박영사, 2023, 96-97면.
90) '라디오 방송국 프로그램 프리랜서 작가 사건'인 서울서부지방법원 2019.2.14. 선고 2018노556 판결. 위 사건의 1심인 서울서부지방법원 2018.4.10. 선고 2018고단50 판결은 프리랜서 작가를 개인정보처리자로 인정하여 선고유예판결을 선고하였으나, 원심에서는 개인정보파일을 운영하였다는 입증이 부족하다는 이유로 무죄를 선고하였고, 대법원 2019.7.25. 선고 2019다3215 판결은 이를 수긍하여 그대로 확정되었다.
91) 대법원 2015.11.26. 선고 2015도13739 판결. 다만 항소심에서 추가된, 피고인이 위탁관리회사로부터 부정한 목적으로 개인정보를 제공받았다는 예비적 공소사실에 대해서는 유죄가 선고되어 확정되었다.
92) 개인정보 보호 법령 및 지침·고시 해설(2020), 15면.

다른 사람 예컨대 수탁자, 대리인, 이행보조자 등을 통해서 처리하는 경우에도 개인정보처리자에 해당한다.[93)]

GDPR에서는 수범대상자로 컨트롤러(controller)와 프로세서(processor)를 규정하고 있는데, 우리 개인정보보호법의 개인정보처리자와 개인정보수탁자에 정확히 대응되지는 않는다. '컨트롤러(controller)'는 개인 데이터 처리의 목적과 수단을 '다른 사람과 단독으로 또는 공동으로(alone or jointly with others)' 결정하는 자연인 또는 법인, 공공당국, 기관 또는 기타 기구로 정의되고(GDPR 제4조 제7항), 프로세서(processor)는 '컨트롤러를 대신하여' 개인정보를 처리하는 자연인 또는 법인, 공권당국, 기관 또는 그 밖의 기구로 정의된다(GDPR 제4조 제8항).

6. 공공기관, 법인, 개인 등

개인정보보호법은 개인정보 보호를 위한 일반법이므로 개인정보를 수집, 이용, 제공 등 처리하는 모든 자에게 적용될 수 있도록 '개인정보처리자'의 개념을 폭넓게 정의하였다. 적용 대상을 특정 목적이나 업종으로 한정하는 것은 개인정보 보호 사각지대 해소라는 법률 제정 취지에 부합하지 않기 때문이다.[94)]

개인정보보호법은 공공부문과 민간부문을 구분하지 않고 하나의 법률에 의하여 동일한 개인정보보호 원칙을 적용하는 '단일법주의'를 채택하고 있다. 즉 개인정보처리자에는 공공기관, 영리 · 비영리 법인, 영리 · 비영리 단체, 개인이 모두 포함된다. '정보통신망법'[95)]이나 '공공기관개인정보법'[96)] 등과 달리 공공부문과 민간부문이 모두 포함되며, 주식회사와 같은 영리기업은 물론 동창회 · 동호회와 같은 비영리단체도 포함된다. 개인에는 1인 사업자, 개인활동가 등 본인의 업무를 목적으로 개인정보를 처리하는 경우가 포함된다.[97)]

그런데 여기서 '개인'은 '본인의 업무를 목적으로 개인정보를 처리하는 자'이므로 '공공기관, 영리 · 비영리 법인, 영리 · 비영리 단체, 개인'의 '대리인, 사용인, 그 밖의 종업원으로서의 지위에 있는 개인'은 개인정보처리자에 해당하지 않는다. 법 제28조 제1항은 임직원, 파견근로자, 시간제근로자 등 개인정보처리자의 지휘 · 감독을 받아 개인정보를 처리하는 자를 '개인정보취급자'라고 정의하고 있는데,[98)] 개인정보처리자와는 법상 상이한 취급을 받게 되므로 양자를 준별하여야 할 것이다.[99)]

---

93) 개인정보 보호 법령 및 지침 · 고시 해설(2020), 19면.
94) 개인정보 보호 법령 및 지침 · 고시 해설(2020), 19면.
95) 2020년 법 개정으로 개인정보에 관한 규정은 개인정보보호법으로 이관되었다.
96) 2011년 개인정보보호법의 제정으로 폐지되었다.
97) 개인정보 보호 법령 및 지침 · 고시 해설(2020), 19-20면.
98) 개인정보 보호 법령 및 지침 · 고시 해설(2020), 19면.
99) 법제처 19-0152, 2019.6.24.자 [행정안전부 - 「개인정보 보호법」상 개인정보처리자의 범위] 유권해석에서는 행정안

이와 관련하여 상담법인 대표가 내담자에 대한 녹취록을 유출한 사건[100]에서 심리상담가 양성과정을 운영하는 주식회사의 설립자이자 실질적 운영자인 피고에 대하여 개인정보처리자임을 전제로 손해배상청구를 인용한 판단이 위 법리에 부합되는 것인지 문제될 수 있다. 엄격히는 법인과 개인이 엄격히 구분되고 상담업무와 그에 관한 녹취록 관리행위가 법인의 업무라는 점을 고려할 때 개인정보처리자는 법인으로 보고 상담법인 대표는 개인정보취급자로 보아야할 것이다. 다만 민사상 손해배상청구소송이고, 개인정보보호법상 특칙(법 제39조 제1항의 증명책임 전환, 제39조 제3, 4항의 징벌적 손해배상 특칙, 제39조의2의 법정손해배상청구의 특칙)을 적용하지 않는 이상 개인정보자기결정권에 관한 손해배상소송과 그 결론이 동일하다는 점, 1인 회의 운영과 같이 형식뿐만 아니라 실질도 고려하여 개인정보처리한 자를 인정한 것으로 보이는 점[101] 등을 고려할 때, 수긍 못할 바는 아니라고 보인다.

공공기관에 대해서는 몇 가지 달리 정하는 바가 있다.[102]

의무가 강화된 조항으로는 개인정보 목적 외 이용·제공의 법적 근거, 목적 및 범위 등 공개 의무(법 제18조 제4항), 영상정보처리기기 설치·운영 시 공청회·설명회 등 의견수렴 의무(제25조 제3항), 영상정보처리기기 설치·운영에 관한 업무위탁 절차·요건 강화(제25조 제8항), 개인정보파일 등록·공개 의무(제32조), 개인정보 영향평가 실시의무(제33조), 개인정보열람 요구권 행사 편의를 위한 별도의 단일창구 마련(제35조 제2항)[103] 등에 관한 규정이 있다.

의무가 완화된 조항으로는 정보주체 동의 없는 개인정보 수집·이용사유 확대(제15조 제1항 제3호), 개인정보 목적 외 이용·제공 사유의 확대(제18조 제2항 단서), 개인정보처리방침 제정·공개 의무 완화(제30조 제1항), 개인정보 열람요구권 제한·거절 사유 확대(제35조 제4항 제3호), 개인정보처리 정지요구 대상 개인정보의 범위 제한(제37조 제1항 단서), 개인정보처리 정지요구권 거절 사유 확대(제37조 제2항 제3호)[104] 등에 관한 규정이 있다.

전부에 질의한 민원인의 개인정보와 관련하여, 행정안전부만이 개인정보처리자에 해당하고 접수 배정 담당자와 개별담당자는 개인정보취급자에 해당하여 개인정보처리자로 볼 수 없다고 하였다(한서희, "개인정보처리자의 손해배상의무 -상담법인 대표의 내담자에 대한 녹취록 유출사건-", 개인정보 판례백선, 박영사, 2022, 175면).

100) 서울중앙지방법원 2020.1.10. 선고 2019나31794 판결. 이에 대한 상세한 평석은 한서희, "개인정보처리자의 손해배상의무 -상담법인 대표의 내담자에 대한 녹취록 유출사건-", 개인정보 판례백선, 박영사, 2022, 171-176면 참조.

101) 한서희, "개인정보처리자의 손해배상의무 -상담법인 대표의 내담자에 대한 녹취록 유출사건-", 개인정보 판례백선, 박영사, 2022, 176면.

102) 개인정보 보호 법령 및 지침·고시 해설(2020), 22면.

103) 개인정보 분쟁조정에 응할 의무(제43조 제3항)도 규정되어 있었으나, 2023년 법 개정으로 사인에게까지 확대되어 현재에는 동일하게 적용되고 있다.

104) 통계법에 따라 처리된 개인정보에 대한 법률적용의 일부 제외(제58조 제1항 제1호) 규정이 있다가 2023년 법 개정으로 삭제되었다.

7. 관련 문제: 개인정보처리자와 개인정보취급자, 개인정보를 처리하거나 처리하였던 자의 준별

　실무상 개인정보처리자인지 여부가 다투어진 사건에서는 '누가 개인정보파일의 운용하는지'가 핵심 쟁점이 되는 경우가 적지 않다. 개인정보파일에 대한 접근권한이 있다는 사정만으로 개인정보처리자임을 단정할 수 없다는 판결,[105] 업무 목적으로 개인정보 집합물을 운영한 경우 개인정보처리자에 해당할 여지가 많아 보인다는 판결[106] 등이 그 예이다.

　그런데 '개인정보처리자'에는 해당하지 않으나, '개인정보취급자'에 해당하거나 '개인정보를 처리하거나 처리하였던 자'에 해당하는 경우에도 개인정보보호법이 적용됨에도, 실무상 이를 간과하고 개인정보처리자가 아니라는 이유만으로 형사사건에서 무죄를 선고하는 경우가 종종 보인다.

　경찰공무원인 피고인이 자신에게 지급된 경찰 휴대용 단말기로 장모의 지명수배 내역 등을 조회하여 배우자에게 카카오톡 메시지로 알려준 행위에 대하여 법 제18조 제2항의 목적 외 사용 내지 제3자 제공위반으로 기소된 사건에서, 1심과 원심은 피고인이 개인정보처리자에 해당하는 전제에서 유죄를 선고하였으나, 대법원은 피고인이 개인정보처리자에 해당하지 않는다는 이유로 무죄 취지로 파기환송판결을 선고하였고, 파기환송심에서 같은 취지에서 그대로 확정되었다.[107]

　위 사안에서 개인정보처리자의 해당 여부에 대한 판단은 타당하다고 볼 수 있으나, 처벌을 받지 않은 채 사건이 종결된 것은 다소 미흡한 점이 있어 보인다. 경찰공무원이 자신에게 지급된 휴대용 단말기로 취득한 개인정보를 목적 외 이용 내지 제3자 제공을 하였다면 개인정보처리자가 아니더라도 개인정보처리자인 경찰청장의 지휘감독을 받는 '개인정보취급자'에 해당하거나 '개인정보를 처리하거나 처리하였던 자'에 해당할 수 있기 때문이다.

　불법적인 개인정보 제공행위와 제공을 받는 행위에 대한 처벌규정의 적용범위는 다음과 같이 정리될 수 있다. 개인정보처리자뿐만 아니라 그 직원의 개인정보 제공행위도 구 개인정보보호법 제71조 제1호 및 제5호[108]의 중첩적 적용을 받되, 그 사정을 알고 제공받는 행위라면 직

---

105) 지상파 라디오 프로그램의 작가가 청취자들의 개인정보를 관리하던 중 경품에 당첨서울서부지방법원 2019.2.14. 선고 2018노556판결(대법원 2019.7.25. 선고 2019도3215 상고기각 판결로 확정되었다). 이에 대한 상세한 평석으로는 곽정민, "「개인정보 보호법」상 '개인정보처리자'에 해당하는지 여부 -라디오 방송국 프로그램 프리랜서 작가 사건-", 개인정보 판례백선, 박영사, 2022, 313-319면 참조.
106) '아파트 관리소장 사건'인 대법원 2016.1.10. 선고 2015도8766 판결. 아파트 관리사무소장인 피고인 2가 아파트 선거관리위원장으로부터 공소외인 등 일부 입주민들이 제출한 동·호수, 이름, 전화번호, 서명 등이 연명으로 기재된 동대표 해임동의서를 해임요청의 적법 여부 검토를 위해 교부받은 다음 해임동의 대상자인 동대표 피고인 1에게 열람하도록 제공함으로써 업무상 알게 된 개인정보를 누설하였고, 피고인 1은 위와 같은 사정을 알면서도 피고인 2로부터 부정한 목적으로 개인정보를 제공받았다는 사실로 유죄 선고를 받은 사안이다.
107) 대법원 2017.9.21. 선고 2016도19905 판결. 이에 대한 상세한 평석은 이정념, "개인정보처리자의 지위에 관한 판단기준 -범죄수사를 목적으로 획득한 사실의 사적 제공 사건-", 개인정보 판례백선, 박영사, 2022, 193-198면.

접 제공을 받지 않는 경우에도 처벌대상이 되고 다만 제5호의 경우에는 '영리 또는 부정한 목적'까지 요구한다는 점에서 차이가 있을 뿐이다. 또한 이와 같이 중첩적 적용을 받는다는 점은 법 제18조 위반행위의 처벌규정인 법 제71조 제2호에 대해서도 동일할 것이고, 다만 제5호와 마찬가지로 '영리 또는 부정한 목적'도 요구한다. 그런데 개인정보처리자와 개인정보취급자 이외의 순수한 개인도 개인정보를 처리하거나 처리하였던 자, 즉 사적인 목적으로 개인정보를 처리하는 일반인도 법 제59조의 의무주체가 되므로[109] 이러한 경우에는 구 개인정보보호법 제71조 제1호는 적용되지 않고 제5호의 처벌대상이 되어 독자적 의의를 가진다고 할 것이다.[110] 다만 '개인정보를 처리하거나 처리하였던 자'에 해당하는 경우에도 법 제59조 제2호(업무상 알게 된 개인정보를 누설하거나 권한 없이 다른 사람이 이용하도록 제공하는 행위)에 해당하는지 여부는 '업무상 알게 된 개인정보란 그 업무, 즉 개인정보를 처리하는 업무와 관련하여 알게 된 개인정보만을 의미한다'는 점에 주의를 요한다.[111]

그리고 개인정보처리자가 아닌 해당 업무를 실제로 처리하는 직원이 동의 없는 정보제공행위를 한 경우에 있어서, 법 제71조 제1호 전단의 처벌 규정은 같은 법 제74조 제2항에 의하여 그 행위주체를 같은 법 제17조 제1항의 개인정보처리자에서 개별 행위자로 변경하게 되고, 따라서 같은 법 제71조 제1호 후단의 처벌규정에서 '그 사정'도 이를 전제로 하는 내용으로 변경되었다고 볼 것이다.[112]

이와 같은 법리를 고려할 때, 개인정보의 불법적 처리가 문제된 사안에서는 해당 처리자가 개인정보처리자인지, 개인정보취급자인지, 아니면 '개인정보를 처리하거나 처리하였던 자'에 해당하는지를 세심하게 살펴 어떤 규정이 적용되는지를 정확히 검토하는 것이 개인정보보호법의 취지에 부합된다고 할 것이다.

---

108) 구 개인정보 보호법(2023.3.14. 법률 제19234호로 개정되기 전의 것) 제71조(벌칙) 다음 각 호의 어느 하나에 해당하는 자는 5년 이하의 징역 또는 5천만 원 이하의 벌금에 처한다.
　　1. 제17조 제1항 제2호에 해당하지 아니함에도 같은 항 제1호를 위반하여 정보주체의 동의를 받지 아니하고 개인정보를 제3자에게 제공한 자 및 그 사정을 알고 개인정보를 제공받은 자
　　5. 제59조 제2호를 위반하여 업무상 알게 된 개인정보를 누설하거나 권한 없이 다른 사람이 이용하도록 제공한 자 및 그 사정을 알면서도 영리 또는 부정한 목적으로 개인정보를 제공받은 자
109) 이창범, "개인정보 보호법", 법문사, 2012년, 434-435면.
110) 권창환, "개인정보처리자의 직원으로부터 동의 없는 제공을 받은 행위에 대한 형사처벌 -삼성전자서비스 근로자 사찰사건-", 개인정보 판례백선, 박영사, 2022, 191면.
111) 대법원 2019.6.13. 선고 2019도1143 판결.
112) 권창환, "개인정보처리자의 직원으로부터 동의 없는 제공을 받은 행위에 대한 형사처벌 -삼성전자서비스 근로자 사찰사건-", 개인정보 판례백선, 박영사, 2022, 189면.

제 2 절
다른 법률과의 관계

I. 개인정보에 관한 일반법(기본법)으로서의 개인정보보호법

개인정보의 처리 및 보호에 관하여 다른 법률에 특별한 규정이 있는 경우를 제외하고는 이 법에서 정하는 바에 따라야 한다(법 제6조 제1항).

위 규정은 개인정보보호법이 개인정보에 관한 일반법 내지 기본법임을 선언하는 규정으로 이해할 수 있다. 2011년 법 제정 당시에는 '「정보통신망 이용촉진 및 정보보호 등에 관한 법률」, 「신용정보의 이용 및 보호에 관한 법률」 등 다른 법률'이라고 규정하여 일반법에 대한 특별법의 예시로서 정보통신망법과 신용정보법을 들고 있었다가 2014.3.24. 법 개정으로 예시를 삭제하였는데, 2020년 법 개정으로 정보통신망법상 개인정보에 관한 규정이 개인정보보호법으로 이전·통합되었고,[113] 또 2015.3.11. 개정된 신용정보법에서도 '개인정보의 보호에 관하여 이 법에 특별한 규정이 있는 경우를 제외하고는 「개인정보 보호법」에서 정하는 바에 따른다.'고 규정한 점[114] 등에 비추어 보면, 개인정보보호법이 개인정보에 대한 일반법(기본법)이라는 점은 더욱 선명해졌다고 할 수 있다.

일반법과 특별법이 저촉되면 특별법이 먼저 적용되고, 특별법에 규정이 없는 사항에 대해서는 일반법이 적용된다.[115] 따라서 개인신용정보에 대해서는 신용정보법을 우선 적용하되, 신용정보법에 규정되어 있지 않는 사항은 개인정보보호법을 적용하여야 한다.[116] 예를 들어 신용정보법상 개인신용정보에 대한 규정(신용정보법 제2조 제2호)[117]은 개인정보보호법상 개인정보에

---

113) 박노형, 개인정보보호법(제2판), 박영사, 2023, 134면(2020년 이른바 '데이터 3법' 개정으로 정보통신망법상 개인정보에 관한 규정이 개인정보법으로 이전·통합됨에 따라 개인정보보호법은 온·오프라인 사업자 등 모든 개인정보처리자들이 개인정보 처리의 전 과정에서 일반적으로 이 법을 준수하게 되었다).

114) 신용정보법 제3조의2(다른 법률과의 관계) ① 신용정보의 이용 및 보호에 관하여 다른 법률에 특별한 규정이 있는 경우를 제외하고는 이 법에서 정하는 바에 따른다. ② 개인정보의 보호에 관하여 이 법에 특별한 규정이 있는 경우를 제외하고는 「개인정보 보호법」에서 정하는 바에 따른다.

115) 헌법재판소 2004.9.23. 선고 2004헌가12 결정.

116) 2016년 비식별조치가이드라인, 60면.

117) 신용정보법 제2조 이 법에서 사용하는 용어의 뜻은 다음과 같다
2. "개인신용정보"란 기업 및 법인에 관한 정보를 제외한 살아 있는 개인에 관한 신용정보로서 다음 각 목의 어느 하나에 해당하는 정보를 말한다. 가. 해당 정보의 성명, 주민등록번호 및 영상 등을 통하여 특정 개인을

대한 규정(법 제2조 제1호)의 특별규정으로서 우선 적용되나 개인신용정보는 개인정보보호법상 개인정보에 포함되는 개념이므로 개인정보보호법상 개인정보가 아닌 것은 신용정보법에서도 개인정보가 아닌 것으로 추정된다.[118)119)]

의료법도 신용정보법과 마찬가지로 개인정보와 관련하여서는 개인정보보호법이 일반법이라는 점을 선언하고 있다. 즉 의료법 제21조의2(진료기록의 송부 등) 제9항에서는 '진료기록전송지원시스템의 구축·운영에 관하여 이 법에서 규정된 것을 제외하고는 「개인정보 보호법」에 따른다.'고 규정하고 있다.

그런데 위치정보법 제4조(다른 법률과의 관계)에서는 '위치정보의 수집, 저장, 보호 및 이용 등에 관하여 다른 법률에 특별한 규정이 있는 경우를 제외하고는 이 법에서 정하는 바에 의한다.'고만 규정하고 있고, 위 '다른 법률'에 개인정보보호법도 포함되는 것은 아닌지에 대한 의문이 있을 수 있다. 그러나 개인정보보호법 제4조 제1항에서 개인정보보호법을 일반법으로 선언하고 있다는 점, 같은 특별법적 지위를 가지는 신용정보법의 위와 같은 규정형식 등을 고려할 때 위치정보법 제4조에서의 '다른 법률'에는 개인정보보호법이 포함되지 않는 것으로 해석함이 타당하고, 이를 보다 선명하게 하기 위하여 위치정보법에도 신용정보법 제3조의2 제2항과 같은 규정을 신설하는 것이 바람직하다.[120)]

한편 개인정보보호법은 개인정보에 관한 기본법이자 일반법이라는 점과 법 제6조 제1항의 문언적 의미를 고려할 때, 다른 법률에서 규율하고 있는 사항이 '개인정보의 처리 및 보호에 관한 것'이라면 그 다른 법률에 규정되지 않은 사항일지라도 개인정보보호법의 규정이 적용되는 것이 원칙적인 모습이라 할 것이다.[121)122)] 이와 같이 보는 것이 법 제6조 제2항에서 '개인정보의 처리 및 보호에 관한 다른 법률을 제정하거나 개정하는 경우에는 이 법의 목적과 원칙에 맞도록 하여야 한다'고 규정한 취지에도 부합된다고 할 것이다. 예를 들어 신용정보법에서는 개인정보보호법 제20조(정보주체 이외의 자로부터 수집한 개인정보의 수집 출처 등 통지), 제28조(개인정

알아볼 수 있는 정보 나. 해당 정보만으로는 특정 개인을 알아볼 수 없더라도 다른 정보와 쉽게 결합하여 특정 개인을 알아볼 수 있는 정보.

118) 2016년 비식별조치가이드라인, 60면.

119) 특별법인 신용정보법이 일반법인 개인정보보호법의 일부 규정을 그대로 차용, 즉 중복적으로 규정한 것은 개인정보보호법 제6조 제1항에서 일반법과 특별법의 관계를 정의한 취지에 반한다는 이유로 특별법의 중복된 규정을 삭제하는 것이 바람직하다는 견해가 있다(박노형, 개인정보보호법(제2판), 박영사, 2023, 143면). 예를 들어 신용정보법 제15조(수집 및 처리의 원칙) 제2항 제1호는 개인정보처리자인 신용정보회사등이 개인정보를 수집하는 때의 합법처리근거로서 「「개인정보 보호법」 제15조 제1항 제2호부터 제7호까지의 어느 하나에 해당하는 경우」를 들고 있는데, 이를 삭제하더라도 일반법인 개인정보보호법 제15조 제1항은 특별법인 신용정보법에서 규정하지 않는 사항이므로 그대로 적용되고, 이와 같은 규정형식을 취하는 것이 일반법과 특별법의 취지를 제대로 반영한다는 것이다.

120) 同旨: 박노형, 개인정보보호법(제2판), 박영사, 2023, 141-142면.

121) 2016년 비식별조치가이드라인, 60면.

122) 물론 개인정보보호법의 개별 규정의 입법취지 및 해당 '다른 법률'의 입법취지와 구체적인 사정 등을 고려할 때 그 적용이 배제되는 경우도 있을 수 있다.

보취급자에 대한 감독) 등에 해당하는 내용이 규정되어 있지 않지만, 이러한 규정도 적용되는 것이 원칙일 것이다.[123]

　따라서 개인정보의 처리 및 보호에 관하여 다른 법률에 특별한 규정이 있다고 하여 개인정보보호법 제6조를 이유로 만연히 개인정보보호법의 적용이 배제된다고 단정하여서는 아니 되고, 해당 법률의 입법취지 등을 고려하여 개인정보보호법의 개별 규정이 적용되는지 여부를 주의 깊게 검토하여야 할 것이다.[124]

　또한 개인정보의 처리 및 보호에 관한 다른 법률의 특별한 규정은 개인정보보호법에 상응하는 규정보다 강화된 내용의 규정은 물론 약화된 내용의 규정도 가능할 것이다.[125] 예를 들어 개인정보보호상 정보주체의 동의를 받지 아니하고 개인정보를 제3자에게 제공한 자는 5년 이하의 징역 또는 5천만 원 이하의 벌금에 처하나(법 제71조 제1호), 위치정보법상 개인위치정보주체의 동의를 받지 아니하고 해당 개인위치정보를 제공한 자는 3년 이하의 징역 또는 3천만 원 이하의 벌금에 처하도록 규정하고 있는데, 위치정보법이 특별법이라는 점을 고려하면 약화된 위치정보법상 처벌규정이 적용되어야 할 것이다.[126]

II. 특별법에 대한 지침으로서의 개인정보보호법

　개인정보보호법은 개인정보에 관한 일반법으로서 특별법에 규정이 없는 사항에 대하여 적용되어 법적 흠결을 메우는 기능을 하지만, 특별법의 적용과 제·개정에 대한 지침으로서 기능을 하고 법이 이를 명시적으로 선언하였다는 점은 주목할 만하다. 국가와 지방자치단체는 개인정보의 처리에 관한 법령 또는 조례를 적용할 때에는 정보주체의 권리가 보장될 수 있도록 개인정보 보호 원칙에 맞게 적용하여야 하고(법 제5조 제5항), 개인정보의 처리 및 보호에 관한 다른 법률을 제정하거나 개정하는 경우에는 이 법의 목적과 원칙에 맞도록 하여야 한다(법 제6조 제2항).

　특히 법 제6조 제2항은 2023년 법 개정으로 도입된 규정으로서 다른 법률의 제·개정에 대

---

123) 박노형, 개인정보보호법(제2판), 박영사, 2023, 140-141면.

124) 개인정보보호법 제15조 제1항 제2호, 제17조 제1항 제2호, 제18조 제2항 제2호 등에서도 개인정보의 합법처리근거로 '다른 법률'을 규정하고 있는데, 제6조의 '다른 법률'과는 다른 의미를 가진다고 볼 것이다. 합법처리근거로서의 '다른 법률'은 처리목적, 개인정보처리자, 처리되는 개인정보의 유형, 해당 정보주체, 개인정보가 공개될 수 있는 대상, 처리목적의 제한, 보유기간 등이 특정하고 있는 것을 말하는 반면, 제6조의 '다른 법률'은 '개인정보의 처리 및 보호에 관한 사항'을 규율대상으로 한다는 점에서 차이가 있다. 양자는 개인정보보호법상 적용되는 규정이 달라질 수 있으므로 준별하여야 할 것이다. 예를 들어 합법처리근거인 '다른 법률'로 보는 경우에는 법 제15조 제2항에 따른 고지의무가 적용되는 반면, 법 제6조의 '다른 법률'로 보는 경우에는 위 규정이 적용되지 않는다고 볼 것이다.

125) 박노형, 개인정보보호법(제2판), 박영사, 2023, 137면.

126) 통상 특별법의 처벌규정이 기본법의 처벌규정보다 가중되도록 규정한다는 점과는 상반된 태도인데, 이는 위치정보법의 해당 규정(2005년 제정될 때부터의 법정형이다)이 개인정보보호법의 대응 규정(2011년 제정될 때부터의 법정형이다)보다 먼저 제정된 것에 기인한 것으로 보인다. 이에 대한 정비가 필요하다고 보인다.

한 지침이 되어야 한다는 법적 위상을 선언함으로써 법 제5조 제5항에서 선언한 법의 해석·적용의 지침을 뛰어 넘어 입법의 지침이 되도록 하고 있다.[127] 따라서 입법자는 개인정보에 관한 다른 법률을 제정 내지 개정하는 경우 개인정보보호법 제3조(개인정보 보호 원칙), 제4조(정보주체의 권리), 제5조(국가 등의 책무)를 면밀히 살펴 이에 부합되는 내용으로 입법추진을 할 것이 요구된다. 즉 입법자는 제·개정하는 다른 법률(신용정보법, 위치정보법, 의료법, 교육 관련 법령 등)에서 개인정보보호법상 개인정보, 개인정보처리자, 개인정보주체 등을 규율하는 경우에는 처리목적의 명확화, 최소수집의 원칙 등 개인정보처리자의 처리원칙을 준수하는지(법 제3조), 개인정보를 제공받을 권리, 고지된 동의 원칙, 개인정보 정정·삭제·파기등의 권리 등 정보주체의 권리가 적절히 보장되는지(법 제4조) 등의 관점에서 입법검토를 수행하여야 할 것이다.

나아가 중앙행정기관의 장은 소관 법령의 제정 또는 개정을 통하여 개인정보 처리를 수반하는 정책이나 제도를 도입·변경하는 경우에는 보호위원회에 개인정보 침해요인 평가를 요청하여야 한다(법 제8조의2 제1항). 이는 중앙행정기관의 장으로 하여금 이른바 '개인정보 침해요인 평가 제도'를 시행할 의무를 규정한 조항인데, 법령·제도의 입안단계에서 개인정보 침해 요인을 종합적이고 체계적으로 분석·평가하여 국민의 개인정보를 보호하고, 또 개인정보 관련 법령 또는 조항 간 정합성을 고려하여 법령 간 중복 또는 상충 요인 제거하기 위함이다. 보호위원회는 중앙행정기관의 장으로부터 개인정보 침해요인 평가 요청을 받은 때에는 개인정보 처리의 필요성, 개인정보 주체의 권리보장의 적정성, 개인정보 관리의 안전성, 그 밖에 침해요인 평가에 필요한 사항을 고려하여 해당 법령의 개인정보 침해요인을 분석·검토하여 그 법령의 소관기관의 장에게 그 개선을 위하여 필요한 사항을 권고할 수 있고(법 제8조의2 제2항, 시행령 제9조의3 제2항), 해당 부처가 그 권고사항(개선의견)을 수용하였는지 여부를 확인 및 관리하고 있다.

한편 국가와 지방자치단체는 개인정보의 처리에 관한 법령 또는 조례를 적용할 때에는 정보주체의 권리가 보장될 수 있도록 개인정보 보호 원칙에 맞게 적용하여야 하는데(법 제5조 제5항), 중앙행정기관의 장은 보호위원회가 정한 표준지침[128]에 따라 소관 분야의 개인정보 처리와 관련한 개인정보 보호지침을 정하여 개인정보처리자에게 그 준수를 권장할 수 있다(법 제12조 제2항). 이에 따라 특정산업을 담당하는 중앙행정기관의 장은 개별 산업분야별 특성에 맞도록 해당 분야의 개인정보처리자에 대한 규제와 행정지도가 가능하다.[129]

---

127) 2023년 개정 전 법에서는 다른 법률에 특별한 규정이 있는 경우에는 그 법을 따른다고만 규정하고 있어서 다른 법률에서 개인정보 보호에 관하여 다르게 규정할 경우 개인정보보호법 상의 개인정보 보호 원칙과 저촉되는 문제 발생한다는 지적이 있었고, 이를 해소하기 위하여 위와 같은 규정을 신설하였다. 이를 참조한 법령으로 지능정보화 기본법(제5조 제1항), 건강가정기본법(제6조), 중소기업기본법(제4조의3), 여성폭력방지기본법(제6조), 재난 및 안전관리 기본법(제8조 제1항), 행정기본법(제5조 제2항) 등의 각종 기본법인데, 이 역시 개인정보보호법이 개인정보에 대한 일반법(기본법)임을 뒷받침하는 근거가 된다고 할 것이다.

128) 개인정보보호법 제12조(개인정보 보호지침) ① 보호위원회는 개인정보의 처리에 관한 기준, 개인정보 침해의 유형 및 예방조치 등에 관한 표준 개인정보 보호지침(이하 "표준지침"이라 한다)을 정하여 개인정보처리자에게 그 준수를 권장할 수 있다.

아울러 국가와 지방자치단체는 개인정보의 목적 외 수집, 오용·남용 및 무분별한 감시·추적 등에 따른 폐해를 방지하여 인간의 존엄과 개인의 사생활 보호를 도모하기 위한 시책을 강구하여야 하고, 법 제4조에 따른 정보주체의 권리를 보호하기 위하여 법령의 개선 등 필요한 시책을 마련하여야 하며, 만 14세 미만 아동이 개인정보 처리가 미치는 영향과 정보주체의 권리 등을 명확하게 알 수 있도록 만 14세 미만 아동의 개인정보 보호에 필요한 시책을 마련하여야 하고, 국가와 지방자치단체는 개인정보의 처리에 관한 불합리한 사회적 관행을 개선하기 위하여 개인정보처리자의 자율적인 개인정보 보호활동을 존중하고 촉진·지원하여야 한다(법 제5조).

또한 법은 공공기관의 장이 스스로 처리하는 개인정보에 대하여도 개인정보처리원칙에 대한 준수 및 개인정보파일의 등록·공개를 요구하고 있는데, 이와 같은 제도를 통해 개인정보보호위원회 이외의 다른 공공기관의 소관 법률이 개인정보보호법의 취지에 부합되도록 적용되고 있는지를 규제할 수 있다. 즉 공공기관의 장은 대통령령으로 정하는 기준에 해당하는 개인정보파일의 운용으로 인하여 정보주체의 개인정보 침해가 우려되는 경우에는 그 위험요인의 분석과 개선 사항 도출을 위한 평가(개인정보 영향평가)를 하고 그 결과를 보호위원회에 제출하여야 하고(법 제33조 제1항), 개인정보 영향평가를 하면서 처리하는 개인정보의 수, 개인정보의 제3자 제공 여부, 정보주체의 권리를 해할 가능성 및 그 위험 정도, 그 밖에 대통령령으로 정한 사항을 고려하여야 한다(법 제33조 제3항).

보호위원회는 대통령령으로 정하는 인력·설비 및 그 밖에 필요한 요건을 갖춘 자를 영향평가를 수행하는 기관(평가기관)으로 지정할 수 있으며, 공공기관의 장은 영향평가를 평가기관에 의뢰하여야 하며(법 제33조 제2항), 공공기관의 장으로부터 제출받은 영향평가 결과에 대하여 의견을 제시할 수 있고(법 제33조 제4항), 위 영향평가 결과에 대하여 심의·의결한다(법 제7조의9 제7호). 그리고 공공기관의 장이 개인정보파일을 운용하는 경우에는 국가 안전, 외교상 비밀 등의 경우를 제외하고는 보호위원회에 등록할 의무를 부담한다(법 제32조).

---

129) 박노형, 개인정보보호법(제2판), 박영사, 2023, 143-144면.

제 3 절
적용 제외

I. 서론

1. 적용 제외 규정

법은 동 법이 적용되지 아니하는 경우에 대하여 따로 규정을 두어 정하고 있다. 2011년 제정법에서는 특정 영역이나 특정 목적에 한정하여 법 적용이 일부 제외되는 경우만을 규정하였으나, 2020년 개정법에서는 소위 익명정보에 대하여 이 법이 전체적으로 적용되지 아니한다는 내용의 규정을 신설하였다.

이하에서는 적용의 일부 제외에 관한 규정을 먼저 살펴보고 다음으로 익명정보에 대한 적용제외 규정을 살펴보기로 한다.

2. 외국의 적용 제외 규정

GDPR은 순수하게 사적이거나 가사 목적의 활동(a purely personal or household activity), 공공의 안전, 방어, 국가 안보를 위한 활동, 수사나 형벌 집행 등 형사법 영역의 국가활동, 보도 목적, 문학적·예술적 창작활동이나 표현을 위한 경우에는 GDPR이 배제된다고 설명하고 있다.[130]

일본 개인정보보호법 제76조는 보도 목적의 보도기관, 저술활동 목적의 저술을 업으로 하는 자, 학술연구 목적의 학술연구기관, 종교활동 목적의 종교단체, 정치활동 목적의 정치단체에 대하여는 동법의 적용을 배제하고 있다.

---

130) GDPR Art.2(2), Recital para. 18-20 등.

Ⅱ. 적용의 일부 제외(법 제58조)

1. 개인정보의 처리 목적에 따른 제외(법 제58조 제1항)

1) 적용 일부 제외 규정

법 제58조 제1항은 다음 각 호의 어느 하나에 해당하는 개인정보에 관하여는 제3장부터 제8장까지를 적용하지 아니한다고 규정하면서 구체적으로 (ⅰ) 국가안전보장과 관련된 정보 분석을 목적으로 수집 또는 제공 요청되는 개인정보, (ⅱ) 언론, 종교단체, 정당이 각각 취재, 보도, 선교, 선거 입후보자 추천 등 고유 목적을 달성하기 위하여 수집, 이용하는 개인정보를 나열하고 있다.

2023년 개정전 법은 위 각 항목 이외에도 (a) 공공기관이 처리하는 개인정보 중 통계법에 따라 수집되는 개인정보, (b) 공중위생 등 공공의 안전과 안녕을 위하여 긴급히 필요한 경우로서 일시적으로 처리되는 개인정보에 대하여도 적용제외를 규정하고 있었으나, 법 개정을 통해 위 항목들을 삭제하였다. 본 조항의 개정은 이 법이 적용되는 예외를 축소함으로써 국민의 개인정보를 보다 더 두텁게 보호하고자 한 것이다[131].

통계법 관련 조항의 경우, 통계법 제31조, 제33조 등에서 이미 개인정보의 수집, 이용 등 처리에 관한 구체적인 규정을 두고 있으므로 해당 조항에 따라서 개인정보의 처리에 관하여 적용하면 되고 이 법에서 포괄적인 적용 예외를 인정할 실익이 없다고 보았다.[132] 이 조항은 통계법에 따라 수집되는 정보에만 적용되고 통계법이 적용되지 않는 정보, 예컨대 통계법 제18조 제1항에 따른 통계청장의 승인을 받지 아니한 정보의 제공 등에 대하여는 개정전 법에 따르더라도 법 제58조 제1항의 적용대상에 해당하지 아니한다고 보아 왔었다(개인정보보호위원회 결정 제2017-23-176호).

공중위생 관련 조항은 감염병 예방법 제76조의2 등에서 개인정보 처리에 관한 구체적인 규정을 두고 있으므로 이 법의 적용 예외로 볼 필요가 없다는 고려에서 삭제하였다.[133] 감염병 상황에서 공공의 안녕을 위한 경우에도 보호조치 및 파기 의무 등을 준수하도록 하여 국민의 개인정보를 두텁게 보호하고자 한 것이다. 실제로 코로나19 관련 재난지원금 지급, 감염자 확인 등 급박한 개인정보의 처리가 요구되는 사안에서 매우 광범위한 예외가 인정되었으나 대체로 감염병 예방법 등의 관련 규정에 따라 적법 근거를 충족하는 경우에는 적법 처리로 인정되어 왔었고 동호의 적용을 받아 개인정보보호법이 적용배제되는 것은 일시적이고 예외적인 경

---

131) 조문별 제·개정 이유서 17면 참고.
132) 조문별 제·개정 이유서 17면 참고.
133) 조문별 제·개정 이유서 17면 참고.

우에만 인정되는 것으로 해석되어 왔다.[134] 한편, 2023년 개정법은 공중위생 등 공공의 안전 등을 위하여 긴급히 필요한 경우로서 일시적으로 처리되는 개인정보 항목에 대해서는 법 제15조에 따라 별도의 정보주체의 동의 없이도 처리가 가능하도록 하는 규정을 추가하였다(법 제15조 제1항 제7호).

2) 국가안전보장(제2호)

2023년 개정 전 법을 기준으로 법 제58조 제1항 제1호의 통계법 관련 사항은 '수집', 제2호의 국가안전보장 관련 사항은 '수집 또는 제공 요청', 제3호의 공중위생 관련 사항은 '처리', 제4호의 언론 등 관련 사항은 '수집, 이용'하는 경우로 그 적용 제외 대상이 되는 행위 태양을 각 달리 특정하고 있다.

본호는 국가안보를 목적으로 하는 테러분자의 추적, 간첩 색출, 국가전복 기도 방지, 국가기밀 누출 방지 등 국가안보를 위한 정보, 수사기관들의 정보 수집, 분석 및 관리 업무 등이 요구하는 기밀성을 고려하여 그 적용 제외를 둔 규정으로 이해되고 있다.[135]

본호가 적용되는 행위 태양은 '수집 또는 제공 요청되는' 경우로 한정되는데, 그 범위에 '이용'이 포함되는지 여부가 논란이 되었다. 관련하여 보령시가 영상정보처리기기로부터 수집한 영상정보를 군·경합동상황실 이외에 통합방위법에 따른 통합방위 지원본부 전체에서 이용하고 검색하는 것이 가능한지 여부에 대한 질의한 사안에서, 개인정보보호위원회는 법 제15조 제1항이 '수집'의 요건을 규정함에 있어 '이용'을 전제로 하고 있는 점, 제2호의 목적인 '정보 분석'이 그 자체로 이용에 해당하고 동호가 '제3자 제공'까지 허용하고 있는 점 등을 고려할 때 제2호의 '수집 또는 제공 요청'에는 '이용'이 포함되는 것으로 해석하는 것이 법 전체 체계 및 입법 취지에 부합한다고 의결한다고 하면서 위원회는 "보령시 통합방위 지원본부는 통합방위작전 지원을 위해서 보령시 CCTV 통합관제센터가 관제하는 영상정보처리기기로부터 수집한 영상정보를 이용하고 검색할 수 있으며, 해당 영상정보처리기기를 조작할 수 있다."고 의결하였다.[136]

---

134) 개인정보보호위원회 결정 제2020-105-013호(2020.10.28.)는 성동구가 코로나19 관련 출입통제 등 확산방지를 위하여 AI 안면인식 체온카메라를 설치, 운영하는 것은 법 제58조 제1항 제3호에 해당하지 않는다고 하면서도, 감염법 예방법 제49조 제1항 제7호, 동법 시행령 제32조의3 제2항 제10호에 따라서 불가피한 경우 개인정보의 처리가 가능하다고 의결하였다. 그리고, 개인정보보호위원회 결정 제2021-119-036호(2021.10.13.)은 병원이 코로나19 감염 전파의 차단 등을 위하여 내원객의 해외여행력 정보 조회를 목적으로 출입구에 설치된 키오스크로 내원객 전원의 주민등록번호를 상시적·무제한적으로 처리하는 것은 일시적 처리로 볼 수 없고 법 제58조 제1항 제3호에 해당하지 않는다고 의결한 바 있고, 개인정보보호위원회 결정 제2021-124-049호(2021.12.10.)는 국민건강보험공단이 코로나19의 급격한 확산 방지를 위하여 역학조사 및 병상배분 목적으로 공단의 시스템을 이용하여 시도에 확진자의 관련 정보를 제공하는 것은 법 제58조 제1항 제3호에 해당하지 아니한다고 하면서도, 급격한 확산방지가 불가피한 경우에는 같은 목적으로 의결일로부터 6개월의 기한 내에 제공할 수 있다고 의결한 바 있다.

135) 개인정보보호위원회, 개인정보 법령 및 지침·고시 해설, 2020, 525면.

136) 개인정보보호위원회 결정 제2019-04-044호(2019. 2. 25.) 그런데, 제2호가 제3자 제공까지 허용하고 있는 것으로 해석할 것인지는 의문이 있다. 제2호의 '제공 요청'은 국가안전보장을 위하여 정보분석을 하는 기관이 개인정보

그 외에도 개인정보보호위원회는 지자체가 설치한 CCTV 영상정보를 수도방위사령부가 국가 안전보장과 관련한 정보 분석을 목적으로 영상정보를 요청하는 경우에는 그 제공이 가능하나 이를 군부대가 상시 관제하는 것은 개인정보보호법 위반에 해당한다고 보았고,[137] 통합방위법에 따른 경계태세가 발령되기 이전의 위기상황 대응 상황은 통합방위사태 선포 등 국가안전보장과 직접적으로 관련된 사항이라기 보다는 군사시설에 위협행위를 한 자에 대한 증거 수집 또는 상황을 파악하기 위한 행위에 해당하므로 이를 위하여 법 제58조 제1항 제2호를 근거로 영상정보를 지역책임부대에 제공할 수 없다고 보았다.[138]

그러나, 이와 같이 본 호가 적용되는 것으로 판단한 사례들에서도 입법 체계상 정보주체의 개인정보 보호를 위하여는 군사기밀보호법, 국가정보원법, 통합방위법 등 해당 개별 법에서 적용 제외 규정을 둘 필요가 있는 것이지 개인정보보호법에 의하여 포괄하여 적용제외되는 것으로 규정하고 이 규정이 직접 적용되는 것으로 규정하는 것이 적절한지는 의문이 있다.

3) 언론, 종교단체, 정당(제4호)

본 호는 언론, 종교단체, 정당에 대하여 그 고유목적으로 수집, 이용하는 개인정보에 대하여 이 법의 적용을 제외하고 있다. 그 고유목적에 있어서 언론의 경우, 취재·보도, 종교단체의 경우 선교, 정당의 경우 선거 입후보자의 추천이 고유 목적의 예시로 제시되어 있다.

본 호는 헌법이 정한 언론의 자유, 종교의 자유, 정당 활동에 관한 자유를 보장하기 위한 것이다. 본호의 권리는 개인정보보호법의 제3장부터 제8장까지 매우 넓은 영역에 대한 적용을 배제하는 것이지만 그 배제의 목적이 헌법이 보장하는 기본권의 보장과 밀접한 관련이 있으므로 그 적용 배제에 있어서 반드시 좁고 엄격하게 해석할 것이 아니라 헌법상 보호하고자 하는 자유와 권리에 대한 본질이 침해되지 않도록 이익형량이 이루어질 필요가 있다.

(1) 언론

언론의 범위에 대하여 명시적으로 규정하고 있는 조항은 없다. 다만, 대체로 언론중재 및 피해구제에 관한 법률에서 규정하고 있는 언론의 범위인 방송, 신문, 잡지 등 정기간행물, 뉴스통신 및 인터넷신문을 의미하는 것으로 해석되고 있다. 그중 방송은 방송법 제2조 제3호에 따른 방송사업자, 신문은 「신문 등의 진흥에 관한 법률」 제9조 제1항에 따른 신문과 인터넷신문, 잡지 등 정기간행물은 「잡지 등 정기간행물의 진흥에 관한 법률」 제15조 제1항에 따른 월간잡지 발행자, 뉴스통신은 「뉴스통신 진흥에 관한 법률」 제8조에 따른 뉴스통신사업자와 같은 의미인

를 보유한 개인정보처리자에게 제공 요청하는 경우에 대한 것이지 해당 기관이 제3자 제공을 하는 경우에 대한 것으로 보이지는 아니한다.

137) 개인정보보호위원회 2012. 11. 12.자 의결.

138) 개인정보보호위원회 결정 제2020-10-180호(2020. 5. 25.).

것으로 해석되고, 여기에 「공직선거법」 제8조의5가 규정하고 있는 보도 등의 목적 또는 이와 유사한 언론의 기능을 행하는 인터넷 홈페이지를 운영하는 경우도 해당 언론에 포함되는 것으로 해석되고 있다.

본호와 관련하여 개인정보보호법이 적용 제외되는 범위는 취재·보도를 위한 수집, 이용하는 개인정보에 대한 것이다. 법원은 "보도"를 통하여 개인정보를 공개 내지 제3자 제공하는 행위에 대하여는 개인정보 보호법이 수집, 이용과 제공, 공개를 구별하고 규정하고 있는 점, 개인정보보호법의 취지에 비추어 언론이 취재, 보도를 위하여 개인정보를 이용한다 하더라도 그 이용에 개인정보를 일반 공중에게 보도하는 것이 포함된다고 보기 어렵다는 점 등을 종합하여 해당 적용 규정이 적용되지 않는다고 판단하였다.[139]

해당 규정의 해석에 따르면, 적용 제외되는 처리 주체는 언론에 한정되는 것으로 이해된다. 언론에 제보한 제보자도 적용 제외를 받는지는 명확하지 않다. 제보자는 정당행위 규정에 따라 면책 여부가 판단될 수 있을 것이나, 그에 대하여 공익신고자 보호법 등에서 명시적으로 규정함이 더 타당할 것이다. 한편, 언론기관이 아닌 프리랜서 기자와 작가 등은 적용 제외에 해당하지 아니하여 제9장(보칙), 제10장(벌칙)의 적용을 받게 된다는 점이 부당하므로 이를 입법론적으로 해결하여야 한다는 견해도 있다.[140]

(2) 종교단체

종교단체의 범위 역시 명시적으로 정의되어 있지는 않지만[141], 대체로 감독기관인 문화체육관광부에 등록한 법인인 단체 또는 관할 시·군·구에 종교단체로 등록한 단체 등을 의미하는 것으로 해석되고 있다.[142] 그러나, 그와 같이 '등록'을 기준으로 엄격하게 판단할 것만은 아니고 그 실질을 기준으로 판단하여야 할 것이다. 비영리 단체로 설립된 종교단체뿐만 아니라 종교단체의 재산 관리 등을 목적으로 설립된 재단법인도 사실상 그 활동이 동일하므로 본 조에서의 종교단체에 해당한다고 볼 수 있다.[143]

본 조항은 종교단체가 개인정보를 수집·이용함에 있어서 선교 등를 목적으로 한 경우에 한

---

139) 서울서부지방법원 2015.12.18. 선고 2015고정1144 판결. 인터넷언론의 기자가 취재 활동 중에 알게 된 공소외인의 성명, 지위, 주소 등의 개인정보를 기사에 게재하여 일반인으로 하여금 열람한 행위로 개인정보보호법 제59조 위반으로 기소된 사안이다.

140) 손형섭, "언론의 공익목적 개인정보 사용에 대한 개인정보 보호법 적용제외 연구", 헌법학연구 제29권 제1호, 2023. 3., 234면. 이러한 입법론적 견해에 찬성하나 다만 본 조항의 적용대상인 '언론'의 범위를 해석함에 있어서 굳이 타 법령의 규정에 따라 한정하여 해석할 것인지는 의문이다. 본 항은 취재와 보도가 고유 목적으로 한다는 점이 명시되어 있기 때문이다.

141) 「사회단체신고에 관한 법률」(1997. 3. 7. 폐지)로 전부개정되기 이전의 법인 「사회단체등록에 관한 법률」(1961. 6. 12. 제정)에서는 '종교단체'를 종교의 교의의 선포, 의식의 집행, 신자의 교화육성을 목적으로 하는 것으로서 사회공익에 위배되지 아니하는 단체를 말한다고 규정한 바 있다.

142) 개인정보보호위원회, 개인정보 법령 및 지침·고시 해설, 2020, 527면.

143) 서울중앙지방법원 2021.10.29. 선고 2020노3416 판결.

정된다. 한편, 그 '선교 등'의 목적 범위에는 교단 내부 규율, 교단의 조직 관리, 선교 활동, 선교활동에 부수되는 공익활동, 자원봉사 활동까지 포함된다.[144]

서울중앙지방법원 2021.10.29. 선고 2020노3416 판결(대법원 2022.9.29. 선고 2021도15319 판결로 상고기각, 확정)은 해당 사건에서 피고인들에 의하여 설치된 CCTV가 화재, 도둑, 외부 침입 등 공익 목적으로 설치되었다는 증인의 증언에 따르더라도 이를 종교단체 고유의 목적이라고 볼 수 없고, 특히 반대파 신도들을 감시하기 위하여 설치된 CCTV의 경우 동 호에 따라서 개인정보보호법이 적용 배제되지 않는다고 판단한 바 있다.

(3) 정당

정당은 「정당법」 제2조에서 정하고 있는 것처럼 '국민의 이익을 위하여 책임있는 정치적 주장이나 정책을 추진하고 공직선거의 후보자를 추천 또는 지지함으로써 국민의 정치적 의사형성에 참여함을 목적으로 하는 국민의 자발적 조직'을 의미한다. '정당'의 범위를 정당법 제4조 제1항에 따라서 중앙선거관리위원회에 등록한 단체를 의미한다는 입장도 있으나[145], 그 보호를 위한 실질을 살펴 창당을 준비하는 단계의 창당준비위원회 등의 활동도 이에 포함시키지 못할 바 아니다.

개인정보보호법이 적용 제외되는 정당의 활동은 '선거 입후보자 추천 등' 정당의 고유목적을 위한 행위를 의미한다. 이 역시 법 제58조가 적시하고 있는 선거 입후보자 추천에만 한정할 것은 아니다. 「정당법」에 따른 행위의 주된 내용와 관련하여 「정당법」 제28조의 정당의 당헌의 기재사항 및 제37조의 정당 활동의 자유에 관한 조항에서 정하고 있는 사항을 개인정보보호법 적용 제외를 위한 정당의 고유 목적 판단에 참고할 수 있을 것이다. 그를 참고하면, 적용 제외되는 행위는 정당의 구성에 필요한 행위(정당법 제28조 제2항 제2호), 당원의 입당 · 탈당 · 제명과 권리 및 의무에 관한 행위(동항 제4호), 공직선거후보자 선출에 관한 행위(동항 제8호), 통상적인 정당활동으로 보장되어야 한다고 규정한 행위, 즉 일반적인 정책이나 정치적 현안에 대한 홍보 행위와 동원 모집 행위(호별 방문은 제외) 등을 생각하여 볼 수 있다. 정책연구소의 설치 · 운영 행위(정당법 제38조), 정책선거 활성화를 위한 공익광고(정당법 제39조의2) 등의 행위를 포함할 수 있다.

다만, 정당의 고유목적을 위한 행위라 하더라도 개인정보의 수집 · 이용 행위에 한정되므로 개인정보의 제3자 제공, 공개 등의 행위까지 적용제외되는 것은 아니다.

---

144) 개인정보보호위원회, 개인정보 법령 및 지침 · 고시 해설, 2020, 527-528면. 한편, 위 해설서 526면은 선교 이외의 목적, 예컨대 종교단체의 사회복지사업에 대해서는 본 조항의 적용 대상이 되지 아니한다고 설명하고 있어 위 내용과 비교하여 볼 때 그 기준이 명확하지 않다. 그러나, 선교 자체가 아닌 선교에 부수되는 공익활동, 자원봉사 활동 과정에서 개인정보를 수집, 이용하는 경우까지 본 조의 적용제외 대상에 해당한다고 보는 것은 지나친 확장 해석으로 보인다.

145) 개인정보보호위원회, 개인정보 법령 및 지침 · 고시 해설, 2020, 528면.

또한, 정당의 행위 중 선거와 관련한 행위에 있어서는 「공직선거법」이 적용된다. 예컨대, 당내경선 등을 위한 휴대전화 가상번호의 제공과 관련하여, 「공직선거법」 제57조의8은 정당이 선거관리위원회를 경유하여 이동통신사업자에게 이용자의 이동전화번호를 노출되지 않도록 생성한 휴대전화 가상번호 제공을 요청할 수 있고, 그 요청을 받은 이동통신사업자는 선거관리위원회를 경유하여 이를 정당에 제공할 수 있도록 정하고 있다. 이는 정당의 고유목적을 위한 행위이기는 하나 「공직선거법」이 적용될 것이다. 정당이 당원을 모집하는 행위 역시 정당의 고유목적과 관련되어 개인정보보호법이 적용 제외되는 행위라 할 것이다. 한편, 선거와 관련한 개인정보 행위는 개인정보보호법 위반의 이슈가 자주 제기되는데, 예컨대 대법원 2023도2933 판결은 국회의원이었던 피고인이 국회의원 선거의 경선 선거운동을 위한 문자메시지 발송에 활용하기 위하여 권한 없이 자원봉사센터 자원봉사자들의 개인정보가 담긴 명단을 제공받은 행위에 대하여 개인정보보호법 위반을 인정한 바 있다.[146]

4) 적용제외에도 불구하고 적용되는 규정

법 제58조 제1항에 해당하는 개인정보에 대하여는 법 제3장부터 제8장까지 적용이 제외된다. 모든 규정이 제외되는 것은 아니고, 여전히 제1장(총칙), 제2장(개인정보 보호정책의 수립 등), 제9장(보칙), 제10장(벌칙) 규정은 적용된다.

법 제1장은 여전히 적용되는데, 제1장은 제3조에서 개인정보 보호의 원칙을, 제4조에서 정보주체의 권리에 관하여 규정하고 있다.[147] 제9장의 실태조사에 관한 규정 및 과징금 부과 규정, 제10장의 벌칙, 과태료에 대한 규정도 적용되나, 제3장에서 제7장까지의 의무 규정들이 적용되지 않으므로 그 범위에서 실태조사, 벌칙, 과태료 규정은 적용되지 아니한다.

법 제58조 제1항은 적용 제외되는 대상뿐만 아니라 적용되지 않는 규정들에 대해서도 나열하고 있어서, 그 이외의 규정들은 해석상 적용될 수 없는 경우가 아닌 한 여전히 적용된다고 볼 것이다. 법 제58조 제4항은 개인정보처리가 제1항 각호에 따라 개인정보를 처리하는 경우에도 그 목적을 위하여 필요한 범위에서 최소한의 기간에 최소한의 개인정보만을 처리하여야 하며, 개인정보의 안전한 관리를 위하여 필요한 기술적·관리적 및 물리적 보호조치, 개인정보의 처리에 관한 고충처리, 그 밖에 개인정보의 적절한 처리를 위하여 필요한 조치를 마련하여야 한다고 규정하고 있다.

그런데, 법 제58조 제1항에서 제3장부터 제8장까지를 적용하지 아니한다고 하고 있으므로 예컨대 제4장 제29조(안전조치의무), 제5장 제35조(개인정보의 열람) 등의 규정은 적용되지 아니한다. 그럼에도 불구하고 동조 제4항에서 안전한 관리를 위한 조치, 고충처리 등을 위한 필요한

---

146) 대법원 2023.6.1. 선고 2023도2933 판결.
147) 해당 부분에서 따로 설명될 것이나, 제3조, 제4조를 구체적인 권리를 형성하는 조항이라고 보기는 어려울 것이다.

조치를 마련하여야 한다고 규정하고 있는데, 이는 적용 배제 규정에도 불구하고 그러한 조치를 마련할 주의적 의무를 둔 것으로 봄이 타당하다.

2. 개인영상정보에 대한 적용 제외(법 제58조 제2항)

1) 개인영상정보에 대한 적용 제외

법 제25조에 따라 공개된 장소에 고정형 영상정보처리기기를 설치, 운영하여 처리되는 개인정보에 대해서는 법 제15조, 제22조, 제22조의2, 제27조 제1항, 제2항, 제34조, 제37조가 적용되지 아니한다.

고정형 영상정보처리기기에 대하여 적용 제외를 정한 것이어서 2023년 법 개정에 의하여 신설된 이동형 영상정보처리기기에 대하여는 법 제58조 제2항은 적용되지 아니하고 따라서 법 제15조 등이 여전히 적용된다.

2) 적용 제외 대상

2020년 법에서는 고정형 영상정보처리기기에 대하여 법 제15조, 제22조, 제27조 제1항, 제2항, 제34조, 제37조를 적용 제외하였다. 2023년 법은 법 제22조의2가 적용되지 아니함을 추가하였는데, 법 제22조의2는 아동의 개인정보에 관한 규정인 2020년 법의 제22조 제6항, 제39조의3 제4항, 제5항을 모아 신설한 것으로 기존에도 법 제22조는 적용 배제되었기에 새롭게 적용 제외 조항이 추가된 것은 아니다.

적용제외 대상에 법 제17조(개인정보의 제공), 제18조(개인정보의 목적 외 이용·제공 제한), 제29조(안전조치의무) 조항은 포함되지 아니한다. 따라서, 고정형 영상정보처리장치를 통하여 법 제25조에 따라 수집한 개인정보를 제3자 제공하는 경우 그에 대하여 법 제17조 등에 따른 법적 근거를 갖추어야 한다.

고정형 영상정보처리장치를 통하여 수집하는 개인정보의 처리를 위탁하는 경우에도 법 제26조의 업무위탁에 따른 개인정보 처리의 제한 규정이 적용된다.

3. 사적 친목 도모와 관련한 적용 제외(법 제58조 제3항)

1) 규정 및 입법취지

개인정보처리자가 동창회, 동호회 등 친목 도모를 위한 단체 운영을 위하여 개인정보를 처리하는 경우에는 법 제15조, 제30조, 제31조를 적용하지 아니한다. 2011년 법 제정 시부터 마련된 조항이다. 친목 도모를 위한 단체의 경우에는 업무적 성격보다는 사적 모임의 성격이 강하기 때문에 이 법의 일부 적용을 배제한 것이다.[148]

2) 친목 도모를 위한 단체의 의미

동창회, 동호회는 친목 단체의 예시이므로 여기에 한정하여 해석할 필요는 없다. 친목 단체의 성격은 구성원의 사적인 목적이 주가 되는 것이고 영리 목적이 주된 것으로 될 수 없을 것이다. 친목, 취미를 표방하더라도 실질이 상품 판매, 공동구매, 수강생 모집, 광고 수주 등 구성원 전부 또는 일부의 영리적인 목적이 있는 경우라면 본 항에 해당한다고 보기 어렵다.[149] 친목 단체에 해당한다면 오프라인 모임에 한정할 것은 아니며 온라인 모임이라도 본조의 적용 대상이 될 수 있다.

3) 적용 배제 대상이 되는 행위

해당 조항은 개인정보를 '처리'하는 경우를 전제로 한다. 즉, 동조 제1항에서 국가안전보장을 위하여 '수집 또는 제공 요청되는' 경우로 한정하거나 언론 등에서 수집·이용하는 행위로 한정하고 있는 것과는 달리 '처리' 행위를 전제로 적용된다.

적용 배제되는 조항은 법 제15조(개인정보의 수집·이용), 제30조(개인정보 처리방침의 수립), 제31조(개인정보 보호책임자의 지정)이다. 법 제17조, 제18조는 적용제외 대상이 아니므로 제3자 제공이나 공개와 관련하여 동의 등 법 제17조, 제18에 따른 법적 근거를 갖추어야 한다. 법 제29조에 의한 안전조치 의무도 적용됨이 원칙이다. 따라서, 업무를 목적으로 개인정보 파일을 운용하기 위하여 개인정보를 처리하는 경우에는 법 제58조 제3항의 적용대상이 되는 친목 단체라 하더라도 안전성 확보조치 기준을 따라야 한다.

III. 적용의 전부 제외(법 제58조의2)

1. 개인을 알아볼 수 없는 정보에 대한 개인정보보호법의 적용 배제

시간·비용·기술 등을 합리적으로 고려할 때 다른 정보를 사용하여도 더 이상 개인을 알아볼 수 없는 정보에는 개인정보 보호법 전체가 적용되지 아니한다. 개인정보보호법은 개인정보의 처리에 대하여 규율하는 것이므로 개인정보에 해당하지 않는 경우에는 개인정보보호법이 적용되지 아니함을 주의적으로 규정한 것으로 볼 수 있다. 시간·비용·기술 등을 합리적으로

---

148) 개인정보보호위원회, 개인정보 법령 및 지침·고시 해설, 2020, 528면.
149) 개인정보보호위원회, 개인정보 법령 및 지침·고시 해설, 2020, 530면.

고려할 때 다른 정보를 사용하여도 더 이상 개인을 알아볼 수 없는 정보는 소위 익명정보라고 지칭되고 있다.[150]

본 조는 2020년 개정법에서 신설된 것이다. 익명정보는 그 정의상 개인정보에 해당하지 아니하므로 개인정보 보호법이 적용되지 않는 것이 개념 자체로 당연한 것으로 볼 수도 있다. 그럼에도 불구하고 해당 조항을 둔 이유는 식별가능성이 없는 익명정보에 대하여 개인정보보호법이 적용되는지 여부가 논란이 있어 왔기에 이 부분을 명확하게 하기 위하여 규정한 것이다.

그리고 2020년 개정법은 가명정보에 관한 개념을 새롭게 도입하여 가명정보가 개인정보에 포함된다는 점도 명문화되었다. 이처럼 본 조항은 새롭게 도입된 가명정보의 개념과 익명정보의 개념을 좀 더 명확하게 하는 측면에서도 의미가 있다.

한편, 표준 개인정보 보호지침 제4조 제7항은 개인정보처리자는 개인정보를 적법하게 수집한 경우에도 익명에 의하여 업무 목적을 달성할 수 있으면 개인정보를 익명에 의하여 처리될 수 있도록 하여야 한다고 규정하고 있다.

2. 익명정보의 의미

법 제2조 제1호 나.목은 개인정보에 해당하는 경우로서 "해당 정보만으로는 특정 개인을 알아볼 수 없더라도 다른 정보와 쉽게 결합하여 알아볼 수 있는 정보. 이 경우 쉽게 결합할 수 있는지 여부는 다른 정보의 입수 가능성 등 개인을 알아보는 데 소요되는 시간·비용·기술 등을 합리적으로 고려하여야 한다."라고 규정하고 있다. 즉, 그 자체로 개인을 식별할 수 없더라도 다른 정보와 쉽게 결합 가능한 경우에는 개인정보에 해당하고 따라서 익명정보에 해당하지 않게 되는데, 여기서 '다른 정보와 쉽게 결합 가능한지 여부'의 판단은 다른 개인을 알아보기 위하여 필요한 시간, 비용, 기술 등을 '합리적'으로 고려하여 정하여야 한다는 의미이다. 예컨대, 회원 관리 시스템에서 회원을 관리하기 위하여 임의로 생성한 회원 번호의 경우, 만약 관련 정보가 모두 파기되어 연계생성된 회원번호가 더 이상 누구의 개인정보인지 알아볼 수 없다면 이는 익명정보에 해당한다.[151]

2020년 법이 익명정보의 개념을 도입하면서 구법 제18조 제2항 제4호의 목적외 이용이나 제3자 제공이 가능한 경우(통계작성 및 학술연구 등의 목적을 위하여 필요한 경우로서 특정 개인을 알아볼 수 없는 형태로 개인정보를 제공하는 경우)의 예외 규정을 삭제하였다. 이 규정의 삭제 역시 '특정 개인을 알아볼 수 없는 형태'에 해당하는 경우에는 익명정보에 해당하여 개인정보 보호법이 적용 제외될 수 있다는 점을 고려한 것으로 이해되고 있다.

---

150) 법은 '익명정보'라는 용어를 법문에서 사용하고 있지는 않다.
151) 개인정보보호위원회, 사례중심 개인정보 보호법령 해석 실무교재, 2021, 93면.

관련하여, 익명정보에 해당하기 위해서는 개인정보처리자 또는 제3자가 '합리적으로 예상하는 모든 수단'을 동원해도 더 이상 자연인의 식별에 사용될 수 없도록 처리된 정보여야 하며, 모든 예상되는 합리적 수단을 사용해도 정보주체가 식별되지 않아야 한다고 설명하는 견해[152]도 있으나 이러한 해석은 익명정보의 범위가 지나치게 축소되어 '증권통 사건'(서울중앙지방법원 2011.2.23. 선고 2010고단5343 판결)에서와 같이 사회통념에 부합하지 않는 해석으로 귀결될 가능성이 있다.

3. 외국의 사례

GDPR은 개인정보보호원칙은 식별되었거나 또는 식별될 수 있는 개인과 관련되지 않는 정보 또는 그러한 방식으로 익명처리되어 더 이상 식별될 수 없는 정보주체에는 적용되지 않고, 통계 또는 연구 목적을 포함하여 익명정보(anonymous information)의 처리에는 GDPR이 적용되지 않는다고 설명하고 있다.[153]

일본 개인정보보호법은 익명정보에 대하여 별도의 규정을 두지 않고 대신 '익명가공정보'라는 개념을 도입하였다. 익명가공정보는 개인정보에 포함되는 기술 등의 일부를 삭제하거나 개인식별부호의 전부를 삭제하는 방식 등의 조치를 취하여 특정 개인을 식별할 수 없도록 개인정보를 가공하여 얻어지는 개인에 관한 정보로서 당해 개인정보를 복원할 수 없는 것을 말한다고 규정하고 있다(일본 개인정보보호법 제2조 제9항).

4. 익명정보와 가명정보의 구분

익명정보는 개인정보보호법이 적용배제되지만, 가명정보는 개인정보보호법이 여전히 적용된다. 2020년 개정법은 가명정보의 개념[154]을 도입하면서 가명정보와 익명정보의 개념을 명확히 구분하였다.

가명정보는 개인정보를 가명처리한 것으로서 원래의 상태, 즉 특정 개인을 식별할 수 있는 상태로 복원하기 위해서는 추가 정보의 사용·결합이 필요한 정보를 의미한다. 즉, 가명정보는

---

152) 개인정보보호위원회, 사례중심 개인정보 보호법령 해석 실무교재, 2021, 15면. 그러나 이러한 해석은 지나치게 보수적인 것으로 보인다. 먼저 익명정보 여부를 판단하기 위하여 모든 '제3자'에게 식별될 수 없다고 볼 것은 아니다. 아래 소위 검체 판결에서 보듯이 해당 정보에 대하여 합리적인 범위에서 접근가능한 경우만을 판단의 기준이 되는 제3자의 범위에 포함하여야 함이 타당하다. 다음으로, '모든 예상되는 합리적 수단'이라는 기준 역시 해석에 따라서는 '모든 예상 가능한 수단'이라는 의미로 지나치게 넓게 해석될 가능성이 있다. 위 해석의 의미를 그와 같이 넓게 새길 것은 아니라 할 것이다.

153) GDPR Recital para. 26.

154) 가목 또는 나목을 제1호의2에 따라 가명처리함으로써 원래의 상태로 복원하기 위한 추가 정보의 사용·결합 없이는 특정 개인을 알아볼 수 없는 정보(법 제2조 제1호 다목)

추가 정보를 사용·결합한 경우 특정 개인을 식별할 수 있는 것을 의미함에 비하여, 익명정보는 추가 정보를 사용·결합하더라도 특정 개인을 식별할 수 없는 경우를 의미한다. 한편, 가명처리한 정보와 관련한 추가정보를 삭제하여 가명정보 그 자체만으로 개인을 알아 볼 수 없는 정보라고 하더라도 익명정보에 해당하는지 여부는 다른 정보의 결합 가능성을 고려하여 별도로 판단하여야 한다.

5. 타법의 유사한 개념들과의 비교

1) 신용정보법

신용정보법 제2조 제17호는 '익명처리'에 대하여 더 이상 특정 개인인 신용정보주체를 알아 볼 수 없도록 개인신용정보를 처리하는 것을 말한다고 규정하고 있다. 본 조항은 추가 정보의 존재 여부 등에 대하여 별도로 규정하고 있지 아니하나 가명처리 및 가명정보에 대하여 별도로 규정하고 있는 점을 고려할 때 가명정보와 구별되는 개념으로 볼 것이다.

신용정보법상 익명처리된 정보는 개인신용정보에 해당하지 않는 것으로 볼 것이지만, 그렇다고 하여 익명처리된 정보의 처리 행위에 대하여 신용정보법이 전적으로 배제되는 것은 아니면, 익명처리한 정보의 이용이나 제공 업무를 신용정보 회사 등의 부수 업무의 영역에 포함하고(신용정보법 제11조의2), 금융위원회에 의하여 지정되는 데이터전문기관이 익명처리 업무를 전문적으로 수행할 수 있도록 하며(신용정보법 제26조의4), 신용정보회사 등이 익명처리를 수행할 경우의 행위규칙에 대하여도 별도로 규정하고 있다(신용정보법 제40조의2).

2) 「생명윤리 및 안전에 관한 법률」('생명윤리법')

생명윤리법은 익명화란 개인식별정보를 영구적으로 삭제하거나, 개인식별정보의 전부 또는 일부를 해당 기관의 고유식별기호를 대체하는 것을 말한다고 하면서(생명윤리법 제2조 제19호), 인간대상연구자가 개인정보를 제3자에게 제공하는 경우에는 연구대상자가 개인식별정보를 포함하는 것에 동의한 경우 이외에는 익명화하여야 한다고 규정하고 있다(생명윤리법 제18조). 인체유래물의 제공(생명윤리법 제38조 제2항), 의료기관이 잔여검체를 인체유래물은행에 제공하는 경우의 익명화 의무(생명윤리법 제42조의2 제6항) 등을 규정하고 있다. 다만, 생명윤리법의 익명화는 추가 정보를 이용한 개인의 재식별 가능성을 완전히 배제하고 있지 아니한바, 익명정보와 가명정보를 모두 포함하는 개념으로 볼 수 있다.

3) 「자율주행자동차 상용화 촉진 및 지원에 관한 법률」('자율주행자동차법')

자율주행자동차법은 제20조에서 '익명처리된 개인정보 등의 활용에 대한 다른 법령의 배제'라는 제하에 자율주행자동차를 운행하는 과정에서 수집한 개인정보, 개인위치정보의 전부 또는 일부를 삭제하거나 대체하여 다른 정보와 결합하는 경우에도 더 이상 특정 개인을 알아볼 수 없도록 익명처리하여 정보를 활용하는 경우에는 개인정보보호법 등의 적용을 받지 아니한다고 규정하고 있다.

이 조항은 생명윤리법과 달리 다른 정보와 결합하는 경우에도 특정 개인을 알아볼 수 없는 경우를 '익명처리'한 경우로 보고 있는데, 이는 가명정보보다는 익명정보의 개념에 좀 더 가깝다고 할 것이다.

한편 위 조항은 개인정보보호법과 달리 다른 정보와의 결합가능성이나 결합에 따른 개인의 식별 가능성에 있어서 '시간, 비용, 기술 등을 합리적으로 고려'하여야 한다는 문구가 없어 이러한 제약 조건을 고려하지 아니하고 추상적, 객관적으로 식별 가능성 등을 검토하여야 한다는 주장이 있을 수 있으나, 개인정보 보호법이 규정하고 있는 위와 같은 제한은 자율주행자동차법 제20조의 적용 여부를 판단함에 있어서도 여전히 고려되어야 할 것이다.

4) 「스마트도시 조성 및 산업진흥 등에 관한 법률」('스마트도시법')

스마트도시법 제37조는 '익명처리된 개인정보의 활용에 대한 다른 법령의 배제'라는 제하에 국가시범도시 관계 중앙행정기관의 장 등은 수집된 개인정보의 전부 또는 일부를 삭제하거나 대체하여 다른 정보와 결합하는 경우에도 더 이상 특정 개인을 알아볼 수 없도록 익명처리하여 정보를 활용하는 경우에는 개인정보보호법 등의 적용을 받지 아니한다고 규정하고 있다. 본 규정의 '익명처리'의 의미에 대하여는 자율주행자동차법과 유사하게 해석될 것이다.

6. 익명정보와 관련하여 판단한 사례

1) 진단키트 사건[155]

피고인들은 수령인에게 진단키트 개발을 위하여 수령자가 요청한 대상에 해당하는 검체를 선별하여 그중 검체용기에 부착된 라벨 스티커 중 '환자이름, 등록번호, 성별, 나이, 병동' 부분을 네임 펜으로 덧칠하거나 제거하고, 나머지 '검체번호, 채혈시간, 검사항목, 검사결과, 수치, 바코드' 부분을 남긴 채 해당 정보가 표시되고 혈액 검체가 든 검체용기를 무단으로 반출하였다는 혐의로 개인정보 유출로 인한 개인정보보호법 위반 등의 혐의로 기소되었다.

---

155) 수원지방법원 성남지원 2017.9.15. 선고 2017고단1438 판결.

이에 대하여 법원은, 피고인이 반출한 혈액 검체용기에 남아 있던 '검체번호, 채혈시간, 검사항목, 검사결과 수치, 바코드' 부분만으로는 곧바로 해당 환자를 알아볼 수 있는 개인정보에 해당한다고 보기 어려운 점, 검체번호 등을 통하여 해당 환자의 구체적인 인적사항 등을 확인하기 위해서는 K병원에서 운영되고 있는 시스템을 이용하여야 하는데, 이 시스템은 전문의들만 접속할 수 있고 만약 피고인들이 이 시스템에 접근할 권한이 있다는 이유만으로 검체번호 등이 개인정보에 해당한다고 본다면 피고인 등이 혈액 검체와 관련된 어떠한 자료를 제공하더라도 무조건 개인정보를 유출한 것이 되는데 이는 부당한 점, 실제로 수령자의 입장에서 해당 환자의 이름, 나이, 성별 등은 전혀 필요치 않고 수령자가 피고인들에게 환자의 인적사항 등에 관한 자료를 요청한 적도 없으며 피고인들을 통하여 해당 시스템에 접속한 점도 없는 점, 피고인들이 반출하였던 혈액 검체용기에는 당초 '환자 이름, 등록번호, 성별, 나이, 병동'도 표시되어 있었던 점 등에 비추어 보면 피고인들에게 개인정보 유출의 범의가 있었다고 보기도 어렵다고 하면서 개인정보보호법 위반의 공소사실은 범죄의 증명에 없는 경우에 해당한다고 하면서 무죄를 선고하였다.

2) 약학정보원 사건[156]

약국이 보관하고 있던 환자에 대한 처방전 정보를 보험처리 등을 위하여 수집하여 보관하고 있으면서 이 정보를 통계 목적으로 제3자에게 제공한 사안이다. 이 사안은 민사 사건과 형사 사건으로 각 진행되었는데, 민사 사건에 있어서 서울고등법원은 암호화된 정보라도 쉽게 복호화할 수 있다면 개인정보에 해당한다고 판단하였다(다만 환자의 정신적 손해가 인정되지 아니한다는 이유로 손해배상 청구는 받아들이지 아니하였다). 그에 비하여 형사 사건 법원에서는 개인정보는 구분 가능성이나 선별 가능성만으로는 부족하고 식별가능성이 있어야 하는데 이러한 사실 관계에 대하여 개인정보보호법 위반 여부가 충분히 입증이 되지 못하였다고 보았다.

---

156) 서울고등법원 2019.5.3. 선고 2017나2074963 판결 및 서울고등법원 2021.12.23. 선고 2020노628 판결. 2023. 10. 22. 현재 각 상고심 계속 중.

제 4 절
역외적용

Ⅰ. 역외적용에 관한 일반론

역외적용은 자국의 영역 외에 소재하는 외국인 및 물건 또는 행하여지는 행위에 대하여 자국 법령을 적용하는 것으로, 국내법을 자국의 주권이 미치는 영역 밖으로 확장하여 적용하는 것이다.[157] 외국 기업이 외국에서 한 행위의 효과나 영향이 국내 또는 국내 시장에 미쳐 그에 대해 국내법을 적용할 실질적인 필요성이 있음에도 외국 기업이 외국에서 행위를 하였다는 이유로 국내법을 적용할 수 없게 된다면 입법 목적을 달성할 수 없게 된다는 논의에서 출발한 것이다.[158] 이처럼 자국의 법을 외국인이나 외국 기업에 적용하고자 하는 것은 전통적인 법령의 효력 범위에 대한 수정을 의미하는 것으로 주로 공법 영역에서 문제가 된다.[159]

역외적용의 문제는 국내에서 사업체를 두지 아니한 채 해외에서 서비스를 제공하는 사업자가 국내 정보주체의 개인정보를 직접 수집하는 등 이를 처리하고 있는 경우가 증가함에 따라 논란이 되는 경우가 증가하고 있다.

구체적으로 국내법의 역외적 적용은 외국인이 외국에서 행한 행위에 대하여 국내법을 적용하는 것으로 의미하는데 자국의 관할권이 미치지 않는 장소, 사람, 사물에 대하여 국가의 관할권을 확대하는 것이므로 역외관할권이라고 지칭하고, 이 역외관할권은 국가가 입법부의 입법행위, 행정부의 명령·규칙 내지 법원의 판결을 통하여 법규범을 선언하는 것을 의미하는 입법관할권과 법률·명령 등 입법 결과물에 대한 위반행위에 대하여 강제적인 방법으로 행정기관이 제재를 가할 수 있는 행정관할권과 법원이 사법절차에 당사자가 따르게 하는 사법관할권을 포함하는 집행관할권으로 크게 나뉜다.[160]

입법관할권에 있어서 영토, 국민, 주권 중 어느 하나와의 관련성이 그 역외적용의 이론적 기초가 되는데, 행위자가 누구인지 여부에 관계없이 영토 내에 존재하는 사람이나 물건에 대하여

---

157) 이상돈, 국제거래법, 중앙대학교 출판부, 1992, 77-78면; 방송통신위원회, "행정규제 위반 해외사업자에 대한 집행력 확보방안 연구", 방송융합정책연구 KCC-2017-19, 2017, 9면 등.
158) 석광현, "클라우드 컴퓨팅의 규제 및 관할권과 준거법", Law & Technology, 제7권 제5호, 2011, 23면.
159) 최승필, "경쟁법의 역외적용에 대한 법적 검토", 외법논집, 제33권 제1호, 2009, 208면.
160) 최승필, "경쟁법의 역외적용에 대한 법적 검토", 외법논집, 제33권 제1호, 2009, 210면.

관할권을 행사하는 원칙을 '속지주의' 원칙으로 지칭하고 자국민에 대하여는 어디 있는지 여부와 상관없이 관할권을 행사할 수 있는 원칙을 '속인주의' 원칙으로 지칭한다. 한편, 속지주의와 속인주의의 대안 내지 절충적 견해로 행위의 직접적인 결과가 아니라 하더라도 행위로 인하여 발생한 효과가 미치는 곳의 관할을 인정하고자 하는 것을 '효과주의' 원칙이라고 한다.

효과주의는 미국에서 독점금지법을 역외적용하는 과정에서 정립된 이론으로 외국에서 외국인의 행위가 자국에 중요한 효과를 미치는 경우에는 자국의 법이 적용된다는 이론이다. 이와 관련하여, 공정거래법의 역외적용에 대하여 대법원 2006.3.24. 선고 2004두11275 판결(소위 '흑연전극봉 담합 사건')은 공정거래법 제1조에서 정한 입법 목적, 동법 제2조에서 사업자 범위를 내국 사업자로 한정하고 있지 않은 점, 외국사업자가 외국에서 부당한 공동행위를 함으로 인한 영향이 국내 시장에 미치는 경우에도 공정거래법의 목적을 달성하기 위하여 이를 공정거래법의 적용대상으로 삼을 필요성이 있는 점 등을 고려하면, 외국사업자가 외국에서 다른 사업자와 공동으로 경쟁을 제한하는 합의를 하였더라도, 그 합의의 대상에 국내 시장이 포함되어 있어서 그로 인한 영향이 국내 시장에 미쳤다면 그 합의가 국내 시장에 영향을 미친 한도 내에서 공정거래법이 적용된다고 할 것이라고 판단하면서 효과주의에 기초한 공정거래법의 역외적용을 인정하였다. 그 후 대법원 2014.12.24. 선고 2012두6216 판결 등에서는 '국내 시장에 영향을 미치는 경우'의 의미에 대하여 구체적으로 판단한 바 있는데, '국내 시장에 영향을 미치는 경우'는 문제된 국외행위로 인하여 국내 시장에 직접적이고 상당하며 합리적으로 영향을 미치는 경우로 해석하여야 하고 그 해당 여부는 문제된 행위의 내용·의도, 행위의 대상인 재화 또는 용역의 특성, 거래 구조 및 그로 인하여 국내시장에 미치는 영향의 내용과 정도 등을 종합적으로 고려하여 구체적·개별적으로 판단하여야 한다고 하였다.

II. 역외적용과 관련한 타법의 규정들

1. 국내 타법 규정들

공정거래법은 2004년 제2조의2(국외행위에 대한 적용) 규정을 신설하여 이 법은 국외에서 이루어진 행위라도 국내시장에 영향을 미치는 경우에는 적용한다고 하였다.[161] 「자본시장과 금융투자업에 관한 법률」('자본시장법')도 2009년 제정 당시부터 제2조(국외행위에 대한 적용)에서 이 법은 국외에서 이루어진 행위로서 그 효과가 국내에 미치는 경우에도 적용한다고 규정하였다.

그리고, 전기통신사업법은 2018년 법 개정을 통하여 제2조의2(국외행위에 대한 적용)에 이 법은 국외에서 이루어진 행위라도 국내 시장 또는 이용자에게 영향을 미치는 경우에는 적용한다

---

161) 2020년 전부개정을 통하여 해당 조항은 제3조로 조문 변경되었고 자구도 일부 수정되었으나 그 취지는 동일하다.

고 규정하였고, 「정보통신망 이용촉진 및 정보보호 등에 관한 법률」('정보통신망법')도 2020년 법개정을 통하여 제5조의2(국외행위에 대한 적용) 규정을 신설하여 이 법은 국외에서 이루어진 행위라도 국내 시장 또는 이용자에게 영향을 미치는 경우에는 적용한다고 규정하였다.

2. 해외의 사례

GDPR Art.3은 영토적 범위에 대하여 규정하면서, EU 역내의 컨트롤러 또는 프로세서의 사업자의 활동에서 수집되는 개인정보의 처리에 대하여는 해당 처리가 EU 역외에 이루어지더라도 GDPR이 적용된다고 하고(Art.3(1))[162], EU 역내에서 설립되지 않은 컨트롤러 내지 프로세서[163]가 EU 역내에서 거주하는 정보주체의 개인정보를 처리할 경우에도 그 컨트롤러 등이 ① 정보주체가 지불을 하는지 여부와 무관하게 EU 역내의 정보주체에게 재화와 용역을 제공하는 경우 또는 ② EU 역내에서 발생하는 정보주체의 행태를 모니터링하는 경우에 적용된다고 규정하고 있다(Art.3(2)).

미국의 경우 캘리포니아 주법인 CCPA의 경우 역외 사업자에 대한 적용에 대해서 명확한 규정을 두고 있지는 아니하나, 캘리포니아에 있는 소비자의 개인정보를 처리하는 역외의 사업자에게도 적용되는 것으로 해석하고 있다. 그에 따라 캘리포니아 소비자가 캘리포니아에 있는 동안 캘리포니아 외부의 식당을 예약하고 그 식당의 운영자가 개인정보를 처리한 경우 이 역시 CCPA 적용 대상이 될 수 있다.[164] 한편, 미국의 CLOUD Act[165]는 미국의 통신서비스제공자들

---

162) 개인정보가 처리되는 정보주체의 위치 또는 국적과 무관하게, EDPB(European Data Protection Board)는 EU 역내의 컨트롤러 또는 프로세서의 사업장 활동에서 개인정보의 처리는 GDPR의 범위에 포함된다. EDPB, Guidelines 3/2018 on the territorial scope of the GDPR (Article 3) Verion 2.1, 07 January 2020, 10면. 예컨대, 프랑스 회사가 차량 공유 앱을 EU 역외인 모로코, 알제리, 튀니지의 고객만을 대상으로 하더라도 프랑스에 소재한 컨트롤러에 의하여 개인정보 처리 업무가 수행되는 경우 Art.3(1)에 따라 GDPR이 적용된다. 한편, 핀란드 연구소가 러시아에 거주하는 사미인(Sami people)에 대한 연구를 하면서 캐나다 소재 프로세서를 이용한 경우, 이 캐나다 프로세서에게 GDPR이 직접 적용되지는 않지만 핀란드 소재 컨트롤러는 GDPR의 요건을 충족하며 정보주체의 권리 보호를 보장하는 방식으로 프로세서에게 업무를 의뢰할 의무가 있다(위 Guidelines, 11면). 한편, 스페인이 설립된 프로세서가 컨트롤러인 멕시코 유통업체와 계약을 체결하고 EU역외의 정보주체의 개인정보처리를 하는 경우, 컨트롤러인 멕시코 유통업체는 GDPR이 적용되지 아니하나, 스페인에 설립된 프로세서는 활동 맥락의 측면에서 수행된 처리에 관한 규정이 부과하는 프로세서로서의 의무를 준수하여야 한다(위 Guidelines, 12면).
163) EU 역외의 컨트롤러를 대신하여 Art.3(2)에 따라 GDPR의 지리적 범위에 해당하지 않는 프로세서에 대하여 아래와 같은 관련 GDPR 조항이 적용된다(위 Guidelines, 12-13면).
   - Art.28 및 협약체결의무에 따라 프로세서에게 부과된 의무
   - 프로세서가 컨트롤러의 지시 없이 정보를 처리하지 아니할 의무
   - Art.30(2)에 따라 컨트롤러를 대신하여 수행한 처리의 모든 범위를 기록으로 보유할 의무
   - Art.31에 따라 요청 시 감독 당국에 협조할 의무
   - Art.32에 따라 적정한 기술적, 관리적 조치를 취할 의무
   - Art.33에 따라 개인정보 침해 사실을 인지하였을 때 지체없이 컨트롤러에게 통지할 의무
   - (적용될 경우) Art.37, 38에 따라 개인정보보호책임자(DPO)를 임명할 의무
   - V장의 제3국으로 또는 국제기구로의 개인정보 이전 조항을 준수할 의무

이 보유 또는 관리하고 있는 데이터 등에 대하여 실제 데이터가 저장된 위치에 관계없이 정부 기관이 제공요청을 할 수 있도록 명시하여 역외 데이터에 대한 접근에 대한 법적 근거를 마련하고 있다.[166]

일본 개인정보보호법 제166조는 동법이 개인정보 취급사업자 등이 국내에 있는 자에게 물품 또는 서비스 제공을 위해 개인정보나 그 개인정보를 통해 취득되게 하는 개인관련정보 또는 그 개인정보를 사용하여 작성된 가명가공정보 혹은 익명가공정보를 외국에서 취급하는 경우에도 적용된다고 규정하고 있다.

중국 개인정보보호법 제3조는 ① 중국 역내 자연인에게 상품 또는 서비스를 제공하는 것을 목적으로 하는 경우, ② 중국 역내 자연인의 행위를 분석·평가하는 경우, ③ 역외에서 중국 역내 자연인의 개인정보를 처리하는 행위로서 법률·행정 법규에서 규정한 다른 경우에 해당하는 경우 중의 어느 하나에 해당하는 경우에는 중국 역외에서 중국 역내의 자연인의 개인정보 처리활동에 중국 개인정보보호법이 적용된다고 규정하고 있다.

III. 개인정보보호법의 역외 적용

1. 서론

앞서 살펴본 것처럼 역외적용의 문제가 주로 논의되는 것은 우리나라의 관할권이 영토를 벗어나서 미치는 것인지 여부이다. 개인정보보호법은 공정거래법, 정보통신망법과 유사한 역외 적용에 관한 규정을 두고 있지는 않다. 이에 대하여 개인정보보호법에 있어서도 데이터 관련 법률상의 역외적용이 체계적으로 규정되어 있지 않고 해석론에만 기대고 있다고 지적하면서 관련 규정을 두어야 한다는 견해도 있다.[167]

한국에 입국하였거나 한국에서 거주하고 있는 외국인에 대하여 한국의 개인정보보호법의 효력이 미치고 동법에 따른 보호를 받는다는 점에 대하여는 별다른 의문의 여지가 없는 것으로 보인다. 실무상 많은 문제가 되는 경우는 해외에서 한국의 정보주체의 개인정보를 수집하거나 하는 등 해외에 위치한 사업자가 한국인의 개인정보를 처리할 경우에 이들이 한국 개인정보보호법상 개인정보처리자로서 준수하여야 하는가의 문제이다. 이에 대하여 외국인이나 외국 법인이라고 하여 곧바로 한국 개인정보보호법의 수범자의 지위에서 배제된다고 해석할 것은 아

---

164) 이창범, "캘리포니아 소비자 프라이버시법(CCPA) 시행의 함의와 전망", KISO저널, 제38호, 2020.
165) Clarifying Lawful Overseas Use of Data Act
166) 이 법의 상세는 송영진, "미국 CLOUD Act 통과와 역외 데이터 접근에 대한 시사점", 형사정책연구, 제29권 제2호, 2018 참조.
167) 이상우, "중국 데이터법의 역외적용", 숭실대학교 법학논총, 제54집, 2022, 148면.

니며 지리적 적용범위와 연관지어 합리적 규율범위를 정함이 당연하다는 견해가 있다.[168] 이러한 입장에서는 역내 개인정보 처리의 경우 속지주의의 원칙상 국외 개인정보처리자에게도 개인정보 보호법이 적용되나 실제 집행력의 실효성 확보를 위하여 역외 개인정보 처리에 있어서는 효과주의 이론에 따라서 그 영향이 국내에 미치는 경우에 한정하여 적용하는 것이 타당하다고 설명하고 있다.[169]

한편, 「국제사법」 제20조는 입법 목적에 비추어 준거법에 관계없이 해당 법률관계에 적용되어야 하는 대한민국의 강행규정은 이 법에 따라 외국법이 준거법으로 지정되는 경우에도 적용한다고 규정하고 있고, 동법 제42조 제1항은 소비자가 자신의 직업 또는 영업활동 외의 목적으로 체결하는 계약으로서 일정한 경우에는 대한민국에 일상 거소가 있는 소비자는 계약의 상대방에 대하여 법원에 소를 제기할 수 있다고 하여 한국 법원의 관할이 인정될 수 있도록 규정하고 있다. 이러한 국제사법상의 규정 역시 한국 개인정보보호법의 적용 범위를 정함에 있어서 참고가 될 수 있을 것이다.

2. 국내대리인 제도

개인정보보호법은 국내대리인 제도를 두고 국내에 주소 또는 영업소가 없는 개인정보처리자로서 일정 기준에 해당하는 자는 일정한 범위의 업무를 대리하기 위한 국내대리인을 선임하도록 규정하고 있다. 이는 국내에 주소 또는 영업소가 없는 자라고 하더라도 국내법의 적용을 받는 정보주체의 개인정보를 처리하는 경우에는 한국 개인정보보호법 상의 일부 규정을 준수하여야 한다는 점을 전제로 도입된 것이라 할 수 있다.

한편, 국내대리인을 지정하여야 하는 경우는 한국에 주소 또는 영업소가 없는 자로서 한국에 서비스를 제공하는 경우에 그 의무가 발생하게 되는데, 여기서 한국에 서비스를 제공하는지 여부는, 한국어 서비스를 운영하는지, 한국인을 이용 대상 중 하나로 상정하고 있는지, 국내에서 사업 신고 등을 하였는지 등의 여러 요소를 종합적으로 고려하여 판단하여야 한다.[170] 이러한 판단 기준의 역외적용 문제를 검토함에 있어서도 참고가 될 수 있을 것이다.

---

168) 이해원, "개인정보보호법의 적용 범위에 관한 연구", 정보법학, 제26권 제1호, 2022, 293면.
169) 이해원, "개인정보보호법의 적용 범위에 관한 연구", 정보법학, 제26권 제1호, 2022, 277-314면 참조.
170) 개인정보보호위원회, 국내대리인 지정제도 안내서, 2020, 2면.

3. 역외적용의 실무상의 쟁점

1) 국외이전 규정과의 관계

2023년 법은 제3장 제4절에 개인정보의 국외이전에 관한 별도의 절을 두고 국외 이전에 관한 상세한 규정을 두었다. 개인정보의 역외이전 문제는 국내의 개인정보처리자가 개인정보를 해외로 이전하고 이를 이전받은 해외 사업자가 국내 정보주체의 개인정보를 처리하는 경우를 상정한 것이다. 국내의 개인정보처리자가 해외의 사업자에게 개인정보를 이전할 경우에 법 제3장 제4절의 규정이 적용될 것이다. 그런데, 만약 국내 개인정보처리자의 관여없이 해외의 사업자가 직접 국내 정보주체의 개인정보를 직접 수집하는 경우에 대하여도 역외이전에 관한 규정이 적용될 것인지는 명확하지는 아니하나 기존 구 정보통신망법이나 구 개인정보보호법상 특례 조항의 해석과는 달리 '해외의 직접 수집'의 경우에는 국외 이전 규정이 적용되지 아니하고 역외적용의 해석에 근거하여 해외의 사업자는 한국 개인정보보호법상의 수집 등에 관한 규정을 따라야 하는 것으로 이해함이 타당할 것이다.[171]

2) 해외 개인정보처리자에 의한 국내 정보주체 개인정보의 처리

실무상 개인정보보호법과 관련하여 역외 적용이 가장 많이 문제되는 경우이다. 우리나라 국민의 개인정보에 대하여 역외 적용에 관한 일반 이론인 속인주의나 효과주의에 근거하여 역외 적용을 이론적으로 긍정할 수 있고 현실적인 필요성이나 타당성도 인정된다는 견해가 있고 이러한 입장은 우리나라 국민 내지 국내에 거주하는 국민에 대한 개인정보의 처리에 대하여 처리자의 소재지가 어디이든 한국 개인정보보호법이 적용된다는 견해로 이해된다.[172] 앞서 살펴본 바와 같이 개인정보보호법이 적용될 수 있다는 명시적인 근거규정은 없으나 한국 개인정보보호법이 적용되어 행정처분 등이 이루어진 다수의 사례들이 존재한다.[173]

그러나, 해외 개인정보처리자에 의한 국내 정보주체의 개인정보 처리라 하여 모든 경우에 한

---

171) 다만, 개정법 시행령(안) 제31조 제1항 제4호에서는 정보주체로부터 개인정보를 국외에서 수집하여 처리하는 경우 개인정보가 국외에서 처리된다는 사실과 해당 국가에 관한 사항을 공개하도록 하고 있는바, 이는 해외에서 직접 수집이 이루어지는 경우에는 제3장 제4절의 규정이 적용되지 않음을 전제로 한 규정으로 이해되고 있다.

172) 이해원, "개인정보보호법의 적용 범위에 관한 연구", 정보법학, 제26권 제1호, 2022, 307면.

173) 개인정보보호위원회는 2023.10.25. 싱가포르 소재 온라인 간편결제 서비스 제공자인 PayPal Pte. Ltd가 크리덴셜 스터핑 공격으로 개인정보가 유출되어 신고를 한 사안에서 안전조치 의무를 소홀히 하고 유출 통지, 신고를 지연한 점에 대하여 9억 600만 원의 과징금과 1,620만 원의 과태료를 부과하였다(개인정보보호위원회 보도자료[2023.10. 26.자]). 위 사건의 조사과정에서 페이팔은 한국 내에서 사업장을 가지고 있지는 아니하였으나 국내대리인을 선임하는 등 한국향 서비스를 제공한다는 점에 대하여는 별다른 다툼이 있지는 않았던 것으로 알려져 있다. 또한 개인정보보호위원회는 2023. 7. 26. 적법한 동의 없이 이용자의 타사 행태정보를 수집해 맞춤형 광고 등에 이용하였다는 이유로 Meta Platforms, Ireland Limited와 Instagram LLC에 대해서 65억 1천 7백만 원과 8억 8천 6백만 원의 과징금을 각 부과하였다(개인정보보호위원회 보도자료(2023. 7. 27.자)).

국 개인정보보호법이 적용되어야 한다고 볼 것은 아니며, 적어도 국내 정보주체의 개인정보 처리를 의도하였는지 등의 사정이 역외적용 시에 고려되어야 할 것이다.

3) 국내 개인정보처리자에 의하여 개인정보에 대한 일부 처리행위는 국내에서 이루어지나 나머지 행위는 해외에서 이루어지는 경우

속지주의의 원칙을 지나치게 강조하여 국내 사업자에 의하여 개인정보 처리 과정의 일부가 이루어지고 있음을 이유로 개인정보처리자의 국적, 본사의 위치, 서버의 위치 등을 고려하지 않고 나머지 행위에 대하여도 한국 개인정보보호법이 적용된다고 한다면 이는 특히 온라인 사업자의 영업을 지나치게 제약할 수 있다. 또한 집행관할권의 측면에서도 해당국의 동의나 외국 개인정보처리자의 자발적 이행 없이 행정제재나 형사처벌의 집행은 사실상 불가능하다. 이러한 점들을 고려하여 그 적용에 있어서 과도한 확장을 자제하여야 할 필요가 있다.174) 따라서 적절한 범위에서 한국 개인정보보호법의 적용을 자제하는 기준을 설정할 필요가 있다.

4) 국내 개인정보처리자가 국내 정보주체 개인정보의 처리행위 중 일부를 해외에서 수행하는 경우

국내 개인정보처리자의 해외에서의 행위에 대하여 한국 개인정보보호법이 적용된다는 점에 대하여는 다른 이견들은 보이지 않는다. 실무상으로도 국내 개인정보처리자가 해외의 사업자에게 개인정보 처리를 수탁하는 경우 한국 개인정보보호법에 기초하여 해당 처리자 또는 수탁자의 처리 업무의 한국법 준수 여부를 판단하고 있는 것으로 보인다.175) 그런데, 이와 관련하여서는 국내 개인정보처리자가 역외에서 행하는 개인정보 처리에 있어서도 해당 국의 법률이 존재한다면 그 법을 적용하는 것이 비합리적이라는 특별한 사정이 존재하지 않는 한 해당 국의 법률을 적용하고 그렇지 않은 경우에 한국 개인정보보호법을 적용하는 것이 합리적이고 해당 국과 우리나라의 이익형량에 부합한다는 견해176)가 있으며, 경청할만한 주장이라고 생각된다.

5) 국내 개인정보처리자의 해외 소재한 외국인의 개인정보 처리에 관한 한국 개인정보보호법의 적용 여부

이 경우 국내 개인정보처리자는 한국 개인정보보호법의 수범자가 되나, (한국에 거주하거나 체류하지 아니하여 지리적 관할 범위를 벗어난) 외국인의 개인정보 처리에 대하여도 동일하게 한국법

---

174) 이해원, "개인정보보호법의 적용 범위에 관한 연구", 정보법학, 제26권 제1호, 2022, 305면.
175) 이창범, "개인정보 제3자 제공 및 처리위탁 규제의 법적 과제", 개인정보보호의 법과 정책, 박영사, 2016, 293면은 현행법상 해외 개인정보 수령자 또는 수탁자에게 국내법이 적용되는지 여부는 명확하지 않다는 정도로만 설명하고 있다.
176) 이해원, "개인정보보호법의 적용 범위에 관한 연구", 정보법학, 제26권 제1호, 2022, 306-307면.

이 적용된다고 볼 것인지도 문제이다.

국내에 체류하는 외국인의 개인정보에 대하여는 한국 내의 우리나라 국민과 동일하게 한국법이 적용될 수 있을 것이나, 해외에서 거주하고 있음에도 한국법의 적용 범위 내에 있는 개인정보처리자가 개인정보를 처리한다는 이유만으로 해당 외국인에 대하여도 한국 법을 적용하여야 할 것인지는 의문이다.[177] 이와 관련하여서는 국내 소재한 개인정보처리자라면 외국에 소재하는 외국인의 개인정보를 처리하더라도 한국법의 수범자가 된다고 보는 견해도 있는 것으로 보인다. 그러나 한국 내의 사업자가 외국 소재의 외국인의 개인정보를 처리하는 경우 (해당 국가의 법이 역외 적용되는지 여부를 살펴) 해당 외국인의 소재 국가의 법을 준수하는지 여부만을 검토하면 충분하며 한국 개인정보보호법에 따른 의무 사항들을 이행하여야 할 것은 아니라고 봄이 타당할 것이다.

6) 개인정보를 제공받은 해외 제3자의 한국 개인정보보호법의 준수 의무

해외의 개인정보처리자가 개인정보를 국내 정보주체로부터 직접 수집한 경우를 넘어서 국내의 개인정보처리자로부터 제공받은 해외 사업자의 이용 내지 제3자 제공 행위에 대하여까지 개인정보보호법의 적용을 받아야 하는지 여부도 반드시 명백한 것은 아니다.

다만, 법 제28조의8의 국외이전 규정에 따라 개인정보를 이전받은 자는 이를 제3국으로 이전하는 경우에는 법 제28조의8, 제28조의 9가 준용된다고 하고 있으므로(법 제28조의11) 이 조항의 적용을 받는 경우라면 한국법 준수 의무를 부담한다고 해석될 것이다. 한편, 해외에서 직접 수집한 자가 제3국 이전의 경우에도 마찬가지로 한국 법상의 제3자 제공에 대한 사항이 적용된다고 할 것인지는 명확하지 않다.

7) 해외에서 국내향 서비스를 제공하지 아니함에도 한국인의 개인정보를 처리하고 있는 해외 사업자에 대한 한국 개인정보보호법의 적용 여부

다수의 국가를 대상으로 서비스를 제공하지만 한국향 서비스를 제공하고 있지 않은 해외 사업자가 한국 정보주체의 개인정보를 취득하여 처리하고 있는 경우가 있다. 이러한 경우에 해당 사업자가 한국 개인정보보호법 상의 의무를 준수하여야 하는가라는 문제가 있다.

한국향 서비스를 제공하고 있지 않은 한 해당 사업자의 개인정보 처리는 한국의 정보주체를 대상으로 한 것이 아니어서 한국 개인정보보호법상의 수범 주체가 된다고 보기는 어려울 것이

---

[177] 개인정보보호위원회, 개인정보 법령 및 지침·고시 해설, 2020, 16면은 국적이나 신분에 관계없이 누구나 정보주체가 될 수 있고, 대한민국 국적을 가지고 있지 않은 외국인도 이 법에 따라 개인정보가 처리되는 경우에는 정보주체가 될 수 있다고 설명하고 있다. 그러나, 그 의미가 해외에서 거주하는 외국인에 대해서도 동일하게 취급하여야 한다는 의미인지는 명확하지 않다. 실무상으로는 개인정보 유출이 발생한 경우 신고 의무의 판단 기준, 국내대리인의 지정 의무의 발생 기준 등을 살필 때 국내 정보주체만을 기준으로 판단하고 있는 것으로 보인다.

다. 이 경우 정보주체의 범위에 한국인이 포함되어 있다고 하더라도 그러한 사정만으로 곧바로 한국 개인정보보호법에 따른 준수의무가 발생한다고 보아야 할 것인지는 의문이다.

다만, 예컨대 개인정보 유출 사고가 발생하였고 그 유출 사고를 조사하는 과정에서 한국 정보주체의 개인정보가 유출되었음이 확인된 경우, 그 확인된 시점을 기준으로 적어도 정보주체의 보호를 위한 신고 및 통지 의무는 한국 개인정보보호법이 적용된다고 볼 것이다. 그 외 다른 한국 개인정보보호법상의 여러 의무(예컨대, 안전조치 의무 등)의 이행 여부와 관련하여서는 국제 예양의 원칙을 고려하여 신중하게 판단할 필요가 있다.

8) 국내에 일시 체류하는 외국인에 대한 한국 개인정보보호법의 적용 여부

국내 체류하는 외국인은 한국 영토 내에 있으므로 국내에 체류하는 동안 한국법의 수범자가 되고 또한 한국법에 따른 권리를 보장받을 수 있다고 대체로 해석되고 있다. 즉, 국내에 체류하는 외국인을 대상으로 해당 외국인의 개인정보를 처리하는 개인정보처리자는 개인정보보호법에 따른 의무를 준수하고 권리를 보장하여야 한다.

4. 해외 사업자에 대한 한국 법에 따른 열람제공요구권의 행사 가능 여부

해외 사업자가 해외에서 국내 정보주체를 대상으로 서비스를 제공하고 국내 정보주체의 개인정보를 처리하는 경우에 한국 개인정보보호법이 적용되는지 여부와 관련하여 준거법의 이슈가 문제될 수 있다. 한국의 이용자가 해외 사업자를 상대로 개인정보 보호법령에 따른 개인정보 열람제공요구권을 행사한 경우, 해외 사업자는 국내 이용자와 체결한 이용약관에서 한국 법이 아닌 미국 캘리포니아 주법을 적용한다고 규정하고 있었던 경우에 이 경우에도 한국 개인정보보호법에 따른 열람제공요구권을 행사할 수 있는지 여부가 문제된 사안에서 대법원 2023.4.13. 선고 2017다19232 판결은 아래와 같이 판단하였다.

> 구 국제사법(2022. 1. 4. 법률 제18670호로 전부 개정되기 전의 것, 이하 '구 국제사법'이라 한다) 제25조는 계약은 당사자가 명시적 또는 묵시적으로 선택한 법에 의한다고 규정하여 계약상 채무의 준거법 선택에 당사자 자치를 허용하고 있는데, 이러한 원칙은 소비자계약에도 마찬가지로 적용된다. 다만 구 국제사법 제27조 제1항 각호에 해당하는 소비자계약이 체결된 경우에는, 당사자의 준거법 선택에도 불구하고 소비자의 상거소가 있는 국가(이하 '상거소지국'이라 한다) 강행규정이 소비자에게 부여하는 보호를 박탈할 수는 없다(구 국제사법 제27조 제1항). 이는 구 국제사법이 소비자에게 부여하는 보호가 당사자 간의 준거법 선택으로 쉽게 박탈되지 않도록 그 준거법 합의의 효력을 제한한 것이다. 따라서 소비자계약의 당사자가 소비자의 상거소지국이 아닌 국가의 법을 준거법으로 선택한 경우에도

소비자의 상거소지국 강행규정은 그 적용이 배제되지 아니한다.

한편 구 정보통신망 이용촉진 및 정보보호 등에 관한 법률(2020. 2. 4. 법률 제16955호로 개정되기 전의 것, 이하 '구 정보통신망법'이라 한다) 제30조 제2항, 제4항은 정보통신서비스 이용자의 개인정보에 관한 권리를 보장하기 위한 조항으로서 헌법상 개인정보자기결정권을 구체화한 것인데, 구 정보통신망법의 목적과 취지, 개인정보 보호를 위한 위 조항들의 기능과 역할 및 그 위반 시 정보통신서비스 제공자 등에 부과되는 제재 등을 종합하면 위 규정들은 강행규정에 해당한다고 봄이 타당하다.

개인정보자기결정권은 자신에 관한 정보가 언제 누구에게 어느 범위까지 알려지고 또 이용되도록 할 것인지를 정보주체가 스스로 결정할 수 있는 헌법상의 권리이다. 구 정보통신망 이용촉진 및 정보보호 등에 관한 법률(2020.2.4. 법률 제16955호로 개정되기 전의 것, 이하 '구 정보통신망법'이라 한다)은 이와 같은 개인정보자기결정권을 구체화하여 정보통신서비스 제공자 등이 그 이용자로부터 개인정보의 이용이나 제3자에게 이를 제공한 현황 등에 관한 열람·제공을 요구받으면 지체 없이 필요한 조치를 하도록 규정하고 있다(제30조 제2항 제2호, 제4항). 그런데 헌법상 기본권의 행사는 국가공동체 내에서 타인과의 공동생활을 가능하게 하고 다른 헌법적 가치나 국가의 법질서를 위태롭게 하지 않는 범위 내에서 이루어져야 하므로, 구 정보통신망법 제30조 제2항에 따라 보장되는 이용자의 열람·제공 요구권도 헌법 제37조 제2항에 따라 국가안전보장·질서유지 또는 공공복리를 위하여 법률로써 제한될 수 있고, 헌법질서에 위반되지 않는 등 그 권리의 행사가 정당한 것이어야 한다는 내재적 한계가 있다. 구 정보통신망법 제30조 제4항도 같은 취지에서 열람·제공을 요구받은 정보통신서비스 제공자 등이 필요한 범위 내에서 조치를 하면 되는 것으로 규정하고 있다. 따라서 정보통신서비스 제공자 등은 이용자가 요구한 정보의 열람·제공이 다른 법률 등에 의해 금지·제한되거나, 이를 허용하면 다른 사람의 생명·신체를 해하거나 재산과 그 밖의 이익을 부당하게 침해할 우려가 있는 경우 등과 같은 정당한 사유가 있을 때는 이용자에게 그 사유를 알리고 열람·제공을 제한하거나 거절할 수 있다.

한편 외국에 주소나 영업소를 두고 있다는 등의 이유로 대한민국 법령 외에 외국 법령도 함께 준수해야 하는 지위에 있는 정보통신서비스 제공자 등이 그 외국 법령에서 해당 정보의 공개를 제한하고 있다는 등의 이유로 열람·제공을 거부하는 경우에는, 그와 같은 내용의 외국 법령이 존재한다는 사정만으로 곧바로 정당한 사유가 존재한다고 볼 수는 없지만, 열람·제공의 제한이나 거부에 정당한 사유가 있는지를 판단함에 있어 그와 같은 외국 법령의 내용도 고려할 수 있다고 보아야 한다. 외국 법령에서 비공개의무를 부여한 경우에까지 해당 정보를 열람·제공하도록 강제하는 것은 정보통신서비스 제공자 등에게 모순된 행위를 강요하는 것이어서 가혹한 측면이 있고, 특히 그와 같은 사항이 국가안보, 범죄수사 등을 위한 활동에 관한 것인 경우에는 그 정보의 공개로 해당 국가의 이익을 해칠 우려가 있어 국제예양에 비추어 보더라도 바람직하다고 볼 수 없기 때문이다.

결국 대한민국 법령 외에 외국 법령도 함께 준수해야 하는 지위에 있는 정보통신서비스 제공자 등이 구 정보통신망법 제30조 제4항에 따른 필요한 조치를 모두 이행하였는지 여부는, 해당 외국 법령에 따른 비공개의무가 대한민국의 헌법, 법률 등의 내용과 취지에 부합하는지, 개인정보를 보호할 필요성에 비해 그 외국 법령을 존중해야 할 필요성이 현저히 우월한지, 이용자가 열람·제공을 요구하는 정보에 관하여 해당 법령에서 요구하는 비공개요건이 충족되어 정보통신서비스 제공자 등이 실질적으로 비공개의무를 부담하고 있는지 등까지를 종합적으로 고려하여야 한다. 또한 구 정보통신망법 제30조 제2항에 따른 이용자의 열람·제공 요구권의 목적과 취지에 비추어 볼 때, 이용자로 하여금 해당 정보의 제공이 적법한 절차에 따라 이루어졌는지, 그 정보가 제공 목적에 부합하게 사용되었는지 등을 사후적으로라도 확인할 수 있게 함으로써 자신의 정보에 대한 불법·부당한 이용을 통제할 수 있도록 함이 타당하다. 따라서 앞서 든 사정에 따라 정당한 사유가 존재하는 것으로 인정되는 경우에도, 정보통신서비스 제공자 등은 그 항목을 구체적으로 특정하여 제한·거절사유를 통지해야 하고, 특히 국가안보, 범죄수사 등의 사유로 외국의 수사기관 등에 정보를 제공하였더라도 그와 같은 사유가 이미 종료되는 등으로 위 정보수집의 목적에 더 이상 방해가 되지 않는 한 이용자에게 해당 정보의 제공 사실을 열람·제공하여야 한다.

위 판시는 구 정보통신망법 제30조 제2항, 제4항은 대한민국의 강행규정이므로 국내 소비자들이 그에 따
른 개인정보 이용내역의 열람, 제공을 요구할 수 있다고 하면서도 그러한 권한에는 내재적 한계가 있어 정보통신서비스 제공자는 정당한 사유가 있을 경우 정보공개를 거부, 제한할 수 있고, 또한 정보통신서비스 제공자가 준수하여야 하는 외국 법령이 해당 열람, 제공권이 반하는 비공개 의무를 부과하고 있는 경우에는 그와 같은 사정은 정당한 사유를 판단하는 여러 요소 중 하나로서 고려될 수 있으며, 다만 외국 법령의 존재만으로 곧바로 정당한 사유가 인정되는 것은 아니고 외국 법령의 요건이 충족되어 그 비공개의무가 현실화되었는지 등 여러 사유를 함께 고려하여야 한다고 판시하였다.[178]

---

178) 김영석, 다국적기업의 개인정보 이용내역 열람, 제공을 둘러싼 법률관계, 한국정보법학회 9월 사례연구회 발표자료, 2023, 20면에서는 위 판시가 외국 법령을 정당한 사유의 판단 요소로 고려하여야 한다는 법리를 설시하면서도 그와 같은 법령의 존재만으로 정당한 사유를 인정하기에는 부족하고 함께 고려되어야 할 구체적인 기준을 제시함으로써 국제적인 관점에서 보더라도 일방에 치우치지 않고 균형잡힌 기준을 제시하였다는 점에 의의가 있다고 평가하고 있다.

제4장

개인정보보호 추진체계

제 1 절
개관

Ⅰ. 개인정보보호 법제 및 추진체계의 연혁[1]

2011년 개인정보보호법이 제정되기 이전에는 하나의 일반법에서 사회 모든 분야의 개인정보보호 및 처리에 관한 사항들을 규율하는 것이 아니라, 개인정보 유출 등으로 인해 사회적 이슈가 발생하고 개인정보보호에 대한 사회적 수요가 발생할 때마다 개별 법령에서 개별적·산발적으로 그 상황 개선에 필요한 개인정보보호에 관한 사항들을 규율하였다. 개인정보보호법이 제정되기 이전에는 개인정보보호에 관한 법률체계[2]가 크게 공공분야와 민간분야로 나뉘어져 규율되고 있었는데, 공공분야는 1994년 제정된 「공공기간의 개인정보 보호에 관한 법」을 중심으로 「전자정부법」과 「주민등록법」 등에 산재되어 규율되고 있었으며, 민간분야는 1995년 제정된 신용정보법과 1999년 및 2001년 전면 개정된 정보통신망법을 중심으로 「통신비밀보호법」, 위치정보법, 「금융실명거래 및 비밀보장에 관한 법」, 「의료법」 등 해당 분야의 개별법에서 필요한 개인정보보호에 관한 사항들을 규율하였고 소관 법률을 담당하는 중앙행정기관에서 관련된 개인정보보호와 감독 기능을 수행하였다.

---

1) 이성엽 외 19명, 데이터와 법, 박영사, 2024, 139-145면 참조.
2) '80년 제정된 '형의 실효 등에 관한 법률'이 최초의 개인정보 처리에 관한 입법이라는 견해가 있지만 통신비밀보호법이라 할 수 있다(성낙인 외 9명, 개인정보 보호법제에 관한 입법평가, 한국법제연구원, 2008).

개인정보보호 관련 주요 법률 연혁

구분		1994~2011년	2011~2020년	2020년 이후
공공	전자문서	공공기관개인정보보호법 ('94년 제정)	개인정보보호법 ('11년 제정)	개인정보보호법 ('23년 전면개정)
공공	종이문서		개인정보보호법 ('11년 제정)	개인정보보호법 ('23년 전면개정)
민간	오프라인		개인정보보호법 ('11년 제정)	개인정보보호법 ('23년 전면개정)
민간	온라인	정보통신망법('99년 및 '01년 전부개정)	개인정보보호법 ('11년 제정)	개인정보보호법 ('23년 전면개정)
민간	신용정보(특별법)	신용정보법('95년 제정)	신용정보법('95년 제정)	신용정보법('95년 제정)
민간	위치정보(특별법)	위치정보법('05 제정)	위치정보법('05 제정)	위치정보법('05 제정)

1983년 국가기간전산망기본계획에 따라 행정·금융·교육·연구·공안 전산망 등 5대 국가기간전산망 구축사업으로 행정정보의 디지털화가 시작되었고 1987년부터 주민등록, 운전면허, 여권관리, 출입국관리 DB화가 진행되면서 개인정보의 디지털화가 급속도로 확산되었다. 이에 따라 개인정보보호의 중요성과 필요성에 대한 사회적 감수성이 높아지게 되었고, 1989년 국제인권옹호 한국연맹에서 공공기관 개인정보보호에 관한 법 제정을 건의하면서 입법 논의가 시작되어 1994년 「공공기관의 개인정보 보호에 관한 법」이 제정되었다. 1986년 제정된 「전산망보급확장과 이용촉진에 관한 법률」은 1999년 「정보통신망이용촉진등에관한법률」로의 전부개정에 이어 2001년 「정보통신망이용촉진및정보보호등에관한법률」로 제명이 변경되면서 전부 개정되었고 개인정보 수집(수집, 수집 제한), 이용 및 제공(이용 및 제공, 위탁, 영업양수 등 통지, 개인정보관리책임자 지정, 보호조치, 파기), 이용자의 권리(이용자 권리, 법정대리인 권리, 손해배상), 개인정보분쟁조정위원회 등 개인정보보호에 관한 내용을 대폭적으로 규율하였다. 1993년 김영삼 정부가 출범한 직후 행정 개혁의 일환으로 경찰청이 관장하고 있던 「신용조사업법」의 신용조사업을 폐지하고 신용정보 관련 산업을 재무부 장관으로 이관하면서 1995년 금융거래 등 상거래에서 거래 상대방의 신용을 판단할 때 필요한 신용정보의 수집·처리, 유통·관리 및 개인신용정보의 제공·활용, 이용 등에 관한 내용들을 규율하는 신용정보법이 제정되었다. 2005년 위치정보의 유출·오용 및 남용으로부터 사생활의 비밀 등을 보호하고 위치정보의 안전한 이용환경을 조성하기 위하여 위치정보의 수집 원칙, 개인위치정보의 수집·이용·제공, 위치정보 사업자의 개인위치정보 제공, 긴급구조를 위한 개인위치정보 이용 등을 규율하는 위치정보법이 제정되었다.

2011년 개인정보 보호법이 제정되면서 공공, 민간을 망라하는 개인정보 처리 원칙과 기준이 제시되었고, 공공·민간 통합규율로 그동안 법 적용을 받지 않았던 오프라인 사업자, 의료기관 등 비영리단체, 국회·법원·헌법재판소 등 헌법기관 등에도 확대 적용하게 되었고, 개인정보 보호 추진체계로서 개인정보보호 정책 심의 및 의결기관인 개인정보보호위원회가 대통령소속 행정위원회로 출범하게 되었다. 하지만 개인정보보호위원회는 단순한 심의 및 의결기능을 가진 행정위원회였고, 개인정보보호법은 행정안전부에서 정보통신망법과 위치정보법은 방송통신위원회에서 신용정보법은 금융위원회에서 관련 분야의 개인정보보호 및 감독 기능을 수행하였다. 2020년 2월 개인정보보호법, 정보통신망법, 신용정보법 등 데이터 3법이 개정되면서 개인정보보호 추진체계가 단일화·효율화되었다. 기존 개인정보보호 기능이 행정안전부, 방송통신위원회, 개인정보보호위원회로 분산되어 초래되는 비효율성과 가명정보 활용, 개인정보의 추가적 이용·제공 등 데이터 규제 완화에 따른 국민들의 불안감을 해소하기 위해 개인정보보호위원회를 중앙행정기관으로 격상하고 데이터를 안전하게 활용할 수 있는 독립적인 감독체계를 구축하기 위해 개인정보보호 관련 기능을 개인정보보호위원회로 일원화하였다. 이를 통해 EU로부터 GDPR 적정성 결정을 받을 수 있는 법적 기반이 마련되었다.

II. 해외 개인정보보호 추진체계[3)

미국의 개인정보보호 체계는 시장 자율 규제(self-regulation) 방식으로 개인정보보호에 관한 일반법인 연방 법률이 존재하지 않으며 각 영역에서 개인정보보호 요구가 있을 때 별도의 법률을 제정하는 방식을 택하고 있다. 연방차원의 일반법인 개인정보보호법이 없는 미국에서 개인정보보호는 소비자보호에 포함되며 기업의 독과점방지 및 소비자보호를 목적으로 제정된 연방거래위원회법(Federal Trade Commission Act)에 의해 설립된 연방거래위원회(Federal Trade Commission, FTC)가 개인정보보호 업무를 수행한다.[4) FTC는 1914년 설립된 준 사법기관적인 독립규제위원회로 행정절차를 통한 시정명령을 내리며 국민·피해자의 신고, 자체 인지, 타 기관 요청에 의해 공익과 관련된 사건을 선택하여 조사를 개시하고, 다수의 소비자가 피해를 입은 경우 법원에 집단소송을 제기하여 소비자 피해를 보전해 준다. 이외에도 FTC는 법 집행, 연구 및 보고서 발간, 교육 및 워크샵 개최, 의회 증언, 법률에 대한 의견제시 및 상무부 및 국무부의 국제협력 업무[5)를 지원한다. 현재 미국은 각계에서 연방법으로 일반 개인정보보호법을 도입하자는 요구가 높아지고 있으며 연방의회에서 개인정보보호법(America Data Privacy and Protection Act)을 발의하였으나 2022년 말 기준 회기 종료로 폐기되었다.

반면 주 차원에서는 EU의 GDPR 제정 이후 2020년 11월 캘리포니아 소비자 개인정보보호법

---

3) 한국인터넷진흥원, 글로벌 개인정보보호 규제 체계 현황 조사 참조.
4) 공공 부문의 개인정보보호와 관련하여 예산관리국(Office Management and Budget, OMB)에서 제한적인 역할을 수행한다.
5) EU-US Privacy Shield, APEC CBPR 등.

(California Consumer Privacy Act, CCPA)을 시작으로 버지니아주(2021년 3월), 콜로라도주(2021년 7월), 유타주(2022년 3월), 코네티컷주(2022년 5월) 등 약 30개 주에서 포괄적인 개인정보보호법을 도입하려고 하고 있다. CCPA를 대체한 CPRA[6]에서 미국 내 최초로 개인정보보호 감독기구(California Privacy Protection Agency, CPPA)를 도입하였지만 버지니아주, 유타주 등 대부분의 주 개인정보보호법은 개인정보보호 감독기구를 도입하고 있지 않다.

일본은 2003년 5월 개인정보의 적정한 취급의 원칙을 정하여 국민의 권리 및 의무의 침해를 방지하려는 목적으로 개인정보보호에 관한 법률을 제정하였고 2015년 개정된 개인정보보호방침과 개인정보보호법을 토대로 공공분야는 「행정기관 개인정보보호법」으로 민간분야는 「개인정보보호법」으로 규율하고 있다. 일본의 개인정보보호 감독기구는 개정된 개인정보보호법에 따라 2016년 설립된 독립된 감독기관인 개인정보보호위원회이며, 개인정보보호위원회는 개인정보기본방침 수립·추진, 개인정보 취급에 관한 감독, 특정 개인정보의 취급에 관한 감시·감독, 개인정보보호 평가에 관한 사무 등 국내 보호위원회와 유사하게 개인정보보호 및 처리에 관한 포괄적인 업무를 수행한다.

중국은 2021년 디지털 거버넌스의 기반을 마련하기 위하여 2017년 제정한 「네트워크안전법」[7]에 추가로 「데이터안전법」[8]과 「개인정보보호법」[9]을 제정하였다. 중국의 「개인정보보호법」은 GDPR 및 우리나라 개인정보보호법과 유사하게 법 적용 대상을 국내에서 자연인의 개인정보를 처리하는 모든 사업자로 확대하고, 동의 이외의 개인정보 적법 처리요건, 14세 미만 아동 개인정보 보호, 개인정보 이동권 보장 등 세계 각국의 입법동향, 산업트렌드 및 규제 흐름을 잘 반영하고 있다고 평가받고 있다. 중국은 개인정보보호에 대한 독립적인 감독기구가 없으며, 국가인터넷정보판공실(Cyberspace Administration of China, CAC)에서 개인정보보호 및 관련 감독과 관리를 총괄하고 국무원의 각 부문에서 관련 분야의 개인정보보호 업무를 수행한다.

영국은 공공 및 민간의 개인정보 처리에 대해 전반적으로 규율하는 개인정보보호법(Data Protection Act, DPA)과 영국이 브렉시트 탈퇴후 GDPR을 영국에 맞게 일부 수정한 영국 일반 개인정보보호법(UK Data Protection Regulation, UK GDPR)을 기본으로 필요에 따라 영역별, 분야별 법률에 의해 개인정보보호 및 처리를 규율하고 있다. 1984년 제정된 DPA는 2018년 2차 개정을 통해 GDPR을 보완하고 GDPR이 적용되지 않는 영역까지 확대 규정하여 개인정보보호 규범의

---

6) 캘리포니아는 2020년 11월 CCPA를 바탕으로 소비자의 개인권리를 확대한 캘리포니아 개인정보보호 권리법(California Privacy Rights Act, CPRA)을 제정하고 기존의 CCPA를 대체하였다.

7) 총칙, 네트워크 운영 안전, 핵심 정보 인프라시설 보호, 개인정보보호, 불법 정보 단속, 네트워크 제한 조치, 법률 책임 등 총 7장 79조로 구성되어 있다.

8) 총칙, 데이터 안전과 발전, 데이터 안전제도, 데이터 안전보호 의무, 공공데이터의 안전과 개방, 벌률책임, 부칙 등 총 7장 55조로 구성되어 있다.

9) 총칙, 개인정보 처리 규칙, 개인정보 국외제공 규칙, 개인정보 처리 활동 중 개인의 권리, 개인정보처리자의 의무, 개인정보보호 책임 부서, 법률 책임, 부칙 등 총 8장 74조로 구성되어 있다.

포괄적 패키지를 제공하였다. UK GDPR은 영국의 EU탈퇴 이후 영국에 적용되던 GDPR을 브렉시트 상황에 맞게 일부 수정한 것으로 실질적으로 GDPR의 내용과 동일하다고 평가받고 있다. 1984년 설립된 영국의 독립 개인정보감독기관인 ICO(Information Commissioner's Office)는 1998년 DPA 1차 개정과 2000년 정보자유법(Freedom of Information Act)[10]이 신설되면서 2001년 지금의 명칭인 ICO로 바뀌었고, 온라인과 오프라인을 망라하여 모든 공공 및 민간의 영역에서 개인정보 처리가 적법하게 이루어지고 있는지를 감독하고 규율한다.

독일은 2018년 5월 시행된 GDPR을 근간으로 하여 연방 및 주에서 각각 개인정보보호법을 개정하여 실행하고 있다. 2018년 전면 개정된 연방 개인정보보호법(BDSG)[11]은 EU회원국 상황에 맞게 수정 방영할 수 있는 GDPR의 개별 위임 조항을 구체화하고 기존의 법제를 GDPR에 맞추고 있으며 주별 개인정보호호법도 GDPR 및 연방 개인정보보호법에 따라 개정이 이루어졌다. 독일의 개인정보감독기구는 연방 개인정보 감독기구와 주 개인정보 감독기구로 구성되어 있으며 모든 감독기구는 GDPR, BDSG, 각주의 개인정보보호법에 근거한 행정권한을 가지며 모든 사업체의 개인정보 처리를 감독하고 위반행위를 조사 및 처벌할 수 있다.

프랑스는 1978년 개인정보보호법[12]을 제정하여 자국내 모든 개인정보 처리(공공 및 민간부문)의 공정성·투명성·적정성을 확보하도록 규정하였고, 이에 대한 임무를 수행하는 독립감독기구인 정부자유국가위원회(CLIL)를 설치해 개인정보보호의 법적·제도적 기본체계를 확립하였다. 2018년 GDPR이 시행된 이후 프랑스는 개인정보보호법을 개정하여 GDPR 규정에 맞추고 2016년 디지털 공화국법을 제정하여 '공익데이터'의 개념을 규정하고 데이터 경제 활성화를 위해 데이터 공개 및 공유를 추구하는 법적 기반을 마련하였다.

싱가포르, 호주, 캐나다, 대만, 태국, 필리핀, 말레이시아 등도 개인정보보호에 관한 일반법인 개인정보보호법이 있으며 개인정보보호를 위해 독립 감독기구들을 운영하고 있다.

III. 현행 개인정보보호 추진체계의 문제점 및 개선 방향

데이터 3법 개정으로 정보통신망법상의 개인정보보호에 관한 조항과 신용정보법상의 상거래 기업에 대한 감독권은 보호위원회로 이관되었으나, 개인정보보호법·신용정보법·위치정보법 간 유사·중복 규제 및 감독 권한 분산으로 인한 수범자의 혼란 및 중복규제 문제는 완전히 해결되지 못하였다. 신용정보법은 신용정보의 이용과 신용정보주체의 보호에 관한 일반적 원칙

---

10) 정보자유법은 2000년 국가정책의 투명성과 국민의 알권리를 보장하기 위하여 제정되었으며 공공기관은 수행 활동에 대한 정보를 공개해야 하며, 일반 대중은 공공기관에 정보를 요청할 권리를 갖는다.
11) 총칙, GDPR 이행 규정, EU형사사법절차에 관한 개인정보보호 지침, GDPR과 EU 형사사법절차에 관한 개인정보보호 지침이 적용되지 않는 영역에서의 처리를 위한 특별 규정 등 총 4부 86조로 구성되어 있다.
12) 공통 조항, GDPR에 의해 규정된 법제에 속하는 처리, EU형사사법절차에서 개인정보보호 지침, 국가안보 및 범위에 관한 처리, 영토 및 적용범위 등 총 5편 128조로 구성되어 있다.

을 정하는 법률이며 신용정보법 제3조의2제2항 "개인정보의 보호에 관하여 이 법에 특별한 규정이 있는 경우를 제외하고는 개인정보보호법에서 정하는 바에 따른다."와 개인정보보호법 제6조제1항 "개인정보의 처리 및 보호에 관하여 다른 법률에 특별한 규정이 있는 경우를 제외하고는 이 법에서 정하는 바에 따른다."에 따라 신용정보법은 개인정보보호법의 특별법이 된다. 하지만 신용정보법은 '신용정보'의 개념과 '신용정보제공·이용자'의 개념을 추상적·포괄적으로 정의하여 대부분의 개인정보는 신용정보로 대부분의 개인정보처리자는 '신용정보제공·이용자'로 포섭될 수 있어 신용정보법과 개인정보보호법의 경계가 모호하고 자칫 모든 영역에서 신용정보법이 개인정보보호법을 대체하여 개인정보보호법을 무력화할 수 있는 여지가 있다. 위치정보법은 위치정보의 유출, 오용, 남용으로부터 사생활을 보호하기 위한 일반적 원칙을 정하는 법률이며 위치정보법 제4조 "위치정보의 수집, 저장, 보호 및 이용 등에 관하여 다른 법률에 특별한 규정이 있는 경우를 제외하고는 이 법에서 정하는 바에 의한다."와 개인정보보호법 제6조제1항 "개인정보의 처리 및 보호에 관하여 다른 법률에 특별한 규정이 있는 경우를 제외하고는 이 법에서 정하는 바에 따른다."에 따라 위치정보법은 개인정보보호법의 특별법이 된다. 하지만 개인정보의 한 유형인 개인위치정보만 따로 규율하고 감독권한을 다르게 할 현실적인 필요성이나 실익이 거의 없다. 개인정보처리자가 개인위치정보를 포함한 개인정보를 정보주체(개인위치정보주체)의 동의 없이 수집·이용한 위반행위에 대해 보호위원회가 전체매출액에서 위반행위와 관련 없는 매출액을 제외한 매출액에서 3% 이하의 과징금을 처분한 경우, 위치정보법의 소관 부처인 방송통신위원회가 추가로 위반행위와 관련된 매출액의 3% 이하의 과징금을 처분할 수 있는지 혼란이 있을 수밖에 없으며, 중복제재로 인한 이중 처벌 내지는 과도한 처분이라는 논란이 있을 수밖에 없다. 이러한 문제점들을 해결하기 위해서는 향후 신용정보법에서 개인정보보호법과 유사 중복되는 규정은 삭제하고 신용정보의 효율적 이용과 체계적 관리에 필요한 범위만 한정하여 규율하고 개인신용정보 보호 및 제재의 권한을 금융위원회에서 보호위원회로 이관하여 추진체계를 일원화하고, 위치정보법상의 개인위치정보 보호 및 조사·처분 업무도 방송통신위원회에서 보호위원회로 이관하여 개인정보의 한 유형인 개인위치정보도 체계 조화적으로 해석하고 감독 권한을 일원화하여야 한다.

개인정보보호 법제 연혁상 신용정보법과 위치정보법은 개인정보보호법보다 먼저 제정되었고, 이에 따라 신용정보법과 위치정보법에서 관련 분야의 개인정보보호 규정들을 먼저 제도화할 수밖에 없었다. 하지만 개인정보보호에 관한 일반법인 개인정보보호법이 제정되었고 독립적인 중앙행정기관인 보호위원회가 설립되어 개인정보보호 및 처리에 관한 감독 기능을 수행하고 있는 현실 속에서 향후 신용정보법과 위치정보법이 조속히 개정되어 수범자의 혼란과 중복규제 문제를 해소해야 할 것이다.

Ⅳ. 개인정보보호위원회의 설치 의의 및 지위

개인정보보호 제도의 운영에 있어서 독립적이고 전문적인 개인정보보호 감독기구의 설치는 가장 핵심적인 요소이자 안전장치라고 할 수 있다. 개인정보보호법은 제7조에 개인정보 보호에 관한 사무를 독립적·체계적으로 수행할 수 있는 보호위원회의 설치 근거를 두고 있다. 2020년 개인정보호법 개정으로 보호위원회가 중앙행정기관으로 격상되고 과거 행정안전부와 방송통신위원회가 수행하던 개인정보보호 기능이 보호위원회로 이관되어 개인정보보호 정책 및 집행 기능이 일원화되었다. 그간 분산된 개인정보 규제체계로 인해 필연적으로 발생할 수밖에 없었던 사업자의 혼란 및 중복규제 부담이 해소되었고, 수범자와 정보주체를 보다 체계적으로 보호할 수 있는 법적 기반이 마련되었다. 또한 보호위원회는 EU의 GDPR 등 해외 법제가 요구하는 개인정보보호 감독기구의 독립성과 개인정보보호 및 처리에 관한 권한을 충족하는 등 선진국 수준의 감독체계를 갖추게 되어 향후 외국과의 개인정보 국외 이전 논의시 안전한 보호체계를 갖춘 국가로 평가받게 되었다. 보호위원회는 행정 각부를 통할하는 국무총리소속 중앙행정기관으로 조직운영에 필요한 인사·예산권과 법 위반사항에 대한 조사·처분권 등 집행권을 갖는다. 이를 통해 보호위원회는 개인정보를 대량으로 처리하는 정부 및 공공기관이나 민간 사업자들의 개인정보 처리 활동을 전문적으로 검토·평가하고 효과적으로 견제할 수 있게 되었다. 보호위원회는 조직상 국무총리 소속의 중앙행정기관이지만, 업무상 독립적인 감독기구로서 역할을 수행한다. 보호위원회가 수행하는 정보주체의 권리침해에 대한 조사·처분, 개인정보의 처리와 관련된 고충처리·권리구제 및 개인정보에 관한 분쟁의 조정, 보호위원회의 심의·의결에 대해서는 국무총리의 행정 감독권 적용이 배제된다(법 제7조 제2항). 이는 보호위원회의 핵심 기능인 개인정보 보호 업무에 대해 업무상 독립성을 보장하기 위한 최소한의 법적 안전장치라고 할 수 있다.

제 2 절
개인정보보호위원회의 구성 및 운영

Ⅰ. 개인정보보호위원회 위원

합의제 중앙행정기관인 보호위원회는 상임위원인 위원장 1명, 부위원장 1명을 포함하여 총 9명의 위원으로 구성된다. 보호위원회 위원은 개인정보 보호에 관한 경력과 전문지식이 풍부한 사람 중에서 상임위원인 위원장과 부위원장은 국무총리의 제청으로, 그 외 위원 중 2명은 위원장의 제청으로, 2명은 대통령이 소속되거나 소속되었던 정당의 교섭단체 추천으로, 3명은 그 외의 교섭단체 추천으로 대통령이 임명 또는 위촉한다. 2020년 8월 보호위원회 출범과 동시에 구성된 1기 보호위원회는 당시 대통령 소속 정당이었던 더불어 민주당이 2명, 그 외 교섭단체인 국민의 힘에서 3명을 추천하였으며, 2023년 9월 구성된 2기 보호위원회는 현재 대통령 소속 정당인 국민의 힘에서 2명을, 그 외 교섭단체인 더불어 민주당에서 3명[13]을 추천하여 구성되었다(법 제7조의2 제1항).

보호위원회 위원이 될 수 있는 자격 조건은 개인정보 보호 업무를 담당하는 3급 이상 공무원(고위공무원단에 속하는 공무원 포함)의 직에 있거나 있었던 사람, 판사·검사·변호사의 직에 10년 이상 있거나 있었던 사람, 공공기관 또는 단체(개인정보처리자로 구성된 단체 포함)에 3년 이상 임원으로 재직하거나 이들 기관 또는 단체로부터 추천받은 사람으로 개인정보 보호 업무를 3년 이상 담당한 사람, 개인정보 관련 분야에 전문지식이 있고 「고등교육법」 제2조 제1호에 따른 학교에서 부교수 이상으로 5년 이상 재직하고 있거나 재직한 사람이다(법 제7조의2 제2항).

대한민국 국민이 아니거나, 국가공무원이거나 정당의 당원인 경우 보호위원회 위원이 될 수 없으며, 위원이 대한민국 국적을 상실하거나 「국가공무원법」 제33조(결격사유)의 각호[14]에 해당

---

13) 더불어 민주당에서 추천한 3인 중 1명은 자격요건 미비로 임명되지 못하였고, 2023년 12월 현재 1명이 궐위된 상태이다.

14) 1. 피성년후견인, 2. 파산선고를 받고 복권되지 아니한 자, 3. 금고 이상의 실형을 선고받고 그 집행이 끝나거나(집행이 끝난 것으로 보는 경우를 포함한다) 집행이 면제된 날부터 5년이 지나지 아니한 자, 4. 금고 이상의 형의 집행유예를 선고받고 그 유예기간이 끝난 날부터 2년이 지나지 아니한 자, 5. 금고 이상의 형의 선고유예를 받은 경우에 그 선고유예 기간 중에 있는 자, 6. 법원의 판결 또는 다른 법률에 따라 자격이 상실되거나 정지된 자, 6의2. 공무원으로 재직기간 중 직무와 관련하여 「형법」 제355조 및 제356조에 규정된 죄를 범한 자로서 300만 원 이상의 벌금형을 선고받고 그 형이 확정된 후 2년이 지나지 아니한 자, 6의3. 다음 각 목의 어느 하나에 해당하는

되거나 정당의 당원이 되는 경우 당연히 위원직에서 퇴직하게 된다. 다만 「국가공무원법」 제33조제2호는 파산선고를 받은 사람으로서 「채무자 회생 및 파산에 관한 법률」에 따라 신청기한 내에 면책신청을 하지 아니하였거나 면책불허가 결정 또는 면책 취소가 확정된 경우만 해당하고, 같은 법 33조제5호는 「형법」 제129조(수뢰, 사전수뢰)부터 제132조(알선수뢰)까지, 「성폭력범죄의 처벌 등에 관한 특례법」 제2조에 따른 성폭력 범죄, 아동·청소년의 성보호에 관한 법률 제2조제2호에 따른 아동·청소년 대상 성범죄 및 직무와 관련하여 「형법」 제355조(횡령, 배임) 또는 제356조(업무상의 횡령과 배임)에 규정된 죄를 범한 사람으로서 금고 이상의 형의 선고유예를 받은 경우만 해당한다(법 제7조의7).

위원은 법률과 양심에 따라 독립적으로 업무를 수행하며 장기간 심신장애로 직무를 수행할 수 없게 된 경우나 개인정보보호법이나 다른 법률에 따른 직무상의 의무를 위반한 경우를 제외하고는 그 의사에 반하여 면직 또는 해촉되지 아니한다(법 제7조의5). 하지만, 위원은 국회의원 또는 지방의회 의원, 국가공무원 또는 지방공무원을 겸직할 수 없으며, 정치활동에 관여할 수 없다. 또한 영리를 목적으로 보호위원회가 심의·의결하는 사항이나 분쟁조정위원회가 조정하는 사항과 관련된 업무에 종사해서는 안 된다(법 제7조의6). 위원의 임기는 3년이며 한 차례만 연임할 수 있다. 위원이 궐위된 때에는 지체 없이 새로운 위원을 임명 또는 위촉하여야 하며, 이 경우 후임으로 임명 또는 위촉된 위원의 임기는 새로이 개시된다. 따라서 경우에 따라 위원들의 임기 시작과 종료가 다를 수 있다(법 제7조의4).

II. 개인정보보호위원회 위원장(법 제7조의3)

정무직 공무원인 보호위원회 위원장은 보호위원회를 대표하며 보호위원회 회의를 주재하고 보호위원회 사무를 총괄한다. 위원장은 정부위원으로 국회의 본회의 또는 그 위원회에 출석하여 보호위원회 소관 사무에 관하여 의견을 진술할 수 있으며 국회에서 요구하면 국회에 출석하여 국정처리사항을 보고하거나 질의에 답변하여야 한다. 현재 보호위원회는 국회 정무위원회 소관 부처이다. 위원장은 국무위원은 아니지만 국무회의에 출석하여 발언할 수 있으며, 소관 사무에 관하여 국무총리에게 국무회의 의안 제출을 건의할 수 있다. 위원장이 부득이한 사유로

죄를 범한 사람으로서 100만 원 이상의 벌금형을 선고받고 그 형이 확정된 후 3년이 지나지 아니한 사람 가. 「성폭력범죄의 처벌 등에 관한 특례법」 제2조에 따른 성폭력범죄, 나. 「정보통신망 이용촉진 및 정보보호 등에 관한 법률」 제74조제1항제2호 및 제3호에 규정된 죄, 다. 「스토킹범죄의 처벌 등에 관한 법률」 제2조제2호에 따른 스토킹범죄, 6의4. 미성년자에 대한 다음 각 목의 어느 하나에 해당하는 죄를 저질러 파면·해임되거나 형 또는 치료감호를 선고받아 그 형 또는 치료감호가 확정된 사람(집행유예를 선고받은 후 그 집행유예기간이 경과한 사람을 포함한다) 가. 「성폭력범죄의 처벌 등에 관한 특례법」 제2조에 따른 성폭력범죄, 나. 「아동·청소년의 성보호에 관한 법률」 제2조제2호에 따른 아동·청소년대상 성범죄, 7. 징계로 파면처분을 받은 때부터 5년이 지나지 아니한 자, 8. 징계로 해임처분을 받은 때부터 3년이 지나지 아니한 자

직무를 수행할 수 없는 때에는 정무직 공무원인 부위원장이 그 직무를 대행하고, 위원장·부위원장이 모두 부득이한 사유로 그 직무를 수행할 수 없는 때에는 위원회가 미리 정하는 위원이 위원장의 직무를 대행한다. 직무를 대행할 위원이 지명되지 않은 경우에는 위촉일이 가장 먼저인 위원이 대행하고 위촉일이 같은 경우에는 연장자가 직무를 대행한다.

III. 개인정보보호위원회 운영

1. 보호위원회 회의(법 제7조의10)

보호위원회는 위원장이 필요하다고 인정하거나 재적위원 4분의 1 이상의 요구가 있을 경우에 위원장이 회의를 소집할 수 있으며 위원장이 의장이 된다. 2020년 8월 보호위원회가 출범한 후, 보호위원회는 격주로 정례회의를 개최하여 개인정보보호법 제7조의9 제1항에 해당하는 사항들을 심의·의결하거나 그 외 사무처로부터 제출된 안건들을 보고받고 있다. 위원장 또는 2명 이상의 위원은 보호위원회에 의안을 제의할 수 있으며, 보호위원회 회의는 재적위원 과반수의 출석으로 개의하고, 출석위원 과반수의 찬성으로 의결한다(법 제7조의10). 보호위원회의 회의는 공개가 원칙이지만 국가안전보장을 해할 우려가 있거나, 법령에 의하여 비밀로 분류되거나 공개가 제한된 경우, 개인·법인·단체의 명예를 훼손하거나 정당한 이익을 해할 우려가 있는 경우, 공익상 회의를 공개하는 것이 적절하지 않은 상당한 이유가 있는 경우 등에 해당되는 경우 보호위원회의 의결로 공개하지 아니할 수 있다. 위원장은 회의 의사일정을 회의 개최 2일전까지 위원회 홈페이지를 통해 공표하며, 공개되는 회의는 방청할 수 있다. 방청을 희망하는 자는 회의 개최 1일전까지 신청서를 제출하여 위원장의 허가를 받으면 된다. 위원장은 회의장 사정과 질서 유지 등을 위해 필요한 경우 방청인의 수 및 방법을 제한할 수 있다(개인정보보호위원회 운영규칙 제12조).

2. 위원의 제척·기피·회피(법 제7조의11)

위원들은 보호위원회의 모든 회의에 참석할 수 있지만 위원 또는 위원의 배우자나 배우자였던 자가 심의·의결 사안의 당사자가 되거나 그 사안에 대하여 공동의 권리자 또는 의무자의 관계에 있거나, 위원이 해당 사안의 당사자와 친족이거나 친족이었던 경우, 위원이 해당 사안에 대하여 증언·감정·법률자문을 한 경우, 위원이 해당 사안에 관하여 당사자의 대리인으로 관여하거나 관여하였던 경우, 위원이나 위원이 속한 공공기관·법인 또는 단체 등이 조언 등 지원을 하고 있는 자와 이해관계가 있는 경우 그 해당되는 사안에 대한 심의·의결에서 제척된다. 또한, 위원 스스로 심의 · 의결에 공정을 기대하기 어려운 경우 기피 신청을 할 수 있으며, 보호의원회 의결로 기피를 결정한다. 위원은 제척되거나 기피 신청을 할 사유가 있는 경우 스스로 해당 사안에 대하여 회피도 할 수 있다.

3. 소위원회(법 제7조의12)

보호위원회는 효율적인 업무 수행을 위하여 개인정보 침해 정도가 경미하거나 유사 · 반복되는 사항들을 심의 · 의결하기 위하여 소위원회를 운영하고 있다. 소위원회는 소위원장 1인을 포함하여 3명의 위원으로 구성되며, 보호위원회 위원장이 소위원회 위원장 및 위원들을 지정하고 필요한 경우 변경할 수 있다. 보호위원회는 2020년 8월 출범한 이후 현재까지 2개의 소위원회를 구성하여 격주로 운영하고 있다. 소위원회는 개인정보보호법 제7조의9 제1항에 따른 심의 · 의결사항 중 법 제8조의2에 따른 개인정보 침해요인 평가에 관한 사항, 개인정보 처리에 관한 공공기관 간의 의견조정에 관한 사항, 개인정보 보호에 관한 법령의 해석 · 운영에 관한 사항, 공공기관이 개인정보를 목적 외의 용도로 이용하거나 제공하지 않으면 다른 법률에서 정한 소관 업무를 수행할 수 없는 경우에 해당하는가에 관한 사항, 그 밖에 개인정보 침해 정도가 경미하거나 유사 · 반복되는 사항 등에 관하여 심의 · 의결한다. 소위원회는 구성위원 전원의 출석과 출석위원 전원의 찬성으로 의결하며, 소위원회가 심의 · 의결한 것은 보호위원회가 심의 · 의결한 것으로 본다.

4. 전문위원회(시행령 제5조)

보호위원회는 심의 · 의결하기 위해 필요한 경우 관계 공무원, 개인정보 보호에 관한 전문지식이 있는 사람, 시민 사회단체 및 관련 사업자로부터 의견을 청취할 수 있다. 이에 따라 보호위원회는 심의 · 의결사항에 대하여 사전에 전문적으로 검토하기 위하여 개인정보의 국외 이전 분야 및 그 밖에 필요하다고 인정하는 분야에 대해 분야별 전문위원회를 구성할 수 있다. 전문위원회는 위원장 1명을 포함하여 20명 이내의 위원으로 구성되며 전문위원회 위원은 보호 위원회 위원, 개인정보 보호관련 업무를 담당하는 중앙행정기관의 관계 공무원, 개인정보 보호에 관한 전문지식과 경험이 풍부한 사람, 개인정보 보호와 관련된 단체 또는 사업자 단체에 속하거나 그 단체의 추천을 받은 사람 중 보호위원회 위원장이 임명하거나 위촉한다. 전문위원회 위원장은 보호위원회 위원장이 전문위원 중에서 지명한다. 보호위원회는 2020년 8월 출범 이후 2023년 12월 현재까지 전문위원회를 구성 · 운영하지 않고 있으나 국외이전에 관한 전문위원회를 곧 구성하여 운영할 계획이며 보호위원회의 업무가 더욱 복잡해지고 확대됨에 따라 보호위원회의 전문성을 강화하기 위해 향후 전문위원회 구성·운영이 더욱 확대될 필요가 있다고 할 수 있다.

5. 정책협의회(시행령 제5조의2)

보호위원회는 개인정보 보호 정책의 일관성 있는 추진과 개인정보 보호 관련 사안에 대한 관계 중앙행정기관 간 협의를 위해 개인정보보호 정책협의회를 둘 수 있다. 정책협의회는 관계 중앙행정기관의 고위공무원단에 속하는 공무원이나 그에 상당하는 공무원으로 개인정보 보호와 관련된 업무를 담당하는 사람 중 소속기관의 장이 지명하는 사람으로 구성한다. 정책협의회 의장은 보호위원회 부위원장이 담당한다. 정책협의회는 개인정보 기본 계획 및 시행 계획 등 개인정보 보호와 관련된 주요 정책, 개인정보 보호와 관련된 주요 법령의 제·개정, 개인정보 보호와 관련된 주요 정책의 협력 및 의견조정, 개인정보 침해사고 예방 및 대응, 개인정보 보호 기술 개발 및 전문 인력의 양성, 그 밖에 개인정보 보호와 관련하여 중앙행정기관 간 협의가 필요한 사항을 협의한다. 또한, 정책협의회의 업무를 수행하기 위하여 필요한 경우 실무협의회 또는 분야별 협의회를 둘 수 있으며 실무협의회 또는 분야별 협의회의 의장은 보호위원회 소속 공무원 중에서 의장이 임명한다. 보호위원회는 2020년 8월 출범 이후 가명정보 이용 활성화, 마이데이터 사업 확대 및 표준화, 공공기관 개인정보 유출대책 마련, 아동·청소년 개인정보 보호 등을 위해 관련 중앙행정기관과 정책협의회 및 분야별 협의회를 구성하여 필요한 사항을 협의하고 범정부적인 일관성 있는 개인정보 보호 정책을 추진하고 있다.

6. 시·도 개인정보 보호 관계 기관 협의회(시행령 제5조의3)

보호위원회는 개인정보 보호 정책의 효율적인 추진과 자율적인 개인정보 보호 강화를 위하여 광역자치단체인 특별시, 광역시, 특별자치시, 도, 특별 자치도에 시·도 개인정보 보호 관계 기관 협의회를 구성·운영할 것과 시·도 관계 기관 협의회의 설치 근거 및 시·도 개인정보 보호에 관한 사항을 자체 규정하기 위해 시·도 개인정보보호 조례 제정을 권고할 수 있다. 시·도 관계 기관 협의회의 주요 기능은 시·도 개인정보 보호 정책, 관계 기관·단체 등의 의견 수렴 및 전달, 개인정보 보호 우수사례 공유, 그 밖에 개인정보 보호와 관련하여 협의가 필요한 사항 등을 협의하는 것이다. 보호위원회는 2022년부터 시·도 관계 기관 협의회 설치 근거가 마련된 시·도 개인정보보호 표준조례(안)를 마련하여 광역자치단체를 대상으로 조례제정을 권고하고 있으며 권역별 설명회를 개최하여 조례제정의 필요성과 그 방법을 설명하고 있다. 이런 노력으로 2023년 12월 현재 대부분의 광역자치단체에서 시·도 조례 제정 및 이를 통한 시·도 개인정보 보호 관계 기관 협의회를 구성·운영하고 있거나 할 예정이다. 기초자치단체인 시·군·구에서도 개인정보 보호의 필요성을 인식하고 보호위원회에 시·군·구 개인정보 보호 표준조례(안)를 요청하여 그 표준조례(안)를 기초자치단체들에게 배부하고 권역별 설명회를 통해 조례제정의 필요성과 그 방법을 설명하고 있다. 이런 노력으로 기초자치단체의 조례제정과 시·군·구 개인정보 보호 관계 기관 협의회 구성 및 운영도 점차 확대되고 있다.

7. 기타 운영 규정

보호위원회는 법 제7조의9 보호위원회의 심의·의결 사항[15]을 심의·의결하기 위하여 필요한 경우 관계 공무원, 개인정보 보호에 관한 전문지식이 있는 사람이나 시민사회 단체 및 관련 사업자로부터 의견 청취나 관계 기관 등에 필요한 자료 제출이나 사실 조회를 요구할 수 있다. 자료 제출이나 사실 조회를 요구 받은 관계 기관은 특별한 사정이 없으면 이에 따라야 한다(법 제7조의9 제2,3항). 그리고 보호위원회는 업무수행을 위하여 필요하다고 인정하는 경우 공공기관에 그 소속 공무원 또는 임직원의 파견을 요청할 수 있으며(시행령 제7조), 개인정보 보호와 관련된 정책, 제도 및 법령의 개선에 관한 사항을 심의·의결한 경우 그 관계 기관에 개선을 권고할 수 있으며, 그 관계 기관에 대해 권고 내용 이행 여부를 점검할 수 있다(시행령 제9조의2).

Ⅳ. 개인정보보호위원회의 사무처(법 제7조의13)

보호위원회는 사무를 처리하기 위하여 보호위원회에 사무처를 두고 있다. 사무처의 장인 처장은 정부위원으로 국회의 본회의 또는 그 위원회에 출석하여 국정처리사항을 보고하거나 의견을 진술하고 질문에 답변할 수 있다. 현재 사무처는 1처, 4국(관), 16과(팀), 정원 172명으로 운영되고 있으며, 2023년 개정된 개인정보보호법의 개인정보전송요구권과 이를 통한 마이데이타 사업을 범정부적으로 지원하기 위하여 2023년부터 1단, 3팀, 정원 15명의 마이데이타 추진단을 한시 조직으로 운영하고 있다. 현재 보호위원회는 디지털 전환이 가속화되고 데이터 경제

---

15) 1. 제8조의2에 따른 개인정보 침해요인 평가에 관한 사항, 2. 제9조에 따른 기본계획 및 제10조에 따른 시행계획에 관한 사항, 3. 개인정보 보호와 관련된 정책, 제도 및 법령의 개선에 관한 사항, 4. 개인정보의 처리에 관한 공공기관 간의 의견조정에 관한 사항, 5. 개인정보 보호에 관한 법령의 해석·운용에 관한 사항, 6. 제18조제2항제5호에 따른 개인정보의 이용·제공에 관한 사항, 6의2. 제28조의9에 따른 개인정보의 국외 이전 중지 명령에 관한 사항, 7. 제33조제4항에 따른 영향평가 결과에 관한 사항, 8. 제64조의2에 따른 과징금 부과에 관한 사항, 9. 제61조에 따른 의견제시 및 개선권고에 관한 사항, 9의2. 제63조의2제2항에 따른 시정권고에 관한 사항, 10. 제64조에 따른 시정조치 등에 관한 사항, 11. 제65조에 따른 고발 및 징계권고에 관한 사항, 12. 제66조에 따른 처리 결과의 공표 및 공표명령에 관한 사항, 13. 제75조에 따른 과태료 부과에 관한 사항, 14. 소관 법령 및 보호위원회 규칙의 제정·개정 및 폐지에 관한 사항, 15. 개인정보 보호와 관련하여 보호위원회의 위원장 또는 위원 2명 이상이 회의에 부치는 사항, 16. 그 밖에 이 법 또는 다른 법령에 따라 보호위원회가 심의·의결하는 사항

시대가 도래하면서 기능과 역할이 더욱 확대되고 있으며 업무도 더욱 복잡다기해지고 더 높은 전문성을 요구받고 있다. 따라서 향후 보호위원회 업무를 효율적으로 추진하기 위해서는 사무처의 조직과 인원도 이러한 환경변화에 따라 시급하게 확대될 필요가 있다고 할 수 있다.

제 3 절
개인정보보호위원회 기능과 역할

보호위원회는 독립된 개인정보 보호 및 처리의 감독기구로서 다양한 기능과 역할을 수행하고 있다. 법 제7조의8에서 보호위원회의 소관사무로 1. 개인정보의 보호와 관련된 법령의 개선에 관한 사항, 2. 개인정보 보호와 관련된 정책·제도·계획수립·집행에 관한 사항, 3. 정보주체의 권리침해에 대한 조사 및 이에 따른 처분에 관한 사항, 4. 개인정보의 처리와 관련한 고충처리·권리구제 및 개인정보에 관한 분쟁의 조정, 5. 개인정보 보호를 위한 국제기구 및 외국의 개인정보 보호기구와의 교류·협력, 6. 개인정보 보호에 관한 법령·제도·실태 등의 조사·연구, 교육 및 홍보에 관한 사항, 7. 개인정보 보호에 관한 기술개발의 지원·보급, 기술의 표준화 및 전문 인력의 양성에 관한 사항, 8. 개인정보보호법 및 다른 법령에 따라 보호위원회의 사무로 규정된 사항 등을 규정하고 있지만 보호위원회의 주요 기능과 역할은 아래와 같다.

Ⅰ. 개인정보 침해요인 평가(법 제8조의2)

중앙행정기관의 장은 법령의 제정 또는 개정을 통해 개인정보 처리를 수반하는 정책이나 제도를 도입·변경하는 경우 개인정보 침해요인 평가 요청서를 보호위원회에 제출하여 침해요인 평가를 받아야 한다. 이는 보호위원회가 개인정보 처리를 수반하는 법령의 제정 또는 개정에 의한 개인 정보 침해 요인을 사전에 평가하여 제정 또는 개정되는 법령에 의한 개인 정보 침해를 최소화하기 위한 것이다. 침해요인 평가 요청서에는 개인정보 처리를 수반하는 정책·제도의 목적, 주요 내용과 개인정보 처리의 필요성, 개인정보 주체의 권리보장의 적정성, 개인정보 관리의 안전성, 그 밖에 침해요인 평가에 필요한 사항 등에 대한 중앙행정기관이 자체 분석한 개인정보 침해 요인 및 개인정보 처리를 수반하는 정책·제도의 도입·변경에 따른 개인정보 보호 대책을 포함하여야 한다(시행령 제9조의3 제1항). 보호위원회는 효율적인 침해 요인 평가를 위해 침해요인 평가의 세부기준 및 방법 등 침해요인 평가에 필요한 지침을 수립하여 중앙행정기관의 장에게 통보할 수 있다(시행령 제9조의3 제5항). 평가요청서를 받은 보호위원회는 법 제3조(개인정보 보호 원칙)에 따라, 개인정보 처리를 수반하는 법령이 처리목적에 필요한 최소한의 개인정보만을 수집하는지, 개인정보를 처리하는 목적이 명확히 특정되어 있는지, 익명·가명

우선 처리 원칙이 지켜지고 있는지, 개인정보가 안전하게 관리되고 있는지, 정보주체의 권리가 적정하게 보장되고 있는지 등을 고려하여 침해요인 평가를 한다. 보호위원회는 침해요인 평가에 필요한 자료 등을 해당 중앙행정기관의 장에게 요청할 수 있으며(시행령 제9조의3 제4항), 침해요인 평가를 실시하기 위해 필요하면 관계 전문가에게 자문을 받을 수 있다(시행령 제9조의3 제6항). 보호위원회는 침해 요인 평가 결과를 해당 중앙행정기관의 장에게 통보하고 개선을 위하여 필요한 사항을 권고할 수 있다. 개선 권고를 받은 중앙행정기관은 해당 권고 내용을 해당 법령안에 반영하는 등 권고 내용을 이행하기 위한 노력을 하여야 하며, 이행하기 곤란한 경우에는 그 사유를 보호위원회에 통보하여야 한다(시행령 제9조의3 제3항). 현 개인정보보호법은 중앙행정기관의 장이 제정 또는 개정하는 법령에 대한 침해 요인 평가만을 규정하고 있어, 의원발의된 제정 또는 개정되는 법률에 대하여 보호위원회가 직접적인 침해 요인 평가 권한이 있다고 보기는 어렵다. 다만, 의원입법으로 법률의 제·개정이 발의 된 경우 해당 법률을 소관하는 중앙행정기관의 장이 관계 부처로서 보호위원회에 의견 조회를 요청하고 있어 간접적으로 침해요인 평가를 하고 있다. 따라서 향후 개인정보보호법 개정을 통해 정부 발의 법령의 제·개정뿐만 아니라 의원발의 법률에 대해서도 보호위원회가 침해 요인 평가를 할 수 있도록 명확히 규정하는 것이 필요하다고 할 수 있다. 현재 보호위원회는 법령의 제·개정뿐만 아니라 개인정보보호법에 의해 침해요인 평가를 받지 않은 개인정보 처리를 수반하는 현행 주요 법령16)에 대해서도 법 제61조 제1항17)을 근거로 간접적으로 침해요인 평가를 하고 있으며 개인정보 보호를 위해 필요한 경우 중앙행정기관의 장에게 법령 개선 의견을 제시하고 있다. 하지만 현행 규정은 단순한 의견 제시로 의견 제시를 받은 중앙행정기관이 이에 따라야 할 구속력이 없다. 따라서 실효성 확보를 위해 개인정보보호법 개정을 통해 명확하게 구속력이 있는 법적 근거를 마련하는 것이 필요하다고 할 수 있다. 아울러 무엇보다 중요한 것은 개인정보침해요인 평가제도가 단순히 법령 서식 등에 수반되는 개인정보 처리의 적정성만을 평가하는 형식적인 제도로 운영되어서는 안 되며 일반법으로서 개인정보보호법이 타 법령에 대한 실효성을 확보하는 실체적인 수단으로 활용되어야 한다는 것이다.

Ⅱ. 개인정보 기본계획 수립 및 시행계획 심의·의결(법 제9조)

보호위원회는 개인정보의 보호와 정보주체의 권익 보장을 위하여 3년마다 그 3년이 시작되는 해의 전년도 6월 30일까지 개인정보 기본계획을 관계 중앙행정기관의 장과 협의하여 수립해야 한다(시행령 제11조). 기본계획은 2012년부터 3년 단위로 수립되고 있으며 1차부터 4차까지

---

16) 행정 일반 210개, 법원·법무·민사법·형사법 577개 등 총 14개 분야 1,617개 법령.
17) 법 제61조(의견제시 및 개선권고) ① 보호위원회는 개인정보 보호에 영향을 미치는 내용이 포함된 법령이나 조례에 대하여 필요하다고 인정하면 심의·의결을 거쳐 관계 기관에 의견을 제시할 수 있다.

의 기본계획은 구 개인정보 보호위원회에서, 2024년~2026년의 5차 계획은 현 보호위원회에서 수립하여 발표하였다. 기본계획에는 1. 개인정보 보호의 기본목표와 추진방향, 2. 개인정보 보호와 관련된 제도 및 법령의 개선, 3. 개인정보 침해방지를 위한 대책, 4. 개인정보 보호 자율규제의 활성화, 5. 개인정보 보호 교육·홍보의 활성화, 6. 개인정보 보호를 위한 전문 인력의 양성, 7. 그 밖의 개인정보에 필요한 사항 등을 포함한다. 보호위원회는 관계 중앙행정기관으로부터 개인정보 보호 관련 중장기 계획과 시책 등을 반영한 부문별 계획을 제출받아 기본계획에 반영하며, 기본계획을 효율적으로 수립하기 위하여 개인정보처리자, 관계 중앙 행정기관의 장, 지방자치단체의 장 및 관계 기관·단체 등에 개인정보처리자의 법규 준수 현황과 개인정보 관리 실태 등에 관한 자료의 제출이나 의견의 진술 등을 요구할 수 있으며(법 제11조 제1항), 요구 받은 자는 특별한 사정이 없으면 이에 따라야 한다(법 제11조 제4항). 또한 보호위원회는 기본 계획을 효율적으로 수립하기 위하여 개인정보처리자에게 1.처리하는 개인정보 및 개인정보파일관리와 고정형·이동형 영상정보처리기기의 설치·운영에 관한 사항, 2. 법 31조에 따른 개인정보 보호책임자의 지정 여부에 관한 사항, 3. 개인정보의 안전성 확보를 위한 기술적·관리적·물리적 조치에 관한 사항, 4. 정보주체의 열람, 개인정보의 정정·삭제·처리정지의 요구 및 조치현황에 관한 사항, 5. 그 밖에 기본계획의 수립·추진을 위하여 필요한 사항에 관한 자료의 제출이나 의견의 진술 등도 요구할 수 있다(시행령 제13조 제1항). 다만 자료 제출이나 의견 진술 요구는 기본계획을 효율적으로 수립·추진하기 위한 최소한의 범위로 한정하여야 한다(시행령 제13조 제2항). 국회, 법원, 헌법재판소, 중앙선거관리위원회는 그 소속 기관을 포함하여 개인정보 보호를 위한 별도의 기본 계획을 수립·시행할 수 있다.

보호위원회는 기본계획에 따라 매년 6월 30일까지 그 다음 해 시행계획의 작성 방법 등에 관한 지침을 마련하여 관계 중앙행정기관에 통보해야한다. 중앙행정기관은 시행계획 작성 지침에 따라 기본계획 중 다음 해에 시행할 소관 분야의 시행계획을 작성하여 매년 9월 30일까지 보호위원회에 제출하고, 보호위원회는 제출된 시행계획을 그 해 12월 31일까지 심의·의결한다(시행령 제12조). 중앙행정기관의 장은 시행계획을 효율적으로 수립·추진하기 위하여 소관 분야의 개인정보처리자에게 개인정보처리자의 법규 준수 현황과 개인정보 관리 실태 등에 관한 자료 제출이나 의견의 진술 등을 요구할 수 있으며(법 제11조 제3항), 요구 받은 자는 특별한 사정이 없으면 이에 따라야 한다(법 제11조 제4항).

Ⅲ. 공공기관 개인정보 보호수준 평가(법 제11조의2)

보호위원회는 중앙행정기관 및 그 소속기관, 지방자치단체, 「공공기관의 운영에 관한 법률」 제4조에 따른 공공기관, 「지방공기업법」에 의한 지방공사와 지방공단, 그 밖에 보호위원회가 필요하다고 인정하는 공공기관을 대상으로 개인정보 보호수준을 평가하여야 한다(시행령 제13조 의2 제1항). 평가 기준은 개인정보 보호 정책·업무 수행실적 및 개선 정도, 개인정보 관리체계 의 적정성, 정보주체 권리 보장을 위한 조치사항 및 이행 정도, 개인정보 침해 방지 조치사항 및 안전성 확보 조치 이행 정도, 그 밖에 법령에 따른 필요한 조치 사항의 준수 여부 등이다(시 행령 제13조의2 제2항). 보호위원회는 개인정보 보호수준을 평가하기 전에 평가대상·기준·방법 및 평가지표 등을 포함한 평가계획을 마련하여 평가 대상 공공기관의 장에게 통보하고(시행령 제13조의2 제3항), 평가를 효율적으로 실시하기 위해 개인정보 보호에 관한 전문적인 지식과 경 험이 풍부한 전문가로 구성된 평가단을 운영할 수 있다(시행령 제13조의2 제4항). 보호위원회는 평가대상 기관의 장이 평가계획에 따라 제출한 자료를 기준으로 평가를 진행하며, 평가 자료에 대한 사실 확인이 필요한 경우 현장 방문 또는 대면 평가의 방법을 병행할 수 있다(시행령 제13 조의2 제5항). 또한, 보호위원회는 평가에 필요한 경우 해당 공공기관의 장에게 관련 자료를 제 출하게 할 수 있다. 관련 자료는 평가계획에 따른 평가지표별 점검결과 및 증빙자료, 증빙자료 의 검증에 필요한 자료 및 그 밖에 평가에 필요한 사항으로서 사실 확인에 필요한 최소한의 자 료이어야 한다(시행령 제13조의2 제6항). 보호위원회는 중앙행정기관의 장 또는 지방자치단체의 장에게 소속 기관·단체 등 소관 분야 공공기관의 평가준비 또는 평가에 따라 개인정보 보호 조치를 위해 필요한 사항을 지원하도록 요청할 수 있으며, 요청받은 중앙행정기관의 장 또는 지방자치단체의 장은 특별한 사유가 없는 한 요청 사항을 지원하기 위하여 성실하게 노력하여 야 한다(시행령 제13조의2 제7항). 보호위원회는 개인정보 보호수준 평가의 결과를 인터넷 홈페이 지 등을 통해 공개할 수 있으며, 개인정보 보호 수준 평가 결과에 따라 우수기관 및 그 소속 직원에 대하여 포상할 수 있다. 또한, 개인정보 보호를 위해 필요하다고 인정될 경우 해당 공 공기관의 장에게 개선을 권고할 수 있다. 개선 권고를 받은 공공기관의 장은 이를 이행하기 위 하여 성실하게 노력하여야 하며, 그 조치 결과를 보호위원회에 알려야 한다. 보호위원회는 시 행령에서 규정한 사항 외에 개인정보 보호수준 평가를 위한 세부적인 평가대상, 평가의 절차, 평가단의 구성·운영 방법, 평가결과의 활용 등은 고시로 규정한다.

IV. 개인정보 보호지침 준수 권장(법 제12조)

보호위원회는 개인정보 처리에 관한 기준, 개인정보 침해의 유형 및 예방조치 등에 관한 표 준 개인정보 보호지침을 정하여 개인정보처리자에게 그 준수를 권장하고 있다. 표준 개인정보 보호지침은 총 61조로 구성되어 있으며, 제1조부터 제34조까지는 법령의 주요 내용을 좀 더 자 세하게 규정하고 있으며, 제35조부터 제61조까지는 개인영상정보에 대하여 총칙, 고정형 영상 처리기기의 설치, 이동형 영상처리기기의 운영, 개인영상정보의 처리, 열람등 요구, 보호 조치 등 총 6개의 절로 고정형 및 이동형 영상정보처리기기 및 개인영상정보 보호에 대하여 상세하게 규정하고 있다. 중앙행정기관의 장은 표준지침에 따라 소관 분야의 개인정보 처리와 관련한 개인정보 보호지침을 정하여 개인정보처리자에게 그 준수를 권장할 수 있으며, 국회, 법원, 헌법재판소 및 중앙선거관리위원회는 해당 기관 및 소속기관의 개인정보 보호지침을 별도로 정하여 시행할 수 있다.

V. 자율규제 촉진 및 지원(법 제13조)

보호위원회는 개인정보처리자의 자율적인 보호활동을 촉진하고 지원하기 위한 시책을 마련하여야 한다. 보호위원회가 추진하고 있는 시책의 주요 내용은 개인정보처리자 및 그 단체를 대상으로 한 1. 개인정보 보호에 관한 교육·홍보, 2. 개인정보보호와 관련된 기관·단체의 육성 및 지원, 3. 개인정보 보호 인증마크의 도입·시행 지원, 4. 개인정보처리자의 자율적인 규약의 제정·시행 지원, 5. 그 밖에 개인정보처리자의 자율적 개인정보 보호활동 지원하기 위하여 필요한 사항 등이다. 2011년 개인정보보호법이 제정되면서 개인정보처리자의 개인정보 자율규제 촉진 및 지원에 대한 법적근거가 마련되었고, 2016년 6월 30일 한국공인중계사협회, 한국여행협회 등 총 4개의 자율규제단체가 지정된 것을 시작으로 2023년 12월 현재까지 총 28개 단체가 자율규제단체로 지정되어 운영되고 있다. 보호위원회는 2020년 8월 출범 이후 개인정보처리자의 자율적인 개인정보보호활동을 촉진하기 위하여 자율규제 단체 지정 확대 및 개인정보보호와 관련된 자율규제단체 지원도 확대해 나가고 있다. 특히, 보호위원회는 성장 속도가 빨라 개인정보관련 법규의 즉시 적용이 곤란한 온라인플랫폼에 대해서는 민간 스스로 규약을 마련하고 보호위원회가 승인하는 자율규제를 확산해 나가고 있다. 2022년 오픈마켓, 셀러툴 사업자에 대한 자율규제를 승인하였고, 2023년에는 주문배달, 구인·구직, 부동산, 숙박, 병의원 예약접수 사업자의 자율 규제를 승인하였다. 보호위원회는 이런 성과를 바탕으로 민관 협력의 자율규제를 더욱 더 확대해 나갈 계획이며 자율 규약 이행 점검 결과에 따라 과징금·과태료 감면 등 인센티브 제공도 더욱 강화해 나갈 계획이다.

VI. 개인정보 보호 인증(법 제32조의2)

보호위원회는 개인정보 처리방침에 포함되어야 할 사항을 고려하여 개인정보 보호의 관리적·기술적·물리적 보호대책의 수립 등을 포함하여 개인정보처리자의 개인정보 처리 및 보호와 관련한 일련의 조치가 이 법에 부합하는지 여부를 인증할 수 있다. 개인정보 보호 인증의 유효기간은 3년이며, 인증을 받은 개인정보처리자는 보호위원회가 정하여 고시한 개인정보 보호 인증표시를 사용할 수 있다. 인증을 받은 자는 인증의 범위와 유효기간을 함께 표시하여야 하며, 인증을 받지 아니하였음에도 거짓으로 인증의 내용을 표시하거나 홍보한 자는 법 제75조 제2항에 따라 3천만 원 이하의 과태료가 부과된다. 보호위원회는 인증의 실효성 유지를 위해 연 1회 이상 사후관리를 실시하여야 하며 거짓이나 부정한 방법으로 인증을 받았거나, 사후관리를 거부 또는 방해한 경우, 인증기준에 미달하게 된 경우, 개인정보 보호 관련 법령을 위반하고 그 위반사유가 중대한 경우 인증을 취소하여야 한다.

보호위원회는 한국인터넷진흥원과 인증과 관련한 업무수행 요건·능력 심사에서 적합하다고 인정한 법인, 단체 또는 기관을 개인정보 보호 인증 전문기관으로 지정·고시하고 인증, 인증취소, 사후관리 및 인증 심사원 관리 업무 등 개인정보 보호 인증 업무를 수행하게 할 수 있다. 인증기관은 인증심사의 결과를 심의하기 위하여 정보보호에 관한 학식과 경험이 풍부한 사람을 위원으로 하는 인증위원회를 설치·운영하여야 하며, 개인정보 보호에 관한 전문지식을 갖춘 사람으로서 인증심사에 필요한 전문 교육과정을 이수하고 시험에 합격한 사람에게 인증심사원의 자격을 부여한다. 다만, 거짓이나 부정한 방법으로 자격을 취득하거나 인증심사와 관련하여 금전, 금품, 이익 등을 부당하게 수령한 경우 취득한 정보를 누설하거나 업무상 목적 외의 용도로 사용한 경우에는 그 자격을 취소한다.

VII. 의견제시 및 개선권고(법 제61조)

보호위원회는 개인정보 보호에 영향을 미치는 내용이 포함된 법령이나 조례에 대하여 필요하다고 인정하면 심의·의결을 거쳐 관계 기관에 의견을 제시할 수 있으며, 개인정보 보호를 위하여 필요하다고 인정하면 개인정보처리자에게 개인정보 처리 실태의 개선을 권고할 수 있다. 이때 보호위원회는 권고 사항, 권고 사유 및 조치 결과, 회신기간 등을 분명하게 밝힌 문서로 하여야 한다(시행령 제58조 제1항). 권고를 받은 개인정보처리자는 이를 이행하기 위하여 성실하게 노력하여야 하며, 그 조치 결과를 문서로 보호위원회에 통보해야하며, 권고 내용대로 조치가 곤란하다고 판단되는 특별한 사정이 있는 경우에는 그 사유를 통보해야 한다(시행령 제58조 제2항).

관계 중앙행정기관의 장은 개인정보 보호를 위해 필요하다고 인정하면 소관 법률에 따라 개인정보처리자에게 개인정보 처리 실태의 개선을 권고할 수 있으며, 이때 중앙행정기관도 권고 사항, 권고 사유 및 조치 결과, 회신기간 등을 분명하게 밝힌 문서로 하여야 한다(시행령 제58조 제1항). 권고를 받은 개인정보처리자는 이를 이행하기 위하여 성실하게 노력하여야 하며, 그 조치 결과를 문서로 관계 중앙행정기관에 통보해야 하며, 권고 내용대로 조치가 곤란하다고 판단되는 특별한 사정이 있는 경우에는 그 사유를 통보해야 한다(시행령 제58조 제2항). 중앙행정기관, 지방자치단체, 국회, 법원, 헌법재판소, 중앙선거관리위원회는 그 소속 기관 및 소관 공공기관에 개인정보 보호에 관한 의견을 제시하거나 지도·점검할 수 있다.

VIII. 자료제출 요구 및 검사(법 제63조)

보호위원회는 이 법을 위반하는 사항을 발견하거나 혐의가 있음을 알게 된 경우, 이 법 위반에 대한 신고를 받거나 민원이 접수된 경우, 개인정보 유출 등 정보주체의 개인정보에 관한 권리 또는 이익을 침해하는 사건·사고 등이 발생하였거나 발생할 가능성이 상당히 있는 경우(시행령 제60조 제1항)에는 개인정보처리자에게 관계 물품·서류 등 자료 제출을 요구할 수 있다. 보호위원회는 개인정보처리자가 자료 제출을 하지 않거나 이 법을 위반한 사실이 있다고 인정되면 소속 공무원으로 하여금 개인정보처리자 및 해당 법 위반사실과 관련된 관계인의 사무소나 사업장에 출입하여 업무 상황, 장부 또는 서류 등을 검사하게 할 수 있다. 이때 검사를 하는 공무원은 권한을 나타내는 증표를 관계인에게 보여주어야 한다. 보호위원회는 자료제출 요구 및 검사 등을 위하여 한국인터넷진흥원 장에게 기술적인 사항 자문 등 필요한 지원을 요청할 수 있다(시행령 제60조 제2항). 보호위원회는 이 법 및 개인정보보호와 관련된 법규의 위반행위로 중대한 개인정보 침해사고가 발생한 경우 신속하고 효과적인 대응을 위하여 중앙행정기관, 지방자치단체, 그 밖에 법령 또는 자치법규에 따라 행정권한을 가지고 있거나 위임 또는 위탁받은 공공기관의 장에게 협조를 요청할 수 있으며 협조를 요청받은 공공기관의 장은 특별한 사정이 없으면 이에 따라야 한다. 보호위원회는 자료제출 요구나 검사를 통해 제출받거나 수집한 서류·자료 등은 이 법에 따른 경우를 제외하고는 제 3자에게 제공하거나 일반에 공개해서는 아니 되며, 정보통신망을 통하여 자료를 제출받거나 수집한 자료 등을 전자화한 경우에는 개인정보·영업비밀 등이 유출되지 않도록 제도적·기술적 보완조치를 하여야 한다.

IX. 사전실태 점검(법 제63조의2)

보호위원회는 법 제63조 자료제출 요구에 해당[18]하지 않는 경우로써 개인정보 침해 발생의 위험성이 높고 개인정보 보호의 취약점을 사전에 점검할 필요성이 인정되는 개인정보처리자에 대하여 관계 중앙행정기관의 장과 합동으로 개인정보 보호실태를 점검할 수 있으며, 이 법을 위반하는 사항을 발견한 경우 해당 개인정보처리에 대하여 시정방안을 정하여 이에 따를 것을 권고할 수 있다. 시정권고를 받은 개인정보처리자는 통보받은 날부터 10일 이내에 해당 권고를 수락하는지 여부에 대해 보호위원회에 통지하여야 하며, 그 이행 결과를 보호위원회가 고시로

---

18) 법 제63조(자료제출 요구) 1. 이 법을 위반하는 사항을 발견하거나 혐의가 있음을 알게 된 경우, 2. 이 법 위반에 대한 신고를 받거나 민원이 접수된 경우, 3. 개인정보 유출 등 정보주체의 개인정보에 관한 권리 또는 이익을 침해하는 사건·사고 등이 발생하였거나 발생할 가능성이 상당히 있는 경우

정하는 바에 따라 보호위원회에 알려야 한다. 해당 권고를 수락하면 법 제64조 제1항[19])에 따른 시정조치 명령을 받은 것으로 본다. 시정권고를 받은 자가 해당 권고를 수락하지 아니하거나 이행하지 아니한 경우 법 제63조 제2항[20])에 따른 검사를 할 수 있다.

X. 시정조치 명령(법 제64조)

보호위원회는 이 법을 위반한 자에 대해서는 개인정보 침해행위 중지, 개인정보 처리의 일시적인 정지, 그 밖에 개인정보의 보호 및 침해 방지를 위하여 필요한 조치를 명할 수 있으며, 중앙행정기관, 지방자치단체, 국회, 법원, 헌법재판소, 중앙선거관리위원회가 이 법을 위반하였을 때에는 해당 기관의 장에게 개인정보 침해행위 중지, 개인정보 처리의 일시적인 정지, 그 밖에 개인정보의 보호 및 침해 방지를 위하여 필요한 조치를 하도록 권고할 수 있다. 권고를 받은 기관은 특별한 사유가 없으면 이를 존중하여야 한다. 지방자치단체, 국회, 법원, 헌법재판소, 중앙선거관리위원회는 그 소속기관 및 소관 공공기관이 이 법을 위반하였을 때에는 개인정보 침해행위 중지, 개인정보 처리의 일시적인 정지, 그 밖에 개인정보의 보호 및 침해 방지를 위하여 필요한 조치를 명할 수 있다.

XI. 과징금 및 과태료 부과(법 제64조의2, 법 제75조)

보호위원회는 법 제64조의2의 각 호를 위반한 개인정보처리자에게 전체 매출액의 100분의 3을 초과하지 아니하는 범위에서 과징금을 부과할 수 있으며, 법 제75조 각 호에 해당하는 자에게는 5천만 원에서 1천만 원에 해당되는 과태료를 부과할 수 있다.

XII. 고발 및 징계권고(법 제65조)

보호위원회는 개인정보처리자에게 이 법 등 개인정보 보호와 관련된 법규의 위반에 따른 범죄혐의가 있다고 인정될 만한 상당한 이유가 있을 때에는 관할 수사기관에 그 내용을 고발할 수 있으며, 책임이 있는자(대표자 및 책임있는 임원 포함)를 징계할 것을 개인정보처리자에게 권고할 수 있다. 권고를 받은 사람은 이를 존중하여야 하며 그 결과를 보호위원회에 통보하여야 한

---

19) 법 제64조 제1항: 보호위원회는 이 법을 위반한 자에 대하여 다음 각 호에 해당하는 조치를 명할 수 있다. 1. 개인정보 침해행위 중지, 2. 개인정보 처리의 일시적인 정지, 3. 그 밖에 개인정보의 보호 및 침해 방지를 위하여 필요한 조치

20) 법 제63조 제2항: 보호위원회는 개인정보처리자가 자료 제출을 하지 않거나 이 법을 위반한 사실이 있다고 인정되면 소속 공무원으로 하여금 개인정보처리자 및 해당 법 위반사실과 관련한 관계인의 사무소나 사업장에 출입하여 업무 상황, 장부 또는 서류 등을 검사하게 할 수 있다. 이 경우 검사를 하는 공무원은 그 권한을 나타내는 증표를 지니고 이를 관계인에게 내보여야 한다.

다. 관계 중앙행정기관의 장은 소관 법률에 따라 개인정보처리자에 대하여 고발을 하거나 징계권고를 할 수 있다. 징계 권고를 받은 사람은 이를 존중하여야 하며 그 결과를 관계 중앙행정기관의 장에게 통보하여야 한다.

XIII. 결과의 공표(법 제66조)

보호위원회는 법 제61조에 따른 개선권고, 제64조에 따른 시정조치 명령, 법 제64조의2에 따른 과징금의 부과, 법 제65조에 따른 고발 또는 징계권고 및 법 제75조에 따른 과태료 부과의 내용 및 결과에 대하여 위반행위의 내용, 위반행위를 한 자 및 개선권고, 시정조치 명령, 과징금의 부과, 고발, 징계공고, 과태료 부과의 내용 및 결과를 보호위원회 인터넷 홈페이지 등에 게재하여 공표할 수 있다(시행령 제61조). 또한 보호위원회는 이러한 처분 등을 받은 자에게 위반행위의 내용, 위반행위를 한자, 처분 등을 받았다는 사실을 공표할 것을 명할 수 있다. 이 경우 보호위원회는 공표의 내용·횟수, 매체와 지면의 크기 등을 정하여 명해야 하며, 처분 등을 받은 자와 공표 문안 등에 관하여 협의할 수 있다.

XIV. 연차 보고서 작성·제출(법 제67조)

보호위원회는 매년 정기국회 개회 전까지 관계 기관 등으로부터 필요한 자료를 제출받아 개인정보 보호시책의 수립과 시행에 관한 보고서를 작성하여 국회에 제출하여야 한다. 연차보고서에는 1. 정보주체의 권리 침해 및 그 구제현황, 2. 개인정보 처리에 관한 실태조사 및 개인정보 보호수준 평가 등의 결과, 3. 개인정보 보호시책의 추진현황 및 실적, 4. 개인정보 관련 해외의 입법 및 정책 동향, 5. 주민등록번호 처리와 관련된 법률·대통령령·국회규칙·대법원규칙·헌법재판소규칙·중앙선거관리위원회 규칙 및 감사원 규칙의 제정·개정 현황, 그 밖에 개인정보 보호시책에 관하여 공개 또는 보고하여야 할 사항 등이 포함된다.

XV. 권한의 위임·위탁(법 제68조)

보호위원회와 관계 중앙행정기관의 장은 이 법에 따른 권한의 일부를 광역자치단체의 장인 특별시장, 광역시장, 도지사, 특별자치도지사나 시행령으로 정하는 전문기관에 위임하거나 위탁할 수 있다. 보호위원회가 업무를 위탁하는 경우에는 위탁받는 기관과 위탁업무의 내용을 관보나 보호위원회 인터넷 홈페이지에 공고해야 한다. 보호위원회는 법 24조의2 제4항에 따른 주민등록번호 대체 수단 제공 지원에 관한 업무는 한국지역정보개발원, 한국인터넷진흥원, 안전하게 대체 가입 수단 업무를 수행할 능력과 설비를 보유한 것으로 보호위원회가 고시한 법인·

기관·단체에 위탁할 수 있다(시행령 제62조 제2항). 또한, 법 제7조의8에 규정된 소관사무 중 1. 개인정보 보호를 위한 국제기구 및 외국 개인정보 보호기구와의 교류·협력, 2. 개인정보보호에 관한 법령·정책·제도·실태 등에 대한 조사·연구, 3. 개인정보 보호에 관한 기술개발의 지원·보급 업무와 4. 법 제13조 제1호에 따른 개인정보 보호에 관한 교육·홍보, 5, 법 제13조 제2호에 따른 개인정보 보호와 관련된 기관·단체의 육성 및 지원, 6. 법 제33조 제6항에 따른 관계전문가의 육성 및 영향평가 기준 개발, 7. 법 제35조 제2항에 따른 열람 요구의 접수 및 처리, 8. 법 제63조에 따른 자료제출 요구 및 검사 중 개인정보 유출 신고에 대한 기술지원 및 개인정보침해 신고센터에 접수된 신고의 접수·처리 및 상담, 9. 개인정보 영향 평가기관 지정 신청서 접수 및 변경 신고 사항의 접수 등의 업무를 한국인터넷진흥원 또는 보호위원회가 개인정보 보호 분야에 전문성을 갖춘 것으로 인정하여 고시한 법인·기관 또는 단체 등에 위탁할 수 있다(시행령 제62조 제3항).

현재 보호위원회는 한국인터넷진흥원 등에 업무를 위탁하고 업무와 관련된 지원을 받고 있지만 소속 전문기관이 아니어서 업무지원에 한계가 있을 수밖에 없다. 2021년 민형배 위원이 발의한 법 개정안에는 보호위원회 소속 전문기관인 '한국개인정보원'의 설치 근거가 있었으나 국회 논의과정에서 최종 개정안에 반영되지 못하고 차기 입법과제로 유보[21]되었다. 향후 법 개정 시 보호위원회의 전문성 강화를 위해 소속 전문기관 설치 근거가 마련될 필요가 있다.

---

21) 개인정보보호와 활용을 위한 전문성 축적을 위해 타당한 입법조치이다(2021.8 정무위원회 검토보고).

제 4 절
향후 입법 논의 사항[22)]

   생성형 AI(인공지능)를 비롯한 AI 서비스의 고도화와 빅 데이터 및 사물 인터넷 등의 발전으로 디지털화가 심화되는 지능정보사회가 도래하면서 우리 사회는 모든 것이 데이터화되는 세상으로 전환되고 있으며 데이터의 핵심 가치인 개인정보의 침해 위험은 최소화하면서 꼭 필요한 개인정보를 안전하게 활용할 수 있는 개인정보의 규율체계에 대한 패러다임의 새로운 전환을 요구하고 있다. 이러한 디지털 대전환(Digital Transformation) 시대를 효율적으로 대응하기 위해 개인정보보호 법제와 개인정보보호 감독기구인 보호위원회의 발전적인 개선 방향을 미리 검토하고 향후 이를 입법을 통해 제도화가 필요한지 논의하는 것은 큰 의미가 있다고 할 수 있다. 현행 개인정보 규율체계는 헌법상 권리로 인정되고 있는 개인정보자기결정권 및 사법상 인격권을 중심으로 형성되어 개인정보 처리보다는 정보주체의 헌법상 권리를 보호하는 방향으로 발전하여 왔다. 이러한 규율체계는 데이터가 사회·경제적으로 핵심적인 자원으로 인식되고 있는 디지털사회에 적합하지 않으며 정보주체의 인격적 권리뿐만 아니라 개인정보의 재산적 가치를 보장하고 개인정보의 다양한 가치를 이해관계자 모두가 공유할 수 있는 합리적인 개인정보 통제권을 보장하는 새로운 개인정보 규율체계로 전환할 필요가 있다. 이를 위해 향후 헌법개정 시 '개인정보권' 도입도 논의해 볼 필요가 있으며, 디지털 대전환 시대에 맞춰 개인정보보호의 필요성이나 침해의 위험성 등을 종합적으로 고려하여 비례적으로 규제 수준을 정하고 개인정보 처리의 원칙적 금지·예외적 허용의 현행 규제에서 비례적 규제·안전한 활용을 위한 미래지향적 규제로 바꾸어야 할 것이다. 이러한 법적 근거를 마련하기 위해 '개인정보 규제 샌드박스법' 제정이나 AI학습 단계에서 AI 특성을 고려하여 개인정보를 보다 유연하게 활용할 수 있는 'AI 규제 특례 제도' 도입 등도 논의해 볼 필요가 있다.

   현행 개인정보보호법은 법 제23조(민감정보의 처리제한)와 제24(고유식별정보의 처리제한)에서 민감정보와 고유식별정보에 대해 특별한 보호규정을 두고 있지만, 이런 특별한 유형의 개인정보에 대해 구체적인 유형이나 특성에 따른 차별화된 규율 없이 획일적인 규정으로 규율하고 있다. 이런 특별한 유형의 개인정보에 대해 특별한 보호의 필요성은 인정하지만, 이런 정보의 활

---

22) 개인정보보호위원회, 제1기 개인정보 미래포럼 성과자료집, 2022 참조.

용으로부터 얻어지는 편익도 클 수 있기 때문에 특별한 유형의 개인정보는 식별성과 민감성의 정도와 성격에 따라 적절한 수준의 특별한 규율체계로 세분화할 필요가 있다. 현재 「개인영상정보보호법」이 의원입법으로 국회에 발의[23]되어 있으며, 보호위원회는 「생체정보보호법」 제정 계획을 발표한 바 있다. 향후 고유식별정보, 근로정보, 건강정보, 생체정보, 개인영상정보 등 특별한 유형의 개인정보에 대한 사회적·경제적 가치와 활용성을 고려하여 별도의 개별 법률로 차별화된 규율체계를 정립하는 것도 논의할 가치가 있다.

개인정보의 생명주기(life cycle)는 생성·수집부터 이용, 유통, 보관, 분석, 파기까지 매우 다양한 유형이 있지만, 현 개인정보보호법은 수집·이용, 제3자 제공, 위탁 등 중요한 행위유형만을 규율하고 있어 그 외 다양한 처리 유형에 대해서는 구체적인 기준이 명확하지 않고 법 제58조에 다양한 적용 제외 사항을 규정[24]하고 있어 법의 사각지대가 발생할 수밖에 없으며 이에 따라 법 적용의 실효성이 저해되고 있다. 따라서 법의 실효성을 제고하기 위해 Privacy by Design & by Default 원칙을 설정하고 국가안보, 정치, 친목, 종교, 언론, 노동 등의 영역에서 개인정보보호원칙이 적절히 준수되고, 개인정보의 모든 생명주기에서 실효성 있는 개인정보보호가 이루어질 수 있도록 처리의 모든 행위유형을 일관성 있게 규율할 수 있는 형태로의 법제 개선도 논의가 필요하다.

디지털사회가 심화되면서 보호위원회의 기능과 역할이 확대되고 위원들에 대한 전문성이 더욱 요구되고 있지만 현 보호위원회는 9명의 위원 중 단 2명만이 상임위원이고 나머지 위원들은 비상임위원이다. 물론 비상임위원들 모두 개인정보 전문가로서 충분한 역량을 가지고 있지만 본업을 고려하면 보호위원회 업무에 전념하기 어렵다고 할 수 있다. 따라서 법 개정을 통해 현 보호위원회 상임위원 수를 2명에서 다른 합의제 중앙행정기관인 공정거래위원회, 권익위원회, 금융위원회 등[25]을 참고하여 상임위원 수를 적정한 규모로 확대하는 것도 논의해볼 필요가 있다. 또한 상임위원 수 확대와 더불어 개인정보보호법 위반에 대한 판단에 고도의 전문성을 요구한다는 점, 보호위원회 처분에 대한 소송의 장기화로 법적 불확실성이 높아지고 개인정보처리자에 비해 상대적 약자인 정보주체의 이익이 장기간 침해될 수 있다는 점 등을 고려하여 보호위원회에 준사법적 기능을 부여하는 것도 논의해 볼 필요가 있다고 할 수 있다.

---

23) 2021년에는 민병덕 의원이 2023년에는 윤주경 의원이 개인영상정보보호법 제정안을 발의하였다.
24) 제58조(적용의 일부 제외) ① 다음 각 호의 어느 하나에 해당하는 개인정보에 관하여는 제3장부터 제8장까지를 적용하지 아니한다. 1. 삭제, 2. 국가안전보장과 관련된 정보 분석을 목적으로 수집 또는 제공 요청되는 개인정보, 3. 삭제 , 4. 언론, 종교단체, 정당이 각각 취재·보도, 선교, 선거 입후보자 추천 등 고유 목적을 달성하기 위하여 수집·이용하는 개인정보 ② 제25조제1항 각 호에 따라 공개된 장소에 고정형 영상정보처리기기를 설치·운영하여 처리되는 개인정보에 대해서는 제15조, 제22조, 제22조의2, 제27조제1항·제2항, 제34조 및 제37조를 적용하지 아니한다. ③ 개인정보처리자가 동창회, 동호회 등 친목 도모를 위한 단체를 운영하기 위하여 개인정보를 처리하는 경우에는 제15조, 제30조 및 제31조를 적용하지 아니한다.
25) 공정거래위원회는 위원장, 부위원장 포함 총 5명, 금융위원회는 위원장, 부위원장 포함 총 4명, 권익위원회는 위원장, 부위원장 3명 포함 총 6명, 방송통신위원회는 위원장, 부위원장 포함 총 5명.

제5장

개인정보의
합법처리근거

제 1 절
개관

I. 입법취지와 개인정보 규율체계에 대한 접근방식

　개인정보보호법이 제정된 취지는 "정보사회의 고도화와 개인정보의 경제적 가치 증대로 사회 모든 영역에 걸쳐 개인정보의 수집과 이용이 보편화되고 있으나, 국가사회 전반을 규율하는 개인정보 보호원칙과 개인정보 처리기준이 마련되지 못해 개인정보 보호의 사각지대가 발생할 뿐만 아니라, 최근 개인정보의 유출·오용·남용 등 개인정보 침해 사례가 지속적으로 발생함에 따라 국민의 프라이버시 침해는 물론 명의도용, 전화사기 등 정신적·금전적 피해를 초래하고 있는 바, 공공부문과 민간부문을 망라하여 국제 수준에 부합하는 개인정보 처리원칙 등을 규정하고, 개인정보 침해로 인한 국민의 피해 구제를 강화하여 국민의 사생활의 비밀을 보호하며, 개인정보에 대한 권리와 이익을 보장하려는 것"이다. 특히, 제정 전 개인정보보호법제 체계를 보면, 온라인 상의 영리 목적의 개인정보처리에 관하여는 「정보통신망 이용촉진 및 정보보호 등에 관한 법률」, 공공기관의 컴퓨터에 의한 개인정보처리에 관하여는 「공공기관의 개인정보보호에 관한 법률」, 신용정보처리에 관하여는 「신용정보의 이용 및 보호에 관한 법률」이 각각 시행되고 있었다. 이런 상황에서 컴퓨터에 의하지 않는 공공부문의 개인정보처리, 신용정보 이외에 다양한 중요 개인정보에 대한 보호, 오프라인 상의 개인정보처리 등 개인정보보호의 사각지대를 제거하려는 것이 개인정보보호법 제정의 중요한 목적이었다. 이러한 목적을 달성하기 위하여 새롭게 제정된 개인정보보호법은 개인정보가 처리되는 단계별로 합법처리근거를 요구하면서 단계별 처리·보호 기준을 규정한다. 개인정보보호법이 국회에서 제정되는 과정에서의 논의에서도 이러한 취지는 잘 나타나 있다. 즉, "이 법에서는 개인정보의 수집단계부터 이용, 제공, 파기 등 단계별 보호기준을 마련하고,~"[1]라거나 "개인정보 수집·제공·파기 등 단계별로 개인정보의 처리 원칙을 정립하며",[2] "개인정보의 수집, 이용, 제공 등 단계별 보호기준을 마련"[3]하는 것을 입법취지로 제시하고 있다. 이처럼 개인정보보호법은 개인정보보호

---

1) 제298회 국회(임시회), 법제사법위원회회의록(법안심사제2소위원회) 제1호(2011년 3월 9일), 42면.
2) 제294회 국회(정기회), 법제사법위원회회의록 제16호(2010년 12월 7일), 52면.
3) 제294회 국회(정기회), 행정안전위원회회의록 제3호(2010년 9월 30일), 7면.

의 사각지대를 제거하기 위해서 개인정보가 처리되는 단계별로 준수해야 할 개인정보보호 기준을 정립하고 그에 대한 합법처리근거를 요구하는 방식으로 규율체계가 정립되어 있다.

II. 개인정보보호법상 개인정보의 합법처리근거의 의의와 유형

1. 합법처리근거의 의의

개인정보보호법은 [수집·이용]―[제3자 제공]―[목적 외 이용·제공]의 3단계를 중심으로 각각 합법처리근거를 요구하고, 합법처리근거의 연속을 통하여 개인정보의 안전한 처리를 보장함으로써 처음 법을 제정할 당시에 의도했던 개인정보보호의 사각지대 제거에 기여할 수 있다. 아울러 개인정보의 합법처리근거를 충족함으로써 개인정보처리자는 안전한 활용을 보장받을 수 있는 동시에 정보주체는 개인정보보호를 보장받을 수 있게 된다.

2. 개인정보의 합법처리근거의 유형

개인정보의 합법처리근거는 개인정보보호법의 목적을 달성하기 위한 필수적 수단으로서 개인정보 생애주기(life cycle)의 주요 단계를 중심으로 개인정보보호법에 규정되어 있다. 제1단계는 개인정보의 수집·이용 단계이다. 법 제15조 제1항은 개인정보처리의 전체 라이프사이클 중 시작 단계에서 7가지 합법처리근거를 규정한다. 즉, ① 정보주체의 동의를 받은 경우, ② 법률에 특별한 규정이 있거나 법령상 의무를 준수하기 위하여 불가피한 경우, ③ 공공기관이 법령 등에서 정하는 소관 업무의 수행을 위하여 불가피한 경우, ④ 정보주체와 체결한 계약을 이행하거나 계약을 체결하는 과정에서 정보주체의 요청에 따른 조치를 이행하기 위하여 필요한 경우, ⑤ 명백히 정보주체 또는 제3자의 급박한 생명, 신체, 재산의 이익을 위하여 필요하다고 인정되는 경우, ⑥ 개인정보처리자의 정당한 이익을 달성하기 위하여 필요한 경우로서 명백하게 정보주체의 권리보다 우선하는 경우(이 경우 개인정보처리자의 정당한 이익과 상당한 관련이 있고 합리적인 범위를 초과하지 않는 경우에 한한다), ⑦ 공중위생 등 공공의 안전과 안녕을 위하여 긴급히 필요한 경우에 합법적으로 개인정보를 수집·이용할 수 있다.

다음으로 개인정보의 제3자 제공 단계에 대한 합법처리근거를 규정한다. 즉, 법 제17조 제1항 제1호에 따라 제3자 제공에 관한 정보주체의 동의를 받은 경우에 그 동의의 범위 내에서 제공할 수 있을 뿐만 아니라 위 수집·이용의 합법처리근거 유형 중 ②, ③, ⑤, ⑥, ⑦의 경우에는 개인정보를 수집한 목적 범위에서 개인정보를 제3자에게 제공할 수 있다.[4]

---

4) 소위 '데이터 3법'의 개정으로 종래 온라인 개인정보를 규율하던 「정보통신망 이용촉진 및 정보보호 등에 관한 법률」

이상과 같은 수집·이용 및 제3자 제공에 대한 개인정보의 합법처리근거를 도식화하면 아래와 같다.

개인정보의 합법처리근거 - 수집·이용 및 제3자 제공 단계

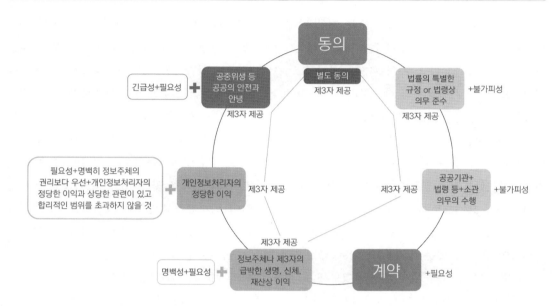

합법처리근거가 요구되는 또 다른 단계는 목적 외의 이용이나 제공이다. 즉, 개인정보를 수집·이용의 최초 목적 범위를 초과하여 이용하거나 제3자 제공의 최초 목적 범위를 초과하여 제3자에게 제공하는 것은 원칙적으로 금지되지만(법 제18조 제1항), 예외적으로 ① 정보주체로부터 별도의 동의를 받은 경우, ② 다른 법률에 특별한 규정이 있는 경우, ③ 명백히 정보주체 또는 제3자의 급박한 생명, 신체, 재산의 이익을 위하여 필요하다고 인정되는 경우, ④ 개인정보를 목적 외의 용도로 이용하거나 이를 제3자에게 제공하지 아니하면 다른 법률에서 정하는 소관 업무를 수행할 수 없는 경우로서 보호위원회의 심의·의결을 거친 경우, ⑤ 조약, 그 밖의 국제협정의 이행을 위하여 외국정부 또는 국제기구에 제공하기 위하여 필요한 경우, ⑥ 범죄의 수사와 공소의 제기 및 유지를 위하여 필요한 경우, ⑦ 법원의 재판업무 수행을 위하여 필요한 경우, ⑧ 형(刑) 및 감호, 보호처분의 집행을 위하여 필요한 경우, ⑨ 공중위생 등 공공의 안전과 안녕을 위하여 긴급히 필요한 경우(④~⑧은 공공기관에 한정)에는 정보주체 또는 제3자의 이익

상의 개인정보 관련 규정을 개인정보보호법으로 이관함에 따라 정보통신서비스제공자에 대한 특례로서 규정된 개인정보보호법 제39조의3 제2항 제2호·제3호에 따라 개인정보를 수집한 목적 범위에서 개인정보를 제3자에게 제공하는 것도 허용되었다(2023년 개정 전 개인정보보호법 제17조 제1항 제2호). 그러나 2023년 개정으로 정보통신서비스제공자에 대한 특례 규정은 모두 삭제되었고, 제15조 등의 일반규정으로 일원화되었다.

을 부당하게 침해할 우려가 있을 때를 제외하고는 개인정보를 목적 외의 용도로 이용하거나 개인정보를 제3자에게 제공할 수 있다.[5]

3. 합법처리근거 상호 간의 관계

개인정보의 합법처리근거는 수집·이용 단계에서는 7가지, 제3자 제공 단계에서는 8가지, 목적 외 이용·제공 단계에서는 9가지가 있는데, 각 단계별로 인정되는 합법처리근거의 세부 유형들 사이에서 우열관계가 존재하는가에 대하여 논란의 여지가 있다. 헌법상 개인정보자기결정권을 근간으로 하여 개인정보의 합법처리근거를 이해하는 경우에는 정보주체의 개인정보자기결정권의 중요한 행사수단인 '동의'를 합법처리근거의 원칙으로 설정하고, 나머지 합법처리근거의 유형들은 동의에 대한 예외로서 인식하게 된다. 그러나 ① 법 제15조, 제17조, 제18조의 규정 형식을 보면 동의를 원칙으로 설정하는 방식으로 규정하지 않고 모든 합법처리근거 유형은 병렬적으로 열거되어 있을 뿐이고, ② 2023년 개정 전에는 법 제15조 제1항 제5호 및 제18조 제2항 제3호의 합법처리근거 요건으로서 "정보주체 또는 그 법정대리인이 의사표시를 할 수 없는 상태에 있거나 주소불명 등으로 사전 동의를 받을 수 없는 경우"를 규정하고 있었지만 개정을 통해 해당 문구를 삭제하여 동의가 없는 경우의 예외로 규정된 합법처리근거는 현행 규정에서는 찾아볼 수 없고, ③ 개인정보보호법의 목적을 개인정보에 기초한 개인의 자유와 권리가 침해되지 않도록 '개인정보의 안전한 처리'를 담보하기 위한 것으로 이해하는 이상 개인정보보호법이 정하는 개인정보처리의 합법성을 뒷받침하는 근거(합법처리근거)를 갖추기만 하면 되고 그 유형 상호 간에 우열을 따져서 적용 순서에 차이를 인정하는 것은 타당하지 않고, ④ 현대 사회에서 개인정보가 처리되는 복잡하고 다양한 맥락에서 동의를 원칙으로 설정하여 개인정보처리에 불필요한 경직성을 야기할 필요가 없다는 점 등을 고려할 때 개인정보보호법상의 다양한 합법처리근거는 상호 간에 우열이 존재하는 것은 아니고 그중 어느 하나의 합법처리근거를 확보하면 충분하다고 할 것이다.

III. 합법처리근거와 관련한 현행법의 한계와 개선방향

1. 현행법의 한계

개인정보의 생애주기(life cycle)를 보면, 수집, 생성, 연계, 저장, 보유, 가공, 편집, 결합, 이용, 제공, 공개, 파기 등 매우 다양한 행위유형[6]이 있지만, 개인정보보호법은 주요 행위유형에 한정

---

5) 법 제18조 제2항.
6) 법 제2조 제2호도 개인정보의 '처리'를 "개인정보의 수집, 생성, 연계, 연동, 기록, 저장, 보유, 가공, 편집, 검색, 출력, 정정(訂正), 복구, 이용, 제공, 공개, 파기(破棄), 그 밖에 이와 유사한 행위"로 규정한다.

하여 수집·이용, 제3자 제공, 위탁, 파기를 중심으로 규율하고 있어서 그 외의 다양한 처리 유형에 대한 구체적인 합법처리근거나 처리 기준은 명확하지 않다. 뿐만 아니라 합법처리근거가 명확하게 규정되어 있는 수집·이용, 제3자 제공, 목적 외 이용·제공의 경우에도 각 단계별 합법처리근거가 분절되어 연계되거나 조화되지 못하여 개인의 자유와 권리의 보장과 함께 개인정보의 안전한 처리를 통한 사회·경제의 발전에 효과적으로 기여하지 못하는 문제가 있다. 예를 들면, 법 제15조 제1항 제4호에 따라 계약을 위하여 개인정보를 수집·이용하는 경우에 그 계약의 이행을 위해서 제3자에게 제공할 필요가 있는 때에는 법 제17조 제1항에서 제15조 제1항 제4호를 포함하고 있지 않기 때문에 계약 이외의 다른 합법처리근거를 별도로 확보해야 한다. 그런데 합법적인 계약을 위하여 다양한 개인정보처리가 수반된다는 현실과 계약을 위한 개인정보처리는 그 계약에 합의한 당사자를 위한 것이라는 점을 고려할 때 수집·이용 단계에서만 계약을 합법처리근거로서 인정하는 것은 바람직하지 않다. 나아가 합법처리근거의 연속을 통하여 개인정보의 안전한 처리를 보장함으로써 개인정보보호의 사각지대를 제거하려는 입법목적을 고려할 때에도 수많은 다양한 개인정보처리 유형이나 단계 중에서 유독 [수집·이용]―[제3자 제공]―[목적 외 이용·제공]의 3단계를 중심으로 합법처리근거를 규정하는 한정적·분절적인 합법처리근거 체계는 사각지대 제거라는 입법목적의 달성에 효과적이지도 충분하지도 않다.

2. 합법처리근거 체계의 개선방향

개인정보가 처리되는 모든 단계에 있어서 합법처리근거가 실효성 있게 작동될 수 있도록 세밀한 법적 규율이 필요함과 동시에 개인정보보호법이 제대로 작동하지 못하였던 영역에 대하여도 개인정보보호법이 실효적으로 작동할 수 있도록 모든 처리 유형을 포괄하여 일원화되고 끊김없는 합법처리근거 체계를 구축할 필요가 있다. 즉, 개인정보의 수집·이용, 제3자 제공, 목적 외 이용·제공, 위수탁 중심의 규율체계로부터 개인정보의 '처리'의 모든 행위유형과 생애주기를 포괄하여 일관성 있게 규율할 수 있는 합법처리근거 체계를 정립하여야 한다. 이를 실현하기 위한 구체적인 입법 개선 방식으로는 처리 중 현행법이 규율하는 수집·이용, 제3자 제공, 목적 외 이용·제공, 위수탁 외의 나머지 처리 유형에 대해서도 합법처리근거를 신설하면서, 각 단계별 합법처리근거를 합리적으로 연계·조화시키는 방안과 함께 GDPR 제6조(처리의 합법성)[7]처럼 개인정보의 처리에 관한 합법처리근거를 통합적으로 규정하여 일원화하는 방안을 고려할 수 있다. 어떠한 방법에 의하건 법의 목적을 가장 잘 달성할 수 있는 방안을 마련할 필요가 있다.

---

7) GDPR 제6조는 처리의 합법성(Lawfulness of processing)을 규정하면서, 처리가 합법적이라고 인정할 수 있는 6가지 유형의 합법처리근거를 규정한다.

제 2 절
개인정보의 수집·이용

I. 개인정보 처리 환경의 변화와 합법처리근거

1. 개인정보 처리 환경의 변화와 글로벌 규범과의 상호운용성

최근 전 세계적인 감염병 상황 등 개인정보의 보호와 활용 간 균형을 모색할 필요성이 대두되면서, 급변하는 환경에 발맞추어 개인정보를 처리하는 기업 등에 대한 규제를 완화하는 한편, 특례 및 적용 일부제외 규정을 통하여 정보주체의 불편 해소 및 권리 보호를 함께 도모하고자 개인정보 처리 근거 법령 체계를 정비한 바 있다. 특히, 오늘날 개인정보가 최신 기술을 활용한 산업 혁신의 핵심 원천이 되기도 함에 따라 국경을 넘는 개인정보 전송과 공유의 중요성이 강하게 부상하는 가운데, 개인정보에 관한 글로벌 규범 체계를 구축하고 발전시키는 것이 중요해졌다.

더욱이, 개인정보 처리 환경의 변화에 발맞춰 GDPR에 관한 유럽의 규제 체계 또한 변화가 필요하다는 논의도 이루어지고 있다. 예견가능한 미래에 등장할 정보 중개자(data intermediaries)의 새로운 행위자로서의 개념 및 역할('정보주체', '정보 보관 서비스 제공자', '정보 이용자' 등 사이에서 중재)과 같이, 급속도로 변화하는 처리 환경에 따라 다층적인 논의 필요성이 대두되고 있다. 개인정보의 통제 권한뿐만 아니라 상호 공유 및 관리 등 유연하고도 실용적인 규제 체계를 구비하기 위한 지속적인 노력과 협력을 통해 글로벌 규범과의 상호운용성을 확보할 수 있는 방향으로 나아가야 하는 시점이다.

개인정보 보호 규제가 다층적이고 엄격한 경우, 기업 등 경제주체가 국경을 넘어 개인정보를 공유하거나 공공 정책에서 개인정보를 이용할 때 추가 비용, 운영의 복잡성 및 불확실성을 초래할 수 있으며, 반대로 규제가 과도하게 느슨할 경우 정보주체의 정보 보호나 권익 증진에는 저해가 되는 측면이 존재하고, 최근의 국제적 공유 추세 속에서는 그 피해가 더욱 커질 수 있다.

따라서, 정보주체에 대한 보호가 이루어지면서도 전 세계적 공유 및 이용이 원활하게 이루어지기 위해서는 글로벌 규범과의 상호운용성이 중요하게 되며, 개인정보 보호에 관한 사회적 수요를 넘어 국제적 수요가 무엇인지도 충분히 고려하면서 규범 방향성을 정립할 필요가 있다.

2. 개인정보보호법상 개인정보의 합법처리근거

개인정보보호법은 개인정보의 수집·이용에 관하여 7가지 합법처리근거를 제시한다(법 제15조 제1항). 그중에서도 '동의'는 각종 고지와 통지 의무가 부과되어 매우 제한적이고 엄격하게 운영됨에도 불구하고 구법상 대부분의 개인정보 처리는 동의에 의존하고 있었다. 다만 이러한 엄격한 합법처리 요건은 기술과 서비스의 변화 속도가 빠르고 복잡한 현대사회에서 현실과의 괴리를 키우는 등 한계를 지닐 수밖에 없었다. 일반적 이익형량 규정(법 제15조 제1항 제6호)은 매우 예외적인 상황에서 엄격한 요건을 충족하는 경우에만 적용하도록 하여 합법처리근거 요건으로서의 실질적인 역할을 다하고 있지 못했다. 이러한 고려를 바탕으로, 동의 제도를 실질화하고 GDPR 등 세계적 규범과의 상호운용성을 확보하기 위하여 추가적인 합법처리근거를 마련하면서 체계를 정비하였다.

II. 개인정보 합법처리근거로서의 '동의'

1. 정보주체의 동의를 받은 경우

개인정보처리자는 정보주체의 동의를 받은 경우에는 개인정보를 수집할 수 있으며 그 수집목적의 범위에서 이용할 수 있다(법 제15조 제1항 제1호). 법은 개인정보 합법처리근거로서의 동의 및 그러한 동의를 받는 방법에 대하여 규정하고 있다. 동의는 여러 법적 장치들 중에서도 개인정보 자기결정권을 가장 직접적이고 구체적으로 구현하여 주는 제도로서[8], 지금까지 프라이버시권 또는 개인정보 자기결정권을 구현하기 위한 핵심수단으로 여겨져 왔다.

1) '동의'의 의미

'동의'는 개인정보처리자가 개인정보를 수집·이용하는 것에 대한 정보주체의 자발적인 승낙의 의사표시로서(서명날인, 구두 동의, 홈페이지 동의 등) 동의 여부를 명확하게 확인할 수 있어야 한다. 정보주체에게 동의를 받을 때에는 어떤 개인정보를 왜 수집하는지를 정보주체가 쉽고 명확하게 인지할 수 있도록 알려야 하고, 제22조에서 규정한 방식에 따라 동의를 받아야 하기 때문에 이 법에서 정보주체의 동의는 명시적 동의를 의미한다.

정보주체는 서비스를 제공받기 위하여 가입신청서 등의 서면에 직접 자신의 성명을 기재하고 인장을 찍는 방법 또는 자필 서명하거나, 인터넷 웹사이트 화면에서 '동의' 버튼을 클릭하는 등으로 동의의 의사표시를 할 수 있다. 개인정보처리자는 전화상으로도 개인정보 수집에 대한

---

8) 권영준, "개인정보 자기결정권과 동의제도에 대한 고찰", 법학논총, 제36권 제1호, 2016, 697면.

정보주체의 동의를 받을 수 있다. 다만 향후 입증책임 문제가 발생할 수 있으므로 정보주체가 개인정보 수집·이용에 동의한다는 통화내용을 녹취할 수 있다.

2) 동의를 받는 방법

법에서는 동의를 받는 방법의 원칙을 명확히 하였는데, 시행령에서 구체적으로는, 법에 따른 정보주체의 동의 방식에 관하여 ① 정보주체가 자유로운 의사에 따라 동의 여부를 결정할 수 있을 것, ② 동의를 받으려는 내용이 구체적이고 명확할 것, ③ 그 내용을 쉽게 읽고 이해할 수 있는 문구를 사용할 것, ④ 동의 여부를 명확하게 표시할 수 있는 방법을 정보주체에게 제공할 것이 요구된다(법 제22조, 시행령 제17조 제1항). 이를 위반하여 동의를 받은 경우 1천만 원 이하의 과태료가 부과될 수 있다(법 제75조 제4항 제3호).

[대법원 2016.6.28. 선고 2014두2638 판결]

정보통신서비스 제공자가 이용자로부터 개인정보 수집·제공에 관하여 정보통신망법에 따라 적법한 동의를 받기 위하여는, 이용자가 개인정보 제공에 관한 결정권을 충분히 자유롭게 행사할 수 있도록, 정보통신서비스 제공자가 미리 해당 인터넷 사이트에 통상의 이용자라면 용이하게 법정 고지사항의 구체적 내용을 알아볼 수 있을 정도로 법정 고지사항 전부를 명확하게 게재하여야 한다.

아울러, 법정 고지사항을 게재하는 부분과 이용자의 동의 여부를 표시할 수 있는 부분을 밀접하게 배치하여 이용자가 법정 고지사항을 인지하여 확인할 수 있는 상태에서 개인정보의 수집·제공에 대한 동의 여부를 판단할 수 있어야 하고, 그에 따른 동의의 표시는 이용자가 개인정보의 수집·제공에 동의를 한다는 명확한 인식하에 행하여질 수 있도록 그 실행 방법이 마련되어야 한다.

개인정보 처리에 관한 적법한 동의를 받기 위한 요건으로 대법원은, 개인정보 제공에 관한 동의를 하는 것이라는 명확한 인식 하에 충분히 자유롭게 결정권을 행사할 수 있도록 하여야 하며, 구체적으로는 법정 고지사항 전부를 각각, 명확하게 게재하여야 하고 이러한 개별적 고지 부분과 밀접하게 동의 여부를 표시할 수 있는 부분을 배치하여야 한다고 하였다. 즉, 합법 처리 요건으로서의 동의를 논하면서 포괄동의 금지 및 구분 동의 등 원칙을 제시하는 한편, 평이한 문구를 사용하거나 명확한 의사표시 방법을 제시하여야 하는 등 상당히 구체적으로 동의를 받는 방법까지 고려하고 있는 것으로 이해된다.

다만, 위 대법원 판결은 구 정보통신망 이용촉진 및 정보보호 등에 관한 법률(2013. 3. 23. 법률 제11690호로 개정되기 전의 것) 제22조(수집에 대한 동의) 및 제26조의2(동의의 방법)의 해석에 기반을 두고 있는데, 구 정보통신망법은 "동의를 받는 방법" 위반에 대한 제재에 관하여는 이를 별도로 규정하고 있지 않았다. 이에 법원은 "동의를 받을 의무"에 관한 규정에 "동의를 받는 방법"에 관한 규정을 포함하여 해석하였던 것으로 보인다. 즉, 구 정보통신망법 하에서는 "동의를 받는 방법"에 관한 흠결이 "동의를 받을 의무" 자체의 위반이 될 수 있었다. 그러나 현행법하에서는 그와 같이 해석하기 어려워 보인다. 법은 구 정보통신망법과 달리 "동의를 받는 방법"에 관해 별도의 규정(법 제22조 제1항, 제2항)을 두고 있으며, 동의를 받을 의무의 위반에 대해 별도의 제재규정을 두고 있다. 즉, "동의를 받는 방법"에 관한 규정 위반이 이미 획득한 동의의 유효성에 어떠한 영향을 미친다거나 관련이 있다고 보기 어렵다고 보아야 한다.

이처럼 최근 단순히 동의 방식에 어긋나는 경우 '유효한 동의'가 이루어지지 않았으므로 사실상의 '무동의' 상태로 보아야 할 것인지가 문제되고 있고, 동의 방식 위반과 동의 불비 간 관계 및 이를 다루는 규범 체계에 대해서는 논란이 있다. 이하에서 구체적인 논의를 살펴본다.

3) 합법처리근거로서의 동의 불비와 동의 방식 위반의 관계

최근 대형 온라인 플랫폼 기업(메타, 구글)에 대한 보호위원회의 의결을 보면, 동의의 대상 및 내용을 명확하게 고지하지 않은 행위에 대하여 동의를 구하지 아니한 경우로 보아 법 제39조의3 위반으로 수백억 원 규모의 과징금을 부과하였다[9]. 그러나 유사한 타 기업에 대하여 보호위원회는 법 제22조 위반으로 수백만 원 규모의 과태료를 부과하는데 그치기도 하였다(의안 제2021-007-072호 "스캐터랩 주식회사"건, 의안 제2022-019-165호 "그레잇모바일"건 등).

법에서는 제22조에서 동의를 받는 방법 중 개인정보처리자가 정보주체로부터 구분하여 동의를 받아야 할 사항을 명시적으로 나열하였는데, 구법에서는 개별적 동의를 요구하면서도 그에 관한 구체적인 기준을 제시하지 않아 불명확하여 가이드라인 등에 의존하게 되어 수범자의 법 준수 기대가능성이 낮고, 그마저도 다소 불분명한 측면이 있다는 지적을 면하기 어려웠다. 법을 통하여 구분 동의에 관한 방법이 분명하게 정리된 한편, 동의 방식에 위법이 있는 경우와 동의를 구하지 아니한 경우를 어떻게 달리 보아야 할 것인지가 여전히 문제로 남는다.

즉, 개인정보처리자가 정보주체에게 구분하여 동의를 받아야 하는 A, B에 관한 사항을 포괄하여 A+B에 관한 동의를 받고 정보주체의 개인정보를 처리한 경우, 동의 방식의 위법에 따른 과태료 등 처분만이 문제된다고 볼 것인지, A 및 B 모두 정보주체의 동의가 존재하지 않는다고 보아 동의를 구하지 아니한 것과 같이 과징금 등 처분도 함께 문제된다고 볼 것인지의 문제다. 그와 함께, 구분 동의 외의 동의 방법에 하자가 있는 경우에는 어떻게 볼 것인지도 문제된다.

---

9) 구글의 경우, (i) 가입 시 타사 행태정보 수집·이용 사실을 명확히 알리지 않고, (ii) 설정화면을 가려둔 채 기본값을 '동의'로 설정한 행위를, 메타의 경우 (i) 계정 생성 시 이용자가 알아보기 어려운 형태로 데이터 정책 전문을 게재하고, (ii) 법정 고지사항을 구체적으로 알리고 동의 받지 않은 행위를 각 문제로 삼았다. 개인정보보호위원회, "개인정보위, 구글과 메타의 개인정보 불법 수집 제재 – 동의 없이 타사 행태정보를 수집 이용한 행위에 대해 시정조치", 2022.9.14. 보도자료, 2면 참조.

(1) 동의 방식 위반이 있는 경우 동의 불비와 다름 없다는 견해

동의 방식에 위반이 있는 경우라면 정보주체의 실질적 동의권을 보장하지 못하는 것이므로 적법한 동의가 없는 경우와 다름없다는 견해다. 구체적인 근거로는, ① 시행령 제17조를 통하여 명시한 원칙들이 단순히 동의 방식 위반에 관한 것에 국한되는 것이 아니라 적법한 동의 요건에 준하는 것으로 보아야 하고, ② 적법한 동의 요건에 관한 대법원의 판시 내용상 기준이 시행령 제17조의 동의 방식에 관한 원칙과 다를 바 없으며, ③ 법 제4조 제2호에서는 정보주체가 "개인정보의 처리에 관한 동의 여부, 동의 범위 등을 선택하고 결정할 권리"를 가진다고 규정하고 있는데, 동의 방식 규정 또한 정보주체의 동의권을 보호하기 위한 것이므로 구분 동의와 같은 동의 방식에 위반하는 경우 정보주체의 동의가 없다고 보아야 실질적인 보호가 가능하고, ④ GDPR 등 해외 법제에서 적법한 동의 요건으로 설시한 사항에는 동의 방식에 관한 것도 포함한다는 것을 제시한다.

(2) 동의 방식에 위반이 있는 것과 동의 불비는 다른 것으로 보아야 한다는 견해

단순히 동의 방식에 위반이 있는 것을 사실상의 무동의와 같게 보는 것은 수범자에 대한 과도한 규제로서 합리적인 법 해석 범위를 초과한 것이라는 견해다. 구체적으로는, ① 법은 GDPR 등 해외 법제와는 달리 개인정보 처리에 관한 적법/유효한 동의의 요건이나 기준을 명시하고 있지 아니한 점, ② 동의를 받지 아니한 경우 과징금 부과의 대상으로 삼을 수 있는 경우(법10) 제17조 제1항 등)와 동의를 받는 방식에 관한 요건을 충족하지 못하여 과태료 처분의 대상으로 삼을 수 있는 경우(법 제22조 제1항~제3항 등)를 별도로 정하고 있는 점, ③ 정보주체의 권리 보호 목적이나 필요성을 이유로 동의 방식이 곧 동의의 적법 유효 요건에 해당한다는 근거가 될 수는 없는 점, ④ 적법한 동의에 관한 대법원 판시사항 또한 정보주체의 실질적 권리를 보호하기 위한 원칙을 확인한 것일 뿐, 구분 동의나 선택 동의와 같은 동의의 방식에 관한 사항이 적법한 동의의 요건이라고 판단한 것으로 보기는 어려운 점을 근거로 한다.

살피건대, 현행 법체제에서 위 문제를 일률적으로 정리하기는 쉽지 않아 보인다. 다크패턴 등 최근 문제가 다변화되는 시점에서, 동의를 구하는 방식에 중대한 하자가 있는 경우에도 일단 어떻게든 동의를 형식적으로나마 구하였다는 점만으로 완전히 별개로 본다면 정보주체에 대한 실질적인 보호가 어려울 수 있다. 반면 정보주체 동의권의 보호를 이유로 동의 방식이 충분치 못한 모든 동의 방식 위반의 경우를 실질적인 동의를 구하지 않은 무동의 상태로 동일하게 규율하는 것은 현행 법제 해석상 어색할 뿐만 아니라 입법 불비를 규제기관의 행정편의주의적 관점에서 해결하려는 것에 지나지 않는다.

---

10) 개정 전 개인정보 보호법(법률 제16930호, 2023. 3. 14 법률 제19234호로 개정되기 전의 것) 제17, 18조 및 제39조의3 제1, 4항 등의 경우를 포함하였다가, 개정법에서 정보통신서비스 제공자에 관한 특례규정 등 일원화함에 따라 규정 체계에 변경이 있었음에도, 여전히 규제 대상 및 수준을 각 나누어 규정하고 있다.

따라서, 현행 법제의 가장 주요한 과제는 어떠한 동의 방식 위반이 실질적인 동의 불비와 다를 바 없는지 그 해석의 기준과 원칙을 명시적으로 밝히고 정리하는 것이다. 동의 방식의 위반이 중대할 경우 정보주체의 실질적 동의권 보장 측면에서 동의 불비로 간주하고 그에 따라 규율할 수 있는 여지도 있겠으나, 명시적이고 합리적인 기준에 따라 엄격한 경우에 한하여야 할 것이다. 원칙적으로는 법체계해석상 동의 불비와 동의 방식 위반은 별개의 것으로 보되, 예외적으로 동의 방식의 위반이 동의 불비에 해당할 수 있는 경우를 열거적으로 규정할 입법적 필요가 있다.

법원 또한 동의 자체는 있었으나 고지 및 동의의 방식이 법상 요건에 부합하지 않은 경우 법 제22조를 위반한 것이라고 명시적으로 판단한 바 있다.[11] 동의 불비와 동의 방식 위법을 달리 보고 판단한 것으로 풀이된다. 다만 동 판례에서 "실질적으로는 유효한 동의가 있기 어렵다"고 판시한 대목도 있는데, 이는 ① 법원이 설시한 '실질적으로 유효한 동의'는 동의 불비에 관한 법 제17조, 제39조의3 등에서 규정한 요건으로서의 '동의'와 같은 개념이 아니라 정보주체 보호가 실질적으로 이루어졌는지를 규범적으로 평가한 것에 불과하므로 동일한 것으로 볼 수 없고, ② 해당 건 사실관계를 보면 개인정보 동의에 관한 고지사항이 1pt 크기의 매우 작은 글씨로 기재하였던 점 등이 확인되는 등 특수한 사정이 있었으므로 개인정보처리자의 주관적 인식 등 규범적으로 판단한 것으로 보인다.

법 제39조의3 제1항과 동일한 구 정보통신망법 제22조 제1항에 관하여 대법원 2016.6.28. 선고 2014두2638 판결에서 "회사가 이벤트 화면을 통하여 이용자의 개인정보 수집 등을 하면서 위 법률에 따른 개인정보의 수집·제3자 제공에 필요한 이용자의 적법한 동의를 받지 않았다"고 하면서 법 제26조의2(동의를 받는 방법) 및 시행령 제12조(동의 획득방법) 제1항을 위반한 것을 근거로 제시한 바 있다. 이를 토대로 동의 방식의 위법이 곧 동의 불비로 평가한다고 볼 수도 있겠으나, ① 판결의 전제가 되었던 구 정보통신망법의 경우 현행 개인정보보호법과 달리 동의를 받는 방법을 규정한 동법 제26조의2 위반에 대하여서는 별도의 벌칙규정을 두고 있지 않았다는 점, 그리고 ② 위 사안은 개인정보처리자가 개인정보 수집 등에 관한 동의를 구하는지 여부가 자체가 그 동의 문구상 불분명하였던 사안으로 동의 자체가 존재한다고 보기 어려울 정도에 이르렀다는 점이 각 고려된 판결로 보이므로, 위 판결을 동의 유무와 동의 방식을 동일하게 봐야 한다는 견해의 근거로 원용하기에는 적절치 못한 면이 있다. 오히려, 구 정보통신망법의 실체적인 규제 법령을 계승하면서 개인정보보호법이 동의 불비와 동의 방식 위반에 대한 제재 규정을 이분화하여 입법하였던 연혁을 고려한다면, 원칙적으로 동의 유무와 동의 방식은 별개로 봐야한다는 견해에 더욱 설득력이 있어 보인다.

실제로 법은 개인정보 수집 및 이용에 관하여, ① 수집 시 동의를 받을 의무, ② 법정 고지사

---

11) 서울중앙지방법원 2018.1.18. 선고 2015가합541763 판결.

항을 알릴 의무, ③ 각 사항을 구분하여 동의를 받을 의무, ④ 중요한 사항을 명확히 표시하여 동의를 받을 의무 등을 각 나누어 규정하고 있다. 또한 각 위반에 대해 저마다 다른 제재를 두고 있으며, 특히 동의 자체를 받지 아니한 경우는 과징금 제재가 가능한 반면, 동의 방식에 관한 법 제22조 위반의 경우 과태료 제재로 제한된다. 즉, '동의를 받을 의무'에 관한 기준과 '동의를 받는 방법'에 관한 기준은 별개로 보아야 하고, 각기 다른 위반행위에 관한 별개 기준을 상호 차용하여 적용하기는 어렵다고 보아야 한다.

특히 법 위반에 따라 (침익적) 행정처분이 예정되는 이상, 상대방의 권익을 제한하거나 상대방에게 의무를 부과하는 것이므로 헌법상 요구되는 명확성의 원칙에 따라 그 근거가 되는 행정법규를 더욱 엄격하게 해석·적용해야 하고, 행정처분의 상대방에게 지나치게 불리한 방향으로 확대해석이나 유추해석을 해서는 안 된다[12]. 즉, 제재 처분의 구성요건이 되는 각 조항별 기준 및 요건은 엄격하게 해석되어야 하고, 명확성 원칙에 따른 한계를 벗어날 수 있는 확대해석은 각별히 제한하여야 한다.

4) 적법한 동의에 관한 GDPR 규정과 각 요건별 검토

GDPR은 제4조 정의규정에서 개인정보주체의 동의를 정의하면서, "개인정보주체 본인과 관련된 개인정보의 처리에 대해 합의한다는 개인정보주체의 희망을 진술 또는 명백한 적극적인 행위를 통해 자유롭고(freely given), 구체적으로, 결과에 대해 인지하여 분명하게 나타낸 의사표시를 가리킨다"고 규정하고 있다. 이와 관련하여 구체적으로 동의의 유효성과 관련하여 구체적으로 설명[13]하고 있는데, GDPR상 '동의'의 유효성에 관한 요건을 정리하면 아래와 같다.

---

12) 대법원 2021.11.11. 선고 2021두43491 판결.
13) GDPR 동의 관련 규정
　　제4조 정의
　　　11. 개인정보주체의 동의는 본인과 관련된 개인정보의 처리에 대해 합의한다는 개인정보주체의 희망을 진술 또는 명백한 적극적인 행위를 통해 자유롭고(freely given), 구체적으로, 결과에 대해 인지하여 분명하게 나타낸 의사표시를 가리킨다.
　　제7조 동의의 조건
　　　1. 처리가 동의를 기반으로 이루어지는 경우, 개인정보처리자는 개인정보주체가 본인의 개인정보 처리에 동의하였음을 입증할 수 있어야 한다.
　　　2. 개인정보주체의 동의가 기타의 사안과도 관련된 서면의 진술서로 제공되는 경우, 동의 요청은 그 기타의 사안과 분명히 구별되는 방식으로, 이해하기 쉽고 입수가 용이한 형태로, 명확하고 평이한 문구를 사용한 방식으로 제시되어야 한다. 진술서의 어느 부분이라도 본 규정을 위반하는 경우 그 구속력이 인정되지 않는다.
　　　3. 개인정보주체는 언제든지 본인의 동의를 철회할 권리를 가진다. 동의의 철회는 철회 이전에 동의를 기반으로 한 처리의 적법성에 영향을 미치지 않는다. 개인정보주체는 동의를 제공하기 전에 이 사실에 대해 고지받아야 한다. 동의의 철회는 동의의 제공만큼 용이해야 한다
　　　4. 동의가 자유롭게 제공되는지 여부를 평가할 때, 무엇보다 서비스 제공 등의 계약의 이행이 해당 계약의 이행에 필요하지 않은 개인정보의 처리에 대한 동의를 조건으로 하는지 여부를 최대한 고려해야 한다.
　　전문 제32조
　　　동의는 전자적 방법을 포함한 서면진술이나 구두진술 등으로, 정보주체가 개인정보의 처리에 대해 자유롭게 제공하여야 하는데, 구체적으로, 고지된 명확한 합의를 나타내주는 적극적인 행위로써 제공되어야 한다. 동의표

GDPR 상의 동의 요건

구분	주요 내용	조문
목적 구체성	개인정보 처리 목적을 구체적(specific)으로 제시하였는지	§ 5
인지된 동의	정보주체의 인지된 동의(informed consent)를 요함	§ 5,6
명확성	구분 동의 요청하였는지, 관련 내용 접근이 용이한지, 명확하고 평이한 문구를 사용하여 이해하기 쉽게 제시되었는지	§ 7.2
철회가능성	동의 제공만큼 쉬운 방식으로 철회가 가능한지	§ 7.3
필수정보 동의	계약이나 서비스 이행에 필수적인 정보에 한하였는지	§ 7.4
개인정보처리자 정보제공	개인정보처리자 정보제공 요건을 이행하였는지	§ 13,14

(1) 정보주체가 자유로운 의사에 따라 동의 여부를 결정할 수 있을 것

GDPR 제4조 제11항상의 "자유롭게(Freely Given)"와 관련하여, 제7조 제4항상 "무엇보다 서비스 제공 등의 계약의 이행이 해당 계약의 이행에 필요하지 않은 개인정보의 처리에 대한 동의를 조건으로 하는지 여부를 최대한 고려(할 것)", 전문 제42조상 "정보주체가 진심으로 동의하지 않았다거나, 자유로운 선택으로 동의하지 않았다거나, 손실 없이는 동의를 거절하거나 철회할

현방법에는 인터넷 웹사이트의 개인정보처리동의란 체크, 정보사회서비스에 대한 기술적 설정 선택 또는 본인의 개인정보처리 수락을 의미하는 정보주체의 행동이나 기타 진술이 포함된다. 따라서 침묵, 사전 자동체크 된 개인정보처리동의나 부작위는 동의에 해당되지 않는다. 동의는 단일 또는 복수의 동일한 목적을 위한 모든 처리 활동에 유효하다. 복수의 목적으로 개인정보를 처리하는 경우, 각 목적에 대한 동의를 받아야 한다. 만약 정보주체의 동의를 전자방식의 요청에 따라 제공하는 경우, 그 요청은 명확하고 간결하게 제공되어야 하며, 관련 서비스 이용을 불필요하게 방해해서는 안 된다.

전문 제42조
개인정보 처리가 정보주체의 동의에 근거하는 경우, 정보처리자는 정보주체가 처리 방식에 대해 동의를 제공하였음을 입증할 수 있어야 한다. 특히 처리되는 사안이 아닌 다른 사안에 대해 서면 진술로 동의하는 경우, 정보주체가 어떤 정보가 어떤 범위로 제공된다는 사실을 인지할 수 있도록 보장하여야 한다. 유럽의회 지침 93/13/EEC1에 따라, 정보처리자가 제공하는 사전동의서 서식은 명확·평이한 언어를 사용하여 이해하기 쉽고, 열람이 가능하도록 하여야 하며 불공정한 용어를 포함해서는 안 된다. 동의를 고지 받기 위해서는 정보주체는 최소한 정보처리자의 신원과 개인정보 처리 목적에 대해 인지하고 있어야 한다. 정보주체가 진심으로 동의하지 않았다거나, 자유로운 선택으로 동의하지 않았다거나, 손실 없이는 동의를 거절하거나 철회할 수 없는 경우에는 해당 동의는 자유롭게 제공된 것이라고 간주되지 않는다.

전문 제43조
동의가 자유롭게 제공되기 위해서는, 정보주체와 정보처리자 간의 명백한 불균형이 존재하는 특정 상황과 같은 경우에는 동의를 합법적인 근거로 제시해서는 안 된다. 특정상황이란 특히 정보처리자가 공공기관이기 때문에 동의가 자유롭게 제공될 것 같지 않은 경우이다. 개별적인 사례에서 적절하다고 판단되는 경우도 있겠으나, 별개의 개인정보 처리행위에 대해 별도의 동의를 받지 않는 경우이거나, 서비스 제공 등의 계약의 이행이 동의없이 이루어질 수 있음에도 불구하고 동의에 근거하여 진행되는 경우에는 해당 동의는 자유롭게 제공된 것이라고 볼 수 없다.

수 없는 경우에(해당하지 않을 것)", 전문 제43조상 "정보주체와 정보처리자 간의 명백한 불균형이 존재하는 특정 상황(에 해당하지 않을 것)"을 규정하고 있다. 이를 종합하여 보면, ① 정보주체와 정보처리자 간 명백한 불균형이 없을 것, ② 동의 거절 내지는 철회에 손실(불이익)이 없을 것, ③ 서비스 제공 등 계약의 이행에 필요하지 않다면 동의를 조건으로 하지 않을 것, 그리고 ④ 각 동의를 받을 것(세분성, granularity)도 요건으로 한다.

EDPB Guidelines 05/2020 on consent under Regulation 2016/679]

3.1. Freely Given
13. "자유(free)" 요건은 데이터 주체의 실질적인 선택 및 통제권을 의미한다. GDPR은 일반 원칙으로서 데이터 주체에게 실질적인 선택권이 주어져 있지 않거나, 동의를 강요받는다고 느끼거나 동의하지 않을 경우 부정적인 결과를 겪게 되는 경우에는, 그러한 동의는 유효하지 않다고 정하고 있다. 만일, 동의가 이용약관상의 협상할 수 없는 부분으로 결부되어 있으면, 이는 자유롭게 주어진 것으로 볼 수 없다. 따라서, 데이터 주체가 불이익 없이 동의를 거부하거나 철회할 수 없는 경우에는 동의가 자유롭게 이루어졌다고 볼 수 없다. GDPR은 컨트롤러와 데이터 주체 간의 불균형 문제도 고려를 하고 있다.

물론, GDPR이 제시하는 기준이 모두 우리나라의 경우에 직접적 구속력을 갖는 것은 아니며, 특히 동의의 거절 내지는 철회를 보장하여야 한다는 대원칙에는 이견이 없겠으나 정보주체와의 계약 내지는 약관 등에 미루어 제공하는 서비스의 특성상 동의하지 않는 경우 일정 부분의 불이익이나 제한이 발생할 수밖에 없는 경우 일괄하여 '자유로운' 동의 요건이 결격된 것으로 평가하는 것은 현실적이지 못하고, 정보주체의 권익 보장을 과도하게 중시한 나머지 이익형량에 실패할 위험이 크다. 마찬가지로 계약의 이행에 필요한지 여부를 판단하는 기준이 객관적, 구체적이기 어려울 수밖에 없다는 점에서 이러한 요건 결격을 쉬이 판단하는 것은 적법 처리요건으로서의 동의를 실질적으로 형해화하는 것과 다름없으므로, 각별히 주의하여야 한다.

형식논리적으로 각 요건을 엄격하게 요청할 경우, 이는 사실상 약관 등에서 모든 개인정보의 제공을 계약상 필요를 불문하고 불이익 없이 선택적으로 보장하여야 한다는 의미가 된다. 이는 현실적으로 기업의 서비스 동인을 상실케 하고 경쟁력을 크게 저하시킬 수 있다. 실제 GDPR 규정 체계에 비추어 보더라도 전문에 명시된 '원칙'을 엄격한 효력 요건으로 볼 근거가 없거니와, 제7조 제4항에도 '최대한 고려'한다고 할 뿐 그것을 효력 요건으로 원용할 수는 없다. 즉, 동의에 관한 정보주체의 '자유로운 의사'를 현실적으로 판단하기가 어려우므로 몇 가지 고려 요소를 둔 것일 뿐, 정보주체의 자유 의사를 절대적 영역으로 보장하고자 함을 천명하는 것은 아닌 것으로 보인다.

(2) 동의를 받으려는 내용이 구체적이고 명확할 것

GDPR 제7조 제2항에서는 "동의 요청은 그 기타의 사안과 분명히 구별되는 방식으로, 이해하기 쉽고 입수가 용이한 형태로, 명확하고 평이한 문구를 사용한 방식으로 제시되어야 (함)", 제4조 제11항상 "구체적으로, 결과에 대해 인지(하여야 함)", 전문 제32조에서는 "명확하고 간결하게 제공(되어야 함)'", 전문 제42조상 "최소한 정보처리자의 신원과 개인정보 처리 목적에 대해 인지(하여야 함)" 및 "정보주체가 어떤 정보가 어떤 범위로 제공된다는 사실을 인지할 수 있도록 보장하여야 (함)" 등을 규정하고 있다. 이를 종합하여 보면, ① 타 사항과 분명히 구별하여, ② 이해하기 쉽고 입수 용이한 형태로, ③ 결과 및 제공 범위를 인지할 수 있도록 할 것을 요구하는 것으로 이해된다.

우리나라는 법 제15조 제2항, 시행령 제17조 제1항 2호 등에서 구체적인 동의 방법으로 나열하고 있다. 이를 GDPR 제7조 제2항 후단("어느 부분이라도 본 규정을 위반하는 경우 그 구속력이 인정되지 않는다.")과 함께 살펴보면, 효력요건으로서 명시하면서 구체성·명확성 요건에 반할 경우 구속력을 부정한다는 점을 명시하고 있는 점을 특기할 만하다. 특정 규정상의 요건의 성격을 달리 명시하지 않는 한 원칙적으로 체계정합성을 고려하여 해석하게 될 것이나, 수범자 입장에서의 혼동 소지를 고려한다면 동의에 관한 구체적인 요건마다의 성격을 규정에 분명하게 명시하는 것이 바람직할 것으로 보인다.

(3) 그 내용을 쉽게 읽고 이해할 수 있는 문구를 사용할 것

동의 내용이 구체적이고 명확하면서, 평이하고 이해하기 쉬운 문구를 사용하여야 한다. 위 ⑵ 요건이 내용에 관한 실체적 요건이라면, ⑶의 요건은 형식적 자구에 관한 요건으로서, 자기 정보에 대한 결정권을 갖는 정보주체가 속한 집단에 관하여 사회통념상 객관적인 기준에 따라 판단할 때에 충분히 이해할 수 있을 정도의 평이한 표현을 요구하는 것이다.

법 제22조의2 제3항에서는 "개인정보처리자는 만 14세 미만의 아동에게 개인정보 처리와 관련한 사항의 고지 등을 할 때에는 이해하기 쉬운 양식과 명확하고 알기 쉬운 언어를 사용하여야 한다."고 규정하여 특히 아동에 대한 개인정보 처리 관련 고지 시 준수하여야 할 형식적 요건을 두고 있다.

즉, 우리나라 법상 특히 이해하기 쉬운 양식과 명확하고 알기 쉬운 언어를 사용할 것이 요구되는 정보주체는 만 14세 미만 미성년자이고, 그 외 정보주체 집단(만 14세 이상)에 대하여서는 특별히 다른 집단으로 분류될 명확한 기준이나 근거가 존재하지 않는 이상, 사회통념상 만 14세 이상의 자에게 기대되는 이해 수준에 부합하는 정도의 평이하고 명확한 문구이면 족하다. 만약, 개인정보처리자의 약관 등에 미루어 서비스 내용 및 대상이 만 18세 이상으로만 국한되는 경우라면, 일반적으로 만 18세 이상의 자에 대하여 기대되는 이해 및 인지 수준에 비추어 충분히 평이하고 전달가능한 표현으로 기재되어 있는지를 보면 족하다.

(4) 동의 여부를 명확하게 표시할 수 있는 방법을 정보주체에게 제공할 것

동의 여부 의사표시를 명확하게 표시할 수 있는 방법을 제공하도록 한 것은, 위 (1) 요건에서 요구되는 '자유로운' 의사 결정 요건과 비교하여 볼 수 있다. (1) 요건이 의사결정의 실질적 요건이라면, (4) 요건은 형식적 요건에 해당한다. 즉, 개인정보 처리에 관한 동의가 명시적일 것을 요구하는 것을 넘어 그 형식적 표시 방법에 해당하는 요건을 둔 것이다.

GDPR 전문 제32조에서는 "침묵, 사전 자동체크된 개인정보처리동의나 부작위는 동의에 해당되지 않는다"고 규정하여, 동의 여부에 대한 의사 표시 방법이 묵시적이거나, default-opt-out 형태일 수는 없다고 정하고 있다. 마찬가지로 GDPR에서는 명시적으로 정보주체의 동의가 명시적인 것을 넘어 적극적 행위(affirmative action)에 의한 것이어야 함을 정하고 있고, 명시적으로 'opt-out check boxes'는 불충분함을 규정하고 있으므로, GDPR에 의할 때에는 Opt-In 동의 방식이 요구된다는 점은 분명하다.

다만, 우리나라 법상 이러한 구체적인 동의의 형식적 방식까지 규정 근거를 마련하였다고 볼 수 있는지가 문제된다. GDPR과 같은 구체적인 명시/열거 없이 'Opt-In' 또는 'Opt-Out' 방식을 법률적으로 요구한다고 보는 것은 규범의 법적 안정성을 떨어뜨릴 수 있다. 현행법령상 요구되는 것은 정보주체가 의사를 '명확하게 표시할 수 있을 것'에 불과하므로, 무엇이 '명확한 것인지'에 대하여 과도한 수준의 해석 재량이 발휘될 경우 개인정보 관련 산업에 악영향이 있을 수 있고, 장기적으로는 정보주체 개인의 보호에도 유익하지 않을 수 있다. 일례로, 개인정보 보존 기간을 "정보주체의 명확한 의사표시가 있을 때까지"로 정할 경우, 엄격한 기준으로 '명확한 의사표시'를 좁게 인정할 경우 정보주체의 권익 보장은 어려워진다. 일반 법원칙상 법문 해석은 합리적 범위 내에서 이루어져야 하고, 법적 안정성을 고려하여야 하므로, 이는 동 요건에 관한 해석에도 동일하게 적용되어야 한다. 무엇이 '명확한 의사표시'인지, 어떠한 요건을 결격한 경우 '동의에 해당하지 않는지'에 대하여 법문언을 초월하는 해석은 지양하여야 할 것이다.

2. 동의를 받는 방법: 구분 동의(법 제22조 제1항)

개인정보처리자가 정보주체로부터 법 제22조 제1항 각 호에 따른 동의를 받으려는 때에는 정보주체가 동의 여부를 선택할 수 있다는 사실을 명확하게 알 수 있도록 구분하여 표시하여야 한다(시행령 제17조 제4항). 서비스 약관, 위치정보 약관, 전자금융 약관 등 정보주체가 동의하지 아니하는 경우 서비스 자체를 이용할 수 없는 동의 사항과 구분하도록 하였다. 이를 위반하여 동의를 받은 경우 1천만 원 이하의 과태료가 부과될 수 있다(법 제75조 제4항 제3호).

구법 제39조의3 선택동의 관련 규정 삭제와 함께 법 제22조 제5항에서 "개인정보처리자는 정보주체가 선택적으로 동의할 수 있는 사항을 동의하지 아니하거나 제1항 제3호 및 제7호에 따른 동의를 하지 아니한다는 이유로 정보주체에게 재화 또는 서비스의 제공을 거부하여서는 아니 된다."고 신설하였다. 이를 위반하여 재화 또는 서비스의 제공을 거부하는 경우, 3천만 원 이하의 과태료가 부과될 수 있다(법 제75조 제2항 제1호).[14] 구분 동의를 전제로 할 때, 이와 같은 '선택 동의' 관련 규제 범위가 문제될 수 있다.

구법 제39조의3은 "개인정보의 수집·이용 동의 등에 대한 특례"라는 표제 하에 정보통신서비스 제공자가 개인정보를 이용할 목적으로 수집하는 경우를 규율하고 있었다. 해당 조항의 취지는 "필요한 최소한의 개인정보 이외의" 개인정보 수집에 대해서는 이용자가 동의하지 않더라도 서비스를 이용할 수 있도록 하여, 이용자의 선택적 동의를 보장하여야 한다는 것이다.

이는 구 정보통신망법(2020.2.4. 법률 제16930호로 개정되기 전의 것) 제23조(개인정보의 수집 제한 등) 제3항 "정보통신서비스 제공자는 이용자가 필요한 최소한의 개인정보 이외의 개인정보를 제공하지 아니한다는 이유로 그 서비스의 제공을 거부하여서는 아니 된다. 이 경우 필요한 최소한의 개인정보는 해당 서비스의 본질적 기능을 수행하기 위하여 반드시 필요한 정보를 말한다."를 대체하여 규정된 것이다.

이를 삭제하고 법 제16조 제3항으로 통합 규정한 배경에는 "동일한 행위에 대하여 온라인 사업자와 오프라인 사업자 간 적용되는 규정이 달라 불필요한 혼란이 발생한 점을 고려하여 관련 규정을 정비"하고자 하는 배경이 있었고, 결국 입법 의도는 동일하게 최소 수집 원칙을 제시하는 두 개의 법률 조항을 단순 통합하는 것이다.

즉, 최소 수집 원칙에 따라 필요 최소한의 정보를 판단하고, 그에 해당하지 아니하는 정보를 정보주체가 제공하지 아니한다는 이유로 서비스 제공을 거절하지 못하도록 규정한 것이다. 그렇다면 '선택 동의'가 인정되는 영역은 필요 최소한의 영역 외에 정보주체의 필요에 따라 개인정보처리자에 대한 제공을 선택할 수 있는 사항이며, 법 제16조 제2항, 제3항[15]의 존재 자체만으로도 '필수 동의' 영역과 그 외의 '선택 동의' 영역이 법률적으로 보장된다는 것을 의미한다.

즉 위의 각 조항의 반대해석상 '필요한 최소한의 정보에 해당하는 경우에는 동의하지 아니할 수 없다'거나, '필요한 최소한의 정보에 대한 수집에 동의하지 아니하는 경우 정보주체에게 재화 또는 서비스의 제공을 거부할 수 있다'는 것을 의미하므로, 이는 법률상 개인정보처리자의

---

14) 구법 제75조 제2항 제12조의2, 제39조의3 제3항을 위반하여 서비스의 제공을 거부한 자에 대하여 동일하게 3천만 원 이하의 과태료를 규정하고 있었다.

15) 법 제16조(개인정보의 수집 제한)
② 개인정보처리자는 정보주체의 동의를 받아 개인정보를 수집하는 경우 필요한 최소한의 정보 외의 개인정보 수집에는 동의하지 아니할 수 있다는 사실을 구체적으로 알리고 개인정보를 수집하여야 한다.
③ 개인정보처리자는 정보주체가 필요한 최소한의 정보 외의 개인정보 수집에 동의하지 아니한다는 이유로 정보주체에게 재화 또는 서비스의 제공을 거부하여서는 아니 된다.

'필요 최소한'의 영역에서 보장된 권리에 해당한다. 즉, 서비스를 제공하는 개인정보처리자 입장에서는 기술 서비스 발전과 다양화와 같은 사항도 서비스 본질적 영역에 해당할 경우 이를 약관 등에 명확하게 포함시켜 설명 가능한 수준에서는 서비스 제공에 관한 필요 최소한의 정보에 해당하고 최소 수집 원칙에 부합한다고 볼 여지가 있다고 할 것이다.

3. 동의 없이 처리하는 개인정보 관련 개인정보처리방침 공개 또는 고지(법 제22조 제3항)

개인정보처리자는 정보주체의 동의 없이 처리할 수 있는 개인정보에 대해서는 그 항목과 처리의 법적 근거를 정보주체의 동의를 받아 처리하는 개인정보와 구분하여 제30조 제2항에 따라 공개하거나 전자우편 등 대통령령으로 정하는 방법에 따라 정보주체에게 알려야 한다(법 제22조 제3항 본문). 여기서 "대통령령으로 정하는 방법"이란 서면, 전자우편, 팩스, 전화, 문자전송 또는 이에 상당하는 방법을 말한다(시행령 제17조 제5항). 이를 위반하여 동의를 받은 경우 1천만원 이하의 과태료가 부과될 수 있다(법 제75조 제4항 제3호).

이 경우 동의 없이 처리할 수 있는 개인정보라는 입증책임은 개인정보처리자가 부담한다(법 제22조 제3항 단서).

4. 동의와 관련한 쟁점의 검토

1) 적법 유효한 동의에 대한 입증책임

적법 유효한 동의에 대한 입증 책임과 관련하여, 필요 최소한의 개인정보 수집이라는 입증책임을 개인정보처리자에 부과한 법 제16조 제1항, 동의 없이 처리할 수 있는 개인정보라는 입증책임을 개인정보처리자가 부과한 법 제22조 제3항이 있다. GDPR 제5조, 제6조를 참조하면 인지된 동의(Informed Consent)를 입증하기 위한 최소한의 조건(① 개인정보처리자 신원 정보, ② 각 처리 목적, ③ 수집 이용될 데이터 유형, ④ 동의 철회 권리, ⑤ 자동화된 의사결정 관련 데이터 이용, ⑥ 잠재적 위험)을 명시하고 있는데, 현행 법에서는 정보주체의 동의 외 모든 합법처리근거에 관한 입증책임을 일방적으로 개인정보처리자에게 부담시키고만 있을 뿐, 이러한 구체적인 가이드라인이 결여되어 '동의 제도의 실질화'를 꾀하였던 개정 취지가 실현되기 어려운 지점으로 보인다.

즉, 입증책임을 부담시킨 '필요 최소한의 개인정보', '계약상 필요', '정당한 이익' 등을 판단하는 각 기준 내지는 최소 요건을 명확히 제시하지 못한다면, 개정에도 불구하고 구법이 마주했던 한계점을 여전히 극복하지 못했다는 비판을 면하기 어려울 것이다.

2) GDPR과의 상호운용성

GDPR과의 상호운용성 관련, 우리나라는 2021년 12월 17일에 이르러 GDPR에 따른 적정성 결정을 받았다.[16] 사실 우리나라는 2015년부터 행정안전부가 「개인정보 보호법」 중심의 전체 적정성 평가를 추진하였으나, 2016년 10월 개인정보 감독기구의 적격성이 미비하다는 이유로 평가 불가 통보를 받은 바 있다. 이후 방송통신위원회가 부분 적정성 평가를 추진했지만 이마저도 「정보통신망 이용촉진 및 정보보호 등에 관한 법률」이 개인정보 보호를 모두 포괄하지 못한다는 이유 등으로 무산되었다. 최근 개인정보보호에 관한 글로벌 규범과의 상호운용성 확보를 위한 노력에 박차를 가하고 있지만, 실체적 규제 기준까지 일괄하여 단기간에 GDPR에 맹목적으로 따르도록 하지 않도록, 우리나라 개인정보 관련 규범 체계와 방향성을 근본적으로 살펴 볼 필요가 있다.

실제로 개인정보에 관한 규제 체계는 전 세계적으로 단일하지 않다. 특히 프라이버시권 내지는 개인정보 자기결정권의 개념은 통일되고 확고한 유일 개념이 아니라, 시대사회적 맥락과 사회역사적 배경이 충분히 고려되어야 하는 개념이다. 글로벌 트렌드에 발맞춰 새롭게 정립한 우리나라 규범 체계를 바탕으로, 기존의 규제 기준 및 판례뿐만 아니라 해외의 주요 개인정보 관련 규제 등 거버넌스 사례를 적절히 녹여내어 대한민국 실정에 부합하는 규범 체계로 발전시켜 나가야 할 것이다. 결국, 데이터 교환 내지는 규제 협력 편의 차원에서 달성하여야 할 형식적인 수준에서 충분한 상호운용성을 성취한 것으로 이해되고, 앞으로는 우리나라의 실정과 미래지향 가치를 고려한 실질적인 수준을 모색하여야 할 것이다.

3) 정보주체의 동의 철회권

정보주체의 철회권 관련, GDPR에 의하면 정보주체는 언제든지 동의를 철회할 권리가 있고, 그 효력은 철회 시에 장래적으로 발생하며, 과거의 동의를 기반으로 한 처리는 적법하게 유지된다. 동의 철회 가능성은 동의를 받기 전에 알려야 하고, 동의 철회는 동의하는 것만큼이나 간단해야 한다. 우리나라의 경우, 원칙적으로 상대방이 있는 의사표시는 상대방에게 도달한 때에 효력이 생기고(민법 제111조 제1항), 그 의사표시의 철회는 도달 전까지 가능하고 이후에는 해제 등이 가능할 뿐이므로, 법률상 달리 규정이 없는 한 철회가 자유로이 이루어진다고 보기는 어렵다. 법 제37조 제1항에서 "정보주체는 개인정보처리자에 대하여 자신의 개인정보 처리의 정지를 요구하거나 개인정보 처리에 대한 동의를 철회할 수 있다"고 두어 그 근거를 마련하고 있다.

---

16) COMMISSION IMPLEMENTING DECISION (EU) 2022/254 (of 17 December 2021) pursuant to Regulation (EU) 2016/679 of the European Parliament and of the Council on the adequate protection of personal data by the Republic of Korea under the Personal Information Protection Act (notified under document C(2021) 9316)

다만, 법에서는 동의를 철회할 수 있다는 점을 사전에 알려야 한다는 요건을 두지 않고 정보주체의 요구가 있으면 알려야 할 사항으로 규정하고 있다(법 제20조 제1항 제3호). 그럼에도 불구하고, 법은 철회권 행사에 따른 효력 등을 구체적으로 명시하지 않고 있어, GDPR에 비하여 상당한 차이가 있다. 동의 철회에 따른 법률효과 및 법률관계를 분명하게 하여 정보주체 및 수범자의 권리를 더욱 증진시킬 방안을 모색해볼 필요가 있겠다.

한편, 합법처리근거로서 동의가 철회된 경우 "계약상 필요" 등 타 근거로 전용 가능한지와 관련하여, 연방 및 독일 개인정보보호 회의(DSK)[17] 등 GDPR 해석례에서는 처리근거로서 동의가 효력을 잃었을 때 계약상 필요 내지는 정당한 이익 등 타 처리근거의 원용을 불허한다("어떠한 경우에도 동의와 다른 법적 근거를 임의로 전환하는 것은 불가능"). 다만, 우리나라 법 제37조 제3항, 제2항 제4호에 의하면 "개인정보를 처리하지 아니하면 정보주체와 약정한 서비스를 제공하지 못하는 등 계약의 이행이 곤란한 경우로서 정보주체가 그 계약의 해지 의사를 명확하게 밝히지 아니한 경우"로 규정하여 개인정보 처리 동의를 철회한 경우에도 명시적으로 해당 계약의 해지 의사가 표시되지 아니하는 한 계약 이행상 필요를 이유로 동의 철회에 필요한 조치를 하지 아니할 수 있는 법률상 근거를 명시하고 있는 것으로 이해된다. 이는 결국 반대해석상 처리근거로서 동의가 철회된 경우에도 법률상 다른 합법처리근거(특히 계약상 필요)가 있는 경우라면 적법한 처리가 가능하다는 것을 의미한다. 이는, 2023년 법 개정 전까지 대부분의 개인정보 처리근거로 사실상 '동의'만을 일률적으로 요구해왔던 요구해왔던 우리나라 법 규범체계의 역사적 특성에 비추어 특히 필요하고 타당하다고 할 것이다.

4) 법정대리인의 동의 확인 의무

법정대리인의 동의 확인 의무를 아동의 개인정보 처리요건으로 볼 것인지 관련, 아동의 개인정보 처리에 관한 요건을 설시한 GDPR 제8조에도 "해당 아동의 친권을 보유한 자가 동의를 제공하거나 승인한 경우에만 적법하다"고만 할 뿐, 법정 대리인의 승인 여부를 '확인'하는 것까지 적법/유효 요건으로 두고 있지 아니하다. 따라서, 비록 명문상 법정대리인의 동의 확인 의무를 요하고 있기는 하나, 이를 법률상 적법/유효 요건으로 보기에는 부족하다고 보인다. 상술하였듯, 이러한 해석의 혼란을 경감하기 위해서라도 규범 체계 중 요건에 관하여서는 그 성격과 범위를 명시하여야 할 것이다.

---

17) Kurzpapier Nr. 20 Einwilligung nach der DS-GVO (www.govdata.de/dl-de/by-2-0). 유럽 개인정보보호 이사회 (European Data Protection Board, 이하 EDPB)의 동의에 관한 지침[WP 259 개정 01호 "규정 2016/679에 따른 동의 관련 지침(directive)"]을 요약 또는 보완하는 역할을 한다.

5) 행태정보와 동의의 필요

행태정보 규제 관련, 방송통신위원회의 온라인 맞춤형 광고 개인정보보호 가이드라인에서는 온라인 행태정보를 수집·이용하는 경우 공개해야 할 사항들을 열거하고 있다. 다만, 행태정보는 개인 식별정보와 결합된 상태로 지속 이용되지 않는 한 개인정보에 해당한다고 볼 수는 없다. 특별한 사정이 없는 한, 그러한 행태정보 일반을 방침 등을 통해 공개하는 것이 법적 의무에 해당한다고 보기는 어려울 것으로 보인다. 즉, 행태정보가 일시적으로 특정 정보와 결합하더라도 정보 유효성을 확인하는 데 그치고, 즉시 암호화되는 경우 또는 머신러닝과 같이 비실명정보의 빅데이터 처리 단계로 넘어갈 경우에도 여전히 행태정보 그 자체를 개인정보로 볼 것인지는 논란의 여지가 있다. 개인정보성을 넓게 인정하는 것만이 정보주체의 권리 보호에 유익하다고만 볼 수는 없으므로, 법체제 하 주체 및 행위의 개념과 결부되는 개인정보성의 범위에 유의할 필요가 있다.

특히, 온라인 행태정보의 전송에 관하여 흔히 언급되는 식별자(identifier)를 예시로 보더라도, 기기 식별자와 이용자 식별자 및 향후 새롭게 등장할 수 있는 잠재적인 식별자까지 기술적인 관점에서 어떠한 근본적 차이가 있는지에 착안하여 구분하는 것이 불가능하다면, '식별 정보와의 결합 가능성'을 근거로 개인정보성을 판단하는 것 또한 여전히 모호하고 불분명한 개념에 불과한 것으로 보인다. 충분한 기술적 연구를 바탕으로 한 법리적 검토가 선행되고 뒷받침되어야 할 것이다.

III. 개인정보 합법처리근거로서의 '계약'

1. 정보주체와 체결한 계약을 이행하거나 계약을 체결하는 과정에서 정보주체의 요청에 따른 조치를 이행하기 위하여 필요한 경우

개인정보처리자는 정보주체와 체결한 계약을 이행하거나 계약을 체결하는 과정에서 정보주체의 요청에 따른 조치를 이행하기 위하여 필요한 경우(이하 "계약상 필요")에는 개인정보를 수집할 수 있으며 그 수집 목적의 범위에서 이용할 수 있다(법 제15조 제1항 제4호). 이때, "계약"의 의미와 관련하여, 약관에 의하여 체결되는 계약의 경우, 그러한 계약의 내용은 약관에 명시된 바에 따르는 경우가 많은데, 이처럼 약관상 포함된 내용도 계약상 필요로서 개인정보 처리의 합법처리근거가 될 수 있는지에 대하여 긍정하는 견해와 부정하는 견해가 있겠으나 이를 일률적으로 정하는 것은 현실적인 타당성을 확보하기가 어렵다. 실제로 약관에 개인정보 처리의 내용 및 필요성에 관하여 계약의 내용과 어떠한 관련이 있는지를 충분히 반영하고 있는지를 살펴 판단하여야 할 문제로 이해된다. "계약을 이행하거나 계약을 체결하는 과정에서"의 의미와 관련하여서, 계약의 체결, 계약의 이행, 정보주체의 요청, 개인정보처리자의 조치 등 필요성 판단 기준이 계약의 체결 및 이행 시점으로 엄격하게 제한된다는 견해와 계약의 이행에 필요한 경우와 계약 체결 과정에서 정보주체의 요청이 있는 경우가 별개의 것으로 이해되는 이상 시점이나 기준 면에서 달리 제약을 두지 않았다고 보아야 한다는 견해가 있다. 또한, "정보주체의 요청에 따른 조치를 이행하기 위하여 필요한 경우"의 의미와 관련해서는 계약체결 과정에서 정보주체가 특별히 요청하는 경우로 한정하여야 한다는 견해 및 계약당사자 간 합의에 따라 계약의 내용은 다채로이 가능하므로 정보주체의 별도 요청에 한정되지 않는다는 견해가 존재한다. 결국 합법처리근거로서 각 용어의 의미를 넓게 해석할지 여부는 실제 그 계약의 내용과 정보주체의 이익 등을 종합적으로 고려하여 구체적 타당성을 달성하는 방향으로 해석할 필요가 있을 것이다.

1) 합법처리근거로서의 '동의'에 대한 예외적 요건인지의 여부

정보주체와 체결한 계약을 이행하거나 계약을 체결하는 과정에서 정보주체의 요청에 따른 조치를 이행하기 위하여 필요한 경우까지 정보주체의 동의를 받도록 하면 경제활동에 막대한 지장을 초래하고 동의 획득에 소요되는 비용만 증가시키게 되므로, 그러한 경우 정보주체에 대한 고지·동의 없이도 개인정보를 수집할 수 있도록 하였다. 이처럼 정보주체의 동의에만 국한하여 종속적인 개인정보 운용만을 규정하였던 기존 법에서 탈피하여, 동의 제도의 실질화를 위하여 다양한 합법처리근거를 마련하였다. 새롭게 규정된 합법처리근거가 기존 법상 '동의'와 어떠한 관계에 있는지가 문제된다. 동의가 원칙이고, 다른 처리근거는 예외 사유에 해당한다는 견해와 특별한 원칙이 있지 않고, 동의 또한 하나의 합법처리근거에 해당한다는 견해가 있다. 살피건대, 동의가 원칙이라는 것은 개념 내재적으로 동의가 어려운 상황에서만 다른 합법처리근거를 활용할 여지가 있다는 것을 의미하므로, 다양한 처리근거를 마련한 동의 제도 실질화 취지가 유명무실하게 될 우려가 있다. 만약 동의가 원칙이라는 견해에 입각하면서도 동의 실질화를 꾀하고자 한다면, 동의에 해당할 수 있는 범위를 상당히 넓게 보아 개념을 재편할 필요가 있고, 약관 등을 통한 정보주체의 사전적 포괄적 동의도 허용할 수 있어야 한다. 그렇지 않다면, GDPR 등과의 상호운용성을 확보하지 못한 채 비효율적이고도 정합적이지 못한 해석 체계를 갖게 될 것이다.

2) '불가피하게' 요건의 삭제

구법상 계약상 필요 요건은 '불가피하게' 필요한 경우로 한정하여 사실상 적법한 처리를 위하여서는 정보주체의 동의를 구하도록 규율해 왔으나, 법에서는 동의 제도의 실질화를 위하여 계약상 필요한 경우 동의를 구하지 않더라도 개인정보의 합법처리가 가능하도록 예외 인정 범위를 넓혔다. 이는 GDPR 등 개인정보 보호에 관한 글로벌 규범과의 상호운용성을 확보하기 위한 노력이 반영된 영역이기도 하면서, 우리나라 개인정보보호법상의 합법처리근거 규범 운용을 위한 균형적 시각이 필요한 영역이기도 하다. 이하에서 상세하게 본다.

3) GDPR 규정상 "계약상 필요(Contractual Necessity)"

GDPR 제6조 제1(b)항[18])에 개인정보 처리 적법성 근거로 명시된 계약상 필요(Contractual necessity)는 ① 해당 처리가 정보주체와의 계약을 이행하는 데 객관적으로 확실히 필수적(objectively necessary)인 경우 혹은 ② 그 처리가 정보주체의 요청에 따라 계약 전 선행 단계를 이행하는 데 객관적으로 확실히 필수적인 경우에 적용된다(EDPB Guidelines).

구체적으로 계약의 이행을 위해 필요하다는 것은 개인정보의 처리 없이는 정보주체와의 계약 목적이 달성될 수 없다는 것을 의미한다. EDPB는 결제서비스에 관한 Guidelines에서, 항상 이용자와 서비스 제공자 간 계약에 기반하여 개인정보의 제공이 이루어진다고 하면서, 개인정보처리자는 그러한 계약의 이행을 위하여 객관적으로 개인정보의 처리가 필요한지를 평가하여야 한다고 명시하고 있다. 여기서 제시한 구체적인 필요성 판단 기준으로는 ① 서비스의 특성, ② 계약 당사자 간의 상호 기대, ③ 계약의 근거, ④ 계약의 핵심 내용 등이 있다.[19]) 즉, 개인정보처리자는 계약상 필요성에 관하여 정보주체에게 계약서 등에 단순히 개인정보 처리를 언급하는 정도가 아니라, 명시한 개인정보의 처리가 없다면 정보주체와의 계약 목적 달성이 불가능하다는 점을 제시하여야 한다는 것으로 이해된다. 나아가, 새로운 기술이 도입되어 개인정보의 처리 방법이 변경되거나 서비스가 진화하는 경우, 계약의 이행에 필요한지 필요성 판단을 새로이 수행하도록 하고 있다.[20])

CJEU(유럽사법재판소)는 이러한 필요성을 판단할 때 다른 개인정보 처리 원칙("목적 제한의 원칙" 및 "개인정보 처리 최소화")에 기반하여 해당 개인정보 처리가 "추구되는 목적에 부합하는지 그리고 동일한 목표를 달성할 수 있는 여타 옵션에 비해 덜 침익적인지(for the objective pursued and of whether it is less intrusive compared to other options for achieving the same goal)"를 종합적으로 평가한다고 기준을 제시한 바 있다. 즉, 서비스의 제공 또는 요구 조치의 이행을 위하여 개인정보 처리 이외에 다른 합리적인 방법이 있거나 개인정보를 덜 침해(intrusive)하는 방법이 있다면 계약을 합법처리의 근거로 적용할 수 없다는 것이다.[21]) 또한 CJEU는 계약상 필요 개념이

---

18) GDPR 제6조 처리의 적법성
   1. 개인정보 처리는 적어도 다음 각 호의 하나에 해당되고 그 범위에서만 적법하다.
      (b) 개인정보주체가 계약 당사자가 되는 계약을 이행하거나 계약 체결 전 개인정보주체가 요청한 조치를 취하기 위해 처리가 필요한 경우
19) EDPB, Guidelines 06/2020 on the interplay of the Second Payment Services Directive and the GDPR (2020).
20) EDPB(European Data Protection Board)가 2019. 10. 8. 발표한 "온라인 서비스에서 개인정보를 처리시 Article 6(1)(b)의 적용 지침"(Guidelines 2/2019 on the processing of personal data under Article 6(1)(b) GDPR in the context of the provision of online services to data subjects) 참조.
21) CJEU, Joined Cases C-92/09 and C-93/09, Volker und Markus Schecke GbR and Hartmut Eifert v Land Hessen, 9.

유럽연합법상 독립적인 의미를 가지며, 데이터 보호법의 목적을 반영하여야 한다고 하였다.[22] 즉, 개인정보 보호에 관한 기본권, 특히 공정성 원칙을 포함한 데이터 보호 원칙의 요건을 필요성 판단 시 고려한다는 것이다.

이러한 CJEU의 판단 기준에 관하여, 다른 합리적인 방법이 있지 않을 것을 요구하는 소위 수단의 보충성(적합성)의 원칙, 개인정보를 덜 침해하는 방법이 있지 않을 것을 요구하는 소위 침해의 최소성(필요성) 원칙을 통하여 개인정보의 처리 합법성을 판단할 것인지를 본 CJEU의 기준은, 일견 법의 일반원칙인 비례성에 근거한 것으로 이해된다. 개인정보보호법상 예외 요건의 합법성을 규범원칙에 의한 심사에 따라 판단하는 것이 예외 범위를 최대한 좁게 규율함으로써 정보주체의 보호 범위를 극대화할 수 있다는 점에서는 장단이 있겠으나, 사인 간 계약에 수반하거나 부수한 개인정보의 처리 행위에 대하여 적법성을 판단하는 유효 타당한 기준으로 보기 어렵다는 해석론적 한계도 있어 보인다.

특히 GDPR은 전문 제43조에서 개인정보 합법처리근거로서의 동의에 관한 한 정보주체와 개인정보 처리자 간 명백한 불균형이 없을 것을 명시적으로 요구하면서도, Contractual Necessity에 대해서는 그러한 유효 요건을 설시하지 않는데, 이는 개인이 독립된 자율적 인격을 가진 권리주체로서 타인과의 법적 생활을 영위해 나감에 있어 법의 제한에 부딪히지 않는 한 계약에 의한 법률관계의 형성은 완전히 각자의 자유에 맡겨지며 국가와 법도 그러한 자유의 결과를 최대한 승인한다는 계약자유의 원칙에 따른 것이자, 개인의 자유의지에 근거한 사적자치의 원칙을 존중한 것으로 이해된다. 그럼에도 불구하고 이러한 사인 간 계약에 관하여 비례성 원칙에 따른 심사 기준을 적용한다는 것은 개인정보처리자에 의한 침익성(intrusiveness)을 판단함에 있어 그 유사 고권적 지위를 인정한다고 이해된다는 점에서, 법원칙체계에 비추어 매끄럽지 못한 측면도 있다.

따라서, 개인정보 보호에 관한 글로벌 규범 상호운용성을 확보하는 한편, 규제 방향이나 기준을 무비판적으로 수용하기보다는 세부적인 규정 체계의 차이와 입법정책적 배경을 면밀하게 고려하여 규범체계를 운용, 형성해 나갈 필요가 있다.

November 2010)

22) "what is at issue is a concept [necessity] which has its own independent meaning in Community law and which must be interpreted in a manner which fully reflects the objective of that Directive, [Directive 95/46], as laid down in Article 1(1) thereof". CJEU, Case C-524/06, Heinz Huber v Bundesrepublik Deutschland, 18 December 2008, para.

4) GDPR 규정에 비추어 본 법 제15조 제1항 제4호

유럽 개인정보 합법처리근거 중 계약상 필요에 관한 사항을 살펴보면, 우리나라 법 체계와 크게 두 가지 면에서 차이가 있다. ① 첫째는 우리나라 법상 적법 요건을 구비한 경우임에도 불구하고 제3자 제공의 경우 다시 동의를 구하도록 한 경우가 있다는 점이고, ② 둘째는 GDPR 상 '정당한 이익(legitimate interest)'이라는 합법처리근거가 유사한 사실관계에서 계약상 필요에 비하여 더 흔히 원용되는 사유인데 반하여, 한국에서는 개인정보처리자의 입장에서 활용할 만한 '정당한 이익'과 같은 다소 포괄적인 조항이 없고, '계약상 필요'가 유일하다는 점이다.

종합적으로 판단한다면 ① 한국의 계약상 필요 요건과, ② GDPR상 계약상 필요(Contractual Necessity) 및 정당한 이익(Legitimate Interest) 요건은 주로 과도하게 정보주체의 보호에 무게추가 기울지 않도록 균형을 맞추기 위한 예외적 합법처리근거를 규정한 조항으로 이해된다. 우리나라 개인정보보호법은 정당한 이익과 같은 포괄적 예외 요건을 두는 대신, 계약상 필요 요건을 탄력적으로 운용하여 정보주체의 권익을 해하지 않는 선에서 규제의 균형을 도모하고자 하였다는 점에서, GDPR 규범체계와의 차이를 이해할 수 있다.

즉, EU에서의 개인정보 처리 적법성 판단 선례를 살펴보면, 계약상 필요(Contractual Necessity)에 관하여 좁게 인정하는 대신 정당한 이익(Legitimate Interest)의 성립 여지를 고려함으로써 정보주체의 침익을 최소화하려는 한편 개인정보처리자의 잠재적 권익 등을 보장할 수 있도록 규제시각을 취하는 것으로 이해된다. 반면, 우리나라는 그와는 달리 계약상 필요 요건을 보다 넓게 인정하여야 정보주체 및 개인정보처리자 간 균형이 달성될 수 있다는 입장에서 계약상 필요에 따른 개인정보의 제3자 제공은 별도로 정보주체의 동의를 구하도록 하여 안전장치를 마련하는 한편 '불가피하게' 요건을 삭제하는 등, 예외 요건의 운용을 탄력적이고 넓게 하려는 시각을 가지고 있다.

5) 계약체결 및 계약이행의 의미

'계약체결'에는 계약체결을 위한 준비단계도 포함된다. 예컨대 부동산거래에 있어서 계약체결 전에 해당 부동산의 소유자, 권리관계 등을 미리 조사·확인하는 경우가 이에 해당한다. 단, 계약 미체결 시에는 수집한 개인정보는 즉시 파기하여야 한다. 계약체결 시에 수집한 개인정보가 계약이행 중 필요한 경우 엄밀히는 처리근거의 변경이 있으나, 여전히 적법한 처리에 해당한다.

개정 가이드라인(23. 12. 29.)에서 정보주체의 동의가 필요없는 계약 관련 사례로 예시하고 있는 사항은 다음과 같다.[23]

---

23) 개인정보보호 가이드라인, 5-6면.

> **정보주체와 계약을 체결하는 과정에서 정보주체의 요청에 따른 조치를 이행하기 위하여 필요한 경우**
> - 인터넷서비스 이용을 위해 회원가입을 요청한 정보주체와의 이용계약 체결을 위해 이름, 연락처, 생성 아이디 등의 개인정보를 수집하는 경우
> - 공인중개사가 부동산거래 중개 계약 체결을 위해 부동산 소유자, 권리관계 등을 미리 조사·확인하기 위해 개인정보를 수집하는 경우
> - 회사가 취업지원자와 근로계약 체결 전에 지원자의 이력서, 졸업증명서, 성적증명서 등 정보를 수집·이용하는 경우

'계약이행'은 물건의 배송·전달이나 서비스의 이행과 같은 주된 의무의 이행뿐만 아니라 부수의무, 즉 경품배달, 포인트(마일리지) 관리, 애프터서비스 의무 등의 이행도 포함된다.

> **정보주체와 체결한 계약을 이행하기 위해 필요한 경우**
> - 인터넷 쇼핑몰이 고객으로부터 구매상품 주문을 받아 결제-배송-AS 등 계약 이행을 위해 주소, 연락처, 결제 정보 등을 수집하여 이용하는 경우
> - 판매한 상품에 대한 AS 상담을 위해 전화한 고객의 성명, 연락처, 상품정보 등을 수집하여 이용하는 경우
> - 회의 참석 전문가 등에게 참석수당을 지급하기 위해 이름, 계좌정보, 연락처 등을 수집하여 수당 지급에 이용 하는 경우
> - 백화점에서 상품구매 및 배송서비스를 위해 결제정보(카드정보 등)와 배송정보(주소, 연락처) 등 계약 이행을 위해 '불가피하게' 필요한 개인정보 외에 오배송 등 방지를 위해 이름, 이메일, 집전화번호, 배송희망시간 등의 개인정보를 수집하여 배송목적으로 이용하는 경우
> - 아파트 관리사무소가 아파트 입주자와 아파트 관리서비스 계약 체결 및 이행을 위해 세대주 이름, 연락처, 차량 번호 등 불가피하게 필요한 개인정보 외에 아파트 관리서비스 제공을 위해 필요한 범위 안에서 거주자수, 반려견 정보 등의 개인정보를 수집하여 이용하는 경우
> - 맞춤형 추천이 계약의 본질적인 내용인 경우로서 서비스 이용계약에 따라 맞춤형 추천을 제공하기 위해 이용자의 검색기록 등을 수집하여 이용하는 경우
> - 디지털 서비스 이용자 보호를 목적으로 보안위험, 악용사례(스팸, 멀웨어, 불법 콘텐츠 등) 등 감지 및 예방을 위해 서비스 이용계약에 따라 이용자의 개인정보를 수집하여 이용하는 경우

6) 개인정보 처리에 관한 동의 및 계약(약관)에 관한 동의

계약상 필요 요건을 개인정보의 합법처리근거의 예외로 구성하는 핵심적인 근거는 계약(약관)에 관한 정보주체의 동의의 범위에 계약체결 및 계약이행을 위한 개인정보의 처리에 대한 동의도 포함되어 있다고 보는 것이다. 동의제도의 실질화 또한, 정보주체의 개인정보에 해당한

다 하더라도 불필요하게 모든 개별적 사항에 대해 동의를 구하도록 하는 것이 형식적이고 비실질적이라는 반성적 고려에 따른 것이다. 그렇다면, 사적 자치의 원칙 내지는 계약 자유의 원칙이라는 계약법상 일반 원칙에 비추어 정보주체의 자유의사에 기한 계약(약관)에의 동의에는 개인정보의 처리에 관한 동의도 당연히 포함되어 있다고 보아야 한다. 계약상 '불가피하게' 필요한 경우로 한정하는 것 또한 위와 같은 관점에서 볼 때에 타당하지 못하므로, 그러한 관점에서 정보주체의 결정권을 존중하고 동의가 갖는 실질적 의미를 보장하려는 차원에서 삭제되었다.

사전적 포괄적 동의라 하더라도 그러한 정보주체의 의사표시가 계약의 내용에 관한 본질적이거나 핵심적인 사항을 포함하고 있다면 배제할 근거는 없다. 개인정보 처리에 관한 동의를 개별적 구체적으로 구하도록 하는 것과는 달리, 계약상 필요성으로부터 직접적으로 처리 필요성이 도출되어 합법처리근거의 하나가 되기 때문이다. 구체적으로는, 서비스 약관에 명시적으로 계약의 구체적인 내용 및 개인정보에 관한 필요성이 기재되어 있는 경우, 그를 바탕으로 개인정보 합법처리근거를 주장할 수 있을지가 문제된다. 이는 단순히 가부를 일률적으로 나눌 수 있지는 않은데, 구체적인 서비스의 성격 및 약관 등의 방법으로 정보주체에게 공유된 내용, 서비스 관련 기술의 발전, 기본 서비스와의 연계/차별성, 관련 시장 상황, 이용자 편익 증가, 수익 창출 여부 등을 종합적으로 고려하여 판단하여야 한다. 계약상 필요성 요건을 과도하게 엄격한 기준으로 이해할 경우, 별개의 양식을 통해 개별적, 구체적으로 정보주체의 동의를 구하여야 하는 것과 다를 바 없어, '동의 제도의 실질화'라는 법 개정의 근본적인 목적을 달성할 수 없다. 반면 해당 요건을 과도하게 넓게 이해할 경우, 개별 구체적인 정보주체의 동의가 없더라도 계약상 필요성을 구실로 갖은 개인정보의 자유로운 처리가 이루어질 수 있다.

2. 제3자 제공 시 별도의 합법처리요건의 필요성

법 제15조 제1항 제4호 사유에 해당하더라도, 법 제17조 제1항 제2호 신설 규정 중 제외되어, 제3자 제공(공유) 시 정보주체로부터 별도의 사전 동의를 받거나 다른 합법처리요건을 충족해야 한다. 당호 사유의 경우 그 합법처리요건을 타 사유에 비하여 유일하게 더욱 제한하였는데, 현실적으로 계약체결 및 계약이행상 필요성이라는 사유는 상당히 많은 경우에 폭넓게 인정될 것을 상정하였기 때문으로 이해된다. 제3자 제공의 경우까지 동의 없이 이루어질 수 있도록 한다면 예기치 못한 피해가 발생할 수 있으므로, 정보주체의 동의를 얻도록 하여 무분별한 제3자 제공 등이 이루어지지 않을 수 있도록 하였다. 수집, 이용, 제공으로 분설하고 있던 기존 개인정보보호법에 대한 개정 논의 시 GDPR과 같이 일원화된 '처리(processing)'의 개념으로 규정하고자 하는 논의도 있었는데, 여전히 제3자 제공 행위를 별도로 규정하면서 계약상 필요성을 예외 사유에서 제외한 점은 특히 주목할 만하다.

제3자 제공에서는 별도 동의를 받아야 하지만, 흔히 GDPR에서 계약상 필요성과 함께 검토되는 정당한 이익 기준을 고려하면, 법 제18조 제2항 제3호[24]의 사유를 넓게 해석함으로써 합리적 목적 범위 내의 예외로서 추가적 이용에 해당할 경우 정당한 개인정보 처리에 해당할 수 있게 된다. 달리 말하면, 제3자 제공 등 요건을 엄격히 제한한 만큼 개인정보의 1차적 수집 · 이용에 관한 한, 계약상 필요성 요건은 넓은 범위에서 인정될 수 있다. 즉, 계약 당사자 간 관계에 국한하여서는 개인정보의 수집 및 이용이 '계약' 자체의 내용과 성격에 비추어 폭넓게 판단한다는 것이다. 동의 제도의 실질화를 통해 정보주체의 실질적 권익을 보장하기 위해서라도, 정보주체의 의사에 기하여 계약체결이 이루어진 경우마저 개인정보를 각각 나누어 구분 동의를 득하도록 하는 것은 바람직하지 않다고 할 것이다. 명확한 이해를 바탕으로 한 정보주체의 의사표시에 기하여 개인정보 처리가 이루어지도록 하려면, 정보주체의 진정한 의사가 반영된 부분을 제외하고 정보주체의 면밀한 검토가 꼭 필요한 사항에 한하여 동의 여부 확인이 이루어질 수 있도록 해야 할 것이다.

3. 대리인을 통한 계약이나 근로계약 체결의 경우

대리인을 통한 계약체결의 경우, 정당한 대리권을 부여받았는지의 여부는 계약상 필요한 사항으로 대리권 확인을 위한 목적으로 대리인의 개인정보를 수집 · 이용할 수 있다(표준지침 제6조 제5항). 일반적으로 위임장에는 대리인의 성명, 주소, 전화번호 등이 기재되어 있는데, 대리권 확인을 위한 대리인의 개인정보를 수집 · 이용하는 것은 계약체결 등 법률행위를 위해 필요한 사항이므로 단순히 대리인 여부를 확인하기 위해서는 대리인의 개인정보를 수집 · 이용할 수 있다. 다만 주민등록번호 등의 고유식별번호는 법 제24조, 제24조의2에 따라 수집이 제한된다.

근로자가 사용자에게 근로를 제공하고 사용자는 이에 대하여 임금을 지급하는 것을 목적으로 근로계약을 체결한 경우, 근로계약을 이행하기 위해서 직원의 개인정보를 수집 · 이용하는 것은 계약 내용에 비추어 필요한 사항이므로 사용자는 근로자의 임금지급, 계약서에 명시된 복지 제공 등 근로계약을 이행하기 위하여 근로자의 동의 없이 개인정보를 수집 · 이용할 수 있다. 그러나 근로관계에서 근로자는 사용자보다 약자의 지위에 처하게 되므로 근로자의 개인정보는 더욱 중요하게 보호될 필요가 있다. 따라서 근로자의 동의를 받지는 않는다고 하더라도, 법 제4조 제1호에서 정보주체의 권리로서 개인정보의 처리에 관한 정보를 제공받을 권리를 명시하고 있는 점 등에 비추어 근로계약 체결 시 근로계약서 및 취업규칙, 별도의 개인정보 처리방침 등을 통해 직원의 개인정보 수집 · 이용에 관한 사항을 알리는 것이 바람직하다(직원 개인

---

24) 법 제18조 제1항 제3호 "명백히 정보주체 또는 제3자의 급박한 생명, 신체, 재산의 이익을 위하여 필요하다고 인정되는 경우"

정보의 수집목적, 수집항목, 직원의 열람·처리정지·정정·삭제 등에 관한 사항, 보유기간, 퇴직 후 직원정보의 처리절차 등).

IV. 법률에 특별한 규정이 있거나 법령상 의무를 준수하기 위하여 불가피한 경우

1. 법률에 특별한 규정이 있는 경우

개인정보처리자는 '법률에 특별한 규정이 있는 경우'에는 정보주체의 동의 없이도 개인정보를 수집할 수 있으며 그 수집 목적의 범위에서 이용할 수 있고(법 제15조 제1항 제2호 전단), 정보주체의 개인정보를 제3자에게 제공(공유를 포함한다)할 수 있으며(법 제17조 제1항 제2호), 정보주체 또는 제3자의 이익을 부당하게 침해할 우려가 있을 때를 제외하고는 개인정보를 목적 외의 용도로 이용하거나 이를 제3자에게 제공할 수 있다(법 제18조 제2항 제2호).

'법률에 특별한 규정이 있는 경우'를 요구하므로, 법률에서 개인정보의 수집·이용을 구체적으로 요구하거나 허용하고 있어야 한다.[25] 따라서 개인정보 처리의 합법적 근거가 되는 법률에는 처리목적, 개인정보처리자, 처리되는 개인정보의 유형, 해당 정보주체, 개인정보가 공개될 수 있는 대상, 처리목적의 제한, 보유기간 등이 특정되어야 한다. 반면 수집·이용할 수 있는 개인정보의 대상·범위가 막연한 경우는 특별한 규정이라고 할 수 없고,[26] '법률'에 특별한 규정이 있어야 하므로 법률에 위임근거도 없이 규정된 시행령이나 시행규칙은 합법처리근거가 될 수 없다. 그러나 적법한 법률의 위임이 있는 시행령, 시행규칙은 본 규정에 해당한다고 볼 수 있는데, 여기서 '법률의 위임'은 적어도 위임명령에 규정될 내용 및 범위의 기본사항이 구체적으로 규정되어 있어서 누구라도 당해 법률이나 상위법령으로부터 위임명령에 규정될 내용의 대강을 예측할 수 있어야 한다.[27] 또한 여기서의 법률에는 법 제22조의2(아동의 개인정보보호) 제

---

25) 개인정보보호위원회 고시 제2020-1호(2020.8.11. 제정 및 시행)인 '표준 개인정보 보호지침' 제6조 제2항 제2호.
26) 개인정보 보호 법령 및 지침·고시 해설(2020), 84면; 박노형, 개인정보보호법(제2판), 박영사, 2023, 159면.
27) 여기서의 위임은 포괄위임금지 원칙에 부합되는 것만을 의미한다고 볼 것이다.
   〈대법원 2022.4.14. 선고 2020추5169 판결〉 위임명령은 법률이나 상위명령에서 구체적으로 범위를 정한 개별적인 위임이 있을 때에 가능하고, 여기에서 구체적인 위임의 범위는 규제하고자 하는 대상의 종류와 성격에 따라 달라지는 것이어서 일률적 기준을 정할 수는 없지만, 적어도 위임명령에 규정될 내용 및 범위의 기본사항이 구체적으로 규정되어 있어서 누구라도 당해 법률이나 상위법령으로부터 위임명령에 규정될 내용의 대강을 예측할 수 있어야 한다. 하지만 이 경우 그 예측가능성의 유무는 당해 위임조항 하나만을 가지고 판단할 것이 아니라 그 위임조항이 속한 법률의 전반적인 체계와 취지 및 목적, 당해 위임조항의 규정형식과 내용 및 관련 법규를 유기적·체계적으로 종합하여 판단하여야 하며, 나아가 각 규제 대상의 성질에 따라 구체적·개별적으로 검토함을 요한다(대법원 2004.7.22. 선고 2003두7606 판결 등 참조). 이러한 법리는 조례가 법률로부터 위임받은 사항을 다시 지방자치단체장이 정하는 '규칙' 등에 재위임하는 경우에도 적용된다(대법원 2015.1.15. 선고 2013두14238 판결 등 참조).

2항[28])과 같은 개인정보보호법의 관련 규정도 포함된다고 볼 것이다.[29][30][31]

일반적으로 법률의 규정에 의한 개인정보의 수집·이용은 정보주체로부터 수집하는 것보다 정보주체 이외의 자(제3자)로부터의 수집하여 이용하는 경우가 더 많은 것으로 보인다. 이 경우 법률에서 개인정보처리자로 하여금 수집·이용을 요구하거나 허용하기만 하고 정보제공자인 제3자에게 제공의무를 규정하고 있지 않더라도 제3자는 정보주체의 동의 없이 개인정보를 제공할 수 있다고 해석된다.[32] 그러나 이러한 경우 개인정보를 제공하는 제3자는 다른 법률에 특별한 규정이 있어 정보주체의 개인정보를 제공하더라도 정보주체 또는 제3자의 이익을 부당하게 침해할 우려가 있을 때에는 제공 요청을 거부할 수 있다(법 제18조 제2항 본문).

개인정보처리자의 합법처리근거로서 '법률에 특별한 규정이 있는 경우'로는 신용정보법 제40조(신용정보회사등의 금지사항), 보험업법 제176조(보험요율산출기관), 자동차손해배상보장법 제14조(진료기록의 열람 등), 병역법 제11조의2(자료의 제출요구 등), 의료법 제21조의2(진료기록의 송부 등), 제22조(진료기록부 등) 등을 들 수 있다.

예를 들어 보험업법 제176조 제10항에서는 보험요율 산출기관(☞개인정보처리자)은 순보험요율을 산출하기 위하여 필요한 경우 또는 보험회사의 보험금 지급업무에 필요한 경우(☞ 처리 목적)에는 음주운전 등 교통법규 위반 또는 운전면허(「건설기계관리법」 제26조 제1항 본문에 따른 건설

---

28) 개인정보보호법 제22조 ⑥ 개인정보처리자는 만 14세 미만 아동의 개인정보를 처리하기 위하여 이 법에 따른 동의를 받아야 할 때에는 그 법정대리인의 동의를 받아야 한다. 이 경우 법정대리인의 동의를 받기 위하여 필요한 최소한의 정보는 법정대리인의 동의 없이 해당 아동으로부터 직접 수집할 수 있다.

29) 박노형, 개인정보보호법(제2판), 박영사, 2023, 160면.

30) 헌법에 의하여 체결·공포된 조약과 일반적으로 승인된 국제법규는 국내법과 같은 효력을 가지나(헌법 제6조 제1항), 이러한 조약이 국회 동의를 받은 경우라도 법 제15조 제1항 제2호의 법률에 해당한다고 볼 수 없다는 주장이 있다. 현실적으로 조약이 개인정보의 수집·이용을 규정하더라도 궁극적으로 당사자국들 사이의 제공 또는 교환이 목적이라는 이유에서인데(박노형, 개인정보보호법(제2판), 박영사, 2023, 160면), 사인(私人) 간의 허용을 규정하는 조약이 체결·공포되는 경우도 완전히 배제할 수 없다는 점에서 의문이다. 이와 관련하여 위 글에서는 미국 CLOUD Act에 따른 미국 사법당국의 EU에 대한 개인정보 보호요청에 따른 GDPR의 법적 근거에 대한 논의를 소개하고 있다[EDPB-EDPS Joint Response to the LIBE Committee on the impact of the US Cloud Act on the European legal framework for personal data protection, 4(2019.7.12.)].

31) 법 제15조 제1항 제2호(법률에 특별한 규정이 있거나 법령상 의무를 준수하기 위하여 불가피한 경우)에 대응되는 GDPR 규정으로는 GDPR 제6조 제1항 (c)호가 있고, 그에 대한 상설로는 GDPR Recital 45(Fulfillment of Legal Obligations)가 있다.
   [GDPR 제6조] Lawfulness of processing
   1. Processing shall be lawful only if and to the extent that at least one of the following applies: (c) processing is necessary for compliance with a legal obligation to which the controller is subject;

32) 법 제18조 제2항 제7호과 관련한 사안인 '통신자료 제공 관련 손해배상청구 사건'인 대법원 2016.3.10. 선고 2012다105482 판결 등 참조.
   〈대법원 2016.3.10. 선고 2012다105482 판결〉 검사 또는 수사관서의 장이 수사를 위하여 구 전기통신사업법(2010. 3. 22. 법률 제10166호로 전부 개정되기 전의 것) 제54조 제3항, 제4항에 의하여 전기통신사업자에게 통신자료의 제공을 요청하고, 이에 전기통신사업자가 위 규정에서 정한 형식적·절차적 요건을 심사하여 검사 또는 수사관서의 장에게 이용자의 통신자료를 제공하였다면, 검사 또는 수사관서의 장이 통신자료의 제공 요청 권한을 남용하여 정보주체 또는 제3자의 이익을 부당하게 침해하는 것임이 객관적으로 명백한 경우와 같은 특별한 사정이 없는 한, 이로 인하여 이용자의 개인정보자기결정권이나 익명표현의 자유 등이 위법하게 침해된 것이라고 볼 수 없다.

기계조종사면허를 포함한다. 이하 제177조에서 같다)의 효력에 관한 개인정보(☞처리되는 개인정보의 유형, 해당 정보주체, 개인정보가 공개될 수 있는 대상)를 보유하고 있는 기관의 장으로부터 그 정보를 제공받아 보험회사가 보험계약자에게 적용할 순보험료의 산출 또는 보험금 지급업무에 이용하게 할 수 있다(처리목적의 제한)고 규정하여, 처리목적 등을 명확히 하고 있다.

또한 병역법 제11조의2 제1항도 개인정보처리자의 합법처리근거로서 '법률에 특별한 규정이 있는 경우'에 해당하는데, 처리목적 등을 명확히 하고 있다. 즉 위 규정에서는 지방병무청장(☞개인정보처리자)은 병역판정검사와 관련하여 병역판정검사전담의사, 병역판정검사전문의사 또는 제12조의2에 따라 신체검사를 위하여 파견된 군의관(軍醫官) 등이 질병이나 심신장애의 확인을 위하여 필요하다고 인정하는 경우(☞처리목적) 「의료법」에 따른 의료기관의 장, 「국민건강보험법」에 따른 국민건강보험공단의 장, 「초·중등교육법」에 따른 학교의 장 등에 대하여 병역판정검사 대상자의 진료기록·치료 관련 기록 내역, 학교생활기록부 등(☞처리되는 개인정보의 유형, 해당 정보주체, 개인정보가 공개될 수 있는 대상)의 제출을 요구할 수 있고, 이 경우 자료 제출을 요구받은 사람은 특별한 사유가 없으면 요구에 따라야 한다고 규정하고 있다.

2. 법령상 의무를 준수하기 위하여 불가피한 경우

개인정보처리자는 '법령상 의무를 준수하기 위하여 불가피한 경우'에도 정보주체의 동의 없이도 개인정보를 수집할 수 있으며 그 수집 목적의 범위에서 이용할 수 있고(법 제15조 제1항 제2호 후단), 정보주체의 개인정보를 제3자에게 제공(공유를 포함한다)할 수 있다(법 제17조 제1항 제2호). 그런데 개인정보의 목적 외의 이용·제공에 관하여 법 제18조 제1항 제2호는 법 제15조 제1항 제2호와 달리 '다른 법률에 특별한 규정이 있는 경우'만을 규정하고 '법령상 의무를 준수하기 위하여 불가피한 경우'는 규정하고 있지 않고 있기 때문에, 법률에 명시적으로 규정되지 않는 이상 공공기관에 한정하여 법 제18조 제1항 제5호 내지 제9호[33]에 해당하는 경우에 한하여 정보주체 또는 제3자의 이익을 부당하게 침해할 우려가 있을 때를 제외하고는 개인정보를 목적 외의 용도로 이용하거나 이를 제3자에게 제공할 수 있다(법 제18조 제1항, 제2항 제2호).

---

33) 개인정보보호법 제18조(개인정보의 목적 외 이용·제공 제한) ② 제1항에도 불구하고 개인정보처리자는 다음 각호의 어느 하나에 해당하는 경우에는 정보주체 또는 제3자의 이익을 부당하게 침해할 우려가 있을 때를 제외하고는 개인정보를 목적 외의 용도로 이용하거나 이를 제3자에게 제공할 수 있다. 다만, 제5호부터 제9호까지에 따른 경우는 공공기관의 경우로 한정한다.
  5. 개인정보를 목적 외의 용도로 이용하거나 이를 제3자에게 제공하지 아니하면 다른 법률에서 정하는 소관 업무를 수행할 수 없는 경우로서 보호위원회의 심의·의결을 거친 경우
  6. 조약, 그 밖의 국제협정의 이행을 위하여 외국정부 또는 국제기구에 제공하기 위하여 필요한 경우
  7. 범죄의 수사와 공소의 제기 및 유지를 위하여 필요한 경우
  8. 법원의 재판업무 수행을 위하여 필요한 경우
  9. 형 및 감호, 보호처분의 집행을 위하여 필요한 경우

법령에서 개인정보처리자에게 일정한 의무를 부과하고 있는 경우로서 해당 개인정보처리자가 그 의무 이행을 위해서는 불가피하게 개인정보를 수집·이용할 수밖에 없는 경우를 말한다.[34]

그리고 법 제15조 제1항 제2호 후단에서는 '법령상 의무'라고 규정하고 있어 법률에 의한 의무뿐만 아니라 시행령, 시행규칙에 따른 의무도 포함된다고 해석되고,[35] 법 제15조 제1항 제2호 전단의 '법률에 특별한 규정이 있는 경우'와 비교하여 포괄위임금지의 원칙이 적용되지 않는다는 점에서 차이가 있다. 즉 '법률에 위임근거가 전혀 없는 경우'뿐만 아니라 '위임명령에 규정될 내용 및 범위의 기본사항이 법률에 구체적으로 규정되어 있지 않은 경우'도 포함된다고 볼 것이다. 다만 해당 시행령, 시행규칙은 적법할 것을 요구한다고 할 것이다.[36][37]

개인정보의 합법처리근거가 되는 '법령상 의무'로 인정되기 위하여는 법 제15조 제1항 제2호에 함께 규정되어 있는 취지를 고려할 때 '법률에 특별한 규정이 있는 경우'와 같은 수준으로 처리목적, 개인정보처리자, 처리되는 개인정보의 유형, 해당 정보주체, 개인정보가 공개될 수 있는 대상, 처리목적의 제한, 보유기간 등이 특정되어야 한다.

그리고 '불가피한 경우'란 개인정보를 수집·이용 및 목적 외 이용·제공을 하지 않고는 법령에서 부과하는 의무를 이행하는 것이 불가능하거나 개인정보처리자가 다른 방법을 사용하여 의무를 이행하는 것이 현저히 곤란한 경우를 의미한다.[38]

'법령상 의무를 준수하기 위하여 불가피한 경우'로는 사업자들에게 부과된 결함상품 리콜의무(소비자기본법 제48조), 각종 법령에 따른 본인확인 또는 연령확인 의무(정보통신망법, 청소년보호법, 공직선거법, 금융실명거래 및 비밀보장에 관한 법률, 선원법, 법원경비관리대의 설치·조직 및 분장사무 등에 관한 규칙[39]) 등을 이행하기 위하여 개인정보를 수집·이용 및 제3자 제공을 하는 경우를

---

34) 개인정보보호위원회 고시 제2020-1호(2020.8.11. 제정 및 시행)인 '표준 개인정보 보호지침' 제6조 제2항 제3호에서는 '법령에서 개인정보처리자에게 구체적인 의무를 부과하고 있고, 개인정보처리자가 개인정보를 수집·이용하지 않고는 그 의무를 이행하는 것이 불가능하거나 현저히 곤란한 경우'라고 기술하고 있다.

35) 개인정보 보호 법령 및 지침·고시 해설(2020), 86면.

36) 법 제15조 제1항 제3호에 관한 사안이기는 하나 적법할 것을 요구한다는 판시로는 아래와 같은 것이 있다.
〈대법원 2017.12.13. 선고 2014추664 판결〉 개인정보보호법 제15조 제1항 제3호는 공공기관이 법령 등에서 정하는 소관 업무의 수행을 위하여 불가피한 경우 개인정보처리자는 개인정보를 수집할 수 있도록 규정하고 있는데, 위 '법령 등'은 적법한 법령 등이어야 함은 당연하다.

37) 행정규제기본법 제2조 제1항 제2호에서는 「"법령등"이란 법률·대통령령·총리령·부령과 그 위임을 받는 고시 등을 말한다.」고 규정하고 있고 있는데, 개인정보의 합법처리근거의 무분별한 확대를 방지하기 위하여는 대외적 구속력이 없는 행정규칙은 본 규정에 해당한다고 보기는 어렵다고 생각된다.

38) 개인정보 보호 법령 및 지침·고시 해설(2020), 86면.

39) '본인확인 의무'의 예로는 정보통신망법 제44조의5(게시판이용자의 본인확인), 공직선거법 제82조의6(인터넷언론사 게시판·대화방 등의 실명확인), 금융실명거래 및 비밀보장에 관한 법률 제3조(금융실명거래를 위한 실명확인), 법원경비관리대의 설치, 조직 및 분장사무 등에 관한 규칙 제5조(법원경비관리대원은 주민등록증 또는 그 밖의 신분을 확인할 수 있는 자료에 의하여 청사출입자의 신분을 확인하여야 함), 선원법 제45조(선원수첩 발급 관련 신원조사), 그 밖에 공공기관이 접수된 민원을 처리하기 위하여 신고자를 확인하는 경우 등을 들 수 있다.
또한 '연령확인 의무'의 예로는 청소년보호법 제16조(청소년유해매체물 판매·대여·배포 등을 하고자 하는 경우 그 상대방의 연령을 확인하여야 함), 청소년보호법 제26조[인터넷게임(정보통신망을 통하여 실시간으로 제공되는 게임물)의 제공자는 16세 미만 청소년에게 오전0시~오전6시까지 인터넷게임을 제공해서는 안 됨], 청소년보호법

들 수 있다.[40][41]

V. 공공기관이 법령 등에서 정하는 소관 업무의 수행을 위하여 불가피한 경우

개인정보처리자가 공공기관인 경우에는 개인정보를 수집할 수 있도록 명시적으로 허용하는 법률 규정이 없더라도 법령 등에서 소관 업무를 정하고 있고 그 소관 업무의 수행을 위하여 불가피하게 개인정보를 수집할 수밖에 없는 경우에는 정보주체의 동의 없이 개인정보 수집·이용 및 제3자 제공이 허용된다.[42][43] '법령 등에서 정하는 소관업무 수행'은 법 제15조 제1항 제2호 후단에서 규정하고 있는 '법령상 의무준수'에 포함된다고 볼 수도 있으나, 법령상 의무준수와 소관업무 수행의 차이를 좀 더 명확하게 하기 위하여 별도로 규정한 것이다.

그런데 개인정보의 목적 외의 이용·제공에 관하여 법 제18조 제1항 제5호는 법 제15조 제1항 제3호와 달리 '개인정보를 목적 외의 용도로 이용하거나 이를 제3자에게 제공하지 아니하면 다른 법률에서 정하는 소관 업무를 수행할 수 없는 경우로서 보호위원회의 심의·의결을 거친 경우'로 규정하고 있어 보호위원회의 심의·의결을 거쳐야 할 것을 요구한다. 목적 외 이용·제공에 관하여는 공공기관에 대한 요건을 가중한 것으로 이해할 수 있다.

'불가피한 경우'란 법 제15조 제1항 제2호와 마찬가지로 개인정보를 수집·이용 및 제3자

제29조(청소년유해업소 업주는 종업원을 고용하고자 하는 때 그 연령을 확인해야 하며, 출입자의 연령을 확인하여 청소년이 당해 업소에 출입·이용하지 못하게 해야 함), 민법상 미성년자 보호제도[미성년자가 사술로써 상대방으로 하여금 성년자로 믿게 하고 한 의사표시는 이를 취소 할 수 없다(대법원 1971.6.22. 선고 71다940 판결). 이를 반대해석하면 사술이 아닌 경우라면 언제든지 취소될 수 있으므로 미성년자와 거래를 하는 사업자로서는 미성년자인지 여부를 신분증 확인과 같은 보다 적극적인 수단에 따라 확인하여야 할 필요가 있다] 등을 들 수 있다.
40) 개인정보 보호 법령 및 지침·고시 해설(2020), 86면.
41) 이와 관련하여, 손해배상을 부당하게 수취할 목적으로 고의로 교통사고를 조작하거나 과장하여 사고를 일으킨 후 가해운전자와 직접협상을 요구하면서 가해운전자가 가입한 손해배상보험회사에 자신의 개인정보를 주지 않는 경우가 발생할 수 있다. 이때 보험회사는 제15조 제1항 제2호에 따라 피해자의 동의 없이 피해자의 개인정보를 수집·이용할 수 있는데, 이는 상법 제719조에서 책임보험계약의 보험자는 피보험자가 보험기간 중의 사고로 인하여 제삼자에 배상할 책임을 진 경우에 이를 보상할 책임이 있으므로, 이러한 법령상 의무를 준수하기 위해 불가피한 경우 보험회사는 피해자가 개인정보 수집·이용에 대한 동의를 거부하여도 피해자의 동의 없이 피해자의 개인정보를 수집·이용할 수 있어야 하기 때문이다. 개인정보 보호 법령 및 지침·고시 해설(2020), 87면.
42) 개인정보보호위원회 고시 제2020-1호(2020.8.11. 제정 및 시행)인 '표준 개인정보 보호지침' 제6조 제2항 제4호는 '공공기관이 개인정보를 수집·이용하지 않고는 법령 등에서 정한 소관 업무를 수행하는 것이 불가능하거나 현저히 곤란한 경우'라고 기술하고 있다.
43) 본 규정에 대응되는 GDPR 규정으로는 GDPR 제6조 (e)항이 있다. GDPR 제6조 중 'in the exercise of official authority' 부분은 법 제15조 제1항 제3호에 대응되고, 'in the public interest' 부분은 법 제15조 제1항 제7호에 대응된다고 볼 수 있다.
[GDPR 제6조] Lawfulness of processing
1. Processing shall be lawful only if and to the extent that at least one of the following applies: (e) processing is necessary for the performance of a task carried out in the public interest or in the exercise of official authority vested in the controller;

제공을 하지 아니하고는 법령 등에서 해당 공공기관에 부여하고 있는 권한의 행사나 의무의 이행이 불가능하거나 다른 방법을 사용하여 소관 업무를 수행하는 것이 현저히 곤란한 경우를 의미한다고 볼 것이다. 그리고 개인정보의 목적 외의 이용·제공에 관하여 법 제18조 제2항 제5호는 '수행할 수 없는 경우'라고만 규정하고 있으나, 그 취지를 고려할 때 '불가피한 경우'와 같은 의미로 이해할 것이다.

'법령 등에서 정하는 소관업무'의 예로는 정부조직법 및 각 기관별 직제령·직제규칙, 개별 조직법 등에서 정하고 있는 소관 사무 이외에, 주민등록법, 국세기본법, 의료법, 국민건강보험법 등의 법령에 의해서 부여된 권한과 의무와 조례에서 정하고 있는 지방자치단체의 업무[44] 등을 들 수 있다.[45]

---

44) 조례에 대한 법률의 위임은 법규명령에 대한 법률의 위임과 같이 반드시 구체적으로 범위를 정하여 할 필요가 없다(포괄위임금지원칙의 완화)는 이유에서 법 제15조 제1항 제3호에 해당한다고 본 사례로는 대법원 2022.7.28. 선고 2021추5067 판결(조례안재의결무효확인의 소) 등이 있고, 반면 위임 자체가 없어 위 규정에 해당하지 않는다고 본 사례로는 대법원 2017.12.13. 선고 2014추664 판결 등이 있다.
〈대법원 2022.7.28. 선고 2021추5067 판결〉구 지방자치법 제22조 단서에 의하면, 지방자치단체가 조례를 제정할 때 그 내용이 주민의 권리제한 또는 의무부과에 관한 사항이나 벌칙인 경우에는 법률의 위임이 있어야 하므로, 법률의 위임 없이 주민의 권리제한 또는 의무부과에 관한 사항을 정한 조례는 그 효력이 없다. 다만 조례에 대한 법률의 위임은 법규명령에 대한 법률의 위임과 같이 반드시 구체적으로 범위를 정하여 할 필요가 없으며, 법률이 주민의 권리의무에 관한 사항에 관하여 구체적으로 범위를 정하지 않은 채 조례로 정하도록 포괄적으로 위임한 경우나 법률규정이 예정하고 있는 사항을 구체화·명확화한 것으로 볼 수 있는 경우에는 지방자치단체는 법령에 위반되지 않는 범위 안에서 주민의 권리의무에 관한 사항을 조례로 제정할 수 있다(대법원 2002.3.26. 선고 2001두5927 판결, 대법원 2017.12.5. 선고 2016추5162 판결 참조). 이 사건 조례안 제9조 제8항은 행정사무조사 시 위원 전원의 실명으로 회의록을 제출하게 하는데, 이는 지방의회가 행정사무조사 시 서류제출 요구를 할 수 있도록 규정한 구 지방자치법 제41조 제4항, 정보주체의 동의를 받거나 공공기관이 법령 등에서 정하는 소관 업무의 수행을 위하여 불가피한 경우 개인정보처리자가 개인정보를 수집하여 그 수집 목적의 범위에서 이용하거나 제3자에게 제공할 수 있도록 한 개인정보 보호법 제15조 제1항 제1호, 제3호와 제17조 제1항이 예정하고 있는 사항을 구체화한 것으로 볼 수 있으므로 법률유보원칙에 반한다고 볼 수 없다.
〈대법원 2017.12.13. 선고 2014추664 판결〉개인정보 보호법 제15조 제1항 제3호는 공공기관이 법령 등에서 정하는 소관 업무의 수행을 위하여 불가피한 경우 개인정보 처리자는 개인정보를 수집할 수 있도록 규정하고 있는데, 위 '법령 등'은 적법한 법령 등이어야 함은 당연하다. 그런데 앞서 본 바와 같이, 이 사건 조례안 제8조 제1항, 제3항이 법률의 위임 없이 주민의 의무부과에 관한 사항을 규정한 것이어서 허용될 수 없는 이상, 이러한 규정에 근거하여 인사검증 대상자의 형사처벌, 행정제재 및 도덕성 등에 관한 개인정보자료를 제출하게 하는 이 사건 조례안 제9조 제3호, 제4호(이하 '이 사건 개인정보제출 조례규정'이라 한다)는 개인정보 보호법 제15조 제1항 제3호에 위반된다(☞ 전라북도지사가 도지사 임명 출연기관장 등에 대한 도의회의 인사검증을 내용으로 하는 '전라북도 출연기관 등의 장에 대한 인사검증 조례안'에 대하여 상위 법령에 반하여 자신의 인사권한 행사를 침해한다는 이유를 들어 재의결을 요구하였으나 전라북도의회가 원안대로 재의결한 사안에서, 위 조례안 중 인사검증에 관한 조례 규정에 따른 출연기관 등의 장에 대한 도의회의 인사검증은 상위 법령의 근거 없이 조례로써 도지사의 임명·위촉권을 제약하는 것이므로 허용되지 않고, 자료제출에 관한 조례 규정은 법률의 위임 없이 주민의 의무부과에 관한 사항을 조례로 규정한 것이므로 지방자치법 제22조 단서에 위반되어 허용되지 않으며, 이와 같은 것이 허용되지 않는 이상 개인정보제출에 관한 조례 규정은 개인정보 보호법 제15조 제1항 제3호, 지방자치법 제40조 제1항 및 제41조 제4항의 허용범위를 벗어난다는 이유로, 위 조례안 중 인사검증, 자료제출, 개인정보제출에 관한 조례 규정이 위법하여 조례안에 대한 재의결은 전부의 효력이 부정된다고 한 사례).
45) 개인정보 보호 법령 및 지침·고시 해설(2020), 88면에서는 그 예로, 인사혁신처가 「정부조직법」 제22조의3, 「인사혁신처와 그 소속기관 직제」 및 「인사혁신처와 그 소속기관 직제 시행규칙」에 따라 공무원의 인사·윤리·복무·연금 등 관리를 위해 공무원인사 관련 파일을 수집·이용하거나 국가인재데이터베이스 시스템을 구축·운영하는

VI. 정보주체 또는 제3자의 급박한 생명 등 이익을 위하여 필요한 경우

개인정보처리자는 '명백히 정보주체 또는 제3자의 급박한 생명, 신체, 재산의 이익을 위하여 필요하다고 인정되는 경우'에는 정보주체의 동의 없이도 개인정보를 수집할 수 있으며 그 수집 목적의 범위에서 이용할 수 있고(법 제15조 제1항 제5호), 정보주체의 개인정보를 제3자에게 제공(공유를 포함한다)할 수 있으며(법 제17조 제1항 제2호), 정보주체 또는 제3자의 이익을 부당하게 침해할 우려가 있을 때를 제외하고는 개인정보를 목적 외의 용도로 이용하거나 이를 제3자에게 제공할 수 있다(법 제18조 제2항 제3호).

개인정보에 대한 합법처리근거에 있어서 동의 요건을 제외한 나머지 요건 중 '정보주체의 이익을 위하여' 개인정보를 처리할 수 있는 유일한 근거로서 의의가 있다.[46]

2023년 법 개정 이전에는 '정보주체 또는 그 법정대리인이 의사표시를 할 수 없는 상태에 있거나 주소불명 등으로 사전 동의를 받을 수 없는 경우로서 명백히 정보주체 또는 제3자의 급박한 생명, 신체, 재산의 이익을 위하여 필요하다고 인정되는 경우'로 규정되어 있었으나, '정보주체 또는 그 법정대리인이 의사표시를 할 수 없는 상태에 있거나 주소불명 등으로 사전 동의를 받을 수 없는 경우'라는 요건을 충족하기 어려워[47] 개인정보 처리의 합법적 근거로서 활용되는 경우가 희박하다는 많은 지적이 있었고, 이에 2023년 법 개정으로 그 요건을 보다 완화하여 합리적으로 개선하였다.

2023년 법 개정 이전에는 표준 개인정보 보호지침[48] 제14조에서 "개인정보처리자가 법 제15조 제1항 제5호 및 법 제18조 제2항 제3호에 따라 정보주체의 사전 동의 없이 개인정보를 수집·이용 또는 제공한 경우 당해 사유가 해소된 때에는 개인정보의 처리를 즉시 중단하여야 하며, 정보주체에게 사전 동의 없이 개인정보를 수집·이용 또는 제공한 사실과 그 사유 및 이용 내역을 알려야 한다."고 규정하고 있었고, 급박한 사유가 해소된 이후 계속해서 정보주체의 개

경우, 국민건강보험공단이 「국민건강보험법」 제14조에 따라 보험급여관리 등을 위하여 진료내역 등을 수집·이용하는 경우, 대학교 행정실이 「고등교육법」 제15조 제3항에 따른 학교의 행정사무(학교 시설 유지·관리 업무) 수행을 위하여 잘못된 주차 행위를 한 차주의 휴대전화번호를 교내 재학정보시스템에서 조회하여 교내 주차민원 해결에 이용하는 경우 등을 들고 있다.

46) 법 제15조 제2호 내지 제7호 중 제2호 내지 제4호, 제6호는 개인정보처리자를 위한 요건이고, 제7호는 공공의 이익을 위한 요건으로 볼 수 있다는 것과 비교하여 제5호는 정보주체 및 제3자를 위한 요건이라는 점에서 특징이 있다.

47) 박노형, 개인정보보호법(제2판), 박영사, 2023, 167면. 2023년 법 개정 이전의 요건과 관련하여 박노형, 개인정보보호법, 박영사, 2020, 169면에서는 '정보주체 또는 그 법정대리인이 의사표시를 할 수 없는 상태에 있는 경우'로는 정신미약·교통사고·위중한 수술 등으로 의사표시를 할 수 없거나 태풍·홍수·화재 등의 재난으로 고립되거나 범죄자에 의하여 납치 또는 감금된 경우를 그 예로 들고 있고, 또 '정보주체 또는 그 법정대리인이 주소불명 등으로 사전 동의를 받을 수 없는 경우'로는 전화·팩스·이메일 등의 통신이 정상적으로 이루어지지 않아 연락이 되지 않는 경우를 그 예로 들고 있었다. 이와 같은 요건은 매우 이례적인 상황을 전제로 하는 것이어서 정보주체의 이익을 위한 경우임에도 합법적 처리근거로서 활용하기 어렵다고 보인다.

48) 개인정보보호위원회 고시 제2020-1호(2020.8.11. 제정 및 시행)인 '표준 개인정보 보호지침'.

인정보를 이용하려는 경우에는 정보주체의 동의를 받아야 한다고 설명되고 있었다.[49] 이와 같이 정보주체의 동의를 받아야 하는 경우에는 '정보주체 또는 그 법정대리인이 의사표시를 할 수 없는 상태에 있거나 주소불명 등으로 사전 동의를 받을 수 없는 경우'라는 요건이 충족된 경우도 포함되었으나, 현행 규정 하에서는 그 요건이 삭제되었으므로 이와 같은 경우에까지 동의 받을 의무는 없다고 할 것이다.

다만 개인정보처리자는 개인정보의 처리 목적을 명확하게 하여야 하고 그 목적에 필요한 범위에서 최소한의 개인정보만을 적법하고 정당하게 수집하여야 하고(법 제3조 제1항), 제15조 제1항 각 호의 어느 하나에 해당하여 개인정보를 수집하는 경우에는 그 목적에 필요한 최소한의 개인정보를 수집하여야 하며, 이 경우 최소한의 개인정보 수집이라는 입증책임은 개인정보처리자가 부담하므로(법 제16조 제1항), 당시 상황과 취한 조치 등을 기록으로 남겨두는 것이 바람직하다.[50]

본 규정은 정보주체 또는 제3자의 이익을 위한 경우에 적용되는 것이고, 여기서의 '제3자'는 정보주체를 제외한 그 밖의 모든 자를 말한다.[51]

문제는 제3자에게는 명백히 이익이 되지만 정보주체에게는 손해가 되는 경우이다. 이 경우에는 제3자의 이익이 정보주체의 이익보다 월등한 경우에만 동의 없는 개인정보 수집이 가능하다고 하여야 할 것이고, 특히 제3자의 재산상 이익은 정보주체의 생명·신체상 이익을 앞설 수는 없다고 보아야 한다.[52]

한편 본 규정은 '급박한 생명, 신체, 재산의 이익을 위하여 필요하다고 인정되는 경우'를 요구하므로, 정보주체 또는 법정대리인의 동의를 받을 수 있는 충분한 시간적 여유가 있거나 다른 수단에 의해서도 생명·신체·재산상의 이익을 보호할 수 있다면 급박한 상태에 있다고 할 수 없다. 본 규정이 적용될 수 있는 예로는 조난·홍수 등으로 실종되거나 고립된 사람을 구조하기 위하여 연락처, 주소, 위치정보 등 개인정보를 수집하는 경우, 아파트에 화재가 발생한 경우, 집안에 있는 자녀를 구하기 위해 해당 자녀 또는 부모의 이동전화번호를 수집하는 경우, 의식불명이나 중태에 빠진 환자의 수술 등 의료조치를 위하여 개인정보를 수집하는 경우, 고객이 전화사기(보이스피싱)에 걸린 것으로 보여 은행이 임시로 자금이체를 중단시키고 고객에게 사실 확인을 하고자 하는 경우 등을 들 수 있다.[53][54]

---

49) 개인정보 보호 법령 및 지침·고시 해설(2020), 90면.
50) 박노형, 개인정보보호법(제2판), 박영사, 2023, 168면.
51) 개인정보보호위원회 고시 제2020-1호(2020.8.11. 제정 및 시행)인 '표준 개인정보 보호지침' 제6조 제2항 제6호.
52) 개인정보 보호 법령 및 지침·고시 해설(2020), 90면.
53) 개인정보 보호 법령 및 지침·고시 해설(2020), 91면.
54) 본 규정에 대응되는 GDPR 규정으로는 GDPR 제6조 (d)항이 있고, 그에 대한 상설로는 GDPR Recital 46(Vital Interests of the Data Subject)이 있다. 그런데 GDPR 제6조 (d)항에서는 'vital interests'이라고 규정하고 있고, 이에 대하여 GDPR Recital 46에서는 'an interest which is essential for the life', 즉 '생명'만을 들고 있어, 우리 개인정보 보호법보다 적용범위가 좁다고 보인다(박노형, 개인정보보호법(제2판), 박영사, 2023, 169면에서는 GDPR 제6조

VII. 개인정보처리자의 정당한 이익을 달성하기 위하여 필요한 경우로서 명백하게 정보주체의 권리보다 우선하는 경우

개인정보처리자는 '개인정보처리자의 정당한 이익을 달성하기 위하여 필요한 경우로서 명백하게 정보주체의 권리보다 우선하는 경우'에는 정보주체의 동의 없이도 개인정보를 수집할 수 있으며 그 수집 목적의 범위에서 이용할 수 있고(법 제15조 제1항 제6호 본문), 정보주체의 개인정보를 제3자에게 제공(공유를 포함한다)할 수 있으며(법 제17조 제1항 제2호),[55] 이 경우 수집하고자 하는 개인정보가 개인정보처리자의 정당한 이익과 상당한 관련이 있어야 하며 합리적인 범위를 초과해서는 안 된다(법 제15조 제1항 제6호 단서). 그러나 개인정보처리자는 이를 이유로 목적 외의 용도로 이용하거나 이를 제3자에게 제공할 수는 없다(법 제18조에서는 본 사유를 합법처리근거로 규정하지 않고 있다).

본 규정은 개인정보처리자의 이익과 정보주체의 권리를 비교형량하는 '이익형량론'을 인정한 규정으로, 다른 합법처리근거와 비교하여 '개인정보처리자의 이익'을 위한 근거규정이 된다는 점에서 특색이 있다. 그러나 본 규정은 개인정보처리자의 정당한 이익이 정보주체의 권리보다 '명백하게' 우선하는 경우를 요구하고 있어 그 활용에 다소 제약이 있다는 점에서 주의를 요한다.[56] [57]

'개인정보처리자의 이익'에는 생명, 신체상 이익 외에도 상업적 이익도 포함될 것이다.[58] 그

(d)항에 신체는 물론 재산상 이익도 포함되지 않는다고 설명하고 있다).

[GDPR 제6조] Lawfulness of processing

1. Processing shall be lawful only if and to the extent that at least one of the following applies: (d) processing is necessary in order to protect the vital interests of the data subject or of another natural person;

55) 이전에는 본 규정을 이유로 한 제3자 제공을 허용하지 않았으나, 2023년 법 개정으로 이를 허용하였다.

56) 본 규정과 관련하여 '일반적 이익형량론'을 도입하자는 논의가 있다. 즉 개인정보의 활용을 위하여 '일반적인 이익형량론'을 도입하는 것이 필요하고, 그 구체적인 방법론으로 본 규정의 이익형량적 특성을 고려하여 그 확대·발전을 하는 것을 고려해 볼 수 있다는 글로는 「최경진, "개인정보보호 관련법의 해석에 있어서 이익형량론과 일반적 이익형량 규정의 필요성에 관한 고찰", 사법, 제40호, 2017. 6.」 참조[제1안은 앞서 살펴보았던 [정당화 유형-II]를 기초로 확대·발전시키는 것이다. 즉, 현행 개인정보보호법 제15조 제1항 제6호(개인정보처리자의 정당한 이익을 달성하기 위하여 필요한 경우로서 명백하게 정보주체의 권리보다 우선하는 경우이고 개인정보처리자의 정당한 이익과 상당한 관련이 있고 합리적인 범위를 초과하지 아니하는 경우)를 바탕으로 일반화·구체화된 기준을 설정하면서 개인정보처리의 모든 단계에서 적용될 수 있도록 확대 규정함으로써 법원으로 하여금 이익형량의 기회를 주도록 하는 것이다. 제2안은 개인정보보호법 제58조의 적용제외 규정에 구체적인 적용제외 사유를 확대하여 규정하는 것도 생각해볼 수 있다].

57) EU에서는 정보주체의 이익과 개인정보처리자의 이익을 비교형량하여 '정보주체의 권리가 개인정보처리자 기타 제3자의 이익에 우선하지 않는 경우'에 정당한 이익에 기하여 처리를 정당화할 수 있도록 하고 있으나[GDPR 제6조 제1항 (f)호], 우리나라에서는 개인정보처리자의 이익이 명백히 우선하는 경우에만 개인정보 수집이 허용된다고 규정하고 있다는 점에서 차이가 있다[개인정보 보호 법령 및 지침·고시 해설(2020), 92면].

58) 개인정보보호위원회 고시 제2020-1호(2020.8.11. 제정 및 시행)인 '표준 개인정보 보호지침' 제6조 제2항 제7호는 본 규정에서의 '개인정보처리자의 정당한 이익'에 대하여 '법령 또는 정보주체와의 계약 등에 따른 정당한 이익'이라고 표현하였고, 이전에 '등'이라는 표현이 없던 것을 2016년 개정으로 추가함에 따라 본 규정의 적용범위가 확대될 가능성을 넓힌 것으로 이해되었다. 이와 관련하여 박노형, 개인정보보호법(제2판), 박영사, 2023, 171면에서는

러나 개인정보처리자의 정당한 이익을 위한 것이라고 하더라도 정보주체의 권리와 개인정보처리자의 이익을 형량한 결과 '명백하게' 개인정보처리자의 이익이 월등해야 한다.[59] 따라서 정보주체의 사생활을 과도하게 침해하거나 다른 이익을 침범하는 경우에는 정보주체의 동의 없이 개인정보를 수집·이용할 수 없다.

또한 개인정보처리자는 개인정보의 처리 목적을 명확하게 하여야 하고 그 목적에 필요한 범위에서 최소한의 개인정보만을 적법하고 정당하게 수집하여야 하고(법 제3조 제1항), 제15조 제1항 각 호의 어느 하나에 해당하여 개인정보를 수집하는 경우에는 그 목적에 필요한 최소한의 개인정보를 수집하여야 하며, 이 경우 최소한의 개인정보 수집이라는 입증책임은 개인정보처리자가 부담하고(법 제16조 제1항), 수집하고자 하는 개인정보가 개인정보처리자의 정당한 이익과 상당한 관련이 있어야 하며 합리적인 범위를 초과해서는 안 될 뿐만 아니라(법 제15조 제1항 제6호 단서), 2020년 법 개정으로 가명정보의 처리에 관한 특례가 도입되었다는 점까지 고려하면, 정보주체의 권리와 개인정보처리자의 이익을 비교형량함에 있어서는 더욱 신중한 검토가 필요하다고 보인다.

한편 본 규정은 정보주체의 '권리'라고 규정하고 있으나 개인정보처리자의 '이익'과 비교형량을 한다는 점에서 '정보주체의 권리'로 국한할 것이 아니라 '정보주체의 이익'으로 폭넓게 이해하는 것이 타당하다.[60]

본 규정이 적용된 분쟁조정사례로는 "분리과금 해지를 목적으로 이동통신사를 통하여 퇴사한 직원의 휴대전화번호를 조회한 사안"이 있다. 위 사안에서 회사(피신청인)는 직원 복리후생제도의 일환으로 이동전화요금 일부를 대납하여 주는 '분리과금'을 제공하고 있었는데, 퇴사한 직원(신청인)이 '분리과금'을 해지하지 않은 채 휴대전화번호를 변경하여 회사가 이를 해지하기 위해 이동통신사를 통하여 직원의 변경된 휴대전화번호를 조회하였는데, ① 복리후생 제도의

"GDPR에서는 묵시적이라도 EU 또는 회원국 법에서 인정되어야 하는 점에서 '단순한 상업적 이익(mere commercial interests)'은 정당한 이익(legitimate interest)에 포함되지 않는다."는 유럽의 학설[Waltraut Kotschy, "Article 6 Lawfulness of processing", The EU General Data Protection Regulation (GDPR): A Commentary, 337면]을 소개하고 있다.

59) 개인정보 보호 법령 및 지침·고시 해설(2020), 92면.
60) 박노형, 개인정보보호법(제2판), 박영사, 2023, 172-173면.
    본 규정에 대응되는 GDPR 규정으로는 GDPR 제6조 (f)항이 있고, 그에 대한 상설로는 GDPR Recital 47(Overriding Legitimate Interest), 48(Overriding Legitimate Interest Within Group of Undertakings), 49(Network and Information Security as Overriding Legitimate Interest)이 있는데, GDPR 제6조 (f)항에서는 우리 법상 본 규정과 같이 '정보주체의 권리'에 한정하지 않고 '정보주체의 이익 또는 기본권과 자유(the interests or fundamental rights and freedoms of the data subject)'라고 규정하고 있다.
    [GDPR 제6조] Lawfulness of processing
    1. Processing shall be lawful only if and to the extent that at least one of the following applies: (f) processing is necessary for the purposes of the legitimate interests pursued by the controller or by a third party, except where such interests are overridden by the interests or fundamental rights and freedoms of the data subject which require protection of personal data, in particular where the data subject is a child.

일환으로 이동전화요금 일부를 대납하여 주는 '분리과금'은 재직 중인 직원에게만 제공되는 혜택으로, 신청인 또한 이를 인지하고 퇴사 이후에는 '분리과금' 혜택이 해지될 것을 충분히 예상할 수 있었고, ② 피신청인 입장에서 퇴사한 신청인에 대한 '분리과금'을 피신청인이 해지하지 아니할 경우 신청인에게 부과되는 이동전화 요금 중 일부를 계속하여 부담하여야 하고, '분리과금'의 해지를 위해서는 해당 회선의 이동전화 번호가 확인되어야 하는 점을 고려할 때 불가피하게 변경된 신청인의 이동전화번호를 조회할 수밖에 없었다는 점이 인정된다는 이유에서 본 규정(법 제15조 제1항 제6호)에 해당한다고 보았다.[61]

Ⅷ. 공중위생 등 공공의 안전과 안녕을 위하여 긴급히 필요한 경우

개인정보처리자는 '공중위생 등 공공의 안전과 안녕을 위하여 긴급히 필요한 경우'에는 정보주체의 동의 없이도 개인정보를 수집할 수 있으며 그 수집 목적의 범위에서 이용할 수 있고(법 제15조 제1항 제7호), 정보주체의 개인정보를 제3자에게 제공(공유를 포함한다)할 수 있으며(법 제17조 제1항 제2호), 정보주체 또는 제3자의 이익을 부당하게 침해할 우려가 있을 때를 제외하고는 개인정보를 목적 외의 용도로 이용하거나 이를 제3자에게 제공할 수 있다(법 제18조 제2항 제10호).

본 규정은 각종 전염병의 확산방지를 위한 환자 격리, 감염원 추적[62] 등의 활동과 천재지

---

[61] 2016년 개인정보 분쟁조정 사례집, 55-57면. 2023년 법 개정 이전의 사안이나 본 규정이 문제된 사안으로는 '철도차량 운전실에 폐쇄회로 텔레비전을 설치하여 운전제어대와 기관사이 두 손을 촬영한 사안(☞ 적용 긍정)', '야간에 경비원의 휴식공간으로 사용되는 관리사무소 사무실 내에 CCTV를 설치하여 상시 운영한 사안(☞ 적용 부정)' 등도 있다.
〈철도차량 운전실에 폐쇄회로 텔레비전을 설치하여 운전제어대와 기관사이 두 손을 촬영한 사안(보호위원회 결정 제2015-12-22호)〉 한국철도공사가 철도사고 시 사고원인 규명을 위하여 폐쇄된 공간인 철도차량 운전실에 폐쇄회로 텔레비전을 설치하여 각종 계기판과 안전운행장치 등으로 구성된 운전제어대와 그 위에 위치한 기관사의 두 손을 촬영하고, 촬영된 영상정보를 최장 7일간 각 철도차량 운전실 저장장치에 저장하고 철도사고 시에만 사고원인 규명을 위하여 열람·이용한 사안에서 ① 철도사고 원인규명과 승객의 안전 확보가 한국철도공사의 정당한 이익에 해당하고, ② 본건 영상정보의 수집 및 이용이 그러한 목적 달성에 필요하며, ③ 목적 달성을 위하여 합리적인 범위를 초과하지 않고 ④ 본건 영상정보의 촬영 대상, 보관기간 등을 감안하면 한국철도공사의 정당한 이익이 본건 영상정보의 위와 같은 촬영으로 인하여 제한되는 정보주체(기관사)의 개인정보자기결정권보다 명백히 우선한다는 이유로 본 규정(법 제15조 제1항 제6호)이 적용된다고 보았다.
〈야간에 경비원의 휴식공간으로 사용되는 관리사무소 사무실 내에 CCTV를 설치하여 상시 운영한 사안(2015년 개인정보 분쟁조정 사례집, 101-106면)〉 피신청인이 시설안전과 범죄예방 목적으로 주상복합건물 관리사무소 사무실에 CCTV를 설치하여 상시 운영한 사안에서 해당 공간이 주간에는 일반에게 공개되지만 야간에는 일반에게 공개되지 않고 신청인 등 경비원이 취침 등 휴식공간으로도 사용하고 있는 점 등을 고려할 때 비록 건물관리에 필요한 시설물의 안전을 위하여 CCTV를 설치하였더라도 야간 근무자의 취침공간까지 지속적으로 촬영할 필요까지는 인정하기 어렵고, 나아가 사생활 보호를 위한 최소한의 조치 없이 사무실 전체를 모두 촬영하는 데 따른 피신청인의 이익이 정보주체인 신청인의 권리보다 명백하게 우선한다거나 사생활이나 다른 이익을 과도하게 침해하는 것이 아니라고 단정하기 어렵다는 이유에서 본 규정(법 제15조 제1항 제6호)에 해당하지 않는다고 보았다.
[62] 질병관리청장 등은 아래와 같은 감염병예방법에 따른 개인정보처리 외에 개인정보보호법상 본 규정에 기하여 개인정보를 수집·이용·제3자 제공을 할 수 있다.
질병관리청장, 시·도지사 및 시장·군수·구청장은 국민의 건강에 위해가 되는 감염병 확산으로 인하여 「재난 및 안전관리 기본법」 제38조 제2항에 따른 주의 이상의 위기경보가 발령되면 감염병 환자의 이동경로, 이동수단,

변·긴급재난 등으로부터 이재민을 구조·구호하기 위한 활동은 촌각을 다투는 경우가 많고 국민의 생명·신체 및 재산의 안전이 위협을 받고 있는 상황이므로 이 법령에 의한 기준·절차에 따라 개인정보 처리가 곤란하기 때문에 마련된 규정이다.[63]

본래 '공중위생 등 공공의 안전과 안녕을 위하여 긴급히 필요한 경우'는 해당 개인정보를 일시적으로 처리하는 경우에 한해서 제3장부터 제7장까지를 적용하지 아니하는 것으로 규정되어 있다가(법 제58조 제1항 제3호), 이와 같은 경우에도 법 적용을 제외하는 것보다는 개인정보보호법에 따른 규제의 틀 내에 둠으로써 개인정보에 대한 보호와 이용의 조화를 꾀하도록 하는 것이 더욱 바람직하다는 관점에서 2023년 법 개정을 통하여 법 제15조 제1항 제7호, 법 제17조 제2항 제2호, 법 제18조 제2항 제10호로 규정한 것이다. 이에 따라 현재에는 일시적인 처리 여부와 무관하게 개인정보에 대한 합법처리근거가 되고, 개인정보처리자는 개인정보 처리에 관한 규정을 준수하고 정보주체의 권리를 보장하여야 한다.

진료의료기관 및 접촉자 현황, 감염병의 지역별·연령대별 발생 및 검사 현황 등 국민들이 감염병 예방을 위하여 알아야 하는 정보를 정보통신망 게재 또는 보도자료 배포 등의 방법으로 신속히 공개하여야 하고, 다만 성별, 나이, 그 밖에 감염병 예방과 관계없다고 판단되는 정보로서 대통령령으로 정하는 정보는 제외하여야 하며[질병관리청장 또는 시·도지사는 감염병의 예방 및 관리에 관한 법률 34조의2(감염병위기 시 정보공개) 제1항], 질병관리청장 또는 시·도지사는 감염병 예방·관리 및 감염 전파의 차단을 위하여 필요한 경우 관계 중앙행정기관(그 소속기관 및 책임운영기관을 포함한다)의 장, 지방자치단체의 장(「지방교육자치에 관한 법률」 제18조에 따른 교육감을 포함한다), 「공공기관의 운영에 관한 법률」 제4조에 따른 공공기관, 의료기관 및 약국, 법인·단체·개인에 대하여 감염병환자등, 감염병의심자 및 예방접종을 받은 자에 관한 주민등록번호 등의 정보 제공을 요청할 수 있으며, 요청을 받은 자는 이에 따라야 한다[위 법 제76조의2(정보 제공 요청 및 정보 확인 등)]. 나아가 질병관리청장, 시·도지사 및 시장·군수·구청장은 이에 따라 공개한 정보가 그 공개목적의 달성 등으로 공개될 필요가 없어진 때에는 지체 없이 그 공개된 정보를 삭제하여야 한다(위 법 제34조의2 제2항).
63) 개인정보 보호 법령 및 지침·고시 해설(2020), 526면.

제 3 절

개인정보의 제3자 제공

Ⅰ. 제3자 제공에 관한 합법처리근거

1. 일반론

GDPR은 개인정보의 처리에 관한 법적 근거와 관련하여 '처리'(processing) 행위 전체를 기준으로 규율하고 있다. 이와 달리 우리 법은 제15조에서 수집, 이용의 적법 처리 근거에 대하여 규정하고 제17조에서 제3자 제공의 경우를 규정하며, 제18조에서는 목적외 이용과 목적외 제3자 제공에 대하여 규정하고 있어 수집과 제공을 구별하고 있다. 이처럼 다소 혼란스런 법 체계는 관련 규정의 해석에 혼란을 일으키고 있다.

관련하여, 개인정보의 '처리' 행위에 대한 통합적인 고려의 필요성에 대하여는 많은 논의들이 있어 왔고, 2021. 2. 16. 김병욱 의원이 발의한 개인정보보호법 개정안(의안번호 2108123)에서도 당시의 법 제15조, 제17조, 제39조의3을 통합하는 내용으로 발의한 바 있으나, 이후 대안 반영 폐기되었다.[64]

2. 제3자 제공의 주체 및 수령자

법 제17조는 개인정보처리자에게 적용됨을 규정하고 있다. 즉, 수범자는 개인정보처리자이다. 개인정보처리자가 아닌 자가 제3자 제공을 하는 경우는 법 제17조의 직접 적용대상은 아니다. 다만, 법 제59조는 개인정보를 처리하거나 처리하였던 자는 업무상 알게 된 개인정보를 권한없이 다른 사람이 이용하도록 제공하는 행위를 금지하고 그 위반 행위에 대하여 형사 제재를 할 수 있도록 하고 있다. 한편, 제공받는 자는 반드시 개인정보처리자일 것을 요구하지 않는다. 따라서 법에 따른 개인정보처리자가 아니라 하더라도 개인정보를 제공받는 경우 그 행위는 법

---

[64] 당시 정무위원회 심사보고서에 의하면, '개인정보의 처리'로 통합될 경우 개인정보 처리의 각 단계별로 정보주체의 동의를 별도로 받지 않아도 됨에 따라 개인정보의 처리와 활용에 있어 동의 관행이 개선되고 개인정보 활용을 보다 활성화할 수 있을 것으로 보인다고 하면서도, 이 경우 정보주체의 입장에서는 한 번의 동의만으로 자신의 개인정보가 제3자에게도 제공될 수 있게 되므로 개인정보의 보호장치가 다소 약화되는 측면이 있다는 점을 고려할 필요가 있음을 지적하고 있다(심사보고서 제11면).

제59조에 따른 규율의 대상이 된다.

3. 제공과 다른 개념과의 구분

1) 제공과 이전

법 제17조는 개인정보를 '제공'할 수 있는 경우에 대하여 규정하고 있다. '제공'의 의미는 대체로 개인정보처리자가 정보주체의 개인정보를 보유 내지 소지하고 있는 경우에 이를 제3자에게 이전하는 경우를 의미하는데, 정보주체의 개인정보를 처리자가 보관하고 있는 상태에서 제3자가 해당 보관된 상태에 접근하여 열람 등을 하는 경우도 '제공'의 영역에 해당한다. 따라서 개인정보의 '제공'은 물리적 이전으로 한정되지 않는다. 한편, 표준 개인정보 보호지침(위원회고시 제2020-1호)은 제7조 제1항에서 "제공"이란 "개인정보의 저장 매체나 개인정보가 담긴 출력물·책자 등을 물리적으로 이전하거나 네트워크를 통한 개인정보의 전송, 개인정보에 대한 제3자의 접근권한 부여, 개인정보처리자와 제3자의 개인정보 공유 등 개인정보의 이전 또는 공동 이용상태를 초래하는 모든 행위를 말한다."고 규정하고 있다.

한편, '제공'과 '이전'은 구분되는데, 여기서 '이전'은 GDPR상 transfer의 개념에 대응하는 개념으로 볼 수 있다. '이전'은 대체로 물리적 이전이 있는 경우를 전제로 한다고 볼 수 있지만 반드시 그러한 것은 아니다. 2023년 개정법이나 이전 법에서도 '국외 이전'의 행위에 대하여는 국외제공(조회되는 경우를 포함한다), 처리위탁, 보관의 3가지 행위를 포괄하는 행위 태양으로 구성하였다. 따라서 물리적 이전이 없는 '조회'의 경우에도 '이전'의 범위에 포함한다고 볼 수 있다. 한편, 법 제2조에서 '처리'에 대하여 정의하면서 '제공'이 처리 행위에 포함된다는 점은 명시하였지만 '이전'은 따로 '처리'의 범위에 포함하여 규정하지 아니하였는데, 이는 '이전'에 대하여 개인정보의 이동이라는 사실행위를 중심으로 파악하였기 때문인 것으로 볼 수 있다.

2) 제공과 공유, 공동이용

(1) 제공과 공유

'제공'은 특정한 제3자에게 개인정보를 처리할 수 있도록 이전하는 경우를 상정한 것임에 비교하여, '공유'는 그 의미상 개인정보를 보관하고 있는 처리자가 여전히 해당 개인정보를 처리할 수 있는 상태에서 해당 개인정보에 대하여 제3자가 조회나 열람 등 개인정보의 처리 행위를 할 수 있는 경우를 의미한다고 볼 수 있다. 법 제2조 제2호의 '처리'의 범위에는 '공유'는 포함되어 있지 않은데, 이는 '제공'의 범위에 포함되는 것으로 보았기 때문이라 할 것이다.[65] 표준 개인정

---

65) 법 제17조는 그 문언으로 "제공(공유를 포함한다. 이하 같다)"이라고 하고 있어 제3자 제공에 관한 규정들이 적용되는 범위에 개인정보가 공유되는 경우도 포함하는 것으로 볼 수 있으나, 법 제2조 제2호의 '처리'의 정의에서는

보지침에서도 '공유'를 '제공'에 포함하는 것으로 이해하고 있다. 그리고 법 제28조의8에서 국외로 제공하는 행위에 '조회를 포함한다'라고 명시하고 있는데, 공유에 가까운 '조회' 행위를 제공에 포함하고 있는 것도 동일한 전제에 선 것으로 이해된다.

굳이 '제공'과 구별되는 '공유'의 의미를 생각해 본다면, '제공'은 원칙적인 모습으로 제공하는 자에게 개인정보가 남아 있는지 여부와 무관하게 제공받는 자에게 동일한 내용의 개인정보가 전달되는 것을 상정한 구조임에 비하여, '공유'는 제공하는 자와 제공받는 자가 동일한 개인정보 파일에 대하여 접속하여 이를 활용하는 것과 같은 형태를 상정하고 있는 것이다.

한편, 제공 행위는 실질적인 제공이 발생한 경우를 예상한 것이고, 제공되기 이전에는 제공이라는 처리 행위가 일어났다고 볼 수 없다. 일반적인 제공 행위가 아닌 공유의 경우에는 이러한 해석이 유의미한 차이를 가져올 수 있는데, 단순히 공유할 권한만을 부여한 경우, 예컨대 개인정보를 제공하는 자가 자신의 개인정보 파일에 접근 권한을 부여하고 이를 제공받은 자가 접근하여 내용을 파악하는 방식으로 '공유'를 한 경우, 단순히 접근 권한만을 부여한 것만으로는 공유로 인한 개인정보 처리가 발생하지 않았다고 해석함이 타당하다.

(2) 제공과 공동이용

공동의 목적을 위하여 개인정보를 처리하는 경우에 그에 대하여 특별한 규율을 할 것인지가 문제가 된다. 우리는 개인정보의 공유에 대하여는 제3자 제공에 준하여 보고 있고 개인정보를 공동의 목적을 위하여 공유함에 있어서도 제3자 제공과 동일하게 처리하고 있다. 그러나, '공동의 목적'을 가지고 있거나 '공동으로 방법을 결정'하는 경우에는 이를 각자 자신의 목적을 위하여 개인정보를 처리하는 전형적인 제3자 제공과 동일하게 보아야 할 것인지는 의문이다. 왜냐하면 개인정보를 공유하는 자와 공유받는 자가 공동의 관계에 있을 뿐만 아니라 공동으로 개인정보의 처리에 관여하기 때문이다. 관련하여 해외의 사례를 살펴보면 아래와 같다.

① GDPR

두 명 이상의 개인정보처리자가 공동으로 처리의 목적과 방법을 결정하는 경우, 이는 '공동 컨트롤러(Joint Controller)'가 된다. 공동 컨트롤러는 둘 이상의 개인정보처리자가 개인정보 처리의 목적과 방법에 공동으로 참여하는 경우를 그 요건으로 한다.

공동 컨트롤러는 공동 개인정보처리자의 개별 역할과 관계에 대하여 협의하여야 한다. 그 협의 내용에는 ① 개인정보의 권리 행사에 대한 책임과 ② 개인정보의 처리에 있어서 정보주체에게 고지하여야 할 사항을 알릴 의무를 포함하여 정보주체에 대한 의무를 누구 수행할 것인지에 대한 것이 포함되어야 한다. 그 책임이 법률에 의하여 정하여지는 경우는 예외적으로 그러한 협의가 없어도 무방하다.[66] 그리고 공동 컨트롤러는 당사자 간 협의를 통하여 정보주체에

제공의 범위에 공유를 포함하고 있지는 않다.

대한 연락 담당자를 지정할 수 있다.

공동 컨트롤러의 관계를 구성함에 있어서는 위에서 살펴본 바와 같이 당사자 사이에 협의로 정하면 되고 이에 대하여 정보주체로부터 추가적인 동의를 받을 필요는 없다. 물론, 공동 컨트롤러는 그들 간의 개별 역할과 관계의 주요 사항을 정보주체에게 제공해야(make available) 한다.

앞서 본 바와 같이 공동 컨트롤러는 협의를 통해서 정보주체의 권리에 대응할 자를 정할 수 있지만 그와 무관하게 정보주체는 각 컨트롤러를 상대로 권리를 행사할 수 있다.[67] 또한 공동 컨트롤러는 정보주체에 대하여 공동으로 책임을 지는 영역에서 법 위반이 발생한 경우 연대하여(jointly and severally) 책임을 부담한다.

② CCPA/CPRA

CCPA/CPRA는 따로 개인정보의 공유에 대한 규정을 두고 있지 않고, GDPR와 같은 공동 컨트롤러의 개념도 보유하고 있지 않다. 대신 CCPA는 제3자에게 개인정보를 판매하거나 공유하는 경우, 서비스 제공자(service provider) 또는 컨트랙터(contractor)에게 개인정보를 공개하는 경우 사업자는 그 상대방과 사이에 당사자 간의 의무를 명시한 합의서를 체결하도록 규정하고 있다. 공동 이용의 경우에도 그에 대하여 별도로 정보주체로부터 동의를 받아야 하는 것은 아니다.

③ 일본

사업자가 개인데이터 제공 시, 원칙적으로 제3자 제공에 대한 동의를 받아야 하고, 개인데이터를 제공하는 자는 제3자 제공 관련 기록을 보존해야 하며, 개인데이터를 제공받는 자는 제3자 제공 관련 내용을 확인해야 하는 의무가 있다(법 제27조 등). 그런데 공동 이용의 경우에는 제3자로 간주하지 않으므로 따라서 공동 이용을 위한 별도의 동의를 받을 필요가 없다.

일본 개인정보보호법은 공동 이용에 대하여 별도로 정의를 하고 있지는 아니하고 '개인정보를 공동으로 이용'하는 경우에는 이에 해당한다(법 제27조 제5항). 공동 이용 규정에 따라 제3자 배제 간주되기 위해서는 ① 개인정보의 항목, ② 공동이용자의 범위, ③ 공동이용자의 목적, ④ 관리 책임자의 성명 등의 정보를 미리 정보주체에게 통지하거나 정보주체가 쉽게 알 수 있는 상태에 있도록 하여야 한다.

공동 이용에 해당하는 경우로는 ① 그룹사에서 종합적인 서비스를 제공하기 위하여 취득 시의 이용 목적의 범위 내에서 정보를 공동으로 이용하는 경우, ② 모자형제회사 사이에서 이용 목적 범위 내에서 개인정보를 공동으로 이용하는 경우, ③ 사용자와 노동조합 사이에서 이용 목적의 범위 내에서 종업원의 개인정보를 공동으로 이용하는 경우를 예시로 제시되고 있다.

---

66) GDPR Art. 26(1)
67) GDPR Art. 26(3)

3) 제공과 공개

'제공'과 '공개'와의 관계도 문제가 된다. '공개'는 '공유'와는 달리 법 제2조 제2호에서 '제공'과 병렬적으로 나열되어 '처리'의 태양 중의 하나로 명시되어 있다. '제공'은 특정한 제3자를 대상으로 상정한 행위라면 '공개'는 불특정 다수를 대상으로 상정하고 있는 행위라는 점에서 차이가 있다고 볼 수 있다.

이러한 개인정보의 '공개'는 제3자 제공으로 보아 제3자 제공의 규정이 적용되는 것으로 볼 여지도 있고, 처리 중에서 별도의 하나의 태양으로 규정되어 있음에 비추어 법 제17조의 규정이 적용되지 않는다는 해석도 가능은 하다. 이처럼 해석상 불명확함으로 인하여 실무례에서도 '공개'를 '제3자 제공'의 일 유형으로 보는 경우와 그와 달리 '이용'의 한 유형으로 보아서 목적 외 이용 여부를 판단한 경우도 혼재되어 있는 것으로 보인다.[68]

4) 제공과 수집

개인정보의 '제공'과 '수집'은 얼핏 생각하기에는 그 구분이 명확해 보이지만 실무상 반드시 그런 것만은 아니다. 개인정보의 수집은 정보주체 자신으로부터 할 수 있지만 제3자로부터도 할 수 있는데 제3자로부터 정보주체의 개인정보를 수집하는 행위는 정보주체의 개인정보를 보유한 처리자가 그 제3자에게 제3자 제공하는 것과 논리적으로 유사한 구조를 가지기 때문이다.

개인정보의 제3자 제공과 정보주체가 아닌 자로부터 수집은 개인정보를 이전하는 자와 이전 받는 자 사이에서 누가 주도적인 지위를 가지는지를 기준으로 해석될 것이다. 즉, 제3자로부터 수집하는 행위는 그 제3자가 개인정보의 처리에 있어서 주도적인 지위에 있지 아니한 경우인데 비하여, 제3자 제공은 개인정보를 제공하는 자가 주도적인 지위에 있는 경우라고 볼 수 있다. 다만, 실무상으로는 이러한 차이가 명백하지 않은 경우가 많은데 개인정보 파일을 보유한 제3자로터 개인정보를 수집하는 경우이든 그 제3자가 처리자에게 제3자 제공하는 경우이든 많은 경우 제3자와 처리자 사이에 동등한 지위에서 이루어지는 합의에 기반하는 경우가 많기 때문이다.

5) 제공과 영업양도

영업양도의 경우에도 개인정보의 이전이 발생하나, 일정한 법률 행위에 기초하여 집단적인 개인정보의 이전이 발생하는 것인 점, 또한 개인정보에 대한 기존의 지배, 관리권이 여전히 유지되는 상태에서 새로운 지배, 관리권이 제3자에게 인정되는 것이 아니라 지배, 관리권이 양도

---

68) 이창범, "개인정보 제3자 제공 및 처리위탁 규제의 법적 과제", 개인정보보호의 법과 정책, 박영사, 2016, 259면에서도 수집 동의만으로 공개가 가능한 견해와 별도의 동의를 받아야 한다는 견해가 대립될 수 있다고 설명하고 있다.

인이나 피합병자에게 남기지 않고 완전히 이전된다는 점에서 제3자 제공과는 차이가 있다. 그에 따라 개인정보 보호법도 통상의 개인정보 제3자 제공과는 구분하여 규율하고 있다. 영업양도의 경우에 제3자 제공에 관한 규정이 적용되는지 여부가 명문으로 규정되어 있지는 아니하나, 영업양도에 관한 법 제27조의 규정의 취지상 개인정보 보호법상 영업양도에 해당하는 경우에는 '제공'에는 해당하지 아니하여 법 제17조가 적용되지 아니한다고 해석하고 있다.[69]

Ⅱ. 제3자 제공의 합법처리근거로서의 법 제17조 제1항

1. 동의(제1호)

정보주체로부터 동의를 받은 경우에는 적법한 개인정보의 제3자 제공이 가능하다. 법 제17조 제1항 제1호의 '동의'는 개인정보의 수집, 이용 동의와는 별도의 동의라고 해석하는 것이 일반적이다.

2023년 개정법 이전에는 제3자 제공의 동의가 수집, 이용 동의와 반드시 구분되었어야 하는지가 법 문언상으로는 분명하지 아니하였다. 그러나, 2023년 개정법 제22조에서는 수집, 이용 동의와 제3자 제공 동의를 구분하여 받도록 규정함으로써 수집, 이용 동의와 제3자 제공 동의를 원칙적으로 구분하여야 함을 명확하게 규정하였다.

동의를 받아야 하는 의무자는 개인정보를 제공하는 개인정보처리자이다. 그러나, 정보주체가 명확하게 누가 개인정보를 제공하는 자인지를 명확하게 알 수 있다면 개인정보를 제공받는 자가 제공하는 자의 위임을 받아 동의를 받는 것도 허용된다.[70]

2. 제공 동의 이외의 합법처리근거(제2호)

법 제15조 제1항 제2호, 제3호 및 제5호부터 제7호까지에 따라 개인정보 수집, 이용하는 경우 그와 같이 수집된 개인정보에 대하여 그 수집한 목적 범위 내에서 개인정보를 제공할 수 있다. 이 경우 법 제17조 제1항 제1호의 정보주체의 별도의 동의가 요구되지 않는다.

제2호의 의미는 제3자 제공을 위해서는 수집, 이용 시의 법적 처리 근거와 동일한 기준을 충족하여야 한다는 의미인 것이지 수집, 이용 시에 제2호에 열거된 수집의 적법 처리 근거에 따

---

69) 개인정보보호위원회, 개인정보보호 법령 및 지침·고시 해설, 2020, 107면. 한편, 일본 개인정보보호법 제27조는 합병 시의 개인정보 양도에 있어서 그 개인정보를 제공받는 자는 동법 제27조 제1항의 '제3자'에 해당하지 않는다고 규정하고 제3자 제공에 관한 동의, 기록 보존 의무 등이 적용되지 아니함을 명시적으로 규정하고 있다.
70) 금융위원회, 금융분야 개인정보 가이드라인, 2017, Q3-13은 개인정보를 제공하는 자와 제공받는 자가 상호 협의한 경우에는 개인정보를 제공받고자 하는 자가 개인정보를 제공하는 자에게 정보주체의 동의의사를 대신 제출한 후 개인정보를 제공받는 것이 가능하다고 설명하고 있다.

라서 처리되었다고 하여 그 처리 근거가 당연히 3자 제공 시에서도 정당화될 수 있다는 의미는 아니다. 예컨대, 법률에 특별한 규정이 있어 개인정보의 수집, 이용이 가능하였다고 하더라도, 동일한 법률에 근거하여 제3자 제공이 가능한 것인지 여부는 별도로 판단하여야 한다.

2023년 개정법 이전에는 "법 제15조 제1항 제2호, 제3호, 제5호 및 제39조의3 제2항 제2호, 제3호에 따라 개인정보를 수집한 목적 범위에서 개인정보를 제공하는 경우"로 규정되어 있었다. 이를 2023년 개정법에서는 특례 규정을 폐지하면서 법 제38조의3과 관련한 부분을 삭제하였고, 법 제15조 제1항 제6호를 법적 처리 근거로 추가하였으며, 동항 제7호를 신설하여 제7호도 제3자 제공의 적법 처리 근거가 될 수 있음을 명시하였다.

1) 법 제15조 제1항 제4호와의 관계

법 제17조 제1항 제2호는 법 제15조 제1항 제4호를 준용하고 있지 않다. 즉 개인정보의 수집, 이용에 있어서는 계약의 이행 등을 위하여 필요한 경우에 동의 없이도 가능한데, 계약의 체결 내지 이행 등을 위하여 필요한 경우로서 적법한 수집, 이용의 근거를 마련하였다고 하더라도 이를 제3자 제공을 위한 처리 근거로 삼을 수는 없다. 애초 이와 같이 규정한 취지는 계약의 이행 등을 위하여 필요한 경우에 제3자 제공도 가능할 수 있도록 한다면 그로 인하여 개인정보의 오남용이 발생하고 개인정보자기결정권에 대한 보장이 어려워질 수 있다는 고려에서 규정된 것으로 이해되고 있다.

그러나, 계약에 따른 수집, 이용이 가능한 경우라면 계약에 따른 제3자 제공이 예견되고 그러한 제3자 제공이 계약 체결 시에 이미 포함되어 있는 경우도 충분히 예상할 수 있다. 대표적인 경우가 채권양도의 경우를 생각해 볼 수 있다. 채권양도를 위한 계약을 체결하는 경우, 채권자인 양도인과 양수인이 채권양도에 관한 계약을 체결하게 되는 경우, 채권양도의 효력을 대항하기 위해선 양도인은 채권의 양도를 채무자에게 통지하여야 한다. 그런데, 이러한 경우에도 양도인은 계약의 체결 과정에서 수집한 채무자의 개인정보에 대하여 별도의 법적 근거를 확보하지 못하는 한 제3자 제공을 할 수 없다는 결론에 이르게 되는데 이러한 결론이 합리적인지는 의문이다.

따라서, 법 제15조 제1항 제4호를 제3자 제공의 적법 처리 근거로 삼을 수 없다고 하더라도 법 제17조 제4항을 근거로 하여 제3자 제공에 대한 적법 처리가 가능하도록 유연한 해석을 할 필요가 있으며, 현행 규정상으로도 그러한 해석이 충분히 가능하다.

2) 법 제15조 제1항 제6호와의 관계

2023년 개정 전 법에서는 법 제15조 제1항 제6호(정당한 이익)를 제3자 제공의 근거를 삼을 수 없었다. 그런데 2023년 개정법에서는 '정당한 이익'에 근거하여 수집한 개인정보를 그 목적 범위 내에서 제3자 제공을 할 수 있게 되었다. 이로써 법 제15조 제1항 제6호의 활용 범위가 넓어지게 되었고, 이를 통하여 제3자 제공에 있어서도 정당한 범위 내에서의 적법한 이용을 도모할 수 있는 가능성이 확대되었다.

3) 기타

2023년 개정 전 법은 정보통신서비스제공자에 대한 특례 규정 하에서 법 제39조의3 제2항 제2호, 제3호만을 제3자 제공의 근거로 삼았고, 동항 제1호는 제3자 제공의 근거가 될 수 없다고 보았다(구법 제18조 제1항). 2023년 개정법에서도 법 제15조 제1항 제4호를 제3자 제공을 위한 적법 처리 근거로 삼고 있지 않은 것과 동일한 취지이었다고 할 것인데, 이 역시 과도한 제한이라는 점은 앞서 본 바와 같다.

III. 개인정보 제3자 제공 동의 시 알려야 할 사항

1. 사전 고지할 사항

제3자 제공을 정보주체의 동의를 근거로 할 경우 정보주체로부터 동의를 받기 위해서는 일정한 사항을 알리고 동의를 받아야 한다. 이러한 구조는 개인정보의 수집, 이용에 관한 법 제15조의 구조와 유사하다. 이러한 고지는 동의를 받기 전에 정보주체에게 미리 알려주어야 한다.

알리는 사항은 ① 제공받는 자, ② 제공받는 자의 이용 목적, ③ 제공하는 개인정보의 항목, ④ 제공받는 자의 보유 및 이용 기간, ⑤ 거부권 및 불이익의 내용이 그것이다.

1) 개인정보를 제공받는 자

제공받는 자는 개인정보를 제공하는 자 이외의 자를 말한다. 제3자 제공에 있어서 알려야 하는 사항 중 '제공받는 자'는 각각을 특정하여야 한다는 것이 현재까지의 대체적인 해석인 것으로 이해된다.[71] 다만, 최근 개인정보보호위원회의 해석에서도 일정한 유형을 기준으로 고지

---

71) 개인정보보호위원회, 개인정보보호 법령 및 지침·고시 해설, 2020, 108면은 '제공받는 자'는 제공받는 자의 이름 또는 상호를 의미하고, 제공받는 자가 여러 명일 경우에는 그 각각의 이름 또는 상호를 알려 특정하여야 한다고 설명하고 있다. 그러나 이와 같이 엄격하게 새겨야 하는지는 의문이 있고 그로 인하여 여러 실무상 문제점이 발생하고 있다. 해석론으로 해결하기 어렵다면 입법으로 다른 나라의 법처럼 그 기재 항목을 유연하게 기재할 수 있도록 확인할 필요가 있다.

할 수 밖에 없는 사정이 있고 그렇게 하더라도 정보주체의 권리 보장에 별다른 지장이 없는 경우에는 반드시 제공받는 자를 특정하여 고지하는 것이 아니라 유형을 기준으로 고지하는 것도 허용되는 것으로 볼 만한 입장을 보인 경우들이 있다.[72] 이처럼 제공받는 자를 목적에 비추어 그 범주 내지 유형을 특정할 수 있다면 그 범주 내지 유형을 제시하는 것으로도 충분하다고 볼 여지가 있다.

2) 개인정보를 제공받는 자의 개인정보 이용 목적

제공받는 자의 이용 목적은, 제공받는 자가 해당 개인정보를 제공받아 이용하고자 하는 목적을 의미한다. 그런데 고지하는 주체는 제공하는 자이므로 제공하는 자로서는 제공받는 자가 전달한 이용 목적을 그대로 기재하면 족하고 특별한 사정이 없는 한 제공받은 자가 전달한 목적 그대로 또는 그 목적 범위 내에서 이용하는지 여부를 조사하거나 할 필요는 없다고 할 것이다.

목적은 가능한 구체적으로 기재되어야 한다. 다만, 어느 정도 구체적이어야 할 것인지는 사안에 따라 달라질 수 있다.

고지하는 목적 사항에 '등'으로 기재하는 것도 허용되지 않는다는 것이 대체적인 해석이다.[73] 그러나, 제17조 제4항의 신설로 인하여 고지한 목적 범위를 벗어나 제공하는 것이 반드시 위법하다고 볼 수 없는 점을 고려하면 그 목적을 엄격하게 한정적으로 열거하여야 한다고 해석할 것인지는 의문이고, '등'을 기재한 것만으로 반드시 위법하다고 볼 필요는 없을 것이다.

3) 제공하는 개인정보의 항목

제공하는 항목은 가능한 한 상세하게 개인정보의 항목을 나열하여야 한다는 것이 그 동안의 해석이었다. 따라서, 목적과 마찬가지로 '등'과 같이 불확정 개념을 이용하여 제공 항목을 특정하는 것은 부적절하다고 해석되어 왔다. 그러나 제공하는 항목의 모든 정보를 나열하는 것이 어려운 경우가 많다. 항목의 특정 문제 역시 정보주체가 제공된 정보를 충분히 이해하고 동의를 할 수 있는 수준이면 족하다고 할 것이고 모든 항목을 반드시 나열하여야 하는 것으로 엄격하게 해석할 것은 아니며, '등'의 사용 역시 반드시 위법하다고 보아서는 아니될 것이다.

4) 개인정보를 제공받는 자의 개인정보 보유 및 이용기간

개인정보의 보유 및 이용기간도 고지 사항에 포함된다. 보유 및 이용기간 역시 가능한 특정되어야 하나, 서비스 이용자의 서비스 가입기간 동안 제공이 발생하는 경우와 같이 그 기간을 특정하기 어려운 경우에는 그 원칙을 기재하는 것으로도 충분히 특정되었다고 보아야 한다.

---

72) 개인정보보호위원회, 알기 쉬운 개인정보 처리 동의 안내서, 2022, 14면 참조.
73) 개인정보보호위원회, 알기 쉬운 개인정보 처리 동의 안내서, 2022, 14면.

5) 동의를 거부할 권리가 있다는 사실 및 동의 거부에 따른 불이익

개인정보의 제3자 제공을 하는 개인정보처리자는 정보주체에게 동의를 거부할 권리가 있다는 사실 및 동의 거부에 따른 불이익이 있는 경우에는 그 불이익의 내용을 밝혀야 한다.

제3자 제공을 하지 아니하면 서비스를 제공할 수 없는 경우에는 동의 거부에 따른 불이익의 내용에는 서비스 전체의 이용이 불가능하게 되는 경우도 포함될 수 있다. 이는 제3자 제공 동의가 반드시 선택적인 동의이어야 하는 것인지 여부와도 관련이 있다. 자발적 동의의 원칙에도 불구하고 실제로 개인정보의 제3자 제공이 이루어지지 않는 경우에 서비스의 제공이 불가능한 경우로서 동의 이외의 다른 적법 처리 근거를 확보하기 어려운 경우라면 현행법 하에서도 필수 동의를 인정하지 않을 이유가 없으며 필수 동의를 인정하더라도 다른 조문들과의 관계에서 모순이 발생한다고 보기도 어렵다.

2. 고지 사항의 변경

개인정보처리자는 법 제17조 제1항 제1호의 동의를 받아 제3자 제공을 하는 경우 그와 같이 동의를 받은 이후에 법 제2항 각호 중의 어느 하나의 사항을 변경하는 경우에도 이를 알리고 동의를 받아야 한다(법 제17조 제2항). 만약 제3자의 연구 목적으로 개인정보를 제3자 제공하는 경우를 가정해 보자. 개인정보처리자는 정보주체로부터 제3자 제공에 대한 동의를 받았다고 하더라도 그 제공받는 제3자와의 계약이 종결되고 새로운 제3자와 계약을 체결하는 경우 기존에 받은 동의에 기반하여 제3자 제공을 할 수는 없고 다시 제3자 제공 동의를 받아야 한다는 결론이 된다.

그러나 이러한 결론이 합리적인지는 의문이다. 기존에 개인정보를 제공하던 목적과 동일한 목적으로 다른 제3자에게 제공하거나 또는 제공받는 항목이 일부 변경되는 경우에는 이러한 경우에까지 정보주체에게 예측하지 못한 불이익을 주는 경우가 아닌 경우, 예컨대 제공받는 자의 이용 목적이 사소한 수준에서 추가나 변경이 발생한 경우, 제공받는 자의 유형에는 변경이 없으나 제공받는 자와의 계약의 종료 등의 사유로 제공받는 자가 변경된 경우에는 동의를 받지 않더라도 고지만으로도 기존의 동의가 유효하다고 보아야 할 것이다. 이는 제공받는 자에 대하여 유형으로 특정할 수 있도록 허용하는 것과 유사한 경우로 볼 수 있을 것이다. 법 제17조 제2항 2문이 적용되기 어렵다면 법 제17조 제4항에 근거하여 그러한 경우에 적법 처리 근거를 확보할 수 있다고 보아야 할 것이다.

Ⅳ. 동의 없는 제3자 제공에 대한 책임

1. 형사처벌

법 제17조 제1항 제2호에 해당하지 아니함에도 같은 항 제1호를 위반하여 정보주체의 동의를 받지 아니하고 개인정보를 제3자에게 제공한 자 및 그 사정을 알면서도 개인정보를 제공받은 자는 5년 이하의 징역 또는 5천만 원 이하의 벌금에 처한다(법 제71조 제1호).

한편, 거짓이나 그 밖의 부정한 수단이나 방법으로 다른 사람이 처리하고 있는 개인정보를 취득한 후 이를 영리 또는 부정한 목적으로 제3자에게 제공한 자와 이를 교사, 알선한 자는 10년 이하의 징역 또는 1억 원 이하의 벌금에 처한다(법 제70조 제2호).

2. 과징금

법 제17조 제1항을 위반하여 개인정보를 처리한 경우 해당 개인정보처리자에게 전체 매출액의 100분의 3을 초과하지 아니하는 범위에서 과징금을 부과할 수 있다(법 제64조의2 제1항 제1호).

제 4 절

개인정보의 목적 외 이용·제공

Ⅰ. 개관

1. 제도의 취지

개인정보처리자는 자신이 처리하는 개인정보를 개인정보보호법 제15조 제1항(개인정보 수집·이용)에 따른 범위를 초과하여 이용하거나 제17조 제1항(개인정보 제3자 제공) 및 제28조의8 제1항(개인정보 국외이전)에 따른 범위를 초과하여 제3자에게 제공하여서는 아니 된다. 즉, 개인정보는 그 처리자가 해당 처리를 시작하기 전에 공개한 '구체적이고 명백한' 목적을 위해서 처리가 가능하고, 처리자가 사전에 의도하고 정보주체에게 통지한 '특정된 목적'만을 위해 수집 등의 처리가 가능하다. 이러한 목적 제한의 원칙은 일괄동의와 같이 여러 가지를 묶어서 한꺼번에 포괄적으로 동의하는 방식(bundled consent)이 금지된다는 '동의의 특정성' 요건과도 논리적으로 연결된다.[74]

이는 개인정보보호법상 최소 수집원칙[75]과 제15조 및 제17조에 따른 사전 동의원칙 등에 비추어, 개인정보는 당초에 정보주체에게 사전에 인지된 수집·이용목적 범위에서 제15조에 따라 수집·이용되거나 제17조에 따라 제공되어야 한다는 점을 확인적으로 규정한 것으로 이해할 수 있는바, 개인정보보호법에서는 제15조 내지 제17조 이외에 별도로 제18조의 규정을 통해 목적외 이용, 제공과 관련하여 규율하고 있다. 또한, 제18조에서 별도로 개인정보의 목적 외 이용·제공에 대해서 별도로 규율하는 것은 개인정보보호법의 취지가 개인정보의 오·남용 최소화 및 정보주체의 권리보호를 한층 더 강화하기 위한 것에 있다는 것을 알 수 있다.[76]

---

74) 김현숙, "GDPR에서의 개인정보의 추가처리와 목적의 양립 가능성에 관한 연구", 가천법학, 제11권 제4호, 2018, 33면.
75) 개인정보보호법 제3조(개인정보 보호 원칙) ① 개인정보처리자는 개인정보의 처리 목적을 명확하게 하여야 하고 그 목적에 필요한 범위에서 최소한의 개인정보만을 적법하고 정당하게 수집하여야 한다.
    제16조(개인정보의 수집 제한) ① 개인정보처리자는 제15조 제1항 각 호의 어느 하나에 해당하여 개인정보를 수집하는 경우에는 그 목적에 필요한 최소한의 개인정보를 수집하여야 한다. 이 경우 최소한의 개인정보 수집이라는 입증책임은 개인정보처리자가 부담한다.
76) 국회 정무위원회 수석전문위원, 개인정보보호법 일부개정법률안(민병덕 위원 대표발의) 검토보고, 2021. 6., 6면.

2. 개인정보보호법의 개정에 따른 변화

기존 개인정보보호법에서는 제18조 제2항 단서에 따라 정보통신서비스 제공자가 개인정보를 수집한 목적 이외의 용도로 사용하거나 제3자에게 제공할 수 있는 사유를 다른 일반 개인정보처리자에 비해 제한적으로 규정하고 있었다.[77] 이는 과거 개인정보보호법과 「정보통신망 이용촉진 및 정보보호 등에 관한 법률」(이하 '정보통신망법') 간의 규제 차이가 양 법률 간 물리적 통합으로 인해 지속되고 있었던 것에 기인하고 있었으나, 2023. 9. 15. 개정 개인정보보호법에서는 정보통신기술이 활용되는 범위가 확대되고 있고, 이에 따라 온·오프라인의 경계가 모호해지고 있으므로 정보통신서비스 제공자와 개인정보처리자 간 적용 규정을 일원화할 필요가 있는 점을 수용하여 양 자간의 규제 차이를 해소하게 되었다.

3. 목적 내 처리와 목적 외 처리의 구분

개인정보의 처리가 목적 내에서 이루어졌는지 목적 외에서 이루어졌는지에 대해 판단하기 위해서는 기본적으로 사전동의받은 범위 내에 있는 처리인지에 대한 판단이 우선되어야 할 것이다. 즉, 목적 내 처리인지 여부에 대한 판단을 위해서는 개인정보 동의문 및 개인정보 처리방침 등 정보주체가 자신의 개인정보 수집·이용·제공 등을 위해 허락한 문서 등의 해석이 우선적으로 필요할 것이며, 1차적인 판단주체는 개인정보보호법의 수범자인 개인정보처리자가 되어야 할 것이다.

법원 역시 모 통신사의 선불폰 부활충전이 목적 외 이용인지 여부가 쟁점인 사건에서, 서비스 이용계약의 핵심적인 내용에 따른 이용자들의 의사, 이용자들이 당연히 예상할 수 있는 범

---

77) 개인정보보호법(2023.3.14. 법률 제19234호로 개정되기 이전의 것) 제18조(개인정보의 목적 외 이용·제공 제한) ② 제1항에도 불구하고 개인정보처리자는 다음 각 호의 어느 하나에 해당하는 경우에는 정보주체 또는 제3자의 이익을 부당하게 침해할 우려가 있을 때를 제외하고는 개인정보를 목적 외의 용도로 이용하거나 이를 제3자에게 제공할 수 있다. 다만, 이용자(정보통신망 이용촉진 및 정보보호등에 관한 법률 제2조 제1항 제4호에 해당하는 자를 말한다. 이와 같다)의 개인정보를 처리하는 정보통신서비스 제공자의 경우 제1호·제2호의 경우로 한정하고, 제5호부터 제9호까지의 경우는 공공기관의 경우로 한정한다.

개인정보의 목적 외 이용·제공 허용 사유 비교

개인정보처리자 (공공기관 제외)	정보통신서비스 제공자
• 정보주체의 동의가 있는 경우	• 정보주체의 동의가 있는 경우
• 다른 법률에 특별한 규정이 있는 경우	• 다른 법률에 특별한 규정이 있는 경우
• 사전 동의를 받을 수 없는 경우로서 명백히 정보주체 등의 이익을 위해 필요한 경우	-

위인지 여부, 이용자들에게 불측의 손해가 입게 되는지 등을 고려하여 개인정보의 목적 외 처리인지 여부를 판단해야 한다고 판시한 바 있다.

서울행정법원 2015.12.11. 선고 2015구합66752 판결[78]

개인정보자기결정권은 자신에 관한 정보가 언제 누구에게 어느 범위까지 알려지고 또 이용되도록 할 것인지를 그 정보주체가 스스로 결정할 수 있는 권리로서, 헌법 제10조 제1문에서 도출되는 일반적 인격권 및 헌법 제17조의 사생활의 비밀과 자유에 의하여 보장된다. 이와 같이 개인정보의 공개와 이용에 관하여 정보주체 스스로 결정할 권리인 개인정보자기결정권의 보호대상이 되는 개인정보는 개인의 신체, 신념, 사회적 지위, 신분 등과 같이 개인의 인격주체성을 특징짓는 사항으로서 그 개인의 동일성을 식별할 수 있게 하는 일체의 정보라고 할 수 있다. 또한, 그러한 개인정보를 대상으로 한 조사·수집·보관·처리·이용 3등의 행위는 모두 원칙적으로 개인정보자기결정권에 대한 제한에 해당한다(헌법재판소 2005. 7. 21. 선고 2003헌마282결정, 헌법재판소 2015. 6. 25. 선고 2014헌마463결정 등 참조).

한편, 구 정보통신망법 제1조에 의하면, 구 정보통신망법은 정보통신망의 이용을 촉진하고 정보통신서비스를 이용하는 자의 개인정보를 보호함과 아울러 정보통신망을 건전하고 안전하게 이용할 수 있는 환경을 조성하여 국민생활의 향상과 공공복리의 증진에 이바지함을 목적으로 한다.

앞서 본 바와 같은 헌법상 기본권인 개인정보자기결정권의 보장, 구 정보통신망법의 입법 목적 등을 고려하면, 정보통신서비스 제공자가 정보통신서비스 이용자의 개인정보를 이용하는 행위가 수집 당시 동의 받은 목적 외 이용에 해당하는지 여부는 그 행위로 정보통신서비스 이용자의 개인정보자기결정권이 침해되어 개인정보가 보호되지 않는 결과가 초래되는지, 그 행위로 인하여 정보통신서비스 이용자에게 불이익이 발생하는지 등의 사정을 종합하여 판단하여야 한다.

한편, 보호위원회에서는 목적외 이용 내지 제공 여부에 대한 사전 판단기준을 제시하기 보다는, 목적 외 이용에 해당될 수 있는 일정 사례를 제시함으로써 그 구분기준을 간접적으로 제시하고 있다.[79]

목적 외 이용사례

- 공무원들에게 업무용으로 발급한 이메일 계정 주소로 사전 동의절차 없이 마케팅 홍보자료를 발송한 경우
- 조세 담당 공무원이 자신과 채권·채무 관계로 소송 중인 사람에 관한 납세정보를 조회하여 소송에 이용한 경우

---

78) 대법원 2018. 7. 12. 선고 2016두55117 판결에서 확정됨.
79) 개인정보 보호 법령 및 지침·고시 해설(2020), 119면.

- 상품배송을 목적으로 수집한 개인정보를 사전에 동의 받지 않은 자사의 별도 상품·서비스의 홍보에 이용
- 고객 만족도 조사, 판촉행사, 경품행사에 응모하기 위하여 입력한 개인정보를 사전에 동의 받지 않고 자사의 할인판매행사 안내용 광고물 발송에 이용
- A/S센터에서 고객 불만 및 불편사항을 처리하기 위해 수집한 개인정보를 자사의 신상품 광고에 이용
- 공개된 개인정보의 성격과 공개 취지 등에 비추어 그 공개된 목적을 넘어 DB마케팅을 위하여 수집한 후 이용하는 행위

목적 외 제공사례
- 주민센터 복지카드 담당 공무원이 복지카드 신청자의 개인정보(홍보 마케팅 등으로 개인정보 제공을 동의하지 않은 경우)를 정보주체의 동의 없이 사설학습지 회사에 제공
- 홈쇼핑 회사가 주문 상품을 배달하기 위해 수집한 고객정보를 정보주체의 동의 없이 계열 콘도미니엄사에 제공하여 콘도미니엄 판매용 홍보자료 발송에 활용

4. 개인정보보호법 제15조 · 제17조와 제18조와의 관계

개인정보보호법에서는 수집·이용 및 제3자 제공에 관한 일반적인 규율 근거로서 법 제15조와 법 제17조를 규정하고 있는 것에 더하여, 법 제18조를 통해 목적 외 이용에 대해 별도로 규율하고 있는 체계를 취하고 있다. 한편, 최초로 수집·이용을 하거나 제3자 제공을 위한 동의를 받은 경우라 하더라도, 이용목적이나 수집항목 등의 변경이 필요할 때에는 법 제15조 제2항 및 법 제17조 제2항에서는 별도의 동의를 받도록 하고 있는바, 별도 동의 없는 추가 수집·이용, 제공 등이 발생한 경우 법 제15조·제17조의 위반인지 제18조의 위반인지 여부가 문제될 수 있다.

이에 대해서는 법 제15조·제17조는 최초 수집·이용, 제공 등의 경우에 적용되고 그 이후 추가적인 수집·이용, 제공 등의 경우 법 제18조가 적용되어야 한다는 견해(제1설), 개인정보처리자 본연의 업무성격을 고려하여 업무범위 내의 처리행위인 경우 법 제15조·제17조에 따라 추가 수집·이용, 제공 등을 해야 하지만, 업무범위를 초과한 처리행위인 경우 법 제18조에 따라 처리해야 한다는 견해(제2설), 개인정보처리자 내부사정에 따른 추가 수집·이용, 제공 등의 경우에는 법 제15조·제17조에 따른 절차를 거쳐야 하나 외부사정에 따른 추가처리에 대해서는 법 제18조를 적용해야 한다는 견해(제3설) 등이 있을 수 있으나, 아직까지 심도 있는 검토가 부족한 상황이다.

살펴건대, 추가 수집·이용 내지 제3자 제공 등의 경우 별도 동의를 거치도록 한 현행 개인정보보호법 규정체계에 비추어 볼 때 제2설 내지 제3설이 보다 합리적으로 이해되지만, 추후 입법론적으로 법 제15조와 법 제17조의 통합 논의 과정[80]에서 법 제18조와의 관계를 보다 명확히 규정하는 것이 바람직할 것으로 판단된다.

5. 해외사례

1) EU

GDPR 제5조 제1항 b호에서는 개인정보는 '특정되고 명시적이며 정당한 목적에 의하여 수집되어야 하고, 해당 목적들과 양립 가능하지 않은 방식으로 추가 처리되어서는 아니된다'고 규정함으로써 개인정보는 당초의 목적을 벗어나 처리할 수 없다는 원칙을 정하고 있다.[81] 또한, GDPR 제6조 제4항에서는 '개인정보처리자는 개인정보의 목적 외 처리가 해당 개인정보를 최초로 수집한 원래의 목적과 양립 가능한지 확인하기 위해서 특히 다음 각 호를 고려하여야 한다'고 규정함으로써 개인정보가 최초로 수집된 상황(which the personal data are initially collected)과 다른 목적으로 처리되는 상황(processing for another purpose)이 구분되어 규정되어 있다.[82] 결국 GDPR에서는 개인정보 처리 중 수집(collection)과 원래의 수집 목적이 아닌 다른 목적으로 처리되는 것을 추가처리(further processed)라고 분리하여 규정함으로써, 개인정보는 처리자가 의도하고 정보주체에게 공개된 특정된 목적을 위하여만 처리되어야 하고 그 외의 목적으로 처리되는 것은 제한되어야 한다는 목적 제한의 원칙을 정하고 있는 것으로 평가된다.[83]

목적 제한 원칙에 따르면 원칙적으로 새로운 목적이 생긴 경우 별도로 고유한 법적 근거를 가져야 하고, 원래의 목적대로 수집되었거나 처리되었다는 사실만으로는 부족할 것이다. 예를 들어, 제3자에게 새로운 목적으로 개인정보를 공개하는 경우에는, 원래의 목적 외로 추가처리

---

80) 2021. 2. 김병욱 의원이 대표발의한 개인정보보호법 개정안은 개인정보 수집·이용과 제3자 제공을 구분하고 있는 현행 법체계를, GDPR이나 그 밖의 외국 입법례에 맞춰 개인정보 처리행위로 일원화하는 내용을 담고 있고 현재 국회에서 논의 중에 있다.

81) Article 5 GDPR. Principles relating to processing of personal data 1. Personal data shall be collected for specified, explicit and legitimate purposes and not further processed in a manner that is imcompatible with those purposes; further processing for archiving purposes ibn the public interest, scientific or historical research purposes or statistical purposes shall, in accordance with Article 89(1), not be considered to be incompatible with the initial purposes ('purpose limitation')

82) Article 6 GDPR. Lawfulness of processing 4.Where the processing for a purpose other than that for which the personal data have been collected is not based on the data subject's consent or on a Union or Member State law which constitutes a necessary and proportionate measure in a democratic society to safeguard the objectives referred to in Article 23(1), the controller shall, in order to ascertain whether processing for another purpose is compatible with the purpose for which the personal data are initially collected, take into account.

83) 김현숙, "GDPR에서의 개인정보의 추가처리와 목적의 양립 가능성에 관한 연구", 가천법학, 제11권 제4호, 2018, 36면.

하는 경우에 해당하므로 새로운 법적 근거가 요구되는 상황이라고 할 것이다. EU에서 참고적으로 논의되고 있는 예시는 아래와 같다.[84]

목적 제한 원칙의 예시

A항공사의 고객정보 수집과 목적 외 제공에 대한 경우를 가정해 보자. A항공사는 예약을 받거나, 비행일정을 적절히 운영하기 위하여 승객들로부터 정보를 수집한다. 항공사는 고객의 좌석번호, 휠체어가 필요한지 여부와 같은 신체적 조건, 코셔(kosher) 또는 할랄(halal) 푸드와 같은 음식 선호와 같은 정보들이 필요할 것이다.

만약 A항공사로부터 수집된 고객 정보들을 해당 비행편이 착륙하게 될 국가의 이민국으로 이전하라는 요구를 받았다고 다시금 가정해보자. 이민국은 이런 정보들을 이민관리 목적으로 쓰길 원하면, 이러한 용도로 쓰기 위해서는 A항공사의 정보가 해당 승객의 실명과 같이 제공되길 요청한다. 이 경우 이민관리 목적은 원래의 수집목적과는 다른 것이다. 따라서 A항공사의 고객관리 등을 위한 개인정보는 이민국의 이민관리와는 다른 새로운 목적이므로 개인정보의 이민국으로의 이전은 '목적 제한의 원칙'에 따라 별개의 법적 근거가 있어야 개인정보의 처리가 가능하다.

그러나 GDPR 제5조 제1항 제b호에서는 원래의 목적과 다른 목적을 위하여 처리되는 것을 전적으로 금지하는 것은 아니고, 허용하는 사유 역시 규정하고 있다. 원래의 목적과 양립 가능한 방식으로 추가 처리되는 경우에는 새로운 법적 근거 없이도 처리가 허용된다고 보아야 할 것이다.

---

84) Handbook in European data protection law, 2018 edition, 2018.4, 123면, 김현숙, "GDPR에서의 개인정보의 추가처리와 목적의 양립 가능성에 관한 연구", 가천법학, 제11권 제4호, 2018, 37면에서 재인용. 한편 Handbook in European data protection law의 경우 EU의 공식입장으로 보기 어려운 점을 고려할 필요가 있을 것이다.

개인정보의 목적 외 이용·제공에 관한 GDPR 조문 요약[85]

구분	세부 내용
제5조 제1항 개인정보 처리원칙에 대해서 정함	(a) 개인정보 처리의 적법성, 공정성, 투명성
	(b) 수집목적은 구체적이고, 명시적이며, 적법해야 하고, 해당 목적과 양립되지 않는 방식으로의 추가 처리 금지
	(c) 개인정보 수집의 최소화
	(d) 개인정보의 정확성 및 최신성
	(e) 필요한 범위 내의 개인정보 보유
제6조 제1항 개인정보 처리(개인정보의 목적 외 이용·제공 포함)가 적법한 경우를 정함	(a) 개인정보주체가 하나 이상의 특정 목적에 대해 본인의 개인정보 처리를 동의한 경우
	(b) 개인정보주체가 계약 당사자가 되는 계약을 이행하거나 계약 체결 전 개인정보주체가 요청한 조치를 취하기 위해 처리가 필요한 경우
	(c) 컨트롤러의 법적 의무를 준수하는데 개인정보 처리가 필요한 경우
	(d) 개인정보주체 또는 제3자의 생명에 관한 이익을 보호하기 위해 개인정보 처리가 필요한 경우
	(e) 공익을 위하거나 컨트롤러의 공식권한을 행사하여 이루어지는 업무수행에 처리가 필요한 경우
	(f) 컨트롤러 또는 제3자의 정당한 이익 목적을 위해 처리가 필요한 경우. 다만, 개인정보가 보호되어야 할 개인정보주체의 이익 또는 기본적 권리와 자유가 우선되는 경우(특히, 개인정보주체가 어린이인 경우)는 제외함
제6조 제4항 개인정보가 정보주체의 동의나 법률의 근거 없이 수집한 목적 외로 처리되는 경우 개인정보의 목적 외 처리가 해당 개인정보를 수집한 당초 목적과 양립될 수 있는지 확인하기 위해 고려해야 할 세부 사항을 정함	(a) 수집 목적과 의도된 추가처리 목적 간의 연관성
	(b) 개인정보주체와 컨트롤러 간의 관계와 특히 관련되어 개인정보가 수집된 상황
	(c) 제9조에 따른 특정 범주의 개인정보[86]가 처리되는지 여부 또는 제10조에 따른 범죄 경력 및 범죄행위와 관련한 개인정보가 처리되는지 여부 등 개인정보의 성격
	(d) 의도된 추가처리가 개인정보주체에 초래할 수 있는 결과
	(e) 암호처리나 가명처리 등 적절한 안전조치의 존재

---

85) 국회 정무위원회 수석전문위원, 개인정보보호법 일부개정법률안(민병덕 의원 대표발의) 검토보고, 2021. 6., 7면.
86) 인종 또는 민족, 정치적 견해, 종교적 또는 철학적 신념, 노동조합의 가입여부를 나타내는 개인정보의 처리, 유전

2) 미국

미국의 경우 공공부문에서만 일반적인 개인정보 관련 법률(Privacy Act of 1974)이 마련되어 있을 뿐, 민간부문에서는 하나의 연방법률 없이 산업역역별 개별법을 통해 규제하거나 일부 주(州)별로 개인정보 보호 관련 법률을 제정하고 있는 상황이다.

미국 공공부문의 일반적인 개인정보에 관한 법률인 Privacy Act of 1974에서는 미국 정부기관이 보유한 기록의 보호에 관하여 규율하고 있는바, 일반 국민이 자신들의 기록에 무슨 정보가 포함되어 있고 어떻게 사용되는지를 알 수 있도록 하면서, 일정 목적으로 수집된 정보의 다른 용도로의 사용을 금지하고 있다.[87]

산업영역별 개별법에서 목적 외 이용 금지에 관하여 규정하고 있는 경우로서는, 케이블통신정책법(Cable Communication Policy Act, 1984)을 그 예시로 들 수 있을 것이다. 동법에서는 케이블 TV 기술의 진보 및 양방향 케이블 시스템의 개발이 초래할 부당한 개인정보의 수집 위험에 대비하여 케이블 통신회사의 개인정보보호 의무 규정을 마련하고 있는바, 최소 연 1회 개인정보 수집 및 보유 현황에 대해 고지하도록 의무를 규정하는 동시에, 동의 없는 목적 외 이용 및 제3자 제공에 대해서 금지하고 있다.[88]

미국 캘리포니아주는 미국 최초로 민간 분야의 포괄적인 개인정보보호법을 도입하였는바, 2018년 6월 캘리포니아주 소비자 프라이버시법(California Customer Privacy Act of 2018, CCPA)을 제정한 이후, 2020년 11월 주민투표를 통해 기존 CCPA 대비 소비자의 권리를 확대하고 개인정보 감독기구 설립 근거를 마련한 캘리포니아 개인정보보호 권리법(California Privacy Rights Act of 2020, CPRA)를 마련하여 2023년부터 시행 중에 있다. 한편 CPRA에서는 사업체의 목적 제한 조항을 마련하고 있는바, 이는 소비자의 동의 없이 개인정보의 목적 외 이용을 금지하는 것과, 개인정보 수집·처리·공개 목적에 적합하게 개인정보를 수집·이용·공유하는 것을 요구하고 있다.[89]

II. 목적 외 이용·제공 금지 예외사유(법 제18조 제2항)

개인정보처리자는 개인정보를 개인정보보호법 제15조 제1항에 따른 범위를 초과하여 이용하거나 법 제17조 제1항 및 법 제28조의8 제1항에 따른 범위를 초과하여 제3자에게 제공하여서

자 정보, 자연인을 고유하게 식별할 목적의 생체정보, 건강정보, 성생활 또는 성적 취향에 관한 정보.
87) 김동진 외, 글로벌 개인정보보호규제 체계 현황 조사, 한국인터넷진흥원, 2021.11., 3면.
88) 김동진 외, 글로벌 개인정보보호규제 체계 현황 조사, 한국인터넷진흥원, 2021.11., 4면.
89) California Civil Code § 1798.100. (a) A consumer shall have the right to request that a business that collects a consumer's personal information disclose to that consumer the categories and specific pieces of personal information the business has collected.

는 아니되지만, 일정한 예외 사유가 있는 경우로서 정보주체 또는 제3자의 이익을 부당하게 침해할 우려가 없는 경우에는 개인정보를 목적 외의 용도로 이용하거나 제3자에게 제공할 수 있다. 일정한 예외 사유는 아래에서 구체적으로 살펴보기로 한다.

1. 정보주체의 별도 동의가 있는 경우(법 제18조 제2항 제1호)

개인정보를 당초 수집 시의 목적을 넘어 이용하거나, 제3자에게 제공하려는 경우 다른 개인정보의 처리에 대한 동의와 분리하여 목적 외 이용·제공에 대한 별도 동의를 받아야 한다. 이 경우 동의는 정보주체 또는 제3자의 이익을 부당하게 침해할 우려가 없는 경우에 한하여 유효할 수 있다.

당초 수집·이용 목적을 벗어나 새로운 목적으로 이용·제공하는 것은 새로운 개인정보 처리행위로 평가되는 점에 비추어, 별도의 동의를 거치면 새로운 목적으로 개인정보를 처리할 수 있도록 확인적으로 규정한 것으로 평가된다. 이 경우 동의는 법 제15조 제1항 제1호 및 법 제17조 제1항 제1호의 동의와 법적성격이 동일한 것으로 보아야 할 것이다.

2. 다른 법률에 특별한 규정이 있는 경우(법 제18조 제2항 제2호)

1) 특별한 규정에 해당하기 위한 요건

"다른 법률에 특별한 규정"이 있는 경우에는 당초 수집 목적을 초과하여 해당 개인정보를 이용하거나 제3자에게 제공할 수 있다. 이는 동의 여부와 무관하게 특정 법률에서 해당 개인정보의 이용 내지 제공에 대해 규정하고 있는 경우에는 해당 법률에 따라야 한다는 점을 확인적으로 규정한 것으로 이해된다. 한편, 개인정보보호법 제15조 제1항 제2호 및 제17조 제1항 제2호에서도 "다른 법률에 특별한 규정"이 있는 경우를 정보주체의 동의 없이 이용하거나 제3자 제공할 수 있는 근거로 규정하고 있으나, 법 제18조 제2항 제2호 목적 외 이용 부분에서는 "법령상 의무준수를 위해 불가피한 경우"까지 목적 외 이용할 수 있는 예외 요건으로 규정하고 있지 않다. 목적 외 이용의 본질이 수집·이용 내지 제공과 특별히 구분되지 않는다는 견해에 따르면 입법론적으로 향후 보완이 필요할 것으로 생각된다.

목적 외 이용 금지의 예외요건으로서의 "다른 법률에 특별한 규정"이 있는 것으로 평가되기 위해서는 세 가지 요건을 충족해야 한다.[90] 첫째, "법률"에 특별한 규정이 있어야 하는바, 만약 시행령 내지 시행규칙에 이용 내지 제공과 관련된 경우라면 상위 법률에 위임근거가 있다면

---

90) 보호위원회 결정, 제2018-14-133호.

"법률"에 특별한 규정이 있는 것으로 평가할 수 있을 것이다. 둘째, 해당 법률에서 개인정보의 목적 외 이용·제공과 관련된 사항을 구체적으로 허용하고 있어야 하는바, "법령상 의무 이행"과 같이 포괄적으로 규정되어 있는 경우에는 예외 요건을 충족하고 있지 않는다고 보아야 할 것이다. 다만 해당 법률에서 목적 외 이용·제공이 되는 개인정보 항목이 구체적으로 열거되어 있지 않더라도 당해 업무의 목적, 성격 등을 고려하였을 때 목적 외 이용·제공 대상에 개인정보가 포함될 것이 합리적으로 예견되는 경우를 포함한다. 마지막으로 법 제18조 제2항 각호 외의 부분 본문에 따라 다른 법률에 특별한 규정이 있더라도 정보주체 또는 제3자의 이익을 부당하게 침해할 우려가 없는 경우에만 목적 외 이용·제공이 가능할 것인바, 다른 법률에 따른 경우에는 법률의 합헌성 추정 원칙에 따라 마지막 요건이 문제되는 경우는 사실상 없을 것으로 보인다.

한편, 개인정보처리자가 법률의 규정에 따라 개인정보를 수집·이용하는 경우 제3자로부터 해당 개인정보를 제3자 제공받는 방식으로 수집·이용하는 것도 충분히 발생 가능한 상황에서, 제15조 제1항 제2호의 법률에 특별한 규정에 해당되어 그에 따라 개인정보를 동의 없이 수집·이용하게 될 수 있게 된 경우, 해당 법률의 특별한 규정이 목적 외 이용에서의 다른 법률에 특별한 규정에도 해당될 수 있는지 문제될 수 있다. 이에 대해서는, 법률에서 개인정보 수집·이용의 방식으로 제3자에게 자료의 제출을 요청할 수 있는 근거를 두면서 요청받은 제3자에 대해서는 해당 요청을 따라야 하는 것으로 규정하고 있는 점, 경우에 따라서는 해당 요청 거부시 과태료 등 제재규정을 두는 경우도 있는 점 등을 고려할 때, 이와 같은 경우에 해당되는 법 제15조 제1항 제2호의 법률에 특별한 규정은 목적 외 제공의 근거에도 해당된다고 보는 것이 타당할 것이다.

2) 유권해석 선례

(1) 개인정보보호위원회

보호위원회에서는 다른 법률의 특별한 규정에 해당되는 대표적인 사례에 대해 아래와 같이 설명하고 있다. 물론 이는 제한적인 설명이 아니므로 그 밖에 유사한 성격의 다른 법률인 경우 법 제18조 제2항 제2호의 다른 법률에 해당될 수 있을 것이다.

다른 법률의 특별한 규정 사례[91]

- 소득세법 제170조에 따른 세무공무원의 조사, 질문[92]
- 감사원법 제27조에 따른 감사원의 자료 요구
- 국가유공자 등 예우 및 지원에 관한 법률 제77조에 따른 국가보훈부장관의 자료제공 요구
- 병역법 제81조 제2항에 따른 병무청장의 자료제공 요구
- 부패방지 및 국민권익위원회 설치와 운영에 관한 법률 제42조 제1항 및 제3항에 따른 국민권익위원회의 자료제출 요구
- 질서위반행위규제법 제22조 제1항에 따른 관계인에 대한 자료제출 요구 및 참고인 질술 청취[93]
- 국회법 제128조 제1항, 국정감사 및 조사에 관한 법률 제10조 제1항의 보고 및 서류제출 요구
- 공공기관의 정보공개에 관한 법률 제5조 제1항에 의한 정보공개청구 대상이 되는 정보(공공기관이 보유·관리하는 정보)로서 동법 제9조 제1항 제6호 단서 각목에 정한 비공개대상정보 제외사유에 해당하는 경우

그 밖에 보호위원회에서 다른 특별한 법률에 해당한다고 결정한 사례는 다음과 같다.

신용보증기금법 제43조의2 제1항에 따른 자료제공 및 협조의 요청[94]

- 형사소송법 제233조 또는 제234조에 따라 고소 또는 고발하는 경우 이에 필요한 개인정보의 수사기관에 대한 제공[95]
- 공공감사에 관한 법률 제20조 제1항에 따른 감사기구 장의 자료제출 요구[96]

---

91) 개인정보 보호 법령 및 지침·고시 해설서(2020), 121면.
92) 이와 달리 국세기본법 제84조 제1항에 따른 국세행정에 대한 협조요청 규정은 다른 법률의 특별한 규정에 해당된다고 보기 어려울 것이다. 법제처는 법령해석 제18-0124호 회신에서, 해당 규정상의 협조의 경우, 국가기관등에 협조를 요청하거나 국가기관등이 협조의무를 이행하는 방법은 다양할 수 있어 해당 규정의 협조는 광의의 개념이고, 그 자체로 세무공무원에게 제공될 수 있는 내용이 일반 국민이 예측할 수 있을 정도로 명확하게 규정하고 있지 않다고 판단하였다.
93) 반면 법제처에서는 질서위반행위규제법 제23조에 따른 행정청의 과태료 부과 시 필요한 자료 또는 정보의 제공에 대해서는 다른 법률의 특별한 규정에 해당되지 않는다고 결정한 바 있다(법제처 법령해석 제14-0621호). 해당 규정은 공공기관등 상호 간 업무정보 등의 공유한 관한 일반규정으로서 이에 근거하여 요청하는 정보가 개인정보보호법 제18조 제2항의 개인정보에 관한 사항으로 특정되었다고 보기 어려운 것을 그 이유로 삼고 있다.
94) 보호위원회 결정 제2018-144-133호.
95) 보호위원회 결정 제2016-11-19호. 동 결정에서 보호위원회는, 고소 또는 고발은 특정인의 범죄사실 등 고소 또는 고발에 필요한 개인정보를 수사기관에 제공하여 처벌해 줄 것을 요청하는 행위로서 공공기관이 자체감사를 한 결과 범죄 혐의를 발견하여 형사소송법 제233조 또는 234조에 따라 고소 또는 고발하는 경우 이에 필요한 개인정보를 수사기관에 제공하는 것은 개인정보보호법 제18조 제2항 제2호 요건에 해당한다고 판단하였다.
96) 보호위원회 제1소위 결정 제2021-106-011호.

한편, 보호위원회에서는 민원처리에 관한 법률 제26조에 따른 행정기관 장의 처리 민원 결과에 대한 업무 반영 규정에 대해서는 다른 법률에 해당된다고 보기 어렵다고 결정한 바 있는바, 그 자체로 개인정보가 목적 외로 이용·제공된다는 점에 대한 예측가능성이 없다는 점이 주된 이유였다.[97]

(2) 판례

대법원은 문서의 제출거부 의무에 대해 규정하고 있는 민사소송법 제344조 제2항에 대해 개인정보보호법 제18조 제2항에 따른 법률에 해당한다고 판시한 바 있다[98]. 즉, 민사소송법 제344조 제2항은 각 호에서 규정하고 있는 문서제출거부사유에 해당하지 아니하는 경우 문서소지인에게 문서제출의무를 부과하고 있으므로, 임직원의 급여 및 상여금 내역 등이 개인정보보호법상 개인정보에 해당하더라도 이를 이유로 문서의 제출을 거부할 수 있는 것은 아니라고 보았다.

한편, 임의수사에 대한 근거인 형사소송법 제199조 제2항, 경찰관 직무집행법 제8조 제1항에 대해서는 다른 법률에 특별한 규정에 해당하지 않는다고 보았다.[99] 형사소송법 제199조 제2항은 "수사에 관하여는 공무소 기타 공사단체에 조회하여 필요한 사항의 보호를 요구할 수 있다."고 규정되어 있을뿐 공사단체에 대하여 보관하고 있는 서류나 정보의 제공을 요구할 수 없다고 규정되어 있지 않으므로 수사기관으로서는 공사단체에 대한 사실조회를 통하여 현황을 보고받은 후 추가적인 관련자료가 필요한 경우라면 법원으로부터 압수·수색영장을 발부받아 해당 자료를 입수할 수 있다는 점을 고려한 판단이었다. 또한, 만약 수사기관이 형사소송법 제199조 제2항에 근거하여 공공기관이 아닌 개인정보처리자로부터 개인정보를 제공받을 수 있다고 해석한다면 정보주체의 개인정보자기결정권에 대한 침해를 방지하기 위하여 공공기관에 관해서만 특례규정을 둔 개인정보보호법 제18조 제2항 제7호[100]가 변론주의를 형해화하는 결과를 가져올 수 있어 부당하다고 지적하였다.

---

97) 법제처 법령해석 제21-0889호. 법제처는 개인정보를 목적 외 용도로 이용·제공하는 것은 명확한 법적 근거가 없음에도 확대하는 경우 원래의 수집 목적을 벗어나 개인정보 처리가 능하므로 개인정보자기결정권을 불합리하게 제한하는 결과를 초래할 수 있다고 하면서, 해당 규정은 목적 외 이용·제공에 대해 구체적으로 규정하고 있지 않고, 효율적 민원 행정제도 개선을 위해서라면 별도 동의를 통해 만족여부 및 개선사항 조사가 가능하므로, 해당 규정을 목적 외 이용·제공을 전제로 한 규정으로 보기 어렵다고 판단하였다.

98) 대법원 2016.7.1.자 2014마2239 결정.

99) 대법원 2015.7.16. 선고 2015도2625 전원합의체 판결, 보호위원회 제1소위 의결 제2021-122-043호도 동지로 판단함.

100) 범죄의 수사와 공소의 제기 및 유지를 위하여 필요한 경우.

3. 명백히 정보주체 또는 제3자의 급박한 생명, 신체, 재산의 이익을 위해 필요하다고 인정되는 경우(법 제18조 제2항 제3호)

명백히 정보주체 또는 제3자의 급박한 생명, 신체, 재산의 이익을 위해 필요하다고 인정되는 경우에는 당초 수집한 목적을 벗어난 개인정보의 이용 및 제3자 제공이 가능하다. 개정 전 개인정보보호법에서는 급박한 생명, 신체, 재산의 이익을 위해 필요한 경우 이외에 "정보주체 또는 그 법정대리인이 의사표시를 할 수 없는 상태에 있거나 주소불명 등으로 사전 동의를 받을 수 없는 경우"라는 추가 요건이 규정되어 있었다. 하지만, 정보주체가 잠재적으로 범죄행위를 저지를 것이 분명하여 제3자의 생명·신체·재산의 이익을 위해 필요함이 명백한 상황에서도 정보주체의 동의가 없다는 이유로 정보주체에 대한 정보가 제공되지 않아 범죄에 즉각 대응하지 못했던 사례가 발생하기도 하였다.[101]

이에 개정 개인정보보호법에서는 정보주체의 동의가 없는 경우에도 개인정보 수집·이용·제공 및 목적 외 이용·제공을 가능하게 하여, 범죄 행위 등 긴급한 상황에서 정보주체의 동의 없이 개인정보의 목적 외 제공을 가능하도록 함으로써 신속한 대응을 통해 정보주체의 정당한 이익을 보호할 수 있도록 하였다.[102] 다만, 이 경우에도 '생명, 신체, 재산의 이익을 위하여 명백히 필요한 경우'의 범위 및 이익형량의 기준이 명확히 제시되지 않는다면 개인정보처리자가 현장에서 법 적용을 하는 데에 어려움이 발생할 수 있을 것이다.

4. 개인정보를 목적 외의 용도로 이용하거나 이를 제3자에게 제공하지 아니하면 다른 법률에서 정하는 소관 업무를 수행할 수 없는 경우로서 개인정보보호위원회의 심의·의결을 거친 경우(법 제18조 제2항 제5호)

1) 요건 분석

공공기관이 다른 법률에서 정하는 소관 업무를 수행하기 위하여 목적 외 이용 또는 제공이 불가피하게 필요한 경우가 있다. 한편, 소관 업무 수행이라는 목적 하에 개인정보 이용·제공이 무제한적으로 허용된다면 해당 규정을 근거로 개인정보 오·남용의 소지가 많을 것을 우려하여 보호위원회의 심의·의결을 거친 경우에 한하여 해당 공공기관이 목적 외 이용·제공할 수 있도록 정하고 있다.

우선 본 규정이 적용되기 위해서는 공공기관의 소관 업무가 시행령·시행규칙이 아닌 "법률"

---

101) 굿모닝충청, "'개인정보보호법 개정'… 성폭행 피해 아동 부모의 호소", 2021.2.15.자.
　　　http://www.goodmorningcc.com/news/articleView.html?idxno=246359
102) GDPR 제6조 제1항(d)에서도 "개인정보주체 또는 제3자의 생명에 관한 이익을 보호하기 위해 개인정보 처리가 필요한 경우"에 추가 처리(목적 외 이용)가 가능하도록 규정하고 있다.

에서 정하고 있는 업무이어야 할 것이다. 다만, 법률에 위임근거가 있고 이에 따라 시행령, 시행규칙에 소관 업무가 규정된 경우에는 허용된다고 보아야 할 것이다. 둘째, '소관 업무를 수행할 수 없는 경우'란 개인정보를 제공하지 아니하면 소관 업무의 수행이 불가능하거나 현저히 곤란한 경우를 의미한다고 보아야 한다.[103] 마지막으로 개인정보보호법 제18조 제2항 각호 외의 부분 본문에 따라 다른 법률에 특별한 규정이 있더라도 정보주체 또는 제3자의 이익을 부당하게 침해할 우려가 없는 경우에만 목적 외 이용·제공이 가능할 것이다.

2) 개인정보보호위원회 의결 사례

(1) 부산광역시 다자녀 양육자 자동차 취득세 감면 및 환급신청 안내를 위한 개인정보 이용에 관한 건(보호위원회 제1소위원회 2022.11.30. 의결 제2022-117-038호): 적극

부산시는 부산시 상수도사업본부가 수도요금 감면 목적으로 수집한 개인정보를 다자녀 양육자 자동차 취득세 감면 목적으로 이용하려는 계획을 수립하였다.

이에 보호위원회는, 부산시의 경우 지방세기본법 제77조 제1항 및 지방세특례제한법 제183조 제1항 단서에 따라, 자동차 취득세 대상 여부를 확인하고 감면업무를 수행함으로써 다자녀 가정의 양육을 지원하려 하는 것으로서, 자동차 취득세 감면업무는 법률에서 정하는 '소관업무'에 해당한다고 보았다.

또한, 부산시는 다자녀가정 자동차세 감면을 위해 홈페이지 게시, 안내문 비치 등 여러 방법을 사용함에도 자동차 취득세 감면 환급신청 건수는 매우 저조하고, 전체 공지를 다시 하는 경우 비용 낭비 등 행정의 효율성에도 차질이 발생하므로, 상수도사업본부가 보유한 개인정보를 이용하지 않으면 자동차 취득세 감면이라는 소관 업무의 수행이 현저히 곤란할 것으로 판단하였고, 다자녀가장 양육자의 출산 및 양육을 지원하는 다양한 수혜적 복지사업의 일환이라는 점을 고려할 때 정보주체의 이익을 부당하게 침해한다고 보기 어렵다고 판단하였다.

(2) 강원도 내 시·군 및 유관기관의 재난방송을 위한 CCTV 영상정보 제공에 관한 건(개인정보)보호위원회 제1소위원회 2021.1.13. 의결 제2021-101-001호): 한정적극

강원도는 도내 18개 시군 및 유관기관이 설치·운영 중인 CCTV 영상을 도청 스마트강원 통합플랫폼으로 연계 운영 중인 과정에서, 춘천KBS가 해당 CCTV 영상을 풍수해 등 재난발생시 대국민 상황전파 방송에 활용할 목적으로 강원도에 대해 CCTV 영상 제공을 요청하였다.

이에 보호위원회는, 재난 및 안전관리 기본법 제4조 제2항 및 지방자치법 제9조 제2항 제4호 하목에 따르면 "재해예방 및 재해응급대책 추진"이 지방자치단체의 사무로 규정되어 있으므로 강원도 내 시·군 및 유관기관의 안전 관련 정보 공개 및 재해의 예방은 법률에서 정한 소관업

---

103) 보호위원회 2017.1.9. 결정 제2017-01-06호.

무에 해당한다고 판단하였다.

나아가, 안전 관련 정보 공개 및 재해 예방은 본질적으로 급박성을 띄고 있으므로, 춘천KBS 와 같은 지상파방송사로서는 본건 영상정보가 없으면 재난방송이 현저히 곤란할 우려가 있고 인터넷 등 취약계층에 대해서는 지상파 재난방송이 효과적인 점을 고려할 때, 본건 영상정보가 제공되지 않으면 강원도의 소관 업무 목적 달성이 현저히 곤란할 것으로 보았다. 다만, 영상정 보 상 식별가능성이 있는 피사체의 경우 마스킹을 하더라도 재해예방 목적에 큰 지장이 없는 점을 고려하여 CCTV 영상 속 개인정보 부분을 마스킹(모자이크) 처리 후 방송하는 경우에는 정 보주체 또는 제3자의 이익이 부당하게 침해될 우려가 없을 것으로 판단하였다.

(3) 대구광역시 중구의회의 의정활동을 위한 대구광역시 중구 보유 산하단체 임원 채용자료 제공에 관한 건(보호위원회 2020.4.27. 결정 제2020-08-125호): 소극

대구광역시 중구의회는 의정활동(구정질문 및 심의안 작성)을 위하여 대구광역시 중구 산하 출 연기관의 상임이사 응시자 성명, 심사위원, 채점표 등의 개인정보의 제공을 요청할 수 있는지 에 대해 보호위원회에 심의·의결을 요청하였다.

이에 보호위원회는, 지방자치법 제42조에서는 지방의회가 지방자치단체의 장이나 관계 공무 원에게 행정사무의 처리 상황을 보고받거나 질문할 수 있도록 함으로써, 중구의회가 중구의 사 무에 관한 처리 상황을 질문하는 것은 법률에서 정하는 소관 업무에 해당한다고 보았다. 다만, 응시자와 심사위원의 성명이 실명화 되지 않은 채점표 제공만으로도 채용의 공정성에 대한 판 단이 가능한 점을 고려할 때 중구의회가 본 건 채용자료를 중구로부터 제공받지 않으면 소관 업무를 수행할 수 없는 경우에는 해당되지 않는다고 판단하였는바, 결국 대구광역시 중구의회 의 본건 요청을 기각하였다.

5. 조약, 그 밖의 국제협정의 이행을 위하여 외국정부 또는 국제기구에 제공 하기 위하여 필요한 경우(법 제18조 제2항 제6호)

헌법 제6조에서는 헌법에 의하여 체결, 공포된 조약과 일반적으로 승인된 국제법규는 국내법 과 같은 효력을 가진다고 규정하고 있다. 조약이란 국가 간의 문서에 의한 합의로서 그 명칭이 조약이든, 조약 이외의 "협약, 협정, 규약, 선언, 의정서"이든 그 명칭 여하를 불문하고 '국 가 간의 문서에 의한 합의'이면 조약에 해당할 수 있다. 또한 일반적으로 승인된 국제법규라 함은 국제법의 일반원칙과 국제관습법 등을 의미하는 것으로서 국내 입법행위 없이 자동적으 로 국내법에 수용된다.[104]

---

104) 권영성, 헌법학원론, 법문사, 2009, 175면.

한편, 특별법 우선 적용 원칙이나 개인정보보호법 제18조 제2항 제2호 등의 취지 등을 고려할 때, 국내법과 동일한 효력의 조약이나 일반적으로 승인된 국제법규에서 개인정보의 목적 외 이용 또는 제공에 관하여 별도로 규정하고 있는 경우라면, 공공기관이 이러한 조약이나 국제법규의 이행을 위해서는 정보주체의 동의 없이도 해당 개인정보를 목적 외 이용 또는 제공할 수 있을 것이다.

6. 범죄의 수사와 공소의 제기 및 유지를 위해 필요한 경우(법 제18조 제2항 제7호)

공공기관의 경우 해당 기관이 보유하고 있는 개인정보에 대해 수사기관이 범죄 수사, 공소 제기 및 유지를 위해서 필요하다고 요청하는 경우에는 해당 개인정보를 정보주체의 별도 동의 없이 수사기관에 제공할 수 있다. 본 예외 규정은 공공기관에 대해 적용되는 것으로서 민간기관인 개인정보처리자의 경우 수사기관의 제공 요청이 있다 하더라도 다른 법률에 특별한 규정이 없는 이상 해당 규정을 근거로 목적 외 이용·제공은 할 수 없다.

수사란 범죄의 혐의 유무를 명백히 하여 공소의 제기와 유지 여부를 결정하기 위하여 범인을 발견·확보하고 증거를 수집·보전하는 수사기관(검사, 사법경찰관리)의 활동을 의미하는바, 수사는 주로 공소 제기 전에 하는 것이 일반적이나 공소제기 후에도 공소유지를 위하여 또는 공소 유지 여부를 결정하기 위한 수사도 허용된다.[105]

한편, 민간 개인정보처리자와 달리 공공기관의 경우 임의수사 과정에서 무분별하게 자신들이 보유하고 있는 개인정보가 수사기관에 제공될 수 있다는 비판이 계속되고 있다. 즉, 범죄수사를 위해 정보주체의 별도 동의 없이 공공기관이 보유하고 있는 개인정보의 목적 외 이용·제공은 정보주체의 사생활 내지 개인정보자기결정권을 침해할 우려가 있다는 점이 그 비난의 주된 이유이다. 이에 대하여 범죄수사를 위한 목적 외 이용·제공이 어렵게 되는 경우, 범죄 수사의 이익이 정보주체 등의 이익보다 큰 경우에까지 개인정보를 처리할 수 없어 공공의 안녕 침해와 실체적 진실 발견에 어려움이 발생할 수 있다는 반론이 존재하는 상황이다.[106]

유사 입법례로는 금융거래정보, 개인신용정보, 의료 기록, 통신사실 확인자료 등에 대한 규정들이 있는바, 해당 입법례에서는 수사기관이 수사목적으로 관련 기관에게 해당 정보를 제공받을 경우 법관으로부터 영장을 발부받도록 하거나 개인정보를 제공한 사실을 당사자에게 사

---

105) 수사가 아니라 범죄 인지 전에 행해지는 수사기관의 내부조사 활동인 '내사' 과정에서도 동 규정에 따라 개인정보가 제공 가능한지 여부와 관련하여, 보호위원회에서는 원칙적으로 내사는 수사 전 단계로서 구분되지만, 범죄의 수사를 위하여 피내사자의 개인정보 제공이 불가피하다면 동 규정에 해당될 수 있으며 이 경우 정보주체 또는 제3자의 이익에 대한 부당한 침해를 최소화하기 위해 범죄의 수사 목적에 필요한 최소한의 범위 내에서 개인정보가 제공되어야 할 것이라고 결정한 바 있다(제2016-07-15호).
106) 국회 정무위원회 수석전문위원, 개인정보보호법 일부개정법률안(배진교 의원 대표발의) 검토보고, 2022.5., 6면.

후적으로 통보하는 등의 절차적 정당성을 담보하는 규정을 두고 있다.[107] 또한, 최근 헌법재판

107) 금융실명거래 및 비밀보장에 관한 법률, 신용정보의 이용 및 보호에 관한 법률, 의료법, 통신비밀보호법

금융실명거래 및 비밀보장에 관한 법률	제4조(금융거래의 비밀보장) ① 금융회사등에 종사하는 자는 명의인(신탁의 경우에는 위탁자 또는 수익자를 말한다)의 서면상의 요구나 동의를 받지 아니하고는 그 금융거래의 내용에 대한 정보 또는 자료(이하 "거래정보등"이라 한다)를 타인에게 제공하거나 누설하여서는 아니 되며, 누구든지 금융회사등에 종사하는 자에게 거래정보등의 제공을 요구하여서는 아니 된다. 다만, 다음 각 호의 어느 하나에 해당하는 경우로서 그 사용 목적에 필요한 최소한의 범위에서 거래정보등을 제공하거나 그 제공을 요구하는 경우에는 그러하지 아니하다. 1. 법원의 제출명령 또는 법관이 발부한 영장에 따른 거래정보등의 제공
신용정보의 이용 및 보호에 관한 법률	제32조(개인신용정보의 제공·활용에 대한 동의) ① 신용정보제공·이용자가 개인신용정보를 타인에게 제공하려는 경우에는 대통령령으로 정하는 바에 따라 해당 신용정보주체로부터 다음 각 호의 어느 하나에 해당하는 방식으로 개인신용정보를 제공할 때마다 미리 개별적으로 동의를 받아야 한다(이하 생략). ⑥ 신용정보회사등이 개인신용정보를 제공하는 경우로서 다음 각 호의 어느 하나에 해당하는 경우에는 제1항부터 제5항까지를 적용하지 아니한다. 5. 법원의 제출명령 또는 법관이 발부한 영장에 따라 제공하는 경우 6. 범죄 때문에 피해자의 생명이나 신체에 심각한 위험 발생이 예상되는 등 긴급한 상황에서 제5호에 따른 법관의 영장을 발부받을 시간적 여유가 없는 경우로서 검사 또는 사법경찰관의 요구에 따라 제공하는 경우. 이 경우 개인신용정보를 제공받은 검사는 지체 없이 법관에게 영장을 청구하여야 하고, 사법경찰관은 검사에게 신청하여 검사의 청구로 영장을 청구하여야 하며, 개인신용정보를 제공받은 때부터 36시간 이내에 영장을 발부받지 못하면 지체 없이 제공받은 개인신용정보를 폐기하여야 한다. ⑦ 제6항 각 호에 따라 개인신용정보를 타인에게 제공하려는 자 또는 제공받은 자는 대통령령으로 정하는 바에 따라 개인신용정보의 제공 사실 및 이유 등을 사전에 해당 신용정보주체에게 알려야 한다. 다만, 대통령령으로 정하는 불가피한 사유가 있는 경우에는 인터넷 홈페이지 게재 또는 그 밖에 유사한 방법을 통하여 사후에 알리거나 공시할 수 있다.
의료법	제21조(기록 열람 등) ① 의료인, 의료기관의 장 및 의료기관 종사자는 환자가 아닌 다른 사람에게 환자에 관한 기록을 열람하게 하거나 그 사본을 내주는 등 내용을 확인할 수 있게 하여서는 아니 된다. ② 제1항에도 불구하고 의료인, 의료기관의 장 및 의료기관 종사자는 다음 각 호의 어느 하나에 해당하면 그 기록을 열람하게 하거나 그 사본을 교부하는 등 그 내용을 확인할 수 있게 하여야 한다. 다만, 의사·치과의사 또는 한의사가 환자의 진료를 위하여 불가피하다고 인정한 경우에는 그러하지 아니하다. 6. 「형사소송법」 제106조, 제215조 또는 제218조에 따른 경우
통신비밀 보호법	제13조(범죄수사를 위한 통신사실 확인자료제공의 절차) ① 검사 또는 사법경찰관은 수사 또는 형의 집행을 위하여 필요한 경우 전기통신사업법에 의한 전기통신사업자(이하 "전기통신사업자"라 한다)에게 통신사실 확인자료의 열람이나 제출(이하 "통신사실 확인자료제공"이라 한다)을 요청할 수 있다. ② 제1항의 규정에 의한 통신사실 확인자료제공을 요청하는 경우에는 요청사유, 해당 가입자와의 연관성 및 필요한 자료의 범위를 기록한 서면으로 관할 지방법원(보통군사법원을 포함한다. 이하 같다) 또는 지원의 허가를 받아야 한다. 다만, 관할 지방법원 또는 지원의 허가를 받을 수 없는 긴급한 사유가 있는 때에는 통신사실 확인자료제공을 요청한 후 지체 없이 그 허가를 받아 전기통신사업자에게 송부하여야 한다. 제13조의3(범죄수사를 위한 통신사실 확인자료제공의 통지) ① 제13조의 규정에 의하여 통신사실 확인자료제공을 받은 사건에 관하여 공소를 제기하거나, 공소의 제기 또는 입건을 하지 아니

소가 전기통신사업법 제83조 제3항에 따른 통신자료제공 규정에 대해, 수사기관이 이용자의 인적사항 등 개인정보를 취득하면서도 정보주체인 이용자에 대해 아무런 통지절차를 두고 있지 않은 부분이 헌법상 적법절차원칙을 위배하여 개인정보자기결정권을 침해한다고 보아 헌법불합치결정을 한 사례도 추후 입법과정에서 참고할 수 있을 것이다.[108]

결론적으로 원활한 범죄수사를 지원하여 공공의 안녕을 도모하는 부분과 개인정보자기결정권이라는 두 가치를 균형 있게 보장할 수 있는 지속적인 검토가 요구되는 부분이라고 할 것인바, 수사기관의 자료 확보 과정에서 수사의 신속성이나 기밀성이 제약될 가능성과 형사소송법 등 타법률과의 충돌 가능성 등을 종합적으로 고려할 필요가 있을 것이다. 또한, 현행 규정과 같이 수사기관에 대한 목적 외 이용·제공이 계속 이루어지는 경우, "범죄 수사에 필요한 경우"에 대한 해석을 보다 엄격히 함으로써 가급적 정보주체의 개인정보자기결정권에 대한 침해를 최소화하여야 할 것인바, 영장에 의하지 않는 경우에는 피의자가 죄를 범하였다고 의심할 만한 정황이 있고 해당 사건과 관계가 있다고 인정할 수 있는 경우에 한하여 극히 제한적으로 개인정보를 제공해야 할 것이며, 정보주체가 받을 불이익의 정도 등 제반 사정을 종합적으로 고려하여 개인정보 이용 없이는 수사의 목적을 달성할 수 없는 경우에 한하여 극히 제한적으로 범죄수사를 위해 개인정보를 제공하는 것이 바람직할 것이고,[109] 추후 입법론적으로 정부주체에 대한 통지절차 등 최소한의 통제장치를 규정하는 것에 대해서도 고민이 필요할 것이다.

7. 법원의 재판업무 수행을 위하여 필요한 경우 또는 형 및 감호, 보호처분의 집행을 위해 필요한 경우(법 제18조 제2항 제8호·제9호)

법원은 판결, 화해, 조정 등 재판 업무의 원활한 수행을 위해 공공기관이 보유하고 있는 개인정보에 대해 보정명령, 자료제출명령 등을 통해 정보주체의 동의 없이 목적 외로 개인정보를 이용 또는 제공할 수 있다. 또한, 형(刑), 보호·치료감호, 보호처분의 원활한 집행을 위하여 공공기관이 보유하고 있는 개인정보의 목적 외 이용 또는 제공이 가능하다. 이는 다른 법률에 특별한 규정이 있는 경우에도 해당될 수 있으나, 개인정보보호법에서는 수범자의 예측가능성을 제고하기 위해 별도 목적 외 이용·제공 사유로 명시하고 있는 것으로 평가된다.

하는 처분(기소중지결정을 제외한다)을 한 때에는 그 처분을 한 날부터 30일 이내에 통신사실확인자료제공을 받은 사실과 제공요청기관 및 그 기간 등을 서면으로 통지하여야 한다.
② 제1항에 규정된 사항 외에 통신사실 확인자료제공을 받은 사실 등에 관하여는 제9조의2(동조 제3항을 제외한다)의 규정을 준용한다.

108) 헌법재판소 2022.7.21. 선고 2016헌마388 등 결정.
109) 개인정보 보호 법령 및 지침·고시 해설(2020), 123면.

한편, 법원의 재판업무의 범위와 관련하여, 재판 과정에서 필요한 경우로 한정해야 하는지, 원활한 재판업무를 위한 법원의 판례검색 내부시스템 구축 등 행정업무까지 포함되는 것으로 보아야 하는지에 대한 논란이 있을 수 있으나, 앞서 살핀 바와 같이 법 제18조 제2항의 경우 정보주체의 이익을 위해 제한적으로 해석될 필요가 크고 제2항 제5호를 통해 일정한 행정업무 목적을 위해 목적 외로 개인정보를 처리할 수 있는 점 등을 고려할 때, 재판 본연의 업무 목적을 위해 필요한 경우를 의미한다고 보는 것이 타당할 것이다.

8. 공중위생 등 공공의 안전과 안녕을 위하여 긴급히 필요한 경우(법 제18조 제2항 제10호)

공중위생 등 공공의 안전과 안녕을 위하여 긴급히 필요한 경우에는 민간기업이나 공공기관인 개인정보처리자는 당초 수집한 목적을 벗어나 해당 개인정보를 이용하거나 제3자에게 제공할 수 있다. 이는 구 개인정보보호법에는 존재하지 않았던 예외사유로서 금번 개정 과정에서 새롭게 도입된 목적 외 이용·제공 근거이다. 여기에서의 공공의 안전과 안녕 개념에는 재난으로부터의 안전을 확보하는 의미도 포함된 것으로 보는 것이 아래에서 살펴보는 입법취지 등에 비추어 합리적이라 할 것이다.

한편 구 개인정보보호법 제58조 제1항 제3호에 따르면 '공중위생 등 공공의 안전과 안녕을 위하여 긴급히 필요한 경우로서 일시적으로 처리되는 개인정보'의 경우에는 구 개인정보보호법 제3장부터 제7장[110](제15조 내지 제50조)의 적용이 배제되었다. 하지만, 과거 코로나19의 확산으로 지역사회에서 음식점, 카페 등 출입을 위해 수기명부나 전자출입명부(QR코드) 작성을 의무화하였었고, 감염병 예방을 위해 확진자의 동선 등도 각 지방자치단체의 인터넷 홈페이지 등을 통해 공개된 바 있으나, 작성된 방문자 출입명부의 유출로 인해 개인정보의 침해가 빈번히 일어난 바 있고,[111] 확진자의 동선 등이 공개됨에 따라 개인의 사생활이 과도하게 침해된다는 지적 역시 존재하였다.

이에 보호위원회에서는 공중위생 등 공공의 안전과 안녕을 위한 개인정보는 개인정보보호법의 규율을 모두 적용받아야 한다는 전제 하에 개인정보의 수집·이용·제공의 예외 사유로 포함시킴으로써 개인정보가 코로나19 등 감염병 확산에 따라 수집되더라도 개인정보보호법에 따라 적절히 보호되어야 한다고 보아 금번 개정안에 관련 내용을 포함시키게 되었다. 또한, 2020. 9. 감염병의 예방 및 관리에 관한 법률이 개정[112]되어 공중위생 등의 필요에 의한 개인

---

110) 제3장(개인정보의 처리), 제4장(개인정보의 안전한 관리), 제5장(정보주체의 권리 보장), 제6장(정보통신서비스 제공자 등의 개인정보 처리 등 특례), 제7장(개인정보 분쟁조정위원회)
111) 아시아경제, "코로나 명부 팝니다"··· 개인정보 200만건 유통, 2020.11. 기사 등 참조.
112) 감염병의 예방 및 관리에 관한 법률 제76조의2(정보 제공 요청 및 정보 확인 등) ① 질병관리청장 또는 시·도지

정보 처리에 관한 구체적인 기준이 마련되었으므로, 개인정보보호법상 폭넓은 적용배제를 인정할 실익이 없고 오히려 국민의 권익 보호를 위해서는 개인정보 처리의 적법한 근거로 추가할 필요가 있다는 지적[113] 역시 본 규정의 신설 이유이다.

Ⅲ. 목적 외 이용 · 제공을 위한 동의(법 제18조 제3항)

당초 수집한 목적을 초과하여 개인정보를 이용하거나 제3자 제공 하려는 경우에는, 새로운 목적으로 이용된다는 점에서 별도로 정보주체에게 동의를 받아야 한다. 앞서 설명한 바와 같이 목적 외 이용 · 제공을 위한 동의의 본질은 법 제15조 제1항 제1호 및 법 제17조 제1항 제1호의 동의와 사실상 동일하지만, 당초의 동의 범위를 벗어난 이용 또는 제공에 대한 동의로서 통상 당초 동의 이후에 발생한 새로운 필요에 따라 이루어지는 점을 고려할 때, 최초 동의 시에 함께 받을 수 없으므로 본 규정에서 별도의 동의 근거를 규정하고 있다.

이 경우 적법한 동의를 받기 위해서는, ① 개인정보를 제공받는 자[114](목적 외 제3자 제공의 경우), ② 개인정보의 이용 목적(제3자 제공 시에는 제공받는 자의 이용목적), ③ 이용 또는 제공하는 개인정보의 항목, ④ 개인정보의 보유 및 이용 기간(제3자 제공시에는 제공받는 자의 보유 및 이용기간), ⑤ 동의를 거부할 수 있다는 사실 및 동의 거부에 따른 불이익이 있는 경우에는 그 불이익

사는 감염병 예방 및 감염 전파의 차단을 위하여 필요한 경우 관계 중앙행정기관(그 소속기관 및 책임운영기관을 포함한다)의 장, 지방자치단체의 장(「지방교육자치에 관한 법률」 제18조에 따른 교육감을 포함한다), 「공공기관의 운영에 관한 법률」 제4조에 따른 공공기관, 의료기관 및 약국, 법인 · 단체 · 개인에 대하여 감염병환자등 및 감염병의심자에 관한 다음 각 호의 정보 제공을 요청할 수 있으며, 요청을 받은 자는 이에 따라야 한다.
1. 성명, 「주민등록법」 제7조의2제1항에 따른 주민등록번호, 주소 및 전화번호(휴대전화번호를 포함한다) 등 인적사항
2. 「의료법」 제17조에 따른 처방전 및 같은 법 제22조에 따른 진료기록부등
3. 질병관리청장이 정하는 기간의 출입국관리기록
4. 그 밖에 이동경로를 파악하기 위하여 대통령령으로 정하는 정보
② 질병관리청장, 시 · 도지사 또는 시장 · 군수 · 구청장은 감염병 예방 및 감염 전파의 차단을 위하여 필요한 경우 감염병환자등 및 감염병의심자의 위치정보를 「국가경찰과 자치경찰의 조직 및 운영에 관한 법률」에 따른 경찰청, 시 · 도경찰청 및 경찰서(이하 이 조에서 "경찰관서"라 한다)의 장에게 요청할 수 있다. 이 경우 질병관리청장, 시 · 도지사 또는 시장 · 군수 · 구청장의 요청을 받은 경찰관서의 장은 「위치정보의 보호 및 이용 등에 관한 법률」 제15조 및 「통신비밀보호법」 제3조에도 불구하고 「위치정보의 보호 및 이용 등에 관한 법률」 제5조 제7항에 따른 개인위치정보사업자, 「전기통신사업법」 제2조 제8호에 따른 전기통신사업자에게 감염병환자등 및 감염병의심자의 위치정보를 요청할 수 있고, 요청을 받은 위치정보사업자와 전기통신사업자는 정당한 사유가 없으면 이에 따라야 한다.
③ 질병관리청장은 제1항 및 제2항에 따라 수집한 정보를 관련 중앙행정기관의 장, 지방자치단체의 장, 국민건강보험공단 이사장, 건강보험심사평가원 원장, 「보건의료기본법」 제3조 제4호의 보건의료기관(이하 "보건의료기관"이라 한다) 및 그 밖의 단체 등에게 제공할 수 있다. 이 경우 보건의료기관 등에 제공하는 정보는 감염병 예방 및 감염 전파의 차단을 위하여 해당 기관의 업무에 관련된 정보로 한정한다.
113) 국회 정무위원회 수석전문위원, 개인정보보호법 일부개정법률안(정부 제출) 검토보고, 2021.11., 27면.
114) 이 경우 개인정보를 제공하는 자는 정보주체에게 개인정보를 제공받는 자의 성명(법인 또는 단체인 경우에는 그 명칭)과 연락처를 함께 알려야 한다(표준지침, 보호위원회 제2024-1호, 제8조 제3항).

의 내용에 대해, 개인정보보호법에서 정한 동의 방법, 즉 각각의 동의 사항을 구분하여 정보주체가 이를 명확히 인지할 수 있도록 알린 후 동의를 받아야 한다(제22조 제1항 제3호).

Ⅳ. 목적 외 이용·제공 사실의 공개 및 대장 기록 의무(법 제18조 제4항 및 시행령 제15조)

공공기관이 개인정보를 목적 외로 이용하거나 제3자에게 제공하는 경우에는 목적 외 이용·제공을 한 날로부터 30일 이내에 ① 목적 외 이용·제공을 한 날짜, ② 목적 외 이용·제공의 법적근거, ③ 목적 외 이용·제공의 목적, ④ 목적 외 이용·제공을 한 개인정보 항목(구성) 등에 대하여 관보 또는 인터넷 홈페이지에 게재하여야 한다. 이 경우 인터넷 홈페이지에 게재할 때에는 10일 이상 계속 게재하되 게재를 시작하는 날은 목적외 이용·제공을 한 날부터 30일 이내여야 한다.[115] 다만, 정보주체의 동의를 받거나 범죄수사와 공소제기 및 유지를 위해 개인정보를 목적 외로 이용하거나 제공하는 경우에는 그러하지 아니하다.

또한, 공공기관은 개인정보보호법 제18조 제2항에 따라 개인정보를 목적 외의 용도로 이용하거나 이를 제3자에게 제공한 경우에는 ① 이용하거나 제공하는 개인정보 또는 개인정보파일의 명칭, ② 이용기관 또는 제공받는 기관의 명칭, ③ 이용 목적 또는 제공받는 목적, ④ 이용 또는 제공의 법적 근거, ⑤ 이용하거나 제공하는 개인정보의 항목, ⑥ 이용 또는 제공의 날짜, 주기 또는 기간, ⑦ 이용하거나 제공하는 형태, ⑧ 안전성 확보 조치를 위해 제한을 하거나 필요한 조치를 마련할 것을 요청한 경우에는 그 내용 등에 대하여 '개인정보 목적 외 이용 및 제3자 제공 대장'에 기록하고 관리하여야 한다.

Ⅴ. 목적 외 제공 시 보호조치(법 제18조 제5항)

개인정보처리자는 당초 수집한 이용 목적을 초과하여 해당 개인정보를 제3자에게 제공하려는 경우에는 개인정보를 제공받는 자에게 이용 목적, 이용 방법, 이용 기간, 이용 형태 등을 제한하거나, 개인정보의 안전성 확보를 위하여 필요한 조치를 마련하도록 요청하여야 한다. 이 경우 요청은 문서(전자문서를 포함)로 하여야 하고, 요청을 받은 제3자는 그에 따른 조치를 취한 후 그 사실을 개인정보를 제공한 개인정보처리자 측에 문서로 알려야 한다.[116]

이는 목적 외로 개인정보를 제3자 제공하는 경우 개인정보를 제공하는 자와 제공받는 자 사이에 개인정보 안전성에 관한 책임관계를 명확히 하기 위한 규정으로서, 제공하는 자와 제공받는 자는 상호 안전성 확보 조치에 관한 책임관계를 사전에 명확히 정하기 위한 협의를 진행해

---

115) 개인정보 처리 방법에 관한 고시(보호위원회고시 제2023-12호) 제2조.
116) 표준지침(보호위원회고시 제2024-1호) 제8조.

야 할 것이다.

VI. 위반 시 제재

보호위원회는 개인정보처리자가 법 제18조 제1항 또는 제2항을 위반하여 개인정보를 처리한 경우에는 해당 개인정보처리자에게 침해행위 중지, 개인정보 처리의 일시적 정지 내지 그 밖에 개인정보의 보호 및 침해 방지를 위하여 필요한 조치 등의 시정조치를 명할 수 있고, 동시에 전체 매출액의 3%를 초과하지 않는 범위 내에서 과징금을 부과할 수 있다. 이는 수탁자가 위반한 경우 해당 수탁자에게도 시정조치를 하거나 과징금을 부과할 수 있다(법 제64조 제1항 및 제64조의2 제1항 제1호).

개인정보를 목적 외로 이용하거나 제3자 제공한 경우에는 보호위원회의 시정명령이나 과징금 부과 이외에 형사처벌이 될 수 있다. 즉, 무단으로 개인정보를 목적 외로 이용하거나 제3자 제공한 경우 해당 행위자에 대해서는 5년 이하의 징역 또는 5천만 원 이하의 벌금이 처해질 수 있고, 이러한 사정을 알면서도 영리 또는 부정한 목적으로 해당 개인정보를 제공받은 자 역시 동일하게 처벌된다(개인정보보호법 제71조 제2호). 한편, 형사처벌의 경우 해당 행위자가 속한 법인 또는 개인사업자에 대해서도 5천만 원 이하의 벌금이 처해질 수 있는바, 만약 법인 또는 개인이 그 위반행위를 방지하기 위하여 해당 업무에 관하여 상당한 주의와 감독을 게을리하지 아니한 경우에는 그러하지 아니하다(법 제74조 제2항).

한편, 개인정보보호법은 개인정보처리자에게 수집·이용에 대한 동의를 받은 범위를 초과하여 이용·제공하는 것을 금지하지만 이는 개인정보의 절대적이고 무조건적인 보호를 의미하는 것은 아닐 것이다. 즉, 제3자의 급박한 생명, 신체 재산의 이익을 위해 필요한 경우나(법 제18조 제2항 제3호) 사회상규에 위배되지 않는 정당한 행위이거나(형법 제20조) 자기 또는 타인의 법익에 대한 현재의 부당한 침해를 방위하기 위해 상당한 이유가 있는 정당방위(형법 제21조)의 경우에는 위법성이 조각된다고 보아야 할 것이다.[117) 118)]

---

117) 안정민, "개인정보의 목적외 이용이 정당방위로 인정되는지의 판단기준", 개인정보 판례백선, 박영사, 2022, 327면.
118) 법원은 고등학교 담임교사(피고인)가 담임의 업무를 수행하지 않게 되었음에도 학생들의 개인정보를 이용하여 내용증명을 보내 목적 외 이용으로 인한 개인정보보호법 위반이 문제된 사안에서, 피고인이 내용증명을 보내기 위한 목적일 뿐 부정한 용도로 사용하기 위한 것이 아니었다는 정당행위 주장에 대해, 피고인이 담임 업무에서 배제되긴 하였으나 학교에 계속 출근하고 있어 학생들이나 학교를 통해 상대방과 소통할 수 있었던 점 등에 비추어 정당행위로 인정되기 위한 목적의 정당성, 긴급성 또는 보충성의 요건을 충족시키지 못하였다고 보아, 결국 피고인의 개인정보 목적 외 이용행위에 대해 정당행위로 보기 어렵다고 판시한 바 있다(수원지방법원 2018.2.20. 선고 2017고합281 판결).

제 5 절

개인정보의 추가적 이용 · 제공

I. 추가적 이용 · 제공 제도의 의의

법은 개인정보 보호의 주요 원칙으로서 개인정보 처리 목적을 명확하게 하고, 그 목적에 필요한 범위 내에서 개인정보를 수집하며, 그 목적 외로 활용하지 않아야 한다는 점을 선언하고 있다. 그러나 개인정보의 수집 당시의 처리 목적의 범위 내에서만 개인정보를 이용 · 제공하도록 하는 경우, 수집된 정보를 이용한 다양한 시도와 혁신 가능성이 배제되는 등 개인정보를 유연하게 이용하기 어려우며, 정보주체의 개인정보 자기결정권 보호에는 실질적으로 기여하지 못한 채 사회적 비용 또는 비효용만을 초래하는 결과가 발생할 수 있다.

이에 따라 법 제15조 제3항[119] 및 법 제17조 제4항은[120] 개인정보처리자가 당초 수집 목적과 합리적으로 관련된 범위 내에서 대통령령으로 정하는 바에 따라 정보주체의 동의 없이 개인정보를 이용 · 제공할 수 있도록 하고 있으며, 시행령 제14조의2는[121] 이를 '개인정보의 추가적인 이용 또는 제공'이라고 명명하여 개인정보가 일정한 요건 하에서는 수집된 목적에 한정되지 않고 더 넓은 범위에서 활용될 수 있음을 분명히 하고 있다. 합리적 관련성의 기준이 되는 '당초

---

[119] 법 제15조(개인정보의 수집 · 이용) ③ 개인정보처리자는 당초 수집 목적과 합리적으로 관련된 범위에서 정보주체에게 불이익이 발생하는지 여부, 암호화 등 안전성 확보에 필요한 조치를 하였는지 여부 등을 고려하여 대통령령으로 정하는 바에 따라 정보주체의 동의 없이 개인정보를 이용할 수 있다.

[120] 법 제17조(개인정보의 제공) ④ 개인정보처리자는 당초 수집 목적과 합리적으로 관련된 범위에서 정보주체에게 불이익이 발생하는지 여부, 암호화 등 안전성 확보에 필요한 조치를 하였는지 여부 등을 고려하여 대통령령으로 정하는 바에 따라 정보주체의 동의 없이 개인정보를 제공할 수 있다.

[121] 시행령 제14조의2(개인정보의 추가적인 이용 · 제공의 기준) ① 개인정보처리자는 법 제15조 제3항 또는 제17조 제4항에 따라 정보주체의 동의 없이 개인정보를 이용 또는 제공(이하 "개인정보의 추가적인 이용 또는 제공"이라 한다)하려는 경우에는 다음 각 호의 사항을 고려해야 한다.
1. 당초 수집 목적과 관련성이 있는지 여부
2. 개인정보를 수집한 정황 또는 처리 관행에 비추어 볼 때 개인정보의 추가적인 이용 또는 제공에 대한 예측 가능성이 있는지 여부
3. 정보주체의 이익을 부당하게 침해하는지 여부
4. 가명처리 또는 암호화 등 안전성 확보에 필요한 조치를 하였는지 여부
② 개인정보처리자는 제1항에 따른 개인정보의 추가적인 이용 또는 제공이 지속적으로 발생하는 경우에는 제1항 각 호의 고려사항에 대한 판단 기준을 법 제30조 제1항에 따른 개인정보 처리방침에 공개하고, 법 제31조 제1항에 따른 개인정보 보호책임자가 해당 기준에 따라 개인정보의 추가적인 이용 또는 제공을 하고 있는지 여부를 점검해야 한다.

개인정보가 수집된 목적'은 적법하게 수집한 개인정보가 수집된 목적을 의미한다고 보아야 하므로, 법 제15조 제1항에 따라 적법하게 수집된 개인정보는 추가적으로 이용·제공할 수 있는 대상이 된다.

II. 개인정보의 추가적 이용·제공 시 고려 필요 사항

개인정보처리자는 법 제15조 제3항 및 법 제17조 제4항에 따라 정보주체의 동의 없이 개인 정보를 이용·제공하려는 경우에는 다음 사항을 종합적으로 고려하여야 한다.[122]

1. 당초 수집 목적과 관련성이 있는지 여부

시행령 제14조의2 제1항은 개인정보처리자로 하여금 당초 수집 목적과 추가적 이용·제공의 목적 사이의 관련성을 고려할 것을 요구하고 있다. 여기서 관련성이 있다는 것은 당초 수집 목 적과 추가적 이용·제공의 목적이 서로 그 성질이나 경향 등에 있어서 연관이 있다는 것을 의 미한다.

예컨대, ① 교육시설의 원장이 '코로나 19 감염병으로부터 건강 및 안전을 보호하기 위한 자료 연계'에 활용할 목적으로 동급생 간 폭행사건의 피해학생 보호자로부터 수집한 연락처를 동의 없이 가해학생들의 보호자들에 제공하는 경우[123] 및 ② 지방자치단체가 맹견보험 미가입자에게 과태료를 부과하기 위하여 보험회사가 맹견보험가입 시 맹견 소유자로부터 보험계약 관리를 위해 수집한 동물등록번호를 제공받는 경우 모두 당초 수집 목적과 관련성이 없다 할 것이다.[124]

2. 개인정보를 수집한 정황 또는 처리 관행에 비추어 볼 때 개인정보의 추가 적인 이용 또는 제공에 대한 예측 가능성이 있는지 여부

개인정보의 추가적인 이용·제공이 해당 개인정보의 수집 정황이나 처리 관행에 비추어 합리적으로 예측 가능한지 고려하여야 한다. 보호위원회의 해설서는 정황은 개인정보의 수집 목적·내용, 추가적 처리를 하는 개인정보처리자와 정보주체 간의 관계, 현재의 기술 수준과 그 기술의 발전 속도 등 비교적 구체적 사정을 의미하고, 관행은 개인정보 처리가 비교적 오랜 기간 정립된 일반적 사정을 의미한다고 한다. 예견가능성을 판단할 때에는, 정보주체의 판단을

---

122) 시행령 제14조의2 제1항 각호.
123) 대구지방법원 2023.3.23. 선고 2022고단5309 판결.
124) 보호위원회 2021.6.23. 의결 제2021-111-021호 심결.

기준으로 당초 수집 목적에서 예측할 수 있는 범위를 판단해야 할 것이다.

3. 정보주체의 이익을 부당하게 침해하는지 여부

시행령 제14조의2 제1항은 개인정보의 추가적인 이용·제공에 따라 정보주체에게 발생할 수 있는 불이익을 고려하도록 하고 있으며, 정보주체의 이익을 부당하게 침해하는 경우에는 추가적 이용·제공의 정당성이 인정되기 어려울 것이다. 정보주체의 이익을 부당하게 침해하는지 여부는 정보주체의 이익을 실질적으로 침해하는지와 해당 이익 침해가 부당한지를 고려하여야 하며, 이는 추가적인 이용·제공의 목적이나 의도와의 관계에서 판단되어야 한다.

예를 들어, 정보주체가 구매한 재화나 용역과 관련하여, 구매 시 알려주지 못한 사항을 알릴 목적으로 연락을 한 것이 정보주체가 다소 불편함을 느낄 수 있다고 하여 부당한 침해라고 단정할 수 없다. 반면에 추가적인 이용·제공에 따라 정보주체에게 발생하는 불이익이 사회통념 상 허용되기 어려운 정도라면 이는 당연히 부당한 침해로 보아야 한다.

처리를 위해서는 별도 동의가 요구되는 민감정보[125) 또는 고유식별정보[126)의 추가적 이용·제공이 허용되는지 여부와 관련하여, 관련 법 규정이 민감정보 등에 적용될 수 있다는 규정이 없기 때문에 금지된다고 보는 견해와, 민감정보 등의 이용이 정보주체에 미치는 영향이 상당하기 때문에 추가적 이용·제공이 허용될 수 없다는 견해가 있다. 그러나 민감정보와 고유식별정보 모두 법상 '개인정보'로서 법 제15조 제3항 및 법 제17조 제4항의 적용이 원천적으로 배제된다고 보아야 할 근거는 없으며, 법상 요구되는 사항들을 고려하여 당초 목적과 다른 목적으로 활용할 수 있다고 보아야 할 것이다. 다만 민감정보 또는 고유식별정보의 이용·제공은 일반적인 경우에 비해 정보주체의 권리가 침해될 가능성이 더 높으므로, '정보주체의 이익을 부당하게 침해하는지 여부'를 판단함에 있어 보다 엄격하게 판단할 필요가 있을 것이다.

4. 가명처리 또는 암호화 등 안전성 확보에 필요한 조치를 하였는지 여부

개인정보처리자는 동의 없는 개인정보 이용·제공에 따른 개인정보 침해 우려를 최소화하기 위하여, 가명처리 또는 암호화 등 안전성 확보에 필요한 조치를 고려하여야 한다. 또한, 시행령 제14조의2 제1항은 가명처리나 암호화 등의 조치를 안전성 보호조치의 예시로 들고 있으므로, 필요할 경우 추가적인 안전조치를 하여야 한다. 일반적으로 추가적인 이용·제공의 대상이 되는 개인정보가 민감해질수록 더 강화된 안전성 보호조치가 요구될 것이다.

---

125) 법 제23조 제1항 제1호.
126) 법 제24조 제1항 제1호.

5. 기타 개인정보의 추가적인 이용·제공 시 고려 필요 사항

기존에 개인정보처리자는 시행령 제14조의2 제1항 각 호의 고려사항에 대한 구체적 기준을 정하여 개인정보 처리방침에 미리 공개하여야 하였으나, 시행령 개정에 따라 '추가적인 이용·제공이 지속적으로 발생하는 경우'에 한하여 이와 같은 기준을 공개하여야 한다.[127] 이는 개인정보처리자가 미리 예상하지 못한 경우에도 개인정보의 추가적인 이용·제공이 필요한 상황이 발생할 수 있으므로, 개인정보의 추가적인 이용·제공이 지속적으로 발생하지 않는 경우 판단기준을 사전 공개하지 않고 개인정보의 추가적인 이용·제공을 가능하게 함으로써, 해당 제도의 활성화를 도모하고자 한 것이다. 이로써 개인정보처리자는 개인정보의 추가적인 이용·제공이 지속적으로 발생하는 경우에 한하여, 각 고려사항에 대한 구체적 기준을 개인정보 처리방침에 미리 공개할 의무가 있다.

공개되어야 하는 구체적 기준은 각 개인정보처리자가 처한 상황이나 개인정보의 처리 목적 등에 따라 달라질 수 있으며, 개인정보 보호책임자는 해당 기준에 따라 개인정보의 추가적인 이용을 하고 있는지 여부를 스스로 점검하여야 한다.[128]

정보주체의 동의 없이 재판을 중계하고 변론동영상을 게시하도록 한 대법원의 조치와 관련하여 시행령 제14조의2 제1항 각 호의 고려사항에 대한 구체적 기준이 대법원의 개인정보 처리방침에 미리 공개되었는지 여부가 문제된 사안에서, 하급심 법원은 대법원이 '법원 개인정보 보호지침'을 제정하여 개인정보의 처리, 개인정보 처리의 위탁, 개인정보 유출 통지, 정보주체의 권리 보장, 개인정보 처리방침 작성 등에 대해 상세히 규정하고 있으므로, 대법원이 위 각 조치와 관련하여 법이 요구하는 개인정보 처리방침을 갖추고 있다고 판단한 바 있다.[129] 다만 해당 사안에서 법원은 시행령 제14조의2 제1항 각 호의 고려사항별로 판단기준이 구체적으로 명시되어 있지 않았음에도 이를 법을 준수하는 것으로 판단하였는바, 위와 같은 법원의 판단이 정당하다고 볼 수 있는지에 대해서는 논란의 여지가 있다.

---

127) 시행령 제14조의2 제2항.
128) 시행령 제14조의2 제2항.
129) 서울서부지방법원 2023.4.6. 선고 2022나48698 판결.

[참고] 개인정보의 추가적인 이용 · 제공의 사례

- 고객이 가게에서 계산한 물건을 다른 고객이 가져간 것을 이유로 가게주인이 물건을 가져간 고객에게 연락해서 물건의 반환을 요청하는 경우[130]
- 거래처와 업무 수행을 위해 업무 담당자의 연락처(사무실 전화, 회사 이메일 등)를 거래처 등에 공유하는 경우[131]
- 약국에서 병원 처방전을 제출한 환자에게 복약 처방을 잘못한 상황에서, 약국이 환자에게 연락을 취할 수 있도록 해당 병원이 약국에 환자의 연락처를 제공하는 경우[132]
- 특정 서비스 제공 목적으로 수집한 개인정보를 해당 서비스의 개선(고도화) 목적으로 AI 개발에 이용하는 경우[133]
- 회사가 퇴직 근로자의 경력 증명을 위해, 취업규칙에 명시된 경력증명서 발급 기간이 경과한 후 퇴직 근로자의 경력증명서를 발급하고자 하는 경우[134]

[참고] 추가적인 이용 · 제공이 지속적으로 발생하는 경우[135]

- 정보주체가 택시 중개서비스 앱을 이용하기 위하여 이용계약을 체결하고 해당 택시 중개서비스 앱 사업자가 정보주체의 요청에 따른 택시 호출을 위해 정보주체의 개인정보를 제3자인 택시기사에게 제공하는 경우
- 인터넷 쇼핑몰(오픈마켓) 사업자가 상품 중개서비스 계약 이행을 위해 수집한 정보주체의 개인정보를 해당 인터넷 쇼핑몰에 입점하고 있는 제3자인 상품 판매자에게 배송 등 계약 이행을 목적으로 제공하는 경우
- 통신판매중개플랫폼 사업자가 플랫폼 입점 사업자와 고객을 연결하는 플랫폼을 통해 플랫폼 이용자의 이름, 주소, 연락처, 주문내역, 결제 내역 등의 개인정보를 거래 확인 및 배송 등을 위한 목적으로 입점 사업자에게 제공하는 경우
- 통신과금서비스 제공자가 소액결제 등 휴대전화 결제 서비스를 제공하는 과정에서 서비스 이용 계약을 체결하고 통신과금서비스를 이용 중인 정보주체의 가입자식별정보, 결제일시 · 결제금액 등 결제내역정보를 결제목적으로 이동통신사에 제공하는 경우

---

130) 보호위원회, 2023 「개인정보 보호법」 표준 해석례.
131) 보호위원회, 2023.1. 개인정보 보호 가이드라인 인사 · 노무 편.
132) 보호위원회, 2021 「개인정보 보호법」 표준 해석례.
133) 보호위원회, 2023.8. 「인공지능 시대 안전한 개인정보 활용 정책방향」 발표. 보호위원회는 AI 개발 · 서비스에 적용될 수 있는 개인정보의 추가적 이용 · 제공 관련, '당초 수집 목적과 합리적으로 관련된 범위'의 판단기준을 구체화하여 밝힐 예정이라고 밝힘.
134) 보호위원회, 2023.1. 개인정보 보호 가이드라인 인사 · 노무 편.
135) 보호위원회, 2023. 12. 29. 개인정보 보호법 및 시행령 개정사항 안내.

III. GDPR 상 수집 목적 외 개인정보 처리근거로서의 양립가능성

개인정보의 추가적인 이용·제공 제도는 EU의 양립가능성 판단(compatibility test) 기준을 참고하여 신설된 것으로서, 양립가능성 판단은 개인정보의 추가 처리 목적이 당초 수집 시의 처리 목적과 양립할 수 있다면 정보주체의 동의를 받지 않고 사용하는 것을 허용하는 것을 뜻한다. GDPR 제5조는 개인정보가 수집된 목적들과 양립할 수 없는 방식으로 추가적으로 처리되어서는 안된다고 규정하여, 시간에 따라 목적이 바뀌거나 원래 예상하지 못했던 새로운 목적이 생기더라도 새로운 목적이 원래의 목적과 양립할 수 있다면 새로운 합법처리근거가 요구되지 않을 수 있음을 밝히고 있다.

GDPR 제6조 제4항은 수집목적 외의 개인정보의 처리가 정보주체의 동의 또는 EU나 회원국의 법률에 근거하지 않은 경우, ① 최초 목적과 새로운 목적 사이의 연관성, ② 개인정보가 수집된 맥락(특히 정보주체와의 관계 및 정보주체가 합리적으로 예상 가능한 것인지 여부), ③ 개인정보의 성격(예를 들어, 민감정보, 범죄정보 등), ④ 새로운 처리가 정보주체에게 미칠 수 있는 결과, ⑤ 적절한 안전장치가 있는지 여부(예를 들어, 암호화, 가명처리 등)을 고려하여 개인정보처리자가 그 다른 목적의 처리가 개인정보를 처음 수집한 목적과 양립가능한가를 판단할 수 있도록 하고 있다. 명시적으로 개인정보의 성격을 고려하도록 한 것이 개인정보보호법과의 두드러지는 차이이다.

GDPR 제6조 제4항이 '개인정보의 처리가 정보주체의 동의 또는 EU나 회원국의 법률에 근거하지 않는 경우'로 명시하고 있으므로 정보주체의 동의를 근거로 수집된 개인정보는 양립가능성 판단에 따른 처리가 불가하다는 견해가 있으며, 같은 취지에서 개인정보보호법에 따른 개인정보의 추가적인 이용·제공 역시 정보주체의 동의를 근거로 수집된 개인정보의 경우 불가하며, 새로 정보주체의 동의를 얻어야 한다는 견해가 있다. 그러나 법 제15조 제3항 및 법 제17조 제4항은 당초 수집 목적과 합리적으로 관련된 범위에서 개인정보의 추가적인 이용·제공이 가능하다고만 규정하며 당초 수집 근거를 전혀 제한하고 있지 않으므로, 법 제15조 제1항 및 제17조 제1항에 따라 수집한 모든 정보가 추가적인 이용·제공의 대상이 된다고 보아야 한다.

또한 GDPR 제6조 제4항은 양립가능성 판단이 '추가 목적(additional purpose)의 처리'를 대상으로 함을 명시하고 있으나, 개인정보보호법의 경우 '다른 목적'이라고 명시하고 있지는 않으므로, 법 제17조 제4항에 따른 개인정보의 추가적인 제공은 당초 수집 목적과 동일한 목적을 위한 제공으로 제한하여 해석하여야 한다는 견해가 있다. 그러나 법 제17조 제4항은 '당초 수집 목적과 합리적으로 관련된 범위'에서 추가적인 제공이 가능하도록 하여 제공 목적을 '당초 수집 목적'으로만 한정하고 있지 않으며, 개인정보의 추가적인 이용과 마찬가지로 추가적인 제공의 경우에도 당초 수집 목적과 다른 목적을 위한 제공이 필요할 수 있으므로, 당초 수집 목적과

별개의 목적으로도 합리적으로 관련된 범위 내라면 개인정보의 추가적인 제공이 가능하다고
해석된다.

[참고] EU의 당초 수집 목적과 합리적으로 관련된 범위의 개인정보 이용·제공 사례
- LP음반을 판매하는 회사가 고객의 동의를 받아 정기적으로 LP음반의 카탈로그를 보내오다가, 오
  디오테이프, CD, DVD 형태의 음악 카탈로그도 보내는 경우
- 은행 대출의 만기가 도래함에 따라, 은행이 고객이 더 좋은 대출을 받을 수 있는지 확인하기 위해
  고객의 개인정보를 활용하는 경우[136]
- 약국에서 다른 고객의 의약품을 잘못 가져간 경우, 약국이 고객에게 위 사실을 알리기 위하여 처
  방 병원으로부터 휴대전화번호를 제공받아 전화하는 경우

IV. 다른 법률과의 관계

신용정보법에 의하여 규율되는 개인신용정보의 경우, 신용정보법 제32조 제6항 제9호의4[137]
및 제33조 제1항 제4호에[138] 따라 ① 양 목적 간의 관련성, ② 신용정보회사 등이 신용정보주
체로부터 개인신용정보를 수집한 경위, ③ 해당 개인신용정보의 제공이 신용정보주체에게 미치
는 영향, ④ 해당 개인신용정보에 대하여 가명처리를 하는 등 신용정보의 보안대책을 적절히
시행하였는지 여부를 고려하여 당초 수집한 목적과 상충되지 아니하는 목적으로 개인신용정보
를 동의 없이 이용·제공할 수 있다.

---

136) European Commission, "Can we use data for another purpose?",
   https://ec.europa.eu/info/law/law-topic/data-protection/reform/rules-business-and-organisations/principles-gdpr/pur
   pose-data-processing/can-we-use-data-another-purpose_en. 반면 은행이 고객 개인정보를 보험회사와 공유하는
   것은 최초 목적과 양립가능성이 인정되지 않으므로 명시적 동의를 받아야 한다고 한다.
137) 신용정보법 제32조(개인신용정보의 제공·활용에 대한 동의) ① 신용정보제공·이용자가 개인신용정보를 타인에
   게 제공하려는 경우에는 대통령령으로 정하는 바에 따라 해당 신용정보주체로부터 다음 각 호의 어느 하나에 해
   당하는 방식으로 개인신용정보를 제공할 때마다 미리 개별적으로 동의를 받아야 한다. 다만, 기존에 동의한 목적
   또는 이용 범위에서 개인신용정보의 정확성·최신성을 유지하기 위한 경우에는 그러하지 아니하다.
   ⑥ 신용정보회사등(제9호의3을 적용하는 경우에는 데이터전문기관을 포함한다)이 개인신용정보를 제공하는 경
     우로서 다음 각 호의 어느 하나에 해당하는 경우에는 제1항부터 제5항까지를 적용하지 아니한다.
   9의4. 다음 각 목의 요소를 고려하여 당초 수집한 목적과 상충되지 아니하는 목적으로 개인신용정보를 제공하는
       경우
     가. 양 목적 간의 관련성
     나. 신용정보회사등이 신용정보주체로부터 개인신용정보를 수집한 경위
     다. 해당 개인신용정보의 제공이 신용정보주체에게 미치는 영향
     라. 해당 개인신용정보에 대하여 가명처리를 하는 등 신용정보의 보안대책을 적절히 시행하였는지 여부
138) 신용정보법 제33조(개인신용정보의 이용) ① 개인신용정보는 다음 각 호의 어느 하나에 해당하는 경우에만 이용
   하여야 한다.
   4. 제32조 제6항 각 호의 경우

V. 위반 시 제재

법에는 제15조 제3항 및 제17조 제4항의 위반을 이유로 한 별도의 벌칙 규정이 없다. 그러나 법 제15조 제3항 또는 법 제17조 제4항의 요건에 해당하지 않는데도 개인정보를 추가적으로 이용·제공하려는 경우에는 법 제18조 제2항에서 정하는 바에 따라 정보주체로부터 별도의 동의를 받거나 다른 법률에 특별한 규정이 있는 경우 등에 해당하여야 한다. 따라서 개인정보의 추가적인 이용·제공 및 법 제18조 제2항의 요건이 충족되지 않았음에도 개인정보를 추가적으로 이용하거나 제공하는 경우, 법 제18조 제1항 위반에 관한 벌칙 조항의 적용을 받을 수 있다.

제 6 절
공개된 개인정보 및 제3자로부터 수집한 개인정보의 처리

Ⅰ. 공개된 개인정보의 처리

1. 공개된 개인정보의 처리에 관한 일반론

개인정보가 공개되어 있거나 또는 정보주체가 의도적으로 공개되어 있다고 하더라도 그 개인정보는 공개되지 않은 다른 개인정보와 동일하게 개인정보보호법상의 일반 원칙에 따라 해석되고 규율된다고 대체로 해석하고 있는 것으로 보인다.

대법원 2014.7.24. 선고 2012다49933 판결은 "개인정보자기결정권의 보호대상이 되는 개인정보는 개인의 신체, 신념, 사회적 지위, 신분 등과 같이 개인의 인격주체성을 특징짓는 사안으로서 그 개인의 동일성을 식별할 수 있게 하는 일체의 정보라고 할 수 있고, 반드시 개인의 내밀한 영역에 속하는 정보에 국한되지 않고 공적 생활에서 형성되었거나 이미 공개된 개인정보까지 포함한다고 하면서, 그러한 개인정보를 대상으로 한 조사, 수집, 보관, 처리, 이용 등의 행위는 모두 원칙적으로 개인정보자기결정권에 대한 제한에 해당한다."라고 하여 공개된 정보 역시 다른 정보와 동일하게 개인정보자기결정권에 의하여 보호되는 개인정보임을 확인한 바 있다.[139]

그런데, 정보주체가 스스로 불특정 다수의 제3자가 해당 개인정보를 수집할 수 있도록 공개한 경우에 이를 정보주체만이 그 내용을 알고 있는 상태에 있는 개인정보의 일반적인 경우와 동일하게 취급하는 것이 적절한지에 대한 문제제기가 있어 왔다. 특히 개인정보자기결정권을 헌법 상의 사생활의 자유의 관점에서 접근하는 시간에서 본다면 정보주체가 스스로 자신의 개인정보를 공개하였다면 그에 대하여는 사생활의 자유를 보장할 필요가 없다는 주장도 일응 가능하기 때문이다.

---

[139] 이 사안은 개인정보보호법이 시행되기 이전의 사안이다.

2. 공개된 개인정보의 처리와 관련한 규정

개인정보보호법은 공개된 정보에 대하여 별도의 규정을 두고 있지 않다. 따라서, 개인정보가 공개되어 있는지 여부는 개인정보보호법에 따른 보호에 원칙적으로 영향을 미치지 않는다.

표준 개인정보보호지침(개인정보보호위원회고시 제2020-1호) 제6조 제4항은 개인정보처리자가 인터넷 홈페이지 등 공개된 매체 또는 장소에서 개인정보를 수집하는 경우 정보주체의 동의 의사가 명확히 표시되거나 인터넷 홈페이지 등의 표시 내용에 비추어 사회통념상 동의의사가 있었다고 인정되는 범위 내에서만 이용할 수 있다고 규정하고 있다. 다만, 위 규정은 법령이 아닌 개인정보보호위원회의 고시(2020.8.11. 이전에는 '훈령')에 해당하는 것이므로 사법적 판단 기준이 된다고는 할 수 없다.

한편, 「신용정보법」 제15조는 공개된 정보의 수집에 대하여 규정하면서 개인신용정보를 수집하는 때에 해당 신용정보의 주체로부터 동의를 받아야 하나 다음 각 호의 어느 하나에 해당하는 경우에는 동의를 받을 필요가 없다고 하면서, 그중 제2호 다목으로 "신용정보주체가 스스로 사회관계망서비스 등에 직접 또는 제3자를 통하여 공개한 정보. 이 경우 대통령령[140]으로 정하는 바에 따라 해당 신용정보주체의 동의가 있었다고 객관적으로 인정되는 범위 내로 한정한다."라고 하여 공개된 정보에 대하여 일정한 범위 내에서 동의를 받을 필요 없이 수집할 수 있음을 명시적으로 규정하였다.

3. 공개된 개인정보의 처리와 관련한 해외 사례

1) GDPR

GDPR에서 공개된 개인정보를 어떻게 처리해야 하는지에 대한 명시적인 규정을 두고 있는 것은 아니다. 그럼에도 불구하고 공개된 개인정보 역시 개인정보로서 그 처리는 GDPR의 적용을 받는다는 점에 대하여는 별다른 의문의 여지는 없어 보인다. 따라서, 공개된 개인정보의 처리에 있어서는 Art.6(1)에서 규정한 적법 처리 근거 중의 하나를 충족하여야 한다.

다만 민감정보처리를 규정한 Art.9(2)(e)는 "정보주체에 의하여 명백하게 공개된 개인정보와

---

140) 신용정보법 시행령 제13조에서는 고려 사항으로 아래 6가지 요소를 들고 있다. 제1호부터 제4호까지의 요건은 대법원 2014다235080 판결에서 제시한 기준과 유사하며, 여기에 제5호, 제6호가 추가되었다.
 1. 공개된 개인정보의 성격, 공개의 형태, 대상 범위
 2. 제1호로부터 추단되는 신용정보주체의 공개 의도 및 목적
 3. 신용정보회사등의 개인정보 처리의 형태
 4. 수집 목적이 신용정보주체의 원래의 공개 목적과 상당한 관련성이 있는지 여부
 5. 정보 제공으로 인하여 공개의 대상 범위가 원래의 것과 달라졌는지 여부
 6. 개인정보의 성질 및 가치와 이를 활용해야 할 사회·경제적 필요성

관련된 처리"의 경우에는 특별한 개인정보의 처리를 금지하는 규정의 예외로 취급을 허용하고 있는데, 개인정보주체가 명백히 공개된(manifestly made public) 개인정보와 관련된 처리인 경우에는 민감정보라 하더라도 처리할 수 있다. 다만, 이 조항의 적용에 있어서 그 공개의 범위는 정보주체가 법집행 당국을 포함한 모든 사람이 접근 가능하도록 각 개인정보가 공개되었음을 인식하고 있는 경우만을 의미하는 것으로 해석되어야 하고 의심스러운 경우 좁게 해석되어야 할 것이다.[141] 이 규정은 정보주체 스스로의 결정에 의해 적극적으로 공개된 개인정보에 해당하는 경우에 적용될 수 있다. 다만 정보주체가 개인정보를 스스로 공개하는 경우 정보처리자의 처리에 동의한 것을 규정한 조항이 아니라, 민감정보처리를 별도로 허가한 것, 즉 민감정보에 대한 특별한 보호만을 자발적으로 포기한 것으로 해석해야 할 것이다.

따라서 이 경우에도 여전히 Art.14(2)(f)(개인정보가 개인정보주체로부터 수집되지 않은 경우 제공되는 정보)에 의해 공개된 개인정보를 수집할 경우 해당 정보주체에게 '개인정보의 출처, 가능한 경우 해당 개인정보가 공개 출처로부터 비롯되었는지 여부'를 고지할 의무가 부여되어 있다. 다만, 정보주체에 해당 통지를 제공하는 것이 불가능한 것으로 입증되거나 비례적으로 과도한 노력이 요구되는 경우, 공익적인 기록보존 목적 또는 과학 및 역사적 연구 목적 또는 통계목적으로 정보가 처리되는 경우에는 이 고지의무가 면제될 수 있다.

그리고 GDPR을 위한 EU 법집행 지침 Art.10(c)(민감정보가 처리될 수 있는 특별한 경우-정보주체에 의해 명시적으로 공개된 경우)에 대한 Working Party 29의 의견서에 의하면 공개된 개인정보의 처리에 있어서 개인정보가 어떠한 배경에서 공개되었는지 고려할 것을 권하고 있다. 예를 들어 개인정보가 개인의 전기(傳記), 언론, 공개된 웹사이트 등에 공개되는 경우와 SNS 등에 공개되는 경우 구분할 것을 권고한다. 전자의 경우 명백한 공개의 의사가 있음을 쉽게 유추할 수 있지만, 후자의 경우 대부분의 사용자들은 서비스 제공자들이 제공하는 개인정보보호지침(처리방침)을 제대로 읽고 숙지하지 않으며, 자신의 정보에 서비스 회사의 관련자(수사기관을 포함한)가 자유롭게 접근가능하다는 사실을 제대로 알지 못하는 경우가 많으므로 이 경우 동의의 의사는 전자와 다르게 취급되어야 하며 처리자가 추가적 안전장치를 갖출 것을 권고하고 있다.[142]

2) CCPA/CPRA

미국 캘리포니아주의 CCPA/CPRA는 공개된 정보(publicly available information)에 대해서 보호 대상이 되는 개인정보에서 제외하고 있다.[143] 즉, 연방, 주, 지방 정부의 기록으로부터 공중에게 공개된 정보, 예컨대 전문가 자격증, 공개된 부동산 관련 기록 등에 대해서는 개인정보로 보

---

141) WP29, "Opinion on some key issues of the Law Enforcement Directive" (EU 2016/680), 2017, 10면.
142) 그러나, 이용자들이 이를 실제로 인식하지 못하였다고 할 것인지는 의문이다.
143) Cal. Civ. Code 1798.140(v)(2)

지 아니한다. 또한, 사업자가 소비자에 의하여 또는 널리 배포된 매체에 의하여 일반적으로 적법하게 공개되었다고 믿을 만한 합리적인 근거가 있는 경우, 또는 소비자가 정보를 특정 청중을 대상으로 제한하지 않고 공개한 자신에 대한 정보도 보호 대상에서 제외되는 공개된 정보에 해당한다.

3) 기타

호주의 개인정보보호법(Privacy and Data Protection Act 2014)에서는 공중이 이용 가능한 정보(Publicly available information)에 대하여 법 적용 제외를 규정하고 있고, 싱가포르 개인정보법(Personal Data Protection Act 2012)에서도 공개된 정보에 대하여 수집, 이용, 공개할 수 있도록 규정하고 있으며, 대만 개인정보보호법(Personal Data Protection Act)에서도 개인정보가 정보주체에 의하여 공공에 공개된 경우 또는 합법적으로 공개된 경우 수집, 처리, 사용을 예외적으로 허용하고 있다.

4. 판결례

1) 로마켓 사건 - 대법원 2011.9.2. 선고 2008다42430 판결

인터넷 포털사이트 운영업체가 공개되어 있는 법조인의 이름, 학력, 근무경력 등의 개인의 신상에 관한 정보와 국내 변호사들이 수행한 소송사건에 관한 정보를 수집하여 피고가 운영하는 홈페이지에서 이를 제공하였고 그에 대하여 변호사들인 원고들이 서비스 제공 금지와 손해배상을 구한 사건에서 대법원은, 개인의 신상에 관한 정보를 활용하여 제공하는 인맥지수 서비스에 대하여는 변호사들의 개인정보에 관한 인격권을 침해하여 위법한 것이라고 판단하였고, 승소율 서비스와 전문성 지수 서비스에 대하여는 그 제공행위로 인하여 얻을 수 있는 법적 이익이 정보주체의 인격적 법익에 비하여 우월한 것으로 보여 개인정보에 관한 인격권을 침해하는 행위로 평가할 수 없다고 보아 적법한 것으로 평가하였다.

이 사건에서 대법원은 공개된 정보를 정보주체의 동의 없이 처리할 수 있는 기준을 설시하였는데 그 내용은 다음과 같다.

정보주체의 동의 없이 개인정보를 공개함으로써 침해되는 인격적 법익과 정보주체의 동의 없이 자유롭게 개인정보를 공개하는 표현행위로서 보호받을 수 있는 법적 이익이 하나의 법률관계를 둘러싸고 충돌하는 경우에는, 개인이 공적인 존재인지 여부, 개인정보의 공공성 및 공익성, 개인정보 수집의 목적·절차·이용형태의 상당성, 개인정보 이용의 필요성, 개인정보 이용으로 인해 침해되는 이익의 성질 및 내용 등 여러 사정을 종합적으로 고려하여, 개인정보에 관한 인격권 보호에 의하여 얻을 수 있는 이익(비공개 이익)과 표현행위에 의하여 얻을 수 있는 이익(공개 이익)을 구체적으로 비교 형량하여, 어느 쪽 이익이 더욱 우월한 것으로 평가할 수 있는지에 따라 그 행위의 최종적인 위법성 여부를 판단하여야 한다.

이 사건은 개인정보보호법이 제정되기 이전의 사건으로, 비공개로 인하여 정보주체의 인격권이 보호됨으로 인하여 정보주체가 얻게 되는 이익과 공개로 인하여 개인정보처리자가 얻게 되는 이익을 구체적으로 비교형량하여 위법성 여부를 판단하여야 한다는 입장이다. 개인정보보호법이 제정된 이후에는 개인정보보호법이 규정하고 있는 내용을 기초로 그 적법성 여부를 판단하여야 하고, 위 판결이 적시한 비교형량 이론이 곧바로 적용될 것은 아니다.[144]

2) 국가정보원장 사건 – 대법원 2015.7.16. 선고 2015도2625 판결[145]

본 건에서 검사는 국가정보원장을 공직선거법 위반 등의 혐의로 기소를 하면서 검찰이 국가정보원 심리전단 직원들의 트위터상 사이버 활동 내용을 수사할 목적으로 빅데이터 업체가 수집, 보관 중이던 트위터 정보를 요청하여 이를 임의제출받아 이를 기초로 수사를 진행한 다음 관련 자료를 유죄의 입증 자료를 제출하였다. 공판 과정에서 제출된 트위터 정보가 정보주체의 동의 없이 무단으로 수집, 보관된 것으로 개인정보보호법에 위반한 것이어서 위법수집증거에 해당하는지 여부가 쟁점이 되었다. 이에 대하여 대법원은 다음과 같이 판단하였다.

검사가 공소외 회사로부터 임의제출 받은 대량의 트위터 정보에는 개인정보와 이에 해당하지 않는 정보가 혼재되어 있을 수 있는데, 국민의 사생활의 비밀을 보호하고 개인정보에 관한 권리를 보장하고자 하는 개인정보 보호법의 입법취지에 비추어 그 정보의 제공에는 개인정보 보호법의 개인정보에 관한 규정이 적용되어야 한다고 판시한 원심의 판단은 정당하다.

---

144) 권영준, "공개된 개인정보의 영리적 이용의 위법성", 민법판례연구I, 박영사, 2019, 314면 참조.
145) 송도영, "빅데이터의 개인정보 및 민감정보 여부 판단 기준", 개인정보 판례백선, 박영사, 2022, 113면 이하 참조.

위 사건의 항소심은, 트위터 정보의 특성상 그중 개인정보에 해당하는 정보가 포함되어 있을 가능성은 상당히 있지만, 트위터의 회원 가입 시 기재하는 사용자 이름 등이 정확하다고 단정할 수 없는 점, 빅데이터 업체가 수집하는 API 정보에는 이메일 주소나 IP주소는 포함되지 않은 점, 트위터 이용약관 및 개인정보취급방침에서 규율하는 정보의 범위는 매우 넓어 반드시 개인정보보호법의 보호대상과 일치한다고 볼 수 없는 점, 트위터 사용자가 트윗에 개인정보에 해당하는 사항을 적시할 가능성이 있으나 해당 사용자의 식별 가능성과 무관한 허위 정보일 가능서도 있는 점 등을 고려할 때, 일반화하여 전체 트위터 정보가 일괄적으로 개인정보에 해당한다고 단정할 수는 없다고 하였다. 다만, 원심은 본건에서 많은 양의 트위터 정보의 처리에 대해서는 개인정보에 관한 규정이 적용된다고 해석하는 것이 타당하다고 하였다.[146]

한편, 이 사건에서는 공개된 정보를 빅데이터 회사가 수집, 이용하는 행위가 적법한지 여부도 쟁점이 되었는데, 항소심에서 개인정보보호법 제20조 제1항의 취지가 사후적으로 정보주체에 개인정보 처리를 정지할 수 있는 권한을 부여한 것으로 볼 수 있는 점, 트위터 이용약관 및 개인정보보호정책에서 사용자의 공개 프로필 정보와 공개 트윗이 다른 사용자들과 서비스로 즉시 전달된다고 규정하고 이에 대하여 사용자가 동의하였으므로, 개인정보의 수집, 이용에 대하여 포괄적으로 동의한 것으로도 볼 수 있다고 판시한 바 있다.[147]

3) 로앤비 사건 - 대법원 2016.8.17. 선고 2014다235080 판결 및 그 해석

대학교수가 학교 홈페이지에 자신의 개인정보를 공개한 것을 콘텐츠 서비스 제공회사가 정보주체의 별도의 동의를 받지 않고 이를 수집하여 제3자에게 공개한 사안에 대한 것이다. 이 사안에서 콘텐츠 서비스 제공회사의 수집 및 공개행위가 개인정보보호법을 위반한 것인지 여부에 대하여 대법원은 다음과 같이 판단하였다.

개인정보보호법은 개인정보처리자의 개인정보 수집·이용(제15조)과 제3자 제공(제17조)에 원칙적으로 정보주체의 동의가 필요하다고 규정하면서도, 대상이 되는 개인정보를 공개된 것과 공개되지 아니한 것으로 나누어 달리 규율하고 있지는 아니하다.

정보주체가 직접 또는 제3자를 통하여 이미 공개한 개인정보는 공개 당시 정보주체가 자신의 개인정보에 대한 수집이나 제3자 제공 등의 처리에 대하여 일정한 범위 내에서 동의를 하였다고 할 것이다. 이와 같이 공개된 개인정보를 객관적으로 보아 정보주체가 동의한 범위 내에서 처리하는 것으로 평가할 수 있는 경우에도 동의의 범위가 외부에 표시되지 아니하였다는 이유만으로 또다시 정보주체의 별도의 동의를 받을 것을 요구한다면 이는 정보주체의 공개의사에도 부합하지 아니하거니와 정보주체나

---

146) 서울고등법원 2015.2.9. 선고 2014노2820 판결.
147) 서울고등법원 2015.2.9. 선고 2014노2820 판결.

개인정보처리자에게 무의미한 동의절차를 밟기 위한 비용만을 부담시키는 결과가 된다. 다른 한편 개인정보 보호법 제20조는 공개된 개인정보 등을 수집·처리하는 때에는 정보주체의 요구가 있으면 즉시 개인정보의 수집 출처, 개인정보의 처리 목적, 제37조에 따른 개인정보 처리의 정지를 요구할 권리가 있다는 사실을 정보주체에게 알리도록 규정하고 있으므로, 공개된 개인정보에 대한 정보주체의 개인정보자기결정권은 이러한 사후통제에 의하여 보호받게 된다.

따라서 이미 공개된 개인정보를 정보주체의 동의가 있었다고 객관적으로 인정되는 범위 내에서 수집·이용·제공 등 처리를 할 때는 정보주체의 별도의 동의는 불필요하다고 보아야 하고, 별도의 동의를 받지 아니하였다고 하여 개인정보 보호법 제15조나 제17조를 위반한 것으로 볼 수 없다. 그리고 정보주체의 동의가 있었다고 인정되는 범위 내인지는 공개된 개인정보의 성격, 공개의 형태와 대상 범위, 그로부터 추단되는 정보주체의 공개 의도 내지 목적뿐만 아니라, 정보처리자의 정보제공 등 처리의 형태와 정보제공으로 공개의 대상 범위가 원래의 것과 달라졌는지, 정보제공이 정보주체의 원래의 공개 목적과 상당한 관련성이 있는지 등을 검토하여 객관적으로 판단하여야 한다.

대법원 2016.8.17. 선고 2014다235080 판결은 다음의 기준을 제시하였다.

첫째, 공개된 개인정보에 대하여는 정보주체의 동의가 있었다고 객관적으로 인정되는 범위 내의 처리 행위는 정보주체의 별도의 동의가 불필요하다. 이는 수집뿐만 아니라 제3자 제공도 마찬가지이다. 둘째, 정보주체의 동의가 있었다고 인정되는 범위를 판단함에 있어서 ① 공개된 개인정보의 성격, ② 공개의 형태와 대상 범위, ③ 추단되는 정보주체의 공개 의도 내지 목적, ④ 정보처리자의 정보제공 등 처리의 형태, ⑤ 정보제공으로 공개의 대상 범위가 원래의 것과 달라졌는지 여부, ⑥ 정보제공이 정보주체의 원래의 공개 목적과 상당한 관련성이 있는지 등을 고려하여야 한다.

한편, 공개된 정보의 처리와 관련하여 위 대법원 2014다235080 판결의 취지에는 동의하는 견지에서 묵시적 동의의 개념을 인정하고 이를 통하여 개인정보 처리가 필요하지만 법 해석상 논란이 되는 경우의 문제를 해결하고자 하는 견해,[148] 묵시적 동의의 개념을 동원하지 않고 개인정보보호법 제20조 제1항의 해석을 통하여 동일한 결론을 이끌어 내고자 하는 견해,[149] 동의와 이익형량은 서로 다른 방식으로 적용되는 것으로 주관적 의사에 전적으로 의지하는 동의를 객관적으로 이루어지는 이익형량의 방식으로 대체하는 것에 부정적인 견해[150] 정도가 보인다.

---

148) 김진환, "공개된 개인정보의 적법 처리에 관한 소고", 개인정보 판례백선, 박영사, 2022, 25면.
149) 권영준, "프라이버시 보호의 정당성, 범위, 방법", 민사판례연구, 40, 2018, 967-968면.
150) 이동진, "일반적으로 접근 가능한 개인정보의 처리와 이익형량", 정보법학, 제24권 제2호, 2020, 76-77면. 그런데, 개인정보보호법 제20조 제1항은 해당 조항에 해당하는 경우, 즉 정보주체가 아닌 자로부터 개인정보를 수집한 경우에 정보주체에 대한 통지 의무만을 규정한 것이라고 볼 수 있고, 해당 조항 자체가 개인정보의 처리의 적법성에 대한 규정은 아니라고 할 것이어서 위 조항을 근거로 공개된 정보의 처리에 관한 적법성을 확보하는 것은 해석상 난점이 있다.

5. 공개된 정보의 처리에 관하여 적법 처리근거로 삼을 수 있는 조항(개인정보보호법 제15조 제3항, 제17조 제4항)

공개된 정보의 처리에 있어서 대법원 2014다235080 판결이 일응의 기준을 제시하였으나, 그 이외에 다른 법적 근거가 마련될 수는 없는지에 대한 논의가 있다. 이러한 논의는 정당한 이익에 따른 처리를 그 근거로 삼은 것이다. 먼저 공개된 정보의 처리에 있어서 가장 유력한 적법 처리의 근거 조항은 법 제15조 제1항 제6호이다. 정보주체가 스스로 공개한 경우 그 공개된 정보에 대한 정보주체의 권리의 인정 범위는 축소될 여지가 있으며 그에 비하여 그러한 정보를 처리하는 개인정보처리자의 정당한 이익이 있는지 여부 및 정당한 이익이 정보주체의 권리보다 우선하는지 여부를 판단하여 공개된 정보를 처리할 수 있다고 함이 적절하다. 법 제15조 제1항 제6호를 합법처리근거로 삼는 경우 그 구체적인 판단 기준은 대법원 2009다42430 사건에서 언급한 것과 같은 비교형량을 통하여 해당 요건의 충족 여부를 판단할 수 있을 것으로 생각된다.

그 외 법 제15조 제3항, 제17조 제4항 등을 적법 처리의 근거로 고려하여 볼 수 있으나, 법 제15조 제3항은 적법하게 수집된 정보를 애초 수집 목적과 합리적 관련성 있는 범위 내에서 이용할 수 있는지 여부에 대한 것이어서 개인정보 수집의 법적 근거를 확보하는 것이 문제가 되는 경우에는 의미 있는 법적 근거로 작동하기가 어려운 점이 있고, 법 제17조 제4항의 경우에도 마찬가지이다. 즉, 이 조항 역시 적법하게 개인정보가 수집되었음을 전제로 이를 그 수집 목적과 합리적으로 관련성이 있는 범위에서 이용할 수 있도록 한 규정이므로 수집 단계의 적법 처리 근거의 확보가 문제되는 경우에는 적법 처리의 근거로 삼기가 어렵다. 다만, 이미 적법하게 수집된 개인정보의 이용, 제공 행위와 관련하여서는 그 적법 처리의 근거로 고려하여 볼 수 있다.

6. 공개된 개인정보의 처리와 TDM(Text Data Mining), AI 개발을 위한 머신러닝 활용

1) 쟁점

개인정보를 포함하여 공개된 데이터를 수집하여 기계적으로 처리하여 일정한 결과물을 도출하는 행위는 IT 기술의 발전과 더불어 매우 폭넓게 활용되고 있다. 특히 머신러닝 기반의 인공지능 시스템은 다량의 데이터를 학습하는 과정을 통하여 그 효용성을 높혀가고 있다. 이 과정에서 공개된 데이터를 AI 학습용으로 활용할 수 있는지가 문제이다.

인공지능 환경에서 공개된 개인정보를 AI 학습용 데이터로 처리하는 것이 정보주체에게 위해가 된다고 볼 수 있는지 의문이고, AI 학습용 데이터의 이용에 있어서 대법원 2014다235080 판결의 기준에 따라 검토할 경우 활용의 여지가 좁아지게 되므로 불특정 다수가 접근을 통하여 처리할 수 있는 상태 또는 누구나 접근 가능한 개방된 공간에 있는 개인정보에 대해서는 AI 학습용 데이터로의 활용을 넓게 허용하여야 한다는 견해[151]가 있다.

2) TDM과 머신러닝에서의 학습자료로의 활용

대량의 데이터를 추출, 가공하여 새로운 가치를 창출해 내는 작업을 TDM(Text and Data Mining)이라고 지칭한다. TDM을 통한 빅데이터[152] 분석을 위해서는 대량의 데이터를 모으고 분석하는 작업이 수반되는데, 이 과정에서 그 대상이 데이터에는 개인정보가 포함될 가능성이 매우 높다. 즉, TDM 과정에서 정보주체의 동의 없이 개인정보가 활용될 가능성이 있고, 또한 비록 공개된 정보라고 하더라도 사적인 내용이 수집, 축적되어 프라이버시의 침해 가능성이 증가하게 되며, TDM 과정에서 비식별처리 내지 가명처리가 되었다고 하더라도 다시 재식별될 가능성이 상존한다는 점이 문제로 지적되고 있다.[153]

개인정보 문제를 해결하기 위해서는 TDM를 통하여 수집한 정보들을 익명처리하면 대부분의 문제가 해결될 수 있다.[154] 그러나, 익명처리를 위한 비용이 많이 들 뿐만 아니라, 익명처리를 하는 경우 데이터가 변형되게 되는데 그 처리된 데이터는 활용 목적에 맞게 사용하기에는 부적절한 데이터가 될 수 있다는 점이 더 문제이다. 이러한 문제를 지원하기 위하여 2020년 법 개정을 통하여 가명처리에 관한 규정이 도입된 것이기도 하다. 그러나, 가명처리 역시 정도의 차이만 있을 뿐 유사한 문제는 여전히 안고 있다.

공개된 정보의 경우 크롤링 등의 방식으로 수집하여 이를 머신러닝 등의 목적을 위하여 수집하여 가공하는 것이 허용될 것인지에 대하여는 논란은 있으나,[155] 이는 특별한 사정이 없는

---

151) 김현경, "공개된 개인정보의 법적 취급에 대한 검토 – AI학습용 데이터로서의 활용방안을 중심으로 -", 미국헌법연구, 제34권 제1호, 2023, 184면.
152) 대량의 데이터로서 방대하고(volume), 다양하며(variety), 매우 빠른 속도로 자료가 생성되는 것(velocity)이 빅데이터의 특징이다.
153) 오승한, "빅데이터 산업의 활성화와 개인정보 보호를 위한 법제도 개선의 연구", 아주법학, 제11권 제4호, 2018, 375-378면; 백수민, "현행 개인정보보호법 및 개정안에 대한 소고", 중소기업과 법, 제14권 제1호, 2022, 50-51면.
154) 익명처리를 한다고 하여 모든 문제가 해결되는 것은 아닌바, 공개된 정보나 일정한 목적에 따른 적법 처리 근거를 갖춘 데이터를 익명처리하더라도 그러한 익명처리 자체가 일종의 개인정보의 '처리'에 해당하므로 그러한 익명처리에 대하여도 적법 처리 근거를 갖추어야 한다는 주장이 있을 수 있다. 참고로, 개인정보보호위원회는, 방송통신위원회가 2014년 3월 19일 발표한 '빅데이터 개인정보보호 가이드라인(수정안)'에 대하여 개인정보보호법과 정보통신망법의 규정과 입법취지에 부합하지 않는 내용을 일부 포함하고 있어 그 재검토를 권고한 바도 있다[2014의결제16호(2014.7.30.)].
155) 김도엽, 인공지능에서의 개인정보 보호 고려사항, Naver Privacy White Paper, 2022, 116면에서는 공개된 정보의 활용과 관련하여 (그간의) 법원의 태도에 비추어 볼 때 특별한 사정이 없는 한 공개된 정보의 인공지능 개발 목적의 수집은 정보주체의 동의가 있었다고 객관적으로 인정되는 범위 내의 개인정보 처리로 인정된다고 해석하기 어려울 것이라고 설명하고 있다.

한 허용되는 경우라고 보아야 할 것이다. 일정한 목적으로 수집한 데이터를 머신러닝 등의 목적으로 이용하는 경우에도 마찬가지이다. 이 경우에는 법 제15조 제3항을 적용하거나 이를 준용하여 그에 준하는 보호조치 등을 준수한다면 개인정보가 포함된 데이터를 수집한 목적과 반드시 일치하지 않더라도 그 처리를 금지하여야 할 필요성은 낮다고 할 것이다. 다만, 수집한 정보들로 인한 개인정보 침해가 발생하지 않도록 적절한 수준의 가명처리, 필터링 등의 보호조치가 이루어져야 할 것이고, 또한 해당 데이터들이 개인정보의 오남용으로 이어지지 않도록 지속적인 관리 감독이 이루어져야 할 것이다.

Ⅱ. 개인정보를 제공 받은 자의 이용·제공 제한(법 제19조)

개인정보보호법령에서는 개인정보처리자가 직접 정보주체로부터 개인정보를 수집하는 경우 이외에 제3자로부터 수집하는 경우 준수해야 할 별도의 규정을 두고 있다. 다만, 구 개인정보보호법에서는 정보통신서비스의 경우 직접 개인정보를 수집하는 제공자와 제3자로부터 개인정보를 제공받은 자를 구분하면서 양자를 "정보통신서비스제공자등"으로 규정하기도 하였으나,[156] 개정 개인정보보호법에서는 "개인정보처리자" 개념으로 일원화됨으로써 더 이상 개인정보의 직접 수집 형태와 제3자 제공을 통한 수집 형태를 구분할 실익이 적어진 점 역시 향후 입법론적으로 고려해볼 수 있을 것이다.

이하에서는 개인정보처리자가 제3자로부터 개인정보를 수집하는 경우에 대한 별도의 규정에 대해 살펴보기로 한다.

1. 제도의 취지

본 규정은 2007.1. 구 정보통신망법 제24조의2 제2항의 신설[157]을 통해 도입된 규정으로서, 개인정보보호법의 경우에는 2011.9. 제정 당시부터 규정되어 온 조항이다. 구 정보통신망법 개정 당시 입법취지는, 정보통신서비스제공자가 개인정보를 제3자에게 제공할 때는 그 목적의 범위에 관계없이 모두 이용자의 동의를 받도록 하고 있고, 이용자로부터 동의를 받은 이용 목적 내에서 업무를 위탁하는 때에도 위탁 사실에 대하여 이용자의 동의를 다시 받도록 하고 있는데도, 정보통신서비스제공자로부터 이용자의 개인정보를 제공받은 자는 제공받은 목적 범위 내에

---

156) 법률 제19234호로 개정되기 이전의 개인정보보호법 제39조의4(개인정보 유출등의 통지·신고에 대한 특례) ① 제34조 제1항 및 제3항에도 불구하고 정보통신서비스 제공자와 그로부터 제17조 제1항에 따라 이용자의 개인정보를 제공받은 자(이하 "정보통신서비스 제공자등"이라 한다)는 개인정보의 (이하 생략).
157) 구 정보통신망법 제24조의2(개인정보의 제공 동의 등) ② 제1항의 규정에 따라 정보통신서비스제공자로부터 이용자의 개인정보를 제공받은 자는 그 이용자의 동의가 있거나 다른 법률에 특별한 규정이 있는 경우를 제외하고는 개인정보를 제3자에게 제공하거나 제공받은 목적 외의 용도로 이용하여서는 아니 된다.

서는 이용자의 동의 없이도 제3자에게 제공할 수 있다고 해석하는 경우 개인정보 보호 관리체계의 일관성이나 평등의 원칙에 위배된다는 지적을 고려하여, 정보통신서비스제공자와 해당 제공자로부터 개인정보를 제공받은 자 사이의 형평성을 제고하기 위한 것에 있었다.[158]

2. 적용 대상

본 규정은 개인정보처리자로부터 개인정보를 제공받은 자에 한정된다. 따라서, 개인정보처리 업무를 위탁받은 수탁자에게는 본 조항이 적용되지 않는다고 보아야 할 것인바, 법 제26조 제8항 수탁자의 준용 규정에서도 본 규정은 제외되어 있다.

한편, 개인정보를 제공받은 자에 대해 적용되므로, 해석상 반드시 법 제17조 제1항 제1호에 따른 동의 방식뿐만 아니라 다른 사유로 인해 적법하게 제공받기만 하면 본 규정은 적용된다고 보아야 할 것이다.

3. 법 제18조(개인정보의 목적 외 이용·제공 제한)와의 관계

개인정보보호법은 2011년 9월 제정 당시부터 제18조에서 개인정보처리자의 목적 외 이용·제공 제한에 내용과 개인정보를 제공받은 자의 목적 외 이용·제공에 관한 조항인 제19조를 함께 규정하고 있었다. 하지만, 개인정보를 제3자 제공받은 자는 대부분 자신의 업무 목적으로 해당 개인정보를 처리함으로써 결국 개인정보처리자에 해당되어 법 제18조에 따라 규율받을 수밖에 없다는 점에서 법 제19조의 독자적인 입법 실익에 대한 검토가 필요할 것이다.

이에 대해 법 제17조에 따라 제3자 제공받은 자는 법 제18조가 아닌 법 제19조에 따라 목적 외 이용·제공 여부를 규율해야 한다는 견해(특별규정 관계)가 있을 수 있지만, 이는 적법하게 제3자 제공받은 개인정보처리자의 목적 외 이용·제공 권리를 부당하게 제한[159]할 수 있다는 점에서 타당하지 않을 것이다.

한편, 법 제18조와 법 제19조의 수범주체가 "개인정보처리자"와 "개인정보를 제공받은 자"로서 문언적으로 달리 규정하고 있고, 법은 개인정보 처리자가 아닌 자가 개인정보를 처리하는 경우에 대해 규율[160]하고 있는 점 등에 비추어 볼 때, 법 제19조는 개인정보처리자가 아닌 자로서 개인정보를 제공받은 자에 대해 적용된다는 견해(보완규정 관계)가 있을 수 있는바, 이는

---

158) 국회 과학기술정보통신위원회 수석전문위원, 정보통신망법 일부개정법률안(정부 제출)에 대한 검토보고서, 2006. 11., 제41면.
159) 법 제19조에서는 목적 외 이용·제공의 예외적 사유를 정보주체의 별도 동의 및 다른 법률의 특별한 규정 두 가지만 규정하고 있는 반면, 제18조에서는 두 가지 사유 이외에 다양한 예외 사유를 규정하고 있다.
160) 법 제25조(고정형 영상정보처리기기의 설치·운영 제한), 제59조(금지행위), 제60조(비밀유지 등) 등.

특별규정 관계로 해석하는 견해에 비해 타당성이 있지만, 제64조의2 과징금 부과 등과 같이 법 제19조 위반에 대한 제재가 "개인정보처리자"를 대상으로 규정하고 있다는 점에서 법체계에 부합하는 해석론이 될 수는 없을 것이다.

결국, 법 제19조는 개인정보보호법 제정 당시부터 존재하기는 하였지만, 그 연혁에 비추어 볼 때 2007. 1. 구 정보통신망법에서 신설된 규정이 개인정보보호법 제정 당시 반영된 것으로 보여지는 점, 구 정보통신망법에서는 개인정보보호법 제18조와 같은 규정이 없었는바 2007. 1. 도입된 규정이 사실상 정보통신서비스 제공자의 목적 외 이용·제공 제한 규정으로 작용되고 있었던 점 등을 고려할 때, 법 제18조와 법 제19조는 사실상 동일한 입법취지의 규정으로 해석하는 것이 타당해 보인다. 따라서, 추후 법 제19조의 별도 입법실익에 대한 신중한 추가 논의를 통해 삭제 등 통합 여부에 대한 검토가 필요할 것으로 보인다.

4. 주요 내용 및 적용 범위

앞서 살핀 바와 같이 본 규정의 경우 개인정보처리자로부터 개인정보를 제공받은 자가 그 개인정보를 목적 외로 이용하거나 제3자 제공하는 것을 금지하는 내용으로서, 정보주체 이외로부터 개인정보를 제공받은 개인정보처리자가 아닌 자에 대한 목적 외 이용에 관한 특칙으로 평가할 수 있을 것이다(법 제18조에 대한 보완규정).

따라서, 개인정보를 제공하는 자와 제공받는 자는 문서를 통하여 개인정보를 제공하는 목적과 제공받는 목적 등에 대해 구체화하는 것이 바람직할 것이며, 제3자 제공에 관한 법 제17조 제2항에 의거하여 ① 개인정보를 제공받는 자의 성명(법인 또는 단체인 경우에는 그 명칭), ② 제공받는 자의 이용목적, ③ 제공하는 개인정보의 항목, ④ 제공받는 자의 개인정보 보유 및 이용기간, ⑤ 동의거부권이 있다는 사실 및 동의거부에 따른 불이익을 미리 정보주체에게 알려야 할 것이다.

또한, 개인정보를 제공받은 자가 그 개인정보를 목적 외로 이용하거나 제3자 제공하기 위해서는 정보주체로부터 별도 동의를 받거나, 다른 법률에 특별한 규정이 있는 경우에만 가능한 바, 여기서의 동의는 법 제15조 제1항 제1호, 제17조 제1항 제1호 및 제18조 제2항 제1호의 동의와는 구분하여 동의를 받아야 한다(법 제22조 제1항). 다만, 목적외 이용의 정당화 근거로서의 정보주체의 동의를 법 조문별 사유에 따라 형식적으로 별도로 받도록 하는 것은 이용자의 실질적인 개인정보자기결정권을 저해할 우려가 있는 만큼, 추후 입법론적으로는 동의를 받는 사유가 실질적으로 동일한 경우에는 하나의 동의로도 가능하도록 개선하는 방안도 고려되어야 할 것이다.

한편, 본 규정의 경우 개인정보를 제공받은 자의 목적 외 이용·제공을 금지하는 규정일 뿐 개인정보를 제공받은 자의 목적 내 이용·제공을 금지하는 규정은 아니므로, 개인정보를 제공받은 자는 법 제17조 제1항 제2호의 사유가 있는 경우 수집한 정보를 해당 수집 목적의 범위 내에서 정보주체의 동이 없이 제3자에게 제공할 수 있을 것이다.161)

5. 위반 시 제재

보호위원회는 개인정보를 제공받은 자가 제19조를 위반하는 경우 해당 위반자에게 침해행위 중지, 개인정보 처리의 일시적 정지 내지 그 밖에 개인정보의 보호 및 침해 방지를 위하여 필요한 조치 등의 시정조치를 명할 수 있고, 동시에 전체 매출액의 3%를 초과하지 않는 범위 내에서 과징금을 부과할 수 있다(법 제64조 제1항 및 제64조의2 제1항 제1호). 한편 앞서 살핀 바와 같이 제19조는 수탁자에게는 적용되지 않으므로 수탁자가 본 규정을 위반할 상황은 발생하지 않을 것이다.

개인정보를 제공받은 자가 제19조를 위반하여 목적 외로 이용하거나 제3자 제공한 경우에는 형사처벌의 대상에도 해당되는바, 5년 이하의 징역 또는 5천만 원 이하의 벌금이 처해질 수 있고, 이러한 사정을 알면서도 영리 또는 부정한 목적으로 해당 개인정보를 제공받은 자 역시 동일하게 처벌된다(법 제71조 제2호). 한편, 형사처벌의 경우 해당 행위자가 속한 법인 또는 개인사업자에 대해서도 5천만 원 이하의 벌금이 처해질 수 있는바, 만약 법인 또는 개인이 그 위반행위를 방지하기 위하여 해당 업무에 관하여 상당한 주의와 감독을 게을리하지 아니한 경우에는 그러하지 아니하다(법 제74조 제2항).

III. 제3자로부터 수집한 개인정보의 처리(법 제20조)

1. 제3자로부터 개인정보를 수집하는 경우에 대한 규정

개인정보보호법은 개인정보처리자가 직접 정보주체로부터 개인정보를 수집하는 경우 이외에 제3자로부터 수집하는 경우 준수해야 할 별도의 규정을 두고 있다. 다만, 2023년 개정 전 법에서는 정보통신서비스에 대한 경우 직접 개인정보를 수집하는 제공자와 제3자로부터 개인정보를 제공받은 자를 구분하면서 양자를 합하여 "정보통신서비스제공자등"으로 규정하기도 하였으나, 2023년 개정법에서는 "개인정보처리자" 개념으로 일원화됨으로써 더 이상 개인정보의 직접 수집 형태와 제3자 제공을 통한 수집 형태를 구분할 실익이 적어졌다. 이하에서는 개인정보처리자가 제3자로부터 개인정보를 수집하는 경우에 대한 별도의 규정에 대해 살펴보기로 한다.

---

161) 개인정보 보호 법령 및 지침·고시 해설(2020), 131면.

2. 해외 사례 - GDPR

GDPR Art.14는 개인정보가 개인정보주체로부터 수집되지 않은 경우, 컨트롤러는 정보주체에게 아래의 일정한 정보를 제공하여야 한다고 규정하고 있다.

> 컨트롤러의 신원 및 연락처, 대상 개인정보의 처리 목적과 처리 근거, 관련 개인정보의 범주, 수령인의 범주, 국외 이전이 발생할 경우 그와 관련된 사항, 개인정보의 보관 기간 내지 기준, 컨트롤러 또는 제3자의 정당한 이익, 열람, 정정 등을 요구할 수 있는 권리, 감독기관에 민원을 제기할 수 있는 권리, 공개된 출처로부터 수집된 것인지 여부, 프로파일링 등 자동화된 의사결정의 여부

컨트롤러는 위 정보를 개인정보를 입수한 후 최소한 한 달 이내의 합리적인 기간 내에 제공하여야 한다. 통지 목적으로 개인정보가 사용되는 경우 최초 통지 시점에 제공되어야 하며, 제3의 수령인에게 개인정보 제공이 예상되는 경우에는 적어도 최초로 제공하는 시점에는 위 정보의 제공이 이루어져야 한다. 한편, ① 정보주체가 이미 해당 정보를 보유하고 있는 경우, ② 위 정보의 제공이 불가능하거나 과도한 노력을 요구하는 경우, ③ EU 또는 회원국의 법률에 의한 경우, ④ 비밀 유지 의무에 따라 비밀로 유지되어야 하는 경우 등에서는 컨트롤러에게 통지 의무가 발생하지 않는다.

3. 정보주체에 대한 통지

1) 요청에 따른 통지

개인정보처리자가 정보주체 이외로부터 수집한 개인정보를 처리하는 때에는 정보주체의 요구가 있으면 즉시 ① 수집 출처, ② 처리 목적, ③ 처리정지 요구권 내지 동의 철회권의 존재를 정보주체에게 알려야 한다(법 제20조 제1항). 알려야 하는 사항 중 제1호, 제2호는 2023년 법 개정에도 변동이 없으나 제3호 중 처리정지 요구권에 추가하여 동의를 철회할 권리가 있다는 사실을 알리도록 하는 내용이 추가되었다.

2023년 법 개정 이전에는 '고지'라고 하였으나 법 개정으로 '통지'로 변경되었다. 실질적인 차이가 있는 부분이라기 보다는 공권적 관계의 의미가 짙은 고지라는 용어보다는 민사법적 관계와 관련된 느낌이 강한 '통지'로 변경한 것으로 이해되고 있다.

2) 정기 통지 의무

개인정보의 종류, 규모, 종업원 수 및 매출액 규모 등을 고려하여 대통령령으로 정하는 기준에 해당하는 처리자가 법 제17조 제1항 제1호에 따라 정보주체 이외의 자로부터 개인정보를 수집하여 처리하는 때에는 수집 출처, 처리 목적, 처리정지 요구권의 존재를 정보주체에게 알려야 한다(법 제20조 제2항). 다만, 처리자가 수집한 정보에 연락처 등 정보주체에게 알릴 수 있는 개인정보가 포함되지 아니한 경우에는 그러하지 아니하다(법 제20조 제2항 단서). 정기 통지의 대상이 되는 개인정보처리자는 저장, 관리하고 있는 개인정보가 ① 5만명 이상의 정보주체의 민감정보 내지 고유식별정보를 처리하는 경우, ② 100만명 이상의 정보주체에 관한 개인정보를 처리하는 경우의 어느 하나에 해당하는 경우를 의미한다(시행령 제15조의2).

정보주체에 알리는 시기, 방법 및 절차 등 필요한 사항은 대통령령으로 정하도록 하고 있다(법 제20조 제3항). 구체적으로 '알리는 시기'는 개인정보를 제공받은 날로부터 3개월 이내이여야 하고, 다만 법 제17조 제2항에서 정한 사항을 정보주체로부터 동의를 받은 범위에서 연 2회 이상 주기적으로 개인정보를 제공받아 처리하는 경우에는 제공받은 날로부터 3개월 이내 또는 그 동의를 받은 날로부터 연 1회 이상 정보주체에게 알리도록 하고 있다(시행령 제15조의2).

'알리는 방법 및 절차'에 있어서 정기 통지의 방법은 정보 주체가 쉽게 알 수 있는 방법이어야 하는데, 서면, 전자우편, 전화, 문자전송, 알림창(재화 및 서비스를 제공하는 과정에서 가능) 등이 그 예시이다(시행령 제15조의2 제2항). 2023년 개정법은 기존의 경우에 비하여 알림창을 추가하였다.

3) 통지 의무의 예외

다음의 경우에는 통지 의무가 발생하지 아니한다. ① 통지를 요구하는 대상이 되는 개인정보가 법 제32조 제2항 각 호[162]의 어느 하나에 해당하는 개인정보파일에 포함되어 있는 경우, ② 통지로 인하여 다른 사람의 생명, 신체를 해할 우려가 있거나 다른 사람의 재산 그 밖의 이익을 부당하게 침해할 우려가 있는 경우이다.

또한, 가명정보에 대해서는 법 제20조가 적용되지 아니하므로 가명정보에 대한 통지의무는

---

[162] 법 제32조는 공공기관에 의하여 운용되는 개인정보파일의 등록에 관한 내용을 담고 있다. 동조 제2항은 개인정보파일을 등록하지 아니하여도 되는 예외를 규정하고 있는데, 그 예외는 다음과 같다.
  1. 국가 안전, 외교상 비밀, 그 밖에 국가의 중대한 이익에 관한 사항을 기록한 개인정보파일
  2. 범죄의 수사, 공소의 제기 및 유지, 형 및 감호의 집행, 교정처분, 보호처분, 보안관찰처분과 출입국관리에 관한 사항을 기록한 개인정보파일
  3. 「조세범처벌법」에 따른 범칙행위 조사 및 「관세법」에 따른 범칙행위 조사에 관한 사항을 기록한 개인정보파일
  4. 공공기관의 내부적 업무처리만을 위하여 사용되는 개인정보파일
  5. 다른 법령에 따라 비밀로 분류된 개인정보파일

발생하지 아니한다.

4. 위반 시 제재

법 제20조 제1항, 제2항을 위반하여 정보주체에게 법 제20조 제1항 각호의 사실을 알리지 아니한 경우에는 5천만 원 이하의 과태료에 처하여 질 수 있다(법 제75조 제2항 제2호).

Ⅳ. 이용 · 제공 내역의 통지(법 제20조의2)

1. 이용내역 통지 제도의 취지

일정한 기준에 해당하는 개인정보처리자는 이 법에 따라 수집한 개인정보의 이용, 제공 내역이나 이용, 제공 내역을 확인할 수 있는 정보시스템에 접속하는 방법을 주기적으로 정보주체에게 통지하여야 한다(법 제20조의2 제1항).

이용내역 통지제도는 주기적으로 이용자의 개인정보를 이용한 내역을 통지하도록 함으로써 이용자의 권리를 보장하기 위한 제도이다.[163]

애초 이 제도는 법 제39조의8에 규정하고 있던 것을 2023년 개정법을 통하여 적용 범위를 전체 개인정보처리자에게 확대한 것이다. 그리고, 2023년 개정법은 이용, 제공 내역을 서면 등의 방법으로 통지하도록 한 것에서 그 통지 방법을 확대하여, 이용, 제공 내역 자체를 통지하지 않고 이용, 제공 내역을 확인할 수 있는 정보시스템을 마련하고 그 정보시스템에 접속할 수 있는 방법을 알리는 것도 허용하여 이용 내역 통지의 방법을 확대하였다.

2. 이용내역 통지 의무자

이용내역 통지의 의무자는 ① 5만명 이상의 정보주체에 관한 민감정보 또는 고유식별정보를 처리하는 경우 또는 ② 100만명 이상의 정보주체에 관하여 개인정보를 처리하는 자에 해당하는 경우이다(시행령 제15조의3 제1항). 각 정보주체의 수는 전년도말 기준 직전 3개월간 일일평균을 기준으로 산정한다.

---

163) 개인정보보호위원회, 개인정보 법령 및 지침 · 고시 해설, 2020, 453면.

3. 통지 대상 정보

이용내역 통지에 따른 통지 대상 정보는 ① 개인정보의 수집, 이용 목적 및 수집한 개인정보의 항목과 ② 개인정보를 제공받은 제3자와 그 제공 목적 및 제공한 개인정보 항목이다. 다만, 통신비밀보호법 제13조, 제13조의2, 제13조의4 및 전기통신사업법 제83조 제3항에 따라 제공한 정보는 통지 대상에서 제외한다. 이는 이용내역 통지로 인하여 수사 중인 상황이 노출된 경우 수사목적 달성에 지장을 초래할 수 있음을 이유로 하고 있다.[164] 이용, 제공 내역을 확인할 수 있는 정보시스템에 접속하는 방법을 통지하는 것으로 통지 의무를 이행하고자 하는 경우에는 위의 내용에 해당 정보시스템에서 확인할 수 있도록 하여야 한다.

4. 통지의 대상에서 제외되는 경우

이용내역 통지의 대상이 되는 정보주체의 범위와 관련하여 개인정보처리자는 다음의 경우를 통지대상에서 제외한다(시행령 제15조의3 제2항). 즉, ① 통지에 대한 거부의사를 표시한 정보주체, ② 개인정보처리자가 업무수행을 위해 그에 소속된 임직원의 개인정보를 처리한 경우 해당 정보주체, ③ 개인정보처리자가 업무수행을 위해 다른 공공기관, 법인, 단체의 임직원 또는 개인의 연락처 등의 개인정보를 처리한 경우 해당 정보주체, ④ 법률에 특별한 규정이 있거나 법령상 의무를 준수하기 위하여 이용, 제공한 개인정보의 정보주체 ⑤ 공공기관이 법령 등에서 정하는 소관 업무의 수행을 위하여 이용, 제공한 개인정보의 정보주체는 통지대상에서 제외된다.

구법에서는 정보주체가 이용내역 통지를 거부하더라도 정보통신서비스제공자등은 이를 이행하여야 한다고 해석하였으나[165] 개정법에서는 거부의사를 표시한 경우에는 통지의 대상에서 제외하도록 하였다. 그 외에도 연락처 등 정보주체에 통지할 수 있는 개인정보를 수집, 보유하지 아니한 경우에도 통지하지 아니할 수 있다(법 제20조의2 제1항 제2문).

5. 통지의 방법 및 시기

이용내역 통지는 ① 서면, 전자우편, 전화, 문자전송 등 정보주체가 통지 내용을 쉽게 확인할 수 있는 방법이나 ② 재화 및 서비스를 제공하는 과정에서 정보주체가 쉽게 알 수 있도록 알림창을 통해 알리는 방법(개인정보 이용, 제공 내역을 확인할 수 있는 정보시스템에 접속하는 방법을 통지하는 경우로 한정한다) 중의 어느 하나에 해당하는 방법으로 하면 된다.

---

164) 개인정보보호위원회, 개인정보 법령 및 지침·고시 해설, 2020, 454면.
165) 개인정보보호위원회, 개인정보 법령 및 지침·고시 해설, 2020, 455면.

통지의 시기는 연 1회 이상이어야 하며, 그중 어느 시기에 할 것인지는 개인정보처리자가 정할 수 있다.

6. 가명정보의 제외

이용내역 통지 제도는 가명정보에 대하여는 적용하지 아니한다(법 제28조의7).

7. 위반 시 제재

법 제20조의2 제1항을 위반하여 개인정보의 이용, 제공 내역이나 이용, 제공 내역을 확인할 수 있는 정보시스템에 접속하는 방법을 통지하지 아니한 자에게는 3천만 원 이하의 과태료를 부과할 수 있다(법 제75조 제2항 제3호).

제 7 절
개인정보의 파기

I. 개인정보 파기의 의의

1. 개인정보 파기의 개념

개인정보보호법, 시행령, 표준지침 등은 개인정보의 파기(破棄)가 구체적으로 무엇을 의미하는지 언급하고 있지 않다. 다만, 보유기관의 경과, 개인정보의 처리목적 달성 등 개인정보가 불필요하게 되었을 때에는 지체없이 그 개인정보를 파기하도록 규정하고 있을 뿐이다(법 제21조 제1항). GDPR에 의하면, 수집하였거나 처리하고 있는 목적에 관하여 해당 개인정보가 더 이상 필요하지 않게 된 경우 정보주체는 자신에 관한 개인정보가 삭제되어 더 이상 처리되지 않도록 요구할 권리를 보유한다.[166] 즉, 개인정보를 삭제하여 더 이상의 처리가 가능하지 않도록 만드는 것이 우리 보호법의 개인정보의 파기에 대응되는 개념이라고 볼 수 있다. 여기에서의 방점은 삭제가 아니라 더 이상의 처리가 가능하지 않도록 하는 조치에 있다. 일본 개인정보보호법(2023.4.1. 전면개정)은 개인정보 '처리'의 개념을 정의하지 않는다. 이에 따라 처리를 구성하는 하위 개념인 파기의 정의도 별도로 마련하고 있지 않다. 다만, 더 이상 필요가 없는 때에는 지체 없이 해당 개인정보를 지우도록(='소거') 노력해야 한다는 의무를 규정하고 있을 뿐이다(일본 개인정보보호법 제22조).

2. 유사 개념의 비교(삭제와 파기)

개인정보보호법은 파기의 경우와 마찬가지로 삭제의 개념을 별도로 정의하지 않는다. 가명처리(법 제2조), 정보주체의 권리(법 제4조), 노출된 개인정보의 삭제·차단(법 제34조의2), 개인정보의 정정·삭제(법 제36조) 등에서 삭제에 관하여 언급하고 있을 뿐이다. 정보주체는 자신의 개인정보 처리와 관련하여 개인정보의 처리 정지, 정정·삭제 및 파기를 요구할 권리를 가지는

---

166) Recital 65, GDPR.

데(법 제4조 제4호), 이에 의하면 삭제와 파기는 각기 구분되는 개념임을 확인할 수 있다. 다만, 이들 개념에 대한 정의가 법에 부재한 상황에서 사전적 의미 이상의 차이를 찾기는 어려운 것으로 보인다. 표준지침(고시 제2020-1호)은 개인영상정보의 파기 방법으로 "전자기적(電磁氣的) 파일 형태의 개인영상정보는 복원이 불가능한 기술적 방법으로 영구 삭제"를 제시하고 있는 바(표준지침 제41조 제3항 제2호), 이에 의하면 개인정보의 삭제는 파기를 달성하기 위한 하나의 수단에 해당하는 것으로 볼 수 있다. 다만, 삭제만으로는 파기가 달성되었다 보기는 어렵고, GDPR의 경우와 같이 해당 개인정보가 더 이상의 처리가 가능하지 않도록 필요한 조치를 취한 것이 보장되어야 파기에 이른 것으로 볼 수 있을 것이다. 기타, 삭제는 정보주체의 권리로서 요구할 수 있는 것이라는 점, 파기는 정보주체가 처리 정지를 요구하거나 동의를 철회하는 경우 개인정보처리자가 이행해야 할 조치라는 점에서 어느 정도 개념적으로 구분되는 측면이 있다.

3. 파기의 시기, 방법, 절차

1) 파기 시기

개인정보처리자는 개인정보가 불필요하게 되었을 때에는 지체없이 해당 개인정보를 파기해야 한다. 여기에서 "개인정보가 불필요하게 되었을 때"를 판단하려면 당초 개인정보의 수집 및 이용 목적에 관한 맥락을 고려해야 한다. 우선, 개인정보 수집 과정에서 정보주체에게 알린 개인정보의 수집 및 이용 목적(제3자 제공의 경우, 제공받는 자의 이용 목적)이 달성되었는지 여부를 기준으로 판단해야 하며, 객관적 시각을 견지해야 한다. 수집 및 이용 목적이 달성되지 않은 경우라 할지라도 사업의 종료, 서비스의 중단, 개인정보를 활용하지 않더라도 서비스 제공에 문제가 없도록 하는 기술의 적용 등 더 이상 개인정보를 이용할 필요가 없게 된 경우에도 개인정보가 불필요하게 된 것으로 보아 개인정보처리자는 기존에 보유했던 개인정보를 파기해야 한다. 또한, 개인정보처리자가 개인정보 수집 당시 고지하고 동의를 받았던 '보유기간'이 경과한 경우에도 개인정보를 파기해야 한다. 다만, 보유기간의 경과에도 불구하고 개인정보를 연장하여 보유해야 할 불가피한 사정이 존재한다면, 정보주체로부터 보유 및 이용기간에 대한 연장에 관하여 다시 동의를 받는 방식으로 파기를 하지 않는 것도 가능하다. 기타, "지체없이"는 정당한 사유가 없는 한, 해당 개인정보가 불필요하게 된 때로부터 5일 이내를 의미한다(표준지침 제10조 제1항).[167]

---

167) 법제처는 「민원사무처리에 관한 법률 시행령」 제21조 제1항에 따른 '동일한 내용의 민원'과 같은 법 시행령 제24조 제1항에 따른 '지체없이'의 의미(「민원사무처리에 관한 법률 시행령」 제21조 등 관련)에 관한 질의회신을 통해, 법령에서 사용되고 있는 "지체없이"라는 표현은 시간적 즉시성이 강하게 요구되지만 정당하거나 합리적인 이유에 따른 지체는 허용되는 것으로 사정이 허락하는 한 가장 신속하게 해야 한다는 뜻으로 사용되는 법령용어라고 설명하면서, 몇 시간 또는 몇 일과 같이 물리적인 시간 또는 기간을 의미한다기보다는 민원사무의 처리결과를

2) 파기 방법

개인정보처리자가 법 제21조에 따라 개인정보를 파기할 때에는 전자적 형태의 경우 복원이 불가능한 방법으로 영구삭제하되, 기술적 특성으로 영구삭제가 현저히 곤란한 경우에는 법 제58조의2에 해당하는 정보(소위 '익명정보')로 처리하여 복원이 불가능하도록 조치해야 한다. 기타 기록물, 인쇄물, 서면, 그 밖의 기록매체인 경우 파쇄하거나 소각해야 한다(시행령 제16조 제1항 제1호 및 제2호). 여기에서 "복원이 불가능한 방법"이란 현재의 기술수준에서 사회통념상 적정한 비용으로 파기한 개인정보의 복원이 불가능하도록 조치하는 방법을 말한다(표준지침 제10조 제2항).

구체적으로, 개인정보처리자는 개인정보를 파기할 경우 ① 완전파괴(소각·파쇄 등), ② 전용 소자장비(자기장을 이용해 저장장치의 데이터를 삭제하는 장비)를 이용하여 삭제, ③ 데이터가 복원되지 않도록 초기화 또는 덮어쓰기 수행 중 어느 하나의 조치를 하여야 한다(고시 제13조 제1항). 개인정보처리자가 개인정보의 일부만을 파기하는 경우, 완전파괴, 전용 소자장비를 이용하여 삭제, 데이터가 복원되지 않도록 초기화 또는 덮어쓰기 수행 등의 방법으로 파기하는 것이 어려울 때에는 ① 전자적 파일 형태인 경우 개인정보를 삭제한 후 복구 및 재생되지 않도록 관리 및 감독, ② ①외의 기록물, 인쇄물, 서면, 그 밖의 기록매체인 경우 해당 부분을 마스킹, 구멍 뚫기 등으로 삭제의 조치를 하여야 한다(고시 제13조 제2항). 예를 들어, 온라인 서비스를 이용하는 특정 회원이 탈퇴를 하는 경우, 회원정보가 등록되어 있는 데이터베이스에서 해당 회원의 정보(레코드)만을 삭제하게 된다. 이때 데이터베이스에 기록된 여러 데이터 중, 해당 회원의 정보에 해당하는 특정 행(row)만 삭제한 후 복구 및 재생되지 않도록 관리 및 감독하는 것이 위 ①에 해당하는 사례가 된다.

3) 파기 절차

개인정보처리자는 개인정보의 파기에 관한 사항을 기록·관리하여야 하며(표준지침 제10조 제4항), 개인정보 파기 시행 후 파기 결과를 확인하여야 한다(표준지침 같은 조 제5항). 개인정보처리자 중 공공기관의 개인정보파일 파기에 관하여는 표준지침 제55조 및 제56조가 적용된다. 공공기관의 개인정보파일 파기의 경우, 개인정보취급자는 파기 사유가 발생한 개인정보파일을 선정하고 별지 제4호 서식에 따른 개인정보파일 파기요청서에 필요 사항을 기재하여 개인정보

사정이 허락하는 한 가장 신속하게 처리해야 하는 기간을 의미한다는 법령해석을 제시했다. 즉, 시간의 관점에서 "지체없이"는 사안에 따라 구체적·개별적으로 판단해야 하는 불확정적 개념으로 보아야 한다는 것이다. 이에 반해, 표준지침은 "지체없이"에 대하여 5일이라는 확정적 기한을 제시한다는 점에서 통상의 법 해석과 다소 상이한 입장을 취하고 있는 것으로 보인다. 참고로, 개인정보보호위원회가 발간한 개인정보 보호 법령 및 지침·고시 해설(2020)은 파기 시점을 "필요 없게 된 날로부터 근무일 기준 5일 이내(138면)"라고 하여, 표준지침보다 보다 시간적으로 더 확장된 해석을 제시하고 있다. 이에 관해선 다음 링크에서 법제처의 법령해석을 참조할 수 있다. https://www.moleg.go.kr/lawinfo/nwLwAnInfo.mo?mid=null&cs_seq=100138&currentPage=419&keyField=&keyWord=&sort=date

보호책임자의 승인을 받아 개인정보를 파기하여야 한다(표준지침 제55조 제3항). 또한, 이 경우 개인정보 보호책임자는 개인정보 파기 시행 후 파기 결과를 확인하고 별지 제5호 서식에 따른 개인정보파일 파기 관리대장을 작성하여야 한다(표준지침 제55조 제4항). 표준지침의 별지 제4호 및 제5호 서식의 경우, 같은 지침 제10조 제4항에 따른 '개인정보의 파기에 관한 사항을 기록·관리'하기 위한 목적으로 일반 개인정보처리자도 실무에 활용할 수 있다.

II. 개인정보 파기 관련 규정

개인정보의 파기(破棄)는 법 제2조 제2호에서 정한 "처리"의 한 유형으로, 정보주체는 자신의 개인정보 처리와 관련하여 이의 파기를 요구할 권리를 갖는다(법 제4조 제4호). 한편, 개인정보처리자는 개인정보 처리방침에 개인정보의 파기절차 및 파기방법(법 제21조 제1항 단서에 따라 개인정보를 보존하여야 하는 경우, 그 보존근거와 보존하는 개인정보 항목을 포함)을 정하여 공개해야 한다. 개인정보 처리방침에 파기절차 및 파기방법을 정하여 공개하는 것은, 정보주체가 파기를 요구할 권리를 행사하는데 있어 필요한 정보를 제공한다는 측면에서 상당히 중요한 의미를 지닌다.

정보주체는 개인정보처리자에 대하여 자신의 개인정보 처리의 정지를 요구하거나 개인정보 처리에 대한 동의를 철회할 수 있는데(법 제37조 제1항), 이 경우 개인정보처리자는 지체없이 수집된 개인정보를 복구·재생 할 수 없도록 파기하는 등 필요한 조치를 하여야 한다(법 제37조 제3항 본문). 다만, 법률에 특별한 규정이 있거나 법령상 의무를 준수하기 위하여 불가피한 경우, 다른 사람의 생명·신체를 해할 우려가 있거나 다른 사람의 재산과 그 밖의 이익을 부당하게 침해할 우려가 있는 경우, 공공기관이 개인정보를 처리하지 아니하면 다른 법률에서 정하는 소관 업무를 수행할 수 없는 경우에 해당하면 동의 철회에 따른 조치를 하지 아니할 수 있다(법 제37조 제2항 및 제3항 단서). 또한, 개인정보처리자는 정보주체의 요구에 따라 처리가 정지된 개인정보에 대하여 지체 없이 해당 개인정보의 파기 등 필요한 조치를 하여야 한다(법 제37조 제5항).

한편, 가명정보의 처리에 관하여 파기와 관련한 규정들이 새롭게 도입되었다. 법 제28조의2 (가명정보의처리 등) 또는 법 제28조의3(가명정보의 결합 제한)에 따라 가명정보를 처리하고자 하는 경우에는 가명정보의 처리 목적, 제3자 제공 시 제공받는 자, 가명정보의 처리 기간(제2항에 따라 처리 기간을 별도로 정한 경우에 한함) 등 가명정보의 처리 내용을 관리하기 위하여 대통령령으로 정하는 사항에 대한 관련 기록을 작성하여 보관하여야 하며, 가명정보를 파기한 경우에는 파기한 날부터 3년 이상 보관하여야 한다(법 제28조의4 제3항). 개인정보처리자는 법 제28조의2 또는 법 제28조의3에 따라 가명정보를 처리하는 과정에서 특정 개인을 알아볼 수 있는 정보가 생성된 경우에는 즉시 해당 정보의 처리를 중지하고, 지체 없이 회수·파기하여야 한다(법 제28

조의5 제2항).

III. 외국 법제와의 비교

1. 영국

1) 관련 규정

2018년, 영국 의회는 유럽연합 이탈법[the European Union (Withdrawal) Act 2018]을 통과시켜 유럽연합으로부터의 분리에 관한 준비에 착수했다. 이 법은 유럽연합 법제의 일부를 영국의 자국법에 반영하도록 하는데, 이의 일환으로 GDPR이 온전히 영국의 법제로 받아들여졌다. 유럽연합 사법법원은 2020년 12월 31일까지 GDPR을 영국에 적용시킬 수 있었고, 2021년이 시작되는 시점에 영국 법체계에서 유럽연합의 GDPR은 더 이상 유효하지 않게 되었으며 the UK GDPR로 대체되었다. 이런 연유로 the UK GDPR은 영국 내 컨트롤러(controller)에 대하여 영국 개인정보보호법(Data Protection Act 2018)과 함께 적용될 수 있다.[168)169)]

개인정보의 파기(삭제)에 관한 규정은 the UK GDPR의 제6조, 제7조, 제12조, 제17조에 걸쳐 규정되어 있다.[170)] 이에 의하면 정보주체는 '잊힐 권리(the right to be forgotten)'로 알려진 삭제권(right to erasure)을 갖는데, 이는 절대적인 권리가 아니라 일정한 상황에서만 적용되는 제한적 권리이다. 해당 권리는 권리 행사 시점에 컨트롤러가 보유하고 있는 데이터에 한정하여 적용되며, 장래에 생성될 데이터를 대상으로 행사할 수는 없다. 정보주체가 자신의 개인정보를 파기(삭제)하도록 요구할 수 있는 경우는 다음의 경우로 제한된다.[171)]

- 당초 수집하였거나 처리할 목적에 비추어 개인정보가 더 이상 필요하지 않은 경우
- 개인정보 보유의 근거가 정보주체의 '동의'이고, 정보주체가 동의를 철회한 경우
- 개인정보 처리의 근거가 '정당한 이익'이고, 정보주체가 개인정보의 처리에 반대의 의사를 표시한 동시에 해당 개인정보 처리를 지속할 만한 정당한 이익("overriding legitimate interest")이 존재하지 않는 경우
- 직접 마케팅 목적으로 개인정보를 처리하고, 정보주체가 그에 반대의 의사를 표시한 경우

---

168) Information Commissioner's Office, "The UK GDPR", https://ico.org.uk/for-organisations/data-protection-and-the-eu/data-protection-and-the-eu-in-detail/the-uk-gdpr/ (2023. 12. 31. 최종확인).

169) Thomson Reuters, "Glossary: UK GDPR", https://uk.practicallaw.thomsonreuters.com/w-026-8528 (2023. 12. 31. 최종확인).

170) Article 6(Lawfulness of processing), Article 7(Conditions for consent), Article 12(Transparent information, communication and modalities for the exercise of the rights fo the data subject), Article 17(Right to erasure('right to be forgotten')

171) Article 17(1)(a) to (j), the UK GDPR.

- 개인정보를 불법적으로 처리한 경우
- 법적 의무를 준수하기 위한 경우
- 아동동을 대상으로 정보사회서비스(information society services)를 제공하기 위해 개인정보를 처리하는 경우

개인정보를 제공한 경우, 각각의 수령인(recipient)에게 개인정보 삭제권의 접수와 행사에 관한 사항을 알려야 한다. 단, 이것이 불가능하거나, 불합리한 수준의 노력을 요구하는 경우에는 그렇지 않다. 또한, 정보주체의 요청이 있는 경우 수령인에 관한 사항을 정보주체에게 알려야 한다. 개인정보가 온라인 환경에서 공개된 경우, 해당 개인정보를 처리하는 다른 컨트롤러에게 링크, 사본, 복제본을 삭제하도록 알리는 합리적인 조치를 취해야 한다. 이 경우, 합리적인 조치를 위해 입수 가능한 기술과 집행에 소요되는 비용을 고려할 수 있다.[172]

삭제권은 개인정보 처리가 다음 중 어느 하나를 위해 필요한 경우에는 적용되지 않는다.[173]
- 표현 및 정보의 자유에 대한 권리를 행사하는 경우
- 법적 의무사항을 준수하기 위해 필요한 경우
- 공익 내지 공적 권한의 행사를 위해 수행하는 과업을 실행하는 경우
- 공익, 과학적 연구, 역사적 연구 또는 통계적 목적을 위한 보관 목적으로, 삭제할 경우 해당 처리의 달성이 불가능해지거나 심각하게 손상될 가능성이 있는 경우
- 법적 청구의 성립 행사 또는 방어를 위한 경우

기타, 법에 따라 개인정보의 처리를 요구받는 경우, 삭제권은 적용되지 않는다.

또한, 특별한 유형의 개인정보(소위 '민감정보')의 경우 ① 공공의 이익을 위해 공중 보건 목적으로 처리가 필요하다거나, ② 예방 또는 직업 의학, 직원의 업무 능력, 의학적 진단, 보건 또는 사회복지 제공, 보건 또는 사회복지 시스템 또는 서비스 관리를 위해 처리가 필요한 때에는(단, 이는 법적 비밀 유지 의무가 있는 전문가(예: 의료 전문가)에 의해 또는 해당 전문가의 책임 하에 데이터가 처리되는 경우에만 적용) 삭제권은 적용되지 않는다.[174]

정보주체의 권리 행사에 대한 면제(exemption) 규정에 따라 삭제권 행사에도 불구하고 명백히 근거가 부재하거나 과도한 경우(manifestly unfounded or excessive)에는 이를 거부할 수 있다. 삭제권 행사 거부 시, 개인에게 권리 행사 요구를 받은 시점에서 1개월 이내에 요청에 대응하지 않는 사유, 개인정보보호위원회(ICO)나 다른 감독 당국에 이의를 제기할 권리가 있다는 사실, 그

---

172) Article 17(2), the UK GDPR.
173) Article 17(3), the UK GDPR.
174) Article 9(2)(i) and (j), the UK GDPR.

리고 사법적 구제수단을 통해 해당 권리를 행사하는 방안을 찾아볼 수 있다는 점 등을 지체없이 알려야 한다.[175]

2) 개인정보 파기의 방법("Beyond Use")

컨트롤러가 유효한 삭제권 행사 요청을 접수하고, 개인정보 삭제의 예외가 적용되지 않는 경우라면 실제 서비스가 제공되고 있는 시스템(live system)에서뿐만 아니라 '백업 시스템'에서도 개인정보를 삭제하는데 필요한 조치를 취해야 한다. 이때, 컨트롤러가 처한 상황, 데이터 보유(retention) 기간, 파기에 사용할 수 있는 기술적 수단 등을 고려할 수 있다. 개인정보 삭제를 실행하는 경우, 백업 시스템을 포함하여 정보주체의 개인정보에 어떤 영향이 미칠 수 있는지 정보주체에게 명확히 알려야 한다. 특히, 실제 서비스가 제공되는 시스템에서는 개인정보가 지체없이 파기될 수 있으나, 백업 환경에선 기존에 저장된 데이터를 덮어쓰기(overwriting) 하기 전까지 일정한 시간이 소요될 수 있다는 점도 알려야 한다.

이 경우, 핵심은 기존의 데이터를 즉시 덮어쓰기 하는 것이 가능하지 않은 경우라 할지라도, 백업 데이터를 '사용 불가(beyond use)' 상태로 조치해야 한다는 것이다. 이는 백업에 포함된 개인정보를 다른 용도로 사용하지 않아야 한다는 요구이다. 즉, 정해진 일정에 따라 데이터 백업 및 기존에 저장된 데이터의 삭제를 수행하여 기존에 저장된 데이터를 파기하거나 다른 데이터로 교체할 때까지 기존에 저장·관리하던 데이터는 단순히 시스템에 보관하기만 하고, 백업 목적 외의 다른 용도로 활용해서는 안 된다는 것을 의미한다.[176][177]

그 외에 개인정보를 파기하는 경우, 개인정보가 저장된 매체 자체를 파기할 것을 요구하는 것이 일반적이다. ICO는 컴퓨터, 랩탑, 기타 기기에서 개인정보를 삭제할 때 준수해야 할 실용적인 가이드를 온라인에서 제공하는데, 물리적 파기 외에도 소프트웨어를 이용한 안전한 삭제,

---

175) Article 12(4), the UK GDPR.
176) Information Commissioner's Office, "Right to erasure",
https://ico.org.uk/for-organisations/uk-gdpr-guidance-and-resources/individual-rights/individual-rights/right-to-erasure/ (2023. 12. 31. 최종확인).
177) 영국 개인정보보호위원회(ICO)는 2012. 9월에 Data Protection Act 1998에 따라, 전자적으로 저장된 개인정보의 파기에 대해 적용되는 가이던스 성격의 'Deleting personal data'를 발간한 바 있다. 이에 따르면, ICO는 개인정보를 보유한 데이터 컨트롤러가 해당 개인정보를 '사용 불가(beyond use)' 상태로 조치하는 경우, 비록 실제로 삭제가 되지 않았다 하더라도 이에 대한 위법여부를 정책적으로 판단하지 않을 것이라고 밝혔다. 정보가 삭제되었지만 '전자 에테르'에 여전히 존재하는 경우, 해당 데이터는 '라이브 데이터'가 아니므로 데이터 컨트롤러가 데이터를 다시 사용하거나 액세스할 의도가 없는 한 데이터 보호 규정 준수에 관한 이슈가 해당 데이터에 적용되지 않는다는 것이다. 파쇄된 종이 파일 봉투에 비유하자면, 파쇄된 종이에서 정보를 재구성하는 것은 가능하지만 이는 매우 어렵고 조직이 그렇게 할 의도가 없다는 비유와 마찬가지이다. ICO가 제시한 조건은 다음 4가지를 모두 충족하는 것이다. ① 개인과 관련된 결정을 알리기 위해 또는 개인에게 어떤 식으로든 영향을 미치는 방식으로 개인 데이터를 사용할 수 없거나 사용하려고 시도하지 않을 것, ② 다른 조직에 개인 데이터에 대한 접근 권한을 부여하지 않을 것, ③ 데이터와 관련하여 적절한 보안 조치를 취할 것, ④ (가능한 경우,) 해당 정보를 영구적으로 삭제할 것을 약속할 것.

공장 초기화로의 복구, 전문가에 의한 파기절차 진행, 포맷 등의 방식까지 허용하는 등 실용적 접근법을 택하고 있다.[178]

2. 일본

일본 개인정보보호법(2022. 4. 1. 시행)은 개인정보 취급 사업자의 의무를 규정한 제4장에 개인정보의 삭제(소거)에 관한 규정을 두고 있다. 개인정보 취급 사업자는 이용 목적의 달성에 필요한 범위 내에서 개인 데이터를 정확하고 최신의 내용으로 유지하며, 이용할 필요가 없어진 경우 해당 개인 데이터를 지체 없이 삭제(소거)하도록 노력해야 한다(법 제22조).[179] 비록 이용 목적이 달성되지 않았지만, 해당 목적을 전제로 하는 사업 자체가 중단된 경우에도 해당 개인 데이터를 삭제하도록 노력해야 한다. 다만, 법령의 규정에 따른 보존 기간 등이 규정되어 있는 경우에는 그러하지 아니하다. 여기에서 개인정보의 소거(삭제)는 해당 개인 데이터를 개인정보로서 사용하지 못하도록 하는 것을 의미하는데, 삭제 외 해당 데이터에서 특정 개인을 식별하지 못하도록 조치하는 것을 포함한다.[180]

한편, 개인정보 취급 사업자는 그 종업원에게 개인 데이터를 취급하도록 할 때, 해당 데이터를 안전하게 관리할 수 있도록 적절하게 감독해야 한다(법 제23조). 일본 개인정보보호위원회는 개인정보 취급 사업자로 하여금 '물리적 안전관리 조치'로서 개인 데이터 삭제 및 기기, 전자 매체 폐기에 관하여 준수가 필요한 사항을 가이드로 제시하는데, 이에 의하면 개인 데이터를 삭제하거나 개인 데이터가 기록된 기기, 전자 매체 등을 폐기하는 경우 복원 불가능한 수단으로 해야 한다. 또한, 개인 데이터를 삭제한 경우, 또는 개인 데이터가 기록된 기기, 전자 매체 등을 폐기하는 경우, 삭제 또는 폐기한 기록을 보존하거나, 그러한 작업을 위탁하는 경우 위탁 업체가 확실히 삭제 또는 폐기한 데 대하여 증명서 등으로 확인하는 것도 중요하다고 설명한다.[181]

---

178) ICO, "Deleting your data from computers, laptops and other devices", URL: https://ico.org.uk/for-the-public/online/deleting-your-data-from-computers-laptops-and-other-devices/
179) "노력해야 한다."의 의미에 관하여 일본 개인정보보호위원회가 발간한 '개인 정보 보호에 관한 법률에 대한 가이드라인(통칙 편, 2022년 4월 일부 개정)'은 이에 따르지 않는 것을 즉시 법위반으로 판단되지는 않지만, "개인정보는 개인의 인격 존중 이념하에 신중히 취급되어야 할 것임을 감안하여 적정히 취급되어야 한다."는 법의 기본 이념(법 제3조)를 바탕으로 사업자의 특성이나 규모에 대응 가능한 경우 이를 대응하는 것이 바람직할 것이라는 설명을 제시한다.
180) 일본 개인정보보호위원회, '개인 정보 보호에 관한 법률에 대한 가이드라인(통칙 편, 2022년 4월 일부 개정)', 53면.
181) 일본 개인정보보호위원회, '개인 정보 보호에 관한 법률에 대한 가이드라인(통칙 편, 2022년 4월 일부 개정)', 173-175면.

개인 데이터 삭제 등에 관한 일본 개인정보보호위원회의 가이드(일부 발췌)		
강구해야 할 조치	방법의 예시	중소 규모 사업자의 방법의 예시
개인 데이터 삭제 및 기기, 전자 매체 등의 폐기	(개인 데이터가 기재된 서류 등을 폐기하는 방법의 예) - 소각, 용해, 적절한 분쇄 처리 등의 복원 불가능한 수단을 채택한다. (개인 데이터를 삭제하거나, 개인 데이터가 기록된 기기, 전자 매체 등을 폐기하는 방법의 예) - 정보 시스템(컴퓨터 등의 기기를 포함), 개인 데이터를 삭제할 경우 쉽게 복구할 수 없는 방법을 채택한다. - 개인 데이터가 기록된 기기, 전자 매체 등을 폐기할 경우 전용 데이터 삭제 소프트웨어의 이용 또는 물리적인 파괴 등의 수단을 채택한다.	- 개인 데이터를 삭제하거나, 개인 데이터가 기록된 기기, 전자 매체 등을 폐기한 것을 책임 있는 사람이 확인한다.

3. 미국

미국은 연방법이나 주법에서 각 법제의 목적에 따라 개인정보 삭제나 잊힐 권리에 관한 규정을 도입하는 경우가 있다. 예를 들어, 미국 연방법에 해당하는 온라인 아동 개인정보보호법(COPPA)은 부모로 하여금 자녀의 개인정보를 검토하고 삭제할 권리를 보장한다. 개별 주법인 소비자 개인정보 보호법도 개인정보에 대한 삭제권을 보장한다(캘리포니아, 버지니아, 콜로라도, 유타, 코네티컷 등).

캘리포니아주 소비자 개인정보 보호법(CCPA)는 소비자의 개인정보 삭제청구권을 보장하는데(Section 1798.105), 삭제 요구에 대한 검증, 삭제 요청 접수에 대한 전파, 삭제 기한, 비용의 청구, 삭제 범위에 관한 선택, 옵트아웃, 삭제권 행사의 예외 등에 대한 내용을 담고 있을 뿐, 개인정보 삭제에 관하여 파기의 구체적 방식을 제시하진 않는다.

특정 영역에 적용되는 법률이 개인정보 파기에 대한 내용을 규정하는 경우도 있는데, 건강보험 이전과 책임에 관한 법률(HIPAA)은 보호 대상이 되는 건강정보(PHI, protected health information)를 폐기하는 것과 관련된 요구사항을 규정한다. 구체적으로, HIPAA 보안 규칙(Security Rule)은 대상 기관이 전자 PHI 및/또는 해당 정보가 저장된 하드웨어 또는 전자 미디어의 최종 폐기를 처리하는 정책과 절차를 구현하고 미디어를 재사용할 수 있게 되기 전에 전자 미디어에서 전자 PHI를 제거하는 절차를 구현할 것을 요구한다.[182]

---

182) U.S. Dept. of Health and Human Services, "What do the HIPAA Privacy and Security Rules require of covered entities when they dispose of protected health information?", URL:
https://www.hhs.gov/hipaa/for-professionals/faq/575/what-does-hipaa-require-of-covered-entities-when-they-dispos

미국에선 통상 미디어에 저장된 전자기적 기록을 파기하는 경우 미국 국립표준 기술연구소의 NIST SP 800-88 규정에 따라 처리하는 것이 일반적이다. 해당 규정은 2006년도에 연방 정부에서 데이터를 적절히 파기하는데 필요한 가이드를 제시하기 위한 목적으로 최초로 발행되었고, 2014년 12월에 1차 개정(Rev 1)을 거쳤다. 현재 이 기준을 거의 모든 연방정부 부처, 기관 및 민간 기업 등에서 활용하고 있으며, 심지어 캐나다 개인정보보호위원회도 개인정보 파기 방식을 선정할 때 이를 참조하도록 안내하고 있다.[183] 이 기준은 매체의 삭제(media sanitization)의 방식으로 전자 매체 기기에 저장된 데이터를 제거하는 절차를 규정하는데, 데이터 파기의 방식으로 Clear, Purge, Destroy 등 3가지를 제시한다. Clear는 기존에 저장된 데이터를 임의의 데이터를 이용하여 덮어쓰기하는 것으로, 공장 출시와 같은 상태로 되돌리는 것(소위 'factory reset')도 여기에 포함된다. Purge는 데이터를 복구하기 위한 고도화된 방법이나 도구에 의해 실행되는 공격으로부터 데이터를 안전하게 보호하기 위한 것으로, 블록 삭제, 덮어쓰기, 암호학적 삭제 등이 여기에 해당한다. Destroy는 초고도화된 연구소 기술에 의한 데이터 복구로부터 데이터를 보호하기 위한 것으로, 매체의 물리적 파기(파쇄, 소각 등)가 주로 사용된다. 이 경우, 매체의 재활용은 일반적으로 불가능하게 된다.[184]

IV. 인공지능과 개인정보 파기

인공지능(AI)의 개발, 운영에 있어 개인정보 보호 측면에서 법적 고려사항을 야기하는 지점은 크게 학습데이터의 처리, 인공지능의 학습, 인공지능 서비스 제공 단계로 나눠볼 수 있다. 기타, 서비스 제공을 중단하게 되는 경우에도 개인정보 파기에 대한 고려사항을 일부 야기할 수 있다. 개인정보 파기와 관련해서 각 단계별 주요한 고려사항은 다음과 같다.

---

e-information/index.html
183) Office of the Privacy Commissioner of Canada, "Personal Information Retention and Disposal: Principles and Best Practices", June 2014, Revised: Aug. 13, 2021, URL:
https://www.priv.gc.ca/en/privacy-topics/business-privacy/safeguards-and-breaches/safeguarding-personal-information/gd_rd_201406/
184) NIST 800-88 (Rev 1)은 Clear, Purge, Destroy 등 각 데이터 파기 방식에 따른 '지속가능성(sustainability)'을 평가하여 공개하고 있는데, Clear의 경우 자산의 재활용이 가능하다는 측면에서 선호할 수 있는 결과를 기대할 수 있으며, Purge 또한 매체의 연한을 확장하는 효과를 가져온다고 평가받는다. 그런데, Destroy는 자산의 재사용을 불가능하게 하여 전자폐기물(e-waste)를 양산하기 때문에 지속가능성 측면에서는 부정적 평가를 받는다. 다만, 클린 테크 재활용 기법을 통해 재료의 일부를 재활용할 수도 있다. 이와 같은 지속가능성 측면의 평가는 지속가능한 환경의 조성과 유지를 고려한 법제도 설계 측면에서 우리 법제에도 충분히 그 도입을 고려해볼 수 있을 것이다.

인공지능 개발, 운영에서 개인정보 파기와 관련한 주요 고려사항		
단계	주요 이슈	비고
데이터 전처리	• 학습에 사용된 데이터의 파기 여부 및 그 시점 • 학습 데이터 중, 공개된 정보에 대한 파기 여부 (공개된 정보의 원천에 대한 메타데이터 포함) • 가명처리에 의한 보관기간 연장 가능성	
모델 학습	• 학습진행 중 삭제권 행사에 대한 대응	
서비스 제공	• AI 모델을 대상으로 한 개인정보 삭제권 행사 대응 • 언어 모델이 제시한 답변에 포함된 개인정보에 대한 삭제권 행사 대응	모델에 임베딩된 개인정보를 삭제해달라는 요청 접수

1. 데이터 전처리

우선 데이터 전처리 과정에서 인공지능 모델 학습에 사용된 데이터를 파기해야 할지, 파기해야 한다면 언제 파기해야 할지가 문제가 된다. 모델이 당초 의도한 바와 달리 동작하거나, 기대한 수준의 성능이 발현되지 않는 때에는 기존의 학습 데이터를 활용하여 재학습을 시켜야 할 필요가 있다는 점을 고려할 때 학습 데이터를 언제 파기해야 할지는 다양한 고려사항을 야기한다. 통상적으로 개인정보 수집 당시 동의받은 보유 및 이용기간까지 학습 데이터를 보유하고, 이를 (재)학습하는데 반복적으로 이용하는 것이 일반적일 것이나, 그러한 기한이 도래하지 않았다 하더라도 인공지능 학습이 완료되어 더 이상 학습 데이터를 재활용할 필요성이 없는 것으로 판단하는 경우 이를 파기해야 할 것이다.

공개된 정보를 학습 데이터로 사용한 경우, 데이터 원천으로부터 언제든지 다시 데이터를 확보할 수 있다고는 하나 '스크래핑'에 소요되는 시간과 비용, 그리고 정보의 원천(source)이 변경되거나 사라질 수 있는 위험을 고려할 때 공개된 정보라고 하여 일단 수집하여 보유한 학습 데이터를 쉽사리 파기해서는 안 된다는 개인정보 처리 실무현장의 논의도 충분히 고려할 필요가 있다. 공개된 정보라 할지라도 당초 수집한 시점에 정보주체로부터 동의 받은 기한의 경과 내지 개인정보 처리방침을 통해 공개한 개인정보의 파기시점 도래 등의 경우 학습 데이터를 파기하는 것을 고려할 수 있다. 기타, 데이터 전처리 과정에서 회원탈퇴 등의 방식으로 서비스 이용 계약을 종료한 정보주체의 데이터를 API를 이용하여 학습 데이터에서 제외하는 것도 적절한 파기의 방식이 될 수 있다.[185]

---

[185] 프랑스 CNIL은 2023년 10월에 공개한 인공지능 연구 및 개발에 관한 가이드라인(AI how-to sheets)에서 인공지능 학습 데이터를 재사용할 때, 준수해야 할 요건들을 제시한 바 있다. 특히, 당초 수집한 목적과 양립가능성이 존

기존에는 가명정보를 반드시 파기해야 하는지에 대한 논란이 있었으나, 법 개정으로 인해 가명정보의 처리 기관 경과 등 그 개인정보가 불필요하게 되었을 때에는 지체없이 그 개인정보를 파기해야 하므로 가명처리에 의한 개인정보의 보관기간 연장 가능성은 배제된 것으로 보아야 할 것이다. 다른 법령에 따라 보존하여야 하는 경우에는 해당 법령이 정하는 기간만큼 개인정보를 보존해야 하지만, 이렇게 보존된 개인정보를 다시 학습 목적으로 사용할 수 있다는 의미로 새길 수는 없다는 점에 주의할 필요가 있다(법 제21조 제1항).

2. 모델 학습

인공지능 모델 학습이 진행되고 있는 상황에서, 법 제35조에 따라 자신의 개인정보를 열람한 정보주체로부터 개인정보에 대한 삭제 요구가 접수된 경우 이를 어떻게 처리할 수 있을 것인지가 문제가 된다. 개인정보처리자가 이와 같은 요구를 받았을 때에는 삭제에 관하여 다른 법령에 특별한 절차가 규정되어 있는 경우를 제외하고는 지체없이 그 개인정보를 조사하여 정보주체의 요구에 따라 삭제 등 필요한 조치를 한 후 그 결과를 정보주체에게 알려야 하기 때문인데(법 제36조 제2항), 모델 학습이 완료되기 전이라면 학습 데이터에서 해당 개인정보를 특정하여 삭제 등 파기하여야 할 것이나, 데이터가 모델 학습에 반영이 되었고 아직 학습 절차가 종료되지 않은 경우 학습을 중단하고 파기를 진행할 것인지 또는 학습 절차를 완료한 후에 모델 재학습 등에 의한 방식으로 파기에 준하는 필요한 조치를 할 것인지에 대한 판단을 해야 할 것이다. 전자를 택하는 경우, 개인정보처리자는 모델 학습 중단, 대상 개인정보 확인 및 파기 진행, 모델 학습 재개 등의 절차를 거쳐야 하며, 이 과정에서 발생하는 상당한 비용을 부담해야 한다. 이로 인해 발생하는 비용, 시간, 인적 자원 등의 부담에도 불구하고 정보주체의 삭제권의 행사에 대해 개인정보처리자가 대항할 수 있는 법적 수단이 우리 법에 적절히 갖추어져 있지 않은 점은 차후 법 개정 논의에서 다루어져야 할 필요가 있다.[186]

재하는지 확인해야 한다는 점을 강조했다. 공개된 데이터를 재사용하는 경우, 해당 데이터가 합법적으로 생성된 것인지 확인해야 하며, 이러한 데이터의 사용에 관해 법적 요구사항 준수 여부를 확인해야 하는 주된 주체는 최초 이를 공개한 자가 된다는 입장을 밝히기도 했다. 이에 관한 보다 자세한 내용은 다음 링크를 참조할 수 있다.
- https://cnil.fr/en/ensuring-lawfulness-data-processing

186) GDPR은 개별 권리를 규정한 조항 및 제23조(제한)에 권리 행사의 제한에 관한 내용을 다양하게 규정하고 있으나, 우리나라의 경우 정보주체의 권리 행사에 대한 제한이 거의 부재하다시피 하다. 개인정보 삭제권을 행사하려는 전제 조건으로 개인정보 열람권 행사가 이뤄져야 하며(법 제36조 제1항), 열람권의 행사에는 일정한 제한이 존재하기는 하나(법 제35조 제4항 각호), GDPR에 규정된 다양한 권리 제한 규정과는 근본적인 차이가 존재한다. 개인정보보호법에 규정된 정보주체의 권리 외의 다른 권리와의 조화, 행사된 권리에 따라 이를 이행하는 개인정보처리자의 정당한 사정, 기타 사회 상규 등에 따라 권리행사가 제한되어야 하는 상황 등을 종합적으로 고려하여 정보주체의 권리 행사에 대한 제한규정이 마련될 필요가 있을 것으로 보인다.

3. 서비스 제공

모델 학습이 완료되고, 이를 기반으로 한 서비스가 제공되는 과정에서 모델이 학습한 자신에 관한 개인정보에 대해 정보주체가 삭제권을 행사하는 경우 이를 모델에서 배제할 수 있을지가 문제가 된다. 또한, 이용자의 질의의 결과로 인공지능 모델이 제시하는 답변이 특정 개인을 식별할 수 있는 정보에 해당하는 경우, 이를 근거로 자신에 관한 개인정보를 모델로부터 파기할 것을 요구할 수 있을지도 문제가 된다. 전자의 경우 종래 DB 검색을 기반으로 한 모델(소위 Retrieval Based Model)과 답변을 생성하는 모델(Generative Model)을 구분하여 판단하되, 전자의 경우 답변 DB에서 해당 개인정보를 삭제하는 조치와 더불어 모델 학습에 정보주체의 개인정보가 사용되었는지 여부를 확인하여 대응할 수 있을 것이다. 후자의 경우, 원본과의 동일성을 입증하는 것에서부터 인공지능 모델의 자율성에 따라 동일한 답변이 반복적으로 생성되는지 또는 동명이인에 대한 정보를 학습한 것은 아닌지 등 다양한 고려사항이 존재한다.[187]

서비스 제공 과정에서 인공지능 모델에 내재된 개인정보를 파기하는 방법으로는 크게 모델 자체를 폐기하는 것과 모델을 (파기하지 않고) 재학습하여 특정 정보주체에 관한 정보를 답변으로 제시하지 않도록 교정하는 방법이 있다. 전자의 방식을 택하는 경우는 현실적으로 매우 제한적일 것으로 보이지만, 미국 FTC는 개인정보 침해 사안에 있어 불법적으로 수집한 개인정보에 기반하여 생성된 알고리즘 폐기를 제안(proposed order)하여 합의(settlement)에 이른 사례도 있으므로 이러한 정책적 선택이 미국 외로 확대될 것인지 주목할 필요가 있을 것으로 보인다.[188]

---

187) 전응준, "[Trend]ChatGPT 등 생성형 인공지능 모델이 제기하는 개인정보 보호 관련 쟁점", 2023. 6. 30.에 의하면, "생성형 인공지능은 이용자의 프롬프트의 지시나 유도를 받지만 AI 스스로가 상당한 자율성을 가지고 블랙박스적인 복잡한 경로에 따라 산출물을 생성한다. 이를 고려하면 가사 학습데이터에 포함된 개인정보나 저작물이 산출물에서 동일하게 생성되었다고 하여 이러한 현상을 의도적인 침해로 단정하기는 어렵다. 생성형 인공지능 산출물 단계(OUTPUT 단계)에서 개인정보 등의 침해 여부는 이와 같은 복합적인 성격을 모두 고려해야 한다."라고 하여 생성형 인공지능 모델의 답변에 개인정보가 포함되었다는 사실만으로 이것이 정보주체에게 귀속되는 정보라고 단정하기 어렵다는 견해를 확인할 수 있다.

188) 미국 FTC는 알고리즘 폐기 제안하고, 이를 조건으로 합의에 도달한 복수의 법집행 사례를 가지고 있는데, 이를 가리켜 알고리즘 폐기(algorithm disgorgement or deletion)라고 한다. 이런 사례는 대부분의 경우 부적절하게 수급한 데이터를 이용하여 구축한 알고리즘을 대상으로 한다. FTC가 알고리즘 폐기를 처벌의 수단으로 최초로 사용한 사례로는 EverAlbum을 상대로 한 2021년도 1월의 합의(settlement)로 확인된다. 보다 자세한 내용은 다음 글을 참조할 수 있다 - Akin Gump Strauss Hauser & Feld LLP, "FTC Orders Company to Delete Algorithms Made with Data Alleged to Be Improperly Obtained", 2022. 5. 26, URL: https://www.akingump.com/en/insights/blogs/ag-data-dive/ftc-orders-company-to-delete-algorithms-made-with-data-alleged-to-be-improperly-obtained

V. 블록체인과 개인정보 파기

1. 블록체인 기술의 특징

블록체인(Blockchain) 기술은 일종의 분산형 데이터베이스 기술이라 할 수 있다. 블록체인은 정보를 안전하게 공유할 수 있는 기술이며, 데이터는 데이터베이스에 저장된다. 거래는 장부 (ledger)라고 하는 회계 장부에 기록된다. 블록체인은 오늘날 최고의 기술 트렌드 중 하나인 분산 데이터베이스 또는 원장의 일종으로, 블록체인을 업데이트하는 권한이 공용 또는 사설 컴퓨터 네트워크의 노드(node) 또는 참여자 간에 분산되어 있음을 의미한다. 이를 분산 원장 기술 (DLT, Distributed Ledger Technology)이라고 한다. 노드는 블록체인을 업데이트할 때 디지털 토큰이나 통화로 인센티브를 받는다. 연쇄적으로 연결된 블록에 데이터를 저장하고, 네트워크의 합의 없이 체인을 삭제하거나 수정할 수 없도록 하며 이에 기록된 데이터는 시간 순서대로 일관성을 갖도록 한다.[189]

블록체인은 여러 기술적 특징을 갖지만, 그중 대표적으로 꼽을 수 있는 것에는 탈중앙성 (Decentralization), 신뢰성(Trust), 공유 및 공개(Shared and Public), 불변성(Immutability), 중복성(Redundancy) 등이 있다.[190] 이 가운데 불변성은 블록체인에 고유성을 부여하는 요소로서, 디지털 통화 거래를 가능하게 하며 블록체인에 기록된 데이터에 대한 보안성을 부여한다. 이는 '진실'을 임의로 변경하려는 어느 일방 개인의 시도로부터 데이터를 안전하게 보호할 수 있는 방식이다. DLT에 저장되는 거래 데이터는 평문이 아니라 암호화 되어 저장된다. DLT는 비대칭 암호화(asymmetric encryption) 기법에 의존하는데, 이는 개인키(private key)와 공개키(public key)의 쌍으로 암호화된 데이터를 복호화 할 수 있는 방식이다. 공개키는 DLT의 검증을 가능하게 하는 주요 요소인데, 공개키가 개인에게 연계되어 있는 경우 이는 개인정보에 해당하며 이로 인해 개인정보인 공개키가 블록에 저장됨으로서 불변성을 얻게 되므로 개인정보 삭제와 관련한 GDPR 규정과 충돌할 수밖에 없다는 점이 문제로 제기되기도 한다.[191]

이러한 특징으로 인해 블록체인 기술은 기존의 개인정보 법제와 긴장 관계를 유지할 수밖에 없다. 특히, GDPR은 개별 정보주체의 개인정보 처리에 관하여 그 목적과 수단을 결정하는 데이터 컨트롤러(data controller)가 최소한 1인(법인 또는 자연인)이 존재한다는 가정하에 운용되는

---

189) Mckinsey&Company, "What is blockchain?", Dec. 5, 2022, URL: https://www.mckinsey.com/featured-insights/mckinsey-explainers/what-is-blockchain

190) https://www.sciencesphere.org/ijispm/archive/ijispm-100302.pdf

191) Reid, F., Harrigan, M. (2013). An Analysis of Anonymity in the Bitcoin System. In: Altshuler, Y., Elovici, Y., Cremers, A., Aharony, N., Pentland, A. (eds) Security and Privacy in Social Networks. Springer, New York, NY. https://arxiv.org/pdf/1107.4524.pdf

법제인데, 블록체인의 경우 탈중앙화를 추구하는 과정에서 단일한 컨트롤러가 아닌 다양한 플레이어들이 개인정보 처리에 개입하는 구조라는 점이 가장 큰 긴장 관계를 초래하는 요소라 할 수 있다. 또 다른 요소로, GDPR은 법적 요구사항을 준수하기 위하여 데이터가 수정되거나 삭제될 수 있다는 가정에 기반하고 있으나, 블록체인의 경우 데이터 무결성과 네트워크에서의 신뢰성 보장을 위해 이와 같은 가정을 실현하는 것을 매우 어렵게 만든다. 그 외에도 GDPR의 개인정보 보호원칙(특히, 개인정보 최소처리 원칙이나 목적 제한 원칙 등)이 블록체인의 정신 및 실제 운용방식과도 충돌을 야기하는 점도 개인정보 법제와의 긴장을 강화하는 또 다른 요인이 된다. 이는 여타 국가의 개인정보 보호 법제에서도 유사한 긴장을 야기한다.[192)]

이와 같은 블록체인의 기술적 특성으로 인하여 블록체인 기술이 적용된 경우, 개인정보의 파기가 (규범적 관점에서) 가능한 것인지 문제가 된다.

2. 블록체인의 유형

모든 블록체인 유형은 퍼미션리스(permissionless), 퍼미션드(permissioned) 또는 양자 모두의 성격을 갖는 것으로 구분할 수 있다. 퍼미션리스 블록체인은 블록체인 네트워크에 가명이나 익명으로 누구나 참여할 수 있도록 허용하며, 각 참여하는 노드의 권리를 제한하지 않는다. 이에 반해, 퍼미션드 블록체인은 네트워크에 대한 접근을 일정한 노드로 제한하고 필요에 따라 그러한 네트워크에서의 노드에 대하여 권리행사를 제한할 수도 있다.

이와 같은 블록체인의 성격에 기반하여 블록체인 유형을 크게 퍼블릭, 프라이빗, 하이브리드, 컨소시엄 등 4개 유형으로 구분할 수 있다.

---

192) European Parliamentary Research Service(European Parliament), "Blockchain and the General Data Protection Regulation: Can distributed ledgers be squared with European data protection law?", p.2-3, July 2019, URL: https://www.europarl.europa.eu/RegData/etudes/STUD/2019/634445/EPRS_STU(2019)634445_EN.pdf

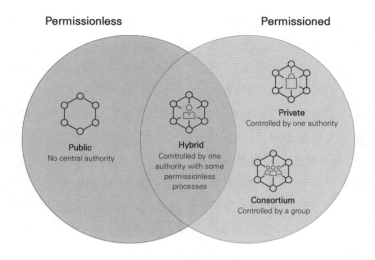

블록체인의 성격 및 유형 분류

출처: Foley & Lardner LLP[193]

통상적으로 블록체인이라고 하면 퍼블릭 블록체인을 의미하는 경우가 많은데, 여기엔 누구나 참여할 수 있고 모든 참여자들의 상호 검증을 거친다. 별도의 허가나 권한 부여 없이 모든 거래 참여자가 관리자가 되고 누구나 블록체인상의 데이터에 접근이 가능하다. 이에 반해 프라이빗 블록체인은 승인받은 노드만이 거래를 검증하고 승인할 수 있는 블록체인이다. 폐쇄형 또는 허가형 블록체인이라고도 불리며, 거래 내역이나 수행 내역들이 외부에 공개되지 않고 추적도 일반적으로 불가능하다. 컨소시엄 블록체인은 컨소시엄에 참여한 노드만이 참여할 수 있는 프라이빗 블록체인의 일종이다. 마지막으로 하이브리드 블록체인은 퍼블릭 블록체인과 프라이빗 블록체인이 연결된 블록체인을 의미한다. 발생하는 모든 거래는 비공개로 할 수 있으며 검증이 필요할 경우 거래 내역을 공개할 수도 있다. 외부 참여자가 블록체인 내부의 거래내역을 볼 수 없지만 접근 허가를 받으면 블록체인의 활동에 참여할 수 있다. 하지만 다른 사용자의 정보에 대해서는 접근이 불가능한 특징이 있다.[194]

3. 블록체인과 개인정보의 파기

기간이 경과하였거나, 수집 및 이용목적이 달성된 경우 등 개인정보가 더 이상 필요하지 않

---

193) https://www.foley.com/en/insights/publications/2021/08/types-of-blockchain-public-private-between
194) 업비트 투자자보호센터, "블록체인의 종류", 2021. 12. 14. https://upbitcare.com/academy/education/blockchain/68

게 된 것이 명확하다면 이를 파기해야 하는데, 이때 파기를 수행해야 하는 자는 개인정보처리자이다. 블록체인의 경우 누가 개인정보처리자에 해당하는지 결정하는 것이 문제가 된다. 분산화 시스템의 특성상, 이를 구성하여 운영을 개시한 이후에는 누가 해당 개인정보처리시스템의 개인정보처리자가 될 것인지 특정하는 것이 결코 용이하지 않다. 블록체인의 유형 가운데 누구에게나 공개되고, 참여(읽기 및 쓰기)에도 제한이 없는 유형인 퍼미션리스(permissionless)의 경우, 모든 참여자가 개인정보처리자에 해당할 수 있다는 견해도 있다.[195][196]

개인정보처리자의 식별과 함께, 기간의 경과나 개인정보의 수집 및 이용목적의 달성 등 개인정보가 더 이상의 필요하지 않다는 점을 확인할 수 있는 방법을 찾는 것도 블록체인에선 상당히 곤란하다. 이는 블록체인의 기술적 특징에 기반한 것으로, 당초 블록체인에 기록되는 거래는 참여자나 관찰자 모두에 의해 언제라도 검증가능할 수 있도록 공개가 되는 것을 목적으로 하며, 그러한 목적을 달성하기 위하여 불변성을 갖는 블록체인 기술을 활용하는 것이기 때문이다. 이러한 이유로 기존에 블록체인 기술을 통해 개인정보를 처리하는 개인정보처리자는 개인정보 수집 및 이용기간을 영구로 설정하는 경우도 있다.

보호위원회는 법 시행령에 단서 조항을 신설하여, 기술적 특성으로 영구 삭제가 현저히 곤란한 경우에는 시간·비용·기술 등을 합리적으로 고려할 때 다른 정보를 사용하여도 더 이상 개인을 알아볼 수 없는 정보(법 제58조의2에 해당하는 정보)로 처리하여 복원이 불가능하게 조치하도록 규정했다(영 제16조 제1항 제1호 단서). 이는 블록체인 기술을 고려한 정책적 고려로 판단된다. 그런데, 이와 같은 시행령 개정이 반드시 필요했는가에 대해선 상반된 견해가 존재한다. 우선 정책적 측면에서 개인정보처리자, 특히 정보통신서비스제공자 등에 대해 법 제58조의2에 해당하는 정보로 처리하여 복원이 불가능하게 하는 경우라면 블록체인 자체를 폐기하지 않더라도 서비스를 지속적으로 운영할 수 있다는 당국의 정책적 입장을 명확히 한다는 측면에서라도 시행령에 이를 반영할 필요가 있다는 의견이 있다. 또한, 기술적 특성으로 인해 개인정보를 '영구 삭제'하는 것이 근본적으로 가능하지 않은 경우에 대한 예외를 제시하여 기술적 발전을 저해하지 않아야 한다는 견해도 존재한다. 이에 반해, 법 제58조의2의 규정을 문리적으로 해석하

---

195) 김현경, "블록체인과 개인정보 규제 합리화 방안 검토", 법학논집, 제23권 제1호(통권 63호), 2018, 334면.
196) Blockchain에서 누가 데이터 컨트롤러에 해당할 수 있을지에 대해 다양한 논의가 있다. 우선 퍼미션드 (permissioned) 블록체인의 경우 이를 운영하는 주체가 비교적 분명하여(단일 주체 또는 컨소시엄) 논란이 적지만, 퍼미션리스(permissionless) 블록체인에선 개발자, 참여하는 노드, 검증하는 노드가 각각 컨트롤러가 될 수 있는 가능성이 존재한다. 프랑스 CNIL은 "공증인이 고객을 대신하여 거래를 기록하는 경우, 공증인은 개인 데이터 처리 목적(예: 소유권 변경)과 수단(데이터 형식, 블록체인 어플리케이션)을 결정하기 때문에 컨트롤러에 해당한다."는 설명을 내놓기도 했다. 이는 참여하는 노드가 수행하는 거래가 직업 내지 상업적 활동에 기반한 것이라면 그가 데이터 컨트롤러에 해당할 수 있다는 견해를 나타내는 것으로 볼 수 있다. 이에 관한 보다 자세한 논의는 다음을 참조할 수 있다 - Elene Dighmelashvili, Aleko Nanadze, Yuriy Kotliarov, Sergiy Tsyba, "Blockchain Technology is Here - Is it Compliant with GDPR?", Dec. 22. 2022, URL: https://docket.acc.com/block-chain-technology-here-it-compliant-gdpr

는 경우, 시간·비용·기술 등을 합리적으로 고려할 때 다른 정보를 사용하여도 더 이상 개인을 알아볼 수 없는 정보에는에는 개인정보보호법을 적용하지 않으며, 그에 따라 개인정보처리자에게 파기 의무를 부과할 수도 없다는 것은 자명하므로 시행령에 본 단서를 신설하는 것은 불필요하며 오히려 "기술적 특성으로 영구 삭제가 현저히 곤란한 경우"에 해당하는 경우라는 입증 책임이 개인정보처리자에게 있다는 점을 상기시킴으로써 개인정보처리자가 블록체인 기술의 활용에 나서는 것 자체를 사전적으로 제한하는 효과가 있다는 견해도 있다.

VI. 백업의 파기

백업(back-up)은 원본의 데이터가 망실 또는 훼손된 경우 등 만일의 경우에 사용하기 위하여 데이터의 사본을 생성하는 과정 내지 그러한 과정을 거쳐 생성된 사본 자체를 의미한다. 백업을 생성하는 사유는 다양하다. 역사적 기록 등의 목적으로 데이터를 보존해야 하는 경우, 법령에 의한 데이터 보존 규정(data retention policy)을 준수해야 하는 경우, 재해나 재난 등의 상황으로부터 데이터를 보존하고 신속하게 복구하여 서비스 가용성을 확보해야 하는 경우 등이 그러한 사유에 해당할 수 있다.

백업을 생성하는 방법을 구분하는 여러 방식이 있으나, 통상적으로 전체 백업(Full Backup), 차등 백업(Differential Backup), 증분 백업(Incremental Backup)으로 구분한다. 전체 백업은 데이터 전체를 사본화 하는 것이며, 차등 백업은 전체 백업 이후 추가된 데이터를 합산하여 모두 백업하는 것이며, 증분 백업은 풀 백업 이후 변경되거나 추가된 데이터만 백업하는 것이다. 차등 백업과 증분 백업은 유사한 개념이지만, 전자는 증분을 계속 누적하여 백업하지만 후자는 마지막 백업 이후 변경된 증분만 백업한다. 이런 의미에서, 차등 백업은 "누적 증분 백업", 증분 백업은 "차등 증분 백업"이라고 부르기도 한다.

우리 보호법은 개인정보 백업의 파기에 관한 기준을 별도로 규정하고 있지 않다. 통상 개인정보처리시스템의 접속기록의 위·변조 방지를 위한 접속기록의 백업을 요구하거나, 재해·재난 상황으로부터 개인정보처리시스템의 신속한 복구를 위한 백업 조치를 마련할 것을 고시에서 규정하고 있었으나, 개인정보 백업에 대한 파기의 시기나 방식을 구체적으로 규정하는 것은 아니다.[197]

---

197) 개인정보의 안전성 확보조치 기준(제2020-2호) 해설서는 개인정보의 일부만 파기하는 경우에 있어, 개인정보가 저장된 백업용 디스크나 테이프에서 보유기간이 만료된 특정 파일이나 특정 정보주체의 개인정보만 파기하는 경우를 예시로 제시하고 있다. 또한, 이 경우 개인정보를 삭제하는 방법의 예시로 백업시 파기 대상 정보주체의 개인정보를 제외한 백업을 제시하고 있어, 실제 개인정보 백업의 경우에도 파기 필요성이 있는 경우, 이를 파기해야 한다는 원칙적 입장을 나타내고 있는 것으로 보인다(85-86면). 이와 같은 정부의 입장은 온라인 개인정보 처리 가이드라인(2018. 9., 방송통신위원회)에서도 확인할 수 있는데, 여기에선 전자적 파일 형태의 개인정보를 파기할 때에는 "원본 데이터 외에 백업 데이터가 존재하는지 여부를 확인하여 백업 데이터를 누락하는 사례가 없도록 주의해야 함"이라고 하여 백업에 기록된 개인정보도 파기 대상의 예외에 해당하지 않는 점을 분명히 하고 있다(20면).

영국 개인정보보호위원회(ICO)는 정보주체가 유효한 개인정보 삭제권을 행사하는 경우, 백업 시스템에서 개인정보를 파기하는 것에 별 다른 예외가 적용되는 것은 아니라는 입장을 밝히고 있다. 그러나, 실제 백업 시스템에 저장된 개인정보를 파기하는 절차에 있어 개인정보처리자의 특정한 상황, (특히 백업 맥락에서) 데이터 보존 기한, 가용한 기술적 메커니즘 등을 고려할 수 있다고 하여, 정보주체의 삭제권 행사 요구가 접수되는 경우라 할지라도 항시 백업 데이터를 지체없이 파기해야 하는 것은 아니라는 입장을 명확히 하고 있다. 또한, 백업 데이터를 즉시 덮어쓰기할 수 없는 경우라 할지라도, 이를 '사용 불가(beyond use)' 상태로 관리하는 것이 가장 중요한 점이라는 설명도 제시한다. 예정된 파기 일정까지 사용 불가 상태를 유지하는 경우, (비록, 맥락을 고려해야 하지만) 개인정보의 보존은 심각한 위험을 야기하지 않을 것이므로 법 집행 내지 정책적 관점에서 문제가 되지 않는다는 정책적 입장을 표명한 것이다.[198]

한편, 프랑스 개인정보 감독당국인 CNIL은 특정 개인에 관한 정보를 제거하기 위해 반드시 백업 세트(set)를 파기할 필요는 없지만, 해당 정보주체에게 라이브 시스템(live system)에서는 개인정보가 제거되었지만, 백업에는 남아있으며 삭제가 되기까진 일정한 시간이 소요될 수 있음을 알려야 한다는 입장을 밝힌 바 있다. 또한, 백업은 기술적 환경에서 데이터를 복원하기 위한 목적으로만 활용되어야 하며, 데이터 복원 후에는 해당 개인정보를 다시 처리해서는 안 된다는 설명도 제시한다.[199]

우리 법제 및 영국 등의 사례를 고려할 때, 백업 시스템에 파기 대상인 개인정보가 일부 저장되어 있고 이를 선택적으로 파기하는 것이 기술, 비용, 시간 등을 고려하였을 때, 비례를 벗어나는 수준의 비효율을 초래하는 것이 명백한 경우, 해당 개인정보를 사용 불가(beyond use) 상태로 관리하고, 개인정보처리자가 사전에 정하여 공개한 데이터 보존 기간이 도래하였을 때, 백업 전체를 파기한다면 개인정보가 적절히 파기된 것으로 보아 법적 조치를 취하지 않는 정책을 선언하는 것을 고려할 필요가 있을 것이다.

VII. 파기의무의 예외

개인정보처리자가 다른 법령에 따라 개인정보를 보존하여야 하는 경우 개인정보를 파기하지 않을 수 있다(법 제21조 제1항 단서). 이에 따라 개인정보를 파기하지 아니하고 보존하여야 하는 경우에는 해당 개인정보 또는 개인정보파일을 다른 개인정보와 분리하여서 저장·관리하여야 한다(법 제21조 제3항). 개인정보처리자가 개인정보 보유기간을 알리고 동의를 받는 경우, 해당

---

198) Information Commissioner's Office(ICO), Right to erasure, URL:
    https://ico.org.uk/for-organisations/uk-gdpr-guidance-and-resources/individual-rights/individual-rights/right-to-erasure/
199) Quantum, "Bacjup Administrators: The #1 Advice to Deal with GDPR and the Right of Erasure", 2018. 1. 26, URL:
    https://blog.quantum.com/2018/01/26/backup-administrators-the-1-advice-to-deal-with-gdpr-and-the-right-of-erasure

보유기간은 개인정보 처리에 필요한 최소한의 기간으로 정해야 하며, 이에 대한 입증책임은 개인정보처리자가 부담한다.

개인정보처리자가 법 제21조 제1항 단서에 따라 법령에 근거하여 개인정보를 파기하지 아니하고 보존하여야 하는 경우에는 물리적 또는 기술적 방법으로 분리하여서 저장·관리하여야 한다(표준지침 제11조 제1항). 제1항에 따라 개인정보를 분리하여 저장·관리하는 경우에는 개인정보 처리방침 등을 통하여 법령에 근거하여 해당 개인정보 또는 개인정보파일을 저장·관리한다는 점을 정보주체가 알 수 있도록 하여야 한다(표준지침 제11조 제2항).

다른 법령에 따라 개인정보를 보존하는 경우, 해당 개인정보는 물리적 방식 외에도 기술적 방법으로 분리하여 저장·관리할 수 있다. 따라서, 논리적으로 별도의 데이터베이스 테이블(DB Table)을 구성하여 분리 대상 개인정보를 저장·관리하는 것도 허용된다. 이와 같이 분리하여 저장·관리하는 개인정보는 다른 법령에서 보존하도록 한 목적 범위 내에서 또는 이의 처리를 위한 명백한 법령상의 근거가 존재하는 경우에만 처리할 수 있다. 다른 법령에서 정한 보존 기한이 경과하는 경우, 특별한 사정이 없는 이상 해당 개인정보는 지체없이 파기하여야 한다.

VIII. 위반 시 제재

법 제21조 제1항(제26조 제8항에 따라 준용되는 경우를 포함한다)을 위반하여 개인정보처리자가 보유기간의 경과, 개인정보의 처리 목적 달성, 가명정보의 처리 기간 경과 등 그 개인정보가 불필요하게 되었음에도 불구하고 지체없이 해당 개인정보를 파기하는 등 필요한 조치를 하지 아니한 경우 3천만 원 이하의 과태료를 부과받을 수 있다(법 제75조 제2항 제4호).

법 제28조의5 제2항(제26조 제8항에 따라 준용되는 경우를 포함한다)을 위반하여 개인정보처리자가 법 제28조의2 또는 제28조의3에 따라 가명정보를 처리하는 과정에서 특정 개인을 알아볼 수 있는 정보가 생성되었음에도 이용을 중지하지 아니하거나 이를 회수·파기하지 아니한 경우 3천만 원 이하의 과태료를 부과받을 수 있다(법 제75조 제2항 제13호).

법 제37조 제3항 또는 제5항(제26조 제8항에 따라 준용되는 경우를 포함한다)을 위반하여 개인정보처리자가 정보주체의 동의 철회 내지 처리정지 요구에 따른 조치로서 파기 등 필요한 조치를 하지 아니한 경우에도 3천만 원 이하의 과태료를 부과받을 수 있다(법 제75조 제2항 제23호).

한편, 법 제28조의4 제3항(제26조 제8항에 따라 준용되는 경우를 포함한다)을 위반하여 개인정보처리자가 가명정보의 처리 내용을 관리하기 위한 관련 기록을 작성하여 보관하지 아니한 경우 1천만 원 이하의 과태료를 부과받을 수 있다(법 제75조 제4항 제7호).

제 8 절

아동·청소년 개인정보보호

Ⅰ. 보호의 필요성

현재의 아동과 청소년들은 디지털 네이티브(Digital Native) 세대로 불릴 만큼 태어나면서부터 자연스럽게 스마트 폰과 컴퓨터 등 디지털 기기를 접하며, 성인에 비해 디지털 환경에 대한 거부감과 불편함이 없다. 특히, 코로나19 이후 비대면 활동이 크게 증가하면서 아동·청소년들의 디지털 활동은 교육·문화·여가·대인관계 등 일상생활 전반에서 큰 폭으로 증가하고 있으며 이런 활동을 통해 제공된 개인정보가 장기간 축적되어 정보주체인 아동과 청소년의 삶에 지속적인 영향을 미칠 가능성이 높아지고 있다. 특히 미래 소비세대인 아동과 청소년들의 개인정보를 상업적으로 이용하려는 접근과 아동과 청소년을 대상으로 상업적인 목적으로 서비스 가입을 유도하고 제공하는 경우도 점차 증가하고 있다.

하지만, 아동과 청소년은 성인에 비해 상대적으로 개인정보 유출 등 정보주체의 권리나 이익을 침해하는 사건·사고의 위험에 대한 인식과 이해가 부족하고 성인에 비해 정보주체로서 권리 행사에 미숙하다. 이런 아동과 청소년의 불완전성과 미숙함을 보완하기 위해 세계 주요 국가들의 개인정보보호법제는 법정대리인의 동의권, 잊힐 권리, 열람 및 정정·삭제권 등을 보장하고 있다. 하지만 이런 법정대리인의 법적 권리가 정보주체인 아동과 청소년의 이익을 보장하기 위한 것이 아니라 법정대리인의 권리로서 인식되는 경우가 많고 상황에 따라 아동·청소년의 이익과 법정대리인의 이익이 상충되는 경우도 있다. 최근 사회적 이슈가 되고 있는 부모가 양육하고 있는 아동의 사진이나 영상을 SNS에 과도하게 공유하는 쉐어런팅(Sharenting)[200]의 문제도 이러한 경우에 해당되며, 이 문제는 친권자인 법정대리인이 양육하고 있는 아동을 독립된 인격체로 생각하지 않고 단지 보호의 대상 내지는 친권자의 일부라는 그릇된 인식에서 비롯된 것이다. 따라서 법정대리인의 법적권리는 아동과 청소년들의 이익을 위해 정보주체인 아동·청소년의 개인정보자기결정권을 보완하기 위한 것이라는 인식이 중요하며 법정대리인은 아동과 청소년의 최선의 이익을 위해 아동·청소년들과 충분히 소통하고 그들의 의사를 존중

---

200) 2013년 영국 일간지 가디언에서 처음 등장한 용어로 '공유하다'의 Share와 '양육'의 Parenting이 합쳐진 말로 자녀의 일상을 SNS에 올리고 공유하는 것을 말한다.

해야 한다.

따라서, 사회적으로 아동과 청소년들이 개인정보자기결정권을 제대로 행사할 수 있는 정보주체로 잘 성장할 수 있도록 법과 제도를 통해 아동과 청소년들을 보호해야 할 뿐만 아니라 아동과 청소년들이 스스로 개인정보 역량을 함양할 수 있도록 교육 및 컨설팅 등을 통해 적극적으로 지원하여야 한다. 이에 세계 주요 국가들이 아동과 청소년들의 개인정보 보호를 위해 각별한 노력을 기울이고 있으며, 우리나라도 개인정보보호법 등을 통해 아동과 청소년들의 권리보호를 확대해 나가고 있다.

Ⅱ. 해외 법·제도 현황

UN은 1990년 9월 발효된 유엔아동권리협약(UN Convention on the Rights of the Child)을 통해 아동은 신체적·정신적 미성숙으로 인하여 적절한 법적 보호를 포함한 특별한 보호와 배려를 필요로 하는 대상이며, 그러한 보호와 원조를 받을 권리가 있음을 명시하였다. 유엔아동권리협약에서 정하는 아동의 범위는 18세 미만의 자를 의미하며 청소년을 포함하는 상당히 넓은 범위라고 할 수 있다. 또한 UN은 2021년 3월 아동의 '프라이버시권'을 디지털 환경에서 보장되어야 할 아동의 권리' 중 하나로 보고 이를 위해 국가가 필요한 법률적·행정적 조치를 취할 것을 권고하였다.

미국은 1998년 아동 온라인 개인정보보호법(Children's Online Privacy Protection Act: COPPA)을 제정하여 온라인상에서 13세 미만의 아동의 프라이버시를 보호해 왔다. COPPA의 적용대상은 아동을 대상으로 하는 웹사이트 또는 온라인 서비스 운영자나 실제로 자신이 아동으로부터 개인정보를 수집하고 있음을 알고 있는 운영자로 제한된다. 서비스 운영자가 아동의 개인정보를 처리할 경우 부모와 같은 법정대리인에 대해 사전 고지 및 사전 동의를 받게 하였고, 서비스 운영자가 아동으로부터 제공받은 개인정보를 부모 등이 열람, 정정, 삭제할 수 있는 권리도 보장하였다. 또한, 아동의 개인정보보호와 관련된 자율규제를 위한 세이프하버(Safe Harbor)제도도 규정하고 있는데 사업자단체가 FTC로부터 자율규제 가이드라인을 승인받으면, 해당 사업자단체에 소속된 사업자들은 보다 자유롭게 사업을 할 수 있게 하였다. 물론 자율 규제 가이드라인이 FTC의 승인을 받으려면 COPPA에서 규정한 아동의 개인정보 보호수준과 유사하거나 더 강화된 수준이어야 한다. 2023년 5월에는 미국 연방 상원에서 아동 연령을 13세에서 16세로 상향하는 등 아동의 개인정보보호를 보다 더 강화하는 내용을 담은 COPPA 개정안을 발의하였다.

EU는 2018년부터 시행된 GDPR 제8조에서 아동을 16세 미만의 아동과 16세 이상의 아동[201]으로 구분하고 16세 이상의 자에게는 성인과 같은 방식으로 보호하고 16세 미만의 자를 특별

---

201) GDPR은 기본적으로 UN 아동권리협약에서 정하는 18세 미만의 자를 아동으로 보고 있다.

히 보호하고 있다. 16세 미만[202]의 아동은 성인에 비해 개인정보 처리에 대한 위험성과 결과, 이에 필요한 안전장치 및 본인의 권리를 잘 인지하지 못함으로 구체적으로 보호해야 할 대상으로 규정하고 있다. 먼저 아동의 개인정보를 처리할 경우에는 아동의 보호자 등 법정대리인의 동의를 받아야 하며, 개인정보처리자가 법정대리인의 동의 여부를 입증해야 하며, 아동을 대상으로 한 정보처리에 대해서는 아동이 이해하기 쉬운 방식으로 통지해야 함을 명시하고 있다. 아울러 아동에 대해 프로파일링과 같은 자동화된 처리를 금지하고 있으며, 아동이 성인이 되었을 때 아동 시기에 처리된 개인정보로 어려움이나 불편을 겪지 않도록 잊힐 권리를 보장하고 있다.

영국은 2020년 1월 개인정보보호법(Data Privacy Act; DPA) 제123조에 근거하여 아동이 접근 가능한 온라인 서비스에 대한 '연령적합 설계 규약'(Age Appropriate Design code; AACD)을 마련하여 아동(0~17세)의 연령을 총 5개 단계[203]로 나누고 연령에 따른 아동의 발달 단계에 따라 필요한 보호조치를 규정하고 아동 최선의 이익 고려, 연령 범위에 따른 투명성 준수 방안, 높은 수준의 개인정보 기본값 설정, 프로파일링 및 넛지 기술(Nudge techniques) 사용금지, 아동의 권리와 자유를 고려한 개인정보보호 영향평가 등 15가지 원칙의 표준을 제시하였다.

중국은 2021년 제정한 개인정보보호법에서 14세 미만 아동의 개인정보를 민감정보로 분류하고, 아동의 개인정보를 처리할 때에는 보호자의 동의가 필요하고, 아동을 위한 별도의 개인정보 처리 규칙을 마련할 것을 규정하고 있다.

이러한 각 주요 해외 국가들의 아동·청소년 개인정보 보호 강화 정책에 따라 아동·청소년 개인정보 관련 해외 처분 사례가 증가하고 있으며, 국내외 주요 글로벌 기업들도 자율적으로 아동·청소년 보호 정책을 강화하고 있다.

아동·청소년 개인정보 관련 해외 주요 처분 사례

- 미국은 2019년 2월 부모의 동의 없이 13세 미만 아동의 이미지, 음성, 위치정보 등을 수집하고 부모의 삭제요구에 불응한 틱톡에 대해 570만 달러의 과징금을 부과하였으며, 2019년 9월 부모에 대한 고지와 동의절차 없이 아동의 영구 식별자(persistent identifies)를 수집한 유튜브에 대해 1억 7,000만 달러의 과징금을 부과하였다.
- 네덜란드는 2021년 7월 개인정보 처리방침을 영어로만 제공하고(네덜란드어 미제공), 미성년자에 대한 명확하고 충분한 고지 의무를 이행하지 않는 틱톡에 대해 75만 유로의 과징금을 부과하였다.

---

202) EU회원국은 법률에서 아동의 연령을 16세 미만보다 낮게 규정할 수 있으나 13세 미만으로 규정할 수 없다. 13세(포르투갈, 벨기에, 덴마크 등), 14세(오스트리아, 이탈리아), 15세(그리스, 프랑스), 16세(독일, 아일랜드, 네덜란드)
203) 0~5세 Pre-literate & early literacy, 6~9세 Core primary school years, 10~12세 Transition years, 13~15세 Early teens, 16~17세 Approaching adulthood

- 스페인은 2021년 3월 외국어 학원 교실에서 15세 미성년자의 사진을 부모 동의 없이 촬영하고 위챗에 공유한 민간학원에 대하여 3,000유로의 과징금을 부과하였다.
- 벨기에는 2020년 6월 교육위원회가 학생을 대상으로 설문조사하면서 수집한 개인정보를 불법적으로 처리한 교육위원회에 대하여 23,585유로의 과징금을 부과하였다.

국내·외 주요 기업 아동·청소년 개인정보 보호 정책
- 구글은 2021년 8월 18세 미만 청소년 보호 정책을 발표하였다. 주요 내용은 미성년자 또는 보호자 요청 시 해당 이용자의 이미지를 검색결과에서 삭제하는 기능을 제공하고 맞춤형 광고를 금지하고 아동용 동영상(유튜브키즈 등)을 시청하는 이용자의 데이터 수집·사용을 제한하였다.
- 메타는 2021년 7월 18세 미만 청소년 보호조치를 발표하였다. 주요 내용은 페이스북, 인스타그램 등에서 18세 미만 이용지의 활동 기록을 기반으로 한 맞춤형 광고를 금지하고, 18세 미만 이용자가 인스터그램 가입 시 프로필 '비공개'가 자동 설정되게 하였다.
- 틱톡은 16세 미만 사용자의 경우 다이렉트 메시지 기능 및 영상 전체공개 설정을 비활성화하고 13~15세 이용자가 업로드한 영상의 다운로드를 제한하고 연령별 차등 보호 기능을 설정하였다.
- 네이버는 아동·청소년 개인정보에 대한 처리 동의, 개인정보처리방침 운영 등에서 아동·청소년이 이해하기 쉬운 언어·그림·동영상을 활용하고 있으며 아동·청소년의 자기게시물 접근 배제 요청에 대해서도 적극적인 조치를 취하고 있다.
- 카카오는 어린이들이 직접 만든 알기 쉬운 개인정보 처리방침을 제작하여 운영하고 있으며, 카카오 청소년 프라이버시 자문단을 구성하여 아동 및 청소년 프라이버시 보호 가이드를 발표하였다.

III. 국내 법·제도 현황

국내 아동·청소년 개인정보보호와 관련된 법제도는 위치정보법과 개인정보보호법 등이 있다. 이러한 국내의 법제도는 아동·청소년의 개인정보를 별도의 특별법에서 포괄적으로 보호하는 것이 아니라 일반법에서 아동·청소년의 특성을 고려한 일부 조항들을 추가하여 아동과 청소년들의 개인정보를 보호하고 있는 형태이다. 2005년 위치정보법 제정시 8세 미만의 아동의 보호를 위해 보호의무자의 동의가 있는 경우 아동의 동의가 있는 것으로 보는 규정을 가지고 있었고, 개인정보보호법은 2011년 제정시 '만 14세 미만의 아동의 개인정보를 처리하기 위해서는 법정대리인의 동의를 받아야 하고, 법정대리인의 동의를 받기 위하여 필요한 최소한의 정보는 법정대리인 동의 없이 해당 아동으로부터 직접 수집할 수 있다'라는 규정으로 법제화가 시작되었다. 2018년 12월 정보통신망법과 위치정보법이 개정되어 만 14세 미만의 아동의 개인정보를 처리할 때에는 법정대리인으로부터 동의를 받아야 하고, 사업자가 법정대리인이 동의하였는지 여부를 확인하도록 하는 규정들이 추가되었고, 정보통신망법은 동 개정 시 추가로 만

14세 미만의 아동에게 개인정보처리와 관련한 사항을 고지 등을 하는 때에는 이해하기 쉬운 양식과 명확하고 알기 쉬운 언어를 사용할 것을 규정하였다.

2020년 데이터 3법 개정으로 정보통신망법의 개인정보에 관한 규정이 개인정보보호법 특례로 통합되면서 아동과 청소년 보호에 대한 규정도 이원화된 상태로 개인정보보호법으로 통합되었고, 2023년 개인정보보호법 전면 개정으로 정보서비스 제공자 특례가 일반규정과 통합되면서 아동과 청소년의 개인정보에 관한 규정도 통합되었다.

IV. 개인정보보호법상 아동 개인정보보호

개인정보보호법 제5조 제3항에서 "국가와 지방자치단체는 만 14세 미만 아동이 개인정보 처리가 미치는 영향과 정보주체의 권리 등을 명확하게 알 수 있도록 만 14세 미만 아동의 개인정보 보호에 필요한 시책을 마련하여야 한다."라고 규정하고 있다. 동 조항은 기존 제39조의3(개인정보의 수집·이용 동의 등에 특례) "보호위원회는 개인정보 처리에 따른 위험성 및 결과, 이용자의 권리 등을 명확하게 인지하지 못할 수 있는 만 14세 미만의 아동의 개인정보 보호 시책을 마련하여야 한다."의 규정을 개정한 것으로 이는 아동과 청소년의 보호 시책을 마련해야 하는 대상을 개인정보보호위원회에서 국가와 지방자치단체로 확대하여 아동과 청소년의 권리를 보다 두텁게 보호하려는 취지를 반영한 것이다.

2023년 개인정보보호법 개정으로 법 제22조2(아동의 개인정보 보호)가 신설되었고 이는 기존의 법 제22조(동의를 받는 방법) 제6항[204]과 법 제39조의3(개인정보의 수집·이용·동의 등에 대한 특례)의 제4항[205]과 제5항[206]을 통합한 것이다. 개인정보처리자는 만 14세 미만 아동의 개인정보를 처리하기 위하여 이 법에 따른 동의를 받아야 할 때에는 그 법정대리인의 동의를 받아야 하며, 법정대리인이 동의하였는지를 확인하여야 한다(법 제22조의2 제1항). 법정대리인의 동의를 받기 위하여 필요한 최소한의 정보로서 대통령령으로 정하는 정보는 법정대리인의 동의 없이 해당 아동으로부터 직접 수집할 수 있다(법 제22조의2 제2항). 법정대리인의 동의를 받지 않고 만 14세 미만인 아동의 개인정보를 처리한 자는 5년 이하의 징역 또는 5천만 원 이하의 벌금에 처하며(법 제71조 제3호), 전체 매출액의 100분의 3을 초과하지 아니하는 범위에서 과징금을 부과 받을 수 있다(법 제64조의2). 개인정보처리자는 만 14세 미만의 아동에게 개인정보 처리와 관련한 사

---

204) 개인정보처리자는 만 14세 미만 아동의 개인정보를 처리하기 위하여 이 법에 따른 동의를 받아야 할 때에는 그 법정대리인의 동의를 받아야 한다. 이 경우 법정대리인의 동의를 받기 위하여 필요한 최소한의 정보는 법정대리인의 동의 없이 해당 아동으로부터 직접 수집할 수 있다

205) 정보통신서비스 제공자는 만 14세 미만의 아동으로부터 개인정보 수집·이용·제공 등의 동의를 받으려면 그 법정대리인의 동의를 받아야 하고, 대통령령으로 정하는 바에 따라 법정대리인이 동의하였는지를 확인하여야 한다.

206) 정보통신서비스 제공자는 만 14세 미만의 아동에게 개인정보 처리와 관련한 사항의 고지 등을 하는 때에는 이해하기 쉬운 양식과 명확하고 알기 쉬운 언어를 사용하여야 한다.

항의 고지 등을 할 때에는 이해하기 쉬운 양식과 명확하고 알기 쉬운 언어를 사용하여야 한다 (법 제22조의2 제3항).

2023년 개인정보보호법 개정으로 대통령령도 개정되었고, 시행령 제17조의2(아동의 개인정보 보호)가 기존 시행령 제17조(동의를 받는 방법)와 기존 시행령 제48조의3(법정대리인 동의의 확인방법)을 통합하여 신설되었다. 동 조항은 법에서 위임한 법정대리인이 동의했는지를 확인하는 방법을 열거하고 있으며, 법적대리인의 동의 없이 아동으로부터 직접 수집할 수 있는 정보를 법정대리인의 성명 및 연락처의 정보로 구체화하였다(시행령 제17조의2 제2항).

개인정보처리자가 법정대리인의 동의를 확인하는 방법은 동의 내용을 게재한 인터넷 사이트에 법정대리인의 동의 여부를 표시하고 개인정보처리자가 그 동의 표시를 확인했음을 법정대리인의 휴대전화 문자메시지로 알리거나, 법정대리인의 신용카드·직불카드 등 카드정보를 제공받거나, 법정대리인의 본인 인증 등을 통해 동의 여부를 확인할 수 있다. 또한 동의 내용이 적힌 서면을 법정대리인에게 직접 발급하거나 우편 또는 팩스로 전달하고 법정 대리인이 동의 내용에 대하여 서명 날인하여 제출받거나, 동의 내용이 적힌 전자우편을 발송하고 동의의 의사표시가 적힌 전자우편을 전송받거나, 전화를 통하여 동의 내용을 법정 대리인에게 알리고 동의를 받는 방법과 그 밖에 법정대리인에게 동의 내용을 알리고 동의의 의사표시를 확인하는 방법 등으로 법정대리인의 동의 여부를 확인할 수 있다(시행령 제17조의2 제1항).

개인정보처리자는 개인정보 수집 매체의 특성상 동의 내용의 전부 표시하기 어려운 경우 인터넷 주소 또는 사업장 전화번호 등 동의 내용을 확인할 수 있는 방법을 법정대리인에게 안내할 수 있다(시행령 제17조의2 제3항).

V. 현행 법제의 문제점 및 개선방향

1. 아동·청소년 특성 고려 미흡

현행 법제는 보호의 대상의 아동의 연령을 만 14세 미만으로 규율하고 있어 만 14세 이상 청소년은 성인에 비해 개인정보 권리 행사가 미숙함에도 성인과 동일하게 취급되고 있어 일정 연령대의 청소년에 대한 특성이 고려되지 못하고 개인정보 보호의 사각지대에 있다고 할 수 있다. 이에 비해 EU는 16세 미만, 영국은 18세 미만을 보호의 대상으로 하고 있고, 미국도 COPPA 개정을 통해 보호의 연령을 13세에서 16세로 상향하는 것을 추진하고 있다. 이러한 추세에 따라 현행법상 보호 대상의 연령을 만 14세 미만에서 만 18세 미만(또는 만 19세) 미만으로 확대하되 연령대별 발달 단계를 고려하여 보호 내용을 차등화[207]하여 연령에 적합하게 아동과

---

207) 14세 미만: 법정대리인 동의, 아동용 개인정보 처리방침 공개, 맞춤형 광고 제한 등

청소년의 권리를 신장하는 것이 필요하다.

또한, 현행법은 아동과 청소년의 특성을 고려한 개인정보보호 원칙이 없고, 개인정보 중심 기본설계(Privacy by Design)를 반영한 연령대별 규율체계가 미흡하다. 따라서 아동·청소년 특성을 맞게 아동과 청소년의 개인정보자기결정권 존중, 아동·청소년 최선의 이익 고려, 연령대별 특성을 고려한 보호조치, 개인정보 중심 설계 방영 등 아동과 청소년의 특성을 고려한 개인정보보호 체계를 확립하여야 한다.

2. 계약 체결 및 이행에 대한 보호 규정 부재

개인정보처리자는 정보주체와 체결한 계약을 이행하거나 계약을 체결하는 과정에서 정보주체의 요청에 따른 조치를 이행하기 위하여 필요한 경우 정보주체의 동의 없이 개인정보를 수집할 수 있다(법 제15조 제1항 제4호). 하지만 현행 개인정보보호법은 만 14세 미만 아동의 개인정보를 처리하기 위하여 동의를 받아야 할 때만 법정대리인의 동의를 받아야 한다는 규정만 있다. 따라서 만 14세 미만 아동이 계약을 체결하거나 이행하는 과정에서 법정대리인의 동의가 필요한지가 문제될 수 있다. 민법 제4조는 19세 미만의 자를 미성년자로 보며, 민법 제5조는 "미성년자가 법률행위를 함에는 법정대리인의 동의를 얻어야 하며, 동의를 받지 않는 경우 취소할 수 있다."라고 규정하고 있다. 따라서 만 14세 미만 아동이 개인정보를 처리하는 계약을 체결하거나 이행할 때 법정대리인의 동의가 필요한가에 대해 이견이 있을 수 있으며, 만일 '동의가 필요 없다'라고 해석하는 경우 아동의 개인정보보호에 대한 사각지대가 발생하게 된다. 따라서 향후 법 개정을 통해 만 14세 미만 아동이 개인정보 처리에 대한 계약 체결 및 이행을 할 경우 법정대리인의 동의가 필요하다고 명확하게 규정하는 것이 필요하다고 할 수 있다. 하지만 아동·청소년의 보호 연령을 만 14에서 만 18세(19세)로 확대할 경우 연령대별 발달단계를 고려하여 법정대리인의 동의가 필요한 적정한 연령대를 선택하여야 한다.

18세 미만: 잊힐 권리, 개인정보 알림확대, 프로파일링 제한 등.

3. 연령 확인 절차 부재

디지털 네이티브세대인 아동과 청소년들은 주로 비대면 온라인 활동을 통해 개인정보를 제공하고 회원에 가입하고 서비스를 이용한다. 그러나 아동과 청소년들이 주로 사용하는 웹이나 앱 서비스 가운데 별도의 연령확인이나 회원 가입 없이 서비스를 이용할 수 있는 경우가 많다. 특히, 본인의 나이를 허위로 기재하여도 본인의 연령을 확인하는 절차가 없거나 본인 확인하는 절차가 있어도 본인 확인 방법으로 이메일이나 전화 번호를 선택적으로 요구하는 경우가 많다. 전화번호에 비해 가입이 쉬운 이메일을 제공하는 경우 이메일 인증 절차가 없어 허위 이메일 주소를 입력하거나 아동용 이메일을 입력하여도 회원에 가입할 수 있다.

따라서 만 14세 미만 아동인지에 대한 식별을 전제로 법정대리인의 동의, 명확하고 알기 쉬운 고지, 법정대리인 동의 확인 등의 현행 아동 개인정보 보호체계는 만 14세 미만의 아동인지 여부를 확인하는 연령 확인 절차가 부재하여 실질적으로 아동의 개인정보를 보호하는 실효성이 낮다고 할 수 있다. 이런 문제점을 극복하기 위해서는 아동 개인정보보호 적용 범위를 확장시킨 외국의 사례를 검토해 볼 수 있다. 미국은 COPPA의 적용범위를 아동을 대상으로 개인정보를 수집하는 서비스 운영자뿐만 아니라 일반 서비스 운영자라도 아동의 개인정보를 수집·이용하는 것에 실질적인 인식이 있는 경우까지 확대하였으며, 영국은 아동을 대상으로 하지 않더라도 아동이 접근할 가능성이 있는 기업들도 아동 개인정보보호를 위한 책임을 부담할 것을 연령적합설계규약을 통해 명확하게 밝히고 있다. 향후 현행 법제도를 개정하여 실질적으로 아동·청소년이 이용할 것으로 예상되는 서비스를 제공하는 개인정보처리자는 반드시 가입자의 연령확인 절차를 거친 후 서비스를 이용할 수 있게 의무화하고, 일반인을 대상으로 하는 서비스를 운영하는 개인정보처리자도 이동·청소년이 접근 가능하다고 판단되는 경우 연령확인 책임을 지도록 개선하여야 한다.

4. 아동·청소년 권리 보호 미흡

온라인을 기반으로 적극적으로 활동하는 아동·청소년의 특성상 장기간·대규모로 개인정보가 축적되어 일생동안 지속적으로 영향을 미칠 가능성이 높으나 현행법은 아동과 청소년에 대해 법정 대리인의 동의권만을 한정적으로 보장하고 있어 아동과 청소년들이 자신의 개인정보에 대한 실질적인 통제권이 미흡하고 권리 행사에 한계가 있을 수밖에 없다. 따라서 아동·청소년 시기에 본인 및 제3자가 온라인에 올린 개인정보에 대해 삭제를 요청할 수 있는 '잊힐 권리'를 법제화하는 것이 필요하다. 2023년부터 보호위원회는 본인이 올린 게시물의 삭제를 지원하는 '잊힐 권리' 시범사업을 추진하고 있으며, 시범사업의 성과를 분석한 후 제3자 게시물까지 확대하는 것을 검토하겠다는 정책방향을 제시하였다.

현행법은 개인정보처리자에게 아동이 이해하기 쉬운 고지 의무를 규정하고 있으나, 고지 의무 이행 여부를 확인하기 위한 평가제도 등 실행 수단이 없어 동규정의 실효성이 미흡하다. 따라서 아동과 청소년들이 자신의 개인정보가 어떻게 수집·이용·제공되고 있는지 알 수 있도록 맞춤형 알림 제도를 의무화하는 것이 필요하며, 아동과 청소년들이 이해하기 쉬운 언어를 사용한 '아동·청소년용 개인정보 처리방침'을 마련하여 확산하고 아동과 청소년들을 대상으로 하는 개인정보 처리방침에 대해서는 평가제를 도입하여 그 적정성을 평가하는 것이 필요하다.

또한, 현재는 2022년 발표한 아동·청소년 개인정보보호 가이드라인을 통해 사업자가 만 14세 미만 아동임을 알고 있는 경우 상업용 맞춤형 광고 목적의 개인정보 수집·활용 제한을 권고하고 있으나 아동과 청소년을 대상으로 한 맞춤형 광고에 대한 법적 제한 근거를 마련하여 금지하는 것이 필요하다.

현행 법정대리인 동의제도는 아동·청소년의 법정대리인이 아동·청소년 학대자이거나 아동·청소년의 법정대리인이 부재한 경우 아동·청소년이 교육, 복지, 의료 분야[208] 등 일상생활 속에서 개인정보 처리가 필요한 경우 그 수혜를 받을 수 없게 되는 등 오히려 아동과 청소년의 권리 행사를 제약하는 경우가 발생할 수 있다. 따라서 법정대리인이 권리 행사가 부적절한 경우 그 권리 행사를 제한하고 학교의 선생님, 지방자치단체의 사회 복지 담당자, 위탁부모 등이 법정 대리인 대신 아동과 청소년을 위해 동의를 대신 할 수 있는 동의 대행 제도를 도입할 필요가 있다.

5. 자율보호 및 제조사 책임 미흡

아동·청소년의 개인정보는 온라인에서 게임, SNS, 동영상 업로드 및 시청 등으로 광범위하게 처리되고 있어, 사업자의 자율보호 활동이 필수적이나 아동·청소년 개인정보 보호의 중요성 및 구체적인 실천방법 등에 대한 사회적 합의 및 공감대가 형성되어 있지 않아 미흡한 상황이다. 이를 개선하기 위해 게임, 온라인 포털, 학원 등 아동·청소년의 이용도가 높은 분야의 사업자들을 대상으로 자율규제 단체 지정을 확대하고, 개인정보 보호 인증(ISMS-P) 기준에 아동이 알기 쉬운 언어 사용을 반영하고, 사업자들이 아동·청소년의 개인정보를 수집하는 경우 수집되는 개인정보의 민감도에 따라 개인정보 영향평가를 권고하거나 의무화하는 것도 필요하다. 또한, 말하는 인형, 피트니스 밴드, AI 스피커 등 카메라·마이크 등을 통해 사용자인 아동·청소년의 정보를 수집하고 전송이 가능한 디지털 기기의 제조사들의 책임을 강화하여 이러한 디지털 기기를 기획·설계하는 단계부터 아동·청소년의 개인정보를 보호하는지 여부를

---

208) 공공도서관 및 학교 원격수업을 위한 홈페이지 회원 가입, 병원진료 등.

확인할 수 있는 인증제도 등의 도입도 필요하다.

VI. 향후 입법 방향

아동·청소년들의 개인정보를 성인에 비해 특별히 보호하는 것은 세계적인 추세이며, 국내외 글로벌 기업들도 자율적으로 아동·청소년 개인정보 보호 정책을 강화하고 있다. 이에 반해 국내 법제는 아동·청소년 특성을 고려한 개인정보 보호 관련 규정이 미비하다고 할 수 있다. 이를 개선하기 위해 보호위원회는 2022년 2월 아동·청소년 개인정보보호 가이드라인을 발표하였고, 7월에는 관계부처 합동으로 아동·청소년 개인정보 보호 기본계획을 발표하고 그 계획의 일환으로 특별한 보호대상인 아동·청소년의 범위를 확대하고 아동·청소년의 권리를 강화하는 내용을 담은 「가칭 아동·청소년 개인정보 보호법」을 2024년까지 제정하겠다고 발표하였다.

보호위원회는 현행 법령을 개정하지 않고 상대적으로 공익성이 더 큰 아동·청소년 개인정보 보호에 대한 별도의 법률을 제정하는 접근을 선택하였다. 이런 별도의 법을 제정하게 되면 법률의 모든 규정들을 아동·청소년의 최선의 이익이라는 관점에서 정교하게 설계할 수 있고, 디지털 환경 변화에 따른 아동과 청소년에 대한 위험 요소와 가능한 보호수단들을 적극적으로 검토·반영 할 수 있다는 점에서 바람직한 정책방향이라고 평가할 수 있다.

향후 제정될 「가칭 아동·청소년 개인정보 보호법」은 무엇보다도 먼저 아동·청소년의 최선의 이익 고려, 연령대별 특성고려, 정보주체로서 아동과 청소년의 권리 실현 지원, 아동과 청소년을 위한 개인정보 중심 설계 원칙 등 아동·청소년 개인정보 보호에 관한 기본원칙을 정립하여야 한다. 아동의 보호연령도 만 14세 미만에서 만 18세(또는 만 19세) 미만으로 확대 규정하여 보호사각지대에 있는 청소년들에 대한 보호정책들을 마련하고 일률적인 보호정책에서 벗어나 성장단계에 맞는 다양한 보호정책들을 마련하여야 한다. 법정대리인 동의제도도 개선하여 법정대리인의 법적 권한이 법정대리인 본인의 권리가 아닌 아동·청소년의 최선의 이익을 보조하기 위한 권리임을 명확히 하고 현행 법정대리인 제도의 문제점들을 개선해야 한다. 아동·청소년의 권리를 강화하기 위해 연령확인 의무 절차도 마련되고, 아동이 사용하는 서비스에 대해서는 아동용 개인정보 처리방침 공개를 의무화하고, 개인정보 이용내역 수집출처 고지제도도 아동과 청소년의 특성이 잘 반영되도록 해야 한다. 일정한 연령에 대해서는 맞춤형 광고도 엄격하게 제한하고 아동과 청소년에 대한 프로파일링 시 안전조치도 강화되어야 하며, 잊힐 권리도 명문화되어야 한다. 아동과 청소년을 대상으로 서비스를 제공하는 개인정보처리자의 자율규제 활동을 지원하고, 제조사의 책임성을 강화하는 인증제도 도입 및 아동·청소년들이 개인정보 자기결정권를 제대로 행사하는 성인으로 성장할 수 있도록 교육 및 컨설팅 등을 통해 역량을 강화할 수 있는 지원 근거도 마련되어야 한다.

이런 내용을 담은 「가칭 아동·청소년 개인정보 보호법」이 제정되면 현행 아동·청소년 개인정보보호에 관한 국내법제의 여러 문제점들이 개선되고 디지털 시대 아동·청소년들의 권리를 보다 두텁게 보호할 수 있게 될 것이다.

제6장

특별한 유형의
개인정보처리 등

제 1 절
민감정보의 처리

I. 민감정보의 정의와 유형

개인정보보호법은 일반적인 개인정보와 구별하여 몇 가지 유형의 개인정보에 대하여는 그 처리를 원칙적으로 제한하는 등 보다 강화된 보호 체계를 취하고 있다. 그 대표적인 예가 민감정보와 고유식별정보라고 할 수 있는데, 특히 민감정보는 정보주체의 사생활을 현저히 침해할 우려가 있는 개인정보에 해당한다(법 제23조 본문). 또한 민감정보는 사회적 차별을 야기하거나 현저히 인권을 침해할 우려가 있기 때문에 특별히 보호해야 한다고도 한다.[1]

개인정보보호법은 민감정보 자체에 관한 정의 규정을 두고 있지 않고, 대신 민감정보에 해당하는 개인정보의 유형을 열거식으로 나열하는 방식에 따라 규정하고 있다(법 제23조 제1항 및 시행령 제18조 참조).

개인정보보호법상 민감정보는 여러 개인정보 중 특히 법률에 의하여 제한적으로 열거된 정보에 한정된 법정(法定) 개념이라는 점에서 일상적인 용례로서의 '민감한 정보'와도 다르다. 한편, 민감하다는 것은 자극에 빠르게 반응을 보이거나 쉽게 영향을 받음을 의미한다고 하면서 특정한 개인정보가 처리됨으로써 정보주체에게 어떤 빠르고 쉬운 영향을 미친다는 것은 법문의 의미로서는 너무나 주관적이고 추상적이기 때문에 '특수한 유형(또는 범주)의 개인정보'라는 용어로 규율하는 것이 바람직하다는 유력한 견해도 있다.[2]

한편, 현행법에 규정된 민감정보 이외에 출신지역[3]이나 범죄 피해를 입은 사실[4] 등과 같은 개인정보도 새로이 법률상 민감정보에 포함되어 일반적인 개인정보에 비하여 더욱 높은 수준의 보호를 받아야 한다는 입법론적인 주장도 개진되고 있다. 우리 사회가 더욱 고도화되거나 정보 처리의 수단이나 방법이 발전할수록 그에 맞추어 민감정보의 범위는 향후 확대될 것으로 예상된다.

---

1) 이창범, 개인정보 보호법, 박영사, 2012, 211면; 개인정보 보호 법령 및 지침·고시 해설(2020), 157면.
2) 김현경, "정보통신망법 상 민감정보의 규율방안에 대한 검토", 가천법학, 제10권 제3호, 2017, 8면.
3) 양승엽, 근로자의 개인정보보호에 관한 연구(박사학위논문), 서울대학교 대학원, 2015, 11면.
4) 김민우, 개인정보의 개념과 그 보호에 관한 헌법적 연구(박사학위논문), 성균관대학교 일반대학원, 2021, 121면.

우리나라뿐만 아니라 해외 입법례에서도 일반적인 개인정보에 비하여 더욱 보호를 받아야할 특정한 유형의 개인정보를 규율하고 있는 예는 적지 않다. GDPR의 경우에는 인종이나 민족기원, 정치적 견해, 종교나 철학적 믿음, 노조 가입을 드러내는 개인정보, 유전정보, 바이오인식정보, 건강정보, 성생활 또는 성적 지향에 관한 정보를 특수한 유형의 개인정보(special categories of personal data)라고 하여 원칙적으로 그 처리를 금지하고 있다(제9조). 미국 CPRA도 민감한개인정보(sensitive personal information)로서 소비자의 사회보장번호, 운전면허번호, 주정부 발급신분증번호 또는 여권번호, 소비자의 계정 로그인 · 금융계정 · 직불카드나 신용카드 번호로서해당 계정에 접근 가능한 보안코드 · 비밀번호 또는 자격증명, 인종 또는 민족, 종교적 · 철학적신념 또는 노조가입 여부, 사업자가 수령인 아닌 소비자의 편지, 이메일 및 문자메시지의 내용,유전자 정보, 소비자를 고유하게 식별할 목적으로 처리되는 생체인식정보, 소비자의 건강에 관하여 수집되고 분석되는 개인정보, 성적 지향 및 성생활에 관한 정보를 규정하고 있다. 일본개인정보보호법도 요배려개인정보라고 하여 인종, 신조, 사회적 신분, 병력, 범죄의 경력, 범죄로 인해 피해를 입은 사실 및 그 밖에 본인에 대한 부당한 차별, 편견 및 그 밖의 불이익이 생기지 않도록 그 취급에 특별히 배려를 요하는 것으로서 정령으로 정하는 기술 등이 포함되는개인정보라는 개념을 두고 있다.[5]

1. 사상 · 신념에 관한 정보

사상 · 신념에 관한 정보란 개인의 가치관을 기초로 하여 형성된 사유체계, 개인이 굳게 믿고지키고자 하는 믿음 · 생각 등을 말하는 것으로 각종 이데올로기 또는 사상적 경향, 종교적 신념 등에 관한 정보를 말한다.[6]

한편, 대법원 2015.7.16. 선고 2015도2625 전원합의체 판결이 트위터를 통하여 공개된 사상이나 신념, 정치적 견해 등이 정보주체에 의하여 스스로 공개된 이상 이를 민감정보에 해당한다고 보기 어렵다는 취지로 판시한 것에 대해 현행법상 민감정보의 요건으로서 비공개성을 요구하고 있지 않은 점, 트윗의 공개가 민감정보 수집에 관한 동의로 해석될 여지가 있는지 여부는 별론으로 하더라도 민감정보성 자체를 박탈하는 것으로 보기는 어려운 점 등을 종합하여 볼때 위 판시 사항은 현행법상 타당하다고 보기 어렵다는 비판이 있다.[7] 민감정보는 법정 개념이라는 점에서 정보주체의 공개행위만으로 민감정보성이 달라진다고 볼 근거는 없으므로 위와같은 비판은 합리적이라고 보인다.

---

5) 이밖에 해외 주요국 개인정보보호법상 민감정보의 개념 및 범위에 관한 상세는 김민우, 개인정보의 개념과 그 보호에 관한 헌법적 연구(박사학위논문), 성균관대학교 일반대학원, 2021, 52-61면 참조.
6) 개인정보 보호 법령 및 지침 · 고시 해설(2020), 158면.
7) 송도영, "빅데이터의 개인정보 및 민감정보 여부 판단 기준", 개인정보 판례백선, 박영사, 2022, 120면.

2. 노동조합 · 정당의 가입 · 탈퇴에 관한 정보

노동조합 · 정당의 가입 · 탈퇴에 관한 정보란 어느 정보주체가 노동조합이나 정당에 가입하거나 탈퇴한 사실에 관한 정보를 말한다. 반드시 적법한 노동조합이거나 정당일 필요는 없다.[8] 또한 그 자체로 노동조합이나 정당에의 가입이나 탈퇴를 확인할 수 있는 정보가 아니라고 하더라도 간접적으로 그러한 사실을 확인할 수 있는 정보도 여기에 해당하는데, 보호위원회는 연말정산 소득공제 자료 중 노동조합비 소득공제내역을 요구하여 제출받은 사안에서 노동조합비 소득공제 내역을 제출받을 경우 이를 통해 노동조합 가입여부를 확인할 수 있으므로 노동조합비 소득공제 내역은 민감정보에 해당한다고 보았다.[9]

3. 정치적 견해에 관한 정보

정치적 견해에 관한 정보란 정치적 사안이나 특정 정당의 지지 여부에 관한 정보를 말한다.[10] 통상 특정 정당의 가입이나 탈퇴에 관한 정보는 간접적으로 특정 정당의 지지 여부에 관한 정보라고 볼 여지도 있으나 앞서 본 바와 같이 별도의 민감정보로서 규율된다.

4. 건강에 관한 정보

건강에 관한 정보란 개인의 과거 및 현재의 병력, 신체적 · 정신적 장애 유무 · 장애의 종류 및 등급, 건강상태 등에 관한 정보이다.[11] 혈액형에 관한 정보는 일반적으로 이에 해당하지 않으나,[12] 만일 희귀한 혈액형에 해당하여 사회적 차별을 야기한다면 민감정보가 될 수도 있다는 견해가 있다.[13]

5. 성생활에 관한 정보

성생활에 관한 정보란 개인의 성적 취향, 성행위 빈도, 성적 활동 등에 관한 정보를 말한다.[14] 한편, 성소수자(Lesbian, Gay, Bi-sexaul, Trans-gender, "LGBT")임을 나타내는 정보가 항상

---

8) 이창범, 개인정보 보호법, 박영사, 2012, 212면.
9) 개인정보 보호위원회, 2018 개인정보보호 연차보고서, 2018, 108면.
10) 개인정보 보호 법령 및 지침 · 고시 해설(2020), 158면.
11) 이창범, 개인정보 보호법, 박영사, 2012, 212면.
12) 개인정보 보호 법령 및 지침 · 고시 해설(2020), 158면.
13) 박노형, 개인정보보호법, 박영사, 2020, 297면.
14) 이창범, 개인정보 보호법, 박영사, 2012, 212면.

성생활을 전제하지 않는다는 점을 이유로 성소수자임을 나타내는 정보는 우리 법제에서 보호되고 있지 않다는 견해[15]도 있으나, 이 또한 성생활에 관한 정보에 해당하여 민감정보로 보아 원칙적으로 그 처리가 제한된다고 넓게 해석하는 것이 합리적일 것이다.

6. 유전정보

유전정보는 유전자검사 등의 결과로 얻어진 정보로서, 인체유래물을 분석하여 얻은 개인의 유전적 특징에 관한 정보를 말한다.[16] 여기서의 유전정보, 인체유래물, 유전자검사 등은 생명윤리 및 안전에 관한 법률(이하 "생명윤리법") 제2조에서 정한 개념과 거의 동일한 것으로 이해해도 무방해 보인다. 즉, 생명윤리법 제2조 제14호는 유전정보를 인체유래물을 분석하여 얻은 개인의 유전적 특징에 관한 정보라고 하고, 같은 법 제2조 제15호는 유전자검사를 인체유래물로부터 유전정보를 얻는 행위로서 개인의 식별 또는 질병의 예방·진단·치료 등을 위하여 하는 검사라고 하며, 같은 법 제2조 제11호는 인체유래물을 인체로부터 수집하거나 채취한 조직·세포·혈액·체액 등 인체 구성물 또는 이들로부터 분리된 혈청, 혈장, 염색체, DNA, 단백질 등을 말한다고 한다.

한편, 이러한 유전정보에 대해서는 "알지 않을 권리"에 관한 논의가 오랜 기간 계속되고 있다. 예를 들면 유네스코(UNESCO)의 인간 유전자와 인권에 관한 세계선언(1997년)은 제5조에서 모든 유전자검사의 결과를 통보받을 것인지 여부를 결정할 수 있는 권리를 보장하였고, 유럽이사회(Council of Europe)의 인권과 생명의료에 관한 협약(1997년)도 제10조 제2항에서 자신의 건강에 관하여 수집된 정보를 통지받기를 원하지 않는 사람의 의사는 존중되어야 한다고 규정하였는데, 이러한 알지 않을 권리를 옹호하는 논거는 개인의 자율을 기초로 하는바 특정한 증상이 나타날 유전학적 위험이 존재하는지를 알고 싶지 않다는 의사가 강력할 수도 있고 유전정보가 가져올 장래에 대한 두려움을 당사자가 수용하기 어렵다고 느끼기 때문일 수도 있다고 한다.[17]

7. 범죄경력자료에 해당하는 정보

범죄경력자료에 해당하는 정보란 형의 실효 등에 관한 법률(이하 "형실효법") 제2조 제5호에 따라 수사자료표 중 벌금 이상의 형의 선고, 면제 및 선고유예(가목), 보호감호, 치료감호, 보호관찰(나목), 선고유예의 실효(다목), 집행유예의 취소(라목), 벌금 이상의 형과 함께 부과된 몰수,

---

15) 김민우, 개인정보의 개념과 그 보호에 관한 헌법적 연구(박사학위논문), 성균관대학교 일반대학원, 2021, 116-117면.
16) 박노형, 개인정보보호법, 박영사, 2020, 298면.
17) 이준형, "유전정보의 상업적 이용과 개인정보 보호", 동북아법연구, 제10권 제3호, 2017, 472면.

추징, 사회봉사명령, 수강명령 등의 선고 또는 처분(마목)에 관한 자료를 말한다. 과태료 부과, 시정명령, 내부징계에 관한 정보는 이에 해당하지 않는다.[18] 특히 정보주체의 동의를 받아 형실효법상 범죄경력자료를 취득하거나 사용하더라도 같은 법 제6조 제1항에서 정한 예외에 해당하지 않는 이상 형사처벌을 면치 못하므로 주의를 요한다(형실효법 제10조 제2항, 제3항 참조).

8. 생체인식정보

1) 생체인식정보의 의의와 개념상 구성요소

생체인식정보란, 첫째, 개인의 신체적, 생리적, 행동적 특징에 관한 정보에 해당하고, 둘째, 특정 개인을 알아볼 목적으로[19] 셋째, 일정한 기술적 수단을 통해 생성한 정보를 말한다. 따라서 개인의 신체적, 생리적, 행동적 특징에 관한 정보라고 하더라도 특정 개인을 알아볼 목적이 없다거나 일정한 기술적 수단을 통해 생성한 것이 아니라면 생체인식정보라고 할 수 없다.

특히, 기술적 수단을 통해 생성된다는 것은, 센서 입력장치 등을 통해 원본정보를 수집·입력하고 해당 원본정보로부터 특징점을 추출하는 등 개인을 인증 또는 식별하기 위해 전자적으로 처리되는 것을 가리키는데, 사진이나 음성정보 등 그 자체만으로 특정한 개인을 알아볼 수 있거나 다른 정보와 쉽게 결합하여 알아볼 수 있는 경우에는 일반 개인정보이며, 이것이 특정 개인을 식별 또는 인증하기 위하여 기술적인 수단을 통해 처리되는 경우에만 생체인식정보에 해당하게 된다.[20] 그러므로, 사진, 안면 영상 등은 그 자체로는 민감정보가 아닌바, 예컨대, 안면인식을 통해 연령·성별을 추정하여 유형에 맞는 광고를 내보내는 서비스, 이용자의 얼굴을 자동인식하여 스티커, 특수 효과 등을 적용하는 카메라 앱(app) 등을 운영하기 위하여 사진, 안면영상 등을 처리하는 경우에는 민감정보로서의 생체인식정보를 처리하는 것으로 보지 않는다.[21]

민감정보로서의 생체인식정보는 기본적으로 신원확인 수단에 해당하나, ID나 비밀번호 등 통상의 신원확인 수단과 달리 복제가 불가능하거나 매우 어렵고 분실의 우려가 없다는 점에서 매우 강력한 신원확인 수단이라고 할 수 있다. 그러나, 생체인식정보는 그 자체로서 개인을 나타내며 다른 개인정보와 달리 변경되지 않으므로 그 유출의 경우 이를 변경하여 다시금 새로운 시스템을 구축하는 것이 불가능하다는 치명적인 단점을 가지는데, 예를 들어, 음성인식의 경우 한 개인의 음성 특징에 대한 자료가 유출되었을 경우 그 개인의 목소리를 바꿀 수 없기 때문에

---

18) 이창범, 개인정보 보호법, 박영사, 2012, 212면.
19) 이를 가리켜 인증이나 본인확인을 목적으로 생체정보를 활용하는 경우를 의미한다고도 한다. 김현경, "정보통신망법 상 민감정보의 규율방안에 대한 검토", 가천법학, 제10권 제3호, 2017, 24면.
20) 조민정, 공공부문 데이터 법제에 관한 공법적 연구: 개인정보보호를 중심으로(박사학위논문), 이화여자대학교 대학원, 2021, 91-92면.
21) 개인정보 보호 법령 및 지침·고시 해설(2020), 159면.

더 이상 그 사람의 음성으로는 안전하고도 완벽한 신원확인을 할 수 없게 되어, 다른 정보에 비해 그 침해에 대한 회복가능성이 현저히 떨어진다는 점에서 심대한 우려가 비롯되는 것이다.[22]

2) 생체인식정보의 특수성

생체인식정보는 여타 개인정보들과 근본적으로 구별되는 특성을 가지고 있는데, 보편성(universality), 고유성(uniqueness), 영구성(permanency)이 그것이다. 첫째는 보편성으로서 모든 사람에게 있는 특징이어야 한다는 점인데 그렇지 않다면 생체인식기술이 처리하지 못하고 오류가 발생할 수 있다. 둘째는 고유성으로서 서로 다른 개인을 식별할 수 있기 위해서 사람마다 가지고 있는 정보가 달라야 한다는 것이다. 셋째는 영구성으로서 평생 변하지 않는 특성을 가지고 있어야 한다는 것인데, 만약 그렇지 않고 시간이 지나면서 혹은 어떤 영향으로 쉽게 변하는 정보라면 해당 개인을 더 이상 식별하거나 인증할 수 없게 되기 때문이다.[23]

이외에도 생체인식정보의 특성으로 지참성(持參性)이 거론되기도 한다. 즉, 생체인식정보는 항상 본인과 함께 존재하며 별도로 보관할 필요가 없으며 다른 정보와 달리 도난이나 분실의 우려가 거의 없다.[24] 이러한 특성으로 인해 생체인식정보는 다른 개인정보에 비해 더 엄격하게 보호될 필요가 있다고 이해된다.

3) 생체인식정보의 유형

특정 개인을 알아볼 목적으로 일정한 기술적 수단의 대상이 될 수 있는 정보로는 지문, 얼굴, 홍채, 정맥, 망막, 손모양 등이 있으며 음성, 자판입력(keystroke), 필적, 걸음걸이 등도 이에 해당한다.[25] 참고로, 캘리포니아주 프라이버시 권리법(The California Privacy Rights Act of 2020)은 생체인식정보(biometric information)에 대하여 개인의 신원을 확인하기 위해 단독으로 또는 서로 결합되거나 다른 식별정보와 함께 사용될 수 있는 DNA를 비롯한 개인의 생리학적, 생물학적 또는 행동적 특성을 의미한다고 하면서, 이러한 생체인식 정보에는 홍채 이미지(imagery of the iris), 망막(retina), 지문(fingerprint), 얼굴(face), 손(hand), 손바닥(palm), 정맥 패턴(vein patterns) 및 음성 녹음(voice recordings)뿐만 아니라 페이스 프린트(faceprint), 미뉴셔 템플릿(a minutiae template), 성문(voiceprint)과 같이 식별자 템플릿이 추출될 수 있는 정보 그리고 키스트로크 패턴이나 그 리듬(keystroke patterns or rhythms), 보행패턴이나 그 리듬(gait patterns or rhythms), 식별정보를 포함하고 있는 수면, 건강 또는 운동 데이터(sleep, health, or exercise data that contain identifying

---

22) 오길영, "개인정보 보호법제의 법적 문제: 금융개인정보와 생체개인정보를 중심으로", 민주법학, 통권 제53호, 2013, 235면.
23) 국가인권위원회, 바이오정보수집, 이용 실태조사, 2016, 15면 참조.
24) 김현경, "정보통신망법 상 민감정보의 규율방안에 대한 검토", 가천법학, 제10권 제3호, 2017, 9면.
25) 국가인권위원회, 바이오정보수집, 이용 실태조사, 2016, 7-10면.

information)가 포함된다고 규정하고 있다.[26]

9. 인종이나 민족에 관한 정보

인종은 인류를 지역과 신체적 특성에 따라 구분한 것이며, 민족은 일정한 지역에서 오랜 세월 동안 공동생활을 하면서 언어와 문화상의 공통성에 기초하여 역사적으로 형성된 사회 집단으로서 인종이나 국가 단위인 국민과 반드시 일치하는 것은 아니다.[27] 인종·민족에 관한 정보는 한국 사회가 다문화 사회로 변화함에 따라 처리 과정에서 개인을 차별하는데 사용되지 않도록 보호할 필요성이 높아졌다고 한다.[28]

II. 민감정보의 처리 금지와 예외

1. 민감정보의 처리 금지 원칙

민감정보는 원칙적으로 처리가 금지된다(법 제23조 제1항 본문). 앞서 살펴본 민감정보는 다른 일반적인 개인정보에 비해 개인의 사생활을 현저히 침해하거나 개인을 차별하는데 사용될 우려가 크기 때문에 제한적인 예외에 해당하는 경우에만 처리가 가능하다. GDPR을 비롯한 외국의 주요 입법례에서도 우리나라의 민감정보에 해당하는 개인정보에 대해서는 그 처리를 원칙적으로 금지하면서 예외적인 경우에만 처리를 허용하는 태도를 취하고 있다.

2. 민감정보의 예외적 처리

1) 정보주체의 별도 동의를 받은 경우

(1) 법 제23조 제1항 단서 제1호

법 제23조 제1항 단서 제1호에 따르면, 개인정보처리자는 정보주체에게 법 제15조 제2항 각 호 또는 법 제17조 제2항 각 호의 사항을 알리고 다른 개인정보의 처리에 대한 동의와 별도로 동의를 받은 경우에 민감정보를 예외적으로 처리할 수 있다. 법 제15조 제2항 각 호는 민감정보를 수집하는 경우에, 법 제17조 제2항은 민감정보를 제3자에게 제공하는 경우에 각각 적용이 있다.

---

26) 김민우, 개인정보의 개념과 그 보호에 관한 헌법적 연구(박사학위논문), 성균관대학교 일반대학원, 2021, 56-57면 재인용.
27) 개인정보 보호 법령 및 지침·고시 해설(2020), 159면.
28) 박노형, 개인정보보호법, 박영사, 2020, 299면.

(2) 민감정보 처리에 법 제18조 제2항의 예외가 적용되는지 여부

한편, 개인정보의 목적 외 이용·제공에 관한 법 제18조 제2항의 예외가 민감정보에 대하여도 적용되는지에 대해 서로 다른 견해가 있을 수 있다.[29] 이는 개인정보의 목적 외 이용·제공에 관한 법 제18조와 민감정보의 처리에 관하여 정하고 있는 법 제23조의 관계에 관한 문제인데, 민감정보 처리의 예외로서 법 제23조 제1항 제1호가 법 제15조 제2항 각 호 또는 법 제17조 제2항 각 호에서 각각 규정하고 있는 고지 사항을 준수할 것을 요구하면서 다른 개인정보의 처리에 대한 동의와 별도로 구분하여 동의를 받으라고 규정하고 있을 뿐 민감정보의 목적 내이용·제공이나 목적 외 이용·제공을 달리 구분하고 있지 않은 점을 감안하면, 개인정보처리자로서는 법 제23조 제1항 단서 제1호의 방식에 따른 동의를 받은 이상 민감정보의 목적 내 이용·제공이나 목적 외 이용·제공을 불문하고 민감정보를 그에 터잡아 처리할 수 있다고 봄이 합리적이다.

보호위원회도 민감정보는 법 제23조 제1항 각 호에서 정하는 예외 사유가 존재하는 경우에 한하여 처리할 수 있으며 이에 해당하지 않으면 법 제15조 제1항 각 호, 제17조 제1항 각 호, 제18조 제2항 각 호 등의 규정에 따른 요건을 갖추었다고 하여 처리 가능하다고 볼 수 없다고 하여[30] 목적 내·외 여부에 대해 달리 보고 있지 않다. 다만, 아래에서 살펴볼 시행령 제18조 제2항 단서에 따라 공공기관이 법 제18조 제2항 제5호부터 제9호까지의 규정에 따라 처리하는 경우에는 민감정보로 보지 않기 때문에 그 한도에서는 법 제18조가 적용될 수 있음을 유의하여야 한다.

(3) 법 제23조 제1항 단서 제1호에 따른 동의의 방식

민감정보의 이용·제공에 관하여 동의를 받을 때 법 제23조 제1항 단서 제1호의 법문에 따라 "처리"로 명기하여 한번에 동의를 받을 수 있는지, 아니면 이용·제공을 구분하여 별도로 동의를 받아야 하는지 견해의 대립이 있을 수 있다. 전자는 법 제23조 제1항 제1호에 이용·제공을 구분하지 않고 "처리"에 대해 동의를 받으면 충분한 것으로 규정되어 있고 동의를 받는 방

---

29) 이와 관련하여 고학수 외, 개인정보 비식별화 방법론 – 보건의료정보를 중심으로, 박영사, 2017, 31-32면은, "개인정보보호법 제23조, 제24조의 동의는 목적 내 이용 등에 관한 동의만을 포함하고, 이 규정이 같은 법 제18조에 대하여도 특칙이어서 목적 외 이용 및 제3자 제공에 대한 동의가 허용되지 아니한다는 법률해석의 입장이 있을 수 있다. 그리고 같은 법 제23조, 제24조의 동의가 목적 외 이용 및 제3자 제공에 대한 동의를 포함하거나 위 규정이 같은 법 제18조에 대한 특칙은 아니어서 민감정보나 고유식별정보라 하더라도 별도의 동의를 받아 목적 외 이용 및 제3자 제공을 할 수 있다는 입장도 있을 수 있다. 그 이외에 법령상 민감정보나 고유식별정보의 처리가 요구되거나 허용되는 경우에 대하여도 이 규정이 제18조에 대한 특칙이고 그 자체 목적 내 처리만을 포섭한다는 입장, 이 규정이 제18조에 대한 특칙이기는 하나 목적 내 처리와 목적 외 처리 모두를 포섭한다는 입장, 이 규정은 제15조, 제17조에 대한 특칙일 뿐 제18조에 대한 특칙은 아니고 목적 외 이용 및 제3자 제공에 대하여는 민감정보 및 고유식별정보라 하더라도 여전히 제18조가 적용된다는 입장이 있을 수 있다. 이에 관하여 아직까지 본격적인 법적 논의는 이루어지지 아니하고 있다. 주민등록번호가 아닌 한 동의에 의한 목적 외 제3자 제공은 비교적 수월하게 허용할 수 있을 것이나, 동의 원칙의 예외에 대하여는 논란의 소지가 있다"고 설명하고 있다.
30) 개인정보 보호 법령 및 지침·고시 해설(2020), 162면.

법을 규정한 법 제22조 제1항 제5호에서도 법 제23조 제1항 제1호에 따라 동의를 받는 경우와 다른 경우를 구분하여 각각 동의를 받으라고만 되어 있는 점 등을 근거로 하고, 후자는 법 제23조 제1항 제1호에 "처리"로만 명기되어 있으나 동의를 받는 방법에 관한 제22조 제1항이 이용에 관한 동의와 제공에 관한 동의를 각각 구분하여 받는 것을 원칙으로 하고 있을 뿐만 아니라(법 제22조 제1항 제1호 내지 제3호 참조) 만일 민감정보의 경우 이용과 제공을 구분하지 아니하고 "처리"로써 한번에 동의를 받을 수 있다고 보면 오히려 민감정보가 다른 일반 개인정보에 비하여 낮은 수준의 보호를 받는 셈이 되어 개인정보보호법의 전체 취지에 부합하지 않는다는 점 등을 논거로 삼을 수 있을 것으로 보인다.

생각건대, 2023년 개정 전에는 법 제22조 제3항이 "개인정보처리자는 제15조 제1항 제1호, 제17조 제1항 제1호, 제23조 제1항 제1호 및 제24조 제1항 제1호에 따라 개인정보의 처리에 대하여 정보주체의 동의를 받을 때에는 정보주체와의 계약 체결 등을 위하여 정보주체의 동의 없이 처리할 수 있는 개인정보와 정보주체의 동의가 필요한 개인정보를 구분하여야 한다"고만 되어 있어서 다소 애매할 수 있었으나, 현행법 제22조 제1항은 제15조 내지 제24조의 각 동의를 구분하여 동의를 받아야 한다고 명시적으로 구분 동의의 대상을 특정하고 있으므로, 전자의 견해와 같이 법 제23조 제1항 제1호의 동의를 다른 경우의 동의와 구분하여 받는 이상 굳이 이용·제공을 구분하지 않더라도 충분한 것으로 보는 것이 합리적이다.

2) 법령에서 처리를 요구하거나 허용하는 경우

개인정보처리자는 법령에서 민감정보의 처리를 요구하거나 허용하는 경우 민감정보를 예외적으로 처리할 수 있다(법 제23조 제1항 제2호). 이에 해당하기 위하여는 해당 법령에서 구체적으로 민감정보의 처리 목적과 처리해야 할 민감정보의 종류를 열거하여야 한다.[31] 법령은 법률, 시행령, 시행규칙, 지침이나 고시 등을 말하며, 특히 하위 법령으로 내려갈수록 별지 서식이나 표에서 민감정보를 요구하는 경우가 적지 않다.

민감정보의 처리를 요구하거나 허용하는 법령상 예로는, 의료법 제21조에 따른 기록 열람, 보안관찰법 시행령 제6조 제1항에 따른 보안관찰처분대상자의 신고, 형실효법 제6조 제1항에 따른 범죄경력조회 및 수사경력조회와 회보, 병역법 제11조의2에 따른 군의관 등의 자료 제출 요구, 보안업무규정 제36조 제1항에 따른 국가정보원장의 신원조사 등을 들 수 있다.

한편, 코로나19 상황을 맞아 감염병예방법에 따른 정보 처리에 대해 문제가 많이 제기되었는데, 특히 감염병예방법 제6조에서는 국민은 감염병 발생 상황, 감염병 예방 및 관리 등에 관한 정보와 대응방법을 알 권리가 있고, 국가와 지방자치단체는 신속하게 정보를 공개하여야 한다고 명시하고 있는바, 여기서 국가와 지방자치단체가 공개해야 하는 정보의 범위에 확진자의 동

---

31) 이창범, 개인정보 보호법, 박영사, 2012, 215면.

선과 같은 개인이 식별될 수 있는 가능성이 있는 정보가 포함되는지 여부에 관하여는 여전히 논쟁 중이다.[32]

3) 시행령 제18조 단서상 법 제18조 제2항 제5호부터 제9호까지의 규정에 따라 처리하는 경우

시행령 제18조는 법률 단계에서 민감정보로 정의된 정보들 이외에 추가적으로 민감정보에 해당하는 정보를 각 호에서 추가적으로 규정하면서, 그 단서에서 공공기관이 법 제18조 제2항 제5호부터 제9호까지의 규정에 따라 그 각 호의 어느 하나에 해당하는 정보를 처리하는 경우에는 해당 정보는 제외한다고 하고 있다. 이에 따르면 법 제18조 제2항 제5호부터 제9호까지의 규정에 따라 공공기관이 유전정보, 범죄경력자료에 해당하는 정보, 생체인식정보, 인종이나 민족에 관한 정보를 처리하는 경우에는 제23조의 적용이 배제된다.

이와 관련하여, 위와 같은 경우에 해당하는 정보는 민감정보에 해당하지 않는가, 아니면 민감정보이기는 하지만 법 제18조 제2항 제5호부터 제9호에 따라 "정보 주체 또는 제3자의 이익을 부당하게 침해할 우려가 있는 때를 제외하고는 개인정보를 목적 외의 용도로 이용하거나 이를 제3자에게 제공할 수 있"다는 의미인가 여부가 문제될 수 있다.[33] 그러나, 법 제23조 제1항에 따르면 명시적으로 "대통령령으로 정하는 정보(이하 "민감정보"라 한다)"라고 민감정보에 대한 일종의 정의 형식으로 규정하고 있으므로, 위와 같이 대통령령에서 민감정보에서 제외하는 취지로 정한 경우에는 애초 민감정보에 해당하지 않는 것으로 해석하는 것이 법문에 보다 충실한 해석으로 생각된다.

4) 기타: 법 제58조 제1항에 따라 처리하는 경우

법 제58조 제1항에 의하면, 국가안전보장과 관련된 정보 분석을 목적으로 수집 또는 제공 요청되는 개인정보(제2호), 언론, 종교단체, 정당이 각각 취재 · 보도, 선교, 선거 입후보자 추천 등 고유 목적을 달성하기 위하여 수집 · 이용하는 개인정보(제4호)에 관하여는 제3장부터 제8장까지를 적용하지 아니하므로, 민감정보에 관한 제23조 규정도 적용되지 아니한다. 따라서 위와 같은 경우 비록 민감정보에 해당하는 정보들이라도 법 제23조에 따라 처리 제한을 받지 않는다.

다만, 이때 개인정보처리자는 그 목적을 위하여 필요한 범위에서 최소한의 기간에 최소한의 개인정보만을 처리하여야 하며, 개인정보의 안전한 관리를 위하여 필요한 기술적 · 관리적 및 물리적 보호조치, 개인정보의 처리에 관한 고충처리, 그 밖에 개인정보의 적절한 처리를 위하여 필요한 조치를 마련해야 할 의무를 부담한다(법 제58조 제4항).

---

32) 이주희, "코로나19 시대의 개인정보보호방안에 관한 연구", 과학기술과 법, 제11권 제2호, 2020, 307-308면.
33) 이경렬, "형사사법 분야에서 개인정보의 관리 · 이용 및 보호의 문제", 피해자학연구, 제23권 제1호, 2015, 216면.

3. 민감정보의 처리 위탁

민감정보를 타인(수탁자)에게 처리 위탁할 때 정보주체로부터 별도의 동의를 받아야 하는지가 문제될 수 있다. 이에 대하여는 두 가지 견해가 있을 수 있다. 첫째 견해는 법 제23조가 민감정보의 "처리"만 금지하고 있고 처리의 정의에는 법 제26조(업무위탁에 따른 개인정보 처리 제한)의 "위탁"은 포함되어 있지 않기 때문에 별도의 동의가 필요 없다는 것이고,[34] 둘째 견해는 우리 법상 "처리"는 개인정보의 수집, 생성, 연계, 연동, 기록, 저장, 보유, 가공, 편집, 검색, 출력, 정정(訂正), 복구, 이용, 제공, 공개, 파기(破棄), 그 밖에 이와 유사한 행위를 말한다고 하여 매우 광의로 정의되어 있기 때문에(법 제2조 제2호) "위탁" 또한 "처리"의 일종으로 보아 원칙적으로 정보주체의 동의가 필요하다는 것이다. 이는 결국 수탁자가 개인정보처리자에 해당하는지와 직결되는 문제로서, 첫째 견해는 이에 부정적일 것이고 둘째 견해는 이에 긍정적일 것이다.

종전 법령 내용이라면 위와 같은 견해들의 우열을 가늠키 어려웠을 것이나, 2023년 개정 이후에는 수탁자를 더 이상 개인정보처리자로 해석하기는 힘들 것으로 보인다. 그 이유로는 첫째, 개정법 제26조 제8항 제1문에 수탁자에게 준용되는 법 조항들이 종전에 비해 대폭 확대되면서 같은 조 제2문에 이 경우 "개인정보처리자"는 "수탁자"로 본다는 명문의 규정이 추가된 점(만일 수탁자도 개인정보처리자에 해당한다면 위와 같은 방대한 준용 규정이나, 준용 규정 적용 시 개인정보처리자를 수탁자로 본다는 취지의 규정은 필요 없을 것이다), 둘째, 개정법 제64조의2(과징금 부과), 제71조 내지 제73조(각 벌칙), 제75조(과태료)는 공히 과징금 부과 대상자, 형사처벌 대상자 및 행정제재 부과 대상자를 특정하는 부분들에 각각 "제26조의 제8항에 따라 준용되는 경우를 포함한다"는 취지를 부기한 점(만일 수탁자도 개인정보처리자에 해당한다면 이와 같은 규정은 필요 없을 것이다) 등에 비추어 보면, 적어도 2023년 개정 이후로 수탁자는 개인정보처리자에 해당하지 않고, 따라서 개인정보의 처리에는 위탁은 포함되지 않으며, 따라서 법 제23조가 규율하고자 하는 민감정보의 처리에는 위탁이 포함되지 않아 정보주체의 동의가 없더라도 개인정보처리자는 법 제26조에 따라 민감정보를 위탁할 수 있다고 보아야 한다.

III. 민감정보의 안전성 확보조치

법 제23조 제2항에 따르면, 개인정보처리자가 민감정보를 처리하는 경우에는 그 민감정보가 분실·도난·유출·위조·변조 또는 훼손되지 아니하도록 제29조에 따른 안전성 확보에 필요한 조치를 하여야 한다고 한다. 다만, 개인정보의 안정성 확보에 필요한 조치를 규정한 법 제29조는 이 법에서 정한 모든 종류의 개인정보 처리에 적용되는 점에서 민감정보의 안전성 확보

---

34) 이창범, 개인정보 보호법, 박영사, 2012, 217면.

에 필요한 조치를 법 제29조에 따르게 하는 규정은 실제로는 의미가 없다고 한다.[35] 다만, 법 제29조에 따라 마련된 개인정보의 안전성 확보조치 기준 고시에는 그 제7조(개인정보의 암호화), 제8조(접속기록의 보관 및 점검) 등에서 민감정보임을 감안하여 보다 강화된 보호조치를 규정한 경우가 있다.

IV. 민감정보의 공개에 관한 사전 알림제도

1. 민감정보의 공개에 관한 사전 알림제도의 의의

민감정보의 공개에 관한 사전 알림제도는 디지털 기술의 발전에 따라 SNS나 온라인 지도 등 온라인 공유 서비스를 이용할 때 민감정보를 포함한 대량의 개인정보가 일상적으로 처리되고 있으나 이에 따른 사생활 침해의 위험성 등에 대하여 충분한 고지가 이루어지지 않고 있다는 판단 하에 국민의 사생활을 현저히 침해할 우려가 있는 정보가 개인의 의사에 반하여 불특정 다수에게 노출되지 않도록 개인정보처리자의 사전적 고지 의무와 개인정보 처리방침에 대한 사후적 통제를 강화할 필요에 따라 정보주체에 의해 공개되는 정보에 민감정보가 포함됨으로써 사생활 침해의 위험성이 있는 때에 재화·서비스 제공 전에 민감정보의 공개 가능성 및 비공개 선택 방법을 알기 쉽게 고지할 의무를 부담케 한 것이다.[36]

2. 민감정보의 공개에 관한 사전 알림을 위한 요건

개인정보처리자는 재화 또는 서비스를 제공하는 과정에서 공개되는 정보에 정보주체의 민감정보가 포함됨으로써 사생활 침해의 위험성이 있다고 판단하는 때에는 재화 또는 서비스의 제공 전에 아래에서 살펴볼 소정의 사항들을 알릴 의무가 있다(법 제23조 제3항). 다만, 앞서 살펴본 바와 같이 본 사전 알림제도는 "개인의 의사에 반하여" 노출되지 않도록 배려하는 차원의 조치이므로 공개 게시판 등과 같이 서비스 자체가 공개를 기본으로 하여 상호 의사소통을 목적으로 하고 있어서 정보주체가 공개 게시판 등에 스스로 입력하는 정보가 공개된다는 사실을 이미 알고 있다고 볼 수 있는 경우에는 공개 가능성을 알리지 않을 수 있다.[37]

---

35) 박노형, 개인정보보호법, 박영사, 2020, 304면.
36) 개인정보 보호법 일부 개정 법률안(김병욱 의원 대표발의) 의안번호 8123 제안이유 참조.
37) 개인정보 보호위원회, 개인정보 보호법 및 시행령 개정사항 안내, 2023. 12. 29., 134면.

3. 민감정보의 공개에 관한 사전 알림 내용

개인정보처리자는 위와 같은 사전 알림 요건을 충족하는 경우, 민감정보의 공개 가능성과 비공개를 선택하는 방법을 알려야 한다. 여기서 비공개를 선택하는 방법이란 정보주체가 이용할 수 있는 설정 메뉴 등지에서 해당 민감정보를 비공개로 정할 수 있는 옵션을 선택할 수 있도록 하는 방법을 말한다.

4. 민감정보의 공개에 관한 사전 알림 방식

개인정보처리자는 "재화 또는 서비스의 제공 전에 미리" 정보주체에 대해 민감정보의 공개 가능성과 비공개를 선택하는 방법을 알리되, 나아가 정보주체가 이를 알아보기 쉽게 알려야 한다. 온라인 서비스의 경우라면 주로 경고창 등을 활용하여 알리는 방법이 이에 해당할 것이다.[38] 다만, 개인정보처리자로서는 정보주체가 서비스를 이용하는 과정에서 자신이 스스로 입력한 정보에 대한 공개 가능성이 있는 경우에는 애초부터 비공개를 기본으로 설정하여 운영하고, 정보주체가 공개를 원할 경우 스스로 공개 여부를 결정할 수 있도록 하는 것이 바람직하다 하겠다.[39]

한편, 법 제23조 제3항에 따라 알리는 경우에는 민감정보의 공개 가능성 및 비공개를 선택하는 방법을 개인정보 처리방침에 포함하여 공개하여야 한다(법 제30조 제1항 제3호의3).

V. 민감정보의 처리와 제재

법 제23조 제1항에 정한 민감정보 처리 기준을 위반한 경우에는 5년 이하의 징역 또는 5천만 원 이하의 벌금에 처해질 수 있고(법 제71조 제4호), 민감정보 보호를 위한 안정성 확보조치 의무를 위반한 경우나 민감정보의 공개 가능성과 비공개를 선택하는 방법을 알리지 않은 경우에는 각각 3천만 원 이하의 과태료가 부과될 수 있다(법 제75조 제2항 제5호, 제6호).

나아가, 법 제23조 제1항 제1호를 위반하여 정보주체의 동의를 받지 아니하고 민감정보를 처리하는 경우에는 전체 매출액의 100분의 3을 초과하지 아니하는 범위에서 과징금이 부과될 수 있다(법 제64조의2 제1항 제3호).

---

38) 개인정보 보호위원회, 개인정보 보호법 및 시행령 개정사항 안내, 2023. 12. 29., 134면.
39) 개인정보 보호위원회, 개인정보 보호법 및 시행령 개정사항 안내, 2023. 12. 29., 134면에는 비공개를 기본으로 설정하여 운영하고 정보주체가 공개를 원할 경우 스스로 공개 여부를 결정할 수 있도록 할 필요가 있다는 취지로 설명하나, 법 제23조 제3항은 사전 알림 제도에 불과하여 위와 같은 조치까지 취할 의무는 없다는 점에서 위와 같은 설명은 권고 사항으로 보아야 한다.

제 2 절
고유식별정보의 처리

Ⅰ. 고유식별정보의 정의와 유형

고유식별정보란 법령에 따라 개인을 고유하게 구별하기 위하여 부여된 식별정보로서 대통령령으로 정하는 정보를 말하는데(법 제24조 제1항), 이에는 주민등록번호, 여권번호, 운전면허번호, 외국인등록번호가 있다(시행령 제19조 각 호). 개인정보보호법상 고유식별정보란 법정된 정보를 말하므로, 위에서 본 주민등록번호, 여권번호, 운전면허번호, 외국인등록번호 이외에 다른 정보는 비록 식별정보라고 하더라도 법상 고유식별정보에는 해당하지 않는다. 따라서 개인에게 부여되는 사번이나 학번, 법인이나 사업체에 부여되는 법인등록번호나 사업자등록번호는 고유식별정보가 아니다.

고유식별정보는 원래 공익 목적으로 개인에게 부여된 것이나 그 편리성 때문에 공공부문은 물론 민간영역에서도 광범위하게 수집·이용되고 있는데, 이들 고유식별정보의 오남용을 방지하고 원래 목적에 충실하게 사용될 수 있도록 그 처리를 일정 범위에서 제한할 필요가 있어 고유식별정보의 처리 제한에 관한 본 규정이 마련되었다.[40]

1. 주민등록번호

주민등록번호는 주민등록법 제7조의2에 따라 시장·군수 또는 구청장이 주민에게 개인별로 부여한 고유한 등록번호를 말한다. 주민등록번호에 대하여는 법 제24조의2 부분에서 보다 상세히 살펴본다.

2. 여권번호

여권번호는 여권법 제7조 제1항에 따라 여권의 종류, 발행국, 발급일, 기간만료일, 발급관청,

---

40) 개인정보 보호 법령 및 지침·고시 해설(2020), 166면.

명의인의 성명, 국적, 성별, 생년월일, 사진과 함께 여권에 기재되는 번호를 말한다.

3. 운전면허번호

운전면허번호는 도로교통법 제80조에 따라 시ㆍ도경찰청장으로부터 받는 운전면허의 면허번호를 말한다.

4. 외국인등록번호

외국인등록번호는 출입국관리법 제31조 제5항에 따라 지방출입국ㆍ외국인관서의 장이 외국인등록을 한 사람에게 부여하는 개인별로 고유한 등록번호를 말한다.

Ⅱ. 고유식별정보의 처리 금지와 예외

1. 고유식별정보의 처리 금지 원칙

고유식별정보는 원칙적으로 처리가 금지된다(법 제24조 제1항 본문). 고유식별정보는 다른 일반적인 개인정보에 비해 그 고유성으로 인하여 식별성이 매우 높을 뿐만 아니라 각종 데이터베이스에서 매칭키로 사용되는 등 개인의 사생활을 현저히 침해할 우려가 크기 때문에 제한적인 예외에 해당하는 경우에만 처리가 가능하다.

2. 고유식별정보의 예외적 처리

1) 정보주체의 별도 동의를 받은 경우

(1) 법 제24조 제1항 단서 제1호

법 제24조 제1항 단서 제1호에 따르면, 개인정보처리자는 정보주체에게 법 제15조 제2항 각 호 또는 제17조 제2항 각 호의 사항을 알리고 다른 개인정보의 처리에 대한 동의와 별도로 동의를 받은 경우에 고유식별정보를 예외적으로 처리할 수 있다. 법 제15조 제2항 각 호는 고유식별정보를 수집하는 경우에, 법 제17조 제2항은 고유식별정보를 제3자에게 제공하는 경우에 각각 적용이 있다. 다만, 유의할 점은 주민등록번호는 고유식별정보에 해당하기는 하나 법 제24조의2에 따라 더욱 강화된 보호 아래에 있게 되므로 위와 같은 동의를 받더라도 처리할 수 없다.

(2) 고유식별정보 처리에 법 제18조 제2항의 예외가 적용되는지 여부

한편, 앞서 민감정보 부분에서 살펴본 바와 동일하게, 개인정보의 목적 외 이용·제공에 관한 법 제18조 제2항의 예외가 고유식별정보(법 제24조의2에 따라 법정주의의 적용을 받는 주민등록번호 제외)에 대하여도 적용되는지에 대해 서로 다른 견해가 있을 수 있으나, 적용을 부정하는 것이 합리적이라고 보인다. 다만, 아래에서 살펴볼 시행령 제19조 단서에 따라 공공기관이 법 제18조 제2항 제5호부터 제9호까지의 규정에 따라 처리하는 경우에는 고유식별정보로 보지 않기 때문에 그 한도에서는 법 제18조가 적용될 수 있음을 유의하여야 한다.

(3) 법 제24조 제1항 단서 제1호에 따른 동의 방식

역시 민감정보 부분에서 살펴본 바 있거니와, 고유식별정보(법 제24조의2에 따라 법정주의의 적용을 받는 주민등록번호 제외)의 경우에도 그 이용·제공에 관하여 동의를 받을 때 법 제24조 제1항 단서 제1호의 법문에 따라 "처리"로 명기하여 한번에 동의를 받을 수 있다고 보는 것이 합리적이다.

2) 법령에서 구체적으로 처리를 요구하거나 허용하는 경우

법령에서 구체적으로 처리를 요구하거나 허용하는 경우란 원칙적으로 해당 법령에서 구체적으로 고유식별정보의 처리 목적와 처리해야 할 고유식별정보의 종류를 열거하여야 한다.[41] 법령은 법률, 시행령, 시행규칙, 지침이나 고시 외에 이에 첨부된 별지 서식 등을 포함한다.

고유식별정보의 처리를 요구하거나 허용하는 법령상 예로는,「금융실명거래 및 비밀보장에 관한 법률」제3조에 따른 실지명의에 따른 거래,「후견등기에 관한 법률」제25조에 따른 성년후견 등에 관한 기록,「아동학대범죄의 처벌 등에 관한 특례법」제7조에 따른 자료의 처리,「도로교통법」시행령 제87조의3 제1항에 따른 자료의 처리 등을 들 수 있다.

한편, 다른 법령에서 법 정책적 필요에 의해 개인정보처리자에 대해 단순히 신원확인 의무나 연령확인 의무만을 부과하고 있는 경우는 고유식별정보 처리를 구체적으로 요구하거나 허용한 경우로 보기 어렵고, 따라서 이 경우에는 신원이나 연령 확인을 위한 고유식별정보 처리 동의를 별도로 받거나 주민등록번호를 사용하지 않는 수단을 이용하여 신원이나 연령을 확인해야 한다고 한다.[42]

3) 시행령 제19조 단서상 법 제18조 제2항 제5호부터 제9호까지의 규정에 따라 처리하는 경우

시행령 제19조는 고유식별정보에 해당하는 정보를 각 호에서 규정하면서, 그 단서에서 공공

---

41) 이창범, 개인정보 보호법, 박영사, 2012, 222면.
42) 개인정보 보호 법령 및 지침·고시 해설(2020), 168면.

기관이 법 제18조 제2항 제5호부터 제9호까지의 규정에 따라 그 각 호의 어느 하나에 해당하는 정보를 처리하는 경우에는 해당 정보는 제외한다고 하고 있다. 이에 따르면 법 제18조 제2항 제5호부터 제9호까지의 규정에 따라 공공기관이 여권번호, 운전면허번호, 외국인등록번호를 처리하는 경우에는 제24조의 적용이 배제되며(주민등록번호에 대하여는 법 제24조의2 부분에서 살펴보기로 한다), 앞서 민감정보의 경우에 살펴본 바와 같은 이유로 애초 고유식별정보에 해당하지 않는 것으로 해석하는 것이 합리적이다.

4) 기타: 법 제58조 제1항에 따라 처리하는 경우

법 제58조 제1항에 의하면, 국가안전보장과 관련된 정보 분석을 목적으로 수집 또는 제공 요청되는 개인정보(제2호), 언론, 종교단체, 정당이 각각 취재·보도, 선교, 선거 입후보자 추천 등 고유 목적을 달성하기 위하여 수집·이용하는 개인정보(제4호)에 관하여는 제3장부터 제8장까지를 적용하지 아니하므로, 고유식별정보에 관한 제24조 규정도 적용되지 아니한다. 따라서 위와 같은 경우 비록 고유식별정보에 해당하는 정보들이라도 법 제24조에 따라 처리 제한을 받지 않는다.

다만, 이때 개인정보처리자는 그 목적을 위하여 필요한 범위에서 최소한의 기간에 최소한의 개인정보만을 처리하여야 하며, 개인정보의 안전한 관리를 위하여 필요한 기술적·관리적 및 물리적 보호조치, 개인정보의 처리에 관한 고충처리, 그 밖에 개인정보의 적절한 처리를 위하여 필요한 조치를 마련해야 할 의무를 부담한다(법 제58조 제4항).

3. 고유식별정보의 처리 위탁

앞서 민감정보 부분에서 살펴본 바와 같이 개인정보 처리 업무에 대한 위탁은 개인정보의 처리에 해당하지 않는다고 해석하는 것이 적어도 2023년 개정법 시행 이후로는 타당하므로, 정보주체의 동의가 없다고 하더라도 개인정보처리자는 업무위탁에 관한 법 제26조에 따라 고유식별정보를 수탁자에게 위탁할 수 있다고 보아야 한다.

III. 고유식별정보의 안전성 확보조치와 정기적 조사

1. 고유식별정보의 안전성 확보조치

법 제24조 제3항에 따르면, 개인정보처리자가 고유식별정보를 처리하는 경우에는 그 고유식별정보가 분실·도난·유출·위조·변조 또는 훼손되지 아니하도록 대통령령이 정하는 바에 따라 암호화 등 안전성 확보에 필요한 조치를 하여야 한다. 한편, 시행령 제21조는 고유식별정보의 경우 시행령 제30조를 준용하여 법 제29조에 따른 안전성 확보에 필요한 조치를 하여야 한다고 규정한다. 다만, 개인정보의 안전성 확보에 필요한 조치를 규정한 법 제29조는 이 법에서 정한 모든 종류의 개인정보 처리에 적용되는 점에서 고유식별정보의 안전성 확보에 필요한 조치를 법 제29조에 따르게 하는 규정은 실제로는 특별한 의미가 없다고 보인다.[43] 다만, 법 제29조에 따라 마련된 개인정보의 안전성 확보조치 기준 고시에는 제7조(개인정보의 암호화), 제8조(접속기록의 보관 및 점검) 등에서 고유식별정보임을 감안하여 보다 강화된 보호조치를 규정한 경우가 있다.

2. 고유식별정보의 안전성 확보조치에 대한 정기적 조사

보호위원회는 공공기관이나 5만명 이상의 정보주체에 관하여 고유식별정보를 처리하는 개인정보처리자가 안전성 확보에 필요한 조치를 하였는지에 관하여 2년마다 1회 이상 정기적으로 조사하여야 한다(법 제24조 제4항, 시행령 제21조 제2항, 제3항). 보호위원회는 온라인 또는 서면을 통하여 필요한 자료를 제출하게 하는 방법으로 조사하며 보호위원회 또는 한국인터넷진흥원이 정하여 고시하는 전문기관으로 하여금 조사를 수행하게 할 수 있다(법 제24조 제5항, 시행령 제21조 제4항, 제5항).

IV. 고유식별정보의 처리와 제재

법 제24조의 제1항에 정한 고유식별정보 처리 기준을 위반한 경우에는 5년 이하의 징역 또는 5천만 원 이하의 벌금에 처해질 수 있고(법 제71조 제5호), 법 제24조의 제3항을 위반하여 고유식별정보 보호를 위한 안전성 확보에 필요한 조치를 하지 않은 경우에는 3천만 원 이하의 과태료가 부과될 수 있다(법 제75조 제2항 제5호).

나아가, 법 제24조 제1항을 위반하여 고유식별정보를 처리한 경우에는 전체 매출액의 100분의 3을 초과하지 아니하는 범위에서 과징금이 부과될 수 있다(법 제64조의2 제1항 제4호).

---

43) 박노형, 개인정보보호법, 박영사, 2020, 311면.

제 3 절
주민등록번호의 처리

I. 주민등록번호의 연혁과 의의

1. 주민등록번호의 연혁

1962년 5월 국민들의 거주관계, 상시 인구 동태 파악 등을 목적으로 주민등록법이 제정되어 모든 국민은 이름, 생년월일, 주소, 본적, 전출입사항 등을 시·읍·면에 등록하도록 의무화되었고, 이에 따라 1968년 9월 주민등록법 시행령 제3조와 동법 시행규칙 제1조에 따라 최초로 주민등록번호가 도입되었는데, 당시의 주민등록번호는 지역번호(6자리), 성별(1자리), 일련번호(5자리)로 구성되어 있었다가 번호를 암기하기가 어렵고 검증번호가 없다는 보안상의 이유로 1975년 7월경 13자리로 변경되어 오늘날까지 사용되고 있다.[44]

현재의 주민등록번호체계는 6자리의 생년월일, 1자리의 성별, 4자리의 지역번호, 1자리의 등록순서, 1자리의 검증번호로 구성되어 있다.

2. 주민등록번호의 의의와 외국 사례

주민등록번호는 주민등록법 제7조의2에 따라 시장·군수 또는 구청장이 주민에게 개인별로 부여한 고유한 등록번호를 말하는데, 다른 고유식별정보에 비하여 비교적 사용 범위가 넓고 식별성이 높아 그 보호의 필요성이 매우 높은 정보에 해당한다. 주민등록번호는 단순한 개인식별 기능에서 더 나아가 표준식별 기능으로서 작용하여 개인정보가 주민등록번호를 사용하여 데이터베이스 등으로 구축되고 그 주민등록번호를 통해 또 다른 개인정보와 연결되어 결과적으로 '개인정보를 통합하는 연결자'로 사용되고 있으며, 그 결과 개인정보의 대량 유출 사고는 주민등록번호에 집중되어 일반 국민들에게 심각한 피해가 발생하여 왔다.[45] [46]

---

44) 김재광, "개인정보 보호법에 관한 새로운 법적 문제", 강원법학, 제36권, 2012, 109면.
45) 박노형, 개인정보보호법, 박영사, 2020, 313면.
46) 주민등록번호의 각종 문제점에 대한 상세는, 권건보, 개인정보보호와 자기정보통제권, 경인문화사, 2005, 250-275

한편, 외국의 경우에도 우리나라의 주민등록번호와 유사한 정보가 발급되고 활용되는 경우가 적지 않으나, 예컨대, 미국의 SSN(Social Security Number)만 하더라도 매우 제한된 범위에서 요구되고 활용되는 상황이라 우리나라의 주민등록번호가 가지고 있는 문제점에 비할 바 아니라고 평가되고 있다.[47] 이러한 점 때문에 2013년 8월 고유식별정보에 관한 법 제24조가 존재함에도 불구하고 주민등록번호 처리 제한에 관한 법 제24조의2가 추가로 신설되었다.

II. 주민등록번호의 처리 금지와 예외

1. 주민등록번호의 처리 금지 원칙: 주민등록번호 처리 법정주의

개인정보처리자는 원칙적으로 주민등록번호를 처리할 수 없다(법 제24조의2 제1항). 아래에서 살펴보는 바와 같이 주민등록번호는 법률이 정한 사유 이외에는 처리할 수 없고, 심지어 정보주체의 별도 동의가 있다고 하더라도 이를 처리할 수 없다. 이를 가리켜 주민등록번호 처리 법정주의라 한다.

다만, 예컨대, 법정에서 재판장이 소송당사자, 증인 등으로부터 신분증을 제출받거나 접수담당 행정관이 제출자의 신분 확인을 위하여 맨눈으로 그 내용을 확인하는 경우 또는 편의점주가 담배 구매자의 연령을 확인하기 위하여 신분증을 제출받아 눈으로만 그 내용을 확인하는 경우와 같이 주민등록번호를 비롯하여 신분증에 기재된 사항들을 확인할 뿐 그 사항들을 따로 기재하여 두거나 컴퓨터 등 시스템에 입력하는 것이 아닌 이상 그러한 단순 확인 행위는 주민등록번호의 "처리"라고 보지 않는 것이 상당하다.[48]

한편, 고유식별정보의 처리 제한에 관한 법 제24조와 주민등록번호 처리의 제한에 관한 제24조의2의 규정 체계상 주민등록번호에 대해서도 제24조의 적용이 있고 제24조의2가 추가적으로 적용된다는 견해와 제24조의2는 특별규정이어서 제24조는 적용이 없다는 견해가 대립할 수 있다. 생각건대, 법 제24조의2 제1항(처리 금지와 예외 사유)과 제2항(암호화)은 법 제24조 제1항 및 제3항에 각각 대응하는 규정으로서 주민등록번호가 고유식별정보에 비하여 더 강하게 보호되어야 한다는 전제 하에 특별하게 마련된 규정이므로 법 제24조 제1항 및 제3항은 주민등록번호에 적용되지 않으나, 나머지 법 제24조 제4항과 제5항(안전성 확보에 필요한 조치를 취하였는지 여부에 대한 정기적 조사)은 주민등록번호의 경우에도 적용이 있다고 보아도 무방하리라 생각된다.

면 참조.

47) 미국의 SSN 보호제도에 대한 상세 설명과 주민등록번호 제도와의 비교에 관하여는, 최민용, "법원의 업무와 개인정보 보호", 법학논총, 제22집 제3호, 2015 참조.

48) 법원행정처, 법원 개인정보보호 실무, 2020, 10면 참조; 같은 취지로는 개인정보 보호 법령 및 지침·고시 해설(2020), 173면.

2. 주민등록번호의 예외적 처리

1) 법률 등에서 구체적으로 처리를 요구하거나 허용한 경우

(1) 법 제24조의2 제1항

법 제24조의2 제1항에 따르면 개인정보처리자는 법률·대통령령·국회규칙·대법원규칙·헌법재판소규칙·중앙선거관리위원회규칙 및 감사원규칙에서 구체적으로 주민등록번호의 처리를 요구하거나 허용한 경우에 주민등록번호를 처리할 수 있다. 애초 이 조항은 "법령에서" 구체적으로 요구하거나 허용하면 주민등록번호를 처리할 수 있다는 취지로 규정되어 있었는데, 주민등록번호를 보다 강력하게 보호하여야 한다는 요청에 따라 법령 중에서도 "법률·대통령령·국회규칙·대법원규칙·헌법재판소규칙·중앙선거관리위원회규칙 및 감사원규칙"에 한정하여 처리의 예외를 인정하는 취지로 2016년 3월 개정되어 오늘에 이르고 있다.

주민등록번호에 관하여 법률 등에서 구체적으로 처리를 요구하거나 허용한 경우는 일일이 열거할 수 없을 만큼 다양하다고 할 수 있다. 그 일례로 주민등록번호 처리 법정주의가 검토되던 2014년 내지 2015년 무렵만 하더라도 주민등록번호의 처리를 허용하는 법령은 총 866개에 달한 것으로 조사되기도 하였다.[49]

금융실명거래 및 비밀보장에 관한 법률 제3조와 동법 시행령 제3조에 따른 금융실명거래, 전자상거래 등에서의 소비자 보호에 관한 법률 제6조에 따른 거래기록의 보존, 전자금융거래법 제16조에 따른 전자화폐의 발행, 부가가치세법 제16조에 따른 세금계산서 발급, 소득세법 제145조에 따른 기타소득에 대한 원천징수시기와 방법 및 원천징수영수증의 발급, 보험업법 제102조에 따른 주민등록번호의 처리 등이 대표적인 주민등록번호의 처리를 요구하거나 허용한 법령 사례라고 할 수 있다.

(2) 주민등록번호 처리에 법 제18조 제2항의 예외가 적용되는지 여부

한편, 주민등록번호 처리 법정주의를 정한 법 제24조의2에도 불구하고, 주민등록번호에 대해 목적 외 이용·제공에 관한 법 제18조 제2항의 예외가 적용되는가, 특히, 시행령 제19조 단서에 따라 법 제18조 제2항 제5호에서 제9호까지의 규정에 따라 처리하는 경우 법 제18조 제2항의 예외가 적용될 수 있는지가 문제될 수 있다. 우선 주민등록번호에 대해 법 제24조의2에도 불구하고 법 제18조 제2항의 예외가 일반적으로 적용될 수 있다는 견해는 찾아보기 힘든데, 만일 이를 긍정한다면 사실상 주민등록번호 처리 법정주의를 정한 취지가 몰각될 것이기 때문으로 보인다.

한편, 시행령 제19조 단서에 따라 법 제18조 제2항 제5호에서 제9호까지의 규정에 따라 처리

---

49) 안전행정부, 개정 개인정보 보호법 시행에 따른 주민등록번호 수집금지제도 가이드라인, 2014, 25면.

하는 경우 주민등록번호의 경우에도 법 제18조 제2항의 예외가 적용될 수 있는지에 대해서는 다소간 논란의 여지는 있으나, 법 제24조의2 제1항 맨 첫 부분에서 "제24조 제1항에도 불구하고"라는 표현이 들어가 주민등록번호 처리 법정주의를 정한 법 제24조의2는 애초 법 제24조 제1항의 적용을 명문으로 배제하고 있으므로 법 제24조 제1항의 위임에 따라 규정된 시행령 제19조 단서 역시 주민등록번호에는 적용되지 않는다고 보는 것이 문언 해석상 타당하리라 생각된다.

2) 정보주체 또는 제3자의 급박한 생명 등을 위하여 명백히 필요하다고 인정되는 경우

개인정보처리자는 정보주체 또는 제3자의 급박한 생명, 신체, 재산의 이익을 위하여 명백히 필요하다고 인정되는 경우 주민등록번호를 처리할 수 있다(법 제24조의2 제1항 제2호). 다만, 단순히 정보주체의 생명, 신체, 재산의 이익을 위한다는 이유만으로 바로 허용되는 것은 아니고, 명백히 주민등록번호의 처리가 정보주체나 제3자의 생명, 신체, 재산상의 이익을 위한 것이어야 하며 반드시 급박성(急迫性)이 인정되어야 하므로, 충분한 시간적 여유가 있거나 다른 수단에 의하여 생명, 신체, 재산의 이익을 보호할 수 있다면 급박한 상태에 있다고 볼 수 없다.[50]

3) 보호위원회가 고시로 정하는 경우

개인정보처리자는 법률 등에서 구체적으로 주민등록번호의 처리를 요구하거나 허용한 경우 또는 정보주체나 제3자의 급박한 생명, 신체, 재산의 이익을 위하여 명백히 필요하다고 인정되는 경우에 준하여 주민등록번호 처리가 불가피한 경우로서 보호위원회가 고시로 정하는 경우 주민등록번호를 처리할 수 있다. 다만, 아직까지 보호위원회가 본 조항과 관련하여 정한 고시는 존재하지 않는다.

4) 기타: 법 제58조 제1항에 따라 처리하는 경우

법 제58조 제1항에 의하면, 국가안전보장과 관련된 정보 분석을 목적으로 수집 또는 제공 요청되는 개인정보(제2호), 언론, 종교단체, 정당이 각각 취재·보도, 선교, 선거 입후보자 추천 등 고유 목적을 달성하기 위하여 수집·이용하는 개인정보(제4호)에 관하여는 제3장부터 제8장까지를 적용하지 아니하므로, 주민등록번호에 관한 제24조의2 규정도 적용되지 아니한다.

다만, 이때 개인정보처리자는 그 목적을 위하여 필요한 범위에서 최소한의 기간에 최소한으로 주민등록번호를 처리하여야 하며, 주민등록번호의 안전한 관리를 위하여 필요한 기술적·관리적 및 물리적 보호조치, 개인정보의 처리에 관한 고충처리, 그 밖에 개인정보의 적절한 처리를 위하여 필요한 조치를 마련해야 할 의무를 부담한다(법 제58조 제4항).

---

50) 개인정보 보호 법령 및 지침·고시 해설(2020), 171면.

3. 주민등록번호의 처리 위탁

앞서 민감정보와 고유식별정보 부분에서 살펴본 바와 같이 개인정보 처리 업무에 대한 위탁은 개인정보의 처리에 해당하지 않는다고 해석하는 것이 적어도 2023년 개정법 시행 이후로는 타당하므로, 위탁자(개인정보처리자)의 입장에서 법 제24조의2 제1항 각 호의 예외에 해당하는 이상 위탁자는 업무위탁에 관한 법 제26조에 따라 고유식별정보를 수탁자에게 위탁할 수 있다고 보아야 할 것이다.

Ⅲ. 주민등록번호의 안전한 보관과 처리

개인정보처리자는 고유식별정보의 안전성 확보에 필요한 조치를 규정한 법 제24조 제3항에도 불구하고 주민등록번호가 분실·도난·유출·위조·변조 또는 훼손되지 아니하도록 암호화 조치를 통하여 안전하게 보관하여야 한다(법 제24조의2 제2항 제1문).[51]

이 경우 주민등록번호의 암호화 적용 대상이 되는 개인정보처리자는 주민등록번호를 전자적인 방법으로 보관하는 자이며(시행령 제21조의2 제1항), 주민등록번호 암호화 적용 시기는 100만명 미만의 정보주체에 관한 주민등록번호를 보관하는 개인정보처리자의 경우 2017년 1월 1일, 100만명 이상의 정보주체에 관한 주민등록번호를 보관하는 개인정보처리자의 경우 2018년 1월 1일이다(시행령 제21조의2 제2항). 따라서 현재는 모든 개인정보처리자가 주민등록번호를 암호화하여 보관하여야 한다.

Ⅳ. 주민등록번호 대체 가입수단의 제공

개인정보처리자는 앞서 본 법 제24조의2 제1항 각 호에 따라 주민등록번호를 처리하는 경우에도 정보주체가 인터넷 홈페이지를 통하여 회원으로 가입하는 단계에서는 주민등록번호를 사용하지 아니하고도 회원으로 가입할 수 있는 방법(통상 "주민등록번호 대체 가입수단"이라 한다)을 제공하여야 한다(법 제24조의2 제3항). 보호위원회는 개인정보처리자가 주민등록번호 대체 가입수단을 제공할 수 있도록 관계 법령의 정비, 계획의 수립, 필요한 시설 및 시스템의 구축 등 제반 조치를 마련·지원할 수 있다(법 제24조의2 제4항).

이러한 주민등록번호 대체 가입수단 제도는 원래 정보통신망법에서 유래한 제도로서 온라인에서 주민등록번호의 처리를 최소화하기 위한 정책적 판단에 따라 2014년 3월 개정 시 개인정

---

51) 실상 법 제24조 제3항과 법 제24조의2 제2항이 대략 동일한 취지로 규정되어 있다. 다만, 고유식별정보의 경우 분실·도난·유출·위조·변조 또는 훼손되지 아니하도록 암호화 등 안전성 확보에 필요한 조치가 요구되는 점에서 암호화가 아닌 다른 조치도 안정성 확보에 필요한 조치로서 가능하나, 주민등록번호의 안전한 보관을 위하여는 암호화 조치만이 명시되어 있어 차이가 있다는 견해로는, 박노형, 개인정보보호법, 박영사, 2020, 317면 참조.

보보호법에도 규정되기에 이르렀다.

주민등록번호 대체 가입수단의 제공은 인터넷 홈페이지를 통해 회원으로 가입하는 단계에서만 적용되므로, 구두, 서면, 전화, 팩스 등을 통해 회원 가입을 하는 경우에는 적용이 없으며,[52] 주민등록번호를 사용하지 아니하고도 회원으로 가입할 수 있는 대표적인 수단은 전자서명, 아이핀(i-Pin), 휴대전화 또는 신용카드 인증 등을 들 수 있다.

V. 위반 시 제재

법 제24조의 제1항에서 정한 주민등록번호 처리 기준을 위반하거나, 법 제24조의2 제2항에서 정한 암호화 조치를 취하지 않거나 또는 법 제24조의2 제3항에서 정한 주민등록번호 대체 가입 수단을 제공하지 않은 경우에는 3천만 원 이하의 과태료가 부과될 수 있다(법 제75조 제2항 제7호, 제8호, 제9호). 나아가, 법 제24조의2 제1항을 위반하여 주민등록번호를 처리한 경우에는 전체 매출액의 100분의 3을 초과하지 아니하는 범위에서 과징금이 부과될 수 있다(법 제64조의 제1항 제4호).

VI. 주민등록번호로부터 파생한 연계정보(CI)의 처리

1. 연계정보(CI)의 의미와 유사 개념

주민등록번호로부터 파생한 연계정보(Connecting Information, CI)란 정보통신망법상 본인확인기관[53]이 주민등록번호에 본인확인기관 간에 공유된 비밀정보(흔히 '솔트값'이라고도 한다)를 추가하여 일방향 해쉬함수를 이용하여 변환한 88byte 크기의 결과값을 말한다. CI는 위와 같이 본인확인기관 간에 공유된 비밀정보를 전제로 만들어지기 때문에 여러 본인확인기관들이 이를 생성하더라도 특정한 주민등록번호에 대해서는 동일한 CI가 만들어지고, 따라서 본인확인기관 입장에서 보면 CI는 어느 특정한 개인에 관한 고유한 식별정보로서 활용될 수 있다.

종래 법 제24조의2에서 정한 주민등록번호 처리 법정주의가 시행되기 전에 온라인 서비스 제공자 등을 비롯한 각종 온·오프라인 기업들이나 공공기관 등에서 주민등록번호를 특정 정보주체의 개인정보와 그의 또 다른 개인정보들을 꿰는 일종의 매칭키(matching key)로서 활용을 해왔는데, 주민등록번호 처리 법정주의가 시행된 후에는 위와 같은 매칭키로의 활용이 금지됨에 따라 부득이 본인확인기관이 위와 같은 방식으로 주민등록번호를 대체할 수 있는 별개의 연계정

---

52) 이창범, 개인정보 보호법, 박영사, 2012, 227면. 다만, 구두, 서면, 전화, 팩스 등을 통해 회원 가입을 하는 경우에 주민등록번호를 당연히 사용할 수 있는 것은 아니다. 이는 법 제24조의2가 주민등록번호 처리에 대해 엄격한 법정 주의를 취하고 있고, 따라서 법률 등에 구두, 서면, 전화, 팩스 등을 통해 회원 가입을 하는 경우 주민등록번호를 사용할 수 있다는 규정이 별도로 존재하여야 하기 때문이다.
53) 정보통신망법 제23조의2 내지 제23조의4 참조.

보인 CI를 생성하기에 이른 것이다. 따라서 주민등록번호 처리 법정주의 시행 이후에는 본인확인기관은 물론 금융기관을 비롯한 여러 개인정보처리자들이 CI를 매칭키로 사용하고 있다.

앞서 살펴본 바와 같이 CI는 본인확인기관 간에 공유하는 비밀정보를 활용하므로 CI에 대응하는 주민등록번호를 보관하고 있는 본인확인기관 간은 물론, CI에 대응하는 주민등록번호를 보유하지 못한 다른 개인정보처리자의 입장에서도 어느 CI가 (누구인지는 정확히 특정할 수는 없어도) 어느 개인에 대응하는 고유한 식별성 정보라는 특징을 지닌다. 반면, 중복 정보 혹은 중복 확인 정보라고 불리우는 DI(Duplication Information)는 업체마다 회원이나 이용자의 중복 가입 등을 확인하기 위하여 자체적으로 발급한 정보로서 해당 업체의 입장에서는 식별성이 있으나(왜냐하면 DI와 해당 회원이나 이용자의 계정 정보가 결합된 형태로 보유하고 있으므로), 그 밖에 다른 업체는 그 DI를 이용하여 어느 특정한 개인을 식별하는 것이 원칙적으로 불가능한 특성을 가진다.[54][55]

2. 연계정보(CI)의 법적 성격

법적으로 CI를 주민등록번호로 보아야 한다는 다소 극단적인 견해가 전혀 없는 것은 아니나, 앞서 본 CI 생성 방법이나 절차에 비추어 보면 CI는 주민등록번호로부터 일방향 해쉬함수라는 기술적 방법을 통해 생성된 파생물이므로 존재론적인 관점에서 보더라도 CI를 주민등록번호 자체와 동일시하는 것은 무리라고 생각된다.

한편, CI가 개인정보인지에 대해서도 다소 논란의 소지가 있으나, 대부분의 상황에서 CI는 개인정보보호법상 개인정보의 정의에 부합하는 개인정보로 보는 것이 합리적이라고 생각한다.[56] 왜냐하면 CI를 그 자체만을 두고 보자면 무의미한 아스키코드가 나열된 88byte 짜리 파일에 불과하여 쉽게 특정 개인을 알아볼 수는 없다고 볼 여지가 전혀 없지는 않으나, 현재 CI가 그 자체만으로 단독으로 쓰이는 경우는 없다고 하여도 과언이 아니고(CI는 주민등록번호를 대신할 매칭키로 개발된 것이기 때문에 생래적으로 다른 개인정보와의 결합을 주된 목적으로 한다), 오히려 계정정보 등 여타 특정 개인을 알아볼 수 있는 개인정보와 연계하여 활용되고 있기 때문이다.

보호위원회도 CI는 본인확인기관이 주민등록번호를 단방향 암호화한 정보로서 복원이 불가

---

54) 이에 대한 상세는 https://brunch.co.kr/@b30afb04c9f54dc/53 참조(2023. 11. 1. 방문)

55) 이외에도 탈중앙화 신원증명(Decentralized Idenfifier, DID)도 자주 언급된다. 이는 기본 신원확인 방식과 달리 중앙 시스템에 의해 통제되지 않으며 개개인이 자신의 정보에 완전한 통제권을 갖도록 하는 기술로서, 주로 블록체인 기술을 배경으로 하는 DID는 DIF(Decentralized Identity Foundation)의 주도로 개념과 설계가 세워졌으며 W3C를 통해 국제 표준이 제정되고 있다.
https://ko.wikipedia.org/wiki/%ED%83%88%EC%A4%91%EC%95%99%ED%99%94_%EC%8B%A0%EC%9B%90%EC%A6%9D%EB%AA%85 (2023. 11. 1. 최종확인).

56) 다만, 어느 특정 CI가 적힌 종이쪽지가 광화문 네거리에 떨어져 있는 경우와 같은 아주 극단적인 예의 경우에는 누가 그 종이쪽지를 소지하였는지에 따라 다르기는 하겠지만, 기본적으로 개인정보성을 부정하여도 무방하리라 본다.

능하고 그 자체로는 특정 개인을 알아볼 수 없으나, 특정 개인에 고유하게 생성되어 귀속되는 유일성을 가진다는 점, 정보통신서비스 제공자의 온·오프라인 서비스 연계를 위해 활용되므로 서비스 제공과 관련된 다른 정보와의 결합가능성을 배제할 수 없는 점, 특히 본인확인기관 등이 보유하고 있는 성명 등 다른 정보와 결합하여 개인을 식별할 수 있다는 점 등을 비추어 볼 때 개인정보보호법상 다른 정보와 쉽게 결합하여 특정 개인을 알아볼 수 있는 정보로서 개인정보에 해당한다고 판단하였다.[57]

CI 생성에 관한 논란과 추가적 고려사항

법 제24조의2에 따른 주민등록번호 처리 법정주의와 관련하여 주민등록번호를 CI로 변환하는 것이 개인정보보호법상 주민등록번호의 "처리"라고 보아야 하는가 논란이 되었다. 이에 대해서 주민등록번호를 CI로 변환하는 것은 주민등록번호의 가공 또는 편집(법 제2조 제2호 참조)이나 그와 유사한 행위에 해당하는 "처리"로 보아야 한다는 것으로 대체적으로 의견이 모아졌다.

그런데, 위와 같은 입장을 취하는 경우, 국민의 편익을 위하여 도입될 예정이었던 모바일 전자고지서비스와 관련하여 공공기관 등 전자고지서를 보내야 할 주체가 전자고지를 수행할 공인전자문서중계자에게 수령인(국민)의 특정을 위하여 고지문과 함께 전달할 CI를 일괄하여 생성하는 것도 주민등록번호 처리 법정주의의 적용을 받는 "처리"에 해당하기 때문에 위법행위로 평가될 수밖에 없었다.[58]

이에 따라 모바일 전자고지서비스를 위한 CI 일괄 변환에 대한 ICT 규제샌드박스 승인을 통해 법령상 근거 없는 공공기관의 주민등록번호의 "처리" 문제가 해결되었다. 한편, 최근 방송통신위원회는 본인확인기관 지정 등에 관한 기준 고시 개정을 통하여 모바일 전자고지서비스를 제도화하고, 이외에도 마이데이터 서비스 제공 과정에서 CI 변환이 가능하도록 하겠다는 계획을 발표하기도 하였다.[59]

다만, 방송통신위원회가 CI 일괄 변환을 위하여 개정을 고려하고 있는 본인확인기관 지정 등에 관한 기준 고시는 본인확인기관 지정을 위한 세부 심사기준, 지정절차 및 휴지·폐지 등에 관한 사항을 정하는 것이 위임받은 본연의 임무일 뿐, 주민등록번호의 일괄 변환이라는 "처리"에 관한 실체적인 사항을 정하는 것에 대한 법령상 위임이 있는지 상당한 의문이 있는바, 주민등록번호의 CI 일괄 변환에 관하여는 적어도 위와 같은 고시 수준에서 정하기보다는 법률이나 시행령상의 근거를 갖추도록 하는 것이 적절할 것으로 보인다.

---

57) 개인정보 보호위원회, 2020.9.23. 심의·의결 제2020-103-007호.
58) 전자고지서를 보내야 할 공공기관으로서는 대부분 법령에 따라 주민등록번호를 수집하여 이용할 수 있으므로 주민등록번호를 보유하고 있었으나, 그 외에 휴대전화번호나 이메일 등과 같은 전자적인 형태의 의사전달 수단을 위한 연락처를 가지고 못한 경우가 많아 전자고지서를 중간에서 보내줄 공인전자문서중계자에게 수령인을 특정하여 알려줄 만한 다른 정보를 가지고 있지 못했다. 다만, 공인전자문서중계자로서는 스스로 본인인증기관이거나 또는 다른 업무를 수행하면서 본인인증기관으로부터 전달받은 CI를 과거에서부터 대량 보유·축적하고 있었기 때문에 CI를 이용하여 전자고지서를 보낼 가능성이 있었다. 이에 따라 공공기관이 자신이 가지고 있는 주민등록번호를 일괄하여 CI로 변환하는 문제가 부각된 것이다.
59) 전자신문, "모바일 전자고지 제도화... KT·카카오페이 서비스 계속", 2023. 1. 11.자 기사 참조.

제 4 절

가명정보의 처리

I. 가명정보와 가명처리의 개념

1. 도입배경

2020. 2. 4. 이른바 '데이터 3법' 개정을 통해 법은 가명정보의 개념을 신설하고, 가명정보 처리에 관한 특례를 도입하였다. 개인정보처리자는 통계작성, 과학적 연구, 공익적 기록보존 등을 위하여 정보주체의 동의 없이 가명정보를 처리할 수 있다(법 제28조의2 제1항).

개정 이전 구법 제18조 제2항 제4호는 "통계작성 및 학술연구 등의 목적을 위하여 필요한 경우로서 특정 개인을 알아볼 수 없는 형태로 개인정보를 제공하는 경우" 정보주체의 동의를 받지 않아도 되는 예외를 규정하고 있었다.[60] 개정법은 가명정보의 활용목적에 공익적 기록보존을 추가하고 학술연구를 좀 더 넓게 정의된 과학적 연구로 변경하였다. 그리고 행위태양을 '제공'에서 '처리'로 확대하였다. 기존 규정만으로는 데이터의 이용 활성화를 통한 신산업 육성에 한계가 있다는 고려에 따라 가명정보의 개념과 특례를 도입한 것이다.

2. 개인정보와 가명정보

법은 '개인정보'를 3가지 유형으로 구분한다. 우선 "성명, 주민등록번호 및 영상 등을 통하여 개인을 알아볼 수 있는 정보"가 있다(법 제2조 제1호 가목). 이를 '개인식별정보'라고도 한다. 그리고 "해당 정보만으로는 특정 개인을 알아볼 수 없더라도 다른 정보와 쉽게 결합하여 알아볼 수 있는 정보"가 있다(법 제2조 제1호 나목). 이를 '개인식별가능정보'라고도 한다.

개정법은 개인식별정보나 개인식별가능정보를 "가명처리함으로써 원래의 상태로 복원하기 위한 추가 정보의 사용·결합 없이는 특정 개인을 알아볼 수 없는 정보"를 '가명정보'로 정의하고(법 제2조 제1호 다목), 개인식별정보, 개인식별가능정보와 함께 개인정보로서 법 적용대상이 됨을 분명히 했다.

---

60) 가명정보의 개념과 특례를 도입하면서 이 조항은 삭제되었다.

3. 가명처리의 의미와 요건

1) 가명처리의 정의

가명처리란 개인정보의 일부를 삭제하거나 일부 또는 전부를 대체하는 등의 방법으로 추가 정보가 없이는 특정 개인을 알아볼 수 없도록 처리하는 것을 말한다(개인정보보호법 제2조 제1호 의2). 이것은 첫째 가명처리의 기술과 방식("개인정보의 일부를 삭제하거나 일부 또는 전부를 대체하는 등의 방법"), 둘째 가명처리의 수준("추가 정보가 없이는 특정 개인을 알아볼 수 없도록 처리")에 대하여 나누어 정의한 것으로 볼 수 있다. 차례로 살펴본다.

2) 가명처리의 기술과 방식

가명처리의 기술, 방식과 관련하여, "개인정보의 일부를 삭제[61]하거나 일부 또는 전부를 대체하는 등의 방법"을 이용할 수 있다. 문언상 가명처리의 방법을 엄격히 제한하고 있지 않으므로, 가명처리의 기술과 방식에는 특별한 제한이 없다고 이해된다. 즉, 가명처리의 방법이 좁은 의미의 삭제 또는 대체 기술에 국한되는 것은 아니고, 표본 추출(sampling)이나 차분 프라이버시(differential privacy) 등 다양한 기술이 이용될 수 있다.

실무에서 데이터 삭제 또는 대체 기술을 적용하여 가명처리를 실시하려고 할 때, 구체적으로 어느 범위의 정보에 대해서 어떤 기술을 적용할지 결정하는 것이 어려운 문제일 수 있다. 가명처리의 구체적인 방법을 결정할 때에는 개인식별정보와 개인식별가능정보를 구분하여 살펴보는 것이 유용한 출발점이다.

앞서 본 바와 같이 개인식별정보란 이름, 이메일 주소, 휴대전화번호 등 해당 정보만으로 특정 정보주체를 식별할 수 있는 정보를 말하고(법 제2조 제1호 가목), 식별자(identifie)라고도 한다. 개인식별정보에 대한 가명처리의 기본적 방법은, 이를 삭제하거나 대체하는 것이다. 만약 가명처리된 정보를 활용하고자 하는 목적상 어떤 개인식별정보를 계속 활용할 필요가 없다면 해당 정보를 삭제하면 충분할 것이다. 하지만 어떤 개인식별정보를 완전히 삭제할 수 없는 상황도 적지 않다. 예를 들어, 가명처리된 정보를 추후 다른 정보와 연결하거나 결합하려는 경우(특정 대학교 학생들의 의료정보와 성적정보를 결합하여 이들의 건강과 학업성취도 간 상관관계 분석, 시계열 분석을 위해 특정 집단의 정보를 매년 수집하여 데이터베이스화 등), 동일인에 관한 데이터를 구분하여 서로 연결할 수 있어야 한다. 이 경우 정보주체의 개인식별정보를 곧바로 삭제할 수 없고, 그 동일성을 유지하면서도 다른 정보로 대체하는 방법을 시도할 수 있다. 가령, 개인식별정보인 이메일 주소를 통해 두 데이터베이스를 결합하고자 한다면, 이메일 주소를 그대로 데이터베이

---

[61] 개인정보의 전부를 삭제하는 경우 더 이상 개인정보에 해당하지 않게 되므로, 개인정보의 전부를 삭제하는 방법은 가명처리의 방법으로 규정되어 있지 않다.

스에 남겨두는 대신 이를 암호화한 값이나 그 이외의 다른 값으로 대체하는 것이다. 이처럼 개인식별정보를 다른 값으로 대체하는 다양한 기술적 방법이 존재하는데, 해시함수를 이용하는 방법이 흔히 이용되고 그 이외에도 카운터, 난수생성기, 쌍방향 암호화 등을 이용하기도 한다.[62]

개인정보의 대체 기술 예시

- 해시함수(hash function): 원문에 대한 암호화(해시처리)의 적용만 가능하고 암호문에 대한 복호화 적용이 불가능한 방법으로, 일방향 암호화 또는 단방향 암호화라고 표현하기도 함
- 카운터(counter): 순차적으로 증가하는 일련번호를 생성하여 입력값을 다른 값으로 대체하는 방법
- 난수생성기(random number generator): 주어진 입력값에 대해 예측이 불가능하고 패턴이 없는 값을 생성하여 입력값을 다른 값으로 대체하는 방법
- 쌍방향 암호화(encryption): 특정 정보에 대해 암호화와 암호화된 정보에 대한 복호화가 모두 가능한 암호화 방법

개인식별가능정보란 그 자체만으로는 특정 개인을 식별해내기 어렵지만, 다른 정보와 쉽게 결합하여 식별할 수 있는 것을 말하고(법 제2조 제1호 나목), 속성값(attribute value)이라고도 한다.[63] 개인식별가능정보를 가명처리하는 과정에서는 이를 단순히 삭제하는 것 이외에도 다양한 방법이 활용될 수 있는데, 가장 일반적인 방법은 데이터의 정밀도를 낮추어서 재식별 위험을 낮추는 것이다. 이를 보통 '일반화' 또는 '범주화'라고 한다. 예컨대 소득금액을 가명처리함에 있어 '3,325만 원'과 같은 구체적 수치를 '3,000~4,000만 원'과 같은 범주로 대체 표기할 수 있다.[64]

그런데 개인식별정보에는 '특이정보'가 포함될 수 있으므로 가명처리 과정에서 유의할 필요가 있다. 특이정보란 식별 가능성을 가지는 고유(희소)값, 편중된 분포를 가지는 아주 작은 값이나 아주 큰 값을 의미한다. 특이정보는 그 자체만으로 개인을 식별할 수 있는 것이 아니더라도 고유한 특성으로 인해 개인식별가능성이 매우 높은 것이다. 구체적으로 희귀 성씨, 희귀 혈액형 등 특이한 값을 가지는 정보 또는 국내 최고령, 최장신, 고액체납금액 등 극단적이거나 희소한 값을 가지는 정보가 이에 해당한다.

데이터를 일반화 또는 범주화하더라도 특이정보에 대해서는 여전히 재식별 위험이 남아있을 수 있으므로, 가명처리를 수행할 때에는 이러한 개인식별가능정보를 통해 개인이 식별될 위험을 고려해야 한다. 예컨대, 나이 정보값을 10년 단위로 일반화하더라도, 100세 이상인 사람은

---

62) 김병필, "가명처리와 가명정보의 이해", 보건의료와 개인정보, 박영사, 2021, 75-76면; 고학수 · 김병필 · 구본효 · 백대열 · 박도현 · 정종구 · 김은수, 인공지능 시대의 개인정보 보호법, 박영사, 2022, 56-57면.
63) 그 자체로 특정 개인을 식별해 낼 수 있는 '식별자'와 구별하기 위해, '간접식별자'라고 부르기도 한다.
64) 고학수 · 김병필 · 구본효 · 백대열 · 박도현 · 정종구 · 김은수, 인공지능 시대의 개인정보 보호법, 박영사, 2022, 65면.

극소수여서 비교적 쉽게 재식별될 우려가 있다. 이 경우 '100~110세'라는 세부적 범주를 사용하지 않고, 그 대신 '90세 이상' 또는 '80세 이상'이라는 단일 범주로 일반화하는 방안을 활용할 수 있다. 한편, 해당 특이정보 값(100세 이상 사람의 나이 정보)만을 삭제·대체할 수도 있고, 해당 특이정보를 포함하고 있는 정보주체에 관한 일체의 정보(100세 이상 사람의 정보 전체)를 삭제·대체하는 것도 가능하다.[65]

3) 가명처리의 수준과 추가 정보의 의미

'가명처리'에 해당하려면, "추가 정보가 없이는 특정 개인을 알아볼 수 없도록 처리"되어야 한다(법 제2조 제1호의2). 예를 들어, 성명이나 주소 중 일부를 삭제하고 휴대전화번호와 전자우편 주소는 다른 정보로 대체하였으나, 그 결과 추가 정보가 없더라도 해당 정보만을 통해 특정 개인을 알아볼 수 있다면 가명처리가 제대로 이루어졌다고 볼 수 없다.

법은 "추가 정보"의 개념을 별도로 정의하고 있지 않다. 따라서 개별적 상황에서 추가 정보의 의미를 어떻게 해석하는지에 따라 가명처리의 요건을 충족하는지 여부가 문제될 수 있다.

일반적으로 추가 정보란 가명처리 과정에서 개인정보의 전부 또는 일부를 대체하는 데에 이용된 수단이나 방식, 가명정보와의 비교·대조 등을 통해 삭제 또는 대체된 개인정보 부분을 복원할 수 있는 정보를 말한다. 이러한 관점에서 추가 정보는 크게 두 가지로 구분해 볼 수 있다. 우선 원본 정보의 경우, 원본 정보에 접근 가능하다면 가명정보를 원래의 상태로 복원할 수 있음은 당연하기 때문에, 추가 정보에 포함된다고 볼 수 있다. 나아가 일방향 암호화에서의 매핑테이블(mapping table), 쌍방향 암호화에서의 복호화 키(decryption key) 등과 같이 가명처리를 수행한 후 원래 정보로 복원하기 위한 정보도 추가 정보에 해당된다. 이처럼 가명처리 과정에서 생성·사용된 것으로서 원래 정보로 복원하기 위한 추가적인 정보를 통상 '가명처리 비밀(pseudonymization secret)' 또는 '가명처리 키'라고 부른다. '가명처리 비밀'에는 가명처리에 있어 어떤 기술적 수단이나 방식(알고리즘 등)이 사용되었는지에 관한 정보도 포함될 수 있다. 만약 재식별을 시도하는 공격자가 가명처리 과정에서 어떠한 기법이 사용되었는지 알고 있다면 원본값을 어렵지 않게 찾아낼 가능성이 있기 때문이다.[66]

한편, 추가정보는 "원래의 상태로 복원하기 위한" 것이어야 하고(법 제2조 제1호 다목), 해당 정보와 결합되어 특정 개인을 알아보기 위해 이용되는 "다른 정보"와는 구별되는 개념이다(법 제2조 제1호 나목). 추가 정보는 가명처리 과정에서 생성·사용된 정보로 제한된다.[67] 개인정보처리

---

65) 김병필, "가명처리와 가명정보의 이해", 보건의료와 개인정보, 박영사, 2021, 76-78면; 고학수·김병필·구본효·백대열·박도현·정종구·김은수, 인공지능 시대의 개인정보 보호법, 박영사, 2022, 63-66면.
66) 고학수·김병필·구본효·백대열·박도현·정종구·김은수, 인공지능 시대의 개인정보 보호법, 박영사, 2022, 66-67면.
67) 개인정보 보호 법령 및 지침·고시 해설서(2020), 13면.

자가 관리할 수 있는 범위 밖의 공개 데이터, 배경 지식, 입수 가능한 외부 정보 등은 원래 정보로의 복원이라는 목적을 달성하기 위해 가명처리 과정에서 생성·사용된 것이 아니므로, 개인정보보호법상 "다른 정보"에 해당할 뿐, "추가 정보"에 포함되지 않는다고 해석하는 것이 자연스럽다고 본다.

그렇다면 공개 데이터, 배경 지식, 외부 정보 등을 동원하더라도 개인을 알아볼 수 없어야 비로소 가명정보로 인정될 수 있는 가명처리가 이루어졌다고 볼 것인지가 문제된다. 이 문제에 대해서는 항을 바꾸어 살펴보기로 한다.

4) 가명처리 시 공개 데이터, 배경 지식, 외부 정보 등 입수가능한 정보의 추가 고려 여부

가명정보가 되기 위해서는 개인정보처리자가 관리하는 추가 정보 외에 공개 데이터, 배경 지식, 외부 정보 등까지 고려하여 식별 가능성이 없어야 한다는 입장이 있을 수 있다(이른바 강한 가명처리설).[68] 이러한 입장은 법 문언상 외부 정보 등이 추가 정보의 범위에 포함되지 않는 것으로 해석되므로 외부 정보 등의 사용·결합을 통해 특정 개인을 알아볼 수 있다면 "추가 정보의 사용·결합 없이는 특정 개인을 알아볼 수 없는 정보"에 해당하지 않는 점, 개인정보보호법이 가명정보에 대한 정보주체의 권리를 상당히 제한하므로 가명정보의 범위를 지나치게 확대해서는 안되는 점 등을 근거로 든다.

반면, 가명처리가 이루어졌는지 여부를 판단할 때 개인정보처리자가 관리하는 추가 정보 외에 다른 경로로 접근 또는 입수 가능한 외부 정보까지 고려하는 것은 타당하지 않다는 해석론도 존재한다(이른바 약한 가명처리설).[69] 이러한 입장은 강한 가명처리설에 따를 경우 사실상 익명처리와 같은 기준으로 가명처리 실시 여부를 판단하는 것으로 해석될 가능성이 있고 가명처리와 익명처리를 구분하는 개인정보보호법의 규율 체계나 가명처리 특례의 취지에 배치될 우려가 있다는 점, 또 강한 가명처리설에 따를 경우 개인정보보호법이 제2조 제1호 나목의 개인식별가능정보와 구분하여 가명정보의 개념을 새로 정할 이유가 없는 점 등을 근거로 든다.

법은 어떠한 정보를 통해 특정 개인을 알아볼 수 있는지 여부를 판단할 때에는 개인을 알아보는 데 소요되는 시간, 비용, 기술 등을 합리적으로 고려하여야 한다고 규정하고 있는데(제2조 제1호 나목, 제58조의2 참조), 가명처리의 기준으로서 재식별가능성을 판단할 때에도 유사한 방식으로 규범적 판단을 할 수밖에 없다. 즉, 가명정보에 해당하는지 여부를 판단할 때에도 그 정보를 이용하는 자의 환경을 합리적으로 고려해야 한다고 보는 것이 법 체계의 조화로운 해석에

---

68) 김병필, "개인정보 위험기반 비식별 조치와 가명처리", 서울대학교 법학석사학위논문, 2021, 76-77면.
69) 김병필, 개인정보 위험기반 비식별 조치와 가명처리", 서울대학교 법학석사학위논문, 2021, 75-76쪽; 이동진, "가명정보의 특례", 데이터와 법, 박영사, 2023, 203-204면.

부합한다. 예를 들어, 일반 대중에게 널리 알려져 있는 배경 지식과 결합하면 쉽게 재식별이 가능한 때에는 가명처리가 제대로 이루어졌다고 볼 수 없을 것이다.

다른 한편으로, 시간, 비용, 기술을 무한히 동원하여 가용한 모든 정보를 사용 · 결합하더라도 재식별가능성이 전혀 없는 때에만 가명처리가 이루어졌다고 보는 것 역시 합리적이지 않다. 즉, 가명정보에 해당하는지 여부를 판단할 때에는 가명처리가 식별가능성의 배제를 의미하는 익명처리에 이를 필요가 없다는 점도 함께 염두에 두어야 할 것이다.

결국 가명처리의 기준으로서 재식별가능성은 가명처리 대상 정보 자체의 재식별 위험성 요소뿐 아니라, 합리적인 범위 내에서 가명처리 대상 정보가 이용되는 환경의 식별 위험성 요소(공개 데이터, 배경 지식, 외부 정보 등과 쉽게 결합할 수 있는지 여부)를 아울러 고려하여 구체적 사안별로 규범적으로 판단하여야 한다.[70]

개인정보보호위원회 역시 가명정보처리 가이드라인을 통해 가명처리 시 데이터 식별 위험성 요소뿐 아니라 처리 환경의 식별 위험성 요소를 별도로 검토하여야 한다고 밝히고 있다.[71] 예를 들어, 가명정보를 외부에 제공하는 경우 수령자가 결합가능성이 있는 개인정보를 보유하는 상황 등을 고려하여야 하는 것이다.

가명정보 처리 가이드라인 발췌

■ 개인정보처리자는 가명정보 활용 형태(이용 · 제공), 처리 장소, 처리 방법(결합여부) 등 가명정보 처리 상황에 따라 발생할 수 있는 식별 위험성이 있는지 검토해야 함

(활용 형태) 가명정보를 처리하는 처리자(또는 취급자)가 보유하고 있는 정보 또는 접근 · 입수 가능한 정보, 이용 범위 및 유형 등을 고려하여 식별가능한 항목이 있는지 검토

(처리 장소) 가명정보가 해당 가명정보 외에 다른 정보의 접근 · 입수가 제한된 장소에서 처리되는지 검토

(처리 방법)

- 가명정보를 다른 정보와 연계 분석하는 경우 다른 정보와 결합 후 식별가능한 항목이 있는지 검토
- 가명정보를 다른 정보와 내부 결합하는 경우 다른 정보와 결합 후 식별가능한 항목이 있는지 검토
- 가명정보를 반복 제공하는 경우 반복 제공을 통해 식별 위험이 높아지는 항목이 있는지 검토

---

70) 고학수 · 김병필 · 구본효 · 백대열 · 박도현 · 정종구 · 김은수, 인공지능 시대의 개인정보 보호법, 박영사, 2022, 69면.
71) 개인정보보호위원회, "가명정보 처리 가이드라인", 2022, 18면.

4. 가명정보와 익명정보의 구분

법은 규정된 "시간·비용·기술 등을 합리적으로 고려할 때 다른 정보를 사용하여도 더 이상 개인을 알아볼 수 없는 정보", 이른바 익명정보에 대해서는 적용되지 않는다(제58조의2). 익명정보는 식별가능성이 없는 정보로서 개인정보보호법의 적용을 받는 개인정보에 해당되지 않는다.

가명정보와 익명정보 모두 개인식별가능성이 제한되지만, 가명정보는 개인정보로서 개인정보보호법의 적용대상이 된다. 가명정보의 경우 정보주체의 동의가 없더라도 통계작성, 과학적 연구, 공익적 기록보존 등 목적으로 활용할 수 있으므로 이러한 목적을 수행하기 위한 이들에게 한정적으로 제공되고, 그 목적으로만 사용되어야 할 것이다. 반면, 익명정보는 개인정보보호법의 적용이 배제되므로 그 활용 목적에 제한이 없다. 개인정보를 익명정보로 변형하기 위해서는 가명처리의 경우보다 더욱 강력하고 엄격한 비식별조치가 취해져야 하는데, 일반적으로 개인정보처리자가 가명처리를 한 후 추가정보를 모두 삭제한다면 익명정보가 되는 것으로 볼 수 있다.

식별가능성 판단 3요소

일반적으로 어떤 정보의 식별가능성을 판단하는 기준은 구별가능성(single-out), 연결가능성(linkability), 추론가능성(inference) 3가지 요소로 구분된다. 가명처리는 연결가능성 및 추론가능성을 잠정적으로 제거하지만, 남아있는 구별가능성으로 인하여 특정 정보와 개인 사이 1:1 대응관계가 여전히 남아 있어 추가 정보의 사용 및 결합을 통해 다시 특정 개인과의 연결성이 복원될 수 있는 상태를 말한다. 반면, 익명처리는 구별가능성, 연결가능성, 추론가능성 3요소를 모두 제거하여 특정 개인을 식별할 수 없도록 하는 것을 말한다.[72]
① 구별가능성(single-out): 특정 정보가 1명의 개인과 대응되는 것
② 연결가능성(linkability): 특정 정보와 특정 개인이 연결되는 것
③ 추론가능성(inference): 특정 정보로부터 특정 개인을 추론할 수 있는 것

---

72) 신종철, 개인정보보호법해설 - 개인정보보호법과 신용정보법의 해석과 사례, 진한엠앤비, 2020, 24, 30면.

5. 가명처리 과정

개인정보보호위원회는 "가명정보 처리 가이드라인"에서 가명처리를 다섯 단계로 설명하고 있다.[73] 이는 ① 목적 설정 등 사전준비, ② 위험성 검토, ③ 가명처리, ④ 적정성 검토, ⑤ 안전한 관리로 구성된다.

첫 번째 목적 설정 등 사전 준비는, 가명정보를 처리하고자 하는 목적을 명확히 설정하고, 그 목적을 달성하는 데 필요한 개인정보의 범위, 즉 가명처리의 대상을 선정하는 단계이다. 이때, 새로운 서비스를 개발하는 것이 법 제28조의2 제1항에서 정한 통계작성, 과학적 연구, 공익적 기록보존 등의 목적에 해당하는지를 검토하여야 한다.

두 번째 위험성 검토 및 세 번째 가명처리는, 추가 정보의 사용·결합 없이는 특정 개인을 알아볼 수 없도록 개인정보를 가명처리하는 단계이다. 이를 위해 개인정보파일에서 가명처리 대상 항목들을 선정한 후, 식별가능성을 기준으로 위험성을 검토한다. 위험성은 데이터 자체의 위험성과 처리 환경의 위험성으로 구분되는데, ① 데이터 자체의 위험성은 신원정보, 특이정보 등 식별가능성이 높은 속성값에 기인하고, ② 처리 환경의 위험성은 가명정보를 처리하는 행위의 내용, 즉 처리가 내부 이용인지 외부 제공인지 또는 결합인지 등에 따라 결합 및 식별가능성에 기인한다. 이를 바탕으로 식별 위험성 검토 결과보고서를 작성한 후, 개인정보의 항목별로 적절한 가명처리 기법을 적용함으로써 개인정보를 가명정보로 가공한다.

네 번째 적정성 검토 및 다섯 번째 안전한 관리 단계는 가명처리가 적절히 이루어졌는지 검토하고, 사후적 관리를 수행하는 단계이다. 즉, 가공된 가명정보가 원래의 상태로 복원하기 위한 추가 정보의 사용·결합 없이는 특정 개인을 알아볼 수 없는 것인지 확인 절차를 이행하여야 한다.

6. 신용정보법상 가명처리와의 비교

개인정보보호법과 신용정보법에서 가명처리의 개념은 다소 다르게 표현되어 있다. 신용정보법은 가명처리란 "추가정보를 사용하지 아니하고는 특정 개인인 신용정보주체를 알아볼 수 없도록 개인신용정보를 처리"하는 것을 말한다고 하면서, 여기에는 그 처리 결과가 어떤 신용정보주체와 다른 신용정보주체가 구별되는 경우, 하나의 정보집합물에서나 서로 다른 둘 이상의 정보집합물 간에서 어떤 신용정보주체에 관한 둘 이상의 정보가 연계되거나 연동되는 경우 등 중 어느 하나에 해당하는 경우로서 제40조의2 제1항 및 제2항에 따라 그 추가정보를 분리하여 보관하는 등 특정 개인인 신용정보주체를 알아볼 수 없도록 개인신용정보를 처리한 경우를 포

---

73) 개인정보보호위원회, "가명정보 처리 가이드라인", 2022, 10-38면.

함한다고 규정하고 있다(동법 제2조 제15호). 즉, 한 정보집합물에서 또는 연계된 복수의 정보집합물에서 하나 또는 복수의 정보가 A(일련번호 0001)라는 정보주체에게 귀속되고 다른 정보가 B(일련번호 0011)라는 정보주체에게 귀속된다는 것을 알 수 있다고 하더라도[구별가능성(single-out)의 존재], 실제로 A, B가 누구인지를 그 자체로 알 수 없다면[연결가능성(linkability), 추론가능성(inference)의 잠정적 제거], 가명정보가 될 수 있다는 취지를 명시한 것이다. 나아가, 이때에는 A, B가 누구인지를 알 수 있게 해주는 추가정보가 분리하여 보관되는 등의 조치가 필요하다는 점을 가명처리의 요건으로 규정하고 있다.

7. GDPR의 가명처리와의 비교

GDPR은 가명처리의 개념과 관련하여 "가명처리란 추가적인 정보의 사용 없이는 더 이상 특정 개인정보주체에게 연계될 수 없는 방식으로 개인정보를 처리하는 것이다. 다만, 그 같은 추가 정보는 별도로 보관하고, 기술 및 관리적 조치를 적용하여 해당 개인정보가 식별된 또는 식별될 수 있는 자연인에 연계되지 않도록 해야 한다"고 규정하고 있다(제4조 제5항). 이는 국내법의 가명처리 개념과 매우 흡사하며, 실제로 입법과정에서 GDPR의 해당 규정이 주요선례로 참고되었다. 그러나 가명처리의 효과와 관련해서는 GDPR과 국내법은 차이가 있다. GDPR은 규정 전반에 걸쳐 개인정보의 처리로 인해 정보주체의 프라이버시 등에 발생하는 어떠한 실질적인 위험을 주는지를 고려, 평가하여 그 위험의 정도에 비례한 조치를 취하도록 요구하는 위험기반 접근법을 취하고 있다. 예를 들어 GDPR에 따르면, 공공 이익을 위한 기록보존 목적, 과학적 또는 역사적 연구 목적 또는 통계적 목적을 위한 처리는 데이터 주체의 권리와 자유를 위한 적절한 안전조치의 대상이 되어야 하고, 안전조치에 의하여 특히 데이터 최소화 원칙이 준수될 수 있는 기술적·관리적 조치가 이행되어야 하며, 이때 가명처리는 위와 같은 기술적·관리적 조치의 하나로 언급되고 있다(제89조 제1항). 또, 컨트롤러는 개인정보를 당초 목적과 양립가능한 범위 내에서 정보주체의 동의 없이 위 개인정보를 목적 외로 처리할 수 있는데, 이때 양립가능성을 판단하는 요소로 암호화나 가명처리 등의 적절한 안전조치(appropriate safeguard)가 존재하는지 여부가 명시되어 있다[제6조 제4항 (e)호]. 즉, GDPR에서 가명처리는 적절한 안전조치 중 하나에 불과할 뿐, 우리 법처럼 가명처리가 이루어졌다고 하여 곧바로 정보주체의 동의 없이 이용하거나 제3자에게 제공할 수 있는 특례가 적용되는 형식을 취하고 있지는 않다.

HIPAA 프라이버시 규칙상의 비식별조치 방법

미국 HIPAA(Health Insurance Portability and Accountability Act, '건강보험 이전과 책임에 관한 법')에 따라 개인의료정보 보호를 위해 마련된 규칙이 HIPAA Privacy Rule('프라이버시규칙')이다. HIPAA 프라이버시 규칙은 보호되는 의료정보(Protected Health Information: PHI)와 대비되는 개념으로 비식별화된 의료정보(De-identified Health Information)를 규정하고 있으며, 여기에 해당하는 의료정보는 정보주체의 동의 없이도 자유로운 활용이 가능하다. 이 규칙은 전면적 규율면제를 위한 두 가지 비식별화 방식을 제시하고 있다. 첫째는 '전문가결정 방식(expert determination method)'으로, 경험 있는 전문가가 통계적 혹은 과학적 원칙을 적용하여 정보수령자(anticipated recipient)가 개인을 식별할 수 있는 위험성(risk of re-identification)이 매우 적다는(very small)는 결정을 문서로 내리는 방법이다. 둘째는 '세이프하버 방식(safe harbor method)'으로, ① 이름(Names), ② 주소정보(우편번호 등), ③ 개인과 직접 관련된 날짜정보(생일, 자격취득일 등) 등 18개 식별자(identifier)를 제거한 데이터는 비식별조치가 적용된 것으로 간주하는 방법이다. 두 방식 모두 재식별 리스크가 전혀 없는 비식별조치로 보기는 어렵지만, 의료정보의 활용 측면에서 규제체계를 비교적 간소화하고 예측가능한 비식별조치 방안을 제시하고 있다는 점에서 적지 않은 시사점을 줄 수 있다.

II. 가명정보의 처리 등

1. 개관

개인정보처리자는 통계작성, 과학적 연구, 공익적 기록보존 등을 위하여 정보주체의 동의 없이 가명정보를 처리할 수 있다(법 제28조의2 제1항). 여기에서 말하는 처리는 개인정보의 수집, 생성, 연계, 연동, 기록, 저장, 보유, 가공, 편집, 검색, 출력, 정정(訂正), 복구, 이용, 제공, 공개, 파기(破棄), 그 밖에 이와 유사한 행위를 말한다(법 제2조 제2호).

개인정보처리자는 통계작성, 과학적 연구, 공익적 기록보존 등을 위하여 가명정보를 제3자에게 제공하는 경우, 특정 개인을 알아보기 위하여 사용될 수 있는 정보를 포함하여서는 안 된다. 따라서 가명정보를 원래의 상태로 복원할 수 있는 추가 정보 외에도 특정 개인을 알아보기 위하여 사용될 수 있는 정보들은 명칭, 종류, 형태나 내용을 불문하고 제3자에게 제공할 수 없다(법 제28조의2 제2항).

2. 개인정보의 '가명처리'에 대해서도 법 제28조의2 제1항이 적용되는지

1) 쟁점의 정리

앞서 본 것처럼 개인정보처리자가 통계작성, 과학적 연구, 공익적 기록보존 등을 위하여 정보주체의 동의 없이 '가명정보를 처리'할 수 있다고 규정하였는데(제28조의2 제1항), '개인정보의 가명처리' 역시 정보주체의 동의 없이 가능한지 여부가 문제될 수 있다. 개인정보보호법 제2조에서 "가명정보"(제1호 다목), "가명처리"(제1의2호), "처리"(제2호)를 각각 구분하여 정의하고 있으나, "가명처리"가 "가명정보"의 "처리"에 해당하는지 여부는 해석론상 명확하지 않기 때문이다.

2) 가명처리에 대해 정보주체 동의가 필요하지 않다는 견해

법 문언 해석에 따르면 "개인정보의 가명처리"가 "가명정보"의 "처리"에 포함된다고 해석할 수 있다고 보는 견해가 가능하다.

우선 "가명정보의 처리"는 가명정보의 수집·생성 그 밖에 유사한 행위를 포함한다고 해석함이 타당하다는 논거를 들 수 있다(법 제2조 제2호). 개인정보의 "처리"란 개인정보의 수집, 생성, 연계, 연동, 기록, 저장, 보유, 가공, 편집, 검색, 출력, 정정(訂正), 복구, 이용, 제공, 공개, 파기(破棄), 그 밖에 이와 유사한 행위를 말한다(법 제2조 제2호). 즉, 개인정보를 활용하기 위해서는 수집, 생성에서부터 연계, 연동, 기록, 저장, 보유, 가공, 편집, 검색, 출력, 정정, 복구, 이용, 제공, 공개, 파기 등 다양한 처리과정을 거치게 되는데, 법은 이러한 일련의 과정을 포함하는 개념으로 "처리"라는 용어를 사용한다. "가명정보"도 "개인정보"에 해당한다(법 제2조 제1호). 그렇다면, "가명정보의 처리"란 가명정보의 수집, 생성, 연계, 연동, 기록, 저장, 보유, 가공, 편집, 검색, 출력, 정정(訂正), 복구, 이용, 제공, 공개, 파기(破棄), 그 밖에 이와 유사한 행위를 뜻한다.

"개인정보의 가명처리"란 곧 가명정보의 수집·생성 또는 그와 유사한 행위에 해당한다. "가명처리"란 개인정보의 일부를 삭제하거나 일부 또는 전부를 대체하는 등의 방법으로 추가 정보가 없이는 특정 개인을 알아볼 수 없도록 처리하는 것을 말하고(법 제2조 제1의2호), "가명정보"란 개인정보를 위와 같은 가명처리를 하여 추가 정보의 사용·결합 없이는 특정 개인을 알아볼 수 없는 정보를 말한다(법 제2조 제1호 다목).

결론적으로, "처리", "가명처리", "가명정보" 등 개인정보보호법에서 사용하는 용어의 정의에 충실한 해석에 따르면, "개인정보의 가명처리"는 가명정보의 수집·생성 또는 그와 유사한 행위로서 "가명정보의 처리"에 포함된다고 해석함이 타당하므로, 개인정보의 가명처리에 대해서 정보주체의 동의가 필요하지 않다는 입장이다.

3) 가명처리에 대해 정보주체 동의가 필요하다는 견해

법 문언만 볼 때 개인정보의 가명처리에 대해 정보주체의 동의가 필요한지에 관해 명시적으로 정하고 있지 않고, 가명정보는 개인정보의 가명처리 결과물이라는 점에서 개인정보의 가명처리와 가명정보의 처리는 서로 구분될 수 있는 개념이므로, 가명처리는 법 제28조의2가 적용되지 않는다는 견해가 가능할 수 있다.

4) 해외 입법례

GDPR은 개인정보의 가명처리에 정보주체의 동의가 필요한지 여부를 직접적으로 규정하고 있지 않으나, 가명처리 자체에 정보주체의 별도 동의는 요구되지 않는다고 해석될 수 있다. GDPR은 당초 수집 목적과 양립 가능한 목적을 위해서는 정보주체의 동의 없이 개인정보를 추가 처리할 수 있도록 하면서, 대표적으로 공익적 기록보존 목적, 과학적 또는 역사적 연구 목적 또는 통계적 목적을 위한 추가 처리는 정보주체의 동의 없이도 본래의 목적과 양립되는 처리로 간주되며, 이러한 처리를 위해 적정한 안전조치가 적용되어야 하고, 이러한 안전조치에 가명처리가 포함될 수 있다고 규정한다[제5조 제1항 (b)호]. 즉, 정보주체의 동의 없이 개인정보의 추가 처리가 가능한 경우의 고려 요소 중 하나로 개인정보의 가명처리를 규정하고 있는바, 이 경우 개인정보의 가명처리를 위해 정보주체의 별도 동의가 필요하다고 보기 어렵다.

5) 개인정보보호법 개정 논의

개인정보보호위원회는 개인정보의 가명처리도 법 제28조의2 적용대상으로 정보주체의 동의가 필요 없다는 입장으로 이해된다. 개인정보보호위원회는 가명처리 통계 작성, 과학적 연구, 공익적 기록보존 등을 위해 개인정보를 가명처리하는 것 또한 정보주체의 동의 없이도 허용된다고 안내하고 있다.[74]

개인정보보호위원회가 2021.1.6. 입법예고하고 정부가 2021.9.28. 제출한 개인정보보호법 일부개정법률안은 "개인정보처리자는 통계작성, 과학적 연구, 공익적 기록보존 등을 위하여 정보주체의 동의 없이 가명정보를 처리할 수 있다"고 규정한 현행 제28조의2 제1항에서 "가명정보"를 "개인정보를 가명처리하거나 가명정보"로 수정함으로써 가명처리에 대한 법 해석상의 논란을 해소하고자 하였다. 하지만 2023.3.14. 개정된 개인정보보호법에는 해당 내용이 반영되지 않았고, 법 제28조의2 제1항의 내용은 수정사항 없이 그대로 유지되고 있다.

---

74) 개인정보 보호 법령 및 지침·고시 해설(2020), 221면.

6) 가명처리거부권과 관련된 논란과 하급심 판결

이와 관련하여 시민단체들이 이동통신사를 상대로 통계작성, 과학적 연구, 공익적 기록보존 등을 목적으로 본인정보를 가명처리하지 말 것을 구하는 소송을 제기한 바 있다. 이 사건에서 서울행정법원은 구법 제28조의7은 가명정보의 처리에 대한 처리정지 요구권을 배제하겠다는 취지이고 식별가능정보의 가명처리에 대한 처리정지 요구권까지 배제하겠다는 취지의 규정은 아니라고 판단하면서, "식별가능정보를 대상으로 하는 '가명처리'와 가명처리를 통하여 생성된 '가명정보'를 대상으로 하는 '가명정보 처리'는 서로 구분되는 별개의 처리에 해당하는 것"이라고 판시하기도 하였다.[75]

이 판결은 개인정보의 가명처리와 가명정보의 처리 두 개념의 구분에 관하여 유의미한 시사점을 제공하지만, 위와 같은 판시 내용만을 들어 법원이 법 제28조의2 제1항과 관련하여 식별가능정보의 가명처리에 대한 정보주체의 동의권을 인정할 것이라고 단정할 수는 없다. 오히려 위 판시 내용은 개인정보보호법 제28조의7("가명정보는 … 를 적용하지 아니한다.")과 문언 형식이 다른 제28조의2 제1항("개인정보처리자는 … 가명정보를 처리할 수 있다.")에 그대로 적용하기는 어려울 것이다.

7) 검토

이른바 데이터 3법의 도입 취지를 고려할 때, 개인정보보호위원회 입장처럼 통계작성, 과학적 연구, 공익적 기록보존 등을 위한 경우 정보주체의 동의 없이 개인정보의 가명처리가 가능하다고 해석할 필요가 있다. 가명정보 이용 근거를 새로 규정한 법 개정 취지는, 4차 산업혁명 시대의 신기술을 활용한 데이터의 이용 활성화를 위해 정보주체의 동의 없이 과학적 연구, 통계작성, 공익적 기록보존 등의 목적으로 가명정보를 이용할 수 있는 근거를 마련하는 데에 있다. 가명정보는 가명처리를 전제로 하는데, 만약 과학적 연구, 통계작성, 공익적 기록보존 등의 목적으로 이미 가명처리가 완료된 상태의 가명정보의 이용만 가능하고, 개인정보를 가명처리하여 가명정보를 수집, 생성하는 행위는 정보주체의 동의 없이 불가능하다고 본다면, 위와 같은 개정 취지에 정면으로 반하는 해석이라고 볼 수 있다.

또, 가명처리에 관한 다른 규정(시행령 제14조의2 제1항 제4호 등)과의 체계적 해석에 따를 때, 개인정보보호법 제28조의2의 경우 개인정보의 가명처리를 위해 정보주체의 별도 동의를 요구하지 않는다고 해석할 필요성이 있다. 법은 개인정보처리자가 당초 수집 목적과 합리적으로 관련된 범위 내에서 대통령령으로 정하는 바에 따라 정보주체의 동의 없이 개인정보를 이용 또는 제공할 수 있도록 하면서, 이때 정보주체의 동의 없이 개인정보를 이용 또는 제공하는 경우에

---

75) 서울중앙지방법원 2023.1.19. 선고 2021가합509722 판결.

는 가명처리 또는 암호화 등 안전성 확보에 필요한 조치를 하였는지 여부를 고려하도록 규정한다(법 제15조 제3항, 제17조 제4항, 시행령 제14조의2 제1항 제4호). 즉, 정보주체의 동의 없이 개인정보의 추가적인 이용 또는 제공이 가능한 경우의 고려 요소 중 하나로 개인정보의 가명처리 여부를 정하고 있는바, 이 경우 개인정보의 가명처리를 위해 정보주체의 별도 동의가 필요하다고 보기는 어렵다. 법 제28조의2를 해석함에 있어서 정보주체의 동의 없이 가명정보를 처리할 수 있는 경우 개인정보의 가명처리를 위해 정보주체의 별도 동의가 필요하다고 본다면, 위 개인정보의 추가적인 이용·제공에 관한 법령 규정과 조화되지 않는 해석이라고 볼 수 있다.

다만, 위와 같은 해석이 개인정보보호위원회의 입장이고, 학계의 주류적 견해라고 하더라도 법이 이를 명확히 하고 있지 않은 상황이므로, 수범자의 예측가능성 확보 측면에서라도 입법적 보완이 필요하다고 본다.

3. 과학적 연구의 범위

1) 쟁점의 정리

가명정보를 정보주체의 동의 없이 활용할 수 있는 것은 통계작성, 과학적 연구, 공익적 기록보존 등의 목적을 달성하기 위한 경우로 제한된다. 이러한 목적 범위에 어디까지 포함되는 것인지 중 가장 쟁점이 된 것이 과학적 연구의 범위이다. 개정과정에서도 가명정보의 처리 목적 범위에 관한 논란이 되었고, 개정 후에도 이 논란은 지속되고 있다.

'과학적 연구'란, 기술의 개발과 실증, 기초연구, 응용연구 및 민간 투자 연구 등 과학적 방법을 적용하는 연구를 말한다(법 제2조 제8호). 개정 당시 주로 문제되었던 쟁점은 '민간기업의 개인적 영리추구를 위한 연구'가 '과학적 연구'에 포함되는지 여부였다.

2) '과학적 연구'를 좁게 해석해야 한다는 견해

'과학적 연구'가 '공익 목적에 국한된 연구'로 한정해야 한다고 보았던 논거는 GDPR 규정의 해석론에 기인하는 경우가 많았다. GDPR Recital 제159항에서는 "유럽연합 기능에 관한 조약(이하 "TFEU") 제179조에 따라 European Research Area(ERA)를 유지보존하려는 유럽연합의 목적이 고려되어야 한다"고 언급되어 있는데, TFEU 제179조 제1항에 의하면, "연구자, 과학적 기술 및 기술이 자유롭게 순환되어야 할 것"이라는 점이 명시되어 있었다. 이에 GDPR 규정에서의 '과학적 연구'는 '연구결과가 자유롭게 순환될 수 있도록 대중에 발표되거나 타 기관과 공유되어야 한다'는 해석론이 존재했다.[76] 같은 취지에서, 가명정보는 정보주체의 동의 없이 사용되는

---

76) 김현숙, "과학적 연구 목적을 위한 개인정보 처리에 관한 비교법적 연구", 정보법학, 제24권 제1호, 2020, 121-121면.

것이므로, 모두의 이익과 유관한 경우에 한하여 활용되어야 한다는 견해도 있었다.[77] [78]

또한, 시민단체를 중심으로 '과학적 연구'의 범위가 지나치게 모호하다는 점도 지적되었다. 정부기관, 대학 및 기업 등 모두의 입장에서, 과연 '과학'을 이용하지 않는 연구가 현실적으로 존재하지 않으므로, 가명처리 허용의 범위가 지나치게 넓어진다는 것이 그 논거였다.[79]

3) '과학적 연구'를 넓게 해석해야 한다는 견해

먼저 개인정보보호법과 GDPR은 가명정보 활용을 허용하는 요건이 다르므로, GDPR의 해석론을 그대로 가져오기는 어렵다는 견해가 있었다. GDPR 규정상, 가명처리는 과학적 연구 목적이 존재하는 경우 목적제한 원칙 및 최소처리 원칙을 달성하기 위한 하나의 '적정한 안전장치'일 뿐이기 때문이다. 이에 GDPR에서의 '과학적 연구' 범위가 좁다고 하더라도, 가명처리 외에도 해당 정보를 활용할 가능성이 많이 있다.[80] 반면, 개인정보보호법은 과학적 연구 요건에 해당하지 않으면, 가명처리를 하더라도 해당 정보를 활용할 수 없으므로 가명정보에 대한 특례를 도입한 입법취지가 무색해진다는 것이다. 또한, 신용정보법과의 균형적 해석 요구도 존재했다. 신용정보법은 통계작성, '연구', 공익적 기록보존 등을 위한 경우 동의 없이 가명정보를 제공할 수 있도록 정하고 있다(제32조 제6항 제9호의2). 그런데 신용정보법에서의 '연구'는 '산업적 연구'를 명시적으로 포함한다. 신용정보법은 개인정보보호법의 특별법이라는 점에서, 산업적 연구가 일반법에 의해 금지된다는 해석론은 상당히 어색하다는 지적이 있었다.

4) 개인정보보호위원회의 해석

개인정보보호위원회는 '과학적 연구'란 과학적 방법을 적용하는 연구로서, 자연과학, 사회과학 등 다양한 분야에서 이루어질 수 있고, 기초연구, 응용연구뿐만 아니라, 새로운 기술·제품·서비스 개발 및 실증을 위한 산업적 연구를 포함한다는 입장이다.[81] [82]

---

77) 김창조, "가명정보에 관한 법적 통제", 법학논고, 제79집, 2022, 77면. 그러나 이러한 견해와는 달리, GDPR의 경우에도 '과학적 연구'에 산업적 목적이 포함된다고 보는 견해도 있다(이주희, "가명정보 결합에 의한 재식별화 방지에 관한 비교법적 연구 - GDPR과 CCPA 및 개정 개인정보보호법 비교를 중심으로 -", 국제거래와 법, 제32호, 2021, 126면).

78) 참고로, California Consumer Privacy Act of 2018의 경우, 비상업적 목적으로 한정하고 있다.

79) 참여연대, "[보도자료] 개인정보보호위원회의 '가명처리 가이드라인'에 대한 시민사회 의견서 제출", 2020. 8. 27.

80) 전승재, "개인정보, 가명정보 및 마이데이터의 활용 범위 - 데이터 3법을 중심으로 -", 선진상사법률연구, 통권 제91호, 2020, 266면.

81) 개인정보 보호 법령 및 지침·고시 해설(2020), 222면; 개인정보보호위원회, "가명정보 처리 가이드라인", 2022, 12면.

82) 참고로, 보호위원회는 '이루다' 사건에서 응답 DB에 포함된 카카오톡 대화문장을 일반 이용자에게 그대로 발화되도록 서비스하는 행위는 과학적인 연구를 위한 것이라고 할 수 없다고 결정한 바 있다(개인정보보호위원회 심의·의결 제2021-007-072호).

> **가명정보 처리 가이드라인 발췌**
>
> - "과학적 연구"란 과학적 방법을 적용하는 연구*로서 자연과학, 사회과학 등 다양한 분야에서 이루어질 수 있고, 기초연구, 응용연구뿐만 아니라 새로운 기술·제품·서비스 개발 및 실증을 위한 산업적 연구도 해당함
>   * 과학적 방법을 적용하는 연구란 체계적이고 객관적인 방법으로 검증 가능한 질문에 대해 연구하는 것을 말함
> - "과학적 연구를 위한 가명정보의 처리"란 과학적 연구를 위해 가명정보를 이용, 분석, 제공하는 등 가명정보를 처리하는 것을 말함
> - 과학적 연구와 관련하여 공적 자금으로 수행하는 연구뿐만 아니라 민간으로부터 투자를 받아 수행하는 연구에서도 가명정보 처리가 가능함

5) 보호위원회 해석에 대한 비판적 견해 및 검토

이러한 보호위원회의 공식적인 입장 표명에도 불구하고, 여전히 '과학적 연구'의 범위에 관하여 숙고가 필요하다는 견해가 존재한다. 먼저, 과학적 연구에 산업적 연구가 포함된다는 해석은 가명정보의 활용을 사실상 무제한적으로 열어 둘 수 있다는 견해가 있다.[83] 가명정보도 법에 따른 개인정보이며, 재식별의 금지의무 및 고의적 재식별에 대한 과징금 부과규정에 비추어 보면 단순히 이용의 활성화만을 고려해서는 안 된다는 지적이다. 법의 입법취지는 정보주체를 보호하는 것인데, 산업적 또는 상업적 목적이 과도하게 개입되는 경우에는 정보주체의 개인정보가 가명처리되었다는 이유로 무분별하게 활용될 수 있다고 본다. 그러한 취지에서, '과학적 연구'는 '학술적 목적의 과학적 연구'로 제한해야 한다고 주장한다.

문언을 보다 엄격하게 해석해야 한다는 견해도 있다.[84] 법에서 정하는 '과학적 연구'는 기술의 개발·실증, 기초연구, 응용연구와 민간투자연구 등 과학적 방법을 적용하는 연구이다. 반면, 산업적 연구는 경제적 이익을 추구하기 위해 재화나 서비스를 창출하는 생산적 목적의 연구인데, 이것이 민간투자연구와 완전히 동일하다고 보기는 어렵다는 것이다. 명확하지 않은 문언이라면 결국 전체적인 취지와 맥락을 통하여 그 의미를 파악할 수밖에 없는데, 함께 열거된 '통계작성'이나 '공익적 기록보존'에 비추어 보면 그 범위를 좁혀 해석할 수밖에 없다고 본다.

그러나 학술적 목적의 과학적 연구와 산업적 연구의 구별이 현실적으로 어렵다는 점, 가명정보의 특례 규정을 도입한 입법취지 및 신용정보법과의 균형을 고려해야 한다는 점은 고려할 필

---

83) 김민우·김일환, "지능정보사회에서 가명정보의 보호와 이용을 위한 법제 정비방안 연구", 미국헌법연구, 제32권 제2호, 2021, 148면.
84) 윤익준·이부하, "개인정보보호법의 문제점과 법적 대안 - 가명정보를 중심으로 -", IT와 법연구, 제23집, 2021, 52-53면.

요가 있다. 현재 보호위원회 해석이 더 현실적이고, 불가피해보인다. 다만, 신용정보법과 유사한 형태 또는 과학적 연구에 대한 예시 열거 형태로, 법률 문언 그 자체에서 해석의 지침을 명확히 할 필요는 있어 보인다.

4. 민감정보의 가명처리 허용 여부

1) 규정 및 기존 논의, 보호위원회 해석

법은 사상·신념, 노동조합·정당의 가입·탈퇴, 정치적 견해, 건강, 성생활 등에 관한 정보, 그 밖에 정보주체의 사생활을 현저히 침해할 우려가 있는 개인정보인 민감정보에 대해 ① 정보주체의 별도 동의가 있는 경우 또는 ② 법령에서 민감정보의 처리를 요구하거나 허용하는 경우 외에 원칙적으로 처리할 수 없도록 정하고 있다(법 제23조 제1항). 또한, 개인정보처리자가 민감정보를 처리하는 경우, 그 민감정보가 분실·도난·유출·위조·변조 또는 훼손되지 아니하도록 안전성 확보에 필요한 조치를 하여야 한다(법 제23조 제2항).[85]

위와 같이, 법은 민감정보에 대해 엄격한 보호를 하고 있다. 그러한 점에서, 정보주체의 동의 없이 처리가 가능하도록 한 가명정보 처리의 특례 규정이 건강 정보 등 민감정보에 대해서도 적용될 수 있는지 문제가 있었다. 가명정보 처리 특례가 도입되는 과정에서 입법자가 어느 한쪽으로 결정하지 못했기 때문에 발생하게 된 것으로, 결국 민감정보 보호와 가명정보 처리 특례에 관한 사항의 조화로운 해석이 필요하다는 요구도 있어 왔다.[86]

현재 실무상 법에는 가명처리 목적에 의한 제한만 있고, 정보의 성격에 따른 제한은 없으므로(법 제29조의2), 민감정보의 가명처리는 허용된다는 견해가 일반적이다. 이에 대한 해석론으로 법 제23조 제1항 제2호에서 언급하는 '민감정보 처리를 허용하는 법령'에 '가명정보의 처리에 관한 특례'도 포함된다는 견해가 있다.[87]

보호위원회는 가명정보의 처리에 관한 특례(제3절)는 일반 개인정보에 대한 규정에 우선하여 적용되므로 민감정보 또는 고유식별정보도 가명처리의 대상이 될 수 있다는 입장이다.[88] 보건복지부·보호위원회가 작성한 "보건의료데이터 활용 가이드라인" 역시 민감정보의 가명처리가 허용된다는 전제에서 작성되어 있으며, 데이터 심의위원회의 심의를 거치면 정보주체의 동의

---

85) 개정법에 의하면, 개인정보처리자는 재화 또는 서비스를 제공하는 과정에서 공개되는 정보에 정보주체의 민감정보가 포함됨으로써 사생활 침해의 위험성이 있다고 판단하는 때에는 재화 또는 서비스의 제공 전에 민감정보의 공개 가능성 및 비공개를 선택하는 방법을 정보주체가 알아보기 쉽게 알려야 한다(법 제23조 제3항).
86) 이원복, "유전체 연구와 개정 개인정보보호법의 가명처리 제도", 법학논집, 제25권 제1호, 2020, 210면.
87) 전승재, "개인정보, 가명정보 및 마이데이터의 활용 범위 – 데이터 3법을 중심으로 –", 선진상사법률연구, 통권 제91호, 2020, 269면.
88) 개인정보 보호 법령 및 지침·고시 해설(2020), 224면.

없이도 이미 수집된 정보의 2차적 사용을 허용한다고 서술한다.[89]

2) 민감정보의 가명처리에 관한 입법론

(1) 명확한 입법의 필요성에 관한 주장

그럼에도, 현재의 민감정보의 가명처리에 대한 입법 체계에 보완이 필요하다는 지적이 있다.[90]

민감정보는 원칙적으로 처리가 금지되나, 정보주체의 동의 또는 법령상 허용하는 예외적인 경우에 처리를 허용한다(법 제23조). GDPR의 경우, "공익을 위한 자료보존 목적, 학술적 또는 역사적 연구 목적 또는 통계 목적을 달성"하기 위해 필요하면 적절한 안전장치 하에 민감정보를 처리할 수 있고, 그 안전장치 중 하나에 가명처리가 포함된다(GDPR 제9조 제2항 제(j)호).

개인정보보호법의 경우에도 민감정보에 대한 가명처리를 허용해야 한다면, 민감정보에 대한 처리 예외 사유로 가명처리 내지 가명정보를 포함하는 것이 타당하다는 취지다.

(2) 추가 정보의 통제의 필요성에 관한 주장

추가 정보의 통제에 관하여 공백이 있다는 견해도 있다.[91] 현재 개인정보보호법은 추가 정보의 통제 권한이 개인정보처리자에게 있는 것을 전제로 하고 있고, 그에 따라 추가 정보에 대한 규율에 개인정보보호법상 입법이 집중되어 있다고 본다.

그런데 유전체 정보 등 특정한 형태의 민감정보의 경우, 가명정보를 복원하기 위한 정보가 개인정보처리자의 통제권 하에 있는 것이 아니라, 일반인도 접근 가능한 데이터베이스에 있는 경우가 많다고 한다.[92] 이에 가명처리 기준에 대한 충분한 방법론이 제시될 필요가 있고, 어느 정도로 가명처리를 하여야 법에서 인정하는 가명처리 수준에 이르는지에 관한 가이드라인이 필요하다는 지적이다. 현재 보호위원회는 ① 가명정보 처리 가이드라인, ② 보건의료 가이드라인을 내놓고, 일정 부분 이에 대한 지침을 제공하고 있어 일정 부분 가이드라인을 제공하고 있는 상황이다.[93]

(3) 검토

가명처리, 그리고 그에 따른 가명정보로의 활용이 가장 중요한 개인정보가 민감정보라는 점, GDPR 역시 민감정보의 활용 시 가명처리를 전제하고 있다는 점을 고려할 때, 민감정보의 가명

---

89) 보건복지부·개인정보보호위원회, 보건의료데이터 활용 가이드라인, 2022. 12, 1-2면.
90) 김송옥, "가명정보의 안전한 처리와 합리적 이용을 위한 균형점", 공법연구, 제49집 제2호, 2020, 399면.
91) 이원복, "유전체 연구와 개정 개인정보보호법의 가명처리 제도", 법학논집, 제25권 제1호, 2020, 211-212면.
92) 예를 들어, 특정 희귀질환 환자의 유전체 정보를 아무런 부수정보 없이 전달받았는데, 이를 외국의 혈족찾기 웹사이트에 업로드해 대조했더니 마침 그 환자의 아들이 흥미차원에서 업로드한 DNA 정보와 일치하는 비율로부터 그 환자의 아들과 부모/자식 또는 형제관계가 있음을 추론하고, 그 환자 아들의 소셜미디어에 접속하여 그 환자 아들이 희귀 질환에 걸린 자신의 아버지에 대한 글을 올린 것을 확인하는 경우를 상정해 볼 수 있다고 한다.
93) 다만, 유전체 정보 등 현실적으로 가명처리 여부를 단정할 수 없는 정보에 대해서는 가명처리 가능 유무를 유보하고 있다.

정보 활용도 과학적 연구 등 목적으로 정보주체의 동의 없이 처리할 필요가 있다. 다만, 민감정보의 가명처리 및 그 활용에 관한 명확한 입법이 마련되는 것이 더 바람직해 보인다.

III. 가명정보의 결합 및 반출제한

1. 개관

법은 서로 다른 개인정보처리자 간의 가명정보 결합은 보호위원회 또는 관계 중앙행정기관의 장이 지정하는 전문기관(이하 "결합전문기관")이 수행하도록 정하고 있다(법 제28조의3 제1항). 결합을 수행한 기관 외부로 결합된 정보를 반출하려는 개인정보처리자는 가명정보 또는 제58조의2에 해당하는 정보로 처리한 뒤 전문기관의 장의 승인을 받아야 한다(법 제28조의3 제2항).

결합전문기관으로 지정받지 아니하였음에도 가명정보를 결합하거나, 결합전문기관의 장의 승인을 받지 않고 결합을 수행한 기관 외부로 결합된 정보를 반출하거나 이를 제3자에게 제공하는 경우 또는 그 사정을 알면서 영리 또는 부정한 목적으로 결합된 정보를 제공받는 경우 5년 이하의 징역 또는 5천만 원 이하의 벌금에 처할 수 있다(법 제71조 제6호, 제7호).

가명정보의 결합 절차와 방법, 결합전문기관의 지정과 지정 취소 기준 및 절차, 관리 감독, 반출 및 승인 기준 절차 등 필요한 사항은 시행령 제29조의2 내지 제29조의4 및 「가명정보의 결합 및 반출 등에 관한 고시」(개인정보보호위원회고시 제2022-7호, 이하 "결합 및 반출고시")가 구체적으로 정하고 있다. 위 규정에 관하여 구체적으로 설명하기 위하여, 보호위원회는 "가명정보 처리 가이드라인"(2022.4. 이하 III.에서 "가이드라인")을 공개하고 있다.

2. 해외 입법례에서의 가명정보의 결합

1) GDPR의 경우

GDPR에서는 가명정보의 결합이라는 표현은 사용하지 않고 있다. 다만, GDPR은 "개인정보처리자와 수탁처리자는 개인정보의 처리가 자연인의 권리 및 자유에 미치는 위험의 다양한 가능성 및 정도와 함께 최신 기술, 실행비용, 그리고 처리의 성격, 범위, 상황 및 목적을 고려하여, 해당 위험에 적정한 보안 수준을 보장하기 위해 개인정보의 가명처리를 할 때 적정한 기술 및 관리적 조치를 시행해야 한다"고 명시하고 있다[GDPR 제31조 제1항 제(a)호].

가명처리를 할 때 재식별화 등이 발생하는 경우 이는 개인정보 침해의 한 유형으로 해석되며, 개인정보 침해에 따른 통지, 과태료 또는 과징금 처분 등의 일반조항으로 해결한다.[94]

---

94) 이주희, "가명정보 결합에 의한 재식별화 방지에 관한 비교법적 연구 – GDPR과 CCPA 및 개정 개인정보보호법 비

2) CCPA의 경우

「California Consumer Privacy Act of 2018」(이하 "CCPA")도 GDPR과 같이 가명정보 결합에 관한 구체적인 명시는 없다. 다만, 가명정보에 보안조치가 제대로 되어 있지 않거나, 가명정보의 결합으로 재식별화가 된 것은 모두 비식별화 조치를 제대로 하지 못한 보안절차 위반으로 본다.

개인정보보호법과 GDPR과는 다르게, CCPA에서는 '재식별화(reidentification)'라는 용어를 사용한다. CCPA는 '연구'에 대해 소비자료부터 개인정보를 수집할 수 있도록 정하는데[CCPA 제1798.140조 제(ab)호)], 이때의 전제조건에 ① 재식별화를 금지하는 기술적 안전조치를 이행하고, ② 재식별화를 구체적으로 금지하는 업무프로세스를 해야 하며, ③ 재식별화를 하려는 시도를 해서는 안 된다는 점이 명기되어 있다.

3) 일본법의 경우

일본 개인정보보호법에는 가명정보라는 용어 대신, '가명가공정보' 규정을 두고 있다. 가명가공정보란, 다른 정보와 조합하지 아니하는 한 특정 개인을 식별할 수 없도록 개인정보를 가공하여 얻을 수 있는 개인에 관한 정보를 의미한다(법 제2조 제9항). 다만, 가명가공정보는 제3자 제공이 금지되므로(법 제35조의2 제6항, 제35조의3 제1항), 서로 다른 개인정보처리자 사이의 가명가공정보 사이의 결합은 현실적으로 어렵다고 판단된다.[95]

4) 우리법과의 차이

GDPR이나 CCPA와는 다르게, 개인정보보호법은 '가명정보 결합기관'이라는 특별한 규정을 두고 있는 것이 특징이다.

GDPR과 CCPA는 가명정보 결합기관을 두고 있지 않는데, 이에 대해서는 가명정보에 대한 개념은 동일·유사하더라도 가명정보 결합으로 인하여 생길 수 있는 문제점을 상정하는 시각에 차이가 있기 때문이라는 견해가 있다.[96] 이 견해에 의하면, ① GDPR이나 CCPA의 경우, 추가 정보의 결합 없이는 가명정보는 식별가능성이 없으므로 가명정보끼리의 결합에 의하여도 재식별화는 불가능하다고 보는 반면, ② 개인정보보호법은 가명정보끼리의 결합을 통하여 가명정보를 얼마든지 재식별화 할 수 있다고 보는 관점을 지녔다고 한다. 개인정보보호위원회의 가이드라인 역시, 이와 같은 관점에서 가명정보 사이의 결합을 통한 재식별화 위험을 전제하여 만들어져 있다.

교를 중심으로 -", 국제거래와 법, 제32호, 2021, 119-121면.

95) 김송옥, "가명정보의 안전한 처리와 합리적 이용을 위한 균형점", 공법연구, 제49집 제2호, 2020, 384면.

96) 이주희, "가명정보 결합에 의한 재식별화 방지에 관한 비교법적 연구 - GDPR과 CCPA 및 개정 개인정보보호법 비교를 중심으로 -", 국제거래와 법, 제32호, 2021, 124면.

또한, 우리 법이 가명정보 결합으로 인한 재식별화에 관하여 형사처벌 규정을 두고 있는 것에 비해, GDPR 및 CCPA는 형사처벌 규정을 두고 있지 않다.

GDPR, CCPA, 개인정보보호법의 제재 규정 비교[97]

구분	민사·행정	형사
GDPR	10,000,000유로에 이르는 행정 과태료 또는 사업체의 경우 직전 회계연도의 연간 전 세계 총 매출의 2%에 이르는 행정과태료 중 높은 금액의 처분	없음
CCPA	(A) 사고 당 각 소비자에 대해서 100달러 이상 750달러 이하의 손해 또는 실제손해 중 큰 금액에 해당되는 손해에 대한 배상, (B) 가처분 또는 선언적 구제, (C) 법원이 적절하다고 여기는 기타 구제와 같은 민사소송을 제기할 수 있다	없음
개인정보보호법	전체 매출액의 100분의 3 이하에 해당하는 금액을 과징금으로 부과	5년 이하의 징역 또는 5천만 원 이하의 벌금

3. 가명정보 결합 제한 등 규정에 관한 평가

해외 입법례와 비교했을 때, 가명정보 결합기관을 두는 것이 불필요하다는 지적도 있다. GDPR과 CCPA의 관점과 같이, 가명정보끼리 결합을 하더라도 재식별화가 불가능하도록 조치를 하는 것이 우선이 되어야 하지, 가명정보 재식별화를 방지하기 위해 결합전문기관을 두는 것은 오히려 데이터 활용의 권한을 데이터결합기관에 집중시켜 데이터 활용의 주체가 될 수 있는 기업들의 데이터 활용에 대한 의욕을 감소시킨다는 것이다.[98]

더 나아가, 특히 결합전문기관을 둔다는 것 자체가 어떠한 상황에서는 가명정보가 재식별화될 수 있다는 점을 상정한 것인데, 이는 가명정보라는 개념 자체를 형해화시킬 수도 있으며, 차라리 '추가 정보 없이는 식별할 수 없는 정보'가 될 수 있도록 안전조치를 강화해야 한다는 견해도 있다.[99] 가명정보도 개인정보라는 점에서, 가명정보에 대해 데이터 활용 행태에 관한 규제가 완화되는 것과는 별개로, 안전조치 규제에 대해 현행 개인정보에 대해 요구되는 기술적·

---

97) 이주희, "가명정보 결합에 의한 재식별화 방지에 관한 비교법적 연구 – GDPR과 CCPA 및 개정 개인정보보호법 비교를 중심으로 –", 국제거래와 법, 제32호, 2021, 129면.
98) 이주희, "가명정보 결합에 의한 재식별화 방지에 관한 비교법적 연구 – GDPR과 CCPA 및 개정 개인정보보호법 비교를 중심으로 –", 국제거래와 법, 제32호, 2021, 130면.
99) 이주희, "가명정보 결합에 의한 재식별화 방지에 관한 비교법적 연구 – GDPR과 CCPA 및 개정 개인정보보호법 비교를 중심으로 –", 국제거래와 법, 제32호, 2021, 131면.

관리적 보호조치 기준이 유지되어야 한다는 견해도 있다.[100]

산업 발전적 측면에서의 우려도 존재한다. AI를 통한 대규모 데이터 분석, 수천만의 정보집합물간 결합을 통해 새로운 서비스 개발을 하려는 사업자들에게, 매우 현실성이 떨어지는 규제라는 지적이 있다.[101] 물론 정보화 시대에 공개된 데이터들의 조합으로 개인을 식별할 가능성은 항상 존재하는 것이지만, 가명정보 처리만을 막는다고 하여 이러한 식별가능성이 사라지는 것이 아니라는 것이다. 오히려 재식별 행위를 금지함으로써 정보주체를 보호하는 것이 더 효과적이므로, 그러한 취지에서 입법이 되었어야 한다는 취지이다.

IV. 가명정보에 대한 안전조치의무 등

1. 가명정보에 대한 안전조치

개인정보처리자는 통계 작성, 과학적 연구, 공익적 기록보존 등의 목적으로 가명정보를 처리하는 경우 해당 정보가 분실·도난·유출·위조·변조 또는 훼손되지 않도록 대통령령으로 정하는 바에 따라 안전성 확보에 필요한 기술적·관리적 및 물리적 조치를 하여야 한다(법 제28조의4 제1항). 가명처리에서 생성, 사용된 추가정보의 분리 보관이 대표적인 예이다. 또한 개인정보처리자는 처리목적 등을 고려하여 가명정보의 처리기간을 별도로 정할 수 있다(법 제28조의4 제2항).

2. 가명정보에 대한 기록, 보관

개인정보처리자는 통계 작성, 과학적 연구, 공익적 기록보존 등의 목적으로 가명정보를 처리하는 경우 가명정보의 처리 목적, 제3자 제공 시 제공받는 자, 가명정보의 처리 기간(제2항에 따라 처리 기간을 별도로 정한 경우에 한한다) 등 가명정보의 처리 내용을 관리하기 위하여 대통령령으로 정하는 사항에 대한 관련 기록을 작성하여 보관하여야 하며, 가명정보를 파기한 경우에는 파기한 날부터 3년 이상 보관하여야 한다(법 제28조의4 제3항).

---

100) 전승재, "개인정보, 가명정보 및 마이데이터의 활용 범위 - 데이터 3법을 중심으로 -", 선진상사법률연구, 통권 제91호, 2020, 249면.
101) 김송옥, "가명정보의 안전한 처리와 합리적 이용을 위한 균형점", 공법연구, 제49집 제2호, 2020, 398면.

V. 가명정보에 대한 법규정 적용 배제

1. 가명정보에 적용되지 않는 규정

통계작성, 과학적 연구, 공익적 기록보존 등의 목적으로 처리되는 가명정보에 대해서는 아래 규정이 적용되지 않는다.

> 제20조 정보주체 이외로부터 수지한 개인정보의 수집 출처 등 통지
> 제20조의2 개인정보 이용 제공 내역의 통지
> 제27조 영업양도 등에 따른 개인정보의 이전 제한
> 제34조 제1항 개인정보 유출 등의 통지 신고
> 제35조 개인정보의 열람
> 제35조의2 개인정보 전송요구
> 제36조 개인정보의 정정 삭제
> 제37조 개인정보의 처리정지

2. 제28조의2와 제28조의3에 따라 처리된 가명정보

2020년 최초로 법 제28조의7이 신설되었을 때에는 '가명정보'로 규정되어 있었는데, 2023년 개정을 통해 '제28조의2와 제28조의3에 따라 처리된 가명정보'로 변경되었다.

현행법상 가명정보가 처리되는 경우는 법 제28조의2와 제28조의3에 따라 통계작성, 과학적 연구, 공익적 기록보존 등의 목적으로 처리되는 경우에 국한되지 않는다. 법 제15조 제3항 및 제17조 제4항에 따라 동의 없이 처리되는 개인정보로서 가명정보로 활용되는 경우, 기타 개인 정보처리자의 필요에 따라 가명처리되어 활용되는 경우가 있을 수 있다.

그런데, 구법 제28조의7 문언은 '가명정보'로만 규정되어 '가명정보' 일반에 대해 적용이 제외되는 특례를 주는 것으로 해석될 여지가 있었다. 개인정보보호위원회는 2023년 개정 전에도 법 제28조의7은 통계작성, 과학적 연구, 공익적 기록보존 등의 목적으로 처리하는 가명정보에 국한하여 적용되는 것으로 이해하는 입장이었는데,[102] 이를 반영한 개정으로 보인다.

다만, 입법론적으로는 법 제28조의2와 제28조의3에 따라 통계작성, 과학적 연구, 공익적 기록보존 등의 목적으로 처리되는 경우에 국한하지 않고, 법 제15조 제3항 및 제17조 제4항에 따라 동의 없이 처리되는 개인정보로서 가명정보로 활용되는 경우나 기타 개인정보처리자의 필

---

102) 개인정보 보호 법령 및 지침·고시 해설(2020), 248면.

요에 따라 가명처리되어 활용되는 가명정보 등에 대해서도 적용범위 제외 특례가 일정 부분 필요하다고 본다. 가명정보도 여전히 개인정보이지만, 가명정보만으로는 정보주체를 쉽게 식별할 수 없고 정보주체의 입장에서도 다른 개인정보에 비해 어느 정도 안전성이 보장된다는 점을 감안할 때, '가명정보' 일반에 대해서도 법상 개인정보처리자의 의무 중 일부는 일정한 요건 하에서 인정 또는 배제될 수 있어야 소위 '데이터 3법'의 개정 취지에 부합된다고 본다.

3. 가명처리 자체에도 적용될 수 있는지의 여부

법 제28조의7이 제28조의2와 제28조의3에 따라 처리된 가명정보 외에 '가명처리 자체'에도 적용될 수 있는지 문제된다.

개인정보보호위원회는 가명처리에 대해서는 처리정지권이 인정된다는 입장이다.[103] 즉 제28조의7은 가명처리의 경우 적용되지 않는다는 점을 전제한 입장으로 보인다. 법 제28조의2 제1항은 "정보주체의 동의 없이 '가명정보를 처리'할 수 있다"고 규정한 반면, 법 제28조의7은 "법 제28조의2 또는 제28조의3에 따라 '처리된 가명정보는 …를 적용하지 아니한다'로 규정한 취지를 고려한 해석으로 보인다.

다만, 이에 대해서는 가명정보의 처리뿐만 아니라 가명처리 자체에 대해서도 적용된다는 취지로 이해되어야 한다는 반대의견이 있다.[104] 일단 가명처리가 되면 처리정지 등 권리를 행사할 수 없는데, 마침 그 전에 혹시 있을지도 모르는 가명처리에 대하여 미리 정지해달라고 요구하면 이를 거절할 수 없다는 것은 앞뒤가 맞지 않는 규율이라는 점을 근거로 한다.

앞서 언급한 바와 같이, 이와 관련하여 시민단체들이 이동통신사를 상대로 통계작성, 과학적 연구, 공익적 기록보존 등을 목적으로 본인정보를 가명처리하지 말 것을 구하는 소송을 제기한 바 있다. 이 사건에서 서울행정법원은 구법 제28조의7은 가명정보의 처리에 대한 처리정지 요구권을 배제하겠다는 취지이고 식별가능정보의 가명처리에 대한 처리정지 요구권까지 배제하겠다는 취지의 규정은 아니라고 판단하면서, "식별가능정보를 대상으로 하는 '가명처리'와 가명처리를 통하여 생성된 '가명정보'를 대상으로 하는 '가명정보 처리'는 서로 구분되는 별개의 처리에 해당하는 것"이라고 판단한 바 있다.[105]

---

103) 개인정보보호위원회, "가명정보 처리 가이드라인", 2022, 13면; 개인정보 보호 법령 및 지침 · 고시 해설(2020), 383면.
104) 이동진, "가명정보의 특례", 데이터와 법, 2023, 208면.
105) 서울중앙지방법원 2023.1.19. 선고 2021가합509722 판결.

4. 가명정보의 파기 의무에 관한 적용제외 조항 개정

최초 도입된 구법 제28조의7은 가명정보에 관하여는 개인정보 파기에 관한 규정인 제21조의 적용을 배제하였다. 그러나 2023년 개정된 제28조의7에서는 그와 같은 규정이 삭제되어, 가명정보에 대해서도 개인정보보호법상 일반적인 파기 의무가 적용되도록 하였다. 다만, 처리목적 등을 고려하여 가명정보의 처리 기간을 별도로 정할 수 있도록 하고 있다(법 제28조의4 제2항).

개인정보처리자는 보유기간의 경과, 개인정보의 처리목적 달성 등 그 개인정보가 불필요하게 되었을 때에는 지체없이 그 개인정보를 파기해야 한다(법 제21조 제1항). "개인정보가 불필요하게 되었을 때"란, 개인정보의 처리목적이 달성되었거나, 해당 서비스의 폐지, 사업이 종료된 경우 등을 의미한다.[106] 개정법에서는 '가명정보의 처리 기간 경과'를 개인정보가 불필요하게 되었을 때의 예시로 명시하였다.

개인정보보호법 제21조(개인정보의 파기) ① 개인정보처리자는 보유기간의 경과, 개인정보의 처리 목적 달성, **가명정보의 처리 기간 경과 등** 그 개인정보가 불필요하게 되었을 때에는 지체 없이 그 개인정보를 파기하여야 한다. 다만, 다른 법령에 따라 보존하여야 하는 경우에는 그러하지 아니하다.
> ② 개인정보처리자가 제1항에 따라 개인정보를 파기할 때에는 복구 또는 재생되지 아니하도록 조치하여야 한다.
> ③ 개인정보처리자가 제1항 단서에 따라 개인정보를 파기하지 아니하고 보존하여야 하는 경우에는 해당 개인정보 또는 개인정보파일을 다른 개인정보와 분리하여서 저장·관리하여야 한다.
> ④ 개인정보의 파기방법 및 절차 등에 필요한 사항은 대통령령으로 정한다.

참고로 신용정보법에 의하면, 신용정보제공·이용자에 대하여 금융거래 등 상거래관계가 종료된 날부터 최장 5년 이내(해당 기간 이전에 정보 수집·제공 등의 목적이 달성된 경우에는 그 목적이 달성된 날로부터 3개월 이내)에 해당 신용정보주체의 개인신용정보를 관리대상에서 삭제하도록 정하고 있다(신용정보법 제20조의2 제2항). 다만, 가명정보를 이용하는 경우로서 그 이용 목적, 가명처리의 기술적 특성, 정보의 속성 등을 고려하여 신용정보법 시행령이 정하는 기간 동안 보존하는 경우에는 그러하지 아니하다. 신용정보법 시행령은 다음 각 호의 사항을 고려하여 가명처리한 자가 가명처리 시 정한 기간을 말한다고 명시하고 있다(신용정보법 시행령 제17조의2 제3항).

- 추가 정보·가명정보에 대한 관리적·물리적·기술적 보호조치 수준
- 가명정보의 재식별 시 정보주체에 미치는 영향

---

106) 개인정보 보호 법령 및 지침·고시 해설(2020), 138면.

- 가명정보의 재식별 가능성
- 가명정보의 이용목적 및 그 목적 달성에 필요한 최소기간

제 5 절
고정형 영상정보처리기기

Ⅰ. 개인영상정보의 보호

1. 개인정보로서의 영상정보

개인정보는 살아있는 개인에 관한 정보로서 개인을 알아볼 수 있는 정보 즉 개인을 식별할 수 있는 정보이다. 정보의 내용·형태 등은 제한이 없어서 개인을 알아볼 수 있는 모든 정보가 개인정보가 될 수 있다. 영상 역시 개인에 관한 정보로서 식별성이 있으면 촬영 매체나 형태 등에 관계 없이 개인정보에 해당한다. 법은 개인정보를 정의하면서 '성명, 주민등록번호 및 영상 등을 통하여 개인을 알아볼 수 있는 정보'라고 규정하여 영상을 개인정보의 대표적인 예로 거시(법 제2조 1호 가목)하고 있다.

구 개인정보보호법(2023. 3. 14. 법률 제19234호로 개정되기 전의 것)은 제2조에서 '일정한 공간에 지속적으로 설치되어 사람 또는 사물의 영상 등을 촬영하거나 이를 유·무선망을 통하여 전송하는 장치로서 대통령으로 정하는 장치'를 영상정보처리기기로 정의하고, 제25조에서 '영상정보처리기기의 설치·운영 제한'이라는 제목으로 공개된 장소에서의 영상정보처리기기의 설치 및 운영에 관한 규정을 두었는데, 동법 제12조 제1항에 따라 제정된 표준지침[107] 제2조 9호는 '영상정보처리기기에 의하여 촬영·처리되는 영상정보 중 개인의 초상, 행동 등 사생활과 관련된 영상으로서 해당 개인의 동일성 여부를 식별할 수 있는 정보'를 개인영상정보라 하여 식별성을 갖는 영상정보를 특별히 개인영상정보로 정의한 바 있다. 그에 따르면 위 영상정보처리기기에 해당하지 않는 기기로 촬영된 식별성 있는 영상정보는 '개인영상정보'에서 제외되는데, 그러한 영상정보 역시 식별성을 갖는 한 개인정보임은 분명하다. 따라서 표준지침에서 정의한 개인영상정보는 위 영상정보처리기기에서 촬영, 처리되는 영상정보를 특별히 지칭하기 위해서 규정한 것일 뿐, 일반적인 개인정보로서의 영상정보인 개인영상정보를 정의하는 것은 아니라 할 것이다.

---

107) 2020. 8. 11. 제정 개인정보보호위원회고시 제2020-1호.

2. 개인영상정보 처리의 규제

1) 개인영상정보 규제체제의 문제점

법 제정 시부터 포함되어 있던 영상정보처리기기의 설치·운영 제한 규정은 2011. 3. 29. 법의 제정으로 폐지된 구「공공기관의 개인정보보호에 관한 법률」에 기원을 두고 있다고 할 수 있다. 위 법률은 2007. 5. 17. 개정 시 제2조 5의2호로 폐쇄회로 텔레비전의 정의를 규정하고, 제4조의2에서 '폐쇄회로 텔레비전의 설치 등'의 제목으로 공공기관은 범죄예방 및 교통단속 등 공익을 위하여 필요한 경우에 공청회 등 일정한 절차를 거치고 안내판 설치를 하는 등 필요한 조치를 구비하여 폐쇄회로 텔레비전, 즉 CCTV를 설치할 수 있도록 하는 규정을 신설하였다. 위 규정은 공공기관에서 운영하는 CCTV가 확산됨에 따라 그에 대한 법적 근거를 마련하는 과정에서 도입되었다. 당시 CCTV의 법적 근거 마련을 위해 '공공기관의 폐쇄회로 텔레비전 및 개인의 화상정보 보호에 관한 법률안'과 같이 별도의 새로운 법률을 제정하는 의안과 '공공기관의 개인정보보호에 관한 법률의 개정안'이 계류되어 있었는데, CCTV 등 무인단속장비 설치는 개인정보 침해와 밀접한 관련성이 있으므로「공공기관의 개인정보보호에 관한 법률」에 통합하여 운영하는 것이 입법경제적 측면에서 이점이 있다는 이유로「공공기관의 개인정보보호에 관한 법률」개정안에 위 규정을 신설한 것이다.[108] 그 후 개인정보보호법이 제정되고「공공기관의 개인정보보호에 관한 법률」이 폐지됨에 따라 위 규정은 개인정보보호법에 포함되어 영상정보처리기기의 설치·운영 제한 규정으로 이어졌다.

결국 영상정보처리기기의 설치·운영 제한 규정은 개인영상정보의 보호 측면보다는 감시수단인 CCTV의 무분별한 설치를 막기 위한 법적 근거 조항으로서 도입된 것으로 뒤에서 보는 바와 같이 업무를 목적으로 하지 않거나 개인정보파일을 운용하기 위한 것이 아니어서 개인정보처리자에 해당되지 않는다고 하더라도 고정형 영상정보처리기기를 설치·운영하는 모든 자에게 적용되는 등 법의 체계와 어긋나고 블랙박스나 드론 같은 CCTV 외의 영상정보처리기기에 의하여 촬영된 개인영상정보 등에 대해서는 특수성에 대한 고려 없이 일반 개인정보와 같은 규제를 받게 되는 문제를 야기하였다. 게다가 오히려 감시 통제의 측면에서 중요한 의미를 갖는 통합관제센터의 설치 및 운영에 관한 법적 근거는 제대로 마련되지 않고 있는 등 개인영상정보의 체계적 보호와 영상정보처리기기라는 감시수단의 통제 이 두 가지 어느 것도 충족하지 못하는 어정쩡한 상황에 있게 된 것이다. 개인정보보호 일반의 입법과 감시통제의 일반을 다루고 있는 폐쇄회로 텔레비전의 입법이 한데 모여 있는 상황을 해결하기 위하여 폐쇄회로 텔레비전에 관한 규율을 현 개인영상정보의 개념구조에서 분리해야 된다는 주장[109]도 이러한 문제점을

---

108) 행정자치위원회(2007) 공공기관의 폐쇄회로 텔레비전 설치 및 개인의 화상정보 보호에 관한 법률안 심사보고서.
109) 방동희, "개인정보보호법과 개인영상정보의 보호에 관한 소고 – 보호체계 현황, 문제점 및 개선방향 제시를 중심

지적한 것이라 할 수 있다.

2) 영상정보처리기기의 확대

2023. 3. 14. 개정된 현 개인정보보호법은 '사람이 신체에 착용 또는 휴대하거나 이동 가능한 물체에 부착 또는 거치하여 사람 또는 사물의 영상 등을 촬영하거나 이를 유·무선망을 통하여 전송하는 장치'를 이동형 영상정보처리기기로 새로이 규정(법 제2조 제7의2목)하고, 제25조의2로 업무를 목적으로 한 공개된 장소에서의 이동형 영상정보처리기기의 운영 제한 규정을 신설하였다. 이와 함께 기존의 영상정보처리기기를 '고정형 영상정보처리기기'로 명칭을 변경하였다. 따라서 식별성을 갖는 개인정보로서의 영상정보의 규제는 크게 ① 공개된 장소에 설치된 고정형 영상정보처리기기에 의한 영상정보, ② 업무를 목적으로 공개된 장소에서 이동형 영상정보처리기기로 촬영된 영상정보, ③ 업무를 목적으로 그 밖의 기기와 방법에 의하여 촬영된 기타 영상정보로 구분된다. ①, ②, ③의 영상정보 모두 개인정보에 해당하므로 다른 일반적인 개인정보와 동일하게 법에 의해서 규율되고 다만 ①, ②에 대해서는 법이 별도로 규정하고 있는 범위 내에서 그 규정이 우선적으로 적용된다.

II. 고정형 영상정보처리기기의 설치·운영 제한(법 제25조)

1. 고정형 영상정보처리기기의 정의

고정형 영상정보처리기기란 일정한 공간에 설치되어 지속적 또는 주기적으로 사람 또는 사물의 영상 등을 촬영하거나 이를 유·무선망을 통하여 전송하는 장치(법 제2조 제7호)로서, 폐쇄회로 텔레비전과 네트워크 카메라를 의미한다. 2023. 3. 14. 개정 시 '지속성' 요건 외에 '주기성' 요건이 추가되었다. 따라서 일정한 공간을 계속적으로 촬영하지 않더라도 주기적으로 촬영이 이루어지게 되면 고정형 영상정보처리기기에 해당한다.

폐쇄회로 텔레비전은 흔히 CCTV(Closed Circuit Television)라 부르는 것으로 일정한 공간에 설치된 카메라를 통하여 지속적 또는 주기적으로 영상 등을 촬영하거나 촬영한 영상정보를 유무선 폐쇄회로 등의 전송로를 통하여 특정 장소에 전송하는 장치와 이를 녹화·기록할 수 있도록 하는 장치를 의미한다(시행령 제3조 제1항 제1호). 네트워크 카메라는 일정한 공간에 설치된 기기를 통하여 지속적 또는 주기적으로 촬영한 영상정보를 그 기기를 설치·관리하는 자가 유무선 인터넷을 통하여 어느 곳에서나 수집·저장 등의 처리를 할 수 있도록 하는 장치이다(시행령 제3조 제1항 제2호). '일정한 공간'을 지속적 또는 주기적으로 촬영한다는 점에서 차량 외부를 촬영

으로-", 한양법학, 제24권 제4집, 2013, 74면.

하는 이른바 블랙박스는 고정형 영상정보처리기기에 해당하지 않고 새로 규정된 이동형 영상정보처리기기에 해당한다. 그러나 차량에 설치되어 차량 내부를 촬영하는 CCTV는 '일정한 공간' 요건을 만족시키므로 고정형 영상정보처리기기에 해당한다고 할 수 있다.

2. 고정형 영상정보처리기기 규제적 함의

1) 개인영상정보의 처리 및 이용의 법적 근거 완화

법 제25조가 '공개된 장소'에 설치된 고정형 영상정보처리기기의 설치·운영에 관하여 특별히 규정하고 있는 것은 불특정 다수가 출입·이용하는 공개된 장소에서는 개인영상정보의 수집 및 이용 등에 대해 법의 기본 원칙에 따른 개별적 사전 동의를 받는 것이 현실적으로 불가능한 반면, 범죄나 사고의 예방 등 개인이나 공공의 이익을 위한 영상정보처리기기의 운영이 필요하다는 점을 고려한 것이라 할 수 있다. 즉 법에서 정하고 있는 개인정보 처리의 근거를 충족하지 않아도 특정한 목적에 한에서는 안내판 설치, 사전 의견수렴 등의 보호조치를 통하여 불특정 다수의 개인정보 및 사생활을 보호하는 것을 전제로 그 설치 및 운영을 허용하고자 하는 취지이다.

2) 개인정보침해의 위험성

그러나 고정형 영상정보처리기기에 의한 개인영상정보의 수집은 일정한 공간에 대하여 계속적, 무차별적으로 이루어지므로 원래의 설치·운영의 목적에서 고려되지 않는 정보주체의 개인영상정보까지도 포괄적으로 수집하게 되며, 수집 후에도 이를 각 정보주체별로 분리, 선별하여 저장하거나 보관하는 게 용이하지 않다는 점에서 다른 개인정보와 구분된다. 따라서 고정형 영상정보처리기기에 의한 개인영상정보의 수집은 최소한의 수집이라는 법의 원칙에 부합하지 않는 경우가 많으며, 의도하지 않은 개인정보까지 포괄적으로 수집이 되고 목적 외의 이용 등 남용의 소지가 크다. 또한 특정 정보주체의 개인영상정보 열람이나 삭제 등의 청구권을 행사함에 있어서 다른 정보주체에 대한 부분과 구분하기 위한 추가적인 조치가 필요[110]하는 등 사후 관리에 있어서도 좀 더 복잡한 문제를 야기하기도 한다.

또한 일반적인 개인정보의 수집이 행정서비스의 원활한 제공이나 전자상거래 등 경제적 활동을 뒷받침하기 위한 목적이라고 한다면, 개인영상정보의 수집은 상당 부분 증거수집을 목적으로 이루어진다는 점에서 차별된다. 범죄예방 및 수사를 위하여 수집된 개인영상정보는 범죄

---

[110] 표준지침 제50조는 영상정보처리기기운영자는 제48조 제2항에 따른 열람등 조치를 취하는 경우, 만일 정보주체 이외의 자를 명백히 알아볼 수 있거나 정보주체 이외의 자의 사생활 침해의 우려가 있는 경우에는 해당되는 정보주체 이외의 자의 개인영상정보를 알아볼 수 없도록 보호조치를 취하여야 한다고 규정하고 있다.

용의자를 확인하고, 시민의 제보를 끌어내며, 범죄자의 자수를 유도하고 실제 재판에서 유력한 증거로 사용된다. 증거의 측면에서는 수집된 개인영상정보의 신뢰성의 확보가 중요한 의미를 갖게 되므로 고해상도나 선명한 화질, 다양한 각도에서의 촬영 등 개인영상정보의 품질 제고가 요구되는데, 이는 개인정보보호의 측면에서 어려운 숙제를 남긴다. 또한 증거확보의 성격상 상당히 오랜 기간 동안 개인영상정보를 보유하려는 경향이 강하므로 이에 대한 규제 역시 중요한 의미를 갖는다.111) 그밖에 증거로서의 가치를 유지하고 증거의 원본동일성을 잃지 않기 위한 제반 장치와 기술적 수단 역시 최근 들어와 자주 거론되는 이슈이다. 그러나 무엇보다도 증거로서의 개인영상정보가 갖는 규제적 이슈는 개인영상정보가 본질적으로 제3자 제공을 전제로 수집된다는 점에 있다. 따라서 그 어느 개인정보보다도 이용이나 제3자 제공과 관련된 분쟁이 자주 발생하고, 이용이나 제3자 제공을 위한 법 규정의 준수 여부가 중요한 의미를 갖는다.

3) 감시기제의 우려

한편, 다음과 같은 지적은 고정형 영상정보처리기기가 갖는 감시기제로서의 함의를 잘 표현하여 준다.

"영상정보처리기기의 설치와 그 자료의 범죄수사 등에의 활용은 국민의 프라이버시권 중 특히 일반적 행동 자유권을 침해하면서, 국가를 벤담, 푸코, 오웰 등이 염려했던 감시국가로 만들 수 있다. 벤담과 푸코가 말한 '파놉티콘'이란 감시국가를 상징하는 '원형감옥'을 말하는 것으로, 벤담은 감시국가의 형태로 꼭대기에 감시탑을 갖고 수용자의 일거수 일투족을 감시하는 파놉티콘112)을 상정했다. 여기서는 감시자가 비록 졸고 있어도 수용자들은 자신들이 감시받고 있다고 느낄 수밖에 없다. 푸코의 파놉티콘은 일거수 일투족의 감시 이외에 수용자에게 이데올로기적 조작이 가해지는 감시를 상정한다. 즉, 실제 감시받고 있지 않아도 이 파놉티콘의 수용자들은 자신의 행동을 조작된 이데올로기에 의해 스스로 제약하게 되는 것이다. 이러한 벤담과 푸코의 파놉티콘이 조지 오웰의 Big Brother라는 감시국가의 개념에 연결되는 것이다. CCTV의 남용과 오용은 이들이 미리 엄중히 경고했던 '감시국가'라는 답답한 현실로 우리를 이끌 수도 있다."113)

개인정보의 보호가 국가권력의 감시로부터 벗어나기 위한 전통적인 소극적 동기에서 전자정

---

111) 표준지침 제45조 제2항은 영상정보처리기기 운영자가 그 사정에 따라 보유 목적의 달성을 위한 최소한의 기간을 산정하기 곤란한 때에는 보관 기간을 개인영상정보 수집 후 30일 이내로 제한하고 있다.

112) 파놉티콘(Panopticon)은 영국의 공리주의 철학자인 벤담(J. Bentham)이 고안한 원형감옥이다. 중앙에 간수가 있는 원형공간이 있고 바깥쪽으로 죄수들이 있는 방이 빙 둘러있는 형태인데, 중요한 것은 간수가 있는 곳은 어둡게, 죄수가 있는 곳은 밝게 만들어 간수는 죄수를 볼 수 있지만 죄수는 간수를 볼 수 없도록 만들었다는 점이다. 18세기 말에 고안된 이 구식시스템이 프랑스의 포스트구조주의 사상가인 푸코 등을 비롯한 석학들에 의하여 각광을 받아 온 것은 시스템의 은유적인 의미를 정보감시가 확산되기 시작한 정보화 시대에서 읽을 수 있었기 때문이다.

113) 임지봉, "CCTV 설치의 헌법적 문제점", 고시계, 제49권 제3호, 2004, 84면.

부로 상징되는 행정서비스의 구현에 있어 정보의 악용에 대한 의심을 제거하여 원활한 행정기능을 수행할 수 있도록 하고 전자상거래나 정보산업에 대한 신뢰와 발전을 저해하는 개인정보 침해의 우려를 불식시켜 시스템을 안정시키려는 적극적 동기로 그 필요성이 확대되고 있는 상황114)에서 고정형 영상정보처리기기는 여전히 빅 브라더스(big brothers)로 상징되는 국가권력의 감시로부터 개인의 소극적 자유를 보장하고자 하는 전통적인 동기와 밀접하게 관련되어 있다. 더구나 정보기술의 발달로 민간부문에서의 사업자 또는 개인에 의한 개인정보의 용이한 수집 및 처리가 가능해져 사인에 의한 고정형 영상정보처리기기의 설치·운영이 확대되고 있는바, 이러한 비디오 감시로서의 성격은 여전히 사인에 의한 고정형 영상정보처리기기에서도 핵심적인 본질이다. 영상정보처리기기를 통해 특정인의 이미지를 촬영함으로써 발생하는 현상은 특정인의 특정 순간의 정태적 삶만이 포착되는 것이 아니라, 이미지를 촬영당하는 특정인의 전체적인 삶의 흐름의 한 장면을 잡아내는 것이기 때문에 이를 통해서 그 사람의 동태적 삶이 현출되게 되고, 이는 CCTV를 통하여 특정인의 이미지를 촬영하는 순간 촬영당한 특정인의 삶의 한 흐름이 포착된다는 것을 뜻한다는 지적115)은 고정형 영상정보처리기기가 갖는 그러한 특성을 잘 설명해준다.

따라서 고정형 영상정보처리기기에 대한 규제를 논함에 있어서는 그로 인해 생성된 개인영상정보의 처리 및 이용의 합법성과 별개로 비디오 감시 자체의 수단과 범위, 운영의 상당성과 이로 인하여 정보주체가 느끼는 심리적 압박감과 차별감이 매우 중요한 의미를 갖게 된다.

3. 공개된 장소에의 설치·운영 제한(법 제25조)

1) 적용 범위

(1) 공개된 장소

'공개된 장소'란 도로, 공원, 광장, 지하철역 등의 공공장소와 같이 불특정다수가 출입하거나 이용할 수 있도록 허용된 장소, 즉 정보주체가 접근하거나 통행하는 데에 제한을 받지 아니하는 장소를 의미한다. 따라서 특정인들만 출입할 수 있거나, 출입이 엄격히 통제되는 장소는 여기서 말하는 '공개된 장소'에 해당하지 않는다.116) 이와 달리 요금을 지불하거나 특정한 용건이 있는 사람이 출입하는 공간이라도 별다른 제한 없이 불특정다수의 출입이 허용된 곳이면 공개된 장소에 해당된다. 즉 기업 건물의 로비나 관공서의 민원실 등 출입이 통제되지 않아 불특정다수가 출입하는 곳, 버스나 지하철 등 대중교통수단의 내부 등은 공개된 장소에 해당한다.

---

114) 윤종수, "개인정보보호법제의 개관", 정보법학, 제23권 제1호, 2009, 4면.
115) 김승환, "CCTV 설치에 대한 법적 검토", 민주사회를 위한 변론, 제54호, 2003, 28면.
116) 개인정보 보호 법령 및 지침·고시 해설(2020), 182면.

일반인의 자유로운 출입이 가능하여 다수인이 왕래하는 공개된 장소인지 여부는 장소의 구조, 사용관계와 공개성 및 접근성 여부, 그에 대한 구체적인 지배·관리형태 등 여러 사정을 종합적으로 고려하여 판단한다(대법원 2015.9.10. 선고 2014도17290 판결). 법원은 다른 도로와 연결되어 있고 차단기가 설치되어 있지 않거나 설치되어 있더라도 별다른 통제가 없고 개방되어 누구나 차량으로 통행하는 아파트단지 또는 대학구내의 통행로(대법원 2006.1.13. 선고 2005도6986 판결), 특정 상가 건물을 위한 것이 아니고 관리인이 상주·관리하지 않고 출입차단장치가 없으며 무료로 운영되어 불특정 다수인이 수시로 이용할 수 있는 공영주차장(대법원 2005.9.15. 선고 2005도3781 판결)은 불특정 다수의 사람 또는 차량의 통행을 위하여 공개된 장소로 판단한 바 있다.

(2) 개인정보처리자 여부

촬영된 영상을 처리하지 않는, 즉 고정형 영상정보처리기기로 모니터링만 하고 따로 저장을 하지 않는 경우는 개인정보파일이 존재하지 아니하므로 개인정보처리자에 해당하지 아니하여 법의 적용대상이 아닌 것으로 봐야 한다. 그런데 법 제25조는 고정형 영상정보처리기기의 설치·운영 자체를 제한하면서 개인정보파일의 운영을 전제로 하는 것인지 명확하게 규정하고 있지 않다. "촬영"의 사전적 의미를 '사물의 모습이나 동작을 사진기나 촬영기 따위로 찍음',[117] 또는 '사람, 사물, 풍경 따위를 사진이나 영화로 찍음'[118]으로 본다면 단순한 모니터링은 촬영에 해당하지 않는 것으로 해석함이 타당하고 이러한 해석이 법의 체계와도 부합하므로, 단순 모니터링의 경우에는 위 규정이 적용되지 않는다는 견해가 일응 가능하다. 그러나 2023. 3. 14.자로 개정된 현 개인정보보호법은 고정형 영상정보처리기기의 설치·운영의 예외적인 허용 사유로 '촬영된 영상정보를 저장하지 아니하는 경우로서 대통령령으로 정하는 경우'를 추가하였는데, 이는 촬영된 영상정보를 저장하지 아니하는 경우도 본 조의 적용 대상임을 명확하게 한 것이라 할 수 있다. 앞서 본 바와 같이 감시기제로서의 고정형 영상정보처리기기의 성격을 고려하면 단순한 모니터링도 개인정보자기결정권에 대한 침해의 위험성이 크고, 그러한 기기의 설치·운영의 제한을 일반적인 고정형 영상정보처리기기와 같은 차원에서 다루는 것이 적절하다. 결국 본 조는 업무를 목적으로 하지 않거나 개인정보파일을 운용하기 위한 것이 아니어서 개인정보처리자에 해당되지 않는다고 하더라도 고정형 영상정보처리기기를 설치·운영하는 모든 자에게 적용된다고 할 수 있다.

2) 원칙적 금지 및 예외적 허용

공개된 장소에서의 고정형 영상정보처리기기의 설치 및 운영은 원칙적으로 금지된다. 다만, 예외적으로 다른 법익의 보호를 위해 필요하거나 정보주체의 이익 침해 정도가 덜한 경우에 한

---

117) http://dic.daum.net/word/view.do?wordid=kkw000257796&q=%EC%B4%AC%EC%98%81
118) http://krdic.naver.com/detail.nhn?docid=37793300

하여 몇 가지 조건의 충족을 전제로 예외적으로 허용하고 있다.

(1) 예외적 허용 사유

공개된 장소의 경우 다음과 같은 경우에 한하여 고정형 영상정보처리기기의 설치·운영이 허용된다(법 제25조 제1항 각 호).

① 법령에서 구체적으로 허용하고 있는 경우
② 범죄의 예방 및 수사를 위하여 필요한 경우
③ 시설의 안전 및 관리, 화재 예방을 위하여 정당한 권한을 가진 자가 설치·운영하는 경우
④ 교통단속을 위하여 정당한 권한을 가진 자가 설치·운영하는 경우
⑤ 교통정보의 수집·분석 및 제공을 위하여 정당한 권한을 가진 자가 설치·운영하는 경우
⑥ 촬영된 영상정보를 저장하지 아니하는 경우로서 대통령령으로 정하는 경우

다른 법령에서 장소의 특수성이나 해당 법령의 입법 목적 달성을 위해 고정형 영상정보처리기기의 설치 운영을 허용하거나 의무화하고 있는 바, 설치장소가 공개된 장소에 해당한다면 위 1호 사유에 해당하여 고정형 영상정보처리기기의 설치·운영이 허용된다. 다만 해당 법령 규정들이 대부분 범죄의 예방이나 증거수집, 시설의 안전 및 관리 등과 관련이 있어 위의 2호 내지 5호에 따라서도 고정형 영상정보처리기기의 설치·운영이 허용될 수 있는 경우가 많을 것이다. 따라서 그러한 법령 규정들은 공개된 장소가 아닌 법에 따른 개인정보의 수집 이용의 원칙이 적용되는 비공개 장소에서 정보 주체의 동의 없이 고정형 영상정보처리기기를 설치·운영하여 개인영상정보를 처리하는 근거로 원용되는 경우에 실익이 있다.

2023. 3. 14.자로 개정된 현 개인정보보호법은 위 제3호 내지 제5호 사유에 '정당한 권한을 가진 자'라는 요건을 추가하였다. 교통단속 권한이 없는 관리 주체가 CCTV를 설치하여 신호위반 등을 단속하는 등 정당한 권한이 없음에도 교통단속 목적임을 내세워 임의로 CCTV를 설치하는 등, 정당한 권한이 없는 자가 해당 목적을 내세워 무분별하게 고정형 영상정보처리기기를 설치·운영하는 것을 방지할 수 있도록 하였다. 그리고 위 제3호와 같이 주차장에서의 요금징수나 무인점포에 설치된 CCTV를 통한 매장관리 등 CCTV의 활용이 확대되고 있는 점을 반영해서 시설 안전 외에 '시설 관리' 목적을 추가하였다.

또한 위 개정법은 위 제6호와 같이 '촬영된 영상정보를 저장하지 아니하는 경우로서 대통령령으로 정하는 경우'를 예외 사유로 추가하였다. 이에 따른 시행령 제22조는 위 규정에 해당하는 경우로서 '1. 출입자 수, 성별, 연령대 등 통계값 또는 통계적 특성값 산출을 위해 촬영된 영상정보를 일시적으로 처리하는 경우, 2. 그 밖에 제1호에 준하는 경우로서 보호위원회의 심의·의결을 거친 경우'를 규정하고 있다. 코로나-19 등 방역을 위하여 필요한 열화상 카메라 등 촬영된 개인정보를 저장하지 않아 사생활 침해 위험이 낮은 경우에도 예외 사유에 해당하지 않

아 운영상의 혼란이 야기되었던 사정 등을 고려해서 추가된 것으로 보인다.

　이러한 예외사유가 없음에도 공개된 장소에 고정형 영상정보처리기기를 설치·운영한 자에게는 3천만 원 이하의 과태료가 부과된다(법 제75조 제2항 제10호). 한편, 이러한 영상정보처리기기의 운영자가 개인정보처리자에 해당하는 경우에는 개인정보보호법 제15조 1항에서 정하고 있는 개인정보의 수집 이용의 근거 없이 개인정보를 수집 이용한 것에 해당하여 전체 매출액의 100분의 3을 초과하지 아니하는 범위에서 과징금을 부과할 수 있는지(법 제64조의2 제1항 제1호)가 문제된다. 법 제25조 제1항이 고정형 영상정보처리기기의 이용 실태를 고려한 개인정보의 수집 이용의 법적 근거의 완화의 성격을 갖고 있으므로 이를 위반하더라도 법 제15조 제1항 위반에 따른 제재는 적용되지 않는다는 견해가 있을 수 있다. 하지만 논리적으로 공개된 장소에서 고정형 영상정보처리기기를 설치·운영할 수 있는 요건을 위배한 이상 원칙론으로 돌아가 법적 근거 없이 개인영상정보를 수집 이용한 것에 해당한다고 볼 수밖에 없고, 법 제58조 제2항에서 법 제25조 제1항 각 호에 따라 공개된 장소에 고정형영상정보처리기기를 설치·운영하여 처리되는 개인정보에 대해서는 제15조를 적용하지 않는다고 규정하고 있으므로 반대 해석상 법 제25조 제1항에 따르지 않는 경우에는 제15조가 적용된다고 해석되므로 법 제15조 제1항 위반에 따른 과징금을 부과할 수 있다고 보는 것이 타당하다.

(2) 설치·운영 방법

① 설치·운영 안내

　법 제25조 제1항 각 호에 따라 고정형 영상정보처리기기를 설치·운영하는 자는 '1. 설치 목적 및 장소, 2. 촬영 범위 및 시간, 3. 관리책임자의 연락처, 4. 영상정보처리기기의 설치·운영에 관한 사무를 위탁한 경우에는 위탁받는 자의 명칭 및 연락처'가 포함된 안내판을 정보주체가 쉽게 알아볼 수 있도록 설치하여야 한다(법 제25조 제4항, 시행령 제26조 제2항, 표준지침 제39조 제1항). 다만, 건물 안에 여러 개의 영상정보처리기기를 설치하는 경우에는 모든 장소에 안내판을 설치하는 대신, 출입구 등 잘 보이는 곳에 해당 시설 또는 장소 전체가 영상정보처리기기 설치지역임을 표시하는 안내판을 설치할 수 있다(시행령 제24조 제1항). 안내판은 촬영 범위 내에서 정보주체가 알아보기 쉬운 장소에 누구라도 용이하게 판독할 수 있게 설치되어야 하고, 이를 충족하였다면 그 범위 내에서 안내판의 크기나 설치 위치는 영상정보처리기기운영자가 자율적으로 정할 수 있다(표준지침 제39조 제2항). 공공기관은 영상정보처리기기의 효율적 관리와 정보 연계를 위해 통합 관리하는 경우가 있다. 이러한 때에는 설치 목적 등 통합관리에 관한 내용을 정보주체가 쉽게 알아볼 수 있도록 표준지침 제39조 제1항에 따른 안내판에 기재하여야 한다(표준지침 제39조 제3항).

　또한 공공기관이 원거리 촬영, 과속신호위반 단속 또는 교통흐름조사 등의 목적으로 영상정보처리기기를 설치하는 경우로서 개인정보 침해의 우려가 적은 경우나 산불감시용 영상정보처리기기를 설치하는 경우 등 장소적 특성으로 인하여 안내판을 설치하는 것이 불가능하거나 안내판을 설치하더라도 정보주체가 쉽게 알아볼 수 없는 경우에는 안내판 설치를 갈음하여 영상정보처리기기운영자의 인터넷 홈페이지에 위 안내 사항을 게재할 수 있다(시행령 제24조 제2항). 즉 공공기관 뿐만 아니라 민간도 장소적 특성으로 인하여 안내판을 설치하는 것이 불가능하거나 의미가 없는 경우에는 영상정보처리기기운영자의 인터넷 홈페이지 게재로 안내판 설치를 갈음할 수 있다. 이 경우 영상정보처리기기운영자의 인터넷 홈페이지가 아예 없어 인터넷 홈페이지에도 게재할 수 없는 상황이면 영상정보처리기기운영자의 사업장·영업소·사무소·점포 등의 보기 쉬운 장소에 게시하거나 관보(영상정보처리기기운영자가 공공기관인 경우)나 영상정보처리기기운영자의 사업장등이 있는 시, 도 이상의 지역을 주된 보급지역으로 하는 「신문 등의 진흥에 관한 법률」 제2조 제1호 가목, 다목 또는 같은 조 제2호에 따른 일반일간신문, 일반주간신문 또는 인터넷신문에 싣는 방법으로 위 안내 사항을 공개하여야 한다(시행령 제24조 제3항). 한편, 「군사기지 및 군사시설 보호법」 제2조 제2호에 따른 군사시설, 「통합방위법」 제2조 제13호에 따른 국가중요시설, 「보안업무규정」 제36조에 따른 보안목표시설 등에 설치하는 영상정보처리기기에 대해서는 안내판을 설치하지 아니할 수 있다(시행령 제24조 제4항).

② 임의조작 및 녹음기능 사용 금지

고정형 영상정보처리기기운영자는 고정형 영상정보처리기기의 설치 목적과 다른 목적으로 영상정보처리기기를 임의로 조작하거나 다른 곳을 비출 수 없고, 녹음기능 역시 사용할 수 없다(법 제25조 제5항). 사전에 특정된 목적에 한정하여 운영될 것을 전제로 공개된 장소에 고정형 영상정보처리기기의 설치·운영을 예외적으로 허용한 것이므로 설치 목적과 다른 목적으로 임의 조작하거나 다른 곳을 비추지 못하도록 금지하는 것은 당연하다. 여기서 조작이란 영상정보처리기기를 회전시키거나 영상을 확대 또는 축소하는 등 촬영 범위나 대상을 인위적으로 변경시키는 행위를 말한다.[119] 따라서 디지털 지도 화면에서 CCTV 아이콘을 선택하여 그 장소에 설치된 CCTV 영상정보를 제공받는 행위와 같이 해당 CCTV의 촬영범위나 대상이 변경되지 않는 것은 조작에 해당하지 않는다(보호위원회 결정 제2018- 22-247호).

일정한 장소에 지속적 또는 주기적으로 설치·운영되는 고정형 영상정보처리기기에 음성·음향을 녹음하는 기능이 작동되는 경우 사람들 간의 대화가 녹음될 수 있어 타인의 사생활 침해의 우려가 커지게 될 뿐만 아니라, 이는 「통신비밀보호법」 제3조, 제14조[120]에서 엄격히 금

---

119) 개인정보 보호 법령 및 지침·고시 해설(2020), 192면.
120) 제3조(통신 및 대화비밀의 보호) ① 누구든지 이 법과 형사소송법 또는 군사법원법의 규정에 의하지 아니하고는 우편물의 검열·전기통신의 감청 또는 통신사실확인자료의 제공을 하거나 공개되지 아니한 타인간의 대화를 녹음 또는 청취하지 못한다.
제14조(타인의 대화비밀 침해금지) ① 누구든지 공개되지 아니한 타인간의 대화를 녹음하거나 전자장치 또는 기

지하고 있는 타인 간의 대화를 녹음 또는 청취하는 행위에 해당하므로, 고정형 영상정보처리기기는 녹음기능을 사용할 수 없도록 제한할 필요가 있다. 그러나 녹음기능의 사용금지만 규정되어 있고 녹음기능이 포함된 고정형 영상정보처리기기의 설치 운영 자체를 제한하고 있는 것은 아니므로, 음성녹음이 되는 고정형 영상정보처리기기의 설치가 가능한 상태에서 단지 음성녹음을 금지하는 규정을 둔다고 해서 실제 규범준수를 기대할 수 있는지 의문일 뿐만 아니라, 과연 제대로 준수를 하였는지 확인할 수 있는 방법도 없어 오남용의 위험성이 크다는 우려를 불식시키기 어렵다. 따라서 음성기능이나 과도한 해상도 등 오용의 여지나 개인정보침해의 위험성이 큰 기기에 대해서는 일률적으로 또는 용도에 따라 설치 자체를 원천적으로 금지시키는 것이 훨씬 효과적일 수 있다.

또한 최근 영상정보처리기기 기술이 발전하면서 영상으로부터 얼굴을 자동 인식하고, 홍채, 지문, 음성, 손금 등을 식별할 수 있거나 이상행동을 탐지하는 등의 이른바 지능형 CCTV로 불리는 고정형 영상정보처리기기도 등장하고 있는 바 그 잠재적 위험성을 고려해서 일정한 기준에 따라 공개된 장소에의 설치를 금지시키는 방안도 고려될 필요가 있다.

영상정보처리기기의 설치 목적과 다른 목적으로 고정형 영상정보처리기기를 임의로 조작하거나 다른 곳을 비추는 자 또는 녹음기능을 사용한 자는 3년 이하의 징역 또는 3천만 원 이하의 벌금의 형사처벌을 받게 된다(동법 제72조 제1호).

지능형 CCTV

최근 영상정보처리기기 기술이 발전하면서 영상으로부터 얼굴을 자동 인식하고, 홍채, 지문, 음성, 손금 등을 식별할 수 있거나 이상행동을 탐지하는 등의 이른바 지능형 CCTV로 불리는 고정형 영상정보처리기기도 등장하고 있고 공공의 안전을 위해 모든 공공 CCTV를 지능형으로 바꾸겠다는 정부의 방침도 들리고 있는 바, 그 효용성에도 불구하고 잠재적 위험성에 대한 우려가 클 수밖에 없기 때문에 일정한 기준에 따라 공개된 장소에의 설치를 금지시키는 방안이 고려될 필요가 있다. 특히 범죄자의 신원파악이나 추가적인 범행을 예방하기 위하여 안면인식기술이 탑재된 CCTV 설치와 관련해서 논란이 많은데, 안면정보는 CCTV의 위치 데이터나 함께 있었던 타인의 신원정보 등과 결합하여 민감한 정보로 사용될 수 있기 때문에 침해되는 기본권의 정도가 상당히 높은 데에 반해, 안면인식 이외에 국민의 기본권을 덜 침해하는 다른 방법으로도 범인의 인적사항을 특정할 수 있는 다양한 수단과 방법이 존재하므로 침해의 최소성을 만족한다고 보기 어려우며, 안면인식기술을 허용함으로써 달성하려는 공익은 수사의 효율성과 신속성이라고 할 수 있으나 지나치게 광범위한 인원의 개인정보가 정보 주체의 의사와는 무관하게 수사기관에 제공되기 때문에 정보주체의

계적 수단을 이용하여 청취할 수 없다.
121) 이수연 · 김지은, "지능형 CCTV 관제 시스템 관련 법적 쟁점: 이상행동 탐지 및 안면이식 시스템을 중심으로", 치

개인정보자기결정권 침해 정도가 상당히 크다고 볼 수 있다는 점에서 안면인식기술을 활용한 수사로 달성하려는 공익과 침해되는 사익 사이의 법익 균형성도 인정된다고 보기 어렵다는 견해[121]와 같이 기본권 침해의 우려가 제기되고 있다. 따라서 공공의 안전을 위한다는 이유로 무조건 지능형 CCTV의 광범위한 도입을 주장할 것이 아니라 지능형 CCTV의 설치 운영에 대한 법적 근거를 명확히 하고 오남용을 제어할 수 있도록 특정 조건 하에서만 사용가능하도록 하는 등 법률상 요건과 제한이 마련될 필요가 있다.

③ 사생활을 현저히 침해할 우려가 있는 장소의 내부를 볼 수 있는 영상정보처리기기 설치·운영 금지

누구든지 불특정 다수가 이용하는 목욕실, 화장실, 발한실, 탈의실 등 개인의 사생활을 현저히 침해할 우려가 있는 장소의 내부를 볼 수 있도록 고정형 영상정보처리기기를 설치·운영하여서는 아니 된다(법 제25조 제2항). 위 장소들은 공개된 장소가 아니므로 공개된 장소에서의 고정형 영상정보처리기기 설치·운영에 대해 규율하고 있는 법 제25조 제1항과 별도로 법 제25조 제2항에서 이러한 장소들에서의 영상정보처리기기 설치·운영에 대하여 규정한 것이라는 견해[122]가 있으나, 불특정 다수가 이용하는 목욕실, 화장실, 발한실, 탈의실 등은 별다른 제한 없이 불특정 다수의 출입이 허용된 곳에 해당할 수 있으므로 공개된 장소가 아니라고 보기 어렵다. 따라서 위 규정은 해당 장소가 공개된 장소가 아니어서 따로 규정한 것이 아니라 허용된 설치·운영 목적에 비해 영상정보의 수집으로 침해되는 개인의 사생활의 정도가 중하므로 이를 제한한 것으로 봄이 타당하다. 이 규정은 예시적 규정으로서 목욕실 등과 동등한 수준의 사생활의 현저한 침해가 발생할 수 있는 장소 역시 그 설치·운영이 금지된다고 봐야 한다.

그러나 공익적 목적에 의해 사람을 구금·보호하는 시설의 목욕실, 화장실 등에는 그 안에서의 자해·자살, 폭력행위, 탈출 등을 방지하기 위하여 영상정보처리기기를 설치·운영할 필요성이 있으므로,[123] 「형의 집행 및 수용자의 처우에 관한 법률」 제2조 제4호에 따른 교정시설 및 「정신건강증진 및 정신질환자 복지서비스 지원에 관한 법률」 제3조 제5호부터 제7호까지의 규정에 따른 정신의료기관(수용시설을 갖추고 있는 것만 해당한다), 정신요양시설 및 정신재활시설은 예외로 하고 있다(동법 제25조 제2항 단서, 시행령 제22조 제2항). 중앙행정기관의 장은 소관 분야의 개인정보처리자가 위 단서 규정에 따라 위와 같은 시설에서 고정형 영상정보처리기기를 설치·운영하는 경우 정보주체의 사생활 침해를 최소화하기 위하여 필요한 세부 사항을 개인정보 보호지침으로 정하여 그 준수를 권장할 수 있다(동법 시행령 제22조 제3항).

안정책연구, 제37권 제3호, 2023, 323-324면.
121) 로앤비, 온주 개인정보보호법.
123) 개인정보 보호 법령 및 지침·고시 해설(2020), 188면.

법 제25조 제2항을 위반하여 불특정 다수가 이용하는 목욕실, 화장실, 발한실, 탈의실 등 개인의 사생활을 현저히 침해할 우려가 있는 장소의 내부를 볼 수 있도록 영상정보처리기기를 설치·운영한 자에게는 5천만 원 이하의 과태료를 부과한다(법 제75조 제1항 제1호).

(3) 운영자의 의무

① 안전성 확보조치 의무

고정형 영상정보처리기기운영자는 개인정보가 분실, 도난, 유출, 변조 또는 훼손되지 아니하도록 법 제29조에 따라 안전성 확보에 필요한 조치를 하여야 한다(법 제25조 제6항). 개인영상정보에 대한 안전성 확보조치와 관련하여 표준지침 제51조에서 다음과 같은 조치를 취하도록 권장하고 있다.

i) 개인영상정보의 안전한 처리를 위한 내부 관리계획의 수립·시행

ii) 개인영상정보에 대한 접근 통제 및 접근 권한의 제한 조치

iii) 개인영상정보를 안전하게 저장·전송할 수 있는 기술의 적용(네트워크 카메라의 경우 안전한 전송을 위한 암호화 조치, 개인영상정보파일 저장 시 비밀번호 설정 등)

iv) 처리기록의 보관 및 위조, 변조 방지를 위한 조치(개인영상정보의 생성 일시 및 열람할 경우에 열람 목적, 열람자, 열람 일시 등 기록관리 조치 등)

v) 개인영상정보의 안전한 물리적 보관을 위한 보관시설 마련 또는 잠금장치 설치

② 고정형 영상정보처리기기 운영·관리 방침 제정 의무

고정형 영상정보처리기기운영자는 다음 사항이 포함된 고정형 영상정보처리기기 운영·관리 방침을 마련해야 한다(법 제25조 제7항 본문, 시행령 제25조 제1항).

i) 고정형 영상정보처리기기의 설치 근거 및 설치 목적

ii) 고정형 영상정보처리기기의 설치 대수, 설치 위치 및 촬영 범위

iii) 관리책임자, 담당 부서 및 영상정보에 대한 접근 권한이 있는 사람

iv) 영상정보의 촬영시간, 보관기간, 보관장소 및 처리방법

v) 고정형 영상정보처리기기운영자의 영상정보 확인 방법 및 장소

vi) 정보주체의 영상정보 열람 등 요구에 대한 조치

vii) 영상정보의 보호를 위한 기술적·관리적·물리적 조치

viii) 그 밖에 고정형 영상정보처리기기의 설치·운영 및 관리에 필요한 사항

고정형 영상정보처리기기운영자가 고정형 영상정보처리기기 운영·관리 방침을 정한 경우에는 이를 공개하여야 한다. 공개에 관하여는 시행령 제31조 제2항, 제3항(개인정보 처리방침의 공개 방법)을 준용한다(시행령 제25조 제2항). 즉, 고정형 영상정보처리기기 운영·관리 방침은 원칙적으로 고정형 영상정보처리기기운영자의 인터넷 홈페이지에 지속적으로 게재되어야 하며,

인터넷 홈페이지에 게재할 수 없는 경우에는 사업장 등의 보기 쉬운 장소에 게시하거나, 관보나 일반일간신문, 일반주간신문 또는 인터넷신문에 싣거나, 간행물, 소식지, 홍보지 또는 청구서 등에 지속적으로 싣거나, 계약서 등에 실어 정보주체에게 발급하는 방법으로 공개하여야 한다. 고정형 영상정보처리기기 운영·관리 방침을 마련한 경우에는 법 제30조에 따른 개인정보 처리방침을 정하지 아니하거나, 고정형 영상정보처리기기 설치·운영에 관한 사항을 법 제30조에 따른 개인정보 처리방침에 포함하여 정할 수 있다(법 제25조 제7항 단서).

③ 개인영상정보 관리책임자 지정 의무(표준지침 제37조)

고정형 영상정보처리기기운영자는 개인영상정보의 처리에 관한 업무를 총괄해서 책임질 개인영상정보 관리책임자를 지정하여야 한다. 관리책임자는 법 제31조에 따른 개인정보 보호책임자의 업무에 준하여 업무를 수행한다. 다만, 법 제31조에 따른 개인정보 보호책임자가 지정되어 있는 경우에는 그 개인정보 보호책임자가 개인영상정보 보호책임자의 업무를 수행할 수 있다.

④ 개인영상정보 관리대장 작성 의무(표준지침 제42조, 제44조, 제49조)

고정형 영상정보처리기기 운영자는 개인영상정보를 수집 목적 이외로 이용하거나 제3자에게 제공하는 경우 또한 개인영상정보를 파기하는 경우에는 일정한 사항을 기록하고 이를 관리하여야 한다(표준지침 제42조).

정보주체는 고정형 영상정보처리기기 운영자가 처리하는 개인영상정보에 대하여 열람 또는 존재 확인을 해당 영상정보처리기기 운영자에게 요구할 수 있고 영상정보처리기기운영자는 이러한 요구를 받았을 때에는 지체없이 필요한 조치를 취하여야 한다(표준지침 제44조 제1항 내지 제3항). 고정형 영상정보처리기기운영자는 이러한 조치를 취하는 경우 다음 각 호의 사항을 기록하고 관리하여야 한다(표준지침 제44조 제5항).

i) 개인영상정보 열람 등을 요구한 정보주체의 성명 및 연락처

ii) 정보주체가 열람 등을 요구한 개인영상정보 파일의 명칭 및 내용

iii) 개인영상정보 열람 등의 목적

iv) 개인영상정보 열람 등을 거부한 경우 그 거부의 구체적 사유

v) 정보주체에게 개인영상정보 사본을 제공한 경우 해당 영상정보의 내용과 제공한 사유

(4) 고정형 영상정보처리기기 설치·운영 사무의 위탁(법 제25조 제8항, 시행령 제26조)

기술적 관리가 필요한 영상정보처리기기의 설치·운영은 많은 경우 운영자가 직접하기 보다는 외부의 전문업체에 맡기는 것이 더 효율적일 수 있다. 법은 고정형 영상정보처리기기운영자가 영상정보처리기기의 설치·운영에 관한 사무를 위탁할 수 있도록 허용하고 있다(법 제25조 제8항). 다만 공공기관이 고정형 영상정보처리기기 설치·운영에 관한 사무를 위탁하는 경우에

는 1. 위탁하는 사무의 목적 및 범위, 2. 재위탁 제한에 관한 사항, 3. 영상정보에 대한 접근 제한 등 안전성 확보 조치에 관한 사항, 4. 영상정보의 관리 현황 점검에 관한 사항, 5. 위탁받는 자가 준수하여야 할 의무를 위반한 경우의 손해배상 등 책임에 관한 사항의 내용이 포함된 문서로 하여야 하며, 안내판에 수탁자의 명칭 및 연락처를 게재하여야 한다(시행령 제26조). 그 외에 고정형 영상정보처리기기 운영·관리 방침에도 수탁자의 명칭 등을 공개하여야 하고(표준지침 제47조 제1항). 고정형 영상정보처리기기운영자가 시행령 제26조 제1항에 따라 고정형 영상정보처리기기의 설치·운영에 관한 사무를 제3자에게 위탁할 경우에는 그 사무를 위탁받은 자가 개인영상정보를 안전하게 처리하고 있는지를 관리·감독하여야 한다(표준지침 제43조 제3항).

고정형 영상정보처리기기 설치·운영자가 개인정보처리자에 해당하는 경우 고정형 영상정보처리기기 설치·운영 사무의 위탁에는 법 제26조에서 규정하는 업무위탁에 따른 개인정보의 처리 제한 규정이 적용된다고 봐야 한다. 따라서 법이 규정하는 내용이 포함된 문서에 의하여 위탁이 이루어져야 하며, 위탁자의 수탁자에 대한 관리 감독 의무와 수탁자의 법 위반 시 사용자 책임의 간주 규정 역시 적용된다. 다만 고정형 영상정보처리기기의 경우 실질적인 지위상 위탁자가 수탁자를 교육시키거나 감독할 만한 지위에 있지 않은 경우가 많을 것이므로 이 경우에는 반드시 위탁자가 주도적으로 수탁자를 교육, 감독하여야 하는 것으로 볼 것은 아니고, 사용자 책임의 면책 사유의 인정에 있어서도 좀더 유연한 해석이 요구된다. 한편, 개인이 무인경비 서비스를 이용하는 경우에도 고정형 영상정보처리기기의 설치·운영에 관한 사무의 위탁이 이루어지는데, 개인은 업무 목적으로 개인정보파일을 운용하기 위하여 개인영상정보를 처리하는 자라고 보기 힘드므로 법 제26조가 적용되지 않는 것으로 해석된다.

(5) 정보주체의 열람 등 요구

정보주체는 고정형 영상정보처리기기 운영자에게 정보주체 자신이 촬영된 개인영상정보 및 명백히 정보주체의 급박한 생명, 신체, 재산의 이익을 위하여 필요한 개인영상정보에 한하여 개인영상정보의 열람 또는 존재확인을 요구할 수 있다(표준지침 제44조). 정보주체와 관련이 없는 개인영상정보에 대해서도 열람등을 허용하면 그 영상에 촬영된 타인의 사생활 침해가 발생할 수도 있기 때문에 제한적으로 허용된다. 이 경우 고정형 영상정보처리기기운영자는 열람 등 요구를 한 자가 본인이거나 정당한 대리인인지를 신분증명서를 제출받아 확인하여야 한다(표준지침 제44조 제3항). 고정형 영상정보처리기기운영자는 법 제35조 제4항 각호의 어느 하나에 해당하는 경우 정보주체의 개인영상정보 열람 등 요구를 제한하거나 거부할 수 있다. 이 경우 고정형 영상정보처리기기 운영자는 10일 이내에 서면 등으로 제한 또는 거부 사유를 정보주체에게 통지하여야 한다(표준지침 제44조 제4항).

고정형 영상정보처리기기에 의하여 촬영된 자료로서 정보주체와 관련이 있는 영상임에도 정보주체 외에 다른 정보주체의 영상이 함께 수록된 경우 이에 대해서 어떠한 절차나 방식으로 열람이 이루어져야 하는지에 대해서는 명확하지 않다. 특히 공동주택에 설치된 CCTV의 경우 주민 간의 다툼이나 방범과 관련해서 사실확인을 위해 촬영 자료의 확인을 원하는 경우가 종종 있는데, 공동주택관리법 시행규칙 제8조 제3항은 '1. 정보주체에게 열람 또는 제공하는 경우, 2. 정보주체의 동의가 있는 경우, 3. 범죄의 수사와 공소의 제기 및 유지에 필요한 경우, 4. 범죄에 대한 재판업무수행을 위하여 필요한 경우, 5. 다른 법률에 특별한 규정이 있는 경우' 외에는 타인에 대한 열람을 금지하고 있어, 간단하게 촬영 자료만 확인하면 될 문제를 해결하지 못하는 문제가 있다. 다른 정보주체의 개인영상정보를 보호하면서 영상을 확인할 수 있는 실효성 있는 절차의 마련이 필요해 보인다.[124] 표준지침은 고정형 영상정보처리기기운영자는 열람 등 조치를 취하는 경우, 만일 정보주체 이외의 자를 명백히 알아볼 수 있거나 정보주체 이외의 자의 사생활 침해의 우려가 있는 경우에는 해당되는 정보주체 이외의 자의 개인영상정보를 알아볼 수 없도록 보호조치를 취하여야 한다고 규정하고 있다(표준지침 제46조).

「영유아보육법」은 어린이집을 설치 운영하는 자는 영유아의 안전과 어린이집의 보안을 위하여 어린이집에 CCTV를 의무 설치토록 하고 촬영된 영상은 60일 이상 보관하여야 한다고 규정하면서(영유아보육법 제15조의4), 보호자는 자녀 또는 보호아동의 안전을 확인할 목적으로 해당 어린이집에 CCTV 영상정보의 원본 또는 사본의 열람을 요청할 수 있다고 규정하고 있다(영유아보육법 제15조의5 제1항 제1호). 따라서 보호자는 위 규정에 따라 자녀 또는 보호아동의 어린이집 CCTV 영상의 열람을 요청할 수 있는데, 이 경우 해당 자녀 등의 영상에 한정한다는 제한이 없고 다른 사람을 알아볼 수 없도록 하는 보호조치를 별도로 규정하고 있지 않으며 헌법재판소도 보호자의 어린이집 CCTV 영상 열람은 아동학대 근절이라는 공익의 중대함에 비하여 제한되는 사익이 크다고 보기 어렵다고 판시(2017. 12. 28.자 2015헌마994 결정)하고 있으므로 어린이집에서 보호자의 요청에 따라 CCTV 영상을 열람 조치하는 경우 다른 사람을 알아볼 수 없도록 보호조치를 반드시 할 필요가 없다는 해석이 가능하다.[125]

(6) 정보주체의 삭제 요구

개인정보처리자는 정보주체의 요구를 받았을 때에는 개인정보의 삭제에 관하여 다른 법령에 특별한 절차가 규정되어 있는 경우를 제외하고는 지체없이 그 개인정보를 조사하여, 개인정보 정정·삭제 요구를 받은 날부터 10일 이내에 정보주체의 요구에 따라 삭제를 하여야 한다. 개별 법령의 규정에 따라 일부 삭제권이 제한될 뿐 공익이나 타인의 이익과의 비교 형량을 통한

---

124) 보호위원회는 정보주체가 개인영상정보열람 및 존재확인 청구서상 청구 목적이 오로지 제3자의 이익을 해하기 위한 것으로 추정되는 등 당해 열람이 다른 사람의 생명, 신체를 해할 우려가 있거나 다른 사람의 재산과 그 밖의 이익을 부당하게 침해할 우려가 있다고 인정할 만한 특별한 사정이 없는 이상 정보주체가 보호조치된 제3자를 알아볼 수 있다는 이유만으로 법 제35조 제4항 제2호를 근거로 개인영상정보 열람을 거절할 수는 없다고 결정한 바 있다(보호위원회 결정 제2019-14-223호). 이에 관하여는 이 책의 제10장 제1절 V. 해당부분 참조.
125) 개인정보보호위원회, 민간분야 고정형영상정보처리기기 설치·운영 가이드라인(2004), 30면.

제한 규정은 존재하지 않는다. 그런데 고정형 영상정보처리기기는 정보주체의 의사와 관계 없이 범죄의 예방이나 증거수집, 시설의 안전 및 관리 등을 목적으로 설치 운영이 허용되는 것인바 정보주체의 삭제권을 제한 없이 허용하면 애초의 촬영 목적을 달성하지 못할 수 있는 문제가 발생하므로 정보주체의 삭제권을 제한하여야 한다는 논의가 있다.[126)]

(7) 개인영상정보의 보관 및 파기

고정형 영상정보처리기기운영자는 수집한 개인영상정보를 영상정보처리기기 운영 관리 방침에 명시한 보관 기간이 경과하거나 개인영상정보의 처리 목적 달성, 법 제2조 제1호에 따른 가명정보의 처리 기간 경과 등 그 개인영상정보가 불필요하게 되었을 때에는 지체없이 파기하여야 한다. 다만, 다른 법령에 특별한 규정이 있는 경우에는 그러하지 아니하다(표준지침 제41조 제1항). 고정형 영상정보처리기기운영자가 그 사정에 따라 보유 목적의 달성을 위한 최소한의 기간을 산정하기 곤란한 때에는 보관 기간을 개인영상정보 수집 후 30일 이내로 한다(표준지침 제41조 제2항). 개인영상정보의 파기는 개인영상정보가 기록된 출력물(사진 등) 등은 파쇄 또는 소각, 전자기적 파일 형태의 개인영상정보는 복원이 불가능한 기술적 방법으로 영구 삭제해야 한다(표준지침 제41조 제3항).

(8) 공공기관의 고정형 영상정보처리기기설치 · 운영에 대한 통제

① 관계 전문가 및 이해관계인의 의견 수렴

공개된 장소에서 법 제25조 제1항 각 호에 따라 고정형 영상정보처리기기를 설치 · 운영하려는 공공기관의 장과 법 제25조 제2항 단서에 따라 「형의 집행 및 수용자의 처우에 관한 법률」 제2조 제4호에 따른 교정시설 및 「정신보건법」 제3조 제3호 내지 제5호까지의 규정에 따른 정신의료기관(수용시설을 갖추고 있는 것만 해당한다), 정신질환자 사회복귀시설 및 정신요양시설등에서 고정형 영상정보처리기기를 설치 · 운영하려는 자는 법 제25조 제3항에 따라 관계 전문가 및 이해관계인의 의견을 수렴해야 한다.

공개된 장소에서 법 제25조 제1항 각 호에 따라 고정형 영상정보처리기기를 설치 · 운영하려는 공공기관의 장은 i)「행정절차법」에 따른 행정예고의 실시 또는 의견청취 또는 ii) 해당 고정형 영상정보처리기기의 설치로 직접 영향을 받는 지역 주민 등을 대상으로 하는 설명회, 설문조사 또는 여론조사를 거쳐 관계 전문가 및 이해관계인의 의견을 수렴하여야 한다(시행령 제23조 제1항).

법 제25조 제2항 단서에 따라 교정시설, 정신의료기관, 정신질환자 사회복귀시설 및 정신요양시설 등에서 영상정보처리기기를 설치 · 운영하려는 자는 관계 전문가 및 해당 시설에 종사하

---

126) 이 책 제10장 제3절 I. 해당부분 참조.

는 사람, 해당 시설에 구금되어 있거나 보호받고 있는 사람 또는 그 사람의 보호자 등 이해관계인으로부터 의견을 수렴하여야 한다(시행령 제23조 제2항).

② 개인영상정보처리기기의 설치 · 운영에 대한 점검(표준지침 제48조)

공공기관의 장이 고정형 영상정보처리기기를 설치 · 운영하는 경우에는 표준지침의 준수 여부에 대한 자체 점검을 실시하여 다음 해 3월 31일까지 그 결과를 보호위원회에 통보하고 시행령 제34조 제3항에 따른 시스템(개인정보파일의 등록사항을 등록하거나 변경하는 업무를 전자적으로 처리할 수 있는 시스템)에 등록하여야 한다. 이 경우 i) 고정형 영상정보처리기기의 운영 · 관리 방침에 열거된 사항, ii) 관리책임자의 업무 수행 현황, iii) 고정형 영상정보처리기기의 설치 및 운영 현황, iv) 개인영상정보 수집 및 이용 · 제공 · 파기 현황, v) 위탁 및 수탁자에 대한 관리 · 감독 현황, vi) 정보주체의 권리행사에 대한 조치 현황, vii) 기술적 · 관리적 · 물리적 조치 현황, viii) 영상정보처리기 설치 · 운영의 필요성 지속 여부 등의 사항을 고려하여야 한다. 공공기관의 장은 설치 · 운영에 대한 자체점검을 완료한 후에는 그 결과를 홈페이지 등에 공개하여야 한다.

4. 비공개 장소에서의 설치 운영

비공개 장소에 설치된 고정형 영상정보처리기기에 대해서는 개인정보보호의 일반 원칙으로 돌아가 그 설치 · 운영자가 업무를 목적으로 영상정보에 대한 개인정보파일을 운용하기 위하여 영상정보처리기기를 설치 · 운영하는 '개인정보처리자'에 해당하는 경우 다른 개인정보와 마찬가지로 법의 해당 규정들이 적용된다.

사업장 내의 CCTV의 설치 · 운영과 관련하여 노사 간에 분쟁이 발생하는 경우가 많은데「근로자참여 및 협력증진에 관한 법률」제20조 제1항 제14호는 상시 30인 이상 사업장의 경우 CCTV와 같은 사업장 내 근로자 감시 설비의 설치를 노사 양자의 협의사항으로 규정하고 있는바, 사용자가 단지 노사협의를 거쳤다는 사실만으로 근로모니터링 목적의 CCTV를 임의로 설치 · 운영할 수 있는 것은 아니지만 협의를 통해 근로자의 동의를 얻은 것으로 인정할 수 있다면 개인정보보호법 제15조에 따라 개인영상정보를 적법하게 수집할 수 있고 해당 목적 범위 내에서 이용할 수 있다. 법원은 근로자들의 동의 및 노조와의 협의 없이 사업자가 설치한 CCTV에 검정색 비닐봉지를 씌워 촬영을 불가능하게 만든 사안에 대해서 위력에 의한 업무 방해에 해당한다고 보면서도, 공장부지는 불특정 다수인이 자유롭게 출입할 수 있는 공간이 아니어서 촬영을 위해서는 법 제15조 제1항의 법적 근거를 갖추어야 하며 근로자 감시설비는 사업장 내에 설치되어 실질적으로 근로자를 감시하는 효과를 갖는 설비로서 설치의 주된 목적이 근로자를 감시하기 위한 것이 아니더라도 감시설비에 해당할 수 있으므로「근로자참여 및 협력증진에 관한 법률」에 따른 노사협의를 거쳐야 하는데 이를 갖추지 못했으므로 검정색 비닐봉지를 씌워 촬영을 막은 것은 정당행위에 해당한다고 판단한 바 있다(대법원 2023.6.29. 선고 2018도1917 판결).

논란이 많았던 2023. 9. 25.부터 시행된 개정 「의료법」 제38조의2는 전신마취 등 환자의 의식이 없는 상태에서 수술을 시행하는 의료기관의 개설자는 수술실 내부에 CCTV를 설치하여야 하고, 환자 또는 환자의 보호자가 요청하는 경우 수술 장면을 CCTV로 촬영하여야 한다고 규정하고 있다. 수술장면의 촬영에는 환자뿐만 아니라 의료진 등의 개인영상정보가 수록되게 되므로 의료진 등의 반발이 컸는데, 법 제15조 제1항 제2호의 법률에 특별한 규정이 있는 경우에 해당하므로 CCTV의 설치 및 운영이 가능하다.

III. 개인영상정보의 목적 외 이용 및 제공의 제한

법 제25조 제1항 각 호에 따라 공개된 장소에 고정형 영상정보처리기기를 설치·운영하여 처리되는 개인정보에 대하여는 법 제15조(개인정보의 수집·이용), 제22조(동의를 받는 방법), 제22조의2(아동의 개인정보보호) 제27조 제1항, 제2항(영업양도 등에 따른 개인정보의 이전 제한), 제34조(개인정보 유출 통지 등) 및 제37조(개인정보의 처리정지 등)를 적용하지 아니한다(법 제58조 제2항). 고정형 영상정보처리기기의 특성상 통상의 개인정보와 동일하게 취급할 수 없는 조항들이 고정형 영상정보처리기기를 설치·운영하여 처리되는 개인정보에 대해서는 적용되지 않음을 명시한 것이다.

다만, 이 경우에도 법 제17조, 제18조, 제26조는 적용이 배제되지 않는다. 따라서, 수집한 개인영상정보를 제3자 제공하거나 목적 외로 이용하기 위해서는 법 제18조에 따라서 동의 등의 절차를 거쳐야 하고, 개인영상정보의 처리에 대하여 위탁하고자 하는 경우에도 고지 등의 절차를 따라야 한다.

1. 논의의 필요성

공개된 장소의 경우 고정형 영상정보처리기기에 의한 개인영상정보의 수집 자체는 사실상 광범위하게 허용되고 있다. 법 제25조에 예외적 허용 사유에 따르면 고정형 영상정보처리기기를 설치·운영하는 데는 일응 제한이 있는 것처럼 보인다. 그러나 설치·운영의 목적인 '범죄의 예방 및 수사', '시설안전 및 관리', '화재 예방', '교통단속', '교통정보의 수집·분석 및 제공' 등이 그 자체로 넓은 외연을 갖고 있는 데다가 특정 대상이나 구체적인 범주에 한정되지 않고 추상적으로 규정되어 있어 실제 허용되는 범위는 매우 넓다고 할 수 있다. 게다가 공공기관 뿐만 아니라 사인들도 그러한 추상적인 목적을 내세우기만 하면 따로 확인이나 검증절차 없이 누구나 고정형 영상정보처리기기를 설치할 수 있고, 사인의 경우에는 공공기관과 달리 공청회·설명회 등 관계 전문가 및 이해관계인의 의견수렴절차를 거쳐야 하는 부담도 없어 사실상 원하는 경우에는 누구든지 용이하게 고정형 영상정보처리기기를 설치할 수 있는 상황이다.

그렇다면 고정형 영상정보처리기기에 의한 개인영상정보의 경우 수집 단계에서의 정보주체의 방어수단은 거의 전무하다고 해도 과언이 아니다. 안내판 역시 사실상 정보주체에게는 큰 도움이 되지 않는다. 실제 안내판이 있더라도 고정형 영상정보처리기기의 존재와 목적을 인식하기란 쉽지 않고, 설사 안내판 덕분에 그 존재를 인식하였다 하더라도 매번 이를 피해 다니면서 개인정보의 수집을 회피하는 것은 사실상 불가능하다. 따라서 공개된 장소에 설치된 고정형 영상정보처리기기로부터의 개인정보보호는 그 수집 단계에서는 사실상 기대하기 어렵다. 결국 고정형 영상정보처리기기에 의한 개인영상정보는 수집 단계보다는 이용 단계에서 보호수단을 강구할 수밖에 없다.

사실 디지털 네트워크 시대에 정보주체가 개인정보 수집 단계에서 방어를 하기 어려운 상황은 개인영상정보가 아닌 다른 개인정보에서도 마찬가지이다. 온라인상에서의 활동은 그 자체가 수많은 개인정보의 생성과 관계가 있어 타인에 의한 개인정보 수집을 일일이 제어하기가 쉽지 않고, 수집을 거부하고 싶어도 서비스의 이용이나 기타 편의 제공 때문에 거부할 수도 없는 상황에 부딪히게 된다. 점차 개인정보보호의 핵심이 정보에 대한 접근을 제어하는 것이 아니라 정보가 어떻게 사용되는지를 제어하는 데에 있다는 주장[127]이 설득력을 가지는 이유도 그런 사정에 있다. 정보주체 입장에서도 원래의 수집 목적을 벗어난 용도로 개인정보가 사용되지 않을 때에야 비로소 규범의 내용을 정확히 파악하고 그에 맞추어 자신의 행태를 조절할 수 있다.[128] 개인정보처리자 입장에서도 목적 외의 이용이 불가능해 질수록 최대한 많은 개인정보를 수집하려는 유혹이 줄어들게 되므로, 목적 외 이용의 제한은 매우 중요한 의미를 갖는다.

다만 앞서 본 바와 같이 공개된 장소에 설치되는 고정형 영상정보처리기기의 경우 법 제15조의 적용이 배제되는 바, 위 제15조 제1항에 "개인정보처리자는 다음 각호의 어느 하나에 해당하는 경우에는 개인정보를 수집할 수 있으며 그 수집 목적의 범위에서 이용할 수 있다"라는 규정이 포함되어 있어 수집 목적 범위 내의 이용이라는 내용 역시 적용이 배제되는 게 아닌가 하는 의문이 생길 수 있다. 그러나 정보주체의 동의를 받은 경우와 법 제15조 제1항 제2호, 제3호, 제5호부터 제7호에 따라 개인정보를 수집한 목적 범위에서 개인정보를 제공하는 경우에 한하여 개인정보의 제3자 제공을 허용하고 있는 법 제17조 제1항과 법 제15조 제1항에 따른 범

---

127) Jeff Jarvis, 'Public Parts: how sharing in the digital age improves the way we work and live', Simon&Schuster, 2011, Kindle White.
128) 정태호, "CCTV 감시에 대한 개인정보보호법의 규율에 대한 헌법적 평가", 헌법학 연구, 제14권 제1호, 2008, 175면.

위를 초과하여 개인정보를 이용하거나 법 제17조 제1항에 따른 범위를 초과한 제3자 제공을 금지하고 있는 법 제18조는 여전히 공개된 장소에 설치되는 고정형 영상정보처리기기에도 적용되므로 수집 목적 범위 내의 이용이라는 원칙은 고정형 영상정보처리기기에 의하여 수집된 개인영상정보의 경우에도 여전히 적용된다고 보아야 한다.

그럼에도 불구하고 고정형 영상정보처리기기의 경우 앞서 본 바와 같이 운용 형태와 기능, 그리고 증거의 확보수단이라는 측면에서 일반적인 개인정보의 수집과는 다른 특징을 갖고 있고 성질상 제3자 제공을 전제로 하고 있는 경우가 많아 목적 외의 이용과 제공의 제한이라는 법의 일반 원칙에 어긋나는 상황이 자주 발생하게 된다. 따라서 그 어느 개인정보보다도 목적 외의 이용과 제공을 엄격하게 규제해야 할 필요성이 있다. 하지만 의외로 그에 대한 인식이 부족하고 그간의 관행에 따라 별다른 고민 없이 목적 외의 이용 등이 계속되고 있으며, 오히려 여러가지 필요성 때문에 폭넓은 이용이 요구되기까지 하는 점에 문제의 심각성이 있다. 이는 상대적으로 개인영상정보에 대한 체계적인 고민과 논의가 부족했기 때문일 수도 있고, 개인정보보호법제와 증거법 등 다른 법제 간의 체계적인 해석과 운영이 미흡했기 때문일 수도 있다.

2. 제3자 관제와 실시간 접속 허용 문제

수집한 개인정보의 제3자에의 제공은 수집 목적 범위 내인 경우, 법 제18조 제2항의 각 호 사유에 해당하는 경우 또는 법의 일부 규정이 적용되지 않는 법 제58조 제1항 각 호의 경우에 한하여 가능하다. 이는 개인영상정보의 경우에도 마찬가지인데, 이때 녹화된 개인영상정보를 사후에 제공하는 방식이 아니라 제3자가 영상정보처리기기를 직접 관제하거나 시스템에 접속하여 개인영상정보를 실시간으로 받아 보는 방식으로 제공받을 수 있는지 문제된다.

법은 개인정보의 '제공'에 대해서는 따로 정의 규정을 두고 있지 않다. 다만 표준지침에 따르면 개인정보의 '제공'은 개인정보 저장매체 또는 개인정보가 담긴 출력물 등의 물리적 이전, 네트워크를 통한 개인정보의 전송, 제3자의 접근권한부여, 제3자와 개인정보 공유 등 개인정보의 이전과 공동으로 이용가능한 상태를 초래하는 모든 행위를 의미하는 것으로 정의하고 있다(표준지침 제7조 제1항). 그에 따르면 고정형 영상정보처리기기의 관제나 시스템에 대한 실시간 접속도 일응 제공에 포함되는 것으로 해석될 여지가 있다. 그러나 제공은 어디까지나 수집행위와는 구분되어야 하므로 업무위탁의 경우 등 따로 수권을 받지 않은 한 적법하게 개인정보를 수집할 수 있는 자 외에 제3자가 수집행위 자체에 개입하는 것은 허용되지 않는다. 다만 수집과 동시에 개인정보가 존재하게 되므로 그 단계를 명확하게 구분하여 어느 지점부터 제3자의 접근이나 공유가 제3자 제공에 해당하는지 파악하기는 쉽지 않다. 일반적인 개인정보의 경우에는 수집된 개인정보가 중요한 의미를 갖고 수집행위 자체는 개인정보파일을 구축하기 위한 수단에 불과하여 수집행위에 관여하려는 동기가 적고 실시간 제공 역시 큰 의미가 없어 이 부분이 문제되는 경우는 많지 않아 보인다. 그러나 개인영상정보와 같이 수집행위가 직접적인 감시로서의 의미를 갖고 있어 그에 의해 수집되는 개인영상정보의 이용과 별개로 중요한 의미를 갖고, 경우에 따라서는 그 자체가 목적이 되기도 하는 경우에는 수집행위와 제공행위의 구분이 일반적인 개인정보와는 다른 의미를 갖게 되므로 이를 엄격하게 구분할 필요성이 있다. 따라서 녹화된 개인영상정보가 아니라 관제나 실시간 개인영상정보의 제공을 요구하는 경우 그 허용 여부에 대해서는 신중한 판단이 요구된다.

관련사례

보호위원회는 2012. 11. 22.자로 서울특별시 관악구의 CCTV 영상정보제공 관련 법령해석 요청건에 대한 의결을 한 바 있다. 당시 수도방위사령부는 군사작전 및 재난대응 용도로 관악구가 설치·운영하는 통합관제센터의 CCTV 영상정보를 법 제58조 제1항 제2호, 즉 국가안전보장과 관련된 정보 분석을 목적으로 제공을 요청하면서 통합관제센터에서 별도 보안대책이 마련된 수도방위사령부 벙커에 영상정보를 항시 송출하거나 필요시 수도방위사령부에서 관제할 수 있도록 관악구에 요청하였다. 요청을 받은 관악구는 그러한 항시 송출이나 수도방위사령부의 관제가 법에 위반되는지 여부, 만약 항시 송출이나 수도방위사령부에서 직접 관제하게 하는 것이 부적절하여 통합관제센터에서 송출을 통제하는 경우 송출요청이 가능한 시점 및 요청방법, 재난 및 군 훈련시 그 영상정보를 활용할 수 있는지 여부에 대해서 보호위원회에 해석을 요청하였다.

이에 대해 보호위원회는 영상정보의 상시 실시간 송출이나 관제행위가 개인정보의 '제공'에 해당하는지는 명확하게 판단하지 않았으나, 상시 실시간 송출이나 상시 관제행위는 법에 위반되는 것으로 판단하였다. 다만 국가안전보장과 관련된 정보분석을 목적으로 영상정보를 요청하는 경우에는 제공이 가능하나, 이 경우 개인정보자기결정권 보호를 위해 국가안전보장과 관련된 정보 분석의 목적은 구체적이고 명확한 경우로 엄격하게 해석되어야 하며, 단순히 훈련 목적으로 영상정보를 제공할 수는 없다고 결론지었다. 국가안전보장과 관련된 정보 분석을 목적으로 수집 또는 제공 요청되는 개인정보의 경우에는 개인정보의 처리규정을 포함하여 대부분의 법 규정의 적용이 배제되므로 이 사안의 경우 일반적인 목적 외 제3자 제공에 해당하는지 여부만으로 그 합법성을 판단할 수는 없다. 그러나 영상정보처리기기에 대한 목적 외의 상시 관제나 실시간 영상송출행위의 경우 정보주체에 미치는 영향이 워낙 큰데다가 감시로서의 성격이 강하므로 구체적이고 명확하게 국가안전보장과 관련된 정보 분석의 목적이 인정되는 경우에 한하여 실시간 송출 및 관제가 가능한 것으로 봐야 한다.

3. 증거로서의 목적 외 이용 및 제3자 제공[129]

1) 관련 사례

보호위원회는 2013. 5. 27. 버스에 설치된 CCTV에 의하여 촬영된 녹화물의 이용에 관하여 법령해석을 한 바 있다. 버스마다 각 3대의 CCTV(① 전방주시 CCTV: 차량의 전방이 촬영됨, ② 운전석 CCTV: 운전석, 요금보관함 부분, 탑승하는 승객이 식별됨, ③ 뒷문쪽 CCTV: 뒷문, 후방의 승객이 식별됨)가 설치 운영되고 있고, CCTV 녹화중임을 알리는 안내판에는 설치 목적이 '교통사고 증거수집 및 범죄예방'으로 명기되어 있으며, 운전기사들로부터 그 녹화물을 징계나 근무평정에 사용해도 된다는 동의를 받지 않은 경우, 버스회사가 CCTV 녹화물을 분석하여 운전기사들의 징계나 근무평정을 위해 사용해도 되는지에 대한 법령해석 요청건이었다. 보호위원회는 이 사안에 대해서 2013. 5. 27.자로 "버스회사가 교통사고 증거수집 및 범죄예방의 목적으로 버스안에 설치한 CCTV는 해당 목적에 맞게 사용하여야 한다. 다만, 법령에서 구체적으로 허용하고 있는 경우는 예외로 한다. 수집된 녹화물을 CCTV 설치 목적과 직접 관계없는 운전기사의 징계 또는 근무평정의 증거자료로 사용하는 것은 허용되지 않는다. 다만, 법 제18조 제2항의 예외 사유에 해당하는 경우에는 그 범위 내에서 허용될 수 있다"라는 내용의 의결을 하였다.

CCTV 관련 분쟁의 상당수는 CCTV를 이용한 근로 현장의 모니터링과 관계가 있다. 정보화 시대에 기업들은 생산성의 측면에서 뿐만 아니라 작업과정의 통제를 통제의 주체가 눈에 보이는 가시적인 직접통제에서 통제의 주체가 눈에 보이지 않는 비가시적인 직접통제, 즉 전자감시로 감시의 방식을 전환하였고, 이에 따라 생산량, 문서처리량, 자원의 사용, 컴퓨팅 시간, 전화 사용 회수, 커뮤니케이션 내용, 서비스 태도 등을 감시하기 위한 위치확인카드, 호출기, 전화, 전자메일과 CCTV 등을 통한 모니터링이 점차 확대되고 있어[130] 그로 인한 노사분쟁이 자주 발생하고 있다. 특히 CCTV를 통한 노동감시는 가장 직접적이고 강력한 수단인 데다가 근로자의 징계나 근무평정 시 유력한 자료로 사용되고 있어 그에 대한 근로자 측의 반발이 크다. 외부인의 출입이 통제되는 근로공간은 비공개 장소에 해당하므로 고정형 영상정보처리기기에 관한 법 제25조가 적용되지 않고 일반적인 원칙에 따라 법 제15조가 적용되게 된다. 이와 관련하여 「근로자참여 및 협력증진에 관한 법률」 제20조 제1항 제14호는 상시 30인 이상 사업장의 경우 CCTV와 같은 사업장 내 근로자 감시 설비의 설치를 노사 양자의 협의사항으로 규정하고 있는바, 사용자가 단지 노사협의를 거쳤다는 사실만으로 근로모니터링 목적의 CCTV를 임의로 설치·운영할 수 있는 것은 아니지만 협의를 통해 근로자의 동의를 얻은 것으로 인정할 수 있다

---

129) 이에 관하여는 이 책 제5장 제4절 참조.
130) 이희성, "작업장 내에서의 전자메일 및 CCTV의 감시와 근로자의 프라이버시보호", 비교사법, 제10권 제1호, 2003, 514면.

면 개인정보보호법 제15조에 따라 개인영상정보를 적법하게 수집하여 근무평정 및 징계에 사용할 수 있을 것이다. 물론 개인영상정보의 이용 등에 관해서는 개인정보보호법의 규정이 그대로 적용되므로 이에 따른 제한이 있을 수 있다.

그러나 이 사안과 같이 공공의 이용에 제공되는 버스 내에 설치되어 그 내부를 촬영하는 CCTV는 공개된 장소에 설치되어 일정한 공간을 지속적으로 촬영하는 것으로 법 제25조가 적용되는 고정형 영상정보처리기기에 해당하므로 근로자인 운전기사의 동의를 얻지 않아도 설치가 가능하다. 그러나 공개된 장소의 CCTV의 설치목적은 법 제25조 제1항에서 규정하고 있는 목적에 한정되고, 이 사안의 경우에는 교통사고 증거수집 및 범죄예방을 목적으로 하여 설치된 것이 명백하므로 그에 의하여 수집된 개인영상정보를 근로자의 근무평정이나 징계에 사용하는 것은 목적 범위 외의 이용에 해당한다. 따라서 법이 규정하는 예외 사유에 해당하지 않는 한 원칙적으로 허용되지 않는다. 다만, 녹화물에 포함된 내용이 교통사고의 증거에 해당하고 교통사고의 발생이 운전기사의 징계나 근무평정의 참작사유가 될 수 있을 때 그 영상자료를 바로 징계나 근무평정자료로 사용할 수 있는지는 논란의 여지가 있다. 법의 일관된 적용을 위해서는 버스회사가 징계나 근무평정의 자료로 녹화물을 그대로 이용할 수는 없고 교통사고조사나 관련 민·형사절차 등에서 녹화물이 증거자료로 사용되고 그러한 교통사고의 내용이 징계나 근무평정 자료로 원용됨으로써 결과적으로 징계나 근무평정을 위한 목적으로 사용되는 것으로 운용함이 적절할 것으로 보인다.

2) 개인정보와 증거

회사가 CCTV에 의하여 수집된 개인영상정보를 징계나 근무평정을 위해 직접 사용할 수 없다고 하더라도 이를 해고 등의 징계에 대한 노동위원회의 구제절차나 그 효력을 다투는 소송절차 등에서 증거로 사용할 수 있는지가 문제이다. 이는 개인정보 일반에 관련된 문제이기도 하다. 개인정보의 증거로서의 사용은 대부분 목적 외의 이용이나 제3자 제공에 해당한다. 법은 제18조 제2항에서 정보주체 또는 제3자의 이익을 부당하게 침해할 우려가 없어야 하는 것을 전제로 개인정보를 목적 외의 용도로 이용하거나 이를 제3자에게 제공할 수 있는 몇 가지 예외를 규정하고 있다. 그중 이 사안과 같이 노동위원회의 구제절차나 민사소송 등에서의 증거로서의 이용과 관련해서 고려할 수 있는 조항은 2호 '다른 법률에 특별한 규정이 있는 경우', 5호 '개인정보를 목적 외의 용도로 이용하거나 이를 제3자에게 제공하지 아니하면 다른 법률에서 정하는 소관 업무를 수행할 수 없는 경우로서 보호위원회의 심의·의결을 거친 경우', 8호 '법원의 재판업무 수행을 위하여 필요한 경우'인 바 차례로 살펴본다.

우선 개인정보처리자인 버스회사가 스스로 녹화물을 증거로 제출할 수 있는지에 대해서는, 구제절차나 소송절차의 당사자로 입증의 기회를 얻고 그에 따른 증거 제출의 기회가 법적으로 보장되어 있다 하더라도[131] 그것이 '다른 법률에 특별한 규정이 있는 경우'에 해당한다고 보기 어렵고, 뒤에서 보는 바와 같이 공공기관의 경우로 한정되는 제5호나 제8호를 적용할 수도 없다. 따라서 버스회사가 구제절차나 소송절차에서 CCTV에 의하여 녹화된 개인영상정보를 징계의 정당성을 뒷받침하는 증거로 제출하는 것은 목적 외 이용 또는 제3자 제공에 해당한다.

다음으로 노동위원회나 법원이 위 CCTV를 증거로 조사하기 위한 처분을 할 수 있는지에 대해서 검토해본다. 이와 관련해서는 위에서 본 제5호와 제8호의 예외사유를 일응 근거 조항으로 생각해볼 수 있다. 하지만 법 제18조 제2항의 예외 사유 중 제5호부터 제9호까지는 공공기관의 경우로 한정하고 있어, 문언상 개인정보처리자가 공공기관인 경우에 수집한 개인정보를 목적 외로 이용하거나 제3자에게 제공할 수 있다는 의미로 해석되므로 공공기관이 개인정보처리자로서 수집한 개인정보의 이용이나 제공에 한정된다.[132] 따라서 사인인 버스회사가 수집한 개인영상정보를 공공기관의 다른 법률에서 정한 소관 업무 수행을 위하여 또는 법원의 재판업무 수행을 위하여 그 공공기관이나 법원에 제공하는 것은 목적 외 제3자 제공에 해당한다. 한편 노동위원회는 소관사무와 관련하여 사실관계의 확인 등 그 사무집행을 위하여 필요하다고 인정할 때에는 사용자, 사용자단체, 노동조합 기타 관계인에 대하여 필요한 서류의 제출을 요구하거나 위원장 또는 부문별 위원회위원장이 지명한 위원 또는 조사관으로 하여금 사업 또는 사업장의 업무상황 서류 기타 물건을 조사하게 할 수 있는 조사권을 갖고(「노동위원회법」 제23조), 노동위원회의 제출요구, 조사 등에 응하지 않거나 방해하는 자는 벌금에 처하도록 하고 있다(「노동위원회법」 제31조). 또한 법원은 당사자의 신청 또는 직권에 의하여 증거조사를 할 수 있는 바, 검증을 위하여 목적물인 CCTV 녹화파일에 대해 제출명령을 발할 수 있고 당사자가 이에 불복하는 경우에는 문서제출명령에 관한 「민사소송법」 제349조가 적용되어 CCTV 영상정보에 대한 상대방의 주장을 진실한 것으로 인정할 수 있으며, 제3자가 정당한 사유 없이 이에 불응하는 경우에는 과태료에 처할 수 있다(「민사소송법」 제366조). 노동위원회나 법원이 위 규정에 의하여

---

131) 「근로기준법」 제29조 제3항은 "노동위원회는 제1항에 따라 심문을 할 때에는 관계 당사자에게 증거제출과 증인에 대한 반대심문을 할 수 있는 충분한 기회를 주어야 한다."고 규정하고 있다.

132) 범죄의 수사나 공소의 제기 및 유지를 위한 경우와 관련해서는 개인정보보호위원회 제정의 「공공기관 고정형 영상정보처리기기 설치·운영 가이드라인」은 경찰이나 검찰에서 수사목적으로 CCTV 자료를 요청한 경우 본인 동의 없이 제공할 수 있는지 여부에 대해서 범죄수사와 공소제기 유지를 위해 수사기관에서 요청하는 경우 법 제18조 제2항 제7호 및 표준지침 제40조 제1항 제7호에 따라 본인 동의 없이 제공할 수 있다고 설명하고 있다. 한편 같은 행정안전부 제정의 「민간분야 고정형 영상정보처리기기 설치·운영 가이드라인」은 범죄수사와 공소제기 유지를 위해 수사기관 등에서 개인정보가 포함된 자료제출을 요구하는 경우 원칙적으로 법관의 영장이나 법원의 제출 명령이 있는 경우에만 본인 동의 없이 제공할 수 있고, 법 제18조 제2항 제3호에 따라 정보주체나 제3자의 급박한 생명, 신체, 재산상 이익을 위해 필요한 경우에 한하여 CCTV 자료를 제공할 수 있다고 설명하고 있다. 양자의 차이는 공공기관이 수집한 개인영상정보의 경우는 위 제18조 제2항 제7호에 따라 공공기관의 경우 범죄의 수사와 공소의 제기 및 유지를 위해 필요한 경우 목적 외 이용이나 제3자 제공이 가능하도록 규정하고 있기 때문에 법원의 영장 등을 받을 필요 없다는 취지에 있는 것으로 보인다. 하지만 공공기관이 다른 목적으로 설치한 CCTV로 촬영한 영상을 쉽게 범죄 수사의 증거로 사용하고 있다는 논란이 불거지면서 위 규정에 대한 거센 비판이 제기되고 있는데 좀 더 깊은 논의가 필요할 것으로 판단된다.

CCTV에 의하여 녹화된 녹화물을 조사하거나 제출을 요구하는 경우 그 근거규정이 위 제18조 제2항 제2호 '다른 법률에 특별한 규정이 있는 경우'에 해당한다고 본다면 버스회사는 이에 응하여 목적 외의 용도로 이를 제3자에게 제공할 수 있고 결과적으로 징계나 근무평정의 증거자료로 사용할 수 있게 된다. 물론 이 경우에도 노동위원회의 조사나 법원의 심리에 필요한 최소한의 범위에서 제한적으로 제공하여야 하고, 노동위원회나 법원에서도 목적 등을 명확히 하여 최소한의 범위 내에서 자료제공요청을 하여야 할 것이나 개인영상정보가 수집 목적과 다른 목적으로 사용되게 됨은 분명하다. 그러나 위 증거조사절차에 관한 근거규정이 개인정보보호법에서 예정하고 있는 다른 법률의 특별한 규정에 해당되는지에 대해서는 논란의 여지가 있다. 개인정보보호법의 목적과 규제체계에 비추어 볼 때 다른 법률의 특별한 규정은 소관업무수행을 위한 자료제출요청 등 결과적으로 개인정보의 이용과 제공에 영향을 미치게 되는 모든 규정이 아니라 구체적으로 개인정보 항목의 이용과 제공을 별도로 언급하고 있는 명시적인 규정에 한정하여야 한다는 견해가 있다. 「금융실명거래 및 비밀보장에 관한 법률」 제4조 제1항 제1호가 법원의 제출명령 또는 법관이 발부한 영장에 따른 거래정보 등의 제공을 금융거래의 비밀보장에 대한 예외 사유로 규정하고 있고, 「국세기본법」 제81조의13 제1항 제3호 역시 세무공무원의 비밀유지에 대한 예외로 법원의 제출명령 또는 법관이 발부한 영장에 의하여 과세정보를 요구하는 경우 그 사용목적에 맞는 범위에서 납세자의 과세정보를 제공할 수 있다고 특별히 규정하고 있는 바, 이 경우가 그러한 다른 법률의 특별한 규정에 해당함은 명백하다. 그러나 위 경우와 같이 개인정보를 구체적으로 적시하지 않았더라도 개인정보도 포함될 수 있는 자료의 제출의무를 부여하여 제출을 거부하면 과태료 등 일정한 제재가 가하여지는 경우 이를 특별한 규정에 해당하는 것으로 봐야 하는지에 대해서는 논란의 여지가 있다.

살펴본 바와 같이 현 개인정보보호법과 「민사소송법」 등 관련 법률에 의하면 소송절차에서 증거로 사용하는 것은 다른 법률에 특별한 규정이 있는 금융거래정보나 과세정보 등 외에는 목적 외 이용이나 제3자 제공에 해당하여 허용되지 않는다고 해석될 수 있다. 물론 그럼에도 불구하고 증거로 제출될 경우 증거능력이 부정되거나 증거로 고려할 수 없는 것은 아니므로 증거로서 사용할 수 있다. 다만 증거를 제출한 개인정보처리자의 책임문제가 발생하는데, 법원 등의 제출명령을 이유로 면책을 주장할 수 있을지가 문제된다. 개인정보의 범위가 워낙 넓어 실제 상당수의 증거자료들이 개인정보에 해당하는 실정임을 감안할 때 개인정보라는 이유로 법원의 제출명령 등에 불구하고 이를 제공할 수 없다고 해석한다면 재판업무의 수행에 중대한 지장이 있을 수 있다. 더구나 개인정보 중에서 중요 정보에 해당하는 신용정보와 과세정보도 법원의 제출명령에 따라 증거로 사용할 수 있음에도 나머지 개인정보에 대해서 다른 법률에 특별한 규정이나 기타 근거가 없다는 이유로 이를 증거로 사용할 수 없다면 체계상 균형도 맞지 않는다. 따라서 기본적으로는 개인정보처리자는 법원의 제출명령 등의 증거조사처분이 있을 경우 목적 외의 제3자 제공을 하여 증거로 사용할 수 있는 것으로 볼 수밖에 없고 따라서 논란을 피하기 위해서는 이를 「민사소송법」 등 관련법률이나 개인정보보호법에 명확하게 규정할 필요가 있다. 앞서 본 「금융실명거래 및 비밀보장에 관한 법률」이나 「국세기본법」의 규정과 같은 형식으로 명확하게 규정하는 것이 바람직하다.

3) 개인영상정보의 특수성에 따른 검토

앞서 살펴 본바와 같이 공개된 장소에 설치된 고정형 영상정보처리기기에 의하여 수집되는 개인영상정보에 대한 규제는 일반적인 개인정보와는 구분된다. 즉 정보주체의 동의에 기반을 두고 있는 개인정보의 처리에 대한 일반 원칙에 대한 예외로서 실질적으로 정보주체의 동의하는 무관하게 이루어지는 대신 몇 가지 공익을 위한 목적에 한정하고 있다. 또한 비록 공개된 장소이긴 하지만 일반적 행동자유권이라는 전통적 기본권에 대한 중요한 침해를 가져올 위험이 있는 비디오 감시로서의 속성과 함께 애초의 의도와 무관하게 다양한 개인정보가 함께 수집될 수 있고 기타 법익에 대한 위협으로 작용할 수 있다. 이러한 점을 고려하면 공개된 장소에서의 고정형 영상정보처리기기에 의해 수집되는 개인영상정보는 특정 목적 내에서의 이용이라는 엄격한 제한 하에서만 규범의 취지가 보장되고 그러한 전제 하에서 규범을 받아 들인 정보주체의 의도와도 부합된다. 따라서 개인영상정보의 목적 외 이용은 그것이 비록 법원의 재판업무를 위한 것이라 하더라도 함부로 허용되서는 안 되며 목적 외 이용에서 얻어지는 공익이 개인영상정보에 대한 규범의 목적과 그로 인해 보호되는 법익을 초과할 경우에 한하여 예외적으로 인정되어야 한다.

이러한 관점은 「통신비밀보호법」이 규율하고 있는 통신제한조치에 관한 규범과 유사한 맥락에 있다. 한정된 대상과 엄격한 법적 절차 하에서만 통신 및 대화의 비밀과 자유에 대한 제한을 가할 수 있도록 함으로써 통신의 비밀 보호와 통신의 자유를 신장함을 목적으로 하는 「통신비밀보호법」은 이를 실질적으로 담보하기 위하여 불법검열에 의하여 취득한 우편물이나 그 내용 및 불법감청에 의하여 지득 또는 채록된 전기통신의 내용은 재판 또는 징계절차에서 증거로 사용할 수 없다고 못을 박고 있을 뿐만 아니라(동법 제4조), 적법한 통신제한조치의 집행으로 취득된 내용도 통신제한조치의 목적이 된 동법 제5조 제1항에 규정된 특정 범죄나 이와 관련되는 범죄를 수사·소추하거나 그 범죄를 예방하기 위하여 사용하는 경우, 그 범죄로 인한 징계절차에 사용하는 경우, 통신의 당사자가 제기하는 손해배상소송에서 사용하는 경우, 기타 다른 법률의 규정에 의하여 사용하는 경우 등으로 한정하여 그 증거능력을 제한함으로써 규범 목적의 실질적 보장을 꾀하고 있다.

개인영상정보의 수집에 의한 개인정보자기결정권의 제한을 통신제한조치에 의한 통신 및 대화의 비밀과 자유에 대한 제한과 같은 선상에서 다룰 수 있는가에 대해서는 견해의 차이가 있을 수 있다. 그러나 두 법익에 대한 제한이 갖는 공통적인 맥락과 규범취지를 고려할 때 정도의 차이는 있을지라도 역시 같은 방식으로 규범 목적의 실질적 보장을 꾀함이 타당하다. 기술의 발달에 따라 고정형 영상정보처리기기의 감시와 정보 수집의 수준과 그 위험성은 통신제한조치가 갖는 통신의 비밀 및 자유에 대한 위험성에 맞먹을 정도로 높아지고 있다. 비록 공개된 장소이지만 그 곳을 지나가는 사람들은 어느 정도는 자신들의 익명성이 보호되리라 기대한다. 또한 그곳을 왜 지나가는지, 일행과 무슨 대화를 나누는지 역시 남들이 세세히 알 것이라고는 생각하지 않을 것이다. 따라서 통신의 비밀과 자유에 대한 기대와 마찬가지로 공개된 장소에서도 여전히 사생활의 비밀과 자유에 대한 기대를 갖고 있고 이는 충분히 보호할 만하다. 하지만 줌 기능과 고성능의 해상도, 적외선 기능, 쌍방향 통신, 음성인식, 지능형 영상인식기술을 갖춘 CCTV가 등장하면서 그러한 기대는 더 이상 유지하기 어려운 상황이 되어가고 있다. 그렇다면 통신제한조치에 대한 증거법적 특별 취급과 같이 개인영상정보의 경우에도 수집 목적과 관련이 없는 경우에는 일정 범위 내에서는 증거로 사용할 수 없도록 법률로서 규정함으로써 규범 목적의 실질적 보장을 꾀하여야 한다는 견해에 무게가 실린다. 앞서 본 교통사고 증거수집 및 범죄예방의 목적으로 버스에 설치된 CCTV의 내용이 그 목적과 관계 없이 곧 바로 근로관계의 효력을 다투는 민사소송의 증거로 제출되는 경우와 같이 목적 외 이용으로 얻게 되는 이익이 개인영상정보에 대한 규범적 이익을 초과하기 힘든 사인 간의 개인적 법익에 관한 분쟁에 한정하여 증거능력을 제한하는 방법을 생각해 볼 수 있다. 그리고 그러한 입법이 마련되기 전이라도 실무상 법원에서 당사자의 증거신청에 대한 증거채택 여부 결정시 이러한 점을 고려하여 좀 더 신중한 증거채부와 증거조사를 함으로써 개인영상정보에 대한 규범을 실질적으로 보장하는 방법도 논의될 필요가 있다.

이동형 영상정보처리기기

Ⅰ. 개인영상정보 규제의 확대

1. 개인영상정보법의 입법 논의

영상정보처리기기에 대한 구 개인정보보호법의 규정은 제정 당시 각계에서 발생하고 있는 CCTV 관련 민원 및 분쟁에 관한 많은 쟁점들과 새로운 영상정보처리기기의 확산을 고려하지 않은 채 「공공기관의 개인정보보호에 관한 법률」에서 규정하고 있던 관련 내용을 그대로 가져오는데 그쳤다는 비판을 받았다. 영상정보처리기기가 급격하게 확산되고 있고 새로운 유형의 영상정보처리기기가 등장함에 따라 개인정보침해의 위험성이 커지고 있는 현재의 상황에 적절하게 대처할 수 있도록 보완 입법이 이루어져야 한다는 점에 대해서는 대체로 큰 이견이 없었던 것으로 보인다. 다만 개인영상정보의 보호 강화를 위하여 지금까지 개인정보보호법에서 다뤄졌던 개인영상정보를 별개의 입법으로 규율하려는 시도가 오래 전부터 있었는데 이에 대해서는 찬반 의견이 갈린다.[133] 별개의 입법을 찬성하는 입장에서는 개인 식별성이 높아 사생활 노출 우려가 큰 개인영상정보의 특수성을 반영하고 보호의 틀 속에서 합리적인 활용 가능성을 열어두기 위하여 별개의 입법이 필요하다고 주장함에 대하여, 별개의 입법에 반대하는 입장에서는 개인정보보호법과 별개로 입법이 필요할 정도로 개인영상정보와 일반 개인정보와의 차별성이 없고 개별법으로 만들 경우 오히려 개인정보보호법에 의한 일관된 규제체제에서 벗어나 완화된 규제로 변질될 가능성이 크다고 주장한다.[134]

개인정보보호법의 관련 규정을 확대 개정하느냐, 아니면 별개의 입법으로 가느냐는 본질적인 문제가 아닌 입법기술상의 문제일 수도 있다. 별개의 입법으로 가더라도 개인정보보호법에 부합하는 일관된 체계를 유지하면서 영상정보처리기기의 특수성을 보완하는 형태로 이루어진

---

[133] 20대 국회 때 정부 제정안으로 개인영상정보의 보호 등에 관한 법률안이 발의되었다가 임기만료로 폐기된 바 있고, 현재는 2020. 11. 24. 서영교 의원이, 2021. 5. 18. 민병덕 의원이 각 대표발의한 개인영상정보의 보호 등에 관한 법률안과 2023. 3. 28. 윤주경 의원이 대표발의한 영상정보처리기기의 설치, 관리 및 개인영상정보의 보호 등에 관한 법률안이 계류되어 있다.

[134] https://www.boannews.com/media/view.asp?idx=78885 참고.

다면 큰 문제는 없을 것이다. 다만 입법경제적 측면은 제껴두고라도 별개 입법으로 가는 경우 그에 반대하는 견해가 우려하는 바와 같이 민간부문과 공공부문을 통틀어 개인정보보호에 관한 일반법으로 제정된 개인정보보호법과 함께 일관된 규제체제를 유지할 수 있을지에 대한 의문은 남는다. 자칫하면 가장 논쟁의 여지가 많고 심각한 개인정보침해의 위험성이 제기되는 개인영상정보에 관한 규제가 그 특수성에 집착한 나머지 오히려 애써 마련된 개인정보보호체계와 어긋나는 결과가 생길 수 있고, 보호위원회라는 독립기구에 의한 감독체계 역시 훼손될 위험이 있는 바 그와 같은 우려를 쉽게 거둬들이기 어려운 상황이다. 개별 입법에 집착하여 이를 서두르기보다는 좀 더 열린 논의를 통해 입법방식과 규제체제에 대한 합리적인 결론을 끌어 낼 필요가 있다는 의견이 좀더 설득력 있는 이유이다.

2. 이동형 영상정보처리기기의 규제

위에서 언급된 개인영상정보에 대한 별도의 입법안 중에는 개인정보보호법이 규정하고 있는 영상정보처리기기에 의한 영상정보 외에 거의 모든 유형의 광학기기와 그에 의한 영상정보를 대상으로 하고 업무 목적 외의 사적 목적 등 모든 경우를 포괄하고 있는 것도 있다. 그러나 업무를 목적으로 개인정보파일을 운용하기 위하여 개인정보를 처리하는 개인정보처리자에 대한 규제법이라는 틀을 넘어 모든 영상정보를 개인정보 규제체계로 끌어들이는 것은 신중할 필요가 있다. 개인정보파일의 운용과 관계없는 영상정보나 업무에 해당하지 않는 사적 목적에 의한 영상정보의 처리에 대해서는 초상권[135]에 의한 권리구제나 민법, 형법 등 다른 법률에 의한 규제가 가능함에도 이를 개인정보보호법제에 포함시켜 새로운 규제체제로 끌어들이는 것은 또 하나의 중복된 규제를 만드는데 불과하고, 새로운 규제체제가 의도한 효과를 끌어낼지도 의문이거니와 오히려 규제비용의 증가와 함께 표현의 자유, 언론의 자유 등 다른 법익과 충돌할 위험성이 있다는 비판이 가능하다. 특히 개인정보보호법제는 사법권보다는 행정권에 의한 개입의 여지가 클 뿐만 아니라 기계적 규제의 성격이 있어서 이익형량 등 널리 적용되는 법원칙이 제대로 역할하지 못하므로 그 영역을 함부로 확대해서는 안 되는 점도 고려할 필요가 있다.

그럼에도 최근 대중화된 블랙박스나 스마트기기, 드론 등에 의하여 촬영된 영상정보가 유통

---

135) 초상권은 우리 헌법 제10조와 제17조에 규정된 인격권의 일부로 이해되고 있으며 촬영거절권, 공표거절권 및 초상영리권의 3부분으로 구성되어 있다. 초상권에 대한 침해는 형사처벌 대상이 되지 않고 민법 제750조의 불법행위에 대한 손해배상 청구를 통해 구제받을 수 있다. 외국이나 우리 판례의 태도는 대체로 행위 목적의 정당성, 수단 방법의 보충성 및 상당성과 피해법익의 내용과 중대성 등을 비교 형량하여 CCTV 등 촬영도구를 이용한 공공장소에서의 공적 촬영행위의 위법성을 따지고 있다(대법원 2021.4.29. 선고 2020다227455 판결, 대법원 2006.10.13. 선고 2004다16280 판결 등 참조). 특히, 초상권 중에서 '촬영거절권'은 '공표거절권'을 전제로 존재하는 것으로 보고 있어 촬영자체의 위법성보다는 촬영된 사진이나 영상의 공표에 대한 통제와 감시가 필요하다는 입장이다.

되면서 개인정보침해의 위험성이 커지고 있고 고정형 영상정보처리기기에 비해 시간, 장소에 구애 받지 않고 자유롭게 촬영이 이루어질 수 있다는 점에서 불특정 다수에 대한 권리침해의 가능성이 높음에도 앞서 본 바와 같이 현 개인정보보호법에서 규정하는 영상정보처리기기가 이를 포섭할 수 없어 규제의 사각에 있는 새로운 유형의 영상정보처리기기에 대한 입법적 고려가 필요하다는 점은 충분히 공감할 수 있다. 한편, 업무를 목적으로 공개된 장소에서의 이동형 영상정보처리기기로 개인정보가 포함된 영상을 촬영하는 경우 법에서 정한 정보주체의 동의 등 개인정보의 수집, 이용의 법적 근거를 충족할 것을 요구하는 것은 사실상 불가능하여 규제의 실효성이 떨어진다는 점에서 새로운 규제방안이 필요하다는 지적도 납득이 간다. 다만 이동형 영상정보처리기기의 경우 고정형 영상정보처리기기와 달리 이미 국민의 생활 전반에 광범위하게 활용되고 있어 현실적으로 고정형 영상정보처리기기와 같이 특정한 요건을 갖춘 경우에 한정하여 운영하도록 규제하는 어렵다는 점을 고려하면 고정형 영상정보처리기기와는 다른 접근 방식을 취해야 할 필요가 있다.

개인정보보호법은 2023. 3. 14. 개정 시 고정형 영상정보처리기기 외에 이동형 영상정보처리기기 정의조항을 신설하고, 업무를 목적으로 공개된 장소에서 이동형 영상정보처리기기로 사람 또는 그 사람과 관련된 사물의 영상(개인정보에 해당하는 경우)을 촬영하기 위해서는 법 제15조 제1항 각 호에서 정하는 개인정보의 수집, 이용의 근거가 있거나, 옵트-아웃(Opt-out) 방식으로 정보주체가 촬영 거부 의사를 밝히지 아니한 경우 등에 한정하여 허용하는 방식으로 이동형 영상정보처리기기의 규제 필요성과 현실적인 규제 가능성의 균형점을 모색한 이동형 영상정보처리기기의 운영 제한 규정을 도입하였다.

II. 이동형 영상정보처리기기의 운영 제한(법 제25조의2)

1. 이동형 영상정보처리기기의 정의

이동형 영상정보처리기기란 "사람이 신체에 착용 또는 휴대하거나 이동 가능한 물체에 부착 또는 거치하여 사람 또는 사물의 영상 등을 촬영하거나 이를 유·무선망을 통하여 전송하는 장치로서 대통령령으로 정하는 장치"를 말한다(법 제2조 제7호의2). 이에 따른 시행령 제3조 제2항은 이동형 영상정보처리기기에 해당하는 장치를, '1. 착용형 장치: 안경 또는 시계 등 사람의 신체 또는 의복에 착용하여 영상 등을 촬영하거나 촬영한 영상정보를 수집·저장 또는 전송하는 장치, 2. 휴대형 장치: 휴대전화기 또는 디지털 카메라 등 사람이 손쉽게 휴대하면서 영상 등을 촬영하거나 촬영한 영상정보를 수집·저장 또는 전송하는 장치, 3. 부착·거치형 장치: 차량이나 드론 등 이동 가능한 물체에 부착 또는 거치(据置)하여 영상 등을 촬영하거나 촬영한 영상정보를 수집·저장 또는 전송하는 장치'로 규정하고 있다.

앞서 고정형 영상정보처리기기의 정의에서 살펴 본바와 같이 영상정보처리기기가 고정형이냐 이동형이냐는 설치된 곳이 고정된 장소인지 아니면 이동 가능한 물체인지에 관계 없이 '일정한 장소'를 지속적 또는 주기적으로 촬영하는지에 따라 구분된다. 따라서 이동하는 차량에 부착된 영상정보처리기기도 촬영의 대상이 일정한 장소인 자동차 내부이냐 계속 장소가 변동되는 외부이냐에 따라서 이동형 영상정보처리기기 해당 여부가 결정된다.

2. 업무 목적의 개인영상정보 촬영 행위의 원칙적 금지 및 예외적 허용

1) 적용 범위

① 공개된 장소에서 ② 업무 목적으로 이동형 영상정보처리기기를 이용하여 개인영상정보를 촬영하는 행위는 원칙적으로 금지된다.

공개된 장소는 고정형 영상정보처리기기에서 살펴 본 공개된 장소에 관한 설명이 그대로 적용될 수 있다. 즉, 도로, 공원, 광장, 지하철역 등의 공공장소와 같이 불특정 다수가 출입하거나 이용할 수 있도록 허용된 장소, 즉 정보주체가 접근하거나 통행하는 데에 제한을 받지 아니하는 장소를 의미한다.

모든 촬영행위가 아닌 업무를 목적으로 이동형 영상정보처리기를 운영하는 자에게만 적용된다. 업무란 직업상 또는 사회생활상의 지위에 기하여 계속적으로 종사하는 사무나 사업의 일체를 의미하고, 그 업무가 주된 것이든 부수적인 것이든 가리지 아니하며, 일회적인 사무라 하더라도 그 자체가 어느 정도 계속하여 행해지는 것이거나 혹은 그것이 직업 또는 사회생활상의 지위에서 계속적으로 행하여 온 본래의 업무수행과 밀접불가분의 관계에서 이루어진 경우에도 이에 해당한다.[136] 보수의 유무나 영리성 여부는 관계가 없으며 단 1회의 행위라도 계속, 반복의 의사가 있다면 업무로 봐야한다.[137] 이에 반해 관광, 사교 등에 부수하여 순수한 개인적인 활동으로 이루어지는 촬영 행위는 이에 해당하지 않는다.

이와 관련해서 개인이 사적으로 운용하는 자동차에 설치된 블랙박스에 의한 촬영이 업무를 목적으로 이동형 영상정보처리기로 촬영하는 것에 해당하는지가 문제된다. 앞서 본 바와 같이 업무란 직업상 또는 사회생활상의 지위에 기하여 계속적으로 종사하는 사무나 사업의 일체를 의미하고 영리성 여부는 따지지 않으므로 사적 목적에 의한 자동차의 운전 역시 업무에 해당하고, 특히 「교통사고처리 특례법」에서 차의 운전자가 교통사고를 내어 사람을 사망이나 상해에 이르게 한 경우 업무상과실치상 또는 업무상과실치사로 규율하고 있는 점을 고려하면, 개인이

---

136) 대법원 2005.4.15. 선고 2004도8701 판결 등 참조.
137) 개인정보 보호 법령 및 지침·고시 해설(2020), 18면.

사적으로 운용하는 자동차의 운전 역시 업무에 해당하고 따라서 자동차에 설치된 블랙박스에 의한 촬영 역시 본래의 업무수행과 밀접불가분의 관계에서 이루어지는 것이므로 업무를 목적으로 이동형 영상정보처리기로 촬영하는 것에 해당한다는 견해가 가능하다. 이에 대해서는 형사법의 법령이나 판결에서 해석된 업무의 범위를 개인정보처리자의 업무 목적 요건에도 그대로 적용해야 한다고 보기는 어렵고, 이를 고집할 경우 일반인의 법감정에 어긋나는 결과가 발생할 수 있다는 비판도 있다. 한편 보호위원회는 자동차 블랙박스는 일반적으로 교통사고 발생 시 원인을 파악하고 대응하기 위한 목적으로 설치·운영되고 있는데, 교통사고는 운전자의 본질적인 업무 목적으로 보기 어렵기 때문에 업무를 목적으로 이동형 영상정보처리기로 촬영하는 것에 해당하지 않는다는 견해를 취하고 있는 것으로 보인다.[138] 다만 이러한 해석에도 불구하고 사적으로 운영되는 개인운전자가 아닌 영리 목적의 운전자가 설치·운영하는 블랙박스에 의한 촬영은 포괄적인 업무 목적의 운영에 해당한다고 봐야 할 것이다.

이동형 영상정보처리기기의 운영 요건을 갖추지 않고 사람 또는 그 사람과 관련된 사물의 영상을 촬영한 경우 3천만 원 이하의 과태료를 부과한다(법 제75조 제2항 제11호).

2) 예외적 허용 요건

(1) 법 제15조 제1항 각 호의 어느 하나에 해당하는 경우

법 제15조 제1항의 개인정보 수집·이용에 관한 일반 규정을 그대로 적용하는 것으로, 정보주체의 동의나 법률에 특별한 규정이 있는 경우 등 법 제1조 제1항 각호의 어느 하나에 해당하는 경우 공개된 장소에서 업무 목적으로 이동형 영상정보처리기기를 이용하여 개인영상정보를 촬영할 수 있다. 예를 들어 「민원 처리에 관한 법률」 제4조 제2항, 동 시행령 제4조 제1항 제1호, 제2호는 민원인 등의 폭언, 폭행 등 발생 시 증거수집등을 위하여 불가피한 조치로서 휴대용 영상음성기록장비 사용이 가능한 바, 법 제25조의2 제1항 제1호에 따라 법 제15조 제1항 제2호에 근거하여 이동형 영상정보처리기기를 통해 개인영상을 촬영하는 것에 해당한다. 한편, 노사관계 등 사적인 관계에서 불법행위에 관한 채증을 위해 이동형 영상정보처리기기로 촬영하는 경우는 정보주체의 동의나 아래와 같은 촬영거부 의사의 부존재를 기대하기 어려운 바, 구체적인 경우에 따라 다르겠지만 법 제15조 제5호 또는 제6호에 해당한다고 보기도 쉽지 않아 법적 근거가 문제될 수 있다.

(2) 촬영거부 의사를 밝히지 아니한 경우

촬영 사실을 명확히 표시하여 정보주체가 촬영 사실을 알 수 있도록 하였음에도 불구하고 촬영 거부 의사를 밝히지 아니한 경우로서 정보주체의 권리를 부당하게 침해할 우려가 없고 합

---

138) 2023. 9. 27.자 개인정보 보호법 및 시행령 개정사항 안내(초안), 23면.

리적인 범위를 초과하지 아니하는 경우로 한정한다. 이는 개인정보의 기본적인 수집 이용의 원칙인 당사자의 사전 동의(Opt-in) 대신 이동형 영상정보처리기기의 특징을 고려하여 당사자가 촬영거부 의사를 밝히기 전에는 촬영을 허용하는 사후 거절(Opt-out) 방식의 채택을 의미한다.

① 촬영사실의 표시

이동형 영상정보처리기기운영자는 정보주체가 촬영 사실을 알 수 있도록 촬영사실을 명확히 표시하여야 한다. 법 제25조의2 제3항, 시행령 제27조의2는 촬영 사실의 표시방법과 관련해서 불빛, 소리, 안내판, 안내서면, 안내방송 또는 그 밖에 이에 준하는 수단이나 방법을 통해 정보주체가 촬영 사실을 쉽게 알 수 있도록 표시하고 알리도록 하되, 드론에 의한 항공촬영 등 촬영 방법의 특성으로 인해 정보주체에게 촬영 사실을 쉽게 알 수 있도록 표시하고 알리기 어려운 경우에는 보호위원회가 구축하는 인터넷 사이트에 공지[139]하는 방법으로 알릴 수 있다고 규정하고 있다. 법령에 규정된 특정 방법에 한정되는 것이 아니라 기기 특성 및 촬영 맥락에 따라 촬영 사실을 쉽게 알 수 있는 다양한 표시 방법이 선택 가능하다는 취지이다.

위 규정에 따르면 단지 촬영을 하고 있다는 사실을 알리는 것으로 요건을 충족하는 것으로 보이는데, 촬영을 당하는 정보주체의 입장에서는 단순한 촬영사실의 표시만으로는 촬영의 목적이나 범위 등 촬영의 맥락을 파악하기 용이하지 않으므로 촬영 거부 여부를 결정하기 위한 충분한 정보가 제공되었다고 보기 어렵다. 개인정보의 처리를 위한 사전 동의도 '고지에 의한 동의(informed consent)'이어야 유효하고, 이를 위해 정보주체로부터 동의를 받을 때에는 개인정보의 수집·이용 목적, 수집하려는 개인정보의 항목, 개인정보의 보유 및 이용 기간, 동의를 거부할 권리가 있다는 사실 및 동의 거부에 따른 불이익이 있는 경우에는 그 불이익의 내용을 알리고 동의를 받아야 한다고 명확하게 규정하고 있는 점(법 제15조 제2항)을 고려할 때, 촬영 거부 여부를 결정하기 위한 촬영사실의 표시에도 충분한 정보의 제공이 있어야 한다고 보는게 합리적이다. 특히 수집·이용 목적의 고지는 촬영된 영상정보의 이용 범위를 정하는 기준이 되는 것인데 이에 대한 명확한 표시가 없다면 영상정보 이용의 적법성을 판단하기 어려운 문제가 발생할 수 있다. 이에 대해서 과도한 표시를 요구하는 것은 이동형 영상정보처리기기의 기능을 제한하거나 정보주체에게 의도하지 않은 거부감을 줄 수 있으며, 촬영 사실의 표시를 인지한 후 객관적인 상황을 파악하게 되면 촬영의 맥락을 이해할 수 있고, 추가적인 정보가 필요하면 촬영자에게 정보 제공을 요구하면 되고, 충분한 정보를 얻지 못하면 촬영 거부 의사를 밝히면 되므로 정보주체의 권리 보호에 큰 문제가 없을 것이라는 반박도 가능하다. 하지만 명확하지 않은 프로세스는 신중하지 못한 촬영 거부의 포기나 불필요한 촬영 거부의 의사표시를 야기할 수 있으므로 촬영 사실의 표시에는 가능한 한 촬영의 목적이나 범위 등 정보주체가 촬영의 맥

---

[139] https://www.privacy.go.kr/front/filming/selectFilmingList.do 촬영지역, 촬영기간, 촬영목적, 영상정보처리기기운영자, 관리책임자 연락처, 수탁관리자 업체 등을 기재하도록 되어 있다.

락을 파악할 수 있는 정도의 정보가 제공되도록 하는 것이 필요하다. 촬영 목적이나 사용되는 이동형 영상정보처리기기에 따른 구체적인 기준이 마련될 필요가 있어 보인다.

② 정보주체의 촬영 거부 의사의 부존재

촬영 사실을 명확히 표시하였음에도 불구하고 정보주체가 촬영 거부 의사를 밝히지 아니하였어야 한다. 법은 정보주체의 촬영거부 의사의 표시 방법에 대해서는 아무런 규정을 두고 있지 않다. 따라서 정보주체는 구체적인 상황에 따라 행동이나 음성 등 적절한 방법으로 거부의 의사표시를 할 수 있다. 그러나 인터넷 사이트 공지로 대체할 수 있는 촬영 사실의 표시와 달리 촬영 방법의 특성으로 인해 이동형 영상정보처리기기운영자에게 촬영 거부사실을 쉽게 알리기 어려운 경우에 대해서는 아무런 고려가 없는 바, 이에 대해서도 실효성 있는 방안의 제시가 필요해 보인다.

촬영 거부의 의사를 표시한 경우 이를 반영하는 방법에 대해서 아무런 규정을 두고 있지 않은 점도 문제이다. 공개된 장소에서의 촬영은 복수의 정보주체가 동시에 촬영되는 경우가 많을 것인데 촬영 거부의 의사표시는 정보주체별로 이루어질 것이므로 촬영 거부를 한 정보주체와 그렇지 않은 정보주체가 혼재되어 있게 된다. 이때 촬영 거부를 한 정보주체를 제외하고 나머지 정보주체에 대해서만 촬영하는 것이 기술적으로 불가능할 경우 아예 촬영을 할 수 없는 것인지 명확하지 않다. 일단 촬영은 하되 촬영 거부를 한 정보주체의 개인정보가 담긴 부분은 삭제를 하는 방안도 고려해 볼 수 있으나 예외적 허용요건에 해당하지 않는 한 촬영 자체를 금지하는 것으로 보이는 법문과도 부합하지 않고 촬영을 해서 저장하는 순간 이미 개인정보의 수집이 이루어지는 것이니 법적 근거 없이 개인정보를 수집한 것이 되는 문제가 발생한다. 이에 대해서는 명확한 기준 제시가 필요하다.

③ 정보주체의 권리를 부당하게 침해할 우려가 없고 합리적인 범위를 초과하지 아니하는 경우

촬영 사실을 명확히 표시하여 정보주체가 촬영 사실을 알 수 있도록 하였음에도 정보주체가 촬영 거부 의사를 밝히지 아니한 경우에도, 정보주체의 권리를 부당하게 침해할 우려가 있거나 합리적인 범위를 초과하는 경우에는 이동형 영상정보처리기기의 운영이 금지된다. 법상 일반원칙(법 제3조 등)에 비추어 사회통념상 피촬영자가 예측가능한 범위 내인지를 판단할 필요가 있다. 구체적인 기준이 제시되어 있지 아니하므로 개별적으로 판단할 수밖에 없는바 향후 사례가 축적되고 유형별 사례가 제시되면 판단에 도움일 될 것으로 보인다. 해당 장소의 성격이나 특성, 정보주체의 복장이나 처한 상황 등에 비추어 볼 때 사생활에 대한 침해 등 정보주체의 권리를 부당하게 침해할 우려가 있는지 여부를 판단해야 할 것이고, 먼 거리에서 전경을 촬영해도 무방함에도 망원 렌즈 등으로 정보주체의 얼굴이 현저하게 드러나도록 촬영하는 것은 합리적인 범위를 초과하는 것으로 판단될 가능성이 클 것이다. 사후 거절(Opt-out) 방식의 속성상 현실적으로 정보주체의 실질적인 의중이 잘 반영되지 않고 촬영이 이루어지는 경우가 많을 것으로 예상되므로 정보주체의 권리의 부당한 침해의 우려나 합리적인 범위의 초과 여부를 판단함에 있어서는 가능한 한 적극적인 해석이 이루어지는 것이 필요하다.

3. 사생활을 현저히 침해할 우려가 있는 장소의 내부를 볼 수 있는 이동형 영상정보처리기기의 촬영금지

누구든지 불특정 다수가 이용하는 목욕실, 화장실, 발한실, 탈의실 등 개인의 사생활을 현저히 침해할 우려가 있는 장소의 내부를 볼 수 있는 곳에서 이동형 영상정보처리기기로 사람 또는 그 사람과 관련된 사물의 영상을 촬영하여서는 아니 된다(법 제25조의2 제2항 본문). 법 제25조의2 제1항의 예외적 허용요건을 갖추어도 촬영이 불가능한 것으로 해석된다. 고정형 영상정보처리기기의 해당 규정과 같은 취지로서 영상정보의 수집으로 침해되는 개인의 사생활의 정도가 중하므로 이를 제한한 것이다. 특히 휴대가 용이한 이동형 영상정보처리기기의 경우 그 의미가 클 것이다. 이 규정 역시 예시적 규정으로서 목욕실 등과 동등한 수준의 사생활의 현저한 침해가 발생할 수 있는 장소 역시 그 설치, 운영이 금지된다고 봐야 한다. 다만, 범죄, 화재, 재난 또는 이에 준하는 상황에서 인명의 구조·구급 등을 위하여 필요한 경우에는 예외적으로 촬영이 허용된다(법 제25조의2 제2항 단서, 시행령 제27조).

개인의 사생활을 현저히 침해할 우려가 있는 장소의 내부를 볼 수 있는 곳에서 이동형 영상정보처리기기로 사람 또는 그 사람과 관련된 사물의 영상을 촬영한 경우 5천만 원 이하의 과태료가 부과된다(법 제75조 제1항 제2호).

4. 준용 규정

이동형 영상정보처리기기의 운영에 관하여도 고정형 영상정보처리기기에 관한 법 제25조 제6항부터 제8항까지의 규정이 준용된다(법 제25조의2 제4항). 즉, 이동형 영상정보처리기기운영자는 개인정보가 분실·도난·유출·위조·변조 또는 훼손되지 아니하도록 법 제29조에 따라 안전성 확보에 필요한 조치 의무, 이동형 영상정보처리기기 운영·관리 방침 마련 의무를 부담하고, 이동형 영상정보처리기기 설치·운영에 관한 사무를 위탁할 수 있다. 운영관리 방침에 포함하여야 할 사항을 개인정보 처리방침 또는 고정형 영상기기 운영관리 방침에 포함하여 공개한 경우에는 별도로 방침을 마련하여 공개할 필요는 없다. 안전성 확보에 필요한 조치를 하지 아니한 경우에는 3천만 원 이하의 과태료(법 제75조 제2항 제5호)를 부과한다.

녹음기능 사용금지를 정한 동법 제25조 제5항은 준용이 되지 않는 바, 이동형 영상정보처리기기로 촬영과 동시에 녹음을 하는 경우에도 고정형 영상정보처리기기에서와 같은 문제가 발생할 가능성이 있다. 특정 목적에 한정되는 고정형 영상정보처리기기와 달리 다양한 목적으로 촬영될 수 있는 이동형 영상정보처리기기에 의한 촬영의 경우에는 음향이 수록되는 것이 촬영 목적에 부합하는 경우도 있을 수 있지만 그로 인해 공개를 원하지 않는 사람들 간의 대화가 녹음될 수 있어 타인의 사생활 침해의 우려가 커지게 된다. 촬영의 의미를 음향 녹음을 포함하는 것으로 넓게 해석하여 음향 녹음이 수반되는 촬영의 경우 촬영 사실의 표시에 녹음 사실도 표시를 하였음에도 불구하고 정보주체가 촬영 거부 의사를 밝히지 아니한 경우 음성 녹음도 적법하게 되는 것인지에 대해서는 명확하지 않으나 공개되지 아니한 타인 간의 대화를 녹음 또는 청취하는 것은 「통신비밀보호법」 제3조, 제14조 위반으로 엄격하게 금지된다는 점을 고려할 때 음성 녹음을 영상의 촬영의 경우와 동일하게 취급하는 것은 적절하지 않다. 공개된 장소에서 이루어지는 대화도 대화의 전달 범위나 방식, 당사자들의 의사 등을 고려해서 비공개 여부가 정해질 것이므로 단지 공개된 장소에서 이루어진 대화라는 이유로 비공개 대화가 아니라고 볼 수 없기 때문이다. 따라서 음성 녹음의 경우 녹음된 내용이 개인정보에 해당하는 경우에는 일반 원칙에 따라 정보주체의 동의 등 법 제15조의 법적 근거를 갖추어야 하고, 「통신비밀보호법」에 위반되지 않도록 주의할 필요가 있다.

한편, 고정형 영상정보처리기기에 대해 일부 규정의 적용을 배제한 법 제58조 제2항은 이동형 영상정보처리기기에는 준용되지 않는다. 이동형 영상정보처리기기의 설치·운영은 고정형 영상정보처리기기와 달리 기본적으로 법의 일반 원칙에 따라 처리가 이루어지기 때문이다. 그 중 만 14세 미만 아동의 개인정보 처리를 위해 법정대리인의 동의를 받도록 규정한 법 제22조의2의 경우 그 취지에 비추어 볼 때 경우 만 14세 미만 아동의 촬영 시에는 촬영 사실을 명확히 표시하여 정보주체가 촬영 사실을 알 수 있도록 하였음에도 불구하고 촬영 거부 의사를 밝히지 아니하여 촬영이 허용되는지 여부는 정보주체인 아동이 아닌 그 법정대리인을 기준으로 따져야 하는 것 아니냐는 의문이 제기될 수 있다. 그러나 이에 따르면 사후 거절 방식에 의한 이동형 영상정보처리기기 설치·운영 자체가 현실적으로 어려워 질 수 있는 바, 해석상 논란의 여지는 있지만 법 제22조의2 제1항은 개인정보처리자가 만 14세 미만 아동의 개인정보를 처리하기 위하여 '이 법에 따른 동의'를 받아야 할 때 법정대리인의 동의를 받도록 하는 것이므로 촬영사실의 표시 및 촬영거부 의사의 존재 여부를 따질 때에는 이 규정이 적용되지 않는다고 볼 수 있다. 이 경우 상황에 따라서는 아동의 개인정보 보호에 심각한 영향을 미칠 수도 있는 바, 법 제25조의2 제1항 제2호 단서 규정에 따라 정보주체의 권리를 부당하게 침해할 우려나 합리적인 범위를 초과한 여부를 다른 경우보다 더 넓게 판단함으로써 보완이 가능할 것이다.

5. 개인영상 정보의 열람, 제공, 보관, 파기

이동형 영상정보처리기기에 의하여 촬영된 개인정보에 대해서도 고정형 영상정보처리기기에 의한 촬영된 개인정보와 동일하게 열람, 제공, 보관, 파기가 이루어질 필요가 있다.

제 7 절
개인정보 처리 위탁

Ⅰ. 개관

1. 개인정보 처리 위탁의 의미

1) 개인정보 처리 업무의 위탁에 관한 별도의 규율

법은 개인정보처리자가 제3자에게 개인정보의 처리 업무를 위탁하는 경우에는 다음 각호의 내용이 포함된 문서로 하여야 한다고 규정하고 개인정보 처리 업무를 위탁하는 경우에 대하여 별도로 규정하고 있다(법 제26조 제1항). 개인정보 처리 업무의 위탁은 개인정보를 처리하는 개인정보처리자가 스스로 아니라 제3자에 의하여 처리되도록 하는 경우에 대한 것으로 일반적인 제3자 제공과 비교하여 구분하여 규정하고 있다. 제3자 제공과 위탁을 구분하는 것은, 제3자 제공의 경우 개인정보의 처리에 대한 통제권이 제3자에게 완전히 이전되거나 또는 적어도 제3자가 개인정보를 제공하는 자와 구분하여 독자적인 통제권을 가지는 경우임에 비하여, 위탁의 경우 개인정보 처리에 대한 통제권이 여전히 개인정보처리자에게 남아 있고 수탁자가 개인정보의 처리에 관한 아무런 통제권을 가지지 않는 경우에 해당하고, 양자는 그 법적 평가를 달리할 필요가 있기 때문이다.

2) 처리 위탁과 취급 위탁의 구분

개인정보 처리 업무의 위탁은 개인정보의 수집을 포함하여 관리 업무 자체를 위탁하는 개인정보의 처리위탁과 개인정보의 이용과 제공이 수반되는 일반 업무를 위탁하는 개인정보 취급 업무의 위탁으로 구분할 수 있다.[140] 전자는 처리위탁, 후자는 취급업무위탁이라고 통칭하는 것이 일반적이다. 두 개념에 법률적으로 의미있는 차이가 있는 것은 아니다.

---

140) 신종철, 개인정보보호법 해설, 진한엠앤비, 2020, 91-92면.

3) 위탁과 제3자 제공

이하에서 상세히 살펴보는 것처럼 개인정보 처리업무의 위탁의 경우에는 원칙적으로 동의 등 법적 처리 근거를 따로이 요구하지 않음에 비하여 제3자 제공의 경우 동의 등 별도의 법적 처리 근거를 요구하게 되므로 양자의 구분은 매우 중요한 의미를 가진다. 특히 동의를 받지 않고 개인정보를 제3자 제공하는 경우 그 제공자는 형사처벌의 대상이 되거나 과징금 처분의 대상이 될 수 있는데 위탁의 경우는 그러한 처벌의 대상이 되지 아니하므로 그 어떠한 행위를 위탁으로 볼 것인지 아니면 제3자 제공으로 볼 것인지에 따라 처리자가 부담하게 되는 책임에서 큰 차이가 있다.

개인정보의 처리 위탁인지 제3자 제공인지 여부에 대하여 '1mm 고지 사건'은 그 일응의 판단 기준을 제시하였다.[141] 그 주요 판시의 내용은 아래와 같다.

> 개인정보 보호법 제17조 제1항 제1호, 제26조, 제71조 제1호, 정보통신망 이용촉진 및 정보보호 등에 관한 법률(이하 '정보통신망법'이라고 한다) 제24조의2 제1항, 제25조, 제71조 제3호의 문언 및 취지에 비추어 보면, 개인정보 보호법 제17조와 정보통신망법 제24조의2에서 말하는 개인정보의 '제3자 제공'은 본래의 개인정보 수집·이용 목적의 범위를 넘어 정보를 제공받는 자의 업무처리와 이익을 위하여 개인정보가 이전되는 경우인 반면, 개인정보 보호법 제26조와 정보통신망법 제25조에서 말하는 개인정보의 '처리위탁'은 본래의 개인정보 수집·이용 목적과 관련된 위탁자 본인의 업무 처리와 이익을 위하여 개인정보가 이전되는 경우를 의미한다. 개인정보 처리위탁에 있어 수탁자는 위탁자로부터 위탁사무 처리에 따른 대가를 지급받는 것 외에는 개인정보 처리에 관하여 독자적인 이익을 가지지 않고, 정보제공자의 관리·감독 아래 위탁받은 범위 내에서만 개인정보를 처리하게 되므로, 개인정보 보호법 제17조와 정보통신망법 제24조의2에 정한 '제3자'에 해당하지 않는다. 한편 어떠한 행위가 개인정보의 제공인지 아니면 처리위탁인지는 개인정보의 취득 목적과 방법, 대가 수수 여부, 수탁자에 대한 실질적인 관리·감독 여부, 정보주체 또는 이용자의 개인정보 보호 필요성에 미치는 영향 및 이러한 개인정보를 이용할 필요가 있는 자가 실질적으로 누구인지 등을 종합하여 판단하여야 한다.

위 판시에 따르면, 위탁인지 제3자 제공인지 여부를 판단함에 있어서 목적이 개인정보를 이전받는 자를 위한 것인지 아니면 이전하는 자를 위한 것인지 여부가 구분의 가장 주요한 기준이 될 것으로 보인다. 즉, 위탁의 경우는 '위탁사무 처리에 따른 대가를 지급 받는 것' 이외에는 개인정보의 처리에 관한 다른 독자적인 이익을 가지지 않는 경우를 의미한다. 다만 대법원은 위탁인지 제3자 제공인지를 목적만으로 구분하는 것이 아니라 다음의 6가지 기준을 종합하여 판단한다는 입장이다.

---

141) 대법원 2017.4.7. 선고 2016도13263 판결.

① 취득 목적

② 취득 방법

③ 대가의 수수 여부

④ 수탁자에 대한 실질적인 관리, 감독 여부

⑤ 정보주체 또는 이용자의 개인정보 보호 필요성에 미치는 영향

⑥ 개인정보를 이용할 필요가 있는 자가 실질적으로 누구인지 여부

　　실제로 위탁인지 제3자 제공인지 여부가 문제되는 사안에서는 6가지 기준이 일관되게 위탁 또는 제3자 제공으로 나뉘어지기 보다는 여러 가지의 요소들이 혼재되어 있는 경우들이 많은데, 대법원의 위 기준들을 종합적으로 고려하여야 한다는 점을 밝힌 것이다. 다만, 이러한 대법원의 기준 제시에도 불구하고, 처리 위탁과 제3자 제공을 구분함에 있어서 개인정보의 이전으로 인하여 발생하는 이익과 목적이 속하는 주체가 누구인지, 이전된 이후에 개인정보에 대한 지배, 관리권이 누구에게 있는지 여부를 주된 요소로 판단하는 것이 대체적인 견해이다.[142] 이에 비하여 정보주체에 대하여 책임을 부담하는 구도에 따라서 위탁과 제3자 제공을 구분하자는 견해도 보인다.[143]

　　한편, 위탁인지 제3자 제공인지 여부를 구분함에 있어서 객관적인 사실관계를 기초로 판단하는지 아니면 주관적인 당사자의 의사를 주로 판단하는지 여부도 문제가 된다. 대법원 2016도 13263 판결의 취지를 살펴본다면 당사자들이 위탁으로 할 것인지 제3자 제공으로 할 것인지를 정한 것을 기초로 하기보다는 객관적인 사실관계를 주된 판단의 기초로 삼고 있는 것으로 보인다. 이러한 해석은 일응 타당해 보인다. 그런데, 처리자의 의도를 전혀 무시하고 객관적인 사실관계만으로 판단하여야 할 것인지는 의문이다. 위수탁자간의 주관적인 사정을 전혀 고려하지 아니한 채 객관적인 사실관계만을 기준으로 판단하는 경우, 당사자들이 양자 간의 개인정보 처리에 관한 관계를 제3자 제공에 가까운 것으로 보아 당사자의 동의를 받고 제3자 제공에 따른 고지 의무 등 위탁에 비하여 더 엄격하고 정보주체의 자기결정권 보장에 더 부합하는 방식으로 개인정보 처리 관계를 설정하였음에도 객관적인 사정만을 기준으로 그 실질이 위수탁 관계라고 판단하는 것은 당사자간의 사법적 관계를 왜곡하여 해석하는 결과가 될 수 있다.

---

142) 권창환, "개인정보의 제3자 제공과 처리 위탁의 구별 기준", 개인정보 판례백선, 박영사, 2022, 291면에서는 '업무-이익 기준설'이라고 지칭하고 있다.

143) '책임 기준설' 정도로 부를 수 있을 것이다. 전승재, '개인정보 처리위탁, 제3자 제공, 공동처리자', 정보법학, 제26권 제3호, 2002, 201면.

2. 개인정보 처리의 위수탁 관계와 행정 위탁의 개념과의 구별

개인정보의 처리 업무를 위탁하는 경우에 법 제26조가 우선하여 적용된다. 개인정보의 처리만을 위탁하는 개인정보 처리위탁의 경우에 개인정보보호법 제26조가 적용됨에는 논란의 여지가 없으나 다른 업무를 위탁하는 과정에서 개인정보의 처리가 함께 위탁되는 개인정보 취급업무위탁의 경우에는 이를 개인정보 처리 업무의 위탁으로 보아 개인정보보호법 제26조가 적용될 것인지는 대법원 2017.4.7. 선고 2016도13263 판결에서 제시한 기준에 따라서 개별 사안별로 판단하여야 할 것이다.

국가의 행정관청간 또는 지방자치단체와 사이에 업무의 위탁으로 인한 개인정보의 이전이 발생하게 되는 이를 어떻게 해석할 것인지에 대하여 유의할 필요가 있다. 소위 강학상 행정 위탁의 경우를 모두 개인정보처리의 위탁이라고 볼 것은 아니고 별도로 사안별로 따져볼 필요가 있다. 국가나 지방자치단체 등 행정주체의 사무가 해당 국가나 지방자치단체에 의하여 수행되는 것이 아니라 그 사무가 위탁되어 운영되는 경우가 다수 존재하는데, 이러한 경우에 위탁이라는 용어를 사용한다고 하여 개인정보 처리위탁으로 볼 것이 아니라 구체적인 사안을 두고 판단하여야 한다.

그 이외에도 행정법상 행정보조인이라는 개념이 존재하고, 이는 행정주체를 위하여 동원되는 독립적으로 활동하지 않는 경우로서 개인정보 처리의 관점에서는 개인정보 취급자와 유사한 지위로 볼 수 있을 것으로 보이나, 사안에 따라서는 위탁으로 볼 여지도 있어 보인다. 행정보조인 내지 행정대행의 예시로서는 교통사고나 긴급한 재난 발생시 수신호나 교통정리 등을 하는 보조경찰, 주, 정차 위반차량을 견인하기 위해 경찰공무원에 의해 동원되는 사실견인업체 등을 예시로 제시되고 있고[144], 도로교통법상 불법주차자동차의 견인 대행, 폐기물관리법상 생활폐기물의 수집, 운반, 처리의 대행 등의 경우도 제시되고 있다[145]. 이러한 경우는 행정청의 관리감독 하에 법령에 따른 행위를 행정관청을 대행하여 하는 것으로, 이때 발생하는 개인정보의 처리 행위는 많은 경우 개인정보의 처리 위탁으로 볼 수 있을 것이다.

Ⅱ. 개인정보 위탁과 관련한 규정의 연혁 및 타법의 사항

1. 2020. 2. 4. 개정되기 전의 정보통신망법

정보통신망법은 2001. 7. 1.자 전부개정을 통하여 개인정보 보호에 관한 규정을 강화하면서 동법 제25조에서 개인정보 처리의 위탁에 관한 규정을 신설하였다. 즉, 이 법에서 정보통신서

---

144) 정남철, 사인의 행정과제 참여와 공무위탁, 법조, 제62권 제6호, 2013, 85면. 다만 위 예시는 독일의 사례로 보인다.
145) 박균성, "공무수탁자의 법적 지위와 손해배상책임", 행정판례연구, 제15집 제1호, 160면.

비스제공자등이 타인에게 이용자의 개인정보 수집, 취급, 관리 등을 위탁하는 경우에는 그 사실을 이용자에게 고지하도록 하고 위탁받은 자는 손해배상책임에 한하여 정보통신서비스제공자등의 소속직원으로 본다는 규정을 두었다(구 정보통신망법 제25조). 그 후 2004. 1. 29.자 개정 정보통신망법은 수탁자의 정의 규정("개인정보의 수집ㆍ취급ㆍ관리 등을 위탁받은 자")을 두어 그 의미를 구체화하고 수탁자(위탁받은 자)에 대하여 제4장(개인정보의 보호)의 규정을 위반하지 아니하도록 관리, 감독하여야 할 의무 규정을 신설하였다.

이후 2007. 1. 26.자 개정 정보통신망법은 구조를 위수탁에 대한 구조를 전체적으로 변경하여 위탁에 관하여도 원칙적으로 일정 사항을 알리고 동의를 받도록 하되, 다만 정보통신서비스의 제공에 관한 계약을 이행하고 이용자의 편의 증진 등을 위하여 필요한 경우로서 일정 사항을 개인정보처리방침에서 공개하거나 전자우편 등 대통령령으로 정하는 방법에 이용자에게 알린 경우에는 고지와 동의 절차를 거치지 아니할 수 있도록 하였다.

2. 제정 개인정보보호법과 2023년 개정법

제정 개인정보보호법은 개인정보 위탁의 규율에 있어서 당시 정보통신망법의 규정과는 달리 공개를 원칙적으로 하되, 예외적으로 고지를 하도록 하고 동의를 받지 않더라도 위수탁이 원칙적으로 이루어지도록 하였다. 이러한 제정 개인정보보호법의 입장은 계속 유지되어 왔으며 그 이후 위탁에 관하여는 별다른 개정이 없다가, 2023년 개정을 통하여 일부 사항을 개정하였다. 개인정보 처리위탁에 관한 2023년 주요 개정 사항은 다음과 같다.

첫째, 이전까지 재위탁에 대하여 위수탁에 관한 규정이 적용되는지 여부에 대하여 논란이 있었으나 개정법은 수탁자의 범위에 '개인정보 처리 업무를 위탁받아 처리하는 자로부터 위탁받은 업무를 다시 위탁받은 제3자를 포함'한다고 하여(법 제26조 제2항), 재위탁에 대하여도 위탁에 관한 규정이 적용됨을 명확히 하였다.

둘째, 수탁자가 위탁받은 개인정보의 처리 업무를 제3자에게 다시 위탁하려는 경우에는 위탁자의 동의를 받도록 하는 내용을 신설하였다(법 제26조 제6항).

셋째, 수탁자의 준용 규정(법 제26조 제7항)을 명문화 하고, 과징금 및 형사 제재 규정에 수탁자가 제재 대상이 될 수 있도록 하는 규정을 추가하여 수탁자도 제재 대상이 될 수 있음을 명확히 하였다.

3. 신용정보법상의 처리 위탁

신용정보법은 신용정보회사등이 제3자에게 신용정보의 처리 업무를 위탁할 수 있도록 하고, 그 경우 개인신용정보의 처리위탁에 대해서는 개인정보보호법 제26조 제1항부터 제3항까지의 규정을 준용하도록 하였다(동법 제17조 제1항).

신용정보회사등이 신용정보의 처리를 위탁함에 있어서 수탁자의 업무처리에 관하여는 신용정보법 상 해당 규정을 준용하고, 위탁하려는 신용정보회사 등은 대통령령이 정하는 바에 따라 그 위탁에 관한 사항을 금융위원회에 알려야 하며, 신용정보의 분실 등이 발생하지 않도록 수탁자를 교육하여야 하고 안전한 신용정보 처리에 관한 사항을 위탁계약에 반영하도록 하였다(동조 제2항, 제3항, 제5항).

그리고, 신용정보회사등이 위탁을 위하여 수탁자에게 개인신용정보를 제공하는 경우 특정 신용정보주체를 식별할 수 있는 정보는 암호화 등의 보호조치를 하여야 하고, 수탁자가 개인신용정보를 이용하거나 제3자에게 제공하는 경우에는 개인정보보호법 제26조 제5항에 따라 위탁받은 해당 업무범위를 초과하여 개인정보를 이용하거나 제3자에게 제공하여서는 아니될 의무를 부담한다고 하였다(동조 제4항, 제6항),

추가로, 신용정보의 수탁자는 위탁받은 업무를 제3자에게 재위탁하여서는 아니된다고 하면서(동조 제7항), 신용정보의 보호 및 안전한 처리를 저해하지 아니하는 범위에서 금융위원회가 인정하는 경우에는 재위탁이 가능하다고 규정하였다.[146]

III. 개인정보 처리 위탁과 관련한 해외 사례

1. GDPR

GDPR은 컨트롤러와 프로세서의 개념을 두고 있는데, 이 개념은 우리 법상의 개인정보처리자와 수탁자의 개념과 유사한 측면이 있다. GDPR의 컨트롤러(controller)는 단독으로 또는 제3자와 공동으로 개인정보 처리의 목적 및 방법을 결정하는 자연인 또는 법인, 공공기관, 기관, 기타 기구[147]를 지칭하고, 프로세서(processor)는 개인정보처리자를 대신하여 개인정보를 처리하는

---

[146] 신용정보법 제17조 제7항에서 '금융위원회가 인정하는 경우'란 다음 각호의 어느 하나에 해당하지 아니하는 경우를 말한다(신용정보업감독규정 제15조 제4항).
  1. 관련 법령에서 해당 업무의 위탁을 금지하고 있는 경우
  2. 재위탁자 또는 재수탁자가 최근 3년 이내에 신용정보주체의 정보관리, 감독관련 자료 제출 등 감독기관의 검사와 관련한 사항으로 기관경고 이상의 제재 또는 형사처벌을 2회 이상 받은 사실이 있는 경우
  3. 그 밖에 재위탁으로 인하여 재위탁자의 건전성 또는 신인도를 크게 저해하거나, 금융질서의 문란 또는 신용정보주체의 피해 발생이 심히 우려되는 경우
[147] GDPR Art.4(7).

자연인이나 법인, 공공기관, 기관 또는 기타 기구를 지칭한다.[148]

GDPR Art.28은 프로세서에 대하여 규정하고 있는데, 개인정보처리자는 적절한 기술 및 관리적 조치 이행을 통하여 그 처리가 GDPR의 요건을 충족하고 정보주체의 권리를 보호하도록 충분한 보증(sufficient guarantees)을 제공하는 프로세서만을 이용하여야 한다[Art.28(1)]. 프로세서는 사전의 특정한 또는 일반적인 컨트롤러의 서면 승인 없이 타 수탁처리자를 고용할 수 없고[Art.28(2)], 프로세서는 컨트롤러와의 관계에서 계약이나 법률의 규제를 받으며, 프로세서가 다른 프로세서를 고용하는 경우 컨트롤러와의 계약 및 법상 의무가 그 다른 프로세서에게도 적용되도록 보증하여야 하고, 그 다른 프로세서가 자신에게 부과된 개인정보 보호의무를 준수하지 아니할 경우 컨트롤러에 대하여 전적인 책임을 부담하여야 한다[Art.28(3),(4)].

그 외에 프로세서는 DPO의 지정(Art.37), 처리활동의 기록(Art.30), 개인정보 처리 보안 기준의 적용(Art.32), 정기적인 개인정보 영향평가 수행 의무(Art.35), 역외 이전 규정의 준수(Art.44 이하), 국제 감독기구 협조의무(Art.31) 등의 다양한 의무를 부담한다. 그에 따라 프로세서는 감독당국에 의한 제재의 직접적인 적용대상이 될 수 있고(Art.83), GDPR 요구사항을 충족하지 못하는 경우 정보주체로부터 손해배상의 청구 대상이 될 수 있다(Art.79).[149]

컨트롤러의 요건인 개인정보 처리의 목적 및 방법을 결정(determine the purposes and means of the processing of personal data)한다는 의미와 관련하여, CJEU는 리투아니아 복지부(NVSC)가 민간회사인 ITSS에 COVID-19에 노출된 개인의 등록과 모니터링을 위한 시스템 개발을 의뢰하고 개발된 모바일 앱을 통하여 개인정보가 처리되었으나 아직 정부의 공식적인 공공입찰은 진행되지 아니한 상황에서 리투아니아 개인정보보호당국(VDAI)이 NVSC 및 ITSS에 대하여 GDPR의 위반을 이유로 과징금을 부과하였고 그에 대하여 NVSC가 이의를 제기한 사건에서 해당 법원의 해석 요청에 따라 컨트롤러의 의미에 대하여 해석하면서, GDPR Art.4(7)의 컨트롤러는 일 주체(NVSC)가 모바일 앱의 개발을 의뢰하고 그 앱을 통한 개인정보의 처리의 목적 및 방법의 결정에 참여하였다면, 비록 그 일 주체가 개인정보의 처리에 관한 어떠한 행위도 스스로 수행한 바 없고, 특정한 운영 행위 또는 대상 모바일 앱의 공개에 대하여 명시적으로 동의한 바 없었다고 하더라도, 그 일 주체가 앱의 공개 이전에 명시적으로 공개와 개인정보의 처리에 반대한 바 없었다면, 모바일 앱을 통한 개인정보의 처리 행위에 대하여 컨트롤러로 볼 수 있다고 판시하였다.[150]

---

148) 'processor' means a natural or legal person, public authority, agency or other body which processes personal data on behalf of the controller, GDPR Art.4(8).

149) 우리 기업을 위한 2020 EU 일반개인정보보호법 가이드북, 한국인터넷진흥원, 2020, 21-22면.

150) CJEU, Case C-683/21(Nacionalinis visuomenės sveikatos centras prie Sveikatos apsaugos ministerijos v.Valstybinė duomenų apsaugos inspekcija), 2023. 12. 5. 한편, 이 사건에서 CJEU는 공동컨트롤러의 의미에 대해서도 판단하였는데, 대상이 되는 개인정보의 처리의 목적과 방법을 결정함에 있어서 양 당사자 사이에 합의(arrangement)가 존재하여야 한다거나 공동 컨트롤의 조건을 정하는 합의가 반드시 존재하여야 하는 것은 아니라고 하였다. 즉,

2. 미국 캘리포니아주의 CCPA/CPRA

캘리포니아의 CCPA/CPRA에서는 우리 법상의 수탁자에 유사한 '서비스 제공자(service pro-viders)'라는 개념을 두고 있다.[151] 서비스 제공자는 '주주 또는 기타 소유자의 이익이나 재정적 혜택을 위해 조직되거나 운영되는 단독 소유자, 조합, 유한책임회사, 법인, 협회 또는 기타 법적 실체로서, 사업자를 대신하여 정보를 처리하고 서면 계약에 따라서 업무상 목적을 위해서 사업자가 소비자의 개인정보를 공개하는 대상'을 의미한다.[152] 그에 따르면 서비스 제공자와의 계약은 사업자가 개인정보를 보유, 사용 또는 공개하는 것이 업무 계약서에서 명시된 서비스를 수행하는 것 이외의 여하한 목적으로 개인정보를 보유, 사용 또는 공개하는 것을 포함하는 것을 금지하고, 사업자와의 계약에서 명시된 서비스를 제공하는 것 이외의 상업적 목적으로 개인 정보를 보유, 사용 또는 공개하는 것을 금지하는 것이 포함된다.

사업자는 서비스 제공자가 법에 명시된 제한 사항을 위반하여 개인정보를 사용한 경우에 서비스 제공자가 그러한 위반행위를 하는 것을 알았거나 또는 그렇게 믿을 만한 이유가 없었다면 서비스 제공자의 법 위반 행위에 대하여 책임을 지지 아니한다. 서비스 제공자는 자신이 법에 명시된 서비스를 제공한 것에 대해서 사업자의 의무사항에 대한 책임을 부담하지 아니한다.[153]

추가로, CPRA에 따르면 서비스 제공자는 정보주체의 권리 주장에 대하여 사업자와 협력하여야 하고, 소비자의 민감정보의 사용 제한 요구에 따라야 할 의무를 부담한다.[154]

3. 일본 개인정보보호법

일본 개인정보보호법 제25조는 개인정보 취급사업자가 개인정보를 위탁하는 경우 그 위탁받은 개인정보를 안전하게 관리할 수 있도록 위탁받은 자에 대하여 필요하고 적절한 감독을 실시할 의무를 규정하고 있다. 또한 본인의 사전 동의 없이 개인 정보를 제3자에게 제공하여서는 아니된다는 원칙 하에 개인정보 취급사업자가 이용목적 달성에 필요한 범위 내에서 개인정보 취급의 전부 또는 일부를 위탁함에 따라 그 개인 데이터가 제공되는 경우에 법 제27조의 규정

공동 컨트롤러는 개인정보 처리의 목적과 방법을 결정함에 있어서 각 주체가 실질적인 영향(a tangible impact)를 미치는 공통의(common) 또는 하나로 수렴되는(converging) 결정에 참여하는 것으로 인정되는 것이지, 공통 컨트롤러로 인정되기 위하여 각 당사자들 사이에 공식적인 합의(formal arrangement)가 요구되는 것은 아니라는 의미이다.

151) 그에 대응되는 개념은 사업자(business)이다. Cal. Civ. Code §1798.140(c)

152) "Service Provider" means a sole proprietorship, partnership, limited liability company, corporation, asssocation, or other legal entity that is organized or operated for the profit or financial benefit of its shareholders or other owners, that processes information on behalf of a business and to which the business discloses a consumer's personal information for a business purpose pursuant to a written contranct. Cal. Civ. Code §1798.140(v)

153) Cal. Civ. Code §1798.145(j).

154) Cal. Civ. Code §1798.121(c).

을 적용함에 있어서 제3자에 해당하지 아니하는 것으로 보아 제3자 제공을 위한 동의를 받지 않고 위탁을 할 수 있음을 명시하고 있다(법 제27조 제5항 제1호).

IV. 위수탁 관계에 관한 규율

1. 문서에 의함[155]

위수탁 관계는 문서에 의하여야 한다. 본 조의 주된 목적은 정보주체의 권리를 두텁게 보호하기 위하여 일방에게 책임이 전가되지 않도록 하기 위한 것이다. 문서는 서면을 의미하며, 전자문서도 포함한다. 독립된 문서일 것을 요구하지 아니하므로 업무의 위탁에 관한 계약에 부수적인 문서로 포함된 경우도 가능하고, 쌍방의 의사가 반영되었다면 위수탁 당사자 모두의 날인이 반드시 포함되어야 할 것도 아니다. 법은 위탁이 '문서'에 의할 것을 요구하지만 반드시 '계약'일 것을 요구하는 것은 아니다. 따라서, 쌍방의 합의에 따른 문서가 존재하여야 본 항의 조건을 충족하는 것은 아니라고 할 것이다.[156]

2. 문서에 포함하여야 할 사항(법 제26조 제1항)

개인정보 처리를 위탁하는 경우 문서에 포함하여야 하는 내용은 다음과 같다.

1. 위탁업무 수행 목적 외 개인정보의 처리 금지에 관한 사항
2. 개인정보의 기술적, 관리적 보호조치에 관한 사항
3. 위탁업무의 목적 및 범위
4. 재위탁 제한에 관한 사항
5. 개인정보에 대한 접근 제한 등 안전성 확보 조치에 관한 사항
6. 위탁업무와 관련하여 보유하고 있는 개인정보의 관리 현황 점검 등 감독에 관한 사항
7. 법 제26조 제2항에 따른 수탁자가 준수하여야 할 의무를 위반한 경우의 손해배상 등 책임에 관한 사항

---

155) 2011. 3. 29. 제정법은 "문서에 의하여야 한다."라고 규정하고 있었는데, 2023년 개정법은 "문서로 하여야 한다." 라고 그 자구를 수정하였다.

156) 위탁을 법 제26조 제1항 각호에 내용이 포함된 문서로 하지 아니할 경우, 업무 위탁 시 해당 내용이 포함된 문서로 하지 아니한 자는 1천만 원 이하의 과태료에 처하여질 수 있다(법 제75조 제3항 제4호). 실무상 위탁자와 수탁자 사이에 업무의 위탁에 관한 계약은 체결되지만 개인정보의 처리에 관한 사항을 위탁에 담기가 어려운 경우가 있는데 위탁자의 입장에서는 법 제126조 제1항 각호의 내용이 포함된 문서를 수탁자에게 제공하였다면 적어도 법 위반으로 인한 과태료의 제재 대상은 되지 아니한다고 봄이 상당할 것이다.

각 항목에 대하여 살펴보면 다음과 같다.

1) 목적외 처리 금지

수탁자는 위탁의 범위를 벗어나서 개인정보를 처리하여서는 아니 되므로 그러한 처리 행위의 금지를 규정한 사항이 포함되어야 한다. 위수탁 관계의 성격을 고려할 때, 위 조항의 의미가 수행 목적 외의 개인정보 처리가 가능하다고 정하는 것이 허용된다고 보기는 어렵다.

2) 기술적, 관리적 보호조치(법 제26조 제1항 제2호), 개인정보에 대한 접근 제한 등 안전성 확보조치에 관한 사항(동법 시행령 제28조 제1항 제3호)

위 두 사항은 모두 수탁자가 개인정보를 안전하기 처리하기 위하여 갖추어야 할 보호조치를 의미하는 것이다. 실무상으로는 기술적 관리적 보호조치는 구 개인정보보호법 상의 '개인정보의 기술적, 관리적 보호조치 기준'(개인정보보호위원회 고시 제2021-3호)을 의미하고, 안전성 확보조치는 '개인정보의 안전성 확보조치 기준'(개인정보보호위원회 고시 제2021-2호)을 의미하는 것으로 볼 수 있을 것이나,[157] 반드시 그 고시 기준을 따라야 한다는 의미로 새겨야 하는 것은 아니다.

3) 위탁업무의 목적 및 범위

위수탁의 내용에는 위수탁의 업무의 목적 및 범위가 포함되어야 한다. 다만 그 내용은 개인정보의 처리를 위한 개인정보의 이전 내지 공유 등의 범위를 정할 수 있는 정도이면 충분하고, 반드시 사전적으로 명확하게 확정되어야 한다거나 추가적인 변경 가능성을 전적으로 배제할 정도로 엄격하게 새길 것은 아니다.

4) 재위탁 제한에 관한 사항

개인정보의 처리는 재위탁할 수 있다. 해당 조항은 재위탁의 제한에 관하여 규정할 것을 정하고 있으나 그 의미를 반드시 재위탁을 금지하는 내용을 담을 것을 요구한다고 해석할 것은 아니다. 재위탁에 대하여 위탁자의 동의를 받도록 하거나, 재위탁에 대하여 사전적으로 미리 허락하는 조항을 두는 것으로 가능하다고 보아야 한다.

5) 개인정보의 관리 감독에 관한 사항

위탁자는 정보주체와의 관계에서 수탁자가 개인정보 처리에 대하여 관리 감독하여야 한다. 법 제26조 제4항은, 위탁자의 의무로서 (i) 수탁자에 대한 교육, (ii) 수탁자의 안전한 처리 감독

---

157) 2023년 개정법의 시행 이후 두 고시가 통합되었으므로 위 두 조항의 기준은 통합된 안전성 확보조치 기준 고시를 의미한다고 볼 것이다.

을 규정하고 있으나, 법 제26조 제1항 제5호에서 문서로 정하도록 하고 있는 사항은 '처리 현황 점검 등의 감독'에 관한 사항으로 한정된다. 다만 2)항에서 본 바와 같이 안전한 처리에 관하여 는 별도로 규정하고 있다.

6) 수탁자의 의무 위반에 따른 책임에 관한 사항

'수탁자가 준수하여야 할 의무'는 수탁자가 위탁받은 업무를 처리하는 과정에서 준수하여야 할 의무를 의미하고, 그 '의무'는 법에서 정한 의무는 물론 또한 문서로 정한 업무 범위 내에서 수탁자가 준수하여야 할 계약상의 의무까지도 포함한다고 봄이 타당하다. 다만 모든 의무 위반 에 대한 책임을 망라하여 규정하여야 한다고 엄격하게 해석할 것은 아니다.

손해배상 등 책임에 관한 사항은 본 항의 의미가 정보주체의 권리를 두텁게 보호하기 위하 여 일방에게만 책임이 전가되지 않도록 하기 위한 것임에 비추어 손해배상 등 책임에 관한 사 항은 정보주체에 대한 것만 규정하더라도 충분할 것이다. 또한 '손해배상 등 책임에 관한 사항' 을 문서로 정하면 되고 수탁자가 반드시 책임을 부담하여야 한다거나 또는 위탁자와 수탁자가 연대하여 정보주체에게 책임을 진다는 등의 내용이 의무화되어야 할 것은 아니다.

3. 위수탁 내용의 공개(법 제26조 제2항)

위수탁은 그 내용을 '위탁자'의 인터넷 홈페이지에 위탁하는 '업무의 내용'과 '수탁자'를 지속 적으로 게재하는 방법을 채택하여야 한다.

홈페이지에 게재할 수 없는 경우에는 시행령 제28조 제3항 각호의 방법으로 공개하여야 한 다. 홈페이지에 게재할 수 없는 경우는 대표적으로 개인정보처리자가 운영하는 홈페이지가 없 는 경우인데, 그 의미를 엄격하게 해석할 것이 아니라 '정보주체가 언제든지 쉽게 확인할 수 있 도록' 한 법의 취지를 고려하여 해석함이 타당하다. 따라서, 홈페이지에 게재하는 것이 부적절 하다고 객관적으로 판단되는 경우도 '홈페이지에 게재할 수 없는 경우'에 포함되는 것으로 유연 하게 해석하여야 할 것이다. 예컨대, 임직원의 개인정보 처리에 관한 사항을 별도로 다른 이용 자 등 일반 정보주체에 대한 개인정보 처리와 구분하여 규율하고자 하는 경우, 그 위수탁 사항 을 반드시 일반인에게 공개된 홈페이지에 게재하여야 하는 것은 아니고, 위수탁 사실의 공개를 위하여 대외적으로 누구나 접근할 수 있는 인터넷 홈페이지를 새롭게 개발하여야 할 의무가 있 다고 할 것도 아니며, 위수탁 처리 대상이 개인정보의 정보주체인 임직원이 언제나 쉽게 확인 할 수 있도록 내부 인트라넷 등을 통하여 공개하는 것도 가능하다 할 것이다.

홈페이지에 게재할 수 없는 경우에는 다음 어느 하나 이상의 방법으로 공개하여야 한다.

1. 위탁자의 사업자등의 보기 쉬운 장소에 게시하는 방법
2. 관보나 위탁자의 사업자등이 있는 시도 이상의 지역을 주된 보지급지역으로 하는 신문 등의 진흥에 관한 법률 제2조 제1호 가목, 다목 및 같은 조 제2호에 따른 일반일간신문, 일반주간신문 또는 인터넷신문에 싣는 방법
3. 같은 제목으로 연 2회 이상 발행하여 정보주체에게 배포하는 간행물, 소식지, 홍보지 또는 청구서 등에 지속적으로 싣는 방법
4. 재화나 용역을 제공하기 위하여 위탁자와 정보주체가 작성한 계약서 등에 실어 정보주체에게 발급하는 방법

법 제26조 제2항은 대통령령으로 정하는 방법으로 '공개'하여야 한다고 규정하고 있다. 시행령 제28조 제3항 제4호는 공개하는 방법으로 '4. 재화나 용역을 제공하기 위하여 위탁자와 정보주체가 작성한 계약서 등에 실어 이를 발급하는 방법'도 '공개'의 방법 중의 하나로 허용하고 있다.

한편, 홈페이지 공개는 '위탁자'의 홈페이지에 공개되어야 함이 원칙이다. 다만, 예컨대 소규모 쇼핑몰 사업자와 쇼핑몰 운영 업체와의 관계와 같이 위탁자가 적절한 홈페이지 운영이 어려운 부득이한 경우에는 위탁자는 링크 등을 제공하고 수탁자의 홈페이지에서 확인할 수 있도록 하는 방법도 허용되도록 해석할 필요가 있다.

공개하는 내용은 '위탁하는 업무의 내용'과 '수탁자'이다. 업무의 내용은 가급적 구체적이어야 하며 처리 목적에 위탁 사항을 정보주체가 쉽게 확인할 수 있도록 알린다는 의미를 고려하여 그 구체적인 공개 수준을 정할 수 있다. 수탁자가 다수인 경우 링크 등의 방법으로 별도의 웹페이지를 통하여 제공하는 방법도 허용된다고 해석되고 있다. 수탁자의 공개에 있어서 제3자 제공과 마찬가지로 개별 수탁자의 명칭이 공개되어야 한다고 해석하는 것으로 보이고 그에 따르면라 수탁자가 수천 곳이더라도 전부 공개되어야 하는 것이 원칙이다. 다만, 수탁자가 자주 바뀌는 경우 또는 사전적으로 수탁자를 특정하기 어려운 경우에는 개별 수탁자가 아닌 수탁자의 업무 내역을 기준으로 공개하는 것을 반드시 법 위반으로 볼 것은 아니다.

1회성의 업무 위수탁 계약을 체결하는 경우 이를 홈페이지를 통하여 반드시 공개하여야 할 실익이 없는 경우가 많다. 따라서 이러한 경우에는 시행령 제28조 제3항 제4호에서 정한 방법과 같이 개별 고지의 방식으로도 알릴 수 있다고 보아야 한다.

위수탁에 관한 사항을 공개할 경우, 이는 회사의 비밀을 공개하여야 하는 것은 아닌지 여부가 영업의 자유와의 관계에서 고려될 필요가 있다. 또한 수탁자가 개인인 경우 특정 개인의 이름과 업무 내용을 공개하여야 하는데(예컨대, 보험설계사, 개인병원 운영 의사 등), 이 경우 개인의 프라이버시권과 위탁사의 영업의 자유를 고려하여 일부를 가리는 등의 방법으로 식별되지 아

니하게 공개하는 방안도 허용된다고 보아야 한다. 다만, 그와 같은 비식별 처리를 하여야 할 의무가 발생한다고 볼 것은 아니고 공개하였다고 하여 프라이버시권의 침해로 인한 책임을 위탁자가 부담한다고 할 것은 아니다.

위수탁 내용의 공개는 반드시 국문으로 되어야 하는지는 실무상 논란이 된다. 위수탁 내용의 공개가 정보주체의 개인정보자기결정권의 행사와 관련된 것임을 고려할 때 대상 정보주체가 국문이 아닌 내용을 잘 이해할 수 있는 경우라면 그 공개가 반드시 국문이 아니더라도 법 위반은 아니라고 보아야 할 것이다.

4. 마케팅 위탁과 개별 고지(법 제26조 제2항)

재화 또는 서비스를 홍보하거나 판매를 권유하는 업무를 위탁하는 경우에는 그 내용과 수탁자를 정보주체에게 알려야 한다(법 제26조 제2항). 이를 통상 '마케팅 위탁'이라고 지칭한다.

위 조항이 적용되는 범위는 재화 등의 홍보와 판매 권유 업무의 범위는 이용자를 직접 대상으로 홍보 내지 권유하는 업무로 한정하여 해석하여야 할 것이다. 따라서, 개인정보처리자 내부에서 이루어지는 홍보 내지 권유를 위한 고객 분석이나 통계 등의 업무는 위 항에서 정한 업무에 포함되지 않는다고 보아야 할 것이다.

일반적인 업무위탁의 경우 개인정보 위수탁에 관하여 공개하여야 하는 반면, 마케팅 위탁의 경우 일반적인 업무위탁의 경우와는 달리 '서면등의 방법'으로 정보주체에게 알려야 한다. 입법론상 그와 같은 차이를 두어야 할 필요성이 있는지는 의문이다.

시행령 제28조 제4항은 마케팅 위탁의 경우에 알리는 방법에 대하여 구체적으로 정하고 있는데, 이는 서면, 전자우편, 팩스, 전화, 문자전송 또는 이에 상당하는 방법이다. '이에 상당하는 방법'의 범위에 있어서 SNS나 앱푸시 등의 방식도 문자전송에 준하는 방식이라고 봄이 상당하다. 한편, 홈페이지에 공개하여 두고 정보주체가 홈페이지에 적극적으로 접속한 경우에만 그 내용을 확인할 수 있도록 하는 방식도 생각해 볼 수 있는데 이러한 방식은 마케팅 위탁 사실을 정보주체에게 적극적으로 알리도록 하는 조항의 취지에 비추어 서면 내지 이에 상당하는 방법이라고 보기 어려울 것이다.

5. 업무의 내용 및 수탁자 변경(법 제26조 제3항)

고지 사항인 '위탁하는 업무의 내용'과 '수탁자'가 변경되는 경우 새롭게 위수탁을 하는 경우와 동일하게 정보주체에게 알려야 한다. 즉, 위수탁 업무의 변경이 발생한 경우 그 변경사실을 홈페이지 등을 통하여 공개하여야 하고, 마케팅 위탁 고지 사항이 변경되는 경우에는 그 변경된 사항을 정보주체에게 서면 등의 방법으로 고지하여야 할 것이다. 법 제17조의 제3자 제공과 관련하여서도 살펴보았지만 마케팅 목적의 수탁자가 변경된 경우에 굳이 추가로 고지하여야 할 것인지는 입법론상 의문이다.

6. 위탁자의 관리 감독 의무

위탁자는 업무 위탁으로 인하여 정보주체의 개인정보가 분실, 도난, 유출, 위조, 변조 또는 훼손되지 아니하도록 수탁자를 교육하고, 처리 현황 점검 등 대통령령이 정하는 바에 따라 수탁자가 개인정보를 안전하게 처리하는지를 감독하여야 한다(개인정보보호법 제26조 제4항).

위탁자는 개인정보의 처리에 관하여 자신이 처리하여야 하는 업무를 자신 이외의 자에게 위탁하는 것이므로 자신이 처리하는 것과 동등한 수준의 관리책임을 부담한다. 개인정보보호법은 위탁자에게 일반적인 관리 감독 의무에 더하여 구체적으로 개인정보의 처리에 대한 수탁자 교육 의무를 부과하고 있다.

법 제26조 제4항은 위탁자가 '수탁자를 교육'하도록 규정하고 있으나 실무상으로는 모든 경우에 위탁자가 수탁자를 교육시킬 수 있는 지위에 있는 것은 아니다. 예컨대, 개인사업자인 온라인 쇼핑몰 사업자와 그들에게 서버와 플랫폼을 제공하는 클라우드 서비스 제공자와의 관계를 생각해 보면 알 수 있다. 이처럼 교육과 감독 의무는 반드시 위탁자가 주도적으로 처리하여야 하는 의무를 볼 것은 아니고, 위수탁자의 관계에 따라서 유연하게 해석될 필요가 있다. 위수탁자는 일반 민사법 관계에서 위탁자가 사용자에 유사한 책임을 지는 경우도 있을 수 있지만 양자가 대등한 관계에 있어 사용자 책임을 부담한다고 보기 어려운 경우도 있을 수 있다. 후자의 경우에는 위탁자의 법 제26조 제4항의 의무 이행 정도를 보다 낮게 보아도 무방할 것이다.[158]

안전한 처리에 대한 감독 의무와 관련하여, 안전한 처리에 대한 기준이 되는 것은 안전성 확보조치 기준 고시일 것이나, 해외에 서버가 존재하는 등으로 한국 법의 준수 의무가 있음에도 불구하고 해당 국의 기술적 보호 수준을 준수하는 것이 필요할 경우에 한국 법에 따른 고시가 정한 기준만으로 해당 사항의 포함 여부를 결정하기 보다는 좀 더 유연하게 해석하여 일정한 수준의 보호조치가 갖추어졌다면 본 위수탁 계약상의 의무를 충족한 것으로 해석하는 것이 타당하다.

---

158) 위임형 위탁 내지 클라우드형 위탁에 대하여는 관리 감독 의무를 완화하자는 취지의 견해로는 이창범, "개인정보 제3자 제공 및 처리위탁 규제의 법적 과제", 개인정보보호의 법과 정책, 박영사, 2016, 282면; 전승재, "개인정보 처리위탁, 제3자 제공, 공동처리자", 정보법학, 제26권 제3호, 2022, 212-213면.

7. 수탁자의 수탁 범위 내의 개인정보 처리 의무

수탁자는 위수탁 계약에 따라 수탁받은 업무의 범위 내에서 처리 행위를 하여야 하고, 그 범위를 초과하여 이용하거나 제3자에게 제공하여서는 아니 된다(법 제26조 제5항). 여기서 제3자는 위탁자와 수탁자, 정보주체를 제외한 자라고 할 것이고 따라서 위탁자에게 제공하는 경우에는 해당 조항이 적용되지 아니한다.

한편, 법 제15조 제3항, 제17조 제4항은 일정한 경우 당초 수집 목적과 합리적으로 관련된 범위에서 개인정보의 이용이 가능하도록 규정하고 있으므로, 수탁자의 경우에도 위 조항에 따라서 합리적으로 관련된 범위에서 개인정보의 처리가 가능하도록 할 수 있을 것인지가 논란이 될 수 있다. 법문 상으로는 법 제26조 제7항에서 수탁자에 대하여 동법 제15조, 제17조 전체를 준용하고 있으므로 제15조 제3항, 제17조 제4항도 준용되어 수탁자도 유연하게 수탁받은 개인정보를 처리할 수 있다고 해석할 여지도 있을 것이나, 이때에도 합리적 관련성의 판단은 수탁자가 아닌 위탁자를 기준으로 판단하여야 할 것이므로 사실상 위 각 항이 단독으로 수탁자의 처리 근거가 될 수 없을 것으로 생각된다.

8. 사용자 책임의 간주

수탁자가 위탁받은 업무와 관련하여 개인정보를 처리하는 과정에서 이 법을 위반하여 발생한 손해배상 책임에 대하여는 수탁자를 개인정보처리자의 소속 직원으로 본다(법 제26조 제7항). 수탁자는 위탁자와 독립적인 관계에 있으나 정보주체를 두텁게 보호하기 위하여 위탁자에게 사용자 책임을 지우기 위한 것으로 볼 것이다. 한편, 실무상 사용자책임으로부터 사용자가 면책되는 경우가 매우 드물다는 점을 고려할 때, 수탁자의 법 위반 행위로 인한 위탁자의 책임에 있어서 일반적인 민법상의 사용자책임의 법리를 그대로 적용하기 보다는 위탁자가 수탁자에 대하여 자신의 관리 감독상의 책임을 다하였다면 수탁자의 법 위반 행위로 인한 책임을 면할 여지를 좀 더 확대하여 해석하는 것이 타당할 것이다.

한편, 법 제26조 제7항의 손해배상책임은 정보주체에 대한 것이고, 또한 민사상 금전 책임을 의미하는 것이 문언상 명백하다. 따라서, 수탁자가 법 위반으로 인한 행정적 제재나 형사적 제재가 문제되는 경우에까지 수탁자를 위탁자의 소속 직원으로 볼 것은 아니다. 또한 민사 책임의 경우에도 해당 간주 규정은 손해배상책임에 한정하여 규정하였으므로 정보주체에 의한 개인정보의 이용 금지 등 금지 청구의 판단에 있어서도 수탁자가 위탁자의 소속 직원으로 간주되지 아니할 것이다.

V. 재위탁

1. 재위탁의 의미

수탁자가 수탁받은 업무의 전부 또는 일부를 개인정보처리자와 정보주체를 제외한 다른 제3자에게 다시 위탁하는 것을 통상적으로 재위탁이라 칭한다.

민사상 복대리의 경우 대리인은 본인의 승낙이 있거나 부득이한 사유가 있는 경우에는 복대리인을 선임할 수 있고, 그 이외의 경우에는 복대리인을 선임할 수 없다(민법 제120조). 복대리인을 선임한 경우 그 선임한 대리인은 복대리인의 행위에 대하여 그 선임감독에 대한 책임이 있다. 그리고, 본인의 지명에 의하여 복대리인을 선임한 경우에는 부적임 등을 알고 본인에 대한 통지나 해임을 태만한 때가 아니면 복대리인의 행위에 대하여 책임을 지지 아니한다. 위 전제 하에서 복대리인은 그 권한 내에서 본인을 대리하게 된다. 즉 대리인을 대리하는 것이 아니라 본인을 직접 대리하는 것이며, 따라서 본인이나 제3자에 대하여 대리인과 동일한 권리 의무를 가진다(민법 제123조).

한편, 민법은 위임 계약에 있어서도 복임권에 대하여 규정하고 있다(민법 682조). 수임인은 위임인의 승낙이나 부득이한 사유 없이 제3자로 하여금 자기에 갈음하여 위임 사무를 처리하지 못하다고 규정하고 있다. 그 규정의 취지는 대리의 경우와 거의 유사하며, 복임자가 수임자가 아닌 위임자와 직접 위임계약상의 권리의무를 부담하게 되는 것도 대리의 경우와 동일하다.

2. 재위탁의 제한

수탁자는 위탁자의 허락 하에 재위탁을 할 수 있다. 재위탁에 관한 사항을 문서로 정하도록 하면서 '재위탁 제한'에 관한 사항을 규정하도록 하고 있고(법 제26조 제1항), 수탁자가 위탁받은 개인정보 처리 업무를 제3자에게 다시 위탁하려는 경우에는 위탁자의 동의를 받아야 한다(법 제26조 제6항). 이러한 규정들의 취지들을 고려할 때 법 제26조 제1항에 '재위탁 제한에 관한 사항'을 문서로 정하도록 한 의미는 재위탁을 반드시 금지하여야 한다는 것으로 한정하여 해석할 것은 아니고, 재위탁을 제한할 것인지 여부에 대하여 문서로 정하여야 한다는 의미로 새김이 타당하다. 재위탁에 대하여 명시적으로 규정하고 있는 개정 개인정보보호법에서도 이러한 해석은 여전히 유효하다고 할 것이다. 한편, GDPR은 재위탁에 대하여 특정 또는 일반적인 서면 승인(specific or general written authorisation of the controller)으로 가능하도록 규정하고 있다.[159]

앞서 살펴본 민법상 대리 관계나 위임 관계의 경우와는 달리 재위탁은 부득이한 사유가 있

---

159) GDPR Art. 28(1).

는 경우라 하더라도 동의 없이 재위탁을 할 수는 없다고 해석될 여지가 있다. 그러나, 재위탁을 하여야 할 부득이한 사유가 있는 경우라면 이를 허용하지 아니할 이유가 없고, 법 제26조 제6항의 신설에도 불구하고 부득이한 사유가 있는 경우에도 재위탁을 제한되는 것으로 엄격하게 해석할 것은 아니다. 따라서, 위수탁자 간의 계약에 따라서 사전적으로 재수탁에 대하여 동의를 할 수도 있고, 재위탁이 발생할 경우 이를 위탁자에게 사전에 또는 사후에 알리도록 하는 내용으로 규정하는 것도 가능하다고 볼 것이다. 다만 어느 경우에든 재수탁자에 관한 사항이 위탁자에 의하여 공개되어야 한다는 점은 동일할 것이다.

3. 재수탁자에 대한 공개 내지 개별 고지 의무

재수탁자에 대하여 수탁자와 동일하게 공개 내지 고지 의무가 위탁자에게 부여되는지에 대하여는 실무상으로는 논란이 있어 왔으나, 2023년 개정전 법의 해석으로도 동일한 의무가 부과된다고 대체로 해석되었던 것으로 보인다. 2023년 개정법은 제26조 제2항을 개정하여 '개인정보처리 업무를 위탁받아 처리하는 자로부터 위탁받은 업무를 다시 위탁받은 제3자를 포함'한다는 내용을 추가하여 재수탁자 역시 수탁자와 동일하게 위탁자에게 공개 의무가 인정됨을 명확하게 규정하였다. 이는 재위탁과 관련하여 새롭게 의무를 부과한 것이라기 보다는 기존의 해석을 좀더 명확히 하였다고 볼 것이다.

다만, 실무상 재수탁자를 전부 공개 내지 고지하는 것은 사실상 불가능할 수 있다. 개인정보보호위원회는 이러한 사정을 고려하여 재수탁자에 대하여는 확인할 수 있는 경로를 안내하는 방법으로 공개할 수 있다고 하면서, 예컨대 기존의 수탁자를 개인정보처리방침에 공개하고 있는 경우 수탁자의 개인정보처리방침 링크 추가를 통하여 재수탁자의 업무위탁 내용을 알릴 수 있다고 하고 있다.[160] 실무상 어려움을 고려하여 그 요건이 적절히 완화될 필요가 있다.

4. 재재위탁의 가능성

재수탁자에 의한 재재위탁 역시 재위탁과 동일하게 볼 것인지도 문제가 된다. 수탁자와 같이 보는 재수탁자의 의미에 대하여 법문은 '개인정보 처리 업무를 위탁받아 처리하는 자로부터 위탁받은 업무를 다시 위탁받은 제3자'라고 규정하고 있고, 이를 문언 그대로 새긴다면 위탁자-수

---

160) 개인정보보호위원회, 개인정보 보호법 및 시행령 개정사항 안내, 2023. 9. 27., 85면. 그러나 링크를 통하여 공개하는 경우 링크등이 변경되는 경우 이는 수탁자의 관리 영역에 있는 것임에도 불구하고 위탁자가 재수탁자를 충분히 공개하지 못하게 되는 결과가 될 수 있다. 그리고, 이러한 방식에 따라 공개하는 경우 수탁자가 재수탁자를 충분히 공개하지 아니하거나 공개하지 못하게 되는 결과가 발생한 경우, 위탁자가 계약 등에 따른 관리책임을 충실히 하였다면 위탁자는 그러한 미공개에 대하여 행정적 제재를 포함한 책임에서 면제된다고 보아야 할 것이다.

탁자-재수탁자의 구조에서 재수탁자만이 위 문언에서 '다시 위탁받은 제3자'의 범위에 해당하고, 재재수탁자는 수탁자로부터 다시 위탁받은 경우에는 해당하지 아니하므로 재재수탁자는 포함되지 않기 때문이다. 그러나, 이론적으로는 재재수탁자를 재수탁자와 달리 보아야 할 이유는 없다.

VI. 위반 시 제재

1. 과징금 규정

위탁자가 법 제26조 제4항을 위반하여 관리, 감독 또는 교육을 소홀히 하여 수탁자가 이 법의 규정을 위반한 경우 위원회는 과징금을 부과할 수 있다(법 제64조의2 제1항 제5호). 이때 과징금의 부과 대상은 위탁자가 될 것이다.

2. 형사 책임

법 제26조 제5항[161]을 위반하여 개인정보를 이용하거나 제3자에게 제공한 자 및 그 사정을 알면서도 영리 또는 부정한 목적으로 개인정보를 제공받은 자는 5년 이하의 징역 또는 5천만 원 이하의 벌금에 처할 수 있다(법 제71조 제2호). 규정의 취지상 형사 처벌의 대상은 수탁자이다.

3. 과태료 규정

① 법 제26조 제3항을 위반하여 정보주체에게 알려야 할 사항을 알리지 아니한 자는 3천만 원 이하의 과태료에 처하여 질 수 있다(법 제75조 제2항 제12호)
② 법 제26조 제6항을 위반하여 위탁자의 동의를 받지 아니하고 제3자에게 다시 위탁한 자는 2천만 원 이하의 과태료에 처하여 질 수 있다(법 제75조 제3항 제1호).
③ 법 제26조 제1항을 위반하여 업무 위탁 시 같은 항 각 호의 내용이 포함된 문서로 하지 아니한 경우에는 1천만 원 이하의 과태료에 처하여 질 수 있다(법 제75조 제4항 제4호)
④ 법 제26조 제2항을 위반하여 위탁하는 업무의 내용과 수탁자를 공개하지 아니한 경우에는 1천만 원 이하의 과태료에 처하여 질 수 있다(법 제75조 제4항 제5호).

---

[161] 제26조 제5항 수탁자는 개인정보처리자로부터 위탁받은 해당 업무 범위를 초과하여 개인정보를 이용하거나 제3자에게 제공하여서는 아니 된다.

VII. 기타

1. 준용 규정

법 제26조 제8항은 수탁자에게 준용되는 규정을 나열하고 있다. 2023년 개정 전 법은 제15조부터 제25조까지, 제27조부터 제31조까지, 제33조부터 제38조까지 및 제58조가 준용된다고 규정하였는데, 위 규정에도 불구하고 구체적인 사안에서 수탁자에게 어떤 규정이 적용되는지 여부에 대하여 다소 논란이 있었다. 이에 개정법은 수탁자에게 준용되는 규정을 좀 더 구체화하고 규정의 성격상 수탁자에게 적용될 여지가 없는 조항은 제외하였다. 이러한 취지에서 볼 때 수탁자에게 준용되는 규정의 범위에 있어서 개정법의 규정은 개정 전 법과 크게 달라진 것은 아니다.

2. 수탁자에 대한 제재

수탁자가 본법을 위반한 경우 수탁자에게도 형사처벌 규정이 적용되는지 여부에 대하여 다소 논란이 있었다. 2023년 개정법은 형사처벌에 관한 법 제71조 내지 제73조를 개정하여 '제26조 제6항에 따라 준용되는 경우를 포함한다'라고 명시함으로써 수탁자에 대하여도 형사처벌 규정이 적용됨을 명확히 하였다. 또한 2023년 개정법은 과징금 처분에 있어서도 법 제64조의2에서 동일한 문구를 포함하였다. 이로써 위탁자와 별도로 수탁자에게도 과징금 처분이 가능함을 명확하게 규정하였다.

2023년 개정 전 법에서는 과태료 처분에 대하여 수탁자에게 처분을 할 수 있다는 명시적인 규정이 없어 수탁자에게 과태료 처분을 할 수 있는지에 다소간에 논란이 있었다. 실무상으로는 감독기관인 개인정보보호위원회와 정보통신망법에 따른 방송통신위원회는 각 개정 전 법 및 구 정보통신망법 규정에 따라 수탁자의 고의, 과실로 인한 법 위반이 발생한 경우 위탁자는 물론 수탁자에 대하여도 병행하여 과태료 처분을 할 수 있다고 해석하여 왔다. 2023년 개정법은 "제26조 제8항에 따라 준용되는 경우를 포함한다"는 규정을 법 제75조의 과태료 규정에 포함함으로써 수탁자에 대한 과태료 처분를 명시하였다.

제 8 절

영업양도 등에 따른 개인정보의 이전

Ⅰ. 사업의 매각 등에 따른 개인정보 이전 문제

데이터 주도 경제가 활성화되면서 개인정보가 사업을 영위하기 위한 투입요소(input) 내지 영업자산(asset)으로서 가지는 가치와 중요성이 높아졌다.[162] 그 결과 사업이 인수합병 등의 이유로 통합, 분리, 또는 이전될 경우 관련 개인정보를 상대방이 계속 사업에 활용할 수 있도록 적법하게 이전받는 것이 중요해졌다. 이러한 개인정보에는 사업자의 고객이나 거래관계자에 관한 정보뿐만 아니라 임직원에 대한 정보도 포함된다.

개인정보가 인수합병 등의 거래를 통해 한 사업자에서 다른 사업자로 이전되면 형식적으로는 개인정보보호법 제17조 내지 제18조에서 규정하고 있는 제3자 제공에 해당될 수 있다. 그런데 위 조항들에 근거하여 개인정보의 이전에 정보주체들의 동의를 일일이 요구한다면 상당한 비용과 시간이 소요될 것이다. 나아가 동의의 획득 여부를 둘러싼 불확실성이 사업 가치의 적절한 산정을 어렵게 만들고 인수합병 등의 거래 자체에 대한 장애요인으로까지 작용할 수 있다.[163] 이런 상황에서 법 제27조는 영업양도와 같이 사업 등이 포괄적으로 이전되는 거래를 하고자 하는 경우 그 목적을 달성할 수 있도록 정보주체의 동의 없이 통지를 통해 개인정보를 이전할 수 있는 특칙을 마련하고 있다. 그 기저에는 기업 활동의 촉진과 시장경제의 효율적인 작동이라는 인수합병 등 거래의 순기능에 대한 정책적인 고려가 깔려있다고 볼 수 있다. 이처럼 제27조는 인수합병 등의 거래를 뒷받침하기 위해 한편으로는 사업자가 보유하는 개인정보의 효율적인 이전과 활용이라는 편익과 다른 한편으로는 개인정보에 관한 정보주체들의 통제(탈회 또는 동의철회 등)라는 권익 간의 형량 문제를 입법적으로 해결한 것으로 이해할 수 있다. 따라서 동조의 해석·적용도 이러한 두 이익 간의 형량과 조화가 적절하게 이루어지는 방향으로 행해져야 할 필요가 있다.[164]

---

162) WSJ, "Real Prize in Caesars Fight: Data on Players" (2015.3.19.자), 〈https://www.wsj.com/articles/in-cae-sars-fight-data-on-players-is-real-prize-1426800166〉 (2023.12.3. 방문)에 따르면 당시 파산절차가 진행 중이던 Caesars Entertainment Corp.의 자산 중 가장 가치 있는 것은 라스베가스 스트립에 소재한 부동산이 아닌 고객 데이터가 포함된 로열티 프로그램이었다.
163) 김성민, "기업 인수합병에서의 개인정보 관련 법적 쟁점", 저스티스, 통권 제165호, 2018, 87면.
164) 김성민, "기업 인수합병에서의 개인정보 관련 법적 쟁점", 저스티스, 통권 제165호, 2018, 89면.

II. 법 제27조 상의 영업양도 등에 관한 특칙

1. 개관

법 제27조의 제목인 "영업양도 등에 따른 개인정보의 이전 제한"이라는 문구만 보면 동조의 취지가 개인정보의 이전을 가능한 억제하려는 것처럼 보일 수 있으나, 앞서 지적한 대로 동조는 법 제17조 및 법 제18조의 동의 원칙에 대한 예외로서의 실질을 가지고 있다.[165] 즉, 법 제27조는 개인정보처리자가 영업의 전부 또는 일부의 양도·합병 등으로 개인정보를 다른 사람에게 이전하는 경우 ① 개인정보를 이전하려는 사실, ② 개인정보를 이전받는 자의 성명(법인의 경우에는 법인의 명칭), 주소, 전화번호 및 그 밖의 연락처, 그리고 ③ 정보주체가 개인정보의 이전을 원하지 아니하는 경우 조치할 수 있는 방법 및 절차를 시행령에서 정하는 방법에 따라 미리 알려야 한다고 규정하고 있다(법 제27조 제1항). 이러한 통지의무는 개인정보를 이전하려는 개인정보처리자 외에 해당 정보를 이전받는 상대방도 보충적으로 부담한다(법 제27조 제2항). 그리고 상대방은 이전 당시의 본래 목적으로만 해당 개인정보를 이용하거나 제3자에게 제공할 수 있다(법 제27조 제3항).[166]

법 제27조의 적용이 있는 거래라 할지라도 민감정보(법 제23조)나 주민등록번호를 포함한 고유식별정보(법 제24조 및 법 제24조의2)와 같이 특별히 보호를 받는 개인정보의 경우에는 그 이전에 해당 법령에 따른 정보주체의 동의가 추가로 필요한 것이 아닌가 의문이 들 수 있다.[167] 그러나 그와 같이 해석하는 것은 제3자 제공의 동의 원칙에 대한 예외를 마련하면서 이전되는 정보의 유형에 대해 별다른 구분을 두고 있지 않은 법 제27조의 문언에 부합하지 않고, 인수합병 등의 거래를 원활하게 한다는 동조의 취지를 몰각시킬 우려가 있으므로 법 제27조가 적용되는 거래라면 민감정보 등이라 할지라도 통지로 개인정보의 이전이 가능하다고 보는 것이 타당하다.

한편 법 제28조의2 또는 법 제28조의3에 따라 처리된 가명정보와 법 제25조 제1항 각 호에

---

[165] 개인신용정보에 관하여 같은 특칙을 마련하고 있는 신용정보법 제32조 제6항 제3호의 경우 동조 각 호 외의 본문에서 동의 원칙을 규정한 동조 제1항 내지 제5항의 적용을 제외한다고 명기하고 있는 것과 달리 개인정보보호법 제27조는 동법 제17조 및 제18조의 적용을 명시적으로 제외하고 있지 않아 반대해석상 제27조가 적용되더라도 제17조 등에 따른 동의가 여전히 필요하다는 견해가 있다(정순섭·양기진, "개인신용정보의 보호법제에 관한 법적 연구", 금융정보연구, 제1권 제1호, 2012, 55면). 그러나 이와 같이 해석하는 것은 제27조의 입법 목적에 반하고 그 취지를 몰각시키는 것이어서 문제가 있다(노혁준·박재현, "금융기관의 구조 재편과 정보 이전", BFL, 제66호, 2014, 39-40면; 김성민, "기업 인수합병에서의 개인정보 관련 법적 쟁점", 저스티스, 통권 제165호, 2018, 87면, 각주 61).

[166] 이전받은 개인정보를 본래의 목적 외로 이용하거나 제공하고자 할 경우 법 제27조의 특칙이 적용되지 않고 법 제18조에 따라 별도의 동의를 받는 원칙으로 회귀한다.

[167] 김성민, "기업 인수합병에서의 개인정보 관련 법적 쟁점", 저스티스, 통권 제165호, 2018, 106면은 인수합병 거래에서의 확인실사와 관련하여 이러한 견해를 취하고 있는 것으로 보인다.

따라 공개된 장소에 고정형 영상정보처리기기를 설치·운영하여 처리되는 개인정보에 대해서는 제27조의 적용이 없어 영업양도 등의 거래시 통지 없이 이전이 가능하다(법 제28조의7 및 법 제58조 제2항).

이하에서는 법 제27조의 적용 범위 등을 포함한 주요 쟁점 위주로 위 내용을 더 자세하게 살펴보기로 한다.

2. 법 제27조의 해석·적용과 관련한 주요 쟁점

1) 특칙의 적용 주체

법 제27조를 적용받는 주체는 영업양도 등으로 개인정보를 이전하려는 개인정보처리자와 그로부터 해당 정보를 이전받는 상대방이다. 법령에서는 전자를 "영업양도자등"으로(시행령 제29조 제2항), 후자를 "영업양수자등"으로(법 제27조 제1항 제2호) 각각 지칭하고 있다.[168]

(1) 영업양수자등의 범위 - "다른 사람"의 해석 문제

법 제27조의 문언에 따르면 동조는 영업양도자등에 해당하는 개인정보처리자가 영업양수자등인 "다른 사람"에게 개인정보를 이전하는 경우에 적용된다(법 제27조 제1항 본문). 법 제27조 제1항 제2호는 명시적으로 영업양수자등이 법인인 경우에 대해 규정하고 있고, 보호위원회도 회사분할을 동조의 적용 대상이라고 하면서 영업양수자등의 범위에 법인을 포함시키고 있다.[169] 그럼에도 불구하고 문언해석상 "사람"에는 자연인 외에 법인은 포함되지 않고, 법 제27조 제1항 본문이 법 제27조 제1항 제2호와 달리 "자"가 아닌 "사람"이라고 규정하고 있으며, 법 제27조 위반시 과태료 외에 형벌의 부과도 가능하기 때문에(법 제71조 제2호) 죄형법정주의와 명확성의 원칙에 따라 영업양수자등에는 법인이 포함되지 않는 것으로 해석해야 하는 것은 아닌지 의문이 제기될 수 있다.

실제로 정보통신망법상 허위사실 적시 정보통신망을 통한 명예훼손죄의 성부가 문제된 사건에서 피해자를 지칭하는 법 제70조 제2항의 "사람"에 법인도 포함되는지 다퉈진 바 있다.[170] 해당 사건에서 1심 법원은 위에서 주장된 것처럼 동법의 "사람"은 자연인만을 의미하고 법인은 포함되지 않는다는 입장을 취했다.[171] 그러나 항소심 법원은 법규범의 문언뿐만 아니라 입법

---

168) 법 제26조 하에서 개인정보 처리 업무를 위탁받아 처리하는 수탁자에 대해서도 제27조가 준용되며, 이 경우 동조의 "개인정보처리자"는 "수탁자"로 본다(법 제26조 제8항).

169) 개인정보 보호 법령 및 지침·고시 해설(2020), 215면. 동 해설은 217면에서도 영업양수자등이 "회사"임을 전제로 한 질의 응답을 기술하고 있다.

170) 정보통신망법 제70조 제2항의 문언은 다음과 같다: "사람을 비방할 목적으로 정보통신망을 통하여 공공연하게 거짓의 사실을 드러내어 다른 사람의 명예를 훼손한 자는 7년 이하의 징역, 10년 이하의 자격정지 또는 5천만 원 이하의 벌금에 처한다."

목적이나 입법취지, 입법 연혁 및 법규범의 체계적 구조 등을 종합적으로 고려하는 해석방법에 의하여 그 의미내용을 합리적으로 파악할 수 있는 해석기준을 얻을 수 있는지 여부에 따라 법규범의 명확성 원칙 위배 여부를 판단하여야 한다고 설시하면서,[172] 위 명예훼손죄의 구성요건인 "사람"에 법인이 포함된다고 해석하더라도 예측가능성의 범위 내에 있고 자의적으로 처벌범위를 넓히지 않아 죄형법정주의에 반하지 않는다고 판단하였다.[173]

개인정보보호법 제27조의 경우를 살펴보면 기업 등의 M&A 거래를 위한 특칙을 마련하는 것이 그 취지이고, 동조 제1항 제2호에서 영업양수자등이 법인인 경우를 명시적으로 규정하고 있어, 거래당사자의 관점에서 영업양수자등에 법인이 포함된다고 충분히 예측할 수 있고 자의적으로 처벌 범위를 넓히는 것이라고 보기 어렵다. 따라서 현 실무의 해석대로 동조 제1항 본문의 "다른 사람"에는 법인이 포함된다고 보는 것이 타당하다.

(2) 공기업 등의 포함 여부

법상 개인정보처리자에 법인 외에 개인도 해당할 수 있기 때문에(법 제2조 제5호), 영업양도자 등에는 개인사업자도 포함된다.[174] 그 밖에 공공기관인 공기업 등(시행령 제2조 제2호 및 제3호)도 포함되는지가 문제되는데, 보호위원회는 특칙이 공기업이 아닌 "민간사업자"의 영업양도 등을 그 대상으로 한다고 밝히고 있다.[175] 보호위원회가 그 근거를 따로 밝히고 있지 않지만, 법에서 국가와 지방자치단체에 대해 인간의 존엄과 개인의 사생활 보호를 도모하기 위한 시책을 강구할 책무를 특별히 부담시키고 있고(법 제5조), 공기업의 목적과 활동은 영리추구를 주목적으로 하고 언제든 인수합병의 대상이 될 수 있는 사기업의 경우와는 차이가 있어 특칙을 적용할 필요성이 적다는 점을 근거로 제시할 수 있을 것이다. 이에 대해 법 제27조가 개인정보처리자의 범위를 한정하고 있지 않고, 공기업 등도 인수합병 거래가 가능하며, 특히 거래당사자 중 일방이 사기업일 경우에는 특칙 적용이 정책적으로 정당화된다는 점을 이유로 적어도 공기업 등이 영리 목적의 사업을 영위하는 한도 내에서는 적용 주체로 인정해야 한다는 반대 견해가 있을 수 있다.

---

171) 서울중앙지방법원 2017.10.27. 선고 2017고단1442 판결.
172) 같은 취지로 대법원 2006.5.11. 선고 2006도920 판결 등 참조.
173) 서울중앙지방법원 2018.8.16. 선고 2017노4184 판결. 판례도 정보통신망법상 허위사실 적시 정보통신망을 통한 명예훼손죄에 대해 "사람"에 법인이 포함된다는 입장이고(대법원 2009.10.29. 선고 2009도3696 판결), 위 항소심 판결은 상고기각으로 확정되었다(대법원 2018.12.28. 선고 2018도14171 판결).
174) 법 제27조 제1항 본문("다른 사람") 및 동항 제2호의 문언상 영업양수자등의 범위에 개인사업자가 포함됨은 분명하다.
175) 개인정보 보호 법령 및 지침·고시 해설(2020), 213면.

2) 특칙이 적용되는 거래유형

(1) 일반론

　사업의 이전을 가져오는 인수합병 등 거래의 형태와 구조는 실로 다양하다. 법 제27조는 "영업의 전부 또는 일부의 양도·합병 등"으로 개인정보를 이전하는 경우 적용된다고 하고 있다. 법문상 영업양도와 합병이 특칙의 적용 대상이 되는 것은 분명한데, 회사분할, 자산양수도 등 그 밖에 포함되는 거래유형은 무엇인지 해석에 맡기고 있다.

　보호위원회에 따르면 법 제27조는 영업양도자가 보유하는 개인정보가 하나의 영업자산으로 이전되면서 관련 권리·의무도 영업양수자등에게 포괄적으로 승계되는 상황을 전제하고 있다.[176] 즉, 보호위원회는 이러한 포괄적인 권리·의무의 이전을 동조 적용의 주요 표지로 삼고 "사실상 영업양도와 유사한 효과가 발생하는" 거래에도 법 제27조를 적용하는 것이 합리적이라는 입장을 취하고 있다.[177] 다만, 여기서 권리·의무의 포괄적인 승계 내지 이전을 주요하게 고려한다는 의미가 법적으로 포괄승계가 일어나야 함을 뜻하는 것은 아니다.[178] 그렇다면 구체적으로 영업양도와 유사한 효과를 발생시키는 거래유형은 무엇일까?

　상법상 영업양도는 상인이 영리목적으로 결합시킨 재산을 포괄적으로 이전하는 것을 목적으로 하는 계약으로, 양도의 대상이 되는 영업이 그 동일성을 유지하면서 일괄 이전되는 것을 핵심 요소로 삼는다.[179] 법 제27조가 영업양도를 대표적인 특칙 적용 대상으로 제시하고 있으므로 그 적용 범위를 정함에 있어서도 영업양도와 마찬가지로 이전되는 사업부문 등의 동일성 유무를 기준으로 삼아야 한다는 견해가 있을 수 있다. 법 제27조가 적용되는 영업양도의 경우 개인정보를 이용한 업무의 형태는 변하지 않고 단지 개인정보의 관리주체만 변한다는 점에서 제3자 제공과 다르다는 지적도 같은 맥락으로 이해할 수 있다.[180] 그런데 상법상 영업양도에 있어 동일성 유무는 "종래의 영업조직이 유지되어 그 조직이 전부 또는 중요한 일부로서 기능할 수 있는가"에 의해 결정되고,[181] 이 과정에서 중요한 고려요소는 인적 조직의 승계 여부다.[182]

---

176) 개인정보 보호 법령 및 지침·고시 해설(2020), 216면. 노혁준·박재현, "금융기관의 구조 재편과 정보 이전", BFL, 제66호, 2014, 44면도 제27조의 취지가 어느 정도 포괄성이 인정되는 권리·의무 관계의 이전시에 양도인과 양수인 간의 동일성을 인정하자는 데에 있다고 지적하고 있다.

177) 개인정보 보호 법령 및 지침·고시 해설(2020), 216면.

178) 특정승계에 해당하는 영업양도도 제27조의 적용대상이라는 점이 이를 분명하게 보여준다(김성민, "기업 인수합병에서의 개인정보 관련 법적 쟁점", 저스티스, 통권 제165호, 2018, 88면). 노혁준·박재현, "금융기관의 구조 재편과 정보 이전", BFL, 제66호, 2014, 43면도 제27조를 적용함에 있어 포괄승계와 특정승계를 구별할 필요가 없다고 설명한다. 다만 합병과 같은 포괄승계의 경우 개인정보와 관련된 권리·의무가 당연승계되므로 제27조는 개인정보의 이전에 대해 통지라는 제한을 가하는 조항으로서 기능하고, 영업양도와 같은 특정승계의 경우 제3자 제공에 따른 동의 원칙에 대한 예외 조항으로서 기능하므로 양자를 구분할 실익이 있다는 견해가 있을 수 있다.

179) 송옥렬, 상법강의, 홍문사, 2020, 79-80면(대법원 1997.6.24. 선고 96다2644 판결 원용).

180) 개인정보보호위원회, "개인정보 보호법령 해석 - 실무 교재", 2021, 73면에서 이러한 지적을 하고 있다.

181) 대법원 1989.12.26. 선고 88다카10128 판결.

182) 송옥렬, 상법강의, 홍문사, 2020, 80면(대법원 1995.7.14. 선고 94다20198 판결 원용).

따라서 위 견해를 따르면 관련 인적 조직의 승계가 불완전하여 영업 등의 동일성이 인정되지 않으면 법 제27조의 적용이 부인될 수 있는데 이런 결과는 제도의 실효성을 해한다는 비판이 있다.[183]

한편 권리·의무 이전의 포괄성을 주요 표지로 삼는 것 또한 명확한 기준을 제시하지 못한다고 비판하면서, 개별 거래에 따라 구체적으로 개인정보의 효율적 이용과 정보주체의 개인정보 통제라는 두 가지 이익을 적절히 조화시키는 방향으로 법 제27조의 적용 여부를 정해야 한다는 견해가 있다.[184] 동 견해는 개인정보만 분리하여 독자적으로 이전하는 경우가 아니라면 개인정보의 효율적 이용이라는 관점에서 거래의 형식에 얽매이지 않고 특칙을 마련된 취지를 최대한 살리되[185] 정보주체의 예측가능성이나 신뢰가 침해되어서는 안 되므로 개인정보의 최초 제공시 예측할 수 있었던 이용의 대상, 목적 및 방법을 벗어나는 거래에 대해서는 법 제27조의 적용을 부인해야 한다고 설명한다.[186]

어떤 견해를 따르든 구체적인 거래별로 그 목적과 효과를 따져야 하는데, 아래에서는 주요하게 거론되는 거래유형들을 차례로 살펴보기로 한다.

(2) 개별 거래유형의 검토

우선 주식양수도 거래의 경우 대표적인 인수합병의 거래유형에 해당하지만 영업양도와 달리 거래 자체로 개인정보의 이전이나 개인정보처리자의 변경이 일어나지 않으므로 애당초 제3자 제공에 해당하지 않고 특칙의 적용 대상도 아니다.[187]

회사분할의 경우 특칙의 적용을 받는다는 것에 대해 이견이 없는 것으로 보인다.[188] 그러지 않고 제3자 제공으로 보아 정보주체들의 동의를 개별적으로 요구하면 법률이 예정하고 있는 분할 당사자간 권리·의무의 당연승계가 사실상 저지될 수 있고,[189] 개인신용정보에 대해 같은 취지의 특칙을 마련하고 있는 신용정보법 제32조 제6항 제3호도 그 적용 대상으로 분할을 명

---

183) 김성민, "기업 인수합병에서의 개인정보 관련 법적 쟁점", 저스티스, 통권 제165호, 2018, 89면(각주 67 참조).
184) 김성민, "기업 인수합병에서의 개인정보 관련 법적 쟁점", 저스티스, 통권 제165호, 2018, 89-90면.
185) 개인정보의 특정한 처리에 관하여 "아니 된다"라는 문구를 사용하면서 원칙적으로 이를 금지하고 있는 같은 절의 법 제23조 내지 제25조의2와 달리 제27조는 정보의 이전을 허용하면서 일정한 제한만 가하고 있다는 차이가 점에 착안하여 동조에 따른 특칙의 범위를 가급적 넓게 인정해야 한다는 견해도 있을 수 있다.
186) 김성민, "기업 인수합병에서의 개인정보 관련 법적 쟁점", 저스티스, 통권 제165호, 2018, 89-90면.
187) 김성민, "기업 인수합병에서의 개인정보 관련 법적 쟁점", 저스티스, 통권 제165호, 2018, 91면. 이와 달리 인수합병의 대상이 되는 회사의 모회사 또는 지주회사가 전부터 적법하게 제공받아 관리하고 있던 자회사의 개인정보를 인수합병 과정에서 인수회사에게 이전하는 경우는 자회사의 권리·의무의 승계와 별개로 모회사 등이 개인정보를 독자적으로 이전하는 경우에 해당하여 특칙이 적용되지 않는다(김성민, "기업 인수합병에서의 개인정보 관련 법적 쟁점", 저스티스, 통권 제165호, 2018, 91-92면).
188) 개인정보 보호 법령 및 지침·고시 해설(2020), 216면; 노혁준·박재현, "금융기관의 구조 재편과 정보 이전," BFL, 제66호, 2014, 43면; 김성민, "기업 인수합병에서의 개인정보 관련 법적 쟁점", 저스티스, 통권 제165호, 2018, 90면.
189) 노혁준·박재현, "금융기관의 구조 재편과 정보 이전", BFL, 제66호, 2014, 43면.

시하고 있다는 점이 근거로 제시된다.[190] 권리·의무의 포괄승계가 이루어지는 이상 분할의 방식(인적분할 또는 물적분할)은 불문하며,[191] 분할과 합병이 함께 이루어지는 분할합병도 달리 볼 이유가 없다.[192]

법인은 아니지만 개인사업자의 사망으로 상속인이 사업을 포괄승계하여 새로운 개인정보처리자가 되는 경우에도 특칙이 적용된다.[193]

영업양도의 경우를 살펴보면 법 제27조에 따라 영업의 전부가 아닌 일부를 양도하더라도 특칙이 적용된다.[194] 나아가 영업양도와 개념적으로는 구분되지만 그 외관이나 효과의 측면에서 유사한 현물출자도 특칙의 적용을 받는다.[195] 통상 현물출자는 개인사업의 법인전환 목적으로 행해지는 영업의 출자를 말하는데,[196] 판례도 현물출자가 영업양도와 그 실질에 있어 유사하다고 보고 상법 제42조 등 영업양도에 관한 규정을 유추적용하고 있다.[197]

한편 인적 조직을 포함하여 유기적 일체로서 기능하는 재산이 총체적으로 이전되는 영업양도와 달리 법률상 개별 자산의 양도에 해당하는 자산양수도에 대해서도 특칙이 적용되는지 문제된다. 자산양수도 거래는 영업양도와 그 형태가 다를 뿐 사업부문을 이전한다는 목적이나 적어도 이전되는 재산과 관련해서는 그 실질이 영업양도와 크게 다르지 않은 경우가 적지 않다. 앞서 살펴본 바와 같이 특칙의 적용을 위해 상법상 영업양도의 요건을 충족할 것을 요구하지 않는 이상 자산양수도가 사업부문 등을 이전하기 위한 거래방식으로 활용될 경우 특칙의 적용

---

190) 김성민, "기업 인수합병에서의 개인정보 관련 법적 쟁점", 저스티스, 통권 제165호, 2018, 91면은 실무상 분할 결과 분할회사와 신설회사가 특정 개인정보를 공유하는 상황이 발생할 수 있음을 지적하면서 이 경우에 일률적으로 판단하기보다는 구체적인 사실관계에 의거하여 개별적으로 판단해야 한다는 입장을 취하고 있다. 영업양도의 경우 개인정보에 대한 지배·관리권이 양도인에게 잔류하지 않고 양수인에게 완전히 이전된다는 점에서 통상의 제3자 제공과 구별되고 법 제27조는 이와 같이 지배·관리권이 완전히 넘어가는 경우에 적용되는 것이라는 주장(이창범, "개인정보 제3자 제공 및 처리위탁 규제의 법적 과제", 개인정보 보호의 법과 정책, 박영사, 2016, 260면)도 있어 이견이 존재한다. 전게논문이 예시로 들고 있는 사례(분할에 따라 기업의 마케팅과 A/S 기능이 각기 다른 회사로 귀속되어 개인정보를 공유하게 되는 경우)처럼 분할 이후 사업의 지속적인 수행에 필요하고 그것이 최초의 개인정보 수집·이용 목적 내에서 정보주체의 신뢰를 저해하지 않는 경우도 얼마든지 있을 수 있으므로 개별 거래별로 상황 구체적으로 판단하는 것이 합리적으로 보인다.
191) 개인정보 보호 법령 및 지침·고시 해설(2020), 216면; 김성민, "기업 인수합병에서의 개인정보 관련 법적 쟁점", 저스티스, 통권 제165호, 2018, 90면.
192) 개인정보보호위원회, "개인정보 보호법령 해석 - 실무 교재", 2021, 74면; 노혁준·박재현, "금융기관의 구조 재편과 정보 이전", BFL, 제66호, 2014, 43면. 김성민, "기업 인수합병에서의 개인정보 관련 법적 쟁점", 저스티스, 통권 제165호, 2018, 90면은 이에 더해 회생절차에 따른 합병, 분할, 분할합병의 경우도 포함시키고 있다.
193) 김성민, "기업 인수합병에서의 개인정보 관련 법적 쟁점", 저스티스, 통권 제165호, 2018, 94면.
194) 개인신용정보에 대해 같은 취지의 특칙을 마련하고 있는 신용정보법 제32조 제6항 제3호는 개인정보보호법과 달리 "영업양도"라고만 하고 있을 뿐 영업의 일부를 양도하는 경우도 포함된다고 명시하고 있지 않으나 영업의 일부 양도도 당연히 적용 대상이라는 것이 일반적인 해석으로 보인다(노혁준·박재현, "금융기관의 구조 재편과 정보 이전", BFL, 제66호, 2014, 43면). 신용정보법 제32조 제6항 제3호도 "권리·의무의 전부 또는 일부를 이전"하면서 그와 관련된 개인신용정보를 제공하는 것을 상정하고 있어 이러한 해석을 뒷받침하고 있다.
195) 김성민, "기업 인수합병에서의 개인정보 관련 법적 쟁점", 저스티스, 통권 제165호, 2018, 90면 및 94면.
196) 송옥렬, 상법강의, 홍문사, 2020, 81면.
197) 대법원 1996.7.9. 선고 96다13767 판결.

이 가능할 것이다.[198]

이와 달리 개별 채권의 양수도의 경우에는 권리·의무의 포괄적 승계가 발생하는 거래유형에 해당하지 않아 특칙의 적용 대상으로 보지 않는 것이 실무다. 다만 개별 채권이라 할지라도 풀(pool) 등을 구성하여 하나의 집합물로 일괄 매각하는 경우에는 영업양도에 준하여 특칙을 인정해야 한다는 견해가 있다.[199] 이에 대해 개별 채무자들로부터 일일이 동의를 받도록 하면 실무상 일괄 매각 자체가 불가능해질 수 있다는 점을 인정하면서도, 이를 영업양도에 준한다고 보고 특칙을 적용하면 신용정보법이 적용되는 사안에서는 개별 채권양도에 관하여 금융당국의 승인 절차가 필요하게 되어 오히려 부담이 되고,[200] 거래의 편의만을 내세워 권리·의무 이전의 포괄성이 떨어지는 거래까지 특칙을 무분별하게 확장하는 것은 지양할 필요가 있다는 이유로 반대하는 견해가 우세하다.[201] 반대 견해에 의하면 이 경우 채권양도에 관한 정보주체의 묵시적 동의를 인정하거나,[202] 채권을 일괄적으로 양수도하는 당사자들의 재산권을 보호하기 위해 필요한 경우로서 정보주체의 동의를 얻기 곤란한 경우에 해당한다고 보아 개인정보보호법 제23조 제1항 제2호에 따른 예외를 적용[203]하는 방향으로 해결하는 것이 바람직하다고 한다.[204]

3) 특칙이 적용되는 거래단계

기업의 인수합병 거래는 교섭부터 계약 체결, 거래종결, 그리고 그 이후의 통합에 이르기까지 여러 단계를 거치면서 이루어지는 것이 보통이다. 그 과정에서 거래의 목적을 달성하기 위해 인수합병 대상 사업자가 보유하는 개인정보를 거래상대방 또는 관계자에게 제공해야 하는 경우가 종종 발생한다. 예를 들어 교섭 단계에서 통상적으로 인수 후보자 및 그 자문사들에게

---

198) 개인정보 보호 법령 및 지침·고시 해설(2020), 216면; 김성민, "기업 인수합병에서의 개인정보 관련 법적 쟁점", 저스티스, 통권 제165호, 2018, 91면.
199) 서자영, "기업의 구조재편과 개인정보의 이전", 서울대학교 석사학위 논문, 2016, 72-73면.
200) 노혁준·박재현, "금융기관의 구조 재편과 정보 이전", BFL, 제66호, 2014, 44-45면.
201) 노혁준·박재현, "금융기관의 구조 재편과 정보 이전", BFL, 제66호, 2014, 44면; 김성민, "기업 인수합병에서의 개인정보 관련 법적 쟁점", 저스티스, 통권 제165호, 2018, 93면.
202) 민법 제449조에 따라 원칙적으로 채권은 양도 가능하다는 점을 그 근거로 한다(노혁준·박재현, "금융기관의 구조 재편과 정보 이전", BFL, 제66호, 2014, 44면; 김성민, "기업 인수합병에서의 개인정보 관련 법적 쟁점", 저스티스, 통권 제165호, 2018, 93면). 다만 채권자와 채무자 간에 양도금지특약이 있는 경우에는 묵시적 동의를 인정하기 어렵고 개인정보의 이전에 대한 정보주체의 동의가 필요할 것이다(김성민, "기업 인수합병에서의 개인정보 관련 법적 쟁점", 저스티스, 통권 제165호, 2018, 93-94면).
203) 노혁준·박재현, "금융기관의 구조 재편과 정보 이전", BFL, 제66호, 2014, 44면.
204) 나아가 특칙의 적용 대상이 아닌 거래라 할지라도 인수합병 등의 대상이 되는 사업자의 개인정보처리방침 또는 정보주체로부터 받은 동의 내용에 인수합병 거래를 위한 개인정보 이전을 명시하고, 거래 당사자 간에 문제되는 개인정보의 보호 및 관리를 위한 계약이 체결되었으며, 계약의 선행조건이 실질적으로 충족되는 등 거래의 확실성이 어느 정도 보장되는 단계에 이르러 개인정보가 실제로 이전되고, 사후적으로도 거래가 종결되고 제공된 자료들이 거래 후 반환 또는 폐기되었다면 실무상 책임을 감면받을 수 있을 것이라는 견해도 있다(김성민, "기업 인수합병에서의 개인정보 관련 법적 쟁점", 저스티스, 통권 제165호, 2018, 108면).

실사를 위한 자료를 제공하는데 그 자료에 개인정보가 포함될 수 있다.[205] 그런데, 합병과 같이 특칙이 적용되는 거래유형에 해당하고 거래 목적의 달성에 필요하다는 이유만으로 거래의 전 단계에 걸쳐 법 제27조상의 통지만으로 상대방 또는 관계자들에게 개인정보를 제공하는 것이 언제나 가능하다고 보기는 어렵다. 이와 관련하여 법 제27조가 인수합병 계약의 체결 또는 거래의 종결을 요구하고 있지 않고 달리 개인정보의 이전 시점에 대한 제한을 두고 있지 않으므로 계약체결 전의 실사 단계에서도 특칙의 적용이 가능하다는 견해가 있다.[206] 이에 반대하는 견해는 동조 제1항 제2호에서 인수합병 상대방인 영업양수자등이 누구인지 정보주체에게 통지하도록 하고 있고, 영업양수자등도 보충적이지만 통지의무를 부담하기 때문에 적어도 계약체결로 영업양수자등이 특정 가능한 상태여야 하며, 사업 이전 여부와 그 상대방이 확정되기도 전에 잠재적 인수자들에게까지 특칙의 적용범위를 확대하는 것은 정보주체의 권익을 불합리하게 침해하는 것이라는 점을 근거로 들고 있다.[207]

인수합병 등의 계약 체결 후에는 거래종결 전이라도 특칙에 따른 개인정보의 이전이 가능할 것이다.[208] 다만 개인정보를 이전하기 전에 정보주체에게 통지를 해야 하고, 거래의 종결과 사후통합에 필요한 범위에서 최소한의 정보를 이전하는 것이 법의 취지에 부합할 것이다(법 제3조 제1항).

앞서 언급한 바와 같이 특칙에 따라 개인정보를 이전 받은 영업양수자등은 이전 당시에 영업양도자등이 본래 이용하거나 제공하던 목적으로만 해당 개인정보를 이용 또는 제공할 수 있는 바, 이처럼 정보주체가 당초 동의한 수집·이용의 목적 범위 내로 제한한 것은 특칙의 적용 결과 정보주체가 예상치 못하는 권익 침해를 받는 상황을 방지하기 위함이다.[209] 만일 거래종결 이후에 영업양수자등이 이전 받은 개인정보의 본래 처리 목적 범위 밖에서 이를 이용·제공하고자 한다면 목적 외 이용·제공에 해당하여 법 제18조에 따라 정보주체의 별도 동의를 받거나 해당 요건을 충족해야 할 것이다.[210]

---

205) 김성민, "기업 인수합병에서의 개인정보 관련 법적 쟁점", 저스티스, 통권 제165호, 2018, 73면.
206) 서자영, "기업의 구조재편과 개인정보의 이전", 서울대학교 석사학위 논문, 2016, 79면. 동 견해는 다만 제27조를 실사 단계에도 적용하면 법상 요구되는 통지로 인해 거래 추진 사실과 잠재적 인수자가 누구인지가 외부에 노출되어 거래 진행에 부정적 영향을 미칠 수 있으므로, 인수합병 등의 교섭단계에서도 동조의 적용이 있다는 점을 법으로 명시하면서 이 경우 정보주체들에 대한 사후통지를 허용하되 거래 당사자 간에 개인정보 보호를 위한 기밀유지계약을 체결하도록 하는 내용의 입법적 해결을 촉구하고 있다(79-80면).
207) 김성민, "기업 인수합병에서의 개인정보 관련 법적 쟁점", 저스티스, 통권 제165호, 2018, 76-77면. 동 견해는 유사한 특칙을 마련하고 있는 신용정보법의 경우 "권리·의무의 전부 또는 일부를 이전하면서" 개인신용정보를 제공할 것을 명시적으로 요구하고 있어(제32조 제6항 제3호), 권리 등이 이전되기 전인 실사 단계에서 그 적용이 없음이 법문상 분명하다고 지적한다(76면 각주 18). 따라서 동 견해는 실사 단계에서의 개인정보 이전이 법 제26조의 처리위탁(예를 들어 양도회사의 주관사에 대한 실사자료 제공)으로 인정되지 못할 경우 제3자 제공에 해당하여 정보주체의 동의가 필요하다고 주장한다(74-80면).
208) 김성민, "기업 인수합병에서의 개인정보 관련 법적 쟁점", 저스티스, 통권 제165호, 2018, 107면.
209) 김성민, "기업 인수합병에서의 개인정보 관련 법적 쟁점", 저스티스, 통권 제165호, 2018, 119면.
210) 개인정보 보호 법령 및 지침·고시 해설(2020), 215면. 김성민, "기업 인수합병에서의 개인정보 관련 법적 쟁점",

한편 개인정보처리방침 등에서 정하고 있는 영업양수자등의 개인정보 보호 수준이 기존에 영업양도자등이 행하고 있던 개인정보 보호 수준과 비교하여 낮을 경우 정보주체의 입장에서 거래가 종결된 이후에 최초에 동의했던 것보다 열등한 보호를 받게 될 우려가 있다. 앞서 살펴본 바와 같이 보호위원회는 개인정보가 영업양수자등에게 이전되면서 그와 관련된 권리·의무가 포괄적으로 승계되는 경우에 특칙이 적용된다고 하고 있으나, 이 경우에도 영업양수자등이 이전 받은 개인정보에 대해 영업양도자등이 전에 적용했던 개인정보처리방침 또는 보호 조치를 준수하거나 유지할 의무를 부담하는지 불분명하기 때문이다.[211] 이러한 우려 때문에 영업양수자등이 이전 받은 개인정보에 대해서는 영업양도자등의 개인정보처리방침을 그대로 준수하면서 자신의 개인정보처리방침도 가급적 그에 맞춰 강화하되, 그렇게 하는 것이 어렵다면 양사의 개인정보를 분리하여 별도 관리함으로써 이전 받은 개인정보에 관하여 거래 이전의 보호수준을 유지하는 것이 바람직하다는 견해가 있다.[212]

만일 어떤 이유에서든 거래가 종결되지 못하여 사업이 이전되지 않게 된 경우에는 영업양수자등이 이미 이전 받았던 개인정보를 폐기하는 등 적절한 조치를 취해야 할 것이다.[213]

저스티스, 통권 제165호, 2018, 119면은 목적 외 이용의 예로 영업양도자등이 적법하게 동의를 받아 고객들을 상대로 광고와 같은 마케팅 활동을 하고 있었는데 영업양수자등이 거래종결 후 이전된 사업과 관련된 상품이 아니라 영업양수자등이 취급하는 다른 상품에 관하여 개인정보를 이용한 마케팅 활동을 하는 경우를 들고 있다. 이처럼 거래종결 후의 개인정보 이용이 동의를 받은 본래의 목적 범위 내인지 여부는 동의의 내용이 포괄적이라 하더라도 상황 구체적으로 판단하게 될 것으로 보인다.

211) 김성민, "기업 인수합병에서의 개인정보 관련 법적 쟁점", 저스티스, 통권 제165호, 2018, 116-117면은 제27조에 따른 개인정보의 이전은 기본적으로 제3자 제공의 성격을 갖고 있어 이전되는 개인정보의 처리와 보호에 관하여는 영업양도자등과 정보주체 사이에 맺은 법률관계가 영업양수자등에게 승계되지 않고 단절되는 결과 영업양수자등이 이전 받은 개인정보에 대해 자신의 개인정보처리방침 등을 적용해도 무방하다고 한다. 정보주체는 개인정보의 이전에 대해 통지를 받은 후 달라진 보호 조치 및 수준에 대해 불만이 있을 경우 탈회 등의 기회를 제공받기 때문에 이와 같이 해석해도 정보주체의 보호에 문제가 없다고 볼 여지도 있다. 그러면서도 저자는 특칙에 따른 개인정보의 이전은 제3자 제공 중에서도 영업양도자등과 정보주체 간에 개인정보 처리 및 보호에 관하여 맺었던 법률관계가 승계되어 영업양수자등이 이를 준수해야 하는 예외적인 경우로 해석할 여지도 있다고 한다 116면 각주 169. 해석론 또는 입법적으로 명확히 할 필요가 있는 부분이다.

212) 김성민, "기업 인수합병에서의 개인정보 관련 법적 쟁점", 저스티스, 통권 제165호, 2018, 118면.

213) 이 밖에도 인수합병 등의 거래에서는 인수 대상이 되는 회사에 대한 개인정보 분야 실사나 계약서 작성 과정에서 개인정보가 포함된 내용의 기술 등 다양한 실무적인 문제 내지 쟁점들이 제기되는데, 이에 대해서는 다음의 문헌들을 참고할 수 있다: Daniel Ilan et. al., "Privacy in M&A Transactions: Pre Closing Liabilities," Harvard Law School Forum on Corporate Governance, 2016.11.7.,
⟨https://corpgov.law.harvard.edu/2016/11/07/privacy-in-ma-transactions-pre-closing-liabilities/⟩ (2023.12.3. 방문); Daniel Ilan et. al., "Privacy in M&A Transactions: Personal Data Transfer and Post Closing Liabilities," Harvard Law School Forum on Corporate Governance, 2016.11.10.,
⟨https://corpgov.law.harvard.edu/2016/11/10/privacy-in-ma-transactions-personal-data-transfer-and-post-closing-liabilities/⟩ (2023.12.3. 방문); Daniel Ilan et. al., "Data Privacy and Cybersecurity in M&A: A New Era," Landslide, ABA Section of Intellectual Property Law, 2018.7.1.,
⟨https://www.americanbar.org/groups/intellectual_property_law/publications/landslide/2017-18/july-august/data-privacy-cybersecurity-ma/⟩ (2023.12.3. 방문). 관련 논의를 국내법의 관점에서 상세하게 분석 정리한 자료로는 김성민, "기업 인수합병에서의 개인정보 관련 법적 쟁점", 저스티스, 통권 제165호, 2018, 71-125면이 있다.

4) 특칙에 따른 통지의무

법 제27조에서 규정하고 있는 통지절차는 개인정보가 이전될 예정인 정보주체들에게 탈회 등이를 거부할 수 있는 기회를 제공하기 위한 사전 장치에 해당한다.[214] 특칙 하에서 정보주체의 동의 없이도 개인정보의 이전이 가능하기 때문에 통지는 중요한 의미를 가지며, 통지를 받은 정보주체가 자기정보결정권을 실효적으로 행사할 수 있도록 조항을 해석·적용해야 할 것이다.[215]

(1) 통지의무의 주체

통지 시점의 개인정보처리자인 영업양도자등이 통지의무를 일차적으로 부담한다(법 제27조 제1항). 영업양도자등의 통지의무는 일신전속적인 것이 아니어서 거래상대방인 영업양수자등이 통지를 대리하는 것도 가능하다.[216] 영업양수자등도 개인정보를 이전받고 나면 새로운 개인정보처리자로서 지체없이 그 사실을 정보주체에게 알려줘야 한다(동조 제3항 본문). 다만 영업양수자등의 통지의무는 영업양도자등이 통지의무를 이행하지 않은 경우를 대비한 보충적인 것이어서[217] 영업양도자등이 정보주체에게 이전 사실을 이미 알린 경우에는 통지의무가 없다(동조 제3항 단서).[218]

이처럼 영업양수자등도 통지의무를 함께 부담한다면 영업양수자등의 통지의무 이행으로 영업양도자등의 통지의무가 사후적으로나마 면제되는 것은 아닌지 의문이 들 수 있다. 그러나 영업양수자등의 통지는 개인정보의 이전 후에 이뤄지는 것이어서 그것으로 영업양도자등의 통지를 갈음할 수 있다고 해석하는 것은 정보주체에게 이전을 거부할 기회를 제공한다는 통지절차의 취지에 반한다. 영업양도자등이 통지의무를 불이행할 경우 그에 따른 벌칙도 사후적인 영업양수자등의 통지로 면하지 못한다고 해석해야 할 것이다.

(2) 통지의 방법과 시기

법 제27조 제1항 각 호 외의 부분과 제2항 본문은 통지의 방법을 시행령에서 정하도록 위임하고 있다. 그리고 시행령의 해당 부분인 제29조 제1항에 의하면 통지는 "서면등의 방법"으로

---

214) 개인정보 보호 법령 및 지침·고시 해설(2020), 214면.
215) 법 제27조 제1항은 정보주체가 개인정보의 이전을 원하지 않을 경우 조치할 수 있는 방법 및 절차를 통지 사항 중 하나로 포함시키고 있는데(제3호), 통지의 내용이 일반적인 정보주체의 관점에서 이해 가능해야 할 뿐만 그 실행에 과도한 비용이 소요되는 등과 같이 정보주체의 선택을 실질적으로 형해화하는 내용이어서도 안 될 것이다.
216) 노혁준·박재현, "금융기관의 구조 재편과 정보 이전", BFL, 제66호, 2014, 39면(나아가 각주 5에서 거래당사자들이 연명하여 통지하는 것도 제27조 제1항의 통지 방식으로 유효하다고 지적); 김성민, "기업 인수합병에서의 개인정보 관련 법적 쟁점", 저스티스, 통권 제165호, 2018, 108면.
217) 김성민, "기업 인수합병에서의 개인정보 관련 법적 쟁점", 저스티스, 통권 제165호, 2018, 111면.
218) 개인정보 보호 법령 및 지침·고시 해설(2020), 217면은 영업양수자등의 통지의무 면제 이유를 쌍방의 통지에 따른 비용 증가와 정보주체의 혼란 야기에서 찾고 있다. 그런데 개인정보의 이전 후에는 개인정보처리자가 영업양수자등으로 변경되어 권리 행사도 영업양수자등에게 해야 하므로 영업양수자등의 통지가 정보주체의 자기정보결정권의 실현에 유용한 경우도 있다는 점을 고려할 필요가 있다.

해야 하는데, 동 시행령 제17조 제5항은 "서면등의 방법"을 서면, 전자우편, 팩스, 전화, 문자전송 또는 이에 상당하는 방법으로 정의하고 있다. 그리고 통지는 해당 정보주체들에게 개별적으로 행하는 것이 원칙이다.[219] 그런데 영업양도자등이 과실 없이 정보주체에게 위와 같은 방법으로 개별 통지를 할 수 없는 경우에는 통지할 내용을 인터넷 홈페이지에 30일 이상 게재하여야 한다(시행령 제29조 제2항 본문).[220] 홈페이지 게재마저 할 수 없는 정당한 사유가 있다면 (i) 영업양도자등의 사업장등의 보기 쉬운 장소에 30일 이상 게시하거나, (ii) 영업양도자등의 사업장등이 있는 시·도 이상의 지역을 주된 보급지역으로 하는 「신문 등의 진흥에 관한 법률」상의 일반일간신문·일반주간신문 및 인터넷신문에 싣는 방법으로 통지를 해야 한다(동항 단서 및 각 호).

통지의 시기와 관련하여 법 제27조는 정보주체에게 "미리" 알려야 한다고 규정하고 있을 뿐 그 시점을 특정하고 있지 않다. 앞서 살펴본 바와 같이 통지의무의 부과 취지가 개인정보 이전에 대한 정보주체의 탈회 등 권리 행사 기회를 보장하기 위함이라는 점을 감안하여 그러한 조치를 취할 수 있는 충분한 시간적 여유가 주어지도록 통지가 이뤄져야 할 것이다.[221] 만일 특칙이 적용되는 거래단계가 인수합병 등의 계약 체결부터라고 본다면 통지는 그 때로부터 가능할 텐데, 보호위원회는 통지시기를 그중에서 가장 이른 계약 체결 시점으로 설명하고 있다.[222] 이에 대해 계약 체결 후에도 거래종결 전까지 영업양도자등의 고객 또는 임직원의 변동이 있을 수 있기 때문에 계약 체결 시점에 통지하도록 하는 것은 오히려 정보주체의 권익 보호에 도움이 되지 않는다는 이유로 제27조의 문언대로 개인정보의 이전이 있기 전에만 통지하면 된다고 해석하는 것이 타당하다는 견해가 있다.[223]

---

219) 개인정보 보호 법령 및 지침·고시 해설(2020), 214면.
220) 김성민, "기업 인수합병에서의 개인정보 관련 법적 쟁점", 저스티스, 통권 제165호, 2018, 109면은 영업양수자등이 고객들의 주소나 전화번호만 알고 있을 경우 우편이나 전화연락을 통한 개별 통지에 현실적인 어려움이 있다는 이유로 홈페이지에 게재하는 방법을 택하는 실무례를 지적하면서, 이러한 현실적인 어려움이 법상 과실 없이 개별 통지가 불가능한 경우로 인정되기는 어려울 것이라고 지적한다. 다만 경우에 따라서는 이와 같은 현실적인 어려움이 거래 장애 사유로 귀결될 가능성도 있으므로 시행령 개정을 통해 일정한 기준 하에서 홈페이지 게재와 같은 일괄 공고의 허용 범위를 넓힐 필요가 있다는 견해가 있다(노혁준·박재현, "금융기관의 구조 재편과 정보 이전", BFL, 제66호, 2014, 45면; 김성민, "기업 인수합병에서의 개인정보 관련 법적 쟁점", 저스티스, 통권 제165호, 2018, 109면).
221) 개인정보 보호 법령 및 지침·고시 해설(2020), 215면; 김성민, "기업 인수합병에서의 개인정보 관련 법적 쟁점", 저스티스, 통권 제165호, 2018, 108면.
222) 개인정보 보호 법령 및 지침·고시 해설(2020), 215면; 개인정보보호위원회, "개인정보 보호법령 해석 - 실무 교재", 2021, 75면.
223) 김성민, "기업 인수합병에서의 개인정보 관련 법적 쟁점", 저스티스, 통권 제165호, 2018, 108-109면. 한편 영업양도자등의 과실 없이 개별 통지가 불가능하여 인터넷 홈페이지 게재 방법을 택할 경우 30일 이상 공고해야 하는데, 계약 체결 후 통지 기간인 30일이 미처 지나기 전에 거래가 종결되는 경우도 있을 수 있다. 이 경우 개별 통지를 한 정보주체의 개인정보는 거래종결과 함께 영업양수자등에게 이전하고, 개별 통지를 할 수 없었던 정보주체의 개인정보는 분리하였다가 30일이 경과한 시점에 이전하는 것이 적법한 취급이 될 것이다(김성민, "기업 인수합병에서의 개인정보 관련 법적 쟁점", 저스티스, 통권 제165호, 2018, 109-110면).

흔한 경우는 아니지만 영업양도자등이 통지를 한 후 개인정보가 실제로 이전되기 전에 통지 내용에 변경이 있는 경우 다시 통지를 해야 하는지 문제될 수 있다. 변경된 내용이 법 제27조 제1항 각 호의 사항에 해당하고 그 변경으로 인해 정보주체의 실효적인 권리 행사에 장애가 생길 수 있다면 통지를 다시 하는 것이 제도의 취지에 부합할 것이다.[224] 이와 별개로 통지 후 개인정보가 이전되기 전에 상당한 기간이 경과되어 통지를 받아야 할 정보주체의 대상 자체가 상당 수 변경되었다면 추가 내지 재통지를 하는 것이 법의 요구에 충실한 해석일 것이다.[225]

한편 통지를 한 이후에 인수합병 등의 거래가 무산된 경우 법상 요구되는 것은 아니지만 통지를 받은 정보주체의 권익 보호를 위해 영업양도자등이 개인정보 이전의 철회 통지를 하도록 하는 것이 정책적으로 바람직할 것이다.[226]

5) 영업양도 등에 따른 개인정보의 국외 이전 관련

인수합병 등의 거래 결과 개인정보가 국외로 이전되는 경우가 있다. 이와 같은 개인정보의 국외 이전은 정보주체의 별도 동의 등 법에서 정한 예외적인 경우에 해당하지 않는 한 금지되는 것이 원칙이다. 그런데 제3자 제공(법 제17조 및 제18조)에 관한 동의를 받지 않아도 되는 특칙을 마련한 제27조가 개인정보의 국외 이전과 관련하여 별도로 요구되는 동의까지도 면제시키는지 여부가 문제된다. 이에 대해 기업 구조 재편 과정에서 개인정보가 국외로 이전할 경우 모든 정보주체로부터 개별적으로 동의를 받는 것이 불가능할 수 있고, 정보주체의 권익 보호는 개인정보를 제공받는 자의 자격 제한 등의 다른 방법으로 도모하는 것이 보다 적절하며, 인수합병 등 거래의 촉진을 위해 법 제27조의 특칙을 마련한 입법취지를 고려하여 제28조의8에 따른 동의도 면제된다는 견해가 있다.[227] 그러나 국외 이전의 경우 해당 국가의 개인정보 보호 수준 및 규제가 불충분할 수 있고 정보주체의 권익에 대한 특별한 보호가 필요하다는 인식 하에 제28조의8이 국외 이전 자체에 대한 별도의 동의를 요하고 있고, 동조 제4항에서 제17조 및 제18조의 준수를 추가로 요구하는 등 제3자 제공과 별도의 규제라는 점을 분명히 하고 있으며, 조문 체계상으로도 최근 법 개정으로 제28조의8이 제27조 뒤에 신설되면서 국외 이전을 특별

---

224) 김성민, "기업 인수합병에서의 개인정보 관련 법적 쟁점", 저스티스, 통권 제165호, 2018, 110면은 실무상 변동 가능한 거래종결일을 정보주체에게 통지하는 경우가 있음을 지적하면서 이와 같이 통지된 거래종결일이 변경될 경우 정보주체들이 거래당사자 중 누가 권리 행사의 상대방(개인정보처리자)인지 혼동하여 불편을 겪을 수 있으므로 확정되지 않은 거래종결일은 통지 내용에서 제외하는 것이 바람직하다고 한다.
225) 김성민, "기업 인수합병에서의 개인정보 관련 법적 쟁점", 저스티스, 통권 제165호, 2018, 110면(거래종결일의 변경에 따라 상당한 기간이 경과된 경우).
226) 김성민, "기업 인수합병에서의 개인정보 관련 법적 쟁점", 저스티스, 통권 제165호, 2018, 110-111면.
227) 서자영, "기업의 구조재편과 개인정보의 이전", 서울대학교 석사학위 논문, 2016, 83-84면. 김성민, "기업 인수합병에서의 개인정보 관련 법적 쟁점", 저스티스, 통권 제165호, 2018, 95면은 특칙의 입법취지 외에 개인정보의 국외 이전에 관한 규율을 제17조 제3항에서 하고 있던 구법의 조문 체계를 근거로 국외 이전에 관한 별도의 동의가 면제 가능하다는 입장을 취하고 있다.

히 취급하고자 하는 입법자의 의도를 보여주고 있으므로 해당 거래에 제27조의 특칙이 적용되더라도 국외로 이전되는 개인정보와 관련해서는 제28조의8에 따라 정보주체의 동의를 별도로 받아야 한다고 보는 것이 타당하다. 제28조의8 제1항 제1호에 따라 별도의 동의를 요하는 경우 외에도 동조 제1항 제4호(개인정보를 이전받는 자가 개인정보 보호 인증을 받은 경우) 및 제5호(개인정보가 이전되는 국가 등의 개인정보 보호체계, 정보주체 권리보장 범위, 피해구제 절차 등이 개인정보보호법에 따른 개인정보 보호 수준과 실질적으로 동등한 수준을 갖추었다고 보호위원회가 인정하는 경우) 등 일정한 경우에 해당하면 정보주체의 동의 없이도 국외 이전이 가능하다.

3. 신용정보법상의 특칙과의 관계

신용정보법에 따른 개인신용정보에 관해서는 신용정보법이 개인정보보호법에 우선하여 적용된다(법 제6조 제1항). 신용정보법 제32조 제6항 제3호는 신용정보회사등이 영업양도·분할·합병 등의 이유로 권리·의무의 전부 또는 일부를 이전하면서 그와 관련된 개인신용정보를 제공하는 경우 해당 신용정보주체로부터 동의를 받지 않아도 된다고 규정함으로써 개인정보보호법 제27조와 특칙을 마련하고 있다. 따라서 영업양도 등에 따른 개인신용정보의 이전에 대해서는 신용정보법상의 특칙 조항이 우선 적용된다.

신용정보법상 특칙 조항이 정한 통지의무의 내용은 본래 개인정보보호법상의 그것과 여러 점에서 차이가 있었으나, 2015.3.11.의 법 개정 이후에 개인정보보호법과 상당히 유사한 내용으로 바뀌었다. 신용정보법 제32조 제6항 제3호에 따라 개인신용정보를 타인에게 제공하려는 자 또는 제공받은 자는 개인신용정보의 제공 사실 및 이유 등을 사전에 해당 신용정보주체에게 알려야 한다(신용정보법 제32조 제7항). 신용정보법은 이처럼 특칙의 적용 주체를 영업양도 등 거래에 있어서의 양도자 또는 양수자로 규정하고 있으나, 동법 시행령 제28조 제12항 및 별표 2의2는 통지의무자를 개인신용정보를 제공하는 양도자로 한정하고 있다.[228] 위 별표 2의2에 따르면 양도자는 원칙적으로 서면, 전화, 문자 메시지, 전자우편, 팩스 그 밖에 이와 유사한 방법으로 신용정보주체에게 개별 통지를 해야 하지만, 고의 또는 과실 없이 신용정보주체의 연락처 등을 알 수 없는 경우에는 시행령 제34조의4 제2항 각 호에 기재된 인터넷 홈페이지 게시, 사무실 등에서의 열람 또는 신문 게재 중 어느 하나에 해당하는 방법으로 통지를 일괄적으로 할 수 있다. 신용정보법령에서는 통지를 개인신용정보의 제공 전에 해야 한다고 규정한 것(신용정보법 제32조 제7항) 외에 통지의 기간 등에 대해서는 구체적으로 정하고 있지 않다. 이와 관련하

---

228) 이에 따라 관련 법령의 해석상 양수인은 통지의무를 부담하지 않는다. 김성민, "기업 인수합병에서의 개인정보 관련 법적 쟁점", 저스티스, 통권 제165호, 2018, 113면은 양수인이 양도인의 통지의무를 대리 또는 대행하는 것은 가능하다고 하고 있다.

여 개인신용정보의 누설에 관한 것이기는 하나 신용정보법 시행령 제34조의4 제2항 본문에 따라 금융위원회의 신용정보업감독규정에서 정한 통지 기간을 신용정보법상의 특칙규정에 의한 일괄 공고에도 해석상 원용할 수 있을 것이라는 견해가 있다.[229]

한편 신용정보법상의 특칙 조항의 적용이 있을 경우 개인정보보호법과 달리 신용정보제공·이용자로서 신용정보법 시행령 제2조 제6항 제7호 가목부터 허목까지의 자는 제공하는 개인신용정보의 범위와 제공받는 자의 신용정보 관리·보호 체계에 관하여 금융위원회의 승인을 받아야 한다(신용정보법 제32조 제8항, 동법 시행령 제28조 제13항 및 제14항).[230] 아울러 신용정보법 제32조 제8항에 따른 승인을 받아 개인신용정보를 제공받은 자는 신용정보업감독규정 제38조의4에서 정한 내용대로 개인신용정보를 현재 거래 중인 신용정보주체의 개인신용정보와 분리하여 관리하여야 한다(신용정보법 제32조 제9항).

4. 위반 시 제재

법 제27조 제1항을 위반하여 정보주체에게 개인정보의 이전 사실을 미리 알리지 않은 영업양도자등에게는 2천만 원 이하의 과태료를 부과한다(법 제75조 제4항 제6호). 영업양도자등이 통지를 하지 않은 상태에서 개인정보를 이전받은 영업양수자등이 제27조 제2항를 위반하여 지체 없이 통지를 하지 않을 경우 해당 영업양수자등에게도 2천만 원 이하의 과태료를 부과한다.

한편 제27조 제3항을 위반하여 개인정보를 이전 당시 본래의 목적 범위 밖에서 이용하거나 제3자에게 제공한 영업양수자등 및 그 사정을 알면서도 영리 또는 부정한 목적으로 개인정보를 제공받은 자는 5년 이하의 징역 또는 5천만 원 이하의 벌금에 처한다.

---

229) 김성민, "기업 인수합병에서의 개인정보 관련 법적 쟁점", 저스티스, 통권 제165호, 2018, 113-114면. 신용정보업감독규정 제43조의5는 인터넷 홈페이지 게시와 사무실 등에서의 열람의 경우 각각 15일, 신문 게재의 경우 7일을 통지 기간으로 고시하고 있다.
230) 신용정보법 시행령 제2조 제6항 제7호 가목부터 허목까지의 자에는 대부분의 금융기관이 포함되기 때문에 금융기관의 인수합병이 있을 경우 개인신용정보와 관련된 위 금융위원회의 승인은 거의 항상 필요하다고 한다(김성민, "기업 인수합병에서의 개인정보 관련 법적 쟁점", 저스티스, 통권 제165호, 2018, 114면).

제7장

개인정보의
국외이전

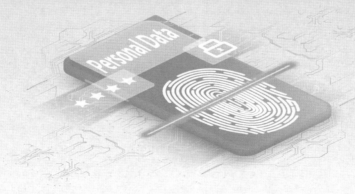

제 1 절
개관

I. 국가 간 개인정보 이전의 규율에 대한 두 가지 관점

국가 간의 개인정보의 이전에 대한 규율체계를 설계하거나 관련 규정을 해석하는 과정에서 단순히 개인정보가 국가 간에 이전된다는 의미를 넘어서 개인정보가 이전되는 전체 맥락을 이해할 필요가 있다. 국가 간의 개인정보의 이전을 규율하는 이유는 다양하게 설명될 수 있지만, 주된 이유는 크게 두 가지 서로 다른 관점에서 설명된다. 즉, 개인정보의 국외이전이 요구되는 상황을 보면, 대체로 국가 간의 무역이나 상거래 과정에서 그와 관련된 개인정보가 함께 이전되는 경우가 많다. 물론 정부나 국제기구가 공적 활동을 위해서 개인정보를 주고받는 경우도 있지만, 많은 경우에 개인정보의 국가 간 이전은 국제상거래에 수반되는 경우가 많다. 따라서 개인정보의 국가 간 이전이 활발하다는 것은 국가 간 무역이나 상거래가 활발하게 이루어진다는 의미이기도 하다. 반대로 국가 간 무역이나 상거래를 활성화하기 위해서는 국가 간 개인정보의 이동이 자유로워야 한다. 따라서 개인정보 국외이전을 규율하는 주요 목적의 하나는 각국의 국내법이 다양한 개인정보보호 규정을 가지고 있더라도 국가 간에 무역을 활성화하기 위해서 개인정보의 자유로운 이전을 보장하기 위함이다. 다만, 유의할 점은 개인정보 국외이전의 규율 목적이 무제한적인 개인정보의 국가 간 이전을 허용하기 위한 것이 아니라 해당 국가의 개인정보보호체계를 존중하면서 안전한 개인정보 이전을 보장하여 궁극적으로 국가 간 무역이 저해되지 않도록 하기 위한 것이다. 특히, 국외이전 체계의 국가 간 상호인정이나 국제적인 통일규범(예: 최근의 RCEP, DEPA, CPTPP와 같은 디지털 통상 규범) 제정을 통하여 양국 간에 무역 및 그에 수반하는 개인정보의 자유로운 이동을 보장하는 환경을 만드는 것뿐만 아니라 다수의 국가 사이에 개인정보의 자유로운 이동을 보장하는 개인정보 자유 이전 지대(free data transfer zone)를 만들 수 있게 된다.

디지털무역협정과 개인정보 자유 이전 지대 설정

세계 주요 각국이 개인정보의 보호를 위해서 국내법으로서 데이터 국지화법(Data Localization Law)이나 개인정보보호 관련법을 정비하면서 국가 간 개인정보 이전체계를 강화하고 있지만, 다른 한편으로는 향후의 국가 간 무역의 핵심이 데이터 기반의 디지털 경제라는 점을 고려하여 최근에 채택되거나 협상이 진행 중인 다양한 디지털 무역 협정에서 개인정보의 보호와 자유로운 이동에 관한 사항을 정하여 다자 간 디지털 무역 규범 체계 하에서의 데이터 이동 구역의 설정을 추진하고 있다.

역내 포괄적 경제 동반자 협정(Regional Comprehensive Economic Partnership, RCEP)은 온라인 개인정보보호(Article 12.8), 컴퓨팅 설비의 위치(Article 12.14), 전자적 수단에 의한 정보의 국경 간 이전(Article 12.15)을 규정하여 RCEP 체제 하에서 안전한 데이터 유통 환경을 마련하고자 하였다. 우리나라도 이미 RCEP에 가입하여 발효했으며, CPTPP 가입도 추진 중에 있다.

디지털 경제 동반자 협정(Digital Economy Partnership Agreement, DEPA)은 모듈 형태의 접근방식을 채택하면서 데이터 이슈를 다루는 Module 4에서 개인정보보호(Article 4.2), 전자적 수단에 의한 정보의 국경 간 이전(Article 4.3), 컴퓨팅 설비의 위치(Article 4.4)를 규정한다.

포괄적·점진적 환태평양 경제 동반자 협정(Comprehensive and Progressive Agreement for Trans-Pacific Partnership, CPTPP)도 개인정보보호(Article 14.8), 전자적 수단에 의한 정보의 국경 간 이전(Article 14.11), 컴퓨팅 설비의 위치(Article 14.13)를 규정한다.

이같은 새로운 무역협정은 디지털 무역을 강조하면서 개인정보보호와 컴퓨팅 설비의 위치, 전자적 수단에 의한 정보의 국경 간 이전 등을 규정하여 다자 간 디지털 무역 체계 하에서 데이터의 안전한 유통 환경을 마련하고자 의도하고 있다.

국외이전 규율의 또 다른 목적은 해당 국가의 국민의 개인정보를 안전하게 보호함으로써 국민의 개인정보에 대한 권리, 나아가 그로부터 보호되는 기본적 자유와 권리를 보장하는 것이다. 특히 개인정보에 대한 국민의 데이터 주권(data sovereignty) 혹은 데이터 오너십(data ownership)을 보호하는 것이 중요한 목적이다.

이상과 같이 국외이전 규율에 대한 두 가지 관점은 서로 충돌하는 정반대의 가치인 것처럼 보이지만, 개인정보보호법을 관통하는 기본적인 목적을 개인정보의 무조건적 보호가 아니라 안전한 처리를 위한 기준과 절차를 규율함으로써 국민의 기본적 자유와 권리를 보장하면서도 안전하게 개인정보를 활용할 수 있는 환경을 만들어주려는 취지로 이해하는 이상 국외이전 규율에 관한 두 가지 관점도 상충되는 것으로만 볼 것이 아니라 서로 상호 조화되어야 할 요소로 보아 국민의 개인정보에 대한 권리를 보장하면서도 안전하게 국가 간 개인정보가 이전될 수 있는 법적 기반을 만드는 것으로 이해하는 것이 바람직하다. 개인정보의 국외이전에 관한 규율체계를 정립하고 관련 규정을 해석하는데도 이러한 입장에서 접근하는 것이 타당하다.

II. 국외이전 규율체계의 발전과정

1. 정보통신망법상 국제계약의 제한

개인정보를 직접적인 규율대상으로 한 최초의 법률은 1994년 제정된 「공공기관의개인정보보호에관한법률」이지만, 공공기관의 컴퓨터에 의하여 처리되는 개인정보의 보호를 위하여 그 취급에 관하여 필요한 사항을 정함으로써 공공업무의 적정한 수행을 도모함과 아울러 국민의 권리와 이익을 보호함을 목적으로 하였기 때문에 국가 간의 개인정보 이전에 대해서는 규율하지 않았다. 민간 분야의 특정 개인정보 유형인 신용정보를 규율하기 위해서 1995년 제정된 「신용정보의이용및보호에관한법률」도 국가 간의 개인정보 이전에 대해서는 아무런 규정을 두지 않았다. 이후 「정보통신망이용촉진및정보보호등에관한법률」이 2001년 전부개정되면서 온라인에 한정되긴 하였지만 민간의 개인정보보호에 대한 규정이 체계적으로 정비되었고, 개인정보의 국외이전과 관련하여 처음으로 개인정보관련 국제계약의 제한을 규정하였다(2001년 전부개정된 정보통신망법 제54조). 이에 따르면, 정보통신서비스제공자가 이용자의 개인정보에 관하여 정보통신망법의 규정을 위반하는 사항을 내용으로 하는 국제계약을 체결하지 못하도록 금지할 뿐 보다 적극적으로 개인정보의 국외이전을 합법적으로 허용하기 위한 다양한 국외이전 규율체계를 도입하지는 못하였다.

2. 정보통신망법상 동의 기반의 국외이전 규율체계

2004년 개인정보보호를 강화하는 일환으로 정보통신망법 일부개정을 통해 기존의 국제계약 제한 규정 외에 추가로 개인정보의 국외이전 시 이용자의 동의를 얻도록 규정하였다. 이용자의 동의를 얻기 위해서는 미리 이전목적 등 정보통신부령이 정하는 사항을 고지하도록 의무화하였고, 동의를 얻어서 개인정보를 국외이전하는 경우에는 정보통신부령이 정하는 바에 따라 보호조치를 취하도록 하였다(2004년 일부개정된 정보통신망법 제63조). 그러나 2016년 일부 개정을 통해 개인정보 국외이전의 유형을 특정함으로써 법 해석 및 적용상의 혼란을 방지하고, 이용자의 동의없이 개인정보를 국외로 이전한 정보통신서비스 제공자등에 대한 제재 규정을 마련하는 등 이용자 개인정보보호를 강화할 필요성에 따라 동의를 요하는 개인정보 국외이전 유형을 제공(조회되는 경우를 포함)·처리위탁·보관으로 한정하였다(2016년 일부개정된 정보통신망법 제63조 제2항). 다만, 정보통신서비스의 제공에 관한 계약을 이행하고 이용자 편의 증진 등을 위하여 필요한 경우로서 국외이전 동의에 필요한 고지사항 모두를 개인정보처리방침에 공개하거나 전자우편 등 대통령령으로 정하는 방법에 따라 이용자에게 알린 경우에는 동의 없이도 국외이전할 수 있도록 허용하였다. 2016년 개정 이후에도 국제계약 제한이나 동의 기반의 국외이전 시 보호조치 의무는 유지하였다.

3. 개인정보보호법상 동의기반의 국외이전 규율체계

개인정보보호법은 2011년 제정 시부터 동의 기반의 국외이전을 허용하였지만, 그 대상은 제 3자 제공에 한정하였고 다른 유형의 개인정보 국외이전에 대하여는 별도의 규율체계를 갖추지 않았다. 또한 정보통신망법상의 국외이전 규율체계와 마찬가지로 개인정보보호법을 위반하는 내용으로 개인정보의 국외 이전에 관한 계약을 체결하지 못하도록 금지하는 규정을 두었다(법 제17조).

4. 정보통신망법상 재이전 및 상호주의의 도입

글로벌 사업자가 대한민국 국민의 개인정보를 해외로 이전한 후 제3국으로 재이전하는 등 해외 시장에서 유통되고 있음에도 법적 근거가 마련되어 있지 않고, 특히 우리나라보다 개인정보 보호 수준이 낮은 나라로의 이전에 대해서는 국제규범상 동등하게 보호하는 등 우리 국민의 개인정보가 해외에서도 안전하게 유통될 수 있는 방안을 마련하려는 목적으로 2018년 일부개정을 통해 국내대리인 지정, 제3국으로의 재이전(onward transfer)과 상호주의에 관한 규정을 신설하였다. 즉, 국내에 주소 또는 영업소가 없는 정보통신서비스 제공자등으로서 이용자 수, 매출액 등을 고려하여 대통령령으로 정하는 기준에 해당하는 자는 개인정보 보호책임자의 업무, 개인정보 유출등의 통지ㆍ신고 및 정당한 사유의 소명을 대리하는 자를 서면으로 지정하여야 한다(2018년 일부개정된 정보통신망법 제32조의5). 또한 제3국으로 개인정보를 재이전할 때에도 국내에서 외국으로의 개인정보 국외이전과 동일하게 규율하도록 규정하였고(2018년 일부개정된 정보통신망법 제63조 제5항), 개인정보의 국외 이전을 제한하는 국가의 정보통신서비스 제공자등에 대해서는 해당 국가의 수준에 상응하는 제한을 할 수 있도록 상호주의적 접근을 도입하였다. 다만, 조약 또는 그 밖의 국제협정의 이행에 필요한 경우에는 상호주의에 대한 예외를 인정하였다.

5. 개인정보보호법으로 통합 후 이원화된 규율체계 유지

2020년 소위 '데이터 3법 개정'을 통해 정보통신망법상의 개인정보보호 관련 규정이 개인정보보호법으로 이관ㆍ통합되면서 정보통신망법상의 국외이전에 관한 규정도 모두 개인정보보호법으로 통합되었다. 그러나 온라인상의 개인정보보호에 관한 규정들이 모두 "제6장 정보통신서비스 제공자 등의 개인정보 처리 등 특례"로서 별도로 존치됨으로써 정보통신서비스제공자등의 개인정보보호에 대해서는 종래 정보통신망법상의 국내대리인 지정, 국외에 개인정보의 제공(조회되는 경우를 포함한다)·처리위탁·보관에 대한 동의 요건, 국제계약 제한, 상호주의가 동일하게 유지되었다.

6. 개인정보 국외이전 규율체계의 일원화 및 다각화

2023년 개인정보보호법을 사실상 전면적으로 개정하면서 제6장의 특례규정을 삭제함에 따라 국외이전 규율체계가 온라인·오프라인, 공공부문·민간부문의 구분없이 일원화되었다. 또한 개인정보의 국외이전이 증가함에 따라 개인정보를 국외로 이전할 수 있는 경우를 확대하여 국제기준에 부합하도록 하는 등 현행 제도의 운영상 나타난 일부 미비점을 개선·보완한다는 취지 하에 개인정보 국외이전 규율체계를 재정비하여 다양한 국외이전 근거를 마련하였다. 이에 따라 합법적인 국외이전 근거로서 ① 국외이전에 관한 정보주체의 별도의 동의, ② 법률, 대한민국을 당사자로 하는 조약, 기타 국제협정상 개인정보의 국외이전에 관한 특별한 규정, ③ 정보주체와의 계약의 체결 및 이행을 위하여 개인정보의 처리위탁·보관이 필요한 경우로서 국외이전 동의에 요구되는 고지사항을 개인정보 처리방침에 공개하거나 전자우편 등 대통령령으로 정하는 방법에 따라 정보주체에게 알린 경우, ④ 개인정보보호위원회가 고시하는 인증을 받은 경우로서 개인정보 보호에 필요한 안전조치 및 정보주체 권리보장에 필요한 조치와 인증받은 사항을 개인정보가 이전되는 국가에서 이행하기 위하여 필요한 조치를 모두 한 경우, ⑤ 개인정보가 이전되는 국가 또는 국제기구의 개인정보 보호체계, 정보주체 권리보장 범위, 피해구제 절차 등이 개인정보보호법에 따른 개인정보 보호 수준과 실질적으로 동등한 수준을 갖추었다고 개인정보보호위원회가 인정하는 경우에는 국외이전이 허용된다. 이외에도 개인정보보호법을 위반하는 국외이전 계약의 금지는 그대로 유지되었으며, 상호주의 및 국내대리인 지정 제도는 모든 개인정보처리자로 확대되었다. 나아가 위법한 국외이전으로부터 정보주체를 보호하기 위하여 긴급한 조치로서 개인정보의 국외 이전 중지 명령을 새롭게 도입하였다.

제 2 절
해외 입법례

Ⅰ. EU

EU의 GDPR(General Data Protection Regulation)은 제5장(제44조에서 제50조)에서 제3국 및 국제기구로의 개인정보 국외이전에 대한 다양한 근거를 규정한다.

1. 국외이전의 일반원칙

GDPR 제44조는 GDPR의 다른 규정에 따르면서 GDPR 제5장에 규정된 조건이 충족되는 경우에만 국외이전이 가능하도록 국외이전을 위한 일반 원칙을 설정하고 있다. 즉, 제3국이나 국제기구에서 다른 제3국이나 다른 국제기구로의 재이전(또는 제3자 이전)(onward transfer)을 포함하여, 제3국이나 국제기구로 이전된 후 처리되고 있거나 처리될 것으로 의도된 개인정보의 이전은 GDPR의 다른 조항에 따르면서 GDPR 제5장에서 규정된 요건을 개인정보처리자가 충족하는 경우에만 허용된다. 이 경우에 GDPR 제5장의 모든 규정들은 GDPR에 의하여 보장되는 자연인의 보호 수준이 약화되지 않도록 담보하기 위하여 적용되어야 한다.[231]

2. 적정성 결정에 따른 이전

GDPR은 개인정보 국외이전의 대표적인 허용 사유로서 적정성 결정(adequacy decision)에 따른 국외 이전을 허용한다. 즉, EU 집행위원회가 제3국, 제3국의 영토 또는 하나 이상의 특정 부문, 국제기구가 적절한 수준의 보호(adequate level of protection)를 보장하고 있다고 판단하는 경우에는 국외 이전이 허용될 수 있다.[232] 이러한 적정성 결정에 기초한 이전의 경우에는 특정 승인을 요구하지 말아야 한다.[233] 이처럼 EU 집행위원회가 보호 수준의 적정성을 평가할 때에는

---

231) Article 44 of GDPR.
232) Article 45(1) of GDPR.
233) Article 45(1) of GDPR.

다음 요소에 대해 고려해야 한다. 즉, ① 법치주의, 인권 및 기본적 자유의 존중, 공공 안전ㆍ국방ㆍ국가안보 및 형법ㆍ개인정보에 대한 공공기관의 접근을 포함하는 일반적 및 분야별 관련 법률, 효과적이고 집행가능한 정보주체의 권리와 개인정보가 이전되는 정보주체에 대한 효과적인 행정 및 사법적 구제뿐만 아니라 해당 국가나 국제기구에서 준수되는 제3국 또는 국제기구로의 재이전을 위한 규정, 판례법을 포함하여, 법집행, 정보보호규칙, 전문규칙 및 안전조치, ② 정보주체의 권리 행사의 지원과 자문 및 회원국 감독기관들과의 협력 등 정보 보호 규정의 준수를 보장하고 집행할 책임이 있는, 제3국에 소재하거나 국제기구에 적용되는 하나 이상의 독립적 감독기관의 유무 및 해당 기관의 효과적인 작동 여부, ③ 특히 개인정보의 보호와 관련하여, 제3국이나 국제기구가 체결한 국제 협정, 또는 법적 구속력 있는 협약이나 문서 및 다자간ㆍ지역적 기구에의 참여로부터 발생한 기타 의무를 고려하여야 한다.[234]

EU집행위원회는 제3국 또는 제3국의 영토나 하나 이상의 특정 부문 또는 국제기구가 적절한 수준의 보호를 보장하는지의 여부를 결정할 수 있다.[235] 시행법률은 최소한 4년마다 정기적 검토를 위한 메커니즘을 규정해야 한다. 정기적 검토는 제3국이나 국제기구에서의 모든 관련 경과 일체를 고려하여야 한다. 시행법률은 영토 및 부문별 적용을 특정하여야 한다. 시행법률은 GDPR 제93조(2)에 규정된 검토 절차에 따라 채택되어야 한다.[236]

EU 집행위원회는 가용 정보를 통해, 특히 GDPR 제45조(3)에 명시된 정기적 검토 이후 제3국, 해당 제3국의 영토나 하나 이상의 특정 부문 또는 국제기구가 제2항의 적절한 보호 수준을 더 이상 보장하지 않는다고 판단할 경우, 필요한 정도까지 소급효 없이 제3항에 따른 적정성 결정을 철회, 수정 또는 중지시킬 수 있다.

GDPR이 시행되기 이전에 EU DPD(EU Data Protection Directive) 제25조(6)에 의하여 채택된 결정은 GDPR에 따라 EU 집행위원회가 수정, 대체 또는 철회할 때까지 유효하다.[237]

EU와 미국 사이의 적정성 결정

1. EUㆍUS 세이프하버(EU-US Safe Harbor)

EU와 미국은 별도의 협상을 통해 미국이 적정성 평가를 받지 않은 상태에서도 EU 시민의 개인정보를 미국 내로 이전하는 예외적인 체제로서 세이프 하버(Safe-harbor)를 채택하였다. 이 세이프하버 방식은 일종의 자율적 인증 체제로서, 미국의 상무부(Department of Commerce)로부터 세이프 하버 인증을 받은 기업은 자유롭게 EU 시민의 개인정보를 미국 내로 이전할 수 있다. 그런데 일정

---

234) Article 45(2) of GDPR.
235) Article 45(3) of GDPR.
236) Article 45(3) of GDPR.
237) Article 45(3) of GDPR.

한 형식적 요건만 구비되면 세이프하버 인증을 받을 수 있는 방식으로 운영되기 때문에 미국의 개인정보보호에 대한 법체제가 EU 시민의 개인정보를 충분히 보호하지 않는다는 비판이 지속적으로 제기되었다.

2. CJEU의 Schrems 판결(Schrems v. Data Protection Commissioner, C-362/14)

2015년 10월에 EU사법재판소(Court of Justice of the European Union)는 세이프 하버 방식이 적정성 평가 기준에 비추어 볼 때 EU 시민의 개인정보를 충분하게 보호하지 못한다고 판단하면서, 세이프 하버의 무효를 판결했다. 이 판결에서 특히 주목할 부분은 EU사법재판소가 적용한 적정성 평가의 구체적인 기준 부분이다. 세이프하버 방식 하에서 미국 법체계의 개인정보보호 수준이 적정성 기준에 비추어 적정한지에 대한 평가 기준으로 CJEU는 EU의 개인정보에 대한 보호 수준과의 '본질적 동등성(essential equivalence)'을 그 기준으로 설정했다. 이 기준의 적용 결과 세이프 하버 방식 하에서 개인정보에 대한 미국의 법적 보호 수준이 EU의 수준에 미치지 못하다고 판단하였다. 그런데 DPD에서는 적정성 평가 기준으로 다양한 고려 요소들이 제시되어 있을 뿐, 어떤 특정한 기준을 제시하지 않은 상태였다. 이 판결 이후에 제정된 GDPR은 Schrems 판결에서 제시한 본질적 동등성 기준을 채택하였다.

3. EU-US 프라이버시 실드

CJEU의 세이프 하버 무효 판결 이후 미국 정부와 EU 집행위원회 사이에서는 2016년 2월에 기존의 세이프 하버 협정을 대체하는 새로운 개인정보의 국외 이전 체제에 대한 정치적 합의가 이루어졌고, 이를 'EU-US 프라이버시 실드(Privacy Shield) (IP/16/216)'로 부르게 되었다.[238] 프라이버시 실드의 전체적인 틀 자체는 기존의 세이프하버 제도와 동일하다. 그에 따라 기본적으로 프라이버시 실드 또한 자율인증(self-certify)체제로 운영되었다. 미국에 기반을 둔 단체나 조직들이 프라이버시 실드 체제에 가입하기 위해서는 미국 상무부(Department of Commerce)에 신청을 해서 자율인증 절차를 거쳐야 했다.[239] 그래서 2016년 8월 1일부터 상무부에서 기업들의 자율인증 신청을 받았다. 프라이버시 실드에의 가입 자체는 기업들의 자율적 판단에 기반을 두고 있지만, 일단 해당 기업이 자율인증을 해서 프라이버시 실드 체제의 원칙들을 준수할 것을 공표를 한 이후에는 미국의 국내법에 의해서 위반 행위에 대한 집행을 강제할 수 있다. 이와 같이 자율인증 체계를 기반으로 한다는 특징은 세이프 하버와 프라이버시 실드 모두의 공통점이지만, 프라이버시 실드의 세부적인 법원칙들은 기존의 세이프하버 제도와 비교해서 데이터주체의 권리를 확대하고 데이터보호를 좀 더 강화하는 방향으로 제정되었다.

프라이버시 실드상의 고지 의무가 전체적으로 더 엄격하게 규정되었다. 세이프 하버 제도 하에서는 자율인증을 받은 기업이 데이터 처리에 대한 개략적인 정보(데이터 처리의 목적, 데이터를 수령하는 제3자에 대한 정보, 정보주체의 선택 항목들을 포함) 정도만을 정보주체에게 고지하면 되었다. 이에 반해 프라이버시 실드 하에서는 고지해야 할 내용이 좀 더 세분화되어서 13가지의 개별 사항들의 내용이 포함될 것을 요건으로 하였다.

---

238) 프라이버시 실드에 대한 자세한 사항은 가천대학교 산학협력단, GDPR 등 EU와 우리나라의 온라인상 개인정보보호 법제 비교 연구, 방송통신정책연구 보고서, 2016.11., 45-49면 참조.

239) Department of Commerce, 〈https://www.privacyshield.gov/Program-Overview〉 (2023. 8. 21. 최종확인).

<프라이버시 실드 하에서의 고지사항>

(1) 프라이버시 실드에의 참여 여부
(2) 수집하는 개인정보의 유형
(3) 프라이버시 실드에 따라 EU에서 전송되는 개인정보가 프라이버시 실드상의 원칙들에 구속을 받는다는 사실
(4) 개인정보의 수집과 이용의 목적
(5) 문의나 청원을 위해 관련 기관에 연락하는 방법
(6) 개인정보를 이전받는 제3자와 이전의 목적
(7) 정보주체의 개인정보접근권
(8) 공개되고 이용되는 개인정보의 범위를 제한하기 위해 정보주체에게 기관들이 제시하는 방법과 권리
(9) 문제 해결을 위한 독립적인 분쟁해결 기관
(10) 정보주체가 강제적(binding) 중재 절차를 이용할 가능성
(11) 공공기관의 적법한 요구에 따라 개인정보를 제공할 경우의 요건
(12) 제3자에 재이전(onward transfer)할 경우의 책임 문제
(13) 권한이 있는 미국 기관의 수사권과 집행력에 따른다는 사실

이외에 사후적 관리의 관점에서도 자율인증을 받은 기업들에게 더 강한 의무를 부과하였다. 예를 들어, 프라이버시 실드 체제 하에서 미국 상무부는 가입한 기업들의 명단을 정기적으로 갱신하면서 검토함으로써 기업들 스스로가 이행을 약속한 원칙들의 준수를 확인해야 했다. 만약 가입한 기업들이 프라이버시 실드 원칙들의 준수를 하지 않을 경우에는 제재 조치를 받게 되면서 프라이버시 실드 명단에서 삭제가 된다. 특히 개인정보의 재이전(onward transfer) 요건들을 더 엄격하게 하였다. 프라이버시 실드에서 자율인증을 받은 기업이 제3자에게 데이터의 이전을 할 경우, 자율인증을 받은 기업과 제3자는 별도의 계약을 통해 제3자도 프라이버시 실드상의 원칙들을 동일한 수준으로 준수하도록 해야 했다. 즉, 프라이버시 실드에 가입하지 않은 제3의 기업도 프라이버시 실드에 가입한 기업들과 동일한 수준으로 개인정보의 보호에 대한 계약상의 의무를 지게 된다는 의미이다.[240] 이러한 새로운 협정과 함께 미국 정부는 상무부 내에 옴부즈맨(ombudsman) 제도를 도입해서 유럽인들을 위한 국가 정보(national intelligence) 영역에서의 보상 또는 구제 제도를 신설했다.[241] 이러한 적극적인 구제 제도는 미국의 사법구제법(Judicial Redress Act) 개정을 통하여 가능하게 되었다.[242] 사법구제법은 미국시민이 아닌 개인도 미국에서 발생하는 프라이버시 위반 행위

---

240) European Commission, 〈http://europa.eu/rapid/press-release_IP-16-2461_en.htm〉 (2023. 8. 21. 최종확인).
241) European Commission, 'Guide to the Privacy Shield' (2016).
242) European Commission, 'EU-US: Privacy Shield: Frequently Asked Questions', (2016).

로부터 사법적인 구제를 받을 수 있는 권리를 부여하였다. 이러한 권리를 행사할 수 있는 정보주체의 요건으로서는 두 가지를 제시하였다. 첫째는, 미국으로 상업적 목적으로의 개인정보의 이전을 허용하고 있는 국가의 시민이어야 한다. 둘째는, 해당 시민의 국가는 미국의 국가 안보를 중대하게 (materially) 방해하는 개인정보에 대한 정책을 부과하지 않아야 한다.

개인의 권리들에 대한 효과적인 보호를 위해 프라이버시 실드 체제하에서 자신의 데이터가 오용되었다고 생각하는 모든 EU 시민들은 다수의 분쟁해결 절차를 이용할 수 있다. 이런 분쟁해결 절차에는 중재(arbitration)도 포함된다. 또한 매년 합동으로 검토 절차를 실시하며, 이 검토 절차는 집행을 포함해서 프라이버시 실드의 기능이 제대로 작동하는지를 감시하는 기능을 수행한다. 이 검토 절차는 EU집행위원회와 미국 상무부가 합동으로 수행하도록 하였다.

4. Schrems II 판결과 새로운 EU-US Data Privacy Framework

프라이버시 실드도 CJEU의 소위 'Schrems II' 판결(Data Protection Commissioner v Facebook Ireland Ltd, Maximilian Schrems and intervening parties, Case C-311/18)[243]에 따라 무효화되었다. 이에 따라 미국과 EU 사이에 새로운 개인정보 국외이전체계의 마련이 추진되었고 새로운 국외이전 체계로서 "대서양 횡단 데이터 프라이버시 프레임워크(Trans-Atlantic Data Privacy Framework)"가 2022년 초 원칙적으로 합의되었다. 그 후속조치로서 2022년 10월 바이든 대통령은 이 프레임워크를 실행하는 대통령 행정명령에 서명하였고, EU 집행위원회가 2023년 7월 10일 EU-US Data Privacy Framework 하의 개인정보보호의 적정한 수준에 관한 적정성 결정을 채택함으로써 완료되었다. 주요한 원칙을 살펴보면 기본적으로 새로운 프레임워크를 기반으로 데이터가 EU와 참여 미국 회사 간에 자유롭고 안전하게 흐를 수 있도록 허용한다, 다만, 미국 정보 당국의 데이터 접근을 국가 안보를 보호하는 데 필요하고 비례하는 수준으로 제한하는 새로운 규칙 및 구속력 있는 보호 장치를 요구한다. 이에 따라 미국 정보 기관은 새로운 프라이버시 및 시민의 자유 기준을 효과적으로 감독하기 위한 절차로서 유럽 시민의 민원을 조사·해결하기 위한 데이터 보호 심사 법원(Data Protection Review Court)을 신설하였고, EU에서 전송된 데이터를 처리하는 회사에 대한 강력한 의무를 설정하였다.

5. 미국 측의 조치

미국 상무부는 Data Privacy Framework 웹사이트(https://www.dataprivacyframework.gov)를 개설하여 프로그램 참여 방법, 재인증 방법 및 참여 조직 리스트 정보를 공개하고 있다. EU-US 프라이버시 실드 인증을 받은 적이 없는 미국 조직은 해당 DPF 웹사이트에서 자체 인증을 함으로써 EU-US Data Privacy Framework에 참여할 수 있으며, 이미 EU-US 프라이버시 실드 인증을 획득한 조직은 별도의 조치 없이 자동으로 EU-US Data Privacy Framework에 참여하게 되지만 2023년 10월 10일까지 개인정보 처리 방침을 업데이트해야 했다.

---

243) C-311/18.

3. 적절한 안전조치에 의한 이전

1) 감독기관의 승인을 요하지 않는 경우

적정성 결정이 없는 경우에도 컨트롤러나 프로세서는 적절한 안전조치(appropriate safeguards)를 제공한 경우에 한하여, 정보주체가 행사할 수 있는 권리와 유효한 법적 구제책이 제공되는 조건으로 제3국 또는 국제기구로 개인정보를 이전할 수 있다.[244] 적절한 안전조치는 감독기관의 특별한 승인을 요하지 않고 다음에 의하여 제공될 수 있다. 즉, ① 공공 기관 또는 기구 간에 법적 구속력이 있고 집행 가능한 문서(legally binding and enforceable instrument), ② GDPR 제47조에 따른 구속력 있는 기업 규칙(binding corporate rules), ③ GDPR 제93조(2)의 검토 절차에 따라 집행위원회가 채택한 표준정보보호조항(standard data protection clauses),[245] ④ 감독기관이 채택하고 GDPR 제93조(2)의 검토 절차에 따라 집행위원회가 승인한 표준정보보호조항(standard data protection clauses), ⑤ 정보주체의 권리를 포함하여 적절한 안전조치를 적용하기 위한 것으로 제3국의 컨트롤러나 프로세서의 구속력 및 강제력 있는 책무와 함께 GDPR 제40조에 의거한 승인된 행동강령(approved code of conduct), ⑥ 정보주체의 권리를 포함하여 적절한 안전조치를 적용하기 위한 것으로 구속력 및 강제력이 있는 제3국의 컨트롤러나 프로세서의 책무가 수반되는 제42조에 의거한 승인된 인증 메커니즘(approved certification mechanism)에 의해서도 국외이전이 가능하다.[246] EU 차원에서 직접 운영하는 공식 인증체계는 없지만, 2022년 10월 EU 집행위원회는 Europrivacy에 대해 GDPR 인증으로 인정하였다.[247]

2) 감독기관의 승인을 요하는 경우

적절한 안전조치에 의한 국외이전은 다음과 같은 경우에도 관할 감독기관의 승인을 얻어서 허용될 수 있다. 즉, ① 컨트롤러나 프로세서와 제3국이나 국제기구의 컨트롤러나 프로세서 또는 개인정보 수령인 간의 계약 조항, ② 강제력이 있고 유효한 정보주체의 권리를 포함하는 공공 기관이나 기구 간의 행정 협정에 삽입되는 규정에 의한 때에는 관할 감독기관의 승인을 얻

---

244) Article 45(9) of GDPR.
245) EU는 2021년 6월 GDPR을 반영한 새로운 표준계약조항(Standard Contractual Clauses, SCC)을 발표하였다. 기존의 SCC는 (1) 컨트롤러-컨트롤러와 (2) 컨트롤러-프로세서의 2가지 유형만 존재했지만, 새로운 2021 EU SCC는 (3) 프로세서-컨트롤러, (4) 프로세서-프로세서의 2가지 유형을 추가함으로써 총 4가지 유형의 모듈별 국외이전 조항을 구체화하였다. 새로운 SCC는 GDPR의 내용과 함께 EU-미국 사이의 프라이버시 실드를 무효화하면서도 SCC의 유효성은 원칙적으로 인정한 유럽사법재판소의 소위 'Schrems II 판결' 및 최신 국외이전 동향을 반영하여 개인정보 수입자의 의무 강화와 함께 정보주체의 권리를 보장하는 흐름을 반영하였다.
246) Article 46(2) of GDPR.
247) EU 역내에서 운영되고 있는 주요 인증으로는 네덜란드 EIPACC의 GDPR Certificate, 덴마크 EUGDPR Institute의 GDPR Institute Certificate, 룩셈부르크 European Centre for Certification and Privacy의 Europrivacy, 독일 EuroPriSe Cert GmbH의 EuroPriSe, 이탈리아 DPA의 ISDP 10003, ISO의 ISO 31700 등이 있다.

어서 국외이전이 허용될 수 있다.[248] 이 경우에 GDPR 제63조의 일관성 메커니즘(consistency mechanism)을 적용하여야 한다.

이상과 같은 적절한 안전조치에 의한 국외이전의 경우에 GDPR이 시행되기 이전에 EU 정보보호지침 제26조(2) 또는 제26조(4)에 의하여 채택된 결정은 GDPR에 따라 EU 집행위원회가 수정, 대체 또는 철회할 때까지 유효하다.[249]

4. 구속력 있는 기업규칙(BCRs)에 의한 이전

관할 감독기관은 다음과 같은 일정한 요건을 갖추면 GDPR 제63조에 의한 일관성 메커니즘에 따라 구속력 있는 기업규칙(binding corporate rules)을 승인하여야 한다.[250] 즉, ① 법적 구속력이 있으며 피고용인 등 공동 경제활동에 관여하는 사업체 집단 또는 기업 집단의 모든 구성원들에게 적용되고 그들에 의해 이행될 것과 ② 정보주체의 개인정보 처리와 관련하여 정보주체에게 명시적으로 집행력 있는 권리를 부여할 것, ③ 구속력 있는 기업규칙에 명시하여야 할 사항을 명시할 것과 같은 3가지 요건을 충족하여야 한다. 구속력 있는 기업규칙의 내용에 관한 실체적 요건으로서 구속력 있는 기업규칙은 최소한 다음과 같은 사항을 명시하여야 한다.[251]

구속력 있는 기업규칙에 명시할 사항(GDPR §47②)

(a) 공동 경제활동에 관여하는 사업체 집단이나 기업 집단 및 각 구성원의 상세한 구조와 연락처

(b) 개인정보의 범주, 처리 유형과 목적, 영향 받는 정보주체의 유형, 및 제3국 또는 문제되는 국가의 신분증명을 포함하는 정보 이전 또는 일련의 이전

(c) 내·외부적인 법적 구속력의 성질

(d) 목적제한, 데이터 최소화, 제한된 보관기간, 정보 품질, 설계 및 기본설정에 의한 정보보호(data protection by design and by default), 정보처리의 법적 근거, 특별한 유형의 개인정보 처리, 정보 보안 확보 조치 등의 일반 정보보호 원칙 및 구속력 있는 기업 규칙의 구속을 받지 않는 기구로의 재이전과 관련된 요건

(e) 제22조에 따른 프로파일링 등 자동화된 처리만을 근거로 한 결정을 따르지 않을 권리, 제79조에 따른 관할 감독기관 및 회원국 관할 법원에 민원을 제기할 권리, 그리고 구속력 있는 기업 규칙 위반에 따른 구제 및 적절한 경우 보상을 받을 권리가 포함된 개인정보 처리에 관한 정보주체의 권리 및 그 권리를 행사하기 위한 수단

---

248) Article 46(3) of GDPR.
249) Article 46(5) of GDPR.
250) Article 47(1) of GDPR.
251) Article 47(2) of GDPR.

(f) 유럽연합에 설립되지 않은 구성원에 의한 구속력 있는 기업 규칙 위반에 따른 책임에 대한 회원국의 영토에 설립된 컨트롤러나 프로세서에 의한 수용; 컨트롤러나 프로세서는 해당 구성원이 손해를 발생시킨 사건에 대하여 책임이 없음을 증명한 경우에만 책임의 전부 또는 일부를 면제받아야 한다.

(g) 제13조 및 제14조에 더하여, (d), (e), (f)에 명시된 규정 등 구속력 있는 기업 규칙에 관한 정보가 정보주체에 제공되는 방식

(h) 제37조에 따라 지정된 개인정보책임자(data protection officer) 또는 사업체 집단이나 공동 경제 활동에 관여하는 사업체 집단이나 기업 집단 내에서 구속력 있는 기업규칙의 준수를 감시하는 책임을 맡은 사람 또는 단체(entity)의 업무뿐만 아니라 모니터링 교육 및 불만 처리

(i) 민원 절차

(j) 공동 경제활동에 관여하는 사업체 집단 또는 기업 집단 내의 구속력 있는 기업규칙의 준수 여부를 검증하기 위한 메커니즘. 이 같은 메커니즘은 정보보호 감사 및 정보주체의 권리 보호를 위한 시정조치를 보장할 방법을 포함해야 한다. 해당 검증 결과는 (h)에 규정된 개인이나 단체 및 공동 경제 활동에 관여하는 사업자 집단이나 기업 집단의 지배 사업체의 이사회에 전달되어야 하고, 관할 감독기관의 요구가 있을 시 제공되어야 한다.

(k) 규칙의 변경사항을 보고 및 기록하기 위한 메커니즘과 해당 변경사항을 감독기관에 보고하기 위한 메커니즘

(l) 특히 (j)에 규정된 조치의 검증 결과를 감독기관에 보고하는 것과 같이 공동 경제 활동에 관여하는 사업체 집단 또는 기업 집단의 구성원에 의한 준수를 확보하기 위하여 감독 기관과의 협력 매커니즘

(m) 공동 경제활동에 관여하는 사업체 집단이나 기업 집단의 구성원이 구속력 있는 기업규칙에 의하여 보장되는 바에 실질적인 역효과가 발생할 가능성이 있는 제3국에서 적용받는 법적 요건을 관할 감독 기관에 보고하는 매커니즘

(n) 영속적이거나 정기적으로 개인정보에 접근하는 인력에 대한 적절한 정보보호교육

5. 유럽연합 법률에 의하여 허가되지 않은 정보 이전 또는 공개

컨트롤러나 프로세서가 개인정보를 이전하거나 공개하도록 요구하는 제3국의 법원·재판소의 판결 또는 행정기관의 결정은, GDPR 제5장에 따른 국외이전의 근거 없이, 요구한 제3국과 유럽연합이나 회원국 간에 유효한 상호 법률지원 조약 등의 국제협정을 기반으로 하는 경우에 승인되거나 집행될 수 있을 뿐이다.[252]

---

252) Article 48 of GDPR.

6. 예외

이상에서 살펴본 바와 같이 개인정보의 국외 이전이 허용되는 사유인 적정성 결정, 적절한 안전조치, 구속력 있는 기업규칙과 같은 합법적 국외이전근거가 없는 경우에 제3국이나 국제기구로의 개인정보 이전 또는 일련의 이전은 다음의 요건 중 어느 하나를 충족하는 경우에만 허용된다.[253] 즉, ① 정보주체가 적정성 결정이나 적절한 안전조치의 부재로 인해 발생할 수 있는 이전의 위험에 대해 통지를 받은 후 제안된 이전에 명시적으로 동의하는 경우, ② 정보주체와 개인정보처리자 사이에서의 계약 이행을 위해 또는 정보주체의 요청에 의해 취해진 계약 전 사전 조치의 이행을 위해 이전이 필요한 경우, ③ 컨트롤러와 다른 자연인 또는 법인 사이에서 정보주체의 이익을 위해 체결된 계약의 이행을 위해 이전이 필요한 경우, ④ 공공의 이익의 중대한 이유를 위하여 이전이 필요한 경우,[254] ⑤ 법률상 청구의 제기, 행사 또는 방어를 위하여 이전이 필요한 경우, ⑥ 정보주체가 물리적으로 또는 법률적으로 동의를 할 수 없는 경우로서 정보주체 또는 다른 사람의 생명 이익을 보호하기 위해 이전이 필요한 경우, ⑦ 유럽연합이나 회원국 법률에 따라 일반 대중에 정보를 제공하기 위해 그리고 일반 대중 또는 정당한 이익을 증명할 수 있는 사람에 의한 협의를 위해 유럽연합이나 회원국 법률에서 규정한 요건이 충족되는 한도 내에서 공개되는 등록부(register)로부터 이전되는 경우[255]에는 국외이전이 허용된다.

7. 개별특정예외

이상과 같은 예외에도 해당하지 않는 경우, 즉 정보의 이전이 구속력 있는 기업 규칙 등 제45조나 제46조의 조항을 토대로 할 수 없고, ①-⑦에 따른 특정 상황에서의 일부 제외가 적용되지도 않는 경우에 정보이전이 간헐적이고 한정된 숫자의 정보주체에만 적용되고 정보주체의 이익이나 권리 및 자유가 우선하지 않는 한 컨트롤러가 추구하는 긴절한 정당한 이익(compelling legitimate interest)의 목적에 필요하며, 컨트롤러가 정보이전과 관련한 일체의 정황을 평가한 후 그 결과를 토대로 개인정보 보호에 적합한 안전조치(suitable safeguards)를 제공하는 경우에만 제3국이나 국제기구로의 정보이전이 가능하다.[256] 컨트롤러는 정보이전 사실을 감독기관에 고지해야 한다. 제13조 및 제14조에 명시된 정보에 덧붙여, 컨트롤러는 해당 이전 사실 및 컨트롤러가

---

253) Article 49(1) of GDPR.
254) 공공의 이익은 컨트롤러가 적용을 받는 유럽연합 또는 회원국 법률에서 반드시 인정되어야 한다. Article 49(4) of GDPR.
255) 이에 따른 정보이전은 개인정보 기록부에 포함된 개인정보의 전부 또는 전체 범주와 관련되어서는 안 된다. 등록부가 정당한 이익을 갖고 있는 사람을 위한 참조(조회)의 목적으로 만들어진 경우, 정보의 이전은 이 사람들이 요청하는 경우 또는 이들이 수령인인 경우에만 가능하다. Article 49(2) of GDPR.
256) Article 49(1) of GDPR.

추구하는 긴절한 정당한 이익에 관한 정보를 정보주체에 고지해야 한다.

8. 개인정보 보호를 위한 국제 협력

개인정보의 국외이전에 관한 기준과 아울러 GDPR은 제50조에서 개인정보보호를 위한 국제 협력을 규정하고 있다. 즉, 제3국 및 국제기구와 관련하여 집행위원회와 감독기관은 다음과 같은 국제협력조치를 취하여야 한다. 즉, ① 개인정보 보호를 위한 법률을 효과적으로 집행하기 위한 국제협력 메커니즘 개발, ② 개인정보와 기타 기본권 및 자유의 보호를 위한 적절한 안전조치(appropriate safeguards)를 조건으로, 통지, 민원 이첩, 조사 지원, 정보 교환 등을 통해 개인정보 보호를 위한 법률 집행에 대하여 국제 상호지원 제공, ③ 개인정보 보호를 위한 법률 집행 과정에서 국제협력을 촉진시킬 목적으로 논의 및 활동에 이해 당사자들을 참여시킬 것, ④ 제3국과의 사법 분쟁 등 개인정보 보호 법률 및 관행에 대한 교류 및 문서화를 촉진하여야 한다.

9. 우리나라와의 비교

GDPR은 상당히 다양한 국외이전 근거를 보다 구체적으로 규정한다. 반면, 우리나라는 5가지 합법적인 국외이전 근거를 규정한다. 우리나라나 EU 모두 국내법상의 보호수준과 동등하다고 인정되는 국가나 국제기구에 적정성 결정(adequacy decision)을 통하여 개인정보의 국외이전을 허용한다. 또한 공통적으로 감독기구가 인정하는 인증(certification) 체계를 통하거나 국외이전에 관한 정보주체의 동의를 받는 경우에도 국외이전이 허용된다. 행정협정에 의하는 경우나 정보 주체와 개인정보처리자 사이의 계약의 체결이나 이행을 위한 경우에도 구체적인 요건과 인정되는 범위의 차이는 있지만 국외이전이 허용된다. EU는 적정성 결정에 따른 이전, 적절한 안전 조치에 의한 이전, 그 외의 예외적인 국외이전 허용사유, 개별적인 특정 예외로 구분하여 더 다양하고 구체적인 국외이전 요건을 규정한다는 특징이 있다.

우리나라와 EU의 법제 비교

EU	한국
적정성 결정에 따른 이전	개인정보가 이전되는 국가 또는 국제기구의 개인정보 보호 체계, 정보주체 권리보장 범

			위, 피해구제 절차 등이 개인정보보호법에 따른 개인정보 보호 수준과 실질적으로 동등한 수준을 갖추었다고 보호위원회가 인정하는 경우
적절한 안전조치에 의한 이전	감독기관의 승인을 요하지 않는 경우	공공 기관 또는 기구 간에 법적 구속력이 있고 집행 가능한 문서	
		GDPR 제47조에 따른 구속력 있는 기업 규칙	
		GDPR 제93조(2)의 검토 절차에 따라 집행위원회가 채택한 표준정보보호조항(standard data protection clauses)	
		감독기관이 채택하고 GDPR 제93조(2)의 검토 절차에 따라 집행위원회가 승인한 표준정보보호조항(standard data protection clauses)	
		정보주체의 권리를 포함하여 적절한 안전조치를 적용하기 위한 것으로 제3국의 컨트롤러나 프로세서의 구속력 및 강제력 있는 책무와 함께 GDPR 제40조에 의거한 승인된 행동강령(approved code of conduct)	
		정보주체의 권리를 포함하여 적절한 안전조치를 적용하기 위한 것으로 구속력 및 강제력이 있는 제3국의 컨트롤러나 프로세서의 책무가 수반되는 제42조에 의거한 승인된 인증 메커니즘(approved certification mechanism)	개인정보를 이전받는 자가 제32조의2에 따른 개인정보 보호 인증 등 보호위원회가 정하여 고시하는 인증을 받은 경우로서 개인정보 보호에 필요한 안전조치 및 정보주체 권리보장에 필요한 조치 및 인증받은 사항을 개인정보가 이전되는 국가에서 이행하기 위하여 필요한 조치를 모두 한 경우
	감독	컨트롤러나 프로세서와 제3국이나 국제기구의 컨	

기관의 승인을 요하는 경우	트롤러나 프로세서 또는 개인정보 수령인 간의 계약 조항	╳	
	강제력이 있고 유효한 정보주체의 권리를 포함하는 공공 기관이나 기구 간의 행정 협정에 삽입되는 규정	법률, 대한민국을 당사자로 하는 조약 또는 그 밖의 국제협정에 개인정보의 국외 이전에 관한 특별한 규정이 있는 경우	
예외적 허용 사유	정보주체가 적정성 결정이나 적절한 안전조치의 부재로 인해 발생할 수 있는 이전의 위험에 대해 통지를 받은 후 제안된 이전에 명시적으로 동의하는 경우	정보주체로부터 국외 이전에 관한 별도의 동의를 받은 경우	
	정보주체와 개인정보처리자 사이에서의 계약 이행을 위해 또는 정보주체의 요청에 의해 취해진 계약 전 사전 조치의 이행을 위해 이전이 필요한 경우	정보주체와의 계약의 체결 및 이행을 위하여 개인정보의 처리위탁·보관이 필요한 경우로서 제28조의8 제2항 각 호의 사항(동의를 위한 고지사항)을 제30조에 따른 개인정보 처리방침에 공개한 경우나 전자우편 등 대통령령으로 정하는 방법에 따라 제28조의8 제2항 각 호의 사항을 정보주체에게 알린 경우	
	컨트롤러와 다른 자연인 또는 법인 사이에서 정보주체의 이익을 위해 체결된 계약의 이행을 위해 이전이 필요한 경우	╳	
	공공의 이익의 중대한 이유를 위하여 이전이 필요한 경우		
	법률상 청구의 제기, 행사 또는 방어를 위하여 이전이 필요한 경우		
	정보주체가 물리적으로 또는 법률적으로 동의를 할 수 없는 경우로서 정보주체 또는 다른 사람의 생명 이익을 보호하기 위해 이전이 필요한 경우		
	유럽연합이나 회원국 법률에 따라 일반 대중에 정보를 제공하기 위해 그리고 일반 대중 또는 정당한 이익을 증명할 수 있		

	는 사람에 의한 협의를 위해 유럽연합이나 회원국 법률에서 규정한 요건이 충족되는 한도 내에서 공개되는 등록부(register)로부터 이전되는 경우	
개 별 특 정 예 외	개인정보 이전이 간헐적이고 한정된 숫자의 정보주체에만 적용되고 정보주체의 이익이나 권리 및 자유가 우선하지 않는 한 컨트롤러가 추구하는 긴절한 정당한 이익(compelling legitimate interest)의 목적에 필요하며, 컨트롤러가 정보이전과 관련한 일체의 정황을 평가한 후 그 결과를 토대로 개인정보 보호에 적합한 안전조치(suitable safeguards)를 제공하는 경우 + 감독기관에 신고 + 정보주체에 고지	

II. 일본

일본 개인정보보호법(個人情報の保護に関する法律)은 개인정보의 국외이전에 관하여 실질적인 보호를 강화하면서도 해외로 이전할 수 있는 합법적인 수단을 규정한다.

1. 합법적 국외이전 근거

일본 개인정보보호법에 따르면, 개인정보취급사업자가 외국(일본 역외에 있는 국가 또는 지역)의 제3자에게 개인정보를 제공하는 경우257) 다음의 경우를 제외하고는 "외국에 있는 제3자에의 제

---

257) 일본 개인정보보호법 하에서 일반적인 개인정보의 제3자 제공 기준은 다음과 같다(제27조). 원칙적으로 개인정보 제3자 제공에 대한 동의 없는 제공은 금지된다. 다만, (1) 법령상 근거, (2) 사람의 생명, 신체 또는 재산의 보호를 위하여 필요한 경우로서 본인의 동의를 얻기 어려울 때, (3) 공중 위생의 향상 또는 아동의 건전한 육성 추진을 위해 특히 필요한 경우로서 본인의 동의를 얻기 어려울 때, (4) 국가 기관 또는 지방 공공 단체 또는 그 위탁을 받은 자가 법령이 정하는 사무를 수행하는 것에 대해 협력할 필요가 있는 경우로서 본인의 동의를 얻는 것으로 인하여 해당 사무의 수행에 지장을 미칠 우려가 있을 때, (5) 해당 개인정보취급사업자가 학술연구기관등인 경우로서 해당 개인정보의 제공이 학술연구의 성과의 공표나 교수를 위해 부득이 한 때(개인의 권리이익을 부당하게 침해할 우려가 있는 경우를 제외), (6) 해당 개인정보취급사업자가 학술연구기관등인 경우로서 해당 개인정보를 학술연구목적으로 제공할 필요가 있는 때(해당 개인정보를 제공하는 목적의 일부가 학술연구목적인 경우를 포함하며, 개인의 권리이익을 부당하게 침해할 우려가 있는 경우를 제외한다), (7) 해당 제3자가 학술연구기관등인 경우로서 해당 제3자가 해당 개인정보를 학술연구목적으로 취급할 필요가 있는 때(해당 개인정보를 취급하는 목적의 일부가 학술연구목적인 경우를 포함하며, 개인의 권리이익을 부당하게 침해할 우려가 있는 경우를 제외한다)에는 제3자에게 제공할 수 있다. 또한 예외적으로 인정되는 Opt-Out으로서 개인정보취급사업자가 제3자에

공을 인정하는 취지의 본인의 동의"가 요구된다. 즉, ① 일본 개인정보보호법 제27조 제1항 각호에 따라 개인정보를 국외의 제3자에게 제공하는 경우, ② 개인의 권리이익을 보호하기 위해 일본과 동등한 수준에 있다고 인정되는 개인정보보호에 관한 제도를 갖추고 있는 외국으로서 개인정보보호위원회규칙으로 정하는 경우, ③ 개인정보의 취급에 관하여 일본 개인정보보호법 제4장 제2절의 규정에 의한 개인정보취급사업자가 강구해야 하는 조치에 상당하는 조치(일본 개인정보보호법 제28조 제3항의 상당조치를 말한다)를 계속적으로 강구하기 위하여 필요한 것으로서 개인정보보호위원회규칙으로 정하는 기준에 적합한 체제(기준적합체제)를 정비하고 있는 자에게 개인정보를 제공하는 경우에는 본인의 동의 없이도 개인정보를 국외에 제공할 수 있다.

2. 국외 이전을 위한 동의 취득시 개인정보취급사업자의 정보제공의무

개인 정보 취급 사업자는 일본 개인정보보호법 제28조 제1항의 규정에 따라 국외이전을 위한 본인의 동의를 얻으려고 하는 경우에는 개인정보보호위원회규칙으로 정하는 바에 따라 미리 ① 해당 외국에서의 개인정보의 보호에 관한 제도, ② 해당 제3자가 강구하는 개인정보의 보호를 위한 조치, ③ 기타 해당 본인에게 참고가 될 정보를 해당 본인에게 제공하여야 한다.

3. 기준적합체제를 정비하고 있는 자에 대한 국외이전 시 개인정보취급사업자의 의무

개인정보취급사업자가 기준적합체제를 정비하고 있는 자에게 개인정보를 제공한 경우에는 개인정보보호위원회규칙으로 정하는 바에 의하여 해당 제3자에 의한 상당조치의 지속적인 실시를 확보하기 위해 필요한 조치를 강구함과 동시에 본인의 요구에 따라 해당 필요한 조치에 관한 정보를 해당 본인에게 제공하여야 한다. 이러한 의무는 본인의 동의를 근거로 하는 때에는 요구되지 않는다. 즉, 개인정보취급사업자가 본인의 동의를 근거로 외국에 있는 제3자에게 개인정보를 제공한 경우에는 해당 제3자가 기준적합체제를 정비하고 있다고 인정되는 경우라 할지라도 일본 개인정보보호법 제28조 제3항에 따른 상당조치는 요구되지 않는다.[258] 여기에서

게 제공되는 요배려개인정보를 제외한 개인정보에 대하여 본인의 요구에 따라 해당 본인이 식별되는 개인정보의 제3자 제공을 정지하는 것으로 하고 있는 경우로서 개인정보보호위원회 규칙에 따라 미리 본인에게 일정 사항 [(1) 제3자에의 제공을 이용목적으로 한다는 점, (2) 제3자에게 제공되는 개인정보 항목, (3) 제3자에게의 제공 방법, (4) 본인의 요구에 따라 해당 본인이 식별되는 개인정보의 제3자 제공을 정지한다는 점, (5) 본인의 요구를 받아들이는 방법]을 통지하거나 본인이 쉽게 알 수 있도록 한 경우이면서 동시에 개인정보보호위원회에 신고한 때에는 동의가 필요 없다.

258) 個人情報保護委員会, 個人情報の保護に関する法律についてのガイドライン(外国にある第三者への提供編), 平成 28 年 11 月(令和 4 年 9 月一部改正), 48면.

기준적합체제란 외국에 있는 제3자가 일본 개인정보보호법 제16조부터 제40조까지의 규정에 상당하는 조치를 취하는 것이 확보되고 있는 상황을 말하며(일본 개인정보보호법 시행규칙 제16조), 구체적으로는 외국의 사업자에게 개인정보의 취급을 위탁하는 위탁계약에 의해 조치를 규정하는 경우, 기업 그룹 내에서 개인정보의 이전에 관한 그룹 정책을 체결하는 경우, 제공한 정보가 국외이전하는 자에게는 개인정보에 해당하지 않고 동시에 국외이전 받는 자는 그 정보를 개인정보로 복원하지 않기로 정한 경우, APEC CBPR과 같이 개인정보를 국외이전 받는 자가 개인정보의 취급에 관한 인증을 취득한 경우 등을 통해서 충족될 수 있다.[259]

4. 우리나라와의 비교

일본과 우리나라의 개인정보보호법은 기본 체계가 상이하다. 특히, 우리나라는 원칙적으로 옵트인 형식의 규제체계를 취하는 반면, 일본은 민감정보처럼 특별히 보호를 요하는 요배려(要配慮)개인정보나 부정 취득된 개인정보 등에 대한 옵트인 규제의 예외가 있기는 하지만 기본적으로는 옵트아웃 방식의 규제를 채택하고 있다는 차이가 있다. 이처럼 국내 개인정보처리에 대해서는 기본적인 개인정보 규제방식의 차이가 있지만, 개인정보의 국가간 이동에 대해서는 일정한 합법적 국외이전 요건을 규정함으로써 해당 요건을 충족한 경우에 국외이전을 허용한다는 점은 동일하다. 한국과 일본은 공통적으로 정보주체의 동의를 받은 경우나 법령상 근거가 있는 경우, 적정성 결정이나 인증을 받은 경우에는 요건과 절차의 차이는 있겠지만 국외이전의 합법적 근거가 될 수 있다. 반면, 일본은 계약의 체결 및 이행을 위하여 처리위탁 · 보관이 필요한 경우로서 국외이전을 하는 경우에 대한 별도의 합법적 국외이전근거를 명시하지 않고 있으며, 우리나라와는 달리 일본 개인정보보호법은 법령에 기한 경우, 생명 · 신체 · 재산의 보호를 위하여 필요한 경우로서 본인의 동의를 얻기 곤란한 경우 또는 학술연구기관의 학술연구 목적 등과 같이 개인정보취급사업자에게 허용되는 일반적인 제3자 제공의 근거(일본 개인정보보호법 제27조 제1항 제1호부터 제7호까지)에 해당하는 때에도 국외이전이 허용된다(일본 개인정보보호법 제28조 제1항).

---

259) 個人情報保護委員会, 個人情報の保護に関する法律についてのガイドライン(外国にある第三者への提供編), 平成 28年11月(令和4年9月一部改正), 8-9면.

우리나라와 일본의 법제 비교

	일본	한국
	외국에 있는 제3자에의 제공을 인정하는 취지의 본인의 동의	정보주체로부터 국외 이전에 관한 별도의 동의를 받은 경우
	법령상 근거	법률, 대한민국을 당사자로 하는 조약 또는 그 밖의 국제협정에 개인정보의 국외 이전에 관한 특별한 규정이 있는 경우
제27조 제1항 각 호에 따라 개인정보를 국외의 제3자에게 제공하는 경우 (일반적인 제3자 제공의 근거)	사람의 생명, 신체 또는 재산의 보호를 위하여 필요한 경우로서 본인의 동의를 얻기 어려울 때	
	공중 위생의 향상 또는 아동의 건전한 육성 추진을 위해 특히 필요한 경우로서 본인의 동의를 얻기 어려울 때	
	국가 기관 또는 지방 공공 단체 또는 그 위탁을 받은 자가 법령이 정하는 사무를 수행하는 것에 대해 협력할 필요가 있는 경우로서 본인의 동의를 얻는 것으로 인하여 해당 사무의 수행에 지장을 미칠 우려가 있을 때	
	해당 개인정보취급사업자가 학술연구기관등인 경우로서 해당 개인정보의 제공이 학술연구의 성과의 공표나 교수를 위해 부득이 한 때(개인의 권리이익을 부당하게 침해할 우려가 있는 경우를 제외)	
	해당 개인정보취급사업자가 학술연구기관등인 경우로서 해당 개인정보를 학술연구목적으로 제공할 필요가 있는 때(해당 개인정보를 제공하는 목적의 일부가 학술연구목적인 경우를 포함하며, 개인의 권리이익을 부당하게 침해할 우려가 있는 경우를 제외한다)	
	해당 제3자가 학술연구기관등인 경우로서 해당 제3자가 해당 개인정보를 학술연구목적으로 취급할 필요가 있는 때(해당 개인정보를 취급하는 목적의 일부가 학술연구목적인 경우를 포함하며, 개인의 권리이익을 부당하게 침해할 우려가 있는 경우를 제외한다)	

개인의 권리이익을 보호하기 위해 일본과 동등한 수준에 있다고 인정되는 개인정보보호에 관한 제도를 갖추고 있는 외국으로서 개인정보보호위원회규칙으로 정하는 경우	개인정보가 이전되는 국가 또는 국제기구의 개인정보 보호체계, 정보주체 권리보장 범위, 피해구제 절차 등이 개인정보 보호법에 따른 개인정보 보호 수준과 실질적으로 동등한 수준을 갖추었다고 보호위원회가 인정하는 경우
개인정보의 취급에 관하여 일본 개인정보보호법 제4장 제2절의 규정에 의한 개인정보취급사업자가 강구해야 하는 조치에 상당하는 조치(법 제28조 제3항의 상당조치를 말한다)를 계속적으로 강구하기 위하여 필요한 것으로서 개인정보보호위원회규칙으로 정하는 기준에 적합한 체제(기준적합체제)를 정비하고 있는 자에게 개인정보를 제공하는 경우	개인정보를 이전받는 자가 법 제32조의2에 따른 개인정보 보호 인증 등 보호위원회가 정하여 고시하는 인증을 받은 경우로서 개인정보 보호에 필요한 안전조치 및 정보주체 권리보장에 필요한 조치 및 인증받은 사항을 개인정보가 이전되는 국가에서 이행하기 위하여 필요한 조치를 모두 한 경우
	정보주체와의 계약의 체결 및 이행을 위하여 개인정보의 처리위탁·보관이 필요한 경우로서 법 제28조의8 제2항 각 호의 사항(동의를 위한 고지사항)을 법 제30조에 따른 개인정보 처리방침에 공개한 경우나 전자우편 등 대통령령으로 정하는 방법에 따라 법 제28조의8 제2항 각 호의 사항을 정보주체에게 알린 경우

제 3 절
국외이전의 의의와 유형

I. 현행 규정과 해석상 쟁점

개인정보보호법은 제3장 제4절에 개인정보의 국외이전 규율체계를 규정하면서 그 대상이 되는 국외이전을 "국외로 제공(조회되는 경우를 포함한다)·처리위탁·보관"으로 한정하였다. 따라서 규정의 문언상으로는 국외이전 규율체계에 포함되는 합법적인 국외이전 근거(법 제28조의8), 국외이전 중지 명령(법 제28조의9), 상호주의(법 제28조의10), 제3국으로의 재이전(법 제28조의11)에 관한 규정은 위와 같은 3가지 유형에 한정하여 적용되는 것으로 해석할 수 있다. 이처럼 문언상 해석을 유지하면, 실제 국외에서 개인정보를 직접 수집하여 이용하는 경우에는 개인정보가 국외로 사실상 이전됨에도 불구하고 개인정보보호법 제3장 제4절에 따른 국외이전 규율체계에 포섭되지 않아서 사각지대가 생긴다는 지적이 가능하다. 따라서 국외이전을 "국외로 제공(조회되는 경우를 포함한다)·처리위탁·보관"하는 행위로 한정하여 해석하는 것이 바람직한지 아니면 국외에서 직접 수집하는 행위도 포함하는 해석을 하는 것이 바람직한가의 해석상 다툼이 생겨날 수 있다.

II. 국외이전 개념에 대한 연혁적 검토

국외이전의 법적 규율의 역사를 살펴보면, 2004.1.29. 정보통신망법 개정으로 제54조에 국외이전을 규율하는 사항이 신설되었고, 해당 규정에서의 '국외 이전'에 대해서는 행위 유형을 제한하거나 구체적인 예시를 열거하지 않고 포괄적으로 규정하였다(당시 개인정보 규율 대상 행위 유형은 수집, 이용, 제3자 제공, 위탁, 파기가 규정됨). 2007.12.21. 개정으로 제63조로 이동하였고, 2016.3.22. 개정으로 국외이전 규율 대상 행위의 유형을 "국외에 제공(조회되는 경우를 포함한다)·처리위탁·보관"으로 제한하였다. 당시 개정이유에 따르면 "개인정보 국외이전의 유형을 특정하여 줌으로써 법 해석 및 적용상의 혼란을 방지"하기 위하여 국외이전 대상 유형이 제한된 것이다. 2020.2.4. 소위 '데이터 3법 개정'으로 정보통신망법 상의 국외이전 규정도 개인정보보호법으로 이관되었다. 개인정보 보호법의 경우에는 2011.3.29. 제정 당시 국외이전에 대한 일반적인 별도 규정은 두지 않고, 다만 제17조제3항에서 "국외의 제3자에게 제공"하는 행위에 대한 동의 규정을 두었다. 2020.2.4. 소위 '데이터 3법 개정'으로 정보통신망법상의 개인정보 관련 규정이 개인정보보호법으로 이관된 후에도 제17조 제3항은 그대로 존속하여, 이관된 제6장 정보통신서비스제공자등에 대한 특례규정상의 국외이전에 관한 제39조의12와 병존하였다. 정보통신서비스제공자등에 대한 특례규정상의 국외이전에 관한 제39조의12는 이관 전의 정보통신망법상의 규정을 그대로 규정한 것으로서 규율대상 국외이전 행위는 "국외에 제공(조회되는 경우를 포함한다) · 처리위탁 · 보관"으로서 이관 전 정보통신망법과 동일하였다[개인정보보호법상의 개인정보 처리 유형은 "수집, 생성, 연계, 연동, 기록, 저장, 보유, 가공, 편집, 검색, 출력, 정정(訂正), 복구, 이용, 제공, 공개, 파기(破棄), 그 밖에 이와 유사한 행위"(제2조제2호)로 규정되어 있고, 실제 규율과정에서는 수집 · 이용, 제3자 제공, 위탁, 파기 등을 구체적으로 규율하는 규정을 둠]. 2023.9.15. 개정 시행된 개인정보보호법 제28조의8은 국외이전 유형을 "국외로 제공(조회되는 경우를 포함한다) · 처리위탁 · 보관"으로 규정하여 개정 전 개인정보보호법 제39조의12와 동일하다. 2023.3.14. 개정된 개인정보보호법의 입법 과정에서 법안 마련을 위한 "개인정보보호위원회 개인정보보호법 개정연구위원회" 논의를 살펴보면, 국외이전의 규율 대상을 제3자 제공 등 특정 유형에 한정하지 않고 국외 개인정보처리(개인정보를 국외로 이전하는 행위나 이전하여 개인정보를 처리하는 행위)를 포괄적이고 일원화된 기준에 따라 규율할 필요성을 바탕으로 모든 형태의 국외 이전(transborder data flow)을 규율하는 방식으로 초안을 마련하였다. 그러나 이후의 논의 · 협의 과정에서 ① 개정 전 개인정보보호법 제39조의12와의 연속성 유지, ② 해외 개인정보처리자에 의한 국내 정보주체로부터의 직접 수집은 개인정보보호법의 역외 적용을 통해 제15조 등의 합법처리근거를 비롯한 일반 규정이 적용되어 국내 개인정보처리자에 의하여 이루어지는 개인정보 수집행위와 동일하게 규율될 수 있다는 점, ③ 당시 해외 입법례로서 전 세계적으로 많은 관심이 집중되었던 GDPR의 국외이전 규정이 EU 역내 컨트롤러에 의한 개인정보의 EU 밖으로의 수출에 초점을 맞추고 있고, 이에 따라 EU 외의 컨트롤러가 EU 시민의 개인정보를 직접 수집하는 경우를 국외이전 규정의 규율 대상으로 삼지 않은 점 등을 종합적으로 고려하여 개정안 최종안에서는 국외이전의 규율 대상을 기존 개인정보보호법 제39조의12와 동일하게 "국외로 제공(조회되는 경우를 포함한다) · 처리위탁 · 보관"으로 규정하였다.

III. 국외이전 개념에 대한 비교법적 검토

해외 사례를 살펴보면, GDPR은 제44조에서 국외이전의 일반원칙을 규정하면서, "Any trans-fer of personal data which are undergoing processing or are intended for processing after transfer to a third country or to an international organisation shall take place only if,~"라고 규정하여 적용대상을 특정 유형의 국외이전 행위로 제한하고 있지 않기 때문에 GDPR 제5장의 국외이전 규정이 적용되는 대상 범위가 명확하지 않아서 논란이 계속되었지만, EDPB가 가이드라인[260]을 발표하면서 적용대상을 명확히 하였다. EDPB 가이드라인에 의하면, 정보주체로부터의 직접 수집은 GDPR 제5장의 국외이전 규정의 적용대상이 아니다. 다만, EU 역외의 컨트롤러가 EU 시민의 개인정보를 직접 수집하는 경우에도 GDPR 제3조 제2항에 의하여 GDPR 관련 규정을 준수하여야 한다. 일본 개인정보보호법 제28조에서는 외국의 제3자로의 제공(外国にある第三者への提供)을 국외이전 규율체계의 대상으로 삼고 있다.

IV. 국외이전의 개념

국외이전 규율체계의 대상이 되는 국외이전의 의미와 범위에 대해서는 입법과정에서의 논의, 개인정보보호법의 문리적·논리적·체계적 해석 등을 바탕으로 종합적으로 판단할 때 국외 개인정보처리자에 의한 국내 정보주체로부터의 직접 수집은 개정 개인정보보호법 제28조의8의 국외이전 규정의 적용대상이라고 보기 어렵다. 구체적 이유로서는 ① 개인정보보호법은 개인정보처리 개념 속에 다양한 유형을 포섭하고 있지만 특별히 수집·이용·제3자 제공·위탁·파기는 구분하여 규율하고 있으며, ② 개인정보보호법 제28조의8은 국외이전[국외로 제공(조회되는 경우를 포함한다)·처리위탁·보관]하는 주체를 명백히 (정보주체가 아닌) 개인정보처리자로 규정하였을 뿐만 아니라 ③ 개인정보보호법 개정 과정에서 특정 유형을 한정하지 않고 포괄적으로 모든 유형의 이전을 규율하려는 초안을 마련하였지만, (i) 현행 개인정보보호법 제39조의12와의 연속성 유지, (ii) 해외 개인정보처리자에 의한 국내 정보주체로부터의 직접 수집은 개인정보보호법의 역외 적용을 통해 국내 개인정보처리자의 개인정보 수집행위와 동일하게 규율될 수 있다는 점, (iii) 해외 입법 사례 등을 종합적으로 고려하여 최종 개정안에서는 개인정보 국외이전의 규율 대상을 기존의 개인정보보호법 제39조의12와 동일하게 "국외로 제공(조회되는 경우를 포함한다)·처리위탁·보관"으로 규정하였다는 점을 들 수 있다. 결과적으로 개인정보의 국외이전이란 법 제28조의8 제1항에서 규정한 것처럼 개인정보를 국외로 제공(조회되는 경우를 포함)·처리위탁·보관하는 행위를 말하며, 국외에서 국내 정보주체로부터 직접 수집하여 이용하는 행위

---

260) EDPB, Guidelines 05/2021 on the Interplay between the application of Article 3 and the provisions on international transfers as per Chapter V of the GDPR(Version 2.0), Adopted on 14 February 2023.

는 제외된다.

V. 국외이전의 유형

개인정보보호법이 규정하는 국외이전의 유형은 ① 국외 제3자 제공(조회되는 경우를 포함), ② 국외 처리위탁, ③ 국외 보관의 3가지이다. 국외 제3자 제공은 국내 개인정보처리자 또는 법 제26조 제8항에 따라 준용되는 수탁자가 국외 제3자에게 개인정보를 제공하거나 국외 제3자가 개인정보를 조회하도록 하는 경우를 말한다. 국외 처리위탁은 국내 개인정보처리자 또는 법 제26조 제8항에 따라 준용되는 수탁자가 국외 클라우드 컴퓨팅 서비스를 이용하는 것처럼 개인 정보처리를 국외에 위탁하는 경우를 말한다. 국외 보관은 국내 개인정보처리자 또는 법 제26조 제8항에 따라 준용되는 수탁자가 국외의 데이터센터나 저장소에 수집한 개인정보를 보관하는 것처럼 개인정보를 국외에 보관하는 것을 말한다. 다만, 국외에서 직접 수집한 개인정보를 그 처리 과정에서 해당 국가 내에 보관하는 행위는 국외이전에 해당하지 않는 것으로 해석해야 할 것이다.[261] 반면, 국외에서 직접 수집하여 보관 등 처리하던 개인정보를 다른 제3국으로 이전 하는 경우에는 국외이전에 해당되어 법 제28조의8 제1항에 따른 합법적 국외이전 근거를 갖춰야 한다.

---

[261] 개인정보 보호 법령 및 지침·고시 해설(2020), 469면은 "해외 인터넷쇼핑몰 사업자가 국내 소비자의 개인정보를 해외에서 직접 수집·보관하는 경우"를 유형별 국외이전 사례로 소개하고 있는데, 이러한 해석은 앞서 살펴본 이유로 타당하지 않고 향후 수정할 필요가 있다.

제 4 절

합법적 국외이전 근거

Ⅰ. 국외이전의 일반원칙과 합법적 국외이전 근거

개인정보보호법은 개인정보의 국외이전을 원칙적으로 금지한다. 개인정보처리자는 개인정보를 국외로 제공(조회되는 경우를 포함)·처리위탁·보관, 즉 국외이전을 해서는 안 된다(법 제28조의8 제1항 본문). 개인정보가 국외로 이전됨으로써 국민의 개인정보보호가 취약해질 수 있고, 나아가 발생할 수 있는 개인의 자유와 권리에 대한 침해를 사전에 차단·예방하고자 원칙적으로 개인정보의 국외이전을 금지한 것이다. 그러나 글로벌화와 디지털화가 일반화된 상황에서 개인정보의 국외이전을 과도하게 제한하는 것은 바람직하지 않고, 개인의 자유와 권리를 보호하면서도 안전한 국외이전과 그에 따른 국외에서의 안전한 처리를 보장하기 위한 법적 기반을 마련하는 것이 더욱 중요하다. 이런 취지에서 개인정보보호법은 원칙적인 금지에 대한 예외로서 5가지의 합법적 국외이전 근거를 규정한다. 즉, ① 국외이전에 관한 정보주체의 별도의 동의, ② 법률, 대한민국을 당사자로 하는 조약, 기타 국제협정상 개인정보의 국외 이전에 관한 특별한 규정, ③ 정보주체와의 계약의 체결 및 이행을 위하여 개인정보의 처리위탁·보관이 필요한 경우로서 국외이전 동의에 요구되는 고지사항을 개인정보 처리방침에 공개하거나 전자우편 등 대통령령으로 정하는 방법에 따라 정보주체에게 알린 경우, ④ 개인정보보호위원회가 고시하는 인증을 받은 경우로서 개인정보 보호에 필요한 안전조치 및 정보주체 권리보장에 필요한 조치와 인증받은 사항을 개인정보가 이전되는 국가에서 이행하기 위하여 필요한 조치를 모두 한 경우, ⑤ 개인정보가 이전되는 국가 또는 국제기구의 개인정보 보호체계, 정보주체 권리보장 범위, 피해구제 절차 등이 개인정보보호법에 따른 개인정보 보호 수준과 실질적으로 동등한 수준을 갖추었다고 개인정보보호위원회가 인정하는 경우에는 국외이전이 허용된다. 그런데 앞서 살펴본 바와 같이 우리나라의 국외이전 체계는 2023년 개정으로 체계적으로 정비되었지만, 일반적인 합법처리근거와의 연계와 조화, 합법적인 국외이전 근거의 합리적인 범위 내에서의 추가, 법 제27조나 제28조의2 등 개인정보보호법상의 다른 주요 조항과의 관계에 대한 명확한 재설정 등에 대한 깊이 있는 논의를 통하여 국외이전체계를 계속 발전시켜 나가야 한다.

II. 국외이전에 관한 별도의 동의

1. 의의

개인정보처리자가 개인정보를 국외로 제공(조회되는 경우 포함), 처리위탁, 보관하려는 경우에 가장 먼저 고려할 수 있는 합법적 국외이전 근거는 정보주체의 동의이다. 개인정보보호법은 첫 번째 합법적 국외이전 근거로서 정보주체로부터 국외 이전에 관한 별도의 동의를 받은 경우를 규정한다(법 제28조의8 제1항 제1호).

2. 고지 후 동의

개인정보보호법 상의 다른 동의와 마찬가지로 적법한 동의가 되기 위해서는 미리 ① 이전되는 개인정보 항목, ② 개인정보가 이전되는 국가, 시기 및 방법, ③ 개인정보를 이전받는 자의 성명(법인인 경우에는 그 명칭과 연락처를 말한다), ④ 개인정보를 이전받는 자의 개인정보 이용목적 및 보유·이용 기간, ⑤ 개인정보의 이전을 거부하는 방법, 절차 및 거부의 효과 등 5가지 사항을 정보주체에게 알려야 한다(법 제28조의8 제2항). 5가지 고지사항 중 어느 하나라도 변경되는 때에는 마찬가지로 정보주체에게 알리고 동의를 받아야 한다(법 제28조의8 제3항).

III. 법률, 조약 기타 국제협정상 국외이전에 관한 특별한 규정

1. 의의

법률, 대한민국을 당사자로 하는 조약 또는 그 밖의 국제협정에 개인정보의 국외 이전에 관한 특별한 규정이 있는 경우에도 개인정보를 국외로 제공(조회되는 경우 포함), 처리위탁, 보관하는 것이 허용된다(법 제28조의8 제1항 제2호).

2. 법률상 국외이전에 관한 특별한 규정

법률에서 국외이전을 구체적으로 요구하거나 허용하는 규정을 둔 경우이어야 한다. 법률상의 특별한 규정이어야 하기 때문에 법률에 위임근거가 없이 시행령이나 시행규칙에서 규정된 것은 합법적인 국외이전 근거로 허용되지 않는다.

3. 대한민국을 당사자로 하는 조약 또는 그 밖의 국제협정상 국외이전에 관한 특별한 규정

대한민국헌법 제6조 제1항은 "헌법에 의하여 체결·공포된 조약과 일반적으로 승인된 국제법규는 국내법과 같은 효력을 가진다."고 규정하기 때문에 개인정보보호법 제28조의8 제1항 제2호가 없더라도 헌법에 의하여 체결·공포된 조약과 일반적으로 승인된 국제법규는 헌법에 의하여 국내법과 동일하게 취급되어, 그에 국외이전에 관한 특별한 규정이 있는 경우에는 합법적인 국외이전 근거로서 인정된다. 개인정보보호법 제28조의8 제1항 제2호는 헌법의 취지를 재확인하는 규정이다.

조약이란 "단일의 문서에 또는 둘 또는 그 이상의 관련 문서에 구현되고 있는가에 관계없이 또한 그 특정의 명칭에 관계없이, 서면 형식으로 국가 간에 체결되며, 또한 국제법에 의하여 규율되는 국제적 합의"를 말한다.[262] 그런데 이러한 정의가 국가와 국제기구 또는 국제기구 사이의 국제적 합의를 조약에서 배제하는 것은 아니다. 실제에 있어서는 조약(Treaty)이라는 명칭만으로 체결되는 것은 아니고, 헌장(Charter, Constitution), 규정(Statute), 규약(Covenant), 협정(Agreement), 협약(Convention), 의정서(Protocol), 각서교환(Exchanges of Notes), 양해각서(Memorandum of Understanding), 기관간약정(Agency-to-Agency Arrangement) 등 다양한 형태가 있다. 이와 같이 국가 간에 서면 형식으로 체결되는 조약에 개인정보의 국외이전을 구체적으로 요구하거나 허용하는 규정이 있어야 한다. 조약 상의 국외이전에 관한 특별한 규정이 국내법 상의 관련 규정과 상충되는 경우에는 특별법 우선의 원칙에 따라 해당 조약이 우선 적용된다.[263]

IV. 정보주체와의 계약 체결·이행을 위하여 필요한 개인정보의 국외 처리위탁·보관

1. 의의

정보주체와의 계약 체결 및 이행을 위하여 개인정보의 국외 처리위탁이나 보관이 필요한 경우에 그 필요한 범위 내에서 개인정보의 국외 처리위탁이나 보관이 허용된다. 계약체결에 필요한 범위는 계약성립 단계뿐만 아니라 계약체결을 위한 준비단계도 포함된다. 다만, 계약 교섭이 이루어지던 중에 최종적으로 계약이 체결되지 않게 되면, 계약 체결 과정에서 국외에 처리위탁되거나 보관된 개인정보는 즉시 파기하여야 한다. 계약의 이행은 주된 급부의무의 이행뿐

---

262) 조약법에 관한 비엔나협약(Vienna Convention on the Law of Treaties) 제2조 참조.
263) 대법원 1986.7.22. 선고 82다카1372 판결; 서울고등법원 2023.2.21. 선고 2022누32797 판결; 서울행정법원 2023.2.14 선고 2021구합57520 판결.

만 아니라 부수의무의 이행을 위한 경우도 포함되며, 무상계약이든 유상계약이든, 민법에 규정된 전형계약이든 무명계약이든 상관없다. 정보주체와의 계약 체결·이행을 위해 필요한 국외 처리위탁·보관의 사례로는 국내 비디오 스트리밍 서비스 사업자가 그 서비스를 국내 이용자에 제공하기 위하여 해외 클라우드 컴퓨팅 서비스를 이용하는 경우가 대표적이다.

2. 투명성 의무

정보주체와의 계약의 체결 및 이행을 위하여 개인정보의 처리위탁·보관이 필요한 범위 내에서 개인정보처리자가 개인정보를 국외에 처리위탁·보관할 때는 ① 국외 처리위탁·보관되는 개인정보 항목, ② 개인정보가 처리위탁·보관되는 국가, 시기 및 방법, ③ 개인정보를 처리위탁받거나 보관하는 자의 성명(법인인 경우에는 그 명칭과 연락처를 말한다), ④ 개인정보를 처리위탁받거나 보관하는 자의 개인정보 이용목적 및 보유·이용 기간, ⑤ 개인정보의 국외 처리위탁·보관을 거부하는 방법, 절차 및 거부의 효과 등 5가지 사항을 개인정보 처리방침에 공개하거나 전자우편 등 대통령령으로 정하는 방법에 따라 정보주체에게 알려야 한다(법 제28조의8 제1항 제3호 나목).

V. 개인정보보호위원회가 고시하는 인증

1. 의의

개인정보를 국외이전받는 자가 제32조의2에 따른 개인정보 보호 인증 등 보호위원회가 정하여 고시하는 인증을 받은 경우에도 개인정보를 국외로 제공(조회되는 경우를 포함한다)·처리위탁·보관할 수 있다(법 제28조의8 제1항 제4호). 국내의 ISMS-P 인증뿐만 아니라 개인정보보호위원회가 고시하는 인증을 수령자 측에서 획득하게 되면 국외이전이 허용되는데, 인증은 개인정보보호법에 따라 요구되는 보호수준과 실질적으로 동등하다고 인정되어야 한다. 향후 APEC CBPR, Europrivacy, ISO 27001 등에 대하여 보호위원회가 국내법과 실질적으로 동등한 보호수준을 제공한다고 판단한다면 고시를 통하여 합법적인 국외이전 근거로서 인정될 수 있다.

2. 필요한 조치의무

보호위원회가 고시하는 인증에 따라 개인정보를 국외로 제공(조회 포함)·처리위탁·보관하는 경우에 개인정보를 이전받는 자는 ① 개인정보 보호에 필요한 안전조치, ② 정보주체 권리보장에 필요한 조치, ③ 인증받은 사항을 개인정보가 이전되는 국가에서 이행하기 위하여 필요한 조치를 모두 하여야 한다.

3. 개인정보보호위원회의 고시

국외이전을 허용하기에 적합한 인증을 고시하기 위해서 보호위원회는 ① 개인정보 보호 인증 전문기관[264]의 평가, ② 시행령 제5조 제1항 제1호에 따른 개인정보의 국외 이전 분야 전문위원회(국외이전전문위원회)의 평가 및 ③ 시행령 제5조의2에 따른 개인정보 보호 정책협의회의 협의를 거쳐야 한다.[265] 이는 국가 간 개인정보의 이동이 국제적인 무역뿐만 아니라 노동, 인권, 소비자보호, 데이터독점 등 다양한 이해관계가 얽혀있기 때문에 객관적이고 전문적인 평가를 기반으로 하면서도 국익을 고려한 다각적이고 신중한 검토를 위하여 절차적 통제를 강화한 것이다. 보호위원회는 위와 같은 3가지 절차를 모두 거쳐야 하지만(시행령 제29조의8 제1항), 개인정보 보호 인증 전문기관의 평가, 개인정보 보호 정책협의회의 협의 결과에 반드시 기속되어야 하는 것은 아니고, 이러한 절차에서 논의된 사항을 포함한 다양한 사정을 종합적으로 고려하여 보호위원회의 심의·의결을 통해 고시할 수 있다.[266] 보호위원회는 인증을 고시할 때에는 5년의 범위에서 유효기간을 정하여 고시할 수 있다.[267] 이때 유효기간은 해당 인증체계나 그 인증체계에 따라 개인정보처리자가 개별적으로 받은 인증의 유효기간이 아니라, 인증에 관한 고시의 유효기간을 의미한다는 점이다. 보호위원회는 인증에 관한 고시의 유효기간 만료 전에 해당 인증의 유효기간 갱신 여부를 심의하고, 이를 갱신할 수 있다.[268] 갱신 심의를 위한 절차도 최초 인증에 대한 고시 절차와 동일하게 진행해야 한다.

2023년 11월 현재 「개인정보 국외 이전 운영 등에 관한 규정」 별표2에 ISMS-P만 고시되어 있다. 보호위원회는 고시한 인증의 개인정보 보호 수준이 법 제32조의2에 따른 개인정보 보호 인증의 개인정보 보호 수준에 미치지 못한다고 판단하는 경우 해당 인증에 대해 인증을 최초 고시할 때와 동일한 절차에 따라 ① 개인정보 보호 인증 전문기관의 평가, ② 국외이전전문위

---

264) 개인정보 보호 인증 전문기관은 한국인터넷진흥원(KISA)과 개인정보 보호 인증심사원 5명 이상을 보유하면서 보호위원회가 실시하는 업무수행 요건·능력 심사에서 적합하다고 인정받은 법인, 단체 또는 기관 중에서 보호위원회가 지정·고시하는 법인, 단체 또는 기관을 말한다. 시행령 제34조의6 제1항.

265) 합법적인 국외이전 근거로서 보호위원회가 고시하는 인증에 포함되기 위한 절차로서 개인정보 보호 인증 전문기관 및 국외이전전문위원회의 평가 시에 「개인정보 국외 이전 운영 등에 관한 규정」(개인정보보호위원회고시 제2023-11호, 2023.10.16. 제정·시행) 별표 1에서 정하는 "개인정보 국외 이전 인증 평가 기준"에 따라 판단하여야 한다. 이에 의하면, ① 합법적인 처리근거, ② 최소처리, ③ 정보주체의 권리, ④ 투명성, ⑤ 책임성, ⑥ 안전성, ⑦ 특별한 보호가 요구되는 개인정보 처리, ⑧ 침해대책 및 대응, ⑨ 국외 이전, ⑩ 인증제도 운영 등 총 10개 영역에 대한 세부 평가항목이 있다.

266) 「개인정보 국외 이전 운영 등에 관한 규정」 제14조.

267) 시행령 제29조의8 제2항.

268) 「개인정보 국외 이전 운영 등에 관한 규정」 제16조

원회의 평가 및 ③ 개인정보 보호 정책협의회의 협의를 거쳐 해당 인증을 별표2에서 제외할 수 있다.[269]

4. 고시에서 제외되거나 고시의 유효기간이 만료된 인증에 따른 국외이전의 합법성 여부

합법적인 국외이전 근거 중의 하나로서 보호위원회가 고시한 인증을 기반으로 국외이전을 하던 중에 보호위원회의 인증에 관한 고시의 유효기간이 만료하거나 보호위원회가 고시한 인증의 개인정보보호 수준이 개인정보 보호 인증(ISMS-P)의 개인정보 보호 수준에 미치지 못한다고 판단하여 고시에서 제외한 경우에 해당 인증을 통해 이루어지던 국외이전은 해당 인증체계 자체의 유효기간이나 해당 인증체계로부터 개별적으로 받은 인증의 유효기간이 잔존한 경우에 그 인증체계나 인증체계로부터 받은 개별적 인증의 유효기간 동안 그 국외이전의 유효성을 인정해줄 수 있을 것인가가 문제될 수 있다. 유효기간 만료 전 또는 인증에 관한 고시에서 제외되기 전의 인증에 관한 고시에 대한 신뢰와 법적 안정성을 고려할 때 설사 인증에 관한 고시가 갱신되지 못하고 만료되었거나 해당 인증이 고시로부터 제외되었다고 하더라도, 기존의 유효하던 고시에 기반하여 개별적으로 받은 인증의 유효기간 동안 합법적으로 국외이전이 허용된다고 해석할 여지도 없지는 않다. 그러나 인증에 관한 고시의 유효기간 만료는 예상할 수 있고, 유효기간 만료 전에 갱신이 이루어지는 점, 인증의 개인정보보호 수준이 미흡하여 고시에서 제외되는 경우에는 개인정보보호를 위하여 국외이전을 허용하지 않는 것이 법의 취지에 맞다는 점, 특히 고시 유효기간 만료나 고시로부터의 제외 이후에도 개별적으로 받은 인증의 유효기간 동안 국외이전을 허용하는 경우에는 사실상 미흡한 개인정보보호 수준을 방치하는 문제가 생긴다는 점, 개별적으로 받은 인증의 유효기간은 상이할 수밖에 없는데 인증을 받은 자들 사이에서 법 적용에 차별이 발생한다는 점 등을 고려할 때 고시에서 제외되거나 고시의 유효기간이 만료된 인증에 따른 국외이전은 법 제28조의8 제1항 제4호에 따른 합법적 국외이전근거를 충족하지 못한 것으로 해석함이 타당하다. 따라서 다른 합법적 국외이전 요건을 충족하거나 국외이전을 중단해야 한다. 다만, 이러한 경우에 보호위원회는 법 제28조의9에 따른 국외 이전 중지 명령 사유에 해당하지 않는 이상 즉각적인 제재로 나아가기 보다는 시정조치 등을 통해서 합법적 국외이전 근거를 갖추도록 하는 것이 바람직하다.

---

269) 「개인정보 국외 이전 운영 등에 관한 규정」 제17조.

VI. 개인정보보호법에 따른 개인정보 보호 수준과 실질적으로 동등한 수준을 갖추었다는 개인정보보호위원회의 인정

1. 의의

GDPR의 적정성 결정(adequacy decision)처럼 개인정보가 이전되는 국가 또는 국제기구의 개인정보 보호체계, 정보주체 권리보장 범위, 피해구제 절차 등이 개인정보보호법에 따른 개인정보 보호 수준과 실질적으로 동등한 수준을 갖추었다고 보호위원회가 인정하는 경우에는 해당 국가 또는 국제기구로 개인정보를 제공(조회 포함) · 처리위탁 · 보관할 수 있다(법 제28조의8 제1항 제5호).

2. 실질적으로 동등한 수준

보호위원회가 인정하는 국가 또는 국제기구(이하 "이전대상국등")로 국외이전이 가능하려면 '개인정보보호법에 따른 개인정보 보호 수준과 실질적으로 동등한 수준'을 갖춰야 한다. 문제는 어떠한 경우에 실질적으로 동등한 보호수준이라고 인정할 수 있을 것인가 하는 점이다. 우선 시행령에서 정하는 다양한 기준을 종합적으로 고려하여 판단할 수 있다. 즉, ① 이전대상국등의 법령, 규정 또는 규칙 등 개인정보 보호체계가 법 제3조에서 정하는 개인정보 보호 원칙에 부합하고, 법 제4조에서 정하는 정보주체의 권리를 충분히 보장하고 있는지 여부, ② 이전대상국등에 개인정보 보호체계를 보장하고 집행할 책임이 있는 독립적 감독기관이 존재하는지 여부, ③ 이전대상국등의 공공기관(이와 유사한 사무를 수행하는 기관을 포함)이 법률에 따라 개인정보를 처리하는지 여부 및 이에 대한 피해구제 절차 등 정보주체에 대한 보호수단이 존재하고 실질적으로 보장되는지 여부, ④ 이전대상국등에 정보주체가 쉽게 접근할 수 있는 피해구제 절차가 존재하는지 여부 및 피해구제 절차가 정보주체를 효과적으로 보호하고 있는지 여부, ⑤ 이전대상국등의 감독기관이 보호위원회와 정보주체의 권리 보호에 관하여 원활한 상호 협력이 가능한지 여부, ⑥ 그 밖에 이전대상국등의 개인정보 보호체계, 정보주체의 권리보장 범위, 피해구제 절차 등의 개인정보 보호 수준을 인정하기 위해 필요한 사항으로서 보호위원회가 정하여 고시하는 사항을 종합적으로 고려하여야 한다. 보호위원회가 개인정보보호법과 실질적으로 동등한 보호수준인지 여부를 판단해야 하기 때문에 시행령에서 정하는 기준에 한정하여 판단할 필요는 없다. 개인정보보호법상 형식적인 준수사항까지 세세하게 동일한지를 판단할 필요는 없지만, 개인정보보호법이 개인정보 및 정보주체를 보호하기 위하여 규정한 주요 내용과 실질적으로 동등한가를 살펴서 판단하면 된다. 즉, 형식적 동등성이 아니라 실질적 동등성을 판단하여야 한다.

구분			평가기준
실체적 판단 기준 (12)	기본 원칙 (9)	① 개념(concepts)	• 기본적인 개인정보보호 관련 개념 및 원칙이 존재해야 함
		② 적법한 목적을 위한 합법적이고 공정한 처리 근거	• 개인정보가 합법적이고 공정하며 적법하게 처리되어야 함 • 개인정보가 합법적이고 공정하며 적법하게 처리될 수 있는 법적 근거가 충분히 명확한 방식으로 제시되어야 함
		③ 목적제한의 원칙	• 개인정보는 특정한 목적에 따라 처리되어야 하고, 그 처리목적과 양립불가능하지 않는 범위 내에서만 이용될 수 있음
		④ 정보의 품질 및 비례성 원칙	• 개인정보는 정확해야 하고, 필요한 경우 최신으로 유지해야 함 • 개인정보는 처리 목적과의 사이에서 적절하고, 유의미하며, 초과적이지 않은 관련성이 있어야 함
		⑤ 데이터 보유 원칙	• 일반원칙으로서 개인정보는 그 처리목적에 필요한 범위를 넘지 않는 기간 동안 보유하여야 함
		⑥ 안전과 기밀성 원칙	• 개인정보처리자는 적절한 기술적·관리적 조치를 이용하여 개인정보의 안전성을 보장하면서 개인정보를 처리하여야 함
		⑦ 투명성 원칙	• 정보주체는 명확하고, 쉽게 접근가능하며, 명료하고, 투명하며 알기 쉽게 자신의 개인정보의 처리의 모든 사항을 고지받아야 함
		⑧ 접근, 정정, 삭제 및 반대권	• 정보주체는 자신의 개인정보의 처리 여부의 확인, 부정확한 정보의 수정, 처리가 더 이상 필요하지 않은 개인정보의 삭제, 중대한 적법한 근거에 기반한 반대권을 가짐

---

270) Article 29 Working Party, Adequacy Referential(WP 254 rev.01), 2017.11.28. 채택, 2018.2.6. 최종 수정 채택.

		⑨ 재이전 제한	• 이전된 개인정보의 재이전은, 이전받는 제3자가 적정한 보호수준을 확보하였을 경우에 허용되어야 함
	추가 원칙 (3)	⑩ 특별한 범주의 개인정보	• 특별한 범주의 개인정보에 대한 특수한 안전조치가 존재해야 함
		⑪ 다이렉트 마케팅	• 개인정보가 다이렉트 마케팅 목적으로 처리되는 경우, 정보주체는 언제든지 무료로 그러한 목적으로 자신의 개인정보가 처리되지 않도록 반대할 수 있어야 함
		⑫ 자동화된 의사결정과 프로파일링	• 프로파일링을 포함하여 자동화된 처리로만 이루어지는 의사결정이 정보주체에 대한 법적 효과나 중대한 영향을 미치는 경우에 그러한 자동화 의사결정은 제3국의 법체계에 설정된 일정한 조건 하에서만 가능
절차적 판단 기준 (4)		⑬ 독립된 관할 감독기관	• 법 준수를 감독·집행하기 위한 독립된 감독기관의 존재(인사 및 예산 권한, 독자적 조사 권한 확보)
		⑭ 양호한 준수 수준(a good level of compliance)을 담보하는 개인정보보호체계	• 개인정보보호체계가 정보주체와 개인정보처리자의 높은 수준의 책임성과 인식을 담보해야 함(예: 효과적인 제재의 존재)
		⑮ 책임성	• 개인정보처리자의 준수 및 이를 감독기관에 입증할 수 있도록 담보하는 개인정보보호체계를 갖춰야 함(예: 영향평가, DPO 임명, PbD 등)
		⑯ 정보주체의 권리행사 지원 및 적절한 구제 체계를 갖춘 개인정보보호체계	• 정보주체가 신속하고 효과적으로 과도한 비용부담 없이 권리를 행사할 수 있어야 함(예: 민원·고충에 대한 독립적 조사를 실시하는 감독체계의 존재) • 불법적 처리에 따른 손해배상을 포함하여 효과적인 행정적·사법적 구제가 정보주체에게 제공되어야 함(예: 손해배상이나 적절한 구제조치가 가능한 독립적인 재판 또는 중재 시스템의 존재)

3. 개인정보보호위원회의 인정

　개인정보가 이전되는 국가 또는 국제기구의 개인정보 보호체계, 정보주체 권리보장 범위, 피해구제 절차 등이 개인정보보호법에 따른 개인정보 보호 수준과 실질적으로 동등한 수준을 갖추었다고 인정하기 위해서는 국외이전전문위원회의 평가 및 개인정보 보호 정책협의회의 협의를 거쳐야 한다. 보호위원회는 국외이전전문위원회의 평가 내용 및 개인정보 보호 정책협의회의 협의 내용 등을 종합적으로 고려하여 심의·의결을 거쳐 이전대상국등의 인정 여부를 결정한다. 국가 또는 국제기구에 대한 인정인만큼 법령에서 정하는 기준뿐만 아니라 실질적인 보호 수준의 동등성을 판단함과 동시에 국제적인 정치·외교 상황, 무역협정과 같은 경제적 관계 등 다양한 상황을 종합적으로 고려할 수 있다.

GDPR에 따른 적정성 결정

EU 집행위원회가 제3국(제3국의 영토, 하나 이상의 지정 부문 포함) 또는 국제기구에 대하여 적정한 보호수준을 보장한다고 결정한 경우에 합법적 국외이전이 가능하다. 적정성 결정의 절차는 최초 EU 집행위원회가 적정성 초기결정을 마련한 후, EDPB와 유럽의회 LIBE 상임위원회(European Parliament Committee on Civil Liberties, Justice and Home Affairs) 등의 검토 및 의견 수렴 등을 통해 적정성 최종결정을 한다. EU 집행위원회는 최종 승인된 후 최소 4년마다 정기적인 검토를 실시해야 하며, 적정성 결정을 제정, 개정, 정지, 폐지할 수 있는 권한을 가진다.
2024년 2월 현재 EU 적정성 결정을 받은 국가는 우리나라를 포함하여 다음과 같은 15개국이다.

Andorra, Argentina, Canada (상업조직), Faroe Islands, Guernsey, Israel, Isle of Man, Japan, Jersey, New Zealand, Republic of Korea, Switzerland, GDPR 및 LED에 따른 United Kingdom, United States(EU-US Data Privacy Framework에 참여하는 상업조직), Uruguay

<EU 적정성 결정 절차>

1단계	2단계	3단계	4단계	5단계
EU 집행위원회 초기결정	EDPB 의견 수렴	Comitology EU 회원국 대표자 및 집행위원회의 공동 심의·의결	유럽의회 LIBE 상임위원회	EU 집행위원회 전원회의 최종결정

보호위원회는 이전대상국등을 인정하는 경우에 정보주체의 권리 보호 등을 위하여 필요한 경우 이전대상국등으로 이전되는 개인정보의 범위, 이전받는 개인정보처리자의 범위, 인정 기간, 국외 이전의 조건 등을 이전대상국등별로 다르게 정할 수 있다(시행령 제29조의9 제3항). EU의 경우에도 캐나다는 상업조직에 한하여 적정성 결정을 한 예가 있다. 보호위원회는 인정기간이 만료되기 전에 갱신 여부를 심의하고 연장할 수 있으며, 이 경우에도 최초 인정의 절차와 동일하게 진행된다.

보호위원회는 인정의 후속조치로서 인정 기간 동안 이전대상국등의 개인정보 보호수준이 개인정보보호법에 따른 수준과 실질적으로 동등한 수준을 유지하고 있는지 점검해야 한다(시행령 제29조의9 제4항). 또한 인정을 받은 이전대상국등의 개인정보 보호체계, 정보주체의 권리보장 범위, 피해구제 절차 등의 수준이 변경된 경우에 보호위원회는 해당 이전대상국등의 의견을 듣고 해당 이전대상국등에 대한 인정을 취소하거나 그 내용을 변경할 수 있다(시행령 제29조의9 제5항). 다만, 인정 취소나 인정 내용을 변경하려는 경우에는 해당 이전대상국등의 의견을 듣고 국외이전전문위원회의 평가-개인정보 보호 정책협의회의 협의-보호위원회 심의·의결 절차를 거쳐야 한다. 이전대상국등에 대한 인정, 인정의 취소, 인정 내용의 변경 시에 보호위원회는 이를 관보에 고시하고 보호위원회 인터넷 홈페이지에 게재해야 한다(시행령 제29조의9 제6항).

Ⅶ. 국외이전 시 공통적으로 요구되는 개인정보처리자의 의무

1. 의의

이상에서 살펴본 바와 같이 개인정보보호법 제28조의8 제1항에 규정된 5가지 합법적 국외이전요건 하에서 개인정보를 국외로 제공(조회되는 경우를 포함한다)·처리위탁·보관하는 경우에 개인정보처리자는 국외 이전과 관련한 개인정보보호법의 다른 규정, 제17조(개인정보의 제공), 제18조(개인정보의 목적 외 이용·제공 제한), 제19조(개인정보를 제공받은 자의 이용·제공 제한) 및 제5장(정보주체의 권리 보장)의 규정을 준수하여야 하고, 대통령령으로 정하는 보호조치를 해야 한다(법 제28조의8 제4항).

2. 규정 준수 의무

1) 국외이전 규정 준수 의무

개인정보보호법 제28조의8 제1항 각호에 따라 개인정보를 국외로 제공(조회되는 경우를 포함한다)·처리위탁·보관하는 경우에 국외이전과 관련한 개인정보보호법 상의 다른 규정, 예를 들면, 개인정보보호법을 위반한 계약 체결 금지(법 제28조의8 제5항), 상호주의(법 제28조의10), 제3국으로의 재이전(법 제28조의11) 등의 규정을 준수하여야 하며, 국외이전 중지명령(법 제28조의9)을 받은 경우에는 그에 따라야 한다.

2) 제3자 제공 규정 준수 의무

개인정보를 국외의 제3자에게 제공하는 개인정보처리자는 개인정보 제3자 제공에 관한 개인정보보호법 제17조를 준수하여야 한다. 그런데 법 제17조 제4항은 당초 수집 목적과 합리적으로 관련된 범위에서 정보주체에게 불이익이 발생하는지 여부, 암호화 등 안전성 확보에 필요한 조치를 하였는지 여부 등을 고려하여 대통령령으로 정하는 바에 따라 정보주체의 동의 없이 개인정보를 제공할 수 있도록 규정하고 있어서, 개인정보처리자가 법 제17조 제4항에 따라 합리적 관련성이 인정되는 범위 내에서 국외 제3자 제공을 하는 때에는 법 제28조의8에 따른 합법적 국외이전근거 없이도 가능한가가 문제될 수 있다. 법 제28조의8 제4항에 따라 법 제17조를 준수하도록 요구하고 있고, 법 제17조 제4항이 엄격한 합법처리근거의 완화를 위하여 합리적 관련성이 있는 범위 내에서 동의 없이도 개인정보를 제공할 수 있도록 한 취지를 고려할 때 국외 제3자 제공의 경우에도 동일하게 합리적 관련성 있는 범위 내에서 허용할 수 있다고 해석할 여지도 없지 않다. 그러나 법 제28조의8은 개인정보의 국외 이전에 대한 특별한 보호체계로서 일반적인 개인정보의 합법처리근거인 제17조에 대한 특칙으로 보아 국외이전에 대해서는 법 제28조의8에 따른 합법적 국외이전 근거를 우선 충족해야 한다. 법 제28조의8 제1항에 따라 합법적으로 국외의 제3자에게 제공하는 경우에 추가적으로 법 제28조의8 제4항에 따라 법 제17조를 준수하여야 한다. 또한 법 제17조 제4항에서 규정하는 "정보주체의 동의 없이" 합리적 관련성 있는 제3자 제공이 허용되는 경우의 "동의"는 법 제17조 제1항 제1호에서 규정하는 정보주체의 동의를 의미하는 것으로 해석하는 것이 타당하고, 이를 넘어서 법 제28조의8 제1항 제1호에 규정된 "국외 이전에 관한 별도의 동의"까지 포함하는 것으로 해석하는 것은 타당하지 않다. 따라서 국외의 제3자에게 합리적 관련성 있는 범위 내에서 개인정보를 제공하는 경우에는 법 제17조 제4항에 따라 법 제17조 제1항의 동의는 필요로 하지 않지만, 국외이전에 관한 법 제28조의8에 따른 동의 등 합법적 국외이전 근거는 충족하여야 한다.

3) 개인정보의 목적 외 이용·제공 제한 규정 준수 의무

개인정보처리자가 국외이전을 하는 경우에 개인정보를 목적 외로 당초 수집한 목적 범위를 초과하여 이용하거나 법 제17조 제1항에 따른 합법적인 제공의 범위를 초과하여 제3자에게 제공하거나 법 제28조의8 제1항에 따른 합법적 국외이전의 범위를 초과하여 제3자에게 제공하지 말아야 한다(법 제18조 제1항). 다만, 법 제18조 제2항에 규정된 사유가 있는 때에는 국외이전의 경우에도 개인정보를 목적 외로 이용 또는 제3자에게 제공할 수 있다(법 제18조 제2항). 예를 들면, 개인정보처리자가 법 제28조의8 제1항 제1호에 따라 정보주체로부터 국외의 제3자에게 개인정보를 제공하기 위하여 국외이전에 관한 별도의 동의를 받은 경우에는 그 동의받은 범위 내에서만 개인정보를 그 제3자에게 제공할 수 있다. 그러나 목적 외 이용·제공이 허용되는 예외적인 사유, 예를 들면 명백히 정보주체 또는 제3자의 급박한 생명, 신체, 재산의 이익을 위하여 필요하다고 인정되는 경우에는 별도 동의를 받은 범위를 넘어서도 그 국외의 제3자에게 개인정보를 제공할 수 있다.

4) 개인정보를 제공받은 자의 이용·제공 제한 규정 준수 의무

개인정보처리자로부터 개인정보를 제공받은 국외의 제3자는 정보주체로부터 별도의 동의를 받거나 다른 법률에 특별한 규정이 있는 경우를 제외하고는 개인정보를 제공받은 목적 외의 용도로 이용하거나 이를 제3자에게 제공하지 말아야 한다(법 제19조).

5) 정보주체의 권리 보장 규정 준수 의무

개인정보처리자는 개인정보를 국외이전 하는 경우에 개인정보보호법에 규정된 정보주체의 권리를 보장하여야 한다. 즉, 개인정보의 열람 요구(법 제35조), 개인정보의 전송요구(법 제35조의2), 개인정보의 정정·삭제 요구(법 제36조), 개인정보의 처리정지 요구나 개인정보처리에 대한 동의의 철회(법 제37조), 자동화된 결정에 대한 정보주체의 권리(법 제37조의2), 손해배상청구권(법 제39조 제1항), 징벌적 5배 배상 청구(법 제39조 제3항), 법정손해배상의 청구(법 제39조의2) 등과 같은 정보주체의 권리를 보장해주어야 하며, 법 제39조의7 제1항에 따른 법정 요건에 해당하는 경우에는 손해배상의 보장을 위하여 보험·공제에 가입하거나 준비금을 적립하는 등의 필요한 조치를 하여야 한다.

3. 보호조치 의무

개인정보의 국외이전 시 준수해야 할 보호조치에 대해서는 대통령령으로 위임하고 있다. 즉, 개인정보처리자는 개인정보를 국외로 이전하는 경우에는 ① 시행령 제30조 제1항에 따른 개인정보 보호를 위한 안전성 확보 조치, ② 개인정보 침해에 대한 고충처리 및 분쟁해결에 관한 조치, ③ 그 밖에 정보주체의 개인정보 보호를 위하여 필요한 조치를 해야 한다(시행령 제29조의10 제1항). 나아가 개인정보처리자는 ①~③에 관하여 이전받는 자와 미리 협의해야 하고, 이를 계약내용 등에 반영해야 한다(시행령 제29조의10 제2항).

VIII. 다른 규정과의 관계

1. 영업양도 등에 따른 개인정보의 이전 제한에 관한 법 제27조와의 관계

영업양도나 인수합병 등으로 개인정보를 국외의 다른 사람에게 이전하는 경우에 법 제28조의8에 따른 합법적 국외이전 근거를 충족하지 않더라도 법 제27조에 따라 국외로 영업양도 등에 따른 이전이 가능한가, 아니면 법 제27조에도 불구하고 법 제28조의8에 따른 합법적 국외이전근거를 충족해야 하는가가 문제된다. 법 제27조의 특칙을 마련한 입법취지를 고려하여 법 제28조의8에 따른 합법적 국외이전 근거가 면제된다고 해석할 수도 있지만, ① 법체계상 국외이전에 관한 법 제28조의8이 영업양도 등에 따른 개인정보의 이전 제한에 관한 법 제27조와의 관계에서 특별규정으로 보아야 하고, ② 법 제28조의8이 법 제27조보다 신법으로서 우선 적용되며, ③ 법 제28조의8이 원칙적으로 개인정보의 국외이전을 금지하고 동조에 의하여 5가지 합법적 국외이전 근거만이 인정되고 있어서 법 제27조가 법 제28조의8의 적용을 배제하려면 금지원칙에 대한 예외 혹은 특례라는 취지가 법 제27조에 명시적으로 드러나 있어야 하며, ④ 법 제27조가 국외이전에 대해서 특별히 규정하는 취지를 명시하고 있지 않기 때문에 법 제28조의8 제1항 제2호에서 규정하는 합법적 국외이전 근거로서 '법률에 개인정보의 국외 이전에 관한 특별한 규정이 있는 경우'에 해당한다고 보기도 어려운 점, ⑤ 국외이전의 경우에는 법 제28조의8 제4항에서 다른 규정의 준수의무 및 보호조치의무를 추가로 요구함으로써 국외이전에 따른 정보주체의 개인정보보호를 위하여 국외이전을 특별히 취급하려는 것이 입법자의 의도라고 할 것이기 때문에 영업양도나 인수합병 등으로 개인정보를 국외의 다른 사람에게 이전하는 경우에는 법 제27조에도 불구하고 법 제28조의8에 따른 합법적 국외이전근거를 충족해야 한다고 해석함이 타당하다.

2. 가명정보의 처리 특례에 관한 법 제28조의2와의 관계

데이터 경제 시대에 맞춰서 개인정보의 안전한 활용을 확대하기 위한 방안으로서 가명정보 처리에 관한 특례규정이 도입되어서 가명정보의 국외이전의 경우에도 특례규정인 법 제28조의2에 따라 동의 없이도 국외이전이 허용될 수 있는가가 문제된다. 이와 관련하여 법 제28조의2를 우선 적용하는 해석도 가능하다. 즉, ① 가명정보처리에 관한 제3장 제3절은 가명정보의 처리에 관한 '특례'로 제명을 설정하여 개인정보보호법의 다른 일반 규정에 대하여 특수하고 예외적인 경우를 규정하는 것으로 볼 여지가 있고, ② 법 제28조의2 제1항은 법 제15조나 법 제17조 등 일반적인 합법처리근거 규정이 처리 유형을 구분하여 규율하는 것과 달리 가명정보를

'처리'할 수 있다고 규정하여 국외이전 행위 유형도 포섭하는 것으로 해석될 수 있을뿐만 아니라 ③ 가명정보 처리에 관한 특례 도입을 통해 안전한 개인정보의 활용을 확대하려는 소위 '데이터 3법 개정'의 취지를 고려할 때 법 제28조의8에도 불구하고 법 제28조의2를 우선 적용하여 통계작성, 과학적 연구, 공익적 기록보존 등을 위하여 정보주체의 동의 없이 가명정보를 국외이전할 수 있다고 해석할 수도 있다. 그러나 ① 법 제2조제1호에 따라 가명정보도 개인정보에 해당하는 이상 개인정보보호법 상 국외이전을 규율하는 법 제28조의8의 적용을 받아야 하며, ② 법체계상 국외이전에 관한 법 제28조의8이 가명정보 처리에 관한 법 제28조의2와의 관계에서 특별규정으로 해석되고, ③ 법 제28조의8이 법 제28조의2보다 신법으로서 우선 적용되는 것으로 보아야 하며, ④ 법 제28조의8이 개인정보의 국외이전을 원칙적으로 금지하고 예외적으로 5가지 합법적 국외이전근거를 허용하고 있기 때문에 법 제28조의2가 법 제28조의8의 적용을 배제하려면 금지 원칙에 대한 예외적 허용의 취지가 법 제28조의2에 명시적으로 드러나 있어야 하며, ⑤ 법 제28조의2가 처리의 특정 유형에만 한정하지 않고 모든 처리의 유형을 포괄하고 있기는 하지만 '국외이전'이나 '국외'에서의 처리를 특별히 규정하지 않기 때문에 합법적 국외이전 근거의 하나인 법 제28조의8 제1항 제2호의 '법률에 개인정보의 국외 이전에 관한 특별한 규정이 있는 경우'에 해당한다고 보기도 어려운 점, ⑥ 국외이전의 경우에는 법 제28조의8 제4항에서 다른 규정의 준수의무 및 보호조치의무를 추가로 요구함으로써 가명정보를 포함한 개인정보의 국외이전에 따른 정보주체의 개인정보보호 및 기본적 자유와 권리의 보장을 위하여 국외이전을 특별히 취급하려는 것이 입법자의 의도라고 할 것이기 때문에 가명정보를 국외이전하는 경우에는 법 제28조의2에도 불구하고 법 제28조의8에 따른 합법적 국외이전근거를 충족해야 한다고 해석함이 타당하다.

IX. 위반 시 제재

법 제28조의8 제1항에 규정된 합법적 국외이전 근거를 충족하지 못한 때에는 법 제28조의9 제1항의 요건을 충족한 경우에 국외이전 중지 명령이 가능하다. 나아가 개인정보처리자 또는 법 제26조 제8항에 의하여 법 제28조의8이 준용되는 수탁자가 법 제28조의8 제1항을 위반하여 개인정보를 국외로 이전한 경우에는 원칙적으로 전체 매출액의 3% 이내의 범위에서 과징금을 부과할 수 있다(법 제64조의2 제1항 제7호). 또한 개인정보처리자 또는 법 제26조 제8항에 의하여 법 제28조의8이 준용되는 수탁자가 제28조의8 제4항을 위반하여 보호조치를 하지 않은 경우에는 3천만 원 이하의 과태료를 부과한다(법 제75조 제2항 제14호).

제 5 절
개인정보보호법을 위반한 개인정보 국외이전 계약의 유효성

I. 의의

공법과 사법의 준별로부터 공법상의 각종 금지·제한을 정한 규제규정의 경우에 그 위반에 따른 공법상 제재와 사법상 효력은 별개로 취급하였다. 그런데 오늘날 사회가 복잡·다변화되면서 새롭게 형성된 법률관계를 규율하기 위한 법률들이 제정되면서 다양한 새로운 법영역이 나타나게 되었고 공법적 성격과 사법적 성격을 가진 규정이 혼재된 법률이 증가하였다. 개인정보보호법도 그와 같은 새로운 법영역의 하나로서 디지털 전환이 가속화하고 데이터 처리가 증가함에 따라 그 중요성이 강조되고 있고, 공법과 사법의 혼재도 심화되고 있다. 법 제28조의8 제5항은 "개인정보처리자는 이 법을 위반하는 사항을 내용으로 하는 개인정보의 국외이전에 관한 계약을 체결하여서는 아니 된다"고 하여 개인정보보호법을 위반하는 내용의 국외이전계약 체결 금지를 규정하고 있지만, 이러한 금지가 행정법적 규제를 위한 공법상의 금지를 넘어 사법상으로까지 영향을 미쳐서 해당 금지를 위반하여 체결된 국외이전 계약을 무효화할 것인가가 문제이다.

II. 개인정보보호법을 위반한 국외이전 계약의 효력

법 제28조의8 제5항을 어떻게 해석할 것인가에 따라서 사법상 효과가 달라진다. 동조항을 국외이전 계약의 유효성의 전제로서 개인정보보호법 상의 관련 규정의 준수를 강제하기 위한 것으로 이해하게 되면, 동조항에 위반하여 개인정보보호법을 위반하는 사항을 내용으로 하는 개인정보의 국외이전계약은 무효로 판단하여야 한다. 제28조의8 제5항을 위반한 경우에 그에 대한 직접적인 제재는 규정되어 있지는 않지만, 개인정보의 국외이전이 계속되고 있거나 추가적인 국외 이전이 예상되는 경우로서 동 규정을 위반한 경우에는 보호위원회가 개인정보처리자에게 개인정보 국외이전 중지명령을 할 수 있도록 규정하고 있으며, 개인정보가 법을 위반하여 국외로 이전되고 나면 사실상 회복 불가능하게 되어 개인정보보호법에 따른 피해구제 등 법집행의 실효성이 확보될 수 없고, 법의 취지가 "개인의 자유와 권리를 보호하고, 나아가 개인의 존엄과 가치를 구현함을 목적으로" 한다는 점을 고려할 때 원칙적으로 동 규정의 취지는 사법상 위반계약의 무효화를 통해 개인정보의 국외이전 금지의 실효성을 확보하려는 것으로 해석하게 될 것이다. 이러한 해석에 의하면, 법 제28조의8 제5항을 통해 개인정보보호법의 각 규정이 강행규정이라는 점이 뒷받침될 수 있게 된다.

반면, 법 제28조의8 제5항의 금지 규정을 단순히 선언적인 것으로 이해하게 된다면, 동 조항만을 기초로 하여 개인정보보호법을 위반하는 국외이전계약을 사법상 무효라고 단언하기는 어렵다. 그러나 법 제28조의8 제5항을 선언적인 의미로 이해하더라도, 동조항에 따라 국외이전계약이 금지되는 위반의 대상이 되는 개별적·구체적 개인정보보호법 각 규정의 성격을 기준으로 사법상 효과 여하를 결정할 수도 있다. 국외이전 계약 체결 시 위반하지 말아야 하는 개인정보보호법의 조항은 매우 다양하지만, 예를 들어 국외이전의 합법처리근거를 규정하는 법 제28조의8 제1항을 위반하는 내용의 계약을 체결하는 경우에 그 계약의 사법상 효력이 문제될 수 있다. 먼저 법 제28조의8 제1항을 사법적 규정으로 보게 된다면, 해당 규정이 강행규정인지 임의규정인지에 따라 효과가 달라질 수도 있다. 법 제28조의8 제1항이 원칙적으로 개인정보 국외이전을 금지하는 취지를 고려하여 민법 제105조에 따른 법령 중의 선량한 풍속 기타 사회질서에 관계있는 규정, 즉 강행규정으로 보는 경우에는 그에 반하는 사항을 내용으로 하는 국외이전 계약을 체결하는 것은 강행규정 위반으로 무효라고 해석하게 될 것이다. 그에 반해, 법 제28조의8 제1항을 국외이전에 관한 공법상의 규제규정으로 바라보면, 해당 규정의 위반에 따라 당연히 사법상 계약의 무효를 인정할 수 있는 것은 아니고 해당 조항의 성격을 구체적·개별적으로 판단하여야 한다. 즉, 동조항을 거래행위를 금지·제한하여 사법상의 효력에도 영향을 미치는 소위 '효력규정'으로 파악하게 되면 그 위반에 따라 해당 계약을 무효로 판단할 수 있을 것이다.[271] 그럼 어떠한 경우에 효력규정으로 판단하게 될 것인가? 규제규정에 위반한 경우에 그 사법상 효력까지 부인하기 위해서는 공·사법의 경계를 넘어설 수 있을 정도로 중요한 근거가 뒷받침되어야 한다는 점에서 사법영역에 대한 '과잉개입의 금지'로부터 판단기준을 설정해 볼 수 있다. 즉, 일반적인 판단기준으로서 '비례의 원칙'[272]에 비추어 보아 사법영역까지 그 효력을 인정하는 것이 타당하다고 판단되면 해당 규정을 효력규정으로 보는데 문제가 없을

---

271) 최경진, "전자거래관련규제규정의 위반과 사법상 효력", 인터넷법률, 통권 제17호, 2003, 203-204면에 따르면, "규제규정의 사법상 효력 여하를 논의하면서 일반적으로 단속규정과 효력규정으로 구분하여 설명한다. 그런데, 어떠한 규정이 단속규정이고 어떠한 규정이 효력규정인가에 대하여 법률에 명문의 규정이 있는 경우에는 그에 의하면 되지만 그렇지 않은 경우에는 어떻게 파악하여야 할 것인가가 문제된다. 생각건대, 단속규정과 효력규정의 구분이 미리 정해져 있는 것은 아니며, 구체적·개별적으로 판단하여 해당 규정의 위반이 사법상 효력에까지 미친다고 할 경우에는 효력규정이라고 하고 그렇지 않은 경우에는 단속규정이라고 파악하면 될 것이다. 다만 공·사법의 구별을 전제로 원칙적으로 규제규정은 단속규정이라고 파악할 것이며, 예외적으로 종합판단에 의하여 사법상 효력이 인정되는 경우에 한하여 효력규정이라고 할 것"이라고 한다.

272) 비례의 원칙은 균형성의 원칙, 적합성의 원칙 그리고 필요성의 원칙으로 구체화될 수 있는데, 그 상세한 설명에 대해서는 최경진, "전자거래관련규제규정의 위반과 사법상 효력", 인터넷법률, 통권 제17호, 2003, 216-217면 참조.

것이다. 비례의 원칙(특히 균형성의 원칙) 하에서 ① 해당 규정의 취지, 경제적·사회적 상황에 따른 시대적 요청, 위법행위에 대한 사회적 비난의 정도, 규제의 실효성 등을 고려하여 공익상의 요청이 매우 강하여 규제규정의 목적을 관철시켜야 할 경우로서 ② 다른 규제에 의해서는 해당 규제규정의 목적을 실현할 수 없고, ③ 거래안전이나 당사자간의 신의·공평을 고려하였을 때 무효화라는 수단이 사법관계에 미치는 영향을 무시해도 무방하거나 그러한 영향보다 규제의 실효성 관철이 현저히 중요하다고 판단되는 경우 또는 사법질서의 유지를 위한 다른 수단이 있어서 무효화하더라도 무방한 경우에는 해당규정을 효력규정으로 파악하여 위반 계약을 무효화할 수 있다고 할 것이다.[273] 다만, 비례의 원칙에 따라 비교형량을 함으로써 종합판단한 결과 위반된 법 규정의 내용이 경미한 사항이고 계약의 무효를 통해서 얻는 이익(금지의 이익)이 계약을 유효로 하여 얻는 이익보다 현저히 크지 않다면 그 계약은 유효로 판단할 수 있을 것이다.

---

273) 최경진, "전자거래관련규제규정의 위반과 사법상 효력", 인터넷법률, 통권 제17호, 2003, 217면 참조.

제 6 절
국외이전 중지 명령

Ⅰ. 의의

국외이전 중지명령은 개인정보 국외이전 제도의 실효성을 확보하기 위하여 도입되었는데, 법정 요건을 충족하는 경우에 정보주체의 개인정보보호와 직결되는 개인정보의 국외이전 자체를 중지하도록 보호위원회가 명할 수 있게 한 제도이다.

Ⅱ. 국외이전 중지명령의 요건 및 판단기준

1. 공통요건

국외이전 중지명령을 발동하기 위해서는 공통적으로 개인정보의 국외이전이 계속되고 있거나 추가적인 국외이전이 예상되는 경우이어야 한다. 국외이전 중지명령이 도입된 이유가 법위반 혹은 정보주체에 대한 피해발생에 대하여 효과적이고 신속한 대응을 위해서라는 점을 고려할때 현실적으로 국외이전이 지속되고 있는 경우이어야 하고, 현재 국외이전이 이루어지고 있지 않더라도 추가적인 국외이전이 예상되어 국외이전이 현실화될 것이 명확한 경우이어야 한다.

2. 제1유형 - 국외이전 관련 규정의 위반(법 제28조의9 제1항 제1호)(이하 "제1호 중지명령")

국외이전 중지명령이 인정되는 첫 번째 유형은 국외이전 관련 규정을 위반한 경우이다. 즉, ① 법 제28조의8 제1항에 따른 합법적 국외이전 근거를 충족하지 못한 경우, ② 법 제28조의8 제4항에 따른 규정 준수 의무(국외이전 규정 준수 의무, 제3자 제공 규정 준수 의무, 개인정보의 목적 외 이용·제공 제한 규정 준수 의무, 개인정보를 제공받은 자의 이용·제공 제한 규정 준수 의무, 정보주체의 권리 보장 규정 준수 의무) 및 보호조치 의무를 위반한 경우, ③ 법 제28조의8 제5항에 따른 개인정보보호법을 위반한 국외이전 계약 체결 금지의무를 위반한 경우 중 어느 하나에 해당해야 한다.

3. 제2유형 – 적정하지 않은 개인정보보호수준으로 인한 정보주체에 대한 피해 (법 제28조의9 제1항 제2호)(이하 "제2호 중지명령")

국외이전 중지명령이 인정되는 두 번째 유형은 개인정보를 이전받는 자나 개인정보가 이전 되는 국가 또는 국제기구가 개인정보보호법에 따른 개인정보 보호 수준에 비하여 개인정보를 적정하게 보호하지 않아서 정보주체에게 피해가 발생하거나 발생할 우려가 현저한 경우이다. 제2호 중지명령의 경우에는 대상 사건마다 개별적·구체적으로 ① 개인정보 보호 수준의 적정 여부, ② 정보주체에 대한 피해 발생 여부 또는 피해 발생 우려의 현저성,[274] ③ 부적정한 개인 정보보호수준과 정보주체에 대한 피해 발생(또는 발생할 우려) 사이의 인과관계 여부를 판단해야 한다.

4. 판단기준

국외이전 중지명령을 발동하기 위해서는 앞서 살펴본 바와 같이 공통요건 외에 각 유형에서 요구되는 각 요건을 충족하여야 한다. 그런데 제1호 중지명령은 제2호 중지명령에서 요구하는 '적정성'이나 '현저성'과 같은 개별적·구체적 판단요소가 없기 때문에 법 제28조의8 제1 항, 제4항 또는 제5항을 위반하는지의 여부만을 판단하는 것으로 충분한가가 문제된다. 특히, 법 제28조의9 제3항에 따라 대통령령으로 위임된 개인정보 국외이전 중지명령의 기준(시행령 제 29조의11 제1항)이 제1호 중지명령과 제2호 중지명령을 구분하지 않고 다양한 요소를 정하고 있 는데, 이를 동일하게 두 유형에 모두 적용할 수 있는가 하는 점이다. 시행령에 따르면, 보호위 원회는 ① 국외로 이전되었거나 추가적인 국외 이전이 예상되는 개인정보의 유형 및 규모, ② 법 제28조의8 제1항, 제4항 또는 제5항 위반의 중대성, ③ 정보주체에게 발생하거나 발생할 우 려가 있는 피해가 중대하거나 회복하기 어려운 피해인지 여부, ④ 국외 이전의 중지를 명하는 것이 중지를 명하지 않는 것보다 명백히 정보주체에게 이익이 되는지 여부, ⑤ 법 제64조 제1 항 각 호에 해당하는 조치를 통해 개인정보의 보호 및 침해 방지가 가능한지 여부, ⑥ 개인정 보를 이전받는 자나 개인정보가 이전되는 이전대상국등이 정보주체의 피해구제를 위한 실효적 인 수단을 갖추고 있는지 여부, ⑦ 개인정보를 이전받는 자나 개인정보가 이전되는 이전대상국 등에서 중대한 개인정보 침해가 발생하는 등 개인정보를 적정하게 보호하기 어렵다고 인정할

---

274) 현저성 여부에 대하여 대법원은 관련 상황을 "종합적으로 고려하여 구체적·개별적으로 판단하여야" 한다고 판시하였다. 대법원 2006.11.23. 선고 2003두15188 판결.

만한 사유가 존재하는지 여부를 종합적으로 고려하여야 한다.

법문상 "개인정보의 국외 이전을 중지할 것을 명할 수 있다"[275]고 규정되어 국외이전 중지명령은 보호위원회의 재량행위로 볼 수 있고, 대법원이 재량행위에 대하여 "행정청의 재량에 기한 공익판단의 여지를 감안하여"[276]라고 판시한 점을 고려할 때 공익판단을 위한 재량의 측면에서 다양한 기준을 시행령에 정한 것으로 볼 수 있다. 이러한 해석에 따르면, 시행령 제29조의11 제1항 각 호에 규정된 다양한 판단기준은 특별히 그 성질상 제1호 중지명령이나 제2호 중지명령의 각 유형에 적용할 수 없는 것을 제외하고는 국외이전 중지명령 판단에 고려할 수 있다. 예를 들면, "법 제28조의8제1항, 제4항 또는 제5항 위반의 중대성"의 경우에는 그 성질상 제1호 중지명령에만 해당하는 것으로 보아야 할 것이고, "정보주체에게 발생하거나 발생할 우려가 있는 피해가 중대하거나 회복하기 어려운 피해인지 여부"는 제2호 중지명령에만 해당하는 기준으로 봄이 타당하다. 나머지 판단기준은 보호위원회의 재량의 범위에서 두 유형 모두에 대해 고려할 수 있을 것으로 보인다.

III. 국외이전 중지명령의 절차

국외이전 중지명령은 정보주체의 실효성 있는 보호라는 측면에서 신속하게 절차를 진행할 필요성도 있지만, 개인정보를 국외이전하는 개인정보처리자나 국외이전 받는 자 모두에게 미치는 파급력이 클 수 있기 때문에 신중한 판단도 필요하다. 이에 따라 시행령에서는 보호위원회가 심의 · 의결을 통해 국외이전 중지명령을 하는 때에는 국외이전전문위원회의 평가를 거치도록 규정하였고(시행령 제29조의11 제2항), 개인정보처리자에게 중지명령의 내용, 사유, 이의 제기 절차 · 방법 및 그 밖에 필요한 사항을 문서로 알리도록 하였다(시행령 제29조의11 제4항). 국외이전 중지명령을 받은 개인정보처리자는 명령을 받은 날부터 7일 이내에 보호위원회에 이의를 제기할 수 있으며(법 제28조의9 제2항), 보호위원회는 30일 이내에 중지 명령 해제 여부를 결정하고[277] 그 내용을 신청인에게 문서로 알려야 한다(시행령 제29조의12 제2항 및 「개인정보 국외 이전 운영 등에 관한 규정」 제26조 제2항).

---

275) 법 제28조의9 제1항.
276) 대법원 2005.7.14. 선고 2004두6181 판결.
277) 보호위원회는 ① 국외이전 중지명령 요건을 규정한 법 제28조의9 제1항 각 호의 어느 하나에 해당하지 않는다고 인정하는 경우, ② 개인정보처리자의 이의제기가 정당하다고 인정하는 경우, ③ 그 밖에 보호위원회가 필요하다고 인정하는 경우에는 국외이전 중지명령을 해제할 수 있다. 「개인정보 국외 이전 운영 등에 관한 규정」 제27조 제1항.

Ⅳ. 국외이전 중지명령의 효과

국외이전 중지명령을 받은 개인정보처리자는 국외이전이 계속되고 있던 때에는 국외이전 중지명령에 명시된 중지 시점에 국외이전을 중지해야 하고, 추가적인 국외이전을 예정하고 있을 때에는 예정된 국외이전을 하지 말아야 한다. 개인정보처리자가 국외이전 중지명령에 대하여 이의를 제기한 경우에도 보호위원회가 국외이전 중지명령을 취소하거나 철회하지 않는 한 이의제기만으로는 중지명령에 영향을 미치지 않는다. 국외이전 중지명령 사유가 해소된 때에도 당연히 중지명령의 효력이 소멸하는 것은 아니고 보호위원회에 해제신청을 하여 보호위원회가 심의·의결을 거쳐 중지 명령 해제를 통보한 때에 비로소 해제되어 개인정보처리자는 개인정보 국외이전을 재개할 수 있다.

Ⅴ. 위반 시 제재

개인정보처리자 또는 법 제26조 제8항에 의하여 법 제28조의9가 준용되는 수탁자가 법 제28조의9 제1항을 위반하여 국외이전 중지명령을 따르지 않은 경우에는 원칙적으로 전체 매출액의 3% 이내의 범위에서 과징금을 부과할 수 있다(법 제64조의2 제1항 제8호).

제 7 절
재이전

I. 의의

전 세계가 네트워크를 통해 하나로 연결되고 세계 각국이 무역을 통해 활발한 교류를 하는 현대 사회에서 개인정보가 국내에서 해외로 국외이전된 후 다시 그 개인정보가 제3국으로 이전되는 경우도 허다하다. 개인정보가 여러 국가로 전전 유통되는 환경에서 국민의 개인정보를 효과적으로 보호하기 위해서는 국외이전된 개인정보의 제3국으로의 재이전(onward transfer)에 대한 규율도 필수불가결하다. 이러한 취지에 따라 법 제28조의11은 재이전에 대해서도 국내에서 해외로의 국외이전과 동일하게 취급하여 법 제28조의8 및 법 제28조의9를 준용하도록 규정하였다. 이에 따라 재이전에 대해서도 합법적인 국외이전 근거를 충족해야 하고, 재이전이 계속되고 있거나 추가적인 재이전이 예상되는 경우로서 ① 법 제28조의8 제1항, 제4항 또는 제5항을 위반한 경우이거나 ② 개인정보를 재이전받는 자나 개인정보가 재이전되는 국가 또는 국제기구가 개인정보보호법에 따른 개인정보 보호 수준에 비하여 개인정보를 적정하게 보호하지 않아서 정보주체에게 피해가 발생하거나 발생할 우려가 현저한 경우에 보호위원회는 국외이전(재이전)의 중지를 명할 수 있다. 한편, 재이전을 받은 자가 다시 제3국으로 재이전하는 경우에도 마찬가지로 법 제28조의8 및 법 제28조의9가 준용되며, 이후에 계속되는 재이전에 대해서도 모두 동일하게 규율된다.

II. 위반 시 제재

법 제28조의8 제1항에 규정된 합법적 재이전 근거를 충족하지 못한 때에는 법 제28조의9 제1항의 요건을 충족한 경우에 국외이전(재이전) 중지명령이 가능하다(법 제28조의11). 나아가 개인정보를 이전받는 자 또는 법 제26조 제8항에 의하여 법 제28조의8 및 법 제28조의11이 준용되는 개인정보를 이전받는 수탁자가 법 제28조의8 제1항을 위반하여 개인정보를 재이전하거나 법 제28조의9를 위반하여 국외이전 중지명령을 따르지 않은 경우에는 원칙적으로 전체 매출액의 3% 이내의 범위에서 과징금을 부과할 수 있다(법 제64조의2 제1항 제7호). 또한 개인정보를 이전받는 자 또는 법 제26조 제8항에 의하여 법 제28조의8 및 법 제28조의11이 준용되는 개인정보를 이전받는 수탁자가 법 제28조의8 제4항을 위반하여 보호조치를 하지 않은 경우에는 3천만 원 이하의 과태료를 부과한다(법 제75조 제2항 제14호).

제 8 절
국외 직접 수집 시 규율체계

I. 역외적용과 동등 규제

외국의 개인정보처리자가 국외에서 국내 정보주체로부터 직접 개인정보를 수집하여 이용하는 경우에는 앞서 살펴본 바와 같이 개인정보보호법 제3장 제4절의 국외이전 규율체계의 적용대상에는 포섭되지 않지만, 속인주의나 효과주의에 기초한 역외적용이 인정되어 국내 개인정보보호법이 직접 적용된다고 해석할 수 있다. 뿐만 아니라 국제사법 제20조에 따르면, 입법목적에 비추어 준거법에 관계없이 해당 법률관계에 적용되어야 하는 대한민국의 강행규정은 이 법에 따라 외국법이 준거법으로 지정되는 경우에도 적용한다. 그런데 개인정보보호법은 개인정보의 처리 및 보호에 관한 사항을 정함으로써 개인의 자유와 권리를 보호하고, 나아가 개인의 존엄과 가치를 구현함을 목적으로 제정되었다는 점을 고려할 때 동법상 정보주체의 개인정보에 대한 권리를 보호하기 위한 규정들은 강행규정으로 볼 수 있다. 개인정보보호법으로 이관되기 이전의 정보통신망법 상의 개인정보보호규정과 관련하여 대법원은 "「구 정보통신망 이용촉진 및 정보보호 등에 관한 법률」(2020. 2. 4. 법률 제16955호로 개정되기 전의 것, 이하 '구 정보통신망법'이라 한다) 제30조 제2항, 제4항은 정보통신서비스 이용자의 개인정보에 관한 권리를 보장하기 위한 조항으로서 뒤에서 보는 바와 같이 헌법상 개인정보자기결정권을 구체화한 것인데, 구 정보통신망법의 목적과 취지, 개인정보 보호를 위한 위 조항들의 기능과 역할 및 그 위반 시 정보통신서비스 제공자 등에 부과되는 제재 등을 종합하면 위 규정들은 강행규정에 해당한다고 봄이 타당하다"고 하여 같은 취지로 판시하였다.[278] 이상을 고려할 때 개인정보보호법상 정보주체의 개인정보에 관한 권리를 보장하기 위한 조항들은 입법목적에 비춰서 준거법에 관계없이 적용되어야 하는 강행규정으로 볼 수 있고, 이러한 강행규정은 국외의 개인정보처리자가 우리나라 국민의 개인정보를 국외에서 직접 수집하여 처리하는 경우에 역외적용된다. 이상을 종합할 때 외국 개인정보처리자가 국외에서 국내 정보주체로부터 개인정보를 직접 수집하여 이용하는 경우에는 국내 개인정보처리자가 국내에서 수집하여 이용하는 경우와 마찬가지로 법

---

278) 대법원 2023.4.13 선고 2017다219232 판결.

상의 합법처리기준 등 다양한 규정을 동일하게 준수하여야 한다.[279]

Ⅱ. 위법한 국외 직접 수집에 대한 시정조치 및 제재

개인정보보호법 위반 시에도 법 제64조에 따른 시정조치와 같은 행정처분이나 법 위반에 따른 다양한 제재가 동일하게 적용되며, 시정조치의 구체적인 유형으로서 국외에서의 직접 수집에 의한 국외로의 이전행위에 대하여 법 위반을 근거로 개인정보 침해행위의 중지나 처리의 일시 정지, 특히 국외이전 중지명령에 상응하는 국외에서의 직접 수집을 중지하는 시정명령을 내릴 수도 있다. 이외에도 개인정보의 보호 및 침해 방지를 위하여 필요한 조치를 명할 수도 있다. 다만, 국외이전 중지 명령이 개인정보를 이전받는 자나 개인정보가 이전되는 국가 또는 국제기구가 법에 따른 개인정보 보호 수준에 비하여 개인정보를 적정하게 보호하지 아니하여 정보주체에게 피해가 발생하거나 발생할 우려가 현저한 경우에도 가능한 것과는 달리 시정명령은 법을 위반한 자에 대하여 가능하다는 점에서 차이가 있다.

---

279) 국내 개인정보처리자가 국외에서 국내 정보주체로부터 개인정보를 직접 수집하여 이용하는 경우도 다르게 취급할 이유가 없다. 즉, 개인정보보호법 제3장 제4절의 국외이전 규율체계를 적용하는 것이 아니라 국내에서 직접 수집하여 이용하는 경우와 동일하게 취급하여야 한다.

제 9 절
국내대리인의 지정

Ⅰ. 의의

글로벌 서비스가 일상화되면서 국외 사업자가 우리나라 정보주체의 개인정보를 처리하는 경우가 증가하고 있는데 반해 해당 국외 사업자에 대하여 정보주체가 민원 제기나 고충 처리를 요구하는 경우에 언어 장벽이나 시간적·지리적 차이로 인해 시의적절하고 효과적인 대응이 제대로 이루어지지 않는 경우도 적지 않다.[280] 이에 따라 정보주체인 국민이 국외 사업자에 대하여 개인정보와 관련한 민원처리 및 권리행사를 용이하게 할 수 있도록 국내에 주소 또는 영업소가 없는 개인정보처리자 중에서 일정한 요건[281]에 해당하는 자에게 국내대리인을 지정하도록 하였다(법 제31조의2).

Ⅱ. 국내대리인의 요건

국내대리인은 국내에 주소 또는 영업소가 있어야 하며(법 제31조의2 제2항), 자연인이든 법인이든 무관하다. 국내대리인의 구체적인 자격에 대한 상세한 규정은 없지만, 국내대리인 도입의 취지를 고려할 때 정보주체의 민원이나 고충을 처리하고 보호위원회에 유출 신고를 하거나 물품·서류 등 자료의 제출을 원활히 하기 위하여 한국어로 의사소통하는 등 국내대리인 업무의 원활한 처리를 위한 최소한의 능력은 갖춰야 한다.

국내대리인 요건과 관련하여, 최근 「전기통신사업법」은 개정을 통해 ① 국내대리인을 지정하여야 하는 부가통신사업자가 설립한 국내 법인이나 ② 국내대리인을 지정하여야 하는 부가

---

280) 개인정보 보호 법령 및 지침·고시 해설(2020), 464면 및 개인정보보호위원회, 개인정보 보호법 및 시행령 개정사항 안내(초안), 2023, 88면은 국내대리인 규정의 입법취지를 "우리 국민의 개인정보 고충처리, 개인정보 침해신고 시 규제 집행 가능성 등"으로 설명한다.

281) 시행령 제32조의2 제1항에 따르면, ① 전년도(법인인 경우에는 전 사업연도) 전체 매출액(전년도 평균환율을 적용하여 원화로 환산한 금액을 기준으로 함)이 1조원 이상인 자, ② 전년도 말 기준 직전 3개월 간 그 개인정보가 저장·관리되고 있는 국내 정보주체의 수가 일일평균 100만명 이상인 자, ③ 법 제63조 제1항에 따라 관계 물품·서류 등 자료의 제출을 요구받은 자로서 국내대리인을 지정할 필요가 있다고 보호위원회가 심의·의결한 자 중의 어느 하나에 해당해야 한다.

통신사업자가 임원 구성, 사업 운영 등에 대하여 지배적인 영향력을 행사하는 국내 법인이 존재하는 경우에는 해당 법인 중에서 선택한 자를 국내대리인으로 지정하도록 하고(전기통신사업법 제22조의8 제2항), 국내대리인은 부가통신사업자와 유효한 연락수단을 확보하도록 하여 제도의 실효성 제고를 꾀하였다(전기통신사업법 제22조의8 제4항). 개인정보보호법상의 국내대리인 제도의 경우에도 그 실효성 문제가 제기되고 있는 점을 고려할 때 전기통신사업법과 같이 국외 개인정보처리자의 국내 법인 등을 국내대리인으로 지정토록 하고, 국내대리인과 국외 개인정보처리자 사이의 연락수단 확보를 의무화하는 방향으로 개정함으로써 실효성을 제고할 필요가 있다.

III. 국내대리인 지정 절차

국내대리인 지정은 문서로 하여야 하며(법 제31조의2 제1항 단서), 국외의 개인정보처리자가 국내대리인을 지정하는 경우에는 ① 국내대리인의 성명(법인의 경우에는 그 명칭 및 대표자의 성명)과 ② 국내대리인의 주소(법인의 경우에는 영업소의 소재지), 전화번호 및 전자우편 주소를 개인정보처리방침에 포함하여야 한다(법 제31조의2 제3항). 국내대리인이 변경되는 경우에는 개인정보처리방침을 변경하여야 한다.

IV. 국내대리인 지정의 효과

국내대리인은 ① 법 제31조 제3항에 따른 개인정보 보호책임자의 업무, ② 법 제34조 제1항 및 제3항에 따른 개인정보 유출 등의 통지 및 신고, ③ 법 제63조 제1항에 따른 물품·서류 등 자료의 제출을 대리하며(법 제31조의2 제1항), 이러한 대리 사항과 관련하여 개인정보보호법을 위반한 경우에는 개인정보처리자가 그 행위를 한 것으로 본다(법 제31조의2 제4항).

V. 위반 시 제재

법 제31조의2 제1항에 따라 국내대리인을 지정할 의무가 있는 개인정보처리자가 동 조항을 위반하여 국내대리인을 지정하지 않은 경우에는 2천만 원 이하의 과태료가 부과된다(법 제75조 제3항 제2호).

제 10 절
상호주의

Ⅰ. 입법취지

국제적인 데이터 유통 환경을 고려하여 합법적인 국외이전 사유를 다양하게 규정함으로써 개인정보의 국외이전을 폭넓게 허용하고 있다. 그러나 우리 국민의 개인정보가 국외이전되는 국가의 개인정보법제에 따라서는 해당 국가 국민의 개인정보가 우리나라로 이전되는 것을 제한하는 경우도 있는데, 이런 경우에는 양 국가 간에 데이터 유통상의 불균형성이 발생할 수 있다. 때문에 호혜성(reciprocity)에 기반한 국제법상의 상호주의에 따라 국외이전 제도를 탄력적으로 운영할 필요성이 있다.

Ⅱ. 국외이전에 관한 상호주의

입법취지에 따라 합법적인 개인정보 국외이전 근거를 규정한 법 제28조의8에도 불구하고 개인정보의 국외이전을 제한하는 국가의 개인정보처리자에 대해서는 해당 국가의 수준에 상응하는 제한을 할 수 있다(법 제28조의10 본문). 다만, 조약 또는 그 밖의 국제협정의 이행에 필요한 경우에는 상호주의가 배제된다(법 제28조의10 단서).

제 11 절
개인정보와 디지털 통상

I. 디지털 통상규범

1. 디지털 통상의 개념

개인정보 국외 이전과 관련해 디지털 통상(디지털 무역, digital trade)에서의 개인정보 보호가 중요한 의제로 부상하고 있다. 디지털 통상이란 국가 간의 디지털 기술을 이용한 통상(무역)을 의미하지만 그 적용대상이 포괄적이고 관련 주체도 다양하여 개념을 정의하기 어렵다. 기존의 제품 중심 전자상거래와 달리 디지털 통상은 데이터를 포함한 서비스 및 상품의 교환을 포괄하는 더 넓은 개념이라고 할 수 있다. 그러나 혁신이 내재된 디지털 기술 자체가 끊임없이 진화하는 속성을 가졌을 뿐만 아니라 눈에 보이지 않는 데이터가 국경을 넘는 것을 디지털 통상으로 총칭하는 것이며, 그 개념에 대한 국제적 합의는 이루어지지 못한 상태이다.

디지털 기술의 지속적인 발전 가운데 국가의 경계를 넘나드는 데이터는 복잡한 문제를 제기한다. 개인정보 보호 수준이 다른 국가 간의 거래를 위한 데이터 흐름 속에서 개인정보를 어떻게 통제할 것인지가 디지털 통상에서 개인정보의 핵심사안이다. 예를 들어 해외 여행을 준비하면서 에어비앤비(Airbnb)로 외국 숙소를 예약하는 경우를 생각해 볼 수 있다. 예약자는 한국에서 인터넷을 통해 에어비앤비 플랫폼에 접속한다. 성명과 신용카드 정보를 입력하고, 숙박일, 장소, 비용 등 숙소에 관련된 정보를 받게 되는데 이러한 정보의 상호교환이 디지털 무역의 모습이다. 거래에는 특정 국가에 존재하는 물리적 공간이 관련되어 있지만 과정에서의 모든 정보(신용카드번호, 이메일, 전화번호, 제3국에 있는 숙소주인의 이름 및 연락처 등)는 개인정보보호법과 같은 법률에 따라 보호되어야 하는 민감한 개인 및 신용정보를 포함한다. 챗GPT 같이 외국에 위치한 서버와 상호작용하는 AI서비스도 정보주체의 위치와 상관없는 데이터 교환작용이 일어난다. 이와 같이 디지털 통상이란 휴대폰, 드론 등의 디지털 기기의 온라인 구매는 물론 스포티파이, 넷플릭스, 아마존, AI비서를 통해 이용하는 음원, 영상정보, 소프트웨어, 프로그램, 앱, 원격지원 서비스 등 디지털 데이터 형태로 전송될 수 있는 모든 것의 국가 간 이동을 포함하는 개념이다.

유럽연합위원회는 디지털 통상을 '상품이나 서비스가 전자적 수단(통신 또는 정보통신기술 서비스)을 통해 이루어지는 모든 상업 활동'으로 정의하고 있으며,[282] 미국 국제무역위원회(ITC)는 '인터넷과 인터넷 기반기술이 주문, 생산, 또는 제품과 서비스의 전달에 있어서 중요한 역할을 하는 미국 내 거래 및 국제 무역'으로 본다. 우리나라의 산업통상자원부는 '인터넷과 ICT 등 디지털 기술을 이용한 국가 간 교역 활동(상품 + 서비스 + 데이터) 전반'으로 정의하고 사용하고 있다.[283] 유럽위원회, 미국 국제무역위원회, 산업통상자원부의 디지털 통상에 대한 각각의 정의는 국제적으로 기반기술의 역할이 주문, 생산 또는 상품과 서비스의 배송에 있어 중요하다는 점과 그 광범위한 범위를 강조하고 있다.

따라서 디지털 통상이란 기존 ICT '상품' 중심의 전자상거래보다 넓은 개념으로 디지털화된 제품의 판매뿐만 아니라 데이터의 이동 및 처리를 포함하는 활동을 의미하는 것이라고 할 수 있다. 디지털 통상의 특징은 디지털화가 가능한 상품이나 서비스의 교역 또는 데이터 그 자체를 대상으로 하고, 대상이 무엇이든 디지털화된 수단을 통해 이루어진다는 것이다.[284] 이 책에서도 디지털 통상은 온라인 쇼핑몰 등을 통해 물리적 상품이 거래되는 '전자상거래', 영상 스트리밍 콘텐츠와 같이 인터넷으로 전송 및 판매되는 '디지털 재화'부터 AI비서나 프로그램 등 수집된 '데이터'를 처리하고 이용하고 이전하는 것까지를 모두 포함하는 광의의 개념으로 사용한다.

디지털 통상과 전자상거래(e-commerce)의 구별

2000년대 이전에는 '전자상거래(e-commerce)'라는 용어를 중심으로 통상규범 논의를 진행해 왔다. '디지털 통상'은 전자상거래 논의를 주도하고 있는 미국이 공식적으로 '전자상거래' 대신에 사용하면서 구별되어 사용하게 된다. 일반적으로 전자상거래란 해외로 운송되어 통관을 거친 물리적 상품을 외국 시장에서 디지털 플랫폼을 통해 구매하는 것을 의미하지만, 디지털 통상은 전자적인 수단으로 데이터, 제품 또는 서비스를 전달하는 것을 의미한다. 이런 의미에서는 디지털 통상으로 물리적 상품과 서비스의 구매, 판매 및 제공이 용이해지고 전자상거래는 더욱 활성화될 수 있다고 말할 수 있다.

1998년 5월 WTO 일반이사회에서 채택된 '세계전자상거래선언'과 동 선언에 따라 이루어진 '전자상거래 작업프로그램'은 전자상거래를 '전자적 수단에 의한 상품과 서비스의 생산, 유통, 마케팅, 판매 또는 전달'로 표현하였다. 이러한 개념은 오프라인의 상품과 서비스를 전자적 수단을 통해 온라인에서 교역이 이루어지는 일종의 매개체로서의 성격을 강조한 것이다.[285]

---

282) https://policy.trade.ec.europa.eu/help-exporters-and-importers/accessing-markets/goods-and-services/digital-trade_-en#:~:text=Digital%20trade%20refers%20to%20commerce,highly%20important%20for%20European%20industry.
283) KOTRA. "글로벌 디지털 통상규범 논의 동향 및 주요국 입장", Global Market Report 20-003, 2020, 3면.
284) 권현호, "디지털무역과 국제통상규범", 명지법학, 제20권 제2호, 2002, 35면.
285) 권현호, "디지털무역과 국제통상규범", 명지법학, 제20권 제2호, 2002, 36면.

2. 디지털 통상규범 동향

통상규범과 관련된 논의는 1998년 세계무역기구(WTO)에서 시작되었으며 여전히 WTO는 전자상거래(E-Commerce)란 용어를 협상의 공식용어로 사용한다. 그러나 현재는 그 내용을 디지털 통상으로 확장하여 이해하고 있다.

디지털 통상 논의

디지털 통상에 대한 국제적인 논의는 최근 등장한 것은 아니다. 디지털 통상은 우루과이 라운드 이래로 이미 중요한 무역 이슈 중 하나로 간접적으로 다루어져 왔다. 그 대표적인 예로 디지털 기술과 밀접하게 관련 있는 주요 정보기술제품에 대한 관세철폐 논의가 있다.

1997년 발효된 정보기술협정(Information Technology Agreement)은 정보 기술 제품에 대한 관세를 2000년까지 철폐하는 것을 목표로 추진되었던 협정이다. 1997년의 제1차 ITA는 개도국을 포함한 83개국이 참가했으나, 2012년 제2차 ITA에는 인도를 포함한 다수의 개도국이 참여하지 않았는데 여기에서도 다자간 무역협정에 대한 선진국과 개도국의 의견대립을 볼 수 있다.

정보기술협정(ITA)을 통해 정보 기술 제품을 생산하고 판매하는 주요 국가들은 기계, 전기제품을 포함한 주요 정보 기술 제품들에 대한 관세감축을 단행했다. 약 20여 년 후 동 정보기술협정을 보다 확대하는 개정 협상을 통해 국가들은 컴퓨터 등 첨단 기기들에 대한 관세를 철폐하고 범세계적인 기술 발전 촉진을 도모하여 왔다.[286] 기업의 입장에서 관세인하는 비용절감의 효과를 가져오고 이를 혁신기술 개발에 투자할 수 있어 전체적인 경제성장을 가져올 것을 기대할 수 있다. 동 협정은 정보기술제품에 대한 관세를 감소시키는 성과를 거두었으나 형태가 없는 무형물인 디지털 통상은 다루지 않았다.

보호무역과 자유무역을 두고 벌어진 논쟁은 제2차 세계대전 이후에도 이어졌고, 1948년 보호무역 대신 자유무역을 시행하기 위한 「관세와 무역에 관한 일반협정(GATT)」이 체결되어 자유무역을 시행하는 기반을 마련했다. 1994년 「서비스무역에 관한 일반협정(GATS)」이 체결되면서 공산품이나 재화가 아닌 서비스도 통상의 대상으로 포함되었다.[287] 공산품 무역에서의 관세 및 비관세 장벽의 제거를 목적으로 하는 GATT는 1995년 세계무역기구(WTO)로 대체되기 전까지 자유무역 원칙을 견지하며 회원국 간의 관세인하, 최혜국대우, 수출입제한의 폐지, 보조금 지급의 금지 등 글로벌 통상확대를 위한 많은 성과를 이끌어내었다.

---

286) 이주형, "한-칠레 FTA를 넘어 한-싱 디지털동반자협정으로", 사례로 손쉽게 이해하는 디지털 통상의 기초, 산업통상자원부·한국표준협회, 2021, 29면.
287) WTO 전자상거래에 관해서는 대외경제정책연구원 (KIEP), "WTO 전자상거래 논의 동향 및 시사점", 2018, 7면 참고.

1980년대 경기침체를 동반한 제2차 석유파동을 겪으며 많은 국가가 보호무역을 지향했지만, 이미 정보통신기술이 발달한 선진국들은 상품과 서비스의 전자적 전송(electronic transmission)으로 이루어지는 전자상거래의 활성화를 주요 정책 의제로 삼고 다자규범 정립의 필요성을 주장했다. 그러나 100개의 회원국 간 경제 및 기술 수준의 차이는 전자상거래와 관련된 구체적 규범 합의를 사실상 어렵게 하였다.

여전히 글로벌 차원에서의 디지털 통상에 관한 규범은 WTO 전자상거래 협상에서 다루어지고 있다. 코로나19 팬데믹은 전 세계적으로 전자상거래의 급성장을 가져왔으며, WTO 차원에서의 전자상거래 활성화 및 개방·접근 확대를 위한 전자상거래 협상의 필요성이 증가했다. 전자서명, 전자인증, 종이 없는 무역, 관세 부과, 데이터 이전, 컴퓨팅 설비 현지화, 소스코드 공개와 같은 다양한 문제가 협상의제로 제기되어 있지만, 2021년 10월 기준으로 논의에 참여하는 86개국 사이에는 선진국과 개발도상국의 대립축에 더하여 EU, 미국, 중국, 한국 간의 이견이 존재한다.

미국은 디지털 통상장벽을 완화하여 디지털 무역을 증진하려는 목적을 추구한다. 데이터의 자유로운 국경 이동을 표방하면서 개인정보의 국외 이동에 대한 제한까지 무역장벽으로 취급하고 있다.[288] 이에 반해 EU는 개인 데이터 및 프라이버시 보호를 우선시하며 GDPR을 통해 강화된 개인정보보호법을 시행하고 있다. 디지털 통상으로 이동되는 개인 데이터 및 프라이버시 보호를 최우선으로 하고, 역내 개인정보보호 강화는 물론 개인 관련 데이터의 국외이전을 제한하고 있다. EU는 데이터에 관한 엄격한 규제로 기존에 미국과 체결했던 세이프 하버(Safe harbor)나 프라이버시 실드(Privacy Shield)와 같은 개인정보 국외이전 협정까지 무효화한 바 있다.

중국은 사이버 보안과 국가안보를 강조하며 데이터 관리 및 통제를 위한 법을 제정하고 있다. 개인정보의 보호 측면보다 사이버 보안을 강화하여 국가안보와 체제 안정성을 유지하는 것이 목표인 것으로 보인다. 「네트워크 안전법」을 통하여 국가안보를 이유로 데이터의 국외이전을 제한하고 서버를 자국 내에 둘 것을 요구하고 있으며, 2021년 6월에는 데이터 관리·통제를 강화하기 위하여 「데이터 보안법」을 통과시켰다.[289] 데이터 이동에 대한 각국의 국내법적 조치만 보더라도 이를 개인정보 보호의 입장에서 볼 것인지 글로벌 통상에 대한 장애조치로 봐야하는지는 국가가 처한 상황에 따라 다를 수밖에 없다. 나아가 국가마다 다른 디지털 기술의 발전단계는 디지털 통상에 대한 글로벌 합의를 더욱 복잡하게 만든다.

이와 같이 디지털 통상규범의 수립은 필요하지만, 다양한 이해관계로 인해 일률적인 규범의 적용과 준수는 어려운 것이 현실이다. 이에 자유무역협정(Free Trade Agreement, FTA)이 대안으로

---

288) 매년 미국무역대표부(USTR)가 발표하는 「국가별 무역장벽보고서(National Trade Estimate Report on Foreign Trade Barriers: "NTE Report")」는 개인정보를 디지털 무역장벽의 하나로 다루고 있다.

289) 손승우, "구글, 5천만 유로 과징금? - 데이터의 국외이전과 서버 현지화 이슈", 사례로 손쉽게 이해하는 디지털 통상의 기초, 산업통상자원부·한국표준협회, 2021, 52-55면.

제시되고 있다. 협정은 두 국가 또는 소수 국가 간에 체결되어 전면적인 통상장벽의 제거나 포괄적인 합의를 이루지 않더라도 부분적인 무역장벽 완화와 거래 활성화에 기여하는 디지털 통상규범의 역할을 하게 되었다. 최근에는 디지털 통상에 특화된 협정이 증가하고 있는 추세이며 전자상거래의 원활화, 디지털 비즈니스의 활성화, 디지털 제품의 무관세 및 비차별 대우, 소비자 보호 및 사이버 안보와 같은 디지털 신산업 분야와 관련된 부분에 특별한 관심을 기울이고 있다. 우리나라 역시 이러한 글로벌 추세에 발맞춰 복수의 디지털 협정을 체결하고 있으며 개인정보보호법을 포함한 국내 법제도를 국제 표준에 맞추어 재편할 준비를 하고 있다. 이를 통해 글로벌 디지털 경제에서 한국이 더욱 활발한 역할을 할 것으로 기대된다.

3. 통상규범 및 무역장벽

무역장벽은 국경을 통과하는 재화와 용역에 대해 국내 산업 보호를 위한 핵심 수단 중 하나이다. 20세기에는 주로 관세조치(tariff)가 자국 산업을 보호하는 역할을 했지만, WTO 체제의 출범과 자유무역주의의 확대는 활발한 자유무역협정(FTA)이나 지역자유무역협정(RTA)의 체결을 가져왔고 점차 무역장벽으로서의 관세 역할은 축소되어 갔다. 현재 글로벌 통상에 대한 장벽으로는 관세보다 수입허가제, 수량제한, 수입과징금, 통관행정절차와 같은 비관세장벽(Non Tariff Barriers, NTB)이 실질적으로 활용되며, 그중에서도 무역기술장벽(Technical Barriers to Trade, TBT)과 동식물 위생과 검역(Sanitary and Phytosanitary, SPS) 조치가 주목의 대상이 되었다.

특히 무역기술장벽(TBT)은 그 대상이 포괄적이고 다양하기 때문에 쟁점이 많다. 무역기술장벽은 단순히 상품에 대한 규제뿐만 아니라 생산과정, 유통방법, 제품 표시 방법 심지어는 소비 이후의 폐기 및 재활용과 관련된 모든 기술규제와 기술표준, 시험인증 및 규제 방법 등을 대상으로 삼고 있어서 자유무역 체제에 대한 장벽으로 간주되고 있다. 무역기술장벽에는 상품이 만들어지고 유통되며 소비자에게 제공되는 전 과정에 대한 기술적인 측면에서의 규제를 포함한다. 필수적이지 않은 표준화 제도와 같은 기술규정이 무역장벽으로 작용하여 통상을 저해하는 것을 방지하기 위해 국내 규제 도입을 엄격히 제한한다.

국내 규제의 도입은 국가안보, 기만적 관행의 방지, 사람의 건강 또는 안전, 동물 또는 식물의 생명 또는 건강, 환경의 보호 등 공공정책상 정당한 목적 달성으로 엄격히 제한하고 있으며(제5.2조), 내국민 대우 및 최혜국 대우 부여(제2.1조), 정당한 목적수행에 필요한 이상의 무역 규제 불가원칙(제2.4조), 국제표준과의 조화원칙(제2.6조) 등의 일반원칙을 준수할 것을 규정하고 있다.[290] 그러나 디지털 전환과 첨단 기술의 발전은 이러한 규정만으로는 대응하기 어려운 상황을 만들고 있어 이에 대한 보완이 필요해지고 있다.

---

290) 무역에 대한 기술장벽(TBT)에 관한 협정, https://www.wto.org/english/docs_e/legal_e/17-tbt.pdf

이미 디지털 통상과 관련하여 무역기술장벽으로 사용되고 있는 조치에는 불필요한 통관서류의 요청, 복잡한 전자인증의 요구, 현지암호 등 특정기술의 사용 의무, 데이터 국경 이동 제한, 소스코드 공개 및 수정요구, 컴퓨팅 설비 현지화, 해당국 이용자의 개인정보보호에 대한 엄격한 규제 등이 있다. 특히 소비자 보호와 개인정보 보호를 이유로 하는 각종 데이터 현지화 조치에 대해서는 자국 디지털 산업육성과 자국민 데이터 보호를 위한 정당한 정책으로 보는 입장과 이를 디지털 무역장벽으로 규정하는 선진국의 입장이 대립하고 있어 조화를 이룰 수 있는 접근방식과 해결책이 필요하다.

> ### 지도데이터 해외 반출
>
> 우리나라는 국가안보를 이유로 민감한 군사 시설 등이 포함되어 있는 지도데이터의 해외 반출을 국토교통부장관 허가사항으로 규정하고 있다(공간정보의 구축 및 관리 등에 관한 법률 제16조 및 제21조). 국가안보와 관련된 지도 데이터의 규제는 많은 국가에서 실시되고 있다. 특히 군사 시설 등 민감한 정보의 해외 반출에 대한 규제는 국가 안보를 위한 조치 중 하나로 국내 지도 및 네비게이션 서비스는 청와대와 군 주요 시설과 같은 안보 시설은 삭제하거나 가리고 있다. 구글은 2020년 국내 데이터 센터를 설립한 후 이 문제를 해결하였지만, 미국 정부는 지속적으로 이러한 우리나라의 규제를 무역장벽으로 보고 문제를 제기하고 있다. 2023년 애플이 신청한 축척 5000분의 1 지도 데이터 반출 역시 거부되었다.

Ⅱ. 디지털 통상과 개인정보보호

1. 디지털 통상과 개인정보보호

1) 디지털 통상에서 개인정보의 문제

인공지능(AI), 빅데이터, 5G, 자율주행자동차, 사물인터넷 등 ICT 기술의 급속한 발전은 모든 산업 분야와 사회의 디지털 전환을 가속화하고 있다. 데이터 수집과 분석을 통한 다양한 활용 기술은 대규모 자본과 인력을 보유한 대기업에 맞서 소규모 스타트업이 가질 수 있는 경쟁력으로 부상하고 있다. 글로벌 시장에서 2010년 2ZB에 불과했던 데이터 규모는 2022년 97ZB로, 2025년에는 181ZB로 증가할 것으로 예상되며, 모든 데이터 중 개인정보를 포함하는 데이터의 비중은 70% 이상으로 추정된다.[291] 데이터의 자유로운 이동이 디지털 경제의 핵심이 되면서,

---

291) 산업연구원, 국경 간 프라이버시 규칙(CBPR: Cross Border Privacy Rules) 분석과 향후 전망, 디지털 통상 브리프,

데이터 이동을 보장하라는 외교적 요구는 더욱 강해질 것으로 예상된다.

　한국, 미국, EU, 일본, 중국 등 모든 국가는 디지털 경제로의 패러다임 전환을 위해 국가 간 데이터 이동 규제의 완화가 필수적이라는 점을 인식하고 있으면서도, 자국의 이익을 추구하는 수단으로 활용하고 있다. 미국 트럼프 대통령은 적자 해소를 위해 2020년 8월 틱톡(TikTok) 사용을 전면 금지하는 행정명령을 서명했으며, 안보 및 지적 재산 문제로 인해 중국의 통신장비 회사인 화웨이에 대한 제재를 가했다. 한국 또한 「클라우드 컴퓨팅 발전 및 이용자 보호에 관한 법률」에 근거하여 클라우드 보안 인증 프로그램(Cloud Security Assurance Program, CSAP) 제도를 시행하고 있으며, 이에 따라 클라우드 사업자는 국내 공공기관에 서비스를 제공하기 위해 CSAP을 획득해야 한다. 그러나 인증을 받기 위해서는 국내에 공공 전용공간을 두고 물리적 망 분리와 CC 인증과 같은 조건이 요구되므로 글로벌 클라우드 기업들은 실질적으로 공공 클라우드 시장에 진입하지 못하는 상황이다. 중국, 러시아, 인도 또한 데이터 현지화 조치가 국가 안보나 체제 안정성 유지라는 자국의 정책 목표 달성을 위한 합법적인 정책 조치라고 반박하는 등 이에 대한 획일적인 규율방법은 사실상 성립되기 어렵다고 할 것이다.

2) 개인정보보호를 위한 통상협정의 활용성

　디지털 통상에서 특정 전자인증이나 서명, 웹 필터링, 웹사이트 차단, 국산 기술 사용, 국산 소프트웨어 선탑재, 데이터 현지화, 개인정보 국외이전 제한, 사이버 보안 및 정보보호 조치 등의 비관세 조치는 데이터 흐름에 영향을 미치며, 때로는 외국 기업에게 추가 비용 부담을 지워 자국 기업에 비해 불리한 경쟁 상황을 조성한다. 그럼에도 불구하고 각국은 정당한 목적의 범위에서라면 데이터의 국경 간 이동을 통제하고 컴퓨팅 설비의 현지화 요구, 데이터 이중화 또는 개인정보의 국외 이전 제한 등을 포함한 수단을 채택할 권리가 있다.[292]

　이와 같은 정책은 국가 간의 협상과 협정을 통해 조율되기도 하며, 그 외에도 보호 수준이 유사한 국가 간의 개인정보의 이동을 허용하는 적정성 평가 방식, 국경 간 프라이버시 규칙(Cross-Border Privacy Rules, CBPR)과 같은 범국가적 인증제도의 인정, 구속력 있는 기업규칙(Binding Corporate Rules, BCR) 등의 표준계약조항, 미국과 EU 간의 프라이버시 프레임워크와 같은 정보 전송 협약 등 다양한 방식이 있다. EU GDPR은 자체 법규의 역외 적용을 통해 개인정보를 규제한다.

　대부분의 디지털 통상협정은 개인정보 보호를 위한 국내 법제도의 인정과 더불어 비차별 원칙이나 규제 호환성을 위한 노력을 강조하는 협조조항을 두고 있지만, 어떠한 기준에 맞춰 개인정보를 보호할 것인지에 대한 세부 내용의 합의는 아직 이루어지지 않고 있다. 역내포괄적경

2023.2., 2-3면.
292) 이규엽 외, 디지털 전환 시대의 디지털 통상정책 연구, 대외경제정책연구원, 2021, 95면 참조.

제동반자협정(Regional Comprehensive Economic Partnership, RCEP)의 예로 보면 비록 개인정보의 국외 이전 제한을 금지하는 조항을 두고 있지만, 필수적인 안보 이익 보호를 위해 당사국이 필요한 경우에는 규제를 허용한다. 반면 GDPR은 엄격한 개인정보 보호기준을 역외적용의 방식으로 상대국에게 준수하도록 한다.[293] 그러나 각국의 다양한 조치가 자국의 정당한 목적의 범위 내인지와 이를 위한 합리적인 수단인지 판단하기는 쉽지 않다.

이와 같은 통상정책 타당성에 대한 법적 판단의 어려움과 자국의 산업육성 필요성이라는 현실적인 상황이 맞물리다 보니 강제력 있는 국제규범 대신에 국가 간 약속의 형태인 통상협정이 점차 규범의 역할을 대체하고 있는 것이다. 디지털 통상협정은 법이나 비관세 조치와 달리 협상 상대국과 합의를 통해 맺는 일종의 계약이다. 이러한 협정은 특히 개인정보와 같이 보호의 중요성이 높은 분야에 대해서는 국내 규제를 예외로 할 수 있다는 장점이 있다. 개인정보의 국외 이전의 허용 여부나 데이터 현지화 요구에 관한 금지 의무, 디지털 통상 규제를 완화하기 위한 협력조항을 도입하는 등 필요에 따라 자유롭게 협상할 수 있으며 이를 통해 각국 이익의 균형점을 찾아내는 것이 가능하다.

나아가 통상협정에서는 통상규범과 관련된 다양한 주제를 함께 다룰 수 있기 때문에 당사국 간의 원만한 합의에도 기여한다. 디지털 통상 환경의 변화에 따라 전자적 전송에 대한 무관세 조항, 국경 간 정보 이전, 디지털 상품에 대한 비차별적 대우, 개인정보보호, 사이버 보안, 핀테크 등 다양한 영역에서 상호 협력이 필요한 상황이다.

2. 개인정보보호 관련 디지털 통상협정

1) 통상규범 논의 추세

디지털 통상 논의는 협상, 협정, 자율규약, 적정성 평가 방식 등 다층적으로 진행되며, 데이터 및 개인정보의 국외 이전, 데이터 현지화, 컴퓨팅 설비의 현지화 등과 관련된 국내법적 제한과 디지털 통상 규범과의 조화는 점점 더 복잡해지고 있다. 국가마다 다른 규제 정책으로 개인정보의 국외 이전이 자유롭지 않으면 디지털 무역장벽이 발생할 수 있다. 자국 내 기업의 데이터 분석에 제한이 생길 수 있고, 대규모 데이터에 의존하는 신기술의 개발과 투자를 저해할 뿐만 아니라 설비 현지화나 개인정보 국외 이전 제한은 특정 국가에 대한 추가적인 데이터 센터 구축이나 해당 국가 사업을 위한 별도의 자원과 시간 투입을 강제하는 효과를 발생시킨다. 이러한 이유로 디지털 통상규범의 필요성에 대한 공감대가 형성되었으며, 2015년부터는 디지털 통상 활성화를 위한 협상에 데이터 이전 및 개인정보 관련 내용을 포함하기 시작하였다.

---

293) 유지영, "글로벌 AI 경쟁과 디지털 통상규범의 의의", KISDI AI Outlook, 2022, 10면.

FTA상 전자상거래 규정 발전 단계[294]

구분	태동기	발전기	변환기	진화기
주요 FTA	뉴질랜드-싱가포르 FTA, 일본-싱가포르 EPA, 미-요르단 FTA	호주-싱가포르, 미-칠레, 한-미 FTA 등 주요국 간 체결된 FTA	CPTPP, USMCA, USJDTA	DEPA, SADEA, RCEP
특징	• 2001년경 • 1~2개의 조문 • 별도 챕터가 없거나 새로 생성	• 2003~2015년 CPTPP 등장 이전 • 별도 챕터로 추가 경향 • 대부분 FTA에서 도입 • 전자상거래 용어 사용	• 2015년 CPTPP 타결 이후 • 미국 주도의 강력한 디지털 무역 규범 추가 • 독자적 디지털 무역 협정 등장 • 디지털 무역 용어 사용	• 모듈형 독자적 디지털 무역 협정 확산 • 최신 디지털 기술을 반영한 협력 규정 등장
관련 규정	• 종이 없는 무역 협력	• 전자 전송 무관세화 • 온라인 소비자 보호 • 전자인증 • 전자거래 프레임워크 • 스팸메일	• 국경 간 정보 이전 • 컴퓨터 서버 설치 금지 • 소스코드 • 사이버보안	• 인공지능 • 데이터 혁신 경쟁 정책 • 디지털 포용 • 핀테크 • 전자지불

각국은 2015년 이후부터 디지털 통상 환경의 변화에 대응하여 디지털 통상 관련 양자협정이나 지역협정을 통해 개인정보 관련 조항을 구체화해 오고 있다. 이러한 노력은 자유로운 개인정보 국외 이전을 허용하고 동시에 데이터 현지화 요구를 금지하는 등의 조치를 통해 디지털 통상장벽을 완화하고자 하는 시도이다.

우리나라가 체결한 FTA 협정 중 한-인도, 한-페루, 한-미국, 한-호주, 한-캐나다, 한-중국, 한-베트남, 한-콜롬비아, 한-중미 5개국, 한-RCEP 협정 등 10개 협정이 개인정보 정의 조항을 비롯해 개인정보 관련 조항을 다루고 있으며, 한-EU, 한-미, 한-호주, 한-캐나다, 한-베트남, 한-영국 협정 등 6개 협정이 협정 당사국 간 개인정보 국외 이전을 명시적으로 허용하고 있다. 우리나라가 당사국이 아닌 디지털 통상과 관련된 다양한 양자 또는 다자협정도 다수 체결되어 있으며

---

294) 이주형, 한-칠레 FTA를 넘어 한-싱 디지털동반자협정으로, 사례로 손쉽게 이해하는 디지털 통상의 기초, 산업통상자원부·한국표준협회, 2021, 41면.

이들은 전자상거래상 개인정보 보호를 위한 국가 간 협력이 강화되고 있음을 보여준다.

한국이 체결한 양자 FTA를 중심으로 살펴보면, 디지털 통상 환경에서의 전자상거래를 통한 자유로운 개인정보 국외 이전의 중요성과 개인정보 보호를 위한 조치 필요성을 인정하고 있다. 개인정보 국외 이전 또는 개인정보 보호와 관련된 조항은 2011년 한-EU FTA 체결 이후로 통상 전자상거래 규정에 구체적으로 명시되기 시작하였다. 특히 2015년 발효한 한-베트남 FTA는 전자상거래의 초국경적 성격을 확인하고 국제적인 기준에 따른 개인정보 보호의 중요성을 인정한 협정으로서 의미를 가진다.[295]

이전의 통상협정들은 협약 당사국이 개인정보 보호 조치를 채택하고 유지할 때 일반적으로 통용되는 국제기준 및 원칙을 고려하자는 선언적인 규정만 두고 있었다.[296] 그러나 미국-멕시코-캐나다 무역협정(USMCA), 싱가포르-호주 디지털 경제협정(SADEA), 한-싱가포르 디지털 동반자 협정(KSDPA) 등의 최근 협정은 전자상거래 이용자의 개인정보보호를 위한 자국 법체계를 구축하는 경우 APEC의 국경 간 프라이버시 규칙(CBPR), 프라이버시 보호와 개인정보의 국경 간 이동에 관한 OECD 가이드라인 등을 고려하도록 규정하고 있어 글로벌 표준규범의 수립가능성을 보여주고 있다.

원칙적으로 모든 디지털 협정은 디지털 통상 활성화를 위해 자유로운 개인정보 국외 이전을 허용하려는 입장을 취하고 있다. 한-미 FTA는 별도 조항을 통해 원칙적으로 각국이 데이터 현지화 등 디지털 통상 과정에 불필요한 무역 장벽을 설정하거나 유지하지 않을 것을 요구하고 있다.

한-미 FTA 개인정보 국외 이전 관련 조항

제15.8조 국경간 정보흐름(Cross-Border Information Flows)

무역을 원활히 함에 있어 정보의 자유로운 흐름의 중요성을 인정하고 개인정보보호의 중요성을 인정하며, 양 당사국은 국경 간 전자 정보 흐름에 불필요한 장벽을 부과하거나 유지하는 것을 자제하도록 노력한다.

---

295) 여기서는 국외로 이전된 개인정보 보호를 위한 적절한 안전장치를 취할 필요성과 개인정보 유출 시 대처를 위한 국가 간 협력 조치를 마련할 것을 요구하고 있다.

296) 한-호주 FTA, 한-캐나다 FTA, 한-베트남 FTA, 한-콜롬비아 FTA 등은 전자상거래 이용자의 개인정보 보호를 위한 법률 등의 조치를 채택, 유지하도록 하는 동시에 각 당사국으로 하여금 개인정보 보호 기준 개발 시 관련 국제기구의 국제 기준이나 지침 등을 고려하도록 하고 있다.

규율의 형식에 있어서도 한-미 FTA의 관련 조항은 개인정보 국외 이전에 대한 양국 간의 협력 형식으로 규정되었지만, 최근의 포괄적·점진적 환태평양경제동반자협정(CPTPP)과 미국-멕시코-캐나다 무역협정(United States-Mexico-Canada Agreement, USMCA)과 같은 다자협정들은 개인정보 국외 이전에 대한 강제 규정을 도입하고 있는 변화를 볼 수 있다. CPTPP[297]는 총 30개의 챕터로 되어 있으며, 그중에서 개인정보 관련 규정은 별도 마련된 전자상거래 챕터인 제14장에 포함되어 있다. 해당 장에서 개인정보의 보호, 국경 간 정보 이동의 자유화, 컴퓨터 설비 현지화 요구 금지, 현지 진출을 조건으로 한 소프트웨어 소스코드 공개 요구 금지 등의 의무 규정을 처음으로 도입하여 '원칙적 허용, 예외적 제한'의 접근을 취하고 있다. USMCA는 디지털 무역의 자유화 수준이 상당히 높은 규범으로 보다 높은 수준의 디지털 통상규범 확립을 위한 시도이다. USMCA는 CPTPP에 있던 서버 현지화 금지의 예외로 인정했던 합법적 공공정책 목적 조항을 삭제하여 데이터 이동의 자유를 더욱 강화하고 있기도 하다.

> **USMCA의 데이터 현지화 관련 조항**
>
> 제19.12조: 컴퓨팅 설비의 위치(Location of Computing Facilities)
> 어떠한 당사국도 당사국 영토에 있는 컴퓨팅 설비를 사용하거나 위치할 것을 그 영토에서 사업을 하는 조건으로 요구해서는 안 된다.

2) 구체적인 디지털 통상장벽 유형

기업이 수집한 데이터가 별도의 규제 없이 국외로 전송되는 경우 개인정보 침해나 보안 문제가 발생할 수 있기 때문에 많은 국가가 데이터 이전에 대한 보호조치를 취하고 있다. 그러나 데이터의 자유로운 이동에 대한 규제는 글로벌 통상시장 내 엮여 있는 네트워크와 글로벌 공급망을 통해 이해당사자와 상대국의 무역활동에 영향을 미치고, 통상비용을 발생시켜 해외 기업의 국내 시장 진출을 저해한다. 또한 정당하지 못한 규제는 이해 당사국과의 외교통상에 마찰을 일으킬 수 있으며, 역으로 국내 기업의 해외 진출에 부정적인 영향을 미칠 수 있다.

데이터 국외이전과 관련해 디지털 통상규범 마련을 위한 논의를 추진 중인 WTO에서도 선진국과 개도국, 그리고 미국과 중국·EU 간에 데이터를 둘러싼 자유로운 무역 촉진과 자국 데이터 보호라는 가치의 대립이 있다. 이러한 갈등은 국가 간의 통상 활동과 정책의 충돌로 나타나고 있어 이에 대한 향후 전개를 주의 깊게 살펴볼 필요가 있다.

---

297) CPTPP는 일본, 캐나다, 호주, 멕시코, 싱가포르, 말레이시아, 칠레, 베트남, 페루, 뉴질랜드, 브루나이 총 11개국이 서명한 다자간 무역협정으로, 현재 우리나라와 중국, 영국, 대만 등이 가입을 신청하거나 추진 중에 있다.

(1) 데이터 이동 제한

디지털 통상에서 데이터의 자유 이동은 글로벌 시장에서 상품과 서비스의 효율적인 공급을 가능케 하며 디지털 경제의 성장을 촉진하는 주요 동력이다. 기술의 발전은 대량의 데이터 생산과 축적을 가능하게 하였고 이것은 기업 경쟁력의 핵심 자산으로 자리 잡고 있다. 데이터의 결합이 글로벌 시장의 독점 문제로까지 확대될 만큼 이제 데이터는 기업 경쟁에 있어 중요한 요소가 되고 있다.

그러나 디지털 전환으로 휴대전화, 스마트 워치, 자율주행 자동차 등 다양한 IoT 단말기로부터 데이터가 생성되고 있고, 이러한 데이터는 개인에 관한 건강 및 위치 정보를 비롯한 다양한 민감한 정보를 포함하게 되었다. 민감한 정보의 유출이나 악의적인 사용은 개인의 프라이버시 침해와 금융 사기, 사생활의 노출 등 다양한 사회적 문제로 발전할 수 있다. 데이터의 활용 가치가 증가함에 따라 개인정보 침해에 대한 위협도 증가하게 되자 각국은 개인정보 보호를 강화하고 자국의 데이터를 국외로 이전하는 것을 제한하기 시작하였다.

데이터의 이전은 다양한 방법으로 규제될 수 있다. 중국과 같이 자국 내 데이터를 국외로 이전하는 것을 아예 금지하는 데이터의 국외 이전 금지 방식이 있으며, 데이터를 국내에만 저장하도록 요구하여 국경을 넘는 데이터 이동을 제한하는 규제방식(데이터 현지화)도 있다. 우리나라의 경우 국가 안보를 이유로 지도 데이터에 대한 해외반출을 허가사항으로 제한하고 있다. 데이터 보안 수준이 국내와 동일하거나 유사한 수준이 아니어서 그 기준에 미치지 못할 경우 데이터의 이전을 금지하는 방식도 있다. EU는 GDPR을 통해 개인정보가 포함된 데이터의 국경 간 이동을 엄격히 규제하고 있으며, 적정성 평가제도를 통해 EU와 동등한 개인정보 보호 수준을 갖춘 국가로는 데이터 이동을 허용한다.

데이터 이동에 대한 규제는 단순한 통상 문제를 넘어 외교적, 데이터 주권 그리고 상호주의적 관점에서 접근되고 있다. 개인정보보호법은 정보주체의 동의를 바탕으로 한 데이터의 국외이전을 원칙으로 하고 있었으나, 2023년 개정을 통해 개인정보보호위원회가 인정하는 국가나 국제기구로의 데이터 이전을 가능하게 하였다. 법 제28조의8은 "개인정보가 이전되는 국가 또는 국제기구의 개인정보 보호체계, 정보주체 권리보장 범위, 피해구제 절차 등이 이 법에 따른 개인정보 보호 수준과 실질적으로 동등한 수준을 갖추었다고 보호위원회가 인정하는 경우(5호)"에는 정보주체의 동의 없이도 개인정보의 국외이전을 허용하고 있다.[298]

그동안 데이터에 대한 이동 제한은 개인정보 보호를 강화하는 필수적인 조치로 간주되었다.

---

298) 시행령 제29조의9(국가 등에 대한 개인정보 보호 수준 인정)에서는 이전 대상국등의 법령, 규정 또는 규칙 등 개인정보 보호체계가 개인정보보호법에서 정하는 개인정보 보호 원칙의 부합 여부, 정보주체의 권리 보장, 독립적 감독기관의 존재, 정보주체에 대한 보호수단의 존재 및 보장 여부 등을 고려하여 개인정보가 이전되는 국가 또는 국제기구가 우리 개인정보보호법에 따른 개인정보 보호 수준과 실질적으로 동등한 수준임을 인정하는 기준을 제시하고 있다.

이를 통해 자국민의 개인정보를 안전하게 보호하는 동시에 자국의 디지털 산업을 보호하는 기능을 하기도 하였다. 그러나 지나치게 형식적인 규제는 실질적인 보호수준보다 규제준수를 위한 비용을 증가시키는 결과를 가져올 수 있다. 또한 이러한 규제로 국내 기업이 다른 국가와의 데이터 이동 시 어려움을 겪을 수도 있어 궁극적으로는 국제적인 개인정보 보호 수준을 향상시켜 데이터의 자유로운 이동을 촉진하는 것이 필요하다.

> **「중화인민공화국 네트워크 안전법(中华人民共和国网络安全法)」**
> 동법은 중국의 네트워크 안전, 국가안전의 유지, 개인정보 보호를 위하여 2017년 6월 제정되었다. 중국 내에서 데이터를 구축, 운영, 유지하는 사업을 영위하는 기업이라면 국적과 상관없이 법적 효력이 미친다. 동 법에서 "핵심정보인프라시설 운영자"로 지정된 자는 중국 내에서 운영하여 수집한 개인정보와 중요정보는 중국 내에 저장하고, 업무상 필요에 따라 국외로 제공해야 할 경우에는 안정성 평가를 받아야 한다. 동 법에 대해서는 '핵심정보인프라시설'의 판단 기준과 '중요정보'에 대한 기준이 모호하고 "보안등급 보호제도"에 따른 검열이 과도하다는 비판이 제기되고 있다.

(2) 데이터 현지화 조치

데이터 현지화(data localization)란 데이터의 현지 접근(access requirement) 및 현지 저장, 현지에서의 처리(processing)를 의무로 요구하는 정책을 말한다. 이는 국가안보, 개인정보보호 등의 명목으로 데이터의 이전 제한이나 컴퓨팅 설비 현지화 강제의 구체적인 실현방법으로 사용되기도 한다. 데이터 현지화는 데이터의 저장과 처리를 국내에 설치된 설비만을 이용하도록 강제하므로 정보의 국외 이전을 사실상 불가능하게 만들어 글로벌 통상 활동에 제약을 가한다. 이 조치는 서비스 제공자들의 비용을 증가시키고, 글로벌 시장에서의 경쟁에 부정적인 영향을 미칠 수 있어 이용자의 후생에 반하는 조치라고 비판받기도 한다.

개도국을 포함한 일부 국가들은 데이터 현지화를 자국의 디지털 산업을 육성하고 기술 발전을 촉진하는 중요한 전략으로 활용하고 있다. 데이터를 처리하는 기업에게는 추가적인 비용 부담이 될 수 있지만 이를 통해 자국 내 기술 역량을 강화하고 데이터 관련 산업을 발전시킬 수 있는 기회가 될 수 있기 때문이다. 중국의 경우 국가안보를 이유로 데이터 현지화를 법률로 강제하고 있으며 이는 외국 기업의 시장 접근에 있어서는 상당한 장벽으로 작용한다.

우리나라의 지도 데이터의 해외 반출 금지도 데이터 현지화의 일환으로 볼 수 있다. 이 조치는 북한과의 대립 등 국가안보를 근거로 하고 있으며, 결과적으로 국내 기업들이 시장에서 우위를 점할 수 있는 환경을 조성한다. 글로벌 서비스 제공자들은 이로 인해 불리한 경쟁 상황에 처하게 되며 이는 자국 기업을 보호하고 해외 기업에 대한 경쟁상의 불이익을 가져오는 보호주의적 조치로 해석될 수 있다. 이처럼 데이터 현지화는 디지털 통상 환경에서 국가 간 협력과 갈등의 원인이 되기도 하므로 데이터의 자유로운 흐름과 국제적 협력을 촉진하는 글로벌 표준의 필요성을 강조하는 입장과 균형을 이루어야 할 필요성이 있다.

데이터 현지화와 AI

데이터 현지화는 다양한 데이터의 처리와 학습이 요구되는 인공지능의 관점에서도 중요한 제한을 가져온다. 학습 데이터의 규모와 범위가 특정 국가로 한정되는 경우 AI의 학습력은 떨어질 수밖에 없다. 개인정보 보호나 국가 안보를 위한 데이터 현지화와 별개로 AI 분야에서 해외 기업이 국내 데이터에 접근하는 것을 규제하는 경우에는 다른 차원의 통상장애를 야기할 수 있다.

(3) 서버 등 컴퓨팅 설비 현지화

컴퓨팅 설비 현지화는 정보를 저장하는 서버나 기타 저장장치 등의 전산설비를 자국 영토 내에 두도록 강제하는 것이다. 설비 현지화 조치는 클라우드 서비스 같이 정보를 분산하여 저장하고 처리하는 현대적인 데이터 관리 방식에 제약을 가하여 글로벌 데이터 흐름의 자유를 제한하는 무역장벽으로 작용할 수 있다. 중국, 러시아, 브라질, 인도네시아, 인도, 베트남 등 여러 국가들은 국가 안보 및 프라이버시 보호를 이유로 데이터 현지화 정책을 도입하고 있으며,[299] 이는 글로벌 기업에게 더 많은 비용과 운영상의 복잡성을 부과하고 있다. 서버 현지화 요구 금지는 선진국과 개도국 사이의 갈등 원인이 되고 있으며 선진국은 이를 디지털 무역의 장벽으로, 개도국은 자국의 디지털 산업을 육성하고 시장을 확대하기 위한 정당한 정책수단으로 간주하고 있다. 통상협정에서는 처음으로 포괄적 · 점진적 환태평양 경제동반자 협정(CPTPP)에서 서버 현지화 요구 금지가 명시되었으며, 미국-멕시코-캐나다 무역협정(USMCA)은 이를 확장하여 금융정보의 특수성을 이유로 인정되었던 금융서비스 분야에서의 컴퓨팅 설비의 현지화 요구까지 금지하고 있다.

우리나라는 전자금융감독규정을 통해 국내 금융회사에게 전산실 및 재해복구센터의 국내 설치를 요구하고 있는데 이도 데이터 현지화 요구의 한 형태로 볼 수 있다. 금융서비스 산업은 금융정보의 특수성으로 인해 국가별로 다양한 규제를 하는 산업 분야이어서 오랜 협상에도 불구하고 은행, 보험회사 및 기타 금융정보 제공자에 대하여는 글로벌 통상에 대한 예외를 두었다. 우리나라는 전자금융감독규정을 통해 '국내에 본점을 둔 금융회사의 전산실 및 재해복구센터는 국내에 설치할 것'과 같은 금융회사의 컴퓨팅 설비의 위치를 정해놓고 있다(제11조 제11호).

우리나라가 체결한 FTA나 디지털 통상협정에는 아직 금융서비스의 컴퓨팅 설비 위치에 대한

---

299) 이규엽 외, 국경 간 데이터 이동에 관한 국제적 논의 동향과 대응 방안, 대외경제정책연구원, 연구보고서, 2018, 18면.

현지화 금지 규정이 없지만, 전자금융 서비스의 확산과 민감정보의 보호에 따른 새로운 통상문제가 예상된다. 애플페이와 같은 서비스의 경우도 금융정보의 국제적 이동이 필수적이나 데이터 현지화 정책은 이러한 서비스의 제공에 장애가 될 수 있다. 이는 국제적으로 데이터의 자유로운 흐름과 국가 간 협력의 필요성을 보여주는 예로 향후 데이터 현지화 조치와 관련하여 더 광범위한 논의와 균형 있는 해결방안이 요구된다.

데이터 주권과 개인정보 보호라는 국가적 목표와 글로벌 디지털 경제의 발전이라는 국제적 목표 사이에서 컴퓨팅 설비 현지화는 각국이 어떻게 자신의 통상 정책과 데이터 주권을 유지하면서도 글로벌 통상환경에 능동적으로 대응할 것인가를 정하는 중요한 정책수단이 되고 있다. 데이터 현지화 정책은 국가 안보와 국제사회의 이해관계의 조율과 균형에 대한 도전이기도 하다. 데이터 현지화 조치는 국내 기업에게는 경쟁 우위를 제공할 수 있지만 전체적인 디지털 통상시장에서는 국가를 불리한 조건에 놓이게 만든다. 이는 특히 데이터 집약적 서비스를 제공하는 기업에게는 큰 부담으로 작용하며, 이들 기업이 제공하는 혁신적인 서비스의 국제적 확산을 저해할 수도 있다.

향후 데이터 현지화와 관련된 글로벌 통상정책의 방향성은 글로벌 데이터 흐름의 자유로움과 데이터 보호 간의 균형을 찾는 데 초점을 맞출 필요가 있다. 데이터의 자유로운 이동이 글로벌 혁신과 경제 성장을 촉진하는 가운데 데이터 현지화는 각국의 보호주의적 조치로 볼 수 있기 때문이다. 따라서 국가 간 협력과 표준화를 통해 데이터 현지화의 필요성을 최소화시켜 데이터의 자유로운 이동 보장과 국내 데이터 보호 요구를 충족시키는 방안을 모색하는 것이 중요하다.

(4) 소스코드 및 알고리즘 공개

글로벌 디지털 경제에서 소스코드와 알고리즘의 공개가 주요한 문제로 부상하고 있다. 소스코드 및 알고리즘 공개는 소프트웨어 개발과 관련된 핵심 이슈 중 하나이다. 소스코드(source code)는 프로그래의 핵심으로 개발자가 컴퓨터에게 원하는 명령을 전달하는 몇 줄 또는 수백만 줄의 텍스트로 구성되어 있다. 소스코드는 사람이 이해하고 작성할 수 있는 형태로 되어 있으며 알고리즘을 구현하는 구체적인 코드라고 할 수 있다. 알고리즘이 컴퓨터에게 원하는 결과를 얻게 하기 위한 절차나 규칙의 집합이라면, 소스코드는 이를 컴퓨터가 이해하고 실행할 수 있는 형태로 표현한 것이다. 소스코드와 알고리즘은 소프트웨어의 본질적인 부분으로 이들이 공개될 경우 기업의 경쟁력과 지식재산이 위협받을 수 있다. 특히 기술적 세부사항이 노출됨으로써 기술 탈취의 위험이 있기 때문에 기업의 기술 혁신과 경쟁력 유지를 위해 매우 중요하다.

국제적으로는 포괄적·점진적 환태평양경제동반자협정(CPTPP), 디지털경제동반자협정(Digital Trade Economy Partnership Agreement, DEPA), 북미자유협정(United States-Mexico-Canada Agreement, USMCA), 미·일 디지털무역협정(U.S.-Japan Digital Trade Agreement, USJDTA)과 같은 통상협정에서

소스코드와 알고리즘의 강제 공개를 금지하는 규정을 도입하여 기업들이 자국 시장에서 운영될 소프트웨어의 소스코드 공개를 요구받지 않도록 보호하고 있다. 포괄적·점진적 환태평양 경제동반자협정(CPTPP)의 전자상거래 챕터에는 자국 시장 내 소프트웨어 및 해당 소프트웨어를 탑재한 제품의 수입·유통·판매·사용을 위한 조건으로 해외 사업자가 보유한 소스코드 공개를 요구할 수 없도록 하는 규정을 두고 있다. 다만 CPTPP의 소스코드 금지규정은 상업적 민간 소프트웨어에 적용되며, 주요기반설비에 사용되는 소프트웨어나 정부 조달 제품에 대한 소스코드 공개 요구, 상업적 계약에 따른 소스코드 공개, 국내 법령 준수를 위한 소스코드 수정 요구 등에는 예외가 인정된다.

소스코드와 알고리즘 공개는 때로는 사이버 보안과 프로그램의 안전성 측면에서 필요하며, 우리나라도 보안 감청 대비를 위한 소스코드 검사가 특정 산업에서 실시되고 있다. 또 소스코드의 공개는 상호협력을 기반으로 기술향상과 표준화의 촉진을 가져온다. 오픈소스 운동은 이러한 협력의 가치를 대변하는데 소스코드 공개를 통해 더 많은 개발자가 프로그램을 개선하고 새로운 소프트웨어 창출이 가능해진다.[300]

각 국가가 소스코드 공개 정책에 대해 의견의 차이를 보여 향후 글로벌 통상협정에서 핵심 쟁점이 될 것으로 예상된다. 이 문제는 기업의 지식재산 보호, 혁신 촉진, 사이버 보안 강화, 표준화 마련 등 다른 가치 속에서 균형을 찾아야 하는 과제이기도 하다. 기술 발전과 지식재산 보호를 위한 국제적인 표준화 마련이 필요할 것이며, 우리나라 또한 국내 산업 보호와 글로벌 협력 사이에서 소스코드 및 알고리즘 공개에 대한 정책을 신중하게 검토하고 조율해야 할 필요가 있다.

III. 디지털 통상환경의 변화와 개인정보보호

디지털 통상환경의 변화는 개인정보의 보호방식에 있어서도 중요한 변화를 가져왔다. 최근 다수 국가의 디지털 통상협정에 관한 논의와 협상의 진행을 살펴보면 정보 보안이나 개인정보보호 중심에서 역동적인 디지털 경제 육성의 측면으로 미묘하게 그 균형점이 이동하고 있다. 양자 및 다자간 디지털 통상협정은 데이터의 국외 이전의 자유, 데이터 현지화 요구의 금지 등 핵심 문제들에 대해 직접적으로 대응하고 있고, 특히 미·일 디지털무역협정(USJDTA)은 알고리즘, 금융데이터, 조세, 암호화 기술을 포함하여 컴퓨팅 설비 현지화 금지조치를 금융분야로 확대하였다. 나아가 디지털경제동반자협정(DEPA)은 인공지능 거버넌스 등 새로운 디지털 분야에 대한 국가 간의 협력을 강조하는 등 다수의 협정에서 전자상거래 활성화부터 소비자 보호까지

---

300) 오픈소스는 소프트웨어 또는 하드웨어 제작자의 권리를 보호해주면서도 무상으로 소스코드를 공개하여 2차적인 프로그램 개발에 활용될 수 있도록 해준다; 이재영, "디지털 무역규범의 주요 이슈에 관한 연구", e-비즈니스연구, 제21권 제3호, 2020, 117면 참조.

다양한 이슈에 대한 국제적인 협력의무를 강화하고 있다.

자유로운 데이터 이동을 촉진하면서 개인정보 보호라는 균형을 유지한다는 것은 모두에게 어려운 과제이다. 물론 국가는 디지털 혁신과 경제 성장을 지원하는 동시에 국민의 프라이버시와 데이터의 안전한 활용을 보장해야 한다. 또 다른 한편으로 국가는 개인정보보호 체계를 글로벌 추세에 맞추어가야 하고 개인정보보호 메커니즘의 혁신을 촉진해야 할 의무가 있다. 디지털 통상환경은 지속적으로 변화·발전할 것이며 디지털 통상협정은 향후 전 세계 디지털 경제를 형성하는 데 중요한 역할을 할 것이 예상되고 있다.

외교, 통상, 기술, 개인정보 보호와 관련된 문제들이 교차하고 있는 상황에서 우리만의 독특한 도전과 기회를 진지하게 고민해야 하는 시점이다. 중소기업을 포함한 기업이 비즈니스 기회를 확장하고, 무역 분야에서 동반성을 강화하는데 있어 신뢰성 있고 개방적이며 공정한 디지털 무역 환경을 조성하는 것은 모든 국가의 공통 목표이다. 우리나라도 국제적인 데이터 보호 기준을 준수하면서 동시에 디지털 무역의 자유로운 흐름을 보장하는 법적 체계를 구성하는 고민을 시작해야 한다. 안전한 개인정보의 활용을 통해 대한민국이 글로벌 디지털 경제의 중심 무대에서 주도적인 역할을 할 수 있는 기반을 만드는 것이 중요하다.

이러한 의미에서 개인정보 국외 이전에 대한 2023년 개정은 진일보한 성과로 평가된다. 합리적인 개인정보의 국외이전을 허용함으로써 데이터의 국경 간 이동을 촉진하는 동시에 국민의 개인정보를 안전하게 보호하는 데 필요한 법적 기반이 구축될 것이 기대된다. 이제는 디지털 경제의 발전방향과 글로벌 통상의 흐름에 적절히 대응하는 데이터 정책이 필요하다. 국제적으로 인정되는 데이터 보호 표준을 수립하고, 디지털 통상에서의 새로운 기회를 포착하기 위한 국제적 협력과 대화를 강화하고, 글로벌 데이터 통상 법제 수립에 적극적으로 참여하여 글로벌 경제의 중심에 서야 할 것이다.

제8장

개인정보의 안전한 관리와
개인정보처리자의 책임성

제 1 절
개인정보 안전조치 의무

Ⅰ. 개관 - 개인정보의 안전조치 의무의 성격

개인정보처리자는 개인정보가 분실·도난·유출·위조·변조 또는 훼손되지 아니하도록 내부 관리계획 수립, 접속기록 보관 등 대통령령으로 정하는 바에 따라 안전성 확보에 필요한 기술적·관리적 및 물리적 조치를 하여야 한다(법 제29조).[1]

시행령 제30조 제1항은 개인정보처리자가 법 제29조에 따라 이행해야 할 안전성 확보조치를 규정하며, 보호위원회는 개인정보처리자가 시행령 제30조 제1항에 따른 안전성 확보 조치에 관한 세부 기준을 정하여 고시한다(시행령 제30조 제3항). 이것이 '개인정보의 안전성 확보조치 기준(개인정보보호위원회고시 제2023-6호, 이하 이 절에서 "고시", "본 고시" 또는 "본 기준")'이다. 한편, 시행령 제30조의2는 공공시스템 운영기관 등의 개인정보 안전성 확보 조치 등에 관한 사항을 규정하는데, 이는 부칙에 정한 바에 따라 동의를 받는 방법에 관한 개정규정인 시행령 제17조 제1항과 함께 '24. 9. 15.부터 시행된다.

법 시행령의 정보통신서비스 특례규정(시행령 제48조의2)이 일반규정(시행령 제30조)으로 통합됨에 따라 기존에 이원화 되어 있던 「개인정보의 기술적·관리적 보호조치 기준」과 「개인정보의 안전성 확보조치 기준」을 통합하고, 개인정보보호법 시행령에 공공시스템운영기관 등에 대한 특례 규정(시행령 제30조의2)이 신설됨에 따라 고시 위임사항인 공공시스템 지정 기준 및 공

---

[1] 여기에서 개인정보의 가용성 침해가 "분실·도난·유출·위조·변조 또는 훼손"에 해당하는지 여부가 실무상 문제가 된다. GDPR은 개인정보 침해(personal data breach)를 "전송, 저장 또는 기타의 방식으로 처리된 개인정보의 우발적 또는 불법적 파괴, 분실, 변경, 무단 공개 또는 접근을 초래하는 보안 침해"로 정의한다[Article 4(12)]. 그러면서, 침해의 유형을 기밀성 침해(confidentiality breach), 무결성 침해(integrity breach), 가용성 침해(availability breach)로 구분하는데, 여기에서 가용성 침해는 개인정보에 대한 우발적 또는 승인받지 않은 접근의 상실을 의미한다. 이와 같은 개인정보의 침해가 정보주체의 권리와 자유에 위험 내지 고 위험(high risk)을 초래할 가능성의 유무에 따라 감독당국에 대한 신고 내지 정보주체에 대한 통지 의무가 발생한다[Article 33(1), 34(1)]. 이와 달리, 우리나라의 경우 개인정보 가용성 침해는 주로 정보통신망법 제48조에 규정된 침해사고의 결과로 보는 것이 일반적 관행으로 보인다. 다만, 가용성 침해의 수준이 당초 저장된 개인정보의 상실에 이르는 경우에는 분실이나 훼손에 해당하는 것으로 볼 여지가 있다. GDPR의 개인정보 침해 유형 구분은 다음 유럽연합 개인정보보호 이사회의 가이드라인을 참조할 수 있다. - EDPB, "Guidelines 9/2022 on personal data breach notification under GDPR", Version 2.0, Adopted 28 March 2023, 7-8면.

공시스템운영기관의 안전조치 기준을 신설하여 공공시스템운영기관의 개인정보보호를 강화하는 것이 본 고시의 개정 취지이다. 보호위원회는 고시 통합을 통해 기술중립적으로 제도를 개선하고, 수범자를 개인정보처리자로 일원화하며, 공공시스템 운영기관 등에 대한 특례를 신설하여 이들 기관의 개인정보 보호를 강화하려는 목적을 조문별 제개정 이유서를 통해 밝힌 바 있다.

본 고시는 소위 법령보충적 행정규칙에 해당하므로 법령과 결합하여 대외적으로 구속력이 있는 법규명령으로서 효력을 가진다.[2] 이와 같은 법령보충적 행정규칙은 비록 법령에 근거를 둔 것이라 하더라도 규정 내용이 법령의 위임 범위를 벗어난 것일 경우에는 법규명령으로서의 대외적 구속력이 부정된다.[3] 따라서, 본 고시의 요구사항을 해석함에 있어 개인정보 보호 법령 구조에서의 체계적 해석의 필요성이 상당하다 평가할 수 있다.

본 고시는 "이 기준은 개인정보보호법 제29조와 같은 법 시행령 제16조 제2항, 제30조, 제30조의2에 따라 개인정보처리자가 개인정보를 처리함에 있어서 개인정보가 분실·도난·유출·위조·변조 또는 훼손되지 아니하도록 안전성 확보에 필요한 기술적·관리적 및 물리적 안전조치에 관한 최소한의 기준을 정하는 것을 목적으로 한다."고 그 목적을 규정한다(고시 제1조). 따라서, 개인정보처리자는 처리하는 개인정보의 종류 및 중요도, 개인정보를 처리하는 방법 및 환경 등을 고려하여 필요하다면 이에 정한 것 이외에 추가적인 보호조치를 적용하여 개인정보의 안전성 확보조치를 강화할 필요가 있다.[4][5]

---

2) 법령의 규정이 특정 행정기관에 그 법령 내용의 구체적 사항을 정할 수 있는 권한을 부여하면서 그 권한 행사의 절차나 방법을 특정하고 있지 않은 관계로 수임행정기관이 행정규칙인 고시의 형식으로 그 법령의 내용이 될 사항을 구체적으로 정하고 있는 경우에는, 그 고시가 당해 법령의 위임한계를 벗어나지 않는 한, 그와 결합하여 대외적으로 구속력이 있는 법규명령으로서 효력을 가지는 것이고(대법원 1987.9.29. 선고 86누484 판결, 대법원 1999.7.23. 선고 97누6261 판결, 대법원 2003.9.26. 선고 2003두2274 판결 등 참조), 또한 법령상의 어떤 용어가 별도의 법률상의 의미를 가지지 않으면서 일반적으로 통용되는 의미를 가지고 있다면, 상위규범에 그 용어의 의미에 대한 별도의 정의규정을 두고 있지 않고 권한을 위임받은 하위규범에서 그 용어의 사용기준을 정하고 있다 하더라도 하위규범이 상위규범에서 위임한 한계를 벗어났다고 볼 수 없으며, 행정규칙에서 사용하는 개념이 달리 해석될 여지가 있다 하더라도 행정청이 수권의 범위 내에서 법령이 위임한 취지 및 형평과 비례의 원칙에 기초하여 합목적적으로 기준을 설정하여 그 개념을 해석적용하고 있다면 개념이 달리 해석될 여지가 있다는 것만으로 이를 사용한 행정규칙이 법령의 위임한계를 벗어났다고는 할 수 없다(대법원 2008.4.10. 선고 2007두4841 판결).

3) 특정 고시가 위임의 한계를 준수하고 있는지 여부를 판단할 때에는, 당해 법률 규정의 입법 목적과 규정 내용, 규정의 체계, 다른 규정과의 관계 등을 종합적으로 살펴야 하고, 법률의 위임 규정 자체가 그 의미 내용을 정확하게 알 수 있는 용어를 사용하여 위임의 한계를 분명히 하고 있는데도 고시에서 그 문언적 의미의 한계를 벗어났다든지, 위임 규정에서 사용하고 있는 용어의 의미를 넘어 그 범위를 확장하거나 축소함으로써 위임 내용을 구체화하는 단계를 벗어나 새로운 입법을 한 것으로 평가할 수 있다면, 이는 위임의 한계를 일탈한 것으로서 허용되지 아니한다(대법원 2012.12.20. 선고 2011두30878 전원합의체 판결 등 참조, 대법원 2016.8.17. 선고 2015두51132 판결).

4) 개인정보보호위원회, 한국인터넷진흥원, "개인정보의 안전성 확보조치 기준 해설서", 2020, 15면.

5) 소위 "옥션 사건"으로 널리 알려진 주식회사 이베이옥션(이베이코리아)의 2008년도 해킹사건에 대한 대법원 판결(대법원 2015.2.12. 선고 2013다43994,44003 판결) 직후, 방송통신위원회와 행정안전부는 각기 개인정보의 기술적·관리적 보호조치 기준(2015.5.19. 개정 방송통신위원회고시 제2015-3호), 개인정보의 안전성 확보조치 기준(2016.9.1. 개정 행정안전부 고시 제2016-35호)을 개정하여 이들 기준이 개인정보의 보호조치나 안전조치에 관한 "최소한의 기준을 정하는 것을 목적으로 한다."는 점을 목적으로 명시하였다. 참고로 방송통신위원회 고시는 개

> **대법원 2018.1.25. 선고 2015다24904, 24911, 24928, 24935 판결**
>
> 구 정보통신망 이용촉진 및 정보보호 등에 관한 법률 시행령(2011. 8. 29. 대통령령 제23104호로 개정되기 전의 것) 제15조 제6항은 "방송통신위원회는 제1항부터 제5항까지의 규정에 따른 사항과 법 제28조 제1항 제6호에 따른 그 밖에 개인정보의 안전성 확보를 위하여 필요한 보호조치의 구체적인 기준을 정하여 고시하여야 한다."라고 규정하고 있다. 이에 따라 방송통신위원회가 마련한 '개인정보의 기술적·관리적 보호조치 기준'(방송통신위원회 고시 제2011-1호, 이하 '고시'라고 한다)은 해킹 등 침해사고 당시의 기술 수준 등을 고려하여 정보통신서비스 제공자가 구 정보통신망 이용촉진 및 정보보호 등에 관한 법률(2012. 2. 17. 법률 제11322호로 개정되기 전의 것) 제28조 제1항 등에 따라 준수해야 할 기술적·관리적 보호조치를 구체적으로 규정하고 있다. 그러므로 정보통신서비스 제공자가 고시에서 정하고 있는 기술적·관리적 보호조치를 다하였다면, 특별한 사정이 없는 한 정보통신서비스 제공자가 개인정보의 안전성 확보에 필요한 보호조치를 취하여야 할 법률상 또는 계약상 의무를 위반하였다고 보기는 어렵다.
>
> 다만 고시는 정보통신서비스 제공자가 반드시 준수해야 할 최소한의 기준을 정한 것으로 보는 것이 타당하다. 따라서 정보통신서비스 제공자가 고시에서 정하고 있는 기술적·관리적 보호조치를 다하였다고 하더라도, 정보통신서비스 제공자가 마땅히 준수해야 한다고 일반적으로 쉽게 예상할 수 있고 사회통념상으로도 합리적으로 기대 가능한 보호조치를 다하지 아니한 경우에는 위법행위로 평가될 수 있다. 나아가 정보통신서비스 제공자가 고시에서 정하고 있는 기술적·관리적 보호조치를 다하였다고 하더라도, 불법행위에 도움을 주지 말아야 할 주의의무를 위반하여 타인의 불법행위를 용이하게 하였고 이러한 방조행위와 불법행위에 의한 피해자의 손해 발생 사이에 상당인과관계가 인정된다면 민법 제760조 제3항에 따른 책임을 면할 수 없다.

II. 안전성 확보조치 기준

1. 정의 규정

기존의 일반규정(「개인정보의 안전성 확보조치 기준」, 개인정보보호위원회 고시 제2021-2호)에서 일부 용어 정의가 제외되고, 제2조에 이용자(고시 제2호), P2P(고시 제5호), 공유설정(고시 제6호), 인증정보(고시 제11호) 등 용어의 정의가 추가되었다. 이 가운데 P2P, 공유설정, 인증정보에 대한 정의는 기존 특례규정(「개인정보의 기술적·관리적 보호조치 기준」, 개인정보보호위원회 고시 제2021-3호)에 존재하던 것이라서, 결국 고시 통합과정에서 본 기준에 온전히 새롭게 등장한 것은 이용자에 관한 정의가 유일하다. 변경된 정의 규정을 표로 정리하면 아래와 같다.

정 전에 "구체적인 기준을 정하는 것을 목적으로 한다.", 행정안전부 고시는 "세부적인 기준을 정하는 것을 목적으로 한다."라고 목적을 각기 규정하고 있었다.

용어 (본 기준 조항)	기존 정의 (일반규정의 정의. 특례규정에만 있던 정의의 경우, [특례]로 표기)	본 기준 정의
이용자 (제2호)	-	"이용자"란 「정보통신망 이용촉진 및 정보보호 등에 관한 법률」제2조제1항제4호에 따른 정보통신서비스 제공자가 제공하는 정보통신서비스를 이용하는 자를 말한다.
접속기록 (제3호)	"접속기록"이란 개인정보취급자 등이 개인정보처리시스템에 접속하여 수행한 업무내역에 대하여 개인정보취급자 등의 계정, 접속일시, 접속지 정보, 처리한 정보주체 정보, 수행업무 등을 전자적으로 기록한 것을 말한다. 이 경우 "접속"이란 개인정보처리시스템과 연결되어 데이터 송신 또는 수신이 가능한 상태를 말한다.	"접속기록"이란 개인정보처리시스템에 접속하는 자가 개인정보처리시스템에 접속하여 수행한 업무내역에 대하여 식별자, 접속일시, 접속지 정보, 처리한 정보주체 정보, 수행업무 등을 전자적으로 기록한 것을 말한다. 이 경우 "접속"이란 개인정보처리시스템과 연결되어 데이터 송신 또는 수신이 가능한 상태를 말한다.
정보통신망 (제4호)	"정보통신망"이란 「전기통신기본법」제2조제2호에 따른 전기통신설비를 이용하거나 전기통신설비와 컴퓨터 및 컴퓨터의 이용기술을 활용하여 정보를 수집·가공·저장·검색·송신 또는 수신하는 정보통신체계를 말한다.	"정보통신망"이란 「정보통신망 이용촉진 및 정보보호 등에 관한 법률」제2조제1항제1호의 「전기통신사업법」제2조제2호에 따른 전기통신설비를 이용하거나 전기통신설비와 컴퓨터 및 컴퓨터의 이용기술을 활용하여 정보를 수집·가공·저장·검색·송신 또는 수신하는 정보통신체계를 말한다.
모바일 기기 (제7호)	"모바일 기기"란 무선망을 이용할 수 있는 PDA, 스마트폰, 태블릿PC 등 개인정보 처리에 이용되는 휴대용 기기를 말한다.	"모바일 기기"란 무선망을 이용할 수 있는 스마트폰, 태블릿 컴퓨터등 개인정보 처리에 이용되는 휴대용 기기를 말한다.
비밀번호 (제8호)	"비밀번호"란 정보주체 또는 개인정보취급자 등이 개인정보처리시스템, 업무용 컴퓨터 또는 정보통신망 등에 접속할 때 식별자와 함께 입력하여 정당한 접속 권한을 가진 자라는 것을 식별할 수 있도록 시스템에 전달해야 하는 고유의 문자열로서 타인에게 공개되지 않는 정보를 말한다.	"비밀번호"란 정보주체 및 개인정보취급자 등이 개인정보처리시스템 또는 정보통신망을 관리하는 시스템 등에 접속할 때 식별자와 함께 입력하여 정당한 접속 권한을 가진 자라는 것을 식별할 수 있도록 시스템에 전달해야 하는 고유의 문자열로서 타인에게 공개되지 않는 정보를 말한다.
인증정보 (제11호)	[특례] "인증정보"라 함은 개인정보처리시스템 또는 정보통신망을 관리하는 시스템 등이 요구한 식별자의 신원을 검증	"인증정보"란 개인정보처리시스템 또는 정보통신망을 관리하는 시스템 등에 접속을 요청하는 자의 신원을 검증하는데

	하는데 사용되는 정보를 말한다.	사용되는 정보를 말한다.
내부망 (제12호)	"내부망"이란 물리적 망분리, 접근 통제 시스템 등에 의해 인터넷 구간에서의 접근이 통제 또는 차단되는 구간을 말한다.	"내부망"이란 인터넷망 차단, 접근 통제 시스템 등에 의해 인터넷 구간에서의 접근이 통제 또는 차단되는 구간을 말한다.
보조저장매체 (제14호)	"보조저장매체"란 이동형 하드디스크, USB 메모리, CD(Compact Disk), DVD(Digital Versatile Disk) 등 자료를 저장할 수 있는 매체로서 개인정보처리시스템 또는 개인용 컴퓨터 등과 용이하게 연결·분리할 수 있는 저장매체를 말한다.	"보조저장매체"란 이동형 하드디스크 (HDD), 유에스비(USB)메모리 등 자료를 저장할 수 있는 매체로서 개인정보 처리시스템 또는 개인용 컴퓨터 등과 쉽게 연결·분리할 수 있는 저장매체를 말한다.

정의 규정의 변화 가운데 일부는 기존의 명확하지 않은 표현을 수정하거나, 일반규정과 특례 규정 간의 상이한 표현으로 발생했던 해석상의 문제를 해소하거나, 기술 및 환경의 변화에 따라 용어를 정리하거나 또는 용어 정의의 근거가 되는 법률을 명확히 하는 등에 그쳤다. 그러나, 일부 정의 규정의 수정으로 인해 개인정보처리시스템 구성의 변경이라던지, 규정 적용의 대상 확대 등 개인정보 처리 실무상 상당한 수준의 변화가 불가피할 것으로 보인다.[6]

2. 적용 원칙

개인정보처리자는 처리하는 개인정보의 보유 수, 유형 및 정보주체에게 미치는 영향 등을 고려하여 스스로의 환경에 맞는 개인정보의 안전성 확보에 필요한 조치를 적용하여야 한다(고시 제3조).

기존 일반규정에 따르면, 개인정보처리자가 개인정보의 안전성 확보에 필요한 조치를 하는 경우에는 개인정보처리자 유형 및 개인정보 보유량에 따른 안전조치 기준을 적용하여야 했다. 그런데, 고시 통합 과정에서 이원화 되어 있던 수범자를 개인정보처리자로 일원화하면서, 기존 개인정보 처리자 유형 및 개인정보 보유량에 따른 안전조치 기준을 삭제하였다. 이로 인해 개인정보처리자는 유형 및 개인정보 보유량과 무관하게 본 고시의 안전조치 기준을 보편적으로 준수해야 한다. 다만, 전년도 말 기준 직전 3개월간 그 개인정보가 저장·관리되고 있는 이용자수가 일일평균 100만명 이상인 개인정보처리자(고시 제6조 제6항), 10만명 이상의 정보주체에 관하여 개인정보를 처리하는 대기업·중견기업·공공기관 또는 100만명 이상의 정보주체에 관하여 개인정보를 처리하는 중소기업·단체에 해당하는 개인정보처리자(고시 제7조 제6항, 고시 제

---

6) 개인정보 처리 실무에 미칠 변화의 구체적 내용에 대해선 다음을 참조할 수 있다. 이진규, "개인정보의 안전성 확보 조치 기준", 데이터와 법 제2전정판, 박영사, 2024, 308-309면.

12조), 본 기준이 달리 정하는 개인정보처리자 내지 개인정보처리시스템에 해당하는 경우(고시 제8조 제2항 제1호, 고시 제13조 제3항 제2호) 등에는 여전히 안전조치 기준이 차등적으로 적용되므로 실질적으로는 개인정보처리자 유형 및 개인정보 보유량에 따른 안전조치 기준이 일부 잔존하는 것으로 볼 여지도 있다.

그런데, 기존엔 개인정보처리자 유형 및 개인정보 보유량에 따른 안전조치 기준에 따라 개인정보처리자가 어느 유형에 해당하는지를 판단하고, 그에 부합하는 안전조치를 적용하면 되었으나, 본 고시의 적용을 받는 개인정보처리자는 처리하는 개인정보의 보유수, 유형 및 정보주체에게 미치는 영향 등을 고려하여 스스로의 환경에 맞는 조치를 해야 한다. 이는 개인정보처리자가 안전조치를 적용함에 있어 충족해야 할 보호수준을 임의로 정하여 필요 최소한 안전조치 기준을 적용하라는 의미가 아니다. 오히려, 기술중립적으로 변화한 규정에 맞춰 어떤 수단이 투입하는 자원 대비 가장 적합한 것인지 스스로 판단하여 이를 적용하고, 지속적 검토를 통해 적용한 안전성 확보조치에 변경이 필요할지를 상시 확인할 필요가 있다고 보아야 한다.

3. 내부관리 계획의 수립 · 시행 및 점검

1) 내부관리계획의 수립 및 시행

개인정보처리자는 개인정보의 분실 · 도난 · 유출 · 위조 · 변조 또는 훼손되지 아니하도록 내부 의사결정 절차를 통하여 다음 각 호의 사항을 포함하는 내부 관리계획을 수립 · 시행하여야 한다. 다만, 1만명 미만의 정보주체에 관하여 개인정보를 처리하는 소상공인 · 개인 · 단체의 경우에는 생략할 수 있다(고시 제4조 제1항).

내부관리계획에 포함할 사항

1. 개인정보 보호 조직의 구성 및 운영에 관한 사항
2. 개인정보 보호책임자의 자격요건 및 지정에 관한 사항
3. 개인정보 보호책임자와 개인정보취급자의 역할 및 책임에 관한 사항
4. 개인정보취급자에 대한 관리 · 감독 및 교육에 관한 사항
5. 접근 권한의 관리에 관한 사항
6. 접근 통제에 관한 사항
7. 개인정보의 암호화 조치에 관한 사항
8. 접속기록 보관 및 점검에 관한 사항
9. 악성프로그램 등 방지에 관한 사항
10. 개인정보의 유출, 도난 방지 등을 위한 취약점 점검에 관한 사항

---

11. 물리적 안전조치에 관한 사항

12. 개인정보 유출 사고 대응 계획 수립·시행에 관한 사항

13. 위험 분석 및 관리에 관한 사항

14. 개인정보 처리업무를 위탁하는 경우 수탁자에 대한 관리 및 감독에 관한 사항

15. 개인정보 내부 관리계획의 수립, 변경 및 승인에 관한 사항

16. 그 밖에 개인정보 보호를 위하여 필요한 사항

개인정보처리자는 법 제29조에 따라 시행령 제30조에서 정한 안전성 확보조치를 이행해야 하며, 여기엔 개인정보의 안전한 처리를 위한 내부 관리계획의 수립·시행 및 점검이 포함되므로(시행령 제30조 제1항 제1호 참조), 내부 관리계획으로 수립한 사항을 이행하였는지 정기적으로 점검할 필요가 있다. 본 고시는 "개인정보 보호책임자는 접근 권한 관리, 접속기록 보관 및 점검, 암호화조치 등 내부 관리계획의 이행 실태를 연 1회 이상 점검·관리 하여야 한다(고시 제4조 제4항)."고 규정하고 있으므로, 최소 연 1회 이상 내부 관리계획의 이행 실태를 점검하고 그 기록을 유지하여야 한다.

한편 내부 관리계획에는 상기의 필수 사항 외, 개인정보처리자 스스로 필요한 것으로 판단하는 사항을 정할 수도 있다.

개인정보처리자는 본 고시 제1항 각 호의 사항에 중요한 변경이 있는 경우에는 이를 즉시 반영하여 내부 관리계획을 수정하여 시행하고, 그 수정 이력을 관리하여야 한다(고시 제4조 제3항). 다만, 수정 이력을 관리하기 위하여 보관할 때, 최대 어느 정도의 기간까지 보관하여 관리해야 하는지에 대해선 본 고시는 명확한 규정을 두고 있지 않다.

2) 개인정보취급자 대상의 교육

개인정보처리자는 ① 교육목적 및 대상, ② 교육 내용, ③ 교육 일정 및 방법을 정하여 개인정보 보호책임자 및 개인정보취급자를 대상으로 사업규모, 개인정보 보유 수, 업무성격 등에 따라 차등화하여 필요한 교육을 정기적으로 실시하여야 한다(고시 제4조 제2항).

내부관리계획에 '개인정보취급자에 대한 관리·감독 및 교육에 관한 사항'을 필수적으로 포함해야 함에도 불구하고, 개인정보취급자 대상의 교육에 대한 규정을 본 고시에 별도로 규정한 것은 사업규모, 개인정보 보유 수, 업무성격 등에 따라 개인정보 보호 교육을 차등화하여 필요한 교육을 정기적으로 실시해야 할 필요가 있기 때문이다. 또한, 개인정보 보호책임자에 대한 교육은 일반 개인정보취급자에 대한 교육과 차별화할 필요가 있다는 점도 고려가 되었다.[7]

---

7) 개인정보보호법 시행령 제32조 제4항은 "보호위원회는 개인정보 보호책임자가 법 제31조제2항의 업무를 원활히 수행할 수 있도록 개인정보 보호책임자에 대한 교육과정을 개설·운영하는 등 지원을 할 수 있다."라고 하여, 개인정

4. 접근 권한의 관리

1) 권한의 차등 부여

개인정보처리자는 개인정보처리시스템에 대한 접근 권한을 개인정보취급자에게만 업무 수행에 필요한 최소한의 범위로 차등 부여하여야 한다(고시 제5조 제1항).

개인정보처리시스템에 대한 접근 권한은 개인정보취급자에게만 부여하여야 한다. 이는 사전에 개인정보취급자로 지정한 자에게만 접근 권한을 부여해야 한다는 의미로서, 그렇지 않은 자에게 개인정보처리시스템에 대한 접근 권한을 부여하는 것은 금지된다는 뜻이다. 일각에선 개인정보취급자가 아닌 자에게 접근 권한을 부여함으로서 개인정보취급자의 지위가 자동적으로 인정될 수 있다고 주장한다. 그러나, 개인정보처리자로부터 개인정보취급자로 지정받는데 필요한 적합한 역량을 보유했는지에 대한 판단이나, 개인정보처리자의 지휘나 통제에 따라 정해진 범위 내에서 개인정보를 취급하는데 필요한 교육의 수료 등이 선행되지 않은 경우에도 아무에게나 접근 권한을 부여하는 것은 보호법의 취지를 몰각할 수 있다는 점에서 본 규정은 개인정보처리자로부터 사전에 개인정보취급자 지위를 인정받은 자에게만 개인정보처리시스템에 대한 접근 권한을 부여할 수 있다는 것으로 해석함이 옳을 것이다.

개인정보처리시스템에 대한 접근 권한은 업무 수행에 필요한 최소한의 범위로 부여하여야 한다. 이는 해당 개인정보취급자의 업무가 장래에 확장될 것을 고려하여 선제적, 사전적으로 폭넓은 권한을 부여해서는 안 된다는 것을 의미한다. 개인정보취급자에게 부여한 접근 권한이 업무 수행에 필요한 최소한의 범위라는 입증 책임은 개인정보처리자에게 있다. 따라서, 특정 개인정보취급자의 개인정보 처리에 관한 업무가 변경되는 경우, 이것이 접근 권한의 조정을 필요로 하는지 여부를 항시 면밀히 모니터링해야 한다.

또한, 개인정보처리시스템에 대한 접근 권한은 차등 부여하여야 한다. 특정 부서가 담당하는 개인정보 처리 업무에 필요한 권한을 해당 부서 소속원 모두에게 동일하게 부여해서는 안 된다. 개인정보취급자별로 각기 부여받은 역할과 책임에 따라 접근 권한을 차등적으로 부여할 필요가 있다. 이로 인해 개인정보처리시스템에 대한 권한을 부여할 때엔 RBAC(Role-Based Access Control, 역할 기반 접근 통제) 관점에서 접근하는 것이 일반적이다.[8]

보 보호책임자에 대해 특화된 개인정보 보호 교육의 필요성을 인정하고, 이를 지원할 수 있는 법제도적 근거를 마련한 것으로 평가된다. 그러나, 이와 같은 규정은 DPO(Data Protection Officer)의 전문 지식 유지에 필요한 자원(resources)의 제공을 컨트롤러 및 프로세서의 의무로 정하고 있는 GDPR 규정[Article 38(2)]과 비교하여 부권주의(paternalism)적 정책에 해당할 수 있다는 평가도 있다.

8) 자원(resource)에 대한 접근 통제의 방식은 여러 기준에 따라 구분할 수 있는데, 대표적으로 재량 접근 통제(DAC, Discretionary Access Control), 필수 접근 통제(MAC, Mandatory Access Control), 역할 기반 접근 통제(RBAC), 속성 기반 접근 통제(ABAC, Attribute-Based Access Control) 등이 있다. 이 가운데 속성 기반 접근 통제는 어떤 자원(또는 객체)에 접근하기 위해 만족시켜야 하는 속성에 대해 정의하고, 그 자원에 접근하려는 주체가 해당 속성을 가지

2) 권한의 변경 및 말소

개인정보처리자는 개인정보취급자 또는 개인정보취급자의 업무가 변경되었을 경우 지체없이 개인정보처리시스템의 접근 권한을 변경 또는 말소하여야 한다(고시 제5조 제2항). 여기에서 '업무의 변경'은 조직 내의 임직원 전보 또는 퇴직, 휴직 등 인사이동이 발생한 경우 및 조직의 변경 또는 업무 조정 등으로 인한 변경을 포함한다. 개인정보처리자의 인사시스템과 개인정보처리시스템을 연동하여 인사 이동이 발생하는 경우 권한을 자동으로 제한하고, 적절한 승인 절차를 거쳐 재발급하도록 하는 방안을 적용하는 것이 권고되나, 인사이동 없이 개인정보취급자가 속한 조직 내에서의 역할 변경만 발생하는 경우에는 이러한 시스템만으로 접근 권한의 변경이나 말소가 되도록 할 수 없는 경우도 많다. 따라서, 상급자에 의한 개인정보취급자의 권한 검토 및 승인 절차나 개인정보 보호부서에 의한 정기적 권한 관리 체계를 갖출 필요가 있다. 한편, 개인정보처리자는 제1항 및 제2항에 의한 권한 부여, 변경 또는 말소에대한 내역을 기록하고, 그 기록을 최소 3년간 보관하여야 한다(고시 제5조 제3항).

3) 계정 발급 시 유의사항

개인정보처리자는 개인정보처리시스템에 접근할 수 있는 계정을 발급하는 경우 정당한 사유가 없는 한 개인정보취급자 별로 계정을 발급하고 다른 개인정보취급자와 공유되지 않도록 하여야 한다(고시 제5조 제4항).

이와 같은 요구사항은 계정을 공유함으로써 발생할 수 있는 책임 추적성(traceability)의 문제에 대응하기 위한 것이다. 다만, '정당한 사유'가 있는 경우, 소위 여러 개인정보취급자 사이에 공유하는 '공용 계정'을 발급하여 사용하도록 할 수 있다. 여기에서 말하는 '정당한 사유'는 시스템이 제공하는 고정된 계정(root 등)과 같이 기술적으로 개별 발급이 불가능한 경우 등을 말한다.[9]

4) 인증수단의 안전한 적용 및 관리

개인정보처리자는 개인정보취급자 또는 정보주체의 인증수단을 안전하게 적용하고 관리하여

고 있는지를 검사하여 접근통제를 수행하는 방식이다. 변화하는 환경 및 시스템의 다양한 요소를 반영할 수 있어 표현력과 유연성이 높은 반면, 대규모 시스템에서는 다양한 속성을 정의해야 하므로 복잡도가 높아지고 성능이 저하될 수 있다.

9) 여기에서 정당한 사유는 반드시 기술적으로 개별 발급이 불가능한 것에 한정할 것은 아닐 것이다. 접근권한 관리 목적의 달성에 부합하고, 기술적·관리적으로 공용 계정을 발급하여 접근권한을 운영하는 것이 개별 권한을 발급하여 운용하는 것보다 효율적인 동시에, 공용 계정을 사용한다고 하여 보안성을 별달리 저하시키지 않으며, 공용 계정이라 할지라도 개인정보처리시스템에 접속하는 기기를 개별적으로 식별(예: MAC Address에 의한 기기 구분)하여 책임 추적성을 담보할 수 있고, 내부 관리계획이나 기타 정보보호 관련 정책서 등을 통해 공용 계정의 발급에 관한 기준을 적절히 규정한 경우라면 기술적으로 개별 발급이 불가능한 경우가 아닐지라도, 개인정보처리시스템에 접근할 수 있는 계정을 공용 계정으로 발급할 수 있다고(=정당한 사유가 존재하는 것으로) 보아야 한다.

야 한다(고시 제5조 제5항).

이는 개인정보처리자로 하여금 정당한 권한을 가진 개인정보취급자나 정보주체를 인증할 때, 스스로의 환경에 맞는 인증수단을 안전하게 적용하고 관리해야 한다는 것을 의미한다. 종전엔 개인정보취급자나 정보주체가 안전한 비밀번호를 설정하여 이행할 수 있도록 비밀번호 작성규칙을 수립하여 적용할 것을 요구했으나(종전 안전성 확보조치 기준 제5조 제5항), 이를 폐지하여 기술중립적 방식으로 각자의 환경에 맞는 인증수단을 개인정보처리자가 직접 판단하고 적용할 수 있게 한 것이다.

이를 통해 비밀번호 외의 인증수단을 적극적으로 수용할 수 있어 계정에 대한 보호 수준을 크게 향상시키는 새로운 기술을 도입할 수 있고, UI(User Interface)나 UX(User Experience)의 개선을 통해 보다 안전한 인증수단을 선택할 수 있도록 넛지(nudge)를 적용할 수도 있다. 예를 들면, 패스워드리스(passwordless), 다중인증체계(MFA, Multi-Factor Authentication) 등을 적극 도입할 수 있을 것이다.

한 가지 유의할 점은, 본 고시가 '안전한 인증수단'을 적용하고 관리하도록 요구하는 것이 아니라, 인증수단을 '안전하게 적용하고 관리'할 것을 요구한다는 점이다. 이는 인증수단을 선정함에 있어 안전한 인증수단을 선정하는 것에 더하여, 정당한 접근 권한이 없는 자가 개인정보처리시스템에 접근하는 일이 발생하지 않도록 해야 한다는 것을 의미한다. 즉, 단순히 안전한 인증수단을 선정하는 것에 그치지 않고, 인증수단을 적용함에 있어 기술적 오류 가능성을 배제하고 지속적 개선을 수행할 수 있는 체계를 갖추어야 한다는 것을 의미하는 것으로 보아야 한다.

5) 접근제한 등 필요한 조치

개인정보처리자는 정당한 권한을 가진 개인정보취급자 또는 정보주체만이 개인정보처리시스템에 접근할 수 있도록 일정 횟수 이상 인증에 실패한 경우 개인정보처리시스템에 대한 접근을 제한하는 등 필요한 조치를 하여야 한다(고시 제5조 제6항).

이는 소위 브루트 포스(brute force)나 크리덴셜 스터핑(credential stuffing)과 같은 대입 공격으로부터 개인정보처리시스템을 보호하기 위한 조치를 규정한 것이다. 서로 다른 개인정보처리시스템의 계정을 동일하게 유지하는 정보주체의 습성을 공격자가 이용하는 경우, 특정한 개인정보처리시스템을 침해하여 취득한 계정으로 다른 개인정보처리시스템에 대입하는 방법으로 정당한 권한 없이 다른 개인정보처리시스템에 대한 접근을 통해 개인정보를 유출할 수 있다. 비록 특정 정보주체가 개인정보처리시스템별로 다른 비밀번호를 설정한 경우라 할지라도, 제한된 비밀번호 풀(password pool) 내에서 비밀번호 '돌려쓰기'를 하는 경우, 공격자가 기존에 획득한 비밀번호를 조금씩 바꾸어가며 반복적으로 입력하는 방식의 공격을 통해 개인정보처리시스템에 접근할 수 있게 된다.

이와 같은 대입 공격으로부터 개인정보처리시스템을 안전하게 보호하기 위한 조치로, 일정 횟수 이상 인증에 실패한 경우 개인정보처리시스템에 대한 접근을 제한하는 등 필요한 조치를 하여야 한다. 여기에서 '일정 횟수'는 특정한 접속장소(IP 주소 등) 및 시간 대역으로부터 발생하는 접속 횟수를 의미하는 것으로 이해해야 한다. 예를 들어, 128.210.xxx.xxx로부터 2024. 1. 1. 13:00 ~ 13:15 동안 5회 연속 잘못된 계정 정보를 입력하여 인증에 실패하는 경우가 이에 해당할 수 있다.[10]

여기에서 "접근의 제한"은 여러 방식으로 적용할 수 있다. 대표적으로 접속 시도 계정을 잠금조치 하거나(통상, 본인확인 조치 등 정보주체에 대한 추가적 확인을 거쳐 해제함), 접속을 시도한 접속 장소로부터의 접속을 차단하는 것, 계정정보 입력 외 추가적 인증수단(OTP 등)을 요구하는 것 등이 있다.[11]

5. 접근통제

1) 접근통제를 위한 안전조치

개인정보처리자는 정보통신망을 통한 불법적인 접근 및 침해사고 방지를 위해 ① 개인정보처리시스템에 대한 접속 권한을 인터넷 프로토콜(IP) 주소 등으로 제한하여 인가받지 않은 접근을 제한 및 ② 개인정보처리시스템에 접속한 인터넷 프로토콜(IP) 주소 등을 분석하여 개인정보 유출 시도 탐지 및 대응의 안전조치를 하여야 한다(고시 제6조 제1항).

기존에 정보통신서비스 제공자등은 상기 각 호의 "기능을 포함한 시스템을 설치·운영"하여야 했다. 그러나, 본 고시에선 특정 시스템의 설치나 운영을 강제하지 않고 정보통신망을 통한 불법적인 접근 및 침해사고 방지를 위한 다양한 조치를 자율적으로 수행할 수 있게 하였다. 이는 침입탐지시스템(IDS), 침입차단시스템(IPS), 방화벽(Firewall) 등의 장비를 물리적으로 모두 설

---

10) 여기에서의 접속장소는 반드시 특정 IP 주소로 한정할 필요는 없다. VPN(Virtual Privacy Network)을 이용하는 경우, 원래의 접속장소를 노출하지 않고 다른 곳으로 가장하는 것이 어렵지 않기 때문이다. 이 경우 기기의 고유 식별값(예: MAC Address)과 접속장소에 대한 정보를 복합적으로 활용하는 것이 보다 효과적이다. 다만, 기기의 고유 식별값을 획득하는 것이 항상 용이하지는 않다. 때로는 특정한 IP 주소의 대역으로부터의 접속 시도를 통째로 차단하는 것도 가능하다. IPV4 기준으로 IP 주소의 가장 마지막 자리(octet)의 숫자를 구분하지 않고 전체를 차단할 수도 있다.

11) 실무적으로 봇(bot)에 의한 계정 대입공격에 대응하기 위한 조치로서 보편적으로 적용하는 캡차(CAPTCHA)가 여기에서의 "접근의 제한"에 해당하는지 여부에 대해서는 의견이 갈린다. 컴퓨터와 인간을 구분하기 위한, 완전 자동화된 공개 튜링 테스트(Completely Automated Public Turing test to tell Computers and Humans Apart.)의 약자인 캡차는 기본적으로 인간과 봇을 구분하기 위한 조치에 해당하므로 접근의 제한에는 해당하지 않는다는 견해가 있다(부정설). 그러나, 봇에 의한 자동화된 로그인 시도를 제한하여 공격을 차단하거나 상당한 수준에서 지연시킬 수 있다는 점에서 캡차가 "접근의 제한"에 해당한다는 견해가 보다 설득력을 얻는다(긍정설). 세계적으로 권위있는 오픈소스 웹 어플리케이션 보안 프로젝트인 OWASP는 크리덴셜 스터핑 예방 조치로서 대안적 방어 수단의 하나로 캡차를 제시하기도 한다. 이에 관한 보다 자세한 정보는 다음 링크를 참조할 수 있다. https://cheatsheetseries.owasp.org/-cheatsheets/Credential_Stuffing_Prevention_Cheat_Sheet.html

치하는 경우에만 고시의 요구사항을 준수할 수 있다는 실무상의 오해를 불식시키고, 고시가 요구하는 안전조치를 충족할 수 있다면 적절한 네트워크의 구성, 보안 설비 및 소프트웨어의 설치, 그리고 전담 인력의 운용만으로도 법이 정하는 안전조치를 이행한 것으로 인정받을 수 있게 되었다는 것을 의미한다.

2) 외부에서의 개인정보처리시스템 접속

개인정보처리자는 개인정보취급자가 정보통신망을 통해 외부에서 개인정보처리시스템에 접속하려는 경우 인증서, 보안토큰, 일회용 비밀번호 등 안전한 인증수단을 적용하여야 한다. 다만, 이용자가 아닌 정보주체의 개인정보를 처리하는 개인정보처리시스템의 경우 가상사설망 등 안전한 접속수단 또는 안전한 인증수단을 적용할 수 있다(고시 제6조 제2항).

고시 제6조 제2항에 따르면, 개인정보처리자는 개인정보취급자가 정보통신망을 통해 외부에서 개인정보처리시스템에 접속하려는 경우 안전한 인증수단을 적용하면 된다. 이때, 접속하려는 개인정보처리시스템이 "이용자가 아닌 정보주체(예: 인사시스템에 개인정보가 저장되어 있는 임직원)"의 개인정보만을 처리하는 경우라면, 안전한 인증수단이 아니라 안전한 접속수단을 적용하는 것도 무방하다. 현실적으로는 고시 요구사항 충족을 위해 안전한 인증수단을 적용하는 경우, 별도의 안전한 접속수단의 적용을 고려하지 않을 수 있게 된 것이다.

그런데, 이와 같은 규정방식은 기존의 일반규정과 특례규정을 단순히 물리적으로 통합하는 데 그치고, 기술적용에 따른 상이한 보안 수준이나 목적을 충분히 고려한 것인지 검토할 필요가 있다(아래 표 참조).

일반 규정	특례 규정	본 고시
제6조(접근통제) ② 개인정보처리자는 개인정보취급자가 정보통신망을 통해 외부에서 개인정보처리시스템에 접속하려는 경우 가상사설망(VPN: Virtual Private Network) 또는 전용선 등 안전한 접속수단을 적용하거나 안전한 인증수단을 적용하여야 한다.	제4조(접근통제) ④ 정보통신서비스 제공자등은 개인정보취급자가 정보통신망을 통해 외부에서 개인정보처리시스템에 접속이 필요한 경우에는 안전한 인증수단을 적용하여야 한다.	제6조(접근통제) ② 개인정보처리자는 개인정보취급자가 정보통신망을 통해 외부에서 개인정보처리시스템에 접속하려는 경우 인증서, 보안토큰, 일회용 비밀번호 등 안전한 인증수단을 적용하여야 한다. 다만, 이용자가 아닌 정보주체의 개인정보를 처리하는 개인정보처리시스템의 경우 가상사설망 등 안전한 접속수단 또는 안전한 인증수단을 적용할 수 있다.

안전한 접속수단은 네트워크 구간에서의 전송 정보를 보호할 수 있다는 측면이 강조된 보호조치이고, 안전한 인증수단은 개인정보처리시스템에 정당한 권한을 가진 자의 접속을 보장하는

측면이 강조된 보호조치라는 점에서 양자를 등가를 갖는 조치로 볼 수 있을 것인지 명확하지 않은 상황에서 단지 이용자가 아닌 정보주체의 개인정보를 처리하는 경우라 하여 안전한 인증수단과 접속수단 가운데 어느 하나를 선택적으로 적용하도록 하는 것이 자칫 이용자가 아닌 정보주체에 대한 보호 수준을 낮출 수 있기 때문이다.[12]

안전한 접속수단은 가상사설망(VPN, Virtual Privacy Network) 또는 전용선 구축 등으로 구현 가능하다. 안전한 인증수단에는 대표적으로 인증서(PKI, Public Key Infrastructure), 보안토큰, 일회용 비밀번호(OTP) 등이 있다.

3) 개인정보의 공개 · 유출 방지조치

개인정보처리자는 처리하는 개인정보가 인터넷 홈페이지, P2P, 공유설정 등을 통하여 권한이 없는 자에게 공개되거나 유출되지 않도록 개인정보처리시스템, 개인정보취급자의 컴퓨터 및 모바일 기기 등에 조치를 하여야 한다(고시 제6조 제3항).

개인정보처리자는 인터넷 홈페이지 게시판을 통해 개인정보가 열람 또는 내려받기 가능한 상태로 방치되고 있거나, 검색 엔진을 통해 개인정보 파일이 포함된 웹사이트 경로(directory) 가 노출되어 개인정보가 유출되지 않도록 적절한 보호조치를 적용해야 한다. 또한, 원칙적으로는 금지해야 하지만, 업무상 반드시 필요한 경우에 한하여 P2P 이용이나 공유설정 등을 제한적으로 허용하여야 한다. 이를 허용하는 경우라 할지라도, 개인정보가 권한 없는 자에게 열람되거나 전송되지 않도록 필요한 조치를 적용해야 한다.

4) 자동 접속 차단 등

개인정보처리자는 개인정보처리시스템에 대한 불법적인 접근 및 침해사고방지를 위하여 개인정보취급자가 일정시간 이상 업무처리를 하지 않는 경우에는 자동으로 접속이 차단되도록 하는 등 필요한 조치를 하여야 한다(고시 제6조 제4항).

종전에는 개인정보취급자가 일정시간 이상 업무처리를 하지 않는 경우에는 자동으로 시스템 접속이 차단되도록 하여야 한다거나(일반규정), 개인정보취급자의 접속이 필요한 시간 동안만 최대 접속시간 제한 등의 조치를 취하도록 하였으나(특례규정), 본 고시에선 "개인정보취급자가 일정시간 이상 업무처리를 하지 않는 경우에는 자동으로 접속이 차단되도록 하는 등 필요한 조치를 하여야 한다"로 규정 방식이 변경되었다. 이에 따라 개인정보처리시스템에 대한 불법적인 접근 및 침해사고 방지를 위하여 개인정보취급자가 일정시간 이상 업무처리를 하지 않는 경우

---

12) 이런 측면에서 안전한 인증수단에 관한 사항은 접근통제 관련 규정에 존치하고, 안전한 접속수단에 관한 사항을 별도로 발췌하여 접근 권한의 관리에 관한 규정(본 고시 제5조)으로 통합하는 것도 적절한 방안이 될 수 있을 것으로 보인다.

에는 자동으로 접속을 차단하거나, 그에 상응하는 보호조치를 개인정보처리자가 스스로 정하여 적용해야 한다.

이와 같은 규정 방식의 변화에서 주목할 점은 "개인정보취급자가 일정시간 이상 업무처리를 하지 않는 경우"이다. 예를 들어, 일부 데이터베이스시스템에선 대용량 데이터를 대상으로 쿼리(query)를 수행하여 필요한 데이터를 탐색(retrieval)할 때, 데이터베이스시스템(서버)에서는 쿼리를 처리하여 조건에 부합하는 데이터를 탐색하고 있으나, 그 결과를 수신할 개인정보취급자의 컴퓨터 등 단말에서는 직접적인 개인정보 처리가 발생하지 않는 경우 이를 개인정보취급자가 업무처리를 수행하고 있는 것으로 판단할지가 문제가 된다. 특히, 일부 데이터베이스시스템의 경우 쿼리를 수행한 단말과의 접속이 끊어지는 경우, 서버의 동작(=작업)이 중단되는 경우가 있다는 점을 고려할 때 개인정보취급자가 일정시간 이상 업무처리를 하지 않는 경우에 대한 해석은 실무상 상당한 논란을 야기할 것으로 보인다.

5) 모바일 기기의 보호조치

개인정보처리자는 업무용 모바일 기기의 분실·도난 등으로 개인정보가 유출되지 않도록 해당 모바일 기기에 비밀번호 설정 등의 보호조치를 하여야 한다(고시 제6조 제5항).

업무용 모바일 기기에 저장된 개인정보는 고시 제7조(개인정보의 암호화)에 따라 적절한 암호화를 적용하는 것 외에, 분실·도난 등으로 이를 습득한 자에 의해 개인정보가 열람·유출되지 않도록 비밀번호, PIN, 지문, 홍채 등을 사용하여 기기에 대한 잠금을 설정하여야 한다.

다만, 해당 규정의 문언상 업무용 모바일 기기의 분실·도난 등에 의한 개인정보 유출을 방지하기 위해 "사전적 조치"로서 비밀번호 설정 등의 보호조치를 하는 것 외에, 업무용 모바일 기기의 분실이 실제 발생한 것을 인지한 즉시 원격 잠금이나 데이터 삭제(소위 'remote wipe')를 수행하는 것이 본 규정의 보호조치를 적용한 것으로 인정되기 어렵다는 견해도 있다.[13]

---

13) 개인정보의 안전성 확보조치 기준(제2020-2호) 해설서는 이에 대하여 아래와 같은 예시들도 해당 고시 조항의 요구사항을 충족하기 위한 조치로 제시했다. 그러나, 이들 가운데 일부는 본문에서의 설명과 같은 이유로 본 고시 규정을 충족할 수 있는 조치에 해당하지 않을 가능성이 크다. 특히, 원격 잠금이나 데이터 삭제의 경우 이미 해당 기기를 습득한 자가 이에 저장된 개인정보를 열람·유출한 이후에 잠금이나 삭제를 적용할 가능성을 배제할 수 없기 때문이다. 또한, 분실 후, 원격 데이터 삭제를 수행하면 기기 초기화(factory reset) 상태로 전환되기 때문에, 해당 기기를 습득한 자가 이에 저장된 개인정보를 열람하거나 유출했는지 여부를 확인하는 것이 불가능하게 될 수 있다.
- 디바이스 암호화 기능을 사용하여 애플리케이션, 데이터 등 암호화
- USIM 카드에 저장된 개인정보 보호를 위한 USIM 카드 잠금 설정
- 모바일 기기 제조사 및 이동통신사가 제공하는 기능을 이용한 원격 잠금, 원격 데이터 삭제- 중요한 개인정보를 처리하는 모바일 기기는 MDM(Mobile Device Management) 등 모바일 단말 관리 프로그램을 설치하여 원격 잠금, 원격 데이터 삭제, 접속 통제 등

6) 망차단 조치

전년도 말 기준 직전 3개월간 그 개인정보가 저장·관리되고 있는 이용자수가 일일평균 100만명 이상인 개인정보처리자는 개인정보처리시스템에서 개인정보를 다운로드 또는 파기할 수 있거나 개인정보처리시스템에 대한 접근 권한을 설정할 수 있는 개인정보취급자의 컴퓨터 등에 대한 인터넷망차단 조치를 하여야 한다. 다만, 「클라우드컴퓨팅 발전 및 이용자 보호에 관한 법률」 제2조제3호에 따른 클라우드컴퓨팅서비스를 이용하여 개인정보처리시스템을 구성·운영하는 경우에는 해당 서비스에 대한 접속 외에는 인터넷을 차단하는 조치를 하여야 한다(고시 제6조 제6항).

종전 특례규정	본 고시 (본문)
제4조(접근통제) ⑥ 전년도 말 기준 직전 3개월간 그 개인정보가 저장·관리되고 있는 이용자 수가 일일평균 100만명 이상이거나 <u>정보통신서비스 부문 전년도(법인인 경우에는 전 사업연도를 말한다) 매출액이 100억 원 이상인</u> 정보통신서비스 제공자등은 개인정보처리시스템에서 개인정보를 다운로드 또는 파기할 수 있거나 개인정보처리시스템에 대한 접근권한을 설정할 수 있는 개인정보취급자의 컴퓨터 등을 <u>물리적 또는 논리적으로 망분리 하여야 한다.</u>	제6조(접근통제) ⑥ 전년도 말 기준 직전 3개월간 그 개인정보가 저장·관리되고 있는 이용자 수가 일일평균 100만명 이상인 개인정보처리자는 개인정보처리시스템에서 개인정보를 다운로드 또는 파기할 수 있거나 개인정보처리시스템에 대한 접근 권한을 설정할 수 있는 개인정보취급자의 컴퓨터 등에 대한 <u>인터넷망 차단 조치를 하여야 한다.</u>

본 고시는 종전 특례규정에서 매출액에 관한 내용을 제외하고, 물리적 또는 논리적 망분리 요구사항을 '인터넷망 차단 조치'라는 표현으로 변경하였다. 다만, 기존의 물리적 또는 논리적 망분리와 인터넷망 차단 조치가 구체적으로 어떻게 다른 것인지에 대해선 명확하지 않다. 일부 웹사이트에 대한 접속을 제한적으로 허용(whitelist 방식 내지 웹격리 방식)하는 인터넷망 차단 조치가 이에 해당한다는 의견도 일부 존재한다.

특례규정의 수범자는 정보통신서비스 제공자등이었으나, 본 고시에서의 인터넷망 차단 조치의 수범자는 개인정보처리자이다. 다만, 후자가 인터넷망 차단 조치를 해야 하는 개인정보처리시스템은 '이용자 수'가 일일평균 100만명 이상인 경우이기 때문에, 인터넷망 차단 조치를 해야 하는 적용 대상은 기존의 특례규정과 다를 바가 없을 것으로 보인다.

또한, 여러 개인정보처리시스템에 분산하여 처리하는 경우라 할지라도 그 합산 이용자 수가 일일평균 100만명 이상에 해당한다면, 해당 개인정보처리자는 인터넷망 차단조치를 적용해야 한다. 여기에는 개인정보처리자 스스로 정한 내규에 따라 분리보관한 개인정보도 포함하여 산정해야 한다. 인터넷망 차단조치와 관련, 개인정보처리자가 관리하는 여러 시스템 중 단 1개의 시스템만이라도 법이 정한 기준에 해당하는 경우, 전체 개인정보처리시스템에 망차단 조치를 적용해야 한다.

한편, 본 고시 제6조 제6항 단서에선 클라우드 컴퓨팅서비스를 이용하여 개인정보처리시스템을 구성·운영하는 경우에는 해당 서비스에 대한 접속 외에 인터넷을 차단하는 조치를 하도록 요구한다. 이는 클라우드 컴퓨팅 환경에 저장된 개인정보에 접속할 때, 인터넷을 차단한 단말을 이용하여 접속하도록 요구하는 것이다.[14]

6. 개인정보의 암호화

1) 인증정보의 암호화

개인정보처리자는 비밀번호, 생체인식정보 등 인증정보를 저장 또는 정보통신망을 통하여 송·수신하는 경우에 이를 안전한 암호 알고리즘으로 암호화하여야 한다. 다만, 비밀번호를 저장하는 경우에는 복호화되지 아니하도록 일방향 암호화하여 저장하여야 한다(고시 제7조 제1항).

종전 일반규정	종전 특례규정	본 고시
제7조(개인정보의 암호화) ① 개인정보처리자는 고유식별정보, 비밀번호, 생체인식정보를 정보통신망을 통하여 송신하거나 보조저장매체 등을 통하여 전달하는 경우에는 이를 암호화하여야 한다. ② 개인정보처리자는 비밀번호 및 생체인식정보는 암호화하여 저장하여야 한다. 다만, 비밀번호를 저장하는 경우에는 복호화되지 아니하도록 일방향 암호화하여 저장하여야 한다.	제6 (개인정보의 암호화) ① 정보통신서비스 제공자등은 비밀번호는 복호화 되지 아니하도록 일방향 암호화하여 저장한다.	① 개인정보처리자는 비밀번호, 생체인식정보 등 인증정보를 저장 또는 정보통신망을 통하여 송·수신하는 경우에 이를 안전한 암호 알고리즘으로 암호화하여야 한다. 다만, 비밀번호를 저장하는 경우에는 복호화되지 아니하도록 일방향 암호화하여 저장하여야 한다.

---

14) 금융분야 클라우드컴퓨팅서비스 이용 가이드(금융보안원, 2023. 2)에 의하면, 금융위와 금감원은 그간 금융권에 획일적으로 적용되어온 망분리 규제를 단계적으로 완화해나갈 계획['클라우드 및 망분리 규제개선방안('22. 4. 15.)']이며, 구체적으로 ① 금융규제 샌드박스 등을 통해 망분리 예외조치를 허용했던 "고유식별정보 또는 개인신용정보를 처리하지 않는 연구·개발 목적"의 경우 망분리 예외를 우선 허용(전자금융감독규정 개정안에 기 반영), ② 금융거래와 무관하고 고객거래정보를 다루지 않는 샌드박스 제도를 통해 SaaS 형태의 소프트웨어 사용에 대한 망분리 예외조치를 허용할 것이며, ③ 비중요 업무 등에 대한 망분리 예외조치의 성과, 금융회사 등의 책임성 확보 등을 감안하여 망분리 대상 업무를 축소하고 망분리 방식에 대한 선택권 부여 등을 검토할 계획임을 밝혔다. 이런 측면에서 금융분야의 망분리 개선 대책이 개인정보보호법이 적용되는 일반 분야와 비교하여 보다 유연하다는 평가도 일부 존재한다.

인증정보는 개인정보처리시스템 또는 정보통신망을 관리하는 시스템 등에 접속을 요청하는 자의 신원을 검증하는데 사용되는 정보를 말하는데, 여기에서 '시스템 등에 접속을 요청하는 자'는 해당 시스템에 접속하여 업무를 수행하기 위한 정당한 권한을 보유한 자를 의미하는 것으로, 이에 해당하지 않으면 신원 검증 과정에서 접속을 거부하게 된다. '신원을 검증하는데 사용되는 정보'는 위와 같이 정당한 권한을 보유한 자에 해당하는 것을 증명하기 위하여 식별자(identifier)와 연계된 정보로서 비밀번호, 생체인식정보, 전자서명값 등이 있다.

여기에서 생체인식정보는 개인을 인증 또는 식별 목적으로 입력장치 등을 통해 수집·입력되는 '생체인식 원본정보'와 이로부터 특징점을 추출하는 등의 일정한 기술적 수단을 통해 생성되는 '생체인식 특징정보'로 구분된다. 이 중, 후자는 보호법 시행령 제18조 제3호에서 정한 민감정보에 해당한다. 단, 개인의 신체적, 생리적, 행동적 특징에 관한 정보에 해당하지만 인증·식별목적이나 개인에 관한 특징을 알아보기 위해 기술적으로 처리되지 않는다면 일반적인 개인정보에 해당한다.

본 고시 제7조 제1항의 생체인식정보는 인증 목적으로 사용되는 정보에 해당하므로, 이를 저장 또는 정보통신망을 통하여 송·수신하는 경우에 안전한 암호 알고리즘으로 암호화하여야 한다. 비밀번호는 종전 일반규정 및 특례규정과 마찬가지로 저장 시 일방향 암호화 대상이다.

본 고시에 의하는 경우 인증정보를 저장하는 경우에 이를 안전한 암호 알고리즘으로 암호화를 해야 하는데, 비밀번호, 생체인식번호, 전자서명값 등과 같이 식별자와 연계된 정보로서 신원을 확인하는데 사용되는 정보에 한정되는 것으로 보아야 한다. 따라서 제한적 시간적 유효성을 갖는, 특정(요청된) 자원에 대한 접근 권한을 나타내는 액세스 토큰과 같은 정보는 인증정보의 범위에 포함되지 않는 것으로 보는 것이 타당하다.

2) 저장 시, 암호화 대상 정보

개인정보처리자는 주민등록번호, 여권번호, 운전면허번호, 외국인등록번호, 신용카드번호, 계좌번호, 생체인식정보에 해당하는 이용자의 개인정보에 대해서는 안전한 암호 알고리즘으로 암호화하여 저장하여야 한다(고시 제7조 제2항). 상기 정보의 저장 시, 암호화 대상 정보는 특례규정에서도 동일했으나, 고시 통합으로 인해 기존 정보통신서비스 제공자등에서 개인정보처리자 일반으로 수범자가 확대되었다.[15]

---

15) 이에 관하여 은행권은 은행연합회 차원에서 개별 은행의 의견을 모아 '은행 계좌를 개인정보로 취급해 암호화하는 것에 반대한다.'는 입장을 보호위원회와 금융위원회에 전달한 것으로 알려졌다. 이는 고시 통합에 따라 금융사도 계좌 암호화를 의무적으로 적용해야 하는 상황에 처해졌기 때문인데, 국내 은행이 모두 계좌번호 암호화 시스템을 구축하려면 2조원이 훌쩍 넘는 비용이 필요하다는 추산이 나왔고, 은행권은 이를 당장 실행하기 힘들다는 의견을 정부에 전달한 것으로 전해졌다. 이에 관한 상세한 내용은 다음 기사를 참고할 수 있다. - 전자신문, [단독] "금융 계좌 암호화" 정부 검토에 은행권 반발, 2023. 9. 6., https://www.etnews.com/20230906000301

3) 이용자가 아닌 정보주체의 개인정보 저장 시, 암호화

개인정보처리자는 이용자가 아닌 정보주체의 개인정보를 다음과 같이 저장하는 경우에는 암호화하여야 한다(고시 제7조 제3항).

---

1. 인터넷망 구간 및 인터넷망 구간과 내부망의 중간 지점(DMZ: Demilitarized Zone)에 고유식별정보를 저장하는 경우
2. 내부망에 고유식별정보를 저장하는 경우(다만, 주민등록번호 외의 고유식별정보를 저장하는 경우에는 다음 각 목의 기준에 따라 암호화의 적용여부 및 적용범위를 정하여 시행할 수 있다)
   가. 법 제33조에 따른 개인정보 영향평가의 대상이 되는 공공기관의 경우에는 해당 개인정보 영향평가의 결과
   나. 암호화 미적용시 위험도 분석에 따른 결과

이에 의하는 경우 동호회나 협회·단체 등 정보통신서비스제공자가 아닌 개인정보처리자나 임직원의 개인정보를 처리하는 경우 등에 대하여 암호화 적용에 대한 부담을 덜어줄 수 있을 것으로 예상된다.

4) 개인정보 전송구간 암호화

개인정보처리자는 개인정보를 정보통신망을 통하여 인터넷망 구간으로 송·수신하는 경우에는 이를 안전한 암호 알고리즘으로 암호화하여야 한다(고시 제7조 제4항).

종전 특례규정에 의하는 경우, 정보통신서비스 제공자등은 정보통신망을 통해 이용자의 개인정보 및 인증정보를 송·수신할 때에는 안전한 보안서버 구축 등의 조치를 통해 이를 암호화해야 했다. 본 고시는 수범자를 일반 개인정보처리자로 확대하는 한편, 이용자가 아닌 정보주체의 개인정보까지 정보통신망을 통하여 인터넷망 구간으로 송수신하는 경우 이를 안전한 암호화 알고리즘으로 암호화 하도록 한 것이다.

본 고시는 제7조 제4항에서 개인정보를 "정보통신망을 통하여 인터넷망 구간으로 송·수신하는 경우"라고 하였는데, 이는 개인정보를 내부망(또는 인터넷망이 아닌 외부망)에서 출발하여 인터넷망 구간으로 송수신하는 경우, 개인정보가 내부망 구간에서도 암호화되어 있어야 함을 의미하는 것은 아니다. 오히려, 정보통신망 중 인터넷망 구간을 통과할 때 개인정보가 암호화 된 상태여야 한다는 것으로 새겨야 한다.[16]

---

16) 따라서 "정보통신망을 통하여"라는 문구를 생략하는 경우, 해당 조문의 의미가 오히려 명확해질 수 있으므로 향후 개정에서 이 점을 고려할 필요가 있을 것이다.

5) 개인정보취급자의 기기 등에 저장 시, 암호화

개인정보처리자는 이용자의 개인정보 또는 이용자가 아닌 정보주체의 고유식별정보, 생체인식정보를 개인정보취급자의 컴퓨터, 모바일 기기 및 보조저장매체 등에 저장할 때에는 안전한 암호 알고리즘을 사용하여 암호화한 후 저장하여야 한다(고시 제7조 제5항).

이에 따라, 상용 암호화 소프트웨어를 이용하거나 오피스, 압축 소프트웨어 등에 탑재된 암호화 기능을 적용하는 경우 안전한 암호화 알고리즘이 적용된 것인지 사전에 검토할 필요가 있다.

이상의 내용을 기초로, 본 고시의 암호화 규정 전체를 표로 정리하면 다음과 같다.

구분		개인정보 보호법에 따른 암호화 대상 개인정보	
		이용자가 아닌 정보주체	이용자
정보통신망을 통한 송·수신 시	정보통신망	인증정보(비밀번호, 생체인식정보 등)	
	인터넷망	개인정보	
저장 시	저장 위치 무관	인증정보(비밀번호, 생체인식정보 등) ※ 단, 비밀번호는 일방향 암호화	
		-	신용카드번호, 계좌번호
		주민등록번호	
	인터넷 구간, DMZ	고유식별정보 (주민등록번호 제외)	여권번호, 운전면허번호 외국인등록번호
	내부망	고유식별정보 (주민등록번호 제외) ※ 영향평가 또는 위험도 분석을 통해 암호화 미적용 가능	
개인정보취급자 컴퓨터, 모바일기기, 보조저장매체 등에 저장 시		고유식별정보, 생체인식정보	개인정보

6) 다수 정보주체 개인정보를 처리 시, 암호키 관리 절차

10만명 이상의 정보주체에 관하여 개인정보를 처리하는 대기업·중견기업·공공기관 또는 100만명 이상의 정보주체에 관하여 개인정보를 처리하는 중소기업·단체에 해당하는 개인정보처리자는 암호화된 개인정보를 안전하게 보관하기 위하여 안전한 암호 키 생성, 이용, 보관, 배포 및 파기 등에 관한 절차를 수립·시행하여야 한다(고시 제7조 제6항).

7. 접속기록의 보관 및 점검

개인정보처리자는 개인정보취급자의 개인정보처리시스템에 대한 접속기록을 1년 이상 보관·관리하여야 한다. 다만, 다음의 어느 하나에 해당하는 경우에는 2년 이상 보관·관리하여야 한다(고시 제8조 제1항).

1. 5만명 이상의 정보주체에 관한 개인정보를 처리하는 개인정보처리시스템에 해당하는 경우
2. 고유식별정보 또는 민감정보를 처리하는 개인정보처리시스템에 해당하는 경우
3. 개인정보처리자로서 「전기통신사업법」 제6조제1항에 따라 등록을 하거나 같은 항 단서에 따라 신고한 기간통신사업자에 해당하는 경우

이는 종전 일반규정과 특례규정의 접속기록 보관·관리 규정을 물리적으로 통합한 것이다. 접속기록에는 개인정보취급자가 개인정보처리시스템에 접속하여 처리한 업무내역을 알 수 있도록 일정한 항목을 기록하여야 한다. 여기엔 식별자, 접속일시, 접속지 정보, 처리한 정보주체 정보, 수행업무 등이 포함된다. '처리한 정보주체 정보'는 개인정보취급자가 누구의 개인정보를 처리하였는지 알 수 있는 식별정보를 의미한다. 이때, 처리한 정보주체를 식별할 정도의 정보를 기록하는 것으로 족하며, 불필요하게 과도한 정보를 기록하거나, 다른 정보로 대체 가능한 민감한 정보를 기록하는 것은 지양해야 한다. 처리한 정보주체를 구별할 수 있는 정보가 없는 경우에는 해당 항목을 남기지 아니할 수 있으며, 쿼리(query)를 통해 대량의 개인정보를 처리했을 경우 해당 검색 조건문을 정보주체 정보로 기록할 수 있다.[17]

기존에는 (개인정보취급자의) 계정을 기록하도록 하였으나, 본 고시는 식별자(identifier)를 기록하도록 규정하였다. 이는 비인가자의 개인정보처리시스템에 대한 접속기록까지 보관·관리하고 정기적으로 확인·감독하도록 하여, 개인정보처리시스템에 대한 불법적 접근 및 개인정보 침해 시도 등 비정상 행위에 대한 안전조치를 강화하기 위함이다.[18]

---

17) 기존 일반규정 해설서[개인정보의 안전성 확보조치 기준 해설서(개인정보보호위원회, 2020. 12.)]는 "검색조건문(쿼리)을 통해 대량의 개인정보를 처리했을 경우 해당 검색조건문을 정보주체 정보로 기록할 수 있으나, 이 경우 DB 테이블 변경 등으로 책임추적성 확보가 어려울 수 있으므로 해당 시점의 DB를 백업하는 등 책임추적성 확보를 위해 필요한 조치를 취하여야 한다."라 하여, 쿼리를 통해 대량의 개인정보를 처리했을 경우, 해당 시점의 DB백업 등 방법으로 책임추적성 확보를 할 것을 요구하였으나, 이는 대량의 개인정보에 대한 기준의 부재와 더불어 이용목적 달성 시, 개인정보를 파기하도록 요구하는 보호법의 요구사항에 배치될 뿐만 아니라, 정보주체 정보만을 남기는 것보다 더 많은 개인정보를 불필요하게 보관하도록 하여 개인정보의 최소처리원칙에도 반하는 것이라서 적절한 설명이라 보기 어렵다. 특히, 특정한 조건에 해당하는 개인정보를 검색하는 일체의 과정에 쿼리가 관여한다는 점을 고려할 때, 이와 같은 방식의 설명은 현실적으로 실무에 적용가능하지 않거나, 불합리한 수준의 비용을 야기한다는 점에서 더욱 그러하다.

18) 계정은 개인정보처리자(또는 그가 지정한 개인정보처리시스템의 권한부여를 담당하는 관리자)가 개인정보취급자에게 부여한 접속자를 식별할 수 있는 정보인데, 식별자는 개인정보처리자가 이를 부여하지 않았더라도 접속자를 구별해 내는데 사용할 수 있는, '다른 접속자와 구분 가능한' 정보이기 때문이다. 이런 의미에서, 권한없는 침입자가 통상적 접속경로를 우회하여 개인정보처리시스템에 접속한 경우라 할지라도, 그를 다른 접속자들(정상적 개인

개인정보처리자는 개인정보의 오·남용, 분실·도난·유출·위조·변조 또는 훼손 등에 대응하기 위하여 개인정보처리시스템의 접속기록 등을 월 1회 이상 점검하여야 한다. 특히 개인정보의 다운로드가 확인된 경우에는 내부관리계획 등으로 정하는 바에 따라 그 사유를 반드시 확인하여야 한다(고시 제8조 제2항).

개인정보처리자는 개인정보가 개인정보처리시스템에 안전하게 보관될 수 있도록 접속기록 등을 월 1회 이상 점검하여야 한다. 여기에서 "접속기록 등"이라고 한 것은 접속기록을 점검하였을 때, 이상징후가 발견되는 경우 이를 확인할 수 있는 여타 로그기록 등을 확인해야 하기 때문이다. 한편, 일부에선 "분실"은 개인정보가 기록된 매체를 잃어버리는 것 외에도, 매체의 이상으로 인하여 기록이 복원되지 않는 상실(loss)의 상태까지 포함하는 것으로 이해해야 한다고 주장한다(광의설). 반면, 이를 데이터의 상실까지 확대하는 것은 개인정보처리시스템의 정기적 접속기록 점검의 목적을 지나치게 확대하는 것이므로 이를 매체의 물리적 분실로 한정해야 한다는 견해도 있다(협의설). 그런데, 고시 제8조 제3항에선 접속기록이 분실되지 않도록 안전하게 보관하기 위한 조치를 할 것을 요구하는데, 여기에서의 분실은 기록의 상실까지 포함하는 것으로 해석하는 것이 적절하다는 점을 고려할 때, 고시 제8조 제2항의 분실의 개념 또한 상실을 포함하는 것으로 보는 것이 적절할 것으로 보인다.

또 본 고시 제2조 제3호는 접속기록을 개인정보처리시스템에 접속하는 자가 개인정보처리시스템에 접속하여 수행한 업무내역에 대하여 식별자, 접속일시, 접속지 정보, 처리한 정보주체 정보, 수행업무 등을 전자적으로 기록한 것으로 정의하는 바, 전기통신사업자가 통신비밀보호법 시행령 제41조 제2항 제2호에 따라 최소 3개월 이상 보관하는 통신사실확인자료가 본 고시 제8조 제2항에 따라 점검 대상이 되는 접속기록에 해당하는지가 문제가 된다.[19] 개인정보처리시스템에 접속한 자의 접속기록을 보관·관리하도록 한 '개인정보의 안전성 확보조치 기준 행정예고안('23.7.)'의 제8조 제1항은 개정 고시에서 삭제되었으므로 개인정보보호법상 이용자의 접속기록 보관 의무는 없다는 것이 개인정보보호위원회의 공식 의견으로 확인될 뿐만 아니라[20], 이용자가 온라인 서비스를 이용하고자 접속하여 수행한 활동을 본 고시의 '업무내역'으로

정보취급자 및 비정상적 우회 접속자 일체를 의미함)과 구분할 수 있도록 적절한 식별자가 생성, 부여될 수 있도록 시스템을 구축해야 하기 때문에, 개인정보처리시스템에 대한 설계 및 운용에 상당한 부담이 될 것으로 보인다.

19) 통신비밀보호법 제41조(전기통신사업자의 협조의무 등)
　　① 법 제15조의2에 따라 전기통신사업자는 살인·인질강도 등 개인의 생명·신체에 급박한 위험이 현존하는 경우에는 통신제한조치 또는 통신사실 확인자료제공 요청이 지체없이 이루어질 수 있도록 협조하여야 한다.
　　② 법 제15조의2제2항에 따른 전기통신사업자의 통신사실확인자료 보관기간은 다음 각 호의 구분에 따른 기간 이상으로 한다.
　　　1. 법 제2조제11호가목부터 라목까지 및 바목에 따른 통신사실확인자료: 12개월. 다만, 시외·시내전화역무와 관련된 자료인 경우에는 6개월로 한다.
　　　2. 법 제2조제11호마목 및 사목에 따른 통신사실확인자료: 3개월
20) 개인정보보호위원회, "개인정보 보호법 개정사항 안내서 초안", 2023. 9., 49면.

보기 어렵고, 통신비밀보호법 시행령 제41조의 취지는 살인 · 인질강도 등 개인의 생명 · 신체에 급박한 위험이 현존하는 경우, 개인의 생명 · 신체에 대한 안전을 확보하기 위한 긴급한 조치로서 전기통신사업자의 정보제공을 담보하기 위한 것이지 정보주체의 서비스 이용으로 발생한 접속기록을 검토하려는 목적으로 보존토록 하는 것은 아니라는 점 등을 고려할 때, 이용자로 인해 생성된 로그기록에 해당하는 통신사실확인자료가 본 고시 제8조 제2항에 따라 점검 대상이 되는 접속기록에는 해당하지 않는 것을 보는 것이 타당하다.[21]

개인정보처리자는 접속기록이 위 · 변조 및 도난, 분실되지 않도록 해당 접속기록을 안전하게 보관하기 위한 조치를 하여야 한다(고시 제8조 제3항).

이와 같은 조치에는 접속기록을 별도의 장비에 보관하는 것 외에, 해당 기록이 임의로 위 · 변조 되지 않았음을 입증할 수 있는 검증 정보를 별도의 장비에 보관, 관리하는 것을 포함한다.

8. 악성프로그램 등 방지

개인정보처리자는 악성프로그램 등을 방지 · 치료할 수 있는 보안 프로그램을 설치 · 운영하여야 하며, 다음 사항을 준수하여야 한다(고시 제9조 제1항).

1. 프로그램의 자동 업데이트 기능을 사용하거나, 정당한 사유가 없는 한 일 1회 이상 업데이트를 실시하는 등 최신의 상태로 유지
2. 발견된 악성프로그램 등에 대해 삭제 등 대응 조치

개인정보처리자는 악성프로그램 등을 방지 · 치료할 수 있는 보안 프로그램을 설치 · 운영하여야 하는데, 이는 악성프로그램의 설치를 사전에 차단하거나 예방할 수 있는 기능에 더하여 악성프로그램이 설치된 것을 확인하였을 때, 이를 제거하거나 격리(quarantine)하는 등의 방식으로 개인정보처리시스템에 영향을 미칠 수 있는 악성행위를 할 수 없도록 하는 기능을 수행할 수 있는 보안 프로그램을 선택해야 함을 의미한다.

종전 일반규정 및 특례규정에도 위와 동일한 규정이 있었으나, 본 고시는 "정당한 사유가 없는 한"이라고 하여 일 1회 이상 업데이트를 실시하여 최신의 상태로 보안 프로그램을 유지해야 하는 의무를 일부 완화하였다. 여기에서 정당한 사유란 보안 업데이트 적용 시 개인정보처리시스템의 '안정성 점검'이 필요한 경우 등을 말하는 것으로, 보안 업데이트 실시로 인해 시스템의 정상적 운영이 상당히 곤란해지거나, 다른 프로그램과의 충돌로 인해 오히려 개인정보처리시스

---

21) 다만, 문언적으로만 접근하는 경우, 통신비밀보호법 제41조 제2항 제2호에 따른 통신사실확인자료도 개인정보처리자의 정기적 점검의무를 야기하는 접속기록에 해당한다는 주장도 전면적으로 배척할 수는 없다. 이에, 이용자의 접속기록은 점검 대상에 해당하지 않는다는 점을 보다 명확히 하는 방향으로 본 고시를 개정할 필요가 있을 것으로 보인다.

템의 보안성이 저하되는 경우 등을 의미한다. 예를 들어, 보안 업데이트(패치)를 준비하던 중, 정보보호 기관 및 전문업체 등으로부터 운영체제 등과의 충돌 사례가 발표되어 추가 패치가 배포되기 전까지는 업데이트를 제한하는 공지가 발표되는 경우가 이에 해당할 수 있다.

발견된 악성프로그램 등에 대해 개인정보처리자는 "삭제 등" 대응조치를 해야 하는데, 만약 발견한 악성프로그램을 보안 프로그램에 의한 삭제, 격리 등 치료가 불가능한 경우 개인정보처리시스템과 업무용 컴퓨터를 분리하거나, 악성프로그램의 확산을 방지하기 위해 네트워크 접속을 차단하거나 제한하는 등 필요한 조치를 취해야 한다.

개인정보처리자는 악성프로그램 관련 정보가 발령된 경우 또는 사용중인 응용 프로그램이나 운영체제 소프트웨어의 제작업체에서 보안 업데이트 공지가 있는 경우 정당한 사유가 없는 한 즉시 이에 따른 업데이트 등을 실시하여야 한다(고시 제9조 제2항). 여기에서도 종전과 달리, 시스템 총돌에 의한 안정성 저하 등 즉시 업데이트 등을 실시할 수 없는 정당한 사유가 존재하는 경우에 관한 예외를 두었다.

9. 물리적 안전조치

개인정보처리자는 전산실, 자료보관실 등 개인정보를 보관하고 있는 물리적 보관 장소를 별도로 두고 있는 경우에는 이에 대한 출입통제 절차를 수립·운영하여야 한다(고시 제10조 제1항).

출입통제 절차의 운영을 위해, 해당하는 물리적 보관 장소에 대한 출입권한을 관리할 수 있는 체계를 갖추어야 한다. 이는 반드시 출입시스템과 연동된 자동화된 시스템으로 운영할 필요는 없으나, 출입권한을 수기로 관리하는 경우, 출입권한의 부여, 말소, 변경 등에 따른 실제 출입통제가 정상적으로 실행되고 있음을 보장할 수 있어야 한다.

한편, 개인정보를 보관하고 있는 물리적 보관 장소에 대해 출입통제 절차를 수립·운영하는 것은 비인가자의 출입에 의한 개인정보의 유출, 분실, 훼손 등의 사고를 예방하기 위한 목적뿐 아니라, 사전에 승인받은 인가자라 할지라도 당초 부여받은 출입권한의 목적 범위를 벗어나 보관된 개인정보를 무단으로 열람하거나 실수로 삭제하는 등 부적절한 행위가 발생하지 않도록 예방하거나, 그러한 행위가 발생한 경우 최대한 이른 시간에 피해 발생 및 확산을 제한하기 위한 조치를 이행하기 위한 것이다. 이런 의미에서, 출입통제 절차는 출입자에 대한 기록(출입자, 출입일시, 출입목적, 소속 등) 유지라는 수동적 의미에 그치는 것이 아니라, 실제 그가 어떤 활동을 수행했고 그로 인해 보관된 개인정보에 훼손 등 사고가 발생하지는 않았는지 확인하고 대응하는 적극적 의미까지 포함된 것으로 보아야 한다.

전산실을 직접 운영하지 않고, 클라우드 서비스를 이용하여 개인정보를 보관하는 경우 본 규정의 적용을 받는 것인지가 실무상 문제가 된다. 고시는 개인정보를 보관하고 있는 물리적 보관 장소를 "별도로 두고 있는 경우"라 하여, 통상적으로 인터넷 데이터센터(IDC)를 임대하여 개인정보를 보관하거나, 클라우드 서비스 이용계약을 맺고 클라우드 서비스 제공자(CSP)가 제공하는 서비스를 이용하는 방식으로 개인정보를 보관하는 경우가 아니라 개인정보처리자가 직접 물리적 보관 장소를 별도로 두고 이에 대한 운영 책임을 스스로 부담하는 경우에만 본 조항의 규정을 적용받는 것으로 해석될 여지가 있다. 그러나, 인터넷 데이터센터를 임대하여 개인정보를 보관하는 경우라 할지라도, 개인정보가 저장된 서버 등이 위치한 상면에 대한 출입통제 절차는 해당 개인정보처리자가 직접 수립·운영해야 하며, 클라우드서비스 이용의 경우에도 적절한 출입통제 절차를 수립·운영하는 CSP를 선정하여 계약을 체결하고 이용할 필요가 있고, 이와 같은 사항이 실제 이행되고 있는지 개인정보보호관리체계 인증(ISMS-P) 등을 통해 실무상 점검하고 있다는 점을 고려할 때, 클라우드 서비스를 이용하거나 IDC를 임대하여 개인정보를 보관하는 경우라 하여 해당 규정의 적용을 배제할 이유는 없다고 보는 것이 타당하다.

개인정보처리자는 개인정보가 포함된 서류, 보조저장매체 등을 잠금장치가 있는 안전한 장소에 보관하여야 한다(고시 제10조 제2항).

이에 관해 두 가지 해석론이 대립한다. 첫째는 개인정보가 포함된 서류, 보조저장매체 등을 안전한 장소에 보관하여야 한다는 것으로, 여기에는 잠금장치가 있는 캐비넷 등이 구비될 것이 요구된다는 것이다. 즉, 해당 규정에서의 방점은 개인정보가 안전한 장소에 보관될 필요가 있다는 것이며, 안전한 장소의 요건으로 잠금장치가 구비될 것이 요구된다는 것이다. 이 해석론에 의하는 경우 잠금장치는 안전한 장소를 구비하기 위한 필요조건에 해당한다. 둘째는 잠금장치가 구비된 경우라면 개인정보가 안전한 장소에 보관된 것으로 볼 수 있다는 것이다. 즉, 해당 규정에서의 방점은 잠금장치이며, 이를 구비한 경우라면 당연히 안전한 장소로 인정받을 수 있다는 것이다. 이 해석론에 의하는 경우 잠금장치는 그 자체로 안전한 장소에 해당한다. 기존 일반규정 해설서는 "개인정보처리자는 개인정보가 포함된 서류, 보조저장매체(이동형 하드디스크, USB메모리, SSD 등) 등은 금고, 잠금장치가 있는 캐비넷 등 안전한 장소에 보관하여야 한다." 라고 하여, 후자의 견해를 취하고 있는 것으로 보인다. 실무적으로도 후자의 견해를 따라 잠금장치 구비를 통해 개인정보를 안전한 장소에 보관해야 하는 의무를 준수하는 것이 일반적이다. 다만, 문언적으로는 첫째 해석론과 같은 해석도 불가능한 것은 아니므로, 고시 문언을 보다 명확하게 수정할 필요가 있을 것으로 보인다.

개인정보처리자는 개인정보가 포함된 보조저장매체의 반출·입 통제를 위한 보안대책을 마련하여야 한다. 다만, 별도의 개인정보처리시스템을 운영하지 아니하고 업무용 컴퓨터 또는 모바일 기기를 이용하여 개인정보를 처리하는 경우에는 이를 적용하지 아니할 수 있다(고시 제10조 제3항).

개인정보처리시스템을 운영하는 개인정보처리자는 USB메모리, SSD 등 보조저장매체를 통해 개인정보가 유출되지 않도록 보조저장매체의 반·출입 통제를 위한 보안대책을 마련하고, 이를 이행해야 한다. USB 단자를 Read-Only로 구성하고, 이를 통한 매체 쓰기를 제한하며, 분실을 고려하여 승인된 자만 USB메모리에 저장된 개인정보에 접근할 수 있도록 비밀번호를 설정하고 나, 지문인식 방식의 보안 USB메모리를 이용하는 등 다양한 방식을 고려할 수 있다.

별도의 개인정보처리시스템을 운영하지 아니하고 업무용 컴퓨터 또는 모바일 기기를 이용하여 개인정보를 처리하는 경우에는 보조저장매체의 반출·입 통제를 위한 보안대책을 필수적으로 마련할 필요는 없다.

10. 재해·재난 대비 안전조치

10만명 이상의 정보주체에 관하여 개인정보를 처리하는 대기업·중견기업·공공기관 또는 100만명 이상의 정보주체에 관하여 개인정보를 처리하는 중소기업·단체에 해당하는 개인정보처리자는 화재, 홍수, 단전 등의 재해·재난 발생 시 개인정보처리시스템 보호를 위한 ① 위기대응 매뉴얼 등 대응절차를 마련하고 정기적으로 점검 및 ② 개인정보처리시스템 백업 및 복구를 위한 계획 마련의 조치를 하여야 한다(고시 제11조).

종전 일반 규정은 "[별표]의 유형1 및 유형2에 해당하는 개인정보처리자는 제1항부터 제2항까지 조치를 이행하지 아니할 수 있다."고 하여 유형3(10만명 이상의 정보주체에 관한 개인정보를 보유한 대기업, 중견기업, 공공기관 또는 100만명 이상의 정보주체에 관한 개인정보를 보유한 중소기업, 단체)에 해당하지 않는 개인정보처리자라 할지라도 재해·재난 대비 안전조치에 관한 고시 규정을 준수할 필요가 있다고 보았으나, 예외적으로 이를 이행하지 않아도 될 수 있게 하였다. 그러나, 본 고시는 제11조에서 정한 개인정보처리자가 아니라면 이를 준수해야 할 의무를 처음부터 부과하지 않았다.

고시 제11조 제2호는 제1호에 필수적으로 포함되어야 할 내용을 정하고 있는 것으로 볼 수 있다. 본 고시가 정한 재해재난 대비 안전조치를 마련하고 이를 정기적으로 점검해야 할 개인정보처리자는 위기대응 매뉴얼 등 대응절차에 개인정보처리시스템 백업 및 복구를 위한 계획을 필수적으로 반영해야 한다는 것이다.[22]

---

22) 2022년 12월 발생한 SK C&C 판교 데이터센터 화재로 발생한 카카오 서비스 장애에 따른 후속조치로 2023년 7월부터 소위 '카카오 먹통방지 3법'이라 불리는 방송통신발전 기본법, 전기통신사업법, 정보통신망법 일부개정안의 시행령이 마련됨에 따라 일정 규모 이상의 하루 평균 이용자 수를 보유하는 등 법이 정한 기준에 해당하는 부가통신서비스사업자도 기존에 기간통신사업자에 적용되었던 안정성 확보 의무를 부담하게 되었다. 한편, 과학기술정보통신부는 여러 법에 흩어져 있는 디지털 서비스 안정성과 관련한 규정을 통합해 네트워크와 데이터센터 등의 종합적 재난관리 체계를 마련하는 가칭 '디지털서비스안전법'을 제정하는 것도 검토하겠다고 했다. 이에, 재해·재난 대비 안전조치를 이행하는 개인정보처리자는 이와 같은 재난관리 체계의 구성요소 가운데 하나로 본 고시의 요구사항을 이행할 것으로 보인다. .

11. 출력 · 복사 시 안전조치

개인정보처리자는 개인정보처리시스템에서개인정보의 출력 시(인쇄, 화면표시, 파일생성 등) 용도를 특정하여야 하며, 용도에 따라 출력 항목을 최소화하여야 한다(고시 제12조 제1항). 또한, 개인정보처리자는 개인정보가 포함된 종이 인쇄물, 개인정보가 복사된 외부 저장매체 등 개인정보의 출력 · 복사물을 안전하게 관리하기 위해 필요한 안전조치를 하여야 한다(고시 제12조 제1항).

이와 같은 안전조치 요구사항은 종전 특례규정 제9조의 내용을 그대로 가져온 것이지만, 수범자를 정보통신서비스 제공자등에서 개인정보처리자로 확대하였다. 또한, 종전 특례규정은 개인정보의 출력 · 복사물을 안전하게 관리하여 위해 출력 · 복사 기록 등 필요한 보호조치를 갖추어야 한다고 하였으나, 본 고시는 이를 안전하게 관리하기 위해 필요한 안전조치를 하여야 한다고 하여 보호조치에 필수적으로 포함해야 할 특정 수단을 배제하였다.

12. 개인정보의 파기

개인정보처리자는 개인정보를 파기할 경우 ① 완전파괴(소각 · 파쇄 등), ② 전용 소자장비(자기장을 이용해 저장장치의 데이터를 삭제하는 장비)를 이용하여 삭제, ③ 데이터가 복원되지 않도록 초기화 또는 덮어쓰기 수행 중 어느 하나의 조치를 하여야 한다(고시 제13조 제1항). 개인정보처리자는 개인정보가 불필요하게 되었을 때에는 지체 없이 그 개인정보를 파기해야 하는데, 원칙적으로 개인정보가 저장된 매체(media) 자체를 파기하는 방식으로 이를 진행한다. 소각 · 파쇄 등의 완전파괴 방식이나 디가우저 등 전용 소자장비에 의한 파기는 매체 자체를 파기하거나, 그에 기록된 개인정보를 복구하거나 재생하는 것을 불가능하게 만든다. 기타 데이터가 복원되지 않도록 초기화 또는 덮어쓰기를 수행하는 것은 합리적 수준에서의 시간, 비용, 인력 투입에 의한 개인정보 복원 시도로부터 파기(삭제)된 개인정보가 복구되지 않도록 하기 위한 것인데, 이 때 검증된 데이터 덮어쓰기 소프트웨어를 이용하는 것도 가능하다.

개인정보처리자가 개인정보의 일부만을 파기하는 경우 고시 제13조 제1항의 방법으로 파기하는 것이 어려울 때에는 다음의 조치를 하여야 한다(고시 제13조 제2항).
① 전자적 파일 형태인 경우: 개인정보를 삭제한 후 복구 및 재생되지 않도록 관리 및 감독
② ① 외의 기록물, 인쇄물, 서면, 그 밖의 기록매체인 경우: 해당 부분을 마스킹, 구멍 뚫기 등으로 삭제

"개인정보의 일부만을 파기하는 경우"는 매체 자체를 파기하거나 매체에 저장된 개인정보 일체를 삭제하는 것이 개인정보 처리 목적의 달성에 적합하지 않은 경우로서, 대표적으로 회원탈

퇴가 발생하여 운영중인 데이터베이스에서 해당 회원의 개인정보만 삭제하는 것이 이에 해당한다. 또는, 수기로 회원가입 신청서를 작성하고 회원에 가입한 고객이 탈퇴하였을 때, 고객정보 관리 목적으로 회원번호만을 남기고 여타 정보는 육안으로 확인할 수 없도록 진한 색상의 펜 등으로 덧칠(소위 'redaction')하는 경우도 이에 해당한다.

기술적 특성으로 제1항 및 제2항의 방법으로 파기하는 것이 현저히 곤란한 경우에는 법 제58조의2에 해당하는 정보로 처리하여 복원이 불가능하도록 조치를 하여야 한다(고시 제13조 제3호).

이는 블록체인 등 개인정보처리시스템 또는 이를 구성하는 구성요소의 기술적 특성으로 인해 매체의 파기나 데이터 덮어쓰기 등의 방식으로 개인정보 전체 또는 일부를 파기하는 것이 현저히 곤란한 경우, 법 제58조의2에 해당하는 정보로 처리하여 더 이상 보호법이 적용되지 않도록 하는 방식이다. 실제 법 제58조의2에 해당하는 정보로 처리하면 더 이상 보호법이 적용되지 않기 때문에, 이를 굳이 본 고시에 명시하는 것은 필요하지 않다는 견해가 있다. 그러나 해당 규정을 실무에서 적극적으로 활용하여 신기술을 보다 폭넓게 수용하도록 할 정책적 필요성을 고려할 때, 해당 규정을 고시에 명시함으로써 얻는 실익이 없다고 할 수는 없을 것이다.

13. 공공시스템 운영기관 등의 개인정보 안전성 확보조치

1) 공공시스템운영기관 등에 대한 특례 개관

본 고시는 제3장에 공공시스템운영기관 등에 대한 규정을 신설했다. 개인정보 보호법 시행령에 공공시스템운영기관 등에 대한 개인정보 안전성 확보조치 등에 관한 규정(시행령 제30조의2)이 신설됨에 따라 고시 위임사항인 공공시스템 지정 기준 및 공공시스템운영기관의 안전조치 기준을 규정한 것이다. 다만, 시행령 제30조의2가 2024년 9월 15일에 시행이 될 예정임에 따라, 제3장의 규정(제14조부터 제17조까지의 개정규정)은 공공시스템운영기관 및 공공시스템이용기관에 해당하는 개인정보처리자에 대해 시행령 제30조의2와 같은 날짜에 시행이 될 예정이다.

관계부처 합동으로 마련하고 개인정보보호위원회가 발표한 "공공부문 개인정보 유출 방지대책(2022.7.14.)"에 따르면, 공공부문이 보유한 방대한 개인정보를 효과적으로 활용하기 위해선 공공부문 개인정보 보호에 대한 국민의 신뢰 확보가 전제되어야 하는데, 송파 살인사건('21.12.), n번방 사건('19.) 등 공공부문의 개인정보 유출 증가세 및 이로 인한 국민의 2차 피해도 심각하므로 해당 방지대책을 통해 공공부문에서 개인정보 유출을 근절함으로써 국민의 신뢰를 확보하고 데이터 안전활용을 위한 토대를 마련하는 것을 그 목적으로 하는 것으로 확인된다.

관계부처가 마련한 개선 방안은 크게 ① 공공부문 주요 개인정보처리시스템 보호 대책 강화, ② 사각지대 없는 통합 개인정보 관리체계 구축, ③ 위반행위 제재 강화 및 개인정보 보호기반 구축 등 세 가지인데, 본 고시 3장의 내용은 결국 이 세 가지 개선 방안을 구체화한 것이라 볼 수 있다.

본 고시 제14조 제1항 제1호 내지 제3호의 어느 하나에 해당하는 개인정보처리시스템 중에서 개인정보보호위원회가 지정하는 개인정보처리시스템("공공시스템")을 운영하는 기관("공공시스템운영기관")에 제3장의 규정이 적용되는데, 해당 공공시스템운영기관은 제2장의 개인정보의 안전성 확보조치 외에 제3장에 규정된 조치를 적용해야 한다(고시 제14조 제1항). 다만, 이와 같은 규정에도 불구하고 체계적인 개인정보 검색이 어려운 경우, 내부적 업무처리만을 위하여 사용되는 경우 또는 그 밖에 개인정보가 유출될 가능성이 상대적으로 낮은 경우로서 보호위원회가 인정하는 경우에 해당하는 개인정보처리시스템에 대해 보호위원회는 공공시스템으로 지정하지 않을 수 있다(고시 제15조 제2항). 결국 공공시스템운영기관 가운데 제3장의 규정을 적용받아 추가적인 안전조치를 적용해야 하는지 여부는 상당 부분 개인정보보호위원회의 결정에 달려있다 할 것이다.

공공시스템운영기관 등에 대한 특례 주요 내용

1. 공공시스템운영기관의 안전조치 기준 적용(제14조)
   - 공공시스템에 해당하는 개인정보처리시스템의 지정 기준과 해당 시스템이 제2장의 개인정보의 안전성 확보조치에 더하여 제3장의 특례를 적용받는 것을 규정
2. 공공시스템운영기관의 내부 관리계획의 수립·시행(제15조)
   - 공공시스템운영기관이 관리책임자 지정 등 공공시스템 별로 일정한 사항을 포함하여 내부 관리계획을 수립할 것을 규정
3. 공공시스템운영기관의 접근 권한의 관리(제16조)
   - 공공시스템에 대한 접근권한 부여, 변경 또는 말소 시 인사정보와 연계할 것을 규정
   - 인사정보 미등록자에게 계정발급 제한. 단, 불가피한 사유 있는 경우 예외 규정
   - 계정발급 시, 교육 및 보안서약 준수. 접근권한 부여, 변경, 말소 내역 등을 반기별 1회 이상 점검해야 함을 규정
4. 공공시스템운영기관의 접속기록의 보관 및 점검(제17조)
   - 접속기록 등을 자동화된 방식으로 분석하고, 개인정보 유출이나 오, 남용 시도를 탐지하여 그 사유를 소명하는 등 필요한 조치를 하도록 규정
   - 공공시스템 이용 기관이 소관 개인정보취급자의 접속기록을 직접 점검할 수 있는 기능을 제공하도록 규정

---

2) 공공시스템운영기관의 안전조치 기준 적용(고시 제14조)

다음 각 호의 어느 하나에 해당하는 개인정보처리시스템 중에서 개인정보보호위원회(이하 "보호위원회"라 한다)가 지정하는 개인정보처리시스템(이하 "공공시스템"이라 한다)을 운영하는 공공기관(이하 "공공시스템운영기관"이라 한다)은 고시 제2장의 개인정보의 안전성 확보 조치 외에 이 장의 조치를 하여야 한다(고시 제14조 제1항).

1. 2개 이상 기관의 공통 또는 유사한 업무를 지원하기 위하여 단일 시스템을 구축하여 다른 기관이 접속하여 이용할 수 있도록 한 단일접속 시스템으로서 다음 각 목의 어느 하나에 해당하는 경우

   가. 100만명 이상의 정보주체에 관한 개인정보를 처리하는 시스템

   나. 개인정보처리시스템에 대한 개인정보취급자의 수가 200명 이상인 시스템

   다. 정보주체의 사생활을 현저히 침해할 우려가 있는 민감한 개인정보를 처리하는 시스템

2. 2개 이상 기관의 공통 또는 유사한 업무를 지원하기 위하여 표준이 되는 시스템을 개발하여 다른 기관이 운영할 수 있도록 배포한 표준배포시스템으로서 대국민 서비스를 위한 행정업무 또는 민원업무 처리용으로 사용하는 경우

3. 기관의 고유한 업무 수행을 지원하기 위하여 기관별로 운영하는 개별시스템으로서 다음 각 목의 어느 하나에 해당하는 경우

   가. 100만명 이상의 정보주체에 관한 개인정보를 처리하는 시스템

   나. 개인정보처리시스템에 대한 개인정보취급자의 수가 200명 이상인 시스템

   다. 「주민등록법」에 따른 주민등록정보시스템과 연계하여 운영되는 시스템

   라. 총 사업비가 100억 원 이상인 시스템

공공부문 정보시스템은 16,199개('20.12.)로 대부분 개인정보처리시스템에 해당하는데, 이를 기관별로 구분하면 부처(1,779개), 지자체(9,039개), 공공기관(5,240개), 입법·사법(141개)과 같다. 이를 유형별로 구분하면, 다수 기관의 공통·유사한 업무를 지원하는 공통 시스템과 고유 업무용으로 단일 기관이 개발·구축하는 개별 시스템이 있다. 특히, 공동 시스템은 다시 단일접속 시스템(단일 시스템을 구축하여 복수의 기관이 함께 사용)과 표준배표 시스템(표준 시스템 패키지를 배포하여 기관별로 시스템을 구축·이용)으로 나눌 수 있다. 보호위원회 등 관계부처는 공공부문 개인정보 유출 방지대책에서 공공부문의 시스템 중 개인정보 보유량, 민감성 및 유출 시 파급효과, 취급자 수 등을 고려하여 "집중관리 개인정보처리시스템"을 선정한다면서 단일 접속 공통 시스템(112개 중 47개), 표준배포 공통 시스템(3,884개 중 1,148개), 전국 단위 개별 시스템(12,203개 중 143개)를 지정한 바 있다. 이는 고시 제14조 제1항 제1호 내지 제3호의 기준과 동일하다.

구분		정보 시스템*	집중관리 시스템**	「집중관리 시스템」 선정 기준
합계		16,199	1,608	
공통 시스템		3,996	1,465	
	[유형1] 단일접속	112	47	개인정보 100만건↑+취급자 200명↑
	[유형2] 표준배포	3,884(19***)	1,418(10)	전국 공통 민원 사무 용도
[유형3] 개별 시스템		12,203	143	주민등록 연계/개발비 100억↑+ 전국 단위 활용 시스템

*행안부 '21 공공 정보자원(EA) 통계/ **집중관리 시스템: 서면조사/ ***괄호는 패키지 기준

제1항에도 불구하고 보호위원회는 다음 각 호의 어느 하나에 해당하는 개인정보처리시스템에 대하여는 공공시스템으로 지정하지 않을 수 있다(고시 제14조 제2항).

1. 체계적인 개인정보 검색이 어려운 경우
2. 내부적 업무처리만을 위하여 사용되는 경우
3. 그 밖에 개인정보가 유출될 가능성이 상대적으로 낮은 경우로서 보호위원회가 인정하는 경우

3) 공공시스템운영기관의 내부 관리계획의 수립·시행(고시 제15조)

공공시스템운영기관은 공공시스템별로 다음 각 호의 사항을 포함하여 내부 관리계획을 수립하여야 한다(고시 제15조).

1. 시행령 제30조의2제4항에 따른 관리책임자(이하 "관리책임자"라 한다)의 지정에 관한 사항
2. 관리책임자의 역할 및 책임에 관한 사항
3. 제4조제1항제3호에 관한 사항 중 개인정보취급자의 역할 및 책임에 관한 사항
4. 제4조제1항제4호부터 제6호까지 및 제8호에 관한 사항
5. 제16조 및 제17조에 관한 사항

시행령 제30조의2 제4항은 "공공시스템운영기관은 공공시스템별로 해당 공공시스템을 총괄하여 관리하는 부서의 장을 관리책임자로 지정해야 한다. 다만, 해당 공공시스템을 총괄하여

관리하는 부서가 없을 때에는 업무 관련성 및 수행능력 등을 고려하여 해당 공공시스템운영기관의 관련 부서의 장 중에서 관리책임자를 지정해야 한다."라고 하여, 공공시스템운영기관의 관리책임자 지정을 의무화 하고 있다(제1호). 관리책임자의 역할 및 책임에 관한 사항(제2호)이나 개인정보취급자의 역할 및 책임에 관한 사항(제3호)은 일반적인 개인정보보호책임자 및 개인정보취급자에 관한 사항을 준용할 수 있다. 다만, 공공시스템운영기관의 개인정보 처리 행태를 고려하여 이에 부합하는 내용으로 구성하여야 한다. 기타 개인정보취급자에 대한 관리·감독 및 교육에 관한 사항, 접근 권한의 관리에 관한 사항, 접근 통제에 관한 사항, 접속기록 보관 및 점검에 관한 사항(제4호)에 관해서도 공공시스템운영기관에 적합한 내용으로 내부 관리계획에 반영해야 한다. 기타, 공공시스템운영기관의 접근권한 관리와 접속기록의 보관 및 점검에 관한 사항(제5호)에 관해서도 공공시스템운영기관에 특화한 내용으로 내부 관리 계획에 적절히 반영하여야 한다.

4) 공공시스템운영기관의 접근 권한의 관리

공공시스템운영기관은 공공시스템에 대한 접근 권한을 부여, 변경 또는 말소하려는 때에는 인사정보와 연계하여야 한다(제1항).

개인정보처리자는 개인정보취급자 또는 개인정보취급자의 업무가 변경되었을 경우 지체 없이 개인정보처리시스템의 접근 권한을 변경 또는 말소하여야 하며(고시 제5조 제2항), 개인정보처리시스템에 접근할 수 있는 계정을 발급하는 경우 정당한 사유가 없는 한 개인정보취급자 별로 계정을 발급하고 다른 개인정보취급자와 공유되지 않도록 하여야 하지만(고시 제5조 제4항) 접근 권한을 부여, 변경 또는 말소하려는 때에 이를 반드시 인사정보와 연계하여야 하는 것은 아니다. 그러나, 공공시스템운영기관은 이 경우 접근 권한을 인사정보와 연계하도록 하여 책임성을 강화한 것이다.

공공시스템운영기관은 인사정보에 등록되지 않은 자에게 제5조 제4항에 따른 계정을 발급해서는 안 된다. 다만, 긴급상황 등 불가피한 사유가 있는 경우에는 그러하지 아니하며, 그 사유를 제5조 제3항에 따른 내역에 포함하여야 한다(제2항).

공공시스템운영기관은 원칙적으로 인사정보에 미등록된 자에게 개인정보처리시스템에 접근할 수 있는 계정을 발급해서는 안 되지만, 긴급상황 등 불가피한 사유가 있는 경우에는 예외로 한다. 예외를 적용하는 경우에는 그 사유를 권한 부여, 변경 또는 말소에 대한 내역에 기록하고, 그 기록을 최소 3년간 보관하여야 한다. 여기에서 긴급상황 등 불가피한 사유에 해당하는 경우는 개인정보처리시스템에 대규모 장애가 발생한 경우로서, 그 원인을 긴급히 파악하여 대응하지 않는 경우 국민 일반에 미치는 부정적 영향이 긴박하고 중대한 경우(예: 출입국관리시스템의 장애로 출국·입국 예정자에 대한 신원확인이 불가능한 상황이 1시간 이상 지속되는 경우)가 이에 해당할 수 있다.

공공시스템운영기관은 제5조 제4항에 따른 계정을 발급할 때에는 개인정보 보호 교육을 실시하고, 보안 서약을 받아야 한다(제3항).

공공시스템운영기관이 개인정보처리시스템에 접근할 수 있는 계정을 발급할 때에는 반드시 개인정보 보호 교육을 실시하고, 계정 발급 대상자로부터 보안 서약을 받아야 한다.

공공시스템운영기관은 정당한 권한을 가진 개인정보취급자에게만 접근권한이 부여·관리되고 있는지 확인하기 위하여 제5조 제3항에 따른 접근권한 부여, 변경 또는 말소 내역 등을 반기별 1회 이상 점검하여야 한다(제4항).

공공시스템에 접속하여 개인정보를 처리하는 기관("공공시스템이용기관")은 소관 개인정보취급자의 계정 발급 등 접근 권한의부여·관리를 직접하는 경우 제2항부터 제4항까지의 조치를 하여야 한다(제5항).

5) 공공시스템운영기관의 접속기록의 보관 및 점검(고시 제17조)

공공시스템접속기록 등을 자동화된 방식으로 분석하여 불법적인 개인정보 유출 및 오용·남용 시도를 탐지하고 그 사유를 소명하도록 하는 등 필요한 조치를 하여야 한다(고시 제17조 제1항).

공공시스템운영기관은 공공시스템 접속 기록 등을 자동화된 방식으로 분석하여야 한다. 이는 불법적인 개인정보 유출 및 오용·남용 시도를 탐지하고, 예방하기 위한 것이다. 자동화 방식이 아닌 수작업에 의한 분석도 가능하지만, 반드시 자동화된 방식과 병행하여야 한다. 사유 소명 과정에서 불법행위가 발생한 것으로 의심할만한 합리적 근거를 확인한 경우, 공공시스템운영기관의 내부 관리계획 등에 따라 징계, 고발 등 필요한 조치를 하여야 한다.

공공시스템운영기관은 공공시스템이용기관이 소관 개인정보취급자의 접속기록을 직접 점검할 수 있는 기능을 제공하여야 한다(고시 제17조 제2항).

공공시스템운영기관은 공공시스템이용기관이 소관 개인정보취급자의 접속기록을 직접 점검할 수 있는 기능을 제공하여야 한다. 이는 공공시스템이용기관마다 상이한 개인정보처리 행태를 고려하는 동시에 공공시스템운영기관과 독자적인 공공시스템이용기관이 개인정보처리자로서의 책임을 다할 수 있도록 하기 위함이다. 이때, 소관 개인정보취급자의 접속기록을 직접 점검하는데 필요한 기능을 추가적으로 개발해야 하는 경우라면, 시행령 제30조의2 제5항에 따른 공공시스템운영협의회를 통해 이를 협의할 수 있다.

14. 기타 (부칙)

다음 각 호의 개정규정은 각 호의 구분에 해당하는 개인정보처리자에 대해서는 2024년 9월 15일부터 시행한다.

1. 제5조 제6항, 제7조 제6항, 제8조 제2항, 제11조의 개정규정: 종전의「(개인정보보호위원회) 개인정보의 기술적·관리적 보호조치 기준」(개인정보보호위원회고시 제2021-3호) 적용대상인 개인정보처리자
2. 제7조 제4항, 제12조 제2항의 개정규정 및 제5조제6항 중 정보주체에 관한 개정규정: 종전의 「(개인정보보호위원회) 개인정보의 안전성 확보조치기준」(개인정보보호위원회고시 제2021-2호) 적용대상인 개인정보처리자
3. 제14조부터 제17조까지의 개정규정: 공공시스템운영기관과 공공시스템이용기관

Ⅲ. 시스템 구축 등의 지원

보호위원회는 개인정보처리자가 시행령 제30조 제1항에 따른 안전성 확보 조치를 하도록 시스템을 구축하는 등 필요한 지원을 할 수 있다(시행령 제30조 제2항).

Ⅳ. 다른 법률과의 관계

신용정보법은 신용정보회사등으로 하여금 신용정보전산시스템에 대하여 대통령령으로 정하는 바에 따라 기술적·물리적·관리적 보안대책을 수립·시행하도록 요구한다(법 제19조 제1항). 따라서 신용정보회사등은 신용정보법에 따른 보안대책을 수립하여 시행해야 한다. 이에 관한 구체적 보안 대책은〈신용정보업감독규정(금융위원회고시 제2023-43호, 2023. 8. 30., 일부개정)〉에 반영되어 있다. 단, 신용정보업감독규정은 신용정보회사등이 준수해야 하는 보안대책 외에도 신용정보업 등의 허가 등의 절차(고시 제5조), 대주주 변경승인(고시 제11조), 겸영신고 등(고시 제13조), 가명처리·익명처리에 관한 행위규칙(고시 제43조의7) 등 법령이 정한 금융위원회 소관사항의 시행에 필요한 사항을 폭넓게 규정하고 있다는 점에서 개인정보의 안전성 확보조치 기준과는 그 범위와 성격이 구분된다.

Ⅴ. 위반 시 제재

보호위원회는 개인정보처리자가 처리하는 개인정보가 분실·도난·유출·위조·변조·훼손된 경우 해당 개인정보처리자에게 전체 매출액의 100분의 3을 초과하지 아니하는 범위에서 과

징금을 부과할 수 있다. 다만, 매출액이 없거나 매출액의 산정이 곤란한 경우로서 대통령령으로 정하는 경우에는 20억 원을 초과하지 아니하는 범위에서 과징금을 부과할 수 있다. 그러나, 개인정보가 분실·도난·유출·위조·변조·훼손되지 아니하도록 개인정보처리자가 제29조(제26조제8항에 따라 준용되는 경우를 포함한다)에 따른 안전성 확보에 필요한 조치를 다한 경우에는 그러하지 아니하다(법 제64조의2 제1항 제9호).

법 제29조(법 제26조제8항에 따라 준용되는 경우를 포함한다)를 위반하여 안전성 확보에 필요한 조치를 하지 아니한 자는 3천만 원 이하의 과태료를 부과한다(법 제75조 제2항 제5호).

제 2 절
개인정보 처리방침의 수립 및 공개

I. 개인정보 처리방침의 의의

개인정보처리자는 개인정보 처리방침을 정하고, 이를 수립하거나 변경하는 경우 정보주체가 쉽게 확인할 수 있도록 대통령령으로 정하는 방법에 따라 이를 공개하여야 한다(법 제30조 제1항 및 제2항). 개인정보 처리방침은 개인정보처리자가 개인정보 처리에 관한 제반 사항을 공개한 것으로 투명성 원칙을 구체적으로 구현한 것이며, 정보주체의 열람청구권 등 권리의 행사를 보장하는 데 있어 기본이 되는 사항이다.

개정법은 개인정보 처리에 관한 사항을 공개함에 있어 개인정보 처리방침을 기본적으로 공개하는 것을 개인정보 보호 원칙으로 삼고 있다(법 제3조 제5항). 정보주체는 이를 기반으로 하여 자신에 관한 개인정보가 어떤 목적으로 처리되고 있으며, 어떻게 관리되고, 언제 파기되는지 확인할 수 있다. 또한, 정보주체로서 자신의 개인정보 처리에 관한 권리를 행사하는 방식도 알 수 있게 된다. 이러한 의미에서 개인정보 처리방침은 정보주체의 제반 권리 행사의 기반이 된다.

GDPR은 투명한 정보, 의사소통 및 정보주체의 권리 행사 방식에 관한 사항(Article 12), 정보주체로부터 개인정보를 직접 수집하는 경우 제공할 정보(Article 13), 정보주체 이외로부터 개인정보를 수집하는 경우 제공할 정보(Article 14)에 관한 사항을 정보주체의 권리에 관한 제3장에 규정하고 있다. 각 조항에서 규정한 사항은 Privacy Policy나 Privacy Notice를 통해 공개되는 것이 일반적이다. 우리도 투명성 원칙, 정보주체의 권리 행사에 필요한 정보의 제공, 정보주체의 권리 행사 등의 사항에 관한 법적 연계 및 일관성을 강화하기 위해서라도 개인정보 처리방침의 수립 및 공개에 관한 사항은 정보주체의 권리보장에 관한 장(제5장)으로 옮겨 재구성하는 것을 차후에 고려할 필요가 있을 것으로 보인다.

GDPR은 투명한 정보를 제공받을 권리(Article 12, 13), 정보주체의 권리 행사(Article 15~22), 개인정보 침해에 대한 통지(Article 34) 등에 관하여 컨트롤러가 정보주체에게 정보를 제공하거나 의사소통할 때, 이를 간결하고 투명하며, 이해하기 쉽고, 쉽게 접근가능한 형태로서 쉽고 명확한 용어를 사용하여 적절한 조치를 취할 것을 요구한다. 특히, 아동에게 제공되는 정보에 있어서는 더욱 그러하다.[23] 우리나라의 경우, 개정 개인정보보호법에 "국가와 지방자치단체는 만 14세 미만 아동이 개인정보 처리가 미치는 영향과 정보주체의 권리 등을 명확하게 알 수 있도록 만 14세 미만 아동의 개인정보 보호에 필요한 시책을 마련하여야 한다."라는 규정을 신설(법 제5조 제3항)하여 국가 등의 책무를 강화하였고, "개인정보처리자는 만 14세 미만의 아동에게 개인정보 처리와 관련한 사항의 고지 등을 할 때에는 이해하기 쉬운 양식과 명확하고 알기 쉬운 언어를 사용하여야 한다."는 규정을 신규로 도입(법 제22조의2 제3항)하여 아동이 자신의 개인정보 처리에 관한 사항을 쉽게 이해하고, 권리를 행사할 수 있도록 조치하였다. 특히, 해당 규정은 아동을 대상으로 온라인 서비스를 제공하는 개인정보처리자 등으로 하여금 양식과 언어를 개선하여 보다 접근성 높고, 이해하기 쉬우며, 간결하고 명료한 형태로 제공해야 할 정보를 전달하는 '아동 친화적 방식'을 채택할 것을 요구하는 것으로 이해된다.

II. 개인정보 처리방침의 수립

개인정보처리자는 아래 사항이 포함된 개인정보 처리방침을 정하고, 이를 수립 및 변경하는 경우 정보주체가 쉽게 확인할 수 있도록 대통령령으로 정하는 방법에 따라 공개하여야 한다(법 제30조 제1항 본문 및 제2항).

---

1. 개인정보의 처리 목적
2. 개인정보의 처리 및 보유 기간
3. 개인정보의 제3자 제공에 관한 사항(해당되는 경우에만 정한다)
   3의2. 개인정보의 파기절차 및 파기방법(제21조제1항 단서에 따라 개인정보를 보존하여야 하는 경우에는 그 보존근거와 보존하는 개인정보 항목을 포함한다)
   3의3. 제23조제3항에 따른 민감정보의 공개 가능성 및 비공개를 선택하는 방법(해당되는 경우에만 정한다)
4. 개인정보처리의 위탁에 관한 사항(해당되는 경우에만 정한다)
   4의2. 제28조의2 및 제28조의3에 따른 가명정보의 처리 등에 관한 사항(해당되는 경우에만 정한다)
5. 정보주체와 법정대리인의 권리·의무 및 그 행사방법에 관한 사항
6. 제31조에 따른 개인정보 보호책임자의 성명 또는 개인정보 보호업무 및 관련 고충사항을 처리하는 부서의 명칭과 전화번호 등 연락처
7. 인터넷 접속정보파일 등 개인정보를 자동으로 수집하는 장치의 설치·운영 및 그 거부에 관한 사항(해당하는 경우에만 정한다)
8. 그 밖에 개인정보의 처리에 관하여 대통령령으로 정한 사항

---

23) Article 12(1), GDPR

여기에서 '그 밖에 개인정보의 처리에 관하여 대통령령으로 정한 사항'은 처리하는 개인정보의 항목과 법 제30조에 따른 안전성 확보조치에 관한 사항을 말한다(시행령 제31조 제1항 제1호 및 제3호).[24] 다만, 공공기관의 경우 법 제32조에 따라 등록대상이 되는 개인정보파일에 한하여 개인정보처리방침을 정하면 된다(법 제30조 제1항 후단). 국가안보 등과 관련된 개인정보 파일에 대하여 개인정보 처리방침을 정해 공개하도록 하면, 국가안보에 심각한 피해를 미칠 수 있기 때문이다. 공공기관의 장이 법 제32조 제1항에 따라 일정한 사항을 보호위원회에 등록할 때, 그 적용을 배제하여 등록의 예외로 삼는 개인정보 파일은 다음의 것들이 있다(법 제32조 제2항 각 호).

1. 국가 안전, 외교상 비밀, 그 밖에 국가의 중대한 이익에 관한 사항을 기록한 개인정보파일
2. 범죄의 수사, 공소의 제기 및 유지, 형 및 감호의 집행, 교정처분, 보호처분, 보안관찰처분과 출입국관리에 관한 사항을 기록한 개인정보파일
3. 「조세범처벌법」에 따른 범칙행위 조사 및 「관세법」에 따른 범칙행위 조사에 관한 사항을 기록한 개인정보파일
4. 일회적으로 운영되는 파일 등 지속적으로 관리할 필요성이 낮다고 인정되어 대통령령으로 정하는 개인정보파일
5. 다른 법령에 따라 비밀로 분류된 개인정보파일

또한 국가안전보장과 관련된 정보 분석을 목적으로 수집 또는 제공 요청되는 개인정보도 법 제32조에 따른 등록 대상에서 제외된다(법 제58조 제1항 제2호).[25]

개인정보 처리방침을 정할 때, 고정형 영상정보처리기기 운영·관리에 관한 사항을 포함시킨 경우에는 고정형 영상정보처리기기 운영·관리 방침을 마련하지 아니할 수 있다(법 제25조 제7항 단서). 정보주체와의 계약의 체결 및 이행을 위하여 개인정보의 처리위탁·보관이 필요한 경우로서 법 제28조의8 제2항 각 호의 사항을 법 제30조에 따른 개인정보 처리방침에 공개한 경우, 정보주체의 동의 없이 개인정보를 국외로 이전할 수 있다(법 제28조의8 제1항 제3호 가목).

---

[24] 보호위원회가 2023.11.23.자로 입법예고한 개인정보 보호법 시행령 일부개정령(안) 제31조제1항에는 제4호 및 제5호가 다음과 같이 신설되었다.
　　4. 정보주체로부터 개인정보를 국외에서 수집하여 처리하는 경우 개인정보가 국외에서 처리된다는 사실과 해당 국가에 관한 사항(해당되는 경우에만 정한다)
　　5. 개인정보를 국외로 이전하는 경우 국외 이전의 근거와 법 제28조의8 제2항 각 호의 사항(해당되는 경우에만 정한다)
[25] 표준지침 제50조(적용제외)에 따라 공공기관 개인정보파일 등록·공개 규정의 적용을 받지 않는 경우에도 등록에서 제외되어 개인정보 처리방침에 반영하지 않을 수 있다. 개인정보보호위원회가 2023.8.1.자로 행정예고 공고한 표준 개인정보 보호지침 일부개정고시(안) (개인정보보호위원회공고 제2023-66호) 제50조는 등록대상 제외 개인정보파일의 유형을 기존보다 구체화했다.

개인정보처리자가 법 제31조의2(국내대리인의 지정) 제1항에 따라 국내대리인을 지정하는 경우에는 같은 조 제3항 각 호의 사항을 개인정보 처리방침에 포함하여야 한다(법 제31조의2 제3항).[26]

III. 개인정보 처리방침의 작성 기준

개인정보처리자가 개인정보 처리방침을 작성할 때에는 그 기재사항을 명시적으로 구분하고 알기 쉬운 용어로 구체적이고 명확하게 표현하여야 한다(표준지침 제18조 제1항). 개인정보 처리방침을 작성할 때엔, 법 제3조에 따른 개인정보 보호 원칙에 입각하여 작성함으로써 개인정보 처리방침이 형식적이지 않고 정보주체의 권리를 보장하기 위한 본연의 취지에 부합하도록 작성 및 공개되도록 해야 한다. 이와 같은 취지의 구현을 위해 개인정보보호위원회는 개인정보 처리방침 작성지침(2022.3. 개정)을 개편하여 공개했는데, 이는 보호위원회가 개인정보 처리방침의 작성지침을 정하여 개인정보처리자에게 그 준수를 권장할 수 있다는 보호법의 규정(법 제30조 제4항)에 따라 구체적인 작성지침을 제시한 것이다.[27]

개인정보처리자는 처리하는 개인정보가 개인정보의 처리 목적에 필요한 최소한이라는 점을 밝혀야 한다(표준지침 제18조 제2항).

IV. 개인정보 처리방침의 공개

개인정보처리자가 개인정보 처리방침을 수립하거나 변경하는 경우에는 정보주체가 쉽게 확인할 수 있도록 이를 일정한 방법에 따라 공개하여야 한다(법 제30조 제2항). 개인정보처리자는 개인정보 처리방침을 개인정보처리자의 인터넷 홈페이지에 지속적으로 게재하여야 하는데(시행령 제31조 제2항), 인터넷 홈페이지를 통한 지속적 게재를 할 수 없는 경우 다음 가운데 어느 하나 이상의 방법으로 수립하거나 변경한 개인정보 처리방침을 공개하여야 한다(시행령 제31조 제3항 각 호).

---

26) 표준 개인정보 보호지침 일부개정고시(안)은 "개인정보처리자는 정보주체의 동의 없이 처리할 수 있는 개인정보에 대해서는 그 항목과 처리의 법적 근거를 정보주체의 동의를 받아 처리하는 개인정보와 구분하여 개인정보처리방침에 공개하거나 서면, 전자우편, 팩스, 전화, 문자전송 또는 이에 상당하는 방법으로 정보주체에게 알려야 한다. 이 경우 동의 없이 처리할 수 있는 개인정보라는 입증책임은 개인정보처리자가 부담한다[표준 개인정보 보호지침(안) 제12조 제5항]."라고 규정하는 바, 동의 외의 방식으로 개인정보를 수집·이용 등 처리하는 경우, 개인정보 항목과 법적 근거를 면밀히 검토하여 사전에 분류해야 하므로 개인정보처리자의 부담이 크게 증가할 수 있으며, 동의 의존적 관행으로 회귀하는 경향도 나타날 것으로 보인다.

27) 보호위원회는 개인정보 처리방침 작성지침을 일반형 및 업종별 지침(공공기관, 의료기관·약국, 여행, 학원·교습 등 5개 유형)으로 구분하여 제시하면서 주요 개인정보 처리표시(라벨링)에 관한 설명과 이미지 파일을 함께 보호위원회 웹사이트에 공개했다. 이는 다음에서 찾아볼 수 있다.
https://www.pipc.go.kr/np/cop/bbs/selectBoardArticle.do?bbsId=BS217&mCode=D010030000&nttId=7909

1. 개인정보처리자의 사업장등의 보기 쉬운 장소에 게시하는 방법
2. 관보(개인정보처리자가 공공기관인 경우만 해당한다)나 개인정보처리자의 사업장등이 있는 시 · 도 이상의 지역을 주된 보급지역으로 하는 「신문 등의 진흥에 관한 법률」 제2조제1호가목 · 다목 및 같은 조 제2호에 따른 일반일간신문, 일반주간신문 또는 인터넷신문에 싣는 방법
3. 같은 제목으로 연 2회 이상 발행하여 정보주체에게 배포하는 간행물 · 소식지 · 홍보지 또는 청구서 등에 지속적으로 싣는 방법
4. 재화나 서비스를 제공하기 위하여 개인정보처리자와 정보주체가 작성한 계약서 등에 실어 정보주체에게 발급하는 방법

개인정보처리자가 수립한 개인정보 처리방침을 인터넷 홈페이지를 통해 게재하는 경우, "개인정보 처리방침"이라는 명칭을 사용하되, 글자 크기, 색상 등을 활용하여 다른 고지사항과 구분함으로써 정보주체가 쉽게 확인할 수 있도록 하여야 한다(표준 개인정보 보호지침 제20조 제1항). 홈페이지를 통해 게재하지 않는 경우라 할지라도 "개인정보 처리방침"의 명칭 사용이나 다른 고지사항과의 구분은 홈페이지에 적용한 것과 마찬가지로 준수를 해야 한다(표준지침 제20조 제2항). 개인정보처리자가 홈페이지가 아니라 같은 제목으로 연 2회 이상 발행하여 정보주체에게 배포하는 간행물 · 소식지 · 홍보지 또는 청구서 등에 지속적으로 싣는 방법으로 개인정보 처리방침을 공개하는 경우, 간행물 · 소식지 · 홍보지 · 청구서 등이 발행될 때마다 계속하여 게재하여야 한다(표준지침 제20조 제3항).

V. 개인정보 처리방침의 변경

개인정보 처리방침은 그 변경이 정보주체의 권익에 영향을 줄 수 있고, 처리방침의 변경이 개인정보 수집 · 이용 등에 따라 개인정보처리자가 제시하는 동의문과도 그 내용이 일치하는 경우가 많으므로 이를 변경하는 경우에도 개인정보 처리방침 수립과 마찬가지로 변경 사실을 정보주체가 쉽게 확인할 수 있도록 변경된 개인정보 처리방침을 인터넷 홈페이지에 지속적으로 게재해야 한다(시행령 제31조 제2항). 개인정보처리자가 개인정보 처리방침을 변경하는 경우에는 변경 및 시행의 시기, 변경된 내용을 지속적으로 공개하여야 하며, 변경된 내용은 정보주체가 쉽게 확인할 수 있도록 변경 전 · 후를 비교하여 공개하여야 한다(표준지침 제21조).

개인정보 처리방침을 개정하려는 경우, 개인정보처리자는 그 적용일자로부터 최소한 7일 이전부터 초기화면과의 연결화면을 통해 적용일자 및 개정내용, 개정사유, 변경 전후 비교표 등을 공지하며, 정보주체에게 불리하게 처리방침의 내용을 변경하는 경우에는 최소한 30일의 유예기간을 두고 공지하는 것이 다수 개인정보처리자가 보편적으로 채택하여 이행하고 있는 실무상 관행으로 확인된다. 이는 개인정보보호법, 시행령, 고시 등에 따라 요구되는 사항은 아니

나, 전자상거래 등에서의 소비자 보호지침에서 사이버몰 등에서의 표시 관련 요구사항과 관련하여 전자상거래 등 사업자가 사이버몰의 이용약관을 개정할 경우에 적용하는 규정을 준용해왔던 실무상 행태가 관행으로 굳어진 것이다.[28]

VI. 개인정보 처리방침의 법적 효력 및 성격

개인정보 처리방침의 내용과 개인정보처리자와 정보주체 간에 체결한 계약의 내용이 다른 경우에는 정보주체에게 유리한 것을 적용한다(법 제30조 제3항). 이로 인해 개인정보 처리방침은 정보주체와 체결한 계약이나 약관에 해당하지 않는다는 견해가 있다. 개인정보 처리방침은 개인정보처리자가 다수의 소비자와 계약을 체결하기 위하여 일정한 형식으로 미리 마련한 계약의 내용인 '약관'과도 구별되며, 약관과 달리 계약 체결 전 설명의무가 있거나 동의를 얻어야 하는 것도 아니라는 것이다.[29]

실무상 공정거래위원회가 개인정보 처리방침(또는 개인정보 취급방침)을 검토하여 불공정약관 조항을 시정한 사례가 드물지 않다는 점을 고려하면 개인정보 처리방침이 계약이나 약관에 해당하지 않는다는 주장이 타당한지가 문제가 된다.[30] 공정거래위원회는 이러한 시정 사례에도 불구하고 구체적으로 개인정보 처리방침이 어떤 연유로 약관에 해당하는지에 대한 구체적 설명을 제시한 바는 없는 것으로 보인다. 다만, 약관의 규제에 관한 법률에 의하면 약관이란 그 명칭이나 형태 또는 범위에 상관 없이 계약의 한쪽 당사자가 여러 명의 상대방과 계약을 체결하기 위하여 일정한 형식으로 미리 마련한 계약의 내용을 말하므로(법 제2조 제1호), 개인정보 처리방침이 약관에 해당하지 않을 이유가 없다는 것이 공정거래위원회의 입장으로 추정될 뿐이다.

이에 대해선 ① 개인정보처리자가 개인정보 처리방침을 정하여 이를 홈페이지 등을 통해 공개하는 것은 관련 법령상 요구되는 의무를 이행하기 위해서이며, 그러한 개인정보 처리방침의 내용으로 정보주체와 계약을 체결하겠다는 의사가 존재하는 것으로 보기 어렵고, ② 개인정보 처리방침은 공개 의무만 존재할 뿐, 이에 대하여 계약의 성립요건인 승낙의 의사표시가 결여되어 있으며, ③ 계약이 성립되면 계약 당사자는 계약 내용에 구속되고 일방이 임의대로 그 내용

---

28) 전자상거래 등에서의 소비자보호 지침 내 III. 권고사항의 '4. 사이버몰 등에서의 표시관련 사항', 가목은 "사업자가 사이버몰의 이용약관을 개정할 경우에는 적용일자 및 개정내용, 개정사유 등을 명시하여 그 적용일자로부터 최소한 7일 이전부터 초기화면 또는 초기화면과의 연결화면을 통해 공지하여야 한다. 다만, 소비자에게 불리하게 계약 내용을 변경하는 경우에는 최소한 30일의 유예기간을 두고 공지하여야 한다. 이 경우 개정 전 내용과 개정 후 내용을 명확하게 비교하여 소비자가 알기 쉽도록 표시하여야 한다."라고 규정하고 있다(공정거래위원회 고시 제2023-18호, 2023. 9. 1., 일부개정).
29) 개인정보보호위원회, "개인정보 처리방침 작성지침(일반)", 2022.3., 11면
30) 대표적으로 공정거래위원회 2011.9.30. 시권2011-044 [구글코리아(유)의 개인정보 관련 약관 및 개인정보 취급방침상 불공정약관조항에 대한 건], 2015.5.18. 21개 온라인 사업자가 사용하는 이용약관 및 개인정보취급방침을 검토해 회원가입 시 본인확인정보를 필수항목으로 수집하는 조항 등 4개 유형의 불공정약관 조항을 시정한 사례 등이 있다.

을 변경할 수 없는 것이 원칙이나, 개인정보 처리방침의 변경의 경우 개인정보처리자에 의한 일방적 진행이 허용되고, ④ 법 제30조 제3항에 따라 계약과 개인정보 처리방침을 서로 구분하는 것이 명확하며, ⑤ 개인정보 처리방침을 읽지 않은 이용자는 언제든지 계약상 채무불이행 책임을 지게 될 위험에 처하게 되는데, 이는 정보주체의 보호라는 관련 법령의 취지에도 부합하지 않으며, ⑥ 개인정보 처리방침을 계약으로 보아야만 실효적인 정보주체 보호가 가능하다고 보기도 어려울 정도로 폭넓은 정보주체 보호 규정들이 이미 개인정보 보호법 등에 마련되어 있으므로 개인정보 처리방침을 약관으로 볼 수 없다는 주장이 설득력을 얻는다.[31]

이와 같은 주장에도 불구하고, 개인정보 처리방침에 불공정약관 조항에 해당하는 규정이 존재하는 경우 이를 시정하여 소비자 보호에 나서야 할 정책적 필요성이나, 실무상 관행적으로 다수의 개인정보처리자(특히, 온라인 서비스 사업자)가 서비스 이용약관에 "개인정보 처리에 관한 사항은 개인정보처리방침을 따른다."고 기재하고 있는 점, 그리고 계약에 요구되는 엄격성이나 법적 구속력이 개인정보 처리방침에 인정되지 않는 경우 정보주체의 권리행사에 있어 근간을 이루는 투명성 원칙이 저해될 뿐만 아니라 허위표시에 대한 규제도 가능하지 않아 소비자 피해로 이어질 수 있는 점 등을 고려할 때, 개인정보 처리방침의 약관적 성격을 전적으로 배제하는 것이 옳지 않다는 반박도 수긍할 지점이 있다.

개인정보보호법 개정(2023년 3월)을 통해 개인정보 처리방침의 평가 및 개선권고(법 제30조의2)를 제도로서 도입한 것은 이와 같은 개인정보 처리방침의 성격에 대한 논란과 정보주체의 보호 강화라는 목적을 두루 고려한 것으로 볼 수 있다. 「약관의 규제에 관한 법률」은 불공정약관조항을 계약의 내용으로 하는 경우 공정거래위원회로 하여금 해당 불공정약관조항의 삭제수정 등 시정에 필요한 조치를 권고할 수 있도록 하고, 법에서 정한 일정한 사항에 해당하는 경우 사업자에게 해당 불공정약관조항의 삭제·수정, 시정명령을 받은 사실의 공표, 그 밖에 약관을 시정하기 위하여 필요한 조치를 명할 수 있게 하며, 이와 같이 시정권고 또는 시정명령을 할 때 필요하면 해당 사업자와 같은 종류의 사업을 하는 다른 사업자에게 같은 내용의 불공정약관 조항을 사용하지 말 것을 권고할 수 있도록 한다(법 제17조의2 제1항 내지 제3항). 개인정보 처리방침의 평가 및 개선권고 제도는 이러한 약관법의 약관심사제도와 유사한 방식으로 구성한 것인데, 이에 따라 약관엔 약관심사제도가 적용되고, 개인정보 처리방침엔 개인정보 처리방침의 평가 및 개선권고 제도가 적용된다는 구분이 보다 명확해질 수 있을 것이다. 또한, 개인정보 처리방침이 약관(계약)과 구분되는 성격을 갖는 개인정보 처리에 관한 개인정보처리자의 선언문(statement)에 해당한다는 인식도 확대될 것으로 보인다.

---

31) 이정운, "개인정보 처리방침의 법적성격과 활용방안 - 개인정보 처리방침의 약관성에 대한 비판적 고찰을 중심으로 -", 가천법학, 통권 30호, 2017, 43-84면.

Ⅶ. 다른 법률과의 관계

신용정보법은 개인신용평가회사, 개인사업자신용평가회사, 기업신용조회회사, 신용정보집중기관 및 대통령령으로 정하는 신용정보제공·이용자에 대하여서는 대통령령으로 정하는 바에 따라 일정한 사항을 공시하도록 요구하는데(법 제31조 제1항), 구체적으로는 다음과 같다.

1. 개인신용정보 보호 및 관리에 관한 기본계획(총자산, 종업원 수 등을 고려하여 대통령령으로 정하는 자로 한정한다)
2. 관리하는 신용정보의 종류 및 이용 목적
3. 신용정보를 제공받는 자
4. 신용정보주체의 권리의 종류 및 행사 방법
5. 신용평가에 반영되는 신용정보의 종류, 반영비중 및 반영기간(개인신용평가회사, 개인사업자신용평가회사 및 기업신용등급제공업무·기술신용평가업무를 하는 기업신용조회회사로 한정한다)
6. 「개인정보 보호법」 제30조제1항제6호 및 제7호의 사항
7. 그 밖에 신용정보의 처리에 관한 사항으로서 대통령령으로 정하는 사항

또한, 이와 같은 공시 사항을 변경하는 경우에는 개인정보보호법 제30조 제2항에 따른 방법을 준용하여 개인정보처리자의 인터넷 홈페이지에 지속적으로 게재하는 등의 방식을 따른다(신용정보법 제31조 제2항).

신용정보법에 따른 공시는 개인정보보호법의 개인정보 처리방침과 적용 대상, 기재 항목, 게재 목적 등이 동일하지 않으므로 신용정보법상 신용정보활용체제를 공시하였다고 하여 개인정보처리방침의 게재 의무가 적용되지 않는 것은 아니다.

Ⅷ. 위반 시 제재

법 제30조제1항 또는 제2항(법 제26조 제8항에 따라 준용되는 경우를 포함한다)을 위반하여 개인정보 처리방침을 정하지 아니하거나 이를 공개하지 아니한 자는 1천만 원 이하의 과태료를 부과받을 수 있다(법 제75조 제4항 제8호).

제 3 절
개인정보 처리방침 평가 제도

Ⅰ. 취지

2023년 개정에 따라 개인정보 처리방침 평가제를 도입하였다(법 제30조의2). 개인정보 보호법은 개인정보처리자를 대상으로 개인정보 처리방침 작성 및 공개 의무를 부과하고 있으나, 개인정보 처리방침의 내용의 적정성에 대한 판단 기준이 모호하고, 대부분의 개인정보 처리방침이 획일적이고, 텍스트 나열 등으로 인해 정보주체가 이해하기 어려워 정보주체가 처리방침을 제대로 확인하지 않는 등의 문제점을 개선하기 위함이다.[32]

원래 개인정보보호위원회가 2021.1.6. 입법예고하고 정부가 2021.9.28. 제출한 개인정보보호법 일부개정법률안에는 개인정보 처리방침의 심사제도를 염두에 두고 있었다. 당시 심사제도는 개인정보보호위원회가 직권 또는 소정의 자격을 갖춘 단체의 신청에 따라 개인정보 처리방침이 이 법에 위반되는지 여부를 심사하고, 법 위반 사실이 확인될 때에는 법 제64조 제1항에 따른 시정조치를 명할 수 있었다. 의안심사과정에서 심사제도보다 규제적 성격은 조금 더 낮고, 개인정보처리자의 자발적 협력을 유도할 수 있는 평가제도로 변경된 것으로 보인다.

Ⅱ. 주요 내용

1. 평가사항

개인정보보호위원회는 개인정보처리자가 작성, 공개하고 있는 개인정보 처리방침에 대해 ① 법에 따라 개인정보 처리방침에 포함하여야 할 사항을 적정하게 정하고 있는지 여부(내용의 적정성), ② 개인정보 처리방침을 알기 쉽게 작성하였는지 여부(이해의 용이성), ③ 개인정보 처리방침을 정보주체가 쉽게 확인할 수 있는 방법으로 공개하고 있는지(접근성) 여부를 평가할 수

---

[32] 2022 개인정보보호 및 활용조사에 따르면, 개인정보 처리방침을 확인하는 정보주체는 37.5%에 불과하며, 미확인 사유로는 '읽어야 할 내용이 많고 이해하기가 어려워서'가 47.7%로 가장 높게 나타났다고 한다.

있다(법 제30조의2 제1항 각 호).

특히 내용의 적정성과 관련하여 개인정보 처리방침에 기재된 내용대로 실제 개인정보 처리가 이루어지고 있는지도 평가대상에 포함될 수 있다.

2. 평가대상

평가 대상은 개인정보처리자의 유형 및 매출액, 처리하는 개인정보의 유형 및 규모, 개인정보 처리의 법적 근거 및 방식, 법 위반행위 발생 여부, 아동·청소년 등 정보주체의 특성 등을 종합적으로 고려하여 개인정보보호위원회가 선정한다(시행령 제31조의2 제1항 각 호).

개인정보보호위원회는 '개인정보 처리의 법적 근거 및 방식'이란 개인정보 보호법에 따라 개인정보 처리방침에 명시하도록 한 '개인정보 처리의 법적 근거'가 모호하거나, 개인정보를 자동으로 수집하는 장치의 설치·운영 또는 완전히 자동화된 시스템(인공지능 기술을 적용한 시스템 등)을 통한 개인정보 처리 등에 있어 개인정보 처리방침상 위험 요인이 발견될 경우 평가 대상으로 고려할 수 있는 의미라고 설명하고 있다.[33]

개인정보보호위원회가 2023. 9. 13. 행정예고한 "개인정보 처리방침 평가에 관한 고시" 제정안에 따르면 ① 연간 매출액이 1,500억 원 이상이면서 100만명 이상의 국내 정보주체에 관한 개인정보를 처리하는 자, ② 5만명 이상의 정보주체에 관하여 민감정보 또는 고유식별정보를 처리하는 자, ③ 처리방침에 법 제22조에 따라 정보주체의 동의 없이 처리할 수있는 개인정보의 항목과 처리의 법적 근거를 정보주체의 동의를 받아 처리하는 개인정보와 구분하지 않은 자, ④ 법 제37조의2에 따라 완전히 자동화된 시스템(인공지능 기술을 적용한 시스템을 포함한다)으로 개인정보를 처리하는 자, ⑤ 최근 3년 간 법 제34조에 따른 개인정보 유출등이 2회 이상 되었거나, 보호위원회로부터 법 제64조의2에 따른 과징금 또는 법 제75조에 따른 과태료 처분 등을 받은 자, ⑥ 만14세 미만 아동 또는 만24세 이하 청소년을 주요 이용 대상자로 한 정보통신서비스를 운영하고 있는 자, ⑦ 그 밖에 개인정보 침해사고 발생의 위험성, 정보주체의 권리보장에 미치는 영향 등을 고려하여 시급히 처리방침 평가가 필요하다고 인정되는 자가 평가 대상으로 예정되어 있다(고시 제4조 제1항 각 호).

3. 선정 및 평가절차

개인정보보호위원회는 선정기준에 따라 평가 대상 개인정보 처리방침을 선정한 경우에는 평가 개시 10일 전까지 해당 개인정보처리자에게 평가 내용·일정 및 절차 등이 포함된 평가계획

---

33) 개인정보보호위원회, 개인정보보호법 및 시행령 개정사항 안내(2023. 9.)

을 통보해야 한다(시행령 제31조의2 제2항).

　개인정보보호위원회는 개인정보 처리방침의 평가에 필요한 경우에는 해당 개인정보처리자에게 의견을 제출하도록 요청할 수 있다(시행령 제31조의2 제3항). 다만, 공공기관 개인정보 보호수준 평가(법 제11조의2)와 달리 평가에 필요한 자료제출요구 근거를 명시적으로 규정하고 있지는 않다.

　개인정보보호위원회는 법 제30조의2에 따라 개인정보 처리방침을 평가한 후 그 결과를 지체 없이 해당 개인정보처리자에게 통보해야 한다(시행령 제31조의2 제4항).

4. 개선권고 및 공표

　개인정보보호위원회는 개인정보 처리방침 평가결과 개선이 필요하다고 인정하는 경우 개인정보처리자에게 법 제61조 제2항에 따라 개선을 권고할 수 있다. 이 경우 권고를 받은 개인정보처리자는 이를 이행하기 위하여 성실하게 노력하여야 하며, 그 조치결과를 보호위원회에 알려야 한다(법 제61조 제2항). 개인정보보호위원회는 개선권고의 내용 및 결과에 대해 공표하거나, 개선권고를 받은 자에게 개선권고를 받았다는 사실을 공표할 것을 명할 수 있다(법 제66조 제1항, 제2항).

　"개인정보 처리방침 평가에 관한 고시" 제정안에 따르면 개인정보보호위원회는 처리방침 평가결과 우수한 개인정보처리자에 대해 포상을 할 수 있고, 우수사례를 홍보하거나 컨설팅 지원 등에 활용할 수 있다(고시 제8조 제3항, 제4항).

　개인정보처리방침 평가 중 해당 개인정보처리자의 법 위반사실이 확인될 경우 개선권고 외에 제재를 위한 직권조사가 가능한지 문제될 수 있다. 이론상 가능하다고 볼 수 있겠으나, 개인정보 처리방침 평가 제도는 개인정보처리자에 대한 자료제출요구 근거가 명시되지 않아 개인정보처리자의 자발적 협력이 필수적인 만큼 이 제도의 도입취지와 실효성을 감안한 탄력적인 운용을 할 필요가 있다고 본다.

제 4 절
개인정보 보호책임자의 지정 등

Ⅰ. 개인정보 보호책임자의 의의

개인정보 보호책임자(CPO, Chief Privacy Officer)는 개인정보의 처리에 관한 업무를 총괄해서 책임지는 자로서 개인정보처리자가 지정한다(법 제31조 제1항). 이는 개인정보처리자로 하여금 개인정보 법규 준수, 유출 및 오남용 방지 등 개인정보 보호 활동을 촉진하기 위한 규제 장치의 하나로 평가된다. 이와 비교하여, GDPR은 컨트롤러나 프로세서로 하여금 일정한 요건에 해당하는 경우, 개인정보보호 담당관(DPO, Data Protection Officer)을 지명하도록 요구한다.[34] DPO는 그가 담당하는 조직이 정보주체(조직 구성원, 고객, 서비스 제공자 및 기타 개인)의 개인정보에 적용될 수 있는 제반 개인정보 보호 규정에 위반됨이 없이 개인정보를 처리하도록 하는 것을 주된 역할로 한다. 특히, DPO는 다음과 같은 역할을 이행함으로써 개인정보 보호와 관련한 제반 사항에 있어 컨트롤러나 프로세서를 지원한다.[35]

DPO 역할
- 개인정보 보호 법제에 따라 컨트롤러나 프로세서 또는 그들의 임직원이 준수해야 할 의무를 알리고 이에 대한 조언을 제공한다.
- 감사 활동과 개인정보 처리에 관여하는 조직 구성원의 훈련 및 인식 제고 활동을 포함하여, 개인정보 보호에 관한 모든 법령을 조직이 준수하는지 감독한다.
- 개인정보 영향평가(DPIA)가 수행된 경우 조언을 제공하고 그 성과를 감독한다.
- 개인정보 처리 및 권리 행사와 관련하여 개인의 요청에 대한 연락 창구 역할을 수행한다.
- 개인정보 감독당국(DPA)과 협력하고 개인정보 처리에 관련된 사항에 관하여 DPA의 연락 창구 역할을 수행한다.

---

34) Article 37(1), GDPR
35) European Commission, "What are the responsibilities of a Data Protection Officer (DPO)?, https://commission.europa.eu/law/law-topic/data-protection/reform/rules-business-and-organisations/obligations/data - protection-officers/what-are-responsibilities-data-protection-officer-dpo_en (2023. 12. 31. 최종확인).

우리나라의 개인정보 보호책임자의 역할도 GDPR에 기반한 DPO의 역할과 상당히 유사하다. 특히, 개정법(2023.3.14.)에서의 개인정보 보호책임자는 권한, 독립성 보장 등의 측면에서 유럽연합의 개인정보보호 담당관에 더욱 다가간 측면이 있다. 개인정보 보호책임자(CPO)는 그 영문 표현에서 알 수 있듯, 소위 'C-레벨의 경영진(C-level executives or C-Suite)'에 속해 있으면서 최고경영자(CEO)의 후원을 기반으로 하여 조직 내 모든 기능에서의 개인정보 처리에 관여하여 개인정보가 안전하게 처리되는 것을 보증하는 역할을 수행할 것으로 기대된다. 그러나, 실질적으로 전통적 C-레벨 경영진(CEO, CFO, CIO, CMO 등)과 동등한 권한과 책임을 보장받지 못한다는 평가와 더불어, 정보보호최고책임자(CISO)와의 겸직이 허용됨으로 인해 실무적으로 그 중요성을 충분히 인정받지 못하고 있다는 평가도 있다.[36]

Ⅱ. 개인정보 보호책임자의 지정 및 자격요건

개인정보처리자는 개인정보의 처리에 관한 업무를 총괄해서 책임질 개인정보 보호책임자를 지정하여야 한다. 다만, 종업원 수, 매출액 등이 대통령령으로 정하는 기준에 해당하는 개인정보처리자의 경우에는 지정하지 아니할 수 있다(법 제31조 제1항). 이와 같은 단서에 따라 개인정보 보호책임자를 지정하지 아니하는 경우에는 개인정보처리자의 사업주 또는 대표자가 개인정보 보호책임자가 된다(법 제31조 제2항).

기존에는 공공기관과 공공기관 외의 개인정보처리자를 대상으로 하여 개인정보 보호책임자 지정요건을 명확히 구분하였다(시행령 제32조 제2항 제1호 및 제2호). 특히, 후자의 경우 개인정보처리자가 소상공인기본법 제2조에 따른 소상공인에 해당하는 경우에는 별도의 지정 없이 그 사업자 또는 대표자를 개인정보 보호책임자로 지정한 것으로 보았다. 물론, 이 경우에도 개인정보처리자가 별도로 개인정보 보호책임자를 지정한 경우에는 그렇지 않다(시행령 제32조 제3항).

개인정보 보호책임자의 자격요건 (시행령 제32조 제2항)[37]

1. 공공기관: 다음 각 목의 구분에 따른 기준에 해당하는 공무원 등
   가. 국회, 법원, 헌법재판소, 중앙선거관리위원회의 행정사무를 처리하는 기관 및 중앙행정기관: 고위공무원단에 속하는 공무원(이하 "고위공무원"이라 한다) 또는 그에 상당하는 공무원
   나. 가목 외에 정무직공무원을 장(長)으로 하는 국가기관: 3급 이상 공무원(고위공무원을 포함한다) 또는 그에 상당하는 공무원

---

36) 일부에선 개인정보 보호책임자의 명칭에는 정보보호최고책임자(CISO)와는 달리 '최고'라는 표현이 반영되어 있지 않은데다, 최고 제품 책임자(CPO, Chief Product Officer)와의 혼선을 방지하기 위해서라도 개인정보 보호책임자의 영문 명칭을 CPO(Chief Privacy Officer)가 아닌 다른 것으로 변경할 필요가 있다는 주장을 제기하기도 한다.

다. 가목 및 나목 외에 고위공무원, 3급 공무원 또는 그에 상당하는 공무원 이상의 공무원을 장으로 하는 국가기관: 4급 이상 공무원 또는 그에 상당하는 공무원

라. 가목부터 다목까지의 규정에 따른 국가기관 외의 국가기관(소속 기관을 포함한다): 해당 기관의 개인정보 처리 관련 업무를 담당하는 부서의 장

마. 시·도 및 시·도 교육청: 3급 이상 공무원 또는 그에 상당하는 공무원

바. 시·군 및 자치구: 4급 공무원 또는 그에 상당하는 공무원

사. 제2조제5호에 따른 각급 학교: 해당 학교의 행정사무를 총괄하는 사람

아. 가목부터 사목까지의 규정에 따른 기관 외의 공공기관: 개인정보 처리 관련 업무를 담당하는 부서의 장. 다만, 개인정보 처리 관련 업무를 담당하는 부서의 장이 2명 이상인 경우에는 해당 공공기관의 장이 지명하는 부서의 장이 된다.

2. 공공기관 외의 개인정보처리자: 다음 각 목의 어느 하나에 해당하는 사람

가. 사업주 또는 대표자

나. 임원(임원이 없는 경우에는 개인정보 처리 관련 업무를 담당하는 부서의 장)

자격요건과 관련하여, 공공기관 외의 개인정보처리자가 임원을 개인정보 보호책임자로 지정하는 경우, 임원의 범주에 대한 논쟁이 있다. 상법 내지 법인세법의 임원 규정을 개인정보보호법에 준용할 수 있다는 주장이 있는가 하면(형식설), 회사 경영 업무에 주요한 권한이 있고 경영에 책임을 지니는 자로서 일반적으로 사장, 부사장, 상무, 전무, 이사, 감사 등으로 불리는 경우라면 임원에 해당한다는 주장도 있다(실질설). 실질적으로 회사 경영 업무에 주요 권한이 있고, 개인정보 처리업무에 대한 의사결정 권한이 확보된 경우라면 시행령 제32조 제2항 제2호 나목의 임원으로 보는 것에 무리가 없을 것으로 보인다.[38]

---

37) 시행령 일부개정령안(2023. 11. 23., 개인정보보호위원회공고 제2023-98호)에선 기존의 자격요건을 시행령 제32조 제2항에서 제3항으로 이동하면서 다음과 같이 일부 요건을 변경하였다.
    1. 가. ~ 마. (현행과 같음)
    바. 시·군 및 자치구: 4급 이상 공무원 또는 그에 상당하는 공무원
    사. 제2조제5호에 따른 각급 학교: 해당 학교의 행정사무를 총괄하는 사람. 다만, 제4항제1호나목에 해당하는 경우에는 소속 직원 중에서 지정할 수 있다.
    아. (현행과 같음)

38) 정보통신망법에 의한 정보보호 최고책임자(CISO)를 지정할 때, 직전 사업연도 말 기준 자산총액이 5조원 이상인 자 또는 법 제47조 제2항에 따라 정보보호 관리체계 인증(ISMS)을 받아야 하는 자 중 직전 사업연도 말 기준 자산 총액이 5천억 원 이상인 자에 해당하는 정보통신서비스 제공자는 '이사'를 지정해야 한다. 또는 이에 해당하지 않더라도, 스스로의 판단에 따라 이사를 정보보호 최고책임자로 지정할 수 있다. 단, 여기에서의 이사는 「상법」 제401조의2제1항제3호에 따른 자와 같은 법 제408조의2에 따른 집행임원을 포함한다(법 제45조의3 제1항, 시행령 제36조의7 제1항 제2호 가목, 나목 및 제3호 나목). 정보통신망법은 정보보호 최고책임자(CIS)의 자격요건을 법 시행령에 구체적으로 명시하여 '이사'의 범주에 관한 해석상의 논란을 제거했다. 기존에는 '임원급'의 정보보호 최고책임자를 지정하도록 하면서, 임원급은 법인세법 시행령 제40조제1항의 임원에 관한 규정을 준용하여 적용하도록 하였으나, '임원급'에 대한 해석상의 논란이 지속적으로 발생하자 시행령 개정을 통해 이를 명확히 하였다. 이에 관한 보다 자세한 사항은 〈정보보호 최고책임자(CISO) 지정 신고 제도 안내서(2019. 12. 30., 과학기술정보통신부〉 12-18면을 참조.

또한, 개인정보 처리 관련 업무를 담당하는 부서는 그 명칭과 관계없이 실질적으로 개인정보 처리 관련 업무를 수행하는 것으로 족하며, 반드시 해당 업무에 전종(專從)할 필요는 없다. 다만, 개인정보 보호에 관하여 이해충돌을 방지할 수 있도록 개인정보의 활용을 촉진하는 것과 관련한 업무를 동시에 수행하는 것은 지양되어야 한다. 한편, GDPR은 전문적 자질에 더하여 법이 정한 책무를 수행할 수 있는 역량, 그리고 개인정보보호법과 실무에 관하여 전문가 수준의 지식을 보유하였는지에 기반하여 개인정보 보호담당관을 지정할 것을 요구한다.[39)40)]

III. 개인정보 보호책임자의 업무

개인정보보호책임자는 다음과 같은 업무를 수행한다(법 제31조 제3항 제1호 내지 제7호)
1. 개인정보 보호 계획의 수립 및 시행
2. 개인정보 처리 실태 및 관행의 정기적인 조사 및 개선
3. 개인정보 처리와 관련한 불만의 처리 및 피해 구제
4. 개인정보 유출 및 오용·남용 방지를 위한 내부통제시스템의 구축
5. 개인정보 보호 교육 계획의 수립 및 시행
6. 개인정보파일의 보호 및 관리·감독
7. 그 밖에 개인정보의 적절한 처리를 위하여 대통령령으로 정한 업무

이와 비교하여 GDPR의 개인정보보호 담당관(DPO)은 최소한 다음의 업무를 수행하도록 요구된다. 또한, 업무를 수행하는 과정에서 업무 수행 시 개인정보 처리의 성격, 범위, 맥락 및 목적을 고려하여 처리 작업과 관련된 위험을 적절히 고려해야 한다.[41)]
1. 컨트롤러 또는 프로세서 및 (개인정보의) 처리를 수행하는 직원에게 GDPR 규정 및 기타 유럽연합 또는 회원국 데이터 보호 규정에 따른 의무를 알리고 조언한다.
2. GDPR, 기타 유럽연합 또는 회원국 데이터 보호 규정 및 개인정보 보호와 관련된 컨트롤러 또는 프로세서의 정책(책임 할당, 처리 업무에 관련된 직원의 인식 제고 및 교육, 관련 감사 포

---

39) Article 37(5), GDPR.
40) GDPR은 개인정보 보호담당관의 지명에 요구되는 전문적 자질 및 지식의 적정한 수준을 사전에 규정하고 있지 않은데, 이는 조직의 개인정보 처리 맥락에 따라 필요한 자질과 지식을 스스로 결정할 수 있도록 하기 위함이다. 개인정보 처리 맥락에는 개인정보 처리활동의 성격, 복잡성, 규모, 처리되는 개인정보의 민감도 및 필요한 개인정보 보호의 (기술)수준 등이 포함될 수 있다. 이와 같은 맥락에 따라 개인정보 보호담당관은 기술특화형, (법)제도특화형, 소통특화형 등 특정한 영역에서의 특장점을 보유한 자로 지정될 수 있다. 이에 관한 세부적 내용은 다음을 참조할 수 있다 – Irish Data Protection Commission, "Guidance on appropriate qualifications for a Data Protection Officer (GDPR)", last visited Sep. 10, 2023, https://www.dataprotection.ie/en/organisations/know-your-obligations/data-protection-officrs/guidance-appropriate-qualifications
41) Article 39, GDPR.

함) 준수 여부를 감독한다.

3. 개인정보 영향평가(DPIA)와 관련하여 요청이 있는 경우 조언을 제공하고 GDPR 제35조에 따라 그 성과를 감독한다.

4. 감독 당국과 협력한다.

5. GDPR 제36조에 언급된 사전 협의(prior consultation)를 포함하여 개인정보 처리와 관련된 문제에 대한 감독 당국의 연락 창구 역할을 하며, 적절한 경우 여타 사안에 관련하여 협의한다.

GDPR의 개인정보보호 담당관은 사건에 대한 조사(investigations), 불만사항 대응(handling of complaints), 사전 협의 등의 맥락에서 조직과 감독당국 사이를 연계하는 중요한 역할을 수행한다. 또한, 정보주체와 조직 간의 의사소통에 있어서도 연락 창구(contact point)의 역할을 수행한다.[42] 이는 정보주체의 권리 행사를 포함하는 모든 개인정보 처리와 관련 있는 사안에 있어 요구되는 업무에 해당한다. 우리 법은 개인정보처리와 관련한 불만의 처리 및 피해 구제(법 제31조 제3항 제3호)를 개인정보 보호책임자의 업무에 명시하고 있으나, 조직과 감독당국과의 의사소통에 관한 것은 그의 업무로 포함하고 있지 않은 점이 가장 큰 차이 가운데 하나라고 볼 수 있다. 그 외에, GDPR의 개인정보보호 담당관이 조언, 감독, 협력 등 조직과 일정한 거리를 두고 독립적 전문가로서의 역할을 수행하는데 반해, 우리나라의 개인정보 보호책임자는 조직과의 거리를 보다 밀접하게 두고 계획을 수립 및 이행하고, 내부통제시스템을 구축하며, 개인정보 파일을 보호 및 관리감독하는 등의 업무를 수행한다.

IV. 개인정보 보호책임자의 공개

개인정보처리자는 개인정보 처리방침에 개인정보 보호책임자의 성명 또는 개인정보 보호업무 및 관련 고충사항을 처리하는 부서의 명칭과 전화번호 등 연락처를 공개해야 한다(법 제30조 제1항 제6호). 개인정보 보호책임자가 변경되었을 경우에도 이를 반영해야 한다. 이때, 공개하는 연락처가 반드시 개인정보 보호책임자나 담당자에게 직접 연락이 가능할 것까지 요구되진 않지만, 접수된 사안이 개인정보 보호책임자에게 전달될 수 있는 조직 내 체계가 마련되어 있어야 한다. 실무상 개인정보 보호책임자와 함께 개인정보 보호담당자를 병기하여 공개하는 것이 널리 관행으로 자리잡고 있으나, 개인정보보호법은 개인정보 보호담당자라는 직무를 별도로 규정하고 있지 않으며, 이의 공개를 의무사항으로 볼 수는 없다. GDPR에 따르면, 정보주체로부

---

42) Center for Information Policy Leadership, "Ensuring the Effectiveness and Strategic Role of the Data Protection Officer under the General Data Protection Regulation", Nov. 2016, p.34-37.

터 직접 개인정보를 수집할 때, 정보 수집 시점에 "적용 가능한 경우, 개인정보 보호담당관의 연락처 상세(contact details)"를 정보주체에게 알려야 한다.[43] 이는 정보주체 이외로부터 개인정보를 수집하는 경우에도 마찬가지이다.[44] 이는 정보주체가 자신의 개인정보 처리에 관해 적절한 정보를 취득할 권리를 보장하는 장치로서, 통상 Privacy Policy(Notice)에 공개된다. 우리나라에선 개인정보 처리방침의 수립 및 공개의 경우 개인정보의 안전한 관리에 관한 제4장에 포함되어 있다는 점과 비교되는 지점이다. 기타, 컨트롤러나 프로세서는 개인정보 보호담당관의 연락처 상세를 공개하고 이를 감독 당국에 제공(communicate)해야 한다.[45] 이에 따라 유럽연합 회원국은 개인정보 보호담당관에 관한 상세를 당국에 등록하도록 하는 체계를 갖추고 있는 것이 일반적이다. 중국, 영국, 이집트, 가나, 필리핀, 남아프리카, 태국 등도 개인정보 보호책임자의 연락처 상세를 당국에 제공하거나 등록하도록 하는 법규를 가지고 있다.[46]

V. 개인정보 보호책임자의 권한과 의무

1. 개인정보 보호책임자의 권한과 의무

개인정보 보호책임자는 법이 정한 업무를 수행함에 있어 필요한 경우 개인정보의 처리 현황, 처리 체계 등에 대하여 수시로 조사하거나 관계 당사자로부터 보고를 받을 수 있다(법 제31조 제4항). 다만, 이와 같은 권한이 실질적으로 행하여지기 위한 제도적 장치는 다소 미흡한 것으로 평가된다. 개인정보 보호책임자는 개인정보 보호와 관련하여 개인정보보호법 및 다른 관계 법령의 위반 사실을 알게 된 경우에는 즉시 개선조치를 하여야 하며, 필요하면 소속 기관 또는 단체의 장에게 개선조치를 보고하여야 하는데(법 제31조 제5항), 법령 위반 사실을 알게 된 경우 외에도, 상시적으로 소속기관 또는 단체의 장에게 개인정보처리에 관한 주요 사안을 보고할 수 있는 체계가 마련될 필요가 있다는 의견이 제기되기도 한다.[47] 여기에서 "이 법 및 다른 관계 법령"에는 개인정보보호법 및 같은 법 시행령뿐 아니라, 신용정보법 및 같은 법 시행령, 시행규칙 등 개인정보보호와 관련되는 법령을 모두 포함하는 것으로 이해된다.[48] 다만, "이 법"이라는

---

43) Article 13(1)(b), GDPR.

44) Article 14(1)(b), GDPR.

45) Article 37(7), GDPR.

46) Caitlin Fennessy, "Data Protection Officer Requirements by Country", Dec. 2021, https://iapp.org/resources/article/-data-protection-officer-requirements-by-country/

47) 이러한 의견은 실제 시행령 일부개정령안(2023. 11. 23., 개인정보보호위원회공고 제2023-98호) 제32조 제6항이 신설됨으로써 일부 반영이 되었다. 특히, 제32조 제6항 제2호는 "수행하는 업무계획, 집행, 결과 등에 관하여 연 1회 이상 정기적으로 대표자 및 이사회(이사회가 없는 경우에는 대표자에 한한다)에 직접 보고할 수 있는 체계의 구축"이라 하여, 개인정보 보호책임자로 하여금 그가 속한 기관이나 기업 등의 대표자 및 이사회에 개인정보 업무를 직접 보고할 수 있는 체계를 갖추도록 하였다.

48) 개인정보 보호 법령 및 지침·고시 해설(2020), 284면.

표현으로 인해, 문언적 해석의 관점에서 개인정보보호법 시행령의 위반은 해당하지 않는다는 견해도 존재하므로, 차후 법 개정을 통해 이러한 견해의 대립을 해소할 필요가 있다.

2. 개인정보 보호책임자의 신분보장

개인정보처리자는 개인정보 보호책임자가 자신의 업무를 수행함에 있어서 정당한 이유 없이 불이익을 주거나 받게 하여서는 아니되며, 개인정보 보호책임자가 업무를 독립적으로 수행할 수 있도록 보장하여야 한다(법 제31조 제6항). 이는 개인정보 보호책임자의 불이익 방지, 신분 및 독립성 보장을 위한 장치에 해당한다.

개인정보처리자가 개인정보 보호책임자로 하여금 그의 업무를 독립적으로 수행할 수 있도록 보장하여야 한다는 의무는 개정법('23. 3월)에 새롭게 도입된 것인데, 독립성 보장에 필요한 사항은 매출액, 개인정보의 보유 규모 등을 고려하여 대통령령에 정한다(법 제31조 제9항).[49]

GDPR에 의하는 경우, 개인정보 보호담당관은 자신의 업무를 수행함에 있어 컨트롤러나 프로세서로부터 퇴임되거나 징계를 받지 아니한다.[50] 또한, 개인정보 보호담당관은 컨트롤러의 피고용자 여부와 무관하게 독립적 방식으로 의무 및 업무를 수행할 수 있는 지위를 보장받을 수 있어야 한다.[51] 이는 개인정보 보호담당관이 업무를 독립적으로 수행하는 것을 보장하기 위한 것인데, 다만 이와 같은 자율성이 그들의 업무 범위를 넘어 의사결정 권한을 보유한다는 것을 의미하는 것은 아니다. DPO를 지정한 조직이 개인정보보호 법령을 준수하고 이를 입증할 책임이 있으며, DPO는 조직 내 개인정보 처리에 관하여 적절한 논의를 통해 조언을 제공할 수 있는 파트너로 보아야 한다.[52] [53]

---

49) 시행령 일부개정령안(2023.11.23., 개인정보보호위원회공고 제2023-98호)은 이를 위제 제32조 제6항을 다음과 같이 신설하였다.
   제32조(개인정보 보호책임자의 업무 및 지정요건 등) ① ~ ⑤ (생략)
   ⑥ 개인정보처리자(법 제31조제2항에 따라 사업주 또는 대표자가 개인정보 보호책임자가 되는 경우는 제외한다)는 개인정보 보호책임자가 개인정보 보호관련 업무에 대한 종합적 이해와 전문가적 역량을 갖추고 법 제31조제3항의 업무를 독립적으로 수행할 수 있도록 다음 각 호의 사항을 준수하여야 한다.
   1. 개인정보 처리와 관련된모든 정보에 대한 접근 보장
   2. 수행하는 업무계획, 집행, 결과 등에 관하여 연 1회 이상 정기적으로 대표자 및 이사회(이사회가 없는 경우에는 대표자에 한한다)에 직접 보고할 수 있는 체계의 구축
   3. 업무 수행에 적합한 조직체계의 마련 및 인적·물적자원의 제공
   4. 부당한 지시에 대한 불이행을 이유로 한 불이익의 금지
50) Article 38(3), GDPR.
51) Recital 97, GDPR.
52) European Data Protection Board, "Data Protection Guide For Small Business - Data Protection Officer", last visited Sep. 10, 2023, https://edpb.europa.eu/sme-data-protection-guide/data-protection-officer_en
53) Article38(3), GDPR이 컨트롤러 또는 프로세서가 정당한 사유가 있는 경우에만 직원인 DPO를 해고할 수 있도록 허용하는 국내 입법을 배제하는지 여부에 대한 의문이 제기된(해고가 DPO의 업무 수행과 관련이 없는 경우에도 해당) 사안에서 유럽사법재판소(CJEU)는 해당 법률이 GDPR의 목적 달성을 저해하지 않는 한 이에 해당하지 않는

기타, 이해의 충돌(conflicts of interest)에 관하여 우리 개인정보보호법은 GDPR과 달리 구체적 사항을 정하고 있지 않다. 이는 개인정보 보호책임자의 겸직 가능 여부와 밀접한 연관이 있다. 우리나라 정보통신망법은 정보보호 최고책임자(CISO)로 하여금 법에서 정한 정보보호 업무 외의 다른 업무를 겸직하는 것을 제한하고 있는데, 이는 직위에 대한 겸직 제한이 아니라 업무에 대한 겸직 제한에 해당한다. 정보보호 최고책임자의 겸직을 제한하는 법규가 최초 도입되었을 땐, 정보보호 최고책임자가 개인정보 보호책임자를 겸직하는 것도 제한하였다. 그러나, 실무에서의 겸직 필요성이 강하게 제기되자 법 개정을 통해 개인정보보호법 제31조 제2항에 따른 개인정보 보호책임자의 업무를 겸직할 수 있도록 했다(정보통신망법 제45조의3 제4항 제2호 라목).[54]

VI. 다른 법률과의 관계

신용정보법에 따른 신용정보 관리·보호인을 지정하였을 경우 별도의 개인정보 보호 책임자를 지정하지 않고 신용정보 관리·보호인이 개인정보 보호책임자를 대체할 수 있다. 신용정보 관리·보호인의 업무 수행에 관하여는 개인정보보호법 관련 규정을 준용한다(신용정보법 제20조). 기타, 정보통신망법에 따른 정보보호 최고책임자(CISO)가 개인정보 보호책임자를 겸임할 수 있다는 점은 앞서 살펴본 바와 같다.

VII. 고려사항

참여연대 공익법센터 등 9개 시민사회단체는 2021년 2월 16일 〈개인정보보호법 2차 개정안에 대한 시민사회 의견서〉를 제출하면서[55], 독립 개인정보보호 감독관(Data Protection Officer) 제도를 도입할 것을 제안하였다. 특히, 우선적으로 공공기관 및 개인정보 처리 위험성이 높은 민

다고 결정한 바 있다(C-453/21). 여기에서 GDPR의 목적 달성을 저해하는 요인으로는 개인정보 보호담당관에 요구되는 전문적 자질을 더 이상 보유하지 않았거나, GDPR에 따라 업무를 수행할 수 없거나, 이익 충돌에 의해 영향을 받는 자의 해고를 제한하는 회원국 법제 등이 있다. 한 가지 유의할 것은, 컨트롤러나 프로세서가 직원인 DPO를 징계하거나 해고하는 결정은 그의 업무 수행과 연관이 없는 경우에만 가능하단 점이다.

54) 벨기에 개인정보 감독당국의 소송 회의소(Litigation Chamber)는 기존 2건의 결정(decision no. 18/2020 of 28 April 2020 and decision no. 141/2021 of 16 December 2021)을 통해 개인정보 보호담당관의 역할이 위험 관리, 특별 조사, 컴플라이언스, 내부감사 등의 조직 책임자와 양립가능하지 않다는 점을 확인한 바 있다. 이들 조직의 책임자를 겸직하는 경우, 해당 부서의 개인정보 처리의 목적과 수단을 결정하는 책임을 부담하게 되며, 이는 결국 개인정보 보호담당관으로 하여금 해당 부서의 개인정보 처리 행위를 감독하는 역할을 적절히 수행하지 못하도록 한다는 점에 기반하여 내린 결정이다. 다만, 소송 회의소는 개인정보 보호담당관의 기능을 정보보호 최고책임자(CISO)와 결합하는 것은 "CISO가 운영 부서에 대한 책임을 부담하지 않고, 단지 조언을 제공하는 역할에 그치는 경우에 한하여" 가능하다는 결정을 내려, 개인정보 보호담당관이 이해 충돌을 회피하면서 CISO의 역할을 겸할 수 있는 조건을 제시하기도 했다(decision no. 56/2021 of 26 April 2021), 이에 관한 자세한 사항은 다음을 참조 - Stibbe, "ECJ further shapes independent position of DPOs", Feb 15, 2023, https://www.stibbe.com/publications-and-insights/ecj-further-shapes-independent-position-of-dpos

55) 참여연대, "[의견서] 개인정보보호법 2차 개정안에 대한 시민사회 의견서 제출", 2021. 2. 16,

간 기업을 대상으로 전문성이 있는 자를 DPO로 선임하는 방안을 제시하였다. 이에 대해서는 상반된 의견이 존재하므로, 그 도입을 신중하게 검토할 필요가 있을 것이다.[56]

Ⅷ. 위반 시 제재

법 제31조제1항(법 제26조제8항에 따라 준용되는 경우를 포함한다)을 위반하여 개인정보 보호책임자를 지정하지 아니한 자는 1천만 원 이하의 과태료를 부과받을 수 있다(법 제75조 제4항 제9호).

---

56) 이들 단체는 개인정보처리자의 책임성 강화를 위한 규정으로 개인정보보호 감독관(DPO) 제도를 도입할 것을 주장했다. DPO는 조언자, 감독자의 위치이고 여전히 법을 준수할 책임은 개인정보 처리자에게 있으므로, 처리자 내에서 개인정보 업무를 총괄하는 개인정보 보호책임자와 DPO는 개념적으로 상반되는 것으로 볼 수 있다는 것이다. 다만, 개인정보보호법 개정('23. 3월)을 통해 보호법에 의한 개인정보 보호책임자의 독립성을 보장하려는 장치를 마련한 것이 별도의 독립적 DPO를 지정하는 것을 배제할 수도 있다는 분석도 있다. 우리나라에서 DPO 제도의 도입이 전관 우대를 부추기고, 공공부문의 전문성 있는 개인정보 보호책임자 확보를 곤란하게 하며, 취지와는 달리 개인정보 처리 활동을 위축시키거나 혼란을 증대하는 등 문제점을 야기할 것이라는 주장도 있는 만큼 제도 도입에 신중을 기해야 한다는 의견도 상당하므로 신중한 접근이 필요하다.

제 5 절
개인정보 보호 인증

I. ISMS-P 인증의 의의

보호위원회는 개인정보처리자의 개인정보 처리 및 보호와 관련한 일련의 조치가 이 법에 부합하는지 등에 관하여 인증할 수 있다(법 제32조의2 제1항). 이는 개인정보보호 관리체계 인증(PIMS, Personal Information Management System)을 의미하는데, 정보통신망법 제47조에 따라 과학기술정보통신부가 운영하는 정보보호 관리체계 인증제도(ISMS, Information Security Management System)와 별도로 운영하던 것을 지난 2018년 11월부터 통합하여 정보보호 및 개인정보보호 관리체계(ISMS-P) 인증이 되었다.

인증제도 통합으로 ISMS-P를 운영하는 개인정보처리자는 예전의 복수 인증제도에서 중복되거나 상호 배치되는 요구사항으로 인해 발생하던 혼란을 해소할 수 있게 되었다. 또한, 정보시스템의 안전성과 개인정보 흐름상에서의 위험성을 함께 고려할 수 있게 되어 융합화·고도화되는 침해위협에 효과적으로 대응할 수 있게 되었다. 기타, 행정절차 간소화로 비용, 인력 부담을 절감할 수 있게 된 효과도 있다.[57]

ISMS-P는 ISMS의 관리체계 수립 및 운영(16개), 보호대책 요구사항(64개) 등의 인증기준(또는 통제기준)에 개인정보 처리단계별 요구사항(22개)를 추가로 심사하여 인증하는 것으로, ISMS와는 달리 일정한 요건에 해당하는 개인정보처리자라 할지라도 이를 의무적으로 취득해야 하는 것은 아니다.

참고로, GDPR은 투명성 및 GDPR 규정의 준수를 강화하기 위해 인증 제도의 수립과 개인정보보호 인장(seals and marks) 제도를 권장하고 있다. 이를 통해 정보주체는 연관성 있는 제품이나 서비스의 개인정보보호 수준을 손쉽게 평가할 수 있다.[58] 승인된 개인정보보호 인증은 설계 및 기본으로 제공되는 개인정보보호를 입증하는 요소로 사용될 수 있다.[59] 또한, 승인된 개인정보보호 인증 제도를 준수하는 프로세서를 개인정보 처리에 관여시키는 것은 컨트롤러에게

---

57) 홍성욱·박재표, 정보보호 및 개인정보보호 관리체계(ISMS-P) 인증제도의 효과적인 운영방안, 한국산학기술학회, 제21권 제1호, 2020, 636면.
58) Recital 100 and Article 42(1), GDPR.
59) Article 25(3), GDPR.

부여되는 GDPR의 의무를 준수하는 것을 표징하는 요소로 볼 수 있다.[60]

국내 정보보호 및 개인정보보호 인증제도 변화

구분		내용	인증기관	비고
정보보호	정보보호 안전진단 제도	정보통신서비스 제공자 및 집적 정보통신시설 사업자에 대한 정보보호지침 준수여부를 점검	한국인터넷 진흥원	ISMS 통합 (2013.2.)
	전자정부 정보보호 관리 체계(G-ISMS)	정부 및 행정기관에 대한 정보보호지침 준수여부를 심사하여 인증	한국인터넷 진흥원	ISMS 통합 (2014.11.)
	정보보호 관리 체계 (ISMS)	정보통신망서비스 제공자, 집적 정보통신시설 사업자, 연간 매출액 또는 이용자 수 등이 대통령령으로 정하는 기준에 해당하는 자에 대한 정보보호지침 준수여부를 심사하여 인증	한국인터넷 진흥원	ISMS-P 통합 (2018.11.)
	금융 정보보호 관리 체계 (F-ISMS)	금융권 보안 관련 규정 및 표준을 참고하여 적합한 정보보호지침 준수여부를 심사하여 인증	금융보안원	ISMS-P 통합 (2018.11.)
개인 정보 보호	개인정보보호 인증제 (PIPL)	공공기관이나 민간기업에 대한 개인정보 보호조치 준수여부를 심사하여 인증	한국정보화 진흥원	PIMS 통합 (2016.1.)
	개인정보보호 관리체계 (PIMS)	개인정보보호 관리체계를 수립·운영하고 있는 사업자에 대한 개인정보 보호조치 준수여부를 심사하여 인증	한국인터넷 진흥원	ISMS-P 통합 (2018.11.)
정보보호 및 개인정보보호 관리 체계(ISMS-P)		정보통신망서비스 제공자, 집적정보통신시설 사업자, 연간 매출액 또는 이용자 수 등이 대통령령으로 정하는 기준에 해당하는 자, 개인정보보호 관리체계를 수립·운영하고 있는 사업자에 대한 정보보호지침 및 개인정보 보호조치 준수여부를 심사하여 인증 부여	한국인터넷 진흥원	현재 운영

출처: TTA][61]

---

60) Recital 81, GDPR.

II. 법적 근거

ISMS-P 인증에 대한 법적 근거는 아래와 같이 정리할 수 있다.

법	개인정보보호법 제32조의2(개인정보 보호 인증)
시행령	제34조의2(개인정보 보호 인증의 기준·방법·절차 등) 제34조의3(개인정보 보호 인증의 수수료) 제34조의4(인증취소) 제34조의5(인증의 사후관리) 제34조의6(개인정보 보호 인증 전문기관) 제34조의7(인증의 표시 및 홍보) 제34조의8(개인정보 보호 인증심사원의 자격 및 자격 취소 요건)
고시	정보보호 및 개인정보보호 관리체계 인증 등에 관한 고시(개인정보보호위원회 고시 제2023-8호)

이 가운데 개인정보보호위원회 고시 제2023-8호는 과학기술정보통신부 고시 제2023-3호와 같은 것으로, 이는 양 부처의 '공동 고시'에 해당한다.

III. ISMS-P 인증 추진 체계

ISMS-P 인증 추진체계는 아래 그림과 같다.[62]https://isms.kisa.or.kr/main/ispims/intro/

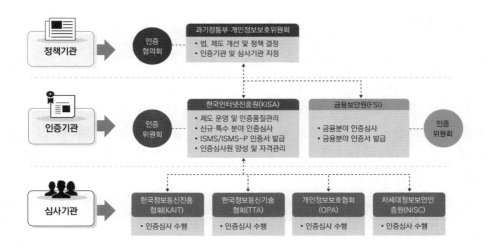

---

61) 이준성, 정보보호 및 개인정보보호 관리체계 인증제도 국내 동향, 2019.9., 108면.
62) 한국인터넷진흥원, ISMS-P 제도 소개, https://isms.kisa.or.kr/main/ispims/intro/

1. 정책기관

개인정보보호위원회와 과학기술정보통신부가 ISMS-P, ISMS에 대한 정책기관에 해당한다. 정책기관은 법제도 개선 및 정책 결정을 관장하며, 인증기관 및 심사기관을 지정한다. 양 부처는 정책협의회를 통해 관련있는 정책을 조율한다.

2. 인증기관

보호위원회는 대통령령으로 정하는 전문기관으로 하여금 법 제32조의2 제1항에 따른 인증, 제3항에 따른 인증 취소, 제4항에 따른 사후관리 및 제7항에 따른 인증 심사원 관리 업무를 수행하게 할 수 있다(법 제32조의2 제5항). 여기에서 "대통령령으로 정하는 전문기관"이란 한국인터넷진흥원 내지 법 시행령 제34조의8에 따른 개인정보 보호 인증심사원 5명 이상을 보유하고, 보호위원회가 실시하는 업무수행 요건·능력 심사에서 적합하다고 인정받는 법인, 단체 또는 기관 중에서 보호위원회가 지정·고시하는 법인, 단체 또는 기관이 해당한다(시행령 제34조의6 제1항).

인증기관은 심사팀을 구성하여 신청기관이 수립·운영하는 정보보호 및 개인정보보호 관리체계를 인증기준에 따라 심사하고, 심사기간에 발견된 결함사항의 보완조치 여부를 확인하는 한편, 인증심사 결과의 심의, 인증서 발급·관리, 인증의 사후관리, 인증위원회 운영 등 업무를 담당한다.

3. 인증위원회

인증위원회는 최초심사 또는 갱신심사 결과가 인증기준에 적합한지 여부, 인증의 취소에 관한 사항, 이의신청에 관한 사항, 그 밖에 정보보호 및 개인정보보호 관리체계 인증과 관련하여 위원장이 필요하다고 인정하는 사항을 심의·의결한다(고시 제29조 제1항).

인증위원회는 35인 이내의 위원으로 구성하되, 위원은 정보보호 및 개인정보보호 관련 분야에 학식과 경험이 있는 자 중에서 인터넷진흥원 또는 인증기관의 장이 위촉하며, 위원장은 위원 중에서 호선한다(고시 제29조 제2항).

4. 심사기관

심사기관이란 인증심사 업무를 수행할 수 있도록 「개인정보 보호법 시행령」 제34조의6 제1

항 제2호 및 제2항에 따라 보호위원회가 지정하는 기관을 말한다(고시 제2조 제4호). 이와 비교하여, 인터넷진흥원·인증기관 또는 심사기관을 한데 일컬어 심사수행기관이라고 한다(고시 제2조 제6호).

5. 인증심사원

인터넷진흥원으로부터 인증심사를 수행할 수 있는 자격을 부여받고 인증심사를 수행하는 자를 말하는데(고시 제2조 제8호), 등급별 자격 요건은 아래와 같다(고시 [별표 3]).

[별표 3] 인증심사원 등급별 자격 요건(제12조 관련)

등급	자격기준
심사원보	인증심사원 자격 신청 요건을 만족하는 자로서 인터넷진흥원이 수행하는 인증심사원 양성과정 통과하여 자격을 취득한 자
심사원	심사원보 자격 취득자로서 인증심사에 4회 이상 참여하고 심사일수의 합이 20일 이상인 자
선임심사원	심사원 자격 취득자로서 정보보호 및 개인정보보호 관리체계 인증심사를 3회 이상 참여하고 심사일수의 합이 15일 이상인 자

6. 신청기관(신청인)

신청기관(신청인)은 개인정보보호 활동의 체계적이고 지속적인 관리여부를 객관적으로 검증받기 위하여 인증을 신청하는 자를 말하는데, 인증을 신청하기 전에 인증기준에 따른 정보보호 및 개인정보보호 관리체계를 구축하여 최소 2개월 이상 운영하여야 한다. 다만, 가상자산사업자에 대한 예비인증의 경우에는 그러하지 아니한다(고시 제17조 제1항 및 제18조의2 제1항 제1호).

IV. ISMS-P 인증 기준

ISMS-P 인증기준은 관리체계 수립 및 운영(16항목), 보호대책 요구사항(64항목), 개인정보 처리 단계별 요구사항(22항목) 등으로 구성된다. 이를 표로 정리하면 아래와 같다.

정보보호 및 개인정보보호 관리체계 인증 기준

구분		통합인증	분야(인증기준 개수)	
ISMS-P	ISMS	1. 관리체계 수립 및 운영(16)	1.1 관리체계 기반 마련(6) 1.3 관리체계 운영(3)	1.2 위험관리(4) 1.4 관리체계 점검 및 개선(3)
		2. 보호대책 요구사항(64)	2.1 정책, 조직, 자산관리(3) 2.3. 외부자 보안(4) 2.5 인증 및 권한 관리(6) 2.7 암호화 적용(2) 2.9 시스템 및 서비스 　　운영관리(7) 2.11 사고 예방 및 대응(5)	2.2 인적보안(6) 2.4 물리보안(7) 2.6 접근통제(7) 2.8 정보시스템 도입 및 　　개발 보안(6) 2.10 시스템 및 서비스 　　보안관리(9) 2.12 재해복구(2)
	-	3. 개인정보 처리단계별 요구사항(21)	3.1 개인정보 수집 시 　　보호조치(7) 3.3 개인정보 제공 시 　　보호조치(4) 3.5 정보주체 권리보호(3)	3.2 개인정보 보유 및 　　이용 시 보호조치(5) 3.4 개인정보 파기 시 　　보호조치(2)

출처: 한국인터넷진흥원[63]

V. 인증심사 절차

　인증심사 절차는 아래와 같은 순서대로 진행된다. 단계를 구분하는 방식은 여럿이 있으나, 일반적으로 준비 및 신청단계, 심사단계, 인증단계, 사후관리단계 등으로 구분한다.[64]

---

63) 한국인터넷진흥원, https://isms.kisa.or.kr/main/ispims/intro/
64) 한국인터넷진흥원, ISMS-P 인증제도 안내서, 2021.7., 50면.

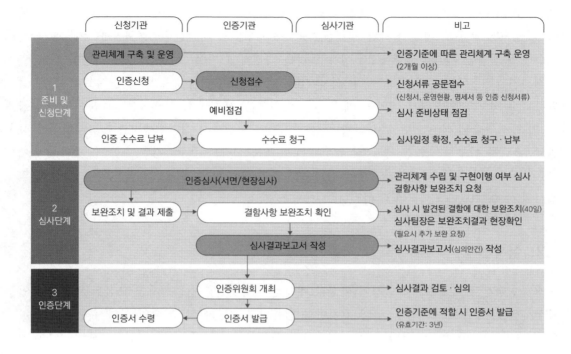

신청기관	인증기관	심사기관	비고

1 준비 및 신청단계

관리체계 구축 및 운영 ──────────→ 인증기준에 따른 관리체계 구축 운영 (2개월 이상)

인증신청 ──→ 신청접수 ──────→ 신청서류 공문접수 (신청서, 운영현황, 명세서 등 인증 신청서류)

예비점검 ──────────→ 심사 준비상태 점검

인증 수수료 납부 ←→ 수수료 청구 ──────→ 심사일정 확정, 수수료 청구·납부

2 심사단계

인증심사(서면/현장심사) ──────→ 관리체계 수립 및 구현이행 여부 심사 결함사항 보완조치 요청

보완조치 및 결과 제출 → 결함사항 보완조치 확인 ──→ 심사 시 발견된 결함에 대한 보완조치(40일) 심사팀장은 보완조치결과 현장확인 (필요시 추가 보완 요청)

심사결과보고서 작성 ──────→ 심사결과보고서(심의안건) 작성

3 인증단계

인증위원회 개최 ──────→ 심사결과 검토·심의

인증서 수령 ← 인증서 발급 ──────→ 인증기준에 적합 시 인증서 발급 (유효기간: 3년)

1. 준비 및 신청단계

정보보호 및 개인정보보호 관리체계 구축 및 최소 2개월 이상 운영을 한 후에, 관련 증거자료를 마련하여 인증 심사신청을 진행한다. 이때, 인증 범위를 설정해야 하는데, ISMS-P 인증은 의무사항이 아니므로 자율적으로 인증을 받고자 하는 범위를 결정하여 신청을 해야 한다.

<ISMS, ISMS-P> 인증심사 신청서류
- 정보보호 및 개인정보보호 관리체계 인증신청 공문 1부
- 정보보호 및 개인정보보호 관리체계 인증신청서 1부
- 정보보호 및 개인정보보호 관리체계(ISMS-P) 운영현황 1부
- 정보보호 및 개인정보보호 관리체계 명세서 1부
- 법인/개인 사업자등록증 1부
- 법인등기부등본 1부

인증심사 신청을 접수하면, 심사팀장이 신청기관을 방문하여 정보시스템의 규모, 위험 식별 및 평가수행 여부, 운영명세서 등 인증심사에 필요한 기초자료 구비 유무, 인증심사 준비상태

및 운영여부를 확인하는 "심사 준비상태 점검(예비점검)"을 진행한다. 이를 통해 심사 진행 여부를 결정하게 되는데, 이때 심사팀장은 정보보호최고책임자, 개인정보보호책임자 등과 심사 준비상태를 점검한 결과를 공유하고, 심사 일정을 확정하게 된다.

심사기관은 신청기관과 인증 범위, 심사 기관, 심사 인원, 심사팀 구성, 인증 수수료 등을 협의하고 관리체계 인증심사 계약을 체결한다. 신청인은 최초심사, 사후심사 및 갱신심사 신청 시 인증 수수료를 청구 받은 날부터 인증심사 시작일 이전까지 심사수행기관에 납부하여야 하며, 수수료를 납부하지 않은 경우 심사수행기관은 인증심사를 실시하지 아니할 수 있다(고시 제22조). 인증심사 수수료는 신청기관이 심사수행기관에 납부하는 비용으로 인증수수료 산정 및 심사원 보수 기준에 정한 바를 따른다(고시 [별표 6]).

2. 심사단계

심사수행기관은 인증심사 일정이 확정된 때에는 인터넷진흥원에 심사원 모집을 요청하여 인증심사팀을 구성해야 하는데, 이때 신청인의 인증범위, 사업유형, 기술의 다양성 등을 고려하여 심사팀원을 구성해야 한다. 인증심사원은 신청인의 정보보호 또는 개인정보보호 컨설팅에 참여하였거나 소속직원 등 신청인과 이해관계를 가지는 경우 사전에 소명하여야 하며, 심사수행기관은 인증심사원을 인증심사팀의 구성원에서 배제하여야 한다(고시 제24조).

인증심사팀, 신청기관의 CPO, CISO, 관련 부서장 및 실무 담당자 등이 참석하여 "인증심사 시작회의"를 진행한 후에 본격적인 "인증심사"를 개시하게 된다. 인증심사는 신청인을 방문하여 서면심사와 현장심사를 병행하는데, 서면심사는 인증기준에 적합한지에 대하여 정보보호 및 개인정보보호 관리체계 구축·운영 관련 정책, 지침, 절차 및 이행의 증거자료 검토, 정보보호 대책 및 개인정보 처리단계별 요구사항 적용 여부 확인 등의 방법으로 관리적 요소를 심사하는 것이며, 현장심사는 서면심사의 결과와 기술적·물리적 보호대책 이행여부를 확인하기 위하여 담당자 면담, 관련 시스템 확인 및 취약점 점검 등의 방법으로 기술적 요소를 심사하는 것이다(고시 제25조 제1항 내지 제3항).

서면심사 및 현장심사를 통해 도출된 결함을 정리한 보고서를 심사수행기관이 작성한 후, 신청기관 담당자와의 회의를 통해 상호 결과를 확인한다. 결함보고서에 기재되는 결함으로는 "결함 사항"과 "중결함 사항"이 있는데, 전자와 후자는 정보보호 및 개인정보보호 관리체계에 중대한 영향을 미치는지 여부에 따라 구분된다. 만약 중결함 사항이 확인된 경우 인증심사팀은 중결함이 확인된 시점부터 인증심사를 중단할 수 있다.

인증심사의 종료일에 "인증심사 종료회의"를 개최하는데, 여기에서 심사 결과의 설명, 결함 사항에 대한 보완 조치를 요구하며, 보완 조치에 필요한 제반 사항 및 인증위원회 개최 계획 등 향후 진행상황에 대한 안내를 진행한다.

신청기관은 보완조치 요청을 받은 날로부터 40일 이내 보완조치를 완료하고 보완조치 사항에 대한 보완조치 내역서 및 보완조치 완료확인서를 작성하여 심사 수행기관에 제출해야 한다. 심사 수행기관은 신청기관이 제출한 보완조치 결과가 미흡하다고 판단하거나, 신청기관 스스로 보완조치 내용상 기한 연장이 필요하다고 판단되는 경우 공문을 통해 최대 60일 간(재조치 기간 포함) 연장할 수 있다(고시 25조 제4항).

심사팀장은 보완조치 내역서의 적절성을 판단하고 이행점검을 통해 실제 이행여부를 확인하는데, 이후 심사팀장은 확인 결과를 보완조치 완료확인서에 서명날인하고 보완조치 완료가 확인되었음을 신청기관에 안내한다. 연장 기한 포함하여 최대 100일 이내에 보완조치가 완료되지 않은 경우, 인증이 취소(최초 심사의 경우, 심사 무효)된다(고시 제35조 제1항 제3호).

기타, 심사 수행기관은 아래의 사유가 발생한 경우에는 인증심사를 중단할 수 있다(고시 제26조 제1항 제1호 내지 제4호). 이 경우, 그 사유를 신청인에 서면으로 통보해야 하며(제2항), 중단 사유가 해소되거나, 고시 제36조에 따른 이의 신청 처리결과에 따라 인증심사를 재개하거나 종결할 수 있다(제3항).

심사중단 사유

1. 신청인이 고의로 인증심사의 실시를 지연 또는 방해하거나 신청인의 귀책사유로 인하여 인증심사 팀장이 인증심사를 계속 진행하기가 곤란하다고 판단하는 경우
2. 신청인이 제출한 관련 자료 등을 검토한 결과 인증심사를 받을 준비가 되었다고 볼 수 없는 경우
3. 인증심사 후 고시 제25조제4항에 따른 보완조치를 최대 100일(재조치 요구 60일 포함) 이내에 완료하지 않은 경우
4. 「재난 및 안전관리 기본법」 제3조에 따른 재난의 발생 또는 경영환경 변화 등으로 인하여 인증심사 진행이 불가능하다고 판단되는 경우

---

3. 인증단계

최초심사 또는 갱신심사의 경우 심사 수행기관은 보완조치가 완료된 신청기관에 대하여 "인증심사 결과보고서"를 작성하여 인증위원회 안건으로 상정한다. 고시에 따라 관련 전문가로 구성된 인증위원회는 각 상정된 안건에 대하여 인증 기준 적합 여부, 인증 취소 사유의 확인 및 그 결과, 인증 결과 내지 취소처분에 대한 이의신청 사항, 그 밖에 위원장이 필요하다고 인정하는 사항을 심의·의결한다.

심사수행기관은 인증위원회 심의결과에 따라 인증위원회 종료 다음날부터 30일 이내에 신청

인에게 추가 보완조치를 요구할 수 있다(고시 제25조 제5항). 보완조치사항을 전달받은 신청기관은 해당사항의 보완 완료 후 심사팀장에게 수정된 "보완조치 내역서"를 제출하고, 이를 통해 보완조치 이행여부를 확인한 심사팀장은 해당 사항에 대한 결과 보고서를 차기 인증위원회에 상정하여 심의·의결을 받게 된다.

인터넷진흥원 또는 인증기관의 장은 인증위원회에서 인증적합으로 판정된 경우 그 결과에 따라 신청인에게 [별지 제11호] 서식의 정보보호 및 개인정보보호 관리체계 인증서를 발급하여야 한다(고시 제32조 제1항). 해당 인증서의 유효기간은 3년이다(고시 제32조 제3항).

그런데 신청인 또는 인증을 취득한 자가 인증심사 결과 또는 인증 취소처분에 관하여 이의가 있는 때에는 그 결과를 통보받은 날부터 15일 이내에 [별지 제15호] 서식의 이의신청서를 인터넷진흥원 또는 인증기관에 제출하여야 한다(고시 제36조 제1항). 인터넷진흥원 또는 인증기관은 이의신청이 이유가 있다고 인정되는 경우에는 인증위원회에 재심의를 요청할 수 있다(고시 제36조 제2항). 인터넷진흥원 또는 인증기관은 이의신청에 대한 처리결과를 신청인 또는 인증을 취득한 자에 통지하여야 한다(고시 제36조 제3항).

4. 사후관리 단계

인증(인증이 갱신된 경우를 포함한다)을 받고난 후 매년 사후관리를 위하여 실시하는 인증심사를 사후심사라 한다(고시 제2조 제10호). 인증을 취득한 자는 인증서 유효기간 중 연 1회 이상 심사수행기관에 사후심사를 신청하여야 하며(고시 제27조 제1항), 인증유효 기간 내 심사를 받지 않을 경우 인증이 취소된다.

ISMS-P의 인증 유효기간은 3년이며, 유효기간 만료로 유효기간 갱신을 위해 실시하는 인증심사를 갱신심사라 한다(고시 제2조 제11호). 인증을 취득한 자는 인증서 유효기간 만료 3개월 전에 갱신심사를 신청하여야 하며(고시 제28조 제1항), 갱신심사를 통해 연장되는 인증 유효기간은 3년이다. 갱신심사는 최초심사와 마찬가지로 인증위원회에서 인증 유효기간 연장에 대한 심의·의결을 받아야 한다. 인증을 취득한 자가 인증의 갱신을 신청하지 않고 인증의 유효기간이 경과한 때에는 인증의 효력은 상실된다(고시 제28조 제3항).

VI. 인증의 표시 및 홍보

ISMS-P 인증을 받은 자는 인증의 내용을 표시하거나 홍보할 수 있는데, 이 경우 보호위원회가 정하여 고시하는 개인정보 보호 인증 표시를 사용할 수 있다. 이 경우 인증의 범위와 유효기간을 함께 표시해야 한다(법 제32조의2 제6항 및 시행령 제34조의7). 인증의 표시에 관한 사항은 고시 [별표 8]의 인증의 표시를 따른다.

인터넷진흥원은 인증정보를 제공하는 홈페이지를 통해 인증현황을 공개해야 한다(고시 제34조 제3항). 이를 위해 인터넷 진흥원은 KISA 정보보호 및 개인정보보호관리체계 인증 웹페이지 (https://isms-p.kisa.or.kr 또는 https://isms.kisa.or.kr)를 운영한다.

ISMS-P 인증 취득 사실의 홍보는 인증서를 발급받은 날부터 효력이 유지되는 동안만 사용이 가능하다. 인증을 취득한 자는 인증의 사실을 과장되거나 불명확한 표현을 사용하여 광고할 수 없다. 한편, 인증이 취소된 경우에는 인증에 대한 홍보, 인증서 사용을 중지하여야 한다. 인증 표시를 사용하는 경우 유효기간, 인증범위를 함께 표시하여야 한다.

Ⅶ. 인증의 취소

인터넷진흥원 또는 인증기관은 다음 각 호의 사유를 발견한 때는 인증위원회 심의·의결을 거쳐 인증을 취소할 수 있다(고시 제35조 제1항).

1. 거짓 혹은 부정한 방법으로 인증을 취득한 경우
2. 제23조에 따른 인증기준에 미달하게 된 경우
3. 인증을 취득한 자가 제27조제1항에 따른 사후심사 또는 제28조제1항에 따른 갱신심사를 받지 않았거나 제25조제4항에 따른 보완조치를 하지 않은 경우
4. 인증 받은 내용을 홍보하면서 제34조제2항에 따른 인증범위 및 유효기간을 허위로 표기하거나 누락한 경우
5. 인증을 취득한 자가 제27조 및 제28조에 따른 사후관리를 거부 또는 방해하는 경우
6. 개인정보보호 관련 법령을 위반하고 그 위반사유가 중대한 경우

인터넷진흥원 또는 인증기관은 제1항에 따라 인증을 취소한 경우에 그 결과를 통지하고, 제32조에 따라 발급한 인증서를 회수한다(고시 제35조 제2항).

인증을 취득한 자가 인증 취소처분에 관하여 이의가 있는 때에는 그 결과를 통보받은 날부터 15일 이내에 [별지 제15호] 서식의 이의신청서를 인터넷진흥원 또는 인증기관에 제출하여야 한다(고시 제36조 제1항).

Ⅷ. 위반 시 제재

제32조의2 제6항을 위반하여 인증을 받지 아니하였음에도 거짓으로 인증의 내용을 표시하거나 홍보한 자는 3천만 원 이하의 과태료를 부과한다(법 제75조 제2항 제15호).

제 6 절
개인정보 영향평가

Ⅰ. 개인정보 영향평가의 의의

개인정보 영향평가[Privacy Impact Assessment(PIA) 또는 Data Protection Impact Assessment(DPIA)]란 개인정보파일을 운용하는 새로운 정보시스템의 도입이나 기존에 운영 중인 개인정보처리시스템의 중대한 변경 시, 시스템의 구축·운영·변경 등이 개인정보에 미치는 영향(impact)을 사전에 조사·예측·검토하여 개선방안을 도출하고 이행여부를 점검하는 체계적인 절차를 말한다.[65] 보호법은 공공기관의 장은 대통령령으로 정하는 기준에 해당하는 개인정보파일의 운용으로 인하여 정보주체의 개인정보 침해가 우려되는 경우에는 그 위험요인의 분석과 개선 사항을 도출하기 위한 평가를 하고 그 결과를 보호위원회에 제출하여야 한다고 규정하는데(법 제33조 제1항), 이러한 평가를 개인정보 영향평가라고 한다.[66]

유럽연합은 GDPR에 개인정보 영향평가에 관한 규정을 두고, 법이 정한 일정한 요건에 해당하는 경우 데이터 컨트롤러로 하여금 영향평가를 필수적으로 수행하도록 하였다.[67] 캐나다는 TBS(the Treasury Board of Canada Secretariat)가 정한 Directive on Privacy Impact Assessment에 따라 정부 기관으로 하여금 개인정보와 연관된 프로그램이나 활동을 신규로 착수하거나, 기존의

---

65) 개인정보보호위원회·한국인터넷진흥원, 개인정보 영향평가 수행 안내서, 2020, 6면.

66) 여기에서 공공기관은 보호법 제2조 제6호의 가목 및 나목에 나열된 기관을 말한다. 단, 국회, 법원, 헌법재판소, 중앙선거관리위원회(그 소속 기관을 포함한다)의 영향평가에 관한 사항은 국회규칙, 대법원규칙, 헌법재판소규칙 및 중앙선거관리위원회규칙으로 정하는 바에 따른다(법 제33조 제10항).

67) 컨트롤러는 개인정보 처리와 관련한 제반 상황을 고려하여, 정보주체의 권리와 자유에 고위험(a high risk)을 야기할 가능성이 있다고 판단하는 경우 개인정보 영향평가를 수행해야 하는데[Article 35(1)], 특히 i) 프로파일링을 포함한 자동화된 처리를 기반으로 하고 자연인에 관한 법적 효과를 발생시키거나 이와 유사하게 자연인에게 중대한 영향을 미치는 결정에 근거한 자연인과 관련된 개인적 측면에 대한 체계적이고 광범위한 평가, ii) 제9조 1항에 언급된 특수 범주의 데이터 또는 제10조에 언급된 범죄 유죄 판결 및 범죄와 관련된 개인 데이터의 대규모 처리 또는 iii) 공개적으로 접근 가능한 영역을 대규모로 체계적으로 모니터링하는 경우에 대해서는 반드시 개인정보 영향평가를 수행하도록 요구받는다[Article 35(3)]. 유럽연합 개인정보보호 이사회(EDPB)는 Article 35(3)의 '특히(in particular)'라는 문구가 모든 것을 포괄하는 의미는 아니라면서, 고 위험에 해당하는 개인정보 처리 활동은 법이 정한 것 외에도 다양하게 존재할 수 있다고 설명하고 있다. 따라서, 개인정보 영향평가의 대상이 되는 개인정보 처리 활동은 위험 기반으로 개별 사안마다 판단을 해야 한다. 이에 관해선 EDPB의 "Guidelines on Data Protection Impact Assessment (DPIA) and determining whether processing is "likely to result in a high risk" for the purposes of Regulation 2016/679", April 2017, 8면 이하를 참조.

활동을 상당한 수준에서 수정하는 경우, 식별된 프라이버시 리스크 수준에 상응하는 방식으로 개인정보 영향평가를 의무적으로 시행할 것을 요구한다.[68] 호주는 The Privacy(Australian Government Agencies - Governance) APP Code 2017에 따라 the Privacy Act 1988의 적용을 받는 모든 정부 기관으로 하여금 모든 '프라이버시 고 위험 프로젝트(high privacy risk projects)'에 대하여 개인정보 영향평가를 의무적으로 이행하도록 요구한다.[69] 이외에도 미국, 뉴질랜드, 싱가포르, 홍콩 등도 공공민간 부문에 대하여 개인정보 영향평가를 의무화 하거나 권장하고 있다.

개인정보 영향평가를 수행함으로써, 개인정보처리자는 실제 개인정보의 처리가 발생하기 전에 개인정보 보호와 관련한 위험의 수용에 관하여 정보에 기반한 의사결정(informed decision)을 내리는데 도움을 받을 수 있고, 그로 인해 영향을 받을 수 있는 정보주체와의 의사소통에도 효과적으로 대응할 수 있게 된다. 또한, 조직이 개인정보 보호에 관한 법·제도적 요구사항을 준수하고 있음을 입증할 수 있고, 정보주체의 권리 침해가 발생하는 것을 예방할 수도 있다. 신규 개인정보 처리활동에 '설계에 의한 개인정보 보호(privacy by design)'를 내재화 할 수 있으며, 불필요한 개인정보 처리가 발생하지 않도록 하여 운영 비용을 절감할 수도 있다. 기타, 개인정보 영향평가의 수행은 조직 내에서 개인정보 보호에 관한 인식을 향상시키는 데 도움이 되기도 한다.[70]

현재 공공기관만이 법에 따라 개인정보 영향평가의 수행을 하고 있으나, 이를 민간으로 확대할 필요가 있다는 주장도 제기된다. 정책적으로 개인정보 영향평가의 확대를 고려하는 것은 귀 기울일 가치가 있으나, 그에 앞서 우선 공공기관에서 수행하는 개인정보 영향평가를 개선하고, 그 효과를 평가하는 것이 선행될 필요가 있다. 공공기관이 개인정보를 처리하는 환경이나 맥락이 다양하다는 점을 고려하여, 공공기관 자체의 특성 등에 맞춰 공공기관 자체가 영향평가를 수행하도록 하고, 영향평가를 수행하는 내부의 주체로 하여금 영향평가 실시 여부를 결정할 수 있는 재량을 인정하는 동시에 신축적인 평가가 가능하도록 다양한 형태의 개인정보 영향평가의 여지를 열어줄 필요가 있으므로, 이를 선행적으로 적용한 후에 그 결과를 평가하는 것이 민간으로의 개인정보 영향평가를 확대하는 전제 조건이 될 것이다.[71]

---

68) https://www.tbs-sct.canada.ca/pol/doc-eng.aspx?id=18308
69) https://www.oaic.gov.au/privacy/privacy-guidance-for-organisations-and-government-agencies/government-agencies/australian-government-agencies-privacy-code/privacy-australian-government-agencies-governance-app-code-2017
70) Ireland Data Protection Commission, Data Protection Impact Assessment, https://www.dataprotection.ie/en/organisations/know-your-obligations/data-protection-impact-assessments#what-are-the-benefits-of-conducting-a-dpia
71) 이대희, "한국의 개인정보 영향평가 제도의 개선 방향", 정보법학, 제24권 제1호, 2020, 171-172면.

II. 평가 대상

법 제33조제1항에서 영향평가의 대상으로 하는 "대통령령으로 정하는 기준에 해당하는 개인정보파일"이란 개인정보를 전자적으로 처리할 수 있는 개인정보파일로서 다음 각 호의 어느 하나에 해당하는 개인정보파일을 말한다(시행령 제35조).

1. 구축·운용 또는 변경하려는 개인정보파일로서 5만명 이상의 정보주체에 관한 민감정보 또는 고유식별정보의 처리가 수반되는 개인정보파일

2. 구축·운용하고 있는 개인정보파일을 해당 공공기관 내부 또는 외부에서 구축·운용하고 있는 다른 개인정보파일과 연계하려는 경우로서 연계 결과 50만명 이상의 정보주체에 관한 개인정보가 포함되는 개인정보파일

3. 구축·운용 또는 변경하려는 개인정보파일로서 100만명 이상의 정보주체에 관한 개인정보파일

4. 법 제33조제1항에 따른 개인정보 영향평가를 받은 후에 개인정보 검색체계 등 개인정보파일의 운용체계를 변경하려는 경우 그 개인정보파일. 이 경우 영향평가 대상은 변경된 부분으로 한정한다.

현 시점 기준으로 영향평가 대상은 아니나 가까운 시점(1년 이내)에 정보주체의 수가 법령이 정한 기준 이상이 될 가능성이 있는 경우, 영향평가를 수행할 것을 권고한다. 또한, 법령상 규정된 대상 시스템이 아니더라도 대량의 개인정보나 민감한 개인정보를 수집·이용하는 기관은 개인정보 유출 및 오·남용으로 인한 사회적 피해를 막기 위해 영향평가를 수행할 수 있다.[72]

III. 평가기관의 지정 등

보호위원회는 대통령령으로 정하는 인력·설비 및 그 밖에 필요한 요건을 갖춘 자를 영향평가를 수행하는 기관(이하 "평가기관"이라 한다)으로 지정할 수 있으며, 공공기관의 장은 영향평가를 평가기관에 의뢰하여야 한다(법 제33조 제2항).[73]

보호위원회는 법 제33조제2항에 따라 다음 각 호의 요건을 모두 갖춘 법인을 평가기관으로 지정할 수 있다(시행령 제36조).

1. 최근 5년간 다음 각 목의 어느 하나에 해당하는 업무 수행의 대가로 받은 금액의 합계액

---

72) 개인정보보호위원회·한국인터넷진흥원, 개인정보 영향평가 수행 안내서, 2020, 6-7면.
73) 평가기관은 지정신청 공고, 지정신청 서류 접수 및 검토, 현장실사, 종합심사 등의 단계를 걸쳐 지정하게 되는데, 이러한 절차를 거쳐 지정된 평가기관은 개인정보 포털(https://privacy.go.kr)에 기관명, 기관소개, 연락처, 지정유효기간 등의 세부 정보와 함께 공개된다.

이 2억 원 이상인 법인

　　가. 영향평가 업무 또는 이와 유사한 업무

　　나. 「전자정부법」 제2조제13호에 따른 정보시스템(정보보호시스템을 포함한다)의 구축 업무 중 정보보호컨설팅 업무(전자적 침해행위에 대비하기 위한 정보시스템의 분석·평가와 이에 기초한 정보 보호 대책의 제시 업무를 말한다. 이하 같다)

　　다. 「전자정부법」 제2조제14호에 따른 정보시스템 감리 업무 중 정보보호컨설팅 업무

　　라. 「정보보호산업의 진흥에 관한 법률」 제2조제1항제2호에 따른 정보보호산업에 해당하는 업무 중 정보보호컨설팅 업무

　　마. 「정보보호산업의 진흥에 관한 법률」 제23조제1항제1호 및 제2호에 따른 업무

2. 개인정보 영향평가와 관련된 분야에서의 업무 경력 등 보호위원회가 정하여 고시하는 자격을 갖춘 전문인력을 10명 이상 상시 고용하고 있는 법인

3. 다음 각 목의 사무실 및 설비를 갖춘 법인

　　가. 신원 확인 및 출입 통제를 위한 설비를 갖춘 사무실

　　나. 기록 및 자료의 안전한 관리를 위한 설비

평가기관의 지정절차는 지정신청 공고, 지정신청 서류 접수 및 검토, 현장실사, 종합심사의 순으로 진행된다(고시 제3조 제1항). 보호위원회는 평가기관으로 지정받으려는 자가 지정 신청을 할 수 있도록 관보 등을 통해 15일 이상 지정신청 공고를 하여야 한다(고시 제3조 제2항). 시행령 제37조제2항에 따라 평가기관으로 지정받으려는 자는 「개인정보 보호법 시행규칙」 별지 제1호 서식의 "개인정보 영향평가기관 지정신청서"와 함께 다음 각 호의 서류를 보호위원회에 제출한다(고시 제3조 제3항).

개인정보 영향평가기관 지정신청서 첨부서류

1. 영 제37조제2항제1호부터 제3호까지의 규정에 따른 서류
2. 별지 제2호서식의 개인정보 영향평가 수행실적 명세서
3. 별지 제3호서식의 개인정보 영향평가 수행실적물 관리카드
4. 별지 제4호서식의 개인정보 영향평가 수행인력 보유현황
5. 별지 제5호서식의 개인정보 영향평가 수행인력의 경력 및 실적 증명서
6. 별지 제6호서식의 개인정보 영향평가 수행인력 관리카드
7. 별지 제7호서식의 개인정보 영향평가 수행능력 세부 심사자료
8. 별지 제8호서식의 개인정보 영향평가 관련 기술자산 보유목록
9. 별지 제9호서식의 개인정보 영향평가 수행 관련 사무실 및 설비 보유 현황

---

10. 영 제37조제1항제1호의 사실을 증명할 수 있는 서류

11. 「출입국관리법」 제88조제2항에 따른 외국인등록 사실증명(영 제37조제3항 각 호 외의 부분 단서에 해당하는 경우에만 첨부한다)등 그 밖에 평가기관 지정을 위해 필요하다고 판단되는 서류

보호위원회는 제3항에 따른 평가기관 지정신청을 받은 경우 지정기준의 적합여부를 심사하기 위하여 평가기관 지정심사위원회(이하 "지정심사위원회"라 한다)를 구성·운영한다(고시 제3조 제4항). 이후, 보호위원회는 지정심사위원회의 심사결과를 검증한 후 평가기관 지정을 확정하고, 별지 제10호 서식의 개인정보 영향평가 기관 지정서를 교부한다(고시 제3조 제5항). 평가기관의 유효기간은 지정일로부터 3년이며(고시 제3조 제6항), 이를 연장하고자 하는 자는 유효기간 3개월 전까지 평가기관 지정을 위해 제출한 것과 같은 종류의 서류를 보호위원회에 제출해야 한다(고시 제3조 제7항).[74]

IV. 영향평가 수행 방법

공공기관의 장이 영향평가를 수행하고자 하는 경우, 보호위원회가 지정한 평가기관에 이를 의뢰하여야 한다. 공공기관의 장이 영향평가를 수행하려는 경우, ① 처리하는 개인정보의 수, ② 개인정보의 제3자 제공 여부, ③ 정보주체의 권리를 해할 가능성 및 그 위험 정도, ③ 민감정보 또는 고유식별정보의 처리 여부, ④ 개인정보 보유기간을 고려하여야 한다(법 제33조 제3항 및 시행령 제37조).

V. 영향평가 수행 절차

영향평가 대상기관은 사전 준비, 영향평가 수행, 이행 등의 단계로 영향평가를 수행하는데, 사전 준비 단계에서는 영향평가 사업계획을 수립하여 예산을 확보하고 평가기관을 선정한다.

---

74) 지정심사위원회의 구성 및 운영에 관한 사항은 아래와 같다(고시 제4조).
   제4조(지정심사위원회의 구성 및 운영)
   ① 제3조에 따른 지정심사위원회는 다음 각 호의 자격을 가진 자 중에서 보호위원회가 위촉하는 5인 이상 15인 이내의 위원으로 구성한다.
      1. 「고등교육법」제2조제1호·제2호 또는 제5호에 따른 학교나 공인된 연구기관에서 조교수 이상의 직 또는 이에 상당하는 직에 있거나 있었던 자로 개인정보 보호 연구경력이 8년 이상인 사람
      2. 개인정보 보호 관련 업체, 기관 또는 단체(협회, 조합)에서 8년 이상 개인정보 보호 업무에 종사한 사람
      3. 그 밖에 개인정보 보호에 관한 학식과 경험이 풍부한 사람
   ② 지정심사위원회는 영 제37조제1항에 따른 신청한 법인의 자격 및 업무수행능력 등을 검토한다.
   ③ 지정심사위원회의 위원 임기는 3년으로 하되, 연임할 수 있다.
   ④ 지정심사위원회의 회의는 필요에 따라 보호위원회가 소집한다.

영향평가 수행 단계에서는 평가기관이 개인정보 침해요인을 분석하고 개선계획을 수립하여 영향평가서를 작성한다. 이행 단계에서는 영향평가서의 침해요인에 대한 개선계획이 반영되는가를 점검한다(개인정보 영향평가에 관한 고시 제9조).

개인정보 영향평가 절차도

출처: 보호위원회 누리집

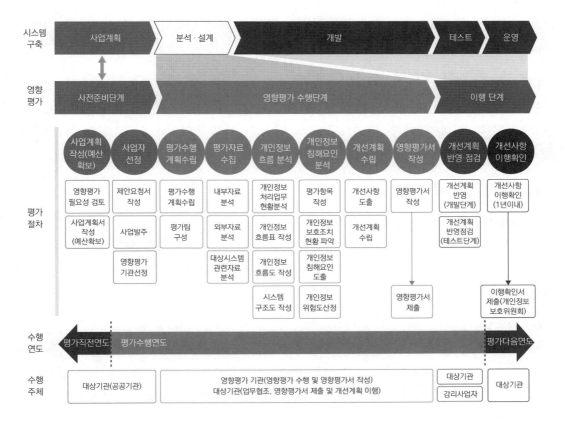

1. 사전 준비 단계

1) 사업계획의 작성

(1) 영향평가 필요성 검토

공공기관의 장은 정보화사업을 추진하는 과정에서 영향평가를 수행해야 하는 기준(시행령 제35조 제1호 내지 제4호)에 해당하는지를 판단하여 '영향평가 필요성 검토서' 작성을 통해 영향평가 필요성을 판단한다. 공공기관 외의 개인정보처리자는 개인정보파일 운용으로 인하여 정보주체의 개인정보 침해가 우려되는 경우에는 영향평가를 하기 위하여 적극 노력하여야 한다(법 제33조 제11항).

(2) 사업계획서 작성(예산 확보)

예산확보와 관련한 내용을 포함하는 '영향평가 사업계획서'를 작성한다. 이때, 사업의 개요, 대상업무 현황, 사업추진계획, 사업 내용, 소요 자원 및 예산 등의 내용을 포함하여 사업계획서를 작성할 수 있다.

2) 영향평가 기관 선정

(1) 제안요청서 작성

영향평가 사업발주를 위해 제안요청서(RFP, Request For Proposal)를 작성한다. 제안요청서는 사전 준비 단계에서 마련한 '영향평가 사업계획서'의 내용을 기반으로 하여 작성하는 것이 일반적이다.

(2) 사업발주

사업을 발주할 때, 개인정보 처리 시스템의 구축을 포함하는 정보화사업에 영향평가를 포함하는 경우, 영향평가의 독립성을 심각하게 저해할 수 있으므로 구축사업과 분리하여 별도의 사업으로 발주할 필요가 있다. 단, 불가피한 사정이 존재하는 경우 영향평가 사업의 독립성 보장을 위한 방안을 마련하여야 한다.

(3) 영향평가 기관선정

평가기관 중 제안요청을 충족할 수 있는 기관을 선정한다. 이때, 법 제33조 제7항 및 시행령 제36조 제5항에 따라 평가기관 지정이 취소된 기관을 선정하지 않도록 유의하여야 한다. 또한, 평가기관이 보호위원회로부터 지정취소 이전에 시정 및 보완을 요구받은 사실이 있는지 확인하는 것도 필요하다(고시 제8조 제3항).

2. 영향평가 수행 단계

1) 평가수행 계획 수립

(1) 평가수행 계획 수립

영향평가 수행계획 수립 단계에선 사업주관부서가 영향평가팀을 구성하고 이들로 하여금 '영향평가 수행계획서'를 작성하도록 한다. 수립한 계획서는 착수회의를 통해 영향평가 팀 외에도 당해 사업과 관련하여 협조를 구해야 하는 대내외 부서, 기관, 전문가 등과 공유해야 한다. 이때, 수행계획서에 포함된 내용의 성격에 따라 공유 범위를 적절히 제한하여야 한다.

영향평가 수행계획서 작성 예시

목차	주요 내용	참고자료
1. 평가 목적	영향평가 수행 필요성 및 추진 배경 등을 기술	필요성 검토 질문서
2. 평가 대상	평가대상이 되는 정보화사업(정보시스템) 명칭 기술	제안요청서(RFP), 사업계획서 등
3. 평가 주체	영향평가팀 구성 현황	영향평가팀 구성 및 운영 계획서
4. 평가 기간	영향평가 착수시점부터 완료시점까지의 평가기간을 산정하여 기술	영향평가기관 선정 단계에서 산출물 및 협의 내용, 영향평가 수행안내서 참고
5. 평가 절차(방법)	영향펴악 수행안내서 등을 참조하여 평가 절차 및 단계별 주요 수행사항 및 기간 등 기술	
6. 주요 평가사항	중점적으로 평가되어야 하는 사항 기술	
7. 평가기준 및 평가항목	영향평가 수행안내서에서 표준적으로 요구되는 평가항목(표)과 해당 사업의 특정 IT기술 활용 여부 확인 ※ 부록으로 영향평가 항목 첨부	
8. 자료수집 및 분석 계획	영향평가 수행 시 분석하여야 하는 관련 참고자료를 확인하여 해당 기관과 관련 있는 자료 파악	개인정보 관련 정책, 법규 검토 단계의 산출물 참조
9. 평가결과의 정리	영향평가 결과로 도출된 산출물(보고서)과 이를 활용하여 당해 사업에 적용하기 위한 방안 등 기술	영향평가팀 회의 내용 등 참조
10. 품질관리 방안	영향평가 결과의 품질 보장을 위한 상세 방안 기술	영향평가 품질검토 체크리스트 등 참고

출처: 개인정보 영향평가 수행 안내서

(2) 평가팀 구성

영향평가팀은 ① 대상기관의 사업주관부서 및 개인정보 보호책임자, ② 평가기관, ③ 유관부서 및 외부기관, ④ 시스템 개발부서 등으로 구성된다. 이때, 외주개발을 통해 정보시스템을 개발한다면 외부 개발업체가 ④ 시스템 개발부서로서 평가팀에 참여하게 된다.

평가기관의 프로젝트 매니저(PM)는 영향평가팀의 구성에 있어 중추적 역할을 수행하게 되는데, 대상기관의 사업주관 부서의 협조를 받아 영향평가팀을 구성할 구성원들의 참여를 요청해야 하기 때문이다. 이때, 참여를 요청하는 구성원의 역할을 사전에 검토하고, 이를 명확히 전달하여 영향평가팀에서의 활동에 대한 기대수준을 상호 맞출 필요가 있다. 이후, '영향평가팀 구성·운영계획서'를 작성하여 팀 내 공유함으로써 상호 간의 역할과 업무를 재확인한다.

2) 평가자료 수집

(1) 내부자료 분석

효율적인 영향평가 수행을 위해 수집하는 내부 정책 자료에는 기관 내 정보보호(보안 및 개인정보보호) 관련 규정, 직제표, 개인정보 관련 조직의 역할과 책임, 정보시스템 접근 권한에 대한 규정, 시스템 관리자 및 정보취급자에 대한 교육계획 등이 포함된다.

(2) 외부자료 분석

개인정보 처리에 영향을 미치는 정책 환경과 영향평가 대상 사업의 특수성을 반영한 정책 환경을 분석한다. 주로 개인정보보호법과 위원회의 정책 등이 고려되며, 평가대상 사업의 (법적) 추진 근거도 외부자료로서 수집, 분석한다.

(3) 대상시스템 관련자료 분석

정보시스템을 통해 수집되는 개인정보가 해당 사업 수행을 위해 적절한 수준에서 처리되는지, 외부와의 연계가 있는지, 시스템에 적용되는 기술은 어떠한 것이 있는지 등을 위해 시스템에 대한 구조, 인터페이스, 업무 및 개인정보 흐름도, 화면 설계서, 메뉴 구조도 등을 수집하여 분석한다.

3) 개인정보 흐름 분석

(1) 개인정보 처리업무 현황 분석

영향평가 대상 업무 중에서 개인정보 처리업무를 도출하여 평가범위를 선정한다. 개인정보 처리가 발생하는 모든 '단위 업무'를 확인하고, 해당 업무의 처리가 구체적으로 어떤 유형(예: 수립, 생성, 연계, 제공, 공개, 파기 등)에 해당하는지 검토한다.

(2) 개인정보 흐름표 및 흐름도 작성

개인정보 흐름표는 개인정보 흐름도를 작성하는 기반이 된다. 개인정보 생명주기 현황을 식별하여 개인정보 처리현황을 명확히 알 수 있도록 작성하고, 이를 기반으로 개인정보 흐름도를 작성하게 된다. 이때, 개인정보 흐름에 있어 관여하는 시스템과 협업조직(업무)을 확인할 수 있는 정보를 병기할 수 있다.

(3) 시스템 구조도 작성

정보시스템 구조도는 개인정보 처리시스템을 중심으로, 이에 연계된 내 · 외부 시스템 및 관련 인프라의 구성을 파악하여 작성한다. 정보시스템 구조도를 작성할 땐, 개인정보 보호에 관여하는 보안시스템의 현황도 함께 분석하여 작성한다.

4) 개인정보 침해요인 분석

(1) 평가항목 작성

개인정보 침해요인 분석을 위한 평가항목은 5개 평가영역 25개 평가분야에 대하여 총 85개의 지표로 구성된다(고시 제10조, 제11조 및 [별표 5]). 단, 평가영역의 첫 번째에 해당하는 '1. 대상기관 개인정보보호 관리체계' 평가영역은 1년 이내에 수행된 이전 영향평가 결과가 존재하는 경우, 대상기관과의 협의를 거쳐 제외하는 것도 가능하다. 평가항목은 침해사고 사례, 법제도의 변화, 대상기관 및 대상사업의 특성 등에 따라 추가 · 삭제 · 변경 등 탄력적으로 구성하여 사용할 필요가 있다. 다만, 개인정보 보호 관련 법령이나 고시가 개정된 경우, 이를 반드시 평가항목에 반영하여 점검하여야 한다.

(2) 개인정보 보호조치 현황파악

대상 사업의 특성에 맞게 작성된 평가항목을 바탕으로 자료검토, 시스템 점검, 현장실사, 인터뷰 등을 통해 개인정보보호 조치사항을 파악하여 분석한다. 평가에 대한 결과를 기록할 때, 담당자 인터뷰 결과에만 기반하는 것은 지양해야 하며 가급적 정확한 사실에 기반할 수 있도록 연관 증거자료를 확보해야 한다.

(3) 개인정보 침해요인 도출

개인정보 흐름 분석 및 개인정보 보호조치 현황에 대한 평가 결과를 기반으로 개인정보 침해요인을 분석한다. 보호조치 현황에서 미이행/부분이행으로 확인된 항목에 대하여 구체적인 침해요인을 분석하여 도출한다. 침해 요인으로 인해 발생 가능한 법적 리스크의 확인을 위해 법률 위반의 경우 예상 가능한 불이익의 내용을 기재한다.

(4) 개인정보 위험도 산정

도출된 침해요인은 모두 개선하는 것이 바람직하나, 예산 부족 등 불가피한 사유가 있는 경우에는 개선사항의 우선 순위를 정하여 순차적으로 대응하는 것도 가능하다. 위험도는 평가 주체의 관점에 따라 다양한 산정 방식이 존재하므로, 평가기관의 제반 사정을 살펴 가장 적합한 위험도 평가 방식을 선정한다.

5) 개선계획 수립

(1) 개선사항 도출

개인정보 침해 요인별 산출한 위험도 분석 결과에 기반하여 위험요소를 제거하거나 최소화하기 위한 개선방안을 도출한다. 개선방안은 실행가능성을 담보할 수 있는 수준으로 작성하되, 반드시 상세할 필요는 없다. 수행 시기 및 담당부서(담당자)를 명확히 기재한다.

(2) 개선계획 수립

도출된 개선 방안을 기반으로 대상기관 내 보안조치 현황, 예산, 인력, 사업 일정 등을 고려하여 개선 계획을 수립한다. 위험도가 높아 긴급히 대응해야 할 사안부터 개선방안을 우선적으로 실행할 수 있도록 개선계획표를 작성한다. 이때, 개선 과제에 대해 실질적 개선이 가능하도록 가급적 상세한 개선방안을 제시할 필요가 있다.

6) 영향평가서 작성

(1) 영향평가서 작성

영향평가서는 사전 준비단계 ~ 위험관리 단계의 모든 절차, 내용, 결과 등을 취합하여 정리한 문서로서 영향평가 수행의 결과물에 해당한다. 영향평가서가 작성되었다고 하여 모든 위험에 대한 조치가 완료된 것은 아니다. 잔존 위험(residual risk)이 남아 있을 수도 있고, 일부 위험의 수준에 대한 합의가 도출되지 않는 경우도 있다. 이 경우, 의사결정권자(개인정보 보호책임자 등)를 참여시켜 개인정보 보호 목표수준에 대한 합의를 도출하여 기록으로 남긴다. 대상기관 내 다수 개인정보 처리시스템에 대하여 영향평가를 실시한 경우, 영향평가서는 개인정보처리시스템 단위로 작성하는 것도 가능하다.

영향평가서엔 ① 영향평가의 대상 및 범위, ② 평가 분야 및 항목, ③ 평가기준에 따른 개인정보 침해의 위험요인에 대한 분석·평가, ④ ③의 분석·평가 결과에 따라 조치한 내용 및 개선계획, ⑤ 영향평가의 결과, ⑥ ①부터 ⑤까지의 사항에 대하여 요약한 내용이 포함되어야 한다(시행령 제38조 제2항). 한 가지 유의할 점은, 보호위원회나 공공기관의 장은 상기 영향평가서의 요약 내용을 공개할 수 있기 때문에 평가기관이 이를 영향평가서에 기술할 때, 향후 공개 가능성을 염두에 두고 작성할 필요가 있다는 점이다(시행령 제38조 제3항). 영향평가팀은 영향평가서를 최종적으로 검토 및 승인할 수 있는 조직 내 최고 의사결정권자에게 이를 보고한다.

(2) 영향평가서 제출(보호위원회) 및 요약본의 공개

평가기관으로부터 영향평가서를 제출받은 공공기관의 장은 개인정보파일의 구축 및 운용에 착수하기 전에 영향평가서를 보호위원회에 제출해야 한다. 대상기관의 장은 영향평가서를 제출받은 때로부터 2개월 이내에 평가결과에 대한 내부승인 절차를 거쳐 영향평가서 및 그 요약본(요약본을 공개하려는 경우 해당 요약본을 포함)을 보호위원회에 제출한다(고시 제12조).

공공기관의 장은 시행령 제38조제3항에 따라 개인정보 영향평가서를 요약한 내용을 공개하는 경우 공공기관의 정보공개에 관한 법률 등에 따라 해당 기관의 홈페이지에 공개할 수 있다. 이 경우 보호위원회는 공공기관의 장이 공개한 영향평가 요약본을 보호위원회가 구축하는 인터넷 사이트에 공개할 수 있다(고시 제12조의2 제1항). 보호위원회는 공공기관의 영향평가 요약본 공개 실태에 대해 점검할 수 있으며, 점검 결과 필요한 경우 공공기관에 개선을 요청할 수 있다(고시 제12조의2 제2항).

3. 이행 단계

1) 개선계획 반영·점검

(1) 개선계획 반영(개발 단계)

분석 및 설계단계에서 수행한 영향평가 개선계획의 반영 여부를 개인정보파일 및 개인정보처리시스템 구축·운영 전에 확인하여야 한다.

(2) 개선계획 반영점검(테스트 단계)

감리 대상 정보화사업의 경우에는 영향평가 개선계획의 반영 여부를 정보시스템 감리 시 확인하여야 한다. 감리를 수행하지 않는 경우에는 정보시스템 테스트 단계에서 자체적으로 영향평가 개선계획의 반영 여부를 확인한다.

2) 개선사항 이행확인

영향평가서를 제출받은 공공기관의 장은 개선사항으로 지적된 부분에 대한 이행계획과 결과 등을 [별지 제13호서식]에 따라 영향평가서를 제출받은 날로부터 1년 이내에 보호위원회에 제출하여야 한다(고시 제14조). 해당 서식은 개인정보보호 종합지원시스템(https://intra.privacy.go.kr)의 해당 영향평가 보고서 내 첨부할 수 있다. 단, 기존 영향평가 수행기간 내에 모든 개선사항이 조치 완료되어 보호위원회에 제출한 영향평가서에 개선과제가 없는 경우, 개인정보 영향평가 개선사항 이행확인서를 제출할 필요는 없다.

Ⅵ. 사후관리

보호위원회는 평가기관이 시행령 제37조제1항의 평가기관 지정요건을 충족하는지 여부와 시행령 제37조제6항에 따른 변경사항을 확인하기 위하여 현장실사, 관련 자료제출 요구 등을 할 수 있다(고시 제8조 제1항). 한편, 평가기관은 아래 내용을 포함한 보호대책([별표 4] 개인정보 영향평가기관 보호대책의 주요 내용)을 수립·시행하여야 하며, 보호위원회는 그에 대한 준수여부를 점검할 수 있다(고시 제8조 제2항).

1. 영향평가 수행구역 및 설비에 대한 보호대책
2. 영향평가 수행 인력에 대한 보호대책
3. 문서 및 전산자료에 대한 보호대책
4. 일반 관리적 보호대책

Ⅶ. 기타

보호위원회는 영향평가에 필요한 세부기준 및 절차, 평가항목 등을 구체화하는 "영향평가 수행안내서"를 마련하여 제공할 수 있다(고시 제13조). 이에 따라, 보호위원회는 해당 수행안내서를 위원회 웹사이트, 개인정보보호 종합포털 등에 게시하고 있다.

제 7 절
자율규제

Ⅰ. 자율규제 입법취지 및 연혁

1. 입법취지

국가와 지방자치단체는 개인정보 처리에 관한 불합리한 사회적 관행을 개선하기 위한 개인정보처리자의 자율적 개인정보 보호활동을 존중하고 촉진, 지원하여야 한다(법 제5조 제3항). 법 제13조는 자율적인 개인정보보호 활동 촉진 · 지원 등의 책무를 구체화한 것으로 개인정보 보호에 관한 교육, 홍보, 개인정보 보호와 관련된 기관 단체 등의 육성, 지원, 개인정보 보호 인증마크의 도입, 시행, 개인정보처리자의 자율적인 규약의 제정 · 시행을 지원 등을 국가의 책무로 규정하고 있다.

개인정보 처리는 어느 한 분야만의 일이 아니고 모든 경제 · 사회 영역에서 매일 이루어지기 때문에 법적인 강제만으로 이 법의 목적을 달성할 수 없으며, 개인정보처리자와 정보주체들의 자발적인 노력이 없이는 불가능하다. 자율규제는 법의 목적을 보다 효율적으로 달성하기 위해 강제적인 규제조치와 함께 개인정보처리자와 정보주체가 자발적으로 개인정보를 보호할 수 있는 환경을 조성하기 위하여 도입되었다.[75]

2. 자율규제 제도 연혁

1) 자율규제 관련 규정의 도입

개인정보 보호 자율규제의 법적 근거는 2011. 9. 제정 · 시행된 법에서 최초로 마련되었다. 이 법은 개인정보처리자의 자율적인 규약의 제정 · 시행 지원 및 개인정보처리자의 자율적 개인정보 보호활동을 지원하기 위하여 필요한 근거규정을 마련하였으며(법 제5조 제3항, 제13조), 위 규정은 일부 형식적 사항 외에 대부분의 내용이 현재까지 그대로 유지되고 있다(법 제13조).

---

75) 개인정보 보호 법령 및 지침 · 고시 해설(2020), 72면.

법에 따른 자율규제는 법 시행일로부터 5년이 경과한 2016년에 와서야 본격적으로 추진되기 시작하였다. 법 제13조에 따른 하위 규범 「개인정보보호 자율규제단체 지정 등에 관한 규정」(이하 '자율규제단체규정')은 2016.8. 제정 및 시행되었으며, 이후 위 규정에 따라 개인정보 보호와 관련하여 자율규제를 수행하는 단체(이하 '자율규제단체')로 지정된 협회 및 단체가 소속 개인정보처리자를 대상으로 개인정보 자율점검, 컨설팅, 교육 및 홍보 등을 수행하였다.[76]

2020. 8. 5. 이른바 '데이터 3법' 개정 및 시행 이전에는 온라인 민간 사업자 등 정보통신서비스 제공자에게는 정보통신망법이 적용되었기 때문에 법상 자율규제조항이 적용되지 않았다. 정보통신서비스 제공자의 개인정보보호 자율규제와 관한 법적 근거는 2018. 12. 개정된 구 정보통신망법(2019. 6. 25 시행, 법률 제16021호)에 와서야 비로소 마련되었다. 방송통신위원회는 정보통신서비스 제공자등의 자율적인 개인정보보호 활동을 촉진·지원하기 위하여 개인정보보호를 위한 교육 및 홍보, 개인정보보호를 위한 자율적인 규약의 제정 및 시행 지원, 개인정보보호와 관련된 기관·단체의 육성 및 지원, 그 밖에 자율적 개인정보보호 활동을 지원하기 위하여 필요한 사항을 마련하여야 한다는 규정을 신설하였다(구 정보통신망법 제29조의2). 이에 근거하여 방송통신위원회는 방송·통신, 온라인 쇼핑 등 기업의 자율적 개인정보보호를 위해 자율규제 기본계획을 수립·발표하고, 개인정보보호 자율규제 심의평가위원회를 구성하는 등 통신, 방송, 쇼핑, 이동통신을 대상으로 자율규제를 지원하였다.

2) 자율규제 관련 규정의 통합

2020. 8. 5. 이른바 '데이터 3법' 개정·시행으로 구 정보통신망법 제29조의2는 삭제되어 법 제13조로 통합되었으며, 관련 기능 및 조직·인력 또한 개인정보보호위원회로 이관되었다.

현행 자율규제단체규정은 2020. 8. 11. 제정되었고, 기존 자율규제단체규정은 2021. 8. 30. 행정안전부(공공, 민간 총괄), 방송통신위원회(온라인 분야) 등으로 분산되어 있던 개인정보 보호 및 감독기능이 개인정보보호위원회로 이관되면서 폐지되었다.

II. 자율규제의 의미 및 분류

자율규제는 민간 또는 기업이 자신의 활동을 스스로 규제하는 것을 의미한다. 구체적으로는 사업자가 사업자단체가 소비자 보호나 시장의 투명성, 신뢰성 확보를 위하여 스스로 행하는 자정 노력으로서의 규제활동의 총칭, 자체적으로 조직화된 집단이 그 구성원의 행위를 규제하는 것 등으로 정의되기도 한다.[77] 즉, 자율규제란 정부의 개입은 줄이고 시장의 자율은 확대함으

---

76) 이해원, "개인정보 보호 자율규제의 사법적 의의 및 개선 방안", 법제, 제699권, 2022, 136면.
77) 이강호·이해원, "개인정보보호와 자율규제", 법조, 제69권 제6호(통권 제744호), 2020.

로써 '행정에 의한 통제'에서 '사업자의 자기책임원칙'으로의 패러다임을 전환하는 것을 의미한다.[78]

자율규제의 개념에 관하여는 여러 학설이 있는데, 정부의 개입 정도에 따라 ① 강제적 자율규제, ② 협상적 자율규제, ③ 협동적 자율규제, ④ 순수 자율규제로 분류할 수 있다.[79]

강제적 자율규제는 정부의 지시, 명령에 의해 사업자 또는 사업자단체가 타율적으로 도입한 자율규제 시스템을 의미한다. 강제적 자율규제 제도 아래에서 정부는 자율규제기구의 조직 및 운영뿐만 아니라 자율규제기준의 내용에 대해서도 간섭할 수 있다.

협상적 자율규제는 정부기관, 준정부기관, 소비자단체 등과 협상을 통해서 규제기준을 만들거나 규제내용을 결정하는 방식이다. 협상적 자율규제는 사업자 또는 사업자단체가 규제의 내용에 관해 외부기관과 협상을 통해 결정하기 때문에 외부기관의 간섭 아래 놓이게 된다. 이는 타율적 간섭이 아니라 사업자가 필요에 의해 간섭을 불러들인 부조적 간섭이라는 측면에서 강제적 자율규제와 다소 결이 다르다.

협동적 자율규제는 기준제정이나 규제심사에 소비자 대표, 공익 대표, 정부 대표, 외부전문가 등이 참여하는 형태로 운영된다. 정부대표라고 하더라도 외부인사는 모두 개인자격으로 참여하기 때문에 규제의 자율성이 보장된다. 협동적 자율규제는 자율성을 유지하면서도 외부전문가의 전문지식이나 정부관료의 풍부한 경험으로부터 도움을 받을 수 있다는 장점이 있다고 한다.

순수 자율규제는 업종별 또는 산업별로 구성된 사업자단체가 각 회원사를 대신해 회원사에게 공동으로 적용될 개인정보 보호방침을 개발하고 집행하는 것을 의미한다. 순수 자율규제에서는 사업자 또는 사업자단체의 자율성이 강조되므로 기준제정 또는 규제심사에 외부인의 참여가 제한된다.

법상 자율규제가 위 분류에 따른 자율규제 중 어떠한 자율규제를 지향하여야 할지에 대해 논의가 진행되고 있다. 현재 개인정보보호위원회에서 논의하고 있는 자율규제 모델은 정부가 전혀 개입하지 않는 순수한 민간의 자율적·자발적 체계가 아니라 민간이 마련한 자율체계를 정부가 승인하고 이행을 점검함으로써 실행력을 확보하는 체계로 파악되며,[80] 이를 '공동규제(co-regulation)'라고 칭하고 있다.

---

78) 최철호, "행정법상의 자율규제의 입법형태에 관한 연구", 법학논총, 제23집, 숭실대학교 법학연구소, 2010, 358-359면.
79) 이창범, 개인정보보호법, 광암문화사, 2012, 106-107면; 김민호, "윤석열 정부의 ICT 자율규제 의미와 전망", KISO 저널, 제47집, 2022, 6-10면.
80) 개인정보 보호위원회, "(보도자료)온라인플랫폼 분야 개인정보 보호 국민체감도 확 높인다", 2022. 5. 11.

III. 자율규제 운영 실무 및 현황

1. 자율규제단체 지정절차

자율규제 단체로 지정받고자 하는 협회·단체는 자율규제단체 지정신청서와 연간 개인정보 보호 수행계획을 제출하여야 한다(자율규제단체규정 제7조 제1항).

행정부처 또는 전문기관을 통해 제출된 자율규제단체 지정 신청서와 수행계획은 자율규제협의회의 심사를 받게 되며, 심사결과에 따라 지정·확정된다. 개인정보처리자 등으로 구성된 단체가 자율규제 규약을 정하여 개인정보보호위원회로부터 승인을 받은 경우 자율규제단체로 지정된 것으로 본다(자율규제단체규정 제7조 제2항, 제3항).

임시지정활동(6개월) 기간 중 자율규제단체는 전문기관의 지원을 받아 자율 규약의 마련·체결, 자율점검표에 의한 자율점검, 개인정보보호 교육 및 컨설팅 등을 수행한다.

2. 자율규제단체 현황

개인정보보호위원회 주관으로 여행, 숙박, 렌터카, 부동산, 교육, 체육, 복지, 의약, 통시, 쇼핑, 방송, 스타트업 등 11개 분야에서 22개의 자율규제 단체가 지정·운영되고 있다.[81]

3. 자율규제규약 현황

개인정보보호위원회는 2022. 5. 11. 온라인플랫폼 분야 개인정보 보호 '민관협력 자율규제' 추진계획을 발표하였다. 위 계획에 따르면 주요 업종별로 실무협의체를 구성하여 자율규약안을 마련하고, 개인정보보호위원회에서 이를 승인하면 한국인터넷진흥원 등 독립기관이 그 이행 여부를 모니터링하여 결과에 따라 인센티브, 개선권고, 행정처분 등을 부과하게 된다.

개인정보보호위원회는 민관협력 자율규제 추진계획에 따라 2022.7.13. 온라인쇼핑 중개플랫폼 10개 사가 참여하는 '온라인쇼핑(중개) 플랫폼 분야 개인정보 보호 민관협력 자율규제규약'을 최초로 승인하였다.[82] 자율규약에 따르면, 판매자가 플랫폼에서 이용자(구매자)의 개인정보를 조회하거나 이용할 경우 휴대전화 인증과 같은 안전한 인증수단을 적용하고, 일정시간 동안 활동이 없는 때에는 자동으로 접속을 차단하는 등 접근통제를 강화하였다. 또한, 플랫폼 내에서 이용자의 상품·서비스 구매가 확정된 이후에는 판매자의 구매자 개인정보 열람 및 내려받기

---

81) 개인정보포털, https://www.privacy.go.kr/front/contents/cntntsView.do?contsNo=24
82) 온라인쇼핑(중개) 플랫폼 분야 민관협약 자율규제 규약에 참여한 기업은 11번가㈜, 네이버㈜, 롯데쇼핑㈜, ㈜버킷 플레이스, ㈜위메프, ㈜인터파크, ㈜지마켓, ㈜카카오, 쿠팡㈜, ㈜티몬.

가 제한되고, 구매가 확정된 이용자의 개인정보는 즉시 마스킹 처리되며, 최대 90일이 지나면 판매자가 구매자 개인정보를 내려받을 수 없다는 내용이 포함되었다.

2022. 9. 28.에는 셀러툴[83] 분야 8개 사가 참여하여 '셀러툴 분야 개인정보 보호 민관협력 자율규제규약'을 체결하였고 이를 개인정보보호위원회가 승인하였다. 2023.2.22. 주문배달 플랫폼 13개사와 사단법인 한국인터넷기업협회, 배달서비스공제조합은 '주문배달 플랫폼 분야 민관협약 자율규제 규약'을 마련하고, 개인정보보호위원회에서 이를 의결, 확정하였다. 주문배달 플랫폼 분야 민관협약 자율규제 규약에는 음식점·배달원 등이 플랫폼에서 이용자(주문자)의 개인정보를 조회하거나 이용할 경우 휴대전화 인증과 같은 추가적인 인증수단을 적용하고 일정시간 동안 활동이 없으면 자동으로 접속을 차단하는 등 접근통제를 강화하고, 주문중개 플랫폼, 주문통합관리 시스템, 배달대행 플랫폼 간 응용프로그램 인터페이스(API) 연동협약 등을 체결하며, 음식점·배달원에 대한 개인정보 보호교육 지원에 대한 내용이 포함되었다.

IV. 자율규제 관련 해외제도

1. EU GDPR

GDPR은 수범자의 자율규제 체계인 '행동강령(Code of Conduct, 이하 '행동강령')'을 도입하고 있다.

1) 행동강령의 개요

GDPR은 행동강령 제정의 장려를 명문으로 규정하고 있다(GDPR 제40조). 행동강령은 특정 산업 분야의 개인정보 처리를 대표하는 단체가 해당 산업 분야의 개인정보 처리와 관련하여 GDPR을 준수하기 위하여 제정·시행하는 자율적인 규범으로, 모든 경제사회 분야에 획일적으로 작성·적용되는 자율규범이 아니라 산업, 영역, 규모 등 개인정보처리자(컨트롤러)와 수탁처리자(프로세서)가 처한 환경과 특성을 고려하여 영역별로 제정된다.

GDPR은 개인정보처리자 및 수탁처리자가 지켜야 할 기술적·관리적 조치에 관하여 구체적으로 규정하지 않고 해당 조치들을 취해야 할 의무만을 규정하고 있는데[GDPR 제24조(1), 제28조(1)] 이의 구체화는 행동강령을 통해 이루어진다. 즉 구체적인 기술적·관리적 조치의 내용이 무엇인지에 관하여도 법정화된 것이 아니라 해당 산업계에서 자율적으로 정하고 있다.

한편, GDPR은 회원국, 감독기관, 유럽정보이사회, 집행위원 등이 '다양한 처리 부문의 명확

---

83) 셀러툴(Seller Tool)은 열린장터와 판매자의 중간에서 열린장터 플랫폼과 연동하여 판매자의 업무(상품등록, 주문관리 등)를 대행하는 쇼핑몰 통합관리 프로그램을 의미한다.

한 특징과 영세·중소기업의 구체적 요구를 고려하여' 행동강령을 입안하도록 장려할 것을 명문으로 규정하고 있다[GDPR 제40조(1)]. 사회 여러 분야에서 처리되는 각기 다른 개인정보의 유형을 GDPR을 통하여 세부적으로 규율하기에는 현실적으로 많은 어려움이 따르므로, 행동강령은 GDPR에서 구체적으로 규정하고 있지 않은 사항을 특정 업종의 현실을 고려하여 규정함으로써 GDPR의 원활한 적용과 준수를 위한 자율규범의 역할을 수행할 수 있다고 평가할 수 있다.

개인정보처리자나 수탁처리자의 각 범주를 대표하는 협회 및 기관은 행동강령을 마련한 경우 소관 국가의 개인정보보호 감독기구에 이를 제출해야 하고[GDPR 제40조(5)], 감독기구는 행동강령이 GDPR에 부합하는 충분하고 적절한 안전장치를 제공한다고 판단되면 행동강령을 승인하여야 하며[GDPR 제40조(5)], 승인된 행동강령의 준수 여부를 감시하게 된다[GDPR 제41조(1)]. 행동강령에는 공정하고 투명한 처리, 개인정보처리자의 정당한 이익, 개인정보의 수집, 가명처리, 개인정보주체의 권리 행사 등 GDPR이 선언한 원칙과 기준에 관한 구체적 준수 방법이 포함되어야 한다[GDPR 제41조(2)].

2) 행동강령의 의의[84]

행동강령은 GDPR의 수범자가 GDPR에 법정화되어 있는 개인정보보호 요구 사항은 물론 해당 분야의 요구까지 충족시킬 수 있는 맞춤형 자율규칙에 합의할 수 있는 기회를 제공한다.[85] 행동강령은 개인정보처리자 및 수탁처리자가 속한 해당 분야의 특성과 기업의 규모를 고려한 합리적이고 비용 효과적인 개인정보보호 메커니즘을 제공할 수 있고 이는 특히 소상공인, 중소기업 등의 개인정보보호에 중요한 수단이 될 수 있다.

3) 행동강령 준수의 효과[86]

행동강령의 준수는 개인정보처리자가 GDPR에 규정된 의무를 준수하였다는 점을 증명하는 요소로 사용될 수 있다[GDPR 제24조(3)]. 또한 GDPR 위반으로 과징금 부과 처분을 받는 경우에도 행동강령의 준수 여부는 과징금 금액 결정 시의 필수적 고려사항에 해당한다[GDPR 제83조(2)(j)]. 즉, GDPR은 개인정보처리자가 행동강령을 준수하였을 경우의 인센티브를 명문으로 규정함으로써 행동강령의 실효성을 실질적으로 확보하고 있다.

---

84) 이강호·이해원, "개인정보보호와 자율규제", 법조, 제69권 제6호(통권 제744호), 2020, 2-26면.
85) EDPB, Guidelines 1/2019 on Codes of Conduct and Monitoring Bodies under Regulation 2016/679, Version 2.0., 2019. 6. 4., 5면.
86) 이강호·이해원, "개인정보보호와 자율규제", 법조, 제69권 제6호(통권 제744호), 2020, 26면.

2. 미국

각 산업에서의 자율규제를 원칙으로 하는 미국의 경우 개인정보 오 · 남용을 불공정 또는 소비자기만 등으로 보고 일반법으로 강력하게 규제하는 한편, 의료정보와 같이 사회적 이슈를 일으키거나 심각한 개인정보 침해를 유발할 수 있는 산업 분야에 대해서는 개별법을 제정해 규율하고 있다.

미국에는 우리나라의 개인정보보호위원회와 같이 일원화된 독립 감독기구나 연방정부 차원의 행정기구가 존재하지 않는다. 공공 부문에서는 개별 정부 기관장이 연방 프라이버시법 집행에 관해 책임지며, 법 이행에 관한 감독은 대통령 관할 하에 있는 예산 관리국(Office of Management and Budget, 이하 'OMB')이 부분적으로 담당하고 있으며, 민간 부문은 독립기관인 연방거래위원회(Federal Trade Commission, 이하 'FTC')가 담당하고 있다.

FTC는 소비자 보호 관련 직무와 권한을 갖고 개인정보보호 직무를 담당하는데, FTC는 개인정보의 수집 · 저장 · 사용 및 파기를 포함하는 개인정보 수명 주기(Lifecycle) 전반의 업무를 담당한다. 이 외에도 사업자 협회, 개인정보보호 단체 등이 개인정보보호 가이드라인을 개발하거나 자율규제 프로그램을 운영하는 등 자율규제를 장려하는 정책을 통해 법 · 제도를 보완하고 있다. FTC의 규제 방식은 기본적으로 시장의 자율규제에 맡기되, 시장 참여자들이 자율적으로 채택하고 실행을 공표한 개인정보 정책(Privacy Policy)이나 동종업계의 자율규범(code of practice)을 위반하여 개인정보를 처리할 경우 연방거래위원회법이 금지한 '통상 또는 통상에 영향을 미치는 불공정 또는 기만적인 행위나 사업관행(unfair or deceptive acts or practices in or affecting commerce)'으로 보아 사법처리하는 것이다.[87]

3. 일본

일본은 개인정보보호법이 사업분야 및 영리성 유무 등을 불문하고 모든 사업자에게 적용되는 법률로서 범용적인 규율만 규정하고 있으므로, 개인정보의 성질, 이용방법, 취급 실태 등 업계나 사업분야의 특성에 따라 개인정보가 적절하게 취급될 수 있도록 하기 위해 민간에서 자주적인 대응이 이루어지도록 하는 것이 바람직하다고 판단하여 자율규제 체계를 도입하였다. 일본은 다음과 같이 '인정개인정보보호단체'를 중심으로 산업별, 사회영역별 자율규제 체계를 법제화하여 실시하고 있다.

---

87) 이강호 · 이해원, "개인정보보호와 자율규제", 법조, 제69권 제6호(통권 제744호), 2020, 23면; Daniel J. Solove and Woodrow Hartzog, The FTC and the New Common Law of Privacy, 114 Columbia Law Review 583, 598 (2014).

1) 인정개인정보보호단체 개요

인정개인정보보호단체란 일본 개인정보보호위원회의 인정을 받은 법인, 협회 또는 단체(이하 '단체 등')로서, 민간에 의한 개인정보보호의 추진을 도모하기 위해 소속 회원들(이하 '대상 사업자')을 상대로 산업별, 영역별 개인정보보호 자율규제를 실시하는 단체 등을 의미한다.

개인정보보호위원회는 협회 또는 단체로부터 인정 신청을 받으면, 해당 단체 등이 ① 법률상 결격요건에 해당하지 않고, ② (i) 개인정보 취급사업자 등 대상 사업자의 개인정보 취급에 관한 고충처리, 개인정보의 적정한 취급에 도움을 줄 수 있는 사항에 대한 정보 제공 등의 업무를 수행하기 위한 업무 실시 방법이 마련되어 있는 경우 또는 (ii) 이러한 업무를 수행할 수 있는 충분한 지식과 능력 및 회계적 소양을 갖춘 자인 경우, 해당 단체 등을 인정개인정보보호단체로 지정하고 있다(일본 개인정보보호법 제47조 내지 제49조).

인정개인정보보호단체는 대상 사업자의 개인정보 취급과 관련된 구체적인 이용목적, 안전관리를 위한 조치, 공개 요청에 응하는 절차 및 기타 사항, 익명가공정보의 작성방법, 해당 정보의 안전관리를 위한 조치 등에 관해 소비자의 의견을 대표하는 자 및 기타 관계자의 의견을 청취하여 법률 규정의 취지에 맞는 개인정보보호지침을 작성하도록 노력하여야 할 의무를 부담한다(일본 개인정보보호법 제54조 제1항). 인정개인정보보호단체는 개인정보보호지침을 작성한 경우 이를 개인정보보호위원회에 신고하여야 하며, 개인정보보호위원회는 이를 공표하게 된다(일본 개인정보보호법 제54조 제2항, 제3항). 위 절차에 따라 개인정보보호지침이 공표되는 경우, 인정개인정보보호단체는 대상 사업자가 그 개인정보보호지침을 준수하도록 하기 위해 필요한 지도, 권고 및 기타 조치를 취해야 한다(일본 개인정보보호법 제54조 제4항).

2) 인정개인정보보호단체에 대한 감독

인정개인정보보호단체의 자율규제 활동은 완전한 자유방임이 아니며 개인정보보호위원회의 감독 대상에 해당한다.[88] 개인정보보호위원회는 인정개인정보보호단체에 대해 인정업무에 관한 보고를 지시할 수 있고, 인정업무 실시 방법 개선, 개인정보보호지침 변경 및 기타 필요한 조치를 취하도록 명령을 내릴 수 있다(일본 개인정보보호법 제150조, 제151조).

인정개인정보보호단체가 ① 개인정보보호법 제48조의 결격조항에 해당하게 될 경우, ② 개인정보보호법 제49조의 인정기준에 부합하지 않게 되는 경우, ③ 인정된 업무로 인해 알게 된 정보를 해당 업무 이외의 용도로 제공한 경우, ④ 개인정보보호위원회의 명령을 따르지 않은 경우, ⑤ 부정한 수단으로 인정개인정보보호단체로 인정받은 경우 그 인정을 취소할 수 있다(일본 개인정보보호법 제152조 제1항).

---

88) 이강호 · 이해원, "개인정보보호와 자율규제", 법조, 제69권 제6호(통권 제744호), 2020, 28면.

V. 자율규제 관련 입법논의

1. 자율규제의 법정화

개인정보보호 자율규제에 관한 내용은 현제 고시인 자율규제단체규정에 전적으로 위임되어 있다. 고시는 법령의 시행 또는 행정사무처리 등과 관련하여 행정기관이 발령하는 내부 규정에 불과하여 원칙적으로는 대외적 구속력이 없다. 자율규제단체규정은 3년마다 재검토를 거쳐 타당성이 없으면 개정 또는 폐지될 것이 예정되어 있는 규범이므로(자율규제단체규정 제17조), 본 규정만으로 자율규제에 관한 사항을 구체화하는 것은 수범자의 법적 안정성과 예측가능성을 저해한다는 지적이 있다.[89]

2. 자율규제에 대한 참여 유인

앞서 본 바와 같이 GDPR에 따르면, 행동강령 준수는 컨트롤러와 프로세서가 GDPR에 규정된 의무를 준수하였다는 점을 증명하는 방법으로도 사용될 수 있으며[GDPR 제24조 (3)] 행동강령 준수 여부는 GDPR 위반으로 과징금 부과 처분을 받는 경우에도 과징금 금액 결정 시 필수적 고려사항에 해당한다[GDPR 제83조 (2) (j)].

그러나 현행법은 자율규제단체 소속 개인정보처리자가 해당 단체의 자율규제 활동에 참여할 것인지는 자율에 맡겨져 있으며 참여하지 않더라도 법령상 불이익은 존재하지 않는다. 반면 자율규제에 참여하더라도 자율규제단체 소속 개인정보처리자가 얻는 법령상 혜택은 미미하다.[90] 자율규제단체의 자율규제 활동에 참여하는 소속 개인정보처리자는 자율규제 규약을 충실히 준수하고 자율점검을 성실히 수행하여 수행결과가 우수하다고 인정되는 경우에는 자료제출 요구 및 검사를 1년간 면제받을 수 있을 뿐이며, 이조차도 법 위반에 대한 신고를 받거나 민원이 접수된 경우에는 적용되지 않는다(자율규제단체규정 제14조의2).

현행법 및 자율규제단체규정에 따르면, 개인정보처리자는 자율규제에 참여하고 이를 준수하더라도 침익적 행정처분인 시정명령, 과징금, 과태료 등의 경중에 별다른 영향을 미치지 않기 때문에 자율규제에 참여할 유인이 부족하다는 문제점이 제기되고 있다.

법 위반에 따른 민사상 손해배상액을 산정할 경우 자율협약 준수 여부를 필요적으로 고려하도록 하는 방안 및 법 위반에 따른 과징금 또는 과태료 산정 시 자율규제협약 준수 여부를 필요적 감경 사유로 하는 방안 등을 고려해볼 수 있다.[91] [92]

---

89) 이강호·이해원, "개인정보보호와 자율규제", 법조, 제69권 제6호(통권 제744호), 2020, 19면.
90) 이강호·이해원, "개인정보보호와 자율규제", 법조, 제69권 제6호(통권 제744호), 2020, 20면.
91) 이해원, "개인정보 보호 자율규제의 사법적 의의 및 개선 방안", 법제, 제699권, 2022, 156면.
92) 참고로 공정거래위원회는 "공정거래 지율준수 프로그램(이하 'CP') 운영 및 유인 부여 등에 관한 규정"을 두고 시

3. 자율규제의 통제장치 마련

자율규제에 대하여 규제당국의 통제장치가 존재하지 않을 경우 이는 자율규제 참여자들의 자유방임으로 이어져 규제 자체가 형해화될 우려가 있다. 개인정보보호 자율규제를 정부의 개입이 전혀 없이 전적으로 참여자들에게 맡기는 순수한 자율규제가 아니라 민간과 정부가 상호 협력하는 공동규제로 만들기 위해서는 개인정보보호위원회가 적절히 개입하고 감독할 수 있는 법적 체계가 갖추어질 필요가 있다.

구체적으로 법은 개인정보보호위원회가 개인정보처리자의 자율적인 규약의 제정·시행을 지원할 수 있다고 규정하고 있지만, 사후 감독이나 통제에 관하여는 규정이 없다(법 제13조 제4호). 자율규제단체규정도 개인정보보호 자율규제단체가 자율규제협약을 제·개정할 수 있다고만 규정할 뿐, 자율규제협약에 대한 개인정보보호위원회의 심사나 승인과 같은 절차는 두고 있지 않다(자율규제단체규정 제9조 제3호, 제10조). 개인정보보호 자율규제단체의 지정 취소의 요건에도 자율규제협약의 위법·부당은 명시되어 있지 않다(자율규제단체지정규정 제8조 제1항 각호). 따라서 자율규체단체가 자율규제협약을 법령에 위반된 내용으로 제정·시행하더라도 개인정보보호위원회가 이를 신속하게 관리·감독하기 어렵다.

정부주도의 하향식 규제에 의한 자율규제, 정부의 직접적 개입 또는 간섭보다는 협력과 지원 차원의 가이드라인을 만들어 제공하고 민간영역이 이에 근거하여 스스로 자율규제를 시행할 수 있도록 간접적으로 지도 및 감독하는 방식으로 관여하여야 한다는 점을 감안할 때,[93] 적절한 통제장치의 마련 필요성이 있다.

예컨대 일본의 개인정보보호위원회와 같이 자율규제단체에 대해 업무 관련 보고를 지시하거나 업무 실시 방법의 개선, 개인정보보호 지침의 변경 등에 대한 조치를 명령할 수 있게 하거나 위와 같은 명령을 따르지 않을 경우 자율규제단체 지정을 취소할 수 있도록 하는 방안 등을 생각해볼 수 있다.

정명령을 받은 사실의 공표 면제, 감경, 1~2년간 공정거래위원회 직권조사 면제 등의 인센티브를 운영해왔다. 2024.6.21. 시행 예정인 공정거래법 개정안은 공정거래 자율준수평가를 받은 사업자를 대상으로 그 평가 결과 등에 근거하여 시정조치 또는 과징금 감경이나 포상 또는 지원 등을 할 수 있는 근거조항을 마련하였다(제120조의2 제4항).

93) 채향석, "빅데이터 시대의 개인정보보호 자율규제 활성화 방안", 고려법학, 제85호, 2017, 72면.

제9장

개인정보의
유출 및 노출

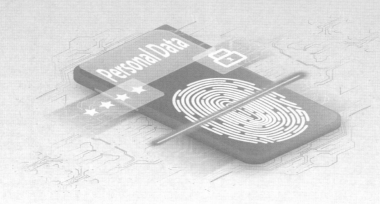

제 1 절

유출 사고 및 유출 시 대응방안

I. 개인정보 유출 사고의 위험성

기업이나 개인은 물론이고 정부나 공공기관 등은 사업의 목적상 또는 대국민 서비스를 위하여 개인정보를 수집하게 된다. 그런데 수집된 개인정보는 내부자의 고의나 과실에 의하여 또는 외부의 해킹 공격 등에 의하여 외부로 유출될 수 있고, 유출된 개인정보는 명의도용이나 전화사기(보이스피싱) 등의 범죄나 스팸발송 등 2차 가해에 악용될 수 있어서 유출당한 개인정보의 주체에 상당한 피해를 유발할 수 있다. 대부분의 개인정보가 디지털화되어 있는 현재의 정보화 시대에서는 개인정보 유출 시 그 피해규모는 매우 클 수밖에 없고 이에 따른 개인정보 주체의 피해도 커질 수밖에 없다. 이러한 피해발생을 방지하기 위해서는 1차적으로는 개인정보처리자가 개인정보 유출을 방지하기 위한 최선의 조치를 취하고, 그럼에도 불구하고 유출되었을 경우에는 2차적으로 피해를 방지하거나 최소화하는 조치가 필요할 것이다.[1]

II. 개인정보 유출의 범위

1. 개인정보보호법령의 규정

개인정보보호법에서는 유출에 대한 별도의 정의를 두고 있지 않고, 단지 제34조에서 개인정보 유출 등이 있을 경우 통지 및 신고의무에 대해서 규정하고 있을 뿐이다. 일반적으로 개인정보의 '유출'이란 개인정보처리자의 고의 · 과실 여부를 불문하고 개인정보처리자의 관리 범위를 벗어나 개인정보가 외부에 공개, 제공, 누출, 누설된 모든 상태를 의미하고 있었다.[2] 즉, 개인정보 유출이란 법령이나 개인정보처리자의 자유로운 의사에 의하지 않고, 개인정보처리자가 정보주체의 개인정보에 대한 통제 상실 또는 권한 없는 자의 접근을 허용하는 것을 의미하였는바, 구체적으로는 ① 개인정보가 포함된 서면, 이동식 저장장치, 휴대용 컴퓨터 등을 분실하거

---

1) 이대희, "개인정보 유출통지제도의 효과적인 운영 및 개선방안", 경영법률, 제24호, 2014, 462면.
2) 개인정보 보호 법령 및 지침 · 고시 해설(2020), 353면.

나 도난당한 경우, ② 개인정보가 저장된 데이터베이스 등 개인정보처리시스템에 정상적인 권한이 없는 자가 접근한 경우, ③ 개인정보처리자의 고의 또는 과실로 인해 개인정보가 포함된 파일 또는 종이문서, 기타 저장 매체가 권한이 없는 자에게 잘못 전달된 경우, ④ 기타 권한이 없는 자에게 개인정보가 전달된 경우를 개인정보 유출로 판단하고 있었다.[3]

한편, 보호위원회가 개정 개인정보보호법 시행에 맞춰 개정한 표준지침(보호위원회 고시 제2024-1호) 제25조에 따르면, 기존 개인정보의 유출 유형을 구분하고 있던 것을 삭제하면서, 개인정보 유출에 대해서 "개인정보의 분실·도난·유출(이하 "유출등"이라 한다)이란 법령이나 개인정보처리자의 자유로운 의사에 의하지 않고 개인정보가 해당 개인정보처리자의 관리·통제권을 벗어나 제3자가 그 내용을 알 수 있는 상태에 이르게 된 것을 말한다."고 개정함으로써 개인정보 유출의 개념을 "분실, 도난"까지 포함하는 것으로 보다 명확히 함과 동시에 "개인정보처리자의 관리·통제권" 범위 내에 있는지 여부를 주요 판단기준으로 제시하고 있다.

이는 복잡다단해진 개인정보처리자의 개인정보 관리 형태를 고려할 때 유출의 형태 역시 일률적으로 사전에 제시하기 어려운 현실을 반영한 것으로서, 후술하는 대법원 판례의 기준을 적절히 반영한 것으로 평가된다.

2. 누출, 노출 및 누설 등과의 관계

1) 누출, 누설 등과의 관계

2016. 3. 법률 제14080호로 개정되기 전의 구 정보통신망법 제27조의3에서는 개인정보보호법과 달리 유출에 대해 "누출"이라는 표현을 사용하고 있었다.[4] 하지만, 유출과 누출은 사전적 의미[5]로도 서로 다르지 않을 뿐만 아니라 문언해석상으로도 차이를 둘 필요성이 없었는바, 결국 2016.3. 구 정보통신망법 개정을 통해 개인정보보호법과 마찬가지로 "유출"이라는 표현으로 일원화 되었다.

개인정보보호법 제59조(금지행위) 및 제60조(비밀유지 등) 등에서는 개인정보 "누설"에 대해 별도 금지의무를 부과하면서 이를 위반하는 경우 형사처벌 대상으로 삼고 있는바,[6] 누설과 유출

---

3) 표준지침 제25조.
4) 구 정보통신망법 제27조의3(개인정보의 누출등의 통지·신고) ① 정보통신서비스 제공자등은 개인정보의 분실·도난·누출(이하 "누출등"이라 한다) 사실을 안 때에는 지체 없이 다음 각 호의 모든 사항을 해당 이용자에게 알리고 방송통신위원회 또는 한국인터넷진흥원에 신고하여야 하며, 정당한 사유 없이 그 사실을 안 때부터 24시간을 경과하여 통지·신고해서는 아니 된다. (이하 생략)
5) 유출의 사전적 의미는 "밖으로 흘러 나가거나 흘려 내보냄", "귀중한 물품이나 정보 따위가 불법적으로 나라나 조직 밖으로 나가버림 또는 그것을 내보냄"이고, 누출의 사전적 의미는 "액체나 기체 따위가 밖으로 새어 나오거나 그렇게 함", "비밀이나 정보 따위가 밖으로 새어 나감"인바 양자는 사전적 의미로는 사실상 동일함(국립국어원 표준국어대사전, https://stdict.korean.go.kr, 2023. 10. 25. 최종확인).
6) 개인정보보호법 제71조 제9호, 제72조 제3호.

과의 관계에 대해 살펴볼 필요가 있을 것이다. 이에 대해 대법원은[7] 개인정보의 '누설'이라 함은 아직 개인정보를 알지 못하는 타인에게 알려주는 일체의 행위를 의미한다고 설시하였는바, 유출과 달리 형사책임의 구성요건으로서의 누설은 고의 내지 고의에 준하는 인식이 전제된 외부 전달행위를 의미하는 것으로 해석하여야 할 것이다.

한편, 신용정보법 제39조의4 및 제42조에 따르면 개인신용정보 및 신용정보의 누설에 대해 규정하고 있는바, 신용정보법에서는 개인정보보호법상의 유출 내지 목적외 제3자 제공의 개념을 모두 포함하는 의미로서 '누설'이라는 용어를 사용하고 있다. 이는 정보주체의 개인정보자기결정권의 보장이라는 동일한 입법취지를 고려할 때 향후 용어를 통일적으로 일원화하는 것이 바람직하다 할 것이다.

2) 개인정보보호법 제34조의2 노출과의 관계

법 제34조의2에서는 개인정보처리자에 대하여 공중에 노출된 개인정보에 대한 삭제·차단 의무를 부과하고 있는바, 노출과 유출의 관계에 대해 살펴볼 필요가 있을 것이다. 이에 대해 심도 있는 논의가 존재하는 것은 아니지만, 앞서 살펴본 바와 같이 개인정보 유출의 경우 개인정보처리자의 관리통제권을 벗어난 상태를 전제로 하는 반면, 아래 후술할 노출된 개인정보에 대한 개인정보처리자의 삭제·차단 의무의 경우 해당 개인정보에 대한 개인정보처리자의 관리·통제권 범위 내에 있어야 삭제·차단 등 관련 조치가 가능할 수 있는 점 등을 고려할 때, 개인정보 노출은 개인정보처리자의 관리·통제가 가능한 상태에서 관리자의 부주의 등으로 인해 일시적으로 공중에게 개인정보가 노출된 것으로 해석하는 것이 체계적 해석원칙에 부합하는 것으로 이해된다.[8]

또한 2023.9.15. 개정된 시행령 제40조 제1항 각 호 이외의 부문 단서에 따르더라도 개인정보 유출등의 경로가 확인되어 해당 개인정보를 회수·삭제하는 등의 조치를 통해 정보주체의 권익 침해 가능성이 현저히 낮아진 경우에는 유출신고의 예외로 규정하고 있는바, 개인정보처리자의 관리·통제권이 미치는 경우 정보주체의 권익 침해 가능성이 지극히 낮다는 점을 고려할 때, 위와 같은 해석론을 뒷받침하는 법령 개정이라고 평가할 수 있을 것이다. 다만, 향후 입법적으로 유출과 노출의 관계를 명확히 하는 것이 유사한 논란의 소지를 최소화할 수 있을 것으로 생각된다.

---

7) 대법원 2015.7.9. 선고 2013도13070판결, 대법원 2022.11.10. 선고 2018도1966 판결 등.
8) 이에 대하여 노출된 개인정보의 삭제 등 의무의 경우, 개인정보처리자의 관리·통제권과 무관하게 결과적으로 노출된 개인정보에 대해 모두 적용해야 하므로 유출에 대해서도 적용된다는 견해가 있을 수 있으나, 개인정보보호법 제34조 제2항, 시행령 제39조, 제40조에서는 유출된 경우의 회수, 삭제 의무 등에 대해 별도로 규정하고 있는 점 등에 비추어 유출과 노출의 관계를 명확히 할 필요가 있다.

3. 유출의 범위에 대한 판례의 태도

대법원은 A통신사의 서버에 연동할 수 있는 아이디와 비밀번호를 부여받아 시스템 점검에 사용하던 도중 시스템 점검이 완료된 이후에도 위 아이디와 비밀번호를 삭제하지 않음으로써 해당 서버와 연동된 웹사이트의 폰정보 조회 페이지에서 휴대전화 번호를 입력하면 해당 번호의 가입자 개인정보가 서버로부터 전송되는 상태에 있었던 사안에서, 개인정보 유출의 판단기준을 제시한 바 있다.

위 사안에서 대법원은, 구 정보통신망법으로 보호되는 개인정보의 누출이란, 개인정보가 해당 정보통신서비스 제공자의 관리 · 통제권을 벗어나 제3자가 그 내용을 알 수 있는 상태에 이르게 된 것을 의미하는바, 어느 개인정보가 정보통신서비스 제공자의 관리 · 통제 하에 있고 개인정보가 제3자에게 실제 열람되거나 접근되지 아니한 상태라면, 정보통신서비스 제공자의 기술적 · 관리적 보호조치에 미흡한 점이 있어서 제3자가 인터넷상 특정 사이트를 통해 정보통신서비스 제공자가 보관하고 있는 개인정보에 접근할 수 있는 상태에 놓여 있었다고 하더라도 그 것만으로 바로 개인정보가 정보통신서비스 제공자의 관리 · 통제권을 벗어나 제3자가 내용을 알 수 있는 상태에 이르게 되었다고 볼 수 없는 것으로 판시한 바 있고,[9] 이러한 대법원의 태도가 보호위원회가 최근 개정안 표준지침에도 반영된 것으로 평가된다.

4. 유출의 개념 및 범위

위와 같은 개정 표준지침이나 대법원 판례에 비추어 볼 때, 개인정보 유출의 개념은 다음과 같이 정리될 수 있을 것으로 판단된다. 즉, 개인정보가 개인정보처리자의 관리 · 통제권을 벗어난 경우로서 "제3자가 이를 열람할 수 있는 상태"에 이른 경우라면 개인정보 유출에 해당한다고 판단할 수 있을 것이다. 다만 제3자의 단순한 열람가능성만 존재하는 상황이라면 구체적인 사실관계에 따라 유출 여부가 달리 판단될 수 있음을 주의할 필요가 있을 것이다.[10]

즉, 개인정보 유출의 범위는 민사 관계보다는 형사처벌 내지 행정제재가 문제되는 경우 그 범위에 대한 엄격한 해석이 요구되는 결과 유출의 범위가 달리 판단될 여지가 있을 것인바,[11]

---

9) 대법원 2014.5.16. 선고 2011다24555 판결.
10) A기업의 채용사이트 설계 오류로 인해 서류전형 합격자의 개인정보가 권한 없는 자에게 노출될 수 있었던 사안에서, 대법원은 개인정보 유출 여부의 판단기준에 관하여 단순한 접근 가능성만으로는 유출되었다고 단정하기는 어렵고, 개인정보를 실제로 열람하였는지 여부를 기준으로 삼아야 한다는 취지의 판시를 한 바 있다(대법원 2009.3.26.자 2008다96826 판결).
11) 누출이란 개인정보가 피고인의 지배영역을 떠나 외부로 새어나갔다거나 개인정보가 불특정 다수에게 공개되어 이를 전문적 지식 없이도 열람할 수 있는 상태에 이른 상태를 의미하므로 제3자가 단순히 개인정보를 조회한 것만으로는 누출이 있었다고 보기 어렵고, 피고인의 지배영역 밖에 저장된 사실까지 인정되어야 비로소 누출이 있었다고 볼 수 있다(서울중앙지방법원 2013.6.13. 선고 2012고단6164 판결).

이는 침익적 행정행위에 근거에 대한 엄격해석 원칙에 기인한다 할 것이다.[12)

한편, 개인정보 유출의 개념에 행위자인 개인정보처리자의 주관적 의사도 판단기준에 포함해야 하는지가 문제될 수 있다. 즉, 개인정보처리자가 의도된 목적 하에 제3자에게 개인정보를 제공하는 등의 행위를 한 경우까지 관리·통제권의 범위를 벗어났으므로 유출로 해석해야 하는지가 논란이 될 수 있을 것인데, 개인정보처리자의 계획된 의사에 따라 개인정보가 동의 등 적법요건 없이 제공된 경우에는 미동의 제3자 제공 등의 책임을 부과할 수 있는 점, 표준지침 제25조에서도 개인정보 유출의 요건으로 '개인정보처리자의 자유로운 의사에 의하지 않'을 것을 전제로 하고 있는 점 등에 비추어 볼 때, 개인정보의 유출 여부를 판단하는 경우 개인정보처리자의 자유로운 의사가 개입되었는지 여부 역시 고려되어야 할 것으로 생각된다.

III. 개인정보 유출 시 대응방안

개인정보 유출 사고가 발생하는 경우, 개인정보처리자는 미리 마련한 개인정보 유출 사고 대응과 관련된 내부 계획에 따라 유출피해를 최소화하기 위한 조치를 시행하여야 하고,[13)] 이에 더하여 공공기관이나 1천명 이상의 정보주체에 관한 개인정보를 처리하는 개인정보처리자는 미리 마련한 "개인정보 유출 사고 대응 매뉴얼"에 따라 세부 조치를 취해야 한다.[14)]

한편, 개인정보 처리자는 다음 절에서 설명할 개인정보 유출 통지 및 신고도 이행해야 하는 바, 본 절에서는 유출 통지 및 신고를 제외한 바람직한 유출 대응방안에 대해 검토하기로 한다.[15) 16)]

---

12) 침익적 행정행위의 근거가 되는 행정법규는 엄격하게 해석·적용하여야 하고 그 행정행위의 상대방에게 불리한 방향으로 지나치게 확장해석하거나 유추해석해서는 안 되며, 그 입법취지와 목적 등을 고려한 목적론적 해석이 전적으로 배제되는 것은 아니라고 하더라도 그 해석이 문언의 통상적인 의미를 벗어나서는 아니된다(대법원 2013.12.12. 선고 2011두3388 판결).

13) 개인정보의 안정성 확보조치 기준(보호위원회 고시 제2023-6호) 제4조(내부 관리계획의 수립·시행 및 점검) ① 개인정보처리자는 개인정보의 분실·도난·위조·변조 또는 훼손되지 아니하도록 내부 의사결정 절차를 통하여 다음 각 호의 사항을 포함하는 내부 관리계획을 수립·시행하여야 한다. 다만, 1만명 미만의 정보주체에 관하여 개인정보를 처리하는 소상공인·개인·단체의 경우에는 생략할 수 있다.
12. 개인정보 유출 사고 대응 계획 수립·시행에 관한 사항

14) 표준지침 제29조(개인정보 유출등 사고 대응 매뉴얼)
① 다음 각호의 어느 하나에 해당하는 개인정보처리자는 유출등 사고 발생 시 신속한 대응을 통해 피해 발생을 최소화하기 위해 「개인정보 유출등 사고 대응 매뉴얼」을 마련하여야 한다.
1. 법 제2조제6호에 따른 공공기관
2. 그 밖에 1천명 이상의 정보주체에 관한 개인정보를 처리하는 개인정보처리자
② 제1항에 따른 개인정보 유출등 사고 대응 매뉴얼에는 유출등 통지·조회 절차, 영업점·인터넷 회선 확충 등 고객 민원 대응조치, 현장 혼잡 최소화 조치, 고객불안 해소조치, 피해자 구제 조치 등을 포함하여야 한다.
③ 개인정보처리자는 개인정보 유출등에 따른 피해복구 조치 등을 수행함에 있어 정보주체의 불편과 경제적 부담을 최소화할 수 있도록 노력하여야 한다.

15) 이하에서는 보호위원회가 2020. 12. 발간한 "개인정보 유출 대응 매뉴얼"을 중심으로 설명한다.

16) 미국 FTC에서도 데이터 유출 대응 가이드(Data Breach Response: A Guide for Business)를 마련하여 공개하고

1. 개인정보 유출 대응체계 구축

개인정보 유출 사실을 알게 된 경우, 개인정보 보호책임자는 즉시 대표이사(CEO) 등 관계 임직원에게 해당 사실을 보고하거나 공유하고 개인정보보호 · 정보보호 부서 등을 중심으로 "개인정보 유출 대응 신속 대응팀" 등을 구성하여 피해 확산 방지 및 최소화를 위한 조치를 강구하는 것이 필요하다.

즉, 개인정보 유출사실을 발견하거나 의심스러운 정황을 알게 된 경우에는 즉시 개인정보보호 담당자에게 전화, 이메일 등으로 신고하여야 하고, 신고를 받은 즉시 관계인에게 유출 규모, 경로 등 유출 사실 여부 확인을 요청하여야 하며, 개인정보 보호책임자에게 유출 사실 및 피해 규모, 대응 상황 등을 신속하게 보고하는 것이 요구된다.

2. 개인정보 유출 신속대응을 위한 조직 구성 · 운영

개인정보 보호책임자는 해당 시점까지 파악된 유출 관련 현황을 대표이사 등 관계 임직원에게 신속히 보고하거나 공유하고 새로운 상황이 발생될 때마다 수시로 보고 · 공유해야 하며, 개인정보 유출이 확인되는 즉시 가칭 "개인정보 유출 신속대응팀"을 구성 · 운영하는 것이 필요하다.

개인정보 보호책임자가 구성한 가칭 "개인정보 유출 신속대응팀"은 개인정보 유출 사고 발생에 따른 사고 분석, 처리, 사후 복구 및 예방 조치 등을 수행한다. 즉, 개인정보 보호 책임자, 개인정보 보호담당자, 정보보호 담당자, 고객지원 부서 등으로 구성된 개인정보 유출 신속대응팀은 유출원인 분석 및 대응, 유출신고 · 통지, 이용자 등 정보주체 피해구제 등 고객 지원 등으로 업무를 세분화함으로써 유출 사고에 대하여 신속히 대응하는 것이 필요하다.

3. 피해 최소화 및 긴급 조치

개인정보처리자는 개인정보 유출 원인을 파악한 후 유출 원인별로 피해 최소화 등을 위해 취약점 제거 등 유출 원인을 제거하는 긴급 대응 조치를 실시하여야 한다.

1) 유출 사고가 해킹에 의한 경우

해킹 등 외부 공격 등으로 인해 개인정보가 유출된 경우, 개인정보 추가 유출방지를 위한 대책을 마련하고 피해를 최소화할 수 있는 조치를 취하는 것이 필요하다.

있는바, 신속한 취약점 수정, 추가 데이터 손실 방지를 위한 위반대응팀 구성, 웹상 부적절 게시 정보 삭제, 증거 보전, 정보주체 · 규제기관 등 이해관계자에 대한 통지 등에 대해 상세히 규정하고 있다(https://www.ftc.gov/business-guidance/resources/data-breach-response-guide-business).

즉, 유출된 시스템의 분리·차단조치, 관련 로그 등 증거자료 확보, 유출 원인 분석, 이용자 등 정보주체 및 개인정보취급자 비밀번호 변경 등 기술적 보호조치 강화, 시스템 변경, 기술지원 의뢰 및 복구 등과 같은 긴급조치를 시행하여야 하고, 사고원인 조사 등이 완료된 이후에는 개인정보 유출의 직·간접적인 원인을 즉시 제거해야 하며 취약점 개선 조치 등을 수행하는 것이 피해 최소화를 위한 조치로 인정될 수 있다. 한편, 해킹에 의한 유출 사고가 정보통신서비스제공자에게 발생한 경우에는 정보통신망법 제48조의4에 따라 침해사고 원인분석 및 피해 확산 방지를 위하여 사고대응, 복구 및 재발방지에 필요한 조치를 하여야 한다.

2) 유출 사고가 내부자의 분실, 도난 내지 유출로 인한 경우

개인정보 유출이 내부자의 고의 내지 과실로 발생한 경우, 개인정보 유출자가 개인정보처리시스템에 접속한 이력 및 개인정보 열람 또는 다운로드 내역 등을 즉시 확인하여야 한다. 또한, 개인정보 유출자의 개인정보처리시스템에 대한 접근·접속 경로 등이 정상적이었는지 여부에 대해 확인해야 하며, 비정상적인 접속인 경우 우회 경로를 확인하여 접속을 차단해야 한다.

나아가, 개인정보취급자의 개인정보처리시스템 접속계정, 접속권한, 접속기록 등을 검토하여 추가적인 유출 여부에 대해서도 확인이 필요할 것이며, 개인정보 유출에 활용된 PC, 스마트폰 등 단말기와 USB, 이메일, 출력물 등의 유출매체를 회수하기 위한 방안을 강구해야 한다.

4. 정보주체 피해 구제 및 재발 방지

개인정보 유출이 발생한 경우 유출로 인한 정보주체 피해 구제 등 지원 방안을 마련하고 유사 사고의 재발방지를 위한 대책을 수립·시행하여야 한다.

1) 정보주체 피해 구제

먼저 정보주체가 개인정보 유출 여부 등을 확인 가능하도록 별도의 전송구간 암호화 조치 등을 취한 홈페이지 등을 제공하는 것이 필요하다. 또한 개인정보 유출로 인한 정보주체의 피해 신고·접수, 상담·문의 등 각종 민원대응을 위한 방안을 마련하여 시행해야 한다. 구체적으로는 개인정보 유출 문의에 신속히 대응할 수 있도록 상담 스크립트를 운영하고 전화, 이메일, 홈페이지, SNS 등 다양한 채널을 통해 개인정보 유출 사실, 경위 등을 확인할 수 있는 창구를 갖추는 것이 바람직하다.

한편, 유출 대응 현장에서의 긴급·돌발 상황 발생 등에 따른 혼란 최소화를 위한 방안을 강구해야 한다. 현장에서 물리적 시스템 장애, 파괴 그리고 불필요한 인력 등으로 인하여 개인정보가 추가 분실, 도난, 유출되지 않도록 주의해야 한다.

보이스피싱 등 2차 피해 방지를 위한 유의사항을 이용자 등 정보주체에게 사전 안내하고, 유출피해 및 대응현황 등을 실시간으로 정확하고 투명하게 공개하는 등 고객불안 해소를 위해 노력해야 하며, 정보주체의 피해 구제 계획을 마련하고 개인정보분쟁조정위원회 조정신청 절차 내지 손해배상제도 등 피해구제 방안에 대해서도 안내하는 것이 필요하다.

2) 재발 방지 대책 마련

개인정보 유출 원인, 취약점 등에 적절한 대책을 마련하고 개인정보취급자 대상 개인정보보호 교육을 정기적으로 실시하여야 한다. 그리고 개인정보 유출 대응 시나리오 작성 및 모의훈련 등을 실시하여 유출 대응체계를 점검하고 지속적으로 보완해 나갈 수 있는 시스템도 구축하는 것이 필요하다.

제 2 절
개인정보 유출 등의 통지·신고

I. 개관

개인정보 유출에 대한 이용자 통지 및 규제기관 신고제도는, 2011.9. 개인정보보호법 제정안에 처음으로 반영되었는바, 이는 개인정보의 유출 사고 발생 시 이용자 등 정보주체에게 해당 사실을 지체없이 통지하고 규제기관에 신고하도록 의무화함으로써 명의도용, 전화사기(보이스피싱), 스팸 등 개인정보 유출등으로 인한 2차 피해 확산을 최소화하고 이용자 등 정보주체를 위한 보호조치를 신속하게 하기 위한 것에 그 취지가 있었고, 2012.8.에는 구 정보통신망 이용촉진 및 정보보호 등에 관한 법률(이하 '정보통신망법') 개정을 통해 정보통신서비스 제공자에 대해서도 개인정보 유출에 따른 이용자 통지 및 신고의무가 도입되었다.

이후 2020.8. 데이터 3법 개정 과정에서 구 정보통신망법상 이용자 통지 및 신고제도가 통합 개인정보보호법에 물리적으로 이관되어 일반 개인정보처리자와 정보통신서비스 제공자의 개인정보 유출 통지 및 신고제도가 이원적으로 운용되어 오다가, 최근 개정된 개인정보보호법 제34조에서 일원적으로 통합 규정하게 되었다.

대부분의 개인정보가 디지털화 되어 관리되고 있는 정보화 시대에서는 개인정보 유출 사고의 규모는 클 수밖에 없고, 그 결과 정보주체에 대한 피해도 상당해질 수밖에 없는바, 1차적으로는 개인정보처리자가 개인정보 유출이 발생되지 않도록 각종 안정성 확보조치를 충실히 이행해야 하겠으나 그럼에도 불구하고 개인정보가 유출된 경우에는 2차적으로 피해를 방지하거나 최소화하는 조치가 필요할 것이다. 바로 개인정보 유출통지 제도와 신고의무는 이러한 2차적 조치에 해당한다고 할 것이다.[17]

---

17) 이대희, "개인정보 유출통지제도의 효과적인 운영 및 개선방안", 경영법률, 제24호, 2014, 462면.

II. 개인정보 유출 이용자 통지의무

1. 제도 일반론

개인정보처리자는 개인정보가 분실·도난·유출(이하 '유출등')되었음을 알게 되었을 때에는 서면등의 방법으로 72시간 내에 유출과 관련된 일정한 사항을 정보주체에게 알려야 한다. 이는 개인정보처리자가 보유·관리하는 개인정보가 외부에 유출된 경우 유출된 개인정보 주체에게 유출사실 및 보호대책 등을 통지하여 그 개인이 자신을 보호하기 위한 조치를 취할 수 있게 함으로써 제3자가 명의도용이나 사기 등에 유출된 개인정보를 악용하여 발생하는 2차적인 피해를 방지하는 것에 제도 취지가 있다. 따라서, 개인정보 유출통지는 개인정보를 보유 및 관리하고 있는 개인, 기업, 정부나 공공기관 등이 개인정보 유출로 인하여 받을 수 있는 피해 내지 위험을 완화시키는 중요한 기능을 수행하고 있는 것으로 평가된다.[18]

한편, 유출등에 대한 통지 및 신고기한인 72시간이 기술발전으로 복잡다단해진 개인정보의 기술적, 관리적, 물리적 처리 환경에 비추어 지나치게 단기간이라는 비판도 있을 수 있는데, 중장기적으로 통지 및 신고기한의 현실화를 재검토해야 하는 점은 별론으로 하더라도, '유출등이 되었음을 알게 되었을 때'에 대한 판단을 구체적, 개별적 사안의 특성을 고려하여 합리적으로 판단해야 할 것이다.

만약 개인정보처리자가 개인정보 유출등에 따른 통지의무를 위반하여 정보주체에게 알리지 않은 경우에는 3천만 원 이하의 과태료가 부과되고, 만약 개인정보처리자의 수탁자의 통지 책임이 인정되는 경우라면 해당 수탁자에 대해서도 3천만 원 이하의 과태료가 부과된다(법 제75조 제2항 제17호). 이 경우 위탁자와 수탁자의 통지 책임은 서로 별개라는 점을 고려할 때, 수탁자가 먼저 유출등이 되었음을 알게 되더라도 위탁자가 별도로 알게 되지 못한 이상 위탁자에게 동일한 통지의무 기산점을 적용하기는 어려울 것이다.

2. 해외 사례

1) EU GDPR

GDPR Article 34에서는 "Communication of a personal data breach to the data subject"라는 제하에서 정보주체에 대한 개인정보 침해사실 통지에 관하여 규정하고 있다.

---

18) 이대희, "개인정보 유출통지제도의 효과적인 운영 및 개선방안", 경영법률, 제24호, 2014, 463면.

Article 34 GDPR. Communication of a personal data breach to the data subject

1. When the personal data breach is likely to result in a high risk to the rights and freedoms of natural persons, the controller shall communicate the personal data breach to the data subject without undue delay. (개인정보의 침해가 자연인의 권리와 자유에 중대한 위험을 초래할 것으로 예상되는 경우, 컨트롤러는 부당한 지체 없이 정보주체에게 그 개인정보 침해에 대해 통지해야 한다)

2. The communication to the data subject referred to in paragraph 1 of this Article shall describe in clear and plain language the nature of the personal data breach and contain at least the information and measures referred to in points (b), (c) and (d) of Article 33(3)[19]. (본 조 제1항에 규정된 정보주체에 대한 통지에서는 해당 개인정보 유출의 성격을 명확하고 평이한 언어로 기술하고, 최소한 제33조(3)의 (b)호, (c)호, (d)호에 규정된 정보 및 권고를 포함해야 한다)

3. The communication to the data subject referred to in paragraph 1 shall not be required if any of the following conditions are met: (다음 각 호의 하나에 해당하는 경우, 제1항의 정보주체에 대한 통지는 요구되지 않는다)

   (a) the controller has implemented appropriate technical and organisational protection measures, and those measures were applied to the personal data affected by the personal data breach, in particular those that render the personal data unintelligible to any person who is not authorised to access it, such as encryption; (컨트롤러가 적절한 기술적 및 관리적 보호조치를 시행하였고, 그 조치, 특히 암호처리 등 관련 개인정보를 열람 권한이 없는 개인에게 이해될 수 없도록 만드는 조치가 침해로 영향을 받은 개인정보에 적용된 경우)

   (b) the controller has taken subsequent measures which ensure that the high risk to the rights and freedoms of data subjects referred to in paragraph 1 is no longer likely to materialise; (컨트롤러가 제1항에 규정된 정보주체의 권리와 자유에 대한 중대한 위험을 더 이상 실현될 가능성이 없도록 만드는 후속 조치를 취한 경우)

   (c) it would involve disproportionate effort. In such a case, there shall instead be a public communication or similar measure whereby the data subjects are informed in an equally effective manner. (필요 이상의 노력이 수반될 수 있는 경우. 이 경우, 공개 또는 유사한 조치를 통해 정보주체가 동등하게 효과적인 방식으로 통지받도록 해야 한다)

4. If the controller has not already communicated the personal data breach to the data subject, the supervisory authority, having considered the likelihood of the personal data breach resulting in a high risk, may require it to do so or may decide that any of the conditions referred to in paragraph 3 are met. (컨트롤러가 정보주체에게 개인정보 침해에 대해 아직 통지하지 않은 경우, 관련 감독기관은 중대한 위험을 초래하는 개인정보 침해의 가능성을 고려한 후, 컨트롤러에게 통지하도록 요구하거나 제3항의 어느 조건이라도 충족시키도록 결정할 수 있다)

---

19) GDPR Article 33의 경우 개인정보 유출 시 감독기관에 대한 침해 통지에 관한 규정으로서 후술하는 개인정보 유출 신고제도 부분에서 기술하기로 한다.

2) 미국[20]

미국의 경우 50개 주 중 앨라배마(Alabama)와 사우스다코타(South Dakota)를 제외한 48개의 주에서 개인정보 유출 관련 법률이 존재하지만, 이와 관련된 연방법률은 존재하지 않는 것으로 파악된다.[21] 대부분의 주 법령에서 사용되는 '개인정보'의 일반적 정의는 ① 사회보장번호, ② 운전면허증 번호 또는 주정부에서 발행한 신분증 번호, ③ 보안 코드, 액세스 코드, PIN 또는 암호와 결합된 계좌번호 또는 신용카드번호 중 하나 이상이 개인의 이름 또는 이니셜 또는 성과 결합되어 있는 경우를 의미한다.

한편, 각 주별로 해당 법률이 적용되는 정보의 정의와 범위, 대상 주체 및 제3자 데이터 수취자, 통지 절차 및 시기, 기타 의무사항, 예외사항, 위반 시 벌칙 등에 대해 규정하고 있는 것으로 파악된다.[22]

3. 정보주체 통지의무 발생시점(유출등이 되었음을 알게 되었을 때)

법 제34조 제1항에서는 개인정보처리자가 개인정보 유출등에 대해 "알게 되었을 때"에 지체 없이 해당 정보주체에게 일정 사항을 알리도록 규정하고 있는바, 통지의무가 발생하는 "알게 되었을 때"의 의미에 대해 검토가 필요하다. 문언상 개인정보의 유출등이 되었음을 '알게 되었을 때'이므로 유출사실이 발생했다고 해서 바로 통지의무가 발생하는 것은 아니며, 유출 사실을 개인정보처리자가 내부 확인절차 등을 거쳐 구체적으로 인지한 시점에 유출 통지의무가 발생하는 것으로 해석하여야 할 것이다. 이 경우 개인정보처리자가 유출사실을 확신할 것까지는 요하지 않을 것이지만, 개인정보가 개인정보처리자의 관리·통제권을 벗어나 제3자가 그 개인정보를 알 수 있는 상태에 이르렀다는 사실을 합리적 의심 없이 알게 되었을 때에 이에 해당한다 할 것이다.[23]

한편, 개인정보처리자의 유출사실 '인지시점'과 관련하여 단순히 유출 정황 내지 위험성을 의심할만한 사정이 있었다는 이유로 유출사실을 '알게 되었는 때'로 보아야 하는지 의문이 들 수 있다. 하지만, 과거 개인정보보호법 개정안 중 '개인정보가 유출될 위험성을 인지한 경우' 유출신고를 하도록 한 부분에 대해 당시 국회 검토보고서에서는 "법률에서 일정 의무를

---

20) 한국인터넷진흥원, '해외 개인정보보호 동향 보고서'(2018년 3월 4주), 2면 이하.
21) 앞서 살핀 바와 같이 FTC에서는 데이터 유출 대응 가이드(Data Breach Response: A Guide for Business)를 마련하여 공개하고 있는 바, 신속한 취약점 수정, 추가 데이터 손실 방지를 위한 위반대응팀 구성, 웹상 부적절 게시 정보 삭제, 증거 보전, 정보주체·규제기관 등 이해관계자에 대한 통지 등에 대해 상세히 규정하고 있다 (https://www.ftc.gov/business-guidance/resources/data-breach-response-guide-business).
22) https://www.privacyandsecuritymatters.com/wp-content/uploads/sites/6/2016/09/state_data_breach_matrix.pdf
23) 개인정보 보호 법령 및 지침·고시 해설(2020), 354면.

부과하고 의무 위반시 벌칙을 규정할 경우에는 그 요건이 명확해야 하는데 '개인정보가 유출될 위험성을 인지한 경우'라는 요건은 추상적이고 불명확한 측면이 존재한다고 지적[24]함으로써 결국 위 개정안은 폐기된 바 있는 점에 비추어, 적어도 개인정보처리자로서는 개인정보 유출사실에 대해 객관적으로 합리적 의심 없이 인지할 수 있는 상황이 인정되어야만 유출사실을 인지한 것으로 평가할 수 있을 것이다.

따라서, 개인정보처리자로서는 정보주체인 이용자들로부터 유출에 대한 민원이 접수되는 경우가 있는데, 단순이 유출에 대한 민원이라는 이유만으로 유출등을 알게되었다고 인정하기는 어려울 것이며, 앞서 살핀 바와 같이 민원접수 이후 내부 확인절차 등을 거쳐 객관적으로 개인정보 유출사실을 인지하게 되었을 때에 비로소 유출등이 있었음을 알게 되었다고 보아야 할 것이다.

4. 정보주체 통지 항목

개인정보처리자는 정보주체가 개인정보 유출사실을 정확히 인지하고 적절히 대처할 수 있도록, ① 유출등이 된 개인정보의 항목, ② 유출등이 된 시점과 그 경위, ③ 유출등으로 인하여 발생할 수 있는 피해를 최소화하기 위하여 정보주체가 할 수 있는 방법 등에 관한 정보, ④ 개인정보처리자의 대응조치 및 피해 구제절차, ⑤ 정보주체에게 피해가 발생한 경우 신고 등을 접수할 수 있는 담당부서 및 연락처 등의 사실을 정보주체에게 알려야 한다(법 제34조 제1항).

한편, 개인정보 유출등을 알게 된 때 또는 유출사실을 알고 긴급한 조치를 취한 후에도 유출된 개인정보의 항목, 유출 시점 및 그 경위의 구체적인 내용을 확인하지 못한 경우에는 먼저 개인정보가 유출된 사실과 유출이 확인된 사항만을 서면등의 방법으로 먼저 알리고 추후 확인되는 사항을 추가로 알릴 수 있다(시행령 제39조 제2항, 표준지침 제26조 제2항).

가명정보의 경우 유출등으로 인한 보호위원회 등에 대한 신고의무가 인정되는 것과 달리, 유출등이 발생하면 정보주체에 대한 통지의무는 적용되지 아니한다(법 제28조의7).

5. 정보주체 통지 시기 및 방법

'유출등이 되었음을 알게 되었을 때'에는 지체 없이 통지하여야 한다. 여기서 '지체 없이'란 알게 된 때로부터 72시간 이내를 의미한다. 따라서, 최초로 개인정보 유출사실을 발견한 때로부터 유출현황, 사건경위, 잠정원인 등을 파악하는 데 소요되는 시간을 고려하여 정당한 사유

---

24) 국회 행정안전위원회 수석전문위원, 강창일 의원 대표발의 개인정보보호법 일부개정법률안 검토보고서, 2012. 2., 10면.

가 없는 한 72시간 내에 통지하여야 한다(표준지침 제26조 제1항). 여기서 정당한 사유란 개인정보 유출등과 관련하여 수사기관의 비공개 요청이 있는 경우, 단전, 홍수, 폭설 등의 천재지변으로 인해 72시간 내에 통지가 불가능한 경우 등을 말한다.[25] 한편, 개인정보처리자는 유출등의 사고를 인지하지 못해 유출등의 사고가 발생한 시점으로부터 72시간 이내에 해당 정보주체에게 개인정보 유출등의 통지를 하지 아니한 경우에는 실제 유출등의 사고를 알게 된 시점을 입증하여야 한다(표준지침 제26조 제4항).

개인정보처리자는 정보주체에게 유출 사실 통지를 하는 경우에는 서면등의 방법을 통하여 정보주체에게 알려야 한다(시행령 제39조 제1항 본문). 다만, 유출등이 된 개인정보의 확산 및 추가 유출등을 방지하기 위하여 접속경로의 차단, 취약점 점검·보완, 유출 등이 된 개인정보의 회수·삭제 등 긴급한 조치가 필요한 경우에는 그 조치를 한 후 지체없이 정보주체에게 알릴 수 있다(시행령 제39조 제1항 단서, 표준지침 제26조 제2항).

개인정보 유출사실 통지의 경우 이용자 등 정보주체에 대한 개별통지가 원칙이나, 정보주체의 연락처를 알 수 없는 경우 등 정당한 사유가 있는 경우에는 유출사실 통지항목을 개인정보처리자의 인터넷 홈페이지에 30일 이상 게시하는 것으로 정보주체 통지를 갈음할 수 있다(법 제34조 제1항 각호 외의 부분 단서, 시행령 제39조 제3항본문, 표준지침 제27조 제2항 본문). 다만, 인터넷 홈페이지를 운영하지 아니하는 개인정보처리자의 경우에는 사업장등의 보기 쉬운 장소에 유출사실 통지항목을 30일 이상 게시하여야 한다(시행령 제39조 제3항단서, 표준지침 제27조 제2항 단서).

6. 피해 최소화 등의 조치의무

개인정보처리자는 개인정보 유출등이 된 경우 그 피해를 최소화하기 위한 대책을 마련하고 필요한 조치를 하여야 한다(법 제34조 제2항). 시스템 일시정지, 암호 등의 변경, 유출 원인 분석, 기술적 보안조치 강화, 시스템 변경, 기술지원 의뢰 및 복구 등과 같은 임시 대응조치에서부터 유사 사고 발생 방지대책 수립 및 시행 등과 같은 장래의 피해 예방조치도 강구되어야 한다. 우선적으로는 개인정보 유출사실을 지체없이 통지하면서 피해고객으로부터 개인정보 유출로 인한 피해 현황을 접수받을 수 있는 창구를 마련해야 하며, 신속하고 적절한 피해확산을 방지하고 피해를 복구하기 위하여 개인정보 유출등을 야기한 직·간접적인 사고발생 원인을 즉시 제거하되, 미비한 기술적·관리적·물리적 보호조치를 보완하는 등 유출등으로 인한 개인정보의 악용 또는 도용을 막을 수 있는 대책 마련 등의 조치를 취해야 한다.[26]

---

25) 개인정보 보호 법령 및 지침·고시 해설(2020), 354면.
26) 개인정보 보호 법령 및 지침·고시 해설(2020), 355면.

특히 공공기관 또는 1천명 이상의 정보주체에 관한 개인정보를 처리하는 개인정보처리자는 유출 사고 발생 시 신속한 대응을 통해 피해 발생을 최소화할 수 있도록 '개인정보 유출등 사고 대응 매뉴얼'을 마련하여야 한다(표준지침 제29조 제1항). 해당 매뉴얼에서는 유출통지 · 조회 절차, 영업점 · 인터넷회선 확충 등 고객민원 대응조치, 현장 혼잡 최소화 조치, 고객불안 해소 조치, 피해자 구제조치 등을 포함하여야 하고, 개인정보처리자는 개인정보 유출등에 따른 피해 복구 조치 등을 수행함에 있어 정보주체의 불편과 경제적 부담을 최소화할 수 있도록 노력해야 한다(표준지침 제29조 제2항 · 제3항).

III. 개인정보 유출 신고의무

1. 제도 일반론

일정 규모 이상의 대량 개인정보가 유출되었거나 유출등으로 인해 심각한 2차 피해가 예상 되는 개인정보가 유출등이 된 경우에는 이를 단순히 정보주체에 통지하는 것만으로는 부족하 며, 이를 정부 및 관계 전문기관에게 알림으로써 체계적 · 조직적으로 대응을 할 필요가 있다. 이에 개인정보보호법령에서는 개인정보처리자로 하여금 개인정보가 유출등이 있음을 알게 되 었을 때에는 개인정보의 유형, 유출등의 경로 및 규모 등을 고려하여 서면등의 방법으로 정당 한 사유가 없는 한 72시간 내에 일정 사항을 보호위원회 또는 관계 전문기관에게 신고할 의무 를 부여하고 있다(법 제34조 제3항, 시행령 제40조 제1항 본문).

만약 개인정보처리자가 개인정보 유출등에 따른 규제기관에 대한 신고의무를 위반한 경우에 는 3천만 원 이하의 과태료가 부과되고, 만약 개인정보처리자의 수탁자에게 신고 책임이 인정 되는 경우라면 해당 수탁자에 대해서도 3천만 원 이하의 과태료가 부과된다(법 제75조 제2항 제 18호). 이 경우 위탁자와 수탁자의 신고 책임은 서로 별개라는 점을 고려할 때, 수탁자가 먼저 유출등이 되었음을 알게 되더라도 위탁자가 별도로 알게 되지 못한 이상 위탁자에게 동일한 신 고의무 기산점을 적용하기는 어려울 것이다.

한편, 개인정보처리자가 정보통신서비스제공자인 경우로서 해킹 등 외부적 요인에 의해 개 인정보가 유출된 경우라면, 정보통신망법 제48조의3에 따라 과학기술정보통신부 또는 한국인 터넷진흥원에 침해사고 신고 역시 이행하여야 한다.

2. 해외사례 - EU GDPR

GDPR Article 33에서는 "Notification of a personal data breach to the supervisory authority"라는 제하에서 개인정보처리자의 감독기관에 대한 개인정보 통지 절차에 관하여 규정하고 있다.

Article 33 GDPR. Notification of a personal data breach to the supervisory authority

1. In the case of a personal data breach, the controller shall without undue delay and, where feasible, not later than 72 hours after having become aware of it, notify the personal data breach to the supervisory authority competent in accordance with Article 55, unless the personal data breach is unlikely to result in a risk to the rights and freedoms of natural persons. Where the notification to the supervisory authority is not made within 72 hours, it shall be accompanied by reasons for the delay. (개인정보의 침해가 발생할 경우, 컨트롤러는 부당한 지체 없이, 가급적 이를 알게 된 후 72시간 내에, 제55조에 따라 감독기관에 해당 개인정보의 침해를 통지해야 한다. 단, 해당 개인정보의 침해가 자연인의 권리와 자유에 위험을 초래할 것으로 예상되지 않는 경우는 예외로 한다. 72시간 내에 감독기관에 이를 통보하지 않을 경우에는 지연 사유를 동봉해야 한다)

2. The processor shall notify the controller without undue delay after becoming aware of a personal data breach. (프로세서는 개인정보의 침해를 알게 된 후 부당한 지체 없이 컨트롤러에게 이를 통지해야 한다)

3. The notification referred to in paragraph 1 shall at least:

   (a) describe the nature of the personal data breach including where possible, the categories and approximate number of data subjects concerned and the categories and approximate number of personal data records concerned; (가능하다면 관련 정보주체의 범주 및 대략적인 수, 관련 개인정보 기록의 범주 및 대략적인 수 등을 포함한 개인정보 침해의 성격에 대한 설명)

   (b) communicate the name and contact details of the data protection officer or other contact point where more information can be obtained; (데이터보호담당관, 그리고 더 많은 정보를 얻을 수 있는 경우, 기타 연락 가능한 개인의 이름 및 상세 연락처 전달)

   (c) describe the likely consequences of the personal data breach; (개인정보 침해로 인해 발생할 수 있는 결과에 대한 설명)

   (d) describe the measures taken or proposed to be taken by the controller to address the personal data breach, including, where appropriate, measures to mitigate its possible adverse effects. (적절한 경우, 개인정보 침해로 인한 부작용을 완화하기 위한 조치 등, 해당 개인정보 침해 해결을 위해 컨트롤러가 취하거나 취하도록 제안되는 조치에 대한 설명)

4. Where, and in so far as, it is not possible to provide the information at the same time,

the information may be provided in phases without undue further delay. (정보를 동시에 제공할 수 없는 경우에는 부당한 지체 없이 해당 정보를 단계별로 제공할 수 있다)

5. The controller shall document any personal data breaches, comprising the facts relating to the personal data breach, its effects and the remedial action taken. That documentation shall enable the supervisory authority to verify compliance with this Article. (컨트롤러는 개인정보 침해와 관련된 사실, 유출로 인한 영향, 이에 대해 시행된 시정 조치 등, 모든 개인정보 침해 건을 문서화해야 한다)

3. 유출사실 신고의무 발생시점(유출등이 있음을 알게 되었을 때)

개인정보보호법 제34조 제3항에서는 개인정보 유출사실 신고의무 발생시점에 대해 개인정보처리자가 개인정보 유출등이 '있음을' 알게 되었을 때라고 규정함으로써, 정보주체 통지의무 발생시점인 유출등이 '되었음을' 알게 되었을 때와 다소 다르게 규정하고 있다. 하지만, 문언해석상 '있음'과 '되었음'은 능동과 수동의 차이는 있을지언정 궁극적 해석상 아무런 차이를 두기 어려운 점에 비추어 볼 때 사실상 동일한 의미로 보는 것이 타당해 보인다. 따라서, 유출사실 신고의 경우 역시 정보주체 통지와 마찬가지로 유출등의 발생하였다고 하여 바로 신고의무가 발생하는 것이 아니라, 개인정보처리자가 유출사실을 인지한 시점에 유출 신고의무가 발생하는 것으로 해석해야 할 것이다.

4. 신고 대상 유출사실

유출사실에 대한 정보주체 통지와 달리 보호위원회 내지 전문기관에 대한 유출사실 신고는 모든 유출 사고 시에 이루어져야 하는 것은 아니라, 제도취지에 비추어 전문적·조직적 대응이 필요한 유출 사고만을 유출신고 대상으로 규정하고 있다. 즉, ① 1천명 이상의 정보주체에 관한 개인정보 유출등이 된 경우, ② 민감정보, 고유식별정보가 유출등이 된 경우, ③ 개인정보처리시스템 및 개인정보취급자가 개인정보 처리에 이용하는 정보기기에 대한 외부로부터의 불법적인 접근에 의해 개인정보가 유출등이 된 경우에만 개인정보처리자의 신고의무가 인정된다(법 제34조 제3항, 시행령 제40조 제1항 각 호).

즉, 기본적으로 1,000명 이상의 개인정보 유출등이 된 경우에만 규제기관에 대한 유출사실 신고의무가 발생되지만, 민감정보 내지 주민등록번호 등과 같은 고유식별정보의 경우에는 단 한 건의 유출 사고가 발생한 경우 신고의무가 인정된다 할 것이고, 만약 외부의 해킹 등 불법적 접근으로 인해 개인정보처리자 영역의 시스템, 기기 등으로부터 개인정보가 유출등이 된 경우라면 이 역시 단 한 건의 유출이 있더라도 신고를 해야 할 것이다.

한편, 가명정보의 경우 유출등으로 인한 정보주체 통지가 적용되지 않는 것과 달리, 유출등이 발생하면 보호위원회나 한국인터넷진흥원에 신고해야 할 의무가 있다(법 제28조의7).

5. 신고 면제 요건

개정 시행령에서는 유출신고의 요건에 해당한다 하더라도 개인정보처리자의 신속한 피해수습 조치가 이루어져 정보주체에게 피해가 발생할 가능성이 낮은 경우에는 별도 신고의무를 하지 않도록 규정하고 있다, 즉, 개인정보 유출신고 요건에 해당하는 개인정보 유출등이 발생하더라도 개인정보 유출등의 경로가 확인되어 해당 개인정보를 회수·삭제하는 등의 조치를 통해 정보주체의 권익 침해 가능성이 현저히 낮은 경우에는 신고하지 않을 수 있다(시행령 제40조 제1항 각 호외의 부문 단서, 표준지침 제28조 제1항 각 호외의 부문 단서), 이는 통지신고의 취지가 규제기관 내지 전문기관을 통해 2차 피해에 대해 전문적·체계적 대응을 하는 것에 있다는 점을 고려하면, 이미 유출등으로 인해 피해가 확대될 우려가 없어진 상황에서는 더 이상 신고를 통한 전문적·체계적 대응이 필요하지 않은 현실적 상황을 잘 반영한 것으로 평가된다.

6. 신고 항목

개인정보처리자는 보호위원회와 전문기관이 유출사실에 대해 정확히 인지하여 전문적·조직적으로 대응할 수 있도록, ① 유출등이 된 개인정보의 항목, ② 유출등이 된 시점과 그 경위, ③ 유출등으로 인하여 발생할 수 있는 피해를 최소화하기 위하여 정보주체가 할 수 있는 방법 등에 관한 정보, ④ 개인정보처리자의 대응조치 및 피해 구제절차, ⑤ 정보주체에게 피해가 발생한 경우 신고 등을 접수할 수 있는 담당부서 및 연락처 등의 사실을 정보주체에게 알려야 한다(법 제34조 제1항·제3항).

한편, 개인정보 유출등이 발생하여 이에 대해 인지할 수 있었던 시점이라 하더라도 만약 개인정보처리자가 유출등이 된 개인정보 항목이나 유출등이 된 시점과 그 경위에 대해 구체적으로 확인할 수 없는 경우에는, 먼저 유출등으로 인하여 발생할 수 있는 피해 최소화 방법, 개인정보처리자의 대응조치 및 피해 구제절차, 피해 발생 시 신고 접수 부서 및 연락처 등에 대한 정보를 먼저 신고한 후 나머지 사항은 추가로 확인되는 즉시 다시 신고하여야 한다(시행령 제40조 제2항, 표준지침 제28조 제4항).

신고 항목별 작성 방법[27]

신고 항목	작성 방법
① 유출등이 된 개인정보 항목	• 유출등이 된 개인정보 항목을 모두 기재하여야 하며, '등' 과 같이 일부 생략하거나 휴대전화번호와 집전화번호를 구분없이 '전화번호'로 기재하여서는 안 됨 • 유출등이 된 개인정보의 모든 항목을 적어야 하며, 유출등 규모도 현 시점에서 파악된 내용을 모두 작성
② 유출등이 된 시점과 그 경위	• 유출등 시점, 인지시점을 명확히 구분하여 날짜 및 시간 모두 작성해야 하며, 유출등 경위와 인지경위를 포함
③ 정보주체가 취할 수 있는 피해 최소화 조치	• 개인정보 유출등으로 발생 가능한 스팸 문자, 보이스피싱, 금융사기와 같은 2차적인 피해 방지를 위해 정보주체가 할 수 있는 조치를 기재(예: 비밀번호 변경 등)
④ 개인정보처리자 대응조치 및 피해 구제절차	• 유출등 사실을 안 후 긴급히 조치한 내용과 향후 정보주체 의 피해구제를 위한 계획 및 절차를 기재(예: 경찰에 신고, 일시적 홈페이지 로그인 차단 등)
⑤ 정부주체가 피해신고·상담 등을 접수할 수 있는 부서 및 연락처	• 실제 신고 접수 및 상담이 가능한 전담 처리부서와 해당 담당자 연락처를 기재
⑥ 기타	• 유출된 기관명, 사업자번호, 사업자 주소, 웹사이트 주소 등을 기재

7. 신고 시기 및 방법

개인정보처리자는 개인정보가 유출등이 되었음을 알게 되었을 때에는 정당한 사유가 없는 한 72시간 내에 신고 항목에 대해 보호위원회 또는 한국인터넷진흥원에 서면등의 방법으로 신고하여야 한다(시행령 제40조 제1항 본문, 표준지침 제28조 제1항 본문). 여기서 정당한 사유란 개인 정보 유출등 사실에 대한 정보주체 통지와 마찬가지로, 개인정보 유출등과 관련하여 수사기관 의 비공개 요청이 있는 경우, 단전, 홍수, 폭설 등 천재지변으로 인해 72시간 내에 신고가 불가 능한 경우를 의미한다고 보아야 할 것이다.

한편, 개인정보처리자는 전자우편, 팩스 또는 한국인터넷진흥원의 개인정보 포털(www.privacy.go.kr) 을 통하여 유출등 신고를 할 수 있는데, 만약 이와 같은 방법들을 통해 유출등 신고를 할 시간 적 여유가 없거나 그 밖에 특별한 사정이 있는 경우에는 먼저 전화를 통하여 신고 항목에 대해

---

27) 보호위원회, 개인정보 유출 대응 매뉴얼, 2020. 12., 15면.

구두로 신고한 후 추후 유출신고서를 제출하는 것도 가능하다(표준지침 제28조 제3항).

8. 피해 확산방지 등을 위한 기술적 지원

개인정보처리자가 유출등에 대해 신고를 한 경우 보호위원회 또는 한국인터넷진흥원은 유출등으로 인한 피해 확산방지 및 피해 복구 등을 위한 기술적 지원을 할 수 있다(법 제34조 제3항). 이는 신고제도의 취지가 개인정보 유출등으로 인해 2차 피해확산 방지를 위한 규제기관의 전문적·체계적 대응에 있음을 전제로 규정하고 있는 것으로 평가된다.

Ⅳ. 다른 법률과의 관계

「신용정보의 이용 및 보호에 관한 법률」(이하 '신용정보법')에서는 개인정보 유출등에 따른 정보주체 통지 및 신고의무와 관련하여 업무 목적 외로 개인신용정보가 누설된 경우 신용정보주체에 대한 통지 및 금융위원회·금융감독원에 대한 신고의무를 규정하고 있다(제39조의4 제1항·제3항). 신용정보법에서는 유출이라는 용어 대신 누설이라는 용어를 사용하고 있으나 문언해석상 해당 개인정보에 대한 관리·통제권을 상실한다는 면에서 양자는 큰 차이가 없는 것으로 평가된다.

신용정보회사등은 개인신용정보가 업무 목적 외로 누설되었음을 알게 된 때에는 신용정보주체에게 통지하여야 하고, 1만명 이상 신용정보주체의 개인신용정보가 누설된 때에는 피해최소화 등 조치결과를 금융위원회·금융감독원에 신고하여야 한다. 이 경우 신용정보회사등의 신용정보주체에 대한 통지항목은 개인정보보호법 제34조 제1항이 준용된다. 한편, 상거래 기업 및 법인은 보호위원회 또는 한국인터넷진흥원에 조치결과를 신고하도록 함으로써 양 법률 간 조화를 도모하고 있는 것으로 평가된다.

신용정보법령상 관련 규정

신용정보법 제39조의4(개인신용정보 누설통지 등) ① 신용정보회사등은 개인신용정보가 업무 목적 외로 누설되었음을 알게 된 때에는 지체 없이 해당 신용정보주체에게 통지하여야 한다. 이 경우 통지하여야 할 사항은 「개인정보보호법」 제34조제1항 각 호의 사항을 준용한다.

1. ~ 5. 삭제

② 신용정보회사등은 개인신용정보가 누설된 경우 그 피해를 최소화하기 위한 대책을 마련하고 필요한 조치를 하여야 한다.

③ 신용정보회사등은 대통령령으로 정하는 규모 이상의 개인신용정보가 누설된 경우 제1항에 따른 통지 및 제2항에 따른 조치결과를 지체 없이 금융위원회 또는 대통령령으로 정하는 기관(이하 이 조에서 "금융위원회등"이라 한다)에 신고하여야 한다. 이 경우 금융위원회등은 피해 확산 방지, 피해

복구 등을 위한 기술을 지원할 수 있다.

④ 제3항에도 불구하고 제45조의3제1항에 따른 상거래기업 및 법인은 개인정보보호위원회 또는 대통령령으로 정하는 기관(이하 이 조에서 "보호위원회등"이라 한다)에 신고하여야 한다.

⑤ 금융위원회등은 제3항에 따른 신고를 받은 때에는 이를 개인정보보호위원회에 알려야 한다.

⑥ 금융위원회등 또는 보호위원회등은 제2항에 따라 신용정보회사등이 행한 조치에 대하여 조사할 수 있으며, 그 조치가 미흡하다고 판단되는 경우 금융위원회 또는 개인정보보호위원회는 시정을 요구할 수 있다.

⑦ 제1항에 따른 통지의 시기, 방법 및 절차 등에 필요한 사항은 대통령령으로 정한다.

신용정보법 시행령 제34조의4(개인신용정보의 누설사실의 통지 등) ① 신용정보회사등이 법 제39조의4제1항에 따라 통지하려는 경우에는 제33조의2제3항 각 호의 어느 하나에 해당하는 방법으로 개별 신용정보주체에게 개인신용정보가 누설되었다는 사실을 통지해야 한다.

② 신용정보회사등은 법 제39조의4제3항 전단에 해당하는 경우에는 제1항에 따른 방법 외에 다음 각 호의 어느 하나에 해당하는 방법으로 금융위원회가 정하여 고시하는 기간 동안 개인신용정보가 누설되었다는 사실을 널리 알려야 한다.

  1. 인터넷 홈페이지에 그 사실을 게시하는 방법
  2. 사무실이나 점포 등에서 해당 신용정보주체로 하여금 그 사실을 열람하게 하는 방법
  3. 주된 사무소가 있는 특별시·광역시·특별자치시·도 또는 특별자치도 이상의 지역을 보급지역으로 하는 일반일간신문, 일반주간신문 또는 인터넷신문(「신문 등의 진흥에 관한 법률」 제2조 제1호가목·다목 또는 같은 조 제2호에 따른 일반일간신문, 일반주간신문 또는 인터넷신문을 말한다)에 그 사실을 게재하는 방법

③ 제1항에도 불구하고 개인신용정보 누설에 따른 피해가 없는 것이 명백하고 법 제39조의4제2항에 따라 누설된 개인신용정보의 확산 및 추가 유출을 방지하기 위한 조치가 긴급히 필요하다고 인정되는 경우에는 해당 조치를 취한 후 지체 없이 신용정보주체에게 알릴 수 있다. 이 경우 그 조치의 내용을 함께 알려야 한다.

④ 법 제39조의4제3항 전단에서 "대통령령으로 정하는 규모 이상의 개인신용정보"란 1만명 이상의 신용정보주체에 관한 개인신용정보를 말한다.

⑤ 법 제39조의4제3항 전단에서 "대통령령으로 정하는 기관"이란 금융감독원을 말한다.

⑥ 법 제39조의4제3항 전단에 따라 신고해야 하는 신용정보회사등(상거래 기업 및 법인은 제외한다)은 그 신용정보가 누설되었음을 알게 된 때 지체 없이 금융위원회가 정하여 고시하는 신고서를 금융위원회 또는 금융감독원에 제출해야 한다.

⑦ 제6항에도 불구하고 제3항 전단에 해당하는 경우에는 우선 금융위원회 또는 금융감독원에 그 개인신용정보가 누설된 사실을 알리고 추가 유출을 방지하기 위한 조치를 취한 후 지체 없이 제6항에 따른 신고서를 제출할 수 있다. 이 경우 그 조치의 내용을 함께 제출해야 한다.

⑧ 법 제39조의4제4항에서 "대통령령으로 정하는 기관"이란 「개인정보보호법」 제34조제3항에 따른 전문기관을 말한다.

제 3 절
노출된 개인정보의 삭제·차단

Ⅰ. 개관

개인정보가 정보통신망을 통하여 공중에 노출되는 경우 사생활 침해, 명의도용, 불법스팸, 전화사기(보이스피싱) 등에 의한 경제적·정신적 피해를 야기할 수 있으며 동시에 각종 범죄에 악용될 여지가 있다. 또한 기존부터 꾸준히 개인정보분쟁조정 신청의 대상이 된 것들 중에는 검색 결과에 정보주체가 수료한 직업전문학교 수료대장의 개인정보가 노출되는 경우라든지 병원 홈페이지에 비밀글로 작성했던 상담내용이 노출되는 등 개인정보처리자의 단순과실에 의한 공중 노출로 인한 사례들이 어렵지 않게 발견되고 있으며, 관련 사례는 아래에서 별도로 살펴보기로 한다.

이에 2016년 3월 정보통신망법 개정을 통해 정보통신서비스 제공자에 대한 노출된 개인정보의 삭제·차단 의무가 신설된 이후 최근 개인정보보호법 개정으로 정보통신서비스 제공자 이외의 모든 개인정보처리자의 의무로 규정되었다(법 제34조의2).

한편, 개인정보 삭제·차단의 대상이 되는 개인정보는 '고유식별번호, 계좌정보, 신용카드정보 등'의 개인정보로 규정되어 있는데, 여기서 삭제·차단 대상으로서의 구체적인 개인정보의 범위가 해석상 문제될 수 있다. 즉, 고유식별번호, 계좌정보, 신용카드정보 등과 같이 식별성이 높은 정보에 국한되는지 그 자체로 식별가능성이 없더라도 결합가능성이 있는 정보도 포함되는지 명확하지가 않다. 이에 대해서는 기존에 심도 있는 논의가 부족해 단정적으로 결론내리기는 어렵지만, 법 제34조의2는 위반 시 엄격한 제재가 수반되는 의무규정이 아닌 점, 해당 조항의 입법취지는 정보주체의 권익을 보호하기 위한 것에 있다고 보아야 하는 점 등에 비추어 볼 때 식별성이 높은 개인정보에 국한될 필요는 없을 것이나, 향후 입법론적으로 삭제·차단 대상의 개인정보의 범위를 명확히 할 필요가 있을 것이다.

그리고 앞서 유출과의 관계 부분에서 살펴본 바와 같이, 개인정보 유출의 경우 개인정보처리자의 관리통제권을 벗어난 상태를 전제로 하는 반면, 노출된 개인정보에 대한 개인정보처리자의 삭제·차단 의무의 경우 해당 개인정보에 대한 개인정보처리자의 관리·통제권 범위 내에 있어야 삭제·차단 등 관련 조치가 가능할 수 있는 점 등을 고려할 때, 개인정보 노출은 개인정보처리자의 관리·통제가 가능한 상태에서 관리자의 부주의 등으로 인해 일시적으로 공중에게 개인정보가 노출된 것으로 해석하는 것이 체계적 해석원칙에 부합하는 것으로 생각되지만, 이 부분 역시 향후 입법론적으로 양자와의 관계를 명확히 구분하는 것이 바람직해 보인다.

　　정보통신망을 통해 노출된 개인정보의 삭제·차단 의무를 위반하는 경우 직접적인 행정제재는 규정되어 있지 않은바, 결국 법 제39조에 따른 손해배상 책임이 인정될 수 있을 것이다.

Ⅱ. 노출 관련 개인정보분쟁조정 사례

1. 직업전문학교 수료자 명단 노출 사례[28)]

1) 사실관계

　　신청인은 피신청인인 A직업전문학교의 '재직자 과정 수료자 발급대장'이 검색사이트에 노출되었고 이로 인해 수개의 다른 사이트에서도 신청인의 주민번호가 이용되어 이로 인한 정신적인 피해를 입었다고 주장하며 이에 대해 10,000,000원의 손해배상을 요구하는 분쟁조정을 신청하였다.

2) 쟁점

(1) 피신청인인 A직업전문학교가 정보통신서비스 제공자에 해당하는지 여부

　　본 사건에서 피신청인은 노동부 인가 근로자직업능력개발법에 따른 '직업능력훈련개발시설'로서 정보통신망법상 정보통신서비스 제공자에는 해당되지 않지만, 분쟁조정위원회에서는 개인정보 분쟁조정제도의 경우 당사자가 정보통신서비스 제공자 및 이용자가 아닌 경우에도 원칙적으로 개인정보에 관한 분쟁이라면 분쟁위원회 조정범위에 해당한다고 판단하였다.

(2) 피신청인의 배상책임 여부

　　분쟁조정위원회에서는 피신청인이 정보통신망법상 정보통신서비스 제공자에 해당하지는 않아 정보통신망법상 개인정보 보호 의무가 직접 적용되지는 않지만, 피신청인 재학생 및 수료자 명단을 관리함에 있어 이들 개인정보가 노출되어 오남용 되는 것을 방지할 상당한 주의의무가 있다고 보았다. 나아가, 피신청인이 내부 자료 관리를 하고 있는 인트라넷의 보안조치를 부주의하여 신청인의 개인정보가 노출되는 등 신청인의 개인정보를 침해한 과실이 인정된다고 보아, 민법 제750조에 근거하여 신청인에게 정신적 피해에 대한 보상이 타당하다고 판단하였다.

---

28) 개인정보분쟁조정위원회 조정결정사례 2006(8-3).

(3) 피신청인이 노출한 명단과 신청인 명의가 도용된 다른 웹사이트와의 연계성 여부

본 사안에서 피신청인의 과실로 인해 다른 사이트에까지 명의도용이 이루어졌다는 입증 자료가 인정되지 않음으로써, 분쟁조정위원회에서는 다른 여러 사이트의 도용사례와 피신청인의 수료자 명단 노출 사이에 인과관계가 인정되기 어렵다고 판단하였다.

3) 위원회 결정

분쟁조정위원회에서는 본 사안에서 신청인이 입은 경제적 피해는 없다고 보면서, 신청인의 개인정보가 피신청인의 관리적 보호조치 미비로 인하여 웹상에서 노출된 점, 노출된 개인정보가 주민등록번호를 포함하는 신청인의 중요한 개인정보인 점 등을 종합적으로 고려할 때, 피신청인의 회원 개인정보보호를 위한 안전성 확보조치에 필요한 조치를 소홀히 함에 따라 신청인의 개인정보가 노출된 것에 책임이 인정된다고 보아 정신적 피해에 대해 금 200,000원을 지급하도록 결정하였다.

2. 병원의 홈페이지 비밀글 노출 사례[29]

1) 사실관계

신청인은 지인에게 검색사이트에서 자신이 자주 이용하는 아이디를 검색하면, 피신청인인 병원의 홈페이지에서 비밀글로 작성하였던 상담내용이 노출된다는 점을 확인한 후, 피신청인의 개인정보 보호의 기술적·관리적 보호조치 미비로 자신의 개인정보 및 민감한 상담내용이 담긴 비밀글이 노출된 행위에 대해 제도개선 및 정신적 손해배상을 요구하는 분쟁조정을 신청하였다.

2) 쟁점

(1) 피신청인이 정보통신서비스 제공자에 해당하는지 여부

피신청인은 의료법 제3조 제1항에 따른 의료기관으로써 정보통신망법 제67조 제1항에 따른 준용규정에 따라 정보통신서비스 제공자의 의무가 적용되는 결과, 정보통신서비스 제공자와 동일한 수준의 개인정보 보호조치를 이행하여야 한다고 판단되었다.

(2) 피신청인에게 기술적·관리적 조치 미비로 인한 책임 유무

외국계 검색서비스의 강력한 성능으로 인해 결과적으로 개인정보가 적나라하게 노출되는 사례가 종종 나타나며 개인정보뿐만 아니라 개인이 소속된 집단 및 단체의 정보까지 모두 노출되

---

29) 개인정보분쟁조정위원회 조정결정사례 2010(7-7).

므로 사회적 문제가 되고 나아가 범죄로 이어질 우려가 있다는 점이 인정되었다. 따라서, 피신청인은 홈페이지를 운영하면서 이용자들이 게시판에서 질병 상담 등 비밀글을 작성하도록 하는 등 이용자들의 개인정보와 민감한 의료상담내용을 관리하고 있는바, 정보통신망법 등 관련 법령에 따라 선량한 관리자로서 주의의무를 다하여 개인정보가 유출되지 않도록 관리하여야 함에도 불구하고, 정보통신망법 제28조제1항에 따른 기술적·관리적 조치를 다하지 못한 것으로 판단되었다.

3) 위원회 결정

분쟁조정위원회에서는 피신청인이 개인정보 보호를 위한 기술적·관리적 조치를 다하지 못하여 타인에게 공개해서는 안 될 신청인의 민감한 개인정보와 상담내용이 담긴 비밀게시글을 검색사이트 등에 노출되도록 함으로써, 신청인에게 심대한 정신적 피해를 입힌 사실이 인정된다고 보아 피신청인으로 하여금 신청인에게 1,000,000원을 지급하도록 결정하였고, 아울러 피신청인은 보유하고 있는 개인정보와 상담내용 등을 안전하게 관리할 수 있도록 개인정보관리 시스템 및 보안체계를 정비하도록 하는 제도개선 조정 역시 결정하였다.

Ⅲ. 노출된 개인정보의 삭체·차단 의무 주요 내용

1. 정보통신망을 통한 공중 노출 방지

개인정보처리자는 주민등록번호 등과 같은 고유식별번호, 계좌정보, 신용카드정보 등의 개인정보가 정보통신망을 통하여 공중에 노출되지 않도록 조치를 취해야 한다. 여기서 정보통신망을 통하여 공중에 노출된 경우라 함은 정보통신망상에서 공중에 해킹 등 특별한 방법을 사용하지 않고도 정보통신망을 통해 이용자의 개인정보를 손쉽게 확인·조회하거나 취득할 수 있도록 개인정보가 공개 또는 방치되어 있는 상태를 의미한다고 할 것이다.[30]

2. 공중에 노출된 개인정보에 대한 삭제·차단 등 필요한 조치

개인정보처리자는 정보통신망을 통하여 공중에 노출된 개인정보에 대하여 보호위원회 또는 한국인터넷진흥원의 요청이 있는 경우 삭제·차단 등 필요한 조치를 취하여야 한다. 보호위원회 또는 한국인터넷진흥원이 개인정보처리자에게 요청할 수 있는 필요한 조치는 구체적 상황에 따라 다양할 수 있지만 대표적인 노출원인별 필요한 조치는 아래와 같을 수 있다.[31]

---

30) 개인정보 보호 법령 및 지침·고시 해설(2020), 461면.

1) 관리자 부주의에 따른 개인정보 노출

이 경우 게시글 내지 첨부파일 내의 개인정보 마스킹 또는 노출된 개인정보의 삭제조치가 가능할 것이다. 이에 더해 만약 관리자 페이지에 기술적 결함으로 노출이 발생한 경우 관리자 페이지에 대한 안전한 접속수단이나 인증수단을 적용하도록 할 수 있을 것이며, 노출된 개인정보에 대한 접근 제어 조치 역시 효과적일 수 있다.

2) 이용자 부주의에 따른 개인정보 노출

이 경우에도 게시글, 첨부파일 등에 대한 마스킹 또는 노출된 개인정보 삭제조치를 통해 노출된 개인정보를 방지하거나 차단할 수 있을 것이고, 그 밖에 개인정보처리자로 하여금 이용자에 대해 개인정보를 입력하지 못하도록 안내를 권고하거나 게시판 운영을 비공개로 전환하도록 조치함으로써 노출된 개인정보를 방지·차단할 수 있을 것이다.

3) 설계 내지 개발오류로 인한 개인정보 노출

홈페이지 설계를 변경하도록 한다든지 디렉토리 설정 변경 등 노출의 원인이 되는 기술개발 오류를 수정하도록 조치를 취할 수 있을 것이고, 물론 이 경우에도 마스킹 또는 노출된 개인정보 삭제조치를 통해 동일한 효과를 기대할 수 있을 것이다.

4) 검색엔진 등을 통한 노출

검색엔진 운영자에게 웹페이지 상의 관련 내용을 삭제하도록 한다거나 노출된 개인정보에 로봇배제 규칙을 적용하도록 하여 외부로부터의 검색엔진 접근자체를 차단하는 것도 필요한 조치 중 하나가 될 수 있다. 한편, 시스템의 계정, 로그 등 점검 후 분석결과에 따른 접속 경로를 차단하여 더 이상의 노출을 방지할 수 있을 것이며, 노출된 정보 내지 첨부파일의 마스킹 내지 삭제조치 역시 효과적인 방안이 될 수 있을 것이다.

---

31) 개인정보 보호 법령 및 지침·고시 해설(2020), 462면; 보호위원회, 개인정보 유출 대응 매뉴얼, 2020. 12., 9면.

제10장

정보주체의 권리

제 1 절

개인정보의 열람

개인정보자기결정권이란, 자신에 관한 정보가 언제 누구에게 어느 범위까지 알려지고 또 이용되도록 할 것인지를 정보주체가 스스로 결정할 수 있는 권리를 말한다. 법은 이러한 정보주체의 기본권을 보호하기 위하여, 정보주체가 자신의 개인정보가 누구에게 어떠한 목적으로 수집·이용되도록 할지, 나아가 어느 범위까지 제공·위탁되도록 할지 직접 결정할 수 있도록 하거나 적어도 관련 사실을 명확히 인지할 수 있도록 각종 장치를 두고 있다.

그런데, 정보주체 입장에서는 개인정보 수집 시 동의를 표한 이후에는 자신의 개인정보가 실제로 어떻게 이용되고 관리되는지 알기 어려운 것이 현실이다. 이러한 한계를 극복하기 위하여, 법은 정보주체가 자신의 개인정보를 열람할 권리를 법적 권리로 인정하고 있다. 이러한 권리는 정보주체가 자신의 개인정보에 대한 불법·부당한 이용을 통제할 수 있도록 해주며, 개인정보결정권을 온전히 행사하기 위한 전제 조건이자 핵심으로서 기능한다. 생성부터 파기되기까지의 '개인정보 생애주기' 동안, 정보주체가 자신의 개인정보에 대한 통제권을 잃지 않도록 하는 안전망 같은 권리라 하겠다.

Ⅰ. 정보주체의 개인정보 열람 요구권

정보주체는 개인정보처리자가 처리하는 자신의 개인정보에 대한 열람을 해당 개인정보처리자에게 요구할 수 있다. 법은 '자신의 개인정보'라고 규정하고 있을 뿐, 출처나 수집 방법에 대해서 따로 제한을 두고 있지 않으므로, 열람 요구 대상에는 정보주체로부터 직접 동의를 받아 수집한 개인정보는 물론이고, 개인정보처리자가 정보주체에 관하여 생성한 개인정보(가령 신용평가, 인사평가가 여기에 포함될 것이다), 정보주체의 부지불식 간에 자동적으로 생성되는 개인정보(인터넷상 활동내역 정보 등)도 포함된다 할 것이다.[1] 즉, 정보주체는 자신의 결정 하에 제공된 개인정보뿐만 아니라 자신의 결정·통제 범위 밖에서 어떠한 개인정보가 생성되었는지 확인·감시할 수 있는 것이다.

---

1) 개인정보 보호 법령 및 지침·고시 해설(2020), 369면.

단, 정보주체 '자신의' 개인정보에 대한 열람만을 요구할 수 있으므로, 열람 요구 대상 정보에 제3자의 정보가 포함되어 있는 경우, (다른 법률에 특별한 규정이 있거나 정보주체 또는 제3자의 급박한 생명, 신체, 재산의 이익을 위해 필요한 경우가 아니라면) 원칙적으로 마스킹 등 비식별조치를 취하거나, 해당 제3자로부터 별도로 동의를 받아야 한다. 흔히 떠올려 볼 수 있는 예로는, 아파트 이웃이 집 주변에 쓰레기를 지속적으로 투척하여, 아파트에 설치된 CCTV 영상 열람을 요청하는 경우가 있을 것이다. 이 경우, 정보주체는 개인정보처리자가 처리하는 '자신의' 개인정보에 한하여 열람을 요구할 수 있는바, 만약 CCTV 영상에 제3자의 개인정보가 포함되어 있다면 원칙적으로 마스킹 등 비식별조치를 한 채 열람하도록 하거나, 영상에 포함된 해당 제3자로부터 별도의 동의를 받아야 할 것이다.[2]

한편, 정보주체는 가명정보에 대하여는 제35조에 따른 열람 요구권을 행사할 수 없는데(법 제28조의7), 이는 가명정보만으로는 개인을 식별할 수 있는 이름, 연락처 등 정보가 포함되어 있지 않기 때문이다.[3]

Ⅱ. 열람 요구할 수 있는 사항과 절차

'개인정보를 열람할 수 있다'는 문언은 그 자체로 모호하다. 이에, 시행령 제41조제1항에서는 정보주체가 자신의 개인정보에 관한 사항을 열람 요구할 수 있다고 명시하고 있다.[4]

정보주체는 위 사항 중 열람하고자 하는 사항을 개인정보처리자가 마련한 방법과 절차에 따라 요구하여야 한다. 그런데 개인정보처리자가 개인정보 열람 요구 방법과 절차를 지나치게 복잡하게 하거나 권리 행사를 위해 요구하는 서식 등이 과다할 경우, 법상 보장된 권리가 유명무실해질 수 있다. 이에, 개인정보처리자가 개인정보 열람 요구 방법과 절차를 마련하는 경우에는 수집 방법과 절차에 비하여 어렵지 않도록 해야 하고(법 제38조 제4항), 시행령 제41조 제2항은 이를 위해 준수해야 할 사항을 구체화하고 있다.

여기서 어렵지 않아야 한다는 것은, 동일하거나 보다 쉬워야 한다는 것을 의미한다. 방법과 절차의 난이도는 권리 행사를 위해 요구되는 기초자료의 종류 및 그 양, 권리 행사에 이용될

---

2) 개인정보보호위원회, 2023 「개인정보 보호법」 표준 해석례, 2023, 28면.
3) 개인정보 보호 법령 및 지침·고시 해설(2020), 372면.
4) 시행령 제41조(개인정보의 열람절차 등)
　　① 정보주체는 법 제35조 제1항에 따라 자신의 개인정보에 대한 열람을 요구하려면 다음 각 호의 사항 중 열람하려는 사항을 개인정보처리자가 마련한 방법과 절차에 따라 요구하여야 한다.
　　1. 개인정보의 항목 및 내용
　　2. 개인정보의 수집·이용의 목적
　　3. 개인정보의 보유 및 이용 기간
　　4. 개인정보의 제3자 제공 현황
　　5. 개인정보 처리에 동의한 사실 및 내용

수 있는 매체의 다양성 등을 종합적으로 고려하여 판단한다. 예를 들어, 개인정보처리자가 서면으로 수집한 개인정보에 대하여 동일하게 서면으로 열람 요구 신청을 받는 경우에는 어렵지 않은 경우에 해당할 수 있지만, 전화 또는 전자우편으로 수집한 개인정보에 대하여 서면으로만 열람 요구 신청을 받는 경우에는 이에 해당하지 않는다(반면에 전화 또는 전자우편에 더하여 서면으로도 열람을 요구할 수 있도록 한다면 더 쉬운 경우에 해당할 것이다).[5] 또한, 개인정보 수집 시에는 요구되지 않았던 증빙서류 등을 개인정보 열람 시에는 요구하거나 추가적인 절차를 거치도록 요구하는 경우, 더 어려운 방법 및 절차로 판단될 가능성이 높다.

한편, 개인정보처리자는 개인정보 처리방침을 마련하여 공개하여야 하고, 개인정보 처리방침에는 정보주체의 권리 및 그 행사방법을 포함하여야 하는데(법 제30조), 법은 어떠한 권리 및 행사방법을 기재하여야 하는지에 관하여는 별도로 정하고 있는 바가 없지만, 열람권 행사의 방법과 절차를 쉽게 정하도록 규정한 법의 취지를 고려할 때 개인정보 처리방침에도 열람권 행사방법과 절차를 구체적으로 공개하는 것이 바람직할 것이다.

정보주체가 개인정보 열람권을 공공기관에 대하여 행사하려고 할 경우에는, 직접 할 수도 있지만, 보호위원회를 통하여도 할 수 있다(법 제35조 제2항). 후자의 경우에는 개인정보 열람요구서를 보호위원회에 제출하여야 하고, 이 경우 보호위원회는 지체 없이 그 개인정보 열람요구서를 공공기관에 이송하여야 한다(시행령 제41조 제3항).

III. 개인정보처리자의 열람조치 등

정보주체가 개인정보 열람권을 행사하면, 개인정보처리자는 해당 요구를 받은 날로부터 근무일 기준 10일 이내에 열람 등 조치를 취하여야 한다(법 제35조 제3항 제1문, 시행령 제41조 제4항). 만약 10일 이내에 열람을 하게 할 수 없는 '정당한 사유'가 있는 때에는 정보주체에게 그 사유를 알리고 열람을 연기할 수 있고(법 제35조 제3항 제2문), 해당 사유가 소멸할 경우 사유가 소멸한 날로부터 근무일 기준 10일 이내에 열람하도록 하여야 한다(표준 개인정보 보호지침 제31조 제1항).

개인정보처리자는 열람조치를 취하기로 결정한 경우 열람할 개인정보와 열람이 가능한 날짜·시간 및 장소 등을 보호위원회가 고시하는 열람통지서 양식으로 해당 정보주체에게 알려야 한다. 후술하겠지만 정보주체가 요구한 열람 요구 사항 중 일부에 대해서만 열람하게 하는 경우가 있을 수 있는데, 이 경우 열람을 제한하는 사유와 이의제기 방법을 위 통지서에 포함하여야 한다. 다만, 즉시 열람하게 하는 경우에는 열람통지서 발급은 무의미할 것이므로 이를 생략할 수 있다(시행령 제41조 제5항 단서).

---

5) 개인정보 보호 법령 및 지침·고시 해설(2020), 372면.

한편, 개인정보를 열람하는 데에는 각종 부대비용이 발생할 수 있다. 정보주체가 요구한 열람 사항이 무엇인지 데이터베이스에서 특정하여야 하고, 제3자의 개인정보나 영업비밀 등이 포함되는 경우에는 이를 마스킹하는 등 비식별 조치를 취해야 하며, 사본을 제공할 필요가 있다면 우송하는 경우가 있을 수 있기 때문이다. 법은 정보주체의 열람권을 보장하고 있지만, 위와 같은 각종 부대비용은 기본적으로 권리를 행사한 정보주체의 몫으로 정하고 있다. 따라서 개인정보처리자는 열람을 요구한 주체에게 열람권 보장에 소요되는 비용, 즉 수수료, 우송료 등을 청구할 수 있다(법 제38조 제3항). 나아가, 정보주체의 열람권을 보장하기 위해 정보를 제공하는 과정에서 제3자의 개인정보 마스킹 등 추가적인 조치가 필요할 경우, 수수료나 우송료 등 기본 비용뿐만 아니라 추가적인 조치를 위한 비용도 합리적인 수준에서 청구할 수 있다고 보아야 할 것이다.

다만, 정보주체가 열람 요구를 하게 된 사유가 그 개인정보처리자에게 있는 경우에는 이를 청구할 수 없는데(시행령 제47조 제2항), 그러한 경우가 구체적으로 어떠한 경우인지 불분명하며, 관련 선례도 축적되어 있지 않다. 이를 광범위하게 해석하는 것은 사업자에게 지나친 부담이 될 수 있으므로 한정적으로 해석할 필요가 있다. 가령, 정보주체가 마케팅 목적으로 자신의 개인정보가 이용될 수 있음에 동의해 놓고도, 시간이 지나면 기억하지 못하는 경우가 실무상 드물지 않게 발견된다. 이 경우, 개인정보처리자가 정보주체에게 광고성 정보를 발송한 것을 계기로 '개인정보 처리에 동의한 사실 및 내용'의 열람을 요구하였다면, 정보주체 입장에서는 열람 요구를 하게 된 직접적인 계기가 되는 사건은 '개인정보처리자의 광고성 정보 발송'이겠지만, 이러한 경우에까지 열람 요구의 사유가 개인정보처리자에게 있는 경우라고 보는 것은 적절하지 않을 것이다. 게다가, 개인정보처리자의 비용 청구권은 법률로 정하고 있는 반면에 그 예외 사유는 시행령에 정하고 있는 현행 법령의 구조상, 열람 요구를 하게 된 사유가 그 개인정보처리자에게 있다는 점에 대한 입증 책임은 정보주체에게 있다고 해석함이 보다 타당할 것이다.

Ⅳ. 열람의 형식 · 방법 등

개인정보 열람권을 충실하게 보호하기 위해서, 개인정보처리자는 정보주체의 열람 요구에 대해 최대한 보기 쉽고 친절한 형태로 관련 정보를 제공하도록 노력함이 바람직하다. 그러나 법은 열람의 형식이나 방법을 구체적으로 규정하고 있지 않고, 침익적 행정처분은 엄격하게 해석 · 적용하여야 한다는 점을 고려할 때, 객관적 · 합리적으로 보아 필요한 정보를 모두 제공한 것으로 볼 수 있다면, 조금 알아보기 불친절하게 되어 있다고 하여 법 제35조 제3항을 위반하였다고 볼 것은 아니다.

이는 정보주체가 특정한 형식 · 방법에 의한 열람을 구체적으로 요구하였다 하더라도 마찬가지이다. 법은 정보주체에게 열람의 형식·방법까지 결정할 권리까지는 보장하고 있지 않다. 따라서, 정보주체가 열람을 요구하는 '주된 목적'이 무엇인지 살펴, 해당 목적이 달성된 것으로 볼 수 있다면 정보주체가 요구한 열람의 형식·방법은 지키지 않았더라도 열람권은 보장된 것으로 보아야 할 것이다.

가령, 고객이 개인정보 처리에 동의한 사실 및 내용에 대해 열람을 요구하여(이하 "열람요구 1"), 개인정보처리자가 동의 사실을 충분히 알 수 있도록 동의 일자 및 그 내용을 보내주었는데, 고객이 믿기 어렵고 기억이 나지 않는다는 이유로 '객관적인 근거 자료'를 요구하며 회사 내부 시스템 화면을 직접 캡쳐하여 보내줄 것을 요구(이하 "열람요구2")한 경우를 생각해 볼 수 있다. 개인정보처리자가 열람요구2에 대하여 회신하지 않는다고 해서 고객의 열람권을 보장하지 않은 것으로 보기는 어려울 것이다. 즉, 열람요구1과 열람요구2의 '주된 목적'은 '개인정보 처리에 동의한 사실 및 내용'의 확인이므로, 열람요구1에 대한 답변이 객관적으로 보아 해당 목적 달성에 충분한 정보를 제공한 것으로 평가된다면, 열람요구2에 대하여 구체적인 형태(화면 캡쳐본 등)로 열람을 허용하지 않았다고 해서 열람권을 침해한 것으로 볼 수는 없는 것이다.

고객이 '객관적으로 입증할 수 있는 자료'를 요구할 경우 이를 제공할 의무가 있는지 여부

개인정보보호법에는 정보주체가 열람을 요구할 경우 개인정보처리자가 제공해야 하는 열람의 형식·방법이 구체적으로 규정되어 있지 않아, 정보주체가 '객관적으로 입증할 수 있는 자료'를 요구하였더라도, 이를 위해 고객 관리를 위한 내부용 관리시스템의 화면을 캡쳐하여 제공할 의무가 반드시 있다고 할 수 없다(보호위원회 결정 제2023-210-174호).

V. 열람의 제한 및 거절

개인정보처리자는 법 제35조 제4항 각호의 사유 중 하나에 해당하는 경우에는 정보주체에게 그 사유를 알리고 열람을 제한하거나 거절할 수 있다.[6] 만약 일부에 대하여만 열람 제한 사유

---

6) 법 제35조(개인정보의 열람) ④ 개인정보처리자는 다음 각 호의 어느 하나에 해당하는 경우에는 정보주체에게 그 사유를 알리고 열람을 제한하거나 거절할 수 있다.
  1. 법률에 따라 열람이 금지되거나 제한되는 경우
  2. 다른 사람의 생명·신체를 해할 우려가 있거나 다른 사람의 재산과 그 밖의 이익을 부당하게 침해할 우려가 있는 경우
  3. 공공기관이 다음 각 목의 어느 해당하는 업무를 수행할 때 중대한 지장을 초래하는 경우
    가. 조세의 부과·징수 또는 환급에 관한 업무
    나. 「초·중등교육법」 및 「고등교육법」에 따른 각급 학교, 「평생교육법」에 따른 평생교육시설, 그 밖의 다른 법률에 따라 설치된 고등교육기관에서의 성적 평가 또는 입학자 선발에 관한 업무
    다. 학력·기능 및 채용에 관한 시험, 자격 심사에 관한 업무
    라. 보상금·급부금 산정 등에 대하여 진행 중인 평가 또는 판단에 관한 업무

가 있는 경우라면, 열람이 제한되는 사항을 제외한 부분에 대해서는 열람할 수 있도록 하여야 한다(시행령 제42조 제1항). 개인정보처리자가 정보주체의 열람을 거절하려는 경우에는 열람 요구를 받은 날부터 10일 이내에 거절의 사유 및 이의제기 방법을 연기·거절 통지서로 해당 정보주체에게 알려야 한다.

열람의 제한·거절과 관련하여, 해외사업자가 정보주체가 열람을 요구한 정보의 공개를 외국법령상 제한되어 있다는 사정을 들어 거부한 사안에서, 법원은 "그와 같은 내용의 외국 법령이 존재한다는 사정만으로 곧바로 정당한 사유가 존재한다고 볼 수는 없지만, 열람·제공의 제한이나 거부에 정당한 사유가 있는지를 판단함에 있어 그와 같은 외국 법령의 내용도 고려할 수 있다고 보아야 한다."고 판시한 바 있는데, 이를 두고 외국법률을 법상 열람의 제한·거절 사유로 명시적으로 인정한 것인지가 논의된다. 즉, 법 제35조 제4항 제1호의 '법률에 따라 열람이 금지되거나 제한되는 경우'에 해당되는 법률에는 외국법률도 포함되어 해외사업자의 경우 외국법률에 따라 열람이 제한되는 정보의 경우에는 열람 청구를 거절할 수 있다고 보는 견해가 있다. 하지만, 이때 '법률'은 국내법률만을 의미한다고 보는 다른 규정과의 통일된 해석이 필요하다는 점에서, 외국법률을 열람 제한·거절의 사유로 인정한 판례로 보기는 어렵다고 할 것이다. 다만, 해당 판례에서는 법상의 각 호의 예외 사유에 대해 명확하게 판단한 것이 아니라, 이익형량 및 정당성의 관점에서 열람의 제한·거절 사유를 판단한 것이라고 하겠다. 즉, 외국법률을 준수해야 하는 해외사업자의 경우에는 단순히 국내법률만을 고려해서 판단할 것이 아니라, 외국법률도 함께 고려할 수 있다고 판단하면서, 그 경우에도 정보주체의 이익과 해당 외국법률의 취지, 목적 그리고 해당 국가의 이익 등을 종합적으로 고려해야 한다는 점을 명확히 하고 있다.

[구글 개인정보 열람권 제한 판결: 대법원 2023.4.13. 선고 2017다219232 판결]

외국에 주소나 영업소를 두고 있다는 등의 이유로 대한민국 법령 외에 외국법령도 함께 준수해야 하는 지위에 있는 정보통신서비스 제공자등이 그 외국 법령에서 해당 정보의 공개를 제한하고 있다는 등의 이유로 열람·제공을 거부하는 경우에는, 그와 같은 내용의 외국 법령이 존재한다는 사정만으로 곧바로 정당한 사유가 존재한다고 볼 수는 없지만, 열람·제공의 제한이나 거부에 정당한 사유가 있는지를 판단함에 있어 그와 같은 외국 법령의 내용도 고려할 수 있다고 보아야 한다. 외국 법령에서 비공개의무를 부여한 경우에까지 해당 정보를 열람·제공하도록 강제하는 것은 정보통신서비스 제공자 등에게 모순된 행위를 강요하는 것이어서 가혹한 측면이 있고, 특히 그와 같은 사항이 국가안보, 범죄수사 등을 위한 활동에 관한 것인 경우에는 그 정보의 공개로 해당 국가의 이익을 해칠 우려가 있어 국제예양에 비추어 보더라도 바람직하다고 볼 수 없기 때문이다.

마. 다른 법률에 따라 진행 중인 감사 및 조사에 관한 업무

결국 대한민국 법령 외에 외국 법령도 함께 준수해야 하는 지위에 있는 정보통신서비스 제공자등이 구 정보통신망법 제30조 제4항에 따른 필요한 조치를 모두 이행하였는지 여부는, 해당 외국 법령에 따른 비공개의무가 대한민국의 헌법, 법률 등의 내용과 취지에 부합하는지, 개인정보를 보호할 필요성에 비해 그 외국 법령을 존중해야 할 필요성이 현저히 우월한지, 이용자가 열람·제공을 요구하는 정보에 관하여 해당 법령에서 요구하는 비공개요건이 충족되어 정보통신서비스 제공자등이 실질적으로 비공개의무를 부담하고 있는지 등까지를 종합적으로 고려하여야 한다. 또한 구 정보통신망법 제30조 제2항에 따른 이용자의 열람·제공 요구권의 목적과 취지에 비추어 볼 때, 이용자로 하여금 해당 정보의 제공이 적법한 절차에 따라 이루어졌는지, 그 정보가 제공목적에 부합하게 사용되었는지 등을 사후적으로라도 확인할 수 있게 함으로써 자신의 정보에 대한 불법·부당한 이용을 통제할 수 있도록 함이 타당하다. 따라서 앞서 든 사정에 따라 정당한 사유가 존재하는 것으로 인정되는 경우에도, 정보통신서비스 제공자등은 그 항목을 구체적으로 특정하여 제한·거절사유를 통지해야 하고, 특히 국가안보, 범죄수사 등의 사유로 외국의 수사기관 등에 정보를 제공하였더라도 그와 같은 사유가 이미 종료되는 등으로 위 정보수집의 목적에 더 이상 방해가 되지 않는 한 이용자에게 해당 정보의 제공 사실을 열람·제공하여야 한다.

또 다른 실무상 쟁점으로는, '2. 다른 사람의 생명·신체를 해할 우려가 있거나 다른 사람의 재산과 그 밖의 이익을 부당하게 침해할 우려가 있는 경우'에 '정보주체를 식별할 수 있다는 이유'가 포함되는지 여부가 있다. 이와 관련하여, 보호위원회는 아래 결정례와 같이 포함되지 않는다는 입장을 취하고 있다. 그런데 '정보주체가 보호 조치된 제3자를 식별할 수 있다는 특수한 주관적 사정'이 있는 경우에까지 열람 요구권을 제한할 수 없다고 보는 것은 과도한 측면이 있다. 물론 단순히 식별할 가능성만으로 열람권을 모두 제한할 수 있다고 보기는 어렵겠지만, 식별한 결과 그 제3자에게 가해질 법익 침해가 어떠한 것인지 구체적으로 살필 필요가 있을 것으로 사료된다.

보호위원회 결정 제2019-14-223호
정보주체는 개인정보처리자가 자신에 관하여 어떤 정보를 보유하고 있고 어떻게 활용하고 있으며 개인정보처리자가 보유하는 개인정보가 정확한지 여부를 확인할 수 있는 권리를 가지며 이와 같은 정보주체의 권리는 개인정보자기결정권의 핵심을 이루는 점, 개인영상정보에 포함된 제3자에 대하여 보호 조치를 취한 경우 정보주체 외의 자는 제3자를 알아볼 수 있는 가능성이 낮아 제3자의 사생활 침해의 우려가 크다고 보기 어려운 점, 정보주체가 개인영상정보를 무분별하게 이용할 경우 제3자는 손해배상 등 다른 구제수단을 취할 수 있는 점 등을 고려할 때 정보주체가 보호 조치된 제3자를 식별할 수 있다는 특수한 주관적 사정을 이유로 개인정보 열람 요구권을 제한하는 것은 헌법상 보장되고 있는 개인정보 자기결정권에 대한 지나친 제약이라 판단된다.

이에 정보주체가 개인영상정보 열람 및 존재확인 청구서상 청구 목적이 오로지 제3자의 이익을 해하기 위한 것으로 추정되는 등 당해 열람이 다른 사람의 생명, 신체를 해할 우려가 있거나 다른 사람의 재산과 그 밖의 이익을 부당하게 침해할 우려가 있다고 인정할 만한 특별한 사정이 없는 이상 정보주체가 보호조치된 제3자를 알아볼 수 없다는 이유만으로 개인정보 보호법 제35조 제4항 제2호를 근거로 개인영상정보 열람을 거절할 수는 없다 할 것이다.

개인정보 열람권은 정보주체가 자신의 개인정보가 불법·부당하게 이용되고 있지 않은지 견제하기 위해 보장된 안전망과도 같은 장치로서, 개인정보자기결정권의 근간이자 핵심이다. 이에, 개인정보 보호의 중요성이 점차 강조되고 있는 오늘날, 개인정보 열람권을 보다 폭넓게 보장하는 방향으로 논의가 이뤄지고 있다. 하지만, 개인정보의 보호와 개인정보를 이용한 산업의 발전 간에는 언제나 균형을 추구해야 하는 만큼, 무제한적인 개인정보 열람권 보장은 개인정보처리자에게 지나치게 큰 부담이 될 가능성이 있으므로, 신중할 필요가 있다. 제3자의 이익을 고려하여 열람이 제한되는 경우 등에 대해서는 보다 넓게 해석할 필요가 있으며, 개별 사안마다 정보주체의 열람권 행사가 개인정보자기결정권의 보장을 위해 실질적으로 필요한지 여부에 대해서도 아울러 살펴볼 필요가 있다.

Ⅵ. 다른 법률과의 관계

신용정보법도 신용정보의 열람 및 정정청구 등에 관하여 규정하고 있다. 따라서, 신용정보회사등은 신용정보법에 따른 신용정보주체의 열람권을 보장할 필요가 있다.

Ⅶ. 위반 시 제재

정보주체의 열람 요구를 부당하게 제한하거나 거절한 경우 3천만 원 이하의 과태료가 부과되며(법 제75조 제2항 제19호, 법 제35조 제3항), 정보주체의 열람권을 제한하거나 거절하면서 관련 통지를 하지 않을 경우 1천만 원 이하의 과태료가 부과된다(법 제75조 제4항 제10호, 법 제35조 제3항, 제4항).

제 2 절
개인정보의 전송요구와 마이데이터

I. 개인정보 전송요구권과 마이데이터

1. 의미

개인정보 전송요구권 또는 데이터 이동권(Right to Data Portability)은 정보주체가 자신의 개인 정보를 본인 또는 제3자에게 전송하여 줄 것을 요구할 수 있는 권리를 의미한다. 개인정보 전 송요구권은 개인정보 주체의 다른 권리와는 다른 차원의 것이라 할 수 있다. 종래의 개인정보 주체의 권리들은 개인정보의 '오·남용 통제'의 관점에서 인정된 권리들로서 개인정보가 특정 개인정보처리자의 시스템에서 다른 개인정보처리자의 시스템으로 자유롭게 이전되는 것을 제 약하는 방향으로 기능해 왔다.[7] 이에 반해, 개인정보 전송요구권은 정보주체의 '통제권 보장'의 관점에서 인정된 새로운 권리로서, 개인정보자기결정권의 소극적, 수동적 모델에서 적극적, 능 동적 참여 모델로 전환하기 위한 효율적인 수단이라고 할 수 있다. 즉, 데이터 경제 활성화로 개인정보가 대량으로 수집·유통되고 있는 환경에서 기존의 수동적이고 방어적인 권리만으로 는 본인의 개인정보를 자기주도적으로 유통·활용하는 데 한계가 있을 수밖에 없는 것을 극복 하기 위한 것으로, 데이터에 대한 사용을 억제하기 위한 것이 아니라 자신에 관한 데이터를 스 스로의 통제하에 적극적으로 활용하고자 하는 정보주체를 위한 것이다. 정보주체의 동의라는 측면에서 보면 정보주체가 자신의 개인정보 사용에 거부감 없이 활용에 동의하게 하는 방안으 로 모색[8]된 것으로도 이해할 수 있다.

마이데이터(MyData)는 정보주체인 개인이 본인정보를 적극적으로 관리·통제하고, 이를 신용 관리, 자산관리, 건강관리 등에 능동적으로 활용하는 모델로서, 개인정보 전송요구권에 기반을 두고 있다. 이러한 개인정보 전송요구권을 바탕으로 개인정보의 관리 주체를 정보주체로 하는 마이데이터 모델이 정보주체 주도의 데이터 유통 생태계를 형성한다. 개인정보처리자가 주도 하는 기존의 데이터 유통 체계에서는 정보주체는 데이터의 생산에 기여하고 데이터의 처리에

---

7) 김서안·이인호, "유럽연합과 미국에서의 개인정보이동권 논의와 한국에의 시사점", 중앙법학, 제21권 제4호, 2019, 3면.
8) 조성은 외 4인, "개인주도 데이터 유통 활성화를 위한 제도 연구", 정보통신정책연구원, 2019, 21면.

법적 이해관계와 사실적 이해관계에 영향을 가장 많이 받음에도 불구하고 자신의 개인정보에 대한 이용과 처리에 개입하기가 용이하지 않았다. 단지 개인정보처리자끼리 데이터를 주고받는 과정에 제3자 제공에 대한 동의권으로 겨우 관여할 수 있을 뿐이었다. 이에 반해 정보주체 주도의 데이터 유통 생태계에서는 정보주체가 데이터를 이전 받는 자를 정하게 되고, 이용목적, 보유기간 등을 고려해서 동의하거나 스스로 그 조건을 설정하며, 이전 후에도 상황 변화에 따라 이용을 중단시키게 된다. 정부는 데이터 경제 고도화의 두 축으로 가명정보 이용 활성화와 함께 마이데이터 산업 활성화를 추진하고 있으며, 2023. 8. 17에는 관계부처 합동으로 '국가 마이데이터 혁신 추진전략'을 발표하기도 하였다.[9]

국가 마이데이터 혁신 추진전략

◆ **추진전략**

1. 정보주체 관점에서 중점 추진부문 선정 및 선도서비스 발굴
   - 중점 추진부문: 국민들의 수요가 많고 제도도입 효과를 체감할 수 있는 부문을 선정하여 제도를 우선 시행. 다양한 산업별 특성 고려
     ✓ 보건의료, 통신·인터넷 서비스, 에너지, 교통, 교육, 고용노동, 부동산, 복지, 유통, 여가 등 10대 부문 (21개 분야) 선정
     ✓ 2025년 시행 초기에는 중점부문부터 마이데이터를 도입하되, 이후 시장상황을 보면서 부문 및 분야를 단계적으로 확대
   - 선도서비스 발굴: 마이데이터 확산의 촉매가 되는 국민 체감서비스를 발굴, 지원하고 홍보를 강화하여 우호적 인식 확산
2. 국민이 신뢰할 수 있는 마이데이터의 프라이버시 보호 구현
   - 필요한 정보만을 최소한으로 수집하고 전송받은 데이터는 전송목적 범위 내에서만 활용하는 등 마이데이터 안전 준칙을 마련.
   - 국민의 투명한 마이데이터 권리행사를 지원하는 '마이데이터 지원 플랫폼'을 구축. 국민들은 플랫폼을 통해 본인의 모든 개인정보 전송이력을 확인할 수 있고, 원치 않는 전송을 즉시 중단하거나 기존 전송 데이터의 파기도 요청 가능.
   - 보안·식별 등의 개인정보 보호 메커니즘도 강화. 다크패턴 등 부당한 전송 유도행위에 대해 방지 대책을 마련하고, 전송단계별 데이터 유·노출 방지를 위한 전송보안 가이드라인 수립. 이종 분야 간 안전하게 데이터를 연계하기 위한 식별·인증체계도 마련.
   - 프라이버시 침해 신고센터를 운영하는 한편, 개인정보 보호의무 위반행위는 과징금·시정명령·과태료·벌칙 등을 통해 엄정하게 제재.
3. 민간·시장의 역동성이 충분히 확보될 수 있도록 제도·정책 운용

---

9) https://www.korea.kr/briefing/policyBriefingView.do?newsId=156585761

- 시장의 활력이 확보될 수 있도록 민간시장 상황을 충분히 고려하여 제도 운용.
- 정보수신자 기준과 관련해, 개인정보의 안전한 처리에 필요한 시설·기술요건은 면밀히 설정하되, 데이터 경제의 혁신동력을 저해하지 않도록 진입규제는 최소화. 다만, 의료 등 민감한 정보를 대규모로 취급하는 등 충분한 공적보호가 필요한 영역은 예외적으로 허가제(전문기관 지정)로 운영.
- 민간의 부담을 완화하고 이종 분야 간 데이터 이동·연계를 촉진하는 인프라로서, 분야별로 중계전문기관을 지정하고 표준 참조 중계모델 마련.
- 분야별 특성에 따라 전송비용, 데이터 성격 등을 고려하여 과금체계를 수립하고, 설비투자에 대한 각종 지원책 마련.
4. 선행부문과 원활히 연계하고 신규부문으로 국민편익 확산
- 시장의 금융·공공 등 선행부문 마이데이터는 신규분야 데이터를 융합하여 시너지 효과를 창출할 수 있도록 지원.
- 금융부문은 서비스 확장성에 제약이 있었던 기존 한계를 극복하기 위해 비금융데이터와의 연계를 추진하고, 공공 부문은 민간·공공데이터를 연계하여 공공서비스를 고도화하는 등 데이터 융합을 확대.
- 의료·에너지·통신 등 신규부문은 부문별 특성에 맞는 발전전략 수립.
- 중점부문을 중심으로 다양한 혁신 서비스를 발굴하고, 마이데이터 인프라를 통해 산업 간 데이터 융합·연계를 확대.

◆ 추진체계
1. 범정부 마이데이터 협의회
- 개인정보보호위원회 주관하에 학계·산업계·시민단체·관계부처 등이 참여하는 민관합동 협의기구.
- 마이데이터 제도개선, 선도 프로젝트 발굴, 마이데이터 기업 인센티브 설계, 부처 간 이해관계 조정 등 마이데이터 정책방향 논의
2. 범정부 마이데이터 추진단
- 마이데이터 제도, 정책의 설계 운영을 위해 관계부처, 민간, 공공 전문인력으로 구성된 실무추진단.
- 마이데이터 법제도 수립, 표준화 추진, 플랫폼 구축·운영, 보안·인증 등 인프라 마련, 선도서비스 발굴 등 실무적 정책을 집행.

마이데이터는 데이터의 유통, 활용을 확대하게 하는 한편 일부 플랫폼기업으로 데이터가 집중되는 독점 현상을 완화하고 스타트업 등 다양한 경제주체들이 데이터를 안전하게 활용할 수 있는 기반을 마련하여 심화되고 있는 데이터 양극화 현상을 완화하는 것을 목적으로 하고 있다. 이를 위해서는 데이터를 보유하고 있는 기업이 능동적으로 참여할 수 있도록 전송 과금이나 인센티브를 효율적으로 설계하고 이해관계를 조정할 수 있는 제도적인 메커니즘이 마련될 필요가 있다.

2. 외국 입법례

1) EU GDPR

GDPR[10]은 정보주체의 권리로서 데이터 이동권(right to data portability)을 규정하고 있다(제20조).[11] 데이터 이동권은 본인에 관련된 개인정보를 ① 체계적이고, 통상적으로 사용되며 기계 판독이 가능한 형식(in a structured, commonly used and machine-readable format)으로 수령할 권리, ② 개인정보처리자로부터 방해 받지 않고 다른 개인정보처리자에게 이전할 권리, ③ 기술적으로 가능한 경우 개인정보처리자로 하여금 다른 개인정보처리자에게 직접 이전할 권리를 포함한다.

모든 개인정보가 가능한 것은 아니고 자동화된 수단으로 처리되는 정보로서 ① 정보주체가 제공한 개인정보(정보주체가 적극적으로 입력한 정보 외에 정보주체의 활동에 의해 생성된 로그기록, 트래픽 데이터, 검색 이력, 웨어러블 디바이스에 의해 측정된 기록 등과 같은 행태 데이터도 포함), ② 정보주체의 동의에 근거하여 처리한 개인정보(특정 범주의 개인정보 즉 민감정보 포함), ③ 정보주체가 계약당사자로서 계약을 이행하거나 체결 전 정보주체가 요청한 조치를 취하기 위하여 처리가 필요하여 처리하게 된 개인정보가 그 대상이 된다.[12] 가명처리된 정보는 개인을 식별할 수 없기 때문에 원칙적으로 데이터 이동권의 대상이 되지 아니하는 것으로 봐야 한다. 다만 GDPR은 제11조에서 개인정보주체가 본인의 권리를 행사하기 위한 목적으로 본인의 신원을 확인할 수 있는 추가 정보를 제공하는 경우는 권리 행사에 응해야 한다고 규정하고 있으므로 이 경우에 한해서는 가명정보도 대상이 된다.

---

10) GDPR 및 데이터 이동권은, EU는 회원국 간의 규제 차이가 유럽 내 디지털 및 데이터 경제 촉진의 장벽으로 작용한다고 진단하고, 개별 국가 단위의 시장 규제를 EU의 규정으로 통합하는 디지털 단일 시장(Digital Single Market) 전략을 추진하는 한편, 디지털 환경에서 사람, 서비스, 자본 및 데이터의 자유로운 이동을 보장하고 경제적 측면에서의 장벽 제거를 위해 개인 주도의 데이터 유통생태계를 구현하고자 한 것이라는 분석이 있다. 조성은 외 4인, "개인주도 데이터 유통 활성화를 위한 제도 연구", 정보통신정책연구원, 34면.

11) EU가 데이터이동권의 창설을 통해 추구하고자 하는 것은 (i) 개인정보에 대한 정보주체의 통제권을 강화함으로써 소비자와 개인정보처리자(플랫폼사업자) 간의 힘의 불균형을 재조정하고, (ii) 개인데이터의 역내 자유로운 이동을 촉진하며, (iii) 온라인 이용자나 소비자의 서비스 선택권을 강화함으로써 디지털서비스제공자들 간에 경쟁을 촉진하고 아울러 공평한 경쟁의 장을 확보하며, (iv) 결과적으로 데이터 기반의 혁신을 촉진하기 위한 것이라는 분석이 있다. 김서안 · 이인호, "유럽연합과 미국에서의 개인정보이동권 논의와 한국에의 시사점", 중앙법학, 제21권 제4호, 2019, 4면.

12) 데이터 이동권의 적용대상 정보를 어디까지 한정할지는 데이터 이동권으로 인한 개인정보처리자의 이익 침해를 어디까지 고려해야 하는지와 관련되어 있다. 이와 관련해서 마이데이터의 대상이 되는 정보는 원칙적으로 거래관계를 통해서 개인정보처리자가 별다른 노력이나 비용을 들이지 않고 '수집한' 개인정보로 한정해야 하고, 개인정보처리자가 특별한 노력이나 비용을 들인 것은 아니지만 거래관계를 통해서 '생성된' 구매내역 · 이용내역 · 결제내역, 진단 및 처방 등에 관한 정보나, 정보처리자가 개인정보 수집에 특별한 노력과 비용을 투입해서 수집 또는 생산한 온라인 행태정보, 분석 · 추론정보 등을 마이데이터의 대상으로 할지 여부에 대해서는 개인정보처리자에 대한 경제적 보상 여부와 함께 검토되어야 한다는 의견이 있다. 조성은 외 4인, "개인주도 데이터 유통 활성화를 위한 제도 연구", 정보통신정책연구원, 139면.

2) 미국 캘리포니아 CCPA

미국의 캘리포니아주 소비자 프라이버시법(CCPA, California Consumer Privacy Act)[13]은 소비자의 권리 중 하나로 접근권(right to access)을 규정하고 있다. 소비자로부터 요청을 받은 사업자는 소비자의 요구에 따라 개인정보의 사본을 메일이나 전자적 방식으로, 전자적 방식으로 보낼 때에는 기술적으로 가능한 범위 내에서 이동가능하고 다른 정보처리자에게 아무런 장애없이 전송할수 있는 사용 가능한 포맷(mail or electronically, and if provided electronically, the information shall be in a portable and, to the extent technically feasible, readily useable format that allows the consumer to transmit this information to another entity without hindrance)으로 소비자에게 무료로 제공하여야 한다고 규정하고 있다. GDPR과 달리 다른 사업자에게 해당 개인정보를 직접 전달하도록 요청할 수 있는 권리에 대해서는 명확히 규정하고 있지 않다.

3. 국내 마이데이터 추진 현황

1) 금융분야

2021. 2. 4. 시행된 개정 「신용정보의 이용 및 보호에 관한 법률」은 개인신용정보의 전송요구라는 제목으로 제33조의2를 신설하여, 개인인 신용정보주체는 신용정보제공·이용자등에 대하여 그가 보유하고 있는 본인에 관한 개인신용정보를 해당 신용정보주체 본인과 본인신용정보관리회사 및 일정 범위의 신용정보제공·이용자에게 전송하여 줄 것을 요구할 수 있는 것으로 규정하였다. 대상 정보는 신용정보주체로부터 수집하거나 신용정보주체가 제공한 정보, 신용정보주체와의 권리, 의무 관계에서 생성된 정보로서 컴퓨터 등 정보처리장치로 처리된 신용정보에 한정하며, 신용정보제공·이용자등이 개인신용정보를 기초로 별도로 생성하거나 가공한 신용정보는 제외하고 있다. 개인신용정보를 전송할 때에는 컴퓨터 등 정보처리장치로 처리가 가능한 형태로 전송해야 하는데, 본인신용정보관리회사는 스크래핑을 통해 개인신용정보를 수집해서는 안 되고, 신용정보제공·이용자등이 본인신용정보관리회사에 개인신용정보를 전송할 때에는 API에 의하여야 한다(신용정보법 제22조의9, 신용정보법 시행령 제18조의6).

한편, 개인신용정보 전송요구권의 도입과 함께 이른바 마이데이터 사업자로서 본인신용정보관리업이 신설되었는데, 금융위원회의 허가 대상으로 개인인 신용정보주체의 신용관리를 지원하기 위하여 신용정보제공·이용자 또는 공공기관이 보유한 개인신용정보등을 수집하고, 수집된 정보의 전부 또는 일부를 신용정보주체가 조회·열람할 수 있게 하는 방식으로 통합하여 신용정보주체에게 제공하는 행위를 영업으로 한다(신용정보법 제2조 제9의2호, 신용정보법 시행령 제2

---

13) https://oag.ca.gov/privacy/ccpa

조 제21항). 그 밖에 겸영업무로 투자자문업 또는 투자일임업(신용정보법 제11조 제6항), 부수업무로 본인의 개인신용정보를 기초로 본인에게 하는 데이터 분석 및 컨설팅 업무, 본인에게 자신의 개인신용정보를 관리·사용할 수 있는 계좌를 제공하는 업무, 신용정보주체의 권리행사를 대리하는 업무(신용정보법 제11조의2 제6항) 등을 규정하고 있다. 신용정보법에 새로 도입된 개인신용정보 전송요구권은 정보주체 주도의 데이터 이동권을 실현하고자 하는 것이기도 하지만, 종전의 개인정보 제3자 제공에 관한 제약으로 인해 모으기 어려웠던 데이터가 마이데이터 제도로 인해 정보주체를 중심으로 모이고 이것이 마이데이터 사업자에 의하여 결합되어 일반 금융소비자에 대한 맞춤형 정보제공서비스 및 금융상품 자문서비스가 활용될 것이라는 견해[14]에서 알 수 있듯이, 결국 데이터 기반 금융서비스를 새로 만드는 것일 뿐 정보주체의 통제권을 강화하여 정보주체 주도의 개인정보 유통시스템을 구축하기 위한 것은 아니라는 비판이 제기될 수 있는 측면이 있다.

2) 공공분야

2020년 6월 행정안전부는 디지털 정부혁신 추진계획의 일환인 공공부문 마이데이터 사업을 착수하면서 공공부문 마이데이터 포털 구축계획을 발표한 바 있다.[15] 이어서 2020. 10. 20. 개정된 「민원 처리에 관한 법률」은 행정기관이 정보처리능력을 지닌 장치에 의하여 처리가 가능한 형태로 본인에 관한 행정정보를 보유하고 있는 경우에는 민원을 접수·처리하는 기관을 통하여 행정정보 보유기관의 장에게 본인에 관한 증명서류 또는 구비서류 등의 행정정보(법원의 재판사무, 조정사무 및 그 밖에 이와 관련된 사무에 관한 정보는 제외)를 본인의 민원처리에 이용되도록 제공할 것을 요구할 수 있는 본인정보 공동이용요구권을 신설하였다. 민원인으로부터 본인정보 공동이용의 요구를 받은 경우 민원을 접수·처리하는 기관의 장은 민원인에게 관련 증명서류 또는 구비서류의 제출을 요구할 수 없으며, 행정정보 보유기관의 장으로부터 해당 정보를 제공받아 민원을 처리하여야 한다(민원처리법 제10조의2 제1항). 민원인의 요구를 받은 행정정보 보유기관의 장은 개인정보보호법 제35조 제4항[16]에 따라 열람의 제한 또는 거절의 사유에 해

---

14) 전승재, "가명정보 및 마이데이터의 활용 범위 – 데이터 3법을 중심으로", 선진상사법률연구, 통권 제91호, 2020, 274면.

15) 행정안전부 보도자료, "행정·공공기관이 보유한 나의 정보는 "내가 직접 통제하고 활용한다"", 2020. 6. 23.

16) 제35조 ④ 개인정보처리자는 다음 각 호의 어느 하나에 해당하는 경우에는 정보주체에게 그 사유를 알리고 열람을 제한하거나 거절할 수 있다.
   1. 법률에 따라 열람이 금지되거나 제한되는 경우
   2. 다른 사람의 생명·신체를 해할 우려가 있거나 다른 사람의 재산과 그 밖의 이익을 부당하게 침해할 우려가 있는 경우
   3. 공공기관이 다음 각 목의 어느 하나에 해당하는 업무를 수행할 때 중대한 지장을 초래하는 경우
      가. 조세의 부과·징수 또는 환급에 관한 업무
      나. 「초·중등교육법」 및 「고등교육법」에 따른 각급 학교, 「평생교육법」에 따른 평생교육시설, 그 밖의 다른 법률에 따라 설치된 고등교육기관에서의 성적 평가 또는 입학자 선발에 관한 업무

당하는 경우 외에는 해당 정보를 컴퓨터 등 정보처리능력을 지닌 장치에 의하여 처리가 가능한 형태로 본인 또는 본인이 지정한 민원처리기관에 지체없이 제공하여야 한다(민원처리법 제10조의 2 제2항).

이와 함께 마이데이터 포털을 기반으로 한 정보전송의 법적 근거 마련을 위하여 「전자정부법」이 2021. 6. 8. 법률 제18270호로 개정되어, 전송요구 대상이 되는 정보를 공공기관이 보유하는 정보 전체로 확대하고 정보주체가 본인에 관한 행정정보를 민간기업에도 제공하도록 요구할 수 있는 본인정보 제공요구권이 도입되었다. 이에 따르면 정보주체는 행정기관등이 정보처리능력을 지닌 장치에 의하여 판독이 가능한 형태로 본인에 관한 행정정보를 보유하고 있는 경우에는 이를 본인이나 본인이 지정하는 자로서 본인정보를 이용하여 업무를 처리하려는 행정기관등, 은행, 신용정보 회사 등에게 제공하도록 요구할 수 있다(민원처리법 제43조의2 제1항). 본인정보의 제공 요구를 받은 행정기관등의 장은 개인정보보호법 제35조 제4항에 따른 열람의 제한 또는 거절의 사유에 해당하는 경우 외에는 본인정보를 정보주체 본인 또는 제3자에게 지체 없이 제공하여야 한다(민원처리법 제43조의2 제4항).

3) 의료분야

「의료법」은 환자가 의료인, 의료기관의 장 및 의료기관 종사자에게 본인에 관한 기록의 전부 또는 일부에 대하여 열람 또는 그 사본의 발급 등 내용의 확인을 요청할 수 있고, 요청을 받은 의료인, 의료기관의 장 및 의료기관 종사자는 정당한 사유가 없으면 이를 거부하지 못하며(의료법 제21조 제1항), 일정한 경우에는 환자가 아닌 다른 사람에게도 환자에 관한 기록을 열람하게 하거나 그 사본을 내주는 등 내용을 확인할 수 있게 하였으며(의료법 제21조 제3항), 이를 전자서명법에 따른 전자서명이 기재된 전자문서를 제공하는 전자적 방법으로도 가능하게 하고 있다(의료법 제21조 제5항).

정부는 더 나아가 2022. 3. '보건의료마이데이터 정책 추진 방향'을 발표하는 등 의료분야 마이데이터 도입을 적극 추진하고 있다. 2022. 10. 7.에는 본격적인 의료데이터 전송요구권이 포함된 '디지털헬스케어 진흥 및 보건의료데이터 활용 촉진에 관한 법률안'이 발의되기도 하였다.[17]

다. 학력·기능 및 채용에 관한 시험, 자격 심사에 관한 업무
라. 보상금·급부금 산정 등에 대하여 진행 중인 평가 또는 판단에 관한 업무
마. 다른 법률에 따라 진행 중인 감사 및 조사에 관한 업무
17) https://likms.assembly.go.kr/bill/billDetail.do?billId=PRC_F2L2F0H8M1R1I1X7D2A2D1J2V6Q0Y2

Ⅱ. 개인정보보호법상 개인정보 전송요구권

1. 개정경과

개인정보 전송요구권의 도입에는 몇 가지 측면에서 제약요인들이 있기 때문에 전면적이고 일반적인 개인정보 전송요구권을 도입하는 것보다는 면밀한 입법조사와 논의를 거쳐 우선적으로 금융 분야나 의료 분야 등에 잠정적으로 도입하는 것이 바람직하다는 견해[18]에도 불구하고 개인정보 전송요구권의 전면 도입에 대한 목소리가 높았다. 특히 데이터의 생산, 거래 및 활용 촉진에 관하여 필요한 사항을 정함으로써 데이터로부터 경제적 가치를 창출하고 데이터산업 발전의 기반을 조성하여 국민생활의 향상과 국민경제의 발전에 이바지함을 목적으로 하는 「데이터 산업진흥 및 이용촉진에 관한 기본법」이 추진되면서 개인정보 전송요구권을 담으려는 시도가 있었다. 그러나 개인정보 전송요구권은 데이터의 활용이라는 효과를 개인정보자기결정권의 실질적인 확보를 통해서 실현하고자 하는 정보주체의 권리를 규정한 것이므로 개인정보보호의 일반법인 개인정보보호법과 떼어서 생각할 수 없다는 점에서 법체계 정합성을 제고하여 법적 안정성을 개선할 필요가 있다는 주장이 받아들여져 결국 2023. 3. 14. 개정된 개인정보보호법으로 일반적인 개인정보 전송요구권이 도입[19]되었다. 「데이터 산업진흥 및 이용촉진에 관한 기본법」에는 당초 논의에 포함되어 있었던 개인정보 전송요구권과 마이데이터 산업에 대한 규정 대신 정부에게 데이터 이동의 촉진을 위한 제도적 기반을 구축하도록 노력할 것을 요구하는 규정(데이터산업법 제15조)이 마련되어 있다. 물론 개인정보보호법은 제1조에서 규정하고 있는 바와 같이 '개인정보의 처리 및 보호에 관한 사항을 정함으로써 개인의 자유와 권리를 보호하고, 나아가 개인의 존엄과 가치를 구현함을 목적'으로 하고 있어 개인정보보호에 좀 더 방점이 찍혀 있긴 하다. 하지만 개인정보 전송요구권은 개인정보에 대한 정보주체의 통제권 확보와 개인정보의 유통 및 활용 활성화 어느 한쪽의 측면에서만 바라봐서는 안 된다. 「신용정보의 이용 및 보호에 관한 법률」의 마이데이터 사업에 대한 비판이 제기되는 이유도 바로 이러한 데이터 이동권의 본질에 맞지 않게 정보주체의 통제권 보장보다는 집적된 데이터를 이용한 서비스 제공에 더 방점이 있기 때문일 것이고, 당초 개인정보 전송요구권이 포함되었던 「데이터 산업진흥 및 이용촉진에 관한 기본법」 법안에 대한 비판도 역시 같은 맥락에 있을 것이다. 데이터의 이용이나 활용으로 인한 가치에 대한 아무런 언급이 없는 개인정보보호법의 목적 조항도 어찌 보면 같은 이유에서 비판을 받을 수 있다. 개인정보보호법제는 개인정보자기결정권의 적극적 실현과 데이터 활용의 가치 실현, 이 두 개의 목적의 달성을 위한 것이 되어야 하고, 이 두 개의 목표는 결코 서로 모순되는 것이 아니기 때문이다. 결국 개인정

---

18) 김서안·이인호, "유럽연합과 미국에서의 개인정보이동권 논의와 한국에의 시사점", 중앙법학, 제21권 제4호, 2019, 28면.
19) 개인정보 전송요구권을 규정한 법 제35조의2는 공포 후 1년이 경과한 날부터 공포 후 2년이 넘지 아니하는 범위에서 대통령령으로 정하는 날에 효력을 발생한다(부칙 제1조 제1호).

보 전송요구권과 마이데이터는 개인정보보호법제의 본질과 연결되어 있다고 할 수 있다.

2. 주요 내용

1) 전송요구의 대상

(1) 대상 개인정보

개인정보 처리 능력 등을 고려하여 대통령령으로 정하는 기준에 해당하는 개인정보처리자가 처리하는 개인정보 중 컴퓨터 등 정보처리장치로 처리되는 개인정보로서 ① 법 제15조 제1항 제1호에 따라 정보주체의 동의를 받아 수집된 일반 개인정보와 법 제23조 제1항 제1호, 제24조 제1항 제1호에 따라 별도의 동의를 받아 수집된 민감정보 및 고유식별정보, ② 법 제15조 제1항 제4호에 따라 체결한 계약을 이행하거나 계약을 체결하는 과정에서 정보주체의 요청에 따른 조치를 이행하기 위하여 처리되는 개인정보, ③ 법률에 특별한 규정이 있거나 법령상 의무를 준수하기 위하여 불가피한 경우 또는 공공기관이 법령 등에서 정하는 소관 업무의 수행을 위하여 불가피한 경우에 해당하여 처리되는 개인정보 중 정보주체의 이익이나 공익적 목적을 위하여 관계 중앙행정기관의 장의 요청에 따라 보호위원회가 심의·의결하여 전송요구의 대상으로 지정한 개인정보가 전송요구의 대상이 된다. 단, 전송을 요구하는 개인정보가 개인정보처리자가 수집한 개인정보를 기초로 분석·가공하여 별도로 생성한 정보인 경우에는 대상에서 제외되는 바(법 제35조의2 제1항), 정보주체의 이익과 개인정보처리자의 이익의 균형을 위한 것으로 보인다.

명확하지는 않으나 개인정보 전송요구권의 취지와 도입 경위에 비추어 볼 때 GDPR에서 데이터 이동권의 대상으로 규정하고 있는 정보주체가 직접 제공한 정보, 정보주체가 개인정보처리자의 서비스를 이용하면서 발생한 이용기록 등의 정보는 전송요구의 대상에 포함되는 것으로 해석된다. 또한 별도의 동의를 받은 경우에는 일반 개인정보뿐만 아니라 민감정보와 고유식별정보도 전송요구 대상에 포함되는 것으로 명시하고 있는 바, 데이터 이용의 측면에서 민감정보와 고유식별정보가 갖는 가치가 높기 때문에 마이데이터의 이용활성화를 위한 측면에서 고려된 것으로 보인다. 다만 전송요구가 정보주체의 의사에 기반을 두고 있는 것에 정당성을 두고 있더라도 대리인에 의하여 전송요구가 이루어질 수 있는 데다가 경우에 따라서는 의도하지 않게 민감정보나 고유식별정보가 제3자에게 전송되어 정보주체의 프라이버시를 침해하게 될 우려가 제기될 수 있을 것이다.[20] 주민등록번호는 법 제24조의2 제1항[21]에 규정된 예외 사유

---

20) 신용정보법에 따른 개인신용정보의 전송과 관련하여 논란이 되었던 주문결제내역의 포함 여부도 사업자들 간의 이해 충돌의 측면이 있지만, 주문결제내역이 개인의 사생활과 프라이버시에 관한 정보여서 제외되어야 한다는 목소리도 높았다.

21) 법 제24조 ① 제24조 제1항에도 불구하고 개인정보처리자는 다음 각 호의 어느 하나에 해당하는 경우를 제외하고는 주민등록번호를 처리할 수 없다.

에 해당하는 경우 외에는 정보주체의 동의가 있어도 처리가 불가능하는 등 엄격한 규율을 받고 있으므로 개인정보 전송요구권의 대상에서 제외된다.

(2) 전송 상대방

법은 정보주체 본인에게로의 개인정보 전송과 정보주체 외의 제3자에 대한 전송을 구분하여 규정하고 있다. 즉, 정보주체는 전송요구의 대상이 되는 개인정보를 자신에게 전송할 것을 요구하는 것뿐만 아니라, 매출액, 개인정보의 보유 규모, 개인정보 처리 능력, 산업별 특성 등을 고려하여 대통령령으로 정하는 기준에 해당하는 개인정보처리자에 대하여는 전송요구 대상인 개인정보를 기술적으로 허용되는 합리적인 범위에서 법 제35조의3 제1항에 따른 개인정보관리 전문기관이나 법 제29조에 따른 안전조치의무를 이행하고 대통령령으로 정하는 시설 및 기술 기준을 충족하는 자에게 전송할 것을 요구할 수 있다(법 제35조의2 제2항).

정보주체 본인에 대한 전송요구는 기존에 인정되고 있던 정보주체의 열람요구권을 강화하는 것으로 이해할 수 있다. 정보주체는 개인정보처리자에게 그가 처리하는 자신의 개인정보에 대한 열람을 요구할 수 있는데, 열람에는 해당 정보를 확인하는 것 외에 사본을 발급받는 것도 포함되고(법 제35조 제1항, 제4조 제3호), 개인정보처리자가 열람요구 방법과 절차를 마련하는 경우 해당 개인정보의 수집 방법과 절차에 비하여 어렵지 아니하도록, 전자우편, 인터넷 등을 포함한 정보주체가 쉽게 활용할 수 있는 방법으로 제공하고 최소한 개인정보를 수집한 창구 또는 방법과 동일하게 개인정보의 열람을 요구할 수 있도록 규정(시행령 제41조 제2항)하고 있으므로 컴퓨터 등 정보처리장치로 처리되는 디지털화 된 개인정보의 다운로드나 인터넷 등을 통한 전송도 열람요구권에 근거하여 요구할 수 있는 것으로 해석된다. 다만, 디지털화된 개인정보의 경우에도 인터넷 등을 통한 전송 방식이 강제되는 것이 아니라 해당 개인정보의 수집 방법과 절차에 비하여 어렵지 아니하게 하는 한 서면 등 다른 방법들과 함께 선택적으로 채택할 수 있는 것인데 반하여, 전송요구에 따른 전송의 경우에는 시간, 비용, 기술적으로 허용되는 합리적인 범위에서 해당 정보를 컴퓨터 등 정보처리장치로 처리 가능한 형태[22]로 전송하여야 한다고 규정(법 제35조의2 제3항)하고 있어, 정보주체가 전송 받은 개인정보를 자신의 컴퓨터로 처리하거나 다른 개인정보처리자에게 전송할 수 있게 하는 것을 전제로 하는 것이어서 기존의 열람권

---

1. 법률·대통령령·국회규칙·대법원규칙·헌법재판소규칙·중앙선거관리위원회규칙 및 감사원규칙에서 구체적으로 주민등록번호의 처리를 요구하거나 허용한 경우
2. 정보주체 또는 제3자의 급박한 생명, 신체, 재산의 이익을 위하여 명백히 필요하다고 인정되는 경우
3. 제1호 및 제2호에 준하여 주민등록번호 처리가 불가피한 경우로서 보호위원회가 고시로 정하는 경우
22) 컴퓨터 등 정보처리장치로 처리 가능한 형태에 추가적인 정보처리가 효율적으로 이루어질 수 있는 구조화된 파일 포맷 외에 pdf나 이미지 파일과 같은 형태도 포함되는지는 명확하지 않으나, '정보처리로 처리 가능한 형태'의 문언적 의미상 이를 제외하는 것으로 해석하기는 쉽지 않아 보인다. 다만, 데이터 이용의 활성화라는 전송요구권 도입의 취지상 추가적인 정보처리가 가능한 형태의 포맷으로 제공되는 것이 필요하므로 하위법령 및 실무 가이드라인에 데이터 표준화 작업 등을 통하여 이에 대한 보완이 이루어질 필요가 있다.

에서 한 걸음 더 나아간 것으로 볼 수 있다. 앞서 살펴본 미국의 캘리포니아주 CCPA에서 규정한 접근권(right to access)이 이에 해당한다.

제3자에 대한 전송은 본격적인 전송요구권의 도입을 의미하는 바, 정보주체 주도의 데이터 유통 생태계를 도모하는 마이데이터가 갖는 또 하나의 함의, 즉 일부 플랫폼기업으로 데이터가 집중되는 독점 현상을 완화하고 스타트업 등 다양한 경제주체들이 데이터를 안전하게 활용할 수 있는 기반을 마련한다는 측면에서 살펴볼 필요가 있다. 이를 위해서는 전송 중에 발생할 수 있는 해킹 등의 보안 이슈가 더 중요성을 갖게 될 뿐만 아니라 표준화된 API 규격의 마련과 전송 인프라의 구비 등 관련 당사자들의 기술적, 경제적 능력이 중요한 고려사항이 될 수밖에 없다. 나아가 과금 등 전송에 관여하는 개인정보처리자들 사이의 비용부담이나 이해관계의 해결이 필요하고, 중계기관의 지원이나 관련 부처의 감독 등 추가적인 제도 마련이 필요하다.

따라서 추후 시행령 개정으로 구체화 되겠지만 본인에 대한 전송요구와 제3자에 대한 전송요구를 별도로 규정하고 그 대상이 되는 개인정보처리자의 기준과 전송의 범위를 차별적으로 두고 있는 법의 체계는 적절하다고 평가된다. 정보주체에 대한 전송은 좀 더 완화된 기준을 적용하여 대상이 되는 개인정보의 범위를 확대하고 이를 정보주체가 주도적으로 다른 개인정보처리자에게 제공하는 형태로 데이터의 활용이 이루어지게 되면 개인정보처리자간의 직접적인 이해충돌을 피하면서 마이데이터 활용의 폭을 넓힐 수 있을 것이다. 「신용정보의 이용 및 보호에 관한 법률」은 이와 달리 제33조의2로 개인신용정보의 전송요구를 규정하면서 제22조의9에서 본인신용정보관리회사에 대한 전송에 대해서 따로 규정하고 있는 것 외에는 신용정보주체 본인과 제3자에 대한 전송을 구분하지 않고 동일한 내용을 적용하고 있어 이로 인해 마이데이터 서비스의 효율적인 운영이 어렵다는 지적이 있는 바 같은 맥락에서 이해할 수 있다.

2) 전송요구권 행사 방법 및 그에 따른 전송 의무

정보주체는 문서 등 대통령령으로 정하는 방법, 절차에 따라 대리인을 통해 전송요구를 할 수 있고, 만 14세 미만 아동의 법정대리인은 개인정보처리자에게 그 아동의 개인정보 전송요구를 할 수 있다. 개인정보처리자는 정보주체가 전송요구를 할 수 있는 구체적인 방법과 절차를 마련하고, 이를 정보주체가 알 수 있도록 공개하여야 한다. 이 경우 전송요구의 방법과 절차는 해당 개인정보의 수집 방법과 절차보다 어렵지 아니하도록 하여야 한다. 또한 개인정보처리자는 정보주체가 전송요구에 대한 거절 등 조치에 대하여 불복이 있는 경우 이의를 제기할 수 있도록 필요한 절차를 마련하고 안내하여야 한다(법 제38조).

개인정보처리자는 개인정보의 전송요구를 받은 경우에는 시간, 비용, 기술적으로 허용되는 합리적인 범위에서 해당 정보를 컴퓨터 등 정보처리장치로 처리 가능한 형태로 전송하여야 한다(법 제35조의2 제3항). 이때 「국세기본법」 제81조의13과 「지방세기본법」 제86조, 기타 그와 유사한 규정으로서 대통령령으로 정하는 법률의 규정에 따른 비밀유지의무는 적용되지 아니한다 (법 제35조의2 제4항). 개인정보처리자는 정보주체의 본인 여부가 확인되지 아니하는 경우 등 대통령령으로 정하는 경우에는 전송요구를 거절하거나 전송을 중단할 수 있다(법 제35조의2 제6항).

그 밖에 전송요구의 대상이 되는 정보의 범위, 전송요구의 방법, 전송의 기한 및 방법, 전송요구 철회의 방법, 전송요구의 거절 및 전송 중단의 방법 등 필요한 사항은 대통령령으로 정한다(법 제35조의2 제8항). 구체적인 내용은 추후 시행령 등 하위법령이 마련되어야 파악되겠지만, 다양한 마이데이터 서비스가 이루어지기 위해서는 개인정보처리자 간에 원활한 데이터 전송이 이루어져야 하므로 데이터의 형식, 용어, 단위 등을 표준화하여 데이터 클린징, 구조 분석 등의 추가적인 작업없이 데이터의 구조를 바르게 이해하고 활용할 수 있도록 제도적으로나 기술적으로 뒷받침 될 필요가 있다.[23] 또한 마이데이터 전송이 API를 통해 이루어지는 경우 정보항목별로 API 규격[24]이 마련될 필요가 있는데, 특히 금융, 공공 등과의 마이데이터 전송 시 상호운용성을 보장하기 위한 금융 및 공공 분야의 API 작성기준과[25]의 정합성을 감안하여 작성되는 것이 바람직하다.

3) 타인의 권리나 정당한 이익의 침해 금지

정보주체는 전송요구로 인하여 타인의 권리나 정당한 이익을 침해하여서는 아니 된다(법 제35조의 제7항). 개인정보 전송요구권은 정보주체에게 자신의 개인정보에 대한 강화된 통제권을 부여하였지만, 이를 보유하면서 데이터를 처리하고 활용하고 있던 개인정보처리자 입장에서는 반가운 소식이 아니다. 개인정보 전송요구권의 행사는 정보주체의 개인정보자기결정권과 정보처리자의 데이터에 대한 권리가 충돌하는 양상을 야기하므로 그 이해관계를 어떻게 조정할지가 문제된다. GDPR 역시 데이터 이동권은 다른 개인의 권리와 자유를 침해하지 않아야 한다고 규정하고 있다[제20조(4)]. 다른 개인의 권리와 자유로 생각해볼 수 있는 것은 개인정보처리자 또는 제3자의 저작권, 데이터베이스권, 영업비밀 등일 것이고, 이 점은 데이터 이동권에 관한 제29조 작업반 가이드라인도 같은 취지인 것으로 보인다.[26] 다만 GDPR은 다른 개인의 권리와 자유를 침해하지 않아야 한다고만 규정하고 있고, 가이드라인도 두 권리가 충돌할 때 어떻게 해결할 것인지에 대해서는 명확하게 밝히지 않고 있어 이해관계의 조정 문제는 아직 애매한 상태이다. 미국의 CCPA의 경우는 데이터 이동권의 청구가 있더라도 1년 동안 2회 이상의 개인정보를 제공할 의무는 없다고 규정{§1798.100(d)}하여 나름 이해관계의 조정을 시도하고 있다.

---

23) 보호위원회는 2023. 7. 마이데이터 표준화 업무 안내서를 발간한 바 있다.
   https://www.pipc.go.kr/np/cop/bbs/selectBoardArticle.do?bbsId=BS217&mCode=D010030000&nttId=9070
24) 응용프로그램 간 상호작용을 위한 인터페이스로 API 규격은 정보제공자와 수신자가 API 개발 시 구현해야 할 기본 형식을 의미한다.
25) 금융분야 마이데이터 표준 API 규격(2023. 6.), 공공분야 마이데이터 표준 API 규격 안내(2021.12.) 참고.
26) https://ec.europa.eu/newsroom/article29/item-detail.cfm?item_id=611233

개인정보처리자와 정보주체의 이해관계를 조정하기 위하여 법 제38조 제3항은 개인정보처리자는 전송요구를 하는 자에게 대통령령으로 정하는 바에 따라 수수료와 우송료를 청구할 수 있고, 수수료 산정 시에는 전송을 위해 추가로 필요한 설비 등을 함께 고려하여 수수료를 산정할 수 있다고 규정하여 전송요구 시 비용을 부담시키고 있다. 다만 원칙적인 부담의무에도 불구하고 합리적인 수수료 등 적절한 과금 체계를 마련하는 데에는 상당한 진통이 있을 것으로 보이는 바 이에 대한 대비가 필요하다. 「신용정보의 이용 및 보호에 관한 법률」에 따른 개인신용정보의 전송요구와 관련하여 금융당국은 마이데이터 과금 세부 기준 등 체계를 마련 중인데 이에 대해서 관련 주체들이 첨예하게 대립하고 있어 적절한 기준 마련에 어려움을 겪고 있는 것으로 알려져 있다.

데이터 소유권

정보처리자에게 이른바 '데이터 소유권(Data Ownership)', 즉 데이터에 대한 새로운 배타적 권리를 부여할 지에 대해서도 논의가 있다. 즉 데이터 경제가 점점 더 중요해지는 시기에 데이터에 대한 배타적 지배권을 명확히 함으로써 데이터 경제의 활성화와 실효성을 확보해야 한다는 주장이다. 여기서의 데이터 소유권은 재산권 내지 상품(commodity)으로서 데이터에 대한 권리의 인정 여부에 관한 것이고, 주로 산업데이터와 관계되어 있다.[27] 데이터에 대한 새로운 배타적 지배권을 설정하는데 가장 큰 걸림돌은 정보주체의 개인정보 전송요구권까지 고려하지 않더라도 정보주체는 언제든 동의를 철회하고 처리의 정지를 요구할 수 있는 권리가 있으므로 데이터에 대한 권리는 계속 불안정한 상태에 놓이게 되고 따라서 이를 완전한 재산권으로 구성하기는 쉽지 않은 점이다. 게다가 데이터에 대한 재산적 가치는 사실상 지배를 바탕으로 계약에 의한 권리, 의무 부여를 통한 거래를 통해 실현할 수 있고 그에 대한 불법행위 역시 책임을 물을 수 있는 법리가 구성 가능하므로 굳이 어렵게 데이터 소유권이라는 새로운 개념을 인정할 실익이 없다는 의견도 있다. 다만 최근에 제정된 「데이터 산업진흥 및 이용촉진에 관한 기본법」은 제12조에서 데이터생산자가 인적 또는 물적으로 상당한 투자와 노력으로 생성한 경제적 가치를 가지는 데이터를 데이터자산으로 정의하고, 데이터자산을 '공정한 상거래 관행이나 경쟁질서에 반하는 방법으로 무단 취득·사용·공개하거나 이를 타인에게 제공하는 행위, 정당한 권한 없이 데이터자산에 적용한 기술적 보호조치를 회피·제거 또는 변경하는 행위 등 데이터자산을 부정하게 사용하여 데이터생산자의 경제적 이익을 침해'하는 행위를 금지하며 이를 부정경쟁방지법에서 정한 바에 따르도록 하고 있다. 또한 「산업 디지털 전환 촉진법」도 「산업발전법」 제2조에 따른 산업, 「광업법」 제3조 제2호에 따른 광업, 「에너지법」 제2조 제1호에 따른 에너지 관련 산업 및 「신에너지 및 재생에너지 개발·이용·보급 촉진법」 제2조 제1호 및 제2호에 따른 신에너지 및 재생에너지 관련 산업의 제품 또는 서비스 개발·생산·유통·소비 등 활동과정에서 생성 또는 활용되는 것으로서 광(光) 또는 전자적 방식으로 처리될 수 있는 모든 종류의 자료 또는 정보를 산업데이터로 정의하고, 제9조에서 산업데이터를 생성한 자와 제공받은 자는 해당 산업데이터를 활용하여 사용 수익할 권리를 가지며, 이러한 권리를 공정한 상거래 관행이나 경쟁질서에 반하는 방법으로 침해하는 것은 금지되고, 고의 또는 과실로 이를 위반하여 손해를 입힌 자는 손해배상책임을 지는 것으로 규정하였다. 이에 따르면 일정 범위 내에서는 데이터에 대한 새로운 배타적 지배권을 도입하였다고 볼 수 있을 것이다.

더 나아가 민법상 소유권으로서의 데이터에 대한 배타적 권리를 인정할 수 있는지에 관해서는, 민법상 소유권은 물건에 대한 배타적 지배권이고 물건은 유체물 또는 전기 기타 관리할 수 있는 자연력을 의미하므로 일반적인 데이터를 민법상 소유권의 객체로 해석하기에는 무리가 있다는 게 일반적인 견해이다. 데이터의 물건성에 대해서는 오래전부터 게임아이템의 법적 성격을 둘러싸고 치열하게 논의된 바 있다. 약관에 근거한 게임사업자의 계정압류행위나 다른 이용자에 의한 아이템 사취 등 침해행위로부터 이용자가 특정 아이템에 관한 자신의 보유상태를 보호받을 수 있는지, 해킹으로 타인의 계정에 접속하여 아이템을 자신의 계정으로 옮기는 침해행위에 대하여 아이템 보유자가 어떻게 대응할 수 있는지와 관련해서 이용자의 아이템에 대한 권리를 배타적 권리, 즉 물권으로 파악하자는 입장들이 있었고 그중에는 아이템을 민법의 물건에 해당하는 것으로 해석한 의견도 있었다. 한편 최근 등장한 블록체인을 기반으로 한 가상자산이나 NFT의 경우 디지털 토큰이라는 속성상 배타적 지배가능성, 즉 경합성과 배제성이 인정되고, 특정 주체에 의존할 수밖에 없는 중앙집중식 시스템의 디지털 토큰의 한계를 넘기 위해 만들어진 것이 블록체인이므로 게임제작사에 의존하는 기존의 게임아이템이 갖는 한계, 즉 독립성 또는 존속성이라는 부르는 '독립하여 존속할 것'이라는 요건도 충족하며, '전기 기타 관리할 수 있는 자연력' 요건 역시 물건의 개념을 확장하기 위하여 포함된 입법경위를 고려하면 엄격한 의미의 자연력에 한정되지 않고 가상자산이나 NFT와 같은 데이터도 포함되는 것으로 해석되므로 물건의 정의에 큰 문제 없이 부합하고, 현실의 인식이나 필요성이라는 측면에서 정책적 정당성도 있으므로 충분히 물건으로 포섭하여 물권적 보호의 대상으로 삼을 수 있다는 견해가 있다.[28] 이와 관련한 문제의식과 주장을 담은 글로는 아래 참조.

이동진, "데이터 소유권(Data Ownership), 개념과 그 비판", 데이터오너십, 박영사, 2019; 박상철, "데이터 소유권 개념을 통한 정보보호 법제의 재구성", 데이터오너십, 박영사, 2019; 최경진, "데이터와 사법상의 권리, 그리고 데이터 소유권(Data Ownership)", 정보법학, 제23권 제2호, 2019; 최경진, "데이터 채권법 시론(試論)", 외법논집, 제46권 제1호, 2022; Herbert Zech, "A Legal Framework for a Data Economy in the European Digital Single Market: Rights to Use Data", Journal of Intellectual Property Law & Practice, Vol. 11, 2016.

---

27) 이동진, "데이터 소유권(Data Ownership), 개념과 그 실익", 정보법학, 제22권 제3호, 2018, 225면.
28) 윤종수·표시영, "디지털 저작물의 NFT가 갖는 함의와 법적 보호", 법조, 제70권 제6호, 229-232면.

「개인정보 보호법」의 개인정보 전송요구권과 「신용정보의 이용 및 보호에 관한 법률」의 개인신용정보 전송요구권의 비교		
구분	개인정보 전송요구권	개인신용정보 전송요구권
주체	정보주체	개인신용정보주체
대상 정보의 요건	▪ 정보주체 본인에 관한 개인정보로서 다음 중 하나에 해당하는 정보 　• 정보주체의 동의를 받아 처리되는 개인정보(민감정보, 고유식별정보도 포함) 　• 정보주체와 체결한 계약을 이행하거나 그 체결 과정에서 정보주체의 요청에 따른 조치를 이행하기 위해 처리되는 개인정보 　• 법률에 특별한 규정이 있거나 법령상 의무를 준수하기 위하여 불가피한 경우, 공공기관이 법령 등에서 정하는 소관 업무의 수행을 위하여 불가피한 경우, 법령에서 민감정보 또는 고유식별정보의 처리를 요구·허용하는 경우 중, 정보주체의 이익이나 공익적 목적을 위하여 관계 중앙행정기관의 장의 요청에 따라 개인정보위가 심의·의결하여 전송요구의 대상으로 지정한 개인정보 　• 개인정보처리자가 수집한 개인정보를 기초로 분석·가공하여 별도로 생성한 정보가 아닐 것 　• 컴퓨터 등 정보처리장치로 처리되는 개인정보	▪ 신용정보주체(법령 등에 따라 그 신용정보주체의 신용정보를 처리하는 자 포함)와 신용정보제공·이용자등 사이에서 처리된 신용정보로서 다음 중 하나에 해당하는 정보 　• 신용정보제공·이용자등이 신용정보주체로부터 수집한 정보 　• 신용정보주체가 신용정보제공·이용자등에게 제공한 정보 　• 신용정보주체와 신용정보제공·이용자등 간의 권리·의무 관계에서 생성된 정보 ▪ 신용정보제공·이용자등이 개인신용정보를 기초로 별도로 생성하거나 가공한 신용정보가 아닐 것 ▪ 컴퓨터 등 정보처리장치로 처리된 신용정보 ▪ 구체적인 대상 개인신용정보의 범위는 시행령 제28조의3 제6항 및 별표1에서 규정
전송요구의 상대방	시행령으로 정하는 개인정보처리자	신용정보제공·이용자등 • 구체적인 전송요구권 행사의 상대방은 시행령에서 규정
제3자 전송요구에 따른 정보 수신자	▪ 개인정보관리 전문기관 ▪ 개인정보 보호법상 기술적·관리적 및 물리적 안전조치를 이행하고 시행령이 정하는 시설 및 기술 기준을 충족하는 자	▪ 본인신용정보관리회사 ▪ 시행령으로 정하는 신용정보제공·이용자 ▪ 개인신용평가회사 ▪ 기타 이와 유사한 자로서 시행령으로 정하는 자

정기적 전송요구권	미규정	규정
전송방법	시행령에 위임	▪ 상대방, 대상 정보, 제공받는 자, 정기적 전송요구 여부 및 그 주기 등 특정 필요 ▪ 전자문서 기타 안전성과 신뢰성이 확보되는 방법
전송요구 거절, 전송중단 사유	정보주체의 본인 여부가 확인되지 않는 경우 등 시행령으로 정하는 경우	정보주체의 본인 여부가 확인되지 않는 경우 등 시행령으로 정하는 경우
기타	▪ 개인정보관리 전문기관 규정 ▪ 전송요구 철회권 명시 ▪ 정보주체의 접근권과 제3자에의 직접 전송권을 구분하여 규정 ▪ 전송요구로 인한 타인의 권리와 정당한 이익 침해 금지 규정 ▪ 보호위원회로 하여금 개인정보 전송기관 및 개인정보관리 전문기관을 관리·감독하도록 하고 개인정보 전송 지원 플랫폼을 구축·운영할 수 있도록 규정 ▪ 제3자에의 직접전송권의 경우 수수료 청구 규정	▪ 본인신용정보관리업 규정 ▪ 전송요구 철회권 명시

III. 개인정보관리 전문기관 및 개인정보 전송요구권의 지원

 개인인 정보주체가 개인정보 전송요구권을 바탕으로 본인정보를 적극적으로 관리·통제하고, 이를 신용관리, 자산관리, 건강관리 등에 능동적으로 활용하여 정보주체 주도의 데이터 유통 생태계를 형성하는 마이데이터 모델은 그 효용성과 개인정보자기결정권의 실질적 실현이라는 점에서 의미가 크지만, 정보나 관련 지식이 부족할 수밖에 없는 개인이 이를 홀로 구현하는 것은 쉽지 않다. 게다가 개인인 정보주체에 비해 데이터를 이용하여 서비스를 하고자 하는 주체들은 상대적으로 규모가 큰 기업 등의 사업주체로서 개인이 주도적으로 마이데이터 생태계를 만들어 나가기는 역시 만만치 않은 작업이다. 따라서 개인정보 전송요구권의 행사로 자신의 정보에 대한 통제권을 확보하고 마이데이터 플랫폼을 통해 데이터 이용에 대한 자신의 구체적인 의사를 실현할 수 있다고 하더라도 이를 정보주체가 온전히 감당하게 하는 것은 여러 문제를 야기할 수 있다. 따라서 정보주체의 개인정보 전송요구권 행사 등을 효과적으로 지원할 수 있는 방안이 필요한데, 보호위원나 관계 중앙행정기관의 장으로부터 지정을 받은 개인정보관리 전문기관이 그 역할을 할 수 있도록 제도가 마련되었다(법 제35조의3). 개인정보관리 전문기관은 개인정보 전송요구권 행사 지원, 정보주체의 권리행사를 지원하기 위한 개인정보 전송시스템의 구축 및 표준화, 정보주체의 권리행사를 지원하기 위한 개인정보의 관리·분석, 그 밖에 정보주체의 권리행사를 효과적으로 지원하기 위하여 대통령령으로 정하는 업무를 수행한다. 이와 함께 보호위원회는 개인정보가 안전하고 효율적으로 전송될 수 있도록 개인정보 전송지원 플랫폼을 구축, 운영할 수 있고, 그 효율적 운영을 위하여 개인정보관리 전문기관에서 구축, 운영하고 있는 전송 시스템을 상호 연계하거나 통합할 수 있다(법 제35조의4 제2항, 제4항).

정보주체가 자기 정보에 대한 처리를 주도적으로 결정하고 운용하기 위한 기술적 도구로서 개인정보관리를 지원하는 플랫폼인 PIMS(Personal Information Management System) 또는 PDS(Personal Data Store)의 지원도 고려 대상인 것으로 보인다. 더 나아가 전문성과 역량을 가진 수탁자가 다양한 정보주체의 데이터를 모아 집합적인 이용조건을 파악한 다음 구체적 데이터 이용조건은 개인이 아닌 수탁자의 협상력과 전문성에 기한 합의를 통해서 구체화하며, 사후 모니터링과 리포트의 정기적 수령을 통해 데이터를 제공받아 이용하는 사업자가 약정된 조건을 위반할 경우 보완이나 데이터 이용 정지 등의 조치를 적절하게 취함으로써 마이데이터 모델의 실질적인 실현을 도모하는 데이터 신탁 제도[29]도 지원 방안의 하나가 될 수 있을 것이다.

---

29) 윤종수, "사물인터넷, 블록체인, 인공지능의 상호 운용에 있어서 개인정보자기결정권의 실현 및 데이터 이용활성화(2) - 마이데이터와 데이터 신탁을 중심으로", 정보법학, 제25권 제3호, 2022 참고.

제 3 절
개인정보의 정정·삭제

I. 개인정보주체의 정정 · 삭제요구권(법 제36조)

1. 요건

법 제36조 제1항은 "자신의 개인정보를 열람한 정보주체는 개인정보처리자에게 그 개인정보의 정정 또는 삭제를 요구할 수 있다. 다만, 다른 법령에서 그 개인정보가 수집 대상으로 명시되어 있는 경우에는 그 삭제를 요구할 수 없다."라고 하여 개인정보주체의 권리의 하나로 정정 · 삭제요구권과 그 제한에 대하여 규정하고 있다. 위 규정은 개인정보 보호원칙을 규정한 법 제3조 제4항과 정보주체의 권리에 관한 일반 조항인 법 제4조 4호를 구체화한 것이다.

정정이란 오류를 바로 잡는 것이므로 해당 개인정보가 부정확하거나 사실과 다른 경우에 그 정정을 요구할 수 있다. 삭제의 경우는 해당 개인정보가 허위이거나 존재하지 않은 정보를 담고 있는 경우, 회원탈퇴를 하거나 계약을 해지한 경우 또는 개인정보처리자의 영업양도에 따른 개인정보 이전을 반대한 경우 등에 삭제를 요구할 수 있다고 보아야 한다는 견해[30]가 있으나 법문상으로는 삭제 사유에 대해 아무런 제한을 두고 있지 않으므로 자신의 개인정보를 열람한 정보주체는 원칙적으로 제한 없이 삭제요구권을 행사할 수 있다고 봐야 한다. EU 개인정보보호지침이나 GDPR과 비교해보면 개인정보보호법의 삭제요구권이 그 외연이 더 넓다고 할 수 있어 '잊힐 권리'라는 용어를 사용하지 않지만 실질적으로는 삭제요구권이 잊힐 권리로서 역할한다고 할 수 있다.

2. 제한

다른 법령에서 그 개인정보가 수집대상으로 명시되어 있는 경우에는 그 삭제를 요구할 수 없다. 전기통신사업자의 통신사실확인자료 보관기간을 규정한 「통신비밀보호법 시행령」 제41

---

30) 로앤비, 온주 개인정보호보법.

조 제2항,[31] 사업자의 거래기록 보존 의무를 규정한 「전자상거래 등에서의 소비자보호에 관한 법률 시행령」 제6조[32] 등이 이에 해당한다. 또한 ① 국가안전보장과 관련된 정보 분석을 목적으로 수집 또는 제공 요청되는 개인정보, ② 언론, 종교 단체, 정당이 각각 취재·보도, 선교, 선거 입후보자 추천 등 고유 목적을 달성하기 위하여 수집·이용하는 개인정보에 대해서는 정보주체의 권리를 보장한 법 제5장이 적용되지 않으므로 개인정보의 삭제요구권도 허용되지 않는다고 볼 수 있다(법 제58조 제1항). 가명정보에 대하여도 정보주체의 정정·삭제요구권이 배제되어 있다(법 제28조의7).

한편, 공중의 우월한 이익에 의해서 정보주체의 기본권에 대한 간섭이 정당화 되는 경우 비교 형량을 통하여 삭제권이 제한될 수 있는 GDPR과 달리 개별 법령의 규정에 따라 일부 삭제권이 제한될 뿐 공익이나 타인의 이익과의 비교 형량을 통한 제한 규정은 존재하지 않는다. 그러나 이익형량을 통한 삭제권의 제한을 배제할 경우 불합리한 결과가 발생할 수 있는데, 고정형 영상정보처리기기에 의하여 촬영된 개인영상정보의 경우를 들 수 있다. 고정형 영상정보처리기기는 정보주체의 의사와 관계 없이 범죄의 예방이나 증거수집, 시설의 안전 및 관리 등을 목적으로 설치 운영이 허용되는 것인데, 정보주체의 삭제권을 제한 없이 허용하면 애초의 촬영 목적을 달성하지 못할 수 있기 때문이다. 따라서 이와 같은 경우에는 법에서 따로 규정한 바 없더라도 일반적인 법원칙으로서의 권리 남용이나 이익형량을 적용하여 정보주체의 삭제권 행사를 제한할 필요가 있는데 개인정보 보존요구권의 도입을 주장하는 견해도 있다.

---

31) 제41조(전기통신사업자의 협조의무 등) ② 법 제15조의2 제2항에 따른 전기통신사업자의 통신사실확인자료 보관 기간은 다음 각 호의 구분에 따른 기간 이상으로 한다.
  1. 법 제2조제11호가목부터 라목까지 및 바목에 따른 통신사실확인자료: 12개월. 다만, 시 외·시내전화역무와 관련된 자료인 경우에는 6개월로 한다.
  2. 법 제2조제11호마목 및 사목에 따른 통신사실확인자료: 3개월
32) 제6조(사업자가 보존하는 거래기록의 대상 등)
  ① 법 제6조제3항에따라 사업자가 보존하여야 할 거래기록의 대상·범위 및 기간은 다음 각 호와 같다. 다만, 법 제20조제1항에 따른 통신판매중개자(이하 "통신판매중개자"라 한다)는 자신의 정보처리시스템을 통하여 처리한 기록의 범위에서 다음 각 호의 거래기록을 보존하여야 한다.
    1. 표시·광고에 관한 기록: 6개월
    2. 계약 또는 청약철회 등에 관한 기록: 5년
    3. 대금결제 및 재화등의 공급에 관한 기록: 5년
    4. 소비자의 불만 또는 분쟁처리에 관한 기록: 3년
  ② 법 제6조제3항에 따라 사업자가 소비자에게 제공하여야 할 거래기록의 열람·보존의 방법은 다음 각 호와 같다.
    1. 거래가 이루어진 해당 사이버몰(제2조제4호의 사이버몰을 말한다. 이하 같다)에서 거래당사자인 소비자가 거래기록을 열람·확인할 수 있도록 하고, 전자문서의 형태로 정보처리시스템 등에 저장할 수 있도록 할 것
    2. 거래당사자인 소비자와의 거래기록을 그 소비자의 희망에 따라 방문, 전화, 팩스 또는 전자 우편 등의 방법으로 열람하거나 복사할 수 있도록 할 것. 다만, 거래기록 중에 「저작권법」 제4조부터 제6조까지의 규정에 따른 저작물(「저작권법」에 따라 복사할 수 있는 저작물은 제외한다)이 있는 경우에는 그에 대한 복사는 거부할 수 있다.
    3. 사업자가 법 제6조제2항에 따라 개인정보의 이용에 관한 동의를 철회한 소비자의 거래기록 및 개인정보를 보존하는 경우에는 개인정보의 이용에 관한 동의를 철회하지 아니한 소비자의 거래기록 및 개인정보와 별도로 보존할 것

II. 정정·삭제 절차 및 방법

1. 정정·삭제 절차

개인정보처리자는 정보주체의 요구를 받았을 때에는 개인정보의 정정 또는 삭제에 관하여 다른 법령에 특별한 절차가 규정되어 있는 경우를 제외하고는 지체없이 그 개인정보를 조사하여, 개인정보 정정·삭제요구를 받은 날부터 10일 이내에 정보주체의 요구에 따라 정정·삭제 등 필요한 조치를 한 경우에는 그 조치를 한 사실을, 정보주체의 요구가 법 제36조 제1항 단서에 해당하여 삭제요구에 따르지 아니한 경우에는 그 사실 및 이유와 이의제기 방법을 보호위원회가 정하여 고시하는 개인정보 정정·삭제 결과 통지서로 해당 정보주체에게 알려야 한다(법 제36조 제2항, 제4항, 시행령 제43조 제3항, 표준지침 제32조). 개인정보처리자는 제2항에 따른 조사를 할 때 필요하면 해당 정보주체에게 정정·삭제 요구사항의 확인에 필요한 증거자료를 제출하게 할 수 있다(법 제36조 제5항).

정보주체의 개인정보를 수집한 개인정보처리자가 이를 제3자에게 제공하거나 취급 위탁하는 경우에는 제3자 개인정보처리자나 수탁 개인정보처리자에게 정정·삭제를 요구할 수 있을 것이다. 이 경우 다른 개인정보처리자로부터 개인정보를 제공받아 개인정보파일을 처리하는 개인정보처리자는 개인정보의 정정 또는 삭제요구를 받으면 그 요구에 따라 해당 개인정보를 정정·삭제하거나 그 개인정보 정정·삭제에 관한 요구사항을 해당 개인정보를 제공한 기관의 장에게 지체 없이 알리고 그 처리 결과에 따라 필요한 조치를 하여야 한다(시행령 제43조 제2항).

2. 정정·삭제 방법

개인정보처리자가 제2항에 따라 개인정보를 삭제할 때에는 복구 또는 재생되지 아니하도록 조치하여야 한다(법 제36조 제3항). 삭제의 방법은 파기방법에 관하여 규정한 시행령 제16조가 적용될 수 있을 것이다. 즉, 전자적 파일 형태인 경우 복원이 불가능한 방법으로 영구 삭제하고 다만, 기술적 특성으로 영구 삭제가 현저히 곤란한 경우에는 법 제58조의2에 따라 시간·비용·기술 등을 합리적으로 고려할 때 다른 정보를 사용하여도 더 이상 개인을 알아볼 수 없는 정보에는 해당하는 정보로 처리하여 복원이 불가능하도록 조치해야 한다. 그 밖의 기록매체에 대해서는 파쇄 또는 소각한다(시행령 제16조 제1항 제2호, 개인정보의 안전성 확보조치 기준 제13조 제1항). 전자기적으로 기록된 개인정보는 비록 삭제하였다고 하더라도 복원기술을 적용할 경우에는 그 정보가 복구될 가능성도 있고 따라서 복구가 불가능한 방법을 적용하기 위해서는 상당한 비용이 소요될 수도 있는 바, 표준지침은 '복원이 불가능한 방법'이란 사회 통념상 적정한 비용으로 파기한 개인정보의 복원이 불가능하도록 조치하는 방법(표준지침 제10조 제2항)으로 규정하고 있다. 한편, 개인정보처리자가 저장 중인 개인정보 중 보유기관이 경과한 일부 개인정보를 파기하는 경우와 같이 개인정보의 일부만 파기하는 경우 위의 방법으로 개인정보를 파기하는 것이 어려울 때에는 전자적 파일 형태인 경우 파기대상 개인정보를 삭제한 후 해당 정보가 복구 및 재생되지 않도록 관리 및 감독하여야 하고, 전자적 파일 외의 기록물, 인쇄물, 서면 및 기타 기록물인 경우 해당 부분을 마스킹, 천공 등으로 삭제하여야 한다(개인정보의 안전성 확보조치 기준 제13조 제2항).

Ⅲ. 잊힐 권리

1. 잊힐 권리의 논의

개인정보의 삭제요구권과 별개로 이른 바 '잊힐 권리'의 도입 논의가 국내에서도 있어 왔다. 그러나 잊힐 권리의 개념적 모호함과 더불어 관점에 따라 다양한 형태로 논의되어 왔던 관계로 독자적인 개념 정립과 필요성에 대한 공감대가 잘 형성되지 않았다고 할 수 있다. 실제에 있어서 잊힐 권리는 사망한 자의 정보의 공개를 허용할 것인지의 문제에서 시작하여 사망한 자에 관한 정보를 적극적으로 어떻게 처리할 것인지의 논의(소위 '디지털 유산'의 문제), 현재 살아 있는 자에 관한 개인정보의 삭제를 청구할 수 있는지에 대한 논의(개인정보자기결정권의 문제), 언론에 게재된 개인에 관한 기사의 삭제를 청구할 수 있는가의 논의(기사삭제요구권의 문제) 또는 인터넷 게시판에 게시된 타인의 글에 대한 삭제를 청구할 수 있는가의 논의(게시글 삭제요구권의 문제) 등의 형태로 논란이 된다.[33] 따라서 이를 하나의 개념으로 파악하기 보다는 각 논의별로 권리 인정 여부에 대한 검토가 이루어지는 것이 바람직하다.

> **디지털 유산**
>
> 디지털 유산의 의미에 대해서는 다양한 견해가 가능하나 대체로 '사자(死者)가 남겨놓은 재산 중 디지털 형태로 이루어진 것'을 의미하는 것으로 파악할 수 있고, 사망 시 보유하고 있던 디지털 형태로 존재하는 재산에 대한 권리나 의무를 사후에 누구에게 승계하도록 할 것인가가 핵심적인 쟁점이 된다.[34] 그중 개인정보와 관련해서는 사망한 자의 개인정보를 어떻게 처리할 것인지가 논의되는데, 그동안 발의되었던 관련 법안 중에는 정보통신망법에 정보통신서비스 제공자 등은 사망한 이용자의 상속인이 요청하는 경우 보유하고 있는 사망자의 개인정보에 관한 목록을 그 상속인에게

---

33) 최경진, "잊혀질 권리 - 개인정보 관점에서", 정보법학, 제16권 제2호, 2012, 100면.

통보하고, 목록을 통보받은 상속인의 요청에 따라 정보통신제공자 등은 사망자의 개인정보를 즉시 파기하거나 필요한 보호조치를 하여야 하는 의무 규정을 두어 사망자의 개인정보를 보호하기 위한 절차적 규정을 마련하고자 한 것이 있다.[35] 결국 개인정보와 관련한 디지털 유산 논의는 사망자의 개인정보를 상속인이 삭제 등으로 처리할 수 있도록 함으로써 사망자의 개인정보가 방치되어 도용되는 위험을 방지하고자 하는데 그 취지가 있는 것으로 이해된다. 그러나 개인정보보호법상 개인정보는 '살아있는 개인에 관한 정보'임을 전제로 하고 있어 사망자의 개인정보는 개인정보보호법상 보호의 대상에서 제외되는데, 이에 대한 처리 권한을 상속인에게 부여하는 것은 결국 사망자의 개인정보를 계속 보호의 대상으로 규율한다는 것이어서 개인정보보호 체계와 부합하지 않을 뿐만 아니라 과연 사망자의 개인정보를 보호의 대상으로 봐야 할 필요가 있는지도 의문이다. 다만 정보주체가 사망 전에 자신이 사망한 후 자신의 개인정보에 대한 처리를 정하는 경우에는 개인정보자기결정권의 내용으로 포섭될 여지는 있다.

2. CJEU의 잊힐 권리 판결

유럽연합(EU)의 최고법원인 CJEU는 검색 서비스인 구글(Google)의 검색결과에서 특정인의 개인정보와 관련된 링크의 삭제를 명할 수 있다는 판결을 내린 바 있다.[36] 위 판결[37]은 이른 바 '잊힐 권리(the right to be forgotten)'에 관한 것으로, 핵심적인 내용은 다음 두 가지이다.

① 검색엔진이 정보를 찾고, 이를 자동적으로 인덱싱(indexing)하고, 일시적으로 저장하여 일정한 우선순위에 따라 인터넷 이용자에게 정보를 제공하는 것은 개인정보보호지침[38] 제2조 (b)항에서 규정하는 '개인정보처리(processing of personal data)'에 해당하고, 검색엔진의 운영자는 같은 조 (d)항에서 규정하는 '개인정보처리자(controller)'에 해당한다. 따라서 검색

---

34) 최경진, "디지털 유산의 법적 고찰 – 온라인유산의 상속을 중심으로", 경희법학, 제46권 제3호, 2011, 255면.
35) 2010. 7. 12. 발의 의안번호 8831.
36) 스페인의 변호사인 Costeja Gonzalez는 2010. 3. 5. 스페인의 개인정보보호원인 AEPD(Agencia Española de Protección de Datos)에 '구글 검색에서 내 이름을 치면 나의 부채와 그로 인한 부동산 강제경매에 관한 1998년도 신문기사가 검색결과로 뜨는데 이미 오래 전의 일이고 부채도 모두 청산되었음에도 계속 그 기사를 검색결과에서 보여주는 것은 적절하지 않다'는 이유로 그 기사를 실은 La Vanguardia 신문사와 검색서비스를 제공하는 구글 및 구글 스페인을 상대로 위 기사의 삭제와 검색결과의 제거 또는 차단조치를 이행할 것을 요구하였다. APED는 위 기사는 경매 정보를 제공하기 위한 적법한 기사라는 이유로 La Vanguardia에 대한 기사 삭제청구는 기각하였다. 그러나 구글과 구글 스페인은 검색엔진의 운영자로서 개인정보를 처리(Processing)한 것이고, 그 정보가 개인정보주체의 기본권과 존엄성을 해치는 것으로 개인정보주체가 그 사실이 제3자에게 알려지지 않는 것을 원한다면 원 기사의 삭제 여부에 상관없이 검색결과에서 이를 제거하여야 한다면서 신청인의 신청을 받아들이는 결정을 하였다. 구글과 구글 스페인은 위 결정에 대하여 스페인 고등법원에 이의를 제기하였다. 위 법원은 심리도중 위 결정의 기초가 된 1995년에 제정된 DPD가 그 후에 등장한 기술인 인터넷 검색에 적용될 수 있는지에 대한 해석을 CJEU에 구하였고 그에 대한 판단이 이 판결이다.
37) http://curia.europa.eu/juris/document/document.jsf?text=&docid=152065&pageIndex=0&doclang=en&mode=lst&dir=-&occ=first&part=1&cid=243691
38) http://eur-lex.europa.eu/legal-content/EN/TXT/?uri=CELEX:31995L0046

서비스를 제공하는 구글은 개인정보보호지침의 규제대상이 된다.

② 개인정보보호지침은 제6조 제1항 c 내지 e호에서 처리되는 개인정보는 처리목적에 적절하고(adequate), 관련성 있고(relevant), 과도하지 않아야 하며(not excessive), 정보의 정확성(accurate)과 최신성(up to date)이 유지되어야 하고, 수집 및 처리목적에 비추어 필요한 기간을 초과하여 식별성 있는 상태로 보관되어서는 안 된다고 규정하고 있다. 기사에 담긴 정보가 정보주체의 민감한 사생활에 관한 것이고 처음 게재된 뒤로 16년이 흘렀으므로 애초에 수집 단계에서는 위 조건들을 충족하였더라도 시간이 흐르면서 이에 부합하지 않게 되었다. 따라서 개인정보주체는 개인정보보호지침에 부합하지 않는 데이터 처리에 대하여 수정, 삭제, 차단청구권을 허용하고 있는 제12조 b호에 따라 검색결과의 삭제를 요구할 수 있다. 다만, 문제되는 정보에 따라서는 해당 정보를 검색 결과로부터 제거하는 것이 해당 정보의 접근에 대하여 잠재적으로 이익을 가지는 인터넷 이용자의 합법적 이익에 영향을 미칠 수도 있으므로 그러한 이익과 개인정보주체의 기본적 권리 사이의 공정한 균형이 필요하다.

위 판결은 개인정보가 그 처리 목적과 경과된 시간의 측면에서 부적당하거나 전혀 무관하거나 더 이상 관련이 없는 경우에도 EU 개인정보보호지침을 위반한 것으로 판단함으로써 개인정보보호지침에 의한 삭제권의 요건을 좀 더 확대한 것이라 할 수 있다.[39] 다만 이러한 삭제권은 절대적인 권리인 것은 아니고 공중의 우월한 이익에 의해서 정보주체의 기본권에 대한 간섭이 정당화 되는 경우 비교 형량을 통하여 삭제권이 제한될 수도 있음을 명확히 하였다.[40]

3. GDPR의 삭제권(잊힐 권리)

GDPR은 Article 16에서 정정권(Right to rectification)을 규정하는 한편, Article 17에서 삭제권

---

39) 수년 동안 계속 논쟁거리였던 잊힐 권리에 대한 EU 최고재판소의 판단이라는 점에서도 의미가 있지만, 위 판결에서 특히 주목해야 할 부분은 구글과 같은 검색 서비스 사업자를 개인정보처리자로 해석한 부분이다. 이는 ICT가 도래케 한 정보화 시대가 이제 새로운 국면을 맞이하고 있음을 시사한다. 지금까지 검색 결과의 적정성은 검색 품질의 문제일 뿐이지 그 자체가 사법적 심사의 대상으로 다루어지지는 않았다. ICT의 발달로 오랜 세월을 통해 축적되어 온 정보들에 대한 자유로운 접근이 보장되고 효율적인 정보처리로 다룰 수 있는 정보의 양이 확대된 것만으로도 우리의 삶은 큰 변화를 맞이하였고, 이를 큰 비용 없이 누리게 해준 ICT 산업의 기여는 높은 평가를 받아왔다. 하지만 정보화 사회가 고도화 되면서 이제 사람들이 요구하는 정보화는 단순히 정보축적과 접근성의 무한정 확대라는 단계에서 "적절하고 관련성 있는 정보"에 대한 접근을 보장하는 단계로 넘어가고 있는 것으로 보인다. 이는 기술적 수준에서의 업그레이드를 요구하는 것일 뿐만 아니라 정보화가 갖는 가치와 역할, 그리고 부작용에 대한 사회적 합의를 재정립하겠다는 것을 의미한다. 위 판결은 이 점을 본격적으로 다룬 것이고, 그에 대한 법리로 개인정보보호 법리를 원용한 것이다.

40) 최경진, "잊혀질 권리에 관한 유럽사법재판소 판결의 유럽 법제상 의미와 우리 법제에 대한 시사점", 법학논총, 제38권 제3호, 2014, 79면.

(Right to erasure) 또는 잊힐 권리(Right to be forgotten)인 정보주체의 권리를 규정하고 있다.

그중 삭제권(잊힐 권리)은 EU 개인정보보호지침의 삭제권 규정에 CJEU의 위 판결 내용을 반영하여 좀 더 구체적으로 행사 요건을 정하는 한편, 이익형량으로 삭제권을 제한할 수 있는 사유들을 규정하여 정보주체의 잊힐 권리와 다른 법익과의 균형을 꾀하고 있다. 즉, 정보주체는 본인에 관한 개인정보를 삭제하도록 개인정보처리자에게 요청할 권리를 가지며, 개인정보처리자는 ① 개인정보가 수집되거나 처리되는 목적에 더 이상 필요하지 않은 경우, ② 개인정보주체가 개인정보 처리의 기반이 되는 동의를 철회하고 해당 처리에 대한 기타의 법적 근거가 없는 경우, ③ 개인정보주체가 제21조 (1)에 따라 처리에 반대하고 관련 처리에 대해 우선하는 정당한 근거가 없거나, 개인정보주체가 제21조 (2)에 따라 처리에 반대하는 경우, ④ 개인정보가 불법적으로 처리된 경우, ⑤ 개인정보처리자에 적용되는 유럽연합 또는 회원국 법률의 법적 의무를 준수하기 위해 개인정보가 삭제되어야 하는 경우, ⑥ 아동에게 직접 제공되는 정보사회서비스의 제공과 관련하여 개인정보가 수집된 경우에 해당하면 부당한 지체없이 개인정보를 삭제할 의무를 부담한다.

그러나 이러한 개인정보주체의 삭제권은 개인정보처리가 ① 표현과 정보의 자유에 대한 권리의 행사, ② 개인정보처리자에 적용되는 유럽연합 또는 회원국 법률의 법적 의무를 준수하는 데 처리가 요구되거나, 공익 또는 개인정보처리자에게 부여된 공적 권한의 행사를 위한 업무 수행을 위한 경우, ③ 제9조(3), 제9조(2)의 (h)호 및 (i)호에 따른 공중보건 분야의 공익상의 이유인 경우, ④ 제89조(1)에 따른 공익적 기록보존 목적, 과학적 또는 역사적 연구 목적, 통계적 목적에 해당하는 경우로서, 제1항의 권리가 그 처리의 목적 달성을 불가능하게 하거나 중대하게 손상시킬 것으로 예상되는 경우, ⑤ 법적 권리의 확립, 행사 또는 방어를 위한 경우에는 처리가 필요한 경우에는 적용되지 않는다고 규정하고 있다.

제 4 절
개인정보의 처리정지 등

I. 정보주체의 처리정지 요구권 및 동의 철회권

정보주체는 개인정보처리자에 대하여 자신의 개인정보 처리의 정지를 요구하거나 개인정보 처리에 대한 동의를 철회할 수 있다(법 제37조 제1항 제1문). 본 조에 따른 정보주체의 권리는 "처리정지 요구권"과 "동의 철회권"으로 구분될 수 있으며 그 적용 범위에 있어서 차이가 존재한다. "처리정지 요구권"은 개인정보처리 활동에 대한 정지를 요구하는 것으로 동의 철회권보다 적용 범위가 더 넓으며, 정보주체 자신이 처리에 동의한 개인정보가 아니라고 하더라도 개인정보처리자가 처리하고 있는 정보주체에 관한 모든 개인정보의 처리정지를 요구할 수 있다. 반면, "동의 철회권"은 정보주체 자신이 처리에 동의했던 개인정보의 처리에 대하여 동의를 철회하는 경우에 적용되므로 그 적용 범위가 보다 제한적이다. 정보주체는 처리정지 요구 혹은 동의 철회의 구체적인 이유를 소명할 필요가 없으며 언제든지 개인정보처리자에 대하여 처리정지 요구 및 동의 철회가 가능하다.

한편, 정보주체가 공공기관에 대하여 자신의 개인정보에 대한 처리의 정지를 요구하거나 개인정보 처리에 대한 동의를 철회하는 경우에는 제32조에 따라 보호위원회에 등록 대상이 되는 개인정보파일 중에 포함된 자신의 개인정보에 대해서만 처리정지를 요구하거나 동의를 철회할 수 있다(법 제37조 제1항 제2문). 따라서 법 제32조 제2항 각 호의 파일에 포함되어 있는 개인정보에 대해서는 처리정지 요구권 및 동의 철회권을 행사하지 못한다.[41]

---

41) 법 제32조 제2항
  1. 국가 안전, 외교상 비밀, 그 밖에 국가의 중대한 이익에 관한 사항을 기록한 개인정보파일
  2. 범죄의 수사, 공소의 제기 및 유지, 형 및 감호의 집행, 교정처분, 보호처분, 보안관찰처분과 출입국관리에 관한 사항을 기록한 개인정보파일
  3. 「조세범처벌법」에 따른 범칙행위 조사 및 「관세법」에 따른 범칙행위 조사에 관한 사항을 기록한 개인정보파일
  4. 일회적으로 운영되는 파일 등 지속적으로 관리할 필요성이 낮다고 인정되어 대통령령으로 정하는 개인정보파일
  5. 다른 법령에 따라 비밀로 분류된 개인정보파일

Ⅱ. 개인정보의 처리정지 및 동의 철회의 방법 및 절차

정보주체는 개인정보처리자에게 자신의 개인정보 처리의 정지를 요구하려는 경우 개인정보처리자가 마련한 방법과 절차에 따라 요구하여야 한다. 그 방법과 절차는 법 제35조 제1항에 따른 열람 요구 방법과 절차와 동일하다(시행령 제44조 제1항, 제41조 제2항). 즉, 개인정보처리자가 처리정지의 방법과 절차를 마련하는 경우에는 개인정보를 수집한 방법과 절차에 비하여 어렵지 아니하도록 하는 등 시행령 제41조 제2항에 따른 사항을 준수하여야 한다[이와 관련하여 자세한 내용은 제35조(개인정보의 열람) 해설 및 아래 참고].[42]

정보주체가 개인정보 처리에 대한 동의를 철회하는 방법과 절차 역시 위 개인정보 처리정지의 경우와 동일하게 개인정보를 수집한 방법과 절차에 비하여 어렵지 아니하여야 한다고 해석되어야 한다. 또한, 개인정보 처리방침에는 정보주체의 권리 및 그 행사방법에 관한 사항을 정하여 공개하여야 한다는 점(법 제30조 제1항 제5호 참고)을 고려할 때, 동의 철회 요구 방법을 포함한 권리 행사 방법은 정보주체가 언제든지 쉽게 확인할 수 있도록 개인정보 처리방침을 통해 안내하는 것이 바람직할 것이다.

가령, 정보주체가 웹사이트 회원가입을 위해 개인정보를 제공했다면 회원에서 탈퇴하는 행위는 개인정보 이용에 대한 동의를 철회한 것으로 볼 수 있다. 이때 인터넷 홈페이지를 운영하는 개인정보처리자는 통상적으로 회원탈퇴 메뉴를 설정하는 방식으로 동의 철회 의사를 표시하는 절차를 마련할 수 있으며, 이러한 동의 철회 시의 방법과 절차는 최소한 회원가입 시의 방법과 절차와 비교하여 동일하거나 보다 쉬워야 한다.

일반적으로 동의 철회 등 권리 행사 방법이 수집 시와 동일한 방법으로 제공되고 이에 더하여 추가적인 조치가 제공되는 경우 더 쉬운 방법으로 인정될 수 있다. 이 경우 추가적인 조치로는 접근매체의 확대(전화, ARS, 이메일 등을 통한 권리 행사도 가능하도록 조치), 권리 행사 메뉴의 다양화(철회 메뉴를 메인화면 외에 개인정보 처리방침, 나의 개인정보, 해당 서비스의 게시판 등에서도 언제든지 쉽게 발견하고 신청할 수 있도록 조치) 등을 고려할 수 있다.

Ⅲ. 개인정보의 처리정지 요구 및 처리정지 요구의 거부사유

개인정보처리자는 개인정보 처리정지 요구를 받았을 때에는 지체없이 정보주체의 요구에 따라 개인정보 처리의 전부를 정지하거나 일부를 정지하여야 한다. 개인정보처리자는 처리정지

---

42) 시행령 제41조 제2항
  1. 서면, 전화, 전자우편, 인터넷 등 정보주체가 쉽게 활용할 수 있는 방법으로 제공할 것
  2. 개인정보를 수집한 창구의 지속적 운영이 곤란한 경우 등 정당한 사유가 있는 경우를 제외하고는 최소한 개인정보를 수집한 창구 또는 방법과 동일하게 개인정보의 처리정지를 요구할 수 있도록 할 것
  3. 인터넷 홈페이지를 운영하는 개인정보처리자는 홈페이지에 처리정지 요구 방법과 절차를 공개할 것

요구에 대한 예외 혹은 거부 사유가 없는 한 처리정지를 하여야 하는데, 처리정지를 요구받은 대상 처리 유형만을 정지하는 것으로 충분하지만, 특정 처리 유형의 정지만으로는 그 처리정지 요구를 이행할 수 없는 경우에는 처리의 전부를 정지하여야 한다.[43] 이 경우 개인정보처리자는 개인정보 처리정지 요구를 받은 날부터 근무일 기준 10일 이내에 처리정지 조치를 한 사실을 적은 개인정보 처리정지 요구에 대한 결과 통지서(개인정보 처리 방법에 관한 고시 제3조 제5항 별지 제10호 서식)로 해당 정보주체에게 알려야 한다(시행령 제44조 제2항).

개인정보처리자가 정보주체로부터 개인정보 처리정지 요구를 받았을 때 법 제37조 제2항 각 호의 어느 하나에 해당하는 경우에는 정보주체의 처리정지 요구를 거절할 수 있다.[44] 이 경우 개인정보처리자는 정보주체로부터 개인정보 처리정지 요구를 받은 날부터 근무일 기준 10일 이내에 처리정지 요구를 거절하기로 한 사실 및 그 이유와 이의제기 방법을 적은 개인정보 처리정지 요구에 대한 결과통지서(개인정보 처리 방법에 관한 고시 제3조 제5항 별지 제10호 서식)로 해당 정보주체에게 알려야 한다(법 제37조 제4항, 시행령 제44조 제2항).

법 제37조 제2항 각 호는 동의 철회의 경우에도 적용되므로, 개인정보처리자는 각 호에 해당하는 경우 동의 철회에 따른 파기 등 조치를 하지 아니할 수 있으며(법 제37조 제3항 단서), 이 경우에도 정보주체에게 지체없이 그 사유를 알려야 한다(법 제37조 제4항).

IV. 개인정보의 일부에 대한 처리정지 요구 및 동의 철회

정보주체가 개인정보의 "일부"에 대하여만 처리정지 요구 혹은 동의 철회를 한 경우가 문제될 수 있다. 이때 위에서 설명한 바와 같이 "특정 처리 유형의 정지만으로는 그 처리정지 요구를 이행할 수 없는 경우에는 처리의 전부를 정지하여야" 하는 것이 원칙이므로, 일부 처리정지가 불가능할 경우 개인정보 전부의 처리를 정지하여야 한다는 견해가 있을 수 있다.

이와 달리, 위에서 설명한 바와 같이 법 제37조 제2항 제4호에 의하면, "개인정보를 처리하지 아니하면 정보주체와 약정한 서비스를 제공하지 못하는 등 계약의 이행이 곤란한 경우로서 정보주체가 그 계약의 해지 의사를 명확하게 밝히지 아니한 경우"에는 정보주체의 개인정보 처리정지 요구를 거부할 수 있으며, 해당 조항이 개인정보의 일부 처리정지 요구에도 해당한다고 해석하는 것이 합리적이므로, 일부 개인정보의 처리정지 시 계약의 이행이 곤란한 경우에 해당

---

43) 개인정보 보호 법령 및 지침·고시 해설(2020), 382면.
44) 법 제37조 제2항
  1. 법률에 특별한 규정이 있거나 법령상 의무를 준수하기 위하여 불가피한 경우
  2. 다른 사람의 생명·신체를 해할 우려가 있거나 다른 사람의 재산과 그 밖의 이익을 부당하게 침해할 우려가 있는 경우
  3. 공공기관이 개인정보를 처리하지 아니하면 다른 법률에서 정하는 소관 업무를 수행할 수 없는 경우
  4. 개인정보를 처리하지 아니하면 정보주체와 약정한 서비스를 제공하지 못하는 등 계약의 이행이 곤란한 경우로서 정보주체가 그 계약의 해지 의사를 명확하게 밝히지 아니한 경우

한다면 정보주체의 일부 개인정보 처리정지 요구를 거부할 수 있다는 견해가 존재한다. "예외 혹은 거부 사유가 없는 한" 처리정지를 하여야 하는 것이 원칙인데, 이 경우 제4호의 거부 사유가 존재하기 때문에 처리정지 요구를 수용하지 않을 수 있다는 것이다. 개인정보의 "전부"에 대한 처리정지 요구 시 계약의 이행이 곤란한 경우임은 당연한 결론이므로 제4호가 적용되어 거부 사유가 될 것인데, 이 견해에 따라 개인정보의 "일부"에 대한 처리정지 요구 시에도 제4호가 적용된다고 해석하여야만 거부 사유의 하나로서 제4호의 의미가 보다 분명해진다고 볼 수 있을 것으로 생각된다.

이와 관련하여서는 개인정보에 대한 처리근거로서의 동의 관련 원칙으로 돌아가, 개인정보의 수집 항목에는 계약의 이행에 반드시 필요한 필수적 동의사항과 그렇지 아니한 선택적 동의사항이 존재한다는 점을 상기할 필요가 있다. 이때 정보주체가 처리정지를 요구한 개인정보의 "일부"가 어느 항목에 해당하는지 살펴보아야 할 것인데, ① 선택적 동의사항인 개인정보에 대한 처리정지 요구를 한 경우에는 해당 선택항목을 처리하지 아니하면 정보주체와 약정한 서비스를 제공하지 못하는 등 계약의 이행이 곤란한 경우라고 보기 어려우므로 처리정지 요구에 응하여야 할 것이지만, ② 필수적 동의사항인 개인정보에 대한 처리정지 요구를 한 경우에는 해당 필수항목을 처리하지 아니하면 정보주체와 약정한 서비스를 제공하지 못하는 등 계약의 이행이 곤란한 경우에 해당하므로, 정보주체에게 계약의 해지 의사가 존재하는지를 검토해보아야 할 것이다.

아울러, 신용정보법 제37조 제1항 단서에 의하면, 신용정보주체가 개인신용정보 제공 동의를 철회한 경우, 해당 개인신용정보를 제공하지 아니하면 해당 신용정보주체와 약정한 용역의 제공을 하지 못하게 되는 등 계약 이행이 어려워지는 경우 등에는 고객이 동의를 철회하려면 그 용역의 제공을 받지 아니할 의사를 명확하게 밝혀야 한다고 규정하고 있다는 점을 참고할 수 있다. 따라서 정보주체가 개인정보의 전부 또는 일부에 대한 처리정지를 요구하거나 동의를 철회하면서 관련 계약에 따른 서비스 제공을 받지 아니할 의사를 명확하게 밝히지 않았다면, 요건을 갖춘 처리정지 요구 혹은 동의 철회를 하였다고 보기 어려우므로, 개인정보처리자가 이에 응하지 않았다 하더라도 위법하다고 보기 어려울 것으로 생각된다.

"계약의 이행이 곤란한 경우"인지 여부에 대한 검토에 더하여, "계약의 해지 의사를 명확하게 밝힌 경우"에 해당하는지 여부, 즉 처리정지 요구와 관련한 정보주체의 진의를 파악하는 것이 중요할 것으로 생각된다. 즉 개인정보처리자는 정보주체의 진의를 확인하기 위하여 개인정보처리자와 정보주체 간 계약의 해지 의사를 명확히 밝히도록 하는 것이 바람직할 것이고, 해지 의사가 있는 경우 개인정보를 전부 처리정지하여야 하며, 해지 의사가 없는 경우 해당 처리정지 요구를 거부할 수 있을 것이다.

V. 처리정지 요구권 및 동의 철회권 행사에 대한 파기 등 필요한 조치

개인정보처리자는 정보주체의 요구에 따라 처리가 정지된 개인정보에 대하여 지체없이 해당 개인정보의 파기 등 필요한 조치를 하여야 한다(법 제37조 제5항). 개인정보의 파기 이외의 필요한 조치로는 해당 개인정보를 이용 또는 제공하지 않도록 해당 개인정보를 분리하여 별도의 개인정보파일(예를 들면, 처리정지 개인정보파일)에 분리·보관하는 것이나 해당 개인정보가 처리정지된 목적을 달성하는데 해가 되지 않는 범위 내에서 이용 또는 제공할 수 있도록 제한 설정 등이 있으며, 개별적인 사안에서 정보주체가 요구한 처리정지의 목적을 달성하기에 적합한 최적의 조치를 취하여야 한다. 개인정보처리자는 정보주체가 동의를 철회한 때에도 역시 지체 없이 수집된 개인정보를 복구·재생할 수 없도록 파기하는 등 필요한 조치를 하여야 한다(법 제37조 제3항).

여기서 '지체없이'란 합리적 이유와 근거가 없는 한 곧바로 조치하는 것을 말한다. 예를 들어, 정보주체가 회원 탈퇴(동의 철회) 신청을 하는 경우 수집된 개인정보를 복구·재생할 수 없도록 파기하는데 걸리는 시간을 감안하여 정보주체의 회원 탈퇴 신청에 대한 조치를 할 수 있다[개인정보를 복구·재생할 수 없는 파기 방법에 대해서는 제21조(개인정보의 파기) 해설 참고].

VI. 다른 법률과의 관계

신용정보법에서는 개인정보 처리정지에 대하여 별도의 규정을 마련하고 있지 않으므로, 일반법인 개인정보보호법이 적용된다.

VII. 가명정보의 적용 제외

가명정보에는 이름, 연락처 등 개인을 알아볼 수 있는 정보가 포함되어 있지 않으므로 정보주체는 가명정보에 대하여 법 제37조에 따른 처리정지 요구권을 행사할 수 없다(법 제28조의7).

다만, 정보주체는 자신의 정보가 가명정보로 처리되기 이전에는 자신의 개인정보에 대한 가명처리 정지를 요구할 수 있다는 것이 보호위원회의 확립된 입장이자 학계의 다수설이다. 즉 개인정보처리자는 정보주체의 가명처리 정지를 요구받았을 때에는 지체없이 해당 정보주체의 개인정보 처리의 전부 또는 일부를 정지하여야 하며, 가명처리 대상 정보에서 해당 정보주체의 정보를 제외하여야 한다. 그러나 이미 해당 정보주체의 개인정보가 가명처리된 경우에는 가명처리 정지 요구가 적용되지 않으며, 해당 정보주체의 개인정보에 대해서는 향후 통계작성, 과학적 연구, 공익적 기록보존 등 목적으로 가명처리가 이루어지지 않도록 처리하여야 한다(가명정보 처리 가이드라인 66면 참고).[45]

---

45) 개인정보보호위원회, "가명정보 처리 가이드라인", 2022, 66면.

이와 관련하여 최근 시민단체들이 SKT를 상대로 가명처리의 정지를 요구한 사안에서, 1심 재판부는 식별가능정보를 가공하여 가명정보로 만드는 '가명처리' 행위 역시 법상 개인정보의 처리에 해당한다면서, 원고들은 개인정보 처리정지요구권의 행사로써 본인 정보에 대한 가명처리의 정지를 요구할 수 있다고 판단하였다.[46]

그러나 이러한 1심 판결에 대하여, 가명처리의 이익 및 그 금지이익 간 법익형량에 관하여는 실질적인 검토를 하지 아니하고 단지 기본권의 최소침해 원칙을 언급하면서 "식별가능정보의 가명처리에 대한 정보주체의 처리정지 요구권의 행사를 원천적으로 제한함으로써 침해되는 정보주체의 사익이 그로 인하여 얻을 수 있는 공익에 비하여 결코 작다고 단정할 수 없다"고 설시하는 데 그쳤다는 비판론도 존재한다.[47] 즉 '가명처리거부권'은 현행법의 해석론으로써 도출되기 어려울 뿐만 아니라, 그러한 정보주체의 거부권 행사에 따른 이익에 비하여 개인정보를 가명처리하여 얻어지는 사회경제적 이익이 더 우위에 있다는 점에서 입법론으로도 찬성하기 어렵다는 입장이다.

위와 같은 입장에 의하면, '가명처리거부권'은 현행 개인정보 처리정지요구권에 관한 법규정의 해석을 통하여 도출되기 어려우며, 이를 인정하기 위해서는 광고목적 별도동의 의무화 또는 완전 자동화된 결정에 대한 거부권처럼 별도의 입법이 필요하다. 법 제37조에 따른 개인정보 처리정지요구권은 본인 정보의 전부 또는 일부 항목을 어떠한 목적으로도 처리하지 말고 파기해달라는 권리일 뿐, 본인 정보를 특정 목적으로만 처리하고 다른 목적으로는 처리하지 말라고 요구할 권리를 부여하는 취지는 아니기 때문이다.

설령 향후 '가명처리거부권'의 입법론이 논의된다 하더라도, 이 경우 ① '가명처리거부권' 행사에 응하지 아니하고 그 개인정보를 가명정보로 변환하여 버린 경우 이를 적발하는 것이 곤란하고, ② 개인정보가 적법하게 제3자에게 제공된 경우 그 수령자에게까지 '가명처리거부권'의 효력이 미치는지 여부 등 인적 범위가 불분명하며, ③ 법익형량의 관점이 결여되어 있다는 점에서 찬성하기 어렵다는 입장이다.

법익형량과 관련하여 구체적으로는 가명정보가 재식별될 현실적 위험이 어느 정도인지, 가명정보를 통계모수나 인공지능 학습데이터 등으로 활용함으로써 얻어지는 사회적 편익과 비교하면 어떠한지 등을 반드시 고려하여 법익형량을 해야 한다는 것이다. 많은 경우 가명처리는 통계의 모수나 인공지능 학습데이터 등을 확보하기 위하여 필수적인 전처리 단계로서 자리잡고 있는바, 가령 복수 기관으로부터 취합하여 가명결합한 데이터를 학습데이터로 쓰는 인공지능의 경우, 다수의 사람들이 불매운동 등의 방식으로 '가명처리거부권'의 행사에 참여한다면

---

46) 서울중앙지방법원 2023.1.19. 선고 2021가합509722 판결.
47) 전승재, "인공지능 시대 개인정보에 관한 통계처리거부권·가명처리거부권의 인정가부 – 서울중앙지법 2022. 11. 17. 2021가합509722 판결에 관하여", 은행법연구, 제16권 제1호, 2023, 193-231면.

그 인공지능 모형은 상당히 편향될 수밖에 없기 때문이다.

참고로 EU의 GDPR에서는 '가명처리거부권'에 관한 명시적인 조항을 두고 있지는 않은데, 이는 GDPR에서 가명처리는 안전조치 중 하나에 불과하기 때문인 것으로 보인다. 요컨대, EU에서 가명처리는 안전조치 수단 중 하나에 불과하므로 그러한 중간적 조치인 가명처리 자체를 놓고 정보주체가 금지청구를 할만한 사례는 상정하기 어렵다.

VIII. 위반 시 제재

개인정보의 처리정지 요구에 따라 처리를 정지하지 않고 계속 이용하거나 제3자에게 제공한 경우 2년 이하의 징역 또는 2천만 원 이하의 벌금이 부과될 수 있으며(법 제73조 제1항 제2호), 처리정지 혹은 동의가 철회된 개인정보에 대해 파기 등의 조치를 하지 않은 경우에는 3천만 원 이하의 과태료가 부과될 수 있다(법 제75조 제2항 제23호). 아울러 정보주체의 처리정지 요구 거부 혹은 동의 철회에 따른 조치를 하지 아니하였을 때 통지의무를 불이행한 경우 1천만 원 이하의 과태료가 부과될 수 있다(법 제75조 제4항 제10호).

제 5 절
자동화된 결정에 대한 정보주체의 권리 등

데이터 분석 기술이 발전함에 따라 개인정보에 대한 자동화된 처리 및 이를 통한 개인(정보주체)의 행동 분석·예측·평가가 가능해졌다. 이는 의사결정의 일관성을 보장하고 개인별 맞춤형 서비스를 가능케 함으로써 사회적으로 상당한 혜택을 가져오고 있는 반면, 특정인에 대한 낙인·차별 등 새로운 형태의 프라이버시 위험과 기본권 침해를 불러올 수 있다는 문제도 함께 제기되고 있다. 이에 자동화된 결정에 대한 정보주체의 대응권을 보장하기 위해 법이 일부 개정되어 법 제37조의2(자동화된 결정에 대한 정보주체의 권리 등)가 신설되었다.[48]

Ⅰ. 완전히 자동화된 결정에 대한 정보주체의 거부권

정보주체는 완전히 자동화된 시스템(인공지능 기술을 적용한 시스템을 포함)으로 개인정보를 처리하여 이루어지는 결정(이하 "자동화된 결정"이라 한다)이 자신의 권리 또는 의무에 중대한 영향을 미치는 경우 개인정보처리자에 대해 해당 결정을 거부할 수 있다(법 제37조의2 제1항 본문).

1. 완전히 자동화된 결정

완전히 자동화된 시스템은 인간의 개입 없이 개인정보가 처리되고, 그에 따른 의사결정(이를 "자동화된 결정"이라 한다)이 내려지는 시스템을 의미한다. 이는 인간의 의사결정을 보조하기 위한 도구로써 활용되고 있는 시스템(예를 들어, ERP 시스템과 같이 기업 내에서의 의사결정을 지원하는 자동화된 정보처리 시스템)이나 일부 프로세스만 자동화되어 있는 시스템(예를 들어, 정보처리 또는 의사결정 단계에서 인간 관리자가 지시, 명령, 값을 입력하여야 하는 시스템)과는 구분된다. 요컨대, 어떠한 자동화된 시스템이 '완전히' 자동화된 시스템에 해당한다고 볼 수 있는지는 '인적 개입'을

---

48) 최경진 편, "인공지능과 개인정보보호법"(최경진 집필부분), 인공지능법, 박영사, 2024, 240-244면은 자동화된 결정이 도입된 취지나 입법과정에서의 논의 등을 고려하여 자동화된 결정의 범위 및 정보주체의 권리의 구체적인 내용에 대하여 구체적이고 명료한 해석을 제시하여야 법 제37조의2의 실효성을 확보할 수 있다고 설명하면서, 동조의 취지를 완전히 자동화된 시스템에 의한 개인정보처리의 투명성 확보에 초점을 맞추고 있다.

어디서부터 인정할 수 있는지와 긴밀히 관련되어 있다.

이와 관련하여는, 인간이 자동화된 시스템의 개인정보 처리와 그에 따른 의사결정에 어떻게 든 관여하기만 하면, 그 관여 내용이나 정도와 관계 없이 더 이상 '완전히' 자동화되었다고는 볼 수 없다는 견해와, 형식적 관여만으로는 '인적 개입'이 이루어졌다고 볼 수 없다는 견해가 있을 수 있다(이는 아래 Ⅲ. 1.에서 좀 더 상세히 살펴보기로 한다). 또한, 시스템 설계 및 구성 그 자체는 인간의 관여를 허용하고 있음에도, 실제 의사결정 시에는 인간의 관여가 전혀 이루어지지 않았을 때에도 완전히 자동화된 시스템에 의한 의사결정이라고 볼 수 있는지에 대한 의문이 있을 수도 있다. 그러나 본 조 제3항에서는 정보주체가 거부권을 행사할 때 '인적 개입에 의한 재처리' 등 필요한 조치를 할 의무를 규정하고 있어, 이를 고려하면 인간의 개입 가능성이 있었다는 점만으로는 완전히 자동화된 시스템에 해당하지 않는다고 보기 어려운 측면이 있다.

법 제37조의2 제1항에 따르면, 완전히 자동화된 시스템은 인공지능 기술을 적용한 시스템을 포함한다. 일반적으로 인공지능 기술은 컴퓨터 시스템으로 인지·추론능력을 구현하는 것을 목적으로 한 매우 광범위한 기술군을 의미하므로, 본 조항의 적용 범위 또한 매우 광범위할 수 있음을 알 수 있다. 다만, 인공지능 기술이 적용되었다고 하더라도 반드시 개인정보의 처리와 의사결정에서 인간의 관여가 이루어지는 것은 아니므로, 실제 본 조가 적용되는 인공지능 시스템은 제한적일 것으로 생각된다. 결국 완전히 자동화된 시스템에서 최종적인 의사결정이 인간의 개입으로 이루어지는 경우, 최종적인 인간의 개입이 형식적인 것이 아닌 한, 이를 두고 완전히 자동화된 의사결정에 해당된다고 보기는 어려울 것이다.

한편, 국가, 지방자치단체의 기관 등 행정청은 처분에 재량이 있는 경우가 아닌 이상 법률로 정하는 바에 따라 완전히 자동화된 시스템으로 처분을 발령할 수 있다(행정기본법 제20조). 공공기관(국회, 법원, 헌법재판소, 중앙선거관리위원회의 행정사무를 처리하는 기관, 중앙행정기관 및 그 소속 기관, 지방자치단체)도 법상 개인정보처리자에 해당할 수 있으므로, 자동화된 시스템으로 처분을 발령하는 과정에서 개인정보가 처리된다면 이는 법 제37조의2의 자동화된 결정에 해당하게 될 수 있다. 그런데 법 개정 과정에서 제37조의2가 자동화된 결정을 원칙적으로 허용하는 것과 같이 규정되어 있어 위 행정기본법 제20조와 충돌할 우려가 있다는 문제가 제기되었고, 이에 입법자는 행정청이 자동화된 시스템으로 처분을 발령할 때에는 법 제37조의2가 적용되지 않는다는 점을 명확히 하였다. 그러므로 위 '자동적 처분'을 발령받은 상대방은 행정기본법 제36조에 따른 이의신청은 할 수 있으나, 법 제37조의2에 따른 결정 거부 또는 인적 개입에 의한 재처리·설명 등을 구할 수는 없다.

2. 거부권 행사 범위

정보주체는 자동화된 결정이 이루어지고, 그 결정이 자신의 권리 또는 의무에 중대한 영향을 미치는 경우에 그 결정을 거부할 수 있다. 즉, 자동화된 결정에 대한 거부권은 ① 개인정보의 처리와 의사결정이 완전히 자동화된 시스템에 의하여 이루어지고, ② 의사결정이 정보주체의 권리 또는 의무에 중대한 영향을 미칠 때 비로소 발생하게 된다. 보호위원회가 2020.12. 입법예고한 법 일부개정법률안은 거부권을 행사할 수 있는 범위를 "특정 정보주체에게 개별적으로 법적 효력 또는 생명·신체·정신·재산에 중대한 영향을 미치는 의사결정"으로 규정하였으나, 의견 수렴 단계에서 개별성("개별적으로") 요건이 삭제되었고, "법적 효력 또는 생명·신체·정신·재산"이 "권리 또는 의무"로 변경되면서, 최종적으로 "자신의 권리 또는 의무에 중대한 영향을 미치는 결정"으로 수정된 것이다. 이와 같이, 기존 일부개정법률안이 생명·신체·정신·재산에 대한 사실상의 영향까지도 인정하였던 것과 달리, 현행법 제37조 제1항은 거부권을 행사할 수 있는 대상을 해당 정보주체에 대해 법적 구속력이 있는 것으로만 한정하였다.

법상 정보주체의 권리 또는 의무에 중대한 영향을 미치는 경우가 명시적으로 정하여져 있지는 않다. 완전히 자동화된 시스템이 적용되고 있는 상황 및 맥락에 따라서 달리 판단될 수 있는 여지가 있기에, 이를 일률적으로 판단할 수는 없을 것이다. 그러나 완전히 자동화된 시스템이 정보주체의 직업의 자유, 신체의 자유, 거주·이전의 자유에 중대한 침해를 불러올 수 있는 맥락(예를 들어, 채용, 인사이동, 의료, 출입국관리)에서 활용될 경우에는 그로부터 도출된 자동화된 결정은 거부권을 행사할 수 있는 대상에 해당된다고 평가될 가능성이 상대적으로 높다. 한편, 최근 활발하게 논의되고 있는 법률 분야에서의 인공지능 시스템(리걸테크) 도입도 구체적인 맥락에 따라서는 정보주체의 권리 또는 의무에 중대한 영향을 미치는 경우에 해당하게 될 수 있다. 유사하게 개인정보를 처리하여 정보주체의 특성을 분석하고 예측하는 프로파일링의 경우에도 그 자체로서 완전히 자동화된 시스템이라고 보기는 어렵고, 정보주체의 권리 또는 의무에 중대한 영향을 미치는 결정인지 여부를 고려하여 법 제37조의2에 따른 거부권 행사의 대상이 되는지 여부를 판단해야 할 것이다.

법 제37조의2 도입 과정에서 특히 참고가 된 GDPR 제22조[49]에도 유사한 권리가 규정되어 있

---

49) [GDPR] 제22조 프로파일링 등 자동화된 개별 의사결정
　　1. 정보주체는 자신에 대한 법적 효과를 발생시키거나 이와 유사하게 자신에게 중대한 영향을 미치는 프로파일링 등 자동화된 처리만으로 결정을 받지 않을 권리를 가진다.
　　2. 결정이 다음 각 호의 어느 하나에 해당하는 경우에는 제1항을 적용하지 않는다.
　　　(a) 정보주체와 컨트롤러 간의 계약을 체결 또는 이행하기 위하여 필요한 경우
　　　(b) 컨트롤러에 적용되며, 정보주체의 권리와 자유 및 정당한 이익을 보호하기 위한 적절한 조치를 규정하는 유럽연합 또는 회원국 법률이 허용하는 경우
　　　(c) 정보주체의 명시적인 동의에 근거하는 경우
　　3. 제2항 (a)호 및 (c)호의 경우, 컨트롤러는 정보주체의 권리, 자유 및 정당한 이익, 최소한 컨트롤러 측의 인적

다. GDPR 제22조 제1항은 "프로파일링 등, 본인에 관한 법적 효력을 초래하거나 이와 유사하게 본인에게 중대한 영향을 미치는 자동화된 처리에만 의존하는 결정의 적용을 받지 않을 권리"를 부여하고 있다. 이는 법 제37조의2 제1항에 각각 대응되는데, 아래에서 살펴보듯이 세부적인 내용에 차이가 있기 때문에 관련 해석론을 참고하는 데 있어서는 주의를 기울일 필요가 있다.

미국 CPRA

1798.185. Regulations (a) 2020년 7월 1일 또는 그 이전에, 법무장관은 광범위한 국민참여를 권유하고, 본 직책의 목적을 달성하기 위하여 다음 분야를 포함하되 이에 한정되지 아니하는 규정을 채택하여야 한다:

(16) 사업자의 자동화된 의사결정 기술(프로파일링 포함) 사용과 관련한 접근 및 거부권을 규율하는 규정을 제정하고, 접근 요청에 대한 사업자의 대응을 요구하여 해당 의사결정 과정에 관여한 논리에 대한 유의미한 정보 및 해당 절차의 소비자에 대한 예상 결과에 대한 설명을 포함하도록 하는 것

[캘리포니아 개인정보 감독기구(California Privacy Protection Agency, 이하 CPPA)의 자동화된 의사 결정 기술에 대한 규정 초안(Draft Automated Decision-making Technology Regulations)(2023. 11. 27)]

CPPA는 자동화된 의사 결정 기술[50]과 인공지능은 우리 삶의 주요한 부분을 변화시킬 수 있는 잠재력을 가지고 있음을 언급하며, 자동화된 의사 결정 기술을 사용하는 기업에 대하여 요구되는 사항을 명시하고 있다.

동 규칙은 자동화된 의사결정 기술을 사용하여 소비자의 개인정보를 처리하는 경우, 사전에 소비자에게 자동화 사용에 대한 설명을 제공하고, 거부할 수 있는 권리(opt out) 및 기술 관련 정보에 접근할 수 있는 권리를 평이한 언어(plain language)를 사용하여 사전 통지(Pre-use Notice) 해야 함을 규정하고 있다. 해당 의무는 ⅰ) '소비자에게 법률상 또는 그와 유사한 중대한 영향을 미치는 결정'을 내리는 경우(금융, 보험, 교육, 고용, 의료 서비스 등 필수 재화/서비스에 대한 접근, 제공 또는 거절에 대한 결정으로 정의), ⅱ) 직원, 독립계약자(independent contractor), 구직자 또는 학생의 자격으로 활동하는 소비자를 프로파일링하는 경우, ⅲ) 공개된 장소에 있는 소비자를 프로파일링하는 경우에 적용된다.

예1) 소비자의 개인적 선호도와 관심사를 평가하여 행동 광고를 하는 경우
예2) 쇼핑몰, 진료소, 경기장 등과 같이 공개적으로 접근 가능한 장소에서 소비자의 행동을 분석하기 위해 얼굴 인식 기술 또는 자동화된 감정 평가 기술을 사용하는 경우

개입을 확보하고 본인의 관점을 피력하며 결정에 대해 이의를 제기할 수 있는 권리를 보호하기 위한 적절한 조치를 마련해야 한다.

4. 제2항의 결정은 제9조 제2항 (a)호와 (g)호가 적용되고, 정보주체의 권리, 자유 및 정당한 이익을 보호하는 적절한 조치가 갖추어진 경우가 아닌 한, 제9조 제1항의 특별 범주의 개인정보를 근거로 해서는 안 된다.

GDPR의 자동화된 의사결정의 대상이 되지 않을 권리의 구성 요소

주요 항목	세부 내용
법적 효력	결사의 자유, 투표의 자유 등 정보주체의 법적 권리 또는 법적 상태에 영향을 줄 수 있는 것으로 개인의 법적 상태, 권리, 자유, 시민권 등에 변화를 발생시키는 경우나 은행, 보험, 채용 등의 계약 행위(예: 양육·주택 지원 제도 등 국가 사회 보장 제도의 부여 또는 제한, 국경 입국 거부, 통신 요금 미납에 따른 휴대폰 연결 자동 정지 등)
법적 효과와 유사한 중대한 효과	정보주체의 법적 권리에 영향을 미치지 않더라도 동등하거나 유사한 의미의 효과를 발생시키는 경우(예: 학교 입학, 세금 감면, 승진 및 보너스 지급 등)

출처: KISA, "우리 기업을 위한 EU 일반 개인정보보호법(GDPR) 가이드북"(개정판), 2018, 102면

GDPR 상의 프로파일링

GDPR 제22조의 경우, 법 제37조의2와 달리 "자신에 대한 법적 효과를 발생시키거나 이와 유사하게 자신에게 중대한 영향을 미치는 프로파일링 등 자동화된 처리만으로 결정을 받지 않을 권리"를 정함으로써 프로파일링 등을 명시적으로 포함시키고 있다. 이때, "프로파일링"이란 자연인과 관련된 특정 개인 측면을 평가하기 위한 목적으로, 특히 해당 자연인의 업무 수행, 경제 상황, 건강, 개인의 선호도, 이익, 신뢰성, 행동, 위치 또는 움직임과 관련된 측면을 분석 또는 예측하기 위한 개인정보의 이용으로 구성되는 개인정보의 자동적 처리를 말한다(GDPR 제4조 제4항). 이는 온라인 신용 신청의 자동 거부 또는 인적 개입 없이 이루어지는 전자채용 관행 등을 포함한다(전문 71).

---

50) 이는 기계학습 통계 또는 기타 데이터 처리나 인공지능으로부터 파생된 것을 포함하여, 의사를 결정 또는 실행하거나 사람의 의사결정을 용이하게 하기 위하여 시스템의 전부 또는 일부에서 개인정보를 처리하고 계산을 이용하는 시스템, 소프트웨어 또는 프로세스를 의미하며, 자동화된 의사결정 기술에는 프로파일링이 포함된다("Any system, software, or process-including one derived from machine-learning, statistics, or other data-processing or artificial intelligence-that process personal information and uses computation as whole or part of a system to make or execute a decision or facilitate human decisionmaking. Automated decisionmaking technology includes profiling").

3. 거부권 행사의 예외

자동화된 결정이 법 제15조 제1항 제1호[51]·제2호[52] 및 제4호[53]에 따라 이루어지는 경우, 정보주체는 그 결정을 거부할 수 있는 권리를 가지지 못한다(법 제37조의2 제1항 단서). 그런데, 법 제15조 제1항 제1호·제2호 및 제4호는 개인정보의 수집·이용에 관한 법적 근거이므로, 결국 이 조항은 자동화된 결정의 근거가 정보주체의 동의, 법령 및 계약의 내용에 포함되어야 한다는 것으로 해석될 수 있다.

이와 관련하여는, ① 정보주체의 동의, 법령 및 계약의 내용에 자동화된 결정이 내려질 수 있음이 명시적으로 포함된 경우에 한하여 거부권이 배제될 수 있다는 견해와, ② 정보주체에게 자동화된 결정이 이루어질 수 있다는 점에 대한 예측 가능성이 부여되었을 경우에도 거부권은 배제될 수 있다는 견해가 제기될 수 있다. 그런데 본 조는 개인정보가 처리되는 목적이나, 처리되는 개인정보의 항목과 관계 없이, 개인정보가 완전히 자동화된 시스템에 의해 처리된다는 점에 주목하고 있다. 이는 개인정보의 '처리 방식'이라고 볼 수 있는데, 법은 개인정보를 수집·이용·제공할 때 그 목적, 항목 등을 알리도록 정하고 있을 뿐 처리 방식까지 알리도록 정하고 있지는 않다. 법은 '처리 방식' 관련하여는 개인정보를 "사생활 침해를 최소화하는 방법"으로 처리할 것만을 요구하고 있다. 더구나 법 제37조의2 제4항은 자동화된 결정의 기준 및 절차, 개인정보가 처리되는 방식 등을 정보주체가 쉽게 확인할 수 있도록 공개할 의무를 부과하고 있으므로, 이에 비추어 본다면 정보주체의 동의, 법령 및 계약의 내용에 자동화된 결정이 이루어질 수 있다는 점이 반드시 명시적으로 포함되어야 한다고 보기는 힘든 측면이 있다.

다른 한편으로, 개인정보처리자가 제3자로부터 제공받은 개인정보를 처리하여 자동화된 결정을 한다면, 그 처리의 법적 근거는 법 제15조 제1항 제1호, 제2호, 제4호가 아닌 법 제17조 제1항 각 호이므로, 개인정보처리자에게 별도의 정당화 사유가 없는 이상, 정보주체의 거부권 행사는 허용된다고 볼 수 있다. 나아가, 개인정보처리자가 당초 수집 목적과 합리적으로 관련된 범위 내에서 정보주체의 동의 없이 개인정보를 이용하는 경우에도 그 처리의 법적 근거는 법 제15조 제3항이라고 보는 것이 합리적이므로, 마찬가지로 정보주체의 거부권 행사는 허용된다고 볼 수 있다.

---

51) 정보주체의 동의를 받은 경우.
52) 법률에 특별한 규정이 있거나 법령상 의무를 준수하기 위하여 불가피한 경우.
53) 정보주체와 체결한 계약을 이행하거나 계약을 체결하는 과정에서 정보주체의 요청에 따른 조치를 이행하기 위하여 필요한 경우.

Ⅱ. 정보주체의 설명 등 요구권

개인정보처리자가 자동화된 결정을 내린 경우, 정보주체는 해당 결정에 대한 설명 등을 요구할 수 있다(법 제37조의2 제2항). 보호위원회가 2020.12. 입법예고한 법 일부개정법률안은 설명 등을 요구할 수 있는 범위를 "특정 정보주체에게 개별적으로 법적 효력 또는 생명·신체·정신·재산에 중대한 영향을 미치는 의사결정"으로 한정하였으나, 의견 수렴 단계에서 중대성 요건을 삭제함으로써 그 범위를 매우 크게 확대하였다. 그 결과, 자동화된 결정이 정보주체의 권리 또는 의무에 경미한 영향만 미치거나 실질적으로 아무런 영향을 미치지 않는 경우에도 정보주체가 설명 등을 요구할 수 있도록 한 것이다.

이로써 법 제37조의2는 ① 자동화된 결정을 거부할 수 있는 권리와 ② 자동화된 결정에 대해 설명 등을 요구할 수 있는 권리의 각 행사 범위를 구분하고 있다.

	완전히 자동화된 시스템	개인정보를 처리	자신의 권리 또는 의무에 중대한 영향을 미치는 경우	예외 사유
거부권	○	○	○	자동화된 결정이 제15조제1항제1호·제2호 및 제4호에 따라 이루어지는 경우
설명 등 요구권	○	○	×	정당한 사유

법 제37조의2 제2항을 근거로 요구할 수 있는 "설명 등"의 의미는 법상 명확하지 않다. 일반적으로 "설명"은 자동화된 결정을 내린 일반화된 논리, 예컨대 결정 기준이나 분류 체계 혹은 의사결정의 구조, 원리부터, 완전히 자동화된 시스템의 주요한 알고리즘의 내용, 작동 방식, 더 나아가, 특정 자동화된 결정의 구체적·개별적 이유(예를 들어, 그 특정 결정을 할 때 어떠한 개인정보가 고려되었는지, 그 정보를 고려한 이유는 무엇이었고, 전체적으로 보아 얼마나 유의미하게 고려된 것인지 등)를 포함할 수 있는데, 법 제37조의2 제4항에서 "자동화된 결정의 기준과 절차, 개인정보가 처리되는 방식 등"을 공개하도록 한 점에 비추어 볼 때, "설명 등"은 그보다 구체적이고 개별적인 내용을 포함하여야 한다고 보는 것이 자연스러울 것이다. 이를 고려하면, 처리된 개인정보의 항목이나 처리의 법적 근거, 자동화된 결정에 적용된 논리와 해당 결정을 내린 이유 등이 포함될 수 있을 것으로 보인다. 다만, 결정의 이유를 제시하는 데 있어 너무 높은 구체성이 요구될 경우에는 완전히 자동화된 시스템의 개발 및 적용을 저해하게 될 수 있으므로, 이에 대해서는 신중한 접근이 필요하다.

한편, 시행령 일부개정령안은 정보주체가 법 제37조의2 제2항에 따라 자동화된 결정에 대한 이의를 제기할 수 있음을 명확히 하였고, 개인정보처리자가 그 내용을 고려하여 필요한 조치를 한 후 정보주체에게 그 결과를 알려야 한다고 정하였다(시행령 일부개정령안 제44조의3 제3항). 위 조항은, 필요한 조치의 내용이 이의제기에 따라 달라질 수 있음을 고려한 것으로 보인다. 그에 따라, 개인정보처리자는 이의제기의 내용이 자동화된 결정을 거부하는 것인지를 우선 살펴봐야 하며, 자동화된 결정을 거부하려는 취지는 아니나 자동화된 결정의 내용이나 방식과 관련된 반대의견이 포함되어 있을 경우 필요한 조치의 내용을 구성 및 이행하여야 할 것으로 보인다.

신용정보법상 자동화평가 결과에 대한 설명 요구권

신용정보법은 개인인 신용정보주체가 개인신용평가회사등에 대해 개인신용평가 등에 자동화평가를 하는지 여부, 자동화평가를 하는 경우 자동화평가의 결과, 주요 기준 및 자동화평가에 이용된 기초정보의 개요를 설명해 줄 것을 요구할 수 있다고 규정하고 있다.

제36조의2(자동화평가 결과에 대한 설명 및 이의제기 등) ① 개인인 신용정보주체는 개인신용평가회사 및 대통령령으로 정하는 신용정보제공·이용자(이하 이 조에서 "개인신용평가회사등"이라 한다)에 대하여 다음 각 호의 사항을 설명하여 줄 것을 요구할 수 있다.

1. 다음 각 목의 행위에 자동화평가를 하는지 여부
   가. 개인신용평가
   나. 대통령령으로 정하는 금융거래의 설정 및 유지 여부, 내용의 결정(대통령령으로 정하는 신용정보제공·이용자에 한정한다)
   다. 그 밖에 컴퓨터 등 정보처리장치로만 처리하면 개인신용정보 보호를 저해할 우려가 있는 경우로서 대통령령으로 정하는 행위
2. 자동화평가를 하는 경우 다음 각 목의 사항
   가. 자동화평가의 결과
   나. 자동화평가의 주요 기준
   다. 자동화평가에 이용된 기초정보(이하 이 조에서 "기초정보"라 한다)의 개요
   라. 그 밖에 가목부터 다목까지의 규정에서 정한 사항과 유사한 사항으로서 대통령령으로 정하는 사항

법 제37조의2는 앞서 본 GDPR 제22조 외에도 GDPR 제13조[54], 14조[55]를 참고한 것으로 이

---

54) [GDPR] 제13조 개인정보가 정보주체로부터 수집되는 경우 제공되는 정보
   2. 제1항의 정보와 더하여, 컨트롤러는 개인정보가 취득될 때 공정하고 투명한 처리를 보장하는 데 필요한, 다음 각 호의 추가 정보를 정보주체에 제공하여야 한다.
   (f) 제22조(1) 및 (4)에 규정된 프로파일링 등, 자동화된 의사결정의 존재 여부. 최소한 이 경우, 관련 논리에 대한 유의미한 정보, 그 같은 처리가 정보주체에 미치는 중대성 및 예상되는 결과

해된다. 위 각 규정은 개인정보가 정보주체로부터 수집되거나 또는 수집되지 않은 경우 정보주체에게 제공하여야 할 정보에 관한 사항을 정하고 있는데, 특히 공정하고 투명한 처리를 보장하는 데 필요한 정보로서 "프로파일링 등, 자동화된 의사결정의 유무. 최소한 이 경우, 관련 논리에 관한 유의미한 정보와 그 같은 처리가 정보주체에 미치는 중대성 및 예상되는 결과"를 포함시키고 있다.

EDPB 가이드라인 - 규정 2016/679의 목적상 자동화된 개인 의사결정 및 프로파일링에 대한 지침

'관련 논리'에 대한 의미 있는 정보
머신러닝의 발전과 복잡성으로 인하여 자동화된 의사결정 과정이나 프로파일링이 어떻게 작동하는지는지를 이해하는 데 어려움을 겪을 수 있다. 컨트롤러는 결정에 이르게 된 기준을 정보주체에게 알려 주는 간단한 방법을 찾아야 한다. GDPR은 컨트롤러로 하여금 관련 논리에 대한 의미 있는 정보를 제공할 것을 요구한다. 그러나 이는 반드시 사용된 알고리즘에 대한 복잡한 설명이나 전체 알고리즘의 공개를 요구하는 것은 아니다. 다만, 제공된 정보는 정보주체가 결정의 근거를 이해할 수 있도록 충분히 포괄적으로 제공되어야 한다.

'중요성' 및 '예상되는 결과'
이 용어는 의도된 또는 향후의 처리 및 자동화된 의사결정이 어떻게 정보주체에게 영향을 미칠 지에 대한 정보가 제공되어야 한다는 점을 보여준다. 이 정보가 의미 있고 이해 가능한 정보가 되도록 하기 위해서는, 가능한 효과의 유형에 대한 실제적이고 구체적인 사례가 제시되어야 한다.
(후략)

< 부록 1 - 모범 관행 권고안 >
(전략)
알고리즘이나 머신러닝이 어떻게 작동하는지에 대한 복잡한 수학적 설명을 제공하는 대신, 컨트롤러는 정보주체에게 정보를 전달하는 명확하고 포괄적인 방법을 고려하여야 한다. 예를 들어,
프로파일링 또는 자동화된 의사결정 프로세스에 사용되었거다 사용될 정보의 분류
해당 분류가 적절한 것으로 간주되는 이유
분석에 사용된 통계를 포함하여 자동화된 의사결정에 사용된 프로파일이 어떻게 생성되었는지
왜 이 프로파일이 자동화된 의사결정 프로세스와 관련이 있는지
정보주체에 대한 결정에 어떻게 사용되었는지

---

55) [GDPR] 제14조 개인정보가 정보주체로부터 수집되지 않은 경우 제공되는 정보
    2. 제1항의 정보에 더하여, 컨트롤러는 정보주체에 대한 공정하고 투명한 처리를 보장하는 데 필요한, 다음 각 호의 정보를 정보주체에 제공하여야 한다.
      (g) 제22조(1) 및 (4)에 규정된 프로파일링 등, 자동화된 의사결정의 존재 여부. 최소한 이 경우, 관련 논리에 대한 유의미한 정보, 그 같은 처리가 정보주체에 미치는 중대성 및 예상되는 결과

III. 개인정보처리자의 의무

개인정보처리자는 정보주체가 자동화된 결정을 거부하거나 그에 대한 설명 등을 요구한 경우 정당한 사유가 없는 한 자동화된 결정을 적용하지 않거나 인적 개입에 의한 재처리·설명 등 필요한 조치를 해야 한다(법 제37조의2 제3항). 이러한 조치는 정보주체의 요구를 받은 날부터 30일 이내에 서면등의 방법으로 이루어져야 하며, 그 기간 내에 처리하기 어려운 정당한 사유가 있는 경우 그 사유를 알리고 60일 이내의 범위에서 연장할 수 있다(시행령 일부개정령안 제44조의3 제5항).

1. 필요한 조치의 내용

필요한 조치 중 '자동화된 결정을 적용하지 않는다'는 것은 정보주체가 거부의사를 표한 그 결정을 적용하지 않는다는 것을 의미한다. 시행령 일부개정령안은 이를 "해당 자동화된 결정을 적용하지 않는 조치"라고 규정하고 있다(시행령 일부개정령안 제44조의3 제1항).

개인정보처리자가 정보주체의 거부권 행사 이후 해당 정보주체에 대해 동일한 시스템으로부터 도출된 결정을 적용하는 것은 허용되지 않을 것이다. 그러나 결정의 근거가 된 개인정보를 수정, 보완하거나 완전히 자동화된 시스템의 구성, 내용을 변경하는 등 기존의 결정을 그대로 적용하는 것이 아닌 경우, 즉 별개의 자동화된 결정을 내리고 이를 적용하는 것이 금지된다고는 볼 수 없다. 즉, 개인정보처리자는 정보주체의 거부권 행사 후에도 기존의 자동화된 결정과 구분되는 별개의 자동화된 결정을 내리고 이를 동일한 정보주체에게 적용할 수 있다.

한편, 필요한 조치 중 "인적 개입에 의한 재처리"는 그 의미가 분명하지 않고, 시행령 일부개정령안도 단순히 "인적 개입에 의한 재처리를 요구한 경우에는 그에 따른 조치를 한 후 그 결과를 정보주체에게 알려야 한다."라고만 정하였기에(시행령 일부개정령안 제44조의3 제1항), 이에 대해서는 향후 구체적인 지침이 마련되어야 할 것으로 보인다. 일반적으로 "인적 개입"은 완전히 자동화된 시스템이 아닌 인간이 자동화된 결정의 핵심적인 논리를 구성하도록 대체하는 것을 의미할 수도 있고, 인간이 완전히 자동화된 시스템에 관여(예를 들어, 알고리즘을 변경, 업데이트)하거나, 완전히 자동화된 시스템에 의해 처리되는 개인정보의 항목, 내용에 관여(예를 들어, 개인정보의 정정, 삭제, 최신화 등)하는 것을 의미할 수도 있다. 또한, "인적 개입"은 인간이 자동화된 결정의 특정한 단계에서 관여하는 것(예를 들어, 개인정보의 처리 단계에서 개인정보를 정정, 삭제, 최신화 하는 데에 관여하는 경우)을 의미할 수도 있고, 최종 단계에서 인간이 자동화된 결정을 검토하도록 하거나 완전히 자동화된 시스템을 전혀 사용하지 않고 인간에 의해서만 결정을 하도록 하는 것을 의미할 수도 있다. 다만, 기본적으로는, "인적 개입"이 형식적 차원에서만 이루어짐으로써 완전히 자동화된 시스템과 실질적으로 동일한 프로세스에 의해 개인정보가 처리되고 의사결정이 내려졌다고 볼 수 있는 경우에는 "인적 개입에 의한 재처리"가 이루어졌다고도 보기 힘든 측면이 있을 것이다.

한편, "인적 개입에 의한 재처리"에 따라 내려진 결정은 더 이상 자동화된 결정에 해당하지 않으므로, 정보주체가 그 결정에 대해 재차 거부권을 행사하거나 추가 설명 등을 요구할 수는 없다.

EDPB 가이드라인 – 규정 2016/679의 목적상 자동화된 개인 의사결정 및 프로파일링에 대한 지침

프로파일링이 사용될 수 있는 방식은 다음과 같이 세 가지가 있다:

  (i) 일반적인 프로파일링

  (ii) 프로파일링에 기반한 의사결정

  (iii) 법적 효과를 발생시키거나 정보주체에게 중대한 영향을 미치는 프로파일링 등 전적으로 자동화된 의사결정(제22조 제1항).

(ii)와 (iii)의 차이는 다음 두 가지 개인 온라인 대출 신청 사례를 통해 가장 잘 드러난다:

  • 인간이 순수하게 자동화된 수단에 의하여 생성된 프로필을 기반으로 대출에 동의할지 여부를 결정하는 경우(ii)

  • 알고리즘이 인간에 의한 사전적이고 유의미한 평가 없이 대출 성립 여부를 결정하고, 그 결정이 자동으로 개인에게 전달된 경우(iii)

(중략)

인적 개입은 핵심 요소이다. 모든 검토는 결정을 변경할 적절한 권한과 능력을 갖춘 자가 수행해야 한다. 검토자는 정보주체가 제공한 추가 정보를 포함하여 모든 관련 데이터에 대한 철저한 평가를 수행하여야 한다.

(중략)

다음 목록은 컨트롤러가 프로파일링(제22조 제1항에 의해 정의)을 포함하여 오로지 자동화된 의사결정을 할 때 고려할 수 있는 모범 관행에 대한 제안이다.

  • (중략)

  • 예를 들어, 자동화된 결정이 정보주체에게 전달되는 시점에 이의신청 절차에 대한 링크를 제공하고, 검토에 대한 미리 정하여진 기간과 질의를 할 수 있는 연락처를 제공하는 등 사전 정의된 사안별 인적 개입 메커니즘.

2. 정당한 사유

개인정보처리자는 정당한 사유가 있을 때에는 위의 필요한 조치를 하지 않을 수 있다. 시행령 일부개정령안은 개인정보처리자가 정당한 사유를 이유로 필요한 조치를 하지 않은 경우에는 정보주체에게 그 사실 및 이유와 이의제기방법을 지체없이 서면등의 방법으로 알려야 한다고 규정하였다(시행령 일부개정령안 제44조의3 제4항).

어떠한 사유가 정당한지는 구체적, 개별적으로 판단하여야 할 것이나, 일반적으로 정보주체가 자동화된 결정을 거부하는 경우(즉, 정보주체의 권리 또는 의무에 중대한 영향을 미칠 수 있는 경우)보다는 자동화된 결정에 대한 설명 등을 요구하는 경우 좀 더 쉽게 인정될 수 있을 것이다.

법 제37조의2 제1항 단서는 정보주체의 거부권 행사에도 불구하고 자동화된 결정을 적용할 수 있는 정당한 사유로 법 제15조 제1항 제1호, 제2호, 제4호를 미리 규정하였다. 이 규정의 형식상, 정보주체가 설명 등 요구를 한 경우에는 위 각 조항을 정당한 사유로 내세울 수 없다고 보는 것이 합리적이라고 생각된다. 한편, 설명 등 요구의 대상이 영업비밀에 해당하거나 인적 개입에 의한 재처리·설명 등 필요한 조치를 한 경우, 알고리즘에 대한 어뷰징(abusing) 등의 발생 가능성이 높아짐에 따라 개인정보처리자의 재산과 그 밖의 이익을 부당하게 침해할 우려가 있는 경우에는 그러한 조치를 하지 않을 수 있을 것이다. 또한, 법 제37조의2 제1항의 문언상 정보주체는 거부권을 행사할 때 자동화된 결정이 자신의 권리 또는 의무에 중대한 영향을 미친다는 점을 뒷받침하는 내용을 제시하여야 한다. 그러한 점에서, 자동화된 결정이 정보주체의 권리 또는 의무에 중대한 영향을 미친다고 보기 힘든 경우에도 정당한 사유가 일응 인정된다고 볼 수 있을 것이다.

거부권 행사 시 미조치 사유와 관련하여는 GDPR 제21조를 참고할 수 있다. GDPR 제21조 제1항은 정보주체가 자신의 특정 상황에 따라 제6조 제1항 (e)호 또는 (f)호에 근거한 자신에 관한 개인정보의 처리(해당 조항에 근거한 프로파일링 포함)에 언제든지 반대할 권리를 가지며, 컨트롤러는 정보주체의 이익, 권리 및 자유를 우선하는 처리 또는 법적 청구권의 설정, 행사 또는 방어에 대한 정당한 사유를 입증하지 않는 한 개인정보를 더 이상 처리하여서는 안 된다고 규정하고 있다. GDPR은 위 "정당한 사유"의 의미를 명시적으로 정하고 있지는 않으나, 이에 대해 EDPB 가이드라인은 다음과 같이 설명하고 있다.

GDPR은 어떤 것이 정당한 사유인지에 대한 설명을 제공하지 않는다. 이러한 경우의 예로, 전염병의 확산을 예측하기 위한 프로파일링 등과 같이 프로파일링이 컨트롤러의 사업상 이익뿐 아니라 사회 전반(또는 광범위한 커뮤니티)에 유리한 경우를 들 수 있다.

컨트롤러는 또한,

- 자신의 특정 목적에 대한 프로파일링의 중요성을 고려하고,
- 프로파일링이 정보주체의 이익, 권리 및 자유에 미치는 영향을 고려하여야 한다. 이는 목적 달성에 필요한 최소 한도에 한정되어야 한다.
- 그리고 이익형량을 실시하여야 한다.

컨트롤러의 경쟁상 이익과 정보주체의 반대권의 근거(개인적, 사회적 또는 직업적 이유일 수 있음) 간에는 항상 이익형량이 이루어져야 한다. Directive 95/46/EC와 달리, GDPR에서 정당한 사유를 입증할 책임은 정보주체가 아닌 컨트롤러에게 있다. (후략)

Ⅳ. 자동화된 결정에 관한 사항의 공개

개인정보처리자는 자동화된 결정의 기준 및 절차, 개인정보가 처리되는 방식 등을 정보주체가 쉽게 확인할 수 있도록 공개해야 한다(법 제37조의2 제4항).

법 제37조의2 제2항에서 정한 "설명 등"과의 관계를 고려할 때, 본 조항에서 공개하도록 한 내용은 특정한 정보주체와 관련된 자동화된 결정이 아니라, 완전히 자동화된 시스템에 일반적으로 적용될 수 있는 내용을 의미한다고 볼 수 있다. 다만, 법은 "자동화된 결정의 기준·절차 및 개인정보가 처리되는 방식의 공개 등에 필요한 사항"을 구체적으로 정하지 않고 대통령령에서 정하도록 위임하였는데, 최근 입법예고된 시행령 일부개정령안은 다음과 같은 사항을 인터넷 홈페이지 등을 통해 공개하도록 하였고(시행령 일부개정령안 제44조의4 제1항[56]), 공개할

---

56) 제44조의4(자동화된 결정의 기준과 절차 등의 공개) ① 개인정보처리자는 법 제37조의2제4항에 따라 다음 각 호의 사항을 정보주체가 쉽게 확인할 수 있도록 인터넷 홈페이지 등을 통해 공개해야 한다. 다만, 인터넷 홈페이지 등을 운영하지 않거나 지속적으로 알려야 할 필요가 없는 경우에는 사전에 서면등의 방법으로 정보주체에게 알려야 한다.
1. 자동화된 결정이 이루어진다는 사실과 그 목적 및 대상이 되는 정보주체의 범위
2. 자동화된 결정에 사용되는 주요 개인정보의 유형과 자동화된 결정의 관계
3. 자동화된 결정 과정에서의 고려사항 및 주요 개인정보가 처리되는 절차
4. 자동화된 결정 과정에서 민감정보 또는 14세 미만 아동의 개인정보를 처리하는 경우 그 목적 및 처리하는 개인정보의 구체적인 항목
5. 법 제37조의2제1항 및 제2항에 따른 자동화된 결정에 대하여 정보주체가 거부 또는 설명 등을 요구할 수 있다는 사실과 거부·설명 등의 요구 방법과 절차

때 표준화·체계화된 용어를 사용하도록 하면서, 동영상·그림·도표 등 시각화된 방법 등도 활용할 수 있도록 하였다(시행령 일부개정령안 제44조의4 제2항[57]).

.

---

57) 제44조의4(자동화된 결정의 기준과 절차 등의 공개) ② 개인정보처리자는 제1항 각 호의 사항을 공개할 때에는 정보주체가 해당 내용을 쉽게 알 수 있도록 표준화·체계화된 용어를 사용해야 한다. 이 경우 정보주체가 쉽게 이해할 수 있도록 동영상·그림·도표 등 시각화된 방법 등을 활용할 수 있다.

제11장

손해배상책임

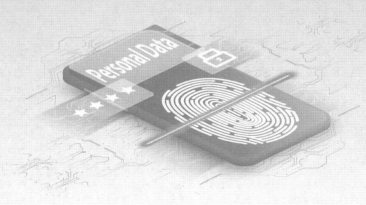

제 1 절
개인정보보호법상 손해배상제도 개관

Ⅰ. 개인정보보호법상 손해배상 체계

　개인정보보호법상 손해배상제도는 법 제39조 제1항의 손해배상책임, 법 제39조 제3항, 제4항의 징벌적 손해배상책임, 법 제39조의2의 법정손해배상책임으로 구성되어 있고, 법 제39조 제1항의 손해배상책임이 개인정보보호법상 가장 일반적인 손해배상책임이 되며, 나머지 징벌적 손해배상책임과 법정손해배상책임이 일종의 특별한 손해배상책임으로서의 성격을 가지고 있다.

　개인정보보호법이 처음부터 위와 같은 체제의 손해배상제도를 가지고 있던 것은 아니다. 개인정보보호법은 최초 제정 시에는 법 제39조의 제1항의 손해배상책임만을 규정하다가 그 후 여러 대규모 개인정보 유출사건이 지속적으로 발생하는 등 하여 정보주체의 권리 보장 차원에서 대응방안이 요구됨에 따라 개인정보처리자의 책임을 더욱 무겁게 하고 피해자에 해당하는 정보주체의 손해배상을 용이하게 하기 위하여 징벌적 손해배상책임과 법정손해배상책임을 연이어 규정하기에 이른 것이다.

　특히, 개인정보 침해는 동시에 다수의 피해자를 양산하고, 피해자인 정보주체로서는 당장 자신에게 어떠한 피해가 발생하였는지 알기 어려우며, 침해에 따른 피해가 크고도 빠르게 확산할 우려가 상당하고, 국내뿐만 아니라 국외에서도 자주 발생하여 특별한 대책과 취급이 필요하다.[1] 다만, 징벌적 손해배상액 및 법정손해배상액 제도가 모두 영미법상 손해배상법 실무에서 굳혀진 법리를 수용한 것으로서 근본적으로 한국 사법상 손해배상 체계와 친하지 아니한 제도이므로 한국의 법체계에 어울리지 않거나 개인정보보호법의 손해배상 관련 규정이 체계적이지 못하다는 유력한 지적도 있다.[2]

　참고로, 일본에서는 그 개인정보보호법에 손해배상에 관한 규정을 두고 있지 않아 결국 민·상법상 손해배상에 관한 일반이론에 의하여 처리되고 있다. 따라서 일본에서 개인정보의 침해

---

[1] 개인정보 침해의 특성에 대한 상세는, 조만형, "개인정보보호법상 단체소송에 관한 소고", 토지공법연구, 제60집, 2013, 371-372면 참조.

[2] 배대헌, "명목을 앞세운 개인정보 보호법의 손해배상책임 규정에 대한 비판적 검토", IT와 법연구, 제19집, 2019, 63-64면.

로 불법행위 책임이 인정되기 위하여는 개인정보보호법 위반 그 자체로 충분한 것이 아니라 해당 행위가 불법행위법상 '타인의 권리 또는 법률상 보호되는 이익'을 침해하는 것으로 인정되어야 한다고 한다.[3] 앞서 살펴본 손해배상책임 규정의 개정 이후 법 제39조에 규정한 징벌적 손해배상이나 법 제39조의2에 규정한 법정손해배상에 관한 규정을 적용하여 판단한 사건례를 찾기 쉽지 않은 점이나, 손해배상의 법리적 검토가 체계적으로 이루어지지 못하였거나 실무적 적용에서 효과적이지 못하였다는 비판[4]을 감안하면, 향후 개인정보 침해로 인한 손해배상제도 전반에 관한 신중한 연구와 적절한 재구성이 필요하다고 본다.

II. 개인정보보호법상 손해배상 청구사건의 특징과 고려사항

개인정보에 관한 손해배상 청구사건의 특징은 하나의 침해사건으로 인하여 다수의 당사자들이 이해관계를 맺고 원고 측면에서는 일종의 다중(多衆) 소송으로서 공동소송의 형태를 띤다는 점과 피고 측면에서는 공동불법행위가 성립하는 경우가 적지 않다는 것이다. 특히 이러한 양상은 개인정보 유출 건에서 도드라진다.

공동소송은 합일확정의 필요 여부에 따라 필수적 공동소송과 통상공동소송으로 분류되는데, 개인정보의 유출에 의한 집단적 피해를 구제받기 위하여 다수의 정보주체들이 제기하는 소송은 공동소송 가운데 통상공동소송에 해당한다.[5] 즉 권리가 사실상 또는 법률상 같은 원인으로 말미암아 생긴 경우에 해당하는 공동소송이며, 청구 간 공통성 또는 관련성 존재를 이유로 병합 처리하는 것에 불과하고 원래는 별개의 독립한 소송이기 때문에 다수의 원고들 사이에 판결의 승패가 일률적으로 정해질 필요는 없으나, 다만, 논리적으로 또는 현실적으로 합일확정의 요청이 강하기 때문에 이론상 합일확정소송으로 볼 수 있다.[6]

한편, 공동불법행위를 인정하기 위하여는 행위자 각자가 독립하여 일반불법행위의 요건을 갖추어야 하되, 각 행위자 사이의 '주관적 공동관계(공모 내지 공동의 인식)'는 요하지 아니하며, '객관적 공동관계(행위의 관련공동성)'만 있으면 족하다는 것이 판례와 다수설의 입장이고, 고의가 있는 자와 과실이 있는 자 사이에서도 공동불법행위가 성립할 수 있으므로, 개인정보처리자의 개인정보보호 주의의무 위반 및 이것과 제3자 행위 사이에 관련공동성이 인정될 경우에는 개인정보처리자는 제3자(해커)와 부진정 연대하여 발생한 손해 전체에 대한 책임을 지게 될 수도 있다.[7]

---

3) 한승수, "일본의 개인정보 법제 및 개인정보 침해사건에서의 민사책임- 우리 법제 및 판례와의 비교를 포함하여", 법학논고, 제67집, 2019, 236-237면.
4) 배대헌, "명목을 앞세운 개인정보 보호법의 손해배상책임 규정에 대한 비판적 검토", IT와 법연구, 제19집, 2019, 63-64면.
5) 정영수, "개인정보의 유출에 의한 집단적 피해의 구제", 민사소송, 제17권 제2호, 2013, 358면
6) 정영수, "개인정보의 유출에 의한 집단적 피해의 구제", 민사소송, 제17권 제2호, 2013, 358면.
7) 이숙연, "개인정보 관련 분쟁의 사례분석과 대안의 모색", 정보법학, 제12권 제2호, 2008, 13-14면.

이하에서는 개인정보보호법이 손해배상책임에 관하여 정보주체의 권리에 관한 장(章)에서 규정하고 있는 취지에 따라 손해배상청구권의 관점에서 살펴보기로 한다.

제 2 절
손해배상청구권(법 제39조 제1항)

Ⅰ. 손해배상청구권의 성격

우선, 공공기관이든 일반 사기업 혹은 개인이든 간에 배상책임자인 개인정보처리자에 해당할 수 있으므로, 개인정보보호법상 손해배상청구권에 기한 소송은 주관적 공권으로서의 당사자소송[8]과 민사소송법상 이행소송으로서의 성격을 모두 갖는다고 봄이 상당하다. 이에 대해서는 그렇게 되면 공법적 주체에 청구권을 행사하는 경우에는 주관적 공권으로서 당사자소송으로 이를 다투어야 하는 반면, 사법적 주체에 행사하는 경우 사법상의 권리로서 민사소송법의 이행소송으로 다투어야 하므로, 하나의 청구권이 두 가지의 법적 성격을 지니는 모순적인 상태가 발생하게 되어 권리구제절차의 분화를 고려한다면 개인정보처리자 중 국가나 공공단체에 청구할 수 있는 손해배상청구권과 사인(私人)에 청구할 수 있는 손해배상청구권을 구별하여 규정하는 것이 타당하다는 입법론적인 견해가 있다.[9]

한편, 법 제39조 제1항의 손해배상책임과 관련하여 이를 채무불이행책임으로 볼 것인지, 불법행위책임으로 볼 것인지에 대하여 견해의 대립이 있다. 양 책임을 모두 겸하고 있다는 견해[10]와 불법행위책임에 해당한다는 견해[11]가 그것이다. 그러나 법 제39조 제1항 제2문에는 개인정보처리자의 고의 또는 과실에 대한 입증책임전환 규정을 명문으로 정하고 있는바, 이러한 입증책임전환 규정은 채무불이행책임의 경우에는 해석상 당연한 것이어서[12] 만일 채무불이행책임이라고 보는 경우에는 위와 같은 명문 규정과 배치되는 점, 법 제39조 제1항 제1문에 따르면 손해배상책임의 요건으로서 '이 법을 위반한 행위'를 요하는데 개인정보보호법이 규정하고 있는 내용이 대부분 단속법규이어서[13] 당사자 간의 약정이나 거래 등을 전제로 하는 채무불이

---

8) 개인정보 침해에 대해 국가배상법을 적용하는 경우에 관한 상세한 논의는, 정남철, "개인정보보호법제의 법적 문제점 및 개선과제", 법조, 통권 제700호, 2015, 167면 참조.
9) 최재원, 개인정보자기결정권의 실현구조(석사학위논문), 고려대학교 대학원, 2013, 199면.
10) 고형석, "개인정보침해와 손해배상책임의 원칙", 저스티스, 통권 제145호, 2014, 66면, 73-74면.
11) 배대헌, "명목을 앞세운 개인정보 보호법의 손해배상책임 규정에 대한 비판적 검토", IT와 법연구, 제19집, 2019, 64면; 한승수·최지현, "개인정보유출에 기한 손해배상 사건과 소송상 준거법", 법학연구, 제24집 제1호, 2021, 68면.
12) 대법원 2016.3.24. 선고 2015다249383 판결 등 다수.
13) 배대헌, "명목을 앞세운 개인정보 보호법의 손해배상책임 규정에 대한 비판적 검토", IT와 법연구, 제19집, 2019,

행책임으로 보기 어렵다는 점 등을 고려할 때 법 제39조 제1항의 손해배상책임은 불법행위책임만을 규정한 것으로 봄이 상당하다.

Ⅱ. 손해배상청구권의 성립요건

1. 개인정보보호법 위반행위

1) 법 위반행위의 의미

법 제39조 제1항에 따라 손해배상청구권이 생기기 위해서는 개인정보처리자의 개인정보보호법 위반행위가 존재하여야 한다. 통상적으로 법을 위반한 경우에는 일단 위법한 것으로 판단되지만, 그 위반행위가 특정한 사정에 의하여 실질적으로 또는 사회적으로 허용될 만한 것이라고 인정되는 경우, 다시 말해 공서양속(公序良俗), 조리(條理), 사회통념 등 사회상규에 반하지 않다고 인정되는 경우에는 위법성이 조각된다.[14]

한편, 여기서 법 위반행위에는 당연히 개인정보에 관한 안전성 확보조치 기준 고시를 포함하는데, 이와 관련하여 대표적인 판례인 대법원 2018.1.25. 선고 2015다24904, 24911, 24928, 24935 판결(네이트/싸이월드 또는 SK커뮤니케이션즈 판결)[15]은 "고시는 정보통신서비스 제공자가 반드시 준수해야 할 최소한의 기준을 정한 것으로 보는 것이 타당하다. 따라서 정보통신서비스 제공자가 <u>고시에서 정하고 있는 기술적·관리적 보호조치를 다하였다고 하더라도</u>[16] 정보통신서비스 제공자가 마땅히 준수해야 한다고 일반적으로 쉽게 예상할 수 있고 사회통념상으로도 합리적으로 기대 가능한 보호조치를 다하지 아니한 경우에는 위법행위로 평가될 수 있다. 나아가 정보통신서비스 제공자가 고시에서 정하고 있는 기술적·관리적 보호조치를 다하였다고 하더라도, 불법행위에 도움을 주지 말아야 할 주의의무를 위반하여 타인의 불법행위를 용이하게 하였고 이러한 방조행위와 불법행위에 의한 피해자의 손해 발생 사이에 상당인과관계가 인정된다면 민법 제760조 제3항에 따른 책임을 면할 수 없다."고 판시한 바 있다.

그런데, 위 판례의 "(개인정보처리자가) 마땅히 준수해야 한다고 일반적으로 쉽게 예상할 수 있고 사회통념상으로도 합리적으로 기대 가능한 보호조치를 다하지 아니한 경우"에 위법행위로 평가될 수 있다는 부분은, 법 위반(즉, 고시 위반)으로 인한 위법행위가 아니라 일반 민법상 주의

64면.

14) 이창범, 개인정보 보호법, 박영사, 2012, 349면; 개인정보 보호 법령 및 지침·고시 해설(2020), 392면.

15) 본 판결은 해당 해킹 사건이 발생하였을 무렵의 정보통신망법상 손해배상청구권에 대한 것이기는 하나, 당시의 정보통신망법상 손해배상청구권에 관한 규정은 현행 개인정보보호법상 손해배상청구권에 관한 규정과 그 내용에 있어서 거의 동일하였다.

16) 이하 판결 내용에 포함되어 있는 밑줄은 필자가 추가하였다.

의무 위반으로 인한 위법행위로 평가된다는 취지로 새겨야 한다. 왜냐하면 위 판시상 위와 같은 설시에 앞서 대법원은 "고시에서 정하고 있는 기술적·관리적 보호조치를 다하였다고 하더라도"라는 점을 전제로 하고 있을 뿐만 아니라, 그 이후의 부분에서 "앞에서 본 법리에 비추어 보면, 정보통신서비스 제공자가 정보처리시스템에 접속한 개인정보취급자로 하여금 작업 종료 후 로그아웃을 하도록 하는 것은, 비록 이 사건 고시에서 정하고 있는 기술적·관리적 보호조치에는 해당하지 않으나, 정보통신서비스 제공자가 마땅히 준수해야 한다고 일반적으로 쉽게 예상할 수 있고 사회통념상으로도 합리적으로 기대 가능한 보호조치에 해당한다"고 설시하고 있기 때문이다.[17]

따라서 개인정보처리자가 마땅히 준수해야 한다고 일반적으로 쉽게 예상할 수 있고 사회통념상으로도 합리적으로 기대 가능한 보호조치를 다하지 아니한 경우에는 일반 민법상 주의의무 위반으로 인한 과실책임이 문제될 수 있을지언정, 개인정보보호법 위반(즉, 고시 위반)이라고 볼 수는 없다.[18] 그러므로, 정보주체나 피해자는 이러한 경우 법 제39조 제1항의 손해배상청구권을 행사할 수 없고 일반 민법상 채무불이행이나 불법행위에 해당하는 청구권원을 주장하여야 한다. 실제로 위 판례에서는 해당 설시 부분과 관련하여 민법 제390조(채무불이행과 손해배

---

17) 참고로, 위에서 본 2018.1.25. 선고 2015다24904, 24911, 24928, 24935 판결과 같은 날 당사자를 달리하여 선고된 2018.1.25. 2014다203410 판결이나 그 전에 선고된 2015.2.12. 선고 2013다433994, 44003 판결(옥션 해킹사건 판결)에는 공히 "정보통신서비스제공자가 구 정보통신망법 제28조 제1항이나 정보통신서비스 이용계약에 따른 개인정보의 안전성 확보에 필요한 보호조치를 취하여야 할 법률상 또는 계약상 의무를 위반하였는지 여부를 판단함에 있어서는 해킹 등 침해사고 당시 보편적으로 알려져 있는 정보보안의 기술 수준, 정보통신서비스제공자의 업종·영업규모와 정보통신서비스제공자가 취하고 있던 전체적인 보안조치의 내용, 정보보안에 필요한 경제적 비용 및 그 효용의 정도, 해킹기술의 수준과 정보보안기술의 발전 정도에 따른 피해발생의 회피 가능성, 정보통신서비스제공자가 수집한 개인정보의 내용과 개인정보의 누출로 인하여 이용자가 입게 되는 피해의 정도 등의 사정을 종합적으로 고려하여 정보통신서비스제공자가 해킹 등 침해사고 당시 사회통념상 합리적으로 기대 가능한 정도의 보호조치를 다하였는지 여부를 기준으로 판단하여야 한다."고 판시하여, 마치 법률상 의무 위반 여부도 사회통념상 합리적으로 기대 가능한 정도의 보호조치를 다하였는지 여부를 기준으로 판단하여야 한다고 오해할 여지가 있도록 설시하고 있으나, 첫째, 밑줄 표시 부분과 같이 법률 위반을 계약상 의무와 함께 설시하는 과정에서 일반 민법상 주의의무 위반의 이치를 혼합하여 설명한 것으로 이해함이 상당하고, 둘째, 최초로 위와 같은 법리를 설시한 위 2015.2.12. 선고 2013다433994, 44003 판결은 위 설시 바로 직후에 바로 "정보통신서비스제공자가 이 사건 고시에서 정하고 있는 기술적·관리적 보호조치를 다하였다면, 특별한 사정이 없는 한, 정보통신서비스제공자가 개인정보의 안전성 확보에 필요한 보호조치를 취하여야 할 법률상 또는 계약상 의무를 위반하였다고 보기는 어렵다"는 판시에 나아간 점을 보면, 사회통념상 합리적으로 기대 가능한 정도의 보호조치를 다하였는지 여부는 법 위반이 아닌 일반 민법상 주의의무 위반에 따른 위법행위로 평가하였다고 봄이 보다 합리적이다.

18) 위 2018.1.25. 선고 2015다24904, 24911, 24928, 24935 판결의 동일한 설시 부분과 관련하여 "과실책임의 기준이 법상 의무 위반에 한정되지 않는다는 점을 분명히 하였다."고 평가하거나(전승재, "개인정보 유출로 인한 손해배상 제도에 관한 고찰 신용카드 개인정보 유출 소송을 통해 드러난 제도적 한계를 중심으로", 경제규제와 법, 제11권 제1호, 서울대학교 공익산업법센터, 2018, 31면), 옥션 해킹사건에 관한 2015.2.12. 선고 2013다433994, 44003 판결에 관하여 "개정된 방통위 고시에 따르면 옥션이 관리자 비밀번호 초기값을 변경하지 않고 방치한 행위는 법 위반이 되겠지만, 옥션 해킹 발생 당시의 법령 및 고시를 기준으로 보면 정보통신망법 제32조의 '이 법을 위반한 행위' 요건이 구비되지 않은 셈이다."라고 본 견해도 있는데(전승재, "해킹을 방지하지 못한 사업자의 법적 책임 판단기준의 문제점- 행정제재·형사처벌의 기준과 민사상 과실판단 기준의 차이점을 중심으로", 정보법학, 제21권 제2호, 2017, 138면), 이 또한 필자의 견해와 대동소이한 것으로 보인다.

상), 제750조(불법행위의 내용), 제760조 제3항(공동불법행위자의 책임)을 참조조문으로 들고 있다.

2) 개인정보의 안전성 확보 조치 기준 고시의 해석에 있어서 유의점

이상 살펴본 논의는 단순히 손해배상청구권 행사에 있어서 청구권원을 준별하는 문제에 그치는 것이 아니라, 개인정보보호법과 그 하위 법령, 특히 개인정보의 안전성 확보 조치 기준 고시 각 조항에서 정한 보호조치의 의미나 그 범위에 관한 해석에 있어서도 중요한 의미를 가진다. 즉, 앞서 본 바와 같이 개인정보처리자가 마땅히 준수해야 한다고 일반적으로 쉽게 예상할 수 있고 사회통념상으로도 합리적으로 기대 가능한지 여부가 일반 민법상 주의의무 위반 여부를 판단함에 그쳐야 한다면, 법령에 해당하는 고시 각 조항에서 정한 보호조치의 의미나 그 범위를 해석할 때에는 개인정보처리자가 마땅히 준수해야 한다고 일반적으로 쉽게 예상할 수 있고 사회통념상으로도 합리적으로 기대 가능한지 여부는 고려대상이 되어서는 안 된다고 보아야 한다.

만일 이와 같이 새기지 않는다면, 주로 강행법규 혹은 단속법규의 성격을 가지는 개인정보보호법 체계에 예상가능성과 기대가능성으로 이루어진 일반적인 주의의무(과실) 요소가 개입하게 되어 고시를 포함한 법령 위반에 대한 판단 범위가 지나치게 확대될 우려가 있다. 뿐만 아니라, 개인정보보호법 및 그 하위법령이 과징금이나 과태료 등 침익적 행정처분의 근거가 되므로 그 해석은 엄격하게 하여야 하고 행정처분의 상대방에게 불리한 방향으로 지나치게 확대해석하거나 유추해석하여서는 안 된다[19]는 대원칙에도 어긋나는 부당한 결과에 이를 수 있다.[20]

한편, 이와 관련하여 개인정보의 안전성 확보 조치 기준 고시 제1조가 "이 기준은 … (중략) … 안전성 확보에 필요한 기술적·관리적 및 물리적 안전조치에 관한 최소한의 기준을 정하는 것을 목적으로 한다."고 하고, 그 제3조도 "개인정보 처리자는 개인정보의 보유 수, 유형 및 정보주체에게 미치는 영향 등을 고려하여 스스로의 환경에 맞는 개인정보의 안전성 확보에 필요한 조치를 적용하여야 한다."고 규정하고 있음에 비추어, 고시 위반 여부를 판단할 때 개인정보처리자가 마땅히 준수해야 한다고 일반적으로 쉽게 예상할 수 있고 사회통념상으로도 합리적으로 기대 가능한지 여부를 고려할 수 있다고 보는 견해도 있을 수 있다. 그러나 우선 위 제1조에서 고시가 최소한의 기준을 정하는 것을 목적으로 한다는 취지로 규정된 점은 오히려 고시 규정이 최소한의 기준임을 명백히 천명한 것이기 때문에 앞서 본 기대가능성이나 예견가능성을 고려하여 임의로 확대 해석할 수 없다는 해석의 근거가 될 수는 있을지언정 최소한의 기준

---

19) 대법원 2008.2.28. 선고 2007두13791 판결, 대법원 2022.1.27. 선고 2020두39365 판결 등.

20) 이와 관련하여, 김현경, "고시에 있어서 기술적 보호조치의 내용과 범위", 개인정보 판례백선, 박영사, 2022, 725면
은 "고시에서 정하는 기술적 보호조치 의무는 위반 시 과징금 등 행정처분이 부과될 수 있는 공법상 의무로서 공
익적 목적이 근간이 되어야 하며 '비례원칙', '신뢰보호의 원칙', '평등의 원칙' 등이 준수되어야 한다. 이렇게 볼 때
고시나 법령에서 정하는 기술적 보호조치에 대한 공법상 의무 범위가 실제로 사법상 책임을 고려하여 사법상 주
의의무를 포괄할 정도로 세밀하고 광범위할 수 있을지 의문이다."라고 하는데, 같은 취지로서 경청할 만하다.

이기 때문에 기대가능성이나 예견가능성 등을 함께 고려하여 고시의 명문(明文)을 넘어 더 넓게 해석하여야 한다는 근거가 될 수 없음은 자명해 보인다. 또한 위 제3조는 "안전조치의 적용 원칙"이라는 제목에서 보는 바와 같이 개인정보에 관한 안전성 확보 조치 또는 보호조치에 관한 원칙을 천명한 것으로서 직접적인 규범력까지 인정되는 것은 아닐 뿐만 아니라, 설사 간접적으로 해석에 영향을 끼칠 수 있다고 보더라도 각 개별 고시 조항의 명문을 기초로 해서는 도저히 도출될 수 없는 보호조치까지 아우를 수는 없다고 봄이 상당하다. 만일 위 제3조가 실제 직접적인 규범력을 가지고 이를 통해 고시 각 조항의 명문을 넘어선 해석이 가능하다고 본다면, 실상 위 제3조를 제외한 나머지 고시 규정들은 굳이 존재할 이유가 없는 사족에 불과하다는 결론에 이르게 되는데, GDPR과 같이 개인정보 보안(security of personal data)과 관련하여 명시적으로 열린(open) 규제 입장[21]을 취하고 있는 법제가 아닌 우리나라에서 이러한 결론은 정책적으로나 해석론적으로나 매우 수긍키 힘들다고 할 것이다.

3) 법 위반행위에 대한 주장·입증 책임

이와 같은 법 위반행위에 대한 주장·입증책임은 원고인 정보주체에게 있다.[22]

2. 손해의 발생

여기서의 손해는 재산적 손해, 경제적 손해 또는 정신적 손해를 모두 포함한다. 예컨대, 재산적 손해는 신용카드번호가 유출되어 신용카드가 불법적으로 사용되거나 개인정보를 이용하여 불법대출이 실행된 경우에 발생할 수 있고, 정신적 손해는 이메일주소나 휴대전화번호가 유출되어 원하지 않는 스팸메일이나 마케팅광고가 부당하게 수신된 경우에 발생한다고 한다.[23]

손해와 관련해서는, 개인정보 침해(특히, 유출)가 발생하면 바로 손해가 발생한다는 견해,[24] 개인정보 유출이 발생하더라도 바로 손해가 발생하는 것이 아니라 그 이외에 특단의 사정이 있어야만 손해가 발생한 것으로 볼 수 있다는 견해[25]로 대별된다. 후자가 통설에 가까운 입장으

---

21) GDPR 제32조 등 참조.
22) 같은 취지로는 최호진, "해킹에 의한 개인정보유출과 정보통신서비스 제공자에 대한 손해배상책임에 관한 고찰: SK컴즈 사건을 중심으로", 법조, 통권 제689호, 2014, 140면; 김희중, "정보통신서비스제공자가 이용자의 개인정보가 도난·누출되지 않도록 안전성 확보에 필요한 보호조치를 다하였는지 여부에 관한 판단기준", 고영한 대법관 재임기념 논문집, 사법발전재단, 2018, 231-232면.
23) 박노형, 개인정보보호법, 박영사, 2020, 515면.
24) 권태상, "개인정보 보호와 인격권: 사법 측면에서의 검토", 법학논집, 제17권 제4호, 2013, 102-103면; 이재경, "개인정보 유출에 따른 정신적 손해와 위자료의 인정가능성", 동북아법연구, 제8권 제3호, 2015, 535면.
25) 최호진, "해킹에 의한 개인정보유출과 정보통신서비스 제공자에 대한 손해배상책임에 관한 고찰: SK컴즈 사건을 중심으로", 법조, 통권 제689호, 2014, 155-156면; 이원우, "개인정보 보호를 위한 공법적 규제와 손해배상책임 – 개인정보 누출을 중심으로", 행정법연구, 제30호, 2011, 263면; 고홍석 "개인정보 유출로 인하여 위자료로 배상할 만한 정신적 손해의 발생 여부", BFL, 제66호, 2014, 79면; 오일석, "개인정보 보호의무 위반에 따른 배상 가능한 손

로 생각되나, 후자의 견해도 손해가 발생할 것으로 볼 수 있는 특단의 사정이 무엇인지에 따라 다시 여러 견해로 나뉜다. 생각건대, 개인정보 유출은 특단의 사정이 없는 한 그 자체로는 정보주체의 실체적인 권리가 침해되었다고 볼 수 없고, 단지 위험규제 측면에서의 역할을 담당하는 절차적, 형식적인 규제 수단으로서의 권리인 개인정보자기결정권이 침해되었다고 하여야 하며, 또한 개인정보자기결정권에 대한 침해가 있다고 하여 막바로 손해가 발생하는 것은 아니라고 보아야 한다. 결국, 개인정보의 유출과 관련하여 손해가 있다고 인정하기 위해서는 개인정보자기결정권에 대한 침해 이외에 다른 실체적인 사권(私權)에 대한 침해가 실제로 발생하였거나 발생할 개연성이 확정적이라고 할 만큼 높은 수준에 이르러야 할 것이다.[26]

이와 관련하여 법원은 실상 손해 발생 여부에 대하여 별로 주의를 기울여 판단하지 않다가 2012.12.26. 선고 2011다59834, 59858, 59841 판결(GS칼텍스 유출사건)에서 "개인정보를 처리하는 자가 수집한 개인정보를 피용자가 정보주체의 의사에 반하여 유출한 경우, 그로 인하여 정보주체에게 위자료로 배상할 만한 정신적 손해가 발생하였는지는 유출된 개인정보의 종류와 성격이 무엇인지, 개인정보 유출로 정보주체를 식별할 가능성이 발생하였는지, 제3자가 유출된 개인정보를 열람하였는지 또는 제3자의 열람 여부가 밝혀지지 않았다면 제3자의 열람 가능성이 있었거나 앞으로 열람 가능성이 있는지, 유출된 개인정보가 어느 범위까지 확산되었는지, 개인정보 유출로 추가적인 법익침해 가능성이 발생하였는지, 개인정보를 처리하는 자가 개인정보를 관리해온 실태와 개인정보가 유출된 구체적인 경위는 어떠한지, 개인정보 유출로 인한 피해 발생 및 확산을 방지하기 위하여 어떠한 조치가 취하여졌는지 등 여러 사정을 종합적으로 고려하여 구체적 사건에 따라 개별적으로 판단하여야 한다."고 원칙을 설시한 다음, 당해 사건에서 개인정보가 유출된 후 한정된 범위의 사람들에게 개인정보가 전달 또는 복제된 상태이기는 했으나 개인정보가 수록된 저장매체들이 모두 회수되거나 폐기되었고 그 밖에 개인정보가 유출된 흔적도 보이지 아니하여 제3자가 개인정보를 열람하거나 이용할 수는 없었다고 보이는 점, 개인정보를 유출한 범인들이나 언론관계자들이 개인정보 중 일부를 열람한 적은 있지만 개인정보의 종류 및 규모에 비추어 위와 같은 열람만으로 특정 개인정보를 식별하거나 알아내는 것은 매우 어려울 것으로 보이는 점, 개인정보 유출로 인하여 추가적인 개인정보 유출 등 후속 피해가 발생하였음을 추지할 만한 상황이 발견되지 아니하는 점 등을 고려하여 정신적 손해의 발생을 부정하였다. 이후 각종 하급심은 위와 같은 대법원 판결의 취지를 따라 '개인정보자기결정권

해에 대한 고찰", 법학논집, 제19권 제3호, 2015, 13면; 권영준·이동진, "개인정보 유출에 대한 과실 및 손해 판단 기준", 개인정보 보호의 법과 정책(개정판), 2016, 352-353면; 오대한, "개인정보권의 침해와 손해배상", 민사법연구, 제24집, 2016, 319-320면; 이고은, "개인정보자기결정권 침해유형별 위자료 인정과 그 범위에 관한 연구", 사법논집, 제67집, 2018, 38면; 이혜미, "개인정보 침해로 인한 손해배상책임", 민사판례연구, 제41권, 2019, 709면; 최민수, "개인정보유출로 인한 손해배상책임 규정에 대한 비판적 고찰: 개인정보보호법상 손해배상책임 규정을 중심으로", 민사법의 이론과 실무, 제25권 제2호, 2022, 362면.
26) 김진환, "개인정보 보호의 규범적 의의와 한계", 저스티스, 통권 제144호, 2014, 78-79면.

침해 여부'와 '정신적 손해 발생 여부'에 대한 판단을 별도의 항목으로 구분하여 정보주체에게 위자료로 배상할 만한 정신적 손해가 발생하였는지 여부를 실질적으로 판단하고 있다.[27]

한편, 피해자인 정보주체에게 손해가 발생하였다는 사실에 대한 주장·입증책임은 손해를 주장하는 자(통상 원고)에게 있다.[28]

3. 손해와 법 위반행위 간의 인과관계의 존재

손해와 개인정보보호법 위반행위 간에 상당인과관계가 있어야 한다. 따라서 경험칙에서 원인된 행위로 통상적으로 손해가 발생할 것이라고 인정되는 범위(통상손해)에서만 손해배상이 인정된다. 손해와 법 위반행위 간에 상당인과관계가 존재한다는 사실에 대한 주장·입증책임은 이를 주장하는 자(통상 원고)에게 있다.[29]

따라서 특별한 사정으로 인한 손해는 개인정보처리자가 그 사정을 알았거나 알 수 있었을 때에만 배상책임을 진다(민법 제393조 제2항, 제763조). 개인정보처리자가 그 사정을 알았거나 알 수 있었을 것이라는 사실에 대해서는 역시 이를 주장하는 자(통상 원고)에게 입증책임이 있다.[30]

한편, 네이트/싸이월드(SK커뮤니케이션즈) 해킹사건에서 개인정보처리자에 해당하는 SK커뮤니케이션즈 소속 임직원들이 해당 프로그램의 라이센스 정책에 맞추어 기업용 알집을 사용하지 않고 개인에 제한된 공개용 알집을 사용하던 중 해커가 알집 프로그램 제작사 시스템에 침입하여 기업용 알집을 임의로 조작하는 방법으로 SK커뮤니케이션즈에 침입한 것과 관련하여 저작권법 위반행위와 손해 사이에 상당인과관계를 부정한 취지의 판결들이 선고되었다.[31] 이러한 판결들에 대하여는, SK커뮤니케이션즈 또는 그 직원들이 저작권법에 위반하여 저작권을 침해하는 행위를 하였고 해커가 그 부분을 이용하여 해킹 사고를 저지른 이상 특별한 사정이 없다면 불법행위의 상당인과관계가 인정된다고 보아야 한다는 견해들이 적지 않다.[32]

그러나, 우선 저작권법에 위반하여 공개용 알집을 사용한 것은 개인정보보호법 및 그 하위법령 위반에 해당하지 않음은 명백하다. 따라서 본 쟁점은 법 제39조 제1항의 손해배상책임이

---

27) 이고은, "개인정보자기결정권 침해유형별 위자료 인정과 그 범위에 관한 연구", 사법논집, 제67집, 2018, 37면.
28) 같은 취지로는 정영수, "개인정보의 유출에 의한 집단적 피해의 구제", 민사소송, 제17권 제2호, 2013, 361면.
29) 같은 취지로는 박노형, 개인정보보호법, 박영사, 2020, 516면; 개인정보 보호 법령 및 지침·고시 해설(2020), 393면.
30) 같은 취지로는 성선제, 개인정보보호법, 서울경제경영, 2014, 147면; 개인정보 보호 법령 및 지침·고시 해설 (2020), 393면.
31) 이 사건과 관련하여 많은 소송이 제기되었으나, 대표적인 1심 판결만 하더라도 서울중앙지방법원 2012. 11. 23. 선고 2011가합90267 판결, 서울중앙지방법원 2012. 11. 23. 선고 2011가합105718 판결, 서울서부지방법원 2014. 4. 17. 선고 2013가합30752 판결, 대전지방법원 2014. 8. 14. 선고 2012가합101743, 102449 판결 등이 있다.
32) 대표적으로, 최호진, "해킹에 의한 개인정보유출과 정보통신서비스 제공자에 대한 손해배상책임에 관한 고찰: SK 컴즈 사건을 중심으로", 법조, 통권 제689호, 2014, 147면; 이용재, "싸이월드 개인정보 유출사건에 관한 판결에 나타난 쟁점에 관한 검토", 법조, 제715호, 2016, 289-290면.

아니라 저작권법 위반으로 인한 손해배상책임이나 민법상 일반 불법행위에 따른 손해배상책임으로 이해함이 상당하다. 그런데 해당 사건에서 원고들은 개인정보 유출로 인한 손해배상을 구한 것이지 저작권법 위반으로 인한 침해된 권리에 대한 배상을 구하지 않은 것이 분명하므로 저작권법 위반으로 인한 손해배상책임은 논외가 된다.[33] 결국, 라이센스 정책에 위배하여 기업용 알집을 사용하지 않고 공개용 알집을 사용한 위법행위가 해킹으로 인한 개인정보 유출에 따른 손해와 상당인과관계에 있느냐가 관건이라고 할 것인데, 공개용 알집을 사용한 행위와 개인정보 유출에 따른 손해 발생 간에는 극단적인 순수 조건설의 관점에서는 인과관계를 인정할 수 있을지언정 상당인과관계설의 입장에서는 인과관계를 인정할 수 없다고 보인다.

그 이유는 상당인과관계설의 근본 취지가 책임원인과 자연적 조건관계에 있는 손해를 전부 배상시키는 것은 공평하지 않다는 생각에서 배상대상을 적당한 범위로 제한하고자 인과관계의 상당성 판단을 이용하는 것이고, 여기서 상당성 판단이란 동일한 조건이 존재하는 경우에는 동일한 결과를 발생하는 것이 보통인가 또는 원인인 조건이 일반적인 경우에 있어서 보통 그 결과를 발생케 하는 것인가를 말하는바, 이에 따라 상당성이 없는 우연한 사정이나 특수한 사정은 아예 행위의 결과에서 제외하게 되는 것이기 때문이다.[34] 돌아와 본 해킹사건에 관하여 보면 공개용 알집은 바이러스나 백신 프로그램도 아니고 단지 컴퓨터 파일의 압축을 지원하는 프로그램에 불과하여 이러한 프로그램에 대한 라이센스 정책 위반이 개인정보 유출로 인한 손해를 야기할 것이라고 보는 것은 매우 통상적이지 않음은 명백한 것으로 보이고, 따라서 위 판결들이 그에 관한 상당인과관계의 존재를 부정한 것은 매우 타당한 결론이었다고 보인다.

4. 개인정보처리자의 고의 또는 과실

개인정보처리자의 고의 또는 과실이 있어야 손해배상청구권이 발생할 수 있다. 고의란 이 법 위반임을 알면서도 위반행위를 하는 것이고(미필적 고의를 포함한다), 과실이란 개인정보처리자의 경력, 경험, 직업 등 사회적 지위에 비추어 신의칙상 요구되는 정도의 주의를 결여하였기 때문에 이 법에 위반함을 인식하지 못한 것을 말하며, 개인정보처리자가 선량한 관리자의 주의의무를 다하지 아니한 것을 말한다.[35]

개인정보처리자의 고의 또는 과실과 동일시 할 것으로 기대되는 자, 예컨대 근로자, 종업원, 임시직, 위촉직, 아르바이트생 등과 같이 개인정보처리자의 선임, 지휘, 감독을 받는 이행보조

---

33) 따라서 위 판결들은 대부분 "저작권법 위반행위에 해당한다 하더라도 저작권법의 입법취지는 저작자의 권리를 보호하고 저작물의 공정한 이용을 도모하고자 함에 있는 것이지 저작자의 권리를 침해하는 방법으로 컴퓨터 프로그램 저작물을 이용하는 과정에서 제3자의 해킹으로 인하여 개인정보가 유출됨으로써 손해가 발생한 경우 그 손해를 입은 자들을 보호하고자 함에 있는 것은 아니"라는 취지로 판시하였다.
34) 이은영, 채권총론, 박영사, 1991, 245면 참조.
35) 개인정보 보호 법령 및 지침·고시 해설(2020), 394면.

자의 고의 또는 과실은 개인정보처리자 자신의 고의 또는 과실로 보고(민법 제391조), 수탁자의 고의 또는 과실도 개인정보처리자 자신 소속 직원의 고의 또는 과실로 본다(법 제26조 제7항).[36]

III. 고의 또는 과실의 입증책임 전환

법 제39조 제1항 제2문은 개인정보처리자는 고의 또는 과실이 없음을 입증하지 아니하면 책임을 면할 수 없다고 규정함으로써, 일반 손해배상책임에 있어서 고의 또는 과실과 같은 귀책사유의 입증책임이 원고(통상 정보주체 혹은 피해자)에 있는 것과 달리 그에 관한 입증책임을 피고(통상 개인정보처리자)가 부담하도록 하고 있다.

이러한 입증책임의 전환은 개인정보 관련 손해배상청구 소송에 있어서 입증에 필요한 각종 정보나 자료가 대부분 사업자에 해당하는 개인정보처리자에 집중되어 있기 때문에 그 불균형을 해소하는 공평의 차원에서 유래한다. 다만, 실제 개인정보 관련 손해배상청구 소송의 실무에 있어서는 원·피고를 막론하고 자신이 제기할 수 있는 최대한의 주장과 입증 활동을 하는 것이 일반적이기 때문에 법원이 실제로 이러한 입증책임의 전환에 기하여 일방 당사자에게 불이익한 결론을 내리는 경우는 현실적으로 매우 드문 편이라고 할 수 있다.

참고로, 이와 관련하여 법 제39조 제1항은 개인정보처리자가 '이 법을 위반한 행위'를 하여 정보주체가 손해를 입은 경우에 대한 규정이지, 개인정보 유출로 인해 정보주체가 손해를 입은 경우에 대한 규정이 아니라고 하면서, 현재와 같이 규정되어 있다면, 개인정보보호법상 보호조치 의무 위반의 존재는 여전히 정보주체가 입증해야 하고, 보호조치 위반에 대한 개인정보처리자의 고의·과실은 쟁점이 될 수 없으므로,[37] 입증책임 전환규정의 취지를 살리고자 한다면 법 제39조 제1항 본문을 "이 법을 위반한 행위로 손해를 입으면 손해배상을 청구할 수 있다."가 아니라 "개인정보 유출로 인해 손해를 입으면 손해배상을 청구할 수 있다."가 되어야 하고, 그래야만 제2문의 '고의 또는 과실'의 의미가 '법상 보호조치 기준을 미준수한 데 대한 귀책'이 아니라 '유출을 막지 못한 귀책'으로 되어 개인정보처리자가 일정한 보호조치 의무를 다했다는 점을 항변해야 하는 구조가 비로소 구현될 수 있다는 입법론적인 견해도 있다.[38] 경청할 만한 견해이나, 위 견해에 따를 경우 유출 이외의 개인정보보호법 위반사항에 대한 손해배상 규정이 존재하지 않게 되는 문제가 있게 되므로 향후 좀 더 고민하고 검토할 쟁점이 아닌가 한다.

---

36) 이창범, 개인정보 보호법, 박영사, 2012, 352면.
37) 전승재·권헌영, "개인정보 유출로 인한 손해배상 제도에 관한 고찰-신용카드 개인정보 유출 소송을 통해 드러난 제도적 한계를 중심으로", 경제규제와 법, 제11권 제1호, 2018, 43면; 같은 취지의 견해로는 최지현, "개인정보 유출과 손해배상책임: 대법원 2019.9.26. 선고 2018다222303, 222310, 222327 판결", 법학논문집, 제44집 제1호, 2020, 112면.
38) 전승재, "개인정보 유출로 인한 손해배상 제도에 관한 고찰 신용카드 개인정보 유출 소송을 통해 드러난 제도적 한계를 중심으로", 경제규제와 법, 제11권 제1호, 2018, 43-44면.

Ⅳ. 손해배상청구권의 효과

손해배상청구권이 인정되면 개인정보처리자는 소정의 배상금을 지급하여야 한다. 특히 개인정보 유출로 인한 배상금액의 수준에 관하여는 여러 논의가 존재한다. 개인정보의 유출로 인한 손해는 통상 정신적 위자료에 해당하는 경우가 대부분인데, 법원은 정보주체 일인당 약 10만 원에서 30만 원 수준의 위자료를 인정하는 경향이다.[39]

한편, 위와 같은 개인정보 유출로 인한 위자료 수준이 낮다는 견해[40]가 있는가 하면, 다른 유형의 불법행위에 대한 위자료 인정 사례 등에 비추어 현재의 개인정보 유출로 인한 위자료 산정 실무에는 불가피한 측면도 있다며 어느 정도 긍정하는 견해[41]도 있다. 실상 개인정보 유출로 인한 위자료 수준을 일도양단적인 관점에서 단정하기는 곤란하고, 개인정보처리자가 취한 사전 보안조치, 사고 발생의 경위, 사후조치의 신속성·적절성·보완성, 피해 회복조치의 이행 여부, 유출된 정보의 양과 민감성, 유출된 정보의 확산범위 및 전파가능성, 2차 피해의 발생 여부 등을 종합적으로 고려하여 결정함으로써, 사회적인 관점에서 적정한 위자료 수준이 되도록 노력할 필요가 있다.[42]

Ⅴ. 손해배상청구권의 소멸

개인정보보호법을 위반한 행위로 인하여 발생한 손해배상청구권은 앞서 검토한 바와 같이 불법행위로 인한 손해배상청구권이므로, 피해자나 그 법정대리인이 그 손해 및 가해자를 안 날로부터 3년간 이를 행사하지 아니하면 시효로 인하여 소멸하고(민법 제766조 제1항), 불법행위를 한 날로부터 10년을 경과한 때에도 소멸한다(민법 제766조 제2항).

결국 법 제39조 제1항의 손해배상청구권의 소멸시효의 기산점은 손해 및 가해자를 안 날(3년) 또는 불법행위를 한 날(10년)이다. 후자에 해당하는 10년 기간의 기산점에 해당하는 불법행위를 한 날은 엄밀한 의미에서 사실 인정에 관한 사항으로 일반적인 해석론을 적용하는데 크게 어려움이 없어 보인다. 그러나, 3년 기간의 기산점이 되는 손해 및 가해자를 안 날과 관련해서는 개인정보 관련 사건, 그중에서도 특히 개인정보 유출 사건에서 고려하여야 할 점이 있는데, 이에 관하여는 정보주체의 유출정보 조회시스템 접속일을 기산점으로 보아야 한다는 견해가 있고,[43] 신용카드3사 개인(신용)정보 유출 사건에 관한 하급심 판결들은 동일 유출사건에 관한

---

39) 개인정보 관련 유형별 위자료 인정 여부와 각종 사례에 대한 상세한 설명에 대해서는, 이고은, "개인정보자기결정권 침해유형별 위자료 인정과 그 범위에 관한 연구", 사법논집, 제67집, 2018, 15-36면 참조
40) 오대한, 개인정보권의 침해에 대한 사법적 구제(박사학위논문), 전남대학교 대학원, 2015, 240면.
41) 권영준·이동진, "개인정보 유출에 대한 과실 및 손해 판단기준", 개인정보 보호의 법과 정책(개정판), 2016, 356면.
42) 정신적 손해(위자료) 산정의 각종 지표들에 대한 상세한 논의는, 이숙연, "개인정보 관련 분쟁의 사례분석과 대안의 모색", 정보법학, 제12권 제2호, 2008, 18-22면 참조.

관련 소송에서 제1심 판결이 선고된 때,[44] 동일 유출사건에 관하여 원고가 소를 제기한 때,[45] 동일 유출사건에 관하여 원고가 소를 제기하였다가 취하한 때,[46] 원고가 유출정보 조회시스템에 접속하여 조회한 때[47]가 각각 위 기산점에 해당한다고 다양하게 판시한 바 있다.

그런데, 소멸시효 기산점에 관한 종래 대법원의 입장은, 불법행위로 인한 손해배상청구권의 단기소멸시효의 기산점이 되는 민법 제766조 제1항의 손해 및 가해자를 안 날이라고 함은 손해의 발생, 위법한 가해행위의 존재, 가해행위와 손해의 발생과의 사이에 상당인과관계가 있다는 사실 등 불법행위의 요건사실에 대하여 현실적이고도 구체적으로 인식하였을 때를 의미한다는 것이므로,[48] 원고가 단순히 유출정보 시스템을 통한 유출사실을 조회하거나, 소송을 제기하였다고 하여 위와 같은 불법행위의 요건사실 모두에 대하여 현실적이고도 구체적으로 인식하였다고 보는 것은 지나친 면이 있고(이러한 때에 정보주체가 유출의 위법성이나 가해행위와 손해의 발생 사이의 상당인과관계까지 알 도리는 없다고 보는 것이 합리적일 것이다), 적어도 동일 유출사건의 관련 소송에서 불법행위책임이 인정되었을 때 비로소 위와 같은 요건사실 모두를 인식하였다고 보는 것이 합리적이다. 다만, 종래 판례는 심급을 통하여 다투는 사안의 경우에는 해당 판결이 확정된 때에야 비로소 시효가 진행된다고 판단한 경우가 많았는데,[49] 앞서 본 신용카드3사 개인(신용)정보 유출사건과 같이 유출정보 시스템을 통한 유출사실 조회가 대규모로 일어나고 워낙 전 국민의 관심의 대상이 되어 수많은 보도 등이 이루어진 특별한 경우에는 법률관계를 조속히 확정할 필요성이나 권리 위에 잠자는 자를 보호하지 않는다는 단기소멸시효의 취지에 비추어 관련 소송의 최종 확정 때가 아닌 정보주체들의 청구를 인용한 제1심 판결이 선고된 때를 기산점으로 삼더라도 크게 무리라고 보이지는 않는다.

VI. 민법상 손해배상청구권과의 관계

개인정보를 침해 당한 정보주체는 본 제39조 제1항의 손해배상청구권 이외에도, 개인정보처

---

43) 전승재, "개인정보 유출로 인한 손해배상 제도에 관한 고찰 신용카드 개인정보 유출 소송을 통해 드러난 제도적 한계를 중심으로", 경제규제와 법, 제11권 제1호, 2018, 41-42면; 이 견해에 따르면, 입법론적으로는 개인정보처리 자로 하여금 유출 정보 조회시스템을 충실히 가동하여 정보주체의 알 권리를 보장하도록 유도하고 이에 대한 일종의 인센티브를 주기 위해 유출정보 조회시스템의 운영 개시일로부터 3년간 운영이 지속된 경우 그 운영 개시일을 '정보주체가 손해 발생을 안 날'로 의제하여 이때부터 3년의 단기소멸시효가 기산하도록 하는 방안을 고려해봄 직하다고 한다.
44) 서울중앙지방법원 2021.11.24. 선고 2021가단5003833 판결.
45) 서울중앙지방법원 2022.10.14. 선고 2021나79386 판결.
46) 서울중앙지방법원 2021.11.2. 선고 2020가단5253587 판결.
47) 서울중앙지방법원 2022.1.27. 선고 2020가단5259622 판결.
48) 대법원 1997.12.26. 선고 97다28780 판결 등.
49) 예컨대, 대법원 1990.1.12. 선고 88다카25168 판결; 대법원 1996.8.23. 선고 95다33450 판결; 대법원 1997.2.14. 선고 96다36150 판결 등.

리자의 행위가 불법행위 요건을 충족한 경우에는 민법 제750조에 따른 손해배상청구권을 행사할 수 있고, 만일 개인정보처리자와 서비스 이용 등을 비롯한 각종 계약관계에 있는 경우 민법 제390조에 따른 채무불이행에 기한 손해배상청구권도 행사할 수 있으며,[50] 이들 각 청구권은 각각 별개의 소송물에 해당한다.

---

50) 실생활에서 개인정보만을 주된 계약의 목적으로 하는 경우는 드물고, 가상공간에서 전자거래 등을 하기 위한 개인 정보 제공의 형식으로 이루어지기 때문에, 정보주체는 계약상의 부수의무 혹은 신의칙상 침해자에게 일반적으로 요구되는 보호의무를 위반한 것을 들어 손해배상을 청구하는 방법을 생각할 수 있다는 견해로는, 송오식, "빅데이터의 출현과 개인정보침해에 대한 사법적 구제", 민사법연구, 제21집, 2013, 283면.

제 3 절
징벌적 손해배상(법 제39조 제3항)

I. 징벌적 손해배상청구권의 의의와 평가

법 제39조 제3항은 개인정보처리자의 고의 또는 중대한 과실로 인하여 개인정보가 분실·도난·유출·위조·변조 또는 훼손된 경우로서 정보주체에게 손해가 발생한 때에는 법원은 그 손해액의 5배를 넘지 아니하는 범위에서 손해배상액을 정할 수 있다고 규정하고 있다. 이는, 앞서 살펴본 법 제39조 제1항의 손해배상청구권이 '이 법을 위반한 행위'에 대한 것과 달리 '개인정보의 분실·도난·유출·위조·변조 또는 훼손된 경우'에 대하여 징벌적 손해배상청구권을 인정하는 것이다. 애초에는 3배까지의 손해배상액을 정할 수 있도록 되어 있었으나, 2023년 개정을 통하여 5배까지의 손해배상액을 정할 수 있도록 확대되었다.

국내법상 징벌적 손해배상에 대한 논의는 다양한 분야에서 오래전부터 있었지만, 2011. 3. 29. 「하도급거래 공정화에 관한 법률」("하도급법") 제35조가 신설되면서 처음으로 도입되었는데, 동 법률은 애초에는 기술 자료 제공 요구에 대한 징벌적 손해배상만을 규정하였다가, 2013 28. 개정되어 부당한 하도급대금의 결정, 부당한 위탁취소, 부당반품, 정당한 사유에 의하지 않은 하도급대금 감액 등으로 하도급자에게 손해를 입힌 경우에 손해의 3배까지 배상하는 것으로 개정되었다.[51] 이후 신용카드3사 개인(신용)정보 유출사건이 발생함에 따라 개인정보처리자의 책임을 무겁게 하고 정보주체의 권리를 더욱 강하게 보호하여야 한다는 여론에 따라 2016년 개정을 통해 개인정보보호법, 신용정보법, 정보통신망법에 모두 징벌적 손해배상청구권이 규정되기에 이르렀다.

이러한 징벌적 손해배상청구권에 대해서는, 국내에 도입된 징벌적 손해배상액 규정이 '고의 또는 중대한 과실' 아니면 '고의 또는 과실'로 규정함으로써 통상의 귀책사유와 구별되는 악의적 침해행위(malicious infringement)를 제대로 반영하지 못하여 영미법계에서 유래한 징벌적 손해배상액 제도의 기본적 법리를 놓치고 있다거나,[52] 개인정보보호법은 위반행위에 대하여 벌금 및 과징금을 과하면서도 다시 그 기능과 목적 면에서 손해의 전보가 아닌 위법행위의 억제 내

---

51) 오대한, 개인정보권의 침해에 대한 사법적 구제(박사학위논문), 전남대학교 대학원, 2015, 286-287면.
52) 배대헌, "명목을 앞세운 개인정보 보호법의 손해배상책임 규정에 대한 비판적 검토", IT와 법연구, 제19집, 경북대학교 IT와법연구소, 2019, 78-79면.

지 제재로서 벌금과 동일한 징벌적 손해배상을 거듭 인정하는 것은 재산권에 대한 과도한 이중 제재에 해당하여 위헌 논란의 소지가 있다[53]는 등의 비판이 있는 반면, 개인정보보호법 위반행위로 인하여 정보주체가 입는 손해는 재산적 손해보다 정신적 손해인 경우가 많은데, 정신적 손해의 영역에서는 손해배상액 산정이 객관적으로 정확하고 면밀하게 이루어지기가 어렵고 그에 따라 위자료의 제재적 기능이 중요하게 등장하기 때문에 개인정보보호법상 징벌적 손해배상제도는 다른 법의 징벌적 손해배상제도보다 우리 법제도에 비교적 잘 부합하는 구제수단이라는 긍정적인 견해도 있다.[54]

II. 징벌적 손해배상청구권의 성립요건

1. 개인정보처리자의 고의 또는 중대한 과실

징벌적 손해배상청구권이 인정되기 위해서는 개인정보처리자의 고의 또는 중대한 과실이 있어야 한다. 이는 앞서 본 제39조 제1항의 손해배상청구권보다 위법성이 더 심각한 침해행위에 대해 징벌적 손해배상청구권을 인정하겠다는 취지를 반영한다. 여기서 중대한 과실이라 함은 개인정보처리자의 지위, 행위의 종류, 목적 등에 비추어 보통 요구되는 주의를 현저히 결여한 것을 의미한다고 하겠다.[55]

개인정보처리자의 고의 또는 중대한 과실에 대한 주장책임은 이를 주장하는 자(통상 원고)에게 있고, 고의 또는 중대한 과실의 부존재에 대한 입증책임은 개인정보처리자에게 있다고 본다.

2. 개인정보의 분실 · 도난 · 유출 · 위조 · 변조 또는 훼손

개인정보의 분실은 의도하지 않게 개인정보를 잃어버리는 것을, 개인정보의 도난은 누군가가 개인정보를 훔쳐가는 것을, 개인정보의 유출은 개인정보처리자의 자유로운 의사에 기하지 않고 개인정보에 관한 지배력을 상실하여 제3자가 알 수 있는 상태에 놓이는 것을, 개인정보의 위조는 권한 없는 자가 개인정보를 함부로 생성하는 것을, 개인정보의 변조는 권한 없는 자가 개인정보의 내용을 임의로 변경하는 것을, 개인정보의 훼손은 개인정보의 본래 효용을 해하는 것을 각각 의미한다.[56]

---

53) 송오식, "개인정보침해에 대한 합리적 구제방안", 현대 민법학의 진로: 정종휴선생정년퇴임기념논문집, 전남대학교 법학연구소, 2016, 768면.
54) 이소은, 개인정보자기결정권의 민사법적 보호(박사학위논문), 서울대학교 법학전문대학원, 2018, 249면.
55) 대법원 2003.4.11. 선고 2002다70884 판결 참조.
56) 개인정보가 도난되거나 분실되었다 하더라도 권한 없는 제3자가 쉽게 접근할 수 없는 때에는 민사책임은 생각할 수 없다고 하면서 도난·분실도 그 결과 누출에 이르러야 하고, 결국 어느 경우든 관건은 누출에 이르렀는지 여부

법 제39조 제1항의 손해배상청구권이 개인정보보호법 위반행위 전반에 대하여 적용되는데 반하여 징벌적 손해배상청구권은 보다 심각한 침해에 해당하는 개인정보의 분실·도난·유출·위조·변조 또는 훼손이 있을 경우에만 성립할 수 있다.

3. 손해의 발생

앞서 법 제39조 제1항의 손해배상청구권 부분에서 살펴본 손해에 관한 요건에서 논의한 사항이 그대로 여기서도 적용될 수 있다. 다만, 징벌적 손해배상청구권에서 구할 수 있는 손해에 재산적 손해 이외에 정신적 손해가 포함되는가 문제된다.

위자료와 징벌적 손해배상액 제도가 기능적으로 유사하다 할지라도 의의·산정 방법 및 증명 등 측면에서 상호 구별되는 전혀 다른 제도이므로 위자료를 징벌적 손해배상액 제도와 연계하여 징벌적 위자료로 실무상 논의하는 것은 바람직하지 않다거나,[57] 정보통신망법에 징벌적 손해배상청구권을 도입하는 의안 원문의 제안 이유에서 '재산적 피해', '2차 피해' 등의 표현을 사용한 점을 통해 유추해 볼 때 입법자는 유출된 개인정보의 도용 등으로 인해 발생하는 재산적 손해만을 징벌적 손해배상의 대상으로 상정한 것으로 보인다는 이유로 정신적 손해는 포함되지 않는다는 견해[58]가 있는가 하면, 개인정보보호법 위반행위로 인하여 정보주체가 입는 손해는 재산적 손해보다 정신적 손해인 경우가 많아 정신적 손해의 경우에는 징벌적 손해배상제도가 비교적 쉽게 정당화될 수 있다거나,[59] 법 제39조 제1항이나 제3항의 규정은 그 대상을 재산적 손해로 국한하지 않고 있으며 실제 개인정보 유출 등의 사고가 발생한 경우 정보주체에게 발생하는 손해는 정신적 고통에 따른 피해가 일반적이라는 점을 들어[60] 정신적 손해도 포함된다는 견해가 있다.

살피건대, 통상적으로 손해라고 하면 재산적 손해 이외에 정신적 손해를 포함하는 것으로 이해되는 점, 징벌적 손해배상을 규정한 법문상 정신적 손해를 명시적으로 배척하지 않고 있는 점, 징벌적 손해배상이 도입된 근거가 개인정보처리자의 배상책임을 무겁게 하면서 정보주체에 대한 손해배상을 용이하게 하겠다는 것인데 개인정보의 유출 등에 관한 대부분의 사건에서 정신적 손해만이 문제되고 있다는 점 등을 고려할 때 징벌적 손해배상의 경우 정신적 손해를 포

이고, 책임 성립요건과 관련하여 분실·도난·누출을 구별할 실익은 없다는 견해로는, 이동진, "개정 정보통신망법 제32조의2의 법정손해배상: 해석론과 입법론", 서울대학교 법학, 제55권 제4호, 2014, 372-373면.

57) 배대헌, "명목을 앞세운 개인정보 보호법의 손해배상책임 규정에 대한 비판적 검토", IT와 법연구, 제19집, 2019, 81-82면.

58) 전승재, 해커 출신 변호사가 해부한 해킹판결, 삼일인포마인, 2020, 259-260면; 박노형, 개인정보보호법, 박영사, 2020, 518면.

59) 이소은, 개인정보자기결정권의 민사법적 보호(박사학위논문), 서울대학교 법학전문대학원, 2018, 249면.

60) 최민수, "개인정보유출로 인한 손해배상책임 규정에 대한 비판적 고찰: 개인정보보호법상 손해배상책임 규정을 중심으로", 민사법의 이론과 실무, 제25권 제2호, 2022, 379-380면.

함하는 것으로 해석하는 것이 보다 합리적이라고 보인다.

　한편, 징벌적 손해배상청구권을 주장하는 원고는 처분권주의 원칙에 따라 징벌적 손해배상을 구하는 구체적인 손해액과 최종적으로 청구하는 배액을 특정하여야 하며, 손해액을 주장하고 입증해야 한다.[61]

4. 손해와 개인정보의 분실·도난·유출·위조·변조 또는 훼손 간의 인과관계의 존재

　징벌적 손해배상청구권이 성립하기 위하여는 손해와 개인정보의 분실·도난·유출·위조·변조 또는 훼손 간에 상당인과관계가 있어야 한다. 손해와 개인정보의 분실·도난·유출·위조·변조 또는 훼손 간에 상당인과관계가 존재한다는 사실에 대한 주장·입증책임은 이를 주장하는 자(통상 원고)에게 있다.

III. 고의 또는 중대한 과실의 입증책임 전환

　법 제39조 제3항은 "개인정보처리자의 고의 또는 중대한 과실로 인하여 개인정보가 분실·도난·유출·위조·변조 또는 훼손된 경우로서 정보주체에게 손해가 발생한 때에는 법원은 그 손해액의 5배를 넘지 아니하는 범위에서 손해배상액을 정할 수 있다. 다만, 개인정보처리자가 고의 또는 중대한 과실이 없음을 증명한 경우에는 그러하지 아니하다"라고 규정하고 있는데, 위 단서가 고의 또는 중대한 과실에 대한 입증책임 전환을 정한 것이라고 해석하는데 이설이 없는 것으로 보인다.[62] [63]

1. 손해배상 산정 시 고려사항

　개인정보처리자의 개인정보 유출 등으로 인하여 개인정보처리자를 징벌하기 위하여 징벌적 손해배상청구권이 도입되었으나, 징벌적 손해배상에 있어서도 적정하고도 합리적인 수준의 손해배상액 산정이 요구됨은 일반 손해배상제도와 다르지 않다. 이에 법 제39조 제4항은 징벌적 손해배상액을 정할 때, 고의 또는 손해 발생의 우려를 인식한 정도, 위반행위로 인하여 입은 피

---

61) 노갑영, "개인정보보호법상 개인정보주체의 권리보장수단으로서 징벌적 손해배상", 법학논총, 제40집 제4호, 2020, 227면.
62) 노갑영, "개인정보보호법상 개인정보주체의 권리보장수단으로서 징벌적 손해배상", 법학논총, 제40집 제4호, 2020, 227-228면; 이소은, 개인정보자기결정권의 민사법적 보호(박사학위논문), 서울대학교 법학전문대학원, 2018, 249면.
63) 다만, 거의 동일한 조문 구조를 가지고 있는 법정손해배상청구권에 관하여는 현행 조문의 문제점을 지적하는 견해들이 존재하는데, 이에 대하여는 해당 부분에서 살펴보기로 한다.

해 규모, 위법행위로 인하여 개인정보처리자가 취득한 경제적 이익, 위반행위에 따른 벌금 및 과징금, 위반행위의 기간·횟수 등, 개인정보처리자의 재산상태, 개인정보처리자가 정보주체의 개인정보 분실·도난·유출 후 해당 개인정보를 회수하기 위하여 노력한 정도, 개인정보처리자가 정보주체의 피해구제를 위하여 노력한 정도를 고려하도록 명문으로 정하고 있다.

2. 징벌적 손해배상청구권의 소멸

징벌적 손해배상청구권은 기본적으로 불법행위로 인한 손해배상청구권이므로, 피해자나 그 법정대리인이 그 손해 및 가해자를 안 날로부터 3년간 이를 행사하지 아니하면 시효로 인하여 소멸하고(민법 제766조 제1항), 불법행위를 한 날로부터 10년을 경과한 때에도 소멸한다(같은 조 제2항). 이외에 나머지 사항은 법 제39조 제1항의 손해배상청구권에 관하여 설명한 바와 같다.

제 4 절
법정손해배상(법 제39조의2)

I. 법정손해배상청구권의 의의와 성격

법 제39조의2 제1항에 따르면, 일반적 손해배상청구권 조항인 제39조 제1항에도 불구하고 정보주체는 개인정보처리자의 고의 또는 과실로 인하여 개인정보가 분실·도난·유출·위조·변조 또는 훼손된 경우에는 300만 원 이하의 범위에서 상당한 금액을 손해액으로 하여 배상을 청구할 수 있다. 이러한 법정손해배상제도는 정보주체가 특별히 손해액을 입증하지 않더라도 법률에 규정된 손해배상액 산정 근거에 따라 배상을 받을 수 있는 길을 열어놓았다.

법정손해배상이라는 제도는 원래 우리나라에서 존재하던 개념은 아니었는데, 한미 자유무역협정(Korea-U.S. Free Trade Agreement, "한미 FTA")을 통하여 처음으로 국내에 도입되었고, 그 적용 분야도 한미 FTA에 따라 지적재산법 중 저작권 및 저작인접권 침해와 상표 위조에 한정하였던 것이 개인정보 유출로 인한 정보주체의 권리침해 시 실질적인 구제를 보장한다는 취지에서 개인정보보호법을 비롯한 개인정보 관련 법령에도 도입된 것이라고 한다.[64] [65] 법정손해배상제도는 원고가 피해금액을 입증하기 어려운 경우 법원이 제반 사정을 고려하여 손해배상 금액을 정하게 됨으로써 신속한 피해구제가 가능하다는 장점이 있으며 반면에 최근 개인정보 유출 규모를 고려할 때 기업의 심각한 부담이 발생한다는 단점이 있다.[66]

다만, 개인정보 유출 등의 사안에서 '재산적 손해액'의 입증이 문제되는 경우가 현실적으로 드물고, 정신적 손해의 경우 실손해의 존부·범위와 무관하게 법원의 직권으로 일정한 위자료 금액이 산정되기 때문에, 청구원인으로 일반 손해배상 조항을 제시하는 것이나 법정손해배상 조항을 제시하는 것이나 차이가 없으므로, 법정손해배상 규정은 현행대로라면 향후 개인정보 유출 사안에서 활용될 가능성이 낮아 보인다고 한다.[67]

---

64) 최경진, "새로 도입된 법정손해배상에 관한 비판적 검토", 성균관법학, 제27권 제2호, 2015, 177면.
65) 개인정보보호법상의 법정손해배상청구권과 저작권법 또는 상표권에서의 각 법정손해배상청구권 간의 상이점에 대한 상세는, 최경진, "새로 도입된 법정손해배상에 관한 비판적 검토", 성균관법학, 제27권 제2호, 2015, 180-181면 참조.
66) 진대화, 개인정보침해에 대한 손해배상의 근거와 피해구제제도, Internet & Security Focus, 한국인터넷진흥원, 2014, 16-17면.
67) 전승재, "개인정보 유출로 인한 손해배상 제도에 관한 고찰 신용카드 개인정보 유출 소송을 통해 드러난 제도적

Ⅱ. 법정손해배상청구권의 성립요건

1. 개인정보처리자의 고의 또는 과실

법정손해배상청구권이 인정되기 위해서는 개인정보처리자의 고의 또는 과실을 요한다. 고의 또는 과실을 필요로 한다는 점에서는 법 제39조 제1항의 손해배상책임과 동일하고, 법 제39조 제3항의 징벌적 손해배상청구권과 구별된다. 여기서의 고의 또는 과실의 법적 성격(특히, 주장·입증책임)에 대해서는 항을 바꾸어 고의 또는 과실의 입증책임의 전환 부분에서 살펴보기로 한다.

2. 개인정보의 분실·도난·유출·위조·변조 또는 훼손

법정손해배상청구권은 개인정보의 분실·도난·유출·위조·변조 또는 훼손이 발생해야 성립할 수 있다. 개인정보의 분실·도난·유출·위조·변조 또는 훼손의 의미 등에 대해서는 징벌적 손해배상청구권에서 살펴본 바와 같다.

3. 손해의 발생

법 제39조 제1항("손해를 입으면")이나 같은 조 제3항("손해가 발생한 때")이 명문으로 손해의 발생을 요건으로 규정하고 있음에 반하여, 법정손해청구권을 규정한 제39조의2 제1항은 "개인정보가 분실·도난·유출·위조·변조 또는 훼손된 경우"라고만 규정하고 있어서 정보주체에게 손해가 발생하여야 법정손해배상청구권을 행사할 수 있는지 의문이 있을 수 있다. 그러나 손해 없는 손해배상청구권은 그 자체로 입론(立論)의 여지가 없으므로 법정손해배상청구권의 경우에도 정보주체에게 손해가 발생하여야 함은 당연하다고 보인다.

다만, 이와 관련해서는 법이 손해의 발생에 대한 증명도를 낮추어 준 것으로 해석하여 손해를 증명할 의무는 없다 하더라도 어떤 손해를 주장하는 것인지 그 구체적 내용(손해항목)은 진술하여야 한다거나,[68] 구체적인 손해액에 대하여 입증할 필요는 없으나 정신적 손해인지 재산적 손해인지 등 어떠한 손해를 주장하는 것인지 그 구체적인 항목을 주장하여야 한다거나,[69]

한계를 중심으로", 경제규제와 법, 제11권 제1호, 2018, 39면; 이소은, 개인정보자기결정권의 민사법적 보호(박사학위논문), 서울대학교 법학전문대학원, 2018, 255-256면.

[68] 이동진, "개정 정보통신망법 제32조의2의 법정손해배상: 해석론과 입법론", 서울대학교 법학, 제55권 제4호, 2014, 383 및 386-387면 참조.

[69] 최경진, "새로 도입된 법정손해배상에 관한 비판적 검토", 성균관법학, 제27권 제2호, 2015, 198-199면 참조; 오병철, "개인정보 유출로 인한 정신적 손해 발생의 판단 기준", 개인정보 판례백선, 박영사, 2022, 458면은 "적어도 정보주체는 손해 3분설에 따른 손해의 항목과 300만 원 이하의 구체적인 액수를 주장하여 청구하여야 한다."고 설명하는데 같은 취지로 보인다.

또는 손해 발생 사실에 대한 개연성의 입증만으로 족한 것으로 해석하여야 한다는 견해가 있다.[70] 손해배상제도의 일반 원리, 법정손해배상청구권의 도입 취지와 법조문의 문언을 감안하면 법정손해배상청구권의 경우 이를 주장하는 자(통상 원고)가 손해의 발생에 대해 (입증책임은 지지 않고) 주장책임만을 부담한다고 봄이 적절하지 않을까 한다.[71]

4. 손해와 개인정보의 분실 · 도난 · 유출 · 위조 · 변조 또는 훼손 간의 인과관계의 존재

비록 법 제39조의2 제1항 법문상으로는 명시되어 있지 아니하지만, 손해와 개인정보의 분실 · 도난 · 유출 · 위조 · 변조 또는 훼손 간에 상당인과관계가 있어야 법정손해배상청구권이 성립할 수 있다고 보아야 한다.[72] 이들 간에 인과관계를 요하지 않는다고 보면 자기책임의 원리에 근본적으로 반하고 규범적인 의미의 배상의 범위도 정할 수 없기 때문이다. 그리고 이러한 상당인과관계에 대한 입증책임은 이를 주장하는 자(통상 원고)가 부담한다.[73]

III. 고의 또는 과실의 입증책임의 전환

법 제39조의2 제1항에 따르면, "법 제39조 제1항에도 불구하고 정보주체는 개인정보처리자의 고의 또는 과실로 인하여 개인정보가 분실 · 도난 · 유출 · 위조 · 변조 또는 훼손된 경우에는 300만 원 이하의 범위에서 상당한 금액을 손해액으로 하여 배상을 청구할 수 있다. 이 경우 해당 개인정보처리자는 고의 또는 과실이 없음을 입증하지 아니하면 책임을 면할 수 없다."고 되어 있다. 이와 같이 제1문의 권리성립요건 부분과 제2문 입증책임 전환 부분에 각각 고의 또는 과실이 중복해서 규정되어 있는 것과 관련하여 그 의미에 대해 견해의 대립이 있다(다만, 아래 살펴볼 견해들 중 첫째 및 둘째 견해는 개인정보보호법이 아닌 구 정보통신망법상 법정손해배상책임에 관한 것이나, 양법의 관련 조문이 대동소이하므로 개인정보보호법에 대한 의견으로 선해하여 재구성하였다).

즉, 제1문의 고의나 과실 요건은 법정손해배상이 과실책임임을 명확히 하기 위한 것이고 피해자는 고의나 과실에 대한 주장책임만을 부담하는 것으로 보는 한편, 제2문에 의하여 제1문에 대한 예외를 인정하여 고의나 과실의 부존재에 대한 증명책임이 개인정보처리자에게 있다고 해석하는 견해(1설),[74] 법정손해배상을 청구하는 정보주체로서는 어차피 먼저 개인정보처리자

---

70) 이종구, "전보배상과 징벌적 손해배상 및3배 배상제도에 관한 연구", 경영법률, 제26집 제1호, 2015, 465면.
71) 같은 취지로는 개인정보 보호 법령 및 지침 · 고시 해설(2020), 399면.
72) 개인정보보호법상 법정손해배상청구권이 아닌 정보통신망법상 법정손해배상청구권에 대하여 동일한 취지로 인과관계를 요한다고 본 견해로는 이동진, "개정 정보통신망법 제32조의2의 법정손해배상: 해석론과 입법론", 서울대학교 법학, 제55권 제4호, 2014, 379면.
73) 개인정보 보호 법령 및 지침 · 고시 해설(2020), 400면.

가 고의 또는 과실로 개인정보 유출 등을 저질렀다는 점을 주장·증명하는 수밖에 없어 이 증명책임전환 규정은 적용되는 경우가 없게 된다는 견해(2설),[75] 제1문과 연결하여 제2문을 읽으면 제2문은 당연한 규정 내용으로 사법상 불법행위에 따른 손해배상 논의에 따른 통상적 의미를 가질 뿐이라는 견해(3설)[76]가 그것이다. 앞서 본 바와 같이 제1문의 고의나 과실 부분은 그 "주장"책임이 그것을 주장하는 자(통상 원고)에게 있다고 해석하는 것이 합리적인 이상 제2문의 고의나 과실 부분은 그에 대한 입증책임이 전환되어 개인정보처리자가 고의 또는 과실이 부존재함을 입증하도록 한 것이라고 봄이 상당하다(1설).

IV. 손해배상액의 결정과 고려사항

법 제39조의2 제2항에 따르면, 법원은 법정손해배상청구권에 따른 청구가 있는 경우에 변론 전체의 취지와 증거조사의 결과를 고려하여 300만 원 이하의 범위에서 상당한 손해액을 인정할 수 있다고 되어 있다. 300만 원 이하라고만 되어 있어 손해액의 하한에 대하여 정함이 없으므로 적절치 않을 경우 손해액을 인정하지 않을 수 있다.[77]

한편, 개인정보의 유출 등이 지속적으로 이루어진 경우에 하나의 법정손해배상액을 인정할 것인지 여러 개의 법정손해배상을 인정할 것인지도 문제될 수 있는데, 이에 대해서는 기본적으로 미국 뉴욕연방지방법원이 제시한 '시간'과 '이질성' 기준에 의하여 판단할 수 있을 것이라고 하면서, 즉, 반복되거나 지속된 개인정보의 유출 등이 시간적으로 얼마나 근접하고 있는가와 개인정보의 유출 등이 하나의 계속되는 침해로 볼 수 있을 정도로 유사한가 아니면 다수의 유출 등으로 볼 정도로 이질적인가에 따라 인정되는 법정손해배상의 수를 결정할 수 있을 것이라는 견해[78]를 참고할 만하다.

법정손해배상청구권은 법 제39조의2 제1항의 문언상 제39조 제1항의 손해배상청구권에도 불구하고 인정되는 것이므로, 법률에 요건을 달리 정하는 등 특별한 사정이 없는 한 법 제39조

---

74) 최경진, "새로 도입된 법정손해배상에 관한 비판적 검토", 성균관법학, 제27권 제2호, 2015, 191-192면.
75) 이동진, "개정 정보통신망법 제32조의2의 법정손해배상: 해석론과 입법론", 서울대학교 법학, 제55권 제4호, 2014, 378면.
76) 배대헌, "명목을 앞세운 개인정보 보호법의 손해배상책임 규정에 대한 비판적 검토", IT와 법연구, 제19집, 2019, 85면.
77) 개인정보 보호 법령 및 지침·고시 해설(2020), 399면; 손해액이 0이 될 수 있는 가능성을 열어두면서도 판례에 따르면 유출이 있는 한 원칙적으로 그 자체 손해가 있다고 보아 일정한 위자료를 부여하고 있으므로 실제 배상액이 0이 될 가능성은 큰 의미를 가지기 어렵다는 견해로는 이동진, "개정 정보통신망법 제32조의2의 법정손해배상: 해석론과 입법론", 서울대학교 법학, 제55권 제4호, 2014, 387-388면 참조; 법정손해배상액이 0이 될 수 있음을 당연한 전제로 입법론으로서 적절한 금액의 하한선을 규정하는 것이 필요하다는 견해로는, 송오식, "개인정보침해에 대한 합리적 구제방안", 현대 민법학의 진로: 정종휴선생정년퇴임기념논문집, 전남대학교 법학연구소, 2016, 765면 및 이종구, "전보배상과 징벌적 손해배상 및 3배 배상제도에 관한 연구", 경영법률, 제26집 제1호, 2015, 466면 참조.
78) 최경진, "새로 도입된 법정손해배상에 관한 비판적 검토", 성균관법학, 제27권 제2호, 2015, 199면.

제1항의 손해배상청구권의 성격을 그대로 보유하므로, 그 손해의 범위 또한 법 제39조 제1항의 손해배상청구권과 동일하게 재산적 손해와 정신적 손해 모두를 감안하여 구체적인 배상액이 산정되어야 한다.

V. 청구의 변경

법 제39조의2 제3항은, 제39조에 따라 손해배상을 청구한 정보주체는 사실심(事實審)의 변론이 종결되기 전까지 그 청구를 제1항에 따른 청구(즉, 법정손해배상)로 변경할 수 있다고 규정하고 있다. 반대로, 법정손해배상을 청구한 정보주체는 사실심 변론종결 전까지 실손해를 증명함으로써 제39조에 따른 손해배상 청구로 변경하는 것도 가능하다.[79]

VI. 법정손해배상청구권의 소멸

법정손해배상청구권은 기본적으로 불법행위로 인한 손해배상청구권이므로, 피해자나 그 법정대리인이 그 손해 및 가해자를 안 날로부터 3년간 이를 행사하지 아니하면 시효로 인하여 소멸하고(민법 제766조 제1항), 불법행위를 한 날로부터 10년을 경과한 때에도 소멸한다(같은 조 제2항). 이외에 나머지 사항은 법 제39조 제1항의 손해배상청구권과 징벌적 손해배상청구권에 관하여 설명한 바와 같다.

VII. 다른 손해배상청구권과의 관계

법정손해배상제도는 재산적 손해의 산정 및 증명이 어려운 경우 손해배상을 받기 어려운 측면을 고려한 제도로서 민법 제750조 불법행위에 기한 손해배상 또는 법 제39조의 손해배상과 그 목적이 상이하며 법정손해배상을 인정하는 조문을 별도로 규정하고 있으므로, 법정손해배상은 다른 손해배상과는 그 소송물이 다르다.[80] 따라서 통설인 구(舊)소송물이론에 의하면 원고가 법정손해배상청구권과 법 제39조나 민법 제750조에 기한 실(實)손해배상청구권을 각각 행사하는 것도 가능하다고 본아야 한다. 물론, 이를 통하여 중복배상을 받을 수는 없다.[81]

---

79) 개인정보 보호 법령 및 지침·고시 해설(2020), 401면.
80) 오대한, 개인정보권의 침해에 대한 사법적 구제(박사학위논문), 전남대학교 대학원, 2015, 282-283면; 이동진, "개정 정보통신망법 제32조의2의 법정손해배상: 해석론과 입법론", 서울대학교 법학, 제55권 제4호, 2014, 395면.
81) 이소은, 개인정보자기결정권의 민사법적 보호(박사학위논문), 서울대학교 법학전문대학원, 258면.

제 5 절
손해배상 보장제도

Ⅰ. 손해배상 보장제도의 의의

개인정보처리자로서 매출액, 개인정보의 보유 규모 등을 고려하여 대통령으로 정하는 기준에 해당하는 자는 법 제39조 및 법 제39조의2에 따른 손해배상책임의 이행을 위하여 보험 또는 공제에 가입하거나 준비금을 적립하는 등 필요한 조치를 하여야 한다(법 제39조의7 제1항). 본 손해배상 보장제도는 원래 정보통신서비스 제공자와 그로부터 개인정보를 제공받은 자("정보통신서비스 제공자등")의 손해배상책임의 이행을 담보하기 위하여 정보통신망법에 규정되었다가 그 후 개인정보보호법에 정보통신서비스 제공자 특례규정으로 옮겨와 규정된 후, 2023년 개정을 통하여 정보통신서비스 제공자뿐만 아니라 개인정보처리자 일반에 적용되기에 이르렀다. 개정된 손해배상 보상제도는 경과규정에 따라 2024.3.15.부터 효력이 있다. 이러한 손해배상 보장제도는 개인정보처리자가 배상능력이 없어 정보주체가 손해를 배상받지 못하는 상황을 방지하기 위하여 도입되었다.

Ⅱ. 손해배상 보장제도에 따라 손해배상책임의 이행이 보장되는 범위

손해배상 보장제도에 따라 손해배상책임의 이행이 보장되는 범위는 법 제39조(일반 손해배상책임 및 징벌적 손해배상책임)와 법 제39조의2(법정손해배상책임)에 따른 배상책임이다.

Ⅲ. 손해배상 보장제도가 적용되는 개인정보처리자의 범위와 예외[82]

1. 적용 대상

법 제39의7 제1항에 따르면 적용대상이 되는 개인정보처리자의 범위에 대해 대통령령으로

---

[82] 이하 2024. 3. 15. 이후 적용되는 개정법을 기준으로 살펴본다. 참고로, 2024. 3. 14. 이전에는 매출액이 5천만 원 이상이고 전년도 말 기준 직전 3개월간 개인정보가 저장·관리되고 있는 이용자 수가 일일평균 1천명 이상인 정보통신망법상 정보통신서비스제공자에 대해서만 손해배상 보장제도가 적용되어 왔다.

정하도록 되어 있다. 2023년 11월 23일 입법예고된 시행령 개정안 제48조의7에 따르면, 전년도 (법인의 경우에는 직전 사업연도를 말한다)의 매출액이 10억 원 이상이고 전년도 말 기준 직전 3개월간 그 개인정보가 저장·관리되고 있는 정보주체의 수가 일일평균 1만명 이상인 개인정보처리자는 보험 또는 공제에 가입하거나 준비금을 적립하여야 한다.

다만, 정보주체의 수를 산정함에 있어서는 개인정보처리자 소속 임직원은 제외하고, 영업의 전부 또는 일부의 양수, 분할·합병 등으로 개인정보를 이전받은 경우 이전받은 시점 기준으로 정보주체의 수가 1만명 이상인지를 살펴야 한다(시행령 일부개정령안 제48조의7 제1항 제2호 참조).

2. 법 제39조의7 제2항에 정한 각종 예외

법 제39조의7 제2항 및 시행령 일부개정령안 법 제48조의7 제2항, 제3항에 따르면 아래와 같은 개인정보처리자는 보험 또는 공제에 가입하거나 준비금을 적립하지 아니할 수 있다.
① 법 제2조 제6호에 따른 공공기관(다만, 시행령 제32조 제4항 각 호에 해당하는 공공기관은 제외)
② 공익법인의 설립·운영에 관한 법률에 따라 설립 허가된 법인
③ 비영리만간단체 지원법에 따라 등록된 단체
④ 소상공인기본법 제2조 제1항에 따른 소상공인으로서 법 제39조 및 제39조의2에 따른 손해배상책임의 이행을 보장하는 보험 또는 공제에 가입하거나 준비금을 적립하는 등 필요한 조치를 취하고, 소상공인기본법 제2조 제1항에 따른 소상공인으로부터 개인정보가 분실·도난·유출·위조·변조 또는 훼손되지 않도록 개인정보의 저장·관리 업무를 위탁받은 자에게 개인정보 처리를 위탁한 자
⑤ 다른 법률에 따라 제39조 및 제39조의2에 따른 손해배상책임의 이행을 보장하는 보험 또는 공제에 가입하거나 준비금을 적립한 개인정보처리자

3. 기타: 법 제58조 제1항에 따라 처리하는 경우

법 제58조 제1항에 의하면, 국가안전보장과 관련된 정보 분석을 목적으로 수집 또는 제공 요청되는 개인정보(제2호), 언론, 종교단체, 정당이 각각 취재·보도, 선교, 선거 입후보자 추천 등 고유 목적을 달성하기 위하여 수집·이용하는 개인정보(제4호)에 관하여는 제3장부터 제8장까지를 적용하지 아니하므로, 손해배상 보장제도에 관한 법 제39조의7 규정도 적용되지 아니한다.

IV. 보험 최저가입금액(준비금 최소적립금액) 기준

적용 대상 사업자가 보험 또는 공제에 가입하거나 준비금을 적립할 때 최저가입금액(최소적립금액) 기준은 다음과 같다(시행령 일부개정령안 [별표 1의4] 참조).

가입 대상 개인정보처리자의 가입금액 산정요소		최저가입금액 (최소적립금액)
매출액	이용자 수	
800억 원 초과	100만명 이상	10억 원
50억 원 초과 800억 원 이하		5억 원
10억 원 이상 50억 원 이하		2억 원
800억 원 초과	10만명 이상 100만명 미만	5억 원
50억 원 초과 800억 원 이하		2억 원
10억 원 이상 50억 원 이하		1억 원
800억 원 초과	1만명 이상 10만명 미만	2억 원
50억 원 초과 800억 원 이하		1억 원
10억 원 이상 50억 원 이하		5천만 원

V. 중복적인 손해배상 보장보험 등의 조치가 이루어진 경우

다른 법률에 따라 가입한 보험(또는 공제)이나 적립한 준비금이 개인정보보호법에 따른 손해배상책임의 이행을 보장하는 경우 개인정보보호법에 따른 손해배상 보장 조치를 이행한 것으로 본다(시행령 제48조의7 제3항).

제12장

개인정보
분쟁 해결

제 1 절
개인정보 분쟁조정 제도

Ⅰ. 개관

1. 분쟁조정의 의의

개인정보 분쟁조정제도는 개인정보보호법을 바탕으로 한 분쟁조정위원회의 조정안 제시를 통해 분쟁을 원만하게 해결하는 대안적 분쟁해결 방식이다. 우리나라는 재판 외에 화해, 조정, 알선, 중재 등의 대안적 분쟁해결 절차를 두고 있으며, 조정은 제3자를 통한 분쟁당사자 간의 합의 도출로 문제를 해결하는 비구속적인 분쟁해결 방법이다. 개인정보 침해 사건에 대한 합리적이고 효율적인 해결책을 제공하며, 제3자인 분쟁조정위원회가 조정안을 제시하지만 구속력이 없다는 특징을 가진다.

분쟁조정은 법원이 주관하는 사법형 분쟁조정(예, 민사조정법상의 조정제도), 민간형 분쟁조정(예, 소비자기본법상 소비자단체협의회 자율분쟁조정제도), 그리고 개인정보 분쟁조정위원회와 같은 행정형 분쟁조정으로 나눌 수 있다. 행정형 분쟁조정은 법령에 근거해 설치된 조정위원회를 통해 분쟁을 해결하는 기능 외에도 관련 행정업무의 효율적이고 실효성 있는 관리를 가능하게 한다. 행정기관이나 주무관청은 분쟁해결제도를 통해 분쟁 발생원인이나 발생빈도 등의 자료를 구체적으로 파악할 수 있고, 같은 유형 분쟁의 잠재적 발생 가능성이나 그 소재를 예측하여 예방적 정책을 입안하여 법령으로 규제할 수 있어 단순한 개별사건의 분쟁해결을 넘어 일반적인 정책의 실현과 수립에도 유용하다는 장점을 가진다.[1]

개인정보 침해는 현대사회의 ICT 기술 발달로 증가하고 있으며, 인공지능이나 GPT 등 개인정보를 활용하는 서비스가 다양해짐에 따라 분쟁의 양과 형태도 점점 복잡해지고 있다. 재판을 통한 사후적 구제절차가 존재하지만 일반적으로 소송은 분쟁 해결까지 많은 시간과 비용이 소요되기 때문에 정보화 사회에서 발생하는 개인정보 침해를 예방하고 신속하게 대응하기 위한 방안으로서 분쟁조정제도가 더욱 중요해지고 있다. 분쟁조정은 개인정보의 처리와 관련하여

---

[1] 김상찬, ADR, 도서출판 온누리, 2012, 19면; 권수진·김일환, "개인정보 분쟁조정제도의 활성화를 위한 헌법상 연구", 미국헌법연구, 제28권 제1호, 2017, 7면에서 재인용.

개인정보보호법 위반 또는 개인정보 침해에 따른 손해배상, 정보주체가 가지는 개인정보 열람청구권, 삭제요구권, 정정요구권과 같이 정보주체의 권리보장과 개인정보처리자로 인한 피해구제를 중립적인 입장에서 조정하여 효율적이고 신속하게 구제하는 것을 목표로 하고 있다.

개인정보 분쟁은 과거 정보통신망법에 근거해 방송통신위원회와 한국인터넷진흥원(KISA)에서 주관하였으나, 개인정보 침해 관련 피해의 빈도와 규모, 다양성이 증가함에 따라 2011년 개인정보보호법의 제정과 함께 개인정보보호위원회에 이관되었다. 이러한 변화는 분쟁 해결 방식의 개선과 개인정보와 관련된 분쟁 해결에 있어 보다 전문화된 접근을 가능하게 하였다.

2. 분쟁조정의 종류

1) 개인정보분쟁조정

개인정보분쟁조정은 유연한 절차 운영과 분쟁 당사자들의 참여를 통해 신속하고 효과적으로 분쟁을 해결하게 한다. 한편 개인정보분쟁조정은 행정형 분쟁조정방식을 취하고 있어 분쟁당사자에게 조정에 응할 의무를 부과하는 등의 개인정보보호위원회의 권한을 활용한 강제적인 요소도 가진다. 상대방에게 조정에 응할 의무를 부과하고(법 제43조 제3항), 분쟁당사자에 대한 자료요청이나 관련 장소에 출입할 수 있는 사실조사 권한이 있으며, 관계기관에 대해서도 자료 또는 의견 제출 요구권을 가지며, 분쟁당사자나 참고인에 대한 출석요구(법 제45조)와 같은 권한을 행사할 수 있다. 이러한 권력적 요소의 보완을 위한 당사자의 절차적 권리보장 장치가 중요한 역할을 하고 있다.

특히 개정 개인정보보호법은 공공기관에 대해서만 의무적으로 개인정보분쟁조정에 참여하도록 하였던 것을 모든 개인정보처리자로 확대하였고, 조정안을 제시받은 당사자가 거부의사를 분쟁조정위원회에 알리지 않으면 거부한 것으로 보았던 기존 관행에서 수락한 것으로 간주하는 수락간주제로 변경되었다. 이에 따라 이전에는 조정안의 수락여부를 밝힐 필요 없이 거부가 가능했으나, 이제는 제시받은 조정안을 거부하려는 경우 제시받은 날부터 15일 이내에 인편, 등기우편 또는 전자우편의 방법으로 그 의사를 분쟁조정위원회에 알려야 한다(시행령 제51조의4). 조정의 효과는 민법상 화해의 효력을 넘는 재판상 화해의 효력을 부여하고 있다(법 제47조 제5항).

2) 집단분쟁조정

집단분쟁조정은 다수의 피해자가 있는 개인정보 침해사건에 있어서 여러 피해자를 동시에 참여시켜 분쟁을 일괄적으로 해결하는 조정제도이다. 개인정보와 관련한 분쟁은 다수의 피해자를 대상으로 하면서 법적 쟁점의 유사성, 피해액 산정의 곤란성, 소액인 피해 금액 등의 특성으로 인해 일반 소송절차를 통한 손해배상이 인정되기 어렵고 극히 미미한 손해액만이 인정되는 한계가 있다. 이에 일반적인 조정 외에 다수의 피해자를 대상으로 하는 집단적 분쟁조정을 통해 시간과 비용을 절약하는 피해구제 방법을 마련해 놓고 있다(법 제49조). 집단분쟁조정은 다수 당사자가 관련된 분쟁조정을 일회적으로 처리함으로써 조정사건 간의 모순을 예방하고 사건을 일회적으로 해결한다는 상당한 장점을 가지고 있지만, 당사자의 동의를 효력의 발생요건으로 한다는 점에서 제한적일 수 있다.[2]

II. 분쟁조정위원회의 구성 및 권한

1. 분쟁조정위원회 및 분쟁조정전문위원회의 구성

개인정보에 관한 분쟁은 개인정보보호법 제40조에 따라 개인정보 분쟁조정위원회(분쟁조정위원회)에서 처리한다. 조정을 위해 위원장 1명을 포함한 30명 이내로 구성된 분쟁조정위원회를 두고 있으며, 분쟁조정위원은 개인정보 보호업무의 전문성을 가진 자 중에서 개인정보보호위원장이 위촉하며, 분쟁조정위원회 위원장은 위원 중에서 공무원이 아닌 사람으로 개인정보보호위원장이 위촉한다. 분쟁조정위원장은 조정사건 분야별로 5인 이내의 위원으로 구성되는 조정부를 구성할 수 있다(법 제40조). 분쟁조정위원회의 판단은 판례 및 개인정보보호법과 관련하여 확립된 법리에 따라 이루어지므로 조정부의 1인은 변호사 자격이 있는 위원으로 하고 있다(시행령 제49조 제2항).

분쟁조정위원장은 조정과 관련된 사항의 전문적인 검토를 위하여 분쟁조정위원회에 분야별 전문위원회(분쟁조정전문위원회)를 둘 수 있다. 전문위원회는 분쟁조정 제도의 개선에 관한 사항의 검토 및 연구, 연간 분쟁조정 성과의 분석, 분쟁조정 업무 수행과 관련하여 개인정보 보호 및 정보주체의 권리보호를 위한 개선의견, 기타 위원장이 필요하다고 인정하는 사항을 수행한다(개인정보 분쟁조정위원회 운영세칙 제13조의2). 분쟁조정전문위원은 시행령 제49조의2 제3항에 따라 분쟁조정위원장이 분쟁조정위원회 위원, 개인정보 관련 분야의 경력을 가진 자(변호사의 경우 자격 취득 후 1년 이상 개인정보 관련 분야의 경력이 있어야 함) 또는 개인정보 분야에 관련된 전문성이 인정된 자 중에서 위촉할 수 있다.

---

[2] 황창근, "개인정보 보호 관련 분쟁해결 방안 고찰", 공법연구, 제41집 제4호, 2013, 247면.

2. 분쟁조정위원회의 권한

1) 조정 전 합의권고

개인정보와 관련한 분쟁의 조정을 원하는 자는 조정신청서를 분쟁조정위원회에 제출하여 조정을 신청한다. 조정신청서가 형식적 요건을 충족하고 보정이 필요하지 않으면 절차가 개시되게 된다. 분쟁조정위원회는 조정에 앞서 당사자에게 그 내용을 제시하고 합의를 권고할 수 있다(법 제46조). 분쟁조정은 합의 도출을 목적으로 하는 절차이기 때문에 절차 개시 전에 당사자 간에 합의가 이루어진다면 조정 진행의 필요성 없다. 합의권고로 당사자 간 합의가 성립되면 위원장은 결정으로 조정을 종결할 수 있다(개인정보 분쟁조정위원회 운영세칙 제24조).

2) 자료요청 및 사실조사

당사자가 분쟁조정을 신청하면 분쟁조정위원회는 사건담당자를 배정하여 사건에 대한 사실조사를 실시하게 된다. 분쟁조정위원회는 사실조사를 위해 분쟁상대방에게 자료를 제출할 것을 요청할 수 있으며, 정당한 사유가 없는 한 분쟁당사자는 요청에 응해야 할 의무가 있다(법 제45조 제1항). 원만한 분쟁조정은 객관적인 사실관계에 대한 확인이 전제되어야 하는데, 그동안 임의적인 자료제출 요구에 응하지 않는 사례가 있어 분쟁조정제도 실효성을 높이기 어려웠다. 최근 개인정보보호법의 개정을 통해 제45조 제2항에 자료제출 요청을 비롯해 사건 관련 장소에 출입하여 관련 자료를 조사 및 열람할 수 있는 근거가 마련되었다.

분쟁조정위원회는 조정을 위해 사실 확인이 필요한 경우 분쟁조정위원회의 위원 또는 사무기구 소속 공무원으로 하여금 사건과 관련된 장소에 출입하여 관련 자료를 조사하거나 열람하게 할 수 있다. 이러한 조치는 분쟁조정의 투명성과 신뢰성을 강화하며 효과적인 분쟁해결을 촉진할 것으로 기대되는 반면, 사실조사나 현장조사가 조사대상자에게 불이익을 초래할 수 있으므로 엄격한 법적 한계 내에서 행해져야 할 것이다. 이에 따라 특별히 조사·열람 목적을 침해할 우려가 있는 경우를 제외하고는 그 7일 전까지 조사나 열람 대상자에게 문서로 ① 조사·열람의 목적, ② 기간과 장소, ③ 조사자의 직위와 성명, ④ 조사·열람의 범위와 내용, ⑤ 정당한 사유가 있는 경우에는 조사·열람을 거부할 수 있다는 사실과, ⑥ 정당한 사유 없이 조사·열람을 거부·방해 또는 기피할 경우 불이익의 내용, ⑦ 그 밖에 분쟁조정을 위한 조사·열람에 필요한 사항을 문서로 알리도록 하고 있다(시행령 제51조의3 제2호).

행정조사기본법

행정조사는 행정의 상대방인 조사대상자에게 이익 또는 불이익을 초래하지 않는 임의적 조사 외에 법위반 사실의 조사와 같이 행정제재 이전 단계에서 행해지는 침익적인 조사를 포함하기 때문에, 행정조사에 관한 기본원칙과 행정조사 방법 및 절차에 관한 공통적인 내용이 담긴 행정조사기본법을 두어 국민의 권익을 보호하고 있다. 동법은 행정조사를 한다는 사실이나 조사내용이 공개될 경우 국가의 존립을 위태롭게 하거나 국가의 중대한 이익을 현저히 해칠 우려가 있는 국가안전보장·통일 및 외교에 관한 사항 등 다른 법률에 특별한 규정이 있는 경우를 제외하고는 필요 최소한의 조사, 조사 목적에 적합한 대상자 선정, 중복조사 제한 등의 행정조사 기본원칙을 준수하도록 규정하고 있다.

행정조사기본법은 제5조에서 조사대상자의 자발적인 협조를 얻어 실시하는 행정조사의 경우를 제외하고는 법령 등에서 행정조사를 규정하고 있는 경우에 한하여 행정조사를 실시할 수 있음을 규정하고 있으며, 개인정보 분쟁조정을 위한 사실조사는 개인정보보호법 제45조에 규정되어 있음은 앞서 살펴본 바와 같다. 행정조사기본법 제11조 제1항은 조사원이 가택·사무실 또는 사업장 등에 출입하여 현장조사를 실시하는 경우에는 행정기관의 장으로 하여금 다음의 사항을 기재한 문서를 조사대상자에게 발송하도록 하고 있으며, 개인정보보호법 시행령의 내용도 이와 유사하게 규정되어 있다.

1. 조사목적
2. 조사기간과 장소
3. 조사원의 성명과 직위
4. 조사범위와 내용
5. 제출자료
6. 조사거부에 대한 제재(근거 법령 및 조항 포함)
7. 그 밖에 당해 행정조사와 관련하여 필요한 사항

행정조사의 경우 적법절차의 원칙에 따라 당사자의 절차적 권리가 보장되도록 하는 것이 중요하며, 명시적인 실체법적 한계 외에 행정법상의 일반원칙인 비례원칙, 평등의 원칙과 같은 행정법 일반원칙상의 한계도 준수되어야 할 것이다.

현장출입을 통한 사실조사는 권력적 강제 조사와 같으므로 반드시 필요한 최소한의 범위에서 실시되어야 하며, 그 필요성 여부는 위원회의 사전 심의·의결을 거치도록 하고 있다(운영세칙 제31조 제1항 2호). 분쟁조정위원회의 조사·열람을 거부할 정당한 사유가 있는 경우 당사자는 그 사유를 소명하고 조사·열람에 따르지 않을 수 있지만(법 제45조 제2항 단서), 정당한 사유 없이 자료를 제출하지 않거나, 출입·조사·열람을 거부·방해 또는 기피한 경우 1천만 원 이하의 과태료가 부과된다(법 제75조).

당사자의 임의적인 의사로 진행하는 조정절차에서 이러한 강제적 조사규정을 두는 것은 조정의 본질에 위배된다는 시각도 없지 않다.3) 그러나 개인정보와 관련된 분쟁은 그 피해가 국내외를 넘나들어 광범위하고, 한 번의 침해 사실이 미치는 파급효과가 상당하여 개인이 감당하기 어려울 수 있다. 특히 분쟁조정을 신청한 정보주체의 상대방은 주로 많은 데이터를 보유한 기업과 같은 개인정보처리자이다. 따라서 적정한 한계가 준수된다면 이러한 조사 권한은 정보나 조직적인 대응력에 있어 불균형적인 분쟁당사자 관계를 보완하는 수단으로 활용될 수도 있다.

사실조사에 대한 행정조사기본법과 개인정보보호법의 절차규정이 이러한 절차적 한계를 명시하고 있으며, 분쟁조정위원회의 분쟁조정 업무와 관련한 비밀유지 의무(법 제60조 제6호)와 그 위반에 대한 처벌규정(법 제72조 제3호), 조정 절차에서의 진술 원용 제한(법 제45조의2)은 분쟁조정위원회의 권한행사로 인해 위협받을 수 있는 조정 당사자의 신뢰확보에 기여할 수 있다.

III. 분쟁조정 절차

1. 조정의 개시

개인정보보호법은 별도의 신청요건을 두지 않는 일반적인 분쟁조정신청과 집단분쟁조정신청을 구분하고 있다. 개인정보와 관련된 분쟁조정을 원하는 자는 누구든지 분쟁조정을 신청할 수 있지만(법 제43조 제1항), 집단분쟁조정의 경우에는 분쟁조정의 신청 대상요건이 정해져 있다(법 제49조 제1항).

분쟁조정위원회가 당사자 일방으로부터 분쟁조정 신청을 받았을 때는 그 신청내용을 상대방에게 알려야 하며, 개인정보보호법은 분쟁의 상대방에게 조정에 응할 의무를 부여하고 있다(법 제43조 제2항 및 제3항). 당사자 간의 원만한 합의를 추구하는 조정은 보통 일방이 신청하고 상대방이 참여 의사를 표명함으로써 개시된다. 그러나 행정기관이 중심이 되는 조정의 경우, 효과적인 분쟁해결을 위해 행정기관이 직권으로 조정을 개시하기도 하며, 특정 조건이 충족되면 상대방의 동의 없이도 조정절차를 개시할 수도 있다. 특히 개인정보 침해와 유출로 인한 분쟁은 피해 파급력은 크면서 당사자 간의 정보력 및 협상력에 차이가 있어 상대방에게 참여 의무를 부과하고 있다. 그러나 최종적인 조정 결과에 대한 수락 여부는 당사자에 의사에 기하도록 하고 있으며, 법 제43조 위반에 대한 벌칙 또는 제재규정이 없어 조정에 응하도록 하는 것이 조정의 본질에 반한다고 볼 수는 없을 것이다.4)

---

3) 함영주, "우리 법제하 행정형 ADR의 현황과 과제", 언론중재, 2009년 봄호, 2009, 38면; 최계영, "행정형 조정의 현황과 과제", 인권과 정의, Vol.506, 2022, 110면에서 재인용.
4) 안정민, "개인정보 분쟁의 특수성과 분쟁해결제도에 관한 연구", 한국부패학회보, 제28권 제4호, 2023, 221면; 동 취지로는 최계영, "행정형 조정의 현황과 과제", 인권과 정의, Vol.506, 2022, 106면.

2. 조정 불응 의사의 통지

분쟁조정을 신청하는 자는 조정신청서를 서면 또는 분쟁조정업무시스템을 통하여 제출하고, 분쟁조정위원회는 「행정절차법」이 정하는 송달의 방식에 따라 상대방에게 알려야 한다. 이때 상대방은 ① 분쟁조정 신청인이 분쟁조정을 신청하기 이전에 해당 분쟁조정에 대한 소가 제기된 경우, ② 해당 개인정보 관련 분쟁이 분쟁조정 성립, 확정판결, 다른 법률에 따른 분쟁조정 기구에 의한 결정 등의 방법으로 이미 종결된 경우, ③ 당사자가 이미 위원회에서 심의·결정하였거나 조정 전 합의로 종결처리한 사건을 다시 조정 신청한 경우, ④ 그 밖에 조정신청이 부적법하다고 인정되는 경우나 법 제43조 제3항에 규정된 특별한 사유가 있는 경우를 제외하고는 분쟁조정에 응할 의무가 있다(운영세칙 제17조 참고).

그러나 만약 분쟁조정의 상대방인 개인정보처리자가 특별한 이유로 분쟁조정에 응하지 않고자 할 경우 해당 분쟁조정의 통지를 받은 날부터 10일 이내에 그 사유를 명시하여 분쟁조정 불응 의사를 분쟁조정위원회에 알려야 한다. 위원회가 불응 사유를 인정한다면 위원장의 결정으로 조정을 종결할 수 있다.

3. 조정의 거부 및 중지

분쟁조정위원회는 신청인의 주장이 이유 없을 때에는 그 조정신청을 기각할 수 있으며, 분쟁의 성질상 분쟁조정위원회에서 조정하는 것이 적합하지 않은 경우에는 조정거부 사유를 신청인에게 알리고 그 조정을 거부할 수 있다. ① 개인정보와 관련한 분쟁이 아니거나 사건의 성질상 조정을 하기에 적당하지 않은 경우, ② 피신청인에게 신청 내용을 알릴 수 없는 경우, ③ 신청인이 사건을 신청하기 이전에 해당 사건에 대한 소가 제기된 경우, ④ 동일한 사건이 합의, 확정판결, 다른 법률에 따른 분쟁조정기구에 의한 결정 등의 방법으로 이미 종결된 경우, ⑤ 당사자가 이미 위원회에서 심의 · 결정하였거나 조정 전 합의로 종결 처리한 사건을 다시 조정 신청한 경우, ⑥ 부정한 목적으로 조정이 신청되었다고 인정되는 경우, ⑦ 그 밖에 조정신청이 부적법하다고 인정되는 경우 조정신청을 각하할 수 있다.

신청된 조정사건에 대한 절차를 진행하는 중에 당사자 일방이 소를 제기하면 위원회는 그 조정의 처리를 중지하고 이를 당사자에게 알리도록 하고 있다(법 제48조 제2항). 당사자가 조정절차의 개시 이전이나 이후에 소송을 제기하였다는 것은 조정에 더이상 참여하지 않겠다는 의사표시를 한 것이므로 조정을 거부하거나 중지하는 것이 타당하다.

4. 분쟁의 조정

분쟁조정위원회는 조정을 진행하면서 당사자, 참고인 또는 이해관계인 등으로부터 증거 및 자료를 제출받거나 의견의 진술(진술서)을 들을 수 있으며, 조정을 위하여 특정한 사항에 대한 조사 · 연구, 전문적 · 기술적인 자문 등이 필요한 경우 전문위원 또는 관계 전문가에게 개별자문 등을 의뢰할 수 있다. 위원회는 필요에 따라 침해행위의 중지, 원상회복, 손해배상, 그 밖의 구제조치나 침해의 재발을 방지하기 위한 조치를 포함한 조정안을 작성할 수 있다(법 제48조 제1항).

개인정보분쟁조정도 원칙적으로는 당사자들이 조정안에 동의해야 조정이 성립된다. 그러나 행정형 조정의 유형인 개인정보분쟁조정은 15일 이내에 거부의 의사표시를 하지 않는 경우 조정안을 수락한 것으로 간주된다(법 제47조 제3항).

5. 진술의 원용 제한

조정절차에서 행해진 진술을 후속하는 소송절차에서 사용하지 못하도록 하는 원용 제한 조치는 조정제도의 핵심이다. 조정절차 진행 시 당사자의 진술이 조정 이외의 목적으로 사용되거나 이후의 재판에서 당사자에게 불리하게 활용될 우려가 있을 경우 분쟁당사자는 조정에 소극적으로 대응할 수 있다. 이에 따라 개인정보보호법 제42조의2에서는 조정절차에서의 의견과 진술은 해당 조정에 대한 준재심을 제외하고는 다른 소송에서 원용하지 못하도록 규정하고 있다.

IV. 분쟁조정의 효과

1. 조정의 수락

조정안을 제시받은 당사자는 제시받은 날부터 15일 이내에 수락 여부를 위원회에 알려야 하며 당사자가 조정내용을 수락한 경우 조정이 성립되고, 분쟁조정위원회가 작성한 조정서 정본을 각 당사자 또는 그 대리인에게 송달함으로써 절차는 종료된다. 당사자 중 일방이 조정안을 거부하는 경우 조정절차는 종료되게 되며 신청인은 민사소송이나 다른 구제절차를 진행할 수 있다.

만일 당사자가 15일 이내에 수락 여부에 대해 의사표시를 하지 않으면 법 제47조 제3항에 따라 조정을 수락한 것으로 본다. 조정안에 동의하지 않는 당사자는 자유롭게 거부의 의사표시를 할 수 있고 당사자 중 일방이라도 수락하지 않으면 조정은 성립되지 않는 것이기 때문에 이러한 수락 간주제가 본인의 의사에 반하는 조정성립은 아니라고 할 것이다. 위원회가 제시한 조정안에 대하여 당사자가 수락하여 조정서가 유효하게 작성되거나 수락이 간주되면 그 조정의 내용은 재판상 화해와 동일한 효력을 갖는다(법 제47조 제5항).

2. 조정의 효력

개인정보분쟁조정이 성립하면 재판상 화해의 효력이 부여되며 「민사소송법」상 확정판결과 같은 효력을 가지게 되므로(민사소송법 제220조) 당사자 간에 기판력이 생기게 된다. 따라서 조정 성립 후 당사자가 결정내용을 이행하지 않을 경우 조정서를 근거로 법원으로부터 집행문을 부여받아 강제집행이 가능해진다. 그리고 이후 조정 당사자는 조정내용의 하자를 이유로 취소나 무효의 주장을 할 수 없고, 조정내용에 불복하여 소를 제기할 수 없으며 준재심의 절차에 의하여서만 다툴 수 있게 된다. 한편 본질적으로 당사자 사의의 합의인 조정내용에 대해 기판력까지 부여하는 것이 타당한지에 대한 의문도 제기되나, 조정의 결과에 집행력이 부여되지 않아 다시 본안소송을 거쳐야 한다면 당사자로서는 조정절차에 참여할 유인이 더욱 약해지게 될 수 있어 인정하는 것이 타당하다.[5]

---

5) 최계영, "행정형 조정의 현황과 과제", 인권과 정의, Vol.506, 2022, 113면.

재판상 화해의 효력과 재판청구권의 제한

헌법재판소는 국가배상에 관한 분쟁을 신속하게 종결시키고 국고손실을 경감하기 위한 목적으로 구 「국가배상법」 제16조가 신청인이 배상결정에 동의한 경우 재판상 화해의 효력을 부여한 것은 청구인의 재판청구권을 제한하여 위헌이라고 본 바 있다(1995. 5. 25. 91헌가7). 「국가배상법」은 배상심의위원회로 하여금 배상금액을 정하고 신청인이 동의를 한 경우 민사소송법상의 재판상 화해 같은 기판력을 부여하고 있었는데, 이러한 위원회의 심의가 정당성을 가지기 위해서는 심의회의 중립성 및 독립성이 담보되어야 하며, 심의절차의 공정성·신중성, 결정된 배상액과 법원의 재판을 통한 배상액과의 적정성, 당사자의 실질적인 절차 참여 기회의 보장 등 당사자의 의사결정에 신중을 기하기 위한 절차가 반드시 필요하다고 판시한 바 있다.

재판 이외의 분쟁해결절차가 헌법상 재판을 받을 권리를 침해하는지는 분쟁조정위원회 구성의 독립성, 조직의 중립성, 절차의 공정성, 당사자의 의견진술 기회의 보장 등의 여러 상황을 종합적으로 고려하여 판단되어야 한다는 것과 이러한 요건이 결여된 경우 재판상 화해의 효력이 인정되기 어려울 수 있다는 것을 의미한다(헌법재판소 2001. 6. 28. 선고 2000헌바77 참조). 헌법상 헌법과 법률이 정한 법관에 의한 재판을 받을 권리는 법적 지식을 갖추고 독립성이 보장된 법관으로 하여금 합리적인 재판을 진행하도록 하여 실효성있는 분쟁해결을 도모하라는 취지이며 모든 법적 분쟁을 법원을 통해서 해결하는 것은 아님에는 이견이 없다. 현실적으로 모든 분쟁을 재판제도를 통해서 해결할 수 없으므로 분쟁조정절차와 같은 분쟁해결수단을 통해 갈등을 해결하고 개인정보 주체의 권리를 보장하는 것은 오히려 법치주의의 확산에 기여한다고 볼 수 있다.

제 2 절
집단분쟁조정

Ⅰ. 집단분쟁조정제도의 의의

첨단 과학기술의 발전과 정보화 시대의 도래로 정보의 가치가 증대되고 있다. 개인정보처리자는 이용자에게 다양한 서비스를 제공하기 위해 개인정보를 수집, 보유, 이용하고 있고 이때 이상적으로는 정보주체의 동의를 받아 적법하게 처리하는 것이 개인정보 보호에 부합한다. 그러나 현실에서는 동의 없는 개인정보의 처리나 개인정보보호법 위반, 해킹과 같은 불법행위로 인해 개인정보 침해가 발생하는 경우가 많다. 이러한 침해 유형은 대량화되고 집단화된 형태로 나타나고 있어 신속하고 간결한 권리구제를 위한 제도적 장치의 필요성이 대두되었다.

집단분쟁조정은 다수의 피해자가 관련된 개인정보 침해 사건을 하나의 조정절차를 통해 일괄적으로 해결하는 방식으로, 조정 사건 간의 모순을 방지하고 효율적으로 분쟁을 해결할 수 있는 장점을 가지는 반면, 당사자의 동의를 필요로 하는 한계도 가진다. 개인정보보호법 제49조에서는 "국가 및 지방자치단체, 개인정보 보호단체 및 기관, 정보주체, 개인정보처리자는 정보주체의 피해 또는 권리침해가 다수의 정보주체에게 같거나 비슷한 유형으로 발생하는 경우로서 대통령령으로 정하는 사건에 대하여는 분쟁조정위원회에 일괄적인 분쟁조정("집단분쟁조정")을 의뢰 또는 신청할 수 있도록 하여 개별적인 분쟁보다 효율적인 해결을 가능하게 하고 있다.

Ⅱ. 집단분쟁조정의 요건 및 절차

1. 요건

국가 및 지방자치단체, 개인정보 보호단체 및 기관, 정보주체, 개인정보처리자는 정보주체의 피해나 권리침해가 여러 정보주체에게 동일하거나 유사한 유형으로 발생하는 경우 집단분쟁조정을 의뢰하거나 신청할 수 있다. 이 경우 ① 피해 또는 권리침해를 입은 정보주체의 수가 특정 제외 대상을 제외하고 50명 이상이어야 하며, ② 사건의 중요한 쟁점이 사실상 또는 법률상 공통되어야 하는 두 가지 요건이 모두 요구된다. 여기의 50명에는 개인정보처리자와 분쟁해결 또는 피해보상에 관한 합의가 이루어졌거나, 같은 사안으로 다른 법령에 따라 설치된 분쟁조정기구에서 분쟁조정 절차를 진행 중이거나, 해당 개인정보 침해로 인한 피해에 대하여 법원에 소를 제기한 정보주체는 제외된다. 집단분쟁조정을 의뢰받거나 신청받은 분쟁조정위원회는 의결로써 집단분쟁조정의 절차를 개시할 수 있다(법 제49조 제2항). 요건을 갖추지 못한 신청은 각하된다.

2. 절차

1) 절차의 개시

분쟁조정위원회는, 분쟁조정을 의뢰받거나 신청받은 경우 사건의 중요 쟁점이 동일한 분쟁에 대하여 이미 위원회의 집단분쟁조정 결정이 있어 개시의결을 반복할 필요가 없다고 인정되는 경우 또는 신청인의 신청내용이 이유 없다고 명백하게 인정되는 경우를 제외하고, 의결로써 집단분쟁조정 절차를 개시할 수 있다. 일반적인 분쟁조정의 경우 별도의 공고절차 없이 위원회가 분쟁조정의 신청을 받은 때에 그 신청내용을 상대방에게 알리면 되지만, 집단분쟁조정절차 개시는 이해관계인이 불특정다수라는 점에 기인해 14일 이상의 공고기간을 정하여 위원회의 홈페이지나 일간신문에 공고하도록 하고 있다.

2) 절차에의 참가

집단분쟁조정의 당사자가 아닌 정보주체 또는 개인정보처리자가 추가로 집단분쟁조정의 당사자로 참가하려면 집단분쟁조정 개시의 공고기간에 추가참가신청서를 제출하여 참가 신청을 하여야 한다. 위원회는 신청기간이 끝난 후 10일 이내에 참가 인정 여부를 문서로 알려주어야 한다(운영세칙 제41조).

분쟁조정위원회는 의결로 집단분쟁조정의 당사자 중에서 공동의 이익을 대표하기에 가장 적합한 1인 또는 수인을 대표당사자로 선임할 수 있다. 대표가 선임되면 분쟁조정위원회는 대표당사자를 상대로 조정절차를 진행하게 된다. 이는 다수 당사자의 이익을 보호하면서도 조정절차의 원활한 진행을 담보하기 위한 것으로 만일 변호사가 각 신청인을 모두 대리하여 집단분쟁조정을 의뢰 또는 신청한 경우에는 대표당사자를 선임하지 않을 수도 있다.

한편 집단분쟁조정의 당사자인 다수의 정보주체 중 일부가 법원에 소를 제기하는 경우에는 제48조의 제2항의 조정의 중지에 관한 규정에도 불구하고 소를 제기한 일부의 정보주체만을 절차에서 제외하는 규정을 두고 있다(법 제49조 제6항). 당사자 중 일부만이 소를 제기하였는데 절차를 중지시킨다면 다른 당사자에게 피해를 줄 수 있으므로 이러한 예외규정을 두고 있다.

3) 조정결정

집단분쟁조정의 기간은 개시 공고가 종료한 날로부터 60일 이내로 하도록 되어 있으나, 부득이한 사정이 있는 경우에는 분쟁조정위원회의 의결로 조정기한을 연장할 수 있다. 자료의 요청 및 사실조사, 조정 전 합의 권고 등 개인정보분쟁조정에 관한 사항을 준용하여 적용하며, 기타 개인정보호보법에 규정되어 있지 않은 사항은 「민사조정법」을 준용하고 있다. 결정된 내용은 당사자에게 통보되고, 당사자가 통보를 받은 날로부터 15일 이내에 분쟁조정의 내용에 대한 수락 여부를 조정위원회에 통보하지 않는 경우 수락한 것으로 간주하는 것도 일반조정과 동일하다.

4) 보상권고

집단분쟁조정에 있어서 피신청인이 집단분쟁조정의 내용을 수락한 경우, 피신청인으로 하여금 집단분쟁의 당사자는 아니지만 피해를 입은 정보주체에 대한 보상계획서를 작성하여 위원회에 제출할 것을 권고할 수 있다. 이를 통해 집단분쟁에 참가하지 못하였지만 같거나 유사한 피해를 본 정보주체의 보호를 도모하고 있다. 보상계획서 제출을 권고받은 피신청인은 그 권고를 받은 날부터 15일 이내에 권고의 수락 여부를 위원회에 알려야 하며, 분쟁조정위원장은 집단분쟁조정 절차에 참가하지 못한 정보주체도 보상계획서에 따라 피해보상을 받을 수 있도록 피신청인이 제출한 보상계획서를 일정한 기간 동안 인터넷 홈페이지에 공고할 수 있다(운영세칙 제34조 제1항 및 제3항).

집단분쟁조정에 참여하지 않은 자에 대해서는 보상계획서 외에는 다른 규정을 두고 있지 않기 때문에, 특정 사안에 대해 집단분쟁조정은 성립되었으나 피해를 입은 정보주체가 당해 집단소송에 참여하지 않은 경우 남아있는 피해구제 수단이 무엇인지 명확하지 않다. 개인정보 분쟁조정위원회 운영세칙 제40조 제1항 제2호는 "2. 사건의 중요한 쟁점이 동일한 분쟁에 대하여 이미 위원회의 집단분쟁조정 결정이 있어 개시의결을 반복할 필요가 없다고 인정되는 경우"를 집단분쟁조정 절차 개시 제외사유로 들고 있다. 따라서 집단분쟁조정을 신청하지 않은 자에게 다른 피해자의 조정성립 결과와 보상계획서에 따른 배상을 반드시 받아들여야 하는 건지 혹은 다시 집단분쟁조정을 신청하거나 개인정보 단체소송을 제기할 수 있는지에 대해서는 명확하지 않다. 참여하지 않은 피해 정보주체에 대해서도 집단분쟁이나 단체소송의 요건을 충족하면 동일한 사안이지만 이들을 신청할 수 있는 것으로 해석하는 것이 권리구제의 측면에서 타당할 것이며, 개인의 경우에는 개별적인 분쟁조정을 신청할 수 있다고 해석된다.6)

---

6) 안정민, "개인정보 분쟁의 특수성과 분쟁해결제도에 관한 연구", 한국부패학회보, 제28권 제4호, 2023, 225면.

Ⅲ. 집단분쟁조정의 효과 및 사례

집단분쟁조정의 효과는 일반분쟁조정의 효과와 동일하다. 분쟁조정위원회는 조사 대상 침해행위의 중지, 원상회복, 손해배상, 그 밖에 필요한 구제조치 또는 같거나 비슷한 침해의 재발을 방지하기 위하여 필요한 조치를 포함한 조정안을 작성하고(법 제47조 제1항), 당사자에게 제시한다. 집단분쟁제도 역시 당사자가 조정을 수락하여 성립된 경우 재판상 화해와 동일한 효력을 발생한다. 명시적인 규정은 없으나 다수의 정보주체 중 일부만이 조정안을 수락한 경우에는 수락한 사람에 한해서만 재판상 화해의 효력이 미친다고 해석된다.

실무적으로 개인정보처리자의 고의 · 과실이 명백한 경우 소송비용의 절감, 신속한 분쟁 종결 차원에서 '조정 전 합의' 내지 '조정성립'으로 종결되는 경우가 많다. 다만 고의 · 과실 여부가 다투어지는 사건이나 선례로 남을 수 있는 기업 대상의 집단분쟁조정의 경우 추후 이어질 수 있는 민사소송을 대비하여 대부분 조정불성립으로 종결되고 있다.

2021년 페이스북: 분쟁조정위원회의 조정안 불수락

330만명 이상의 회원정보를 무단유출한 페이스북에 대한 집단분쟁조정신청이 있었고 2021년 7월 8일 분쟁조정위원회에서 집단분쟁조정 개시결정이 이루어진 바 있다. 이후 2021년 10월 "신청인 181명에게 각 30만 원 지급과 제3자 제공내역 공개요구"의 조정안이 제시되었으나, 페이스북의 조정거부로 인하여 조정이 성립되지 않았다.

2015년 홈플러스: 집단분쟁조정신청 각하

홈플러스의 개인정보 판매사건 피해자들의 집단분쟁조정 신청이 있었으나, 분쟁위원회에서 홈플러스의 개인정보 불법판매에 관한 판결이 확정되지 않았고, 홈플러스와 보험사들이 무대응으로 일관해 사실조사도 쉽지 않다는 점을 근거로 집단분쟁조정을 개시하지 않고 각하하였다.

2014년 롯데카드: 집단분쟁조정신청 각하

3개의 신용카드사의 정보유출로 인한 집단분쟁조정 신청에 대해 국민카드와 농협카드는 조정에 응하지 않아 롯데카드만 피신청인이 되어 집단분쟁조정절차가 개시되었으나, 이후 롯데카드가 공문으로 조정에 참가하지 않겠다는 의사를 다시 표명하여 조정절차가 중단된 바 있다.

제 3 절
개인정보 단체소송

Ⅰ. 개인정보단체소송의 의의

　단체소송은 개별 피해당사자들이 기업에 대해 소송을 제기하기 어려운 경우 일정 요건을 충족하는 소비자단체 등이 대표로서 소송을 진행하고, 해당 판결의 효과가 소송에 참여한 당사자에게 적용되는 제도이다. 우리나라는 「소비자기본법」과 「개인정보 보호법」에 단체소송이 규정되어 있으며 동일하게 단체소송의 대상 등, 전속관할, 소송대리인의 선임, 소송허가신청, 소송허가요건 등, 확정판결의 효력, 민사소송법의 적용 등" 순으로 규정되어 있다. 기업의 데이터의 수집과 이용이 빠른 속도로 변화함에 따라 개인정보 피해는 특수한 성질을 띠게 된다.[7] 개인정보 처리자라고 할 수 있는 기업이 보유하는 이용자로부터 생성된 개인정보로 발생되는 피해의 특수성 때문에 일반적인 법적 수단 외에 단체소송이 피해구제에 더 효율적인 경우가 있다.

1. 개인정보 피해 특수성

　디지털 기술의 발달과 데이터 경제로의 전환은 개인정보의 가치를 크게 증가시켰다. 기업은 고도화된 기술을 활용하여 개인정보를 수집, 분석하고 이를 통해 시장 예측, 대내외적 위기 관리, 맞춤형 서비스 제공 등에 활용함으로써 경쟁력을 강화해 나가고 있다. 특히 이들은 이용자와의 상호작용에서 얻은 데이터를 활용하여 새로운 제품 및 서비스를 개발하고, 이용자의 위치, 빈도, 형태, 속성, 심리 성향, 개별적 욕구, 사회적 관계 등 다양한 파라미터를 포괄하는 총체적 정보를 만들어내고 있다. 이러한 정보는 검색 엔진, 소셜 미디어, 쇼핑 플랫폼 등을 통해 수집되며, 이러한 정보의 유출은 이용자에게 광범위한 피해를 줄 수 있는 잠재적 위험을 안고 있다.
　개인정보 유출은 이용자의 프라이버시 침해뿐 아니라 경제적, 정서적 피해를 포함하는 복잡하고 광범위한 문제로 발전한다. 이용자의 넷플릭스, 구글, 유튜브와 같은 글로벌 서비스의 이용은 국경을 넘어서 파생되는 다양한 피해를 야기하며, 기술 발전은 사물인터넷(IoT) 기기, 클

---

7) 안정민, "개인정보 분쟁의 특수성과 분쟁해결제도에 관한 연구", 한국부패학회보, 제28권 제4호, 2023, 214-218면.

라우드 스토리지 등 데이터 생성, 처리, 저장, 전송 과정에 복잡한 흐름을 초래하고 있다. 온라인 활동과 데이터의 흐름이 복잡해지면 암호화, 접근 제어, 연결점에서의 중간자 공격 등 보안 취약점이 증가한다. 고급 악성 소프트웨어와 해킹 기술의 발전은 기업인 정보처리자 또한 피해자가 될 가능성을 시사한다. 침해 사건이 발생할 경우 그 영향은 단일 개인뿐만 아니라 대규모 이용자에게까지 확산되며, 유출 사고는 수만 명에서 수천만 명의 정보주체에게 동시에 영향을 미칠 수 있는 동시성과 다수성을 나타내는 특징을 가진다.[8]

이와 같이 기존의 법적 수단으로는 충분하지 못한 새로운 형태의 개인정보 침해문제가 제기됨에 따라 개인정보보호법은 개인정보 단체소송제도를 도입하여 전문성 부족으로 인해 적절한 권리구제를 받기 어려운 경우에 특정 단체가 피해자를 대신하여 소송을 제기할 수 있도록 하고 있다. 개인정보 단체소송제도는 개인정보 침해의 특수성을 고려하여 피해자에게 신속하고 효과적인 법적 구제수단을 제공한다. 단체소송은 법적 전문성이 부족한 정보주체의 부담과 비용적 한계를 극복하여 정보주체의 권리보호를 강화하며, 디지털 사회에서 기업의 위법행위로 발생할 수 있는 소비자 피해를 예방하고 확산을 방지하는 중요한 역할을 한다.

그러나 특정 기업을 상대로 악의적인 단체소송이 이루어질 경우 기업은 사회적 신용과 경제적 손실을 입을 수 있다. 또한, 제소 단체가 부당하게 소송을 진행하다가 패소하는 경우 확정판결의 효력으로 인해 동일한 사안에 대해 다시 소를 제기할 수 없게 되어 피해자의 권리구제가 불가능해지는 등의 우려사항도 존재하기 때문에 단체소송제도의 설계에 대해서는 충분한 보호 대책 논의가 우선되어야 한다.

2. 개인정보단체소송의 의의

개인정보단체소송은 개인정보처리자와 정보주체 간의 비대칭적 구조에서 발생하는 권리구제의 문제를 해결하기 위해 도입된 제도이다. 단체소송은 피해당사자가 아니어도 일정한 자격을 가진 단체가 사업자의 위법행위에 대한 금지 또는 중지를 청구할 수 있게 하여 피해 예방과 공익적인 목적을 달성하려는 제도이다. 개인정보보호법 제8장은 유사한 법률적 쟁점을 가진 정보주체를 대신해 소를 제기할 수 있는 단체의 자격요건을 규정하고 있다.

단체소송은 2006년 소비자기본법 개정을 통해 도입되었으며, 피해자 개인이 직접 청구하기 어려운 상황에서 피해 예방을 목적으로 하는 공익적 성격을 가진다. 타인의 위법한 행위로 피해를 입거나 피해를 입을 우려가 있는 개인이 법률의 근거 규정 없이 직접 위법행위의 금지 또는 중지청구의 소를 제기할 수 있는가에 대해서는 판례와 학설이 모두 소극적이다. 설사 법률에 침해행위의 금지 또는 예방을 청구할 수 있는 근거가 있다고 하여도(예, 독점규제 및 공정거래

---

8) 안정민, "개인정보 분쟁의 특수성과 분쟁해결제도에 관한 연구", 한국부패학회보, 제28권 제4호, 2023, 214면.

에 관한 법률 제108조) 다양한 이유로 개인이 소를 제기하는 것이 어려운 경우가 있기 때문에, 일정한 단체에게 소송수행 권한을 부여함으로써 기업의 위법행위를 금지시켜 더 큰 피해를 예방하고자 하는 것이 개인정보단체소송제도의 목적이다.[9] 개인 차원의 소송에서 피해자가 청구할 수 있는 범위는 자신의 개인정보 침해에 국한되지만, 단체소송은 공익적 성격을 갖기 때문에 사업자의 위법행위 전체에 대한 금지를 청구할 수 있다는 데에도 단체소송의 의의가 있다.

단체소송의 활용은 사업자의 위법행위로부터 발생할 수 있는 소비자 피해를 예방하고, 정보주체의 권리를 보호한다는 순기능을 가지지만 남용될 가능성도 있어 신중한 제도 설계가 필요하다. 제소단체가 부당하게 소송을 수행하여 패소할 경우 확정판결의 효력에 의해 동일한 사안에 대해 다시 소를 제기할 수 없게 되는 한계도 있다. 다른 단체가 이에 대해 다시 소를 제기할 수 있는 경우는 해당 사안과 관련하여 국가·지방자치단체 또는 국가·지방자치단체가 설립한 기관에 의하여 새로운 증거가 나타났거나 기각판결이 원고의 고의로 인한 것임이 밝혀진 경우(법 제56조)로 제한되기 때문에 더 이상 단체소송을 통해 사업자의 위법행위를 금지할 수 없게 된다.

반대로 만일 사업자의 위법행위가 존재하지 않음에도 불구하고 제소단체가 악의 또는 고의로 소를 제기하는 남소의 사례도 가정할 수 있다. 현재는 이러한 악의적인 단체소송의 대상이 되는 사업자가 받게 되는 경제적·사회적 신용에 대한 손실이나 보호에 대한 대책이 미흡한 상황이다. 개인정보단체소송은 아직 개인정보 권리 인식의 확산 부족으로 인해 충분히 활용되지 못하고 있으나, 정보주체의 권리보호에 대한 인식이 강화됨에 따라 제도의 보완 마련이 필요한 부분이다.

3. 구별 개념

동일한 피해에 대해 집단으로 법적 구제를 청구하는 소송제도로는 단체소송 외에도 집단소송이 있다. 두 제도는 개념과 소송 목적 등에서 차이를 보이는데, 먼저 단체소송의 소를 제기할 수 있는 주체는 법에서 정한 일정한 요건을 구비한 소비자단체 또는 비영리민간단체로 한정된다. 또한 단체소송의 목적은 집단소송과 달리 금전적 손해배상이 아닌 피해확산의 방지나 예방적 차원의 금지명령만을 구할 수 있다는 차이도 있다. 우리나라의 집단소송은 2005년 제정된 「증권관련 집단소송법」에서 증권거래 과정에서 발생한 집단적인 피해를 효율적으로 구제하기 위해 증권거래에 따른 피해만을 구제대상으로 인정하고 있다.

---

9) 안정민, "개인정보 분쟁의 특수성과 분쟁해결제도에 관한 연구", 한국부패학회보, 제28권 제4호, 2023, 226면.

1) 단체소송

원래 단체소송(Verbandsklage)이란 공해소송, 주민소송, 소비자소송, 환경소송 등 현대형 소송에 있어 소액의 다수피해자 전원이 직접 소송당사자로 나서는 것이 법률상으로나 사실상 적합하지 못한 경우 또는 공익성은 높지만 경제적 이익이 크지 않은 경우 피해 영역과 관련된 특정한 단체에 소송적격을 부여하여 소송을 진행하도록 하는 집단적 분쟁해결절차의 하나이다.[10] 우리나라는 2008년부터 「소비자기본법」에 기한 소비자단체소송제도가 시행되었으며, 개인정보보호법에 따른 개인정보단체소송은 2011년 9월 30일부터 시행되었다.

단체소송은 법률에 의하여 특정한 단체가 원고적격을 가지게 되는데 이는 법률에 따라 특정 공익 목적을 위한 소송담당자의 지위를 부여받는 것으로 해석될 수 있다. 2008년 7월 경실련, 녹색소비자연대, 소비자시민모임, 한국YMCA 등 4개 단체가 하나로텔레콤(현재 SK브로드밴드)을 상대로 개인정보취급방침 중 일부 내용이 소비자 권익을 침해한다는 내용의 소를 제기한 것이 첫 사례이다. 이 사건은 이후 피고가 개인정보의 무단제공행위를 자발적으로 시정함으로써 소 취하로 종결되었다.

2) 집단소송

집단소송은 불법행위로 인해 손해를 받은 피해자 집단의 일부에게 당사자적격을 인정하여 대표자의 자격으로 피해자가 속한 집단 전체를 위해 소송을 수행하게 하고, 그 집단 전체가 해당 판결의 효력을 받는 소송제도이다. 우리나라에서는 증권관련 집단소송법에서 규정하는 집단소송이 유일하게 인정되고 있다. 집단소송에서 행사되는 실체적 권리는 대부분 불법행위에 기한 손해배상청구권이다. 예전에는 그 불법행위로 인하여 생긴 피해자의 손해를 누가 얼마나 부담하게 할 것인지를 정해 주는 '보상기능' 중심이었으나, 20세기 후반 이래 보상기능에서 사고 내지 위법행위의 발생수준을 사회적 적정수준까지 낮추는 '방지기능' 쪽으로 많이 옮겨갔다.[11]

영미법계의 대표당사자 소송(Class Action)을 모델로 하는 집단소송은 동일한 피해를 입은 다수의 피해자 중 일부가 나머지 피해자를 대표하여 소송을 제기하고, 소송의 결과는 소송을 제기하지 않은 다른 피해자에게도 동일한 효력을 미친다. 다시 말하면 집단소송에서는 구성원이 스스로 집단소송에 관한 판결 등의 기판력을 받지 않겠다는 "제외신고"를 하지 않는 한 피해자가 자동으로 기판력을 받는 원고가 되어 버리기 때문에 민사소송의 대원칙인 사적 자치 및 처분권주의 등에 대한 침해가 될 수도 있다.

---

10) 황창근, "개인정보 보호 관련 분쟁해결 방안 고찰", 공법연구, 제41집 제4호, 2013, 248면.
11) 박세일 등, 법경제학 재개정판, 박영사, 2019, 307면; 전원열, "집단소송의 소송허가요건 및 금전배상에 관한 연구", 저스티스, 통권 제184호, 2021, 179면에서 재인용.

> **GS칼텍스 개인정보 유출사건**
>
> 실제로 2010년에 발생한 GS칼텍스 개인정보 유출사건에서 법원은 개인정보 유출로 인하여 피해자에게 신원확인, 명의도용이나 추가적인 개인정보 유출 등 후속 피해가 발생하였음을 주지할 만한 상황이 발견되지 않아 위자료를 지급할 정도의 정신적 손해가 발생했다고 볼 수 없다는 이유로 원고패소 판결을 내렸다(대법원 2012. 12. 26. 선고 2011다59834, 59858, 59841 판결). 정신적 손해에 대한 법원의 위자료 인정기준이 높지 않은 우리나라의 경우 개인정보유출 사건과 같이 이용자의 재산적 손해가 아닌 정신적 손해에 대한 사건은 집단소송의 실익이 없다고 할 수 있다.

II. 개인정보단체소송의 요건 및 절차

개인정보보호법에서 단체소송의 원고적격, 대상, 전속관할, 소송대리인의 선임, 소송허가신청, 소송허가요건, 확정판결의 효력을 정하고 있으며 그 외에는 민사소송법을 적용한다(법 제57조). 단체소송의 절차에 관하여는 대법원규칙으로 정하고 있다.

1. 제소권자(원고적격)

개인정보의 침해로 인한 분쟁은 피해의 특수성과 개인의 법적 대응이 어려운 복잡하고 다양한 상황으로 인해 구제가 어려울 수 있다. 이에 피해자를 대신해 개인정보 침해에 대한 구제절차를 수행할 수 있는 단체의 역량이 핵심이다. 이에 따라 개인정보보호법은 제51조에서 원고적격을 정보주체의 권익증진 또는 개인정보 보호를 목적으로 하는 단체로 제한하고 있다. 이에 대해서 단체의 요건이 불분명하고 충족시켜야 하는 요건이 엄격하여 실제로 활용되지 못하게 만든다는 비판도 있으나,[12] 단체소송은 모든 단체에 부여되지 않는 소송법상의 특별한 지위를 부여하는 것으로 다수의 피해자를 대신하여 소송을 진행한다는 점에서 일정 수준 이상의 자격을 요구하는 것은 타당해 보인다. 특히 디지털 전환으로 인해 각 영역에서 새로운 서비스의 제공과정에서 발생하는 개인정보와 관련한 분쟁이 늘어나고 있어 개인정보의 활용과 보호에 대한 전문성이 강조되어야 할 필요가 있다.

---

12) 고형석, "개인정보침해와 피해구제에 관한 연구", 법조, 제60권 제10호, 2011, 291면 이하; 고형석, "소비자단체소송 제도의 개선방안에 관한 연구 - 원고적격을 중심으로-", 경제법연구, 제18권 제1호, 2019 참고; 황창근, "개인정보보호 관련 분쟁해결방안 고찰 - 개인정보단체소송을 중심으로 - ", 공법연구, 제41집 제4호, 2013, 251면; 주영선, "개인정보보호법상 단체소송제도의 문제점과 개선방안", 법학논총, 제41권 제1호, 2021, 62-63면.

1) 소비자단체

단체소송은 소비자단체 또는 비영리민간단체가 제기할 수 있지만 개인정보단체소송의 공익성과 불필요한 소송남용을 저지하기 위해 단체의 요건은 제한되어 있다. 소비자단체의 경우 정회원수 1천명 이상의 단체로 「소비자기본법」 제29조에 따라 공정거래위원회에 등록한 후 3년이 경과하여야 하며, 정관에 따라 상시적으로 정보주체의 권익증진을 주된 목적으로 할 것이 모두 요구된다.

여기서 정하는 정회원수 1천명이라는 요건에 대해서는 다양한 문제가 지적되어 있다. 정회원이 의미하는 바가 분명하지 않다는 것과 그 증빙이 쉽지 않을 수 있다는 점이다. '정회원'이 무엇인가에 대해서는 비영리민간단체의 경우 '구성원'이라고 달리 규정하고 있으니 회비를 납부한 자와 같이 실질적인 활동을 하는 자로 봐야 한다는 견해도 있고, 회비나 실질적 활동과 관계없이 회원으로 가입한 자면 충족된다는 등의 다양한 해석이 존재한다.[13] 여기에서의 핵심은 지속적인 활동을 하지 않으면서 특정 사안 내지는 특정 사업자에 대해 불필요한 소송을 남발하는 것을 막기 위한 요건으로서 제시된 것으로 보이며 단체의 성격에 따라 탄력적으로 해석할 여지는 있다고 생각된다. 그러나 이에 대해서 원고적격은 단체소송 제기에 있어 제소권자가 일정한 구성원 수를 보유하고 있는 단체로서의 실체를 가지고 있는지만 판단하면 되는 것이지 정회원 수 등에 대해 증명을 요구하는 것은 소를 제기하는 소비자단체에게 부담이 될 수밖에 없고, 그 결과로 소 제기 자체를 하지 않을 수도 있다는 견해도 있다. 특히 단체 회원의 가입정보를 소송을 위해 제시하는 것을 단체 가입당시에 정보수집 목적으로 제시된 바가 없다면 개인정보의 목적 외 사용에 해당될 수 있다는 지적은 개인정보단체소송에 있어 의미가 있다.[14]

2) 비영리민간단체

「비영리민간단체 지원법」 제2조에 따른 비영리민간단체가 법률상 또는 사실상 동일한 침해를 입은 100명 이상의 정보주체로부터 권리침해의 금지 또는 중지를 구하는 소의 제기를 요청받은 경우 원고적격을 가진다. 우리 「소비자기본법」과 개인정보보호법은 단체소송 규정에서 모두 "단체소송의 제기를 요청받은 경우"라고 규정하고 있고, 실무에서 소와 소송이 혼용되어 사용되고 있으나, 엄밀한 의미에서 소송은 법원에서 진행되는 법률적 절차를 의미하고 법원에 대하여 판단을 구하는 행위는 소(訴)라고 규정하는 것이 타당하다. 이때 비영리민간단체는 상시 구성원 수가 5천명 이상일 것, 중앙행정기관에 등록되어 있을 것, 정관에 단체의 목적으로 '개인정보 보호'를 명시하고 있어야 하며, 명시 후 최근 3년 이상 이를 위한 활동실적이 요구된다.

---

13) 주영선, "개인정보보호법상 단체소송제도의 문제점과 개선방안", 법학논총, 제41권 제1호, 2021, 62-63면.

14) 고형석, "소비자단체소송제도의 개선방안에 관한 연구 - 원고적격을 중심으로-", 경제법연구, 제18권 제1호, 2019, 174면.

소비자단체와 달리 비영리민간단체의 경우, 최근 3년 이상 소비자의 권익증진에 관한 활동 실적이 요구된다. 이는 단체소송제도가 이용자의 권익을 보호하기 위한 제도이기 때문에 관련 활동을 지속적으로 수행하는 전문성을 가진 단체에게만 소권을 부여하고자 함이다. 소비자단체의 경우 그 설립목적 및 활동이 소비자의 권익증진이기 때문에 존속기간만이 요구되는 반면에 비영리민간단체에 대해서는 그 활동실적을 요구한 것으로 해석된다.[15]

2. 단체소송의 대상

개인정보단체소송은 개인정보처리자의 권리침해의 금지·중지를 청구하는 소송이다(법 제51조). 따라서 권리침해행위에 대한 금지나 중지만을 청구할 수 있을 뿐 금전적인 보상은 인정되지 않고 있다. 개인정보단체소송에서 피해구제를 위한 손해배상청구 인정 필요성에 대해서는 견해가 양립되어 있다. 금전적 배상을 위해 별도의 손해배상청구 절차를 진행해야 하므로 단체소송의 실효성을 떨어뜨린다는 견해도 있고, 일반 개인에게는 금전적인 손해배상이 주목적이 되겠지만, 단체소송은 공익적 성격으로 소송을 진행하는 것이며 그 손해배상이 단체에 귀속되어야 하는 정당한 근거가 있는지 확실하지 않다는 견해도 제기되어 있다.[16]

3. 소 제기의 허가

개인정보단체소송은 법원에 소송허가신청서 제출 후 허가를 받아 제기할 수 있다(법 제55조). 법 제51조는 개인정보처리자가 집단분쟁조정을 거부하거나, 집단분쟁조정의 결과를 수락하지 않은 경우에 권리침해 행위의 금지 또는 중지를 구하는 소송을 제기할 수 있도록 하고 있다. 이에 대해 사전적 예방소송의 성격을 가지는 단체소송에 앞서 손해배상청구가 가능한 다른 성격의 집단분쟁조정을 거치도록 하는 것은 절차적으로도 모순되고,[17] 신속한 피해의 방지와 권리구제를 위해서도[18] 다수의 개인정보 주체에 대한 권리보호나 피해예방을 위한 공익상의 필요가 있는 경우 소송을 제기할 수 있도록 조정전치주의를 폐지해야 한다는 견해가 있다.[19] 그러나 법원의 최종적인 판단을 구할 수 있는 수단을 확보해 놓고 조정을 거치도록 하는 것은 불

---

[15] 동 취지의 해석으로 고형석, "소비자단체소송제도의 개선방안에 관한 연구 - 원고적격을 중심으로-", 경제법연구, 2019, 174-175면. 고형석 교수는 민간단체에 대해서 3년 이상의 활동실적으로 요구한 결과, 소비자의 권익을 침해하는 사업자의 위법행위를 인식하더라도 그 활동실적이 3년 미만인 경우에는 제소권이 없기 때문에 소를 제기할 수 없어 피해의 확산 방지가 어려울 수 있다는 문제를 지적하고 있다.

[16] 최광선, "현행 단체소송 제도의 문제점과 개선방안에 관한 연구", 인권법평론, 제28호, 2022, 342면.

[17] 황창근, "개인정보 보호 관련 분쟁해결 방안 고찰", 공법연구, 제41집 제4호, 2013, 258-259면.

[18] 조만형, "개인정보보호법상 단체소송에 관한 소고", 토지공법연구, 제60집, 2013, 376면.

[19] 주영선, "개인정보보호법상 단체소송제도의 문제점과 개선방안", 법학논총, 제41권 제1호, 2021, 68면.

필요한 소송을 억제하는 기능을 가진다. 우선적으로 분쟁 당사자의 자발적인 해결을 유도하는 것은 소송경제에도 합당하며 분쟁조정절차의 기간이 60일로 비교적 단기간이라는 점을 고려했을 때 조정전치주의가 정보주체의 권리를 크게 훼손하는 것으로 볼 수는 없다.

4. 전속관할

단체소송은 전속관할의 대상이며 피고의 주된 사무소 또는 영업소가 있는 곳, 주된 사무소나 영업소가 없는 경우에는 주된 업무담당자의 주소가 있는 곳의 지방법원 본원 합의부의 관할에 전속한다. 피고가 외국사업자인 경우, 대한민국에 있는 이들의 주된 사무소, 영업소, 또는 업무담당자의 주소에 따라 전속관할이 정해진다(법 제52조).

5. 소송대리인의 선임

개인정보 단체소송 원고에게는 변호사 강제주의가 적용된다. 개인정보 단체소송의 원고가 변호사를 소송대리인으로 선임하지 않는 것은 소각하 사유가 된다(법 제53조). 이와 같은 강제주의는 다수의 피해자를 대신하여 단체소송이 본질적으로 갖는 공익 추구성과 사안의 복잡성을 법적 전문가에게 맡기려는 정책적 고려에서 비롯된 것이다. 공익을 위한 단체소송은 일반적으로 제도의 개선을 목적으로 하며, 이는 필연적으로 확립되지 않은 법리에 의존하거나 증거수집의 어려움을 동반한다.[20] 이러한 복잡성으로 인해 개인정보 단체소송에서는 변호사 선임을 강제화하는 것이 다수 피해자의 권리보호 측면에서 타당하다 할 수 있겠다. 그러나 우리나라의 경우 공익을 위한 단체소송에서도 패소자 소송비용 부담의 원칙을 취하고 있어 실무에서는 변호사 비용 문제가 단체소송의 활성화에 제약으로 작용하고 있다는 지적이 있다.[21]

III. 개인정보단체소송의 효과

1. 확정판결의 효력

원고의 청구를 기각하는 판결이 확정된 경우, 특별한 사유가 없는 한 다른 단체는 동일한 사안에 관하여 개인정보 단체소송을 제기할 수 없다. 민사소송에서의 판결은 원칙적으로 상대적 효력을 갖기 때문에 소송당사자에게만 영향을 미치지만, 개인정보보호법은 일정한 예외를 제외

---

20) 최광선, "현행 단체소송 제도의 문제점과 개선방안에 관한 연구", 인권법평론, 제28호, 2022, 381면.
21) 서희석, "소비자단체소송제도의 발전적 확대방안 -집단적 소비자피해의 구제를 위한 소송제도의 정비", 사법, 제1권 제53호, 2020, 73면.

하고는 패소판결에 대한 제소금지 효력을 확장시키고 있다.

판결이 확정된 후에는 그 사안과 관련하여 국가, 지방자치단체 또는 국가, 지방자치단체가 설립한 기관에 의해 새로운 증거가 나타나거나, 기각판결이 원고의 고의로 인한 것임이 밝혀진 경우에 한하여 다른 단체가 동일 사안에 대해 단체소송을 제기할 수 있다(법 제56조 단서). 개인정보단체소송은 공익을 대변하는 성격을 가지고 있기 때문에 그 판결의 효력 역시 동일한 이익을 가지는 제3자에게 확대할 필요성이 있다. 개인정보보호법은 원고 패소판결에 대해서만 제소금지의 효력을 제3자에게 확장하고 있을 뿐 원고의 청구가 인용된 확정판결에 대해서는 별도의 규정을 두고 있지 않다.[22]

소비자단체소송에서의 확정판결

「소비자기본법」도 원고 측 패소판결에 대해서만 제소금지의 효력을 제3자에게 확장하고 있으며 원고의 청구가 인용된 판결이 확정된 경우에는 제소권을 제한하는 규정을 두고 있지 않다. 이는 원고의 금지·중지청구 판결이 인용 확정된 후에도 사업자가 침해행위를 중지하지 않는 경우를 상정한 것으로 보고 있다. 「소비자기본법」 역시 사업자 패소 판결이 확정되어도 위법행위를 계속하는 사업자에 대한 조치 등의 실효성 확보 방안에 대해서는 규정하고 있지 않기 때문에 다시 금지·중지청구의 소송을 제기할 필요성이 발생하기 때문으로 이해되고 있다.

2. 민사소송법의 적용

단체소송에 관하여 개인정보보호법에 특별한 규정이 없는 경우에는 「민사소송법」을 적용하기 때문에 기판력, 중복제소금지 원칙 등 다수의 민사소송 규정이 개인정보 단체소송 절차에도 그대로 적용된다. 단체소송에 있어 가장 문제가 되는 것은 우리 「민사소송법」이 취하고 있는 패소자 부담의 원칙이다(민사소송법 제98조). "소송비용은 패소한 당사자가 부담한다"는 패소자 부담의 원칙은 사회적 문제를 제기하는 공익 목적의 소송에 대해서도 예외가 없어 불합리한 상황을 야기하고 있다.[23]

공익소송은 패소 가능성이 있더라도 사회적으로 의미 있고 법적 판단을 구할 가치가 있는 사안에 대해 소송을 진행할 수 있도록 마련된 제도이다. 보통 단체소송을 통해 추구하는 이익

---

22) 이에 대해 실질적 피해예방 및 신속한 구제를 위하여 원고의 금지청구가 인용된 판결에 대해서도 확정판결의 효력을 제3자에게까지 확장해야 한다는 견해도 있다. 주영선, "개인정보보호법상 단체소송제도의 문제점과 개선방안", 법학논총, 제41권 제1호, 2021, 70면.

23) 안정민, "개인정보 분쟁의 특수성과 분쟁해결제도에 관한 연구", 한국부패학회보, 제28권 제4호, 2023, 229-231면 참조.

은 이전에는 확립되지 않아 법적 관계가 불분명하며, 피해가 개개인에게 분산되어 사회적 관심에서 제외되기 쉽다. 특히 개별 소송을 통해 얻는 이익이 크지 않아 법원에서 다투기 어렵고, 입증이 어려워 처음부터 승소 가능성도 낮은 경우가 일반적이다.

개인정보 단체소송이나 소비자단체소송의 경우, 단체가 얻는 금전적인 이익은 거의 없는 반면, 변호사 선임, 인지세 등의 소송비용과 함께 패소 시 피고 측의 소송 청구에 대한 부담은 단체소송을 무력화할 수 있다는 비판이 있다. 이에 공익소송의 경우 대부분의 변호사가 무보수로 수행하므로, 변호사비용을 각자 부담하는 원칙을 채택하는 것이 타당하다는 견해도 제기되고 있다.[24]

단체소송과 변호사 보수

2023년 3월 한국소비자연맹이 한국전력공사를 상대로 낸 전기요금 부당이득 반환청구 관련 단체소송이 대법원에서 원고 패소로 확정되면서 변호사보수 포함 총 1,200여만 원의 소송비용이 결정된 바 있다. 한국소비자연맹은 2016년 가정용 전기요금 누진제가 전기사업법상 금지되는 전기요금의 정당한 사유 없는 차별이라며 누진제를 중지하거나 금지해 달라는 소비자단체소송(대법원 2023.3.30. 선고 2018다207076 판결)을 제기했었다.

소비자단체소송이 도입되고 소비자측이 승소한 사례는 없는 반면 최근 피고 기업 측에서 소송비용을 청구하는 사례가 증가하고 있어 제도개선에 대한 요구가 높아지고 있다. 2022년에는 한국스마트카드는 '분실 교통카드 잔액 환급 청구' 소송에서 이긴 뒤(대법원 2022.6.30. 선고 2018다248275 판결) 한국소비자연맹을 상대로 변호사 비용 등 총 6000만 원의 소송 비용 지급 소송을 제기한 바 있다. 해당 단체소송은 2015년 한국소비자연맹이 한국스마트카드의 교통카드인 티머니 분실 시 남은 카드 잔액을 환급하지 않는 것에 문제를 제기하면서 시작됐다.

---

24) 서희석, "소비자단체소송제도의 발전적 확대방안 -집단적 소비자피해의 구제를 위한 소송제도의 정비", 사법, 제1권 제53호, 2020, 70-71면.

제13장

실효성 확보수단

제 1 절
행정조사

I. 행정조사의 일반원칙

1. 행정조사에 관한 법체계

행정조사는 행정기관이 정책을 결정하거나 직무를 수행하는 데 필요한 정보나 자료를 수집하기 위하여 현장조사·문서열람·시료채취 등을 하거나 조사대상자에게 보고요구·자료제출요구 및 출석·진술요구를 행하는 활동을 말한다.[1] 이러한 행정조사에는 상대방의 협조에 기반한 비권력적 조사와 행정조사를 거부할 경우 제재가 수반되는 권력적 조사로 구분할 수 있고, 특히 권력적 조사의 경우에는 국민의 자유와 권리를 제한하는 행정작용이므로 법률에 근거를 두어야 한다.[2] 행정조사에 관하여는 국민에 대한 권익을 침해할 가능성이 많은 권력적 조사를 중심으로 논의되고 있으나, 모든 행정조사는 본질적으로 정보의 수집 활동이라는 특성으로 인해 개인의 프라이버시 보호, 기업의 영업의 자유 보호라는 관점에서 법적 통제가 중요한 의미를 갖고 있는 점을 고려하여,[3] 행정조사에 관한 일반법인 「행정조사기본법」을 제정(2007.5.17.)하여 행정조사에 관한 기본원칙·행정조사의 방법 및 절차 등에 관한 공통적인 사항을 규정[4]하고 있다.

2. 행정조사에 관한 일반법: 「행정조사기본법」

「행정조사기본법」은 행정조사에 관한 기본원칙·행정조사의 방법 및 절차 등에 관한 공통적인 사항을 규정하고 있으며, 행정조사에 관하여 다른 법률에 특별한 규정이 있는 경우를 제외하고는 「행정조사기본법」을 따르도록 하고 있다. 행정기관은 조사대상자의 자발적인 협조를

---

1) 「행정조사기본법」 제2조 제1호.
2) 헌법 제37조 ② 국민의 모든 자유와 권리는 국가안전보장·질서유지 및 공공복리를 위하여 필요한 경우에 한하여 법률로써 제한할 수 있으며, 제한하는 경우에도 자유와 권리의 본질적인 내용을 침해할 수 없다.
3) 박균성, 행정법론(상), 박영사, 2022, 566면.
4) 「행정조사기본법」 제1조(목적).

언어 실시하는 행정조사의 경우를 제외하고는 법령등에서 행정조사를 규정하고 있는 경우에 한하여 행정조사를 실시할 수 있다고 규정하여 헌법 제37조에서 정하고 있는 법률유보의 원칙을 명확히 하고 있다.[5] 또한, 행정기관이 행정조사를 수행하는 과정에서 준수해야 하는 기본원칙을 다음과 같이 규정하고 있다.

「행정조사기본법」 제4조(행정조사의 기본원칙)

① 행정조사는 조사목적을 달성하는데 필요한 최소한의 범위 안에서 실시하여야 하며, 다른 목적 등을 위하여 조사권을 남용하여서는 아니 된다.

② 행정기관은 조사목적에 적합하도록 조사대상자를 선정하여 행정조사를 실시하여야 한다.

③ 행정기관은 유사하거나 동일한 사안에 대하여는 공동조사 등을 실시함으로써 행정조사가 중복되지 아니하도록 하여야 한다.

④ 행정조사는 법령등의 위반에 대한 처벌보다는 법령등을 준수하도록 유도하는 데 중점을 두어야 한다.

⑤ 다른 법률에 따르지 아니하고는 행정조사의 대상자 또는 행정조사의 내용을 공표하거나 직무상 알게 된 비밀을 누설하여서는 아니 된다.

⑥ 행정기관은 행정조사를 통하여 알게 된 정보를 다른 법률에 따라 내부에서 이용하거나 다른 기관에 제공하는 경우를 제외하고는 원래의 조사목적 이외의 용도로 이용하거나 타인에게 제공하여서는 아니 된다.

행정조사가 「행정조사기본법」의 기본원칙, 개별 근거법률의 내용에 저촉되는 경우에는 법률의 우위원칙에 반하여 위법하게 되고, 평등의 원칙, 신뢰보호의 원칙에 위반하거나 목적달성에 필요한 한도를 초과하여 과도하게 이루어지는 경우에는 위법한 행정조사가 될 수 있다.[6] 「행정조사기본법」은 조사계획의 수립 및 조사대상의 선정(제2장), 조사방법(제3장), 조사실시(제4장), 자율관리체계의 구축 등(제5장), 보칙(제6장) 규정을 두고 있으며, 다른 법률에 특별한 규정이 없는 한 이 법으로 정하는 바에 따르도록 하고 있다. 따라서, 다른 개별법률의 규정과 상호 모순·저촉되지 않는 한 행정조사에 관하여는 「행정조사기본법」이 적용될 수 있다.

대법원 2016.11.25. 선고 2014도14166 판결

일반적으로 특별법이 일반법에 우선하고 신법이 구법에 우선한다는 원칙은 동일한 형식의 성문법규인 법률이 상호 모순·저촉되는 경우에 적용된다. 이때 법률이 상호 모순·저촉되는지는 법률의 입법목적, 규정사항 및 적용범위 등을 종합적으로 검토하여 판단하여야 한다.

---

5) 「행정조사기본법」 제5조.
6) 김성수, 일반행정법, 홍문사, 2014, 521면.

3. 2023년 법 개정 이후 행정조사

1) 사전 실태점검 신설(법 제63조의2)

종전 「개인정보보호법」의 행정조사는 거부할 경우 별도의 제재규정을 두고 있지 않은 협조기반의 비권력적 조사와 과태료 규정을 두고 있는 권력적 조사로 구분되어 있었으나, 2023년 법 개정으로 협조기반의 행정조사와 권력적 행정조사의 경계에 있는 사전 실태점검 규정을 신설하여 개인정보 침해에 대한 사전 예방기능을 강화하였다. 먼저, 사전 실태점검을 실시하여 이 법을 위반하는 사항을 발견한 경우 해당 개인정보처리자에 대하여 시정방안을 정하여 이에 따를 것을 권고할 수 있고, 시정권고를 받은 자가 해당 권고를 수락한 때에는 법 제64조 제1항에 따른 시정조치 명령을 받은 것으로 보는데 비해 해당 권고를 수락하지 아니하거나 이행하지 아니한 경우 법 제63조 제2항에 따른 검사로 전환할 수 있도록 규정하였다.

2) 공공기관 개인정보 보호수준 평가 및 자료제출요구 신설(법 제11조의2)

종전에는 법 제11조[7]를 근거로 2008년부터 '공공기관 개인정보 보호 수준진단'을 실시하고 그 과정에서 자료제출 등을 요구받은 자에 대하여는 특별한 사정이 없으면 이에 따르도록 규정하고 있었으나, 공공기관의 개인정보 보호수준을 평가하여 공개하는 사항에 대한 명시적인 근거가 부족한 문제를 해소하기 위해 법 제11조의2(개인정보 보호수준 평가) 규정을 신설하였다. 이와 함께, 자료제출을 요구할 수 있도록 하고 정당한 사유 없이 자료를 제출하지 아니하거나 거짓으로 제출한 자에 대하여는 1천만 원 이하의 과태료를 부과할 수 있도록 하였다.[8]

3) 고유식별정보에 대한 정기조사 대상 및 주기 변경

법 제24조에서는 고유식별정보에 대하여 별도 동의를 받거나 법령에서 구체적으로 고유식별정보의 처리를 요구하거나 허용하는 경우에 한하여 고유식별정보를 처리할 수 있도록 규정하면서, 보호위원회는 고유식별정보가 분실·도난·유출·위조·변조 또는 훼손되지 아니하도록 암호화 등 안전성 확보에 필요한 조치를 하였는지에 관하여 정기적으로 조사하도록 의무화하고 있다. 2024년 3월 15일 시행을 목표로 입법예고 중인 시행령 개정안에서는 2년 주기 조사를 3년 주기로 수정하고, 공공기관 개인정보 보호 수준평가를 받았거나 개인정보 보호 인증(ISMS-P)을 통해 고유식별정보에 대해 주기적 점검을 실시하는 경우에는 조사에 갈음할 수 있도

---

7) 법 제11조(자료제출 요구 등) ② 보호위원회는 개인정보 보호 정책 추진, 성과평가 등을 위하여 필요한 경우 개인정보처리자, 관계 중앙행정기관의 장, 지방자치단체의 장 및 관계 기관·단체 등을 대상으로 개인정보관리 수준 및 실태파악 등을 위한 조사를 실시할 수 있다.
　④ 제1항부터 제3항까지에 따른 자료제출 등을 요구받은 자는 특별한 사정이 없으면 이에 따라야 한다.
8) 법 제75조 제4항 제1호.

록 하였다.[9]

4) 분쟁조정 사실조사권 신설

종전에는 분쟁조정위원회는 분쟁조정 신청을 받으면 해당 분쟁의 조정을 위하여 필요한 자료를 분쟁당사자에게 요청할 수 있도록 하고, 요청을 받은 분쟁당사자는 정당한 사유가 없으면 요청에 따르도록 규정하고 있었다. 2023년 법 개정을 통해 자료제출 요구권에 추가하여 분쟁의 조정을 위하여 사실 확인이 필요한 경우에는 분쟁조정위원회의 위원 또는 분쟁조정에 필요한 사무처리를 담당하는 보호위원회의 사무기구 소속 공무원으로 하여금 사건과 관련된 장소에 출입하여 관련 자료를 조사하거나 열람할 수 있도록 하는 규정을 신설하였다. 더불어, 조사의 실효성을 높이기 위해 정당한 사유 없이 자료를 제출하지 아니하거나 거짓으로 제출한 자, 출입·조사·열람을 정당한 사유 없이 거부·방해 또는 기피한 자에 대하여 1천만 원 이하의 과태료를 부과할 수 있도록 하였다.[10]

5) 보호위원회 중심 공동조사 체계로 정비(법 제63조 제3항, 제4항)

종전에는 관계 중앙행정기관의 장에게 "소관 법률에 따라" 자료제출을 요구하거나 검사할 수 있도록 규정[11]하고 있었으나, 관계 중앙행정기관의 장은 소관 법률에서 규정이 없는 경우에는 자료제출요구 또는 검사를 할 수 없었고 소관 법률의 규정이 있는 경우에는 해당 법률에 따라서 자료제출요구 또는 검사를 할 수 있어서 보호위원회와 관계 중앙행정기관 간의 보호의 사각지대가 발생할 수 있는 문제가 있었다. 이에 따라 2023년 법 개정을 통해 법 집행기관을 보호위원회로 명확히 하고 보호위원회를 중심으로 자료제출요구 또는 검사가 이루어지도록 개편하였다. 또한, 보호위원회는 이 법 등 개인정보 보호와 관련된 법규의 위반행위로 인하여 중대한 개인정보 침해사고가 발생한 경우 신속하고 효과적인 대응을 위하여 중앙행정기관, 지방자치단체, 그 밖에 법령 또는 자치법규에 따라 행정권한을 가지고 있거나 위임 또는 위탁받은 공공기관의 장에게 협조를 요청할 수 있도록 하였고, 협조 요청을 받은 기관의 장은 특별한 사정이 없으면 이에 따르도록 하였다.

6) 조사 방법 및 절차 등에 관한 법적 위임근거 마련

종전에는 공동조사와 관련된 방법과 절차 등에 관한 사항만을 대통령령으로 위임하고 있었

---

9) 개인정보 보호법 시행령 일부개정령안 입법예고(2023.11월).
10) 법 제75조 제4항 제11호·제12호.
11) 종전 법 제63조 제4항·제5항은 보호위원회가 법 위반사항을 발견한 경우 관계 중앙행정기관의 장에서 검사를 요구하고, 필요 시 보호위원회 소속 공무원이 검사에 공동 참여하도록 요청할 수 있도록 하였고, 검사결과와 관련하여 시정조치 요청 또는 처분 등에 대한 의견을 제시할 수 있도록 규정하고 있었다.

으나, 강제적 조사에 대한 위임근거를 명확히 하기 위해 법 제63조 제5항을 신설하여 보호위원회가 자료제출 요구, 검사 절차 및 방법 등에 관하여 필요한 사항은 고시할 수 있도록 하였다. 이에 따라, 그동안 별도의 위임 규정 없이 운영해 온 조사 및 처분에 관한 규정 고시에 대한 위임근거를 법률에 마련하였다. 현재 "개인정보보호위원회의 조사 및 처분에 관한 규정"을 개정하여 2023.10.16.부터 시행하고 있다.

이 규정은 개인정보보호법 제63조제5항에 위임규정을 두고 있고, 개인정보 유출 등의 신고(법 제34조), 침해 사실의 신고 등(법 제62조), 자료제출 요구 및 검사(법 제63조), 사전 실태점검(법 제63조의2) 및 권한의 위임·위탁(법 제68조), 신용정보법의 개인신용정보 누설통지 등(법 제39조의4) 및 상거래기업에 대한 보호위원회의 자료제출 요구·조사 등(법 제45조의3)에 따라 실시하는 조사 및 사전 실태점검의 절차와 방법, 그 결과에 따른 처분 및 기타 필요한 사항을 정함으로써 조사의 공정성과 투명성 및 효율성을 확보하는 것을 목적으로 한다. 이 규정에서 정하지 않은 사항에 대하여는 「행정기본법」, 「행정절차법」, 「행정조사기본법」을 따르도록 하였다.

II. 개인정보보호법의 행정조사

1. 개관

개인정보보호법은 협조에 기반한 행정조사(임의조사)와 행정조사를 거부할 경우 과태료 등 제재가 따르는 강제적 행정조사를 규정하고 있다. 법 제11조, 법 제63조, 법 제63조의2와 같이 모든 분야에 대한 일반적 개인정보 보호 실태조사를 할 수 있도록 하면서도, 공공기관 수준평가(법 제11조의2), 분쟁조정(법 제45조)과 같이 특정 분야 업무 수행을 위한 행정조사, 고유식별정보의 안전성 확보조치에 대한 주기적 조사(법 제24조)와 같이 특수한 유형의 개인정보에 대한 행정조사 등 다양한 형태의 행정조사가 가능하도록 법제화되어 있다. 각각의 행정조사는 법에 도입된 목적의 범위 안에서 필요한 최소한의 범위 안에서 이루어져야 한다.[12]

2. 행정조사 유형

1) 자료제출 요구 등(법 제11조)

특별한 사정이 없는 한 따르도록 의무화되어 있으며, 따르지 않을 경우 이 법 위반에 대한 시정조치 명령이 가능하고 시정조치 명령에 불응할 경우 3천만 원 이하의 과태료 부과도 가능

---

12) 「행정조사기본법」 제4조(행정조사의 기본원칙) ① 행정조사는 조사목적을 달성하는데 필요한 최소한의 범위 안에서 실시하여야 하며, 다른 목적 등을 위하여 조사권을 남용하여서는 아니 된다.

하다는 점에서 강제적 행정조사의 성격도 일부 지니고 있다.

(1) 기본계획 수립을 위한 자료제출 등 요구 (법 제11조 제1항·제3항, 시행령 제13조)

보호위원회는 개인정보보호법 제9조에 따라 개인정보의 보호와 정보주체의 권익 보장을 위하여 3년마다 개인정보 보호 기본계획을 관계 중앙행정기관의 장과 협의하여 수립해야 하고, 기본계획을 효율적으로 수립하기 위하여 개인정보처리자, 관계 중앙행정기관의 장, 지방자치단체의 장 및 관계기관·단체 등에 개인정보처리자의 법규 준수 현황과 개인정보 관리 실태 등에 관한 자료의 제출이나 의견의 진술 등을 요구할 수 있다. 또한, 중앙행정기관의 장은 제10조에 따라 기본계획에 따라 매년 개인정보 보호를 위한 시행계획을 작성하여 보호위원회에 제출하고, 보호위원회의 심의·의결을 거쳐 시행해야 한다. 이를 위해 중앙행정기관의 장은 시행계획을 효율적으로 수립·추진하기 위하여 소관 분야의 개인정보처리자에게 자료제출 등을 요구할 수 있도록 규정하고 있다.

법 제11조 제1항 및 제3항에 따라 보호위원회 또는 중앙행정기관의 장이 자료 제출 등을 요구한 경우 자료 제출 등을 요구받은 자는 특별한 사정이 없으면 이에 따르도록 의무화하고 있다.[13] 2023년 법 제64조 개정에 따라 '이 법을 위반한 자'에 대하여 시정조치 명령(중앙행정기관, 지방자치단체, 국회, 법원, 헌법재판소, 중앙선거관리위원회에 대하여는 시정조치 권고)을 할 수 있도록 개정되었고, 법 제64조 제1항에 따른 시정조치 명령에 따르지 아니한 자에 대하여는 3천만 원 이하 과태료 부과가 가능[14]하게 되어 종전에 비해 행정조사의 강제적 성격이 보다 강화되었다. 한편, 시행령 제13조 제2항에서는 보호위원회가 자료의 제출이나 의견의 진술 등을 요구할 때에는 기본계획을 효율적으로 수립·추진하기 위하여 필요한 최소한의 범위로 한정하여 요구하도록 규정하고 있다.

(2) 개인정보관리 수준 및 실태파악 등을 위한 조사 (법 제11조 제2항)

보호위원회는 개인정보 보호 정책추진, 성과평가 등을 위하여 필요한 경우 개인정보처리자, 관계 중앙행정기관의 장, 지방자치단체의 장 및 관계 기관·단체 등을 대상으로 개인정보관리 수준 및 실태파악 등을 위한 조사를 실시할 수 있다. 종전에는 이 규정에 따라 공공기관에 대하여 개인정보 보호 수준진단이 제한적으로 이루어져 왔으나, 2023년 법 개정으로 법 제11조의2(개인정보 보호수준 평가) 규정이 별도 규정으로 신설되었다.

이 규정 또한 제11조 제1항 및 제3항의 행정조사와 동일하게 자료 제출 등을 요구받은 자는 특별한 사정이 없으면 이에 따르도록 의무화하고 있고, 시정조치 명령 및 시정조치 명령 불이

---

13) 법 제11조(자료제출 요구 등) ④ 제1항부터 제3항까지에 따른 자료 제출 등을 요구받은 자는 특별한 사정이 없으면 이에 따라야 한다.
14) 법 제75조 제2항 27. 제64조 제1항에 따른 시정조치 명령에 따르지 아니한 자

행에 대한 3천만 원 이하의 과태료 규정이 연계되어 종전에 비해 행정조사의 강제적 성격이 강화되었다. 법 위반행위에 대한 제재 목적이 아니라 정책추진, 성과평가 등을 위한 개인정보관리수준 및 실태파악 등을 목적으로 행정조사 권한을 부여한 것이므로 그 목적 범위 내에서 필요한 최소한의 범위에 한정하여 자료를 요구하여야 한다.[15]

2) 공공기관 개인정보 보호수준 평가 자료 제출(법 제11조의2)

법 제11조의2(개인정보 보호수준 평가) 규정은 2023년 3월 14일 공포되어 2024년 3월 15일 시행 예정인 신설 규정으로, 보호위원회가 공공기관 중 중앙행정기관 및 그 소속기관, 지방자치단체, 그 밖에 대통령령으로 정하는 기관을 대상으로 매년 개인정보 보호 정책·업무의 수행 및 이 법에 따른 의무의 준수 여부 등을 평가하도록 하였다. 보호위원회가 효과적으로 평가업무를 진행할 수 있도록 개인정보 보호수준 평가에 필요한 경우 해당 공공기관의 장에게 관련 자료를 제출하게 할 수 있도록 하였고, 자료제출 요구에 따르지 않을 경우에는 1천만 원 이하의 과태료를 부과할 수 있도록 하였다.[16] 수준평가가 중앙행정기관 등 공공기관을 대상으로 실시되고 자료제출요구의 실효성을 확보해야 할 필요가 있어 과태료 규정을 추가하였다.

3) 고유식별정보의 안전성 확보조치 여부에 대한 정기조사(법 제24조 제4항)

개인정보보호법과 시행령에서는 법령에 따라 개인을 고유하게 구별하기 위하여 부여된 식별정보로서 주민등록번호, 여권번호, 운전면허번호, 외국인등록번호를 고유식별정보로 정의하고 있다.[17] 보호위원회는 고유식별정보가 분실·도난·유출·위조·변조 또는 훼손되지 아니하도록 암호화 등 안전성 확보에 필요한 조치를 하였는지에 관하여 정기적인 관리 실태조사[18]를 하도록 하고 있다. 또한 보호위원회는 대통령령으로 정하는 전문기관[19]으로 하여금 고유식별정보에 대한 조사를 수행하게 할 수 있다.

고유식별정보에 대한 안전성 확보조치 여부에 대한 조사는 공공기관 개인정보 보호수준 평가(법 제11조의2), 개인정보 보호 인증(법 제32조의2) 시행 과정에서 정기적으로 확인이 이루어진다는 점에서 중복의 소지가 있었던 점을 개선하기 위해 2023년 11월 시행령 개정안을 입법예고하였다. 입법예고안에서는 공공기관 개인정보 보호수준 평가 대상이거나 개인정보 보호 인

---

15) 시행령 제13조 제3항.
16) 법 제75조 ④ 다음 각 호의 어느 하나에 해당하는 자에게는 1천만 원 이하의 과태료를 부과한다.
    1. 제11조의2제2항을 위반하여 정당한 사유 없이 자료를 제출하지 아니하거나 거짓으로 제출한 자
17) 법 제24조 제1항, 시행령 제19조.
18) 시행령 제21조 제3항과 제4항에서는 2년마다 1회 이상, 온라인 또는 서면을 통하여 필요한 자료를 제출하게 하는 방법으로 시행하도록 규정하고 있다.
19) 시행령 제21조 제5항에서는 한국인터넷진흥원, 조사를 수행할 수 있는 기술적·재정적 능력과 설비를 보유한 것으로 인정되어 보호위원회가 정하여 고시하는 법인, 단체 또는 기관을 전문기관으로 정의하고 있다.

증(ISMS-P)을 통해 고유식별정보에 대한 정기적인 확인을 하고 있는 경우에는 법 제24조제4항에 따른 조사를 하지 않을 수 있도록 하였고 조사 주기도 2년에서 3년으로 조정하였다.[20]

고유식별정보에 대한 안전성 확보조치 이행여부에 대한 정기조사는 보호위원회에 대하여 의무를 부여하고 있으나 조사 결과 위반사항이 발견된 경우의 조치사항에 대한 규정은 별도로 두고 있지 않다. 보호위원회는 개선권고 규정(법 제61조 제2항)에 따라 개선권고를 할 수 있고 권고를 받은 개인정보처리자는 성실하게 노력해야 할 의무와 함께 그 결과를 보호위원회에 알리도록 하고 있으며, 법 제66조에 따라 개선권고의 내용 및 결과에 대하여 공표 또는 공표명령을 할 수 있도록 한 절차에 따라 수행될 필요가 있다. 다만, 조사 결과에 대하여 개인정보처리자가 계속하여 개선권고에 따르지 않는 경우 법 제63조에 따라 법 위반행위에 대한 조사로 전환이 가능한가에 대한 의견이 나뉠 수 있다. 법 제63조에 따른 자료제출 및 검사 사유에 해당하기만 하면 그 절차에 따라 법 위반행위에 대한 조사를 진행할 수 있다는 의견과, 개선권고는 행정지도의 성격을 갖고 있고 「행정절차법」은 행정지도에 따르지 않았다는 이유로 불이익한 조치를 하지 않도록 규정하고 있는 점,[21] 행정조사의 목적은 처벌이 아닌 법령등 준수 유도에 있다는 점,[22] 개인정보 유출 사고를 막기 위한 사전 예방적 목적의 행정조사라는 본래의 취지에 충실할 필요가 있다는 점을 이유로 법 위반행위 여부에 대한 조사로의 전환은 신중해야 한다는 의견이 있다.

4) 개인정보 처리방침 평가 및 개선권고(법 제30조의2)

2023년 법 개정으로 보호위원회는 개인정보처리자가 개인정보 처리방침을 법에 따라 적정하게 정하였는지, 알기 쉽게 작성하여 정보주체가 쉽게 확인할 수 있는 방법으로 공개하고 있는지 여부에 대하여 평가하고, 개선이 필요하다고 인정하는 경우에는 법 제61조 제2항에 따른 개선권고를 할 수 있도록 하였다. 시행령 제31조의2 제3항에서는 보호위원회는 평가에 필요한 경우에는 해당 개인정보처리자에게 의견을 제출하도록 요청할 수 있도록 하였다. 다만, 공공기관 개인정보 보호수준 평가(법 제11조의2)와는 달리 평가에 필요한 자료제출요구 근거를 명시적으로 규정하고 있지는 않다.

---

20) 시행령 일부개정령안 제21조 제3항 및 제4항.
21) 「행정절차법」 제48조(행정지도의 원칙)
   ① 행정지도는 그 목적 달성에 필요한 최소한도에 그쳐야 하며, 행정지도의 상대방의 의사에 반하여 부당하게 강요하여서는 아니 된다.
   ② 행정기관은 행정지도의 상대방이 행정지도에 따르지 아니하였다는 것을 이유로 불이익한 조치를 하여서는 아니 된다.
22) 「행정조사기본법」 제4조(행정조사의 기본원칙) ④ 행정조사는 법령등의 위반에 대한 처벌보다는 법령등을 준수하도록 유도하는 데 중점을 두어야 한다.

5) 분쟁조정에 필요한 자료의 요청 및 사실조사 등(법 제45조 제2항)

2023년 법 개정 이전에는 분쟁조정위원회가 해당 분쟁조정을 위하여 필요한 자료를 분쟁당사자에게 요청할 수 있도록 하고 분쟁당사자는 정당한 사유가 없으면 그 요청에 따르도록 하는 규정만을 두고 있었으나, 법 개정을 통해 분쟁의 신속하고 효율적인 조정을 위하여 사실 확인이 필요한 경우에는 분쟁조정위원회 위원 또는 분쟁조정에 필요한 사무처리를 담당하는 보호위원회의 사무기구 소속 공무원이 사건과 관련된 장소에 출입하여 관련 자료를 조사하거나 열람하게 할 수 있도록 하였다. 또한, 분쟁조정의 성격을 고려하여 분쟁당사자는 해당 조사·열람을 거부할 정당한 사유가 있을 때에는 그 사유를 소명하고 조사·열람에 따르지 아니할 수 있도록 하였고, 분쟁조정을 위한 자료제출 요구 또는 출입·조사·열람을 정당한 사유 없이 거부한 경우에는 1천만 원 이하의 과태료를 각각 부과할 수 있는 규정을 신설하여 행정조사의 실효성을 강화하였다.[23]

6) 법 위반에 대한 자료제출 요구 및 검사(법 제63조)

보호위원회는 법 위반과 관련하여 ① 법 위반 사항을 발견하거나 혐의가 있음을 알게 된 경우(법 제63조 제1항 제1호), ② 법 위반에 대한 신고를 받거나 민원이 접수된 경우(같은 항 제2호), ③ 개인정보 유출 등 정보주체의 개인정보에 관한 권리 또는 이익을 침해하는 사건·사고 등이 발생하였거나 발생할 가능성이 상당히 있는 경우(시행령 제60조 제1항)에는 개인정보처리자에게 관계 물품·서류 등 자료를 제출하게 할 수 있다. 나아가, 보호위원회는 개인정보처리자가 자료를 제출하지 아니하거나 법을 위반한 사실이 있다고 인정되면 소속 공무원으로 하여금 개인정보처리자 및 해당 법 위반사실과 관련한 관계인의 사무소나 사업장에 출입하여 업무 상황, 장부 또는 서류 등을 검사하게 할 수 있도록 하고 있다.

자료제출 요구 및 검사 규정은 법 위반행위에 대한 행정조사 목적으로 법에서 규정한 시정조치 명령·과징금·과태료·형벌·고발 등 제재를 위한 법위반 사실관계를 확인하는 강제적 조사의 성격을 갖고 있으며, 거부 등의 경우 종전에는 1천만 원 이하 과태료 사항이었으나 2023년 법 개정을 통해 3천만 원 이하의 과태료를 부과할 수 있도록 상향하여 규정된 점이 특징이다. 자세한 사항은 후술한다.

7) 사전 실태점검(법 제63조의2)

현재 보호위원회는 법 위반행위가 있거나 혐의가 있음을 알게 된 경우 또는 신고·민원을

---

23) 법 제75조 ④ 다음 각 호의 어느 하나에 해당하는 자에게는 1천만 원 이하의 과태료를 부과한다.
   11. 제45조 제1항에 따른 자료를 정당한 사유 없이 제출하지 아니하거나 거짓으로 제출한 자
   12. 제45조 제2항에 따른 출입·조사·열람을 정당한 사유 없이 거부·방해 또는 기피한 자

받은 경우 등의 사유[24]가 있는 경우에는 해당 개인정보처리자에 대하여 자료 제출 요구 및 사업장·사무소 출입 검사 가능하지만 이는 법 위반행위가 발생한 이후의 사후 조사에 그쳐 개인정보 침해를 사전에 예방하는 활동을 하기에는 한계가 있었다.

이에 따라, 2023년 법 개정 시 사전 실태점검 규정을 신설하여 "제63조 제1항 각 호에 해당하지 않는 경우로서 개인정보 침해사고 발생의 위험성이 높고 개인정보 보호의 취약점을 사전에 점검할 필요성이 인정되는 개인정보처리자에 대하여 개인정보 보호 실태를 점검"할 수 있도록 사전 예방적 행정조사 근거를 신설하였다. 다만, 사전 예방적 행정조사라고 하더라도 침해 발생의 우려가 큰 경우에 한정하도록 하였고, 점검 과정에서 법 위반사항을 발견한 경우에는 먼저 시정방안을 정하여 권고하도록 하였다. 해당 개인정보처리자가 시정권고를 수락한 때에는 시정조치 명령을 받은 것으로 보고, 만일 시정권고를 수락 또는 이행하지 않는 경우에는 제63조 제2항에 따라 법 위반행위에 대한 현장검사를 할 수 있도록 하였다. 사전 예방적 성격인 점을 감안하여 점검 과정에서 시정권고에 따라 개선이 이루어진 경우에는 별도의 과태료, 과징금 등의 제재는 부과하지 않도록 한 것인 점에서 큰 의미가 있다.

3. 법 위반 여부 조사를 위한 자료제출 요구 및 검사(법 제63조)

1) 의의

법 위반행위가 있었는지에 대한 행정조사는 제재를 할 것인지에 대한 사실 확인의 의미를 갖는다는 점에서 국민의 권리와 의무에 제한을 부과하는 사항으로서 법률의 근거가 필요하다. 현재 행정조사에 관한 일반법적 지위를 갖는 「행정조사기본법」과 개인정보 보호 분야에서 일반법적 지위를 갖는 개인정보 보호법에서 행정조사에 대하여 규정하고 있다. 개인정보보호법 제63조와 시행령 제60조, 개인정보 보호위원회의 조사 및 처분에 관한 규정(보호위원회 고시)에 따라 조사가 이루어지며, 특별히 규정하고 있지 않은 사항은 「행정조사기본법」에 따르도록 하고 있다.[25]

2) 자료제출 요구(법 제63조 제1항)

보호위원회는 법을 위반하는 사항을 발견하거나 혐의가 있음을 알게 된 경우, 법 위반에 대한 신고를 받거나 민원이 접수된 경우, 그 밖에 정보주체의 개인정보 보호를 위하여 필요한 경우로서 '개인정보 유출 등 정보주체의 개인정보에 관한 권리 또는 이익을 침해하는 사건·사고

---

24) 「개인정보 보호법」 제63조 제1항에 따른 자료제출 요구 및 검사 사유.
25) 개인정보보호위원회의 조사 및 처분에 관한 규정 제3조(다른 규정과의 관계) 이 규정에서 특별히 규정하지 않은 사항은 「행정기본법」, 「행정절차법」, 「행정조사기본법」에서 정하는 바에 따른다.

등이 발생하였거나 발생할 가능성이 상당히 있는 경우(시행령 제60조 제1항)'에 해당하면 해당 개인정보처리자에게 자료제출 요구를 할 수 있도록 규정하고 있다.

2023년 법 개정 이전에는 '정보주체의 개인정보에 관한 권리 또는 이익을 침해하는 사건·사고 등이 발생하였거나 발생할 가능성이 상당히 있는 경우(시행령 제60조 제1항)'를 넓게 해석하여 위법의 가능성이 있으면 기획조사가 가능하다는 의견이 있었으나, 2023년 법 개정으로 사전 실태점검(법 제63조의2) 규정을 신설하여 예방적 조사활동이 가능해짐에 따라 예방적 성격의 조사는 법 제63조의2에 따라 사전 실태점검으로 진행하고, 법 위반사실의 확인과 관련한 조사는 법 제63조에 따라 진행하되 그 요건은 엄격하게 제한하여 시행할 필요가 있다.

3) 검사(법 제63조 제2항)

보호위원회는 개인정보처리자가 제63조 제1항에 따른 자료를 제출하지 않거나 법을 위반한 사실이 있다고 인정되는 경우 개인정보처리자 및 해당 법 위반사실과 관련한 관계인의 사무소나 사업장에 출입하여 업무 상황, 장부 또는 서류 등을 검사할 수 있다. 해당 개인정보처리자가 출입·검사를 거부·방해 또는 기피한 경우에는 3천만 원 이하의 과태료를 부과할 수 있도록 하여 행정조사의 실효성을 확보하고 있다.[26]

법 제63조에 따른 자료제출요구와 검사는 법 위반행위가 있었는지 여부에 대한 사실관계를 확인하기 위한 행정조사이고, 조사결과에 따라 시정조치 명령, 과징금, 과태료, 형벌 등 제재가 부과될 수 있으므로 권한을 나타내는 증표 제시[27] 등 개인정보보호법과 「행정조사기본법」에서 규정하고 있는 절차를 준수해야 한다.

4) 중대한 침해사고 발생시 관계 기관의 협조(법 제63조 제3항·제4항)

보호위원회는 개인정보 보호와 관련된 법규의 위반행위로 인하여 중대한 개인정보 침해사고가 발생한 경우 신속하고 효과적인 대응을 위하여 중앙행정기관, 지방자치단체, 그 밖에 법령 또는 자치법규에 따라 행정권한을 가지고 있거나 위임 또는 위탁받은 공공기관의 장에게 협조를 요청할 수 있도록 하고, 보호위원회의 협조 요청을 받은 관계 기관의 장은 특별한 사정이 없으면 이에 따르도록 규정하고 있다. 2023년 법 개정 이전에는 개인정보보호법을 위반하는 사항을 발견하거나 혐의가 있음을 알게 된 경우에는 관계 중앙행정기관의 장에게 검사를 요구하고 필요 시 보호위원회 공무원이 공동 참여하도록 요청할 수 있도록 하고 시정조치를 요청하거나 처분 등에 대한 의견을 제시할 수 있도록 하는데 그쳤으나, 법 개정을 통해 보호위원회가 직접 조사하되 중대한 개인정보 침해사고가 발생한 경우 관계 기관의 장에게 협조를 요청할 수

---

26) 법 제75조 제2항 제26호.
27) 법 제63조 제2항 후단: 이 경우 검사를 하는 공무원은 그 권한을 나타내는 증표를 지니고 이를 관계인에게 내보여야 한다.

있도록 하여 보호위원회의 조사권을 강화하였다는데 의미가 있다.

5) 조사 과정에서 수집한 자료의 보호(법 제63조 제6항·제7항)

보호위원회는 자료제출 요구 또는 검사를 통해 수집한 서류·자료 등을 법에 따른 경우를 제외하고는 제3자에게 제공하거나 일반에 공개해서는 아니 된다. 또한, 정보통신망을 통하여 자료의 제출 등을 받은 경우나 수집한 자료 등을 전자화한 경우에는 개인정보·영업비밀 등이 유출되지 아니하도록 제도적·기술적 보완조치를 하도록 규정하고 있다.

강제적 행정조사 과정에서 수집한 자료에는 정보주체의 개인정보, 기업·기관 등 개인정보 처리자의 영업비밀 등 공개하는 것이 적합하지 않은 정보가 포함되어 있으므로, 조사의 원인이 된 해당 개인정보처리자의 법 위반행위에 대한 사실 확인과 제재 등의 목적 범위 내에서 이용할 수 있고 그 목적 범위를 벗어난 제3자 제공이나 일반에의 공개는 엄격하게 제한하고 있다.

6) 조사 거부에 대한 제재[법 제75조(과태료), 법 제73조(벌칙)]

조사 과정에서 개인정보처리자가 자료제출 요구를 거부하거나 출입 등을 거부·방해 또는 기피하는 경우에는 법 위반행위에 대한 사실 확인이 불가능하여 설령 위반행위가 있었다고 하더라도 제재를 할 수 없는 문제가 있었다. 2023년 법 개정을 통해 그동안 1천만 원 이하 과태료로 실효성이 약했던 자료제출 거부 등의 위반행위에 대해 3천만 원 이하 과태료로 상향하였고, 법 위반사항을 은폐 또는 축소할 목적으로 자료제출을 거부하는 등의 경우와 검사 시 자료의 은닉·폐기, 접근 거부 또는 위조·변조 등을 통하여 조사를 거부·방해 또는 기피한 경우에는 2년 이하의 징역 또는 2천만 원 이하의 벌금을 신설하여 조사의 공정성과 실효성을 강화하였다.

자료제출 요구 또는 검사 관련 과태료·형벌 규정

과태료(§75②) 3천만 원 이하	25. 제63조제1항(제26조제8항에 따라 준용되는 경우를 포함한다)에 따른 관계 물품·서류 등 자료를 제출하지 아니하거나 거짓으로 제출한 자 26. 제63조제2항(제26조제8항에 따라 준용되는 경우를 포함한다)에 따른 출입·검사를 거부·방해 또는 기피한 자
형벌(§73) 2년 이하의 징역 또는 2천만 원 이하의 벌금	4. 제63조제1항(제26조제8항에 따라 준용되는 경우를 포함한다)에 따른 자료제출 요구에 대하여 법 위반사항을 은폐 또는 축소할 목적으로 자료제출을 거부하거나 거짓의 자료를 제출한 자 5. 제63조제2항(제26조제8항에 따라 준용되는 경우를 포함한다)에 따른 출입·검사 시 자료의 은닉·폐기, 접근 거부 또는 위조·변조 등을 통하여 조사를 거부·방해 또는 기피한 자

4. 조사권한과 권한의 위임/위탁

개인정보보호법에 따른 보호위원회의 권한은 그 일부를 대통령령으로 정하는 바에 따라 특별시장, 광역시장, 도지사, 특별자치도지사 또는 대통령령으로 정하는 전문기관에 위임하거나 위탁할 수 있다.[28] 이에 따라 행정조사 권한 중 일부에 대하여 한국인터넷진흥원에 위탁하고 그 업무 수행을 위하여 필요한 경비를 출연하고 있다.[29] 행정조사 업무와 관련해서는 개인정보보호에 관한 실태 등의 조사(시행령 제62조 제3항 제2호), 법 제63조에 따른 자료제출 요구 및 검사 중 개인정보 유출등 신고(법 제34조)에 따른 기술지원, 개인정보침해 신고센터에 접수된 신고의 접수·처리 및 상담과 관련된 자료제출 요구 및 검사 업무를 위탁하고 있다.

한편, 정부기관이 아닌 민간 전문기관에게 법 제63조에 따른 자료제출 요구 및 검사 권한을 어느 범위까지 위탁할 수 있는지에 대해 해당 권한은 법률에 의해 보호위원회에 부여되었으므로 단순 사실 확인 등을 위한 부수적인 부분에 한하여 시행령을 통해 위탁이 가능하고 행정조사의 본질적 부분을 위탁하려면 법률의 근거가 있어야 한다는 의견과, 법률에서 위탁할 수 있는 근거 규정이 있는 점과 보호위원회의 조사인력의 부족, 기술적 전문성이 필요한 분야의 증가 등 현실적 이유를 근거로 일부 특수한 영역에 대하여는 시행령 개정을 통해 전문기관에 조사 권한을 위탁할 수 있어야 한다는 의견이 있다.

5. 위법한 행정조사의 법적 효과 및 권리구제

개인정보보호법에서 규정하고 있는 행정조사는 정도의 차이는 있으나 모두 강제적 성격을 지니고 있다. 특히, 법 제63조에 따른 자료제출 요구 또는 검사의 경우는 법 위반행위를 확인하고 후속 제재까지 연계되어 있으므로 행정조사의 위법이 후속 제재의 효력에 어느 범위까지 영향을 미치는지에 대한 논의가 필요하다.

절차의 적법성보장의 원칙을 강조하여 행정조사가 위법한 경우에는 이를 기초로 한 제재 역시 위법하다는 견해, 행정조사와 제재는 하나의 과정을 구성하는 것이므로 적법절차의 관점에서 행정조사에 중대한 위법사유가 있는 경우에는 해당 제재 역시 위법하다고 보는 견해 등이 있다. 판례는 행정조사 절차의 하자가 경미한 경우에는 제재의 위법사유를 구성하지는 않는다고 보는 사례도 있고, 행정조사의 명백한 위법에 기초하여 수집된 자료를 토대로 한 처분은 위법하다고 한 사례 등이 있다. 법 제63조에 따른 행정조사는 강제적 조사이고 조사 과정에서 수집된 자료는 시정조치 명령, 과징금, 과태료 부과뿐만 아니라 고발을 위한 자료로도 활용된다

---

28) 법 제68조(권한의 위임·위탁) 제1항.
29) 법 제68조 제3항.

는 점에서 법 위반행위를 입증하는 자료의 수집 절차는 적법하게 이루어져야 하며, 행정조사 과정에서의 중대한 위법사유가 있는 경우에는 이에 기초한 처분등도 위법하다고 보아야 한다.

[대법원 2009.1.30. 선고 2006두9498 판결] 토양정밀조사명령처분취소

원심은 이 사건 토양오염실태조사에서 채취된 시료에 어떠한 조작이 가해지거나 검사 결과가 왜곡될 만한 사정이 보이지 아니하므로, 설령 시료를 채취함에 있어 원고 측으로부터 시료채취확인 및 시료 봉인을 받지 않은 것이 절차상 하자에 해당한다 하더라도, 이러한 절차상 하자가 이 사건 처분을 취소할 정도에까지는 이르지 아니하였다고 판단하였는바, 토양오염공정시험방법 규정의 내용과 기록에 비추어 살펴보면 원심의 사실인정과 판단은 수긍할 수 있고, 거기에 상고이유 주장과 같은 채증법칙 위배, 토양환경보전법 및 토양오염공정시험방법의 해석에 관한 법리오해 등의 위법이 있다고 할 수 없다.

[대법원 1992.3.31. 선고 91다32053 전원합의체 판결]

과세처분의 근거가 된 확인서, 명세서, 자술서, 각서 등이 과세관청 내지 그 상급관청이나 수사기관의 일방적이고 억압적인 강요로 작성자의 자유로운 의사에 반하여 별다른 합리적이고 타당한 근거도 없이 작성된 것이라면 이러한 자료들은 그 작성경위에 비추어 내용이 진정한 과세자료라고 볼 수 없으므로, 이러한 과세자료에 터잡은 과세처분의 하자는 중대한 하자임은 물론 위와 같은 과세자료의 성립과정에 직접 관여하여 그 경위를 잘 아는 과세관청에 대한 관계에 있어서 객관적으로 명백한 하자라고 할 것이다.

일반적으로 행정조사는 단기간에 종료되기 때문에 위법한 행정조사 자체를 다투기는 어려우나 강제적 행정조사의 경우 다툴 실익이 있는지 여부에 대해 개별적 판단이 필요하다. 대법원은 강제적 행정조사에 해당하는 세무조사결정이 항고소송의 대상이 되는 행정처분에 해당한다고 판시한 바 있다.

[대법원 2011.3.10. 선고 2009두23617, 23624 판결]

세무조사결정이 항고소송의 대상이 되는 행정처분에 해당하는지 여부(적극)

[1] 행정청의 어떤 행위가 항고소송의 대상이 될 수 있는지의 문제는 추상적 · 일반적으로 결정할 수 없고, 구체적인 경우 행정처분은 행정청이 공권력의 주체로서 행하는 구체적 사실에 관한 법집행으로서 국민의 권리의무에 직접적으로 영향을 미치는 행위라는 점을 염두에 두고, 관련 법령의 내용과 취지, 그 행위의 주체 · 내용 · 형식 · 절차, 그 행위와 상대방 등 이해관계인이 입는 불이익과의 실질적 견련성, 그리고 법치행정의 원리와 당해 행위에 관련한 행정청 및 이해관계인의 태도 등을 참작하여 개별적으로 결정하여야 한다.

[2] 부과처분을 위한 과세관청의 질문조사권이 행해지는 세무조사결정이 있는 경우 납세의무자는 세무공무원의 과세자료 수집을 위한 질문에 대답하고 검사를 수인하여야 할 법적 의무를 부담하게 되는 점, 세무조사는 기본적으로 적정하고 공평한 과세의 실현을 위하여 필요한 최소한의 범위 안에서 행하여져야 하고, 더욱이 동일한 세목 및 과세기간에 대한 재조사는 납세자의 영업의 자유 등 권익을 심각하게 침해할 뿐만 아니라 과세관청에 의한 자의적인 세무조사의 위험마저 있으므로 조세공평의 원칙에 현저히 반하는 예외적인 경우를 제외하고는 금지될 필요가 있는 점, 납세의무자로 하여금 개개의 과태료 처분에 대하여 불복하거나 조사 종료 후의 과세처분에 대하여만 다툴 수 있도록 하는 것보다는 그에 앞서 세무조사결정에 대하여 다툼으로써 분쟁을 조기에 근본적으로 해결할 수 있는 점 등을 종합하면, 세무조사결정은 납세의무자의 권리·의무에 직접 영향을 미치는 공권력의 행사에 따른 행정작용으로서 항고소송의 대상이 된다.

제 2 절
의무규정 위반에 대한 제재

Ⅰ. 의무규정 일반론

1. 의무규정과 제재규정 체계

1) EU

EU GDPR은 개인정보 보호 원칙 위반을 중심으로 시정명령, 과징금 등 제재를 규정하고, 개별 규정 위반을 이유로한 별도의 제재규정은 두고 있지 않다. 형벌의 경우는 GDPR에 규정을 두지는 않고 회원국 법률을 통해 개별적으로 규율하도록 하고 있다.

2) 한국의 「개인정보보호법」

개인정보보호법은 개인정보의 수집·이용, 제공, 위탁, 국외이전, 안전조치, 파기, 정보주체의 권리 등 개인정보 처리 단계 별로 해당 규정에서 의무를 규정하고 과태료, 과징금, 형벌 등 개별 제재규정에서 개별적으로 제재수준을 정하는 방식으로 구성되어 있다. 법 제3조와 제4조에서 개인정보 보호 원칙과 정보주체의 권리 규정을 정하고 있으나 해당 규정 위반을 이유로 한 제재규정은 별도로 두고 있지 않다.

정보주체의 개인정보 자기결정권에 대한 중대한 침해에 해당하는 동의 등 개인정보 처리를 위한 적법요건 준수 의무, 안전조치 의무를 다하지 않아서 발생한 개인정보 유출, 아동·고유식별정보 처리, 가명정보 재식별, 국외이전 적법요건 위반 등에 대하여는 과징금, 개인정보 처리방침에의 공개, 안전조치 의무 위반, 개인정보보호책임자 지정의무 위반 등 관리적 의무 위반에 대하여는 과태료, 모든 법 위반 행위에 대하여는 법 위반상태의 해소를 위해 시정조치 명령, 정보주체에게 해당 개인정보처리자의 법 위반사실을 알리기 위한 공표 및 공표명령 등 다양한 제재수단을 마련하고 있다. 또한, 고의적 성격이 강한 위반행위에 대하여는 형벌을 규정하고, 보호위원회는 개인정보처리자에게 범죄혐의가 있다고 인정될 만한 상당한 이유가 있을 때에는 관할 수사기관에 그 내용을 고발할 수 있도록 하고 있으며, 위반행위에 대해 책임이 있는 자를 징계할 것을 해당 개인정보처리자에게 권고할 수 있도록 규정하고 있다.

동일한 의무규정 위반에 대하여 중복하여 제재하지 않도록 2023년 법 개정을 통해 체계를 정비하였으나, 일부 과징금과 형벌의 중복, 과태료와 과징금의 중복 제재 소지가 있는 부분에 대한 추가 정비가 필요하다.

2. 의무대상자 유형

1) 개인정보처리자: 법 제15조 등 대부분의 의무규정 적용

개인정보보호법은 대부분의 경우 "업무를 목적으로 개인정보파일을 운용하기 위하여 스스로 또는 다른 사람을 통하여 개인정보를 처리하는 공공기관, 법인, 단체 및 개인 등(개인정보처리자)"에게 개인정보 처리와 관련하여 준수해야 할 의무사항을 규정하고 있으며, 개별 규정 위반 시 시정조치 명령, 과징금, 과태료, 행정형벌, 공표 및 공표명령 등 제재를 할 수 있도록 규정하고 있다.

2) 수탁자: 법 제26조에 따라 성질상 준용 가능한 규정 적용

개인정보의 처리 업무를 위탁하는 개인정보처리자("위탁자")는 위탁하는 업무의 내용과 개인정보 처리 업무를 위탁받아 처리하는 자와 개인정보 처리 업무를 위탁받아 처리하는 자로부터 위탁받은 업무를 다시 위탁받은 제3자("수탁자")에 대하여도 그 책임 범위 안에서 위탁자인 개인정보처리자에 대한 의무규정을 준용하고 과태료, 과징금, 행정형벌 규정에서 그 성질에 따라 제재가 부과될 수 있도록 규정하고 있다. 법 제26조 제8항에서 수탁자에게 준용하고 있는 의무규정과 법 제64조의2 제1항 각 호에서 수탁자에게 적용하도록 규정하고 있는 과징금 사유 규정, 법 제75조에서 과태료 부과 사유 중 수탁자에게도 적용하도록 한 규정, 법 제71조부터 제73조까지의 행정형벌 규정 중 수탁자에게도 적용하도록 한 규정의 현황을 정리하면 아래와 같다.

수탁자에 대한 의무규정 및 제재규정 적용

1. **의무규정 준용: 법 제26조 제8항**

    제15조부터 제18조까지, 제21조, 제22조, 제22조의2, 제23조, 제24조, 제24조의2, 제25조, 제25조의2, 제27조, 제28조, 제28조의2부터 제28조의5까지, 제28조의7부터 제28조의11까지, 제29조, 제30조, 제30조의2, 제31조, 제33조, 제34조, 제34조의2, 제35조, 제35조의2, 제36조, 제37조, 제37조의2, 제38조, 제59조, 제63조, 제63조의2 및 제64조의2

---

2. 2023년 법 개정으로 변경된 사항
   ① 준용 제외: 제19조, 제20조, 제20조의2, 제28조의6
   ② 준용 추가: **제22조의2, 제25조의2, 제28조의7부터 제28조의11까지, 제30조의2, 제34조의2, 제35조의2, 제37조의2, 제63조, 제63조의2, 제64조의2**
   ③ 과징금·과태료·행정형벌 대상에 포함: 제64조의2(과징금), 제71조~제73조(벌칙), 제75조(과태료) 각 호의 규정에 수탁자도 제재대상에 포함됨을 명시

의무규정 준용 (법 제26조 제8항)	과징금 (법 제64조의2 제1항 각호)	과태료 (법 제75조)	행정형벌 (법 제71조~제73조)
제15조(개인정보의 수집·이용)	제1항	-	-
제16조(개인정보의 수집 제한)	-	제3항	-
제17조(개인정보의 제공)	제1항	-	제1항
제18조(개인정보의 목적 외 이용·제공 제한)	제1항·제2항	-	제1항·제2항
제21조(개인정보의 파기)	-	제1항, 제3항	-
제22조(동의를 받는 방법)	-	제1항부터 제3항 제5항	-
제22조의2(아동의 개인정보 보호)	제1항	-	제1항
제23조(민감정보의 처리 제한)	제1항제1호	제2항 제3항	제1항
제24조(고유식별정보의 처리 제한)	제1항	제3항	제1항
제24조의2(주민등록번호 처리의 제한)	제1항	제1항 제2항 제3항	-
제25조(고정형 영상정보처리기기의 설치·운영 제한)	-	제1항 제2항 제6항	제5항
제25조의2(이동형 영상정보처리기기의 운영 제한)	-	제1항 제2항	-
제27조(영업양도 등에 따른 개인정보의 이전 제한)	-	제1항·제2항	제3항

제28조(개인정보취급자에 대한 감독)	-	-	-
제28조의2(가명정보의 처리 등)	-	-	제28조의2
제28조의3(가명정보의 결합 제한)	-	-	제1항 제2항
제28조의4(가명정보에 대한 안전조치 의무 등)	-	제1항 제3항	-
제28조의5(가명정보 처리 시 금지의무 등)	제1항	제2항	제1항
제28조의7(적용범위)	-	-	-
제28조의8(개인정보의 국외 이전)	제1항	제4항	-
제28조의9(개인정보의 국외 이전 중지 명령)	제1항	-	-
제28조의10(상호주의)	-	-	-
제28조의11(준용규정)	-	-	-
제29조(안전조치의무)	유출 + 제29조	제29조	-
제30조(개인정보 처리방침의 수립 및 공개)	-	제1항 또는 제2항	-
제30조의2(개인정보 처리방침의 평가 및 개선권고)	-	-	-
제31조(개인정보 보호책임자의 지정 등)	-	제1항	-
제33조(개인정보 영향평가)	-	-	-
제34조(개인정보 유출 등의 통지 · 신고)	-	제1항 제3항	-
제34조의2(노출된 개인정보의 삭제 · 차단)	-	-	-
제35조(개인정보의 열람)	-	제3항(열람 거절) 제3항 · 제4항	-
제35조의2(개인정보의 전송요구)	-	-	-
제36조(개인정보의 정정 · 삭제)	-	제2항 (정정 · 삭제 불이행) 제2항 · 제4항	제2항

		(고지 위반)	
제37조(개인정보의 처리정지 등)	-	제3항 또는 제5항 제4항	제2항
제37조의2(자동화된 결정에 대한 정보주체의 권리 등)	-	제3항	-
제38조(권리행사의 방법 및 절차)	-	-	-
제59조(금지행위)			
제63조(자료제출 요구 및 검사)	-	제1항 제2항	제1항 제2항
제63조의2(사전 실태점검)	-	-	-
제64조의2(과징금)	-	-	-

3) 영상정보처리기기 설치·운영자: 법 제25조 및 법 제25조의2 적용

공개된 장소에 고정형 영상정보처리기기를 설치·운영해서는 안 되는 의무대상자는 "누구든지"인 반면, 공개된 장소에서 이동형 영상정보처리기기로 사람 또는 그 사람과 관련된 사물의 영상을 촬영해서는 안 되는 의무대상자는 "업무를 목적으로 이동형 영상정보처리기기를 운영하려는 자"로 달리 규율하고 있다.

4) 개인정보를 처리하거나 처리하였던 자: 금지행위(법 제59조) 적용

금지행위(법 제59조) 의무대상자는 "개인정보를 처리하거나 처리하였던 자"에 대하여 ① 거짓이나 그 밖의 부정한 수단이나 방법으로 개인정보를 취득하거나 처리에 관한 동의를 받는 행위, ② 업무상 알게 된 개인정보를 누설하거나 권한 없이 다른 사람이 이용하도록 제공하는 행위, ③ 정당한 권한 없이 또는 허용된 권한을 초과하여 다른 사람의 개인정보를 이용, 훼손, 멸실, 변경, 위조 또는 유출하는 행위를 금지하고 있다.

5) 특정 업무에 종사하거나 종사하였던 자: 비밀유지 등 의무(법 제60조) 적용

보호위원회의 업무, 가명정보 전문기관의 지정 업무 및 전문기관의 업무, 개인정보 보호 인증 업무, 개인정보 영향평가 업무, 개인정보관리 전문기관의 지정 업무 및 개인정보관리 전문기관의 업무, 분쟁조정위원회의 분쟁조정 업무에 종사하거나 종사하였던 자에게 직무상 알게 된 비밀을 다른 사람에게 누설하거나 직무상 목적 외의 용도로 이용해서는 안 되는 의무를 부여하고 있다.

II. 개별 조항의 의무규정

1. 개인정보 처리 단계별 의무규정

개인정보보호법은 개인정보의 처리 단계별로 나누어 각각 개인정보처리자의 의무를 규정하고 있다. 주요 의무규정을 살펴보면, 개인정보의 수집·이용·제공 등 단계에서의 적법처리 의무와 통지의무(법 제15조부터 제20조의2까지, 제22조), 개인정보의 처리 위탁 시 준수의무(법 제26조), 개인정보 파기의무(법 제21조), 국외이전 시 적법처리 의무(법 제3장 제4절), 영업양도 등에 따른 이전 제한 의무(법 제27조), 안전조치 의무 등 개인정보의 안전한 관리(법 제4장), 정보주체의 권리 보장 의무(법 제5장) 등 개인정보를 처리하는 단계별로 구분하여 각각의 의무규정을 두고 있다.

2. 특별한 유형의 개인정보 처리 의무규정

개인정보 중에서 특별한 의무부여가 필요한 형태의 개인정보에 대하여는 별도의 의무규정을 두고 있다. 14세 미만 아동의 개인정보(법 제22조의2), 민감정보(법 제23조), 고유식별정보(법 제24조), 주민등록번호(법 제24조의2), 개인영상정보(법 제25조, 제25조의2), 가명정보(법 제3장 제3절)에 대하여는 각각의 특성에 맞는 별도의 의무규정을 두고 있다.

3. 전부 또는 일부가 동일한 행위에 대한 제재규정 등

개인정보의 처리단계별 또는 개인정보 유형별로 다른 의무사항을 규정하고 있는 취지를 반영하여 의무위반에 대한 제재도 각각 다르게 규정할 필요가 있다. 현행 개인정보보호법 규정 중에서 동일한 행위에 대해 중복하여 제재규정을 두고 있는 주요 사례는 아래와 같다. 1)의 사례는 동일한 행위에 대하여 과징금과 행정형벌을 모두 부과할 수 있도록 규정하고 있으므로 적어도 행정형벌의 범죄구성요건은 보다 엄격하게 규정할 필요가 있어 보인다. 2)의 사례는 동일한 행위 위반이라고 하더라도 행정형벌 규정에서는 추가 요건을 명시하여 과태료와 행정형벌의 차이를 명확히 규정한 사례이므로 입법 시 참고할 필요가 있다.

1) 전부가 동일한 위반행위에 대한 과징금 · 행정형벌 규정 사례

의무규정	과징금(§64의2①)	행정형벌(§71)
제17조 [제공]	• 제17조제1항을 위반하여 개인정보를 처리한 경우	• 제17조제1항제2호에 해당하지 아니함에도 같은 항 제1호를 위반하여 정보주체의 동의를 받지 아니하고 개인정보를 제3자에게 제공한 자
제18조 [목적 외 이용 · 제공]	• 제18조제1항 · 제2항을 위반하여 개인정보를 처리한 경우	• 제18조제1항 · 제2항을 위반하여 개인정보를 이용하거나 제3자에게 제공한 자
제19조 [제공받은 자의 이용 · 제공]	• 제19조를 위반하여 개인정보를 처리한 경우	• 제19조를 위반하여 개인정보를 이용하거나 제3자에게 제공한 자
제22조의2 [아동보호]	• 제22조의2제1항을 위반하여 법정대리인의 동의를 받지 아니하고 만 14세 미만인 아동의 개인정보를 처리한 경우	• 제22조의2제1항을 위반하여 법정대리인의 동의를 받지 아니하고 만 14세 미만인 아동의 개인정보를 처리한 자
제23조 [민감정보]	• 제23조제1항제1호를 위반하여 정보주체의 동의를 받지 아니하고 민감정보를 처리한 경우	• 제23조제1항을 위반하여 민감정보를 처리한 자
제24조 [고유식별정보]	• 제24조제1항을 위반하여 고유식별정보를 처리한 경우	• 제24조제1항을 위반하여 고유식별정보를 처리한 자

※ 주민등록번호 처리제한(제24조의2)의 경우 과징금 사유(제24조의2제1항을 위반하여 주민등록번호를 처리한 경우)와 과태료 사유(제24조의2제1항을 위반하여 주민등록번호를 처리한 자)가 동일함

2) 일부가 동일한 위반행위에 대한 과태료 · 행정형벌 규정 사례

의무규정	과태료(§75②)	행정형벌(§73①)
제36조 [정정 · 삭제]	22. 제36조제2항을 위반하여 정정 · 삭제 등 필요한 조치를 하지 아니한 자	1. 제36조제2항을 위반하여 정정 · 삭제 등 필요한 조치를 하지 아니하고 개인정보를 계속 이용하거나 이를 제3자에게 제공한 자
제37조 [처리정지 등]	23. 제37조제3항 또는 제5항(제26조 제8항에 따라 준용되는 경우를 포함한다)을 위반하여 파기 등	2. 제37조제2항을 위반하여 개인정보의 처리를 정지하지 아니하고 개인정보를 계속 이용하거나 제3자에게 제공한 자

	필요한 조치를 하지 아니한 자	
제63조 [자료제출 요구 및 검사]	25. 제63조제1항에 따른 관계 물품·서류 등 자료를 제출하지 아니하거나 거짓으로 제출한 자	4. 제63조제1항에 따른 자료제출 요구에 대하여 <u>법 위반사항을 은폐 또는 축소할 목적으로</u> 자료제출을 거부하거나 거짓의 자료를 제출한 자
	26. 제63조제2항에 따른 출입·검사를 거부·방해 또는 기피한 자	5. 제63조제2항에 따른 출입·검사 시 <u>자료의 은닉·폐기, 접근 거부 또는 위조·변조 등을 통하여</u> 조사를 거부·방해 또는 기피한 자

III. 금지행위

1. 취지 및 입법의도

법은 제9장 보칙의 장에 따로 제59조를 두어 '개인정보를 처리하거나 처리하였던 자'를 의무주체로 하는 금지행위에 관하여 규정하고 있다. 개인정보보호법이 금지 및 행위규범을 정함에 있어 일반적으로 '개인정보처리자'를 규범준수자로 하여 규율하고 있는 것을 감안하면 다소 이례적인 규정이다.

법 제59조는 2011년 법 제정당시부터 존재하였던 규정이지만, 위 규정이 '개인정보를 처리하거나 처리하였던 자'를 수범자로 규정한 의도나 취지를 설명한 자료는 찾기 어렵다. 다만, 정보통신망법의 제·개정 연혁을 살펴보면, 2007. 1. 26.자 개정 법률 제8289호에서 제28조의2를 신설하면서 "이용자의 개인정보를 취급하거나 취급하였던 자는 직무상 알게 된 개인정보를 훼손·침해 또는 누설하여서는 아니 된다."라고 규정하였고, 법 제정 당시부터 있었던 법 제59조 제3호의 행위태양인 '훼손, 멸실, 변경, 위조'가 정보통신망법상 정보통신망 침해행위 등 금지 조항(제48조 제2항)[30]에 먼저 규정된 행위태양인 점 등을 감안할 때 법 제정 과정에서 정보통신망법을 참고하여 유사한 형태로 법 제59조가 만들어지게 된 것이 아닌가 추측될 뿐이다.[31]

한편, 판례는 이 금지행위 조항을 '개인정보처리자 이외의 자에 의하여 이루어지는 개인정보 침해행위로 인한 폐해를 방지하여 사생활의 비밀 보호 등 개인정보보호법의 입법 목적을 달성하려 한 것'이라고 입법자의 의도를 이해하고 있으나(대법원 2016.3.10. 선고 2015도8766 판결), 이

---

30) 정보통신망법 제48조(정보통신망 침해행위 등의 금지) ② 누구든지 정당한 사유 없이 정보통신시스템, 데이터 또는 프로그램 등을 훼손·멸실·변경·위조하거나 그 운용을 방해할 수 있는 프로그램(이하 "악성프로그램"이라 한다)을 전달 또는 유포하여서는 아니 된다.

31) 유사한 취지의 지적으로 이해원, "개인정보보호법의 적용 범위에 관한 연구", 정보법학, 제26권 제1호, 2022, 294면.

는 다른 규정들의 문언 의미와 체계적 관련성 등을 고려한 해석론의 결과이고, 금지행위 조항의 입법 연혁과 의도를 명시적으로 확인한 것은 아니다.

2. 수범자

금지행위의 수범자인 '개인정보를 처리하거나 처리하였던 자'에 대해서도 입법자의 의도는 명확히 확인되지 않았다. 이에 종래 ① 개인정보처리자였거나 개인정보처리자인 자로 한정하여 '개인정보처리자의 지위'에 있는 자를 의미한다는 해석 ② '개인정보처리자'라는 개념을 사용하지 않고 다른 문구를 도입한 입법자의 의도를 고려할 때 '개인정보처리자'가 아니라도 해당 규정의 적용을 받을 수 있다는 해석으로 나뉘었다.

법원 또한 최초에는 심급에 따라 달리 판단하다가 대법원에서 해석론을 확립하였다. 아파트 관리소장인 피고인이 동대표 해임에 동의한 입주자들의 개인정보를 해당 동대표에게 열람시켜 준 사안에서, 1심 및 항소심은 '개인정보를 처리하거나 처리하였던 자'는 '개인정보처리자'의 지위에 있거나 있었던 것을 전제로, 관리소장은 개인정보처리자가 아니라 '개인정보취급자'에 불과하므로 구 「개인정보보호법」 제71조 제5호, 제59조 제2호 위반으로 처벌할 수 없다고 판단하였다. 그러나 대법원은 "개인정보를 처리하거나 처리하였던 자'는 '개인정보처리자'에 한정되지 않고 업무상 알게 된 '개인정보'를 '처리'하거나 '처리'하였던 자를 포함한다."고 하며 개인정보취급자인 피고인도 해당 규정의 적용대상이 된다고 판단하였다(대법원 2016.3.10. 선고 2015도8766 판결). '개인정보처리자'의 개인정보 무단 제공행위 및 그로부터 개인정보를 무단으로 제공받는 행위에 관하여는 구 「개인정보보호법」 제71조 제1호, 제17조 제1항에 의하여 별도로 규제되고 처벌할 수 있는 점, 개인정보 보호법 제59조 제2호의 의무주체는 '개인정보를 처리하거나 처리하였던 자'로서 제15조(개인정보의 수집·이용), 제17조(개인정보의 제공), 제18조(개인정보의 목적 외 이용·제공 제한) 등의 의무주체인 '개인정보처리자'와는 법문에서 명백히 구별되는 점, 개인정보 보호법이 금지 및 행위규범을 정할 때 일반적으로 개인정보처리자를 규범준수자로 하여 규율함에 따라, 제8장 보칙의 장에 따로 제59조를 두어 '개인정보처리자' 외에도 '개인정보를 처리하거나 처리하였던 자'를 의무주체로 하는 금지행위에 관하여 규정함으로써 개인정보처리자 이외의 자에 의하여 이루어지는 개인정보 침해행위로 인한 폐해를 방지하여 사생활의 비밀 보호 등 개인정보 보호법의 입법 목적을 달성하려 한 것으로 볼 수 있는 점 등이 근거였다.

이로써 개인정보처리자뿐만 아니라 개인정보처리자에게 소속되어 개인정보를 처리하고 있거나 처리한 적이 있는 전·현직 임직원 등 개인정보취급자 역시 '개인정보를 처리하거나 처리하였던 자'에 포함되었고, 실무상으로는 해석에 관한 논란이 해소되었다고 볼 수 있다.

다만 이와 같은 판례의 입장에 대해 ① 형사처벌 조항인 '개인정보를 처리하거나 처리하였던 자'의 개념을 확장하여 해석하는 것은 죄형법정주의 원칙을 위반하여 피고인에게 지나치게 유추해석하는 것이고 ②「개인정보보호법」의 전체 체계는 '개인정보처리자'를 수범자로 하여 특정 행위를 규제하고 있기에, 법 제59조에서만 특별히 개인정보처리자가 아닌 개인정보취급자를 규율대상으로 삼는 해석론은 전체적인 체계적합성에 반하기에 법원의 해석론을 받아들이기 어렵다는 비판적 견해가 여전히 존재한다.[32]

3. 금지행위 유형

1) 부정한 수단 방법에 의한 개인정보 취득 및 처리동의 획득(법 제59조 제1호)

금융기관이나 수사기관 등을 사칭하여 정보주체로부터 카드번호, 주민번호, 비밀번호 등의 개인정보를 빼내가는 인터넷피싱이나 보이스피싱이 대표적인 사례라고 할 수 있다. 사기죄 외 이 조항 위반으로 처벌할 수 있다.

'거짓이나 그 밖의 부정한 수단이나 방법'이라 함은 개인정보를 취득하거나 또는 그 처리에 관한 동의를 받기 위하여 사용하는 위계 기타 사회통념상 부정한 방법이라고 인정되는 것으로서 개인정보 취득 또는 그 처리에 동의할지 여부에 관한 정보주체의 의사결정에 영향을 미칠 수 있는 적극적 또는 소극적 행위를 뜻한다고 봄이 타당하다.

이른바 '경품응모권 1mm 고지 사건'에서 이 유형이 정면으로 문제된 바 있다. 이 사건에서 대법원은 "거짓이나 그 밖의 부정한 수단이나 방법으로 개인정보를 취득하거나 그 처리에 관한 동의를 받았는지 여부를 판단함에 있어서는 개인정보처리자가 그에 관한 동의를 받는 행위 그 자체만을 분리하여 개별적으로 판단하여서는 안 되고, 개인정보처리자가 개인정보를 취득하거나 처리에 관한 동의를 받게 된 전 과정을 살펴보아 거기에서 드러난 개인정보 수집 등의 동기와 목적, 수집 목적과 수집 대상인 개인정보의 관련성, 수집 등을 위하여 사용한 구체적인 방법, 개인정보 보호법 등 관련 법령을 준수하였는지 여부 및 취득한 개인정보의 내용과 규모, 특히 민감정보·고유식별정보 등의 포함 여부 등을 종합적으로 고려하여 사회통념에 따라 판단

---

32) 이해원, "개인정보보호법의 적용 범위에 관한 연구", 정보법학, 제26권 제1호, 2022, 295-297면. 이 견해는 해석상 논란을 피하기 위해 조문 자체를 개정할 필요가 있다고도 주장한다. 입법례를 보더라도 이 조문과 유사한 금지행위의 의무 주체에 관하여 신용정보법 제42조는 "신용정보회사등과 신용정보업관련자(신용정보의 처리를 위탁받은 자의 임직원이거나 임직원이었던 자)"로 규정하고 있으며, 2011년 폐지된「공공기관 개인정보보호법」제11조 또한 "개인정보의 처리를 행하는 공공기관의 직원이나 직원이었던 자 또는 공공기관으로부터 개인정보의 처리업무를 위탁받아 그 업무에 종사하거나 종사하였던 자"로 규정하고 있으므로, 이를 참고하여 '개인정보를 처리하거나 처리하였던 자'라는 표현을 개정할 필요가 있다는 것이다. 사견으로는 대법원의 판단과 근거가 죄형법정주의 위반이라고까지 평가하긴 어렵다고 보지만, 입법론적으로는 금지행위 수범주체에 대한 표현을 명확히 정비할 필요가 있다. 하급심도 판단을 달리한 만큼 '개인정보를 처리하거나 처리하였던 자'라는 표현은 '개인정보처리자'와 큰 차이가 없고, 애초 이 조항이 개인정보취급자에 대한 처벌을 명확히 염두에 둔 것이라는 입법자료가 확인되지 않으며, 판례 역시 현실적인 처벌의 공백을 감안한 체계적, 합목적적 해석론이라고 생각되기 때문이다.

하여야 한다"며 "피고인들이 이 사건 광고 및 경품행사의 주된 목적을 숨긴 채 사은행사를 하는 것처럼 소비자들을 오인하게 한 다음 경품행사와는 무관한 고객들의 개인정보까지 수집하여 이를 제3자에게 제공한 점, 피고인들이 이와 같은 행위를 하면서 개인정보 보호법상의 개인정보 보호 원칙 및 제반 의무를 위반한 점, 피고인들이 수집한 개인정보에는 사생활의 비밀에 관한 정보나 심지어는 고유식별정보 등도 포함되어 있는 점 및 피고인들이 수집한 개인정보의 규모 및 이를 제3자에게 판매함으로써 얻은 이익 등을 종합적으로 고려하여 보면, 피고인들은 -(중략)- '거짓이나 그 밖의 부정한 수단이나 방법으로 개인정보를 취득하거나 개인정보 처리에 관한 동의를 받는 행위를 한 자'에 해당한다고 보는 것이 옳다"고 보았다.[33]

2) 업무상 알게 된 개인정보 누설 등(법 제59조 제2호)

개인정보를 처리하거나 처리하였던 자가 업무상 알게 된 개인정보를 누설하거나 권한 없이 다른 사람이 이용하도록 제공하는 행위를 하여서는 아니 된다.

'업무상 알게 된 개인정보'란 업무를 처리하는 과정에서 우연히 알게 된 것으로 충분하고 반드시 자신에게 부여된 업무를 처리하는 과정에서 적법하게 알게 된 것이어야 할 필요는 없다는 것이 그동안 통용된 해석이다.[34] 다만 "업무상 알게 된 개인정보"의 의미에 관하여 서울고등법원 2019.1.10. 선고 2018노2498 판결은, '개인정보를 처리하거나 처리하였던 자'가 그 업무, 즉 개인정보를 처리하는 업무와 관련하여 알게 된 개인정보만을 의미하는 것이지, 개인정보 처리와 관련 없이 '개인정보를 처리하거나 처리하였던 자'가 담당한 모든 업무 과정에서 알게 된 일체의 개인정보를 의미하는 것은 아니라고 보아야 한다고 제한 해석하였고,[35] 상

---

33) 대법원 2017.4.7. 선고 2016도13263 판결.
34) 개인정보 보호 법령 및 지침·고시 해설(2020), 385면.
35) "여기에서 "업무상 알게 된 제2조 제1호 소정의 개인정보"란, ① 형벌법규의 해석은 엄격하여야 하고, 명문의 형벌법규의 의미를 피고인에게 불리한 방향으로 지나치게 확장해석하거나 유추해석하는 것은 헌법이 정하고 있는 죄형법정주의의 원칙에 어긋나는 것으로서 허용되지 아니하는 점(대법원 2017.9.21. 선고 2017도7687 판결, 대법원 2018. 7. 24. 선고 2018도3443 전원합의체판결 등), ② 개인정보보호법 제59조는 개인정보처리자 이외의 개인정보를 처리하거나 처리하였던 자의 개인정보 침해행위를 금지하고자 하는 규정으로서, 제1호에서는 "거짓이나 그 밖의 부정한 수단이나 방법으로 개인정보를 취득하거나 처리에 관한 동의를 받는 행위"를 규정함으로써 '개인정보를 처리하거나 처리하였던 자'의 개인정보취득 및 처리 과정에서의 개인정보침해행위를, 제3호에서 "정당한 권한 없이 또는 허용된 권한을 초과하여 다른 사람의 개인정보를 훼손, 멸실, 변경, 위조 또는 유출하는 행위"를 규정하여 '개인정보를 처리하거나 처리하였던 자'의 개인정보 처리 과정에서의 권한 남용행위를 금지하면서, 제2호에서 업무상 알게 된 개인정보를 누설하거나 다른 사람에게 이용하도록 제공하는 행위를 금지하고 있는 바, 위 제2호의 규정은 '개인정보를 처리하거나 처리하였던 자가 범하기 쉬운 개인정보침해행위 중 제1, 3호에 의하여 포섭되지 못한 개인정보 누설 등과 관련된 부분을 금지하고자 하는 취지로 보이는 점, ③ 개인정보 보호법은 개인정보처리자와 '개인정보를 처리하거나 처리하였던 자 외의 사람에 대하여는 개인정보 누설 등과 관련한 별도로 처벌규정을 두고 있지 아니한 점, ④ 형사 관련 법규에서 '업무'란 통상 "직업 또는 계속적으로 종사하는 사무나 사업을 말하고, 여기서 '사무' 또는 '사업'은 단순히 경제적 활동만을 의미하는 것이 아니라 널리 사람이 그 사회생활상의 지위에서 계속적으로 행하는 일체의 사회적 활동"을 의미하여(대법원 2009.11.19. 선고 2009도4166 전원합의체 판결 참조) 그 범위가 매우 넓은 상황에서, 위 제2호의 "업무상 알게 된 개인정보"를 '개인정보를 처리하거나 처리하였던 자'가 담당한 모든 업무 과정에서 알게 된 일체의 개인정보로 해석할 경우

고심(대법원 2019.6.13. 선고 2019도1143 판결)은 별다른 법리 설시 없이 원심의 결론을 수긍한 바 있다. 금지행위 조항의 '개인정보를 처리하거나 처리하였던 자'에 대한 확장적 해석론과 다양한 금지행위 유형으로 인한 과다한 형사처벌의 문제를 '업무상 알게 된 개인정보' 개념의 제한해석을 통해 다소간 해소하려는 인식이 있지 않았을까 한다.[36]

'누설'이란 아직 이를 알지 못하는 다른 사람에게 알려주는 일체의 행위를 말한다.[37]

[대법원 2022. 11. 10. 선고 2018도1966 판결]

개인정보보호법위반[개인정보 보호 제71조 제5호, 제59조 제2호의 '누설'의 의미

구 공공기관의 개인정보보호에 관한 법률(2011. 3. 29. 법률 제10465호로 폐지되기 전의 것, 이하 같다) 제23조 제2항, 제11조의 '누설'이란 아직 개인정보를 알지 못하는 타인에게 알려주는 일체의 행위를 말하고, 고소·고발장에 다른 정보주체의 개인정보를 첨부하여 경찰서에 제출한 것은 그 정보주체의 동의도 받지 아니하고 관련 법령에 정한 절차를 거치지 아니한 이상 부당한 목적하에 이루어진 개인정보의 '누설'에 해당하였다. 개인정보 보호법 제71조 제5호, 제59조 제2호 위반죄는 구 공공기관의 개인정보보호에 관한 법률 제23조 제2항, 제11조 위반죄와 비교하여 범행주체가 다르고 '누설'에 부당한 목적이 삭제되었다는 것만 다를 뿐 나머지 구성요건은 실질적으로 동일한 점, 개인정보 보호법 제59조 제2호가 금지하는 누설행위의 주체는 '개인정보를 처리하거나 처리하였던 자'이고, 그 대상은 '업무상 알게 된 개인정보'로 제한되므로, 수사기관에 대한 모든 개인정보 제공이 금지되는 것도 아닌 점 및 개인정보 보호법의 제정 취지 등을 감안하면, 구 공공기관의 개인정보보호에 관한 법률에 따른 '누설'에 관한 위의 법리는 개인정보 보호법에도 그대로 적용된다.

개인정보를 무단으로 다른 사람에게 제공하거나 공공연히 외부에 공개하거나 유출시키는 행위로써, 개인정보에 대한 접근권한이 없는 자에게 해당 개인정보에 접근할 수 있도록 하는 일체의 행위를 의미한다.

본 호에서 정한 "누설" 또는 "제공"의 상대방은 "당해 개인정보를 처리하거나 처리하였던 자를 제외한 모든 사람 중 아직 이 개인정보를 알지 못하는 사람"을 의미한다고 보아야 한다.

한편, 법 제71조 제9호는 제59조 제2호를 위반하여 업무상 알게 된 개인정보를 누설하거나 권한 없이 다른 사람이 이용하도록 제공한 자 외에도 '그 사정을 알면서도 영리 또는 부정한

에는 '개인정보를 처리하거나 처리하였던 자'라는 신분을 가진 자에 대한 개인정보 누설 행위에 대한 처벌범위가 지나치게 확대될 위험이 있을 뿐 아니라, '개인정보를 처리하거나 처리하였던 자'가 아닌 자가 업무상 알게 된 개인정보를 누설한 경우에는 별도의 처벌규정이 없는 것과 형평이 맞지 않는 점 등에 비추어 보면, 제2호의 "업무상 알게 된 개인정보"란 '개인정보를 처리하거나 처리하였던 자'가 그 업무, 즉 개인정보를 처리하는 업무와 관련하여 알게 된 개인정보만을 의미하는 것이지, 개인정보 처리와 관련 없이 '개인정보를 처리하거나 처리하였던 자'가 담당한 모든 업무 과정에서 알게 된 일체의 개인정보를 의미하는 것은 아니라고 보아야 한다."

36) 이해원, "개인정보보호법의 적용 범위에 관한 연구", 정보법학, 제26권 제1호, 2022, 297면.
37) 대법원 2016.10.27. 선고 2016도8585 판결.

목적으로 개인정보를 제공받은 자'를 처벌하도록 규정하고 있다.[38] 즉 '개인정보를 제공받은 자'에 대한 구성요건에는 '개인정보를 제공하는 자'와 달리 '영리 또는 부정한 목적'이 별도로 필요하다. 여기서 '부정한 목적'은 개인정보 보호법이 규정하는 '목적 외 이용'과는 법문상 구별되므로 단순히 해당 개인정보 처리의 목적 범위에 포함되지 않는 곳에 이용하는 모든 경우가 '부정한 목적'에 해당한다고 볼 수는 없고, 그 규정형식에 비추어 '개인정보를 제공받아 부당한 이득을 얻거나 이를 이용하여 부당한 행위를 하려는 목적'을 의미하는 것으로 엄격하게 해석할 필요가 있다. 판례도 "여기서 '부정한 목적'이란 개인정보를 제공받아 실현하려는 의도가 사회통념상 부정한 것으로서, 이에 해당하는지 여부는 개인정보를 제공받아 실현하려는 목적의 구체적인 내용을 확정하고 당해 개인정보의 내용과 성격, 개인정보가 수집된 원래의 목적과 취지, 개인정보를 제공받게 된 경위와 방법 등 여러 사정을 종합하여 사회통념에 따라 판단하여야 한다"는 입장이다.[39]

여기에서 말하는 '개인정보를 제공받는 자'는 개인정보를 처리하거나 처리하였던 자로부터 직접 개인정보를 제공받는 자로 한정되지 않는다.[40]

3) 권한 없이 또는 초과하여 개인정보를 이용 등(법 제59조 제3호)

개인정보를 처리하거나 처리하였던 자는 정당한 권한 없이 또는 허용된 권한을 초과하여 다른 사람의 개인정보를 이용, 훼손, 멸실, 변경, 위조 또는 유출하는 행위를 하여서는 아니 된다.

2023년 개정법은 기존 '훼손, 멸실, 변경, 위조, 유출 등' 금지행위의 유형에 '이용'하는 행위를 추가하였다. 이는 개인정보 취급자가 업무상 알게 된 휴대전화번호로 정보주체에게 연락을 하는 등 개인정보 사적 이용에 대한 제재근거가 불분명하다는 반성적 고려를 감안한 것이다.[41]

'정당한 권한 없이'란 처음부터 권한을 부여받지 못하였거나 부여받은 권한을 박탈당한 상태에서 마치 권한이 있는 것처럼 한 행위를 말하고, '허용된 권한을 초과하여'란 권한을 부여 받기는 하였으나 부여받은 권한 이상을 행사하는 것을 말한다. 즉 법 제59조 제2호의 '업무상 알게 된 개인정보를 누설한 경우'란 개인정보를 처리하거나 처리하였던 자가 열람 등을 할 수 있는 권한 범위 내에서 개인정보를 업무상 알게 된 후 이를 누설한 경우 등을 처벌하는 취지이고, 법 제59조 제3호의 '정당한 권한 없이 또는 허용된 권한을 초과하여 다른 사람의 개인정보를 훼손 등 또는 유출한 경우'란 개인정보를 처리하거나 처리하였던 자가 다른 사람의 개인정

---

38) 제59조 제1항도 마찬가지로 '그 사정을 알면서도 영리 또는 부정한 목적으로 개인정보를 제공받은 자'를 처벌한다 (동법 제72조 제2호).
39) 대법원 2022.6.16. 선고 2022도1676 판결.
40) 대법원 2018.1.24. 선고 2015도16508 판결.
41) 수험생의 개인정보를 이용해서 사적 연락을 한 수능감독관, 국제운전면허증을 발급받으려는 민원인의 정보를 알아내 카카오톡으로 메시지를 보낸 경찰관 등의 행위 등 특히 공무원 및 공공기관 종사자의 개인정보 사적 이용행위가 상당한 논란이 되었다.

보를 열람하는 등의 정당한 권한이 없음에도 이를 열람하여 유출하거나 개인정보에 접근할 권한은 있으나 이를 파기할 정당한 권한 등이 없음에도 그 허용된 권한 범위를 넘어 다른 사람의 개인정보를 훼손, 멸실한 경우 등을 처벌하는 취지이다.

법 제59조 제3호의 행위 유형은 "정당한 권한 없이 또는 허용된 권한을 초과하여 다른 사람의 개인정보를 이용, 유출하는 행위" 외에 "훼손, 멸실, 변경, 위조하는 행위"도 형사처벌의 대상으로 하고 있다. 법원은 이를 '개인정보를 처리하거나 처리하였던 자'의 개인정보 처리 과정에서의 권한 남용행위를 금지한 것으로 해석하고 있다.[42]

앞서 언급한 바와 같이 법 제59조 제3호의 행위태양인 '훼손, 멸실, 변경, 위조'는 법 제정 당시부터 존재하였으나, 이를 형사처벌대상으로 규정한 의도나 취지를 설명한 자료는 찾기 어렵다. 법 제정 당시 정보통신망법상 정보통신망 침해행위 등 금지 조항(정보통신망법 제48조 제2항)에 먼저 규정된 행위태양인 점 등을 감안할 때 법 제정 과정에서 정보통신망법을 참고하여 유사한 형태로 법 제59조가 만들어지게 된 것이 아닌가 추측될 뿐이다. 만약 이와 같은 추측이 맞다면, 형사처벌 대상에 개인정보의 '훼손, 멸실, 변경, 위조'를 포함하는 것은 재고의 여지가 있다. 정보통신망법 제48조는 정보통신망의 안정성 및 정보의 신뢰성을 보호법익으로 하고, 이를 파괴할 수 있는 침해행위를 금지하는 내용을 규정한 것이다.[43] 반면 개인정보보호법상에서 전제하고 있는 개인정보 침해란 법적 근거 없는 개인정보의 수집, 이용, 제3자 제공 및 개인정보 유출, 오남용 등 정보주체의 개인정보 자기결정권 또는 프라이버시권 보장이라는 보호법익과 맞닿아 있다. 권한 없는 또는 권한을 초과한 개인정보의 '훼손, 멸실, 변경, 위조'행위를 금지하는 이유는 부정 '이용'이나 '유출'과 달리 정보주체의 개인정보 자기결정권 또는 프라이버시권이라는 보호법익보다는 그가 속한 개인정보처리자의 개인정보파일이나 개인정보처리시스템의 안정성과 신뢰성을 보장하는 취지가 더 강해보인다. 즉 개인정보의 '훼손, 멸실, 변경, 위조'의 금지가 '개인정보를 처리하거나 처리하였던 자'의 개인정보 처리 과정에서의 권한 남용행위를 방지하려는 의도가 있다고 하더라도, 이 금지조항으로 인해 결과적으로 정보주체의 권리보다는 개인정보파일이나 개인정보처리시스템을 운용하는 개인정보처리자의 이익을 보장해주는 측면이 더 강조된다고 본다. 개인정보보호법 위반행위의 비범죄화 필요성과 법 제59조 위반으로 형사처벌을 받는 사유 및 대상의 확대 위험을 함께 고려할 때, 개인정보의 '훼손, 멸실, 변경, 위조'행위를 반드시 형사처벌을 해야 할 필요가 있는지 의문이다.

---

42) 서울고등법원 2019.1.10. 선고 2018노2498 판결.

43) 이러한 측면에서 정보통신망법 제48조 제2항에서 "훼손"이란 정보통신시스템, 데이터 또는 프로그램 등에 손상을 가하는 것을 의미하고, "멸실"이란 정보통신시스템, 데이터 또는 프로그램 등을 없애 버리는 것을 의미하고, "변경"이란 정보통신시스템, 데이터 또는 프로그램 등의 내용이나 기능을 권한 없이 바꾸는 것을 의미하고, "위조"란 정보통신시스템, 데이터 또는 프로그램 등을 만들 수 있는 권한을 갖고 있지 않은 자가 동일한 정보통신시스템, 데이터 또는 프로그램 등을 만들어 내는 것을 의미한다.

4. 위반 시 제재

법 제59조 제1호를 위반하여 거짓이나 그 밖의 부정한 수단이나 방법으로 개인정보를 취득하거나 개인정보 처리에 관한 동의를 받는 행위를 한 자 및 그 사정을 알면서도 영리 또는 부정한 목적으로 개인정보를 제공받은 자는 3년 이하의 징역 또는 3천만 원 이하의 벌금에 처한다(법 제72조 제2호).

법 제59조 제2호를 위반하여 업무상 알게 된 개인정보를 누설하거나 권한 없이 다른 사람이 이용하도록 제공한 자 및 그 사정을 알면서도 영리 또는 부정한 목적으로 개인정보를 제공받은 자와, 법 제59조 제3호를 위반하여 다른 사람의 개인정보를 훼손, 멸실, 변경, 위조 또는 유출한 자는 5년 이하의 징역 또는 5천만 원 이하의 벌금에 처한다(법 제71조 제9호 및 제10호).

IV. 비밀유지 등 의무

1. 취지

이 법에 따라 개인정보보호위원회, 개인정보분쟁조정위원회, 전문기관, 개인정보 보호인증 업무 및 개인정보 영향평가 업무 등에 종사하는 사람들은 다른 사람의 사생활이나 영업비밀 등 비밀을 취급하는 경우가 많다. 그들에게 직무상 비밀보장 의무를 부과하여 비밀누설이나 목적 외 용도 사용을 방지하여 정보주체들이 안심하고 자료제출, 의견개진 등에 협력하도록 하기 위한 것이다.

2. 비밀유지 등의 내용

1) 수범주체

수범자는 개인정보보호위원회의 업무, 개인정보분쟁조정위원회의 분쟁조정 업무, 개인정보 보호인증 업무, 개인정보영향평가업무, 전문기관, 개인정보관리 전문기관의 지정업무 등에 현재 종사하고 있거나 종사하였던 사람이다. 이들 기관의 전 현직 위원이나 임직원에 한정하지 않고, 이들 기관에서 자문위원, 전문위원 등의 신분으로 업무에 참여한 사람도 포함된다.

2) 직무상 알게 된 비밀

수범자는 '직무상 알게 된 비밀'을 다른 사람에게 누설하거나 직무상 목적 외의 용도로 이용하여서는 아니 된다. '직무상 알게 된 비밀'에 관해 아직 개인정보보호법상 문제된 사례를 찾아보기 어렵다.

다만, 「형법」상 공무상 비밀 누설죄에 관한 판례를 통하여 간접적으로 해석례를 유추할 수 있다. 판례는 「형법」상 공무상 비밀누설죄의 구성요건인 '법령에 의한 직무상 비밀'을 "반드시 법령에 의하여 비밀로 규정되었거나 비밀로 분류 명시된 사항에 한하지 아니하고, 정치, 군사, 외교, 경제, 사회적 필요에 따라 비밀로 된 사항은 물론 정부나 공무소 또는 국민이 객관적, 일반적인 입장에서 외부에 알려지지 않는 것에 상당한 이익이 있는 사항도 포함하나, 실질적으로 그것을 비밀로서 보호할 가치가 있다고 인정할 수 있는 것이어야 한다"고 보고 있다.[44]

즉 이에 따라 비밀유지의 대상이 되는 '직무상 알게 된 비밀'은 각종 법령에 의하여 비밀로 규정되었거나 비밀로 분류 명시된 사항에 한정되지 않고, 개인정보보호위원회의 업무, 개인정보분쟁조정위원회의 업무, 개인정보보호 인증 업무, 개인정보영향평가 업무 등과 관련하여 '해당 기관 또는 국민이 객관적, 일반적인 입장에서 외부에 알려지지 않는 것에 상당한 이익이 있는 사항으로서 실질적으로 비밀로서 보호할 가치가 있다고 인정할 수 있는 것'이라고 할 수 있다.

3) 다른 법률의 특별한 규정

'다른 법률에 특별한 규정'이 있는 경우에는 직무상 비밀 누설 및 목적 외 이용이 예외적으로 허용된다. 대표적인 예가 「국회에서의 증언·감정 등에 관한 법률」 제2조에 의하여 증인 또는 참고인으로 출석 또는 감정을 요구 받은 경우, 「형사소송법」 제146조 및 제221조에 의하여 증인 또는 참고인으로 소환을 받은 경우 등이다.

3. 위반 시 제재

이 조항을 위반하여 직무상 알게 된 비밀을 누설하거나 직무상 목적 외에 이용한 자는 3년 이하의 징역 또는 3천만 원 이하의 벌금에 처한다(법 제72조 제3호). 참고로 공무상 비밀누설죄는 2년 이하의 징역이나 금고형이다(형법 제127조), 개인정보보호법상 비밀누설이 공무원의 공무상 비밀누설의 형량이 더 높다.

V. 의무규정 위반의 효과: 제재

1. 제재의 법적성질 및 근거

시정조치 명령·과징금과 같은 행정처분, 질서위반행위에 대한 과태료와 행정형벌과 같은 행정벌, 그 밖에 국가의 강제력에 기반한 제재의 경우 국민의 자유와 권리에 중대한 제한을 가할 수 있으므로 「헌법」 제37조 제2항에 따라 법률의 근거가 필요하다. 이러한 제재규정은 일반

---

44) 대법원 2021.11.25. 선고 2021도2486 판결.

적으로 의무규정을 위반한 행위에 대한 제재의 방식으로 규율되고 있다.

2. 제재에 대한 일반법 체계

1) 행정처분

행정처분에 해당하는 경우에는 「개인정보보호법」에 특별한 규정을 두고 있지 않으면 「행정기본법」[45], 「행정절차법」[46]과 같은 해당 분야별 일반법이 적용된다. 「행정기본법」은 2021년 3월 23일에 제정되어 행정의 원칙과 기본사항을 규정하고 있다. 「행정절차법」은 행정절차에 관한 공통적인 사항을 규정하고 있으며, 처분, 신고, 확약, 위반사실 등의 공표, 행정계획, 행정상 입법예고, 행정예고 및 행정지도의 절차에 관하여 다른 법률에 특별한 규정이 있는 경우를 제외하고는 「행정절차법」에서 정하는 바에 따르도록 하고 있다.

2) 행정벌

행정벌인 행정질서벌(과태료)과 행정형벌에 대하여는 「개인정보보호법」에 특별한 규정을 두고 있지 않으면 행정질서벌인 과태료에 관한 일반법인 「질서위반행위규제법」, 행정형벌에 관한 사항에 대하여는 일반법인 형법총칙의 규정이 적용된다.[47]

3. 「개인정보보호법」의 제재규정 체계

1) 행정처분

법에서 정한 의무규정을 위반한 행위에 대하여는 시정조치 명령과 이에 따르지 않을 경우 3천만 원 이하 과태료를 규정하여 법 위반상태를 해소하기 위한 장치를 두고 있다. 시정조치 명령의 대상은 '법을 위반한 자'이므로 개인정보처리자에 한정되지 않으며 법에서 정한 의무규정의 수범자인 수탁자 등도 모두 포함된다. 이와 함께, 개인정보 수집·이용 및 제공 과정에서 적법요건을 준수하지 않은 개인정보처리자와 수탁자에 대하여 전체 매출액의 3% 이하의 과징

---

45) 「행정기본법」 제5조(다른 법률과의 관계) ① 행정에 관하여 다른 법률에 특별한 규정이 있는 경우를 제외하고는 이 법에서 정하는 바에 따른다.

46) 「행정절차법」 제1조(목적) 이 법은 행정절차에 관한 공통적인 사항을 규정하여 국민의 행정참여를 도모함으로써 행정의 공정성·투명성 및 신뢰성을 확보하고 국민의 권익을 보호함을 목적으로 한다.
제3조(적용 범위) ① 처분, 신고, 확약, 위반사실 등의 공표, 행정계획, 행정상 입법예고, 행정예고 및 행정지도의 절차(이하 "행정절차"라 한다)에 관하여 다른 법률에 특별한 규정이 있는 경우를 제외하고는 이 법에서 정하는 바에 따른다.

47) 「형법」 제8조(총칙의 적용) 본법 총칙은 타법령에 정한 죄에 적용한다. 단, 그 법령에 특별한 규정이 있는 때에는 예외로 한다.

금을 부과할 수 있도록 규정하고 있다.

2) 행정벌

개인정보보호법에서는 질서위반행위에 대한 제재수단으로 통지의무, 안전조치의무, 사전공개의무, 정보주체의 권리 보호의무 등 위반에 대한 과태료 부과 규정을 두고 있고, 정보주체의 권리 행사에 대해 고의로 응하지 않고 계속해서 개인정보를 처리, 아동의 개인정보 · 민감정보 · 고유식별정보 · 가명정보 등 특수한 유형의 개인정보 처리 과정에서 준수해야 할 의무 위반 등에 대한 행정형벌 규정을 두고 있다.

3) 고발 및 징계권고, 개선권고

개인정보보호법은 국가에 의한 공권력의 행사에 해당하는 행정작용은 아니지만 법 위반행위에 대한 책임있는 자가 형벌 또는 징계책임을 질 수 있도록 행정기관 간 상호작용의 측면에서 고발 및 징계권고를 보호위원회가 할 수 있도록 근거 규정을 두고 있다. 또한, 개인정보 처리 실태에 대한 개선이 필요한 경우에는 법 위반사항이 아닌 경우에는 개선을 권고할 수 있는 장치를 마련해 두고 있다.

4) 결과 공표 및 공표명령

개인정보보호법은 개선권고, 시정조치 명령, 과징금, 과태료, 고발 및 징계권고 등의 조치를 한 경우에는 그 내용과 결과에 대한 공표와 조치를 받았다는 사실에 대한 공표명령을 할 수 있도록 규정하고 있다. 해당 개인정보처리자의 법 위반 등에 대하여 그에 따른 조치를 한 경우에는 일반공중에 그러한 사실을 알려 추가적인 피해를 막기 위한 장치나 일반공중에 공개한다는 점에서 사실상 제재적 성격도 함께 지니고 있다.

5) 보호위원회의 제재규정 운영

보호위원회는 2020년 법개정을 통해 중앙행정기관으로 출범한 합의제 행정청에 해당하며, 2명의 상임위원(위원장, 부위원장)과 7명의 비상임위원으로 구성되어 있다. 개인정보보호법에 따른 제재를 하기 위해서는 보호위원회의 심의 · 의결을 거쳐야 하고, 심의 · 의결을 거친 의결서를 상대방에게 통지함으로써 각 제재조치를 실행하게 된다. 법 위반행위에 대한 조사 결과에 따라 작성된 의결서에는 위반행위의 내용에 따라 시정조치 명령, 과징금, 과태료, 공표 및 공표명령, 고발 및 징계권고 등을 어느 범위까지 할 것인지에 대한 내용이 포함된다. 보호위원회의 의결시점까지 법 위반상태가 지속되어 있는 경우에는 시정조치 명령을, 각각의 의무규정에 해당하는 과징금, 과태료 등이 있는 경우에는 해당 처분을, 고발 또는 징계권고 기준에 부합되는 경우에는 각각 검토하여 보호위원회의 심의·의결을 거치고 있다.

VI. 개인정보보호법상 제재규정 체계 개편

1. 종전 제재규정 현황

개인정보보호법은 시정조치 명령, 과징금과 같이 「행정기본법」에 따른 처분에 해당하는 제재와 과태료(행정질서벌), 행정형벌과 같은 벌칙 및 범죄로 인한 이익 등의 몰수·추징, 그 밖에 고발 및 징계권고, 시정권고 등 다양한 수단을 규정하고 있다.

개인정보보호법상의 제재에 대하여는, ① 과징금을 강화하는 대신 행정형벌을 삭제하거나 대폭 완화해야 한다는 의견, ② 고액인 과태료 규정 중 실질적으로 과징금 사유에 해당하는 중대한 위반행위에 대하여는 과징금으로 전환해야 한다는 의견, ③ 보호위원회 홈페이지에 공표하는 제도는 보호위원회의 보도자료 배포 및 기자 브리핑 등으로 인해 제재수단으로서의 실효성이 약해진 점을 고려하여 2020년 법개정 이전 정보통신망법에서 규정하고 있던 공표명령 제도를 정보주체에게 알리는 실효적인 수단으로 재도입이 필요하다는 의견, ④ 행정형벌 대상인 개별조항의 의무규정과 금지행위 규정은 목적을 명확히 구분하고, 양벌규정은 정비해야 한다는 의견 등 다양한 의견이 제시되었다.

이에 따라, 2023년 개정법에서는 정보통신서비스 특례 규정을 일반규정으로 일원화하는 과정에서 ① 과징금 상한액을 상향하고 일부 행정형벌을 삭제하거나 형량을 완화하였고, ② 일반규정에서 과태료 사유로 규정되어 있던 동의 의무 위반 등의 경우에는 과태료를 삭제하고 과징금으로 전환하였으며, ③ CCTV 안내판 설치 의무 등 시정조치 명령을 통해 즉시 시정이 가능한 일부 과태료 규정은 삭제하였고, ④ 먼저 시정조치 명령을 한 후 그 불이행에 대하여 과태료를 부과할 수 있도록 시정조치 명령 요건과 과태료 면제 근거를 신설하였으며, ⑤ 결과에 대한 공표명령을 재도입하는 등 전반적인 개편이 이루어졌다.

2. 2023년 개정법의 제재규정 주요 내용

1) 시정조치 명령 요건 개선 및 단계적 처분 체계 일부 도입[48]

시정조치 명령 요건을 '이 법을 위반한 자'로 개정하여 법에서 의무규정을 두고 있는 경우 시

---

48) 개인정보보호법 일부개정법률안(2021.9월 정부안)에 대한 국회 정무위 심사 과정에서 전송요구권 행사에 따르지 아니한 자에 대한 과태료 규정은 삭제하는 대신 먼저 시정조치 명령 후 이에 따르지 않을 경우 3천만 원 이하 과태료를 부과하는 체계로 개편하는 방향성에 대해 산업계와 협의 후 개정을 진행한 것도 단계적 처분 체계를 부분적으로 도입한 결과로 볼 수 있다.

정조치 명령이 가능하도록 하여 신속하게 위반상태를 해소할 수 있도록 하였다. 더불어, 고정형 영상정보처리기기(CCTV) 안내판 표시 의무, 손해배상책임 보장 의무(보험·공제 가입, 준비금 적립), 정보주체의 동의를 위한 사전 고지 의무 등 위반에 대한 종전의 과태료 규정을 삭제하였다. 또한, 의무규정 중 서비스를 1년 동안 이용하지 않는 경우 파기하거나 별도 분리하여 저장하도록 했던 "유효기간제"가 폐지됨에 따라 위반에 따른 과태료도 삭제되었다. 이러한 체계 개편으로 의무규정 위반에 대하여 먼저 시정조치 명령을 하고 시정조치 명령을 이행하지 않는 경우에 과태료(3천만 원 이하)를 부과하는 단계적 처분 체계가 일부 가능해졌다.

2) 과징금 상한을 전체 매출액 기준으로 전환하고 과징금 면제 규정 도입

종전에는 정보통신서비스제공자등에 대한 과징금, 주민등록번호 유출 과징금, 가명정보 재식별 과징금으로 나뉘어져 있던 체계를 정보통신서비스제공자등에 대한 과징금을 중심으로 통합하고, 과징금 상한을 '위반행위와 관련한 매출액의 3%'에서 '전체 매출액의 3%'로 상향하였다. 또한, 과징금을 면제할 수 있는 사유를 법에 명시하고 위반행위와의 비례성과 침해에 대한 과징금의 효과성을 고려하도록 명문화하였다.

3) 과태료 면제 규정 신설

과태료에 관한 일반법인 「질서위반행위규제법」은 과태료를 부과하지 않는 사유로서, 고의 또는 과실이 없는 질서위반행위(질서위반행위규제법 제7조), 자신의 행위가 위법하지 아니한 것으로 오인하고 행한 질서위반행위로서 그 오인에 정당한 사유가 있는 때(질서위반행위규제법 제8조), 14세가 되지 아니한 자의 질서위반행위(질서위반행위규제법 제9조), 심신장애로 인하여 행위의 옳고 그름을 판단할 능력이 없거나 그 판단에 따른 행위를 할 능력이 없는 자의 질서위반행위(질서위반행위규제법 제10조)를 규정하고 있다. 과태료의 감경은 자진납부자에 대한 100분의 20의 범위내 감경(질서위반행위규제법 제18조, 질서위반행위규제법 시행령 제2조의2)할 수 있도록 하고 있다. 「국민기초생활 보장법」의 수급자, 「한부모가족 지원법」의 보호대상자, 「장애인복지법」의 장애인 중 장애의 정도가 심한 장애인, 「국가유공자 등 예우 및 지원에 관한 법률」에 따른 1급부터 3급까지의 상이등급 판정을 받은 사람, 미성년자에 대하여 100분의 50의 범위에서 감경할 수 있도록 규정하고 있다. 법령상 감경사유가 여러 개 있는 경우라도 자진납부자에 대한 감경 외에는 거듭 감경할 수 없도록 하고 있다.

과태료 규정의 입법형태는 대부분 '부과한다'로 규정하고 있어 과태료 부과 자체는 기속행위이고 그 금액에 대하여 재량이 있다고 보는 견해가 일반적이다. 감경의 범위도 일부 예외적인 경우를 제외하고는 100분의 50의 범위 안에서 감경할 수 있도록 규정하고 있다. 종전의 개인정보보호법 역시 '부과한다'로 규정하고 100분의 50의 범위 안에서 감경할 수 있도록 하였으나,

국회 상임위와 법사위 심의 과정에서 소상공인 등 영세한 개인정보처리자의 경우에는 과태료 금액이 위반행위의 정도의 비해 지나치게 고액인 점, 경미한 위반행위 등에 대한 과태료 면제를 도입하더라도 시정조치 명령 요건을 정비함에 따라 시정조치 명령에 따르지 않은 경우 과태료 부과가 가능한 구조로 변경된 점 등을 고려하여 법률 수준에서 면제규정을 신설하였다.[49]

4) 과태료 부과 특례 확대: 동일한 행위에 대해 과징금 부과 시 과태료 부과 금지

종전에는 주민등록번호 유출 과징금을 부과할 경우에는 안전조치 의무 위반 과태료는 부과할 수 없도록 규정하고 있던 것을, 전체 과징금 사유로 확대하여 과징금 부과 사유의 일부로 과태료 사유가 포함되어 있는 경우에는 과징금 산정시 반영하고 과태료는 별도로 부과하지 않도록 명확히 하였다. 이에 따라, 과징금과 과태료의 병과 문제는 입법적으로 해소되었다.

다만, 조사 과정에서 과징금 부과 사유의 일부로 보기 어려워 동일한 행위로 판단하기 곤란한 경우에는 별개의 위반행위이므로 '동일한 행위'에 적용되는 과태료 부과의 특례 규정은 적용이 어려울 것으로 보인다.

5) 행정형벌 규정을 경제적 제재인 과징금·과태료로 전환

모든 개인정보처리자를 대상으로 한 과징금(전체 매출액의 3% 이하)으로 전환하면서, 그동안 정보통신서비스 제공자에게만 적용되던 '이용자의 동의 없이 개인정보를 수집·이용한 경우' 행정형벌(5년 이하 징역 또는 5천만 원 이하 벌금) 규정과 그 외 개인정보처리자에게 적용되던 5천만 원 이하 과태료 규정을 삭제하였다. 또한, 안전조치를 하지 아니하여 개인정보가 유출된 경우에 적용되던 행정형벌(2년이하 징역 또는 2천만 원 이하 벌금)을 삭제하고 과징금을 모든 개인정보처리자로 확대하였다. 개인정보 파기 의무 위반의 경우 일반규정은 과태료(3천만 원 이하)를, 정보통신서비스제공자등에 대한 특례규정은 행정형벌(2년이하 징역 또는 2천만 원 이하 벌금)을 규정하고 있었으나 모든 개인정보처리자에게 과태료(3천만 원 이하)를 부과하도록 하고 행정형벌 규정은 삭제하였다.

한편, 14세 미만 아동의 개인정보를 법정대리인의 동의 없이 처리한 경우에 일반 개인정보처리자에게 적용되던 과태료(5천만 원 이하)는 삭제하고 정보통신서비스제공자등에 적용되던 행정형벌(5년 이하 징역 또는 5천만 원 이하 벌금) 규정으로 일원화하였다. 이 과정에서 법정대리인의 동의 확인 의무[50] 위반에 대한 행정형벌은 삭제하였다.

---

49) 보호위원회는 2022년 시행령 일부개정령안을 입법예고하면서 시행령 수준에서 과태료 면제 근거를 추가하였으나 법제처 심사과정에서 해당 규정은 삭제되었다.
50) 종전 규정은 14세 미만 아동의 개인정보를 처리하는 과정에서 동의를 받아야 할 때에는 법정대리인의 동의 외에 동의를 받았는지 확인해야 할 의무까지 행정형벌로 규율하고 있었다.

6) 의도적인 자료제출 요구 또는 검사 방해에 대한 형벌 신설 및 과태료 상향

법 제63조에 따른 자료제출 요구에 따르지 않은 경우와 출입·검사를 거부·방해 또는 기피한 경우에 적용되던 1천만 원 이하의 과태료를 3천만 원 이하 과태료로 상향하였다. 이와 함께, 법 제63조 제1항에 따른 자료제출 요구에 대하여 법 위반사항을 은폐 또는 축소할 목적으로 자료제출을 거부하거나 거짓의 자료를 제출한 자와 법 제63조 제2항에 따른 출입·검사 시 자료의 은닉·폐기, 접근 거부 또는 위조·변조 등을 통하여 조사를 거부·방해 또는 기피한 자에 대하여 행정형벌(2년 이하의 징역 또는 2천만 원 이하의 벌금)을 신설하여 보호위원회의 조사 거부 등에 대한 제재를 강화하였다.

Ⅶ. 입법론

개인정보보호법상의 제재의 유형, 제재의 수준 등이 실효성을 확보할 수 있는지의 논의와 함께 해당 수단이 헌법상의 원칙인 비례원칙과 과잉금지 원칙에 반하지는 않는지에 대한 고민이 필요하다. 이와 함께, 의무규정과 금지행위 규정이 제재수단의 성질에 맞게 설계되어 있는지에 대한 검토도 함께 이루어질 필요가 있다.

1. 동일한 행위에 대한 과징금과 행정형벌 병과 규정 개선: 과징금·시정조치 명령 우선 부과

정보주체의 동의를 받지 아니하고 개인정보를 제3자에게 제공한 자(법 제17조 위반), 개인정보의 목적 외 이용·제공(법 제18조)과 같이 행정형벌의 범죄구성요건과 과징금 부과사유가 사실상 동일하게 규정되어 있는 경우에는 과징금으로 일원화하고, 행정형벌이 필요하다면 해당 사유에 대한 시정조치 명령에 따르지 않은 경우 행정형벌을 규정하는 방식으로의 전환이 필요하다. 고의성이 명확하지 않은 경우 또는 과실범도 행정형벌로 처벌하려는 의도가 명확하지 않은 경우에는 과징금과 시정조치 명령을 우선하고 시정조치 명령에 따르지 않는 등 고의성이 명확한 경우에 한정하여 행정형벌을 가하도록 할 필요가 있다.

2. 단계적 제재 체계로의 전환 확대

2023년 법개정을 통해 일부 단계적 제재 체계로의 전환이 이루어졌으나 여전히 지나치게 경미하거나 위법성에 대한 인식 가능성이 낮아 발생하는 법 위반에 대하여는 과태료, 과징금 규정을 삭제하고 먼저 시정조치 명령 후 불이행 시 과태료 부과 체계로 확대 개편이 필요하다.

한편, 시정조치 명령 후 시정조치 명령을 이행하지 않는 경우에 대한 제재는 일률적으로 과태료를 부과하기 보다는 개별 위반행위의 내용, 정도, 고의성 여부 등을 고려하여 정보주체의 개인정보자기결정권을 중대하게 침해하는 위법행위에 대한 시정조치 불이행은 행정형벌로, 그 외에는 과태료로 구분하여 규정할 필요가 있다.

3. 과징금 부과사유 조정

2023년 개정법에서 과징금 부과사유를 확대하면서 일반적인 개인정보 외에도 특수한 유형의 개인정보인 민감정보, 고유식별정보, 주민등록번호 등을 위법하게 처리한 행위에 대한 과징금 사유가 추가되면서 전체 매출액의 3% 이하의 과징금 규정이 동일한 행위에 대하여 각각 적용될 수 있는 문제가 있어 보인다. 종전의 정보통신서비스 제공자 특례에서의 과징금은 위반행위 관련 매출액의 3%가 상한이었고, 그 사유도 제한적이었던 반면 2023년 법 개정으로 전체 매출액의 3%로 상한이 대폭 상향되었고 부과사유도 확대된 점을 고려하면 하나의 위반행위에 여러 부과사유가 동시에 적용될 수 있는 경우에는 전체 매출액의 3% 상한 범위 내에서 가중할 수 있도록 개선이 필요할 것으로 보인다.

4. 산재되어 있는 안전조치 의무 위반에 대한 과태료 규정 정비

개인정보보호법에서의 안전조치 의무는 일반 개인정보와 주민등록번호, 민감정보 등에 대한 안전조치 의무가 별도로 규정되어 있다. 구체적인 사항은 시행령에 위임하고 있으나 시행령에서는 모두 법 제29조에 따른 일반 개인정보에 대한 안전조치 규정을 적용하도록 규정하고 있다. 법 제29조에 따라 제정된 시행령과 고시에서는 주민등록번호에 대한 암호화 의무, 민감정보 등에 대한 사항을 포괄하여 정하고 있다. 모든 개인정보에 대한 안전조치 기준은 법 제29조에 따라 정하도록 하여 불필요한 오해가 발생하지 않도록 체계 정비가 필요해 보인다. 또한, 안전조치 의무 위반에 대하여는 각각의 개별 규정에서 3천만 원 이하 과태료를 규정하고 있다. 이 역시 법 제29조 위반에 따른 과태료로 일원화하고 위반의 정도에 따라 가중할 수 있도록 정비할 필요가 있다.

구분	의무규정	과태료(§75②)
제23조제2항	민감정보가 분실·도난·유출·위조·변조 또는 훼손되지 아니하도록 **제29조에 따른 안전성 확보에 필요한 조치**를 하여야 한다.	5. 제23조제2항·제24조제3항·제25조제6항(제25조의2제4항에 따라 준용되는 경우를 포함한다)·제28조의4제1항·제29조(제26조제8항에 따라 준용되는 경우를 포함한다)를 위반하여 안전성 확보에 필요한 조치를 하지 아니한 자
제24조제3항	고유식별정보가 분실·도난·유출·위조·변조 또는 훼손되지 아니하도록 **대통령령으로 정하는 바에 따라 암호화 등 안전성 확보에 필요한 조치**를 하여야 한다.	
제25조제6항	고정형영상정보처리기기운영자는 개인정보가 분실·도난·유출·위조·변조 또는 훼손되지 아니하도록 **제29조에 따라 안전성 확보에 필요한 조치**를 하여야 한다. ※ 제25조의2제4항: 이동형 영상정보처리기기의 운영에 관하여는 **제25조제6항**부터 제8항까지의 규정을 준용한다.	
제28조의4 제1항	가명정보를 처리하는 경우에는..(중략)..**대통령령으로 정하는 바에 따라 안전성 확보에 필요한 기술적·관리적 및 물리적 조치**를 하여야 한다.	
제29조	개인정보처리자는 개인정보가 분실·도난·유출·위조·변조 또는 훼손되지 아니하도록 내부 관리계획 수립, 접속기록 보관 등 **대통령령으로 정하는 바에 따라 안전성 확보에 필요한 기술적·관리적 및 물리적 조치**를 하여야 한다.	
제24조의2 (주민등록번호 처리의 제한)	개인정보처리자는 제24조제3항에도 불구하고 주민등록번호가 분실·도난·유출·위조·변조 또는 훼손되지 아니하도록 **암호화 조치를 통하여 안전하게 보관**하여야 한다.	8. 제24조의2제2항을 위반하여 암호화 조치를 하지 아니한 자

5. 동의의결제 및 개인정보상생협력기금 조성 검토

1) 과징금과 동의의결제

현행 규제체계는 법 위반행위가 확인되면 과징금, 과태료 등 금전적 제재를 부과하는 체계였고 그 금액도 크지 않아 모두 국고에 귀속되는 체계로 운영되어 왔다. 2023년 법 개정으로 과징금 금액도 전체 매출액의 3% 범위 내에서 부과할 수 있도록 개정되어 그 규모가 커졌다. 또한, 사전 예방적 조사 기능을 강화한 사전 실태점검 제도가 도입되어 시정방안을 정하여 권고할 수 있는 체계가 마련되었다.

향후에는 법 위반행위의 가능성이 있으나 해당 영역에서 피해자 구제를 위한 충분한 조치 방안을 마련하고 시정조치를 한다는 전제 하에서 별도의 조사 절차를 진행하지 않는 방식으로 동의 의결제 도입을 검토할 필요가 있다. 동의 의결제 도입을 통해 개인정보 침해를 입은 정보주체에게 환원될 수 있는 체계로의 개편이 필요해 보인다.

2) (가칭)개인정보상행협력기금 설치[51]

개인정보는 정보주체로부터 시작하여 사회적 관계 속에서 활용되고 있다. 사회적·경제적 활동이 지속되는 한 개인정보는 활용 과정이 계속될 것이고 그 과정에서 정보주체에 대한 권리 침해는 발생할 것이다. 개인정보가 안전하게 관리될 수 있도록 기술개발을 계속하도록 지원하고 침해를 받은 정보주체는 보다 쉽게 침해에 대한 구제를 받을 수 있는 체계 마련이 시급하다. 이를 위해 과징금, 과태료, 동의의결제 도입에 따른 기여금, 손해배상책임 보장제도의 준비금 적립 등을 재원으로 하는 (가칭)개인정보상생협력기금 설치가 필요해 보인다. 일정기간 재원 마련을 위한 적립기간을 두고 운용을 시작하는 방안 등 구체화 작업이 필요한 시점으로 보인다.

---

51) 한국행정연구원, "개인정보보호의 상생 협력방안 연구", 개인정보보호위원회 최종보고서, 2020.12.

제 3 절
개인정보보호법상 제재

Ⅰ. 시정조치 명령(법 제64조)

1. 의의

1) 현행 법 규정

보호위원회는 「개인정보보호법」을 위반한 자[52]에 대하여 개인정보 침해행위의 중지, 개인정보 처리의 일시적인 정지, 그 밖에 개인정보의 보호 및 침해 방지를 위하여 필요한 조치를 명할 수 있도록 하여 법 위반상태를 해소할 수 있도록 규정하고 있다. 보호위원회의 시정조치 명령에 따르지 아니한 자에 대하여는 3천만 원 이하의 과태료 규정을 두어 시정조치 명령의 실효성을 확보하고 있다.[53] 지방자치단체, 국회, 법원, 헌법재판소, 중앙선거관리위원회에게도 그 소속 기관 및 소관 공공기관이 법을 위반하였을 때 시정조치를 명할 수 있도록 규정하고 있으나, 시정조치 명령에 따르지 아니한 경우의 과태료는 규정하고 있지 않다. 이는 소속 기관 및 소관 공공기관에 대하여는 해당 공공기관의 관리·감독 권한을 통해 시정조치 명령에 대한 실효성을 확보할 수 있다는 점, 법 위반에 따른 과태료의 부과·징수는 보호위원회로 일원화[54]한 점을 고려한 것으로 보인다.

한편, 보호위원회는 법을 위반한 자가 중앙행정기관, 지방자치단체, 국회, 법원, 헌법재판소, 중앙선거관리위원회인 경우에는 해당 기관의 장에게 시정조치를 하도록 권고할 수 있도록 하고 권고를 받은 기관은 특별한 사유가 없으면 이를 존중하도록 규정하고 있다.

---

52) 시정조치 명령 대상을 '위반한 자'로 명시하고 있으므로 법을 위반한 개인정보처리자 뿐만 아니라 수탁자 등에 대하여도 해당하는 의무규정을 위반한 경우 시정조치 명령 대상에 포함될 수 있다.
53) 법 제75조 ② 다음 각 호의 어느 하나에 해당하는 자에게는 3천만 원 이하의 과태료를 부과한다.
　　27. 제64조 제1항에 따른 시정조치 명령에 따르지 아니한 자
54) 법 제75조 제5항에서는 법에 따른 과태료는 보호위원회가 부과·징수하도록 규정하고 있다.

「개인정보보호법」은 보호위원회에 법령이나 조례에 대한 의견제시, 개인정보처리자의 개인정보 처리 실태에 대한 개선권고 권한을 부여하고 있다. 개선권고를 받은 개인정보처리자는 권고를 이행하기 위하여 성실하게 노력하도록 하고 그 조치결과를 보호위원회에 알리도록 하고 있다. 개선권고는 개인정보처리자의 개인정보 처리가 법 위반에까지는 이르지 않았지만 개인정보 보호원칙 및 정보주체의 권리 보장을 위해 개선이 필요하다고 인정되는 경우에 이루어진다는 점에서 법 위반행위에 대한 행정처분의 성질을 갖고 있는 시정조치 명령과는 구별된다.

2) 2023년 법 개정 취지

종전에는 개인정보처리자가 「개인정보보호법」을 위반하고 있어 시정이 필요한 경우에도 '개인정보가 침해되었다고 판단할 상당한 근거가 있고 이를 방치할 경우 회복하기 어려운 피해가 발생할 우려가 있다고 인정'되는 경우에만 시정조치 명령이 가능토록 규정하고 있어 계속되는 위법행위를 시정하지 못하는 한계가 있었다.[55] 이를 개선하기 위해 2023년 법 개정을 통해 법을 위반한 자에 대하여는 시정조치 명령을 통해 법 위반상태를 신속하게 해소할 수 있도록 개편하였다. 시정조치 명령의 요건이 '법을 위반한 자'로 개편됨에 따라 의무규정을 위반한 자에 대하여는 시정조치 명령이 가능해졌고 시정조치 명령에 따르지 아니한 자에 대한 3천만 원 이하 과태료 규정도 적용되게 되어 집행력이 강화된 것으로 평가할 수 있다. 더불어, 법 개정으로 과태료, 과징금 부과 시 경미한 위반행위 등에 대한 면제규정이 신설·확대됨에 따라 시정조치 명령을 통해 법 위반상태를 신속하게 해소하고 소상공인 등에게 시정할 기회를 부여한 후 이행하지 않는 경우에 과태료, 과징금을 부과하는 체계로의 이행이 가능해질 것으로 보인다.

2. 법적 성질

1) '처분'에 해당하는지 여부

시정조치 명령은 행정에 관한 의사를 결정하여 표시하는 행정청인 보호위원회(중앙행정기관)

---

55) 2020년 데이터 3법 개정 이전 정보통신망법에서는 '법을 위반한 정보통신서비스 제공자'로 규정하고 있었으나 개인정보보호법으로 통합되면서 시정조치 명령의 요건이 일원화되었다.
  * 정보통신망법 제64조(자료의 제출 등) ④ 과학기술정보통신부장관 또는 방송통신위원회는 이 법을 위반한 정보통신서비스 제공자에게 해당 위반행위의 중지나 시정을 위하여 필요한 시정조치를 명할 수 있고, 시정조치의 명령을 받은 정보통신서비스 제공자에게 시정조치의 명령을 받은 사실을 공표하도록 할 수 있다. 이 경우 공표의 방법·기준 및 절차 등에 필요한 사항은 대통령령으로 정한다.

가 개인정보처리자의 법 위반행위에 대하여 시정조치할 것을 명하는 공권력의 행사에 해당하므로 「행정기본법」, 「행정심판법」, 「행정소송법」에 따른 처분56)에 해당한다. 따라서 위법한 시정조치 명령에 대하여는 「행정심판법」에 따른 취소심판·무효등확인심판, 「행정소송법」에 따른 항고소송57)을 통해 구제받을 수 있다.

대법원은 "행정청의 행위가 항고소송의 대상이 되는 처분에 해당하는지는 구체적인 경우에 관련 법령의 내용과 취지, 행위의 주체·내용·형식·절차, 그 행위와 상대방 등 이해관계인이 입는 불이익 사이의 실질적 관련성, 법치행정의 원리와 그 행위에 관련된 행정청이나 이해관계인의 태도 등을 고려하여 개별적으로 결정하여야 하고, 불분명한 경우에는 그에 대한 불복방법 선택에 중대한 이해관계를 가지는 상대방의 인식가능성과 예측가능성을 중요하게 고려하여 규범적으로 판단하여야 한다."는 입장이다.58)

2) 시정조치 명령의 구체성

공정거래법의 입법례와 같이 시정조치 명령에 따르지 않은 경우 형벌로서 규율하고 있는 경우에는 시정조치 명령의 내용은 범죄구성요건 중 일부이므로 어떠한 사항에 대하여 시정조치를 어느 정도의 수준으로 이행해야 하는지 알 수 있도록 명확해야 한다. 개인정보보호법과 같이 시정조치 명령 불이행에 대해 질서위반행위로 규율하여 과태료 규정을 두고 있는 경우라고 하더라도 과태료 금액이 3천만 원 이하로 고액인 점, 시정조치 명령도 국가 공권력 행사의 일부로서 시정조치 내용에 대한 오인으로 인해 결과적으로 불이행에 대한 추가적인 금전적 불이익을 받지 않도록 할 필요가 있다는 점을 고려하여 그 내용을 명확히 할 필요가 있다. 대법원은 시정명령이 지나치게 구체적인 경우 수많은 거래에서 정합성이 떨어져 무의미해질 수 있으므로 다소간의 포괄성·추상성을 띨 수밖에 없다고 한다. 또한, 시정명령 제도를 둔 취지에 비추어 시정명령의 내용은 과거의 위반행위에 대한 중지는 물론 가까운 장래에 반복될 우려가 있는 동일한 유형의 행위의 반복금지까지 명할 수는 있는 것으로 해석함이 상당하다고 판시한 바 있다.59)

---

56) 「행정기본법」 제2조 제4호, 「행정절차법」 제2조 제2호, 「행정심판법」 제2조제1호, 「행정소송법」 제2조제1호에서는 "처분"을 '행정청이 구체적 사실에 관하여 행하는 법 집행으로서 공권력의 행사 또는 그 거부와 그 밖에 이에 준하는 행정작용'으로 정의하고 있다.

57) 「행정소송법」 제4조에서는 항고소송을 행정청의 위법한 처분등을 취소 또는 변경하는 소송(취소소송), 행정청의 처분등의 효력 유무 또는 존재여부를 확인하는 소송(무효등 확인소송), 행정청의 부작위가 위법하다는 것을 확인하는 소송(부작위위법확인소송)으로 구분하고 있다.

58) 대법원 2022.9.7. 선고 2022두42365 판결, 대법원 2018.10.25. 선고 2016두33537 판결, 대법원 2020.4.9. 선고 2019두61137 판결 등 참조.

59) 대법원 2003.2.20. 선고 2001두5347 전원합의체 판결.

3. 시정조치 명령 절차 및 권리구제

시정조치 명령은 「행정절차법」 제2조 제2호에 따른 처분에 해당하므로 처분에 관한 「행정절차법」의 절차규정과 「행정기본법」의 이의신청 등의 규정을 준수하여야 한다. 시정조치 명령과 같은 처분을 할 때 준수해야 하는 주요 사항은 다음과 같다.

1) 처분의 사전 통지(「행정절차법」 제21조, 제27조)

시정조치 명령은 당사자에게 따라야 할 의무를 부여하는 처분이므로 「행정절차법」 제21조 제1항[60])에 따라 미리 당사자에게 통지하고 당사자에게 의견제출에 필요한 기간을 10일 이상으로 정하여 의견제출의 기회를 부여해야 한다.[61] 당사자등은 처분 전에 그 처분의 관할 행정청에 서면이나 말로 또는 정보통신망을 이용하여 의견제출을 할 수 있고, 정당한 이유 없이 의견제출기한까지 의견제출을 하지 아니한 경우에는 의견이 없는 것으로 본다.[62]

[대법원 2007.9.21. 선고 2006두20631 판결]

[1] 행정청이 침해적 행정처분을 하면서 당사자에게 행정절차법상의 사전통지를 하거나 의견제출의 기회를 주지 아니하였다면 사전통지를 하지 않거나 의견제출의 기회를 주지 아니하여도 되는 예외적인 경우에 해당하지 아니하는 한 그 처분은 위법하여 취소를 면할 수 없다.

[2] 행정과정에 대한 국민의 참여와 행정의 공정성, 투명성 및 신뢰성을 확보하고 국민의 권익을 보호함을 목적으로 하는 행정절차법의 입법목적과 행정절차법 제3조 제2항 제9호의 규정 내용 등에 비추어 보면, 공무원 인사관계 법령에 의한 처분에 관한 사항 전부에 대하여 행정절차법의 적용이 배제되는 것이 아니라 성질상 행정절차를 거치기 곤란하거나 불필요하다고 인정되는 처분이나 행정절차에 준하는 절차를 거치도록 하고 있는 처분의 경우에만 행정절차법의 적용이 배제된다.

---

2) 처분의 이유 제시(「행정절차법」 제23조)

시정조치 명령을 할 때에는 당사자에게 그 근거와 이유를 제시하여야 하고 처분의 이유를 제시하는 경우에는 처분의 원인이 되는 사실과 근거가 되는 법령 또는 자치법규의 내용을 구체적으로 명시하여야 한다.[63] 다만, 신청 내용을 모두 그대로 인정하는 처분인 경우(행정절차법 제

---

60) 「행정절차법」 제21조(처분의 사전 통지) ① 행정청은 당사자에게 의무를 부과하거나 권익을 제한하는 처분을 하는 경우에는 미리 다음 각 호의 사항을 당사자등에게 통지하여야 한다.
    1. 처분의 제목, 2. 당사자의 성명 또는 명칭과 주소, 3. 처분하려는 원인이 되는 사실과 처분의 내용 및 법적 근거 4. 제3호에 대하여 의견을 제출할 수 있다는 뜻과 의견을 제출하지 아니하는 경우의 처리방법, 5. 의견제출기관의 명칭과 주소, 6. 의견제출기간, 7. 그 밖에 필요한 사항.
61) 「행정절차법」 제21조(처분의 사전 통지).
62) 「행정절차법」 제27조(의견제출).

23조 제1항 제1호), 단순·반복적인 처분 또는 경미한 처분으로서 당사자가 그 이유를 명백히 알 수 있는 경우(행정절차법 제23조 제1항 제2호), 긴급히 처분을 할 필요가 있는 경우(행정절차법 제23조 제1항 제3호)에는 예외를 허용하고 있으나, 제2호와 제3호의 경우에는 처분 후 당사자가 요청하는 경우 그 근거와 이유를 제시하도록 하고 있다.

3) 처분의 방식(「행정절차법」 제24조)

행정청이 처분을 할때에는 다른 법령등에 특별한 규정이 있는 경우를 제외하고는 문서로 하여야 하며, 당사자의 동의가 있는 경우와 당사자가 전자문서로 처분을 신청한 경우에는 전자문서로 할 수 있다. 다만, 공공의 안전 또는 복리를 위하여 긴급히 처분을 할 필요가 있거나 사안이 경미한 경우에는 말, 전화, 휴대전화를 이용한 문자 전송, 팩스 또는 전자우편 등 문서가 아닌 방법으로 처분을 할 수 있다. 이 경우 당사자가 요청하면 지체 없이 처분에 관한 문서를 주어야 한다. 대법원은 처분의 방식을 위반하여 행하여진 행정청의 처분은 하자가 중대하고 명백하여 원칙적으로 무효로 보고 있다.

[대법원 2011.11.10. 선고 2011도11109 판결]

행정절차법 제24조는 행정청이 처분을 하는 때에는 다른 법령 등에 특별한 규정이 있는 경우를 제외하고는 문서로 하여야 하고 전자문서로 하는 경우에는 당사자등의 동의가 있어야 하며, 다만 신속을 요하거나 사안이 경미한 경우에는 구술 기타 방법으로 할 수 있다고 규정하고 있는데, 이는 행정의 공정성·투명성 및 신뢰성을 확보하고 국민이 권익을 보호하기 위한 것이므로 위 규정을 위반하여 행하여진 행정청의 처분은 하자가 중대하고 명백하여 원칙적으로 무효이다.

---

4) 처분의 정정, 고지(「행정절차법」 제25조, 제26조)

행정청은 처분에 오기, 오산 또는 그 밖에 이에 준하는 명백한 잘못이 있을 때에는 직권으로 또는 신청에 따라 지체 없이 정정하고 그 사실을 당사자에게 통지하여야 한다. 또한, 처분을 할 때에는 당사자에게 그 처분에 관하여 행정심판 및 행정소송을 제기할 수 있는지 여부 그 밖에 불복을 할 수 있는지 여부, 청구절차 및 청구기간, 그 밖에 필요한 사항을 알려야 한다.

5) 처분에 대한 이의신청(「행정기본법」 제36조)

행정청의 처분에 이의가 있는 당사자는 처분을 받은 날부터 30일 이내에 해당 행정청에 이의신청을 할 수 있고, 행정청은 신청을 받은 날부터 14일 이내에 그 이의신청에 대한 결과를

---

63) 「행정절차법」 시행령 제14조의2(처분의 이유제시).

신청인에게 통지해야 한다. 이의신청을 한 경우에도 그 이의신청과 관계없이 행정심판 또는 행정소송을 제기할 수 있으며, 이의신청을 한 경우에는 그 결과를 통지받은 날부터 90일 이내에 행정심판 또는 행정소송을 제기할 수 있다.

6) 개인정보보호위원회의 조사 및 처분에 관한 규정(고시 제2023-9호)

보호위원회는 법 제63조 제5항의 위임규정에 따라 조사 및 처분의 공정성과 투명성 및 효율성을 확보하기 위하여 조사의 절차와 방법, 그 결과에 따른 처분 등에 필요한 사항을 고시로 정하여 운영하고 있다. 이 규정은 총칙(제1장), 조사(제2장), 사전 실태점검(제3장), 업무의 위탁(제4장), 보칙(제5장)으로 구성되어 있고 특히, 조사(제2장)에서는 조사 및 처분의 주요 절차를 조사의 사전검토(제1절), 조사의 절차 및 방법(제2절), 시정조치안의 작성(제3절), 시정조치안의 심의 · 의결(제4절), 이의제기(제5절)로 나누어 규정하고 있다.

한편, 이 규정에서 특별히 규정하지 않은 사항은 「행정기본법」, 「행정절차법」, 「행정조사기본법」에서 정하는 바에 따르도록 하고 있다.

II. 과징금

1. 과징금 일반론

1) 과징금 법체계

법 위반행위에 대한 제재수단인 과징금 부과 시에는 행정에 관한 일반법인 「행정기본법」, 행정절차에 관한 일반법인 「행정절차법」을 준수해야 한다. 「개인정보보호법」에서는 2023년 법 개정을 통해 제64조의2(과징금) 규정을 신설하여 종전의 세 유형의 과징금을 통합하였고 과징금 부과사유, 산정 및 부과절차 등 전반적인 체계를 개편하였다.

2) 법적 성질

과징금은 위법행위로 인해 취득한 이익의 환수의 성격과 위반행위에 대한 제재로서의 성격을 모두 지니고 있다. 특히, 개인정보보호법은 헌법상 기본권인 '개인정보자기결정권'을 법률로서 구체화한 것으로 인격권, 사생활의 비밀과 자유 등 금전적으로 평가할 수 없는 권리에 기반하고 있다는 점에서 법 위반행위에 대한 과징금은 제재적 성격이 강조되고 있다.[64]

---

64) EU, 영국, 싱가포르, 중국 등 개인정보에 관한 일반법을 제정하여 시행하고 있는 국가들은 과징금의 상한이 되는 매출액을 전체(전 세계) 매출액을 기준으로 일정 비율 범위 내에서 위반행위의 정도 등을 고려하여 과징금을 부과할 수 있도록 규정하고 있다. 우리나라의 경우에는 2023년 개인정보보호법 개정 이전에도 재식별 목적으로 가명정보를 처리할 경우 전체 매출의 3% 이하 과징금(종전 개인정보보호법 제28조의6), 재식별 목적의 가명정보 처

「행정기본법」, 「행정절차법」, 「행정심판법」, 「행정소송법」 등에서 규정하고 있는 대표적인 '처분'에 해당하고, 행정청에 과징금 부과여부뿐만 아니라 어느 정도의 금액을 부과할 것인지에 대한 재량을 폭넓게 허용하는 재량행위로 규정하는 것이 일반적이다.[65]

행정처분인 과징금과 국가 형벌권 행사로서의 처벌에 해당하는 행정형벌은 그 목적이 다르므로 동일한 행위에 대하여 병과가 가능하다는 것이 일반적인 견해이나, 입법을 통해 행정형벌의 범죄구성요건을 과징금의 부과사유에 비해 엄격하게 조정할 필요가 있다.

[헌법재판소 2022.5.26. 선고 2020헌바259 결정]

'매출액'의 사전적 의미, 과징금부과조항에 따른 과징금이 부당이득 환수의 성격과 행정상의 제재금으로서의 성격을 동시에 가지는 점, '위반행위로 인하여 취득한 이익의 규모'는 과징금을 부과할 때 고려해야 할 여러 사항 중 하나에 불과한 것으로 규정되어 있는 점 등을 고려할 때, 과징금부과조항 중 '위반행위와 관련한 매출액'은 위반행위로 인하여 취득한 이익만을 의미하는 것이 아니라 위반행위로 인하여 직접 또는 간접적으로 영향을 받는 서비스의 매출액을 의미하는 것임을 충분히 알 수 있으므로, 과징금부과조항 중 '위반행위와 관련한 매출액' 부분은 명확성원칙에 위반되지 않는다.

[대법원 2004.4.9. 선고 2001두6197 판결]

구 독점규제및공정거래에관한법률 소정의 부당지원행위를 한 지원주체에 대한 과징금은 그 취지와 기능, 부과의 주체와 절차 등을 종합할 때 부당지원행위의 억지라는 행정목적을 실현하기 위한 입법자의 정책적 판단에 기하여 그 위반행위에 대하여 제재를 가하는 행정상의 제재금으로서의 기본적 성격에 부당이득환수적 요소도 부가되어 있는 것이라고 할 것이어서 그것이 헌법 제13조 제1항에서 금지하는 국가 형벌권 행사로서의 처벌에 해당한다고 할 수 없으므로 구 독점규제및공정거래에관한법률에서 형사처벌과 아울러 과징금의 부과처분을 할 수 있도록 규정하고 있다 하더라도 이중처벌금지원칙이나 무죄추정원칙에 위반된다거나 사법권이나 재판청구권을 침해한다고 볼 수 없고(생략)

한편, 대법원은 항고소송에서 과징금 부과처분에 대한 적법성에 대한 증명책임은 원칙적으로 처분의 적법을 주장하는 처분청에 있지만, 처분청이 주장하는 당해 처분의 적법성에 관하여 합리적으로 수긍할 수 있는 정도로 증명한 경우 그 처분은 정당하고, 이와 상반되는 예외적인 사정에 대한 주장과 증명은 상대방에게 책임이 돌아간다고 한다.[66] 또한 행정법규 위반에 대하여 가하는 제재조치는 행정목적의 달성을 위하여 행정법규 위반이라는 객관적 사실에 착안하여

리·동의 없는 제3자 제공·목적외 이용 등의 경우 전체 매출액의 3% 이하 과징금(신용정보법 제42조의2)을 규정하고 있었다.

65) [대법원 2016.6.28. 선고 2014두2638 판결] 일반적으로 제재적 행정처분이 사회통념상 재량권의 범위를 일탈하였거나 남용하였는지의 여부는 처분사유로 된 위반행위의 내용과 당해 처분에 의하여 달성하려는 공익목적 및 이에 따르는 제반 사정 등을 객관적으로 심리하여 공익침해의 정도와 그 처분으로 인하여 개인이 입게 될 불이익을 비교교량하여 판단하여야 한다.

66) 대법원 2016.6.28. 선고 2014두2638 판결.

가하는 제재이므로 반드시 현실적인 행위자가 아니라도 법령상 책임자로 규정된 자에게 부과되고 특별한 사정이 없는 한 위반자에게 고의나 과실이 없더라도 부과할 수 있다고 보고 있다.[67]

3) 해외 개인정보 보호법 동향

EU,[68] 영국, 싱가포르, 중국 등 개인정보에 관한 일반법을 가지고 있는 국가들을 중심으로 전체 매출액을 기준으로 과징금 상한을 정하고 있다. 구체적 산정 시 비례성 원칙을 고려하는 방식으로 실효성과 비례성의 조화를 추구하고 있다. GDPR(2018.5.25.시행)은 EU 국민의 개인정보를 취급하는 전 세계 기업에 대해 적용되며, 법 위반 시 사안의 성격과 경중에 따라 전 세계 매출액의 4%(중대한 위반이 아닌 경우 2%) 또는 2천만 유로(중대한 위반이 아닌 경우 1천만 유로) 중 높은 금액의 과징금을 부과할 수 있도록 규정하고 있다.[69] 미국은 개인정보에 과한 일반법은 없는 상태이나, FTC 법(Federal Trade Commission Act)에 따라 불공정(unfair) 또는 속이는(deceptive) 행위를 금지하고 있으며, 개인정보 등 금지행위 위반과 관련하여 위반행위에 대해 침해건당 최대 1만 달러의 과징금을 부과할 수 임도록 하고 있다. 중국의 개인정보보호법은 자국민의 개인정보를 처리하는 모든 기업에 적용되며, 중대한 위반사항에 대하여 전년도 매출액의 5% 또는 5천만 위안(약 83억 원) 이하의 과징금을 부과할 수 있도록 규정하고 있다(2021.11.1.시행). 한편, 유엔 역시 인권이사회 특별보고를 통해 한국의 과징금 기준을 전 세계 매출액의 4~5% 이하로 개선할 것을 권고(2021.6월)한 바 있다.[70]

---

67) 대법원 2012.5.10. 선고 2012두1297 판결.
68) GDPR 제83조는 과징금의 부과가 개별 사례에서 효과적(effective)이고 비례적(proportionate)이며, 침해행위 발생에 대한 억지력(dissuasive)이 있도록 해야 한다고 규정하고 있다.
69) GDPR 제83조(과징금): 의무위반에 대한 과징금 부과

일반 위반행위	중대한 위반행위
전 세계 매출액 2% 또는 1천만 유로 중 더 큰 금액	전 세계 매출액 4% 또는 2천만 유로 중 더 큰 금액
• 아동 개인정보 처리규정 의무 위반	• '동의'를 비롯한 개인정보 처리원칙 위반
• 안전조치 미이행	• 민감정보 처리
• 유출통지 미이행	• 정보주체 권리 침해
• 영향평가 미이행	• 국외이전 의무 위반

70) 「유엔 인권이사회 사생활권 특별보고관 방한 결과보고서」(2019.7월 방한)
　　B. Privacy and Data Protection
　　1. (생략) Furthermore, it is also recommended that the PIPC be allowed to impose – and collect the revenue from – administrative fines, which should be set to a maximum of 4%-5% of global turnover of the organisation concerned.

4) 개정 개인정보 보호법의 과징금 제도 개편

종전 개인정보보호법(이하 "종전 법")에 규정되어 있던 세가지 유형의 과징금[71]을 법 제64조의 2 과징금 규정으로 통합하였고, 전체 매출액을 상한설정의 기준으로 하되 비례성 확보를 위한 산정기준을 별도로 규정하였다. 과징금 면제규정을 법률로 상향하였고 납부기간 연장 및 분할 납부 도입 등을 추가하여 과징금 과정 전반에 대하여 정비가 이루어졌다.

(1) 과징금 규정 통합 정비

가명정보 처리 과징금(종전 법 제28조의6)은 신설규정(법 제64조의2) 제5호에 추가하고, 주민번호 유출 과징금(종전 법 제34조의2, 5억 원 이하 정액과징금)은 신설규정(법 제64조의2) 중 개인정보가 유출된 경우로서 안전조치를 다하지 않은 경우에서 가중하여 부과가 가능한 점을 고려하여 별도의 사유로 명시하지 않았다.

구 분	종전 과징금 상한액	개정 과징금 상한액

가명정보 처리
(종전 법 제28조의6)
	전체 매출액의 3% 이하	▶ 전체 매출액의 3% 이하
		
		▶ 매출액 없는 경우
		  20억 원 이하
		
		※ 과징금 규정은 제64조
		  의2로 통합 정비

	매출액 없는 경우 4억 원 또는 자본금 3% 중 큰 금액 이하	
주민번호 유출 (종전 법 제34조의2)	5억 원 이하	
정보통신서비스 특례 (종전 법 제39조의15)	위반행위 관련 매출액의 3% 이하	
	매출액 없는 경우 4억 원 이하	

(2) 과징금 부과대상 확대

과징금 부과대상을 모든 개인정보처리자에게 동일하게 적용하고, 3개 유형의 과징금을 정보통신서비스 특례 과징금 규정(종전 법 제39조의15)을 중심으로 통합하여 동일기준을 적용하도록 하였다. 과징금 부과사유(법 제64조의2 제1항 각 호[72])에 수탁자의 위법행위에 대하여도 그 책

---

71) 우리나라에서 개인정보 보호 분야 과징금은 2008년 6월 13일 정보통신망법 개정을 통해 전기통신사업자에 대하여 '위반행위와 관련한 매출액의 100분의1 이하에 해당하는 금액을 과징금으로 부과하도록 하면서, 개인정보 유출의 경우에는 1억 원 이하의 정액과징금을 신설하면서 본격 도입되었다. 이후, 카드3사 개인정보 유출사건을 계기로 한 2014년 5월 28일 개정으로 개인정보 유출 시 정액과징금을 삭제하고 과징금 부과사유 모두에 대하여 위반행위와 관련한 매출액의 100분의 3 이하에 해당하는 과징금으로 일원화하였다. 수탁자에 대한 관리·감독 소홀 과징금 사유가 추가되었고, 보호조치 위반과 개인정보 유출 간의 인과관계를 삭제하여 '보호조치를 하지 아니하여 유출된 경우'에서 '유출된 경우로서 보호조치를 하지 않은 경우'로 개정되었다.
한편, 개인정보보호법은 2013년 8월 6일 개정(2014년 8월 7일 시행)을 통해 주민등록번호 유출에 대한 5억 원 이하의 정액과징금이 신설되었고, 2020년 법 개정으로 재식별 목적의 가명정보 처리 과징금이 신설되었다.
72) 법 제64조의2 제1항 각 호 중 제5호(제26조제4항에 따른 관리·감독 또는 교육을 소홀히 하여 수탁자가 이 법의

임의 범위 안에서 과징금을 부과할 수 있도록 개정하였다. 2020년 법 개정 이전의 정보통신망법에는 수탁자에 대하여 과태료, 과징금, 행정형벌 규정을 적용하는 내용이 포함되어 있었으나, 2020년 법 개정 시 일반법인 개인정보보호법에 통합되는 과정에서 수탁자에 대한 제재규정이 삭제되어 수탁자에게 책임있는 위법행위에 대하여도 수탁자에 대하여 직접 제재할 수 없는 문제가 있었다. 2023년 법 개정을 통해 수탁자의 법 위반행위에 대하여도 과징금, 과태료, 행정형벌을 부과할 수 있는 체계로 개편되었다.

(3) 부과기준 매출액 변경

정보통신서비스 특례 과징금 부과기준의 상한액 설정 기준 매출액을 종전의 '위반행위 관련 매출액'에서 '전체 매출액'으로 변경하였다.[73] 매출액이 없는 경우의 과징금 상한은 종전의 4억 원에서 20억 원으로 상향 조정하였다.[74]

과징금 상한액을 상향하는 조치와 함께 과징금이 위반행위와 무관하게 산정되어 비례원칙에 반하는 사례가 발생하지 않도록, 실제 과징금을 산정하는 기준이 되는 매출액을 별도로 규정하여 전체 매출액에서 위반행위와 관련이 없는 매출액을 제외한 매출액을 기준으로 과징금을 산정하도록 하였다.[75]

다만, 개인정보처리자가 정당한 사유 없이 매출액 산정자료의 제출을 거부하거나 거짓의 자료를 제출한 경우에는 해당 개인정보처리자의 전체 매출액을 기준으로 산정하되 해당 개인정보처리자 및 비슷한 규모의 개인정보처리자의 개인정보 보유 규모, 재무제표 등 회계자료, 상품·용역의 가격 등 영업현황 자료에 근거하여 매출액을 추정할 수 있도록 하여 매출액 산정자료 제출을 거부하는 경우 과징금이 과소 산정되는 일이 발생하지 않도록 보완하였다.

이러한 부과기준 매출액의 변경은 임직원 중심의 행정형벌을 기업·기관 중심의 경제적 제재로 전환하여 개인정보 보호를 위한 기업·기관의 투자를 유도하고, 국내외 타법과의 정합성을 확보하며, 개인정보를 위법하게 활용한 결과로 발생한 매출액을 객관적으로 산정하기 어려운 점을 고려하여 개인정보처리자가 위반행위와 관련이 없는 매출액을 적극적으로 산정하여 제출하도록 유도할 필요가 있고, 매출액 산정을 위한 자료 제출을 지연하거나 거부할 경우 과징금 과소 산정 및 제재 지연의 문제를 해결하기 위한 것으로 보인다.

규정을 위반한 경우)는 수탁자를 포함하는 것이 성질상 맞지 않아 제외한 것으로 보인다.
73) 정보통신서비스 제공자등에게만 적용하던 형벌규정을 삭제하는 대신 과징금 상한액 기준을 상향하여 형벌을 경제적 제재로 전환하는 개편의 일부로 진행되었다.
74) 공정거래법의 과징금 상한 규정을 참조하여 매출액 산정이 불가능한 경우의 상한액을 20억 원으로 상향 조정하였다.
75) 법 제64조의2 제2항.

(4) 과징금 부과시 고려사항 확대

기업의 재정적 부담능력을 나타내는 객관적 지표인 전체 매출액을 기준으로 상한액을 정하되, 과징금 부과 시에는 위반행위에 상응하는 비례성과 침해 예방에 대한 효과성이 모두 확보될 수 있도록 고려사항을 확대하였다. 종전에는 위반행위의 내용 및 정도, 기간 및 횟수, 취득한 이익의 규모에 한정되어 있던 것을 종전 주민등록번호 유출 과징금의 고려사항과 GDPR의 고려사항을 참고하여 8개 고려사항을 추가하였다. 법률에서 명시적으로 위반행위 자체만이 아니라 '피해의 회복 및 피해 확산 방지 조치 이행 여부'와 같은 위반행위 이후의 노력을 고려사항에 포함한 것은 추가 피해 방지 및 정보주체 보호를 위한 적극적 조치를 유도한다는 측면에서 바람직한 조치로 보인다.

과징금 산정 시 고려요소 비교

종전 규정		개정 규정(현행)
① 위반행위의 내용 및 정도 ② 위반행위의 기간 및 횟수 ③ 위반행위로 인하여 취득한 이익의 규모	+	④ 암호화 등 안전성 확보 조치 이행 노력 ⑤ 개인정보가 분실·도난·유출·위조·변조·훼손된 경우 위반행위와의 관련성 및 분실·도난·유출·위조·변조·훼손의 규모 ⑥ 위반행위로 인한 피해의 회복 및 피해 확산 방지 조치의 이행 여부 ⑦ 개인정보처리자의 업무 형태 및 규모 ⑧ 개인정보처리자가 처리하는 개인정보의 유형과 정보주체에게 미치는 영향 ⑨ 위반행위로 인한 정보주체의 피해 규모 ⑩ 개인정보 보호 인증, 자율적인 보호 활동 등 개인정보 보호를 위한 노력 ⑪ 보호위원회와의 협조 등 위반행위를 시정하기 위한 조치 여부

(5) 과징금 면제사유를 법률에 명시[76)

과징금 상한액 기준 매출액을 전체 매출액으로 변경하면서 법률에 명시적으로 과징금 면제사유를 규정하였다. 지급불능·지급정지 또는 자본잠식 등의 사유로 객관적으로 과징금을 낼

---

76) 법 제64조의2 제5항.

능력이 없다고 인정되는 경우, 본인의 행위가 위법하지 아니한 것으로 잘못 인식할 만한 정당한 사유가 있는 경우, 위반행위의 내용·정도가 경미하거나 산정된 과징금이 소액인 경우, 그 밖에 정보주체에게 피해가 발생하지 아니하였거나 경미한 경우로서 대통령령으로 정하는 사유[77])가 있는 경우에는 과징금을 부과하지 않을 수 있도록 규정하였다.

2. 과징금 부과사유

1) 수집·이용·제공 등 의무를 위반하여 개인정보를 처리한 경우

법 제15조 제1항 각 호[78])의 요건을 충족하지 않은 상태에서 개인정보를 수집·이용한 경우, 법 제17조 제1항 각 호[79])의 요건을 충족하지 않고 개인정보를 제3자에게 제공(공유 포함)한 경우, 법 제18조 제1항과 제2항[80])을 위반하여 개인정보를 목적 외로 이용하거나 제공한 경우, 법

---

77) 시행령 제60조의2(과징금의 산정기준 등) ⑤ 법 제64조의2 제5항 제4호에서 "대통령령으로 정하는 사유가 있는 경우"란 해당 개인정보처리자가 위반행위를 시정하고 보호위원회가 정하여 고시하는 기준에 해당되는 경우를 말한다.
개인정보 보호법 위반에 대한 과징금 부과기준(개인정보보호위원회고시 제2023-3호) 제4조(과징금 부과 여부의 결정) 제2항 제2호: 정보주체에게 피해가 발생하지 아니하였거나 경미한 경우로서 위반행위자가 위반행위를 시정하고 법 제34조에 따른 개인정보 유출 등의 통지·신고를 위반하지 않은 경우

78) 법 제15조 제1항 각 호: 1. 정보주체의 동의를 받은 경우, 2. 법률에 특별한 규정이 있거나 법령상 의무를 준수하기 위하여 불가피한 경우, 3. 공공기관이 법령 등에서 정하는 소관 업무의 수행을 위하여 불가피한 경우, 4. 정보주체와 체결한 계약을 이행하거나 계약을 체결하는 과정에서 정보주체의 요청에 따른 조치를 이행하기 위하여 필요한 경우, 5. 명백히 정보주체 또는 제3자의 급박한 생명, 신체, 재산의 이익을 위하여 필요하다고 인정되는 경우, 6. 개인정보처리자의 정당한 이익을 달성하기 위하여 필요한 경우로서 명백하게 정보주체의 권리보다 우선하는 경우. 이 경우 개인정보처리자의 정당한 이익과 상당한 관련이 있고 합리적인 범위를 초과하지 아니하는 경우에 한한다. 7. 공중위생 등 공공의 안전과 안녕을 위하여 긴급히 필요한 경우

79) 법 제17조 제1항 각 호: 1. 정보주체의 동의를 받은 경우, 2. 제15조제1항제2호, 제3호 및 제5호부터 제7호까지에 따라 개인정보를 수집한 목적 범위에서 개인정보를 제공하는 경우

80) 제18조(개인정보의 목적 외 이용·제공 제한) ① 개인정보처리자는 개인정보를 제15조제1항에 따른 범위를 초과하여 이용하거나 제17조 제1항 및 제28조의8 제1항에 따른 범위를 초과하여 제3자에게 제공하여서는 아니 된다
② 제1항에도 불구하고 개인정보처리자는 다음 각 호의 어느 하나에 해당하는 경우에는 정보주체 또는 제3자의 이익을 부당하게 침해할 우려가 있을 때를 제외하고는 개인정보를 목적 외의 용도로 이용하거나 이를 제3자에게 제공할 수 있다. 다만, 제5호부터 제9호까지에 따른 경우는 공공기관의 경우로 한정한다.
  1. 정보주체로부터 별도의 동의를 받은 경우
  2. 다른 법률에 특별한 규정이 있는 경우
  3. 명백히 정보주체 또는 제3자의 급박한 생명, 신체, 재산의 이익을 위하여 필요하다고 인정되는 경우
  4. 삭제 〈2020. 2. 4.〉
  5. 개인정보를 목적 외의 용도로 이용하거나 이를 제3자에게 제공하지 아니하면 다른 법률에서 정하는 소관 업무를 수행할 수 없는 경우로서 보호위원회의 심의·의결을 거친 경우
  6. 조약, 그 밖의 국제협정의 이행을 위하여 외국정부 또는 국제기구에 제공하기 위하여 필요한 경우
  7. 범죄의 수사와 공소의 제기 및 유지를 위하여 필요한 경우
  8. 법원의 재판업무 수행을 위하여 필요한 경우
  9. 형(刑) 및 감호, 보호처분의 집행을 위하여 필요한 경우
  10. 공중위생 등 공공의 안전과 안녕을 위하여 긴급히 필요한 경우

제19조[81])를 위반하여 제3자로부터 개인정보를 제공받은 자가 정보주체의 별도의 동의 또는 다른 법률의 특별한 규정 없이 제공받은 목적 외로 이용하거나 제3자에게 제공한 경우 과징금 부과사유에 해당한다.

2) 특별한 유형의 개인정보 처리 의무 위반

법 제22조의2 제1항에 따라 만 14세 미만 아동의 개인정보를 처리하기 위하여 이 법에 따른 동의를 받아야 할 때에는 그 법정대리인의 동의를 받아야 하며, 법정대리인의 동의를 받지 아니하고 만 14세 미만인 아동의 개인정보를 처리한 경우에는 과징금 부과사유에 해당한다.

또한, 법 제23조 제1항 제1호를 위반하여 정보주체의 동의를 받지 아니하고 민감정보를 처리한 경우, 법 제24조 제1항과 제24조의2 제1항을 위반하여 고유식별정보 또는 주민등록번호를 처리한 경우 과징금 부과사유에 해당한다. 2023년 법 개정을 통해 과징금 대상 위반행위로 고유식별정보·주민번호 처리 위반이 추가되었다.

3) 위탁자의 수탁자에 대한 관리·감독 또는 교육 소홀

위탁자가 법 제26조 제4항에 따른 관리·감독 또는 교육을 소홀히 하여 수탁자가 이 법의 규정을 위반한 경우 과징금 부과사유에 해당한다. 수탁자는 이 법의 다른 과징금 부과사유에 해당하는 위반행위를 한 경우에는 과징금 부과대상이 될 것이나, 위탁자를 규율하고 있는 규정의 특성에 따라 이 규정의 과징금 부과대상에서는 제외하고 있다.

4) 재식별 목적의 가명정보 처리

법 제28조의5 제1항을 위반하여 특정 개인을 알아보기 위한 목적으로 가명정보를 처리한 경우에는 과징금 부과사유에 해당한다. 2020년 법 개정 시 신설된 과징금 규정(종전 법 제28조의6)으로 2023년 법 개정으로 과징금이 통합되면서 법 제64조의2 제1항 제6호로 추가되었다.

5) 국외 이전 및 중지 명령 위반

법 제28조의8 제1항을 위반하여 개인정보를 국외로 이전한 경우, 법 제28조의9 제1항을 위반하여 국외 이전 중지 명령을 따르지 아니한 경우 과징금 부과사유에 해당한다. 개인정보처리자와 수탁자 외에도 국외에서 이전받는 자도 과징금 부과대상에 포함하고 있다. 2023년 법 개정

---

81) 법 제19조(개인정보를 제공받은 자의 이용·제공 제한) 개인정보처리자로부터 개인정보를 제공받은 자는 다음 각 호의 어느 하나에 해당하는 경우를 제외하고는 개인정보를 제공받은 목적 외의 용도로 이용하거나 이를 제3자에게 제공하여서는 아니 된다.
   1. 정보주체로부터 별도의 동의를 받은 경우
   2. 다른 법률에 특별한 규정이 있는 경우

으로 신설된 국외 이전 중지명령 규정에 따라 위반에 대한 과징금도 함께 신설되었다.

6) 개인정보 유출(안전성 확보에 필요한 조치를 다한 경우 제외)

개인정보처리자가 처리하는 개인정보가 분실·도난·유출·위조·변조·훼손된 경우에 과징금을 부과할 수 있도록 규정하면서, 개인정보가 분실·도난·유출·위조·변조·훼손되지 아니하도록 개인정보처리자가 제29조에 따른 안전성 확보에 필요한 조치를 다한 경우에는 과징금 부과대상에서 제외하고 있다.

2008년 개정 정보통신망법에서 개인정보 유출에 따른 과징금을 도입하면서 "…조치를 아니하여 이용자의 개인정보를 분실·도난·누출·변조 또는 훼손한 경우"로 규정함에 따라 보호조치와 개인정보 유출 간의 인과관계를 입증해야만 1억 원 이하의 정액과징금 부과가 가능하다고 해석되었고, 이에 따라 개인정보 유출 사고가 발생한 경우에도 과징금을 부과하기 어려운 한계가 있었다.

2014년 1월 카드3사 대규모 개인정보 유출 사고를 계기로 2014년 개정 정보통신망법에서는 과징금 상한액을 위반행위 관련 매출액의 3%로 상향하면서 보호조치와 개인정보 유출 간의 인과관계 입증으로 해석될 여지를 차단하고, 보호조치 위반과 개인정보 유출과의 '관련성'이 있다고 판단되는 경우에는 적극적으로 과징금을 부과한 것으로 보인다. 종전 정보통신망법의 개인정보 유출 과징금 규정은 2020년 개인정보보호법 개정으로 개인정보보호법에 편입되었고, 2023년 법 개정 과정에서 종전 규정이 개인정보가 유출되기만 하면 유출과 보호조치 위반과의 관련성이 없어도 과징금을 부과할 수 있는 것으로 해석될 수 있다는 의견을 반영하여 종전 개인정보보호법 주민등록번호 유출 과징금 규정의 단서 규정 형태로 수정되었다. 수정된 규정은 개인정보가 유출된 경우 과징금 부과사유가 되지만, 개인정보가 유출되지 않도록 안전성 확보에 필요한 조치를 다한 경우에는 과징금 부과사유에 해당하지 않음을 명확히 하여 안전조치와 개인정보 유출 간의 관련성이 필요함을 명시하고 있다.

개인정보 유출에 따른 과징금 규정 연혁

정보통신망법 (2008.6.13.개정)	▶ 1억 원 이하의 과징금 ▶ "제28조제1항제2호부터 제5호까지의 조치를 하지 아니하여 이용자의 개인정보를 분실·도난·누출·변조 또는 훼손한 경우"
개인정보보호법 (2013.8.6.개정)	▶ 5억 원 이하의 과징금 ▶ "개인정보처리자가 처리하는 주민등록번호가 분실·도난·유출·변조 또는 훼손된 경우에는 5억 원 이하의 과징금을 부과·징수할 수 있다. 다만, 주민등록번호가 분실·도난·유출·변조 또는 훼손되지 아니하도록 개인정보처리자가 제24조제3항에 따른 안전성 확보에 필요한 조치를 다한 경우에는 그

정보통신망법 (2014.5.28.개정)	러하지 아니하다." ▶ 위반행위 관련 매출액의 100분의 3 이하 과징금 ▶ "이용자의 개인정보를 분실·도난·누출·변조 또는 훼손한 경우로서 제28조 제1항제2호부터 제5호까지의 조치를 하지 아니한 경우"
개인정보보호법 (2023.3.14.개정)	▶ 전체 매출액의 100분의 3 이하 과징금 ▶ "개인정보처리자가 처리하는 개인정보가 분실·도난·유출·위조·변조·훼손 된 경우. 다만, 개인정보가 분실·도난·유출·위조·변조·훼손되지 아니하 도록 개인정보처리자가 제29조(제26조제8항에 따라 준용되는 경우를 포함한 다)에 따른 안전성 확보에 필요한 조치를 다한 경우에는 그러하지 아니하다."

3. 과징금의 산정[82]

1) 과징금 산정단계

개인정보보호법의 과징금은 위반행위의 내용 및 정도, 위반행위의 기간 및 횟수 등 법 제64
조의2 제4항 각 호에서 정하고 있는 11개 사항을 고려하여 위반행위에 상응하는 비례성과 침
해 예방에 대한 효과성이 확보될 수 있도록 산정해야 한다.

기준금액을 산정하고, 1차 조정과 2차 조정을 거친 후 부과 과징금을 결정하는 단계를 순차
적으로 거쳐 산정한다. 과징금을 부과하더라도 전체 매출액의 100분의3 이하의 범위에서 가능
하고, 매출액이 없거나 매출액의 산정이 곤란한 경우로서 ① 영업을 개시하지 않은 경우, ② 영
업을 중단한 경우, ③ 수익사업을 영위하지 않는 등 ① 및 ②에 준하는 경우 중 어느 하나에
해당하는 사유로 영업실적이 없는 경우이거나, 재해 등으로 인하여 매출액 산정자료가 소멸되
거나 훼손되는 등 객관적인 매출액의 산정이 곤란한 경우에 해당하면 20억 원 이하의 범위에서
과징금을 부과할 수 있다.

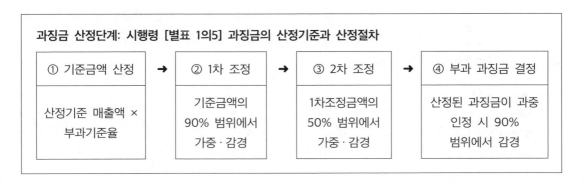

---

82) 개인정보보호법 위반에 대한 과징금 부과기준[개인정보보호위원회고시 제2023-3호, 2023. 9. 15., 제정]에서 세부적
인 기준을 정하고 있다.

2) 기준금액의 산정

> ▶ 기준금액 = (전체 매출액 - 위반행위와 관련 없는 매출액) × 부과기준율
> ※ 매출액이 없거나 산정 곤란한 경우는 중대성에 따라 별도로 정한 금액을 의미

기준금액은 제60조의2 제1항에 따른 전체 매출액에서 같은 조 제3항에 따른 위반행위와 관련이 없는 매출액[83]을 제외한 매출액에 위반행위의 중대성에 따라 다음과 같이 구분된 과징금의 산정비율(이하 "부과기준율")을 곱하여 산출한 금액으로 한다.

다만, 매출액이 없거나 매출액의 산정이 곤란한 경우로서 제60조의2 제2항 각 호의 어느 하나에 해당하는 경우에는 위반행위의 중대성에 따라 기준금액을 다음과 같이 한다.

위반행위의 중대성	부과기준율(정률과징금의 경우)	기준금액(정액과징금의 경우)
매우 중대한 위반행위	2.1% 이상 2.7% 이하	7억 원 이상 18억 원 이하
중대한 위반행위	1.5% 이상 2.1% 미만	2억 원 이상 7억 원 미만
보통 위반행위	0.9% 이상 1.5% 미만	5천만 원 이상 2억 원 미만
약한 위반행위	0.03% 이상 0.9% 미만	5백만 원 이상 5천만 원 미만

위반행위의 중대성은 ① 위반행위의 내용 및 정도, ② 암호화 등 안전성 확보 조치 이행 노력, ③ 개인정보가 분실·도난·유출·위조·변조·훼손된 경우 위반행위와의 관련성 및 분실·도난·유출·위조·변조·훼손의 규모, ④ 개인정보처리자가 처리하는 개인정보의 유형과 정보주체에게 미치는 영향, ⑤ 위반행위로 인한 정보주체의 피해 규모를 종합적으로 고려하여 판단한다.

만일, 개인정보처리자가 정당한 사유 없이 매출액 산정자료의 제출을 거부하거나 거짓의 자료를 제출한 경우에는 해당 개인정보처리자의 전체 매출액을 기준으로 산정하되 재무제표 등에 근거하여 매출액을 추정할 수 있다.

3) 1차 조정

위반행위의 기간 및 횟수, 위반행위로 인하여 취득한 이익의 규모, 개인정보처리자의 업무 형태 및 규모를 고려하여 가목에 따른 기준금액의 100분의 90의 범위에서 보호위원회가 정하

---

[83] 시행령 제60조의2 제3항에 따른 "위반행위와 관련이 없는 매출액"은 전체 매출액 중 1. 개인정보의 처리와 관련이 없는 재화 또는 서비스의 매출액, 2. 제4항에 따라 제출받은 자료 등에 근거하여 보호위원회가 위반행위로 인하여 직접 또는 간접적으로 영향을 받는 재화 또는 서비스의 매출액이 아닌 것으로 인정하는 매출액을 말한다.

여 고시하는 기준에 따라 가중하거나 감경할 수 있다.

4) 2차 조정

① 보호위원회와의 협조 등 위반행위를 시정하기 위한 조치 여부, ② 위반행위로 인한 피해의 회복 및 피해 확산 방지 조치의 이행 여부, ③ 개인정보 보호 인증, 자율적인 보호 활동 등 개인정보 보호를 위한 노력, ④ 위반행위의 주도 여부, ⑤ 위반행위 사실의 자진신고 여부 종합적으로 고려하여 1차 조정을 거친 금액의 100분의 50의 범위에서 보호위원회가 정하여 고시하는 기준에 따라 가중하거나 감경할 수 있다.

5) 부과 과징금의 결정

위반행위자의 현실적인 부담능력, 경제위기 등으로 위반행위자가 속한 시장·산업 여건이 현저하게 변동되거나 지속적으로 악화된 상태인지 여부를 고려하여, 산정된 과징금이 과중하다고 인정되는 경우에는 해당 금액의 100분의 90 범위에서 감경할 수 있다.

법 제64조의2 제5항 각 호에서 정하고 있는 과징금 면제사유에 해당하는 경우에는 과징금을 부과하지 않을 수 있다.

[과징금 면제사유]

1. 지급불능·지급정지 또는 자본잠식 등의 사유로 객관적으로 과징금을 낼 능력이 없다고 인정되는 경우
2. 본인의 행위가 위법하지 아니한 것으로 잘못 인식할 만한 정당한 사유가 있는 경우
3. 위반행위의 내용·정도가 경미하거나 산정된 과징금이 소액인 경우
4. 그 밖에 정보주체에게 피해가 발생하지 아니하였거나 경미한 경우로서 대통령령으로 정하는 사유가 있는 경우
   - ※ 시행령 제60조의2 제5항: 법 제64조의2제5항제4호에서 "대통령령으로 정하는 사유가 있는 경우"란 해당 개인정보처리자가 위반행위를 시정하고 보호위원회가 정하여 고시하는 기준에 해당되는 경우를 말한다.
   - ※ 개인정보 보호법 위반에 대한 과징금 부과기준(개인정보보호위원회고시 제2023-3호) 제4조(과징금 부과 여부의 결정) 제2항 제2호: 정보주체에게 피해가 발생하지 아니하였거나 경미한 경우로서 위반행위자가 위반행위를 시정하고 법 제34조에 따른 개인정보 유출 등의 통지·신고를 위반하지 않은 경우[84]

---

[84] 다만, 같은 고시 제4조 제2항 단서의 규정을 통해, 제4조 제2항 본문에 따라 과징금 부과처분을 받지 않은 자가 그 결정이 있은 날부터 3년 이내에 같은 위반행위를 하는 경우에는 과징금을 부과하도록 규정하고 있다.

4. 과징금의 부과·납부 및 강제징수 등

1) 과징금의 부과 및 납부

보호위원회는 법 제64조의2에 따라 과징금을 부과하려는 경우에는 해당 위반행위를 조사·확인한 후 위반사실·부과금액·이의 제기 방법 및 이의 제기 기간 등을 서면으로 명시하여 과징금 부과대상자에게 통지해야 한다. 통지를 받은 자는 통지를 받은 날부터 30일 이내에 보호위원회가 지정하는 금융기관에 과징금을 납부해야 하고, 과징금의 납부를 받은 금융기관은 과징금을 납부한 자에게 영수증을 발급해야 하며, 금융기관이 과징금을 수납한 때에는 지체없이 그 사실을 보호위원회에 통보해야 한다.

2) 과징금의 납부기한 연기 및 분할 납부

보호위원회는 법 제64조의2 제1항에 따른 과징금의 납부기한을 「행정기본법」 제29조 및 같은 법 시행령 제7조에 따라 연기하는 경우에는 원래 납부기한의 다음 날부터 2년을 초과할 수 없다. 또한, 과징금을 「행정기본법」 제29조 및 같은 법 시행령 제7조에 따라 분할 납부하게 하는 경우에는 각 분할된 납부기한 간의 간격은 6개월을 초과할 수 없으며, 분할 횟수는 6회를 초과할 수 없다.

3) 과징금 미납 시 가산금, 강제징수, 환급가산금 등

보호위원회는 과징금을 내야 할 자가 납부기한까지 이를 내지 아니하면 납부기한의 다음 날부터 내지 아니한 과징금의 연 100분의 6에 해당하는 가산금을 징수한다. 이 경우 가산금을 징수하는 기간은 60개월을 초과하지 못한다. 과징금을 내야 할 자가 납부기한까지 내지 아니한 경우에는 기간을 정하여 독촉하고, 독촉으로 지정한 기간 내에 과징금과 가산금을 내지 아니하면 국세강제징수의 예에 따라 징수한다.

보호위원회는 법원의 판결 등의 사유로 부과된 과징금을 환급하는 경우에는 과징금을 낸 날부터 환급하는 날까지의 기간에 대하여 금융회사 등의 예금이자율 등을 고려하여 대통령령으로 정하는 이자율[85]을 적용하여 계산한 환급가산금을 지급하여야 한다. 다만, 법원의 판결에

---

85) 시행령 제60조의5(환급가산금의 이자율) 법 제64조의2 제9항에서 "대통령령으로 정하는 이자율"이란 「국세기본법 시행령」 제43조의3 제2항 본문에 따른 이자율을 말한다.
    국세기본법 시행령 제43조의3(국세환급가산금) ② 법 제52조 제1항에서 "대통령령으로 정하는 이자율"이란 시중은행의 1년 만기 정기예금 평균 수신금리를 고려하여 기획재정부령으로 정하는 이자율(이하 이 항에서 "기본이자율"이라 한다)을 말한다. 다만, 납세자가 법 제7장에 따른 이의신청, 심사청구, 심판청구, 「감사원법」에 따른 심사청구 또는 「행정소송법」에 따른 소송을 제기하여 그 결정 또는 판결에 따라 세무서장이 국세환급금을 지급하는 경우로서 그 결정 또는 판결이 확정된 날부터 40일 이후에 납세자에게 국세환급금을 지급하는 경우에는 기본이자율의 1.5배에 해당하는 이자율을 적용한다.

따라 과징금 부과처분이 취소되어 그 판결이유에 따라 새로운 과징금을 부과하는 경우에는 당초 납부한 과징금에서 새로 부과하기로 결정한 과징금을 공제한 나머지 금액에 대해서만 환급가산금을 계산하여 지급한다.

5. 과징금 부과 처분의 절차

과징금은 시정조치 명령과 동일하게 행정처분에 해당하므로 「행정절차법」과 「행정기본법」의 관련 절차가 적용되고, 보호위원회가 고시하고 있는 "개인정보 보호위원회의 조사 및 처분에 관한 규정"에 따라 집행이 이루어지고 있으므로 시정조치 명령의 해당 부분을 참고하고 여기서는 생략하기로 한다.

III. 과태료

1. 법체계

1) 「질서위반행위규제법」

「질서위반행위규제법」에서는 과태료의 부과·불복·집행 절차와 귀책사유, 소멸시효, 과태료의 실효성 제고 수단(가산금, 중가산금) 등을 규정하여 과태료의 부과와 징수 절차를 명확히 하고 있으며, 제5조(다른 법률과의 관계)에서는 과태료의 부과·징수, 재판 및 집행 등의 절차에 관한 다른 법률의 규정 중 이 법의 규정에 저촉되는 것은 이 법으로 정하는 바에 따르도록 하고 있다.

「질서위반행위규제법」의 주요 내용[86]

1. 과태료에 관한 일반원칙, 부과, 불복, 집행 절차 등을 규정하는 일반법
- 법률상의 의무를 위반하여 과태료를 부과하는 행위(대통령령으로 정하는 사법상·소송상 의무위반에 따른 과태료 및 대통령령으로 정하는 법률에 따른 징계에 대한 과태료는 제외)를 '질서위반행위'로 정의(제2조)
- 과태료의 부과·징수, 재판 및 집행 등의 절차에 관한 다른 법률의 규정 중 같은 법의 규정에 저촉되는 것은 같은 법으로 정하는 바에 따르도록 함(제5조).

---

86) 법제처, 법령입안심사기준 2021, 593-594면.

2. 질서위반행위의 성립 요건
- 고의·과실을 질서위반행위의 성립 요건으로 규정(제7조)
- 위법성 착오에 정당한 이유가 있는 경우, 14세 미만자 또는 심신장애인의 질서위반행위는 면책 또는 감경(제8조부터 제10조까지)
- 확정된 과태료의 소멸시효를 5년으로 규정(제15조)

3. 과태료 부과·징수 절차
- 과태료 부과 시 사전 통지 및 10일 이상 의견 제출 기회 부여(제16조)
- 과태료 부과의 제척기간: 질서위반행위가 종료한 날부터 5년(제19조)
- 당사자가 60일 이내에 이의를 제기하고 행정청이 이를 법원에 통보하면 과태료 재판이 진행되고, 그 재판절차에 관하여 상세히 규정되어 있으며, 「비송사건절차법」은 일부 규정(관할, 비용, 대리 등)만이 준용되고 있음(제4장)
- 행정청은 법원의 요구가 있거나 법원의 허가를 받으면 재판에 참여 가능(제32조)
- 과태료 재판은 검사의 명령으로 집행하되 그 집행을 행정청에 위탁할 수 있고, 지방자치단체의 장이 위탁받는 경우에는 집행한 과태료를 지방자치단체의 수입이 되도록 함(제42조, 제43조).

4. 과태료의 실효성 제고
- 당사자가 과태료를 자진 납부 시 감경(제18조)
- 행정청에 질서위반행위에 대한 조사권과 공공기관 등에 대한 자료제공요청권 부여(제22조, 제23조)
- 과태료 체납 시 불이익: 가산금 부과, 관허사업 제한, 고액·상습체납자의 경우 신용정보기관에 관련 정보 제공, 30일의 범위 내에서의 감치(제24조, 제52조부터 제54조까지)

2) 개인정보보호법 제75조, 제76조

법 제75조에서는 과태료 금액별 과태료 부과 사유를 규정하고 있으며 5천만 원 이하, 3천만 원 이하, 1천만 원 이하로 차등적 규율을 하고 있다. 시행령에서는 과태료 상한액별 금액에 맞추어 1회-2회-3회 위반 시 과태료 부과 금액을 차등하게 정하고 있으며, 3천만 원 이하의 경우 1회 6백만 원, 2회 1천2백만 원, 3회 2천 4백만 원으로, 1천만 원 이하의 경우는 1회 2백만 원, 2회 4백만 원, 3회 8백만 원으로 규정하고 있다. 3회 위반 시 과태료 금액을 최대금액으로 하지 않은 것은 50% 범위 안에서 가중할 수 있도록 규정하고 있는 점을 고려한 것이다.

2023년 법개정을 통해 종전에는 과태료 부과 여부에 대한 재량이 없던 것을 부과 여부에 대하여도 보호위원회에 재량을 부여하였다. 법 위반행위의 정도가 경미하거나 소액인 경우 등의 사유가 있을 때에는 면제까지 할 수 있도록 개인정보보호법을 개정하였다. 또한, 법 제76조 과태료 특례 규정을 개정하여 법 제64조의2에 따라 과징금을 부과한 행위에 대하여는 과태료를 중복하여 부과할 수 없도록 하여 과태료와 과징금 병과 가능성을 입법적으로 해결하였다.

2. 법적 성질 등

1) 행정질서벌(과태료)과 행정형벌

행정형벌은 행정법상의 의무 위반에 대하여 「형법」상의 벌(예: 사형, 징역, 금고, 자격상실, 벌금 등)을 가하는 처벌을, 행정질서벌은 행정법상의 신고나 등록, 기록의 비치의무 등 행정질서를 유지하기 위하여 요구되는 의무를 위반하는 자에 대하여 가해지는 과태료 등의 처벌을 의미하는 것으로 구분하고 있으나, 구체적으로 어떠한 위반행위에 대하여 행정형벌 또는 행정질서벌로 규율할 것인지는 입법정책적 고려가 작용한다.[87]

> **[헌법재판소 1994.4.28. 선고 91헌바14 전원재판부]**
>
> 어떤 행정법규 위반행위에 대하여 이를 단지 간접적으로 행정상의 질서에 장해를 줄 위험성이 있음에 불과한 경우로 보아 행정질서벌인 과태료를 과할 것인가, 그리고 행정형벌을 과할 경우 그 법정형의 형종과 형량을 어떻게 정할 것인가는 당해 위반행위가 위의 어느 경우에 해당하는가에 대한 법적 판단을 그르친 것이 아닌 한 그 처벌내용을 기본적으로 입법권자가 제반사정을 고려하여 결정할 입법재량에 속하는 문제라 할 수 있다.

2) 행정질서벌(과태료)과 행정형벌 병과가능성 논의

행정질서벌은 원칙적으로 형법총칙의 적용이 없고 목적도 달리하는 것이어서 행정질서벌로 과태료처분을 받은 자에 대해 형벌을 과하는 것은 일사부재리의 원칙에 반하지 않는다고 보는 견해[88], 행정형벌과 행정질서벌은 다 함께 행정벌이므로 동일한 위반행위를 이유로 병과할 수는 없다는 견해[89]가 있다.

헌법재판소는 "동일한 행정상의 위반행위"에 대하여 형벌을 부과하면서 행정질서벌로서의 과태료까지 부과하도록 규정하는 것은 이중처벌금지의 기본정신에 배치되어 국가 입법권의 남용으로 인정될 여지가 있음을 부정할 수 없다고 판시한 바 있다.

> **[헌법재판소 1994.6.30. 선고 92헌바38 전원재판부〔합헌〕(구건축법제56조의2제1항위헌소원)]**
>
> (2) 헌법 제13조 제1항은 "모든 국민은…… 동일한 범죄에 대하여 거듭 처벌받지 아니한다"고 하여 이른바 "이중처벌금지의 원칙"을 규정하고 있는바, 이 원칙은 한번 판결이 확정되면 동일한 사건

---

87) 김성수, 일반행정법, 홍문사, 2014, 553면.
88) 류지태·박종수, 행정법 신론, 박영사, 2019, 418면.
89) 김남진·김연태, 행정법 I, 법문사, 2022, 614면.

에 대해서는 다시 심판할 수 없다는 "일사부재리의 원칙"이 국가형벌권의 기속원리로 헌법상 선언된 것으로서, 동일한 범죄행위에 대하여 국가가 형벌권을 거듭 행사할 수 없도록 함으로써 국민의 기본권 특히 신체의 자유를 보장하기 위한 것이라고 할 수 있다. 이러한 점에서 헌법 제13조 제1항에서 말하는 "처벌"은 원칙적으로 범죄에 대한 국가의 형벌권 실행으로서의 과벌을 의미하는 것이고, 국가가 행하는 일체의 제재나 불이익처분을 모두 그 "처벌"에 포함시킬 수는 없다할 것이다.

다만, 행정질서벌로서의 과태료는 행정상 의무의 위반에 대하여 국가가 일반통치권에 기하여 과하는 제재로서 형벌(특히 행정형벌)과 목적·기능이 중복되는 면이 없지 않으므로, 동일한 행위를 대상으로 하여 형벌을 부과하면서 아울러 행정질서벌로서의 과태료까지 부과한다면 그것은 이중처벌금지의 기본정신에 배치되어 국가 입법권의 남용으로 인정될 여지가 있음을 부정할 수 없다.

(3) 이중처벌금지의 원칙은 처벌 또는 제재가 "동일한 행위"를 대상으로 행해질 때에 적용될 수 있는 것이고, 그 대상이 동일한 행위인지의 여부는 기본적 사실관계가 동일한지 여부에 의하여 가려야 할 것이다.

(중략)

이 사건 규정에 의한 과태료는 형사처벌의 대상이 된 무허가 건축행위와는 별개의 행위인 시정명령 위반의 점에 대하여 부과하는 것이고, 형사처벌과는 별도로 고유의 목적과 기능을 가지며, 시정명령의 위반행위가 무허가 건축행위의 불가벌적 사후행위라고 할 수도 없으므로, 무허가 건축행위로 인하여 형사처벌을 받은 자에 대하여 위법건축물에 대한 시정명령을 하고 그 시정명령 위반에 대하여 이 사건 규정에 의한 과태료를 부과할 수 있도록 하였다 하더라도 그것이 헌법 제13조 제1항에서 금지하는 이중처벌에 해당한다거나 또는 기본권의 본질적 내용을 침해한 것이라고 할 수 없고, 따라서 이 사건 규정은 헌법에 위반되지 아니한다.

3) 고의 또는 과실

과태료는 질서위반행위에 대하여 부과되는 제재의 성격을 갖고 있다. 과거에는 행위자의 고의나 과실 요건이 필요없는 것으로 보았으나,[90] 질서위반행위에 대한 일반법으로 「질서위반행위규제법」이 제정(2007.12.21.)되면서 고의 또는 과실이 없는 질서위반행위는 과태료를 부과하지 않도록 명확히 규정하였다.[91] 이와 함께, 「질서위반행위규제법」에서는 제2장에서 질서위반행위의 성립 등 요건을 형법총칙의 규정과는 별도로 직접 규정[92]하고 있다.

---

90) [대법원 1969.7.29. 자 69마400 결정] 과태료결정에대한재항고
   행정질서벌과 행정형벌은 다같이 행정법령에 위반하는데 대한 제재라는 점에서는 같다하더라도 행정형벌은 그 행정법규 위반이 직접적으로 행정목적과 사회공익을 침해하는 경우에 과하여지는 것이므로 행정형벌을 과하는데 있어서 고의 과실을 필요로 할 것이냐의 여부의 점은 별문제로 하더라도 행정질서벌인 과태료는 직접적으로 행정목적이나 사회공익을 침해하는데 까지는 이르지 않고 다만 간접적으로 행정상의 질서에 장해를 줄 위험성이 있는 정도의 단순한 의무태만에 대한 제재로서 과하여지는데 불과하므로 다른 특별한 규정이 없는 한 원칙적으로 고의 과실을 필요로 하지 아니한다고 해석하여야 할 것이다.

91) 「질서위반행위규제법」 제7조(고의 또는 과실) 고의 또는 과실이 없는 질서위반행위는 과태료를 부과하지 아니한다.

4) 법 적용의 시간적 범위

「질서위반행위규제법」 제3조는 질서위반행위의 성립과 과태료 처분은 원칙적으로 행위 시 법률에 따르되, 질서위반행위가 있은 후 법률의 변경으로 과태료 금액이 감경되거나 부과 대상에서 제외된 경우에는 법률에 특별한 규정이 없는 한 개정된 법을 적용하도록 하였다. 이에 따르면 질서위반행위의 성립과 처분 여부의 판단은 원칙적으로 행위 시 법에 따르게 된다. 다만 질서위반행위 이후 해당 법률이 당사자에게 유리하게 변경된 경우에는 변경된 개정법을 적용하되 개정법이 적용시점을 따로 정한 경우에는 그에 의한다.

[대법원 2017.4.7.자 2016마1626 결정]

질서위반행위규제법은 '질서위반행위의 성립과 과태료 처분은 행위 시의 법률에 따른다' 고 하면서도 (제3조제1항), '질서위반행위 후 법률이 변경되어 그 행위가 질서위반행위에 해당하지 아니하게 되거나 과태료가 변경되기 전의 법률보다 가볍게 된 때에는 법률에 특별한 규정이 없는 한 변경된 법률을 적용한다'고 규정하고 있다(제3조제2항). 따라서 질서위반행위에 대하여 과태료를 부과하는 근거 법령이 개정되어 행위 시의 법률에 의 하면 과태료 부과대상이었지만 재판 시의 법률에 의하면 부과 대상이 아니게 된 때에는 개정 법률의 부칙 등에서 행위 시의 법률을 적용하도록 명시하는 등 특별한 사정이 없는 한 재판 시의 법률을 적용하여야 하므로 과태료를 부과할 수 없다.

2023년 개정법에서 삭제한 과태료 규정의 경우 법 적용의 시간적 범위에 대하여 개정 취지가 질서위반행위로 더 이상 보지 않으려는 취지이거나 과태료 금액이 하향된 경우에는 개정법에 따라야 한다. 다만, 과태료 규정을 삭제한 취지가 해당 위반행위를 과징금으로 전환하기 위한 것인 경우에는 시행령 부칙 규정을 통해 종전 규정을 적용하도록 하였다. 개인정보 처리시 동의를 받을 때 고지사항을 알리지 않은 경우의 과태료는 삭제하였으나 그 취지는 동의받지 않는 등 적법요건을 충족하지 않은 경우 과징금을 확대 강화하기 위한 것인 점을 고려한 것이다.

5) 과태료 부과가 행정소송의 대상이 되는 '처분'인지 여부

과태료 부과에 대해서는 일반적으로 질서위반행위 규제법이 적용되어 그에 따른 불복절차가 따로 존재하므로 과태료 부과 처분은 행정소송의 대상이 되는 처분에 해당하지는 않는다. 과태료 부과에 대하여는 60일 이내에 부과 행정청에 이의를 신청하면 해당 과태료는 효력을 상실하

---

92) 「질서위반행위규제법」 제2장 질서위반행위의 성립 등에서는 질서위반행위 법정주의(제6조), 고의 또는 과실(제7조), 위법성의 착오(제8조), 책임연령(제9조), 심신장애(제10조), 법인의 처리 등(제11조), 다수인의 질서위반행위 가담(제12조), 수개의 질서위반행위의 처리(제13조), 과태료의 산정(제14조), 과태료의 시효(제15조)를 별도로 규정하고 있다.

고 법원에서 비송사건절차법에 따라 약식재판으로 진행되는 별도의 절차가 마련되어 있다. 과태료 부과에 대하여 행정소송을 제기하는 경우 소제기 요건을 충족하지 못해 각하하고 있다.

> **[대법원 2012.10.11. 선고 2011두19369 판결] [시정조치등취소]**
> 수도조례 및 하수도사용조례에 기한 과태료의 부과 여부 및 그 당부는 최종적으로 질서위반행위규제법에 의한 절차에 의하여 판단되어야 한다고 할 것이므로, 그 과태료 부과처분은 행정청을 피고로 하는 행정소송의 대상이 되는 행정처분이라고 볼 수 없다.

3. 2023년 개정 「개인정보 보호법」 주요 내용

1) 과태료 규정 삭제: 시정조치명령 후 불이행 시 과태료 체계로 전환

고정형 영상정보처리기기 설치 시 안내판 표시의무, 손해배상책임 보장 의무, 동의 시 고지 의무 등 위반에 대한 과태료 규정은 삭제하는 대신, 법 위반에 대하여는 먼저 시정조치 명령 후 3천만 원 이하 과태료를 단계적으로 부과하는 체계로 부분적인 개편이 있었다.

2) 과태료 위반횟수별 차등 금액

개인정보 보호책임자(CPO)를 지정하지 않은 경우의 횟수별 과태료 금액을 시행령 개정을 통해 종전의 위반횟수에 관계없이 5백만 원이던 것을 1회 2백만 원, 2회 4백만 원, 3회 8백만 원으로 조정하였다.

3) 부칙 경과조치(시행령)

과태료 부과사유에서 삭제된 사항 중 그 취지가 질서위반행위로 보지 않거나 그 부담을 완화하기 위한 취지가 아니라 과징금 체계로 전환하는 과정에서 삭제한 경우에는 시행령 부칙의 경과조치 규정을 통해 종전규정을 적용하도록 하였다. 개인정보 수집, 법정대리인 동의, 국외이전 처리위탁·보관 미공개, 개인정보 동의 항목 고지 위반의 경우 과태료 규정이 삭제되었더라도 법 시행 전에 한 법 위반에 대해서는 종전의 규정을 적용하도록 하였다.[93]

4) 과태료 부과 특례 개정

주민번호 유출 과징금의 경우에 한정되어 있던 규정을 모든 과징금에 확대 적용하도록 하였다. 이에 따라 동일한 행위에 대하여 과징금과 과태료가 중복적으로 부과되는 사례는 없어질

---

93) 개인정보보호법 시행령 부칙 제2조(과태료 부과에 관한 경과조치).

것으로 보인다. 만일 과태료 부과를 먼저 하고 나중에 과징금을 부과하는 것은 법리적으로는 가능하다는 문제가 발생할 수 있다. 2023년 법개정으로 보호위원회에 과징금, 과태료 부과여부를 결정할 수 있도록 재량권이 확대되었고, 보호위원회 과징금 부과기준 및 과태료 부과지침 규정을 통해 조정할 수 있는 장치를 두고 있어 입법적으로 해결하고 있다.

구분	과태료 규정 개편(2023년 법 개정)

신설	• (§75②10.) 이동형 영상정보처리기기 운영 제한 규정 위반(3천만 원 이하)
	   ※ 이동형 영상정보처리기기 운영 제한 규정(법 제25조의2) 신설에 따른 과태료 신설
	• (§75②19.) 개인정보관리 전문기관 지정받지 아니하고 업무 수행(3천만 원 이하)
	   ※ 개인정보관리 전문기관(제35조의3) 신설에 따른 과태료 신설
	• (§75②22.) 자동화된 결정 대응권 행사에 불응(3천만 원 이하)
	   ※ 자동화된 결정 대응권(제37조의2) 신설에 따른 과태료 신설
	• (§75③1.) 위탁자 동의받지 아니하고 재위탁(2천만 원 이하)
	• (§75④10.) 분쟁조정 자료제출 요구에 불응 또는 거짓 제출(1천만 원 이하)
	• (§75④11.) 분쟁조정 사실조사에 따른 출입·조사·열람을 정당한 사유 없이 거부·방해 또는 기피(1천만 원 이하)
	   ※ 분쟁조정 사실조사권(제45조제2항) 신설에 따른 과태료 신설
	• 수탁자에 대해서도 과태료 규정이 적용되도록 준용규정 추가

삭제	• (§75①1.) 수집·이용 위반(5천만 원 이하)
	• (§75②1.) 수집·이용·제공 동의 시 고지사항 미고지(3천만 원 이하)
	   ⇨ 과징금 전환
	• (§75①2.) 만 14세 미만 아동 법정대리인 미동의(5천만 원 이하)
	   ⇨ 과징금 전환
	• (§75③3.) 정보통신서비스제공자의 국외에 개인정보 처리위탁·보관 시 동의 고지사항 미고지(2천만 원 이하)
	   ⇨ 과징금 전환
	• (§75④3.) 영상정보처리기기 안내판 미설치(1천만 원 이하)
	   ⇨삭제(경미한 위반사항, 소상공인 부담 완화)

강화	• (§75④10.) 자료제출 불응 또는 거짓으로 자료제출(1천만 원 이하)
	   ⇨ (§75②23.) 과태료 상향(3천만 원 이하)
	• (§75④11.) 출입·검사 거부·방해 또는 기피(1천만 원 이하)
	   ⇨ (§75②24.) 과태료 상향(3천만 원 이하)

4. 과태료의 산정

1) 과태료 산정절차

2023년 법 개정을 통해 법 제75조 제5항을 개정하여 대통령령으로 정하는 바에 따라 보호위원회가 과태료를 부과·징수하도록 하면서, 위반행위의 정도·동기·결과, 개인정보처리자의 규모 등을 고려하여 과태료를 감경하거나 면제할 수 있도록 하였다. 과태료의 산정은 위반행위의 횟수에 따른 기준금액에서 가중 또는 감경하여 최종 금액을 산출하는 절차로 이루어진다.

2) 위반행위의 횟수에 따른 부과기준

위반행위의 횟수에 따른 과태료의 가중된 부과기준은 최근 3년간 같은 위반행위로 과태료 부과처분을 받은 경우에 적용한다. 이 경우 기간의 계산은 위반행위에 대하여 과태료 부과처분을 받은 날과 그 처분 후 다시 같은 위반행위를 하여 적발된 날을 기준으로 한다.

3) 감경 또는 면제

보호위원회는 질서위반행위가 다음의 어느 하나에 해당하는 경우에는 과태료 [별표2]의 개별 기준에 따른 과태료 금액을 줄이거나 면제할 수 있다.[94]

과태료 감경 또는 면제 사유(시행령 [별표2] 1. 일반기준)

1) 위반행위가 사소한 부주의나 오류로 인한 것으로 인정되는 경우, 2) 위반의 내용·정도가 경미하다고 인정되는 경우, 3) 위반행위자가 「중소기업기본법」 제2조에 따른 중소기업자인 경우 등 위반행위자의 업무 형태 및 규모에 비해 과중하다고 인정되는 경우, 4) 위반행위자가 법 위반상태를 시정하거나 해소하기 위하여 노력한 것이 인정되는 경우, 5) 위반행위자가 위반행위로 인한 피해의 회복 및 피해 확산 방지 조치를 이행한 경우, 6) 위반행위자가 법 제32조의2에 따른 개인정보 보호 인증을 받거나 자율적인 보호 활동을 하는 등 개인정보 보호를 위하여 노력한 것이 인정되는 경우, 7) 위반행위자가 위반행위 사실을 자진신고한 경우, 8) 그 밖에 위반행위의 정도, 위반행위의 동기와 그 결과 등을 고려하여 과태료 금액을 줄이거나 면제할 필요가 있다고 인정되는 경우

「질서위반행위규제법」에서는 별도의 과태료 감경제도를 두고 있다. 이에 따라, 보호위원회는 당사자가 의견 제출 기한 이내에 과태료를 자진하여 납부하고자 하는 경우에는 대통령령으로 정하는 바에 따라 과태료를 감경할 수 있다. 당사자가 감경된 과태료를 납부한 경우에는 해

---

94) 다만, 시행령 [별표2] 1. 일반기준에서는 체납하고 있는 위반행위자는 감경 또는 면제 대상에서 제외하고 있다.

당 질서위반행위에 대한 과태료 부과 및 징수절차는 종료한다. 자진납부하는 경우 감경할 수 있는 금액은 부과될 과태료의 100분의 20의 범위 이내로 하고, 자진납부 감경과 개인정보보호법 상의 과태료 감경 규정은 중복 적용이 가능하다.

4) 가중

보호위원회는 ① 위반의 내용·정도가 중대하여 정보주체 등에게 미치는 피해가 크다고 인정되는 경우, ② 그 밖에 위반행위의 정도·기간, 위반행위의 동기와 그 결과 등을 고려하여 과태료 금액을 늘릴 필요가 있다고 인정되는 경우에는 [별표2] 개별기준에 따른 과태료의 2분의 1 범위에서 그 금액을 늘려 부과할 수 있다. 다만, 늘려 부과하는 경우에도 법 제75조 제1항부터 제4항까지의 규정에 따른 과태료 금액의 상한을 넘을 수 없다.

5. 과태료의 부과 및 징수

1) 사전통지 및 의견 제출 등(「질서위반행위규제법」 제16조)

보호위원회는 과태료를 부과하고자 하는 때에는 미리 당사자에게 아래의 사항을 포함한 서면으로 통지하고, 10일 이상의 기간을 정하여 의견을 제출할 기회를 주어야 한다. 이 경우 지정된 기일까지 의견 제출이 없는 경우에는 의견이 없는 것으로 본다.

과태료 부과 시 사전통지에 포함해야 할 사항(「질서위반행위규제법」 시행령 제3조 제1항)

1. 당사자의 성명(법인인 경우에는 명칭과 대표자의 성명)과 주소
2. 과태료 부과의 원인이 되는 사실, 과태료 금액 및 적용 법령
3. 과태료를 부과하는 행정청의 명칭과 주소
4. 당사자가 의견을 제출할 수 있다는 사실과 그 제출기한
5. 법 제18조에 따라 자진 납부하는 경우 과태료를 감경받을 수 있다는 사실(감경액이 결정된 경우에는 그 금액을 포함한다)
5의2. 법 제18조제1항에 따라 감경된 과태료를 납부한 경우에는 같은 조 제2항에 따라 과태료 부과 및 징수절차가 종료되어 법 제16조에 따른 의견 제출 및 법 제20조에 따른 이의제기를 할 수 없다는 사실
6. 제2조의2에 따라 과태료를 감경받을 수 있다는 사실(감경액이 결정된 경우에는 그 금액을 포함한다)
7. 그 밖에 과태료 부과에 관하여 필요한 사항

「질서위반행위규제법」상 사전통지 및 의견제출 절차는 「행정절차법」상 의견제출절차를 구체화시킨 것으로서, 과태료 부과를 위한 행정청의 사전통지 시 당사자의 의견제출 절차를 규정

한 「질서위반행위규제법」 제16조는 일반적인 의견제출 절차에 관한 「행정절차법」 제21조 및 제27조의 특별 규정으로 보아야 한다. 따라서 사전통지 및 의견제출을 비롯한 과태료 부과·징수에 관한 모든 절차는 「행정절차법」이 아닌 「질서위반행위규제법」이 우선 적용되어야 하지만, 송달에 관한 「행정절차법」 제14조 등 「질서위반행위규제법」이 규정하지 않고 있는 조항에 대하여는 「질서위반행위규제법」에 반하지 않는 범위 내에서 적용할 수 있다.[95]

2) 과태료의 부과(「질서위반행위규제법」 제17조)

보호위원회는 의견 제출 절차를 마친 후에 서면으로 과태료를 부과하여야 하고, 서면에는 질서위반행위, 과태료 금액, 그 밖에 대통령령으로 정하는 사항을 명시하여야 한다. 과태료 납부기한과 관련하여 「질서위반행위규제법」에서는 별도의 규정을 두고 있지 않으므로 자율적으로 납부기한을 정하여 운영할 수 있으나, 과태료에 대한 이의제기기간(60일)과 일치시켜 운영하는 것이 이의제기기간 경과 전에 납부기간이 경과되어 가산금이 발생하는 등의 절차상의 비효율을 방지할 수 있다.[96]

과태료 부과 고지서(서면)에 포함해야 할 사항(「질서위반행위규제법」 시행령 제4조)

1. 당사자의 성명(법인인 경우에는 명칭과 대표자의 성명)과 주소
2. 과태료 부과의 원인이 되는 사실, 과태료 금액 및 적용법령
3. 과태료를 부과하는 행정청의 명칭과 주소
4. 과태료 납부 기한, 납부 방법 및 수납 기관
5. 과태료를 내지 않으면 다음 각 목의 불이익이 부과될 수 있다는 사실과 그 요건
   가. 법 제24조에 따른 가산금 부과
   나. 법 제52조에 따른 관허사업 제한
   다. 법 제53조제1항에 따른 신용정보 제공
   라. 법 제54조에 따른 감치(監置)
   마. 법 제55조에 따른 자동차 등록번호판의 영치
6. 법 제20조에 따른 이의제기 기간과 방법
7. 그 밖에 과태료 부과에 관하여 필요한 사항

---

3) 과태료 부과의 제척기간(「질서위반행위규제법」 제19조)

보호위원회는 질서위반행위가 종료된 날부터 5년이 경과한 경우에는 해당 질서위반행위에

---

95) 법제처, 「질서위반행위규제법」 해설집, 2022, 84면.
96) 과태료 부과에 대해 이의제기를 하게 되면 과태료 부과처분의 효력이 상실됨으로 인해 가산금 발생, 납부한 과태료 환급 등 절차상 추가적인 업무가 발생하게 된다.

대하여 과태료를 부과할 수 없다. 과태료 부과권한이 장기간 행사되지 않는 경우에는 당사자의 법적 안정성을 보장하기 위해 제척기간 규정을 두고 있다.

4) 과태료 부과에 대한 이의제기 및 법원에의 통보(「질서위반행위규제법」 제20조, 제21조)

보호위원회의 과태료 부과에 불복하는 당사자는 과태료 부과 통지를 받은 날부터 60일 이내에 보호위원회에 서면으로 이의제기를 할 수 있고, 이의제기가 있는 경우에는 보호위원회의 과태료 부과처분은 그 효력을 상실한다.

보호위원회는 이의제기를 받은 경우 이의제기를 받은 날부터 14일 이내에 이에 대한 의견 및 증빙서류를 첨부하여 관할 법원에 통보하여야 한다. 다만, 당사자가 이의제기를 철회한 경우, 당사자의 이의제기에 이유가 있어 과태료를 부과할 필요가 없는 것으로 인정되는 경우에는 통보하지 않을 수 있다.

5) 가산금 징수 및 체납처분(「질서위반행위규제법」 제24조)

보호위원회는 당사자가 납부기한까지 과태료를 납부하지 아니한 때에는 납부기한을 경과한 날부터 체납된 과태료에 대하여 100분의 3에 상당하는 가산금을 징수한다. 체납된 과태료를 납부하지 아니한 때에는 납부기한이 경과한 날부터 매 1개월이 경과할 때마다 체납된 과태료의 1천분의 12에 상당하는 가산금("중가산금")을 가산금에 가산하여 징수한다. 이 경우 중가산금을 가산하여 징수하는 기간은 60개월을 초과하지 못한다. 보호위원회는 당사자가 기한 이내에 이의를 제기하지 아니하고 가산금을 납부하지 아니한 때에는 국세 또는 지방세 체납처분의 예에 따라 징수한다.

6) 결손처분(「질서위반행위규제법」 제24조의4)

보호위원회는 과태료의 소멸시효가 완성된 경우, 체납자의 행방이 분명하지 아니하거나 재산이 없는 등 징수할 수 없다고 인정되는 경우로서 대통령령으로 정하는 경우[97]에는 결손처분을 할 수 있다. 결손처분을 한 후 압류할 수 있는 다른 재산을 발견하였을 때에는 지체 없이 그 처분을 취소하고 체납처분을 하여야 한다. 결손처분을 하려는 경우에는 체납자와 관계가 있다고 인정되는 행정기관에 체납자에 대한 실종선고 사실 또는 재산의 유무를 확인(「전자정부법」

---

[97] 「질서위반행위규제법 시행령」 제7조의5(결손처분) ① 법 제24조의4제1항제2호에서 "대통령령으로 정하는 경우"란 다음 각 호의 어느 하나에 해당하는 경우를 말한다.
 1. 체납자가 행방불명되어 「민법」 제27조에 따른 실종선고를 받아 징수할 수 없다고 인정되는 경우
 2. 체납자가 「채무자 회생 및 파산에 관한 법률」에 따른 파산선고를 받는 등 재산이 없어 징수할 수 없다고 인정되는 경우

제36조 제1항에 따른 행정정보의 공동이용을 통해 조회하여 확인하는 것을 포함한다)해야 한다. 결손처분을 취소했을 때에는 지체 없이 체납자에게 그 취소사실을 통지해야 한다.

7) 과태료의 분할납부나 납부기일의 연기(「질서위반행위규제법」 제24조의3)

과태료 징수유예는 총 1년의 기간 내에서 가능하며, 원칙적으로 9개월의 기간 내에서 가능하나, 1회에 한하여 3개월의 범위에서 연장 가능하다. 징수유예 대상인 과태료에는 체납된 과태료, 가산금, 중가산금, 체납처분비까지 포함되므로 체납처분 중인 경우에도 징수유예가 가능하다. 징수유예는 정식의 과태료 처분 이후에만 가능하며 사전통지 및 자진납부 단계에서는 징수유예를 할 수 없다.[98]

IV. 행정형벌

1. 일반론

1) 의의

행정법 영역에는 행정상 의무불이행에 대한 다양한 강제수단들이 있는데, 그중 다른 불이익을 부과하여 의무이행을 담보하는 간접적 강제수단이 있고, 간접적 강제수단에는 부과하는 불이익의 종류에 따라 ① 「형법」상의 '형벌'을 부과하는 것(행정형벌), ② 「질서위반행위규제법」에 의한 과태료를 부과하는 것(행정질서벌), ③ 이미 부여된 수익적 행정행위를 철회하거나 그 효력을 제한하는 것(등록취소, 영업정지 등), ④ 과징금, 위반 사실의 공표, 공급거부 등 소위 새로운 의무이행 확보수단을 부과하는 것 등이 있다. 이 중 행정형벌은 다른 강제수단이 행정제재인 것과 달리 형벌의 한 종류이다.

2) 행정형벌의 형법총칙 적용문제

「형법」 제8조[99] 본문에 따라 원칙적으로 형법총칙의 규정은 개별 법령에서 규정한 행정형벌에도 적용되지만, 형법 제8조 단서에 따라 특별한 명문규정이 있거나 그 규정의 해석상 다른 특수성이 인정되는 때에는 형법총칙의 규정이 적용되지 않을 수 있다. 형법총칙의 규정 중 고의, 과실, 타인의 행위에 대한 책임문제, 법인의 책임문제, 책임능력, 경합범, 공범, 누범, 형량의 감경문제 등이 이에 해당될 수 있다.[100]

---

98) 법제처, 질서위반행위규제법 해설서 2022, 180면.
99) 「형법」 제8조(총칙의 적용) 본법 총칙은 타법령에 정한 죄에 적용한다. 단, 그 법령에 특별한 규정이 있는 때에는 예외로 한다.
100) 류지태·박종수, 행정법 신론, 박영사, 2019, 417면.

3) 행정형벌과 행정제재의 해석원칙 등 비교

(1) 문제의 제기

개인정보처리자 등이 「개인정보보호법」을 위반할 경우 정보주체에 대한 민사상 손해배상책임을 부담함은 물론, 과태료나 과징금 등 행정제재가 부과될 수 있고, 형사처벌의 대상이 될 수도 있다. 예를 들어 개인정보처리자가 법 제17조 제1항에 위반하여 개인정보를 제3자에게 제공하는 경우 이로 인해 손해를 입은 정보주체는 개인정보처리자에게 손해배상을 청구할 수 있다(법 제39조 제1항). 해당 개인정보처리자는 전체 매출액의 100분의 3을 초과하지 아니하는 범위에서 과징금을 부과될 수 있고(법 제64조의2 제1항 제1호), 5년 이하의 징역 또는 5천만 원 이하의 벌금에 처해질 수 있다(법 제71조 제1호).

거의 동일한 문언으로 구성된 제재조항이기는 하나, 그 책임의 지도이념과 원리 측면에서 사실 인정과 입증책임 및 정도에 관해 특히 행정 재판과 형사 재판에서 위반행위의 해석 등에 있어 실무적으로 어떤 차이가 있을 수 있는지 검토해보기로 한다.

(2) 증명책임

민사소송법 규정이 준용되는 행정소송에서 증명책임은 원칙적으로 민사소송 일반원칙에 따라 당사자 간에 분배되나, 항고소송의 경우에는 그 특성에 따라 처분의 적법성을 주장하는 행정청에게 그 적법사유에 대한 증명책임이 있다(대법원 2016.10.27 선고 2015두42817 판결 등). 형사재판에서 공소가 제기된 범죄사실에 대한 증명책임은 검사에게 있다. 증명책임에 관해서는 실무상 특별한 차이점은 없다.

(3) 제재 근거 조항의 해석 원칙

형벌법규의 해석은 엄격하여야 하고 명문규정의 의미를 피고인에게 불리한 방향으로 지나치게 확장 해석하거나 유추해석하는 것은 죄형법정주의의 원칙에 어긋나는 것으로서 허용되지 않는다. 이러한 법해석의 원리는 그 형벌법규의 적용대상이 행정법규가 규정한 사항을 내용으로 하고 있는 경우에 그 행정법규의 규정을 해석하는 데에도 마찬가지로 적용된다는 것이 판례의 입장이다(대법원 1990.11.27. 선고 90도1516 전원합의체 판결 등). 즉 형벌법규가 동시에 행정처분의 근거규정이 되는 경우 그 문언의 해석은 동일해야 한다.

(4) 증명도

행정재판과 형사재판에서 요구하는 증명도의 차이로 인해 위반행위 여부에 대한 결론이 달라질 수는 있다.

민사소송이나 행정소송에서 사실의 증명은 추호의 의혹도 없어야 한다는 자연과학적 증명이 아니고, 특별한 사정이 없는 한 경험칙에 비추어 모든 증거를 종합적으로 검토하여 볼 때 어떤 사실이 있었다는 점을 시인할 수 있는 고도의 개연성을 증명하는 것이면 충분하다(대법원 2010.10.28. 선고 2008다6755 판결 등 참조). 그리고 그 판정은 통상인이라면 의심을 품지 않을 정도일 것을 필요로 한다(대법원 2000.2.25. 선고 99다65097 판결).[101] 반면, 형사재판에서 범죄사실의 인정은 법관으로 하여금 합리적인 의심을 할 여지가 없을 정도의 확신을 가지게 하는 증명력을 가진 엄격한 증거에 의하여야 하므로, 검사의 입증이 위와 같은 확신을 가지게 하는 정도에 충분히 이르지 못한 경우에는 비록 피고인의 주장이나 변명이 모순되거나 석연치 않은 면이 있는 등 유죄의 의심이 간다고 하더라도 피고인의 이익으로 판단하여야 한다(대법원 2011.4.28. 선고 2010도14487 판결 등).

따라서 형사재판에서 위반행위가 있었다는 점을 합리적 의심을 배제할 정도로 확신하기 어렵다는 이유로 무죄가 선고되었다고 하여 그러한 사정만으로 민사소송이나 행정소송에서 그 위반행위의 존재가 부정되는 것은 아니다(대법원 2015.3.12. 선고 2012다117492 판결). 반면 형사재판에서 위반행위가 있었다고 인정되는 경우라면, 행정소송에서 그 결과를 번복하는 것은 매우 어렵다. 판례도 "원래 민사재판에서는 형사재판의 사실인정에 구속받지 않는다고 할지라도 동일한 사실관계에 관하여 확정된 형사판결이 유죄로 인정한 사실은 유력한 증거자료가 된다 할 것이므로 민사재판에서 제출된 다른 증거들에 비추어 형사판결의 사실판단을 채용하기 어렵다고 인정되는 특별한 사정이 없는 한 이와 반대되는 사실을 인정할 수는 없다."는 입장이다(대법원 1994.1.28. 선고 93다29051 판결).

(5) 주관적 구성요건

행정법규 위반에 대한 제재조치는 행정목적의 달성을 위하여 행정법규 위반이라는 객관적 사실에 착안하여 가하는 제재이므로, 반드시 현실적인 행위자가 아니라도 법령상 책임자로 규정된 자에게 부과되고, 특별한 사정이 없는 한 위반자에게 고의나 과실이 없더라도 부과할 수 있다(대법원 2017.5.11. 선고 2014두8773 판결). 물론 위반자의 의무 해태를 탓할 수 없는 정당한 사유가 있는 경우까지 부과할 수 있는 것은 아니나(대법원 2014.12.24. 선고 2010두6700 판결), 위와 같은 정당한 사유가 인정된 사례는 상당히 드문 편으로 사실상 무과실책임으로 운영되고 있다. 이와 달리 행정상 의무 위반에 대한 행정형벌에서는 「형법」의 원칙에 따라 고의가 있어야 처벌할 수 있다.[102]

---

101) 참고로 판례는 "행정청이 현장조사를 실시하는 과정에서 조사상대방으로부터 구체적인 위반사실을 자인하는 내용의 확인서를 작성받았다면, 그 확인서가 작성자의 의사에 반하여 강제로 작성되었거나 또는 그 내용의 미비 등으로 인하여 구체적인 사실에 대한 증명자료로 삼기 어렵다는 등의 특별한 사정이 없는 한 그 확인서의 증거가 치를 쉽게 부정할 수 없다"는 입장이다(대법원 1994.9.23. 선고 94누3421 판결, 대법원 2002.12.6. 선고 2001두 2560 판결 등 참조).

102) 대법원 2010.2.11. 선고 2009도9807 판결.

2. 2023년 법 개정 주요 내용: 행정형벌의 경제적 제재로의 전환

1) 문제점

① 개인정보 보호법은 동일한 위반행위에 대한 형벌을 공공기관·오프라인 사업자(일반규정)와 정보통신서비스 제공자(특례규정)를 다르게 규정하고 있었다. 이는 2020년 데이터 3법 개정 시 정보통신망법의 개인정보 규정을 개인정보 보호법에 특례 형태로 물리적으로 편입함에 따른 결과였으며, '동일행위-동일규제 원칙'에 따라 형벌규정 정비가 요구되었다. ② 개인정보 보호법은 기업 등 법인을 규율하고 있으나, 형벌의 특성상 자연인인 임직원이 대상이고 기업 등 법인은 벌금(최대 7천만 원)만 부과되는 문제가 있었다. 기업 등 법인의 경우 경제적 제재가 미미하여 조직 차원의 투자 유인이 낮고, 임직원의 개인정보취급자 업무 기피 원인이 되었다.

2) 주요 개정사항

개인정보 보호의 책임을 담당자 개인에 대한 형벌 중심에서, 기업에 대한 경제적 책임으로 전환하여 기업 차원의 개인정보 보호 투자를 유도한다는 방향에 맞추어 개정되었다.

① '동일행위-동일규제 원칙'에 맞게 정보통신서비스 특례규정을 정비하고, 일반규정의 기준에 따라 형벌규정을 일원화하였다. ② 기업 등 법인에 대하여는 책임성 강화를 위해 과징금 부과대상과 상한액을 확대하고, 임직원(개인정보취급자)의 경우 기업 등 법인(개인정보처리자)의 의무에 적용되는 형벌은 완화하는 대신 법 제59조의 금지행위를 확대하였다.

위반 행위	종전 규정		개정 규정(현행) (모든 개인정보처리자로 확대)
	일반규정(공공·오프라인)	정보통신서비스 특례(온라인)	
수집·이용 동의	• 과태료(5천만 원 이하)	• 형벌(5년 이하 징역 또는 5천만 원 이하 벌금) • 과징금(관련 매출액 3% 이하)	• 〈형벌 삭제 → 과징금 확대〉 • 과징금(전체 매출액 3% 이하)
제3자 제공 동의	• 형벌(5년 이하 징역 또는 5천만 원 이하 벌금)	• 형벌(5년 이하 징역 또는 5천만 원 이하 벌금) • 과징금(관련 매출액 3% 이하)	• 〈형벌 유지 + 과징금 확대〉 • 형벌(5년 이하 징역 또는 5천만 원 이하 벌금) ※ 동의확인 의무위반: 형벌삭제 • 과징금(전체 매출액 3%
목적 외 이용·제공	• 형벌(5년 이하 징역 또는 5천만 원 이하 벌금)		
만14세 미만 아동	• 과태료(5천만 원 이하)		

민감정보 처리	• **형벌**(5년 이하 징역 또는 5천만 원 이하 벌금)		이하)
개인정보 파기	• **과태료**(3천만 원 이하)	• **형벌**(2년 이하 징역 또는 2천만 원 이하 벌금)	• <u>〈형벌 삭제 → 과태료로 일원화〉</u> • 과태료(3천만 원 이하)
정정·삭제/처리정지 미조치 후 이용·제공	• **형벌**(2년 이하 징역 또는 2천만 원 이하 벌금)	• **형벌**(5년 이하 징역 또는 5천만 원 이하 벌금)	• <u>〈형벌 완화 + 과징금 신설〉</u> • 형벌(2년 이하 징역 또는 2천만 원 이하 벌금) • 과징금(전체 매출액 3% 이하)
보호조치 위반 + 개인정보 유출	• **형벌**(2년 이하 징역 또는 2천만 원 이하 벌금)	• **형벌**(2년 이하 징역 또는 2천만 원 이하 벌금) • **과징금**(관련 매출액 3% 이하)	• <u>〈형벌 삭제 → 과징금 확대〉</u> • 과징금(전체 매출액 3% 이하)

3) 범죄 후 형의 폐지 등으로 인한 법적용

2023년 법 개정으로 인해 행정형벌 상당수가 폐지되었다. 예를 들어 안전성 확보조치 의무위반으로 인한 개인정보의 유출 등의 처벌조항이 폐지되었는데, 만약 유출 등의 행위가 법 시행전인 2023.9.15. 이전에 이루어진 경우라면 어느 법이 적용되어야 하는지 문제될 수 있다.

범죄의 성립과 처벌은 행위 시의 법률에 따르지만, 범죄 후 법률이 변경되어 그 행위가 범죄를 구성하지 않으면 신법에 따른다(형법 제1조 제2항). 기존 판례는 이 조항을 해석함에 있어 법령 변경의 동기가 종래의 처벌 자체가 부당했다거나 과형이 과중했다는 반성적 고려인 경우인 때에만 신법을 적용하는 이른바 '동기설'을 취하고 있었으나, 최근 대법원 전원합의체 판결로 이를 폐기하였다.[103] 따라서 이 경우 범죄 후 법령 개폐로 형이 폐지되었으므로, 개정법에 따라 형사처벌의 대상에서 제외된다.

---

103) 대법원 2022.12.22. 선고 2020도16420 전원합의체 판결 "범죄 후 법률이 변경되어 그 행위가 범죄를 구성하지 아니하게 되거나 형이 구법보다 가벼워진 경우에는 신법에 따라야 하고(형법 제1조 제2항), 범죄 후의 법령 개폐로 형이 폐지되었을 때는 판결로써 면소의 선고를 하여야 한다(형사소송법 제326조 제4호). 이러한 형법 제1조 제2항과 형사소송법 제326조 제4호의 규정은 입법자가 법령의 변경 이후에도 종전 법령 위반행위에 대한 형사처벌을 유지한다는 내용의 경과규정을 따로 두지 않는 한 그대로 적용되어야 한다. 따라서 범죄의 성립과 처벌에 관하여 규정한 형벌법규 자체 또는 그로부터 수권 내지 위임을 받은 법령의 변경에 따라 범죄를 구성하지 아니하게 되거나 형이 가벼워진 경우에는, 종전 법령이 범죄로 정하여 처벌한 것이 부당하였다거나 과형이 과중하였다는 반성적 고려에 따라 변경된 것인지 여부를 따지지 않고 원칙적으로 형법 제1조 제2항과 형사소송법 제326조 제4호가 적용된다.

3. 벌칙 조문별 검토

이 법은 보호법익의 중요성, 예상되는 피해 규모 및 사회적 비용 등에 따라 4단계로 위반행위를 나누어 법 위반자들에 대해 형벌을 규정하고 있다.

1) 법 제70조(벌칙): 10년 이하 징역 또는 1억 원 이하 벌금

조문	위반행위
제70조	1. 공공기관의 개인정보 처리업무를 방해할 목적으로 공공기관에서 처리하고 있는 개인정보를 변경하거나 말소하여 공공기관의 업무 수행의 중단·마비 등 심각한 지장을 초래한 자
	2. 거짓이나 그 밖의 부정한 수단이나 방법으로 다른 사람이 처리하고 있는 개인정보를 취득한 후 이를 영리 또는 부정한 목적으로 제3자에게 제공한 자와 이를 교사·알선한 자

법 제70조는 가장 형량이 높은 위반행위를 규정하고 있다.

제1호는 정보주체에 대한 직접적인 권익 침해보다는 공공기관의 기능을 보호하고 원활한 업무수행을 위함에 있다는 점에서 다른 위반행위와 차별점을 가진다. 주관적 구성요건으로서 고의 외에 공공기관의 개인정보 처리업무를 방해할 목적이 있어야 한다.

제2호는 '거짓이나 그 밖의 부정한 수단이나 방법'으로 '다른 사람이 처리한 개인정보를 취득한 후'에 이를 '영리 또는 부정한 목적'으로 제3자에게 제공하여야 한다. 제1호와 마찬가지로 고의 외에 '영리 또는 부정한 목적'이 있어야 한다.

2) 법 제71조(벌칙): 5년 이하 징역 또는 5천만 원 이하 벌금

조문	위반행위
제71조	1. 정보주체의 동의를 받지 아니하고 개인정보를 제3자에게 제공한 개인정보처리자 및 그 사정을 알면서도 개인정보를 제공받은 자
	2. 목적 외로 개인정보를 이용하거나 제3자에게 제공한 개인정보처리자, 이전 당시의 본래 목적을 넘어 개인정보를 이용하거나 제3자에게 제공한 영업양수자, 통계작성, 과학적 연구, 공익적 기록 외의 목적으로 정보주체의 동의 없이 가명정보를 처리하거나, 특정 개인을 알아보기 위해 사용될 수 있는 정보를 포함하여 제3자에게 가명정보를 제공한 개인정보처리자, 개인정보를 제공받은 목적 외로 이용하거나 제3자에게 제공한 자, 위탁받은 업무 범위를 초과하여 개인정보를 이용하거나 제3자에게 제공한 수탁자 및 각 그 사정을 알면서도 영리 또는 부정한 목적으로 개인

정보를 제공받은 자
3. 법정대리인의 동의를 받지 아니하고 만 14세 미만인 아동의 개인정보를 처리한 개인정보처리자
4. 민감정보 처리 제한 규정을 위반하여 민감정보를 처리한 개인정보처리자
5. 고유식별정보 처리 제한 규정을 위반하여 고유식별정보를 처리한 개인정보처리자
6. 보호위원회 또는 관계 중앙행정기관의 장으로부터 전문기관으로 지정받지 아니하고 가명정보를 결합한 자
7. 전문기관의 장의 승인을 받지 아니하고 결합을 수행한 기관 외부로 결합된 정보를 반출하거나 이를 제3자에게 제공한 개인정보처리자 및 그 사정을 알면서도 영리 또는 부정한 목적으로 결합된 정보를 제공받은 자
8. 특정 개인을 알아보기 위한 목적으로 가명정보를 처리한 개인정보처리자
9. 업무상 알게 된 개인정보를 누설하거나 권한 없이 다른 사람이 이용하도록 제공한 자 및 그 사정을 알면서도 영리 또는 부정한 목적으로 개인정보를 제공받은 자
10. 정당한 권한 없이 또는 허용된 권한을 초과하여 다른 사람의 개인정보를 이용, 훼손, 멸실, 변경, 위조 또는 유출한 자

제71조 각 호의 경우 법에서 정한 준수사항을 위반한 자에 대한 처벌규정인데, 처벌의 근거가 되는 조문 부분에서 이미 설명을 하였으므로, 자세한 언급은 생략하기로 한다.

원칙적으로 이 조항에 따른 수범자는 개인정보처리자이나, 법상 금지행위 위반 등(법 제71조 제9호 및 제10호) 예외적으로 개인정보처리자에 한정하지 않은 위반행위도 있다. 양벌규정 편에서 살펴보겠지만, 판례는 양벌규정을 행위자를 처벌하는 1차적 근거로 해석하고 있으므로, 개인정보를 실제 처리한 자에게도 제74조 제2항의 양벌규정에 따른 처벌이 가능하다. 따라서 실무상 수범자를 개인정보처리자로 한정한 위반행위와 다른 위반행위를 구분하여 검토할 실익은 크지 않다.

2023년 법개정을 통해 형사처벌조항도 일부 정비되었다. 제71조의 경우 구법에 있었던 정보통신서비스 제공자에게 적용되던 동의 없는 개인정보 수집 위반·14세 미만 아동 법정대리인 동의 확인 의무 위반 등의 처벌조항이 삭제되었다. 정보통신서비스 제공자의 정보주체의 정정·삭제 요구 미조치 후 이용·제공 관련 위반행위는 일반 개인정보처리자의 위반행위와 일원화되어 제73조에서 규율한다. 한편, 법정대리인의 동의를 받지 아니하고 만 14세 미만인 아동의 개인정보를 처리한 개인정보처리자, 위탁업무 범위를 초과하여 개인정보를 처리한 수탁자에 대한 처벌조항이 도입되었고, 업무상 알게 된 개인정보를 사적으로 이용하는 행위에 대한 처벌조항도 추가되었다.

제2호와 관련하여 대학수학능력시험 감독관이 응시원서에 기재된 정보주체의 연락처를 이용하여 카카오톡으로 사적 메시지를 보낸 행위가 문제된 바 있다. 1심은 이 감독관은 개인정보취급자에 불과하므로, 법 제19조의 '개인정보처리자로부터 개인정보를 제공받은 자'에 해당한다고 볼 수 없다는 취지로 무죄를 선고하였다. 그러나 항소심은 "공공기관이 법령 등에서 정하는 소관 업무의 수행을 위하여 개인정보를 다른 사람에게 전달하는 행위는 개인정보의 제공에 당연히 포섭된다"며 이 감독관은 법 제19조의 '개인정보를 제공받은 자'에 해당하고, 해당 감독관의 카카오톡 메시지 발송 행위는 목적외 이용 행위에 해당한다고 판시하였다.[104] 입법의 미비를 체계적 법률해석을 통해 보완하려는 시도로 보이나 법령에 따른 업무를 위촉받아 수행하는 자가 법 제19조의 '개인정보를 제공받은 자'에 해당한다는 해석은 다소 무리라고 보여진다.[105] 다만, 앞서 본 바와 같이 개정법은 개인정보취급자의 권한 없는 이용행위 및 위탁업무 목적 외의 처리업무를 금지하는 처벌조항을 도입하였으므로, 처벌의 공백은 입법적으로 보완되었다고 볼 수 있다.

3) 법 제72조(벌칙): 3년 이하 징역 또는 3천만 원 이하 벌금

조문	위반행위
제72조	1. 고정형 영상정보처리기기의 설치 목적과 다른 목적으로 고정형 영상정보처리기기를 임의로 조작하거나 다른 곳을 비추는 자 또는 녹음기능을 사용한 고정형영상정보처리기기운영자
	2. 거짓이나 그 밖의 부정한 수단이나 방법으로 개인정보를 취득하거나 개인정보 처리에 관한 동의를 받는 행위를 한 자 및 그 사정을 알면서도 영리 또는 부정한 목적으로 개인정보를 제공받은 자
	3. 비밀유지 등 조항에 위반하여 직무상 알게 된 비밀을 누설하거나 직무상 목적 외에 이용한 자

제2호의 경우 금지행위 부분에서 언급한 바와 같이 이른바 '경품응모권 1mm 고지 사건'에서 문제된 바 있다. 이 사건에서 대법원은 "거짓이나 그 밖의 부정한 수단이나 방법으로 개인정보를 취득하거나 그 처리에 관한 동의를 받았는지 여부를 판단함에 있어서는 개인정보처리자가 그에 관한 동의를 받는 행위 그 자체만을 분리하여 개별적으로 판단하여서는 안 되고, 개인정보처리자가 개인정보를 취득하거나 처리에 관한 동의를 받게 된 전 과정을 살펴보아 거기에서 드러난 개인정보 수집 등의 동기와 목적, 수집 목적과 수집 대상인 개인정보의 관련성, 수집 등

---

104) 서울중앙지방법원 2020.10.15. 선고 2019노4259 판결.
105) 강태욱, 온주 개인정보보호법 제71조 부분.

을 위하여 사용한 구체적인 방법, 개인정보 보호법 등 관련 법령을 준수하였는지 여부 및 취득한 개인정보의 내용과 규모, 특히 민감정보·고유식별정보 등의 포함 여부 등을 종합적으로 고려하여 사회통념에 따라 판단하여야 한다"고 판시한 바 있다.[106]

4) 법 제73조(벌칙): 2년 이하 징역 또는 2천만 원 이하 벌금

조문	위반행위
제73조	1. 정보주체의 요구에 따라 정정·삭제 등 필요한 조치를 하지 아니하고 개인정보를 계속 이용하거나 이를 제3자에게 제공한 개인정보처리자
	2. 정보주체의 요구에 따라 개인정보의 처리를 정지하지 아니하고 개인정보를 계속 이용하거나 제3자에게 제공한 개인정보처리자
	3. 국내외에서 정당한 이유 없이 제39조의4에 따른 비밀유지명령을 위반한 자
	4. 보호위원회의 자료제출요구에 대하여 법 위반사항을 은폐 또는 축소할 목적으로 자료제출을 거부하거나 거짓의 자료를 제출한 개인정보처리자
	5. 보호위원회 소속 공무원 출입·검사 시 자료의 은닉·폐기, 접근 거부 또는 위조·변조 등을 통하여 조사를 거부·방해 또는 기피한 자

2023년 법 개정을 통해 종전 법 제73조에 있던 안전성 확보조치 의무 위반으로 인한 개인정보의 분실·도난·유출·변조·훼손 등의 처벌조항이 삭제되었다. 과징금 조항의 강화와 함께 형벌 중심의 제재를 경제 제재 중심으로 전환한 것으로 평가된다. 정보통신서비스제공자의 파기의무 위반 등의 처벌조항도 과도한 것으로 보아 삭제되었다.

보호위원회의 자료제출 요구에 대한 거부 등이나 조사 거부 등의 행위에 대한 형사처벌 조항이 신설되었다. 법 제39조의4에 따른 비밀유지명령을 위반한 행위에 대한 형사처벌 조항도 도입되었는데, 이는 비밀유지명령을 신청한 자의 고소가 필요한 친고죄이다(법 제74조 제2항).

4. 양벌규정

1) 취지

법인의 대표자나 법인 또는 개인의 대리인, 사용인, 그 밖의 종업원이 그 법인 또는 개인의 업무에 관하여 법 제70조 내지 제73조에 해당하는 위반행위를 하면 그 행위자를 벌하는 외에 그 법인 또는 개인에 대해서도 벌금을 과한다(법 제74조 제1항). 즉 법에 정해진 형사벌의 행위

---

106) 대법원 2017.4.7. 선고 2016도13263 판결 참조.

자를 벌하는 외에 행위자가 소속된 법인 등에 대하여도 그 위반행위에 대하여 책임이 있는 경우 처벌이 가능하도록 양벌규정을 도입하고 있다.

2) 양벌규정의 실제 적용범위

개인정보호법이 규정하는 대부분의 의무는 개인정보처리자에게 부과된다. 법 제3장, 제4장에서 규정하는 개인정보의 수집 이용, 제3자 제공 및 처리제한, 가명정보처리, 안전관리 등에 관한 수범자는 개인정보처리자이므로, 이 규정을 위반하여 벌칙 등 제재를 받는 대상 역시 개인정보처리자에 국한되는 것이 원칙이다.

요컨대, 개인정보처리자의 처벌을 규정한 개인정보보호법상 형사처벌조항 중 상당수(법 제71조 제1호 내지 제8호, 법 제73조 각호)는 대부분 개인정보처리자라는 신분범을 전제로 한다. 이 경우 특정한 행위자인 자연인은 개인정보취급자일 수는 있어도 개인정보처리자에는 해당하지 아니한다.

양벌규정 역시 법 제70조, 법 제71조 제9호 내지 제10호, 법 제72조에 해당하는 경우에는 그 적용의 이견이 없을 것이나, 그 이외의 위반행위에도 양벌 규정이 실제로 적용될 수 있을지는 논란이 있다.[107]

3) 법인의 사용인

법인의 대표자나 법인 또는 개인의 대리인, 사용인, 그 밖의 종업원 등 법인의 사용인에는 법인과 정식 고용계약이 체결되어 근무하는 자뿐만 아니라 그 법인의 업무를 직접 또는 간접으로 수행하면서 법인의 통제ㆍ감독 하에 있는 자도 포함된다.[108] 개인정보 처리수탁자도 마찬가지이다.[109]

4) 업무관련성

양벌규정이 적용되려면 '그 법인 또는 개인의 업무에 관하여', 즉 업무관련성이 인정되어야 한다. 법인의 형사처벌은 「형법」상 행위자책임 원칙에 대한 예외로서, 현행 「형법」도 법인의 처벌은 법률상 특별규정이 있는 경우에 한하여 정책적으로 인정하는 입장에 입각하고 있음에 비추어, 손해의 공평한 분담이라고 하는 이념을 실현하기 위하여 인정되는 민사상 사용자 책임의 경우와는 달리 엄격하게 해석함이 타당하다.[110]

사용인의 범칙행위에 의하여 법인을 처벌하기 위한 요건으로서 '법인의 업무에 관하여' 행한

---

107) 강태욱, 온주 개인정보보호법 제74조 부분.
108) 대법원 2012.9.13. 선고 2012도8676 판결, 대법원 2012.5.24. 선고 2011도11391 판결 등 참조.
109) 수원지방법원 2005.7.29. 선고 2005고합160 판결.
110) 대법원 1983.3.22. 선고 80도1591 판결.

것으로 보기 위해서는 객관적으로 법인의 업무를 위하여 하는 것으로 인정할 수 있는 행위가 있어야 하고, 주관적으로는 사용인이 법인의 업무를 위하여 한다는 의사를 가지고 행위함을 요한다. '업무관련성'을 판단함에 있어서는 법인의 적법한 업무의 범위, 사용인의 직책이나 직위, 사용인의 범법행위와 법인의 적법한 업무 사이의 관련성, 사용인이 행한 범법행위의 동기와 사후처리, 사용인의 범법행위에 대한 법인의 인식 여부 또는 관여 정도, 사용인이 범법행위에 사용한 자금의 출처와 그로 인한 손익의 귀속 여하 등 여러 사정을 심리하여 결정하여야 한다.[111]

업무관련성이 문제된 사례로 대표적인 것이 이른바 카드3사 개인정보 유출 사고이다.

이 사건은 카드회사를 위해 FDS(부정사용 탐지시스템)을 개발하던 외주업체 직원이 접근권한을 남용해 카드사 고객정보를 취득하여 제3자에게 무단 제공한 사안이었다. 당시 서울고등법원은 외주업체 직원의 고객 개인정보 유출행위는 "고의적인 범죄행위"로서, "객관적 외형상으로 피고인 회사들의 업무를 위하여 한 것이라고 볼 수 없고, 주관적으로도 피고인 회사들을 위하여 한다는 의사를 가지고 고객 개인정보를 유출하였다고 볼 수 없다"는 이유로 업무관련성을 부정하였고,[112] 이는 대법원에서 확정되었다.[113]

5) 면책사유

법인 또는 개인이 그 위반행위를 방지하기 위하여 해당 업무에 관하여 상당한 주의와 감독을 게을리하지 아니한 경우에는 법인 등이 처벌되지 않는다(법 제74조 제1항 단서).

즉 위반행위가 발생한 그 업무와 관련하여 법인이 상당한 주의 또는 관리·감독 의무를 게을리한 과실로 인하여 처벌되는 것이라 할 수 있다.

판례는 "형벌의 자기책임원칙에 비추어 보면 위반행위가 발생한 그 업무와 관련하여 법인이 상당한 주의 또는 관리감독 의무를 게을리한 때에 한하여 위 양벌조항이 적용된다고 봄이 상당하며, 구체적인 사안에서 법인이 상당한 주의 또는 감독을 게을리하였는지 여부는 당해 위반행위와 관련된 모든 사정, 즉 당해 법률의 입법취지, 처벌조항 위반으로 예상되는 법익 침해의 정도, 위반행위에 관하여 양벌규정을 마련한 취지 등은 물론 위반행위의 구체적인 모습과 그로 인하여 실제 야기된 피해 또는 결과의 정도, 법인의 영업 규모 및 행위자에 대한 감독가능성이나 구체적인 지휘·감독 관계, 법인이 위반행위 방지를 위하여 실제 행한 조치 등을 전체적으로 종합하여 판단하여야 한다"고 면책사유 유무에 대한 판단 기준을 제시하였다.[114]

---

111) 대법원 1997.2.14. 선고 96도2699 판결, 대법원 2006.6.15. 선고 2004도1639 판결 등.
112) 서울고등법원 2020.1.31. 선고 2016노2150 판결.
113) 대법원 2020.8.27. 선고 2020도2432 판결.
114) 대법원 2010.4.15. 선고 2009도9624 판결, 대법원 2010.12.9. 선고 2010도12069 판결 등.

6) 양벌규정을 통한 수범자의 확장 문제

양벌규정은 행위자가 처벌됨을 전제로 행위자를 고용한 법인 등 사용인을 함께 처벌하는 것에 취지가 있으나, 대법원은 예전부터 행위자를 처벌하는 1차적 근거로 해석하기도 하였다.

대법원은 1999년 전원합의체 판결을 통해 "벌칙규정에 선행하는 의무규정 또는 금지규정에서 적용대상자를 '업무주 등'으로 한정하거나 벌칙규정에서 비로서 적용대상자를 '업무주 등'으로 한정하는 경우 벌칙규정에 이어지는 양벌규정은 업무주 등 적용대상자가 아니면서 당해 업무를 실제로 집행하는 자가 있는 때에 벌칙 규정의 실효성을 확보하기 위하여 그 적용대상자를 당해 업무를 실제로 집행하는 자에게까지 확장함으로써 그러한 자가 당해 업무집행과 관련하여 벌칙규정의 위반행위를 한 경우 양벌규정에 의하여 처벌할 수 있도록 한 행위자의 처벌규정임과 동시에 그 위반행위의 이익귀속주체인 업무주 등 적용대상자에 대한 처벌규정"이라고 입장을 확고히 견지해왔다.[115]

개인정보보호법 위반이 문제된 사례에서도 마찬가지의 판단이 있었다.

경찰공무원이 사적 목적으로 특정인의 지명수배 자료를 무단으로 열람한 것이 문제된 사건에서, 1심은 피고인이 '개인정보처리자'로서 개인정보를 목적 외로 이용하였다고 보았다.[116]

반면 항소심은 "피고인이 개인정보처리자가 아닌 개인정보취급자로서 직접적으로 법 제71조 제2호의 적용대상자가 될 수 없다고 보았으나, 양벌규정을 통한 수범자의 확장해석을 통해 개인정보취급자도 형사처벌이 가능하다고 보았다. "같은 법 제74조 제2항은 '법인의 대표자나 법인 또는 개인의 대리인, 사용인, 그 밖의 종업원이 그 법인 또는 개인의 업무에 관하여 제71조부터 제73조까지의 어느 하나에 해당하는 위반행위를 하면 그 행위자를 벌하는 외에 그 법인 또는 개인에게도 해당 조문의 벌금을 과한다'고 규정하고 있어 자신의 개인적인 목적을 위하여 피해자에 대한 지명수배자료를 열람한 피고인은 비록 개인정보처리자는 아니나 '당해 업무를 실제로 집행하는 자'로서 위 양벌규정에 의하여 처벌범위가 확장되어 같은 법 제71조 제2호의 적용대상자가 된다."고 판단하였다.[117] 대법원은 항소심 판단이 정당하다고 보았다.[118] 즉 개인정보처리자라는 신분범의 성격상 법 제71조 제2호에 따른 직접적인 처벌은 어렵지만, 법 제74조 제2항의 양벌규정에 따른 처벌은 가능하다는 것이다.

---

115) 대법원 1999.7.15. 선고 95도2870 전원합의체판결. 다만 당시 이에 대해서는 "그 소정의 '행위자를 벌하는 외에'라고만 규정하여 그 규정에서 행위자 처벌을 새로이 정한 것인지 여부가 명확하지 않음에도 불구하고 형사처벌의 근거 규정이 된다고 해석하는 것은 죄형법정주의의 원칙에 배치되는 온당치 못한 해석"이라는 반대의견이 있었다. 사견으로는 입법의 흠결을 합목적적 해석론으로 메울 필요가 있다고 하더라도 입법자가 예정한 범위를 넘어 처벌 범위를 확대한 것이 아닌가 하는 생각이 든다. 양벌규정을 통한 처벌대상의 확장보다는 벌칙조항에 개인정보취급자를 명시하는 방식의 입법적 해결이 바람직하다고 본다.
116) 서울중앙지방법원 2014.7.3. 선고 2013고단8015 판결.
117) 서울중앙지방법원 2015.2.10. 선고 2014노2566 판결.
118) 대법원 2015.12.10. 선고 2015도3560 판결.

5. 몰수 · 추징 등(법 제74조의2)

이 규정은 2015년 법개정을 통해 법 제70조부터 제73조까지의 위반행위로 취득한 부정한 이익을 적극적으로 환수하기 위하여 신설되었다. 법 제70조부터 제73조까지의 어느 하나에 해당하는 죄를 지은 자가 해당 위반행위와 관련하여 취득한 금품이나 그 밖의 이익은 몰수할 수 있으며, 이를 몰수할 수 없을 때에는 그 가액을 추징할 수 있다. 이 경우 몰수 또는 추징은 다른 벌칙에 부가하여 과할 수 있다.

몰수는 범죄행위와 관계있는 일정한 물품을 압수하여 국고에 귀속시키는 법원에 의한 재량적 처분의 성격을 갖는다. 추징은 몰수할 수 있는 물건의 전부 또는 일부가 소비되었거나 분실 기타 이유로 몰수할 수 없게 된 경우에 그 물건에 상당한 가액을 징수하는 것이다.[119] 몰수와 추징의 경우에도 형벌 일반에 적용되는 비례의 원칙에 의한 제한을 받는다.

[대법원 2013.5.23 선고 2012도11586 판결]
형법 제48조 제1항 제1호에 의한 몰수는 임의적인 것이므로 그 몰수의 요건에 해당되는 물건이라도 이를 몰수할 것인지의 여부는 일응 법원의 재량에 맡겨져 있다할 것이나, 형벌 일반에 적용되는 비례의 원칙에 의한 제한을 받으며, 이러한 법리는 범죄수익은닉의 규제 및 처벌 등에 관한 법률 제8조 제1항의 경우에도 마찬가지로 적용된다. 그리고 몰수가 비례의 원칙에 위반되는 여부를 판단하기 위하여는, 몰수 대상물건(이하 '물건'이라 한다)이 범죄 실행에 사용된 정도와 범위 및 범행에서의 중요성, 물건의 소유자가 범죄 실행에서 차지하는 역할과 책임의 정도, 범죄 실행으로 인한 법익 침해의 정도, 범죄 실행의 동기, 범죄로 얻은 수익, 물건 중 범죄 실행과 관련된 부분의 별도 분리 가능성, 물건의 실질적 가치와 범죄와의 상관성 및 균형성, 물건이 행위자에게 필요불가결한 것인지 여부, 물건이 몰수되지 아니할 경우 행위자가 그 물건을 이용하여 다시 동종 범죄를 실행할 위험성 유무 및 그 정도 등 제반 사정이 고려되어야 한다.

V. 고발 및 징계권고(법 제65조)

1. 고발

1) 법적 성질

보호위원회는 개인정보처리자에게 이 법 등 개인정보 보호와 관련된 법규의 위반에 따른 범죄혐의가 있다고 인정될 만한 상당한 이유가 있을 때에는 관할 수사기관에 그 내용을 고발할

---

119) 박노형, 개인정보보호법, 박영사, 2020, 570면.

수 있다. 보호위원회의 고발 의결은 행정청의 내부 의사결정의 성격을 갖고 있고, 보호위원회의 고발조치는 수사기관에 대하여 형벌권 행사를 요구하는 행정기관 상호간의 행위라는 성격을 갖고 있으므로 행정소송의 대상이 되는 행정처분에 해당하지는 않는다.

[대법원 1995.5.12. 선고 94누13794 판결]
이른바 고발은 수사의 단서에 불과할 뿐 그 자체 국민의 권리의무에 어떤 영향을 미치는 것이 아니고, 특히 독점규제 및공정거래에관한법률 제71조는 공정거래위원회의 고발을 위 법률위반죄의 소추요건으로 규정하고 있어 공정거래위원회의 고발조치는 사직 당국에 대하여 형벌권 행사를 요구하는 행정기관 상호 간의 행위에 불과하여 항고소송의 대상이 되는 행정처분이라 할 수 없으며, 더욱이 공정거래위원회의 고발 의결은 행정청 내부의 의사결정에 불과할 뿐 최종적인 처분은 아닌 것이므로 이 역시 항고소송의 대상이 되는 행정처분이 되지 못한다.

2) 보호위원회의 고발기준

보호위원회는 「개인정보 보호 법규 위반에 대한 고발 기준」을 제정하여 운영하고 있다. 「개인정보보호법」 제70조부터 제73조에 해당하는 행정형벌에 해당하는 경우 그 위반행위를 고발할 수 있도록 규정하고 있다. 고발할 수 있는 경우를, ① 위반행위가 법 제59조, 제60조 및 제70조에 해당하는 경우, ② 위반행위가 법 제64조의2 제1항 각 호의 어느 하나에 해당하여 과징금을 부과받은 경우로서 영 [별표 1의5] 제2호가목에 따른 위반행위의 중대성의 정도가 '매우 중대한 위반행위'에 해당하는 경우, ③ 위반행위의 대상이 된 개인정보가 민감정보 또는 고유식별정보로서 개인의 권리ㆍ이익이나 사생활을 뚜렷하게 침해할 우려가 있는 경우, ④ 보호위원회의 처분 시점을 기준으로 최근 3년 내 동일한 유형의 위반행위를 하여 과징금을 부과받은 경우, ⑤ 위반행위자가 정당한 사유 없이 보호위원회의 조사를 거부ㆍ방해 또는 기피한 경우, ⑥ 위반행위자가 특별한 사유 없이 위반행위에 대하여 시정조치 명령을 이행하지 않거나 회피하는 경우, ⑦ 그 밖에 개인정보 침해 정도가 매우 중대하다고 인정되는 경우로 열거하고 있으며, 이 경우에 해당하더라도 위반행위의 고의성, 개인정보 침해의 정도 및 피해규모, 사업규모 등 법 준수의 기대가능성, 과거 법 위반 이력, 추가피해의 방지, 피해자에 대한 보상 등 위반행위의 결과제거를 위한 노력, 향후 동종 위반행위의 발생을 방지하기 위한 노력, 위반행위자의 조사협력 및 자진시정 여부 등을 종합적으로 고려하여 고발하지 않을 수 있도록 하고 있다.

2. 징계권고

1) 법적 성질

보호위원회는 이 법 등 개인정보 보호와 관련된 법규의 위반행위가 있다고 인정될 만한 상당한 이유가 있을 때에는 책임이 있는 자(대표자 및 책임있는 임원을 포함한다)를 징계할 것을 해당 개인정보처리자에게 권고할 수 있다. 이 경우 권고를 받은 사람은 이를 존중하여야 하며 그 결과를 보호위원회에 통보하여야 한다. 보호위원회의 징계권고는 그 자체로서 강제력을 갖지는 않는 행위이지만 징계권고를 받은 경우 이를 존중하여야 하고 그 결과를 보호위원회에 통보해야 하는 의무를 부여하고 있으며, 특히 공공기관의 경우에는 징계기준 등에 따라 실제 징계가 이루어질 수 있으므로 책임있는 자에 대하여 이루어져야 할 것으로 보인다.[120]

2) 보호위원회의 징계권고 기준

보호위원회는 「개인정보 보호 법규 위반에 대한 징계권고 기준」을 제정하고 시행하고 있다. 지침에 따르면, ① 고의 또는 부정한 목적으로 위반행위를 한 경우, ② 위반행위가 법 제59조, 제60조 및 제70조에 해당하는 경우, ③ 위반행위가 법 제64조의2 제1항 각 호의 어느 하나에 해당하여 과징금을 부과받은 경우로서 영 [별표 1의5] 제2호 가목에 따른 위반행위의 중대성의 정도가 '매우 중대한 위반행위'에 해당하는 경우, ④ 위반행위의 대상이 된 개인정보가 민감정보 또는 고유식별정보로서 정보주체의 권리·이익이나 사생활을 뚜렷하게 침해할 우려가 있는 경우, ⑤ 보호위원회의 처분 시점을 기준으로 최근 3년 내 구체적 행위태양이 동일한 위반행위를 하여 과태료 또는 과징금을 부과받은 경우, ⑥ 위반행위자가 정당한 사유 없이 보호위원회의 조사를 거부·방해 또는 기피한 경우, ⑦ 위반행위자가 특별한 사유 없이 위반행위에 대한 시정조치 명령을 이행하지 않거나 회피하는 경우, ⑧ 그 밖의 개인정보 침해 정도가 매우 중대하다고 인정되는 경우에 징계할 것을 권고할 수 있도록 하고 있고, 이에 해당하는 경우에도 위반행위의 고의성, 개인정보 침해의 정도 및 피해 규모, 사업 규모 등 법 준수의 기대가능성, 과거 법 위반 이력, 추가 피해의 방지, 피해자에 대한 보상 등 위반행위의 결과 제거를 위한 노력, 향후 동종 위반행위의 발생을 방지하기 위한 노력, 위반행위자의 조사 협력 및 자진 시정 여부 등을 종합적으로 고려하여 징계권고를 하지 않을 수 있도록 운영하고 있다.

---

[120] 보호위원회 보도자료(2023.10.15.)에 따르면 3년간 개인정보 규정 위반으로 인한 징계권고는 총 13건이 있었다.

VI. 결과 공표 및 공표명령

1. 법 개정 주요 내용

1) 공표대상에 과징금 부과처분 추가

종전 개인정보 보호법은 제61조에 따른 개선권고, 제64조에 따른 시정조치 명령, 제65조에 따른 고발 또는 징계권고, 제75조에 따른 과태료 부과의 내용 및 결과에 대한 공표를 규정하고 있었으나(제66조), 과징금 부과처분은 공표대상에서 제외되어 있어서 처분 등의 사실에 대한 정보제공 기능을 보완해야 할 필요가 있었다. 이에 따라, 2023년 법개정을 통해 처분결과의 공표대상에 과징금 부과처분을 포함하였다.[121]

2) 공표명령 신설

공표명령은 2020년 법개정 이전 정보통신망법 제64조 제4항에서 "시정조치 명령을 받은 사실"에 대한 공표명령이 규정되어 있었으나, 2020년 법개정 과정에서 개인정보보호법에 반영되지 않았고, 2023년 법개정을 통해 정보주체에 대한 정보 제공을 강화하고 개인정보처리자에 대한 제재처분의 실효성을 확보하기 위해 도입되었다.[122] 결과 공표의 경우에는 "처분 등의 내용 및 결과"에 대하여 공표하도록 한데 비하여 공표명령의 경우에는 "해당 처분 등을 받았다는 사실"에 대하여 공표명령할 수 있도록 하였다.

2. 결과 공표

1) 법적 성질

위반사실 등의 공표는 행정법상의 의무위반이 있는 경우 위반사실 등을 공중이 알 수 있도록 알리는 것을 말한다. 공표는 ① '공표'라는 사실로서 종료되며 상대방이 따라야 할 의무를 수반하지는 않으므로 '비권력적 사실행위'로 보아야 한다는 의견[123]과, ② 행정청에 의한 일방적인 공표행위로 상대방의 명예, 신용, 프라이버시 등이 침해될 수 있으므로 '권력적 사실행위'로 보아야 한다는 의견이 있다. 보호위원회는 「개인정보 보호위원회의 조사 및 처분에 관한 규정」 (보호위원회 고시 제2023-9호) 제26조에 따라 처분 등에 대한 통지(의결서 발송)와 함께 공표하

---

121) 2016년 「개인정보 보호법」 개정을 통해 주민등록번호 유출에 대한 과징금이 도입되는 과정에서 공표 대상에 추가되지 않았고 2023년 법개정 시까지 유지되고 있었다. 2020년 법개정 이전 정보통신망법에서는 공개(공표)와 공표명령이 규정되어 있었으나 시정조치 명령을 받은 사실에 한정되어 있었다.

122) 개인정보보호위원회, 개인정보 보호법 일부개정법률안에 대한 규제영향분석서, 2021.

123) 김민호, 행정법, 박영사, 2022, 305면.

고 있고, 「개인정보 보호법 위반에 대한 공표 및 공표명령 지침」(보호위원회 지침, 2023.10.11.시행)에 따라 보호위원회의 홈페이지 등에 공표하는 기간을 1년으로 정하여 운영하고 있다. 또한, 실제 운영에 있어서는 보호위원회 의결과 함께 보도자료·브리핑 등을 통해 위반행위의 내용과 결과가 언론에 보도되고 있는 점을 감안하면 결과 공표 자체를 행정소송의 대상이 되는 처분에 포함시켜 권리구제를 해야 할 현실적인 실익은 크지 않을 것으로 보인다. 다만, 보호위원회의 「개인정보 보호위원회의 조사 및 처분에 관한 규정」 개정을 통해 공표시기를 '해당 시정조치에 대한 의결서를 발송한 날'에서 '처분에 대한 이의신청기간(과태료의 경우 이의제기 기간)이 종료된 날'로 조정하게 되면 결과 공표에 대한 이의신청 절차를 거칠 수 있게 되어 절차적 정당성이 강화될 것이다. 특히 「질서위반행위규제법」이 적용되는 과태료 처분의 경우에는 이의신청기간(60일) 이내에 이의신청을 하게 되면 이의신청 자체만으로 행정청의 과태료 처분은 효력을 상실한다는 점에서 보호위원회 의결서를 발송한 날을 기준으로 공표하는 고시 규정은 개정이 필요해 보인다. 실제 공표하는 날이 이의신청기간(시정조치 명령·과징금 30일, 과태료 60일)[124] 이후로 규정되는 경우에는 결과 공표 자체를 권력적 사실행위로 보아 행정심판과 행정소송의 대상인 처분에 포함하여 행정심판 또는 행정소송 제기 후 집행정지 신청 절차를 통해 다툴 수 있을 것으로 보인다.

2) 법적 근거: 「행정절차법」의 위반사실 등의 공표(제40조의3)

「행정절차법」은 행정청이 법령에 따른 의무를 위반한 자의 성명·법인명, 위반사실, 의무 위반을 이유로 한 처분사실 등을 법률로 정하는 바에 따라 일반에게 공표할 수 있도록 규정하고 있다. 또한, 행정청은 위반사실등의 공표를 할 때에는 미리 당사자에게 그 사실을 통지하고 의견제출의 기회를 주도록 하고 있고,[125] 행정청은 위반사실등의 공표를 하기 전에 당사자가 공표와 관련된 의무의 이행, 원상회복, 손해배상 등의 조치를 마친 경우에는 위반사실등의 공표를 하지 아니할 수 있도록 규정하고 있다. 행절절차법의 적용범위는 "위반사실 등의 공표"에 관하여 다른 법률에 특별한 규정이 있는 경우를 제외하고 적용하도록 하고 있으므로 「개인정

---

124) 「행정기본법」 제36조(처분에 대한 이의신청)은 행정청의 처분에 이의가 있는 당사자는 처분을 받은 날부터 30일 이내에 해당 행정청에 이의신청을 할 수 있도록 규정하고 있고, 이의신청을 받은 행정청은 그 신청을 받은 날부터 14일 이내에 그 이의신청에 대한 결과를 신청인에게 통지하도록 하고 있다. 「질서위반행위규제법」(제20조)은 행정청의 과태료 부과에 불복하는 당사자는 과태료 부과 통지를 받은 날부터 60일 이내에 해당 행정청에 서면으로 이의제기를 할 수 있고, 이의제기가 있는 경우에는 행정청의 과태료 부과처분은 그 효력을 상실하도록 규정하고 있다.

125) 다만, 다음 각 호의 어느 하나에 해당하는 경우에는 예외로 규정하고 있다.
　1. 공공의 안전 또는 복리를 위하여 긴급히 공표를 할 필요가 있는 경우
　2. 해당 공표의 성질상 의견청취가 현저히 곤란하거나 명백히 불필요하다고 인정될 만한 타당한 이유가 있는 경우
　3. 당사자가 의견진술의 기회를 포기한다는 뜻을 명백히 밝힌 경우

보보호법」에 특별한 규정이 있는 사항을 제외하고는 「행정절차법」이 적용된다.[126]

3) 「개인정보보호법」의 결과 공표(법 제66조 제1항)

보호위원회는 제61조에 따른 개선권고, 제64조에 따른 시정조치 명령, 제64조의2에 따른 과징금의 부과, 제65조에 따른 고발 또는 징계권고 및 제75조에 따른 과태료 부과의 내용 및 결과에 대하여 보호위원회 인터넷 홈페이지 등에 게재하여 공표할 수 있다. 보호위원회는 공표에 대한 심의·의결 전에 처분 등을 받은 자에게 소명자료를 제출하거나 의견을 진술할 수 있는 기회를 주도록 의무규정을 두고 있다. 헌법재판소는 영유아보육법의 공표에 대한 위헌소원에서 공표의 필요성이 있고, 공표대상, 공표정보, 공표기간 등을 제한적으로 규정하고 있으며 의견진술 기회 부여 등 절차적 권리도 보장하고 있는 점을 고려하여 해당 공표규정이 과잉금지원칙을 위반하여 인격권 및 개인정보자기결정권을 침해하지 않는다는 입장이다.

한편, 보호위원회는 「개인정보 보호법 위반에 대한 공표 및 공표명령 지침」을 제정하여 시행 (2023.10.11.)하고 있다. 지침에서는 처분결과를 공표할 수 있는 경우로, ① 보호위원회가 정한 고발 기준에 해당하여 위반행위를 한 자를 고발하는 경우, ② 보호위원회의 처분 시점을 기준으로 최근 3년 내 시정조치 명령, 과태료, 과징금 부과처분을 2회 이상 받은 경우로 한정하고 있고, 이 경우에도 위반행위의 고의성, 개인정보 침해의 정도 및 피해규모, 사업규모 등 법 준수의 기대가능성, 과거 법 위반 이력, 추가 피해의 방지, 피해자에 대한 보상 등 위반행위의 결과 제거를 위한 노력, 향후 동종 위반행위의 발생을 방지하기 위한 노력, 위반행위자의 조사협력 및 자진시정 여부 등을 종합적으로 고려하여 공표하지 않을 수 있도록 하고 있다.

[헌법재판소 2022.3.31. 선고 2019헌바520 결정] 영유아보육법 제49조의3 위헌소원 합헌

어린이집의 투명한 운영을 담보하고 영유아 보호자의 보육기관 선택권을 실질적으로 보장하기 위해서는 보조금을 부정수급하거나 유용한 어린이집의 명단 등을 공표하여야 할 필요성이 있으며, 심판대상조항은 공표대상이나 공표정보, 공표기간 등을 제한적으로 규정하고 공표 전에 의견진술의 기회를 부여하여 공표대상자의 절차적 권리도 보장하고 있다. 나아가 심판대상조항을 통하여 추구하는 영유아의 건강한 성장 도모 및 영유아 보호자들의 보육기관 선택권 보장이라는 공익이 공표대상자의 법 위반사실이 일정기간 외부에 공표되는 불이익보다 크다. 따라서 심판대상조항은 과잉금지원칙을 위반하여 인격권 및 개인정보자기결정권을 침해하지 아니한다.

---

126) 「행정절차법」 제3조(적용 범위) ① 처분, 신고, 확약, 위반사실 등의 공표, 행정계획, 행정상 입법예고, 행정예고 및 행정지도의 절차(이하 "행정절차"라 한다)에 관하여 다른 법률에 특별한 규정이 있는 경우를 제외하고는 이 법에서 정하는 바에 따른다.

3. 공표명령

1) 법적 성질

공표는 행정청이 직접 일반공중에 알리는 것인데 비해 공표명령은 해당 개인정보처리자가 스스로 자신의 홈페이지 등을 통해 일반공중에 알려야 한다는 점에서 차이가 있다. 공표명령은 행정청인 보호위원회가 제61조에 따른 개선권고, 제64조에 따른 시정조치 명령, 제64조의2에 따른 과징금의 부과, 제65조에 따른 고발 또는 징계권고 및 제75조에 따른 과태료 부과처분 등을 받은 자에게 해당 처분 등을 받았다는 사실을 공표할 것을 명령하여 강제하는 행정작용이므로 행정소송의 대상이 되는 처분에 해당한다.

2) 도입 연혁

공표명령은 2020년 법개정 이전 정보통신망법(제64조)[127]을 통해 정보통신서비스 제공자의 개인정보 규정 위반행위로 인해 시정조치 명령을 받았다는 사실에 대한 공표명령 형태로 시행되어 오다가 2020년 법개정으로 삭제되었다가 2023년 법개정을 통해 시정조치 명령 외에 개선권고, 과징금 과태료, 고발 또는 징계권고 등을 받았다는 사실을 공표할 것을 명령할 수 있는 형태로 확대 도입되었다.

3) 공표명령의 한계

공표명령은 조속히 법 위반에 관한 중요 정보를 공개하는 등의 방법으로 일반공중이나 관련 사업자들에게 널리 경고함으로써 계속되는 공공의 손해를 종식시키고 위법행위가 재발하는 것을 방지하기 위한 일정한 목적과 필요성이 존재하는 경우에만 한정적으로 발동될 수 있다고 보아야 한다.[128] 정당한 목적과 필요성이 없음에도 불구하고 단순히 해당 개인정보처리자에 대한 제재적 목적을 위해 자사 홈페이지에 처분 등 제재를 받은 사실을 공표하도록 하는 것은 과잉금지의 원칙에 반할 소지가 있을 수 있다는 점에 유의할 필요가 있다.[129] 더불어, 「개인정보보호법」의 공표와 공표명령은 다른 입법례와는 달리 과태료, 과징금, 개선권고 등 다양한 조치에

---

127) 정보통신망법 제64조(자료의 제출 등) ④ 과학기술정보통신부장관 또는 방송통신위원회는 이 법을 위반한 정보통신서비스 제공자에게 해당 위반행위의 중지나 시정을 위하여 필요한 시정조치를 명할 수 있고, 시정조치의 명령을 받은 정보통신서비스 제공자에게 시정조치의 명령을 받은 사실을 공표하도록 할 수 있다.
128) 이창훈 · 이상돈 · 석근배, 온주 독점규제및공정거래에관한법률 제7조, 2022.6.17.
129) [헌법재판소 2002.1.31. 선고 2001헌바43 결정] 법위반으로 공정거래위원회로부터 시정명령을 받은 사실의 공표로서도 입법목적을 충분히 달성할 수 있음에도 불구하고 굳이 나아가 공정거래법을 위반하였다는 사실을 인정하여 공표하라는 의미의 이 사건 '법위반 사실의 공표' 부분은 기본권제한법률이 갖추어야 할 수단의 적합성 및 침해의 최소성 원칙과 법익균형성의 원칙을 지키지 아니한 것이어서, 결국 헌법 제37조 제2항의 과잉입법금지원칙에 위반하여 행위자의 일반적 행동의 자유 및 명예를 지나치게 침해하는 것이라 할 것이다.

대한 공표와 공표명령을 규정하고 있으므로 보다 엄격하게 운영할 필요가 있다.

법 위반사실의 공표명령과 시정명령을 받은 사실의 공표명령의 차이

[헌법재판소 2002.1.31. 자 2001헌바43 결정]
(구) 공정거래법은 법 위반사실에 대한 공표명령을 규정하고 있었으나 헌법재판소가 해당 규정에 대해 일반적 행동의 자유 및 명예권을 침해하여 과잉금지의 원칙에 반하고 무죄추정의 원칙에도 위반된다고 판단하여 위헌결정을 내렸다. 헌법재판소는 '공정거래법'을 위반하였다는 사실을 인정하여 '공표'하라는 과잉조치 대신 법위반 혐의로 인하여 시정명령을 받은 사실의 '공표'라는, 보다 가벼운 수단을 택하게 하는 방안도 검토될 수 있을 것'이라고 판시하였다.

[대법원 2003.2.28. 선고 2002두6170 판결]
한편, 대법원은 헌법재판소의 위헌결정에 따라 '법위반사실의 공표' 부분이 위헌결정으로 효력을 상실하였다고 하더라도 '기타 시정을 위하여 필요한 조치'로서 '법위반을 이유로 공정거래위원회로부터 시정명령을 받은 사실의 공표명령'을 할 수 있다고 판시하였으며, 이에 따라, 2004년 공정거래법 개정을 통해 공표명령의 대상을 "법 위반사실"에서 "시정명령을 받은 사실"을 공표하도록 하는 내용으로 변경되었다.

한편, 보호위원회는 「개인정보 보호법 위반에 대한 공표 및 공표명령 지침」을 제정하여 시행(2023.10.11.)하고 있다. 지침에서는 공표명령의 요건으로, ① 법 제63조 제1항 및 제2항에 따른 자료제출 요구 및 검사를 거부하거나 증거인멸, 은폐, 조작, 허위 정보제공 등의 방법으로 조사를 방해하거나, 관련 정보주체 등에게 허위로 진술하도록 요청한 경우, ② 1천 명 이상 정보주체의 고유식별정보 또는 민감정보를 분실·도난·유출·위조·변조·훼손한 행위로 인하여 개선권고, 시정조치 명령, 과징금의 부과, 고발, 징계권고 또는 과태료 부과 처분을 받은 경우, ③ 위반행위가 법 제64조의2 제1항 각 호의 어느 하나에 해당하여 과징금을 부과받은 경우로서 영 [별표 1의5] 제2호 가목에 따른 위반행위의 중대성의 정도가 '매우 중대한 위반행위'에 해당하는 경우, ④ 법 제75조 제1항 각 호에 해당하는 위반행위를 한 경우, ⑤ 법 제75조 제2항 각 호에 해당하는 위반행위를 3개 이상 한 경우, ⑥ 다수의 사업자가 관련된 상황에서 위반행위를 주도하거나 선도한 경우, ⑦ 위반행위 시점을 기준으로 위반상태가 3년을 초과하여 지속된 경우, ⑧ 위반행위로 인하여 피해를 입은 정보주체의 수가 10만 명 이상인 경우, ⑨ 위반행위로 인하여 재산상 손실 등 2차 피해가 발생한 경우, ⑩ 위반행위의 대상이 된 개인정보를 불법적으로 매매한 경우로 한정하고 있다. 또한, 이 경우에도 보호위원회는 위반행위의 고의성, 개인정보 침해의 정도 및 피해규모, 사업규모 등 법 준수의 기대가능성, 과거 법 위반 이력, 추가피해의 방지, 피해자에 대한 보상 등 위반행위의 결과제거를 위한 노력, 향후 동종 위반행위의 발생을 방지하기 위한 노력, 위반행위자의 조사협력 및 자진시정 여부 등을 종합적으로 고려하여 공표명령을 하지 않을 수 있도록 하여 법 위반의 정도가 큰 경우로 제한하고 있다.

[의무규정]	[제재규정] 과징금 · 과태료 · 형벌
[제15조] 개인정보의 수집 · 이용	◆ **과징금(§64의2①) 전체 매출액의 3% 이하** 　1. **제15조제1항**, 제17조제1항, 제18조제1항 · 제2항(제26조제8항에 따라 준용되 　　는 경우를 포함한다) 또는 제19조를 위반하여 개인정보를 처리한 경우
[제16조] 개인정보의 수집 제한	◆ **과태료(§75②) 3천만 원 이하** 　1. **제16조제3항** · 제22조제5항(제26조제8항에 따라 준용되는 경우를 포함한다) 　　을 위반하여 재화 또는 서비스의 제공을 거부한 자
[제17조] 제3자 제공	◆ **과징금(§64의2①) 전체 매출액의 3% 이하** 　1. 제15조제1항, **제17조제1항**, 제18조제1항 · 제2항(제26조제8항에 따라 준용되 　　는 경우를 포함한다) 또는 제19조를 위반하여 개인정보를 처리한 경우 ◆ **형벌(§71) 5년 이하의 징역 또는 5천만 원 이하의 벌금** 　1. **제17조제1항제2호**에 해당하지 아니함에도 같은 항 제1호(제26조제8항에 따 　　라 준용되는 경우를 포함한다)를 위반하여 정보주체의 동의를 받지 아니하고 　　개인정보를 제3자에게 제공한 자 및 그 사정을 알면서도 개인정보를 제공받 　　은 자
[제18조] 개인정보의 목적 외 이용 · 제공 제한	◆ **과징금(§64의2①) 전체 매출액의 3% 이하** 　1. 제15조제1항, 제17조제1항, **제18조제1항 · 제2항**(제26조제8항에 따라 준용되 　　는 경우를 포함한다) 또는 제19조를 위반하여 개인정보를 처리한 경우 ◆ **형벌(§71) 5년 이하의 징역 또는 5천만 원 이하의 벌금** 　2. **제18조제1항 · 제2항**, 제27조제3항 또는 제28조의2(제26조제8항에 따라 준용 　　되는 경우를 포함한다), 제19조 또는 제26조제5항을 위반하여 개인정보를 　　이용하거나 제3자에게 제공한 자 및 그 사정을 알면서도 영리 또는 부정한 　　목적으로 개인정보를 제공받은 자
[제19조] 제공받은 자의 이용 · 제공 제한	◆ **과징금(§64의2①) 전체 매출액의 3% 이하** 　1. 제15조제1항, 제17조제1항, 제18조제1항 · 제2항(제26조제8항에 따라 준용되 　　는 경우를 포함한다) 또는 **제19조**를 위반하여 개인정보를 처리한 경우 ◆ **형벌(§71) 5년 이하의 징역 또는 5천만 원 이하의 벌금** 　2. 제18조제1항 · 제2항, 제27조제3항 또는 제28조의2(제26조제8항에 따라 준용 　　되는 경우를 포함한다), **제19조** 또는 제26조제5항을 위반하여 개인정보를 　　이용하거나 제3자에게 제공한 자 및 그 사정을 알면서도 영리 또는 부정한 　　목적으로 개인정보를 제공받은 자
[제20조] 수집 출처 등 통지	◆ **과태료(§75②) 3천만 원 이하** 　2. **제20조제1항 · 제2항**을 위반하여 정보주체에게 같은 조 제1항 각 호의 사실 　　을 알리지 아니한 자

[제20조의2] 이용·제공 내역 통지	◆ **과태료(§75②) 3천만 원 이하** 3. **제20조의2제1항**을 위반하여 개인정보의 이용·제공 내역이나 이용·제공 내역을 확인할 수 있는 정보시스템에 접속하는 방법을 통지하지 아니한 자
[제21조] 파기	◆ **과태료(§75②) 3천만 원 이하** 4. **제21조제1항**(제26조제8항에 따라 준용되는 경우를 포함한다)을 위반하여 개인정보의 파기 등 필요한 조치를 하지 아니한 자 ◆ **과태료(§75④) 1천만 원 이하** 2. **제21조제3항**(제26조제8항에 따라 준용되는 경우를 포함한다)을 위반하여 개인정보를 분리하여 저장·관리하지 아니한 자
[제22조] 동의를 받는방법	◆ **과태료(§75④) 1천만 원 이하** 3. **제22조제1항부터 제3항까지**(제26조제8항에 따라 준용되는 경우를 포함한다)를 위반하여 동의를 받은 자 ◆ **과태료(§75②) 3천만 원 이하** 1. 제16조제3항·**제22조제5항**(제26조제8항에 따라 준용되는 경우를 포함한다)을 위반하여 재화 또는 서비스의 제공을 거부한 자
[제22조의2] 아동의 개인정보 보호	◆ **과징금(§64의2①) 전체 매출액의 3% 이하** 2. **제22조의2제1항**(제26조제8항에 따라 준용되는 경우를 포함한다)을 위반하여 법정대리인의 동의를 받지 아니하고 만 14세 미만인 아동의 개인정보를 처리한 경우 ◆ **형벌(§71) 5년 이하의 징역 또는 5천만 원 이하의 벌금** 3. **제22조의2제1항**(제26조제8항에 따라 준용되는 경우를 포함한다)을 위반하여 법정대리인의 동의를 받지 아니하고 만 14세 미만인 아동의 개인정보를 처리한 자
[제23조] 민감정보의 처리 제한	◆ **과징금(§64의2①) 전체 매출액의 3% 이하** 3. 제23조제1항제1호(제26조제8항에 따라 준용되는 경우를 포함한다)를 위반하여 정보주체의 동의를 받지 아니하고 민감정보를 처리한 경우 ◆ **형벌(§71) 5년 이하의 징역 또는 5천만 원 이하의 벌금** 4. **제23조제1항**(제26조제8항에 따라 준용되는 경우를 포함한다)을 위반하여 민감정보를 처리한 자 ◆ **과태료(§75②) 3천만 원 이하** 5. **제23조제2항**·제24조제3항·제25조제6항(제25조의2제4항에 따라 준용되는 경우를 포함한다)·제28조의4제1항·제29조(제26조제8항에 따라 준용되는 경우를 포함한다)를 위반하여 안전성 확보에 필요한 조치를 하지 아니한 자 6. **제23조제3항**(제26조제8항에 따라 준용되는 경우를 포함한다)을 위반하여 민감정보의 공개 가능성 및 비공개를 선택하는 방법을 알리지 아니한 자
[제24조] 고유식별정보의 처리 제한	◆ **과징금(§64의2①) 전체 매출액의 3% 이하** 4. **제24조제1항**·제24조의2제1항(제26조제8항에 따라 준용되는 경우를 포함한다)을 위반하여 고유식별정보 또는 주민등록번호를 처리한 경우

	◆ **형벌(§71)** 5년 이하의 징역 또는 5천만 원 이하의 벌금 　5. 제24조제1항(제26조제8항에 따라 준용되는 경우를 포함한다)을 위반하여 고 　　유식별정보를 처리한 자 ◆ **과태료(§75②)** 3천만 원 이하 　5. 제23조제2항·**제24조제3항**·제25조제6항(제25조의2제4항에 따라 준용되는 　　경우를 포함한다)·제28조의4제1항·제29조(제26조제8항에 따라 준용되는 　　경우를 포함한다)를 위반하여 안전성 확보에 필요한 조치를 하지 아니한 자
[제24조의2] 주민등록번호 처리의 제한	◆ **과징금(§64의2①)** 전체 매출액의 3% 이하 　4. 제24조제1항·**제24조의2제1항**(제26조제8항에 따라 준용되는 경우를 포함한 　　다)을 위반하여 고유식별정보 또는 주민등록번호를 처리한 경우 ◆ **과태료(§75②)** 3천만 원 이하 　7. **제24조의2제1항**(제26조제8항에 따라 준용되는 경우를 포함한다)을 위반하여 　　주민등록번호를 처리한 자 　8. **제24조의2제2항**(제26조제8항에 따라 준용되는 경우를 포함한다)을 위반하여 　　암호화 조치를 하지 아니한 자 　9. **제24조의2제3항**(제26조제8항에 따라 준용되는 경우를 포함한다)을 위반하여 　　정보주체가 주민등록번호를 사용하지 아니할 수 있는 방법을 제공하지 아니 　　한 자
[제25조] 고정형 영상정보 처리	◆ **과태료(§75②)** 3천만 원 이하 　5. 제23조제2항·제24조제3항·**제25조제6항**(제25조의2제4항에 따라 준용되는 　　경우를 포함한다)·제28조의4제1항·제29조(제26조제8항에 따라 준용되는 　　경우를 포함한다)를 위반하여 안전성 확보에 필요한 조치를 하지 아니한 자 　10. **제25조제1항**(제26조제8항에 따라 준용되는 경우를 포함한다)을 위반하여 　　고정형 영상정보처리기기를 설치·운영한 자 ◆ **과태료(§75①)** 5천만 원 이하 　1. **제25조제2항**(제26조제8항에 따라 준용되는 경우를 포함한다)을 위반하여 고 　　정형 영상정보처리기기를 설치·운영한 자 ◆ **형벌(§72)** 3년 이하의 징역 또는 3천만 원 이하의 벌금 　1. **제25조제5항**(제26조제8항에 따라 준용되는 경우를 포함한다)을 위반하여 고 　　정형 영상정보처리기기의 설치 목적과 다른 목적으로 고정형 영상정보처리 　　기기를 임의로 조작하거나 다른 곳을 비추는 자 또는 녹음기능을 사용한 자
[제25조의2] 이동형 영상정보 처리	◆ **과태료(§75②)** 3천만 원 이하 　11. **제25조의2제1항**(제26조제8항에 따라 준용되는 경우를 포함한다)을 위반하 　　여 사람 또는 그 사람과 관련된 사물의 영상을 촬영한 자 ◆ **과태료(§75①)** 5천만 원 이하 　2. **제25조의2제2항**(제26조제8항에 따라 준용되는 경우를 포함한다)을 위반하여 　　이동형 영상정보처리기기로 사람 또는 그 사람과 관련된 사물의 영상을 촬 　　영한 자

[제26조] 업무위탁에 따른 개인정보의 처리 제한	◆ **과태료(§75④) 1천만 원 이하** 4. 제26조제1항을 위반하여 업무 위탁 시 같은 항 각 호의 내용이 포함된 문서로 하지 아니한 자 5. 제26조제2항을 위반하여 위탁하는 업무의 내용과 수탁자를 공개하지 아니한 자 ◆ **과태료(§75③) 2천만 원 이하** 1. 제26조제6항을 위반하여 위탁자의 동의를 받지 아니하고 제3자에게 다시 위탁한 자 ◆ **과태료(§75②) 3천만 원 이하** 12. 제26조제3항을 위반하여 정보주체에게 알려야 할 사항을 알리지 아니한 자 ◆ **과징금(§64의2①) 전체 매출액의 3% 이하** 5. 제26조제4항에 따른 관리·감독 또는 교육을 소홀히 하여 수탁자가 이 법의 규정을 위반한 경우 ◆ **형벌(§71) 5년 이하의 징역 또는 5천만 원 이하의 벌금** 2. 제18조제1항·제2항, 제27조제3항 또는 제28조의2(제26조제8항에 따라 준용되는 경우를 포함한다), 제19조 또는 **제26조제5항**을 위반하여 개인정보를 이용하거나 제3자에게 제공한 자 및 그 사정을 알면서도 영리 또는 부정한 목적으로 개인정보를 제공받은 자
[제27조] 영업양도 등에 따른 이전 제한	◆ **과태료(§75④) 1천만 원 이하** 6. **제27조제1항·제2항**(제26조제8항에 따라 준용되는 경우를 포함한다)을 위반하여 정보주체에게 개인정보의 이전 사실을 알리지 아니한 자
[제28조의2] 가명정보의 처리 등	◆ **형벌(§71) 5년 이하의 징역 또는 5천만 원 이하의 벌금** 2. 제18조제1항·제2항, 제27조제3항 또는 **제28조의2**(제26조제8항에 따라 준용되는 경우를 포함한다), 제19조 또는 제26조제5항을 위반하여 개인정보를 이용하거나 제3자에게 제공한 자 및 그 사정을 알면서도 영리 또는 부정한 목적으로 개인정보를 제공받은 자
[제28조의3] 가명정보의 결합 제한	◆ **형벌(§71) 5년 이하의 징역 또는 5천만 원 이하의 벌금** 6. **제28조의3제1항**(제26조제8항에 따라 준용되는 경우를 포함한다)을 위반하여 보호위원회 또는 관계 중앙행정기관의 장으로부터 전문기관으로 지정받지 아니하고 가명정보를 결합한 자 ◆ **형벌(§71) 5년 이하의 징역 또는 5천만 원 이하의 벌금** 7. **제28조의3제2항**(제26조제8항에 따라 준용되는 경우를 포함한다)을 위반하여 전문기관의 장의 승인을 받지 아니하고 결합을 수행한 기관 외부로 결합된 정보를 반출하거나 이를 제3자에게 제공한 자 및 그 사정을 알면서도 영리 또는 부정한 목적으로 결합된 정보를 제공받은 자

[제28조의4] 가명정보에 대한 안전 조치의무 등	◆ **과태료(§75②) 3천만 원 이하** 5. 제23조제2항·제24조제3항·제25조제6항(제25조의2제4항에 따라 준용되는 경우를 포함한다)·**제28조의4제1항**·제29조(제26조제8항에 따라 준용되는 경우를 포함한다)를 위반하여 안전성 확보에 필요한 조치를 하지 아니한 자 ◆ **과태료(§75④) 1천만 원 이하** 7. **제28조의4제3항**(제26조제8항에 따라 준용되는 경우를 포함한다)을 위반하여 관련 기록을 작성하여 보관하지 아니한 자
[제28조의5] 가명정보 처리 시 금지의무 등	◆ **과징금(§64의2①) 전체 매출액의 3% 이하** 6. **제28조의5제1항**(제26조제8항에 따라 준용되는 경우를 포함한다)을 위반하여 특정 개인을 알아보기 위한 목적으로 정보를 처리한 경우 ◆ **형벌(§71) 5년 이하의 징역 또는 5천만 원 이하의 벌금** 8. **제28조의5제1항**(제26조제8항에 따라 준용되는 경우를 포함한다)을 위반하여 특정 개인을 알아보기 위한 목적으로 가명정보를 처리한 자 ◆ **과태료(§75②) 3천만 원 이하** 13. **제28조의5제2항**(제26조제8항에 따라 준용되는 경우를 포함한다)을 위반하여 개인을 알아볼 수 있는 정보가 생성되었음에도 이용을 중지하지 아니하거나 이를 회수·파기하지 아니한 자
[제28조의8] 개인정보의 국외 이전	◆ **과징금(§64의2①) 전체 매출액의 3% 이하** 7. **제28조의8제1항**(제26조제8항 및 제28조의11에 따라 준용되는 경우를 포함한다)을 위반하여 개인정보를 국외로 이전한 경우 ◆ **과태료(§75②) 3천만 원 이하** 14. **제28조의8제4항**(제26조제8항 및 제28조의11에 따라 준용되는 경우를 포함한다)을 위반하여 보호조치를 하지 아니한 자
[제28조의9] 개인정보의 국외 이전 중지 명령	◆ **과징금(§64의2①) 전체 매출액의 3% 이하** 8. **제28조의9제1항**(제26조제8항 및 제28조의11에 따라 준용되는 경우를 포함한다)을 위반하여 국외 이전 중지 명령을 따르지 아니한 경우
[제29조] 안전조치의무	◆ **과태료(§75②) 3천만 원 이하** 5. 제23조제2항·제24조제3항·제25조제6항(제25조의2제4항에 따라 준용되는 경우를 포함한다)·**제28조의4제1항**·**제29조**(제26조제8항에 따라 준용되는 경우를 포함한다)를 위반하여 안전성 확보에 필요한 조치를 하지 아니한 자 ◆ **과징금(§64의2①) 전체 매출액의 3% 이하** 9. 개인정보처리자가 처리하는 개인정보가 분실·도난·유출·위조·변조·훼손된 경우. 다만, 개인정보가 분실·도난·유출·위조·변조·훼손되지 아니하도록 개인정보처리자가 **제29조**(제26조제8항에 따라 준용되는 경우를 포함한다)에 따른 안전성 확보에 필요한 조치를 다한 경우에는 그러하지 아니하다.

[제30조] 개인정보 처리방침의 수립 및 공개	◆ **과태료(§75④) 1천만 원 이하** 8. **제30조제1항 또는 제2항**(제26조제8항에 따라 준용되는 경우를 포함한다)을 위반하여 개인정보 처리방침을 정하지 아니하거나 이를 공개하지 아니한 자
[제31조] 개인정보 보호책임자의 지정 등	◆ **과태료(§75④) 1천만 원 이하** 9. **제31조제1항**(제26조제8항에 따라 준용되는 경우를 포함한다)을 위반하여 개인정보 보호책임자를 지정하지 아니한 자
[제31조의2] 국내대리인의 지정	◆ **과태료(§75③) 2천만 원 이하** 2. **제31조의2제1항**을 위반하여 국내대리인을 지정하지 아니한 자
[제32조의2] 개인정보 보호 인증	◆ **과태료(§75②) 3천만 원 이하** 15. **제32조의2제6항**을 위반하여 인증을 받지 아니하였음에도 거짓으로 인증의 내용을 표시하거나 홍보한 자
[제33조] 개인정보 영향평가	◆ **과태료(§75②) 3천만 원 이하** 16. **제33조제1항**을 위반하여 영향평가를 하지 아니하거나 그 결과를 보호위원회에 제출하지 아니한 자
[제34조] 개인정보 유출 등의 통지·신고	◆ **과태료(§75②) 3천만 원 이하** 17. **제34조제1항**(제26조제8항에 따라 준용되는 경우를 포함한다)을 위반하여 정보주체에게 같은 항 각 호의 사실을 알리지 아니한 자 18. **제34조제3항**(제26조제8항에 따라 준용되는 경우를 포함한다)을 위반하여 보호위원회 또는 대통령령으로 정하는 전문기관에 신고하지 아니한 자
[제35조] 개인정보의 열람	◆ **과태료(§75④) 1천만 원 이하** 10. **제35조제3항·제4항**, 제36조제2항·제4항 또는 제37조제4항(제26조제8항에 따라 준용되는 경우를 포함한다)을 위반하여 정보주체에게 알려야 할 사항을 알리지 아니한 자 ◆ **과태료(§75②) 3천만 원 이하** 19. **제35조제3항**(제26조제8항에 따라 준용되는 경우를 포함한다)을 위반하여 열람을 제한하거나 거절한 자
[제35조의3] 개인정보관리 전문기관	◆ **과태료(§75②) 3천만 원 이하** 20. **제35조의3제1항**에 따른 지정을 받지 아니하고 같은 항 제2호의 업무를 수행한 자 21. **제35조의3제3항**을 위반한 자
[제36조] 개인정보의	◆ **형벌(§73) 2년 이하의 징역 또는 2천만 원 이하의 벌금** 1. 제36조제2항(제26조제8항에 따라 준용되는 경우를 포함한다)을 위반하여 정

정정 · 삭제	정 · 삭제 등 필요한 조치를 하지 아니하고 <u>개인정보를 계속 이용하거나 이</u>
	<u>를 제3자에게 제공한 자</u>
	◆ **과태료(§75②) 3천만 원 이하**
	   22. **제36조제2항**(제26조제8항에 따라 준용되는 경우를 포함한다)을 위반하여
	       정정 · 삭제 등 필요한 조치를 하지 아니한 자
	◆ **과태료(§75④) 1천만 원 이하**
	   10. 제35조제3항 · 제4항, **제36조제2항 · 제4항** 또는 제37조제4항(제26조제8항에
	       따라 준용되는 경우를 포함한다)을 위반하여 정보주체에게 알려야 할 사항
	       을 알리지 아니한 자

[제37조]
개인정보의
처리정지 등
	◆ **형벌(§73) 2년 이하의 징역 또는 2천만 원 이하의 벌금**
	   2. **제37조제2항**(제26조제8항에 따라 준용되는 경우를 포함한다)을 위반하여 개
	      인정보의 처리를 정지하지 아니하고 <u>개인정보를 계속 이용하거나 제3자에</u>
	      <u>게 제공한 자</u>
	◆ **과태료(§75②) 3천만 원 이하**
	   23. **제37조제3항 또는 제5항**(제26조제8항에 따라 준용되는 경우를 포함한다)을
	       위반하여 파기 등 필요한 조치를 하지 아니한 자
	◆ **과태료(§75④) 1천만 원 이하**
	   10. 제35조제3항 · 제4항, 제36조제2항 · 제4항 또는 **제37조제4항**(제26조제8항에
	       따라 준용되는 경우를 포함한다)을 위반하여 정보주체에게 알려야 할 사항
	       을 알리지 아니한 자

[제37조의2]
자동화된 결정에
대한 정보주체의
권리
	◆ **과태료(§75②) 3천만 원 이하**
	   24. **제37조의2제3항**(제26조제8항에 따라 준용되는 경우를 포함한다)을 위반하
	       여 정당한 사유 없이 정보주체의 요구에 따르지 아니한 자

[제39조의4] 비밀유지명령	◆ **형벌(§73) 2년 이하의 징역 또는 2천만 원 이하의 벌금** 3. 국내외에서 정당한 이유 없이 **제39조의4**에 따른 비밀유지명령을 위반한 자

[제45조]
분쟁조정 자료의
요청 및
사실조사 등
	◆ **과태료(§75④) 1천만 원 이하**
	   11. **제45조제1항**에 따른 자료를 정당한 사유 없이 제출하지 아니하거나 거짓으
	       로 제출한 자
	   12. **제45조제2항**에 따른 출입 · 조사 · 열람을 정당한 사유 없이 거부 · 방해 또
	       는 기피한 자

[제59조]
금지행위
	◆ **형벌(§72) 3년 이하의 징역 또는 3천만 원 이하의 벌금**
	   2. **제59조제1호**를 위반하여 거짓이나 그 밖의 부정한 수단이나 방법으로 개인
	      정보를 취득하거나 개인정보 처리에 관한 동의를 받는 행위를 한 자 및 그
	      사정을 알면서도 영리 또는 부정한 목적으로 개인정보를 제공받은 자

	◆ **형벌(§71) 5년 이하의 징역 또는 5천만 원 이하의 벌금** 9. **제59조제2호**를 위반하여 업무상 알게 된 개인정보를 누설하거나 권한 없이 다른 사람이 이용하도록 제공한 자 및 그 사정을 알면서도 영리 또는 부정한 목적으로 개인정보를 제공받은 자 10. **제59조제3호**를 위반하여 다른 사람의 개인정보를 이용, 훼손, 멸실, 변경, 위조 또는 유출한 자
[제60조] 비밀유지 등	◆ **형벌(§72) 3년 이하의 징역 또는 3천만 원 이하의 벌금** 3. 제60조를 위반하여 직무상 알게 된 비밀을 누설하거나 직무상 목적 외에 이용한 자
[제63조] 자료제출 요구 및 검사	◆ **형벌(§73) 2년 이하의 징역 또는 2천만 원 이하의 벌금** 4. **제63조제1항**(제26조제8항에 따라 준용되는 경우를 포함한다)에 따른 자료제출 요구에 대하여 법 위반사항을 은폐 또는 축소할 목적으로 자료제출을 거부하거나 거짓의 자료를 제출한 자 5. **제63조제2항**(제26조제8항에 따라 준용되는 경우를 포함한다)에 따른 출입·검사 시 자료의 은닉·폐기, 접근 거부 또는 위조·변조 등을 통하여 조사를 거부·방해 또는 기피한 자 ◆ **과태료(§75②) 3천만 원 이하** 25. **제63조제1항**(제26조제8항에 따라 준용되는 경우를 포함한다)에 따른 관계 물품·서류 등 자료를 제출하지 아니하거나 거짓으로 제출한 자 26. **제63조제2항**(제26조제8항에 따라 준용되는 경우를 포함한다)에 따른 출입·검사를 거부·방해 또는 기피한 자
[제64조] 시정조치 등	◆ **과태료(§75②) 3천만 원 이하** 27. **제64조제1항**에 따른 시정조치 명령에 따르지 아니한 자

사항색인

판례색인

집필진 약력

강태욱

- 법무법인 태평양 파트너 변호사
- 개인정보보호위원회 자문변호사
- 개인정보보호위원회 개인정보 미래포럼 위원
- 개인정보보호위원회 개인정보보호법 개정연구위원회 위원
- 개인정보보호법학회 부회장
- 한국인공지능법학회 부회장
- 공공데이터분쟁조정위원회 위원
- 저작권보호원 보호심의위원회 위원

권창환

- 부산회생법원 부장판사
- 개인정보분쟁조정위원회 전문위원
- 개인정보전문가협회(KAPP) EU GDPR 연구회장
- 한국인공지능법학회 부회장
- 국가지식재산위원회 보호전문위원
- 법무부 상법특별위원회 위원
- 중소벤처기업부 기술침해자문단 자문위원
- 전 공정거래위원회 공정거래법제 개선 특별위원회 위원
- 전 한국정보법학회 총무이사
- 전 대법원 재판연구관(부장판사)
- 서울대학교 대학원 법학과 법학박사

김진환

- 개인정보보호위원회 위원
- 법률사무소 웰일앤썬 변호사
- 김앤장 법률사무소 변호사
- 서울지방법원 및 남부지원 판사
- 개인정보보호위원회 고문변호사
- 개인정보보호위원회 개인정보보호법 개정연구위원
- 회 위원
- 개인정보 보호법 해설서 집필위원 및 자문위원
- 개인정보 분쟁조정위원회 위원
  사법연수원 24기 수료
- 고려대학교 법과대학 법학과 및 동 대학원 법학과 졸업
- Vanderbilt University Law School, LL.M

박민철

- 김앤장법률사무소 변호사
- 대통령직속 디지털플랫폼정부위원회 분과위원
- 방송통신위원회 행정심판위원
- 방송통신위원회 통신분쟁조정위원
- 개인정보보호위원회 공공기관 개인정보 관리수준 진단위원회 위원
- 과학기술정보통신부 인공지능 법제정비단 위원
- 개인정보전문가협회(KAPP) 이사, 한국데이터법정책학회 이사, 한국인공지능법학회 부회장
- 개인정보보호위원회, 과학기술정보통신부, 방송통신위원회 자문변호사

안정민

- 한림대학교 융합과학수사학과 교수
- 개인정보분쟁조정위원회 위원
- 개인정보보호위원회 국외이전전문위원
- 개인정보전문가협회(KAPP) 자격인증원장
- 행정안전부 공공데이터제공 분쟁조정위원
- 한국인공지능법학회 부회장
- 개인정보보호법학회 부회장

- 강원경찰청 정보공개심의위원
- 강원테크노파크 데이터심의위원
- 강원 가명정보 활용지원센터 전문위원
- 과학기술정보통신부 전파정책자문위원
- 방송통신위원회 미디어다양성위원
- 미국 뉴욕주 변호사

윤종수

- 법무법인 광장 변호사
- 한국정보법학회 부회장
- 개인정보전문가협회(KAPP) 이사
- 오픈데이터포럼 위원장
- 사단법인 코드 이사장
- 서울고등법원 판사, 서울북부지방법원 부장판사
- 법무법인 세종 변호사
- 개인정보보호위원회 위원

- 개인정보보호위원회 미래포럼 공동위원장
- 개인정보보호위원회 정책자문위원
- 공공데이터 전략위원회 위원
- 공공데이터분쟁조정위원회 위원
- 대법원 사법정보화 발전위원회 위원
- 전자정부추진위원회 위원
- 저작권위원회 위원

이병남

- 김앤장 법률사무소 고문
- 국가인권위원회 정보인권전문위원회 위원
- 개인정보전문가협회(KAPP) 이사
- 개인정보보호위원회 개인정보보호정책과장
- 개인정보보호위원회 조사과장

- 2018평창동계올림픽조직위원회 대회조정관
- 강원도청 기업유치과장, 동계올림픽 평가준비국장
- 연세대학교 경영학과 박사과정수료
- 강원대학교 경제학과 석사
- 서울대학교 정치학과 학사

이진규

- 네이버 주식회사 개인정보 보호책임자 및 정보보호 최고책임자 (상무, 현재)
- 공공데이터분쟁조정위원회 위원 (2021~현재)
- 개인정보보호위원회 개인정보 분야 연구개발 사업 심의위원회 위원 (2022 ~)
- 대통령직속 4차산업혁명위원회 데이터특별위원회 데이터특별 위원 (2021 ~ 2022)
- 저서(공저): 데이터와 법(2023), 개인정보 판례백선 (2022), 코로나19 위기와 법치주의(2021), 우리 기업을 위한 EU 일반 개인정보보호법(GDPR) 가이드북 (2018) 등 다수

임용

- 서울대학교 법학전문대학원 부교수
- 서울대학교 인공지능 정책 이니셔티브 디렉터
- Penn Carey Law, University of Pennsylvania, Bok International Professor
- 서울대학교 법학전문대학원 학생부원장
- 김앤장 법률사무소 변호사
- Harvard Law School, S.J.D.

임종철

- 개인정보보호위원회 개인정보보호정책과 개인정보보호법 담당
- 개인정보보호위원회 법제도개선 전문관
- 방송통신위원회 개인정보보호윤리과 정보통신망법 개인정보보호 법제담당
- 방송통신위원회 재정팀 법제 및 예결산총괄담당
- 방송통신위원회 정보통신망법 개인정보보호 전문관
- 방송통신위원회 개인정보보호윤리과 개인정보보호 조사관

장준영

- 법무법인(유) 세종 파트너변호사
- 과학기술정보통신부 데이터분쟁조정위원회 위원
- 개인정보보호위원회 자체평가위원
- (주)쿠팡 정보보호 법무책임자, 개인정보 보호책임자(CPO)
- 대통령직속 4차산업혁명위원회 위원
- 개인정보보호위원회 개인정보 미래포럼 위원
- 개인정보보호위원회, 과학기술정보통신부 고문변호사
- 정보통신부, 방송통신위원회 사무관

최경진

- 가천대학교 법과대학 교수, 인공지능·빅데이터 정책연구센터장
- 한국인공지능법학회 회장
- 개인정보전문가협회(KAPP) 회장
- 개인정보보호법학회 회장
- 한국정보법학회 수석부회장
- 개인정보보호위원회 개인정보보호법 개정연구위원회 위원장
- 개인정보분쟁조정위원회 위원 및 제도개선전문위원장
- 범정부 마이데이터 협의회 위원
- 국가데이터정책위원회 총괄분과 위원
- 행정안전부 본인정보제공심의위원회 위원
- 금융 ISMS-P 인증위원회 위원
- 유엔 국제상거래법위원회(UNCITRAL) 정부대표
- 대통령직속 디지털플랫폼정부위원회 정보보호분과 위원
- 국회 4차 산업혁명 특별위원회 자문위원
- 대한민국 열린정부위원회 위원
- 신용정보집중관리위원회 공익위원
- 교육빅데이터위원회 위원
- 보건복지부 마이헬스웨이추진위원회 위원
- IAPP Asia Advisory Board Member
- OECD Expert Group on AI, Data, and Privacy, Member

최정규

- 법무법인(유) 지평 변호사, IP-IT그룹장, 개인정보 · 데이터 · AI팀장
- 대한상사중재원 중재인
- 개인정보전문가협회(KAPP) 이사
- 개인정보보호위원회 고문변호사
- 방송통신위원회 통신분쟁조정위원회 위원
- 사법연수원 제36기 수료
- 제46회 사법시험 합격
- 한양대학교 법과대학 법학과 졸업

개인정보보호법

초판발행	2024년 2월 29일
중판발행	2024년 4월 15일
지은이	최경진 외 12인
펴낸이	안종만 · 안상준
편 집	장유나
교 정	서겸손 · 신세연
기획/마케팅	김한유
표지디자인	유지수
제 작	고철민 · 조영환
펴낸곳	(주) 박영사
	서울특별시 금천구 가산디지털2로 53, 210호(가산동, 한라시그마밸리)
	등록 1959. 3. 11. 제300-1959-1호(倫)
전 화	02)733-6771
f a x	02)736-4818
e-mail	pys@pybook.co.kr
homepage	www.pybook.co.kr
ISBN	979-11-303-4665-6 93360

정 가	75,000원